U0921942

党组书记、厅长 尹慧敏

巡视员 阮凤英

党组副书记、副厅长 于国安

党组成员、省农业综合开发办公室主任 曹云龙

党组成员、副厅长 张洪军

党组成员、副厅长 庞敦之

党组成员、纪检组长、监察专员 李振声

党组成员、副厅长 文新三

党组成员、副厅长 李国健

党组成员、副厅长 窦玉明

副厅级检查员 张魁珍

副巡视员 王慎民

副巡视员 姜凝

副巡视员 张光月

省经济开发投资公司总经理 姜延伟

省经济开发投资公司副总经理 聂肖林

省经济开发投资公司副总经理 赵怀文

省经济开发投资公司副总经理 寇尊宪

省委书记姜异康同志到财政厅视察指导工作

充分发挥财政调控作用
大力支持经济发展

临沂蒙山大道祊河大桥

滨州市中海风光

大力支持基础设施建设

东调南下工程李庄闸

临沂凤凰广场

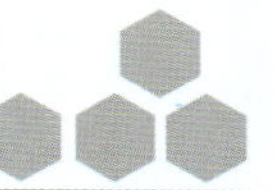

对科技创新给予重奖

推动国家研发技术平台落户山东

支持莱钢技术改造

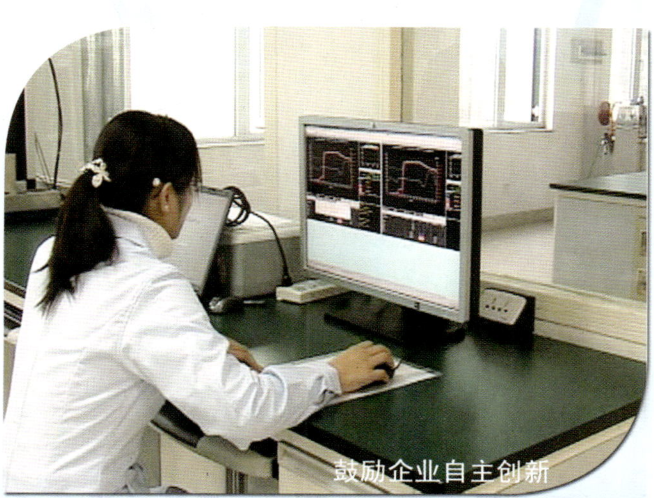
鼓励企业自主创新

支持企业技术中心建设

新能源汽车下线

新能源公交车

太阳能路灯

太阳能节能建筑

沂源生态治理

潍坊市污水处理厂

支持建设的污水处理设施

投资治理后的红荷湿地景区全景

健全支农惠农政策
扩大公共财政对“三农”的覆盖面

扎实推进土地开发整理项目

章丘大田喷灌工程

省级土地整治重点项目整治后

省级土地整治重点项目整治前

高标准小麦示范田

玉米高产示范田

积极支持农业标准化建设

丰收啦

大力推进畜牧标准化养殖试点

奶牛标准化养殖场

财政补贴的农机具

财政补贴的重型农机

助推农业机械化

病虫害机防作业

专业化机防作业

支持新农村建设

稗子刘家村环境整治后

稗子刘家村环境整治前

肥城市王瓜店镇南仪仙村新貌

汪疃镇黑龙洼村容整治前

汪疃镇黑龙洼村容整治后

践行理财为民宗旨
健全民生保障体系

农村中小学改厕治污示范项目

潍坊市昌邑石埠小学学生使用太阳能热水炉取水

山东师范大学化学教学实验中心

淄博市博山第一职业中专发放国家助学金

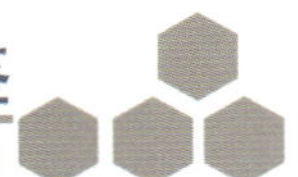

支持建设人力资源市场

宽敞明亮的人力资源服务大厅

大力支持农民培训

积极支持大学生创业实践活动

宁阳县首家老年公寓

新农合让农民得实惠

喜领新农保养老金

新农保试点启动

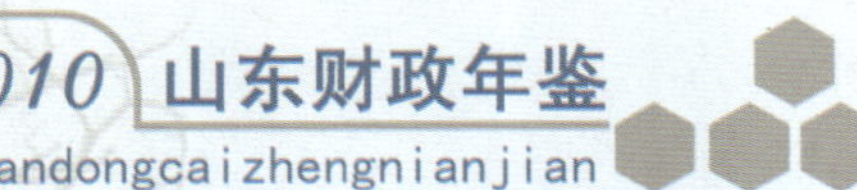

我也有医保卡了！

大力支持公共卫生服务体系建设

德城区黄河涯中心卫生院旧址

财政资助建设的德城区黄河涯中心卫生院新门诊病房综合楼

深入推进科学化精细化管理
着力提高财政管理绩效

积极推进项目专家评审

政府采购实时监控

举办诚信宣誓活动 强化会计管理

积极推进资产共享共用管理

微机室

机房大型设备

加快推进财政信息化建设

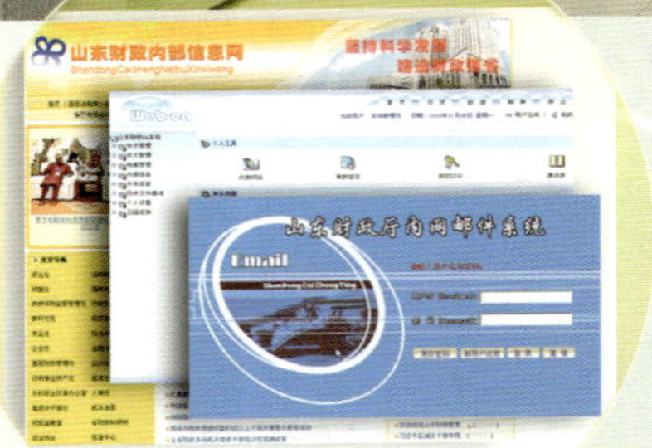

信息网建设

视频会议室

加强政风行风建设
提升财政干部综合素质

深入推进系统反腐倡廉建设

强化基层工作人员培训

加强财政理论研究 指导工作实践

省 级

文 明 机 关

山东省精神文明建设委员会

厅机关获得“省级文明机关”荣誉称号

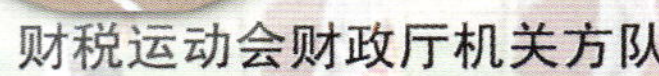

财税运动会财政厅机关方队

全省财政系统庆祝建国六十周年文艺晚会

山东财政年鉴
2010
SHANDONGFINANCEYEARBOOK

尹慧敏　主编

责任编辑：吕　萍　于海汛
责任校对：徐领弟　杨晓莹
版式设计：代小卫
技术编辑：邱　天

图书在版编目（CIP）数据

山东财政年鉴．2010/尹慧敏主编．—北京：经济科学出版社，2010. 10
ISBN 978 - 7 - 5141 - 0093 - 8

Ⅰ．①山…　Ⅱ．①尹…　Ⅲ．①地方财政 - 山东省 - 2010 - 年鉴　Ⅳ．①F812. 752 - 54

中国版本图书馆 CIP 数据核字（2010）第 217596 号

山东财政年鉴（2010）
尹慧敏　主编
经济科学出版社出版、发行　新华书店经销
社址：北京市海淀区阜成路甲 28 号　邮编：100142
总编部电话：88191217　发行部电话：88191540
网址：www. esp. com. cn
电子邮件：esp@ esp. com. cn
北京中科印刷有限公司印装
880 × 1230　16 开　32. 25 印张　1160000 字
2010 年 10 月第 1 版　2010 年 10 月第 1 次印刷
ISBN 978 - 7 - 5141 - 0093 - 8　定价：200. 00 元

《山东财政年鉴（2010）》编委会

目　　录

第一部分　特　　辑

第二部分　全省财政工作

第三部分　市财政工作

第四部分　县（市、区）财政工作

第五部分　财经文选

第六部分　财政统计资料

第七部分　财政机构人员

第八部分　财政大事记

第一部分

特　　辑

关于山东省2008年预算执行情况和2009年预算草案的报告

——2009年2月13日在山东省第十一届人民代表大会第二次会议上

山东省财政厅

各位代表：

受省人民政府委托，现将山东省2008年预算执行情况和2009年预算草案提请省十一届人大二次会议审议，并请省政协委员提出意见。

一、2008年预算执行情况

2008年是极不寻常的一年。面对复杂多变的国内外经济环境，全省各级在中共山东省委的坚强领导下，坚持以邓小平理论和“三个代表”重要思想为指导，深入学习贯彻党的十七大和十七届三中全会精神，全面落实科学发展观，采取有力措施保增长、控物价、调结构、促民生、抓稳定，全省经济平稳较快发展，社会事业繁荣进步。在此基础上，财政收支持续增长，全省和省级预算任务圆满完成。

据统计，2008年全省一般预算收入1 956.87亿元，完成预算的101.86%，比上年增长16.80%（其中经常性收入增长10.50%）。全省一般预算支出2 704.76亿元，完成预算的108.39%，比上年增长19.58%。其中，农业、教育、科技支出分别为234.38亿元、551.70亿元、56.73亿元，比上年分别增长43.78%、21.69%、22.24%，均高于经常性收入增幅。当年全省一般预算收入，加中央税收返还和转移支付补助及上年结转收入等1 149.02亿元，收入共计3 105.89亿元。当年全省一般预算支出，加上解中央支出及结转下年支出等396.32亿元，支出共计3 101.08亿元。全省收支相抵，累计净结余4.81亿元。

2008年，省级一般预算收入238.71亿元，完成预算的104.94%，比上年增长11.62%（其中经常性收入增长6.50%）；省级一般预算支出350.18亿元，完成预算的118.59%，比上年增长23.34%。当年省级一般预算收入，加中央税收返还和转移支付补助、市上解收入及上年结转收入等940.54亿元，收入共计1 179.25亿元。当年省级一般预算支出，加上解中央支出、补助市县支出及结转下年支出等828.87亿元，支出共计1 179.05亿元。省级收支相抵，累计净结余2 000万元。

2008年，全省纳入预算管理的政府性基金收入1 033.05亿元，比上年增长49.46%，其中省级收入149.01亿元，增长38.96%；全省政府性基金支出1 006.25亿元，比上年增长63.02%，其中省级支出110.97亿元，增长15.55%。

全省预算外资金收入407.07亿元，比上年增长4.36%，其中省级收入177.30亿元，增长7.67%；全省预算外资金支出400.03亿元，比上年增长7.00%，其中省级支出181.03亿元，增长8.85%。

各位代表，过去的一年，在人大依法监督和政协大力支持下，各级政府及其财税部门认真落实国家宏观调控政策和省十一届人大一次会议决议，沉着应对各种困难和挑战，努力促进科学发展、和谐发展、率先发展，全省财政收支持续增长，财税改革扎实推进，财政管理更加规范。

（一）依法加强税费征管，财政收入预算圆满完成。受国际金融危机的严重冲击，去年我省经济增速放缓，企业效益下滑，财政收入增幅前高后低，遇到多年未有的困难局面。面对接连出现的减收增支因素，各级在力保经济增长的基础上，切实加大社会综合治税和科技强税工作力度，不断完善税源控管体系，严格依法征税管费，圆满完成收入预算任务。分征管部门看，去年全省国税系统组织收入1 937.50亿元（不含海关代征税收），比上年增长14.28%，其中地方一般预算收入480.13亿元，增长15.55%；地税系统组织收入1 170.06亿元，增长16.6%，其中地方一般预算收入938.42亿元，增长17.79%；财政及有关部门组织地方一般预算收入538.32亿元，增长16.22%。在全省一般预算收入中，税收收入 1 533.34 亿元，比上年增长 17.2%；非税收入 423.52 亿元，增长 15.39%。全省财政收入结构进一步改善，税收收入占地方一般预算收入的比重达到 78.36%，比上年提高 0.27 个百分点。

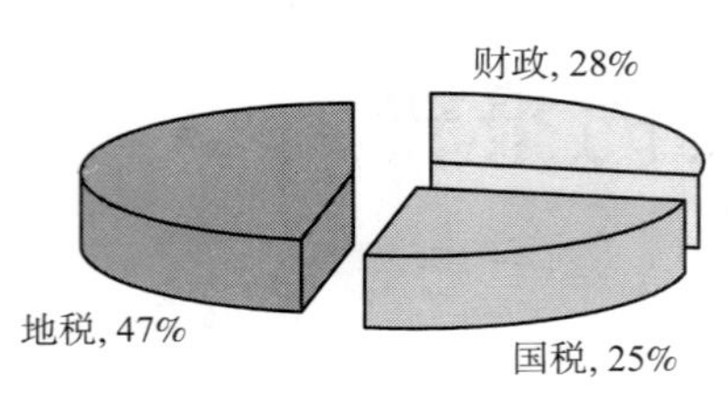

图 1　全省一般预算收入分部门构成

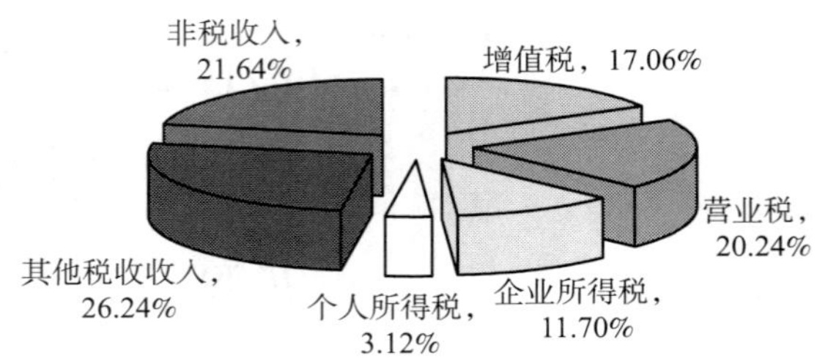

图 2　全省一般预算收入分项目构成

（二）灵活运用财税杠杆，促进经济又好又快发展。去年经济形势变化较快，经济增长困难加大。在预算执行中，各级按照中央和省委决策部署，灵活审慎地把握财政调控的方向、重点和力度。在促进经济增长方面，各级利用财税手段坚决抑制“两高一资”行业和低水平重复建设，着力加大对经济社会发展薄弱环节的投入，特别是中央出台扩大内需十项措施后，又结合我省实际出台多项财税政策措施，有力地促进了经济平稳较快增长。在抑制物价过快上涨方面，认真落实涉农补贴政策，大力扶持粮食、油料、生猪和奶牛生产，去年仅粮食直补和农资综合补贴，每亩就达 86.78 元，比上年增长 95%。在推进结构调整方面，灵活运用财税杠杆，鼓励社会资金加大对现代农业、先进制造业、现代服务业、自主创新等方面的投入，扎实推进现代产业体系建设。同时，注重发挥体制机制的激励约束功能，通过完善生态补偿机制，实行多耗能加价、多用水加价、节能奖励、节能产品政府采购等措施，大力推进节能减排，加快淘汰落后产能步伐。初步统计，去年仅节能减排和生态环保资金，全省财政投入就达 59.12 亿元，比上年增长 102.7%。在优化经济环境方面，对省级立项的行政事业性收费进行了全面排查清理，在落实国家停征工商“两费”和取消 100 项收费政策的基础上，又取消了 74 项省级收费项目，降低了 12 项收费标准，全省每年可减轻企业和社会负担 32.4 亿元。

（三）自觉服从服务于大局，应急支出得到较好保障。去年突发性的大事、急事、难事较多，对地方财政预算的正常执行造成较大冲击。面对难以预料、历史罕见的重大挑战和考验，各级在预算执行中，着眼全局合理安排资金，压一般、保重点，精打细算、科学理财，较好地保证了各项突发性支出需要。其中，“4·28”胶济铁路特大交通事故发生后，省和有关市紧急组织、及时拨付资金，较好地保证了救援工作需要。汶川特大地震发生后，各级迅速响应中央号召，积极落实援助资金，并通过压减党政机关公用经费、动员干部职工捐款捐物、鼓励社会募捐等方式，多渠道筹集救灾资金。去年，全省各级财政共落实抗震救灾援助资金 23.98 亿元，有力地支持了抗震救灾和对口援建工作开展。在支持举办奥运会方面，各地本着既保障需要又节俭开支的原则，及时安排奥运安保及火炬传递经费。特别是青岛奥帆赛海域出现大面积浒苔后，省和沿海各市积极落实资金 4.46 亿元，全力以赴打好浒苔清理攻坚战，为奥运会、残奥会成功举办提供了有力保障。“三鹿奶粉”事件发生后，各级财政又及时筹集和垫支医疗救治等方面资金 1.56 亿元，并采取多项措施稳定我省奶业生产发展。中央扩大内需资金到账后，各级坚持急事急办、特事特办，及时启动应急机制，开通资金拨付绿色通道，确保了中央资金即收即拨、早日发挥效益。

（四）不断加大财政投入，民生保障水平明显提高。预算执行中，各级以落实省政府年初确定的“五件实事”为重点，不断完善民生政策体系，加大民生投入力度，促进了与民生密切相关的社会事业发展。在改善农业生产和农村生活条件方面，省市两级落实小型水库除险加固奖补资金 8.91 亿元，包括 800 座“头顶库、串联库”在内的 1 345 座重点小型病险水库除险加固任务基本完成；全省拨付大中型水库移民后期扶持资金 12.17 亿元，并在全国率先启动了小型水库移民帮扶试点工作，明显改善了 182 万水库移民的生产生活条件；加快推进农村沼气和农村饮水工程建设，全省新增农村户用沼气 45 万户，新增自来水受益人口 420 万人，全省村村通自来水率达到 85.1%；“家电下乡”补贴成效明显，全省财政落实资金 2.69 亿元，目前已补贴农民购买家电 109.93 万台（件）。在支持教育事业发展方面，深入推进义务教育经费保障机制改革，各级财政预算落实资金 61.3 亿元，全部免除了 971 万城乡义务教育学生杂费，提高了农村中小学公用经费标准，对所有农村义务教育学生免费提供教科书，提高了贫困家庭寄宿生的生活费补助标准，维修改造农村中小学校舍317万平方米。拨付资金7 900万元，在262所农村中小学实施了“两热一暖一改”工程试点。农村义务教育债务化解工作全面铺开。高等教育、中等职业教育、普通高中投入也明显增加。家庭经济困难学生资助政策体系不断完善，各级财政安排资金21.5亿元，资助家庭经济困难学生128万名。在促进社会保障和就业方面，各级财政落实资金281.2亿元，比上年增长11.69%，保障力度明显加大。其中：农村低保标准由800元提高到900元，受益群众达到187.5万人；全省敬老院升级改造工程全面完成，五保老人集中供养率达到72%；连续两次提高对城乡低保对象和在校大学生的生活费补助标准，有效缓解了物价上涨对低收入群体的影响；廉租住房保障制度全面建立，为6.02万户城市住房困难家庭提供了保障；新型农村合作医疗政府补助标准由40元提高到80元；城镇居民基本医疗保险试点扩展到全省17个市；积极就业政策得到较好落实，创业和就业财税帮扶政策更加完善，“三支一扶”计划和“一村（社区）一名大学生”工程顺利实施。在促进医疗卫生事业发展方面，全省乡镇卫生院改造工程基本完成，各级财政累计投入资金3.5亿元，对1 487个乡镇卫生院进行了改造；省级财政安排7 835万元，支持“村卫生室服务能力提升工程”，目前已改造完成村卫生室6 300个；政府购买公共卫生服务制度全面推行，城市社区卫生服务体系建设步伐加快。同时，积极落实免费开放博物馆、纪念馆政策，大力支持体育场馆和公益文化设施建设，促进了文化事业较快发展。

（五）改革完善转移支付办法，建立促进县乡科学发展激励机制。为进一步调动县乡发展经济、培植财源、增收节支、改善民生的积极性，推进基本公共服务均等化，去年省里改进转移支付办法，把缓解县乡财政困难与促进县域经济科学发展结合起来，把加大转移支付力度与促进县乡优化收支结构结合起来，在保持财政体制不变、转移支付基数不减的基础上，结合中央财政支持，筹措资金18.6亿元，加大转移支付力度，建立起“五个机制”。一是建立财政收入质量改善机制，对主体税种占地方财政收入比重提高的县给予奖励，引导各地加快发展、培植财源；二是建立财政支出结构优化机制，对民生支出占财政总支出比重提高的县给予奖励，引导各级加大民生投入；三是建立县级财力差异均衡机制，对市级增加转移支付的给予奖励，鼓励市级加大对县乡的帮扶力度；四是建立县级基本财力保障机制，对自有财力不能满足基本支出需求的县给予补助，保障财政困难县正常运转；五是建立县乡义务教育债务化解机制，全面启动农村义务教育债务化解工作，促进义务教育事业加快发展。同时，安排资金3 650万元，对县乡精简机构和人员继续给予奖励，推动县乡精兵简政，提高行政效率；落实资金6.43亿元，对产粮（油）大县给予奖励，促进粮食、油料生产。通过采取上述措施，基层财政状况明显改善。据统计，去年省对下各类转移支付达到516.64亿元，比上年增加133.47亿元，省财政重点帮扶的43个财政困难县，按财政供养人口计算，人均财力达到3.34万元，比上年提高4 300元，比2004年提高1.9万元。

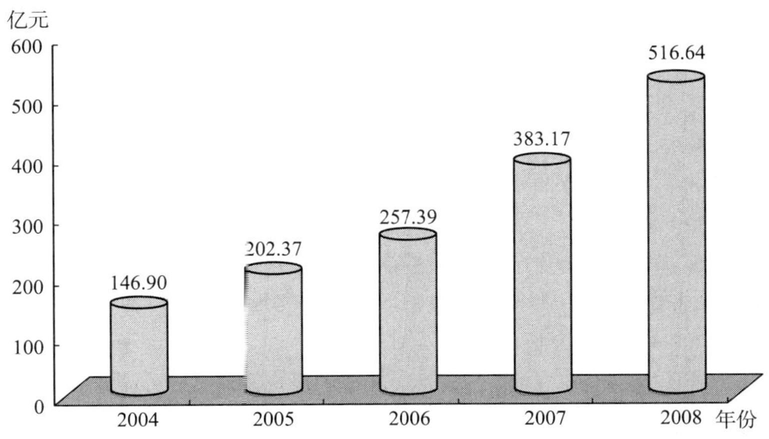

图3　2004～2008年省对下转移支付增长情况

（六）深入推进财税改革，财政管理水平不断提高。预算执行中，各级把深化改革作为提升财政管理水平的关键，在很多方面都取得新的突破。一是预算管理改革不断深化。省级改进了部门结余资金管理办法，对预算外资金全面实行指标化管理，提高了部门预算管理水平和预算约束力。国库集中支付改革全面铺开。政府采购监管力度加强，采购行为更加规范。国有资本经营预算试行工作顺利启动，省级收取国有资本经营收益2.05亿元。社会保障预算编制工作全面推开，社保基金管理机制日趋完善。二是税制改革稳步推进。各级认真落实新的企业所得税政策，妥善处理了跨地区企业总、分机构的税收征纳关系。完善耕地占用税政策，提高税额标准，在增加财政收入的同时，促进了耕地保护和土地节约集约利用。密切关注增值税转型和燃油税费改革动态，扎实做好前期准备工作，为改革顺利实施奠定了基础。三是财政基础管理进一步加强。各级统筹调剂预算内外资金，深入实施综合预算管理，采取经费包干、节编奖励、节能降耗奖励等手段，着力推进节约型机关建设。统筹协调各类专项资金，捆绑使用、加强衔接，资金使用效益明显提高。在支持文化、医疗卫生事业发展中，大力推行政府购买服务，实现了资金管理和公共服务水平“双提高”。新会计准则在有上市公司的国有企业全面实施，《山东省财政监督条例》正式颁布施行，财政监督、投资评审和行政事业资产管理、政府债务管理、会计管理进一步加强，部门和企业财务管理迈上新台阶。

各位代表，当前我省财政状况总体良好，但也面临一些突出矛盾和问题。财政收入方面，受国际金融危机的影响，去年我省经济增速下滑，企业效益下降，税源增长乏力，财政收入增幅呈现前高后低的走势，特别是9月份以后，财政收入增速陡然放慢，通过各方面共同努力，尽管全年收入预算圆满完成，但增幅是近几年最低的。财政支出方面，各级财政保障能力还比较弱，地区间财力分布不够均衡，公共服务差异还比较大。财政体制和管理机制方面，省以下财政体制还不够健全，各级政府间的事权与支出责任界定不够明晰，财力与事权不相匹配，部分县乡财政还比较困难；财经秩序还不够规范，会计账务弄虚作假、偷逃骗税问题屡禁不止；财政监督、跟踪问效机制不够健全，大手大脚花钱、铺张浪费现象仍然存在。对于这些问题，我们要高度重视，采取有力措施，认真加以解决。

二、2009年财政预算安排意见

2009年是全面落实中央扩大内需政策，积极应对国际金融危机，努力保持经济平稳较快发展的关键一年，也是财政减收增支因素较多、预算安排难度较大的一年。从经济方面看，目前国际金融危机仍在蔓延，对实体经济的影响仍在加深，全球经济增长减速与国内经济周期性调整叠加在一起，使经济发展面临的形势异常复杂严峻，给税源增长和财政增收带来很大困难。从政策方面看，实施积极的财政政策，不仅要大量增支，还要大面积减税。据测算，今年实施增值税转型改革、落实企业所得税优惠政策、提高个人所得税起征点及停征储蓄存款利息税翘尾、取消或降低部分行政事业性收费等政策性减收因素，全省将减轻企业和社会负担360多亿元，地方财政相应减收130多亿元。同时，今年财政必保的支出因素较多，尤其是扩大投资、改善民生、援建北川、举办十一运会、支持重点事业发展等，都需要大量增加财政支出。初步测算，今年全省必保的刚性增支达300多亿元。综合分析今年经济形势和减收增支因素，预计2009年将是财政十分困难的一年。

根据全省经济工作会议精神和省委、省政府的总体工作要求，2009年全省预算安排的基本思路是：全面贯彻党的十七大、十七届三中全会精神，以邓小平理论和“三个代表”重要思想为指导，深入落实科学发展观，认真实施积极的财政政策，着力加大政府投资力度，全面落实结构性减税政策，努力保持经济平稳较快发展；大力支持节能减排、自主创新和产业结构调整，加快推进经济发展方式转变；调整优化财政支出结构，严格控制一般性支出，加大重点社会事业投入，切实保障和改善民生；狠抓增收节支，强化财政管理，着力构建有利于科学发展的财政体制机制，努力促进经济文化强省建设。

按照上述基本思路，依据全省主要经济预期指标，综合考虑国家扩大内需的积极效应，以及各项政策性减收增支因素，本着统筹兼顾、积极稳妥的原则，2009年全省一般预算收入安排2 113.42亿元，比上年增长8%；全省一般预算支出安排2 894.10亿元（含中央转移支付等），比上年增长7%。以上全省预算安排是指导性的，各级预算经同级人大批准后，具体情况还会有所变化，我们将及时汇总，报省人大常委会备案。需要说明的是，从今年起实施燃油税费改革，目前中央转移支付尚未最后确定，上述财政收支预算安排暂未考虑这一因素，待确定以后再依法作出调整。

从省级情况看，除政策性减收因素外，受胜利油田税收下降、工商“两费”取消等影响，今年预算安排困难加大。经过反复测算，2009年省级一般预算收入安排245.87亿元，比上年增长3.00%（其中经常性收入增长1.50%），其中税收收入172.32亿元，下降5.47%，主要是国际原油价格大幅回落，预计胜利油田石油增值税减收15亿元左右；电力、钢铁、煤炭、化工等重点税源企业效益下降，预计省级分成的企业所得税减收5亿元以上。上述收入，扣除具有专项用途的行政事业性收费等非税收入72.22亿元，加省本级税收返还、中央转移支付及市净上解收入等329.41亿元，今年省级可统筹安排的财力为503.06亿元。在具体安排上，按照压一般、保重点、过紧日子的要求，今年省级公用经费比上年预算压减5%，购车经费压减80%，其他日常支出也进行了大力压缩。在此基础上，统筹预算内外资金，大力整合各项专款，优化财政支出结构，重点加大对“三农”、就业、社会保障、教科文卫、环境保护、自主创新、节能减排、基础设施等方面的投入，集中财力保增长、保民生、保运转。其中，安排省直行政事业单位人员经费和正常运转经费94.62亿元，占19%；全省重点项目支出201.95亿元，占40%；对下重点转移支付项目资金206.49亿元，占41%。2009年省级预算支出安排的重点是：

（一）大力支持经济发展和结构调整。这方面重点项目支出共安排30.02亿元，比上年预算增加1.74亿元。一是加大基础设施投入。安排9.57亿元，落实中央国债项目配套资金，支持我省地方铁路建设，引导社会资金加大对重大基础设施项目投入。二是支持企业改革发展。安排1.5亿元，设立省级创业投资引导基金，完善中小企业信用担保体系，努力缓解中小企业融资困难；安排1.75亿元，引导各类企业加大研发投入，淘汰落后产能，推进工业结构优化升级；安排6.67亿元，深化国有企业改革，包括减轻省属企业办社会负担，支持重点煤炭企业实施主辅分离、辅业改制，引导企业加大安全生产投入等。三是促进服务业加快发展。安排4.06亿元，增加服务业发展引导资金规模，加大对旅游产业、农业现代化流通服务体系建设、信息产业及电子政务、文化产业等现代服务业的支持力度；安排外贸发展基金及招商展览等资金1.67亿元，加大对出口产品研发、出口信用保险、境外市场开拓及重大招商引资活动的扶持力度。四是加大节能环保投入。安排生态环境治理资金2亿元，在南水北调黄河以南段、省辖淮河段以及小清河等重点流域开展生态补偿；安排城市污水及垃圾处理资金1.3亿元，重点支持污水处理厂达标升级和垃圾无害化处理；安排节水节能专项资金1.5亿元，重点支持节能高新技术产业化、节能公共管理、建筑节能改造以及可再生能源应用等。另外，省级排污费支出安排4.30亿元，主要用于重点流域水污染治理、重点电厂脱硫改造等大气污染防治项目。

（二）全面落实各项支农惠农政策。这方面重点项目支出共安排32.88亿元，比上年预算增加5.1亿元。一是加大农村基础设施投入。安排4.33亿元（加上地方水利基金安排2.19亿元，共计6.52亿元），加快推进病险水库除险加固、重点泄洪河道治理和流域综合规划修编等工作；安排2亿元，继续推进村村通自来水工程建设，切实解决农村饮用水质不达标问题。安排1.45亿元，新增农村沼气用户55万户，支持各地搞好农作物秸秆综合开发利用；安排“绿化山东”和森林防火体系建设资金7 540万元，省级森林生态效益补偿和农业生态综合治理资金7 000万元，集体林权制度改革经费和生态造林世行贷款项目配套1 600万元。安排2 000万元，积极开展农村公益事业建设“一事一议”财政奖补试点，引导鼓励农民筹资筹劳建设村级公益事业，进一步改善农村生产生活条件。二是加大对农民的补贴力度。安排粮食直补9.14亿元，加上中央补助8.4亿元，继续对种粮农户实行直接补贴；安排农机具购置补贴3 000万元，加上中央补助6亿元，继续对拖拉机、收割机、播种机等十类农机具购置给予补贴；安排2 000万元，继续对棉花、水稻、小麦、玉米良种推广以及家畜良种给予补贴；安排2.26亿元，对能繁母猪和优质后备母牛养殖农户给予补贴，进一步扶持生猪、奶业生产；安排“家电下乡”补贴资金1亿元，与中央补助资金相配套，对农民购买彩电、冰箱、手机、洗衣机、电脑、热水器等家电产品给予补贴，进一步开拓农村市场、扩大农民消费；安排农业政策性保险补贴资金1.1亿元，继续对小麦、玉米、棉花保险保费实行财政负担80%的政策，并扩大补贴试点县范围。三是提高农业综合生产能力。安排农业综合开发资金1.64亿元（加上用土地收入安排的2.5亿元，共计4.14亿元），农业产业化龙头企业贴息1亿元，现代农业生产发展、农业技术推广创新及农业科技成果转化等2.05亿元，促进现代农业发展；安排动植物病虫害综合防治1.42亿元，农产品质量安全提升工程、农民专业合作组织、农民培训和扶贫开发资金2.53亿元，渔业资源修复行动计划和平安渔业工程6 500万元，进一步完善农业生产保障体系。

（三）优先保障教育事业发展。这方面重点项目支出共安排68.58亿元，比上年预算增加4.8亿元。其中：安排8.36亿元，加上中央补助23亿元，支持各地将农村中、小学的生均公用经费定额，分别由445元、295元提高到600元和400元，并对农村义务教育阶段学生全部免除学杂费和免费发放教科书，对家庭经济困难寄宿生给予生活补助。安排2.21亿元，继续实施农村中小学校舍维修改造和“两热一暖一改”工程，切实改善办学条件。安排8 257万元，加上中央补助2.19亿元，继续对各地免除城市义务教育阶段学生杂费给予补助。安排49.87亿元，加大对高等教育的支持力度，将省属高校的生均经费定额提高300元以上，确保省属教育单位正常运转和事业发展。设立高校化解债务奖励资金3 000万元，对减债工作做得好的单位给予奖励。安排7 000万元，对省属高校学生在校期间的助学贷款给予全额贴息。安排

6.32亿元，加上中央补助7.25亿元，全面落实高等院校、中等职业学校以及高中阶段家庭经济困难学生资助政策。另外，安排地方教育附加支出2.4亿元，重点用于农村中小学仪器设备更新等。

（四）加大对科技创新的支持力度。这方面重点项目支出共安排9.04亿元，比上年预算增加1.91亿元。其中：安排产业结构调整重大科技专项资金2.6亿元，优先支持列入国家和省发展规划的重大科技项目，支持国家级创新能力平台建设，推进科技成果转化。安排产业技术创新应用技术研发和专利发展专项资金2.54亿元，增强科技研发和自主创新能力，重点支持装备制造业发展。安排科技人才队伍建设资金1.65亿元，继续实施“泰山学者”建设工程，支持驻鲁院士、博导等高层次人才建设，资助鲁南经济带及黄河三角洲地区引进急需人才等。安排科技服务平台和基础设施建设资金2.06亿元，支持集成电路制造与测试、先进控制技术研发等创新平台建设，支持高校、科研单位公共信息服务平台和重点实验室建设，支持大型科学仪器设备协作共用。安排1 900万元，用于科技富民强县专项行动计划和科普村村通工程，加强科技普及推广和服务基层发展能力。

（五）加强城乡居民医疗保障体系建设。这方面重点项目支出共安排25.42亿元，比上年预算增加7.75亿元。其中：安排新型农村合作医疗改革补助16.17亿元，确保各级政府对参合农民的补助标准提高到80元。安排城镇居民基本医疗保险改革补助2.55亿元，将大学生纳入保障范围，并将各地参保人员的政府补助标准提高到80元以上。安排9 165万元，对全省村卫生室业务用房整修、设备配置以及乡村医生培训给予补助，进一步提高基层卫生服务能力。安排城市社区公共卫生体系建设资金8 016万元，疾病预防、计划免疫及残疾人康复等3.56亿元，食品药品监督执法能力建设及省中医临床研究基地贷款贴息等1.43亿元。

（六）支持社会保障和就业服务体系建设。这方面重点项目支出共安排12.2亿元，比上年预算增加3.03亿元。其中：安排农村低保补助资金4.08亿元，将全省农村低保标准提高到1 000元。安排省属低保对象生活保障及社会救助资金1.7亿元，保障城市低收入群体的基本生活。安排1.29亿元，提高带病回乡退伍军人等优抚人员待遇水平和农村老党员生活补助标准。安排4 000万元，对优抚人员较多及财政困难地区的优抚对象医疗费用给予补助。安排7 000万元，支持高校毕业生到农村服务任职，促进高校毕业生扩大就业。安排就业扶持政策补助资金、劳动保障管理及维权经费、技能扶贫和“金蓝领”专项资金及救灾资金等3.54亿元，加快社会就业服务和社会保险体系建设。安排廉租住房奖补资金5 000万元，引导各地加快保障性安居工程建设，缓解低收入家庭住房困难。

（七）进一步加大对文化体育事业的投入。这方面重点项目支出共安排9.9亿元，比上年预算增加3.56亿元。其中：安排省属体育场馆建设、相关设备购置以及办赛参赛经费4.73亿元，确保第十一届全运会成功举办。安排2 983万元，对免费开放博物馆、纪念馆新增运行经费给予补助。安排8 766万元，支持文化信息资源共享、农家书屋建设、农村电影放映以及对基层文化单位补助等农村文化重点工程建设，提高基层公共文化服务水平。继续安排宣传文化发展资金1.95亿元，非物质文化遗产保护及文物抢救保护、泰山文艺奖、送戏下乡、农民健身工程等经费9 608万元。安排计划生育事业发展经费1.09亿元，将农村部分计划生育家庭奖励扶助标准提高到720元，并对独生子女伤残死亡家庭给予重点帮扶。

（八）进一步增加对基层财政的转移支付。结合中央财政支持，安排重点转移支付项目资金206.49亿元（不含专项转移支付），比上年预算增加18.28亿元。其中：一般性转移支付12.21亿元，主要用于对欠发达地区的财力性补助；农村税费改革转移支付68.12亿元，主要用于弥补税费改革后基层经费缺口；缓解县乡财政困难“奖补”资金59.23亿元，主要用于巩固和完善促进县乡科学发展的“五个机制”，落实义务教育教师绩效工资制度等；革命老区转移支付1.32亿元，主要用于支持国家确定的革命老区贫困县社会事业发展；工资性转移支付39.98亿元，主要用于落实中央收入分配改革政策；城乡义务教育转移支付25.63亿元，主要用于基层义务教育经费补助，推进城乡义务教育经费保障机制改革。同时，安排基层政权建设专项补助3.32亿元，用于贫困地区中央政法专款配套、基层法院办案省级补助、政法干警换装和社会治安综合治理，扎实推进“平安山东”建设。

另外，按2008年省级收入1%的比例，安排对口支援北川灾后恢复重建资金2.39亿元。安排预备费5亿元，用于预算执行中出台的政策性增支、自然灾害救助及其他不可预见的特殊开支。

按照以上收支安排意见，省级预算收支平衡情况是：2009年省级当年一般预算收入245.87亿元，加中央税收返还、转移支付补助、市上解收入及上年结转收入等915.62亿元，收入共计1 161.49亿元；省级当年财力安排支出503.06亿元，加中央专款支出、结转下年支出以及用非税收入安排的支出等658.43亿元，支出共计

1 161.49 亿元。收支相抵，预算安排是平衡的。在上述支出中，按现行财政体制规定，列省本级的当年一般预算支出为 377.02 亿元，相同口径比上年增长 5.00%。其中：农业支出 82.24 亿元，增长 6.73%；教育支出 58.71 亿元，增长 7.90%；科技支出 10.47 亿元，增长 5.52%，均达到法定增长要求。

三、坚定信心、迎难而上，确保圆满完成预算任务

今年是新中国成立六十周年，全省改革发展稳定的任务很重，做好财政工作十分重要。各级要本着积极作为、科学务实的原则，坚决贯彻中央和省委决策部署，全面落实科学发展观，坚定信心、克服困难，大力支持发展，狠抓增收节支，深入推进改革，切实加强管理，确保圆满完成预算任务。

（一）认真落实积极的财政政策，着力促进经济平稳较快发展。把保增长作为财政工作的首要任务，努力扩大政府投资，积极争取中央投资项目和资金，大力支持融资平台建设，广开筹资渠道；加强各类投资管理，加快资金拨付速度，确保重点投资项目顺利实施；创新投融资机制，推进担保体系建设，缓解企业融资困难。严格控制高耗能、高污染和产能过剩行业投资，防止低水平重复建设和盲目扩张，加大对高新技术产业、先进制造业、现代服务业、节能减排、生态建设等方面的投入，大力推进经济结构调整和发展方式转变。把扩大消费作为支持发展的根本手段，深入推进收入分配制度改革，努力提高居民收入水平，引导居民消费预期，增强居民消费信心和能力；加强农村现代流通体系建设，促进耐用消费品进入农村家庭，以扩大农村消费为重点，切实将居民消费需求转化为现实购买力。把扩大出口作为拉动经济增长的重要引擎，认真落实各项财税政策，支持企业开拓新兴市场，推动外贸出口增长方式转变。把优化环境作为支持发展的基础条件，认真落实结构性减税政策，清理规范行政事业性收费项目，切实减轻企业和社会负担。

（二）优化结构加大投入，确保各项民生政策落实。进一步强化民生意识，把保障和改善民生作为扩内需、保增长、促和谐的重要措施，在预算安排上和预算执行中优先考虑民生、优先保障民生、优先改善民生，不断提高民生支出占财政支出的比重。正确处理政府与市场、政府与个人以及各级政府之间的关系，明确各类主体的责任和义务，健全民生投入保障机制，多渠道筹集资金，加快与民生相关的各项重点事业发展，不断完善覆盖城乡的义务教育经费保障体系、困难学生资助体系、社会保障体系和公共卫生、公共文化、劳动就业服务体系。全面落实促进社会事业发展的财税激励政策，特别是要落实好就业培训、公益岗位开发、小额担保贷款、退伍军人自主择业补助、农民工返乡创业扶持、大学生求职补助和创业帮扶等政策，着力促进以创业带动就业，切实把扩大就业作为今年的头号民生工程来抓。完善民生资金拨付、管理机制，加强监督检查，严肃查处挤占、挪用、浪费民生资金的行为，确保民生资金快速拨付、高效使用。

（三）不断完善支农惠农措施，大力支持农村改革发展。深入贯彻十七届三中全会精神，不断健全农业投入保障机制，大幅度增加对农村基础设施、公益性项目和社会事业发展的投入，大幅度提高政府土地出让收益、耕地占用税新增收入用于农业的比例，确保财政对农业投入增长幅度高于经常性收入增长幅度。综合运用税收减免、费用补贴等财税杠杆，支持农村金融发展，扩大对农民的信贷规模。创新财政资金投入方式，通过以奖代补、民办公助等手段，引导农民增加投入，加快形成多元化支农投入格局。继续以县为单位开展支农资金整合工作，统筹分配使用各类专项资金，不断优化支农资金投向，优先支持粮食生产，农业基础设施建设、农业综合开发土地治理、国家优质粮食产业工程等资金的分配，重点向产粮大县倾斜。着力强化农业科技支撑，促进农业主导产业发展，确保主要农产品有效供给。支持实施农产品质量安全提升工程，提高农产品质量安全水平。继续实施农业产业化“515 工程”，深化农业产业化经营，扶持农民专业合作组织发展。全面落实各项涉农补贴政策，扩大农业政策性保险和贫困村村民发展互助资金试点范围。大力支持重点水利工程建设，加快推进病险水库除险加固和重点泄洪河道治理。继续推进农村水、电、路、气、房建设，着力改善农村生活条件。积极落实库区移民后期扶持政策，帮助移民尽快脱贫致富。

（四）扎实做好增收节支工作，努力提高财政保障能力。紧紧抓住国家扩大投资的重要机遇，大力促进经济结构调整，积极培植壮大财源，不断优化财源结构体系，为财政增收提供持久动力。正确处理“取”与“予”的关系，在认真落实结构性减税政策、切实提高纳税服务水平、大力支持企业发展的同时，进一步完善税源控管体系，加大税收征管力度，清理规范税收优惠政策，严厉打击偷逃骗税行为，切实将经济发展的成果体现到财政上来。以完善国有资源（资产）有偿使用制度为重点，加强非税收入管理，拓宽财政增收渠道。强化财政收入“两个比重”考核，进一步优化收入结构、提高收入质量。牢固树立过紧日子的思想，严肃预算执行纪律，从严控制一般性支出，大

力压缩公务购车用车、会议、公务接待、出国（境）等支出，努力降低行政成本，坚决反对大手大脚花钱。

（五）继续深化财税改革，不断完善财政体制机制。稳步推进税制改革，积极实施增值税转型和燃油税费改革，统一内外资企业的房产税、城建税和教育费附加征管政策，密切关注资源税、消费税、个人所得税改革动向，进一步完善地方税体系。扎实推进转移支付制度改革，减少专项转移支付项目，扩大一般性转移支付规模，简化和理顺省市财政结算关系。进一步完善促进县乡科学发展的体制机制，加大对财政困难县的帮扶力度，着力缓解基层财政困难，提高基层财政保工资、保运转、保民生的能力，促进基本公共服务均等化。深化部门预算、国库集中支付、政府采购和收支两条线改革，提高预算编制和执行的规范化水平。继续推进国有资本经营预算编制试点，扎实开展社会保障预算编制工作，逐步将所有预算外资金纳入预算管理，增强预算编制的完整性、科学性。健全财政监管机制，强化财政监督、投资评审和绩效考核，提高财政资金使用效益。加强财政信息化建设，扩大财政信息公开范围，增强财政运行的透明度，自觉接受人大监督以及审计和社会监督，努力提高依法科学理财水平。

各位代表，在新的一年里，我们将认真落实本次大会决议，按照中央和省委要求，扎实开展深入学习实践科学发展观活动，切实加强廉政勤政和政风行风建设，统一思想、振奋精神，锐意进取、扎实工作，确保圆满完成全年预算任务，为推进经济文化强省建设做出新的贡献。

山东省第十一届人民代表大会财政经济委员会关于山东省2008年预算执行情况和2009年预算草案的审查报告

2009年2月17日山东省第十一届人民代表大会第二次会议主席团第三次会议通过

山东省人民代表大会财政经济委员会主任委员　李书绅

省十一届人民代表大会第二次会议主席团：

山东省第十一届人民代表大会第二次会议书面印发了省财政厅受省人民政府委托提交的《关于山东省2008年预算执行情况和2009年预算草案的报告》及2009年预算草案，各代表团对这个报告和预算草案进行了认真审议。会前，省人大财政经济委员会会同有关专门委员会依据法律规定对报告和预算草案进行了初步审查。现结合代表们的审议意见，将审查结果报告如下：

一、关于2008年预算执行情况

根据财政报告提供的数据，2008年全省一般预算收入1 956.87亿元，完成汇总预算的101.86%，比上年增长16.80%；全省一般预算支出2 704.76亿元，完成汇总预算的108.39%，比上年增长19.58%。当年全省一般预算收入，加中央税收返还和转移支付补助及上年结转收入等1 149.02亿元，收入共计3 105.89亿元；当年全省一般预算支出，加上解中央支出及结转下年支出等396.32亿元，支出共计3 101.08亿元。全省收支相抵，累计净结余4.81亿元。2008年省级一般预算收入238.71亿元，完成预算的104.94%，比上年增长11.62%；省级一般预算支出350.18亿元，完成预算的118.59%，比上年增长23.34%。当年省级一般预算收入，加中央税收返还和转移支付补助、市上解收入及上年结转收入等940.54亿元，收入共计1 179.25亿元；当年省级一般预算支出，加上解中央支出、补助市县支出及结转下年支出等828.87亿元，支出共计1 179.05亿元。省级收支相抵，累计净结余2 000万元。总之，全省及省级预算执行都做到了收支平衡，略有结余，圆满完成了省十一届人大一次会议批准的预算任务。

财经委员会认为，2008年，我省各级政府和财税部门，面对复杂多变的国内外经济环境，在中共山东省委的坚强领导下，认真贯彻执行国家宏观调控政策，全面落实科学发展观，采取有力措施保增长、控物价、调结构、增效益、促民生、抓稳定，实现了财政收支持续增长，促进了全省经济平稳较快发展和社会事业繁荣进步，取得了突出的成绩。一是财政调节经济的杠杆作用明显增强，对推进经济结构调整和发展方式转变起到了积极作用；二是财政工作自觉服从服务于大局，各项重大应急支出得到较好保障，维护了社会和谐稳定；三是加大对农业、教育、社保、就业、医疗、卫生等方面的支持力度，民生保障水平明显提高；四是不断完善转移支付办法，通过建立“五个机制”，明显缓解了县乡财政困难，促进了县乡经济社会发展；五是财税改革逐步深入，财政管理水平不断提高。财经委员会指出，2008 年财政工作存在的主要问题：一是受经济增速下滑、企业效益下降等因素的影响，财政收入持续稳定增长的基础还不够稳固；二是财政保障能力相对较弱，地区间财力分布不够均衡；三是各级政府间的财力和事权不相匹配，部分县乡财政还比较困难；四是部门预算执行不够严格，预算约束力刚性不足，部分财政资金使用效益不高；五是财政体制机制建设有待进一步完善，财政改革仍需继续深化等。对此，省人民政府要高度重视，采取措施，逐步加以解决。

二、关于 2009 年的预算安排

2009 年全省一般预算收入安排 2 113.42 亿元，比上年增长 8%，全省一般预算支出安排 2 894.10 亿元，比上年增长 7%。其中省级一般预算收入安排 245.87 亿元，比上年增长 3%；省级一般预算支出安排 377.02 亿元，相同口径比上年增长 5%。当年收入加上税收返还和上年结转等，全省和省级预算安排都是平衡的。

财经委员会认为，2009 年省级预算草案编制贯彻了党的十七大和十七届三中全会、中央和省经济工作会议精神，充分考虑了当前复杂的国内外经济环境和我省实际，符合有关法律、法规的规定。预算收入安排的增幅略低于地区生产总值的增幅，符合我省今年政策性减收因素多、预算安排难度大的实际情况。预算支出安排按照“保增长、保民生、保运转”的思路，大力压减一般性支出，集中财力支持经济发展和产业结构调整，支持教育、文化和科技创新，进一步增加了“三农”、社会保障、医疗、卫生、就业等民生方面的支出，保证了法定支出依法增长。总的来看，省级预算的安排符合我省实际情况，是稳妥可行的。财经委员会建议本次代表大会批准山东省 2009 年省级预算，批准省财政厅受省人民政府委托向大会书面提交的《关于山东省 2008 年预算执行情况和 2009 年预算草案的报告》。

三、关于意见和建议

2009 年将是我省财政经济形势非常困难的一年。各级政府及财税部门要正视困难和挑战，坚定信心，迎难而上，研究对策，制定措施，充分发挥财政调节经济的职能作用，确保圆满完成全年预算任务。对此，财政经济委员会提出以下建议：

（一）认真落实积极的财政政策，促进经济平稳较快发展。要全面贯彻中央和省经济工作会议精神，以科学发展观为指导，充分发挥财政职能作用，全力促进经济平稳较快发展。进一步加大政府投资力度，优化投资结构，加强投资项目管理，促进工业结构调整和企业转型升级，确保投资富有效益。认真落实中央各项减税清费政策，切实减轻企业和社会负担。大力支持科技创新和节能减排，引导企业下大力气进行技术改造，加快高新技术产业发展，提升装备制造业水平。积极发展现代服务业，着力扩大消费需求，增强消费对经济增长的拉动作用。继续把扩大出口作为促进发展的重点，认真落实有关扶持政策，保持对外贸易稳定增长。

（二）加大民生投入力度，确保重点支出需要。要把改善民生作为经济发展的出发点和落脚点，全面落实促进社会事业发展进步的财税激励政策，不断提高民生支出占财政支出的比重。要落实好就业培训、大学生求职和创业帮扶等政策，切实把扩大就业作为今年头号民生工程抓紧抓好。继续加大教育投入，促进各类教育协调发展。逐步建立和完善医疗卫生和社会保障体系，推进文化强省建设，促进社会和谐稳定。

（三）努力增收节支，确保财政收支平衡。要在认真落实结构性减税政策、支持扩大内需的同时，积极培育和壮大财源，不断优化财源结构，夯实财政收入稳定增长的基础。要依法加强税费征收管理，努力做到依法征管、应收尽收。各级各部门要增强勤俭节约意识，牢固树立过紧日子的思想，艰苦奋斗，勤俭办一切事业，严格控制一般性开支，坚决杜绝铺张浪费，切实降低行政成本。

（四）继续加大对“三农”的投入，大力支持农村改革发展。要逐步建立财政支农资金稳定增长机制，不断完善支农惠农的各项措施，大力支持农业综合开发和农业产业化建设，提高农业现代化水平。积极推进主导农产品体系建设，不断完善农业科技支撑体系和农产品安全保障体系，巩固农业的基础地位，稳定粮食生产。千方百计提高农民收入，积极引导农民投资和消费。加大对农村义务教育、文化设施、医疗卫生的投入，积极促进农村经济和社会的全面进步。

（五）深化财政体制改革，努力提高财政保障能力。要认真落实中央关于财税改革的各项政策，稳步推进税制改革，进一步完善地方税体系。按照财力和事权相匹配的原则，健全和完善财政转移支付制度，继续解决好部分县乡财政困难问题，逐步实现社会基本公共服务均等化。要继续深化部门预算、政府采购、国库集中收付等改革，强化财政监督、投资评审和绩效考核，提高预算编制和执行的规范化水平，增强财政运行的透明度和公开性，努力提高依法科学理财水平。

以上报告，请予审议。

山东省第十一届人民代表大会第二次会议关于山东省2008年预算执行情况和2009年预算的决议

2009年2月18日山东省第十一届人民代表大会第二次会议通过

山东省第十一届人民代表大会第二次会议审查了省人民政府提出的《关于山东省2008年预算执行情况和2009年预算草案的报告》及山东省2009年全省和省级预算草案。会议同意省人民代表大会财政经济委员会的审查报告，决定批准《关于山东省2008年预算执行情况和2009年预算草案的报告》，批准2009年山东省省级预算。

关于山东省2008年财政决算和2009年上半年预算执行情况及省级预算调整方案的报告

——2009年7月22日在山东省第十一届人民代表大会常务委员会第十二次会议上

山东省财政厅厅长 尹慧敏

主任、常务副主任、各位副主任、秘书长、各位委员：

受省政府委托，我向省人大常委会报告山东省2008年财政决算和2009年上半年预算执行情况及省级预算调整方案，请予审议。

一、2008年财政决算情况

省十一届人大二次会议审查批准了《关于山东省2008年预算执行情况和2009年预算草案的报告》。经逐级编审，2008年全省财政决算已汇编完成。根据《预算法》、《监督法》和《山东省省级预算审查监督条例》规定，现将决算情况报告如下：

（一）一般预算收支决算情况。汇总省级和各市决算，2008年全省一般预算收入1 957.05亿元，完成预算的101.9%，比上年增长16.8%（扣除一次性增收因素等，经常性收入增长10.5%）。全省一般预算支出2 704.66亿元，完成预算的108.4%，增长19.6%。当年一般预算收入，加中央税收返还和转移支付补助及上年结转收入等1 158.66亿元，收入共计3 115.71亿元。当年一般预算支出，加上解中央支出及结转下年支出等406.14亿元，支出共计3 110.80亿元。收支相抵，全省累计净结余4.91亿元。

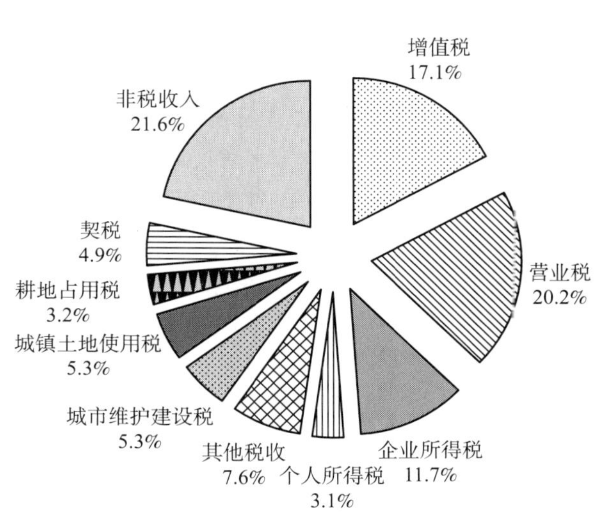

图1　2008年全省一般预算收入构成情况

图2　2008年全省一般预算支出构成情况

2008年，省级一般预算收入238.86亿元，完成预算的105.0%，比上年增长11.7%（经常性收入增长6.5%）。分项目看，增值税48.88亿元，完成预算的105.3%；营业税63.70亿元，完成预算的94.4%，主要是房地产等行业实现的税收下滑；企业所得税46.23亿元，完成预算的133.6%，主要是汇算清缴上年企业所得税增加较多；个人所得税18.14亿元，完成预算的108.7%；各项非税收入56.42亿元，完成预算的101.8%。根据现行财政体制计算，2008年省级超收财力为12.5亿元，经省政府常务会议批准，当年动支2.74亿元。其中：安排对口支援北川灾后恢复重建资金2.14亿元（占2007年省级财政收入的1%），增加国债项目配套及服务业发展引导资金5 000万元，安排抗震救灾物资运输经费977万元。其余超收财力9.76亿元，纳入2009年省级预算统筹安排使用。按照《山东省省级预算审查监督条例》规定，去年底我们已将上述资金的安排使用情况，向省人大财经委作了专题报告。

2008年，省级一般预算支出350.18亿元，完成预算的118.6%，比上年增长23.3%。分项目看，农林水事务支出29.67亿元，完成预算的213.9%，相同口径增长36.9%，主要是中央拨付的东调南下水利工程资金大幅增加；教育支出58.23亿元，完成预算的107.1%，增长23.5%；科技支出10.02亿元，完成预算的120.6%，增长24.9%。以上支出，均达到了法定增长要求。一般公共服务支出78.81亿元，完成预算的103.5%；公共安全支出27.08亿元，完成预算的109.8%；文化体育与传媒支出13.89亿元，完成预算的118.9%；社会保障和就业支出32.28亿元，完成预算的101.3%；医疗卫生支出9.96亿元，完成预算的112.5%；环境保护支出5.54亿元，完成预算的214.3%，主要是中央淘汰落后产能补助资金增加较多；工业交通商业金融等事务支出76.95亿元，完成预算的154.3%，主要是中央补助的农资综合直补资金增加较多。预备费4.6亿元，全部用于教育、卫生、社会保障、抗震救灾及突发事件处置等方面，已体现在上述相关具体科目中。

2008年省级收支平衡情况是：省级一般预算收入238.86亿元，加中央税收返还和转移支付补助、市上解收入及上年结转收入等947.54亿元，收入共计1 186.40亿元。当年省级一般预算支出350.18亿元，加上解中央支出、补助市县支出及结转下年支出等836.02亿元，支出共计1 186.20亿元。收支相抵，省级累计净结余2 000万元。

（二）基金预算收支决算情况。2008年，全省基金预算收入1 033.37亿元，比上年增长49.5%；基金预算支出1 011.71亿元，增长63.9%。去年全省基金收支增幅较高，主要是根据国家规定，各级将国有土地出让金纳入了预算管理。当年基金预算收入，加上年结余、中央补助及调入资金等251.14亿元，收入共计1 284.51亿元。当年基金预算支出，加调出资金0.17亿元，支出共计1 011.88亿元。收支相抵，全省基金年终滚存结余272.63亿元。这些资金按规定以收定支，跨年度安排使用。

2008年，省级基金预算收入149.01亿元，比上年增长38.9%；基金预算支出110.97亿元，增长15.6%。当年省级基金预算收入，加上年结余、中央补助及各市上解收入等62.05亿元，收入共计211.06亿元。当年基金预算支出，加补助各市支出44.90亿元，支出共计155.87亿元。收支相抵，省级基金年终滚存结余55.19亿元。

（三）预算外资金收支决算情况。2008年，全省预算外资金收入399.55

亿元，比上年增长2.4%，预算外资金支出394.21亿元，增长5.4%。当年预算外资金收入，加上年结余99.07亿元，收入共计498.62亿元。当年预算外资金支出，加政府调剂资金5.77亿元，支出共计399.98亿元。收支相抵，全省预算外资金年终滚存结余98.64亿元。

2008年，省级预算外资金收入174.90亿元，比上年增长6.2%；预算外资金支出180.88亿元，增长8.8%。当年预算外资金收入，加上年结余25.07亿元，收入共计199.97亿元。当年预算外资金支出，加补助市县支出0.15亿元，支出共计181.03亿元。收支相抵，省级预算外资金年终滚存结余18.94亿元。

上述决算数字，与年初向省十一届人大二次会议报告的执行数相比略有变化，主要是决算期间，由于资金在途、中央补助变动等原因，部分收支数字发生了增减变化。

各位委员，去年面对复杂严峻的财政经济形势，各级各部门以科学发展观为统领，认真贯彻中央和省委各项决策部署，努力保增长、保民生、保稳定，依法征税管费，狠抓增收节支，全省和省级均超额完成了预算任务。从决算情况看，全省财政运行主要有以下几个特点：一是财政收入结构进一步优化。各级在确保收入平稳增长的同时，更加注重提高财政收入质量。去年全省地方财政收入中，税收收入为1 533.53亿元，增长17.2%，高于非税收入增幅1.8个百分点；税收所占比重达到78.4%，比上年提高0.3个百分点。二是民生保障水平显著提升。去年全省“三农”投入967.74亿元，增长39.3%；教育、卫生、社会保障和就业支出，分别完成550.99亿元、140.42亿元、285.05亿元，增长21.5%、40.9%、13.2%。预算执行中，各级在办好“五件实事”的基础上，多方筹集资金，支持实施了提高新农合财政补助标准、全面推行城镇居民基本医疗保险、加快廉租住房建设等一系列新的民生政策，进一步完善了覆盖城乡的民生保障体系，人民群众得到更多实惠。同时，坚持特事特办、急事急办，大力支持抗震救灾、浒苔治理、奥运安保等突发事件处置，财政应急保障能力明显增强。三是中央对我省的支持力度明显加大。在各方面积极争取下，去年中央财政下达我省各类补助资金580.99亿元，比上年增加148.51亿元，其中财力性转移支付255.83亿元，增加35.47亿元；专项转移支付325.16亿元，增加113.04亿元，有效缓解了我省财政收支矛盾。四是县乡财政状况进一步好转。去年省级改进转移支付办法，把缓解县乡财政困难与促进县乡科学发展结合起来，安排资金57.88亿元，建立起财政收入质量改善奖励、财政支出结构优化奖励、均衡县级财力差异奖励、化解农村义务教育债务奖励和县级基本财力保障“五个机制”，既缓解了县乡财政困难，又调动了各地加快发展、培植财源、增收节支、改善民生的积极性。决算显示，去年省对下各类转移支付资金514.51亿元，比上年增加135.36亿元；按财政供养人口计算，省重点帮扶的43个财政困难县（市、区），人均财力达到3.34万元，比上年提高4 300元。五是财政管理水平不断提高。省级在全国率先建立省直单位“基础信息库”人事、财政、监察部门联合共管机制，启动国有资本经营预算试行工作，不断深化国库集中支付改革，加大政府采购监管力度，进一步提高了预算管理水平。全面落实新的企业所得税政策，妥善处理了跨地区企业总、分机构的税收征纳关系。《山东省财政监督条例》顺利出台，财政监督、投资评审、行政事业资产管理和会计管理进一步加强。

从去年财政决算和审计情况看，全省财政运行还存在一些矛盾和问题。财政收入方面，受国际金融危机影响，经济增速放缓，企业效益下滑，财政增收难度加大。同时，我省财源的结构性矛盾依然比较突出，去年地方财政收入占生产总值的比重为6.3%，低于全国平均水平3.2个百分点。财政支出方面，人均支出水平依然偏低，财政保障能力相对较弱。按总人口计算，去年全省人均财政支出为2 872元，居全国第24位。由于经济发展不平衡，我省地区间的财力分布不够均衡，部分县乡财政仍比较困难，公共服务水平差异还比较大。财政管理方面，财经秩序还不够规范，财税管理仍有一些薄弱环节。比如，各种形式的偷税、逃税现象依然存在；部分预算收入缴库不及时；个别地区和单位勤俭节约意识淡薄，花钱大手大脚，财政资金低效使用甚至被挤占挪用等问题还时有发生。对于这些问题，我们将按照省委、省政府要求，认真贯彻落实省人大决议，采取有力措施，积极加以解决。

二、2009年上半年预算执行情况

今年以来，各级按照省委、省政府决策部署，本着积极作为、科学务实的工作基调，认真落实省十一届人大二次会议决议，努力促进经济平稳较快增长，不断加大增收节支工作力度，取得明显成效。1～6月份，全省地方财政收入1 150.86亿元，完成预算的54.0%，比上年同期增长7.8%；财政支出1 288.41亿元，完成预算的44.5%，增长18.3%。其中，省级财政收入114.49亿元，完成预算的46.6%，下降10.5%；省级财政支出193.62亿元，完成预算的51.4%，增长31.3%。总体上看，上半年全省预算执行情况好于预期，各级各部门为此做了大量工作：

（一）认真落实积极财政政策，支持经济发展力度加大。今年以来，各级认真贯彻中央和省委决策部署，全力支持扩内需、保增长。一是不断扩大投资规模。各级认真做好项目筛选、论证、上报工作，积极争取中央投资项目和资金。截至6月底，中央下达我省扩大内需项目资金58.11亿元（不含青岛），已全部拨付到位。扎实做好地方政府债券发行和省级融资平台建设工作，首期发行的30亿元债券资金已落实到项目，保证了扩大内需项目的资金需要。二是努力扩大消费需求。以推进家电与汽车摩托车下乡为重点，积极开拓城乡消费市场。截至6月底，全省累计销售家电239.87万台、汽车摩托车2.74万辆，销售金额42.99亿元，兑付财政补贴资金3.98亿元，销售数量和金额均居全国前列。三是积极支持外贸出口。在引导企业用好出口退税政策的同时，研究出台13项财政扶持措施，对省内企业开拓新兴市场、引进先进技术、扩大出口规模等加大了支持力度。四是大力推进结构调整。围绕促进产业调整振兴，加大了对先进制造业、高新技术产业、现代服务业、自主创新、节能减排、新能源等方面的投入。1～6月份，仅省财政用于结构调整、节能减排和新能源方面的支出就增长134.7%。五是优化发展环境。在中央取消100项行政事业性收费项目的基础上，省级又进一步取消和停（减）征104项行政事业性收费，市以下也清理停征收费项目112个、降低收费标准项目165个，加上实施结构性减税政策，全省每年可减轻企业和社会负担370亿元。

（二）严格依法征税管费，财政收入持续增长。今年以来，面对经济增长乏力、政策性减收因素增多、上年同期收入基数较高等诸多困难，各级积极培植壮大财源，加强税源控管和经济税收分析，大力推行科技兴税和社会综合治税，强化政府非税收入征管，我省各月收入均实现增长。1～6月份，我省地方财政收入增幅高于全国地方级收入增幅1.2个百分点。分部门看，国税部门组织地方收入239.37亿元，下降9.1%；地税部门组织地方收入541.55亿元，增长7.5%；财政部门组织收入369.94亿元，增长23.2%。财政收入的持续增长，集中反映了全省扩内需、保增长、调结构的成效。

（三）大力压减一般性开支，重点支出得到有力保障。上半年，各级通过压减购车、会议、接待、出国经费等支出，全省一般公共服务支出增幅低于总支出增幅8.4个百分点，其中省级一般公共服务支出下降12.1%。同时，集中财力向民生和经济社会发展的薄弱环节倾斜。在支持“三农”方面，出台了创新支农资金投入机制、加强农业基础设施建设、支持农村社会事业发展等31条强农惠农财政政策，进一步加大了政策支持和资金投入力度。上半年，全省农林水事务支出141.59亿元，增长31.0%，粮食、农机、良种等涉农补贴力度明显加大，有力地促进了农业稳定发展和农民持续增收。在改善民生方面，提高了农村中小学的生均公用经费定额标准、农村低保标准、农村部分计划生育家庭奖励扶助标准、城镇居民基本医疗保险政府补助标准，认真落实就业扶持政策，扩大了农村中小学“211工程”试点范围，全面实施农村义务教育债务化解工作，加快推进保障性住房建设，进一步完善了覆盖城乡的就业、低保、医疗、养老、义务教育和住房保障体系。同时，各级多方筹资，大力支持援建北川、筹办十一运会、防控手足口病和甲型流感，为相关工作开展提供了资金保障。

各位委员，今年以来预算执行面临的问题，主要是财政减收增支因素较多，收支矛盾突出，完成预算任务相当艰巨。一方面，财政收入增长面临很大困难。今年以来，全省经济增长态势趋好，但产品价格、企业效益等与税收密切相关的指标依然低迷，相当一部分企业有产值、无利润，有销量、无税收，财政增收受到较大制约。上半年，全省增值税下降6.3%，若扣除免抵调库因素，同比下降15.2%；企业所得税下降9.6%，与前两年相比反差明显。另外，今年实施结构性减税政策，是分税制改革以来政策调整力度最大、减收因素最为集中的一年，对财政收入影响较大。特别是省级收入形势较为严峻，上半年仅完成预算的46.6%，比上年同期下降10.5%。其中，受原油价格下跌和电力企业效益下滑等因素影响，省级增值税和企业所得税分别下降35.6%和3.0%；受取消和停征行政事业性收费项目影响，省级非税收入下降25.9%。今年省人代会批准的省级收入预算增长3%，要完成这一目标，下半年需组织收入131.38亿元，增长18.4%，压力很大。另一方面，政策性增支因素较多。受财力所限，今年年初各级预算原本就打得很紧，省级一些重点项目甚至未能列入预算。预算确定后，国家又出台了一系列刚性增支政策，如落实中央扩大内需项目地方配套，实施医药卫生体制改革，推进司法经费保障体制改革，提高村干部报酬，实施农村新居建设工程，推行新型农村社会养老保险试点等，各级财政保障压力进一步加大。综合测算，今年我省各项必保的政策性增支达400多亿元，收支矛盾非常突出。

针对当前财政经济形势和财政运行面临的问题，下半年我们将重点抓好以下三方面工作：一是深入落实积极的财政政策，促进经济平稳较快发展。坚持把扩内需、保增长作为首要任务，积极做好中央国债项目的筛选、上报工作，管好用好地方政府债券资金，支持融资平台建设，促进投资持续增长。认真落实产业调整振兴规划，大力推进节能减排和生态保护，支持实施山东半岛蓝色经济区、黄河三角洲高效生态经济区、鲁南经济带等重点带动战略，促进经济结构调整和发展方式转变。积极推进收入分配制度改革，扎实开展家电和汽车摩托车下乡、农机下乡及汽车家电“以旧换新”工作，大力促进居民消费。充分利用出口退税等政策，管好用好外贸发展基金，支持企业扩大出口。认真落实结构性减税清费政策，进一步优化经济发展环境。二是完善民生投入保障机制，确保各项民生政策落实到位。在预算执行中优先安排民生支出，积极落实各项就业扶持政策，完善城乡义务教育经费保障机制，支持加强保障性住房建设，加大农村住房建设和危房改造力度，完善新农合、城镇居民基本医疗保险和城乡低保制度，扎实推进医药卫生体制改革和新型农村社会养老保险试点，加快城乡公共文化服务体系建设，支持抓好安全生产和食品药品监管，努力维护社会和谐稳定。在继续完善促进县乡科学发展“五个机制”的基础上，今年选择20个县（市）开展“省直管县”改革试点，进一步加大对县乡财政的转移支付力度，提高基层政府保运转、保民生的能力。三是狠抓增收节支，圆满完成全年预算任务。围绕全省地方财政收入增长8%、省级收入增长3%的目标任务，充分挖掘税收征管潜力，切实完善税源控管体系，强化社会综合治税和科技兴税，确保各项税收应收尽收；充分挖掘非税收入增收潜力，以完善国有资源有偿使用制度为重点，着力抓好土地、矿产等资源性非税收入征收，加强排污费等环境保护性非税收入管理；充分挖掘支出管理潜力，牢固树立过紧日子思想，坚决执行中央和省委、省政府关于厉行节约的规定，严控购车、会议、接待、出国等一般性开支，继续深化部门预算、国库集中支付、政府采购等改革，努力提高财政资金使用效益。

三、关于2009年省级预算调整方案的说明

经国务院批准，今年财政部代理发行地方政府债券，其中分配给我省的债券额度为70亿元（含青岛11亿元），截至7月6日，已全部发行完毕。经省十一届人大常委会第十次会议批准，我省债券资金除青岛市自主使用11亿元外，其余59亿元，对各市转贷53亿元、省级使用6亿元。另外，根据国家统一部署，从今年起实施成品油价格和税费改革，财政部核定我省收入返还基数142.67亿元，用于替代取消交通收费后的相关支出。按照财政部规定，上述两项收支要全额纳入省级一般预算管理，需要对年初批准的省级预算进行相应调整。为此，依照《预算法》和《山东省省级预算审查监督条例》有关规定，省政府编制了2009年省级一般预算调整方案，特提请省人大常委会审查批准。

（一）省级一般预算收入调整方案。2009年初，经省人代会批准的省级“中央返还性收入”为207.59亿元。实施成品油价格和税费改革后，中央相应增加我省“返还性收入”142.67亿元。同时，财政部代理我省发行地方政府债券，相应新增省级“国内债务收入”59亿元。以上两项，共计调增省级收入预算201.67亿元。

（二）省级一般预算支出调整方案。2009年初，经省人代会批准的省本级一般预算支出为377.02亿元、转移性支出为784.48亿元。此次调增省级支出预算201.67亿元，具体项目如下：

1. 省级一般预算支出调增30.94亿元。其中：成品油价格和税费改革返还收入省级留用26.42亿元，由省交通厅等部门集中用于全省公路建设及养护等，相应增加省级交通运输等科目支出。省级留用的地方政府债券收入，主要用于省级重点项目建设补助，其中列省本级支出4.52亿元，具体科目调整如下：增加省级文化体育与传媒支出2.2亿元，用于省博物馆新馆建设；增加省级教育支出1.56亿元，用于省委党校和省行政学院校区建设改造；增加省级一般公共服务支出6 800万元，用于省档案馆新馆建设；增加省级农林水事务支出821万元，用于省农产品质量安全检测中心建设中央投资配套。

2. 省对下转移性支出调增170.73亿元。具体包括：（1）成品油价格和税费改革返还收入补助市县支出116.25亿元，其中：补助市县替代取消交通收费后相关支出30.31亿元，补助市县交通项目支出69.75亿元，补助市县公路及航运系统基本支出16.19亿元。（2）省级转贷市县地方债券支出53亿元。（3）省级留用的地方政府债券收入补助市县支出1.48亿元，专项用于全省农村饮水安全工程中央投资省级配套。

根据上述调整方案，2009年省级收入预算和支出预算均调增201.67亿元，收支安排是平衡的。

各位委员，今年国内外经济环境复杂严峻，经济发展面临的不确定因素较多，做好今年的财税工作任务艰巨、意义重大。我们将认真贯彻中央和省委的决策部署，积极落实省人大有关决议，迎难而上，开拓创新，扎实工作，确保圆满完成全年预算任务。

山东省人大财政经济委员会关于山东省2008年省级财政决算和2009年省级预算调整方案的审查报告

2009年7月22日在山东省第十一届人民代表大会常务委员会第十二次会议上

山东省人大财政经济委员会主任委员　李书绅

主任、常务副主任、各位副主任、秘书长、各位委员：

依据《预算法》、《监督法》和《山东省省级预算审查监督条例》的规定，省人大财政经济委员会于2009年7月6日和7日分别听取了省审计厅关于2008年度省级预算执行情况和其他财政收支的审计工作报告和省财政厅关于山东省2008年财政决算及2009年省级预算调整方案的报告。财政经济委员会结合审计工作报告，对2008年省级财政决算草案和2009年省级预算调整方案及其报告进行了初步审查。现将审查结果报告如下：

省政府报告的2008年全省一般预算收入1 957.05亿元，完成预算的101.9%，比上年增长16.8%（经常性收入增长10.5%），加中央税收返还和转移支付补助及上年结转收入等1 158.66亿元，收入共计3 115.71亿元；全省一般预算支出2 704.66亿元，完成预算的108.4%，增长19.6%，加上解中央支出及结转下年支出等406.14亿元，支出共计3 110.80亿元。收支相抵，全省累计净结余4.91亿元。

省级一般预算收入238.86亿元，完成预算的105.0%，比上年增长11.7%（经常性收入增长6.5%），加中央税收返还和转移支付补助、市上解收入及上年结转收入等947.54亿元，收入共计1 186.40亿元；省级一般预算支出350.18亿元，完成预算的118.6%，比上年增长23.3%，加上解中央支出、补助市县支出及结转下年支出等836.02亿元，支出共计1 186.20亿元。收支相抵，省级累计净结余2 000万元。省级超收财力12.5亿元，当年支出2.74亿元，主要用于安排对口支援北川灾后重建资金、增加国债项目配套资金、服务业发展引导资金及安排抗震救灾物资运输经费，其余9.76亿元全部纳入2009年省级预算统筹安排使用。上述资金安排使用情况，省财政厅已于今年1月份向省人大财政经济委员会报告。

2009年省级预算调整方案是：调增省级收入预算201.67亿元，其中因实施成品油价格和税费改革，相应增加中央对我省“返还性收入”142.67亿元，因财政部代理我省发行地方政府债券，相应增加省级“国内债务收入”59亿元；调增省级支出预算201.67亿元，其中省本级一般预算支出调增30.94亿元，省对下转移性支出调增170.73亿元。

财政经济委员会认为，2008年省政府及其财税部门在省委的领导下，认真落实省十一届人大一次会议决议，积极应对国内外经济环境出现的新情况、新问题，努力保增长、保民生、保稳定，财政运行情况良好，较好地完成了省十一届人大一次会议确定的预算任务。2009年省级预算调整方案，符合国家实施积极的财政政策、扩大内需的要求，也符合我省经济社会发展的需要。调整后收支安排平衡，符合法律要求。建议本次会议批准省政府提出的2008年省级财政决算草案和2009年省级预算调整方案。

2008年预算执行中存在的主要问题是：受国际金融危机的影响，经济增速回落、企业效益下滑，财政收入增速减缓；区域间经济发展不够平衡，部分县乡财政仍比较困难；各种形式的偷税、漏税现象和部分财政资金闲置、滞留等问题依然存在；政府采购预算执行进度偏慢，部分项目资金使用效益不高等。对审计部门依法查出的预算执行中存在的一些突出问题，建议省政府责成有关部门切实进行整改，严格责任追究，并将处理结果和整改情况向省人大常委会报告。

为进一步做好今年的财政预算工作，财政经济委员会提出以下建议：

一是认真贯彻积极的财政政策，促进经济健康发展。积极落实中央一系列宏观经济政策，紧紧抓住此次国家扩大内需、加大投入的契机，搞好投资项目结构优化，推动技术和产业升级，提升产业整体竞争力，培植优质财源。统筹用好地方政府债券资金，严格实行预算管理，确保资金使用效益。二是积极推进财政改革，加强财政管理制度建设。继续推进财政体制改革，强化财政管理监督，完善部门预算制度，精细预算编制，增强预算的完整性、科学性、准确性和执行的严肃性。高度重视审计查出的问题，采取有效措施，改革创新体制、机制，完善相关制度，从根本上加以解决。三是完善审计监督机制，强化审计监督职能。要加强预算审计监督，充分发挥审计监督在维护财经秩序、提高财政资金使用效益方面的作用。进一步推进审计结果公告制度，增强审计透明度。四是调整优化支出结构，提高财政保障能力。进一步优化财政支出结构，按照保增长、保民生、保稳定的总体要求，坚持有保有压的原则，大力压缩一般性行政支出，加大对民生工程、公共基础设施建设等方面的投入，促进经济社会平稳健康发展，确保完成全年预算任务。

以上报告，请予审议。

山东省人民代表大会常务委员会关于批准山东省2008年省级财政决算的决议

2009年7月24日山东省第十一届人民代表大会常务委员会第十二次会议通过

山东省第十一届人民代表大会常务委员会第十二次会议听取了省财政厅厅长尹慧敏受省政府委托所作的《关于山东省2008年财政决算和2009年上半年预算执行情况及省级预算调整方案的报告》和省审计厅厅长左敏受省政府委托所作的《关于山东省2008年度省级预算执行情况和其他财政收支的审计工作报告》。会议结合审议审计工作报告，对山东省2008年省级财政决算草案和报告进行了审查，同意山东省人民代表大会财政经济委员会提出的《关于山东省2008年省级财政决算和2009年省级预算调整方案的审查报告》，决定批准山东省2008年省级财政决算。

山东省人民代表大会常务委员会关于批准2009年省级预算调整方案的决议

2009年7月24日山东省第十一届人民代表大会常务委员会第十二次会议通过

山东省第十一届人民代表大会常务委员会第十二次会议听取了省财政厅厅长尹慧敏受省政府委托所作的《关于山东省2008年财政决算和2009年上半年预算执行情况及省级预算调整方案的报告》，对2009年省级预算调整方案和报告进行了审查，同意山东省人民代表大会财政经济委员会提出的《关于山东省2008年省级财政决算和2009年省级预算调整方案的审查报告》，决定批准山东省2009年省级预算调整方案。

姜大明同志
在全省财税工作电视会议上的讲话

（2009 年 1 月 15 日）

同志们：

今天，省政府召开这次全省财税工作电视会议，主要任务是，深入贯彻中央和全省经济工作会议精神，以科学发展观为指导，按照全国财政、税务工作会议的部署和要求，进一步做好我省的财税工作，提高科学发展的能力和水平，促进全省经济社会又好又快发展。下面，我讲三点意见。

一、财税系统为全省经济社会又好又快发展做出了重要贡献

刚刚过去的 2008 年，是很不平凡、很不寻常的一年。面对复杂多变的国内外经济形势，各级各部门以党的十七大和十七届三中全会精神为指导，深入贯彻科学发展观，认真落实中央和省委的决策部署，采取强有力的措施，努力克服各种困难和挑战，经济保持了平稳较快发展，全省生产总值突破 3 万亿元大关，迈上了新的台阶。在经济发展的基础上，全省财政收支有了新的发展，财政实力和保障能力进一步增强。按全国统一口径计算，去年全省财政总收入达到 3 507.1 亿元，比上年增长 15.6%。其中，地方一般预算收入完成 1 956.9 亿元，增长 16.8%。分部门看，全省国税系统组织收入 1 937.5 亿元，增长 14.3%，其中地方一般预算收入 480.1 亿元，增长 15.6%；全省地税系统组织收入 1 170.1 亿元，增长 16.6%，其中地方一般预算收入 938.4 亿元，增长 17.8%；财政与有关部门组织地方一般预算收入 538.3 亿元，增长 16.2%。财政收入结构进一步优化，收入质量有新提高。在全省地方财政收入中，税收收入达到 1 533.3 亿元，增长 17.2%，高于非税收入增幅 1.8 个百分点。预计全省地方财政收入占生产总值的比重达到 6.3%；税收占地方财政收入的比重达到 78.36%，比上年提高 0.3 个百分点。全省一般预算支出达到 2 704.8 亿元，比上年增加 442.3 亿元，增长 19.6%，为经济社会发展提供了有力保障。

财政税收是经济运行的“晴雨表”，也是政府履行职能的物质基础和政策手段。在去年国内外经济形势急剧变化、各种挑战和考验集中出现的情况下，各级财税部门牢固树立全局观念和大局意识，坚决落实国家宏观经济政策，坚决贯彻省委、省政府决策部署，科学把握财税调控的方向、重点和力度，着力构建有利于科学发展的体制机制，较好地发挥了职能作用。在支持经济增长方面，各级财税部门围绕保增长、控物价，认真落实涉农补贴和涉企税费减免政策，切实加大资金和政策支持力度。特别是中央出台扩大内需十项措施后，各级把扩内需、保增长作为首要任务，积极争取中央项目、资金和政策支持，并结合我省实际拿措施、抓配套，为实现全省经济平稳较快发展发挥了重要作用。在推进经济结构调整方面，各级不断完善财税激励约束机制，认真落实国家税收优惠政策，鼓励社会资金加大对先进制造业、现代服务业、自主创新、节能减排等方面的投入，加快淘汰落后产能，有力地推动了发展方式转变。在保障和改善民生方面，财税部门年初坚持早部署、早安排，认真落实省政府确定的“五件实事”，年中又筹集 10.51 亿元资金，实施了 7 项新的民生政策，人民群众得到更多实惠。在完善县乡帮扶机制方面，省里改进转移支付办法，在保持财政体制不变、转移支付基数不减的基础上，筹措 18.6 亿元资金，建立起了财政收入质量改善、财政支出结构优化、县级财力差异均衡、县级基本财力保障、县乡义务教育债务化解“五个机制”，树立了正确的政策导向，调动了县乡科学发展、增收节支、改善民生的积极性。

面对严峻的形势，各级财税部门在工作中认真贯彻国家财税政策，既算财政账、收支账，又算政治账、发展账，密切关注经济走势，深入分析财政收支，狠抓税源控管，严格依法治税，圆满完成了各项任务。财政部门坚持增收与节支并重，不断创新体制机制，科学合理调度资金，大力压减一般性支出，集中财力保重点、办大事，增收与节支工作均取得新成效。国税系统以实施新企业所得税法为契机，深入实施科技强税战略，不断完善分析预警和纳税评估系统，稳步提升税源管理水平，收入工作再上新台阶。地税系统通过社会综合治税、网上监控、评估比对、重点检查等措施，深入挖掘税源潜力、防止税收流失，税收征管取得新突破。同

时，财政、国税、地税部门结合各自实际，深入学习实践科学发展观，全面加强政风行风建设，引导广大财税干部职工勤学苦干，切实强化服务意识，提高改革创新本领，促进了各项工作的扎实开展。在去年这个非常之年，全省财税工作取得的成绩来之不易，是与广大财税干部职工的辛勤努力分不开的。在这里，我谨代表省委、省政府，向大家表示亲切的慰问和衷心的感谢！

二、把保增长作为今年财税工作的首要任务

当前，国际金融危机仍在蔓延，对实体经济的影响仍在进一步加深，全球经济增长减速与国内周期性需求下降叠加在一起，使我省经济发展面临的形势异常复杂严峻。在这种情况下，我们要集中全力扩内需、保增长。从世界上看，为应对金融危机、防止经济衰退，各国采取的措施基本上都是积极的财政政策，或者说是扩张性的财政政策。我国实施积极的财政政策，是中央基于对形势的正确判断而作出的重大战略决策。各级财税部门一定要增强责任感和使命感，准确把握积极财政政策的内涵和要求，积极作为、科学务实，为确保经济平稳较快发展发挥更直接、更有力、更有效的作用。

第一，必须加大政府性投资力度。扩大投资是拉动经济增长最直接、最有效的措施。各级要加大预算内投资力度，优先落实中央国债项目配套资金，保障重点项目建设需要。要综合利用贷款贴息、投资参股、以奖代补等方式，引导社会资金投入，放大政府的投资乘数。今年中央将代理地方政府发行部分债券，债券收支全额纳入财政预算管理，市、县政府使用债券收入，由省级财政转贷。财政部门要根据资金需求、各地的财政状况和现有负债水平，认真做好债券发行额度申请和转贷工作，确保中央重点项目地方配套的资金需要。要加快建设地方融资平台。今年省里将以三个政府性投资公司为依托，支持构建三个融资平台，分别与三个大的商业银行对接，通过战略合作的方式，利用信贷资金扩大投资来源。各级财政要积极支持地方融资平台建设，在控制风险的基础上，多渠道筹集资金，切实加大对经济社会发展薄弱环节投入，促进投资合理适度增长。同时，要不断完善高新技术风险投资体系和中小企业信用担保体系，认真做好城市建设债券、企业债券的发行工作，大力推进企业上市融资，缓解企业资金瓶颈。

第二，必须落实好结构性减税政策。清理行政事业性收费，实施结构性减税，是积极财政政策的重要内容。去年下半年以来，国家多次提高出口退税税率，减轻房地产施工和销售环节的税费负担，停征个人储蓄存款利息所得税，并确定从今年1月1日起，全面推行增值税转型改革和燃油税费改革。我省根据国家统一部署，去年全面停征工商“两费”，对省级立项的行政事业性收费项目进行全面清理，在国家确定取消100项收费的基础上，取消和停征74项行政事业性收费。据初步测算，上述税费减免政策，今年可为全省企业和群众减轻负担480多亿元。这对于促进结构调整、扩大内需将发挥积极的促进作用。各级财税部门一定要按照中央要求，全面落实结构性减税政策。要稳步推进增值税转型改革，加快推进传统产业改造升级步伐。确保燃油税费改革顺利实施，形成多用油多负担、少用油少负担的机制，促进税收公平，推进节能减排。要帮助企业用好国家出口退税政策，支持企业开拓新兴市场，扩大机电产品、高新技术产品及基本农产品出口，推动外贸出口增长方式转变。要进一步清理规范行政事业性收费项目，优化经济发展环境。

第三，必须着力保障和改善民生。改善民生、加快发展社会事业，不仅是落实科学发展观、构建和谐社会的内在要求，也是扩大内需、促进消费的重要举措。在落实积极的财政政策过程中，各级要强化民生意识，把保障和改善民生作为扩内需、保增长、促和谐的重要措施来抓。要切实加大民生投入力度，无论是在预算安排上，还是在预算执行中，都要优先考虑民生、优先保障民生，不断提高民生支出占财政支出的比重。今年经济形势特殊，下岗、失业人员多，涉及稳定的支出压力大，对相关支出和政策，一定要全力保障、全力落实。要把扩大就业作为头号民生工程来抓，实施更加积极的就业政策，切实落实好就业培训、公益岗位开发、小额担保贷款、退伍军人自主择业补助、农民工返乡创业扶持、大学生求职补助和创业帮扶等政策，全方位促进创业和就业。要进一步提高城乡低保标准，加快完善新型农村合作医疗制度和城市居民基本医疗保险制度，逐步构建覆盖城乡的养老保险体系。坚持教育优先发展战略，深化农村义务教育经费保障机制改革，提高农村义务教育经费保障标准，完善困难学生资助政策。继续抓好乡镇卫生院改造和村卫生室建设，提升城市社区医疗卫生服务水平，进一步完善公共卫生服务体系。加快公共文化服务体系建设，把文化、旅游培育成新的消费热点，丰富城乡居民的精神文化生活。要不断完善“三农”投入保障机制，落实好各项支农惠农政策，优先促进农村社会事业发展，改善农村生产和生活条件，为促进和扩大农村消费创造条件。

第四，必须加快推进改革。抓住有利时机推出一些关键性的改革措施，能为扩内需、保增长提供强大动

力。一方面，要大力支持重点领域和关键环节的改革。改革是对既得利益格局的调整，几乎每一项改革都离不开财政的保障和支持。比如规范收入分配制度，尤其是实行义务教育教师绩效工资制度，财政部门要大力保障。对于资源价格改革、医疗卫生改革、金融改革、国有企业改革、政府机构改革、司法经费保障机制改革等，各级财政都要加大保障力度，加快消除制约经济社会发展的体制机制性障碍。同时，要继续推进财税改革，努力构建有利于科学发展的财税体制机制。重点是要完善促进县乡科学发展的“五个机制”，加大对财政困难县的帮扶力度，进一步促进县乡科学发展；密切关注资源税、消费税、个人所得税等改革动向，在努力促进财政增收的同时，更好地发挥税收的调节作用；深入推进农村综合改革，减轻基层财政负担；完善税收征管机制，提高纳税服务水平。

第五，必须抓好增收节支。实施积极的财政政策，一方面要结构性减税，一方面要增加支出，全省财政面临的减收增支压力很大。初步测算，不包括燃油税费改革，今年落实结构性减税和清理规范收费政策，将直接影响地方财政收入130多亿元；扩大投资、保障民生、援建北川、举办十一运会、支持企业发展、加大重点事业投入等，各项必保的增支达300多亿元，抓好增收节支工作十分重要。一要严格依法征税管费。今年，全省财政收入计划确定为8%。各级财税部门从年初开始，就要紧紧把收入工作抓在手上，密切跟踪经济形势，认真分析经济指标变化对财政收入的影响，及时采取应对措施，努力提高组织收入工作的针对性、有效性。要坚持依法治税管费，严厉打击偷逃骗税，确保财政收入稳定较快增长。二要加快资金拨付进度。预算支出进度慢，年底资金结转多，是多年来影响资金使用效益的大问题。对此，要引起重视，提高工作效率。对年初能确定的支出项目，要尽量列入部门预算，提高预算的年初到位率。条件成熟的工作，特别是各项投资支出和民生支出，要早研究、早部署，加快拨付进度，尽快形成实物工作量。三要牢固树立过紧日子思想。过紧日子，政府机关要带头。今年省直党政机关公用经费，一律比2008年预算压减5%，机关购车支出压减80%。各市、县也要扎实推进节约型机关建设，大力压减一般性开支，严格控制公务购车用车、会议、公务接待、出国（境）费用，努力降低行政成本，坚决反对铺张浪费。

三、着力培植壮大地方财源

今年财政经济形势严峻，受国际金融危机影响，经济增速放缓，部分传统财源萎缩，新兴财源增长后劲不足，财政增收面临很大困难。各级要高度重视和加强财源建设，善于在危机中寻找和把握机遇，立足本地实际，发挥比较优势，科学确定财源建设重点和方向，大力培植高效支柱财源，巩固壮大优势特色财源，重视抓好新兴后续财源，不断优化财源结构体系，为财政增收提供持久动力。

（一）抓住国家扩大内需的机遇，加快建设一批大型骨干财源。大项目、大企业的投资大、带动作用强，对于拉动经济增长，培植壮大财源，具有至关重要的作用。当前和今后一个时期，我们要把扩内需、保增长与培植壮大财源结合起来，在保持经济平稳较快增长的过程中，不断培植壮大骨干财源。一是要全力新上一批大项目。深入研究和利用好积极的财政政策与适度宽松的货币政策，因地制宜，筹划、储备一批符合国家产业政策、税收贡献率高的大项目、好项目。对未完成审批手续的，要加快审批立项进度；已完成立项手续的，加快实施进度，确保项目早上马、早竣工、早见效，为实现经济和财政收入稳定增长提供后续保证。二是要突出抓好大企业。目前我省纳税1 000万元以上的企业有1 200多家，虽然仅占纳税人总户数的0.15%左右，提供的税收却占税收总收入的60%。抓住抓好这些纳税大户，就抓住了培植壮大财源的关键。在当前市场需求减弱、企业经营困难较多的情况下，对这些大企业，要重点关注、优先支持、贴近服务，采取有力措施，帮助企业渡过难关，使大企业成为高效财源的支撑点。三是要高度重视支持中小企业发展。中小企业活力足，容纳就业的能力强，在培植壮大财源方面具有不可替代的作用。要针对目前中小企业面临的困境和问题，选择一批科技含量高、市场前景好的中小企业，省、市、县配套联动、滚动帮扶，促进中小企业上规模、上水平，加快培育集群经济和群体财源。

（二）进一步优化财源结构，提高财源质量。一个地区产业结构层次和产业素质的高低，直接决定着地方财政收入的多少。当前，金融危机导致外部需求大量减少，客观上对我们加快经济结构调整，形成了巨大的倒逼压力；国家实施结构性减税政策，又为产业结构调整指明了方向、创造了条件。我们要抓住机遇，加快推进产业结构优化升级。一是大力发展现代服务业。目前我省每百元GDP提供的地方税收，第二产业为4.5元左右，第三产业为6元左右。尤其是房地产、金融保险、现代物流等行业，每百元增加值可提供地方税收13.3元，是名符其实的高效财源。要以支持“三大载体”建设为抓手，加快发展房地产、金融保险、科技信息、文化创意、现代物流等重点服务业，努力提高服务业发展水平和质量。二是大力发展先进制造业。我省制造业2007年提供地方税收374亿元，占全省地方税收的32%，是第一大税源行业。今年起全国将实施增值税转型改革，允许抵扣新增设备投资的税收，这对我省制造业的改造升级十分有利。要抓住时机，鼓励以信息技术改造提升优势传统产业，加快发展装备制造业和电子信息、生物医药、新材料、环保、节能与新能源、海洋生物等高技术产业，进一步增强其对经济发展和财源建设的带动作用。三是大力发展现代农业。要在农副产品深加工上做文章，拉长农业产业链，提高农业附加值，变“无税”为“有税”，再创农业财源新优势。四是大力提升外商投资经济发展水平。进一步优化招商引资环境，千方百计吸引国内外大公司、大集团来山东落户。要注重提高招商引资的质量效益，本着既有利于增加就业又有利于增加税收的原则，力争用最小的成本代价，取得最大的财源效益。

（三）深化国有资源管理改革，不断挖掘新财源。我省资源比较丰富，国有资产颇具规模，通过推行国有资源有偿使用制度，盘活闲置、低效资产，可以把资源、资产变成财源。在资源性财源方面，重点是要提高土地资源配置效率，增加政府土地收益，依法做好“以地生财”文章；要严格推行矿产资源有偿使用制度，积极推进探矿权、采矿权和环境资源使用权招标、拍卖和挂牌出让，最大限度地增加政府收益；要全面推行海域有偿使用制度，规范海域使用金减免，把资源优势体现到财政增收上来。比如，在深化矿业权有偿使用制度改革方面，目前我省266个煤矿，采矿权价款近100亿元，可增加地方财政收入近80亿元。同时，我省黄金、金刚石、岩盐、水泥用灰岩、花岗石采选行业，现有企业无偿取得的采矿权约占40%，如全面实行有偿使用制度，价款总量将超过100亿元。在资产性财源方面，重点是要挖掘我省国有企业多、国有资产规模大的优势，通过深化国有资本经营预算改革，完善国有企业利润上缴制度增加财源；要加快事业单位改革步伐，盘活行政事业资产增加财源。这些工作做好了，大有潜力可挖。比如，2007年末我省行政事业单位资产达到5 585亿元，居全国第3位，其中经营性资产671亿元。通过推进经营开发服务类事业单位转企改制，逐步将部门所属招待所、培训中心等内部服务机构改制为独立纳税的法人，有利于推动政企分开、政事分开，提高资产利用效率，也有利于增加财源。

（四）完善财政管理体制，充分调动各级培植财源的积极性。一要完善财政激励机制。继续对财政困难县实行营业税、企业所得税增量返还政策，并鼓励各县（市、区）用省市返还的税收，设立财源建设专项资金，促进县域经济加快发展。完善省对下“奖补”激励政策，加快建立与各地经济发展水平相挂钩的转移支付制度，引导各地转变发展方式，提高发展质量。二要创新完善产业升级、转移引导机制。为推进省内产业有序转移，今后省里将视财力情况，每年安排部分资金，采取贴息、奖励等方式，支持中西部省级重点园区基础设施建设，改善园区投资环境，提升园区承接产业转移能力；鼓励我省东部地区向西部地区实施产业转移，对东部市县政府对口支援欠发达县（市、区）园区基础设施建设超过一定数额的，给予一次性奖励。

（五）切实加强税源控管，努力把财源建设的成果反映到财政上来。一要积极挖掘政策性税源。要密切关注国家税制改革动向，针对我省煤炭、石油及黄金等矿产资源丰富的实际，争取中央尽快出台新的资源税政策。要用好国家税收政策，做好税源筹划工作，重点引导大中型企业实施二、三产业分离，把原来统计核算在工业主营业务内的服务性业务剥离出来计征营业税。适应企业所得税征缴方式的变化，逐步将跨省企业设在我省的分公司，变为具有独立法人纳税资格的子公司，促进财政增收，防止收入流失。二要强化税源管理监控。大力推行社会综合治税，动员社会各方面力量加强税源监控。坚持走科技治税的路子，全面实现财税库银联网，建立税源信息共享网络平台，运用现代科技手段，完善税源控管体系，堵塞征管漏洞，努力做到依法应收尽收。三要规范税费减免。目前各地越权制定税费优惠政策，随意减税、免税的问题还比较突出，通过规范税收优惠政策堵漏增收的空间很大。要进一步加强税政管理，大力清理税收优惠政策，规范税式支出，维护税法的严肃性，切实防止跑冒滴漏。

同志们，今年经济形势严峻，财税工作任务非常繁重。各级党委、政府要切实加强对财税工作的领导，政府主要负责同志要学财税、懂财税，深入研究国家财税政策，善于运用财税手段促进经济社会发展。各级财税部门要深入开展学习实践科学发展观活动，进一步重视和加强干部队伍建设，努力提高依法治税和科学理财的能力。社会各界、各部门要充分理解、支持财税工作，广大纳税人要依法自觉纳税，形成全社会关心、支持财税工作的良好氛围，共同推动我省财税工作再上新台阶，以优异成绩迎接新中国成立60周年！

尹慧敏同志在全省财政工作会议上的讲话

（2009年1月16日）

同志们：

昨天下午，姜大明省长作了重要讲话，对去年全省财政工作给予充分肯定，对今年财政工作提出了明确要求。姜省长的讲话，高屋建瓴、精辟深刻，指导性很强，听了以后，深受鼓舞和鞭策。今天上午的会议，主要任务就是结合学习贯彻姜省长讲话，认真落实全国财政工作会议和全省经济工作会议精神，总结去年工作，分析当前形势，部署今年任务。下面，我代表厅党组，讲三个方面问题。

一、2008年全省财政工作回顾

2008年是极不寻常、令人难忘的一年。面对复杂多变的国内外经济环境，面对前所未有的减收增支压力，面对接连出现的突发事件，各级财政部门在省委、省政府坚强领导下，以党的十七大、十七届三中全会和省委工作会议精神为指导，深入贯彻落实科学发展观，坚定信心、迎难而上，拼搏进取、扎实工作，较好地完成了各项工作任务。

——财政收入预算任务圆满完成。在经济“高开低走”的情况下，各级财税部门克服困难，深挖潜力，组织收入工作取得明显成效。据快报统计，全省地方财政收入完成1 956.87亿元，比上年增长16.8%；税收占地方财政收入的比重达到78.36%，提高0.27个百分点，收入质量进一步提高。

——财政支出规模再上新台阶。随着收入的增加，全省支出规模进一步扩大，保障能力又有新提高。据快报统计，全省财政支出达到2 704.76亿元，比上年增长19.58%。其中，农业、教育、科技、医疗卫生、社会保障和就业支出，分别完成234.38亿元、551.7亿元、56.73亿元、139.94亿元、281.2亿元，增长43.78%、21.69%、22.24%、40.44%、11.69%，各项民生政策得到较好落实。

——基层财政状况继续得到改善。随着县域经济快速发展，全省县乡地方财政收入达到1 197.63亿元，增长18.43%。与此同时，省市进一步加大转移支付力度，其中省对下转移支付达到255.8亿元，比上年增加51.6亿元，增长25.3%。省市重点帮扶的43个财政困难县，人均财力达到3.34万元，比上年提高4 300元，财政状况明显改善。

——财政改革管理取得新突破。部门预算、国库集中支付、政府采购、‘收支两条线”改革继续深化，国有资本经营预算和社会保障预算编制改革稳步推进，财政监督和投资评审机制更加完善，税政、会计、资产、非税收入、政府债务和部门财务管理进一步加强，金财工程建设取得新成果。

总的看，在去年各种挑战和考验集中出现的情况下，各级财政部门紧紧围绕经济社会发展大局，科学应对复杂形势，有效化解收支矛盾，做了大量艰苦细致的工作，各个方面都取得新的成绩。回顾去年工作，有几个突出特点：

（一）应对复杂严峻形势见事早、把握准、措施实。去年国内外经济形势错综复杂，国家宏观调控政策相应调整较快，由年初的“双防”，到年中的“一保一控”，再到第四季度全力扩内需、保增长，财政政策也随之调整，由“稳健”变为“积极”。为此，从年初开始，省厅和各级财政部门就未雨绸缪、积极应对。上半年，为控制物价过快上涨，各级认真落实涉农补贴政策，大力扶持粮食、油料、生猪和奶牛生产，增加重要农产品和生活必需品供给。仅粮食直补和农资综合补贴，去年全省就达56.27亿元，每亩补贴86.78元，比2007年增长95%。下半年，国际金融危机对我省的影响逐步显现，厅党组在前8个月收入大幅增长面前，始终保持清醒头脑，9月份收支数字出来后，省厅进行了深入分析，提出了增收节支六条建议，引起省政府领导的高度重视，10月下旬省政府召开全省财税工作电视会议作出部署。11月中央出台扩大内需十项措施后，各级财政部门把扩内需、保增长摆在首位，省厅结合实际研究提出24条具体政策建议，为省委、省政府提供了重要决策参考。在此基础上，各级财政部门积极配合有关方面，认真做好项目筛选、论证、上报工作，努力争取中央投资项目和资金，确保了扩大内需政策的落实。12月中旬，根据财政收入形势的新变化和各地税源情况，省厅及时向省委、省政府建议，把增长16%作为全年收入目标，并确保今年年初收入不下降，省委、省政府采纳了我们的意见，强化了工作指导。回过头来看，过去一年，是近年来经济形势变化最快、财政政策调整频次最多的一年，各级财政部门高效率工作、高负荷运转，应对形势见事早、行动快、措施实，圆满完成预算任务，有力地促进了财政经济平稳较快增长。

（二）大事急事面前讲政治、顾大局、行动快。去年经济社会生活中的大事多、急事多、难事多，对地方财政预算正常执行造成较大冲击。面对难以预料、历史罕见的重大挑战和考验，各级财政部门合理调度资金，压一般、保重点，增收节支、科学理财，较好地保证了突发性支出需要。比如，“4.28”特大交通事故发生后，省厅和有关市财政局及时拨付资金，积极支持应急救援工作，受到国家有关部委和省委、省政府的好评。汶川特大地震发生后，各级财政部门迅速响应中央号召，积极落实援助资金，并通过压减党政机关公用经费预算、动员干部职工捐款捐物、鼓励社会募捐等方式，多渠道筹集救灾资金。在大家共同努力下，去年各级财政安排1.14亿元，全省社会捐款捐物35.93亿元，有力地保障了抗震救灾和对口援建工作需要。在支持举办奥运会方面，各级及时安排奥运安保及火炬传递支出，并本着既保障需要、又节俭开支的原则，大力整合资源，改善了公安、安全等部门的技术装备水平。尤其是青岛出现严重浒苔灾害后，省和沿海各市积极落实资金，全力以赴支持打好浒苔清理攻坚战，为奥运会、残奥会成功举办提供了有力保障。“三鹿奶粉”事件发生后，各级又迅速行动，及时筹集拨付资金，支持筛查、救治患病儿童，并采取多项措施稳定奶业生产发展。中央扩大内需资金到账后，各级坚持急事急办、特事特办，及时启动应急机制，开通资金拨付绿色通道，确保了国债资金即收即拨、当日下达。总之，在过去的一年里，每逢急事、难事、大事发生，广大财政干部总是冲锋在前、身处一线，出色地完成了资金筹集和保障任务。

（三）促进科学发展措施新、方法多、机制活。完善财税体制机制，促进科学发展，是财政部门的重要职责。去年，各级始终把支持发展作为第一要务，按照学习实践科学发展观的要求，灵活运用财税杠杆，标本兼治、多措并举，全力促进经济又好又快发展。在促进经济结构调整方面，注重发挥财政资金的“引子”作用，积极调控和引导社会资金，显著加大对现代农业、先进制造业、高新技术产业、现代服务业和自主创新等方面的投入，有力地推动了现代产业体系建设。在推进节能减排方面，各级注重发挥体制机制的激励约束功能，通过开展生态补偿试点，实行多耗能加价、多用水加价、节能奖励，推行节能产品政府采购等措施，调动了各方面节能减排的积极性，加快了落后产能淘汰步伐。在优化发展环境方面，牢固树立“环境就是资源、环境就是财源”的观念，及时停征了工商“两费”，并在国家取消100项收费的基础上，对省级立项的收费项目进行了全面清理，取消和停征了74项行政事业性收费，每年将减轻企业和社会负担24亿元。同时，高度重视中小企业遇到的困难和问题，在加强帮扶、减轻负担方面，出台了一系列政策措施。在促进县乡科学发展方面，省里积极改进转移支付办法，在保持财政体制不变、转移支付基数不减的基础上，筹措资金18.6亿元，建立起财政收入质量改善奖励、财政支出结构优化奖励、均衡县级财力差异奖励、农村义务教育化债奖励和县级基本财力保障“五个机制”，将政策导向由主要鼓励“快”，转到重点解决“好”上来，有力地调动了各地发展经济、培植财源、增收节支、改善民生的积极性，受到基层干部群众的一致好评。

（四）保障和改善民生政策多、投入大、效果好。工作中，各级始终把保障和改善民生作为出发点和落脚点，努力增加投入，主动完善政策，解决了许多关系群众切身利益的热点、难点问题。一是“五件实事”得到较好落实。从年初开始，各级就将省政府确定的“五件实事”抓在手上，坚持早部署、早安排，力求早拨款、早见效。截至去年底，800座“头顶库、串联库”除险加固任务基本完成；农村低保标准提高到900元，受益群众达到184万人；“家电下乡”补贴成效显著，兑付补贴资金1.68亿元；廉租住房制度全面建立，解决了6.02万户城市低收入家庭住房困难问题；村卫生室服务能力提升工程取得重要成果，当年改造建设村卫生室6 340个。二是民生政策体系更加完善。下半年，按照“扩内需、保民生、促增长”的要求，省里又结合中央财政支持，筹措资金10.51亿元，支持实施了提高新农合政府补助标准、全面推行城镇居民基本医疗保险、提高能繁母猪财政补贴标准、延长“家电下乡”政策实施时间、设立省级廉租住房奖补资金、实施促进大学生就业服务工程、扩大公益文化设施免费开放范围等七项新的民生政策。三是民生投入机制逐步健全。为保证民生政策落实，省财政在加大投入的基础上，明确划分政府间的分担责任，并根据财力情况，分类确定了对各地的补助方案。同时，经过积极争取，我省被中央纳入生源地信用助学贷款实施范围，启动了小型水库移民帮扶工作，并将农业政策性保险试点扩大到60个县（市、区）。保民生、办实事，是贯穿去年财政工作的一条主线，也是去年财政工作的一大亮点。通过各级共同努力，各项民生政策得到较好落实，人民群众得到更多实惠。

（五）推进财政改革管理重创新、重规范、重绩效。面对尖锐的收支矛盾，去年各级把深化改革、强化管理作为提升理财水平的关键，以改革化解矛盾、破解难题，在很多方面都取得新突破。一是预算改革取得新进展。省级改进了部门结余资金管理办法，对预算外资金实行了指标化管理，建立起省直单位人员信息联合共管新机制，深化了部门预算改革，提高了预算管理水平和预算约束力。省、市国库集中支付改革全面铺开，县级改革扩面超过80%，公务卡改革试点顺利启动。政府采购监管力度加强，采购行为更加规范。国有资本经营预算试行工作在全国率先开展，省级收取国有资本经营收益2.05亿元。社会保障预算编制工作全面推开，社保基金管理机制日趋完善。二是税制改革稳步推进。各级认真落实新的企业所得税政策，妥善处理跨地区企业总、分机构税收征纳关系，保障了改革顺利实施。完善耕地占用税政策，提高税额标准，在增收的同时，促进了耕地保护和土地节约集约利用。密切关注增值税转型和燃油税费改革动态，扎实做好前期准备工作，积极争取燃油税返还基数，为改革顺利实施奠定了基础。三是支出管理方式不断创新。各级统筹调剂预算内外资金，将部门预算外收入优先安排用于机关日常公用经费，并采取经费包干、节编奖励、节能降耗奖励等手段，推进了节约型机关建设。统筹协调各类专项资金，捆绑使用、加强衔接，资金使用效益明显提高。在促进文化、就业和医疗卫生事业发展方面，引入市场竞争机制，大力推行政府购买服务，实现了资金管理和公共服务水平"双提高"。四是财政基础管理明显加强。积极完善党政干部因公出国（境）经费管理办法，通过实行预算零增长、预算与用汇额度双控、出国用汇审核备案制度等，有力地控制了全省因公出国（境）支出增长。通过加强财政监督和投资评审，查处违规资金84 9亿元，审减财政资金76.17亿元。同时，新会计准则在有上市公司的国有企业全面实施，《山东省财政监督条例》顺利出台，行政事业资产、政府债务、金财工程、财政科研等工作取得新成绩，各级财政管理水平都有新提高。

（六）政风行风建设抓得紧、抓得实、抓得牢。一年来，各级始终把加强作风建设作为推动财政改革发展的根本保障，坚持"两手抓、两手硬"，系统政风行风建设再创佳绩。一是坚持以科学发展观统一思想、武装头脑。特别是去年10月份以来，省厅和部分市、县财政局严格按照省委部署，紧密联系实际，突出实践特色，扎实开展深入学习实践科学发展观活动，通过加强学习调研、深入查摆问题、及时进行整改，党员干部对科学发展观的认识不断深化，运用科学发展观谋划、推动工作的能力有了新提高。二是大力推进政务公开。通过建立健全财政信息公开制度，参与"阳光政务热线"直播，有效拓展了政务公开的范围和深度，"阳光财政"建设取得重要成果。三是深入开展"机关服务年"活动。以加强干部作风建设为着力点，努力增强干部职工的服务意识，不断完善服务机制，全面提高了财政部门服务大局、服务部门、服务基层、服务群众的能力。在去年全省民主评议行风活动中，省厅及8个市财政局，分别荣获省直和当地经济社会管理类第一名，省厅机关连续多年被评为"省级文明机关"。这集中反映了全省财政系统文明创建的成果，也体现了社会各界对财政工作的充分肯定和认可。

总之，去年是我省财政经济形势比较特殊的一年，是广大干部职工克服困难较多、投入精力较多、付出汗水较多的一年。广大财政干部职工在困难面前不退缩，压力当头不松劲，团结一致、顽强拼搏，展现出了不畏艰难、昂扬向上、勇挑重担的精神风貌，为推进财政改革发展做出了重要贡献。在此，我代表财政厅党组，向全省广大财政干部职工，表示衷心的感谢！

二、正确把握形势，增强战胜困难的信心和决心

正确分析把握形势，是做好工作的根本。全国财政工作会议和全省经济工作会议，以及昨天下午姜省长的讲话，对今年的财政经济形势作了深入分析。我们一定要认真学习领会，真正把思想认识统一到中央和省委、省政府的分析判断上来。

总体上看，受国内外复杂环境的影响，今年我省面临的减收增支因素很多，收支矛盾十分尖锐，可能是近年来财政运行最为困难的一年。从经济方面看，当前国际金融危机仍在蔓延，对实体经济的影响仍在加深，其严重后果还会进一步显现。同时，长期制约我省经济发展的体制性、结构性矛盾依然存在，并在外部因素激发下充分显现。短期问题与长期矛盾相互交织，全球经济增长减速与国内周期性结构调整彼此叠加，使我省经济发展面临的形势异常复杂严峻，经济增长和税源增加将会受到严重制约。从政策方面看，国家实施积极的财政政策，大面积减免税费，将直接影响财政收入。初步测算，包括燃油税费改革，今年落实结构性减税和清理规范收费政策，全省将减轻企业和社会负担480多亿元，按现行财政体制，直接影响地方财政收入130多亿元。从支出方面看，今年必保的刚性支出因素较多，尤其是扩大投资、保障民生、援建北川、举办十一运会等，都需要大量增加支出。初步测算，今年各项必保的增支达300多亿元。这一增一减，双重影响达到430亿元，是历史上没有过的。对此，各级要有充分的估计和准备，始终保持清醒的头

脑和认识。

事不避难，知难不难。面对挑战，信心是金。尽管今年财政工作面临很多困难，但也拥有不少有利条件和积极因素。第一，国家实施积极的财政政策和适度宽松的货币政策，大量增加国债发行规模和银行贷款，我省也相应出台了扩大内需21条政策措施，这些政策力度大、针对性强，将为经济平稳较快发展提供强大动力。第二，我省发展的重要战略机遇仍然存在。金融危机带来了前所未有的挑战，也带来了前所未有的机遇，特别是对调整结构和转变发展方式的倒逼效应，为促进经济又好又快发展提供了内生动力。重要物资价格大幅回落，也为我省更好地利用国内国外资源，加快优势支柱产业发展，提供了难得机遇。今年各级全面开展深入学习实践科学发展观活动，着力构建有利于科学发展的体制机制，将为经济社会发展提供新的动力和保障。第三，经过30年改革开放，我省综合实力显著提升，产业发展水平明显提高，基础设施支撑作用不断增强。特别是经过多年努力，我省公共财政建设取得重要成果，财政体制和管理机制日趋完善。同时，经过前几轮经济周期性调整的洗礼，我们既具有了经济快速增长条件下的理财经历，也积累了应对经济下滑困难局面的宝贵经验，这为我们克服当前困难增强了信心、奠定了基础。

总之，今年的财政形势，可以说是危机之中有契机，挑战之中有机遇，关键是要坚定信心，积极作为，以为化危，以为求机，化挑战为机遇，变压力为动力。各级财政部门一定要把思想和行动统一到中央和省委、省政府的决策部署上来，既居安思危、未雨绸缪，准确把握形势，充分考虑困难，又审时度势、冷静应对，增强攻坚破难的信心、勇气和锐气，切实掌握工作的主动权。特别是对以下四个问题，要统一认识，准确把握。

（一）*要统筹安排好今年财政收入计划*。根据省委、省政府决策部署，本着统筹兼顾、积极稳妥的原则，2009年全省地方财政收入预算安排增长8%。其中，省级收入增长3%；代编市及市以下收入增长8.7%。省级收入增幅较低，主要是考虑国际原油价格下降较大，增值税相应减收较多。全省财政收入安排增长8%，虽然明显低于往年水平，但与全国地方级收入计划相比，仍高出2.2个百分点。这个增幅是在综合各方面情况、反复测算分析后安排的，既充分考虑了各种政策性减收因素的影响，又充分考虑了对外资企业统一征收城建税及教育费附加、部分预算外收费项目纳入预算内管理、扩大内需措施逐步见效等增收因素。应该说，这个计划落实起来有难度，但经过努力是可以完成的。各级一定要充分认识今年形势的严峻性，充分考虑经济增长预期指标及各种税收政策调整因素，合理确定收入预算，既不要定得过低，以免影响保增长的信心；更不能定得过高，人为扩大支出盘子，造成工作被动。特别是经济欠发达的地区，一定要因地制宜、稳妥安排。同时，从年初开始，就要高度重视收入工作。要在全面落实国家减税清费政策的同时，加强财税部门协调配合，强化税收经济分析，推进财税库银联网，加大社会综合治税力度，规范非税收入管理，搞好收入征管专项检查，确保今年财政收入实现“开门好”，确保圆满完成全年预算收入任务。

（二）*要准确把握积极财政政策的丰富内涵*。实施积极的财政政策，是中央为应对国际金融危机影响、促进经济平稳较快增长而采取的重要举措。在经济低迷、外需疲软、市场前景看淡、企业家缺乏信心的背景下，用积极的财政政策来拉动增长、化解困境，比实施扩张性货币政策更加主动，效果更好。这次实施的积极财政政策，内容主要有五项，即扩大政府公共投资，大力促进消费需求；推进税费改革，减轻企业和居民负担；增加财政补助规模，提高低收入群体收入；优化财政支出结构，保障和改善民生；支持科技创新和节能减排，推动经济结构调整和发展方式转变。与1998～2003年实施的积极财政政策相比，本轮财政政策有三个突出特点：一是政策内容更加丰富。既包括加强基础设施建设、促进环境保护和污染治理、加快自主创新和结构调整的措施，又包括发展城乡社会事业、提高居民收入、实行减税清费、加大金融支持力度等政策，内容更加丰富，手段更加多样。二是政策实施力度更大。仅今年中央财政就安排政府公共投资7 000亿元，减轻企业和社会税费负担5 400多亿元，无论是政府投资规模，还是税费减免力度，都创了新的纪录。三是政策调控的要求更高。本轮扩张性财政政策，是在世界经济增速普遍下滑、国际市场需求全面下降、国内形成巨大过剩产能的情况下出台的，无论是政策调控目标、调控手段，还是资金的筹集、保障，落实起来难度更大，要求更高。各级财政部门要准确把握积极财政政策的内容和要求，正确处理扩张总量与调整结构、扩大内需与稳定外需、减税增支与增收节支、财政调控与市场调节的关系，准确把握工作的着力点和突破口，确保将各项政策措施落实到位。

（三）*要牢固树立过紧日子的思想*。前几年我省财政收入情况不错，每年都有较大超收，尽管也存在收支矛盾，但经费保障相对宽裕一些。今年情况十分特殊，财政收支矛盾非常突出，财政保障的压力和预算安排的难度明显加大。要集中有限的财力，全力保增长、保民生、保稳定，就必须增强节俭意识，勤俭办一切事业，既要把该保的保好，又要严格控制成本，严格控制各项行政经费。各级财政部门要牢固树立过紧日子的思想，统筹兼顾各方面支出需求，按照轻重缓急、择优从紧的原则，千方百计安排好支出预算，严格控制一般性支出，严格控制公车购置和楼堂馆所建设，严格控制出国（境）经费，坚决反对铺张浪费，给全社会做出表率。为确保各项重点支出需要，今年省级支出预算安排，除必保的政策性增支外，对一般性开支项目，都进行了严格控制和压缩。比如，省直党政机关公用经费支出一律比2008年预算压减5%，机关购车支出压减了80%。即便如此，受财力所限，省级仍有许多重点项目支出未能列入预算。应当说，为了支持地方发展，省级已经做了最大努力，用于省本级的支出并不宽裕。希望各级财政部门充分体谅省级财政的困难，全省上下团结一心，密切合作，共克时艰。

（四）要高度重视培植壮大财源工作。培植壮大财源，既是发展经济的一个重要目的，又是衡量一个地方经济发展水平和效益的重要标志，更是缓解财政收支矛盾的根本手段。省委、省政府高度重视财源建设问题，在去年省委工作会议和全省经济工作会议上，姜异康书记都专门作了强调。省委工作会议后，省委、省政府又将其作为十大战略课题之一，由姜大明省长亲自挂帅，财政厅牵头，七个部门参与，进行了深入调查研究。昨天下午，姜大明省长又对这项工作进行了重点强调，提出明确要求。当前经济形势严峻，部分传统骨干税源萎缩，新兴财源增长乏力，财政增收的难度加大，抓好培植壮大财源工作意义重大、非常紧迫。大家对此一定要高度重视，注意把扩内需、调结构、保增长与培植壮大财源结合起来，根据各地实际，深入研究强化财源建设的措施办法，争取在建设发展型财政、培植壮大财源方面，取得新的更大成绩。

三、抓住关键、突出重点，全面做好2009年财政工作

今年是建国60周年，也是推进“十一五”规划顺利实施的重要一年，做好财政工作十分重要。各级要深入贯彻全国财政工作会议和全省经济工作会议精神，认真落实科学发展观，按照积极作为、科学务实的要求，把促进经济平稳较快发展作为首要任务，把改善民生作为出发点和落脚点，把深化改革作为强大动力，坚定信心、迎难而上，认真实施积极的财政政策，采取有力措施扩内需、保增长，控物价、调结构，重民生、抓稳定，促改革、强管理，努力做好各项财政工作，为推进经济文化强省建设做出新的更大贡献。重点要在“三保、三促、三抓”上狠下功夫。

所谓“三保”，即保增长、保民生、保运转，切实提高财政综合保障能力，推进经济社会平稳较快发展。

保增长，就是要全面贯彻积极的财政政策，着力促进投资、消费和出口，增强“三驾马车”的协调拉动作用，促进经济平稳较快增长。在扩大投资方面，要积极做好相关工作，大力争取中央国债项目和投资，及时落实地方配套资金，确保建设项目及早形成实物工作量。为提高地方政府的配套能力，今年中央将代理发行地方政府债券，市、县政府使用债券收入的，由省级财政转贷。各级要综合考虑资金需求、财政状况、现有负债水平，积极稳妥地用好地方政府债券，切实提高促发展、保增长的能力。要支持融资平台建设，完善信用担保体系，建立担保行业奖补机制，鼓励银行、企业和社会加大投入。在促进消费方面，把扩大居民消费放在更加突出的位置，推进收入分配制度改革，多渠道促进农民增收，提高困难群体、优抚对象补助水平，让居民有能力消费；清理规范制约消费的政策和制度，完善社会保障体系，努力扩大就业，稳定居民消费预期，让居民有信心消费；加强农村流通设施建设，把电脑和热水器列入家电下乡补贴范围，积极培育消费热点，切实将群众的消费需求转化为现实购买力。在促进出口方面，管好用好外贸发展基金，引导企业用好出口退税政策，支持企业开拓境外市场，扩大出口规模，充分发挥出口拉动的作用。

保民生，就是要加大民生投入，在落实好现有民生政策的基础上，突出抓好新的民生政策实施。在促进教育发展方面，认真落实义务教育教师绩效工资制度，确保教师工资收入不低于当地公务员平均水平；支持解决进城务工人员特别是农民工随迁子女就学问题；扎实搞好农村中小学“211工程”试点，并将农村中小学的生均公用经费定额，按现有学生人数分别提高155元和105元，达到中央基准定额；全面实施农村义务教育化债工作，确保2010年底完成债务化解任务。在推进医疗卫生事业发展方面，完善新农合制度，确保对参合农民补助标准达到80元，推进乡镇卫生院、村卫生室、中医院和城市社区卫生服务体系建设，支持开展公立医院改革试点，完善医疗机构经费保障机制。在完善社会保障体系方面，进一步提高企业退休人员基本养老金，落实好中央提高部分优抚对象抚恤和建国前老党员生活补助标准的政策，将农村低保标准提高到1 000元，农村部分计划生育家庭奖励扶助标准提高到人均720元；把城镇居民基本医疗保险政府补助提高到80元以上，并将在校大学生全部纳入保障范围，省属高校参保学生政府补助资金由省级承担。在建设保障性安居工程方

面，省级继续安排奖补资金，支持各级加强廉租住房建设。各级要加大投入，确保住房公积金增值收益、土地出让净收益的10%用于廉租住房建设，认真落实支持经济适用房建设、城市棚户区改造的税费政策，并通过安排一定比例土地出让收入等方式，支持搞好农村困难群众危房改造试点。在促进就业方面，全面落实积极的就业政策，支持加大对失业人员和农民工的职业技能培训力度，做好就业援助工作；支持中小企业和服务业吸纳就业，尤其是返乡农民工就业；鼓励高校毕业生到基层、中西部地区和中小企业工作，促进自主创业、自谋职业；落实缓缴社会保险费、降低社会保险费率等政策，帮助企业渡过难关，稳定用工岗位。在促进文化事业发展方面，支持扩大博物馆、纪念馆免费开放范围，加大对重大文体设施和重点工程建设的投入，继续实施文化信息资源共享、农村电影放映、省直艺术团体送戏下乡、农家书屋建设、乡镇综合文化站建设工程，进一步完善公共文化服务体系。支持深化文化体制改革，促进文化产业发展。

保运转，就是要认真落实资金，保障基层运转、政权建设和“平安山东”建设的需要。特别是以下几个方面，要加大工作力度。一是积极保障基层运转。一方面，完善促进县乡发展的“五个机制”，加大省、市转移支付力度，进一步缓解县乡财政困难，增强基层政府提供公共服务的能力。另一方面，完善村级经费保障机制，提高村干部生活待遇，开展村级公益事业“一事一议”奖补试点，保障基层组织运转需要。二是规范津贴补贴发放。按照国家统一部署，加快规范县乡津贴补贴制度，确保按期完成任务。今年企业效益下滑，下岗失业人员有所增加，影响稳定的因素增多。在规范津贴补贴工作中，各地要统筹考虑财力可能与居民收入水平，严肃宣传纪律，避免引发矛盾。三是保障清理收费后部门支出需要。今年我省取消和停征的收费项目达174项，加上停征的工商“两费”和燃油税改革取消的六项收费，减收增支压力较大。各级要积极研究措施，搞好资金保障，确保有关部门履行职责和正常运转的需要。特别是对人员安置、债务清偿等历史遗留问题，要高度重视，妥善解决。同时，要积极支持司法经费保障机制改革，支持抓好安全生产和食品药品质量安全监管，推进援建北川工作。

所谓“三促”，即促进经济结构调整，促进农村改革发展，促进区域协调发展，积极发挥财政调控作用，进一步提升经济发展质量与后劲。

促经济结构调整，就是运用好当前国内外需求减少对经济结构调整形成的倒逼机制，加大政策引导和支持力度，促进经济结构调整和发展方式转变。要突出把握好四个重点：一是支持推进自主创新。重点支持列入国家和省发展规划的重大科技项目，支持科技创新平台和高层次科技人才建设，支持完善产学研合作创新机制，支持研发拥有自主知识产权的核心技术，努力促进科技成果转化，切实增强科技创新对发展的驱动力。二是支持高新技术产业加快发展。抓住国家实施增值税转型改革的有利时机，增加技术改造投入，支持重大先进装备制造业项目建设，推进传统产业技术改造。支持培育电子信息、生物制药等高新技术产业群，加快建设现代产业体系。鼓励龙头企业和优势企业兼并重组落后企业，促进中小企业转型升级。三是支持发展现代服务业。坚持扩大总量和提升发展层次并重，多渠道筹集资金，加强资金整合，以发展金融保险、科技信息、文化创意、旅游休闲等现代服务业为重点，支持实施一批带动作用大的重点项目，培育一批重点服务业企业，切实壮大服务业这根“软肋”。四是支持节能减排。把扩大投资与节能减排紧密结合起来，大力支持节能重点工程、建筑节能和新能源、可再生能源开发，并加快淘汰落后产能。完善矿产资源有偿使用制度和生态环境补偿机制，实施重点流域污染防治、城市污水垃圾处理等工程，开展主要污染物排污权有偿取得和交易试点。落实节能政府采购政策，优先采购节能产品。

促农村改革发展，就是要全面贯彻十七届三中全会精神，以支持现代农业发展为核心，在解决“三农”问题上狠下功夫。一是努力增加“三农”投入。大幅度增加对农村基础设施、公益性项目和社会事业发展的投入，大幅度提高政府土地出让收益、耕地占用税新增收入用于农业的比例，并积极引导信贷和社会资金投入，健全支农资金稳定增长机制。二是努力促进农业发展和农民增收。优先支持粮食生产，农业基础设施建设、农业综合开发土地治理、国家优质粮食产业工程等资金，重点向产粮大县倾斜。加大现代农业生产发展资金投入，着力强化农业科技支撑，促进农业主导产业发展，确保主要农产品有效供给。支持实施农产品质量安全提升工程，提高农产品质量安全水平。继续实施农业产业化“515工程”，深化农业产业化经营，扶持农民专业合作组织发展。全面落实各项涉农补贴政策，扩大农业政策性保险和贫困村村民发展互助资金试点范围，努力促进农民增收。三是加快推进农业和农村基础设施建设。大力支持重点水利工程建设，加快推进病险水库除险加固和重点泄洪河道治理，确保到2010年底全面完成剩余73座大中型和2 519座小型病险水库除险加固任务。加快推进农村水、电、路、气、房建设，着力改善农村生活条件。积极落实库区移民后期扶持政策，帮助移民尽快脱贫致富。

促区域协调发展，就是要积极发挥财税杠杆作用，完善转移支付制度，努力推进区域协调发展和县乡科学发展。一方面，认真落实“一体两翼”、“双30工程”等重大战略，全面实施财政困难县营业税和企业所得税省级分成部分增量返还政策，并采取贴息、奖励等方式，建立产业转移引导机制，支持“一体”地区加快产业转型升级，促进“两翼”地区加快发展。另一方面，进一步完善促进县乡科学发展的激励约束机制，调动各地科学发展、培植财源、增收节支的积极性。各市也要完善体制机制，加大对下帮扶力度，引导各县（市、区）加快发展县域经济，缩小地区间差距。

所谓“三抓”：即抓改革、抓管理、抓落实，构建有利于科学发展的体制机制，不断提高财政管理水平和落实能力。

抓改革。一是扎实推进税制改革。按照国家部署，大力推进增值税转型改革，鼓励企业增加设备投资，推动企业技术升级。认真落实燃油税费改革规定，支持搞好人员安置，建立对部分困难群体和公益性行业的补贴机制，确保改革平稳实施。统一内外资企业房产税、城建税和教育费附加制度，促进税收公平。密切关注资源税、消费税、个人所得税等改革动向，超前研究，力求工作主动。二是扎实推进财政体制改革。根据全国统一部署，简化和理顺省市财政结算关系。完善转移支付制度，提高一般性转移支付规模和比例，清理整合现有专项转移支付项目，规范专项补助政策。完善辖区内财力差异控制机制，均衡市以下财力分配。改进省、市对县财政的管理方式，继续推进乡财县管改革。三是扎实推进预算管理制度改革。继续深化部门预算改革，确保“十一五”期末县级以上单位全面实行部门预算。扩大省级国有资本经营预算试行范围，健全国有资本收益分类收缴制度。完善社会保障预算编制办法，提升预算编制和执行质量。扩大国库集中支付改革单位和资金范围，提升支付效率和服务水平。积极推行公务卡结算。加快非税收入收缴管理改革，确保2011年全部纳入预算管理。

抓管理。一是严格预算管理。完善预算编报制度，研究做好地方政府债券收支预算编制工作。坚持细编、实编部门预算，提高年初批复预算的到位率。严格执行政府采购预算，建立健全财政监督处罚机制。扩大绩效考评试点范围，加快构建预算支出绩效考评机制。二是加强财政监督评审。在收支矛盾十分突出的情况下，各级投入巨额资金支持发展，很不容易。各级在加强财政收支监督的同时，要重点围绕扩大内需政策落实和资金使用情况，加强监督和评审，坚决查处挤占、挪用、截留资金的行为，确保财政资金安全、合规、有效使用。三是强化财政基础管理。探索建立大中型企业贯彻企业会计准则机制，在所有国有企业和符合条件的企业实施新的企业会计准则。完成金财工程省级应用支撑平台建设任务，加快市、县两级平台建设。加强政府外债管理，既要积极利用外债，又要防范和化解财政风险。进一步完善管理制度和管理软件，提高行政事业资产管理水平。

抓落实。就是要以干部队伍作风建设为切入点，明确责任、健全机制、细化措施，狠抓各项工作落实。一是强化落实意识，健全落实机制。抓落实，是做好一切工作的根本。今年要落实的政策多、任务重，特别是实施积极的财政政策，促进经济社会发展，省委、省政府要求很高，社会各界非常关注，各级也都投入了大量资金，如果落实不力，造成资金损失浪费，就会影响改革发展稳定大局，损害人民群众利益福祉。各级要牢固树立抓落实意识，常思落实之责，多谋落实之策，多尽落实之力。要完善工作机制，上下联动，左右配合，一级一级抓落实。二是强化作风建设，提高执行能力。当前国际国内形势风云变幻，政策措施不断出台，新情况、新问题不断涌现。各级要以开展深入学习实践科学发展观活动为契机，引导干部职工加强学习、研究政策，搞好调查研究，全面吃透上情、摸清下情，在工作中自觉践行科学发展观，努力减少决策和落实的盲目性。要进一步加强作风建设，脚踏实地、实事求是，以更加坚定的决心、更加主动的态度抓管理、抓落实。三是加强党风廉政建设，为工作落实提供保证。坚持标本兼治、综合治理、惩防并举、注重预防的原则，加强对干部职工的教育和监督，保证权力正确行使，保证廉政勤政制度得到落实，培养造就一支政治坚定、作风优良、勤政为民、清正廉洁的干部队伍，为抓好各项工作落实提供坚强保证。总之，在工作落实上，标准要高、措施要硬、力度要大、考核要严，通过各级共同努力，全面提高财政工作水平，为推进经济文化强省建设做出更大贡献。

尹慧敏同志在全省“省直管县”财政改革试点动员部署工作电视会议上的讲话

（2009 年 9 月 24 日）

同志们：

这次会议是经省政府同意召开的，主要任务是动员部署全省“省直管县”财政改革试点的各项工作。省领导对这项工作十分重视，9 月 21 日省政府第 53 次常务会议进行了专题研究，姜大明省长就如何搞好试点工作提出了明确要求。下面，根据省政府确定的改革试点方案精神，我讲三点意见。

一、要充分认识实行“省直管县”财政改革试点的重要意义

近年来，为提高县乡公共服务保障能力、增强县域经济发展活力，中央多次提出实行“省直管县”财政改革要求。2005 年中央十六届五中全会在《关于制定国民经济和社会发展第十一个五年规划的建议》中，提出“理顺省以下财政管理体制，有条件的地方可实行省级直接对县的管理体制”；2008 年在国务院《关于地方政府机构改革的意见》中，提出“继续推进省直接管理县（市）的财政体制改革，有条件的地方可依法探索省直接管理县（市）的体制，进一步扩大县级政府社会管理和经济管理权限”；今年在中央 1 号文件又明确提出“推进省直接管理县（市）财政体制改革，将粮食、油料、棉花和生猪生产大县全部纳入改革范围”。据此，财政部下发了《关于推进省直接管理县财政改革的意见》，对推进“省直管县”财政改革的总体目标和政策框架，提出了具体要求。据了解，目前全国已有 20 个省市实行了改革试点，直管县（市）达到 655 个，约占全国县（市）的 1/3。从全国试点情况看，各省实施的力度和范围也都不一样。其中，省级财政实力强、县（市）数量少的省份，大多全面实行了“省直管县”财政体制；省级调控能力偏弱、县（市）数量多的省份，一般都实行了先在部分县（市）实行改革试点、然后再逐步扩大直管范围的办法。

县域强，则全省强。省委、省政府历来高度重视县域经济发展和县乡财政建设，近几年先后实施了“双 30 工程”和“突破菏泽”发展战略，制定了“五奖一补”和“五个机制”等财政政策措施，不断加大扶持力度，促进了县乡经济社会发展。各市也积极采取有力措施，对所辖财政困难县乡采取了集中突破战略，给予了大力帮扶。经过各级共同努力，我省已初步建立起“以市为主、省市共管”的县级财政管理体制，调动了县乡科学发展、培植财源、增收节支的积极性，明显改善了县乡财政困难状况。但是，由于多种原因，目前我省部分县乡财政经济实力仍然较弱，财政运行比较困难，各地公共服务水平差距较大，成为全省经济社会发展中最为薄弱的一个环节。为促进城乡区域协调发展，提高县乡公共服务保障能力，按照中央要求和我省实际，省委、省政府决定今年选择 20 个县（市）进行“省直管县”财政改革试点，今后在总结试点经验的基础上，再逐步扩大试点范围。

实行“省直管县”财政改革，是一项重大的体制创新，是积极利用财政体制手段、促进城乡区域统筹协调发展的改革探索。改革的实施，有利于增强县域经济发展活力，促进县域经济加快发展；有利于规范财政分配关系，提高县（市）基本公共服务水平；有利于减少管理层次，节约行政成本，提高财政资金使用效率；有利于加强省级对县（市）的指导，加快县（市）财政改革步伐，提高县级财政管理水平；有利于推动经济社会管理创新，促进政府职能转变，更好地服务经济社会发展。各级财政部门一定要从全省经济社会发展的大局出发，充分认识实行“省直管县”财政改革的重大意义，切实将思想统一到省委、省政府决策部署上来，积极主动、扎实工作，确保改革试点顺利实施。

二、要准确把握“省直管县”财政改革试点的工作目标和政策内容

根据各市上报的名单，经省政府批准，2009 年纳入“省直管县”财政改革试点范围的 20 个县（市）为：商河县，高青县，莱阳市，安丘市，金乡县，泗水县，郯城县，平邑县，宁阳县，莘县，冠县，曹县，鄄城县，夏津县，庆云县，惠民县，阳信县，利津县，莒县，荣成市。实行“省直管县”财政改革，涉及各级财政利益调整，政策性强，涉及面广，

影响长远。各级财政部门一定要认真学习和深刻领会改革试点方案精神，努力做到"三个准确把握"：

（一）准确把握改革试点的指导思想和基本原则。根据中央要求和山东实际，我省实行"省直管县"财政改革试点的指导思想是：以科学发展观为统领，进一步创新财政管理方式，理顺省以下财政分配关系，更好地调动市和县（市、区）发展经济的积极性，推动市和县（市、区）政府加快职能转变，增强县乡财政保障能力，促进县域经济加快发展和城乡统筹协调发展。具体工作中要遵循以下原则要求：一是权责统一，科学规范。坚持财力与事权相统一，按照分税制财政体制要求，全面规范预算内外资金管理和分配事项，进一步理顺省以下政府间事权划分及财政分配关系。二是协调推进，共同发展。充分调动各方面积极性，增强县域经济发展活力，提高中心城市经济发展能力，推动全省统筹协调发展。三是积极稳妥，有序实施。充分考虑我省省情，统筹兼顾各方面发展需要，积极稳妥推进改革试点。在充分试点基础上，不断完善改革方案，逐步扩大改革范围。

（二）准确把握改革试点的政策内容。根据财政部要求，借鉴兄弟省市经验，我省改革试点的政策内容主要包括以下四个方面：

1. 调整财政收入体制。按照收入属地划分原则，现行分税制体制规定的中央和省级收入分享范围和比例不变，各市不再参与分享试点县（市）的税收收入和各项非税收入，包括市级在试点县（市）境内保留企业的收入。另外，对跨地区生产经营企业缴纳税收，为简化操作，便于征管，暂维持现行体制不变。对市级因承担部分工作职能，需要分享的非税收入，经市和试点县（市）共同确认后，年终由省财政统一办理结算，划转市级。这样调整，既能够统一规范省对市和试点县（市）的财政体制，保证各级既得利益，又能够调动县乡发展经济、培植财源的积极性。

2. 调整财政支出责任。按照权责统一原则，重新界定省、市和试点县（市）间的财政支出责任。一是省级财力性转移支付和专款补助，直接核定下达到试点县（市），逐步提高基层基本公共服务保障能力。二是市级要继续支持试点县（市）的发展。对改革前各市用自身财力安排给试点县（市）的补助，通过核定基数，保证试点县（市）的既得利益。市级对2008年安排的涉及翘尾事项的补助，要继续承担支出责任；市级在改革前出台的对试点县（市）的帮扶政策，未到期的要继续执行，待政策到期后，省级再相应核定市对县的补助数。三是试点县（市）要深化财政管理改革，完善"乡财县管"体制，加快县乡政府职能转变，调整优化支出结构，统筹辖区内各项社会事业发展。

3. 合理核定改革基数。按照权责统一、共同协商、公平公正、科学规范的原则，以2008年为基期，合理核定市和试点县（市）体制基数。一是税收收入基数的核定。对各市分享试点县（市）的税收收入，按照2008年决算数和相关体制政策核定。其中，对于市级保留企业，要综合考虑企业历年经济效益，合理核定划转基数。二是财力补助（上解）基数的核定。对省、市的财力补助（上解），依据2008年财政决算等，由省、市、试点县（市）共同认定基数，确保各级既得利益。三是专款补助基数的核定。对市级用自身财力安排给试点县（市）的专款补助，按照不低于2008年补助数确定基数。其中，对2008年涉及翘尾事项的市级补助，统一按照全年基数核定；对2008年底以前中央、省和市出台的政策，已明确规定由市对试点县（市）安排专款配套，而市级没有落实到位的，对市级配套不足部分，相应调增市对试点县（市）补助基数。同时，各市用自身财力安排的对试点县（市）的专款补助基数暂不划转，改革后仍由市级统筹用于对试点县（市）的补助，但每年实际补助额不得少于核定的基数。

4. 理顺债权债务关系。一是改革前各市举借的国际金融组织贷款、外国政府贷款、人民银行专项借款、国债转贷资金，以及中央和省财政有偿资金等财政统借统还的债务，未到期的，不再重新办理手续。对上述债务，各市、试点县（市）财政部门要按照债权债务隶属关系，经双方共同核实确认后，上报省级作为还款依据，分别按规定归还。对未核对清楚的债务，作为市级债务处理。二是改革后各市、试点县（市）通过省财政举借的债务，分别向省财政办理有关手续，并承诺偿还。到期后不能按时偿还的，由省财政直接对市、试点县（市）进行结算收回。另外，市级对县（市）的各项政府债权债务，比照上述原则处理，并报省级备案。在实施改革过程中，市级不得突击扣回试点县（市）欠市级的债务。这样处理后，既能够明确市和试点县（市）的债务管理权责关系，又有利于防范财政管理风险，促进市、县财政经济可持续发展。

（三）准确把握新管理体制的运行特点。根据统一、规范、效率的原则，省对试点县（市）实行"三个直接、三个不变"的财政管理模式。"三个直接"：即省级将财政体制直接核定到试点县（市）；省级补助直接分配、结算、拨付到试点县（市）；财政行政审批事项、非税收入管理等直接审批到试点县（市）。"三个不变"：即按照现行行政管理体制，市级继续对试点县（市）财政工作进行指导和监督的责任不变；市级继续负责试点县（市）的财政预决算汇总报送、收入任务完成情况考核和科学发展综合考核等工作责任不变；市级继续对试点县（市）开展各类财政专项业务工作评先评优、会计事务、财政监督和干部培训等工作责任不变。同时，对目前实行市级统筹的企业职工基本养老保险和失业保险等政策，继续按照现行规定执行，以保持政策的连续性。采用这种管理模式后，省级将进一步加大对试点县（市）的帮扶和指导力度，增强其财政保障能力；市级也要继续对试点县（市）进行指导和管理，共同促进试点县（市）发展。

三、要密切配合，确保“省直管县”财政改革试点工作顺利实施

实行“省直管县”财政改革试点，是当前和今后一个时期深化财政改革的一项重要工作。省政府《关于实行省直接管理县（市）财政体制改革试点的通知》即将下发，各市和试点县（市）财政部门一定要认真学习，深刻领会，全面掌握政策要求，确保试点工作顺利推进，努力形成县域经济和城市经济统筹发展、协调共赢的良好局面。

（一）省厅各处室要通力协作，抓紧制定各项具体政策措施。为确保改革试点工作顺利推进，厅里成立了“省直管县”财政改革试点领导小组，由我任组长，于国安副厅长任副组长，相关处室主要负责同志为成员。各处室一定要高度重视，按照领导小组部署，通力合作，密切衔接，确保把改革试点工作抓实、抓细。预算处要尽快出台《关于核定省直接管理县（市）财政体制改革基数有关问题的通知》和《关于实行省直接管理县（市）财政体制改革有关预算管理问题的通知》等文件，组织协调相关处室开展基数核定等工作，并结合改革试点精神，进一步完善促进县乡发展的“五个机制”政策措施；国库处要尽快出台省级对试点县（市）财政往来资金调度管理和财政专户拨款方式等方面文件；其他有关处室要立即启动专款基数和债务基数核定等工作，逐项梳理2008年、2009年省对下和市对下各项补助政策，准确分解省对试点县（市）的补助数额，必要时要追溯到以前年度。各处室将市和试点县（市）专款基数、债务基数核实后，预算处要及时汇总，报领导小组审定。

（二）各市财政部门要从大局出发，尽快落实改革试点各项工作。实行“省直管县”财政改革，并不意味着切断市与试点县（市）之间的联系，主要是为了进一步增强省级帮扶力度，提高管理效率，强化省、市帮扶合力，最终达到促进县域经济发展、有利中心城市做大、促进区域统筹协调发展的目标。各市要切实提高认识，加强组织领导，上下联动、齐抓共管，积极配合省里做好各项改革工作，确保改革试点顺利实施。从现在开始，各市要立即组织试点县（市）认真、细致、全面地梳理各项补助和上解事项，在双方协商一致的基础上，合理确定改革基数，并确保在12月底前，基本完成基数核定工作。对遇到的矛盾和问题，各市要从大局出发，按照省里统一要求，与试点县（市）充分协商、妥善解决，千万不要大账不算、算小账，影响全省工作进度。今后，各市要站在有利于区域经济发展的高度，继续支持和帮助试点县（市）发展，继续履行统筹协调区域发展的重要职责，继续加大对所辖困难试点县（市）的帮扶力度，提高县级财政保障能力，促进辖区内基本公共服务均等化，实现全市整体共同发展。为确保改革试点工作顺利进行，省政府决定，今后各市调整所属县（市）财政体制，必须事先报省政府备案同意。另外，各市要及时做好相关管理制度的衔接，与有关部门搞好协调配合，防止工作脱节，确保改革后财政预算管理工作平稳过渡。

（三）试点县（市）财政部门要抓住机遇，进一步提高加快发展的积极性和主动性。一方面，要积极配合，主动向市里请示汇报，共同做好改革试点各项工作。对遇到的问题，确实不能与市级达成一致意见的，可与省厅沟通，由省、市、县三方共同研究解决。另一方面，要坚决杜绝“等、靠、要”思想。近年来，省级本着财力下移原则，多次调整省对下财政体制，目前省级财力并不宽裕。2008年省级财力占全省比重仅为11.2%，比2002年降低7.6个百分点，居全国倒数第1位。特别是今年省级财政相当困难，年初省级收入预算安排增长3%，但受经济增速放缓和政策性减收因素影响，1～8月份省级收入下降6.8%，完成预算的难度很大。在财政支出方面，受财力所限，省级年初预算打得很紧，一些省委、省政府已确定的重点项目都未能安排。预算确定以后，为了保增长、保民生、保稳定，中央又出台了一系列刚性增支政策，各级财政，特别是省财政保障压力进一步加大。比如，落实中央扩大内需项目配套、医药卫生体制改革、村干部报酬补助、新型农村养老保险试点、政法经费保障体制改革等，省级需新增支出25亿元左右，收支矛盾十分突出。因此，试点县（市）财政部门要切实增强责任意识和机遇意识，继续发扬自力更生、艰苦奋斗的精神，大力培植财源、增收节支，深化财政管理改革，提高科学理财水平，努力增强财政自我保障能力。

同志们，实行“省直管县”财政改革是我省财政发展史上的一件大

事，意义重大、影响深远。大家一定要认真贯彻落实省委、省政府的决策部署，加强领导，密切配合，扎实工作，为促进全省经济社会平稳较快发展、加快推进经济文化强省建设做出新的更大贡献。

2009 年山东省国民经济和社会发展统计公报

2009 年，是进入新世纪以来山东经济社会发展最为困难的一年。在省委、省政府的正确领导下，全省人民以科学发展观为指导，认真落实胡锦涛总书记等中央领导同志对山东工作的指示精神，坚决贯彻国家应对国际金融危机的一揽子计划和各项决策部署，牢牢把握积极作为、科学务实的工作基调，采取切实有效措施，全力应对各种困难和挑战，着力保增长、保民生、保稳定，国民经济实现企稳回升，民生状况不断改善，社会保持和谐稳定。

一、综合

经济发展逐步企稳向好。初步核算，全省实现生产总值（GDP）33 805.3 亿元，按可比价格计算，比上年增长 11.9%。季度 GDP 累计增速稳步提高，经济呈现“下行—见底—企稳—回升”的运行轨迹。其中，第一产业增加值 3 226.6 亿元，增长 4.2%；第二产业增加值 19 035.0 亿元，增长 13.7%；第三产业增加值 11 543.7 亿元，增长 10.7%。三次产业比例为 9.6∶56.3∶34.1。人均生产总值 35 796 元，增长 11.3%，按年均汇率折算为 5 240 美元。

就业形势总体稳定。认真落实各项就业扶持政策，全年城镇新增就业

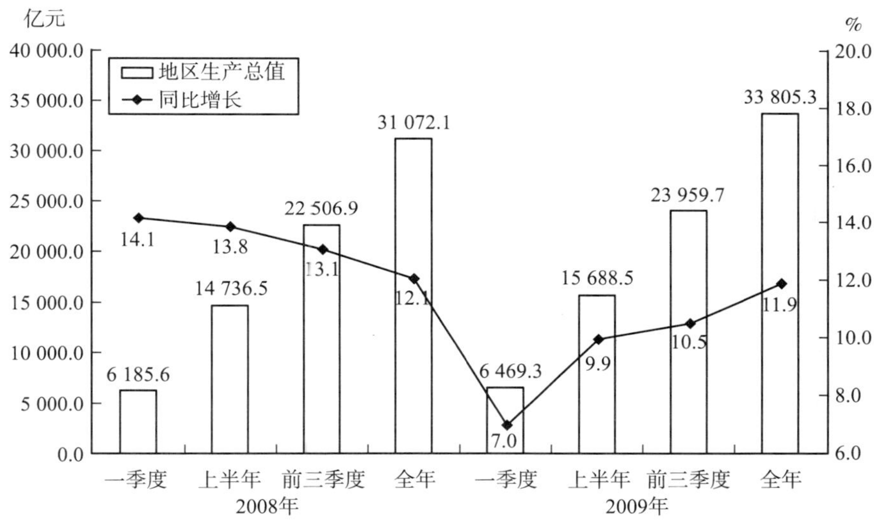

图 1　2008～2009 年季度累计生产总值及增长速度

105.7 万人，农村劳动力转移就业 122.4 万人，连续 6 年实现城镇新增就业和农村劳动力转移就业双过百万。失业人员再就业 62.5 万人，比上年增长 20.0%，其中，困难群体再就业 11.8 万人，增长 0.9%。城镇零就业和农村零转移就业贫困家庭保持“动态消零”。城镇登记失业率为 3.4%，比上年降低 0.1 个百分点。

价格运行先抑后扬。居民消费价格与上年持平，比上年涨幅回落 5.3 个百分点。其中，城市下降 0.1%，农村上涨 0.1%；服务项目价格上涨 1.2%，消费品价格下降 0.3%。食品价格上涨 1.3%，回落 11.7 个百分点，是居民消费价格涨幅回落的主要因素。工业品出厂价格下降 5.9%，原材料燃料动力购进价格下降 4.5%，农业生产资料价格下降 3.7%，房屋销售价格上涨 1.7%。

表 1　　2009 年居民消费价格指数（以上年为 100）

指　　标	全　　省	城市	农村
居民消费价格指数（CPI）	100	99.9	100.1
食品	101.3	101.7	100.5
#粮食	104.4	103.5	105.8
油脂	86.2	87.7	85
肉禽及其制品	91.2	91	91.5
蛋	100.8	100.4	101.1
鲜菜	119.2	118.8	120
烟酒及用品	102.4	102.5	102.3
衣着	97.2	97.6	96.1
家庭设备用品及维修服务	100.1	100.3	99.6
医疗保健和个人用品	101.3	101.1	101.8
交通和通信	98.1	97.7	98.9
娱乐教育文化用品及服务	100.8	99.7	102.3
居住	98.8	98.8	99

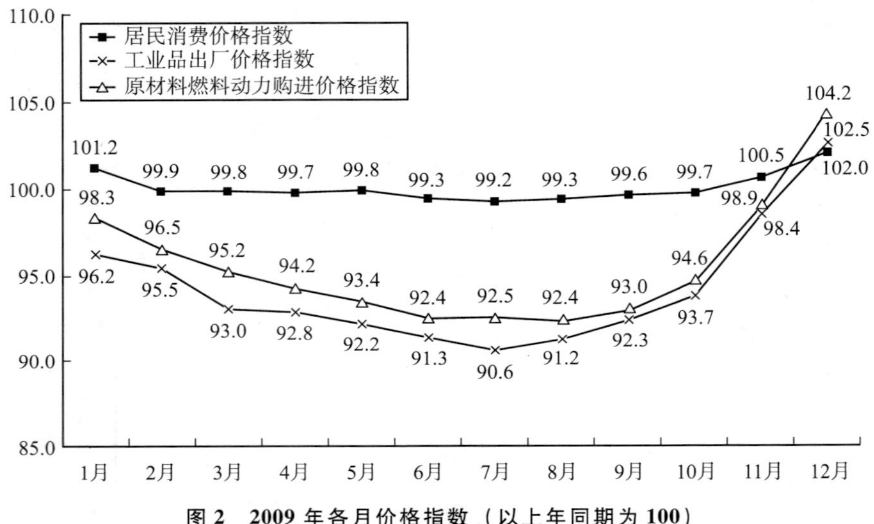

图 2　2009 年各月价格指数（以上年同期为 100）

区域经济实现重点突破。国务院正式批复黄河三角洲高效生态经济区发展规划，将其上升为国家战略。省委、省政府出台了打造山东半岛蓝色经济区的指导意见。黄河三角洲高效生态经济区实现生产总值 5 014.8 亿元，比上年增长 12.9%。胶东半岛高端产业聚集区和鲁南临港产业带建设起步良好，生产总值分别增长 12.8% 和 14.1%。省会城市群经济圈实现生产总值 12 273.6 亿元，增长 12.9%。县域经济实力不断增强。地方财政收入过 10 亿元的县（市、区）54 个，比上年增加 7 个。20 个县（市）启动“省直管县”财政改革试点。

海洋经济持续健康发展。主要海洋产业实现总产出 5 408.4 亿元，比上年增长 22.5%。海洋渔业实现产出 1 827.5 亿元，增长 12.1%；滨海旅游业、海洋船舶工业快速发展，分别实现产出 1 311.9 亿元、427.1 亿元，分别增长 20.0%、25.0%。海洋资源开发利用步伐加快。海洋石油、原盐产量分别增长 7.5%、13.7%，分别提高 4.8 个和 8.5 个百分点。海洋保护继续加强。新建 11 处县级海洋环境监测站（点），初步形成覆盖沿海所有县（市、区）的海洋环境监测网络；新建 5 处国家级海洋特别保护区。

经济社会发展中存在的主要困难和问题。转方式、调结构面临较大压力；外需紧缩的局面及影响仍在持续，进一步扩大内需的难度加大；民间投资还不够活跃，经济增长的内生动力不足；就业形势依然严峻，城乡居民增收长效机制尚需完善等。

二、农林牧渔业

农林牧渔业全面增长。农业增加值 1 883.4 亿元，比上年增长 2.7%；林业增加值 71.3 亿元，增长 9.8%；牧业增加值 691.1 亿元，增长 5.2%；渔业增加值 459.8 亿元，增长 6.1%；农林牧渔服务业增加值 121.0 亿元，增长 10.1%。

主要农牧产品质优量增。粮食连续七年实现增产，总产量达到4 316.3万吨，比上年增长1.3%。农产品质量不断优化，小麦和玉米全部实现优质化。无公害农产品、绿色食品和有机食品基地面积分别达到800万亩、1 160万亩和51万亩。畜牧产品产量稳定增长。

表2　2009年主要农牧产品产量及增长速度

产品名称	单位	产量	比上年增长(%)
粮食	万吨	4 316.3	1.3
夏粮	万吨	2 047.7	0.6
秋粮	万吨	2 268.6	1.9
棉花	万吨	92.1	-11.5
油料	万吨	334.5	-1.8
蔬菜	万吨	8 937.2	3.5
园林水果	万吨	1 419.1	1.7
肉类	万吨	684.1	3.6
猪牛羊肉	万吨	443.8	4.4
禽肉	万吨	229.4	2.8
禽蛋	万吨	377.7	3.3
奶类	万吨	258.2	1.3

林业生态建设取得新进展。新增造林面积273.3万亩，新育苗35.2万亩，全民义务植树1.8亿株。防控美国白蛾成效显著，压缩发生面积110万亩，重点防控区有虫株率下降到0.5%以下。森林火灾受害率控制在0.01‰以内。28个县（市、区）开展了集体林权制度改革试点工作。

渔业生产稳步推进。水产品总产量765.4万吨，比上年增长4.8%。其中，海水产品产量638.2万吨，增长4.7%；淡水产品产量127.2万吨，增长5.3%。优质水产品稳定增长，海参、对虾产量分别达到6.3万吨、12.8万吨，分别增长3.3%和9.4%。新建国家和省级健康养殖示范区57处，面积达7万公顷。制修订渔业标准49项，省级标准化示范面积占养殖总面积的40%以上。新认证无公害水产品161个，认定产地81个。新建水产种质资源保护区12处。

农村生产生活条件继续改善。农机装备和服务能力进一步提高。农机总值640.0亿元，比上年增长9.4%；农机总动力达到1.1亿千瓦，增长6.5%。农田水利建设进一步加强。除险加固小型水库1 446座；农田有效灌溉面积7 345.5万亩，增长0.6%，其中，节水灌溉面积3 216万亩，增长3.3%。村镇建设快速发展。完成投资1 050亿元，增长57%；村镇道路硬化率达65%，提高5个百分点。通自来水率为88.7%，新增沼气用户55万户。

三、工业和建筑业

工业生产企稳上行。规模以上工业企业（年主营业务收入500万元及以上的工业法人企业）43 557家，比上年增加5 369家，增长14.1%。按生产法与收入法加权计算，实现增加值18 847.8亿元，增长14.9%，提高1.1个百分点。其中，轻工业增长12.1%，回落1.1个百分点；重工业增长16.2%，提高2.1个百分点；非公有工业增加值13 608.4亿元，增长18.4%，提高1.3个百分点。

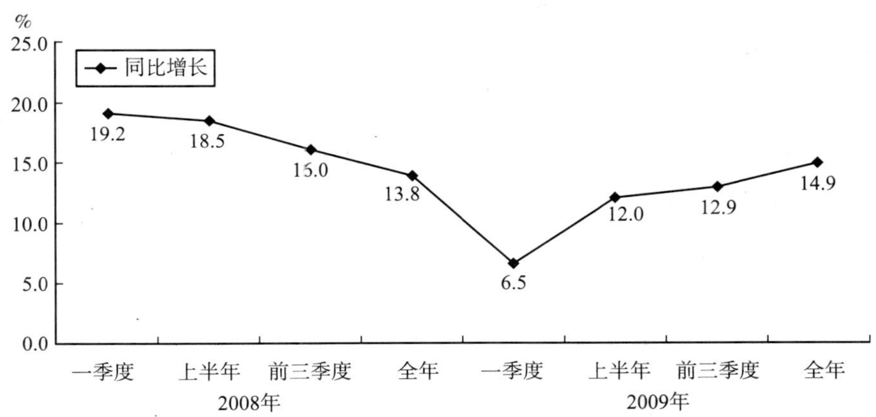

图3　2008～2009年季度累计规模以上工业增加值增长速度

表3　2009年规模以上工业增加值及增长速度

	增加值（亿元）	比上年增长（%）
规模以上工业	18 847.8	14.9
#轻工业	6 271.6	12.1
重工业	12 576.2	16.2
#国有企业	877.7	4.6
集体企业	826.7	17.8

续表

	增加值（亿元）	比上年增长（%）
股份合作企业	144.9	23.0
股份制企业	11 214.3	16.0
外商及港澳台商投资企业	3 548.6	11.0
其他经济类型企业	2 235.6	19.2

工业经济效益明显改善。规模以上工业实现主营业务收入70 676.8亿元，比上年增长14.3%；实现利润、利税分别为4 390.4亿元、7 253.4亿元，分别增长14.4%和12.9%。工业经济效益综合指数达到286.6，提高26.4点。产销衔接良好，产销率98.5%，提高0.2个百分点。扭亏成效显著，企业亏损面为6.2%，比上年收窄0.9个百分点，亏损企业亏损额减少57.5%。

工业结构逐步优化。制造业发展较快，实现增加值16 836.8亿元，比上年增长15.9%，占规模以上工业比重由上年的86.3%提高到89.3%；实现利润3 787.0亿元，增长26.3%，占规模以上工业利润比重由77.9%提高到86.3%。装备制造业增加值5 402.8亿元，增长18.2%，占规模以上工业比重由26.1%提高到28.7%。十大高耗能行业增加值占规模以上工业的43.5%，比重下降3.7个百分点。高新技术产业比重持续上升，实现产值23 558.7亿元，增长18.2%，占规模以上工业总产值的32.9%，比重提高2.2个百分点。

工业产品产量增长面扩大。在国家重点调度的120种工业产品中，产量增长的有100种，占83.3%，比上年提高12.5个百分点。实施“家电下乡”和汽车购置税减免等政策，拉动了部分相关产品产量大幅提高。其中，汽车产量达到100.0万辆，比上年增长42.5%；彩色电视机增长26.9%；家用电冰箱增长15.1%；家用洗衣机增长23.3%。

表4　2009年主要工业产品产量及增长速度

产品名称	单位	产量	比上年增长（%）
原煤	万吨	14 377.7	3.9
天然原油	万吨	2 828.2	0.6
发电量	亿千瓦时	2 859.9	4
水泥	万吨	14 036.7	4
平板玻璃	万重量箱	6 082.1	10.8
粗钢	万吨	4 857.3	9
钢材	万吨	5 854.3	15.5
纱	万吨	668.8	11.7
布	亿米	129.3	2.9
机制纸及纸板	万吨	1 604.3	8.3
塑料制品	万吨	438.5	12.2
合成氨	万吨	691.5	6.8
啤酒	万千升	507.8	21.3
金属成形机床	万吨	2.5	15
汽车	万辆	100	42.5
摩托车	万辆	143.3	-6.1
手机	万台	5 454.6	11.2
彩色电视机	万台	1 090	26.9
家用电冰箱	万台	827.5	15.1
家用洗衣机	万台	532	23.3
微型电子计算机	万台	393.4	25.6
#笔记本计算机	万台	237.9	41.5
集成电路	亿块	1.7	-7.6
太阳能热水器	万台	285.1	34.9

*建筑业生产效益增长加快。*全省资质三级及以上建筑企业完成建筑业总产值4 578.3亿元，比上年增长19.8%，提高4.6个百分点；实现利税363.6亿元，增长19.5%，提高2.8个百分点。其中，国有及国有控股企业完成建筑业总产值1 204.6亿元，增长27.4%；实现利税75.0亿元，增长22.2%；非国有企业完成建筑业总产值3 373.7亿元，增长17.3%；实现利税288.6亿元，增长18.8%。

四、固定资产投资

*固定资产投资增长较快。*全社会固定资产投资完成19 031.0亿元，比上年增长23.3%。其中，城镇投资15 439.1亿元，增长23.2%；农村投资3 591.9亿元，增长23.6%。投资到位资金20 423.6亿元，增长27.9%，其中，自筹资金增长25.1%，占到位资金的71.9%。项目储备能力明显增强，新开工项目增长17.2%，提高9.4个百分点。

*投资结构继续优化。*一、二、三产业投资结构由上年的3.7∶53.0∶43.3调整为3.2∶51.1∶45.7。服务业投资增势较快，完成投资8 699.5亿元，比上年增长29.1%，分别比第一、二产业投资增速快19.8和9.6个百分点。卫生、文化、体育、社会保障和居民服务等社会民生领域投入保持40%以上的快速增长。技改投资力度加大，完成改建和技术改造投资4 012.7亿元，增长57.6%，占全社会投资的21.1%，比重提高5.8个百分点。十大调整振兴产业投资增势较好，其中，装备制造业投资2 695.1亿元，增长27.8%；信息产业投资398.9亿元，增长34.5%。

*房地产市场建销转旺。*房地产开发投资完成2 428.7亿元，比上年增长19.1%。从商品房建设用途看，住宅投资增长16.3%，占全部房地产开发投资的76.6%；商业营业用房投资增长40.3%，占13.5%。商品房竣工面积4 950.5万平方米，增长9.2%，提高14.9个百分点，其中，住宅竣工面积4 262.1万平方米，增长9.1%，提高14.1个百分点。商品房销售面积6 931.7万平方米，由上年的下降1.0%转为增长25.9%。

五、国内贸易

*消费市场保持繁荣。*实现社会消费品零售总额12 363.0亿元，比上年增长19.1%，扣除价格因素，实际增长19.8%，增幅提高2.5个百分点。其中，批发和零售业实现零售额10 348.4亿元，增长19.6%，拉动零售总额增长16.4个百分点；住宿和餐饮业实现零售额1 673.6亿元，增长19.5%，拉动零售总额增长2.6个百分点。市场规模化程度大幅提高，限额以上批发零售和住宿餐饮企业单位数达到14 934家，比上年增加5 219家，增长53.7%；实现零售额5 003.4亿元，增长31.2%。

*城乡市场共同发展。*城市市场实现社会消费品零售额8 038.5亿元，比上年增长19.5%；县及县以下农村市场实现零售额4 324.5亿元，增长18.4%。一系列惠农政策的有效实施，进一步激活农村消费市场，城乡零售额增幅差距由上年的3.3个百分点缩减至1.1个百分点。

*生活消费保持较强增势。*限额以上批发和零售业的基本生活类商品零售额保持较快增长，粮油、食品、饮料、烟酒类比上年增长27.2%，服装、鞋帽、针纺织品类增长26.5%，日用品类增长30.6%；消费升级类商品零售额增势强劲，金银珠宝类增长38.1%，家具类增长33.7%，建筑及装潢材料类增长47.1%，汽车类增长45.4%。

六、对外经济

*对外贸易下滑局势初步遏制。*随着世界经济的缓慢复苏和促进外经贸发展政策措施的落实，进出口、出口、进口降幅逐步缩减。全年实现进出口总额1 386.0亿美元，比上年下降12.4%。其中，出口795.6亿美元，下降14.6%；进口590.4亿美元，下降9.1%。美国超过欧盟成为山东第一大出口市场，占出口总额的18.6%，欧盟占17.8%。

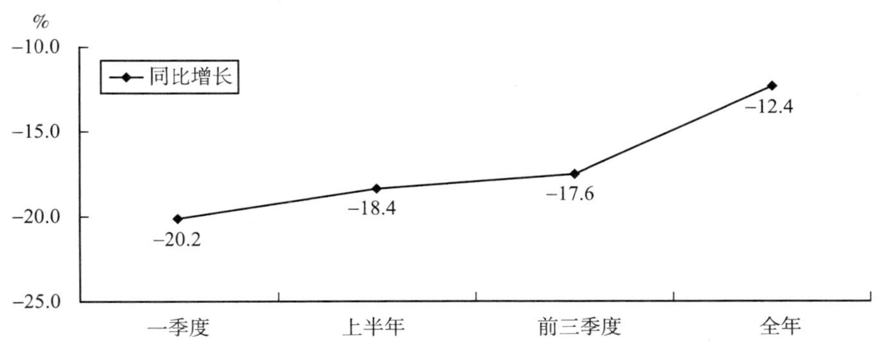

图4　2009年季度累计进出口总额增长速度

进出口商品结构优化。机电产品、高新技术产品、农产品和纺织服装产品出口额占出口总额的比重分别为43.0%、17.2%、12.3%和17.9%，分别提高1.8、2.5、1.6和1.2个百分点。部分资源类产品和高新技术产品进口增长较快，煤、铜矿砂及其精矿分别增长9.4倍和29.9%，高新技术产品增长1.2%。

利用外资降势明显减弱。外商直接投资实际到账额80.1亿美元，比上年下降2.3%。利用外资结构不断优化。新批世界500强企业投资项目33个，增长1.8倍；新批总投资3 000万美元以上大项目146个，增长10.6%。信息传输计算机服务和软件业、水利环境和公共设施管理业利用外资实现大幅增长，分别增长2.4倍、12.6倍。

对外经济合作稳定增长。境外投资取得积极进展。新核准设立境外企业（机构）299家，比上年增加52家；协议投资总额13.6亿美元，增长62.9%，其中，中方协议投资11.3亿美元，增长67.6%；核准设立境外资源开发项目33个，中方投资4.3亿美元，增长1.6倍。对外承包工程和劳务合作保持良好局面。对外承包工程新签合同额85.1亿美元，完成营业额42.5亿美元，分别增长28.4%和55.9%；对外承包劳务合作新签合同额93.2亿美元，完成营业额50.9亿美元，分别增长23.6%和41.9%。

七、交通、邮电和旅游

交通运输业稳定发展。全年铁路、公路、水运共完成旅客运量23.4亿人次，比上年增长9.8%；完成货运量28.1亿吨，增长16.4%。年末高速公路通车里程4 285公里。沿海港口货物吞吐量7.3亿吨，增长11.1%。航空客运量1 888.9万人次，增长20.2%；货邮量24.2万吨，增长8.5%。年末民用汽车拥有量达到709.7万辆，增长18.8%，提高8.3个百分点，其中，私人轿车239.8万辆，增长41.0%，占轿车拥有量的85.2%。

表5　2009年客货运输量及增长速度

	旅客				货物			
	运输量（亿人次）	增长（%）	周转量（亿人公里）	增长（%）	运输量（亿吨）	增长（%）	周转量（亿吨公里）	增长（%）
合计	23.4	9.8	1 589.7	12.0	28.1	16.4	10 951.6	9.1
公路	22.6	9.8	1 197.2	14.5	25.2	16.2	6 045.0	18.1
铁路	0.6	8.0	382.5	4.2	1.6	8.3	1 337.3	4.7
水路	0.2	14.7	10.0	65.0	1.3	32.6	3 569.3	-2.0

邮电通信业平稳增长。完成邮电业务总量1 652.0亿元，比上年增长11.2%。其中，电信业务总量1 586.8亿元，增长11.3%；邮政业务总量65.2亿元，增长9.8%。光缆线路总长度39.3万公里，增长12.6%。年末固定电话用户2 256.3万户，减少8.0%；移动电话用户5 341.8万户，增长15.8%。电话普及率达到每百人80.7部，增加4.3部。

旅游业保持良好增势。实现旅游总收入2 452.2亿元，比上年增长22.3%。其中，入境旅游收入17.7亿美元，增长26.7%；国内旅游收入2 331.7亿元，增长22.2%。接待入境游客310.0万人次，增长22.1%，人均消费569.4美元，增加21.0美元。A级旅游景区达到348家，新增48家；星级饭店912家，新增96家。

八、财政、金融、证券和保险

财政收支状况趋好。地方财政一般预算收入2 198.5亿元，比上年增长12.3%，其中，税收收入1 720.2亿元，增长12.2%，占地方财政收入的78.2%。地方财政支出3 266.8亿元，增长20.8%，扣除成品油税费改革支出和地方政府债券支出因素，可比口径增长12.9%。重点支出得到较好保障，医疗卫生、环境保护、文化体育与传媒、农林水事务支出分别增长29.7%、28.8%、27.0%和24.6%。

金融支持力度明显加大。本外币各项存款余额35 170.7亿元，比年初增加7 884.6亿元，比上年多增3 012.5亿元。其中，居民储蓄存款余额17 223.7亿元，增加2 715.9亿元；企业存款余额10 313.2亿元，增加3 253.1亿元。信贷结构优化。本外币各项贷款余额27 385.9亿元，增加6 463.5亿元，是上年新增额的2.1倍。其中，中长期贷款增加4 167.1亿元，多增2 734.4亿元；服务业贷款增加2 746.7亿元，增长45.4%。中小企业贷款增加2 264.6亿元，增长33.2%，高于大型企业新增贷款增速4.2个百分点。个人消费贷款增加963.8亿元，多增657.6亿元，其中，住房贷款增加795.2亿元，多增573.8亿元。金融机构实现盈利548.9亿元，增长13.6%。

资本市场较快发展。年末拥有境

内上市公司99家，境外上市公司68家，分别比上年增加3家和6家。16家境内上市公司实现境内融资187.2亿元。境内上市公司年末总市值8 406.5亿元，比上年增长1.3倍。证券市场交易活跃。证券公司全年总交易额4.1万亿元，增长1.2倍，其中股票基金交易额3.6万亿元，增长1.5倍。期货市场发展良好。期货公司全年代理期货交易量7 964.1万手，交易金额4.8万亿元，分别增长56.5%和73.5%。

保险业平稳发展。实现保费收入792.9亿元，比上年增长17.6%。其中，财产险保费收入215.2亿元，增长26.3%；人身险保费收入577.7亿元，增长14.7%。保险市场体系逐步完善，新增保险公司5家，总量达到56家；新增专业中介法人机构8家，总量增至200家。保险业服务能力进一步提高，承担各类风险责任12.7万亿元，支付各项赔款与给付228.4亿元，分别增长8.5%和15.1%。农业保险加快发展，承保农作物3 989.3万亩，牲畜1 021.5万头，为农户提供了1 070.8万户次的182.4亿元风险保障。

九、科学技术

科技事业成果丰硕。获得国家级科学技术奖励33项，其中国家技术发明一等奖1项，国家科技进步一等奖2项。评选出省科学技术奖励项目498项，其中省科学技术最高奖2人。取得重要科技成果2 364项，其中，农业领域306项，工业领域849项，医疗、卫生领域737项，其他领域472项。国内专利申请量和授权量稳步增加。专利申请量6.7万件，比上年增长11.0%，其中，发明专利申请量1.4万件，增长2.0%。专利授权量3.5万件，增长29.3%，其中，发明专利授权量2 865件，增长55.3%。

人才队伍建设扎实推进。共有住鲁两院院士37人，其中新增1人，引进1人；全国杰出专业技术人才3人；新世纪百千万人才工程国家级人选124人，新增25人；国家有突出贡献的中青年专家122人；山东省有突出贡献的中青年专家600人；享受国务院政府特殊津贴专家2 776人，新增106人。技能人才队伍建设迈出新步伐，新增山东省首席技师97人，新增技师、高级技师3.2万人。

信息产业较快发展。规模以上电子信息企业（电子信息产品制造业和软件业）2 239家，比上年增加177家。实现主营业务收入5 756亿元，比上年增长16%；实现利润、利税273亿元和416亿元，分别增长24%和21%。软件业快速增长，实现业务收入484.2亿元，增长24.9%，利润、利税分别增长46.1%和48.0%。软件业务出口2.9亿美元，增长1.1%，其中，软件外包服务出口增长14.4%。累计认证软件企业792家，登记软件产品3 402个，软件著作权2 280个，入围全国重点软件企业5家。拥有国家级和省级电子制造产业基地（园区）34个，软件产业园13个，服务外包示范基地15个，动漫产业基地3个。

创新平台建设取得突破进展。中国科学院青岛生物能源与过程研究所、烟台海岸带可持续发展研究所正式成立。国家综合性新药研究开发技术大平台在省内落户。国家级工程技术研究中心达到18家，新增3家。创新型企业建设取得实效，被认定第二批国家创新型企业6家，被认定第三批创新型试点企业11家。首批国家创新型试点城市（区）1个。

质量兴省战略效果明显。拥有国家地理标志产品34个，比上年增加5个；山东名牌产品1 557个，增加78个；山东省服务名牌263个，增加60个。创建全省优质产品生产基地24个、龙头骨干企业40个。拥有国家级质检中心23家，省级质检中心61家，省重点实验室2家，省工程技术研究中心1家。全国驰名商标135个，增加40个。新制定省地方标准346项，其中节能标准33项；新增采用国际标准364项。食品药品监管有序进行。第二批23个省级食品安全示范县通过考核验收，对医疗器械生产企业实施现场质量体系考核150家次。

气象地震领域服务能力增强。气象现代化建设水平得到加强。建设市级应急移动气象台1个，建设能见度自动观测系统22套。新增石油平台气象站4个、船舶自动气象站4个、雷电监测站5个。人工影响天气成效显著。地面人工增雨防雹面积1.8万平方公里，飞机作业影响面积42.2万平方公里，十一运会等大型活动人工影响天气作业成功实施。地震台网的观测效能进一步提高。新建并投入运行的强震台13个、测震台8个，各类地震观测台站达到190个，省地震台网中心实时数字信号接入测震台站达到78个。

十、教育、文化、卫生和体育

教育事业稳定健康发展。义务教育水平稳步提高。小学学龄儿童净入学率达99.98%，初中三年巩固率达99.20%。完善义务教育经费保障机制，农村小学、初中生均公用经费基本标准分别提高到400元、600元。继续实施职业教育“十、百、千”建设工程，完成“十一五”职业教育基础能力建设项目114个。家庭经济困难学生资助政策体系全面建立，义务教育、普通高中、中等职业教育、高等教育阶段补助金额分别达到9.0亿元、1.4亿元、7.2亿元和6.1亿元。

表 6　　**2009 年各类教育基本情况**

	学校数		招生数		在校学生数	
	数量（所）	增减（所）	人数（万人）	增长（%）	人数（万人）	增长（%）
研究生教育	31	持平	2.2	16.9	5.7	12.8
普通高等教育	128	2	50.1	-2.5	159.3	3.8
中等职业学校	709	-52	40.5	-3.2	116.5	-4.5
普通中学	3 750	-143	160.2	-0.2	499.3	-0.6
小学	12 858	-645	101.8	-2.7	626.8	-1.0
特殊教育学校	144	持平	0.3	13.4	2.1	4.7
幼儿园	15 368	-471	89.9	-1.9	180.9	3.3

文化事业协调推进。全省拥有博物馆 96 个，公共图书馆 147 个，群众艺术馆、文化馆 156 个。拥有各种艺术表演团体 119 个，艺术表演场馆 90 个；新建市、县文化设施 48 处，乡镇综合文化站 572 处。国家级、省级文化产业示范基地分别发展到 6 家和 71 家，被命名为国家级文化产业示范园区 1 个。出版各类图书 11 241 种、报纸 85 种、杂志 262 种。成功承办第十九届全国书博会，现场销售额达 1 290 多万元，创历届全国书博会之最。广播人口覆盖率为 98.0%，电视人口覆盖率为 97.9%。加入城市电影院线的影院达 65 家，票房收入 1.6 亿元，增长 48.6%，创造了 30 多年来电影票房增长的新纪录。参与投资、制作的多部影视剧作品获奖。

卫生服务能力继续提高。全省拥有卫生机构 1.5 万所（不含村卫生室），其中，医院、卫生院 3 029 所，妇幼保健机构 149 个，疾病预防控制中心（防疫站）173 个。各类卫生机构拥有床位 32.2 万张，卫生技术人员 40.7 万人，其中执业医师及执业助理医师 16.9 万人。城市社区卫生服务机构 2 190 处，新增 317 处。完成村卫生室建设项目 2.2 万所，建筑面积 239 万平方米。广泛开展惠民医疗服务，启动免费白内障复明、唇腭裂修复等十大惠民计划，惠及群众 529 万人次。

成功承办第十一届全国运动会。在十一运会上，获得金牌 63 枚、银牌 44 枚、铜牌 46 枚，总分 3 220 分，打破 4 项亚洲纪录、5 项全国纪录，创 2 项全国青年纪录，金牌数、奖牌数和总分均列全国第一，实现了全省竞技体育历史性突破。十一运会的举办，带动全省群众体育运动蓬勃开展。共新建和改造比赛、训练场馆 129 个，新增体育设施面积 220 万平方米、观众坐席 53 万个。17 个市都建设了全民健身中心，城镇群众体育设施增长 50%，农民体育健身工程覆盖 40% 以上的行政村。

十一、城乡建设

城镇化进程稳步推进。城镇化率达到 48.3%，比上年提高 0.8 个百分点。继续推进城乡规划全覆盖，编制完成了 17 个设区城市和 91 个县（市）规划，编制完成了全省县域村镇体系规划、农村住房建设与危房改造规划、乡镇总体规划和中心村建设规划。

保障性安居工程顺利实施。经济适用住房建设竣工 461.8 万平方米，交付 5.6 万套，廉租住房建设竣工 42.4 万平方米，交付 8 429 套。所有县（市、区）将廉租住房保障范围扩大到低收入住房困难家庭，新增廉租住房保障 2.6 万户，廉租住房保障户数达到 8.1 万户。

农房建设与危房改造积极推进。农村住房建设和危房改造在全省范围内启动，“百万农户建新房”工程开始实施。启动农房建设 104 万户，其中，整村改造村庄 3 400 多个，改造危房 18.9 万户。

城市承载能力增强。城市基础设施建设完成投资 820 亿元，比上年增长 41.6%。新建污水处理厂 16 座，新增日污水处理能力 58 万吨，城市和县城污水集中处理率达到 83%。新增无害化垃圾日处理能力 2 800 吨，无害化处理率 70%。新增日供水能力 48 万吨，供热面积 4 878 万平方米。

城乡环境面貌改善。济南大明湖新景区、潍坊白浪绿洲湿地公园等综合治理工程顺利完成。城市棚户区改造 270 万平方米、4 万套（户），新增道路面积 3 475 万平方米、绿地面积 8 606 公顷。成功举办了第七届全国园博会和第七届全国花博会。新增国家级园林城市 5 个、国家级园林县城 3 个、国家级园林城镇 1 个。

十二、资源、环境和安全生产

资源勘探取得新进展。省内深部找矿取得重大突破，新增储量金 199.1 吨、煤 5 433.8 万吨、铁矿石 5.2 亿吨。省外合作开发成果显著，在山东地域外累计取得探矿权 209 个。

工业节能降耗取得新成效。全省共淘汰钢铁产能 212 万吨，水泥熟料 1 510 万吨，焦炭 47 万吨，关停小火电装机容量 193.3 万千瓦。重点考核的千户重点用能工业企业主要产品生产实现节能 470.8 万吨标准煤；千户重点企业的 49 项单位产品能耗指标中，下降的占93.9%。新能源和可再生能源开发应用力度不断加大。新增风电装机容量49.7万千瓦，增长1.4倍；风力发电12.0亿千瓦时，增长1.2倍。

建设领域节能扎实推进。既有居住建筑节能改造完成1 062万平方米，可再生能源建筑应用面积达到1 800万平方米。列入国家首批太阳能光电建筑应用示范项目4个。县城以上城市规划区节能建筑占新建民用建筑的94%。新型墙材生产量330亿块标砖，占墙材生产总量的80%；县城以上城市规划区新型墙材应用量占墙材应用总量的96%。

环境保护取得明显成效。新建水污染物减排项目334个、大气污染物减排项目253个。全省削减化学需氧量3.16万吨，削减二氧化硫10.17万吨，化学需氧量和二氧化硫排放总量分别比上年下降4.67%和6.01%。全省104个河流断面化学需氧量平均浓度下降18.1%，氨氮平均浓度下降29.7%。新增省级自然保护区3个，命名省级环境优美乡镇144个。

安全生产形势总体稳定。各类生产安全事故22 658起、死亡人数5 033人，分别比上年下降14.8%和9.9%。亿元GDP生产安全事故死亡0.15人，下降16.7%。其中，煤矿百万吨死亡0.04人，下降52.2%；工矿商贸就业人员10万人死亡0.87人，下降5.4%；道路交通万车死亡2.78人，下降13.4%。

十三、人口、居民生活和社会保障

人口保持低速平稳增长。根据人口变动和劳动力抽样调查推算，全省出生人口110.4万人，出生率11.70‰；死亡人口57.4万人，死亡率6.08‰；自然增长率5.62‰。年末常住人口9 470.3万人。其中，0～14岁人口1 485.8万人，占总人口的15.7%；15～64岁人口6 996.6万人，占73.9%；65岁及以上人口987.7万人，占10.4%。

城镇居民生活继续改善。城镇单位在岗职工年平均工资29 678元，比上年增长12.4%。城镇居民人均可支配收入17 811元，增长9.2%。城镇居民人均总收入中，人均财产性收入413元，增长19.0%；人均转移性收入3 559元，增长16.0%。城镇居民人均消费支出12 013元，增长9.1%，其中，人均食品支出3 954元，增长6.9%。城镇居民恩格尔系数为32.9%，降低0.7个百分点。城镇居民人均住房建筑面积31.8平方米，增加0.4平方米。

表7　　城镇每百户居民家庭主要耐用消费品拥有量

消费品名称	单位	数量	消费品名称	单位	数量
钢琴	架	3.4	摄像机	架	9.7
微波炉	台	50.6	照相机	架	52.8
电冰箱	台	100.9	空调器	台	95.2
消毒碗柜	台	7.5	固定电话	部	75.5
淋浴热水器	台	87.0	移动电话	部	190.0
洗衣机	台	94.5	健身器材	套	6.7
彩色电视机	台	120.9	助力车	辆	51.7
组合音响	套	23.3	摩托车	辆	35.8
家用电脑	台	71.1	家用汽车	辆	16.1

农村居民生活水平持续提高。农村居民人均纯收入6 119元，比上年增长8.5%。其中，人均财产性纯收入196元，增长19.6%；人均转移性纯收入297元，增长18.2%。农村居民人均生活消费支出4 417元，增长8.3%，其中，人均食品支出1 619元，增长4.3%。农村居民恩格尔系数为36.6%，降低1.5个百分点。农村居民人均住房面积34.2平方米，增加1.3平方米。

表8　　农村每百户居民家庭主要耐用消费品拥有量

消费品名称	单位	数量	消费品名称	单位	数量
微波炉	台	8.5	家用电脑	台	10.8
电冰箱	台	55	照相机	架	7.8
排油烟机	台	14.9	空调器	台	12.6
热水器	台	38.5	固定电话	部	70.7
洗衣机	台	71.9	移动电话	部	141.3
黑白电视机	台	6.6	助力车	辆	58.4
彩色电视机	台	110.7	摩托车	辆	70.3
影碟机	台	60.8	汽车（生活用）	辆	3.9

社会保障体系建设积极推进。社会保险覆盖范围持续扩大，全省城镇职工基本养老、医疗、失业、工伤和生育保险参保人数分别达到1 661.0万人、2 540.2万人、899.5万人、1 064.6万人和703.0万人，分别比上年末增加95.2万人、686.0万人、35.4万人、199.6万人和65.0万人。新型农村养老保险试点顺利实施，19个县（市、区）列入国家首批新农保试点，139万60岁以上的农民领到基础养老金。城镇居民基本医疗保险制度试点全面推开，参保居民1 111.6万人。新型农村合作医疗农民参合率98.6%，人均筹资达103.1元，住院补偿比38.5%，门诊补偿比30.6%。企业退休人员养老金水平进一步提高，月人均增加143元，平均水平达到1 341元。

困难群众生活保障水平提高。城乡低保标准和补助水平逐步提高。城镇保障人数61.3万人，平均月保障标准达到每人262元，人均月补助172.6元，比上年提高34.6元。农村年人均纯收入低于1 000元的困难群众全部纳入保障范围，保障人数200万人，年保障标准全部提高到1 000元以上，人均月补助70.2元，基本实现应保尽保。现有农村五保供养服务机构1 713个，总床位数达到22万张，集中供养率75.3%。

社会救助事业稳步发展。应急救助规模扩大，安排城乡医疗救助资金3.1亿元，救助和资助居民158万人，分别增长89%和43%。各级安排善款5.8亿元，继续实施朝阳助学、夕阳扶老、情暖万家、康复助医、爱心助残五大工程。已建救助管理站31处，流浪儿童救助保护中心16处。收养性社会福利单位2 148个，收养22.8万人。社会福利企业1 480个，安置残疾人员4.0万人。

注：

1. 本公报所列各项数字均为初步统计或初步核算数字。

2. 全省生产总值、各产业增加值绝对数按当年价格计算，增长速度按可比价格计算。

第二部分

全省财政工作

全省财政工作综述

【概述】 2009年，山东省实现生产总值33 805.3亿元，按可比价格计算，比上年增长11.9%。其中，第一产业增加值3 226.6亿元，增长4.2%；第二产业增加值19 035.0亿元，增长13.7%；第三产业增加值11 543.7亿元，增长10.7%；三次产业比例由上年的9.6∶57.0∶33.4调整为9.6∶56.3∶34.1。人均生产总值35 796元，增长11.3%，按年均汇率折算为5 240美元。全社会固定资产投资完成19 031.0亿元，增长23.3%。实现社会消费品零售总额12 363.0亿元，增长19.1%，扣除价格因素实际增长19.8%。居民消费价格与上年持平，比上年涨幅回落5.3个百分点。受国际金融危机影响，全省实现进出口总额1 386.0亿美元，下降12.4%。其中，出口795.6亿美元，下降14.6%；进口590.4亿美元，下降9.1%。全年城镇新增就业105.7万人，农村劳动力转移就业122.4万人。城镇登记失业率为3.4%，降低0.1个百分点。城镇居民人均可支配收入17 811元，增长9.2%；人均消费支出12 013元，增长9.1%。农村居民人均纯收入6 119元，增长8.5%；人均生活消费支出4 417元，增长8.3%。

2009年，受国际金融危机冲击，山东经济运行与企业经营困难明显增多，财政运行面临很大压力。各级各部门在省委、省政府正确领导下，坚定信心、沉着应对，在危机中抓机遇，在机遇中谋发展，认真落实国家和省各项调控政策，积极采取措施保增长、扩内需、控物价、调结构、保民生、保稳定，全省经济平稳较快发展，财政收支实现较快增长，各项工作均取得新成绩。2009年，全省一般预算收入2 198.63亿元，比上年增长12.3%。全省一般预算支出3 267.67亿元，增长20.8%。全省纳入预算管理的政府性基金收入1 494.27亿元，增长44.6%。全省政府性基金支出1 340.61亿元，增长32.5%。全年财政收支平衡，略有结余。

【狠抓增收节支，圆满完成预算任务】 在国际金融危机的影响下，2009年全省经济增长难度加大，减收增支因素陡然增多，财政收支矛盾非常突出。面对严峻形势，各级坚持旬调度、月分析，有针对性地采取了一系列增收节支措施。一方面，依法加强收入管理。从年初开始就紧抓收入不放松，坚持大税、小税一起抓，着力加强税源控管，积极推进科技强税和社会综合治税，严厉打击偷税、骗税行为。全面推行国有资源（资产）有偿使用制度，认真抓好各项非税收入征管，努力拓宽财政增收渠道，全省财政收入增幅先抑后扬，超额完成全年预算任务。在一般预算收入中，税收收入完成1 720.35亿元，比上年增长12.18%。非税收入完成478.29亿元，增长12.93%；税收收入占地方财政收入的比重为78.25%。另一方面，坚持勤俭办一切事业。按照中央和省委、省政府厉行节约有关要求，大力压减人、车、会、话等一般性支出，严格控制楼堂馆所建设，各项节支目标得到较好落实。2009年，全省一般公共服务支出增长7.53%，低于总支出增幅13.29个百分点，行政成本得到有效控制。

【认真落实积极财政政策，促进了经济平稳较快发展】 各级围绕扩内需、保增长，认真落实积极的财政政策，为促进经济企稳回升发挥了重要作用。一是切实加大投资力度。争取并及时拨付中央扩大内需项目资金83.22亿元，全省落实地方配套资金343.69亿元，首次委托财政部代理发行地方政府债券70亿元，不仅保证了中央投资项目地方配套资金的落实，而且办了一些多年想办而没有财力办的大事，有力地促进了全省基础设施建设和社会事业发展。二是努力扩大消费需求。认真落实中央和省出台的鼓励消费财税政策，着力增强城乡居民特别是低收入群众的消费能力，积极开拓城乡消费市场。大力推进家电与汽车摩托车下乡、家电汽车以旧换新工作，全省兑付补贴资金17.83亿元，共计销售家电下乡产品371万件，汽车摩托车下乡产品56.28万辆，以旧换新家电38.46万台、以旧换新汽车706辆，直接拉动城乡居民消费192亿元，促进了家电、汽车及相关产业发展和社会消费的增加。同时，积极稳定外需，省级出台20项财政帮扶政策，支持优势产品扩大出口，大力开拓国外市场。三是大力支持转方式、调结构。认真实施重点产业调整振兴规划，切实加大对先进制造业、高新技术产业、现代服务业、自主创新、节能减排、新能源等方面的投入。2009年，全省财政仅用于新能源、节能减排和生态环保方面的支出就达75.52亿元，比上年增长28.8%。同时，注重发挥体制机制的引导作用，进一步完善节能、污染物减排考核奖励等办法，积极实施差别电价、超耗能加价等政策，健全重点流域生态补偿机制，有力地调动了各方面促进转方式、调结构的积极性。

【坚持资金和政策并重，帮企解困工作扎实有力】 针对部分企业受国际金融危机冲击较大，生产经营困难的情况，各级本着“加法”与“减法”并重、资金与政策并举的思路，千方百计加大扶持力度，帮助企业克服时艰、渡过难关。一是努力缓解企业融资困难。省级落实资金1.79亿元，建立中小企业信用担保风险补偿和激励机制，支持140家担保机构为12 467户中小企业提供贷款担保448亿元，约占全省新增中小企业贷款的1/4；落实资金8 700万元，支持实施小企业培育、中小企业成长和特色产业集群提升“三项计划”；安排1亿元，支持设立省级创业投资引导基金，直接带动社会资本10.3亿元，重点扶持初创期科技型中小企业加快发展。各地还通过多种方式，大力推进银、政、企合作，有效缓解了企业资金周转困难。二是切实减轻企业税费负担。在积极实施增值税转型改革、房地产交易税收减免、提高部分产品出口退税率等结构性减税政策，认真落实中央取消100项行政事业性收费项目，实施阶段性缓缴社会保险费、降低社会保险费率政策的基础上，省、市又取消和停征行政事业性收费214项，降低收费标准197项，当年为全省企业减轻税费负担370多亿元。三是积极支持企业改制重组。省级通过实施国有资本经营预算，全年安排支出5.66亿元，弥补了省属企业破产改制资金需求缺口，解决了政策性关闭破产企业一些遗留问题，促进了国有企业改革和国有经济布局调整。

【加大支农惠农力度，进一步夯实“三农”发展基础】 各级把支持“三农”作为扩内需、促和谐的重要方面，认真落实各项强农惠农政策，全省财政对“三农”的投入达1 137.12亿元，比上年增长17.5%；其中省级投入189.12亿元，增长24.6%。一是着力促进粮食增产和农民增收。全面落实粮食直补、良种补贴、农机购置补贴和农资综合补贴政策，全省共发放补贴资金79.2亿元，比上年增长20.4%。加大产粮产油大县、粮食生产大户奖励力度，扎实开展测土配方施肥、政策性农业保险试点等工作，促进了粮食增产；筹集6.8亿元，大力支持重点农业龙头企业和农民专业合作组织发展，并在52个县实施了现代农业生产发展项目；进一步扩大贫困村村民发展互助资金试点范围，新增扶贫合作社132个，帮助82个贫困乡镇的50万农村贫困人口实现脱贫。二是大力加强农业基础设施建设。省级筹集资金18.82亿元，支持大中型病险水库除险加固、重点泄洪河道和重要支流治理，在21个产粮大县实施了小型农田水利重点县建设项目。全省安排农业综合开发投资12.65亿元，支持了一大批中低产田和中型灌区节水改造、小流域治理、高标准农田建设项目。省级筹集6.9亿元，开展基本农田土地整理，加大基本农田保护力度，改善了农业生产条件。三是努力推动农村社会事业发展。各级多方筹集资金，大力支持户用沼气推广和农村饮水安全工程，支持新建农村户用沼气池19.54万户、带动全省新增农村户用沼气55万户，解决了380万农村人口饮水安全问题。村级公益事业建设一事一议财政奖补试点顺利启动，农村公路建设养护、农村客运站点建设、环境综合整治及生态示范创建工程加快实施，农村居住环境进一步改善。

【着力解民忧办实事，民生保障体系更加健全】 按照省委、省政府决策部署，切实加大民生投入，全省仅在一般预算中安排的民生支出就达1 640.87亿元，占财政总支出的50.22%，比上年增长20.05%。一是着力扩大就业。加大就业资金投入力度，大力支持技能扶贫、高级技工培训、农村劳动力转移培训、公共就业服务体系建设等重点项目，加大小额担保贷款扶持力度，积极开展“扶持百家企业、稳定万人岗位”活动，提高了重点人群的就业创业能力。积极落实特困家庭高校毕业生求职补贴，支持大学生面向基层就业和自主创业，维护了就业形势稳定。二是提高教育保障水平。深入推进义务教育经费保障机制改革，农村中、小学生均公用经费定额标准，分别提高到600元和400元；农村小学、初中寄宿生生活费补助标准，分别提高到500元和750元；中小学校舍安全、“两热一暖一改”（即热水、热饭、取暖、改厕）、教学仪器更新等工程加快实施。稳步提高高校生均经费定额，积极推进高校债务化解工作，进一步完善家庭经济困难学生资助政策体系，全省落实奖（助）学金20.3亿元，解决了123万名学生的上学难问题。三是健全公共卫生服务体系。积极推进医药卫生体制改革，支持改造村卫生室2万多所、城市社区卫生服务机构868处，培训相关人员6 000多人。政府对新型农村合作医疗、城镇居民基本医疗保险的补助标准均提高到每人每年80元，并将关闭破产国有企业退休人员纳入城镇职工医保范围，新型农村合作医疗参合率达98.61%。大力支持甲型H1N1流感、手足口病、艾滋病防治等重大公共卫生服务项目，公共卫生服务体系建设步伐加快。四是完善社会保障体系。在19个县（市）开展了新型农村社会养老保险试点，农村社会养老迈出历史性一步。连续五年提高企业职工基本养老金，企业职工基本养老保险实现省级统筹，做实个人账户工作扎实推进。城乡居民最低生活保障制度进一步完善，农村低保标准提高到1 000元，城市低保对象平均保障标准达到每人每月262元。农村部分计划生育家庭奖励扶助、独生子女伤残死亡家庭扶助、部分优抚对象生活补助标准提高及水库移民后期扶持、国有企业分离办社会等政策得到全面落实。全省落实廉租住房保障资金28.76亿元，建设城市保障性住房257.9万平方米，对2.63万户城市低收入住房困难家庭实施了廉租住房保障；省级拨付以奖代补及“腾空地”项目资金2.57亿元，引导各方投入1 408亿元，整村开工建设113万户，完成危房改造18.9万户。五是支持发展文化体育事业。深入实施农村电影放映、农家书屋建设、全民体育健身等文化体育惠民工程，大力推进山东出版集团改企转制等改革，有力促进了文体事业和文化产业发展。支持举办第十一届全国运动会，充分展示了山东改革开放和现代化建设的辉煌成就。及时落实资金，援建北川、“平安山东”建设、防灾减灾等工作也得到有力保障。

【调整理顺体制机制，促进区域发展取得新突破】 一方面，大力支持实施重点区域带动战略。围绕实施山东半岛蓝色经济区、黄河三角洲高效生态经济区、胶东半岛高端产业聚集区、鲁南临港产业带和省会建设等重点发展战略，认真研究财政配套政策，创新财政体制机制，加大对重点区域基础设施、重点产业发展和人才建设等方面的支持力度，推动了优质要素资源聚集和优势产业崛起，增强了重点区域竞争力。另一方面，大力支持县域经济发展。根据省委、省政府决策部署，科学运筹、周密组织，在20个县（市）实施了“省直管县”财政体制改革试点，减少了管理层次，提高了管理效率，促进了县域经济发展。进一步完善财政收入质量改善奖励、财政支出结构优化奖励、县级财力差异均衡奖励、县乡义务教育债务化解奖励、县级基本财力保障“五个机制”，认真落实财政困难县企业所得税、营业税增收返还政策，调动了县乡科学发展、培植财源、增收节支的积极性。2009年，全省县乡财政收入1 374.62亿元，比上年增长15.1%，比全省平均增幅高2.8个百分点，占全省财政收入的比重为62.5%，比上年提高1.5个百分点。全省县（市、区）地方财政收入全部过亿元，其中过10亿元的54个，比上年增加7个；过20亿元的18个，增加7个。省对下各类转移支付资金（含专款）达654.80亿元，比上年增长27.27%。其中，省财政重点帮扶的42个财政困难县，按财政供养人口计算，人均财力达到3.7万元，比上年提高4 000元。

【坚持改革创新，财政管理更加科学化精细化】 扎实稳妥地推进增值税转型、成品油税费改革，促进了税收公平，减轻了企业和社会负担，既优化了经济发展环境，又为转方式调结构创造了条件。积极实施政法、交通经费保障机制改革，省级结合中央补助安排20.2亿元，大幅度提高了基层政法部门经费保障水平；结合实施成品油税费改革，进一步理顺交通财务管理体制，促进了交通事业健康发展。预算管理制度改革步伐加快，社会保险基金预算编制试点工作深入开展，省级和部分市试行了国有资本经营预算，预算内、外资金统筹力度加大，财政资金使用绩效不断提高。国库管理制度改革进一步深化，省级改革覆盖到所有预算单位（除垂直管理部门市局以下单位）的预算内资金，全省17市全部实施改革，16个市（除青岛）所有129个县（市、区）全部实施改革。公务卡制度改革在省市两级全面推行，财税库银横向联网试点成功启动。不断扩大非税收入征管系统覆盖面、提高系统征缴率，非税收入收缴管理机制改革继续深化。政府采购监管不断加强，财政投资评审规模大幅增加，全省完成政府采购额491.54亿元、投资评审额842.01亿元，分别比上年增长21.48%和32.9%。加快金财工程建设步伐，省级应用支撑平台建设成功启动，市级平台建设逐步展开，为推进精细化管理提供了技术支撑。注重以监督促管理、以监督促规范，先后开展了扩大内需政策落实情况检查、非税收入征管情况检查和会计信息质量检查，合计检查部门、单位1.05万个，通过查处问题、健全机制，促进了各级各部门财政财务精细化管理。扎实开展党政机关和事业单位“小金库”专项治理，进一步严肃了财经纪律，规范了财经秩序。同时，注重从大处着眼、细处着手，通过明确岗位职责、优化工作流程、强化质量控制，积极探索科学化精细化理财的新机制、新方法，农业综合开发、法规税政管理、政府性债务管理、基层财政管理、会计管理、行政事业资产管理等工作，也都迈上新台阶。

【抓作风促廉政，干部队伍建设取得新成绩】 把加强干部队伍建设作为应对危机、做好工作的根本保障紧抓不放，财政系统文明创建和政风行风建设也迈上新台阶，为财政改革发展提供了有力保障。一是大兴调研之风。围绕事关财政改革发展全局的重大问题，各级财政部门深入开展调查研究，财政调研与科研工作成效显著。特别是根据姜异康书记重要指示，围绕生财、聚财和管财用财等重大财政问题进行深入研究，取得重要成果。成功召开山东省财政学会第七次代表大会，顺利完成财政学会换届工作。圆满完成《财政志》编纂任务。二是积极转变作风。针对学习实践科学发展观活动查摆出的问题，扎实开展“整改落实年”活动，营造了真抓实干的良好氛围；积极开展“加强党性修养，弘扬优良作风”教育活动，促进机关作风和节约型机关建设，大力推动政务公开，积极参与“阳光政务热线”直播活动，成功举办全省财政系统“庆国庆、迎全运”文艺汇演，树立了财政部门良好形象。三是扎实做好干部教育培养工作。坚持创新、完善规划、注重实效，有重点、分层次地组织开展干部教育培训，全年共举办各类培训35期，培训干部职工3万余人次。认真做好干部推荐、选拔、轮岗等工作，干部选拔任用制度和考核评价体系不断健全。四是高度重视党风廉政建设。认真制定财政系统党风廉政建设和反腐败工作实施意见，扎实开展廉政教育活动，全面开展权力梳理、监督定位、流程规范工作，建立健全领导干部廉政档案制度，积极主动地做好反腐败源头治理工作，财政系统依法行政、廉洁自律水平有了新提高。同时，各级按照省委、省政府部署，认真组织开展财政部门机构改革，财政职能更加完整，工作关系更加理顺，为更好地发挥财政职能作用、服务经济社会发展奠定了基础。

（撰稿：崔宗涛　王道昌）

综合财政

【分类规范，强化征管，非税收入管理迈出新步伐】 2009年，按照“夯实基础，细化管理，重点突破，扎实推进”的工作思路，不断深化“收支两条线”改革，进一步加大政府非税收入管理力度，非税收入规模不断扩大。全省非税收入完成2 246.73亿元，比上年增长19.3%。

（一）*发挥非税收入政策调控作用，促进“保增长、调结构”。*2009年，针对国内外急剧变化的经济形势，主动研究清理规范地方行政事业性收费政策，全省累计取消或停征收费项目214项，降低收费标准197项，按2008年度收费额静态测算，每年可直接减少企业和社会负担近40亿元，涉及农业、教育、就业、工程建设和外贸出口等多个领域。同时，积极推进资源环境有偿使用制度改革，切实加大国有资源环境有偿使用收入征管力度，集中抓好土地、海域、矿产、水资源等重点收入管理，2009年，全省资源环境性收入达到1 510.2亿元，占全部非税收入的比重为67.2%，资源环境性收入日益成为非税收入的主体，不仅成为地方财政增收的新亮点，也对节约资源能源、保护生态环境，增强全省经济社会的可持续发展能力，发挥积极推动作用。

（二）*加强非税收入预算管理，积极配合推进省直管县财政体制改革。*一是将部分非税收入纳入国库管理。分步将水资源费、国有资源（资产）有偿使用收入和以政府名义接受的捐赠收入纳入国库管理。二是积极配合推进省直管县财政体制改革，下发《省直接管理县财政体制改革有关非税收入管理问题的通知》，明确涉及省直管县非税收入管理的有关政策，对包括非税收入管理体制、支出管理、项目设立、减免、系统征缴有关事项的审批及工作衔接等工作，做出明确规定，规范省直管县非税收入管理。

（三）*强化非税收入征管，继续深入开展非税收入政策宣传。*在征管方面，充分发挥非税收入征管系统平台优势，不断扩大系统覆盖面、提高系统征缴率，努力实现非税收入管理的规范化、科学化、精细化。落实收费项目标准公示制度。2009年，会同有关部门先后制定公布《2008年山东省行政事业性收费项目目录》、《教育部门收费项目及收费标准目录》、《山东省涉及交通和车辆行政事业性收费项目目录》等，进一步提高收费透明度，完善监督检查机制，畅通社会监督渠道。同时，在全省组织开展“政府非税收入宣传月”和创建“政府非税收入规范管理示范县”活动，强化非税收入政策宣传，提高非税收入社会认知度。

（四）*深入开展非税收入检查，分类分部门规范非税收入管理。*一是会同厅监督检查局对32个具有代表性的省直部门（单位）非税收入征管情况进行专项检查，检查面达40%以上，所查单位2008年的非税收入占省本级非税收入的70%以上。二是针对检查中发现的问题，结合不同部门行业特点，分别对农业、林业、水利、公安、建设、环境保护、国土资源等10多个部门的非税收入征缴管理进行规范，对各部门各系统非税收入管理范围、非税收入征缴程序、财政票据的管理使用以及非税收入资金管理等，进一步明确政策界限。三是组织各市开展了为期3个月的非税收入征管情况大检查，会同有关部门联合开展全省新型墙体专项基金征管专项检查等，以检查促规范、以检查促落实，进一步提高全省非税收入规范化精细化管理水平。

（五）加强财政票据监督管理，进一步提高“以票管费”水平。一是完善财政票据管理办法和制度。按照推进财政科学化精细化管理要求，先后拟定《财政往来票据领购使用管理暂行办法》、《财政票据损耗费管理使用暂行办法》、《财政票据仓库安全管理制度》、《财政社团票据领购使用管理指南》、《财政医疗票据领购使用管理指南》等制度办法，不断健全完善覆盖票据管理全过程的规范化制度体系。二是加强票据基础管理。为提高票据领购、缴销信息化管理水平，会同信息中心研发“财政票据领购打印系统”，将各单位领购的财政票据详细情况清晰记录在案，由当事人签名核准后发放票据，实现财政票据领购过程的电子化管理。同时，根据会计制度及财政部有关规定，调整财政票据损耗费结算方式和财政票据工本费管理模式，进一步规范财政票据资金管理。三是强化财政票据稽查和监销。根据财政部统一部署，2009 年组织力量对公安、交通、铁道、海关、国家质检等 5 个中央垂直管理驻鲁部门及所属单位，开展 2008 年度财政票据管理和使用情况专项检查，并在全国率先完成重点检查工作，受到财政部的通报表扬。同时，加强对财政票据缴销工作的监管力度，2009 年对公安交警、工商部门、交通部门的过期作废票据进行现场核查，并委托当地财政部门现场监督销毁。对群众和单位举报的乱用票据、假冒票据问题，逐一进行认真核查，并及时处理。通过强化稽查、完善监管，初步建立全面检查与专项检查相结合、重点检查和日常检查相结合的票据稽查机制，进一步提高“以票管费”水平。

【统筹兼顾、扎实推进，规范津贴补贴取得新的进展】 2009 年，坚持统筹兼顾、扎实推进，切实巩固规范津贴补贴成果，进一步深化收入分配制度改革。

（一）积极推进省直驻济以外机关规范津贴补贴工作。在驻济省直机关公务员实行工资津贴补贴统一规范发放的基础上，扎实推进驻济以外机关规范津贴补贴工作，充分考虑不同单位的不同特点和政策历史沿革，研究出台规范省直驻外机关津贴补贴实施方案。既保持政策的连续性，又有效解决驻外机关津贴补贴政策不明、发放混乱、监管乏力等问题。方案出台后，会同人事部门对各驻外单位规范工作进行具体部署，认真指导各部门拟定工作方案、填报规范表格。对各部门汇总上报的材料，逐级逐单位进行认真审核，对存在的问题及时反馈沟通，最终以省纪委等 6 部门名义正式批复。

（二）积极探索建立科学合理的省以下规范津贴补贴调控管理体系。充分利用行政和经济两种手段，加强津贴补贴调控管理。精心审批各市调整津贴补贴方案，及时核定征收津贴补贴调节基金，进一步规范申报审批程序，切实做好县（市、区）级津贴补贴报备工作。2009 年，在全国率先建立覆盖到县的津贴补贴信息系统，研究建立与经济发展水平密切相关的津贴补贴正常调整机制。系统具备与人事部门工资软件相衔接的数据库结构，并预留与统计部门相关数据库对接接口。

（三）积极配合实施义务教育学校教师绩效工资制度改革。一是深入基层调查研究。会同有关部门，深入市、县和中小学，分析义务教育学校教师工资收入分配和经费来源情况，广泛听取意见建议。二是研究起草我省义务教育学校绩效工资实施意见。在前期调查研究的基础上，根据国家确定的目标原则和相关政策，紧密结合山东实际，研究起草《山东省义务教育学校绩效工资实施意见》，多次听取市、县相关部门的意见。三是召开会议层层部署。我省实施意见经三部委备案同意后，三部门专门召开全省会议进行部署，进一步明确政策，细化要求，强调了纪律。

【加大投入、完善制度，城乡住房保障和住房改革实现新突破】 2009 年，按照省委、省政府的总体要求，在积极推进住房货币化改革进程的同时，多渠道筹措住房建设资金，大力支持城市保障性住房、农村建房和危房改造。

（一）继续加大廉租房建设支持力度。2009 年全省新落实廉租住房保障资金 28.76 亿元，建设城市保障性住房 257.9 万平方米，对 2.63 万户城市低收入住房困难家庭实施廉租住房保障。

（二）积极主动支持农村住房建设和危房改造。2009 年筹集资金 4 亿元，用于支持农村住房与危房改造补助以及农村集中建房“腾空地”整治等，既缓解省财政预算内资金安排的压力，又保证省委、省政府重大决策部署的贯彻落实。2009 年省级拨付“以奖代补”及“腾空地”项目资金 2.57 亿元，引导各方投入资金 1 408 亿元，整村开工建设 113 万户（完工 88 万户，在建 25 万户），完成危房改造 18.9 万户，整理复垦“腾空地”超过 5.2 万亩，新增效益 8 000 多万元，有效节约土地达 60% 以上。

（三）完善公积金监管，切实保障资金安全。一是落实贷款风险准备金计提政策。加大调度、协调力度，督促各市落实贷款风险准备金计提新政策。进一步提高风险防范能力，达到政策预期目的。二是加强住房公积金管理机构年度考核，深入分析财务状况。会同省住房和城乡建设厅，开展全省住房公积金管理机构年度考核，研究出台加强住房公积金管理专项治理的相关政策及具体措施。重点对公积金个贷率、风险度等进行分析，检验有关政策调整效果，为领导决策提供依据。三是对住房公积金发放住房保障贷款试点政策进行深入研究。结合我省实际，会同有关部门转发《利用住房公积金支持保障性住房建设的通知》，并上报确定试点城市，为全省积累经验、探索路子。四是在加强住房公积金监管、确保公积金安全有效的前提下，不断调整和完善公积金信贷消费政策。截至2009年底，全省住房公积金归集余额达869亿元，个人贷款余额442亿元，个贷率达50.9%，支持住房改革和住房消费的作用得到较好地发挥。

（四）积极推进省直房改工作。一是积极推进补偿挂账兑现。全年兑现职工补偿挂账单位31个，兑现金额539万元，对资金不足单位调剂资金34.65万元，多年没能解决的历史遗留问题正在逐步得到解决，受到省直单位和离退休老同志的好评。二是大力推进公房出售。全年审批办理公房出售业务2 551户，涉及金额7 000多万元，按政策返还房改结束单位售房款1 888万元。认真落实政策，处理省直房改违规违纪、超控两套房等遗留问题71户，增加售房收入20万元。三是参与省直小区有关问题处理。发挥职能作用，积极参与省直汉峪小区建设资金管理使用、阳光舜城省直住宅小区建设成本核算及财政补助政策制定等工作，为领导决策当好参谋。四是科学运筹核算资金。根据资金需求，合理安排存款档期，及时转存，2009年实现盈利并全部弥补往年亏损，扭转了以前年度连年亏损的局面。认真开展会计核算，全年共记载会计凭证6 226笔，月均业务量为518笔，顺利通过年度审计。五是参与省纪委组织的清理机关违规建房工作，对72个单位进行了清理，其中已处理27个单位，收取售房款6 450万元。

【突出重点、强化监管，专项资金管理取得新的成效】 2009年，按照推进精细化科学化管理的要求，不断完善制度办法，强化收支监管，确保资金管理使用安全、高效，促进各项事业发展。

（一）强化土地收入收支管理，支持地方经济发展。一是严格落实土地收入管理各项政策，确保应收尽收。针对部分市县土地收入调整政策落实不到位的问题，采取定期调度、实地督查、个别沟通、专门约谈等方式，进一步提高各级财政部门的重视程度。同时，利用非税收入征管系统、土地收支报表、人民银行国库三方数据定期对账，及时了解掌握各地收入征缴情况，对不通过系统征缴、收入不及时入库的市县进行督导。全省新增建设用地土地有偿使用费收入已全部实现非税收入系统征缴入库，纳入财政管理的土地收入规模不断扩大。2009年全省实现国有土地收入1 442.69亿元，比上年增长57.2%；其中，省级新增建设用地有偿使用费达到34.86亿元，比上年增长41.7%。二是不断调整优化土地资金支出结构，提高资金使用效益。积极适应促进农村经济可持续发展的需要，根据土地利用总体规划，适时调整和拓展土地资金支出方向，突出重点、提高效益。贯彻落实国务院确保基本农田“总量不减少、用途不改变、质量不降低”要求，继续开展基本农田保护示范区土地整理项目建设，2009年省级筹集资金6.9亿元，开展基本农田土地整理，其中，投资新建项目3.5亿元，支持建设17.9万亩基本农田，项目完成后新增耕地1.5万亩。积极调整优化结构，整合运用土地专项资金，省级筹资4亿元支持农村建房和危房改造，有效缓解省财政预算内资金安排的压力，保证省委、省政府重大决策部署的贯彻落实。同时，进一步健全制度办法，研究下发《加强土地整治相关资金使用管理有关问题的通知》、《省级土地开发整理复垦项目竣工财务决算管理办法》等，切实加强土地项目资金管理，确保资金安全、高效。

（二）加强海域使用金管理，促进海洋经济发展。一是严格减免，强化征管，海域使用金收入保持稳定增长。根据国家扩内需、保增长加快用海项目审批的十条措施，结合山东实际，研究出台我省用海项目分期缴纳海域使用金的优惠政策，2009年全省审批建设用海项目75宗，涉海面积2 000多公顷，审批减免海域使用金项目5个，减免资金1 969万元，审批分期缴纳项目7宗，涉及项目用海海域使用金近2.5亿元，拉动内需直接投资达500亿元，有力促进扩内需用海项目建设。同时，严格执行海域使用分等定级规定，规范使用国家和省规定的海域使用金征收标准，强化征管措施，加大征缴力度，海域使用金保持稳定增长，2009年全省收入达到9.46亿元，比上年增长55.7%。二是突出重点，完善监管，切实加强海域使用金支出管理。针对海洋开发中存在的突出矛盾和问题，着眼于促进海洋资源的优化配置，进一步完善海域使用管理政策，调整优化资金使用方向，重点加强海域整治、保护与管理，确保海域使用金重点用于海洋环境监测、海洋公益服务能力建设、海域督察和海监执法、海域生态整治示范工程建设等支出，着力提高海域综合管理能力建设，努力保障海洋资源环境的可持续利用。同时，制定海域使用金使用管理、海域使用金绩效考评等制度和办法，规范项目申报、严格项目审查、完善绩效评价，确保项目真实可靠，资金专款专用、有效使用。

（三）加强彩票市场和资金监管，支持社会公益事业发展。2009年7月1日《彩票管理条例》的正式颁布施行，标志着我国彩票事业发展步入有法可依、规范管理的新阶段，是我国彩票发展史上一件具有里程碑意义的大事。以学习贯彻落实《彩票管理条例》为契机，进一步完善制度办法，研究采取有效措施，依法行政、依法理财、依法监管，切实维护彩票市场平稳健康发展。2009 年，全省彩票销量历史性的突破 100 亿元，达到 114.47 亿元，筹集公益金 33.72 亿元。一是建立健全彩票管理长效机制。按照事前、事中、事后全过程监管，日常监管和技术监管相结合的要求，积极加强部门沟通和协作，初步形成财政、民政和体育部门，福利彩票和体育彩票机构“1+2+2”协调配合机制；建立彩票工作会商制度和彩票市场形势分析制度，加大对彩票市场的监管力度，会同有关部门严厉打击非法彩票活动，积极探索建立彩票监管信息系统，进一步完善监管手段，不断提高彩票监管能力和水平。二是建立健全彩票公益金基金预算管理制度。2009 年起，对省级福彩公益金探索实行基金预算管理制度，按照“以收定支，专款专用；规范程序，统一管理”的原则，严格规范彩票公益金使用范围、项目安排、资金额度等，改变原来“临时申报、分散使用”的做法，增强预算的严肃性、权威性，克服公益金支出的随意性，最大限度地提高彩票公益金使用效益。三是调整公益金支出结构，突出扶持重点。按照“有重点、保配套、合规定”的原则，科学、合理、高效使用彩票公益金。进一步调整优化彩票公益金的使用方向，拓展彩票公益金的使用范围，扩大彩票公益金的社会受益面，重点支持社会福利院、儿童福利院、“十一运”场馆建设、农村残疾人危房改造和贫困大学生救助、城乡医疗救助等“民心工程”。2009 年中央安排我省国家专项彩票公益金 3 990 万元，资助 13 个综合性青少年学生校外活动场所建设和运转。

【围绕中心、关注热点，财政政策研究有了新的亮点】 2009 年，紧密结合财政经济形势研究财政政策，坚持把政策研究作为推动财政综合工作的关键来抓，财经形势分析和政策研究工作有了新的亮点。

（一）密切跟踪形势开展研究。一是在借鉴外省经验，充分征求各方面意见，并统筹考虑财政承受能力的基础上，结合山东实际，停征涉及 13 个部门的 18 项中央收费项目，配合物价部门对涉及 8 个部门的 12 项行政事业性收费，提出降低收费标准的意见，进一步减轻企业和社会负担。二是组织开展全省矿产资源收费基金情况调研、煤炭生产销售收费基金情况调研等专题调研，分析现状，提出意见建议。三是在认真清理规范收费项目的同时，按照“转方式、调结构”的总体要求，深入开展国有资源环境有偿使用研究，出台《国有资源和国有资产有偿使用收入管理暂行办法》，进一步建立完善资源环境性收入管理制度。2009 年，全省资源环境性收入达到 1 510 亿元，占全部非税收入的比重为 68.8%。

（二）紧密结合实际开展研究。为切实提高各项政策的指导性、针对性，立足财政综合工作实际，围绕土地海域收支管理、保障性住房建设、住房公积金增值收益分配等热点难点问题，进行了一系列专题研究，初步形成抓调研、出政策、促发展的良好局面。一是针对目前我省临海工业迅猛发展，海洋污染事故频发等问题，会同有关部门开展海洋生态补偿、赔偿专题研究，借鉴陆域资源生态补偿办法，按照“谁开发、谁保护，谁破坏、谁恢复，谁受益、谁补偿，谁污染、谁付费”的原则，探索建立海洋生态补偿机制和赔偿机制，并制定出台海洋生态环境损害赔偿办法和补偿办法，促进修复海洋生态，实现海洋资源开发利用与保护的良性循环。二是针对审计检查发现的问题，组织开展土地资金管理、海域使用金征管专题调研，全面系统了解基层工作情况，充分听取地方在管理中存在的问题及意见建议，有针对性地完善措施、加强指导，促进提高管理水平。三是主动开展全省住房货币化分配改革调研、房地产市场宏观调控政策演变及实施效果专题调研、廉租住房保障资金综合预算管理调研、售后公房维修管理问题研究，相应出台或完善了一系列政策措施，积极推进我省住房改革进程，努力维护社会公平。

（撰稿：孙忠欣　朱厚玉　于晓勤　李　鹏）

法规税政

【强化税收聚财功能，努力增加财政收入】 一是通过整顿和规范税收秩序，力保增收。坚决制止越权减免税。根据财政部部署，联合省国税、省地税对全省制止越权减免税、加强依法治税工作组织专项检查，对涉及的“税收返还减免”、“缓缴税款”、“豁免欠税”等问题提出了纠正意见，严格控制政策性税收减免。全面执行各项税法和税收政策规定，严格控制个案及临时性税收优惠政策出台，全年共审核涉及税收的规范性文件百余件，提出修改意见160多条，遏制了税收违规减免。二是通过完善和落实税收激励措施，力促增收。进一步深化地税经费预算管理，完善和落实税收激励制度办法，推动地方财政收入增长。有力保障地税部门征管。加大地税系统预算内外资金整合力度，将各级财政部门补助经费、国有资产有偿使用收入纳入部门预算编制范围，逐步推行支出资金绩效评价，支持地税部门完善征管机制，创新征管手段，加大征管力度，提高征管质量，促进地方税收平稳持续增长。全力促进地方税收征管，针对较为严峻的财政收入压力，完善和实施营业税超收、发票双奖、地方税收稽查和“三代”手续费等办法，全年共审核和落实各项税收激励资金6 288万元，有效调动税务部门组织收入的积极性，促进地方税收征管。三是通过研究和调整税收政策，力主增收。有效调整再生资源税收政策，针对再生资源税收政策执行中存在的偷逃骗税行为，积极建议中央将“废旧物资回收经营单位销售其收购的废旧物资免征增值税”，改为“按其销售再生资源实现的增值税一定比例实行增值税先征后返”，具体由财政税政部门负责审核退付。积极推动资源税制改革，重点针对石油、煤炭资源税开展专题调研，依据提出扩大征税范围、改革计税方式、调整部分矿产品税额标准的建议。推动城建税和教育费附加制度统一。深入调研城建税费政策实施情况，建议把外资企业和外籍个人纳入征税范围，将现行差别税率调整为统一税率。

【发挥税收调控作用，努力推动经济社会发展】

（一）全面实施结构性减税政策。准确把握积极财政政策的精神，认真落实中央推出的一揽子结构性减税政策，研究制定我省具体的贯彻实施意见，推动全省经济快速企稳回升。一是实施增值税转型改革。认真落实增值税转型政策，积极支持企业加大设备投资和技术改造力度，合理减轻企业税负和投资成本，促进全省产业结构优化升级。二是实施房地产交易税收减免政策。根据中央政策规定，调整房地产交易环节税收政策，对个人销售或购买住房暂免征收印花税，对个人销售住房暂免征收土地增值税，两次调整普通住宅交易免征营业税期限，减轻个人住房交易的税收负担，刺激房地产市场交易。三是实施个人所得税减税政策。对个体工商户、个人独资企业和合伙企业个人统一执行2 000元/月的所得税税前扣除标准；对储蓄存款利息所得暂免征收个人所得税；对证券市场个人投资者取得的证券结算资金利息所得，暂免征收个人所得税，减轻个人所得税收负担。四是提高部分产品出口退税率。针对外贸出口面临的严峻形势，向财政部提交提高激光传真机等30余项产品出口退税率的请示建议，其中21项产品出口退税率申请获得批准。此外，通过对购买小排量乘用车的消费者减按5%征收车辆购置税，对农民专业合作社实行增值税、印花税等税收激励政策，拉动消费和就业。据测算，通过实施各项结构性减税政策，全年减轻我省纳税人税负约180亿元。

（二）努力推动经济持续健康增长。围绕中央和省委、省政府一系列重大经济决策部署，研究制定配套的财税扶持措施，推动全省经济平稳较快增长。一是大力支持企业创新。全年审核批复高新技术产业发展财政专项扶持资金8 802万元，对我省17家高新技术企业、119项高新产品给予了重点支持。另外，审核认定高新技术企业469家、技术先进型服务企业4家，使其享受国家优惠税收政策，支持企业技术创新。二是有力促进节能减排。认真贯彻实施促进节能减排的税收政策，全年开展资源综合利用认定工作3次，环境保护、节能节水、安全生产专用设备认定工作2次，公布名单涉及全省企业约300家，确保相关企业及时享受到税收优惠。三是全力帮助企业做大做强。适应国家对企业进口重大装备关键零部件及原材料缴纳的进口关税和进口环节增值税由先征后退调整为免征的变化，及时主动向济南机床二厂、威海华东数控、潍坊福田重工三家企业通报政策变化情况，帮助整理申报材料，力争尽快享受国家优惠政策扶持。针对烟台万华等部分企业要求给予农林剩余物综合利用税收优惠的要求，及时向财政部上报了对企业利用农林剩余物给予返还增值税政策的请示，并获批准。针对部分跨区煤炭企业在增值税、城镇土地使用税等方面出现的政策争议问题，严格按照税法规定予以办理。四是着力解决重大战略税收问题。就我省建立黄河三角洲高效生态区税收政策问题深入调研，多次向财政部反映汇报，最大限度争取国家政策支持，服务区域经济发展。对省政府搭建三个融资平台有关营业税、城建税、所得税等政策问题进行认真研究，妥善解决重复纳税问题，支持政府融资平台健康发展。

（三）积极支持社会事业和谐发展。贯彻实施国家支持社会事业发展的税收政策，研究制定促进全省民生工程建设以及重大社会事件的税收扶持措施，促进社会事业健康协调发展。一是审核认定全省公益性组织29家，及时确认税前扣除资格，支持社会公益事业发展。二是报经省政府批准，对残疾、孤老和烈属人员以及因严重自然灾害造成重大损失的劳动所得，仍按照《山东省个人所得税减征管理暂行办法》规定，继续实行减征个人所得税，扶助社会弱势群体。三是报经省政府批准，提高下岗失业人员再就业税额扣除标准，促进社会就业状况改善。四是积极配合第十一届全运会和第三届亚洲沙滩运动会的举办筹办，分别代省政府起草两项运动会的税收优惠政策请示报告，努力争取国家政策支持。

【注重税政调查研究，努力服务发展和决策】

（一）扎实开展税收专项调查，科学提供决策依据。立足税制改革需要和全省经济发展实际，认真开展税收调查研究，努力摸清重点税源的分布、结构及其变化情况，为国家健全税收制度、完善税收政策提供第一手资料，为领导决策提供参考依据。其中，开展的企业所得税税源调查，涉及全省16个市3 930户企业；开展的营业税纳税人资料调查，比上年增加413户，涉及营业税纳税企业8 705户，调查企业实际缴纳营业税近200亿元；开展的重点产品国际竞争力调查，涉及调查企业600户、调查产品415种。在财政部公布的2009年全国重点产品调查通报表扬名单中，我省位居第二名。

（二）加强法规政策研究，努力当好参谋助手。一是在参与税制改革方面，努力增强应对税制改革的敏锐性、前瞻性和针对性，组织开展房地产税费、煤炭资源税、城建税和教育费附加、车船税和船舶吨税等调查研究，在掌握和分析大量调查数据的基础上，广泛听取各方面意见，提出加快税制改革、改进税收政策的建议。二是在加强财源建设方面，深入参与省政府及厅机关重大课题研究，分别就培植壮大财源和生财、聚财、管财、用财等子课题，提出合理化的意见和建议。三是在推动新兴产业发展方面，结合国家政策扶持方向和全省新能源建设重点领域，积极开展太阳能光热产业竞争力提升专题调研，撰写的《山东省太阳能光热产业竞争力分析报告》上报省政府后，姜大明省长、王仁元常务副省长、李兆前副省长均作出重要批示。四是在参与关税政策调整方面，深入济南高新区、烟台开发区等重点园区，认真收集、整理和审核关税政策调整建议，全年共提报企业反映的增列税则税目方面建议6项，调整进出口暂定税率方面建议8项。

（三）切实开展改革跟踪调研，积极服务领导决策。为有效跟踪了解重大税制改革在我省的贯彻实施情况，客观评价税收政策的执行效果，我们依托税收政策执行情况评价反馈机制平台，重点针对企业所得税、消费税、增值税等已实施的改革，开展相关跟踪调研，客观反映改革对我省的影响，有针对性地提出完善意见和应对措施，服务领导决策。通过开展燃油消费税改革跟踪调研，深入了解该项改革对山东省地方炼油企业进口燃料油税负的重大影响，代省政府起草关于降低进口燃料油消费税税率的函，引起财政部的高度关注；通过开展新企业所得税法及其配套政策实施跟踪调研，全面掌握该项改革对全省财政经济的影响，及时发现执行中存在的突出问题，并从新税法及其配套政策与管理制度的衔接方面，提出诸多可行性的完善建议。2009年，共完成各类税收调查任务12项，撰写调查报告10篇；完成调研课题5项，撰写专题报告6篇。

【加强财政法制管理，努力促进依法理财】

（一）以财政普法教育为立足点，不断增强财政干部法律素质。一是广泛开展财政普法征文活动。按照财政部《关于组织开展全国财政系统公务员学法用法征文活动的通知》要求，在全省财政系统广泛组织征集公务员学法用法征文85篇，择优推荐6篇参加财政部评选，取得优异成绩。积极组织各级财政部门参加全省财税金融法学会征文活动，引导广大财政干部在学法用法实践中深入思考和研究财政工作。二是大力加强财税法规政策培训。着眼于岗位需求和业务素质提高，围绕财政行政执法实践与能力提升、税收制度改革与税收立法等六个专题，对省市县三级财政法规税政干部200多人进行培训，进一步提高法律素质、政策水平和业务能力。

（二）以财政法律监督为切入点，不断提升财政部门依法行政水平。一是严格审核规范性文件。认真执行规范性文件审核会签制度，对各类法律法规、规章草案中涉及财政的条款，以及厅机关制定的规范性文件进行审核，全面做好相关解释协调工作，确保财政职能完整。据统计，全年共审核办理各类法律法规、规章草案22件、规范性文件40余件，提出修改意见200多条。二是认真把关财政处罚行为。对厅机关拟作出的11起行政处罚行为进行法律审核，从财政法制的层面提出意见和建议，消除潜在的法律风险，促进厅机关执法行为合法化和规范化。三是合理提供法律意见。深入参与财政管理和重大决策，科学提供法律意见和解决方案，全年参与起草审核山东省CDM项目实施协议、《三方融资框架总协议》等法律文书7份，处理相关借款、产品质量等民事纠纷2起、信访事项3起，答复相关处室调查取证、送达纠纷事项5起，维护了厅机关合法权益，确保财政工作顺利进行。四是妥善办理行政法律纠纷。认真承担做好相关财政行政复议和行政诉讼工作，合理化解法律风险，保障财政工作开展。在起诉省财政厅的2起行政诉讼案件中，全力准备应诉，积极进行协商，均以原告撤诉结案；在以省财政厅为被申请人，省政府、财政部受理的2起行政复议案件中，认真准备、及时提交答辩意见，最终当事人复议请求均被驳回，以维持原具体行政行为结案；在向省财政厅提起的一起行政复议案件中，依法处理申请人复议申请，最终作出不予受理的决定。

（三）*以财政法律制度为着力点，不断完善依法理财保障机制*。一是全面清理行政审批（许可）事项。按照省政府《关于深入推进行政审批制度改革的实施意见》，对厅机关行政审批事项组织开展全面清理。上报保留行政审批事项20项（含行政许可事项8项），建议取消行政审批事项7项、下放行政审批事项2项，审批时限也在原有时限的基础上缩减30%，进一步规范行政审批行为，提高行政审批效率。二是认真做好规范性文件备案工作。严格按照《山东省财政厅规范性文件备案制度》规定，认真做好厅机关规范性文件审查工作，向省政府办公厅和法制办报送各类规范性文件25件。根据省政府法制办《关于对规范性文件备案审查示范单位进行检查的通知》要求，对近年来厅机关规范性文件备案工作进行自查，针对自查中发现的问题，围绕日常报备时效、前期调研准备、后期评估问效等方面，采取完善措施，加强规范管理。三是建立实施规章制度定期清理办法。根据国务院《全面推进依法行政实施纲要》要求，研究制定《山东省财政厅规章制度定期清理办法》，明确规定规章制度定期清理的原则、启动机制、程序步骤，形成了涵盖起草出台、备案审查、定期清理等全过程的管理体系，确保厅机关规章制度的合法性和有效性。

（撰稿：解正湖　赵明亮　刘凯声　张　励　闫鲁宁）

预 算 管 理

【概述】 2009年，面对国际金融危机的严重冲击和财政减收增支的巨大压力，全省财政预算系统深入贯彻科学发展观，全面落实党的十七大、十七届四中全会和省委九届八次、九次全体会议精神，紧紧围绕全省财政中心工作，努力保增长、调结构、促改革、惠民生，全省财政收支继续保持平稳较快增长，财政调控保障能力显著提升，部门预算改革不断深入，重点支出得到较好保障，省直管县财政体制改革顺利启动，预算管理科学化精细化水平进一步提高，各级财政预算工作经受住了各种考验，取得了新的成绩。

【财政收入情况】 2009年，全省地方一般预算收入完成2 198.63亿元，占预算的103.2%，比上年增长12.34%。主要收入项目完成情况为：增值税324.48亿元，占预算的92.43%，下降2.78%；营业税470.61亿元，占预算的105.33%，增长18.81%；企业所得税219.92亿元，占预算的91.06%，下降4.02%；个人所得税64.67亿元，占预算的103.77%，增长5.79%；城市维护建设税109.08亿元，占预算的91.74%，增长4.74%；房产税57.86亿元，占预算的107.55%，增长22.44%；城镇土地使用税120.88亿元，占预算的101.19%，增长16.72%；耕地占用税101.09亿元，占预算的158.14%，增长59.95%；契税131.16亿元，占预算的133.68%，增长37.76%；行政性收费收入171.59亿元，占预算的95.54%，增长5.14%；专项收入87.41亿元，占预算的105.58%，比上年增长7.56%。

去年是新世纪以来我省财政运行最为困难的一年。受国际金融危机影响，全省经济增长难度加大，减收增支因素陡然增多，财政收支矛盾非常突出。面对严峻形势，各级财税部门坚持旬调度、月分析、挖潜力，依法加强收入管理，着力加强税源控管，积极推进社会综合治税，严厉打击偷税、骗税行为。全面推行国有资源（资产）有偿使用制度，认真抓好各项非税收入征管，努力拓宽财政增收渠道，财政收入平稳增长，收入质量相对较好，保障能力进一步增强。一是财政收入规模再上新台阶。2009年我省地方财政收入完成2 198.63亿元，比上年增长12.34%，收入规模突破2 000亿元大关，仅用4年时间完成了1 000亿元到2 000亿元的飞跃，规模居全国第4位。二是税收比重保持相对较高水平。2009年我省地方税收收入完成1 720.35亿元，增长12.18%，全年税收收入占地方财政收入比重为78.25%，比2005年高1.24个百分点，仍处于近年来较高水平。三是县乡财政实力进一步增强。2009年县乡财政建设取得积极成果，县域经济发展速度加快，财政收入大幅度增长。全省县乡财政收入完成1 374.94亿元，比上年增长15.08%，高出全省平均增幅2.74个百分点，占全省财政收入的比重为62.54%，比上年提高1.49个百分点。全省县（市、区）地方财政收入全部过亿元，其中过10亿元的54个，比上年增加7个；过20亿元的18个，增加7个。

【财政支出情况】 2009年，全省地方一般预算支出完成3 267.67亿元，占预算的111.35%，比上年增长20.82%，居全国第4位。主要支出项目完成情况为：一般公共服务490.14亿元，占预算的102.97%，增长7.53%，公共安全197.37亿元，占预算的111.55%，增长13.91%；教育613.49亿元，占预算的104.39%，增长11.34%；科学技术62.88亿元，占预算的106.35%，增长10.06%；文化体育与传媒70.40亿元，占预算的114.66%，增长27.49%；社会保障和就业342.79亿元，占预算的116.98%，增长20.26%；医疗卫生189.24亿元，占预算的118.90%，增长29.30%；环境保护76.17亿元，占预算的142.27%，增长29.87%；城乡社区事务311.93亿元，占预算的101.70%，增长7.76%；农林水事务369.35亿元，占预算的117.15%，增长24.48%；工交商业金融等事务392.73亿元，占预算的165.38%，增长76.16%，剔除成品油税费改革因素后，相同口径比上年增长12.61%。

2009年，在收支矛盾异常突出的情况下，各级进一步加强支出管理，科学合理安排支出投向，努力调整支出结构，压一般，保重点，抓改革，促规范，在支出规模突破3 000亿元大关的基础上，财政支出效益明显提高，有力地支持了全省经济和社会事业的健康发展。一是支持经济平稳较快发展。争取并及时拨付中央扩大内需项目资金83.22亿元，全省落实地方配套资金343.69亿元。按照国务院安排，财政部代我省首次发行地方政府债券70亿元，保证了中央投资项目地方配套资金的落实，促进了全省基础设施建设和社会事业发展。认真落实中央和省出台的一系列鼓励消费的财税政策，大力推进家电与汽车摩托车下乡、家电汽车以旧换新工作，全省兑付补贴资金17.83亿元，直接拉动城乡居民消费192亿元，促进了家电、汽车及相关产业发展和社会消费的增加。认真实施重点产业调整振兴规划，切实加大了对先进制造业、高新技术产业、现代服务业、自主创新、节能减排、新能源等方面的投入。二是支持三农力度进一步加大。各级把支持“三农”作为扩内需、促和谐的重要方面，认真落实各项强农惠农政策，加强农业基础建设，促进粮食增产和农民增收，推动农村社会事业发展，2009年全省财政对“三农”的投入达1 137.12亿元，比上年增长17.5%。三是健全民生保障体系。2009年国家和省出台的民生政策较多，财政保障任务很重。各级紧紧围绕省委、省政府确定的“五件实事”，切实加大民生投入，着力扩大就业，提高教育保障水平，健全公共卫生服务体系，完善社会保障体系，发展文化体育事业，民生保障体系进一步健全，人民群众得到更多实惠。2009年全省各级仅在一般预算中安排的民生支出就达1 640.87亿元，比上年增长20.1%。另外，援建北川、“平安山东”建设等工作，也得到有力保障。

【财政平衡情况】 2009年，全省地方一般预算收入完成2 198.63亿元，加中央税收返还、各项补助、免抵未调库收入及上年结余收入等1 588.92亿元，收入共计3 787.55亿元。当年全省地方一般预算支出3 267.67亿元，加上解中央支出及结转下年支出等514.82亿元，支出共计3 782.49亿元。全省收支相抵，累计净结余5.06亿元，实现了“收支平衡、略有结余”的目标。

【政府性基金收支情况】 2009年，全省纳入预算管理的政府性基金收入完成1 494.27亿元，占预算的226.05%，比上年增长44.60%。主要收入完成情况为：地方教育附加收入17.57亿元，占预算的118.00%，增长19.16%；新增建设用地有偿使用费收入44.69亿元，占预算的217.99%，增长45.80%；政府住房基金收入14.76亿元，占预算的750.01%，增长422.79%；国有土地使用权出让金收入1 228.75亿元，占预算的222.83%，增长60.65%；国有土地收益基金收入55.39亿元，占预算的231.93%，增长58.54%；彩票公益金收入17.71亿元，占预算的166.82%，下降9.36%。

2009年，全省纳入预算管理的政府性基金支出1 340.61亿元，占预算的185.97%，比上年增长32.51%。主要支出项目完成情况为：地方教育附加支出15.60亿元，占预算的115.49%，增长13.97%；新增建设用地有偿使用费支出29.72亿元，占预算的136.72%，增长20.59%；政府住房基金支出5.14亿元，占预算的234.27%，增长175.95%；国有土地出让金支出1 128.23亿元，占预算的188.76%，增长47.14%；国有土地收益基金支出41.32亿元，占预算的164.44%，增长71.68%；彩票公益金支出13.15亿元，占预算的118.66%，增长37.02%。

2009年全省政府性基金收支增幅较高，主要是国有土地出让收入增长较快，收支规模相应扩大因素所致。当年政府性基金预算收入，加上上年结余、中央补助及调入资金等304.03亿元，收入共计1 798.30亿元。当年政府性基金预算支出，加调出资金9.08亿元，支出共计1 349.68亿元。全省政府性基金收支相抵，年终滚存结余448.62亿元。

【加强分析调度，强化预算调控保障作用】 面对严峻的财政形势，去年以来，省财政加强工作调度分析，丰富调控手段，狠抓增收节支，积极争取中央支持，确保全省经济和财政平稳运行，取得明显成效。一是全力做好地方政府债券管理工作。为有效应对国际金融危机影响，增强地方投资配套能力，省财政积极争取中央下达我省（不含青岛）债券发行额度59亿元，为我省扩内需、保增长提供了有力的资金保障。省财政还代省政府起草了《关于做好发行2009年地方政府债券有关工作的通知》，制定了《山东省2009年地方政府债券预算管理办法》，为提高债券资金使用效益提供了制度保障。二是加强组织收入工作指导。面对去年上半年全省财政收入增幅大幅回落，主体税收增长乏力，省级收入连月负增长的困难局面，省财政密切跟踪重点行业和企业经营状况，加强与税务部门沟通协调，在深入分析收入形势的基础上，适时提出了“坚持分类指导、合理确定收入目标、加强主体税收考核、提高收入质量”的政策建议，得到省领导的高度重视。按照省领导的指示精神，省财政指导各地全面落实结构性减税政策，依法足额组织财政收入。2009年，在经济增长放缓、增收难度加大的情况下，全省及省级地方财政收入均超额完成了年初预算任务。三是积极争取中央转移支付。去年以来，省财政不断加强中央转移支付政策理论研究，及时把握中央政策动态，认真算好“政策账”、“体制账”，全面客观反映山东特殊省情，在争取中央财力补助方面取得了丰硕成果，是历年来争取中央转移支付增量最多的一年，为我省落实各项民生政策和缓解县乡财政困难提供了强大的财力保障。四是大力压减一般性开支。去年以来，省财政严格按照中央和省厉行节约的要求，在省级预算安排上充分体现压减一般性支出的要求，对省级党政机关公用经费压减5%，公务购车支出压减80%。同时按照省纪委要求，承担了组织省级党政机关落实“压减公款出国（境）支出、降低车辆购置及运行费用、严格控制一般性开支、减少公务接待支出”等四项指标的压减任务，为此，省财政从明确政策界限入手，合理划定压减范围，将省直党政机关和参公事业单位划入压缩范围，并结合年初预算压减情况，科学设定测算方法，合理确定压缩方式，既确保了省级压减任务顺利完成，又确保了省直部门单位的正常运转，得到了省纪委和相关单位的一致好评。五是切实保障好重点支出需要。在省级预算安排上，大力调整优化支出结构，新增财力进一步向民生倾斜，用于“三农”、教育、医疗卫生、社保就业等方面的支出占达到60%以上，确保了中央和省各项民生政策的落实。执行中，结合中央专款和转移支付资金，加大财政投入，保证了医药卫生体制改革、新型农村社会养老保险试点、政法经费保障体制改革、家电下乡、病险水库除险加固等中央新出台民生政策及重点支出需求。另外，采取财政贴息等多种方式，多渠道筹措资金，确保了十一运场馆、博物馆新馆、档案馆新馆等省级重点项目的建设。

【加强基础管理，深化省级部门预算改革】 2008年以来，省财政在巩固完善部门预算基础管理工作的基础上，进一步完善政策机制，突出资金科学运筹，推动部门预算改革向纵深发展。一是认真做好2009年年初部门预算批复工作。在时间紧、任务重的情况下，省财政及时分解细化部门预算，切实提高年初预算到位率，组织各部门从严控制一般性支出，细化单列出国经费预算，进一步扩大政府采购预算规模，顺利完成2009年部门预算批复工作。2009年省级批复部门预算收入414.6亿元，比上年增长13.5%；政府采购预算达37.9亿元，增长21%，部门预算完整性和批复率都有了明显提高。二是从严从紧编制2010年部门预算。针对收支矛盾十分突出的情况，在部署2010年省级预算编制工作时，省财政提出了“严、优、挖、保”工作思路，狠抓增收节支，大力整合专款，深挖各项收入统筹潜力，坚持有压有保，集中财力落实好中央和省确定的民生政策。同时，继续实行和完善基本支出联合共审机制和“分类、分段、分步”的编报程序，着力提高工作效率。重点推进项目绩效考评工作，将考评结果作为编制预算的重要依据，进一步提高资金使用效益。通过采取以上措施，2010年省级部门预算基础扎实、编制质量高，预算编制的准确性和精细化得到了进一步增强。三是科学安排2010年省级资金投向。2010年省级收支缺口较大。为此，省财政采取挖掘税收征管潜力“增加一块”、集中部门自有收入“调剂一块”、统筹收费基金“替代一块”、严控各项开支“压减一块”、整合专款“盘活一块”、争取政策支持“少配套一块”、争取中央支持“弥补一块”等工作措施，弥补了收支缺口。支出安排上，努力做到“三个倾斜”，即向转方式、调结构倾斜，向惠民生、促和谐倾斜，向保运转、保稳定倾斜。上述“七个一块、三个倾斜”的做法，得到了省委、省政府主要领导的高度评价，预算安排的科学性和有效性得到进一步增强。

【积极探索创新，稳步推进省直管县改革】 为切实提高县乡公共服务保障能力，增强县域经济发展活力，按照中央要求和我省实际，2009年省委、省政府决定选择20个县（市）进行“省直管县”财政改革试点。为确保改革试点顺利开展，省财政充分借鉴外省经验，针对我省“省级财力弱、区域发展差距大、县级个数多分布不均衡”的实际情况，本着既有利于保证省级调控能力、能对直管县（市）实施有效管理，又有利于中心城市发展、提高中心城市的辐射能力、充分调动市县两个积极性的原则，研究提出了我省“省直管县”财政改革的整体方案，得到了省领导和各市县的广泛认可。为保证改革稳妥推进，省财政厅代拟了《山东省人民政府关于实行省直接管理县（市）财政体制改革试点的通知》，制定了“省直接县财政体制改革基数核定”等一系列制度办法，认真组织各市和直管县（市）有序开展改革基数核定工作，为2010年起按照新体制运转做好各种准备。同时结合“省直管县”财政体制改革的推进，进一步完善财政收入质量改善机制、财政支出结构优化机制、县级财力差异均衡机制、县级基本财力保障机制和县乡义务教育债务化解机制的“五个机制”财政政策，一方面帮助困难县地区落实农村义务教育学校绩效工资制度改革政策，切实提高基本保障能力；另一方面继续引导各地加大民生投入力度，加快调整优化经济结构，培植壮大地方财源，实现经济社会又好又快发展。

【加强调查研究，服务领导分析决策】 2009年牵头或参与了多项重大调研活动，积极服务于省委、省政府重大决策，为领导当好参谋助手。一是认真做好省委培植壮大财源课题研究。按照省委领导的指示精神，省财政厅会同省委政研室，历时近3个月，参与完成了省委“培植壮大地方财源”重大课题，形成了《关于生财、聚财、用财若干重大问题研究》报告，系统提出了加强地方财源建设、推进经济结构调整的工作思路。《研究报告》得到了省领导和有关部门的高度评价，对推动我省财源建设工作起到了重要的指导和促进作用。二是加强区域经济发展的政策研究。根据省委、省政府“一区三带”发展战略部署，省财政按照统筹发展原则，结合地区发展特点，出台了一系列含金量很高的政策措施，并写进了省委、省政府《关于打造山东半岛蓝色经济区的指导意见》和省委办公厅、省政府办公厅转发《省发展和改革委员会关于建设胶东半岛高端产业聚集区的意见》中，为今后全省“一区三带”发展奠定了良好的政策基础。三是进一步强化省情研究。省财政高度重视基层调查研究，了解市、县、乡财政经济运行情况，加强对比分析；另一方面，密切关注中央政策变化，及时测算对山东影响，及时加强对市县指导。在此基础上，整理编印了《山东省17市财政经济基本情况和财政体制情况》和《山东省基本支出政策》等工作资料，既为领导决策提供了第一手材料，也为进一步提升工作质量打下了基础。

【完善体制机制，提升预算管理精细化管理水平】 2009年省财政狠抓科学化、精细化管理，不断完善内部工作制度、夯实基础工作，预算管理精细化水平有了新提高。一是完善省级收入日常监管机制。继续巩固与国税部门的交流合作，通过对省级收入实行分行业、分企业定期调度，确保及时掌握胜利油田、电力集团、发电企业等重点税源动态情况。在此基础上，积极拓展与地税、经贸等部门的业务联系，充分利用部门统计数据，进一步完善了省级收入月报制度和报表体系，新增全省用电量、全省营业税分行业收入、全国地方财政收入构成等统计项目，使省级收入统计体系更趋完善。二是加强预算指标信息化管理。将省级财政一般预算、政府性基金预算、预算外资金全部纳入“预算指标信息管理系统”，实现了省级财政性资金预算管理的动态、适时监控。在此基础上，按照财政部统一要求，建立了全省预算执行情况月报制度，定期统计全省各级收支预算变动和重点支出进度情况，并对市县报送质量进行抽查考核，确保了预算管理信息的准确性和时效性。三是完善建立“三农”、“民生”投入统计报表体系。为方便各级及时掌握全省和省级“三农”和“民生”投入情况，省财政研究完善了“三农”报表体系，明确了统计范围和统计口径，更加全面准确地反映各级财政用于“三农”方面的支出。同时，专门设计制定了“民生”投入报表体系，通过合理确定支出科目和支出来源，力求全面科学地反映各级对民生事业的投入状况，为领导决策提供了依据。

（撰稿：陈祥志　高剑锋　王元强　刘为民　张　强）

财政国库管理

【国库集中支付管理办法进一步完善】 一是完善省级年终结余资金结转办法，对2008年年终结余资金完成资金结转工作后，认真听取部门单位意见，对年结资金工作流程进行改进，为更好地做好这项工作奠定基础。二是研究制定《山东省省级政府采购资金集中支付内部暂行规定》，明确厅机关内部政府采购审批职责、工作流程、操作规范和办理时限，加强相关部位的协调配合，保证资金支付工作安全、高效。三是研究制定《山东省省级预算单位零余额账户管理办法》，明确预算单位零余额账户使用要求，规范预算单位零余额账户管理，促进财政资金规范运作。

【专项资金集中支付范围进一步扩大】 根据要求，及时将摩托车、汽车下乡和家电以旧换新等相关补贴资金纳入国库集中支付范围，研究制定具体实施办法，加强资金运行使用过程的监控，确保补贴资金及时足额支付到位。2009年，山东省实行国库集中支付的重点专项资金已经达到8项，全年直接支付专项资金109亿元，比上年增加40亿元，促进了农村义务教育、新农合、家电下乡、农业保费补贴等国家重大政策的贯彻落实。

【交通资金支付管理进一步规范】 2009年是取消交通部门六项收费，实施燃油税改革，交通资金纳入一般预算管理的第一年。为配合做好燃油税改革，向交通部门预拨部分资金，保证交通部门有关职工工资的正常发放和交通事业的平稳发展。与此同时，确定了“先国省干道、后其他资金”的国库集中支付改革方案，进一步规范预算执行管理，提高资金使用效益，促进燃油税改革的顺利实施。

【公务卡改革向纵深推进】 一是省级公务卡改革实现全覆盖。制定省级公务卡扩大改革范围实施意见，编发公务卡宣传手册和培训材料，组织软件安装及系统测试，并于10月份推广到所有预算单位。为方便预算单位结算，同时扩大省级公务卡代理银行范围，由4家增加到6家。截至2009年底，已改革的省级预算单位共办理公务卡27 180张，消费金额19 345万元。二是市级公务卡改革全面启动。全面部署市级公务卡改革工作，加强市级公务卡改革督导，及时调度改革进展情况，帮助解决改革中遇到的问题。截至2009年底，全省有16市（不含青岛）全部实施改革试点。

【预算执行分析工作进一步加强】 一是实行按旬调度和每月预测。2009年初，针对全省财政收入增长持续低迷的情况，将原来的季度预测调整为旬调度、月预测，并通过召开部门联席会议、部分市县情况分析会议以及历史数据分析等多种手段提高预测水平，使领导对财政收入走势做到及时了解、准确把握。二是加大专题调研力度。2009年，针对省领导关心的预算执行问题，深入基层开展调查研究，形成一批针对性较强的分析报告。比如，针对一季度经济运行中出现的“增产不增收”等情况，与有关处室一起完成了《关于当前全省财税情况的汇报》的调研报告；针对部分省市财政收入回升势头快于我省的情况，经过深入分析对比，形成了《山东省与全国及部分省财政收入对比分析》等等。三是建立县级财政收支数据库。为做好省直管县后的预算执行分析工作，扩大预算执行分析信息库，将各县（市）数据纳入信息化管理范围，为做好省管县后县级预算执行情况分析奠定基础。四是调整预算收支数据统计口径。为适应省人大工作需要，改进预算执行数据统计口径，更好地方便人大对财政工作的监督和指导。五是举办预算执行分析培训班。邀请有关人员举办讲座，就当前财经形势以及分析方法进行讲解，进一步提高了各市预算执行分析人员业务能力和水平。六是完善全省预算执行分析评比办法。结合前几年工作情况，重新修订《山东省预算执行分析评比办法》，有效调动了各市做好预算执行分析工作的积极性。

【国库管理信息系统建设进一步完善】 一是将省级支付系统由2.0版改造升级为3.0版。在分别与代理银行、预算单位等部门限期完成对账的同时，分四期对138个主管部门、822个预算单位进行升级操作培训，确保系统升级顺利完成。新系统运行更稳定、易用、安全，方便预算单位办理业务。二是改进政府采购管理系统。对政府采购管理系统进行升级改造，在此基础上，完成政府采购新系统与指标系统、支付系统之间的互联互通，提高了效率。三是组织县级支付软件培训。组织召开部分县市区与三联公司座谈会。确定，由三联公司负责，对县级支付软件进行巡回维护和培训，进一步完善系统功能，得到了县市区的普遍欢迎。四是积极配合做好财政系统应用支撑平台建设工作。赴青岛、东营、济南开展调研，提出国库业务系统融入平台建设意见和建议。结合国库工作实际，科学制定国库业务系统参与平台建设的分批建设工作方案，认真配合做好国库集中支付、公务卡、账务处理等系统融入大平台工作。

【财税库银横向联网试点成功启动】 2009年，在反复论证的基础上，确定将滨州市地税局作为首个横向联网试点单位，并成立横向联网工作领导小组，制定工作方案，出台了6项工作制度。经过两个多月的紧张测试，11月份滨州市本级及8个区县地税系统正式成功并入了横向联网系统。横向联网试点的成功实施，提高了税款入库速度和透明度，实现税收信息资源的有效共享，也为下一步在全省全面实施横向联网奠定了基础。

【地方政府债券成功首发】 积极向财政部有关领导进行汇报沟通，经过努力，山东省被列入第一批地方政府债券发行省份，2009 年 4 月 15 日，首批 30 亿元地方政府债券顺利发行；7 月 6 日，第二批债券 29 亿元发行。与此同时，根据财政部有关规定，及时制定和下发了相关资金管理及会计核算办法，并将资金及时拨付各市，对缓解各市资金紧张状况，促进全省经济平稳较快发展发挥了重要作用。

【财政资金安全情况检查扎实开展】 从 2009 年3 月下旬开始，在各级财政部门开展了财政资金安全情况大检查。检查工作分为自查自纠和上级抽查两个阶段，为确保检查工作达到预期目标，制定检查方案，细化检查重点，要求市县逐项对照检查。在市县自查的基础上，组成两个检查组对枣庄等 6 市的情况进行重点抽查。通过资金安全情况检查，各级财政部门提高了对资金安全工作的认识，堵塞了管理漏洞，消除了安全隐患，完善了管理制度，建立了资金安全管理的长效机制。

【配合做好省直管县有关准备工作】 为做好 2010 年试点准备工作，根据省政府关于省直管县通知的有关要求，借鉴其他省市的做法，在征求部分市县意见的基础上，制定并下发关于省对直管县财政资金往来的通知，对资金调度、返还比例、决算和金库报表的报送等事项进行了明确，为省直管县试点工作的顺利实施奠定基础。

【国库管理基础工作更加巩固】 一是科学合理调度资金。按照“先重点、后一般”的原则，合理调配资金，确保省委、省政府和厅党组工作部署落到实处；紧紧围绕财政改革重点，对民生工程、燃油税改革、大中型水库治理等专项资金提前拨付，确保证资金及时到位；加强对各级库款情况调度分析，在确保资金安全前提下，重点做好对财政困难县转移支付资金的拨付工作，保证各级财政尤其是基层财政的正常运转；定期与财政部核对调度资金拨付情况，积极争取上级调度资金。二是认真做好总会计各项工作。做好预算内、外和财政专户资金的核算工作，严格内控制度，做好资金拨付、审核和对账工作，确保资金安全；及时与厅内有关处室联系，做好相应的账务处理工作，并将财务核算的有关情况及时反馈有关处室；做好会计档案整理归档和数据备份工作，确保会计基础资料的准确完整。三是圆满完成财政决算编审工作。进一步健全部门决算审核机制，组织各市决算进行会审，按时、高效地完成全省两套财政决算的编审和上报工作。在此基础上，加强决算数据的分析利用，编制重要数据摘要手册，并撰写多篇专题分析报告，为进一步加强财政管理提供了依据。经过各方面的共同努力，山东省两套决算在 2008 年度全国评比中均获得二等奖。

【作风建设展现新面貌】 一是注重加强理论学习。坚持周四下午集体学习制度，在继续系统学习科学发展观理论，深入学习中央、省里和厅党组重要指示精神的基础上，针对国内外财政经济形势发展，深入研究各项政策，不断提高政策理论水平，加强政策理论指导。二是注重加强调查研究。2009 年，在做好预算执行分析专题调研的同时，为适应财政改革发展的新形势、新要求，结合国库工作实际，又开展了大量的调研活动，形成了《全省国库集中支付改革情况调研报告》、《关于深化国库集中支付改革推动源头治腐工作的研究》、《政府会计核算基础研究》等多篇调研报告。三是注重加强国库宣传。充分发挥《财政情况》、《国库通讯》以及国库处信息网的媒介作用，及时发布财政部和省厅最新工作要求，围绕重点动态发布各地工作进展信息，积极搜集兄弟省市以及国外改革理论与经验，提供给各地参考，较好地促进了各地改革。全年共编发《财政情况》22 期、《国库通讯》23 期。四是注重加强廉政建设。严格落实党风廉政建设责任制，有效保证了廉政建设的顺利开展。组织开展权力“搜索”工作，认真分析梳理各部位所行使的权力，建立监督制约机制，并修订完善了《国库处工作规则》，确保各项权力规范运行。大力推进国库集中支付改革，努力构建反腐败长效机制，为推进源头防范和治理腐败工作发挥了积极作用。

（撰稿：袁培全　孟纪庚　侯效波　迟铭奎）

政府采购监管

【概述】 2009 年，山东省财政厅政府采购监督管理处正式组建。全省各级财政部门政府采购监管机构以科学发展观为指导，以科学化、精细化监管为目标，以贯彻落实国务院办公厅、省政府办公厅关于加强政府采购管理工作的意见为主线，围绕深化政府采购制度改革，依法行政、规范监管、完善制度、强化基础，各项工作稳步推进，取得显著成绩。

【全省政府采购执行情况良好】 一是采购规模继续扩大，居全国第3位。2009年，全省实际完成政府采购491.54亿元，居全国第3位，比上年增加86.9亿元，同比增长21.48%。分市情况看，全省有10个市政府采购规模在20亿元以上，其中青岛、烟台、潍坊、临沂4市采购规模突破40亿元。从县级看，全省有86个县（市、区）采购规模突破1亿元，其中胶州市、牟平区分别达到16亿元和10亿元。从增幅看，菏泽和济南两市分别比上年增长3.16倍和1.12倍，居全省采购规模增幅前两位。二是采购范围进一步拓宽，工程类项目成为政府采购的“重头戏”。政府采购范围已覆盖货物、工程、服务等领域，几乎涵盖政府活动的方方面面。从政府采购目录看，2009年省级政府集中采购目录中的品目已达57大类374小项。从采购额构成看，大宗办公设备及耗材、专业设备、机动车辆等传统货物类品目保持稳定，以市政建设、建筑物、环保绿化、水利防洪等为主的工程类项目，成为政府采购的“重头戏”。2009年，全省共完成工程类政府采购324.6亿元，比上年增长29.96%，占采购总额的66.4%；其中，青岛、烟台2市工程类政府采购规模突破40亿元，德州、潍坊、淄博、烟台4市的工程类政府采购比重达80%以上。此外，小麦良种补贴、农机购置补贴等财政专项资金项目，相继纳入政府采购范围，成为支持民生工程的新亮点。三是采购资金使用效益持续提高，为财政增收节支做出积极贡献。2009年，与采购预算相比，全年节约资金85.68亿元，比上年增加24.35亿元，节约率达到14.84%，比上年提高1.68个百分点。其中，预算内资金节约51.6亿元，预算外资金节约11.82亿元，自筹资金节约22.25亿元。从各市节约资金数额看，青岛、烟台2市节约额超过8亿元；从资金节约率看，日照、济南、德州3市采购节约率超过17%。四是采购政策功能凸显，助推经济增长方式转变和结构调整。2009年，各级通过落实自主创新、节能环保产品优先采购、强制采购政策，为促进经济增长方式转变和结构调整发挥了重要作用。其中，全省采购节能、节水产品6.36亿元，比上年增加2.77亿元，占同类产品采购总额的69.45%，比上年提高16个百分点；采购环保产品4.35亿元，占同类产品采购总额的69.51%。同时，严格控制进口产品采购，保护本国企业的市场空间。2009年，在全省491.54亿元的政府采购规模中，国外合同额3.84亿元，仅占0.8%；省内合同额443.05亿元，达到90.14%。五是采购计划审批管理不断强化，政府集中采购居绝对主体地位。各级政府采购监管部门不断加大监管力度，强化采购计划审批管理，2009年，通过公开招标完成政府采购360.45亿元，占全部采购额的73.3%；另外，通过邀请招标、竞争性谈判和询价分别完成采购额18.54亿元、75.99亿元和21.73亿元，仅占全部采购额的3.8%、15.5%和4.4%。从组织形式看，通过政府集中采购完成采购额474.6亿元，占全部采购额的96.55%，居于绝对主体地位；通过分散采购完成采购额16.94亿元，仅占全部采购额的3.45%。

【管采分离体制改革继续深入，监管队伍日益壮大】 一是市级“管采分离”体制改革迈上新台阶。截至2009年底，16个设区市财政局已实现“管采分离”，菏泽在财政局内部设置集中采购中心。从“管采分离”的实现形式看，各市有所不同。济南、济宁、莱芜、临沂、东营5市，均在财政部门外设置了独立的集中采购机构；烟台、威海、潍坊等11市按照市场化运作思路，公开选择资质高、信誉好、业务熟练的代理机构，履行政府集中采购中心职能。二是县级“管采分离”体制改革继续深入推进。济南、青岛、淄博等10个市所辖县市区，已全部实现“管采分离”；财政部门履行政府采购监管职能，由具有政府采购代理资质的社会中介机构组织政府采购活动。三是全省政府采购管理机制不断健全，为进一步深化政府采购制度改革，加强政府采购监管提供体制保障。全省已有15个设区市财政部门成立了专职的政府采购监管机构，其中11市政府采购监管机构为副处级或正处级建制。全省各级政府采购监管机构共126个、工作人员551人。

【制度框架初步确立，配套办法不断完善】 一是代省政府办公厅拟发的《关于进一步做好政府采购监管工作的意见》（鲁政办发〔2009〕118号），就强化政府采购监管，推动全省深入实施政府采购制度提出九条意见，为推动政府采购制度深入实施搭建重要政策制度框架。（1）提高思想认识，进一步推动政府采购制度实施。要求各级、各部门充分认识施行政府采购的重大意义，切实增强落实政府采购制度的责任感和紧迫感，进一步规范政府采购行为，不断强化政府采购监管，依法推进政府采购制度全面顺利实施。（2）严格预算管理，进一步落实政府采购实施范围。要求各级、各部门购买政府集中采购目录以内或限额标准以上的货物、工程和服务，必须全部依法实行政府采购；要求单独编制政府采购预算，并要在政府采购预算批复后2个月内编制年度政府采购计划，报同级财政部门审核。（3）坚持管采分离，进一步规范政府采购运行机制。要求依法实行政府采购监督管理机构和执行机构分离，通过依法规范财政部门、集中采购机构、政府采购代理机构、采购人的职责，建立定位准确、权责清晰、运转高效的政府采购工作机制。（4）把握关键环节，进一步规范政府采购操作行为。要求采购人、集中采购机构、政府采购代理机构、供应商严格按照财政部门制定的统一的政府采购文件、信息公告和合同格式范本的规定实施政府采购，强调政府采购项目聘用评审专家，必须从省政府采购评审专家库中随机抽取。（5）规范程序条件，进一步完善政府采购审批管理。要求财政部门对政府采购计划进行严格审核，对非招标采购方式按照程序严格审批，并加强政府采购评审专家库建设，研究建立采购代理机构良性竞争机制。（6）创新管理模式，进一步提高政府采购工作效率。具体包括“整合打包，统一组织招标”的批量集中采购模式；对本级安排应实行政府采购的专项资金集中进行政府采购后分配的模式；对达不到招标限额的，尝试建立本级或区域内“协议供货”、“网上超市”、“定点采购”等“集中竞价、分散采购”的平台。（7）发挥政策功能，进一步加大支持经济发展力度。要求对采购节能环保、自主创新等产品，在评标办法中增加分值；严格限制国内产品能够满足需求产品的进口，采购进口产品必须从省政府采购评审专家库中确定专家进行需求论证；积极研究支持促进中小企业发展的政府采购政策。（8）密切部门配合，进一步强化政府采购监督检查。要求财政部门建立政府采购预算执行情况定期通报制度、采购代理机构年度报告制度和对采购代理机构的定期检查制度；要求审计部门把政府采购作为预算执行审计和单位领导人经济责任审计的重要内容；要求监察部门加强对重大政府采购活动及参与政府采购活动的国家机关、国家公务员和国家行政机关任命的其他人员的监督，对违反政府采购法律法规的行为及时进行调查处理。（9）加强队伍建设，进一步提高采购监管与执行力。要求切实加强政府采购监管机构建设，确保其具备履行《政府采购法》赋予职责的能力；建立集中采购机构和政府采购代理机构从业人员的职业教育培训制度；继续实行政府采购代理机构从业人员考试制度，逐步实行持证上岗和执业考核。二是制定应急项目政府采购管理办法，进一步规范应急项目政府采购行为。为对急事、特事情况下的政府采购做到规范监管、有效监管，省财政厅会同省政府应急管理办公室制定应急采购管理办法。该办法针对可能出现自然灾害、发生公共卫生、社会安全等特殊事故情况下的应急采购，明确了采购方式，既坚持特事特办，保证应急项目的顺利实施，又规范了采购操作行为。三是严格落实政府采购支持节能环保产品政策，积极引导新型节能环保产业发展。2009年，先后转发《财政部　国家发展改革委关于调整节能产品政府采购清单的通知》、《财政部　环境保护部关于调整环境标志产品政府采购清单的通知》等文件，加强节能环保产品政府采购力度，并建立采购效果评价体系，全面准确统计节能产品采购数据，确保政策规定落到实处。

【监管基础不断夯实，监管水平不断提高】　一是做好资质认定和审验，提高政府采购队伍执业水平。分别于2009年5月23日和11月21日，举办政府采购代理机构从业人员考试，根据考试合格情况和有关规定，认定政府采购代理机构39家，审核延续乙级资格政府采购代理机构71家。二是升级政府采购管理系统，信息化建设再上新台阶。2009年5月1日，正式启用新版政府采购管理系统。新系统采用B/S（服务器/浏览器）架构，由财政版、政府集中采购中心版、预算单位版、社会政府采购代理机构版、市地财政局版5个版块构成，与部门预算编制系统、国库集中支付系统、专家库管理系统等无缝衔接，具有指标管理、计划管理、委托协议管理、专家使用管理、招标公告管理、采购场所管理、合同管理、支付管理、统计报表、系统维护等功能。新系统的建立，对规范政府采购操作、强化政府采购监管具有重要意义，为进一步建立全省统一的电子化政府采购监管和交易平台奠定重要基础。三是强化政策宣传和经验交流，信息工作取得新进展。编发《政府采购动态》，推广、交流各市县政府采购先进经验和兄弟省市政府采购成功做法，推动我省政府采购各项工作更好、更快发展。编印《政府采购法规制度汇编》，宣传政府采购规章制度，进一步推动各级监管部门、预算单位、采购代理机构学法、懂法、守法。建立政府采购预算执行情况月份统计分析制度，直观反映每月政府采购预算执行情况、计划审批情况、合同签订情况等，为领导决策提供及时、准确的信息服务。四是统筹规划GPA研究，积极做好应对加入GPA谈判的准备工作。2009年底调度了省级GPA研究工作进展，有针对性地提出了进一步开展GPA研究的工作思路。搞好应对加入GPA谈判工作简报，做好领导小组成员单位间信息宣传交流，为更好地推动GPA研究工作营造沟通协作的良好氛围。严格保密制度，加强GPA研究工作保密管理。

（撰稿：刘仁民　韩己峰　谢振华）

行政政法财政财务

【概述】 2009年，全省行政政法财务管理工作紧紧围绕省委、省政府的重大决策部署，以深入学习实践科学发展观为统领，从保障国家政权建设和维护社会稳定大局出发，积极应对全球金融危机带来严峻挑战，进一步加大投入，调整结构，保障重点，统筹兼顾，较好地保障了各级党政机关的正常运转，为促进全省经济平稳较快发展和维护社会稳定创造了良好环境。2009年省级行政政法支出83.35亿元，比上年增长1.93%。

【围绕财政中心任务，着力提高经费保障能力】 一是突出保障重点。按照压一般、保重点的原则，资金安排集中向重点部门、重点工作倾斜。突出保工资，实行“年初打足打实、年中找差补齐”的办法，确保省直行政政法部门全年人员工资足额落实。对驻外的省直监狱、劳教系统干警及离退休人员基本工资实行统发，减轻监狱劳教系统财务工作量，确保省直监狱、劳教系统工资及时、足额发放。突出保运转，对日常公用经费预算核定实行年初一次到位、年中按时间进度均衡拨款的办法，确保机关正常运转的资金需求。突出保稳定，按照“早研究、早安排、早见效”的原则，优先安排全运会安保相关支出，对公安、安全、武警、警卫、消防等部门的装备、执勤、办公、办案等经费积极予以落实，确保第十一届全运会和国庆六十周年安保工作经费落实到位。二是充实保障来源。统筹部门结余收入，在摸清单位结余资金底数的基础上，对不同性质单位结余经费进行分类管理，对大额结余一律优先安排新增项目支出，提高结余经费的使用效率。实施综合预算，根据省财政厅对省直单位非税收入检查情况，进一步编实、编细、编好综合预算，把部门所有收入纳入财政管理范围。对收费数额较大的部门，改变过去“当年收入当年支出”的管理办法，积极探索“积累资金等项目”新模式，取得较好效果。大力争取中央支持，2009年，中央在政法补助、旅游、工商补助、监狱体制改革、高校毕业生就业、纪检监察等方面对山东的专款大幅增加，达到18.8亿元。三是完善保障机制。构建分类保障机制，建立完善年初打足、年中补齐的人员经费保障机制，按编制、按定额据实核定的日常公用经费保障机制，重点项目重点保障的项目经费保障机制；同时，认真落实县级以上公安、法院、检察院日常公用经费保障标准，出台了公安看守所和边防派出所经费保障规定，制定了基层纪检监察机关办案装备标准，督促各级齐抓共管，保障基层政法部门经费需求。完善分配机制，按照“先规划、再评审、后分配”的原则，对大额专项资金，坚持规划先行，在制定三到五年财政投入规划的基础上，结合投资评审结果，再相应确定分配金额集中财力办大事。健全监督机制，建立重点支出动态监管系统，做好重点部门预算执行情况分析，加强对重点项目和大额资金的检查，最大限度发挥资金使用效益。

【惠民生促发展，着力提高服务大局的能力】 一是完善政策，支持高校毕业生到村任职工作。会同省委组织部、省委宣传部、省教育厅等部门出台《关于建立选聘高校毕业生到村任职工作长效机制的意见》，对选聘高校毕业生到村任职工作的配套保障制度予以明确。2009年中央及省共安排专项资金5 267万元，确保了5 086名到村任职高校毕业生生活补贴等各项政策待遇落实。二是强化措施，加快推进旅游强省建设步伐。加大对旅游业的投入，2009年共安排旅游发展专项资金7 000万元，大力培植旅游消费，积极开拓旅游市场，支持旅游企业做大做强，有力推进了山东旅游强省建设。提高财政资金使用效益，积极探索建立财政资金引导机制，通过财政担保、财政贴息、以奖代补、联合推介、捆绑营销等方式，充分发挥财政资金“四两拨千斤”的乘数效应。据省旅游局统计数据，2009年全省旅游总收入达到2 452.2亿元，提供财政收入约110亿元。注重机制建设，以省委、省政府名义出台《关于进一步促进旅游业又好又快发展的意见》，对各级政府加大资金投入、提供税费优惠和金融支持等方面做出明确规定，为全省旅游业快速发展提供了制度保障。三是整合资金，加快推进人才强省战略实施。2009年，共整合各类人才专项资金5 000多万元，大力支持黄河三角洲高效生态经济区和鲁南经济带发展人才引进等工作，为院士博导、有突出贡献的中青年专家发放津贴，对院士、博士后的科研活动给予资助，并增加对人才载体的投入，保障了新世纪人才战略工程的实施。四是科学统筹，支持工商经费保障体制改革。2009 年是工商“两费”停征的第一年，对停征“两费”形成的缺口，省财政积极筹措资金，支持工商部门开展工作，累计安排工商系统经费拨款 12.9 亿元，保障了工资津补贴、日常公用经费的正常支出。同时安排专项资金 3 507 万元，用于化解市以下工商部门 2001 年以前形成的市场建设遗留债务。对工商系统的非税收入超收部分，及时安排用于弥补基层工商部门经费缺口。此外，在全省工商系统开展“节约型系统建设”活动，全省工商系统正常资金需求得到有效保障，推进了工商经费保障体制改革顺利进行。五是精心筹划，全力推进司法经费体制改革。本着“保基本、保基层、扶贫困”的原则，认真推行司法经费保障体制改革，采取“因素法”进行资金分配，即将辖区人口、单位编制、办案业务量和财力水平等指标作为资金分配的考虑因素，科学研究分配方案，资金分配更加科学合理。2009 年，中央和省级财政共补助市、县级公检法司部门装备和办案（业务）专款 20.2 亿元，大大提高了市、县级公检法司部门的保障水平，有力地推动了全省“平安山东”建设。

【狠抓机关厉行节约，着力提高财政资金使用效益】 在实际工作中坚持“三结合”的原则，既做好源头治理，把好资金分配关，又积极引导单位节支，把好资金使用关。一是把开展厉行节约工作与党政机关预算安排紧密结合。按照人员经费足额保障、公用经费按编核定、项目经费从严从紧的原则，保重点，压一般，对省直行政政法机关及参照公务员管理事业单位的 2009 年日常公用经费预算一律压缩 5%，累计压缩经费拨款 1 400 多万元。严格控制车辆购置，要求 2009 年省直各党政机关除用于与全运安保相关的特殊业务用车外，原则上不购置新车。对年初预算已经安排的出国、车辆、接待等费用，与中央的各项压减指标进行对比，对超出中央规定的，严格按法定程序予以核减。二是把开展厉行节约工作与节约型机关建设紧密结合。积极倡导省直各党政机关提高认识，发挥表率作用，把厉行节约与建设节约型机关紧密结合起来，并把节约成效反映到经费支出上来。此外，按照中央、省委部署，会同省纪委等部门认真开展了对评比达标表彰活动清理规范工作。经过清理、审核，全省共清理出各种评比达标表彰项目 3 418 个，拟保留项目 71 个，撤销 3 347 个，总撤销率 97.92%，大大减少了相关开支，节约了财政经费。据不完全统计，可减少经费开支 9 687 万元，其中减少财政经费支出 7 140 万元。三是把开展厉行节约工作与应对国际金融危机的措施紧密结合。认真贯彻落实中央厉行节约有关规定，有保有压，有促有控，着力推进财政科学化精细化管理，促进增收节支。在预算执行中，精打细算，严格控制行政经费支出，努力降低行政成本，大力压缩因公出国（境）、公务用车、购车、公务接待及会议、文件、通讯、网络等支出，确保今年各项任务的顺利完成。

【强化财政财务管理，着力提高支出精细化水平】 一是召开省直部门财务工作会议，推进部门财务精细化管理水平。2009 年 5 月召开了省直部门财务工作会议，学习传达中央文件精神，交流财务工作经验，研究强化财务管理的措施，部门财务管理精细化管理水平进一步提高。二是制度建设与制度落实相结合，积极构建部门财务管理约束机制。在制度建设上对预算申报、编制、审批执行、监督等涉及资金分配与使用各环节进行全覆盖，努力形成科学、系统、完整的制度体系。研究制定了《全省高速公路全程监控系统联网平台罚没收入管理暂行办法》，对全省高速公路全程监控系统联网平台罚没收入的收取、交库、使用、监督等方面进行了制度规范。研究制定了《关于进一步加强人民调解工作经费保障的意见》，明确人民调解经费开支范围，完善人民调解经费的保障和管理办法，要求各级财政部门把此项经费列入预算，为推动人民调解工作制度的贯彻落实提供保障。研究制定了《关于进一步规范全省工商行政管理系统收支管理的通知》、《山东省工商系统支出预算核定暂行办法》，规范了工商行政管理系统支出预算的内容、渠道和范围。在认真落实《山东省党政干部因公出国（境）经费管理暂行办法》的基础上，会同有关部门先后出台了《关于做好当前和明年因公出国（境）管理工作有关问题的通知》和《关于进一步加强跨地区跨部门团组管理的通知》，强化党政机关出国经费管理。2009 年因公出访团组、人数和出国经费，与前 3 年平均水平相比均减少了 20% 以上。在专项资金管理方面，始终坚持“先建制度、后分资金”的原则，深入查找管理薄弱环节，建立完善制度办法，逐步形成了用制度管钱、管事、管人的良好机制。三是行政手段与经济杠杆相结合，积极构建部门财务管理激励机制。继续实行节编奖励办法，把机构编制和人事部门核定的人员数，作为拟定财政预算和核拨经费的主要依据。对空编的省直部门及参照公务员管理的事业单位，按空编数每人 3 万元的标准从日常公用经费结余中提取节编奖，用于奖励机关在职人员。2009 年，共向 14 家单位发放节编奖励 161 万元。四是计划手段与市场手段相结合，积极构建与公共财政相适应的支出管理机制。在单位日常公用经费、会议费、接待费的管理上，积极推行两级包干制度，即财政首先包干到单位，单位再实行内部分包，通过层层包干，明确责任，落实奖惩，有效调动了单位、职工节支的积极性。按照“先试点、后推广”的原则，选择旅游等专项资金，探索制定科学、合理、规范、操作性强的绩效评价指标体系，对项目进展情况、目标任务完成情况、资金使用效益进行全面考评，并将评价结果与下一年度预算安排和资金分配直接挂钩，努力建立与公共财政相适应、以提高资金使用效益为核心、以效益为导向的资金使用管理机制。积极通过实施财政贴息、设立财政担保资金、财政引导奖励资金等多种方式，放大了财政专项资金的乘数效应，进一步发挥杠杆和导向作用。

【抓队伍强素质，着力提高业务能力和服务水平】 2009年，以“服务中心工作，打造五型处室”为目标，努力提高政治业务素质和科学理财、为民理财的能力。一是打造和谐型处室。积极营造全处一盘棋，分工不分家，工作相互补位，生活互相关心，心往一处想，劲往一处使，团结凝聚向上、风正气顺心齐的和谐氛围。二是打造学习型处室。积极开展多种形式的学习活动，科学确定学习内容，不断提高政策理论水平和业务能力。深入开展调查研究，组织开展了农村基层党组织建设、高校毕业生到村任职、旅游业发展、人才工作、司法经费保障等方面的调查研究，并形成了内容翔实、分析透彻的调研报告供领导决策参考。三是打造服务型处室。牢固树立理财为民意识和服务意识，端正服务态度、增强服务技能，形成主动服务、规范服务、文明服务、高效服务的风气。四是打造实干型处室。严格遵守厅机关各项工作纪律，做到科学务实、真抓实干、雷厉风行。不断提高公文办理质量和行政效能，对日常性事务倡导日清周结，工作立说立行，精益求精。五是打造廉洁型处室。建立“一把手”负总责、其他处领导分工负责的层级廉政建设责任制，一级抓一级、层层抓落实，严于律己、廉洁奉公，坚持依法办事，凡涉及资金安排、拨付等业务，严格按照程序和规定办理，形成了既干事创业，又清正廉洁的良好氛围。

（撰稿：孙庆国　张　弘　李玉林　哈立东　徐　鹏）

教科文财政财务

【概述】 2009年，全省财政预算内教科文支出746.76亿元，比上年增加83.42亿元，增长12.58%，其中：教育支出613.49亿元，比上年增加62.49亿元，增长11.34%；科技支出62.88亿元，比上年增加5.75亿元，增长10.06%；文化体育与传媒支出70.4亿元，比上年增加15.18亿元，增长27.49%。省级财政预算内教科文支出91亿元，比上年增加8.86亿元，增长10.78%，其中：教育支出61.49亿元，比上年增加3.26亿元，增长5.59%；科技支出10.03亿元，增加101万元，增长0.1%；文化体育与传媒支出19.48亿元，增加5.59亿元，增长40.26%。全省财政教科文类基金支出17.37亿元，比上年增加2.41亿元，增长16.08%，其中教育支出15.6亿元，增加1.91亿元，增长13.93%；文化体育与传媒支出1.77亿元，增加4 933万元，增长38.72%。省级财政教科文基金支出2亿元，比上年增加1亿元，增长100%，其中：教育支出1.01亿元，比上年增加5 262万元，增长109.63%；文化体育与传媒支出9 941万元，比上年增加4 751万元，增长91.54%。

【围绕“三农”问题，支持城乡教科文事业协调发展】 2009年，省财政优化支出结构，加大投入力度，积极支持城乡教科文事业又好又快发展。

（一）统筹城乡教育事业发展。一是深化义务教育经费保障机制改革。2009年各级财政（不含青岛）安排资金62.1亿元，其中省财政（含中央补助）安排资金38.1亿元，通过免杂费及补助公用经费、免费提供教科书、补助寄宿生生活费、改造农村中小学校舍等措施，提高义务教育经费保障水平。二是扩大农村中小学“两热一暖一改工程”试点。2009年省财政安排资金4 140万元，在全省试点76所学校，通过综合利用秸秆颗粒半气化燃烧、太阳能、地热、沼气等新型能源技术，逐步解决农村学生喝热水、吃热饭、冬季取暖和改厕治污问题。2008～2009年，省财政共投入1.2亿元，在全省100所学校实施“两热一暖”试点，231所学校实施“改厕治污”试点。三是启动农村民族中小学改厕治污。结合农村中小学“两热一暖一改工程”试点，2009年省财政安排民族教育经费400万元，建设20所学校，每校补助20万元，计划用四年左右时间完成农村民族中小学改厕治污建设任务。四是实施农村中小学教学仪器更新工程。2009年省财政安排4 083万元，推动工程实施。五是启动特殊教育学校功能教室建设。2009年，省财政安排特殊教育经费200万元，建设10所学校，每校补助20万元，计划用四年左右时间完成财政困难县特殊教育学校功能教室建设，进一步改善特殊教育学生学习康复环境。

（二）实施科技惠农系列工程。一是实施科技富民强县专项行动计划。省财政安排资金1 000万元，支持13个省级试点县实施重点科技项目，依靠科技富民强县，促进区域经济协调发展。二是实施科普惠农示范工程。省财政安排资金500万元，表彰20个示范县、17个技术协会、6个示范基地、13个带头人，引导广大农民建立科学、文明、健康的生产和生活方式。三是实施科普村村通工程。省财政安排资金400万元，围绕培养新农民、建设新农村主题，为全省科普村村通宣传栏配发4期科普挂图，提高宣传栏使用效率。

（三）支持农村文化事业发展。一是实施农村电影放映工程。省财政安排5 266万元，按照东、中、西部地区分别给予资金需求40%、60%、80%的补助，使电影放映覆盖全省90%的行政村，满足农民看电影的需求，丰富农民精神文化生活。二是实施农家书屋工程。省财政安排经费1 000万元，采取以奖代补的方式，带动各级投入建设农家书屋近万个，为广大农民普及科技知识、传播先进文化、提供精神食粮。三是实施基层文化设施改造工程。省财政按规划下达经费970万元，为194个乡镇综合文化站配备文化活动设备，逐步使文化站集文化科普知识宣传、书籍代销、广电线路设施维护等功能于一体。四是实施农民体育健身工程。省财政在文化体育与传媒资金中安排农民体育健身工程经费480万元，为广大农民提供健康丰富的活动空间。

【突出工作重点，提高教科文事业发展质量】 2009年省财政有效整合资金，实施多项重点工程，全面提高教科文事业发展水平。

（一）支持教育质量提升。一是促进高等教育内涵发展。2009年，省财政将省属本科高校学生拨款定额提高300元，离休定额提高1 400元，退休定额提高400元，增强高校统筹安排经费的能力。在此基础上，省财政安排资金1.74亿元，重点实施高校骨干学科教学实验中心建设、“三重点”建设、高校精品课程和特色专业建设等一系列内涵建设工程，提高学校办学质量。安排省属高校债务化解工作奖励资金3 000万元，对债务化解工作做得好的8所省属高校给予奖励，引导高校主动化解债务。二是支持职业教育实训基地建设。2009年，我省继续实施职业教育实训基地“十一五”建设规划，省财政安排资金2 000万元，重点支持16个职业教育实训基地建设，增强学生的实践动手能力，培养适应经济发展需要的技能型人才。三是实施高中探究实验室建设试点。2009年省财政安排1 000万元，采取“集中采购、配置实物”的形式，首批重点支持20所高中建设物理和生化数字探究实验室，进一步改善办学条件，培养学生的探究意识和创新能力。四是提高教师队伍素质。省财政积极支持高校、中职、中小学教师培训计划，安排资金3 500万元，培训教师26 130人，其中：安排2 000万元实施“高校青年教师成长计划”，培训教师10 425人；安排500万元实施中职教师师资培训，培训教师3 907人；安排1 000万元实施中小学教师素质提高工程，培训教师11 798人，提高了教师队伍整体素质。同时，省财政安排3 780万元实施泰山学者建设工程，安排200万元启动齐鲁名师、齐鲁名校长工程。

（二）促进科技自主创新。一是支持产业结构调整。省财政安排资金2亿元，重点支持47项对扩大内需能够产生直接作用、可以尽快形成具有市场竞争力产品的自主创新成果转化重大项目，带动项目总投资将达到75亿元，预期年新增产值1 000亿元，年新增利税60亿元，将显著提高我省产业竞争能力。二是支持科技条件建设。安排资金3 000万元支持省级重点实验室建设，安排资金5 000万元支持5个国家工程实验室、6个国家工程技术研究中心建设，安排资金10 300万元支持国家信息通信国际创新园平台、省科学院、省医科院、省科技情报所等科技公共服务平台建设。三是支持人才队伍建设。安排自然科学基金4 000万元，其中杰出青年基金1 000万元，支持基础科学研究；安排优秀中青年科学家科研奖励基金1 600万元，培养优秀中青年科技人才；安排资金500万元，支持10个优秀创新团队科技攻关研究、创新平台建设及举办高水平学术交流活动。四是促进科技资源共享共用。安排资金400万元，对在大型科学仪器设备协作共用中做出突出贡献的单位和机组给予奖励，提高设备利用率，激发设备拥有和使用者的积极性。

（三）支持公共文化服务。一是支持博物馆、纪念馆向社会免费开放。2009年结合中央专款共安排国家要求免费开放的67个馆免费开放专项资金6 894万元，安排展陈经费1 200万元，奖励自行免费开放的33个馆1 067万元。二是支持省博物馆新馆建设和前期陈列布展。安排省博物馆新馆建设资金1.5亿元，安排前期展陈经费4 000万元。三是实施省直艺术表演团体免费“送戏下乡”工程。安排经费255万元，按演出场次任务补助演出120场，支持创作编排演出具有地方特色的文艺剧目，活跃农民群众文化生活。四是实施省直艺术表演团体改貌工程。2009年安排1 140万元，累计投入近9 000万元，对六大省直艺术表演团体进行改貌，提高了装备水平。

五是实施非物质文化遗产保护工程。2009年继续实施非物质文化遗产保护工程，结合中央专款安排非物质文化遗产保护专项资金1 361万元。六是及时足额安排十一运会相关资金。积极参与制定省建比赛场馆建设项目规划，及时足额安排省建场馆建设资金、办赛经费、备战经费、开闭幕式经费、奖励经费，为十一运会的成功举办提供有力的资金保障。

（四）支持文化体制改革。一是研究政策建议。积极参加文化体制改革情况调研，参与制定文化体制改革方案，从财政税收、投资融资、资产管理、收入分配、社会保障和人员分流安置等多方面，提出一系列政策建议，为省委、省政府决策提供重要参考。二是促进改企转制。针对山东出版集团改企转制人员身份转换所需资金问题，对照国家和省有关政策规定，采取三种方法对其支付能力进行测算，研究相关费用分担办法，多次沟通对接情况，最终确定了安置其改企转制人员费用方案。三是推进产业发展。对省文化体制改革和文化产业发展工作领导小组办公室的《山东省文化产业振兴规划》、《关于推进山东省重点文化产业项目建设的实施方案》、《关于打造山东省文化产业品牌实施方案》、《关于促进重点文化产业园区（基地）建设的实施方案》、《关于促进文化产业发展的若干政策》中文化产业发展专项资金、设立文化产业投资基金、成立文化产业投融资公司、税费优惠政策等问题进行认真研究，提出修改意见。研究修改《山东半岛蓝色经济区文化产业发展专项规划》，支持我省文化产业跨越发展。

【扶助弱势群体，支持教科文领域民生改善】 2009年，省财政提高资金保障水平，完善落实各项民生政策，进一步加大对困难群众和弱势群体的支持力度。

（一）完善家庭经济困难学生资助政策。巩固实施覆盖高等学校、中等职业学校、普通高中的奖助学金政策，发放高校贫困学生伙食补贴，确保不让一名学生因贫困辍学。2009年，省财政（含中央补助）共安排贫困生资助经费13.1亿元，政策惠及全省约110万名家庭经济困难学生。

（二）鼓励学生就读中等职业教育。为减轻中职学校学生经济负担，促进中等职业教育发展，按照中央统一部署，自2009年秋季学期起，我省对中等职业学校农村贫困学生和涉农专业学生免收学费。2009年秋季学期各级财政（不含青岛）安排补助资金约9 300万元，其中省财政结合中央支持安排6 533万元，免除全省9.5万名中职学生学费。

（三）推进生源地信用助学贷款试点。为解决贫困学生贷款难问题，2009年实行生源地信用助学贷款试点，即山东省籍的高校贫困学生，可直接在生源地申请助学贷款。为保障政策顺利实施，提高经办银行积极性，我省调整贴息及风险补偿金分担、支付办法。2009年，国家开发银行向7.6万名学生发放生源地信用助学贷款3.9亿元，财政安排贴息及风险补偿金6 336万元。

（四）完善计划生育利益导向机制。一是实施农村部分计划生育家庭奖励扶助制度。按照每人每月60元的标准，省财政安排资金9 391万元，带动各级财政资金11 207万元，使28.6万名符合条件的农民受益，调动广大农民群众自觉实行计划生育的积极性。二是进行独生子女伤残死亡家庭扶助制度试点。按照独生子女死亡家庭父母每人每月补助100元、伤残家庭父母每人每月补助80元的标准，省财政安排资金1 032万元，带动各级财政资金1 207万元，使近2万名符合条件的农民受益，加大了对计划生育家庭的保障扶助力度。

（五）支持农村计划生育育龄夫妻免费技术服务。省财政安排转移支付资金4 000万元用于全省59个财政比较困难的县，为广大育龄农民提供计划生育免费技术服务，为稳定我省计划生育低生育水平提供资金保证。

（六）研究制定困难企业计划生育职工退休时加发一次性养老补助政策落实奖励经费方案。按照省委统筹解决人口问题的意见，会同有关部门研究确定，各地帮助困难企业落实独生子女父母退休时按设区的市上年度职工年平均工资30%发给一次性养老补助的政策，省财政对落实资金较好的地方给予奖励补助。

【创新管理手段，全面提升科学化精细化水平】 2009年，省财政进一步创新资金管理手段，规范资金分配方式，使资金安排更加科学规范。

（一）创新部门预算管理。一是编制综合预算。在构建教科文预算编制工作新机制的基础上，进一步加大预算内外资金统筹力度，使教科文部门预算中当年财政经费拨款以外的资金占到60%以上，财政的统筹调控能力进一步增强。二是实行预算并轨。对省级宣传文化发展专项资金，从2009年起实行基金预算同一般预算并轨管理，将宣传文化发展专项资金与财政一般预算资金及单位事业收入有机结合，增强预算的完整性和严肃性，加大部门预算统筹管理的力度。三是建立回访对接制度。在部门预算编制过程中，及时走访预算部门，就预算安排情况进行沟通对接，听取部门和单位的意见，根据单位实际情况，对部门预算作出必要调整，使部门预算更加贴近实际。四是加快预算执行。动态监控教科文经费预算执行，在提高年初部门预算批复率的同时，加快年中预算执行进度，许多重点专项提前半年下达，确保财政资金早出效益。

（二）创新财政资金管理。一是

完善资金管理办法。研究制定或修订《职业教育技能大赛专项资金管理办法》、《山东省专利发展专项资金管理办法》、《山东省签约制作家创作补贴专项资金管理使用暂行办法》等8个教科文专项资金管理办法，对资金使用范围、项目申报审核程序、资金与项目的管理监督等方面加以明确和规范，使内控制度和专项资金管理办法不断完善。二是完善城市中小学财务管理办法。针对城市中小学公用经费偏低、管理相对薄弱的问题，出台《关于加强城市中小学财务管理的意见》，明确城市义务教育生均公用经费最低标准和经费落实责任，对城市中小学收支、预算、资产管理等提出明确要求，为各地加大城市中小学投入、加强财务管理提供政策依据。三是改革财政管理方式。通过建立完善大型科学仪器资源共享共用机制、实施科技风险投资、推进文化产业发展专项资金股权投资以及设立省科技创业投资股份公司等举措，初步形成以财政投入为导向的多元化财政投入与管理新格局。四是实施绩效考评。以高校骨干学科教学实验中心建设、重点实验室管理、非物质文化遗产保护为试点，研究制定财政教科文支出绩效考评办法和指标体系。探索试行后补助办法、“以奖代补”办法，充分发挥绩效考评对预算编制和资金分配的激励约束作用，提高专项资金的使用效益。

（三）夯实基础工作。一是召开全省财政教科文工作会议。在深入基层调查研究、广泛征求单位意见的基础上，总结交流近年来全省教科文财政财务工作的成绩和经验，研究分析了当前面临的新形势、新问题，进一步明确财政教科文工作思路，部署今后一个时期财政教科文工作任务。二是开展调查研究。继续实施调研制度和工作联系点制度，加强对重点、难点、热点问题的调查研究，确定20余项对财政教科文工作具有重要影响的课题联合攻关，重点进行事业单位财政预算管理调研、农村中小学“两热一暖一改工程”试点情况调研、科技条件平台建设调研等，为各项政策决策的制定提供可靠的一手资料和翔实的数据支撑。三是建立学校学生实名管理制度。研究开发了高校全日制学生基础信息库，对56万名本专科学生、研究生实行实名制管理，为分专业、分类别核定经费打下基础，实现高校预算审核由平面数字到立体实名的转变，增强预算安排的科学性、透明性。

【强化学习培训，努力增强干部队伍整体素质】 2009年，在继续做好业务工作的同时，开展一系列学习培训活动，全面提升干部队伍整体素质。

（一）深入开展“整改落实年”活动。按照厅机关统一部署，把整改落实工作列入重要日程，制定《深入学习实践科学发展观活动整改方案》、《教科文处学习实践活动整改工作台账》、《教科文部门学习实践活动整改工作台账》、《学习实践活动机制体制创新工作情况表》，细化分解，明确整改落实的目标、任务、责任和时限。同时，进行阶段总结，撰写《深入实践抓整改，集中财力保民生》、《深入抓整改，落实“回头看”》等材料，编发6期活动简报，宣传深入学习实践科学发展观活动成果，把学习实践活动的成效充分体现到工作上，较好地做到了任务、时间、措施、质量“四落实”。

（二）举办业务培训班。针对干部知识结构和业务素质状况，举办全省财政教科文管理与改革培训班，听取财政部教科文司司长赵路同志的专题报告；举办第二期省直教科文部门财务管理培训班，通过《事业单位财务规则》修订思路及改革取向、部门预算科学化精细化管理、行政事业单位财务与会计改革前沿、部门预算改革与实务、行政事业资产管理实务等内容，增强了财务管理人员业务素质，进一步提升了教科文部门财务工作科学化精细化水平。

（三）狠抓廉政建设。结合财政教科文工作实际，在进一步强化第一责任人责任意识的同时，做好反腐败源头治理相关工作，在处内形成反腐倡廉的工作合力。按照厅机关开展权力“搜索”、监督定位、流程规范工作要求，全面梳理审批事项，制定权力运转流程，建立内部制约机制，有效规范行政行为。严格遵守廉洁自律的各项规定，自觉抵制各种不良风气，大力宣传廉洁勤政的先进事迹，不断强化廉政纪律教育，切实增强财政教科文干部的内在自我约束力，建立起具有财政教科文工作特点的教育、制度、监督并重的预防腐败内部制度体系，用制度管钱、管事、管人。

（撰稿：牛　红　王旭东　段　琳　孔　进　徐冠男）

经济建设财政财务

【坚持把贯彻扩大内需政策作为首要任务，促进经济平稳较快发展取得新进展】 2009年，坚持把扩内需、保增长作为首要任务，采取有效措施，切实加强中央扩大内需政府投资管理，扎实开展家电与汽车摩托车下乡和以旧换新工作，积极支持搞活流通促进消费，努力发挥财政在扩大投资、促进消费方面的积极作用，促进经济平稳较快发展。一是切实加强扩大内需政府投资管理。国家出台扩大内需政策后，结合实际，迅速研究提出贯彻落实建议，及时下达项目预算，确保项目建设资金“即收即拨”，保证扩大内需项目尽快形成实物工作量。积极协调落实配套资金。充分发挥牵头协调职能，积极会同有关处室、部门制定省级配套资金落实方案，千方百计筹措地方配套资金。加强对债券发行、分配、使用的协调，多次调度各地债券资金安排使用情况，确保债券资金重点用于中央扩大内需项目，基本实现“三个百分之百”（扩大内需项目100%及时开工建设，配套资金100%落实到位，发现的问题100%整改到位），形成了扩内需、保增长的合力。加强扩大内需资金管理。严格按照中央和省委、省政府要求，严把“资金投向、资金筹措、程序控制、制度建设、责任落实”五个关口，初步建立起覆盖资金拨付、配套和使用全过程的制度体系。同时，建立扩大内需月报表制度，进一步强化资金管理。切实加强监督检查。积极配合国家和省检查组开展监督检查，及时掌握扩大内需资金项目进展情况，督促有关单位纠正到位，确保中央政策落实到位。二是深入推进家电与汽车摩托车下乡和“以旧换新”工作。坚持从组织领导、政策贯彻、资金落实等方面入手，积极推动，狠抓落实。充分发挥牵头协调职能。成立家电与汽车摩托车下乡工作领导小组，建立联席会议制度，明确各成员单位的分工和职责。每一项政策措施出台后，都及时会同有关部门，抓紧研究具体操作办法和细则，进一步加强工作指导。完善补贴工作体系。在全国率先实行工作考核制度，将制度建设、资金使用管理、数据录入、信息报送以及商品销量和补贴兑付等工作情况纳入考核范围，得到财政部的肯定，并在全国推行实施。加大政策宣传力度，建立《家电与汽车摩托车下乡简报》等信息发布平台，全年编发42期简报。科学运筹资金。通过测算到县、集中支付的办法，将补贴资金直接落实到各县。建立补贴运行调度机制，及时补足缺口，全年分8批共下达家电与汽车摩托车下乡和以旧换新资金20.5亿元，确保补贴工作顺利进行。切实提高补贴效率。鼓励各地在确保国家资金安全的情况下，优化补贴兑付流程，改进兑付审核方式，章丘市“档案袋模式”、青岛市“绿色通道”等模式得到财政部肯定，并在全国推广。同时，集中开展“家电与汽车摩托车下乡宣传月”、“家电与汽车摩托车下乡兑付月”等活动，提高补贴兑付率。2009年，全省销售家电下乡产品371万件，汽车摩托车下乡产品56.28万辆，以旧换新家电38.46万台、以旧换新汽车706辆，兑付补贴资金17.83亿元，直接拉动城乡居民消费192亿元。三是积极支持搞活流通促进消费。积极整合资金、集中财力，积极支持商贸流通服务业、农村现代流通服务网络建设等，充分发挥服务业在扩大就业、促进消费的作用。扎实开展“五大工程”、“七大工程”。通过整合资金，选择16个试点县（市、区），集中推进“万村千乡市场”、“双百市场”、“农超对接”、“下乡产品流通网络”、“农业生产资料流通体系”等工程建设。同时，采取以奖代补、财政补助等方式，重点支持家政服务业、菜市场标准化改造、早餐示范工程、放心肉服务体系建设、储备应急体系建设、旧汽车交易市场升级改造、城乡市场信息服务体系及服务业聚集区建设，促进城乡服务业的发展。组织实施农村现代流通服务网络建设。按照“市场运作，政府引导，内联外合，以点带面”的思路，支持供销社“一个网络、两个平台”建设，通过几年的努力，供销系统已成为城市和农村商品双向流动的主要载体。重点支持中小商贸企业发展。积极争取中央财政支持，通过为中小商贸企业提供融资担保费用和对国内贸易信用险费用进行补助等方式，积极拓宽中小商贸企业融资渠道，提高中小商贸企业自主创新能力和市场竞争力。

【坚持把结构调整作为主攻方向，转变经济发展方式取得新突破】 2009年，以促进新能源产业发展、节能减排和高新技术产业为重点，积极支持转方式、调结构。一是大力促进新能源等新兴产业发展。以培植新能源等新兴战略性产业为切入点，切实推动产业向高端高质高效方向发展。加快推广太阳能光热系统。通过财政补贴消费者投入30%～50%的方式，支持宾馆、学校推广使用太阳能集热系统，取得明显的经济和社会效益。大力支持新能源和节能环保技术产业化。制定实施风能、海水利用、地源热泵等新能源利用定额奖励政策，引导企业加强对新能源和节能环保核心技术产品的创新性研究，涌现出工业纤维废渣生产生物乙醇、大功率LED技术等众多新能源创新成果。积极推动实施“金太阳工程”。大力支持光伏发电技术示范应用及关键技术产业化。经过积极争取，济宁、东营两个大型并网光伏发电项目和三角集团、力诺太阳能等4个用户侧并网发电项目列入国家首批“金太阳”示范工程，装机总规模21兆瓦，年发电总量3 000多万千瓦时，有力推动新能源产业的发展。积极开展可再生能源建筑应用。在多方共同努力下，威海市、德州市和沂水县被列入国家首批可再生能源建筑应用示范城市和示范县。扎实开展既有建筑节能改造，对措施有力、工作扎实、成效显著的市给予奖励。截至2009年底，全省已完成节能改造面积近600万平方米，正在施工700多万平方米。积极推广新能源汽车。结合山东实际，研究制定《山东省新能源汽车示范推广财政扶持办法》，并以省政府名义下发，建立健全新能源汽车发展财政扶持政策。大力支持济南市在全国首批开展新能源汽车推广试点，支持其购置混合动力、纯电动和燃料电动等汽车新能源和节能汽车200辆，促进新能源汽车行业发展。二是积极推动节能减排。通过整合资金，不断完善工作机制，切实发挥财政资金引导作用，努力推动节能减排。大力支持节能高新技术产业化和技术改造。紧紧围绕省政府节能三个“百项工程”，积极筹措资金6.6亿元，对省级以上水平的重大节能核心技术和重大节能技改项目给予奖励，较好地发挥财政资金引导作用。加快淘汰落后产能。切实加强淘汰落后产能资金管理，加大对电力、水泥、钢铁、焦炭、酒精、电石等行业淘汰落后产能的奖励力度，推动全省淘汰落后产能工作。已累计关停10万千瓦以下小火电机组总容量512万千瓦，超额完成“十一五”淘汰目标；全年淘汰水泥落后产能1 000多万吨、钢铁落后产能180万吨。认真开展节能产品惠民工程。加快推广高效照明产品，全年推广节能灯600万支以上，超额50%完成国家下达任务。突出抓好重点流域水污染污染防治。继续在淮河、海河、小清河、南水北调沿线等所有重点流域全面推行生态补偿机制。为进一步探索路子，完善机制，以“莱芜—泰安—省级财政”为循环补偿对象，在大汶河流域开展上下游协议补偿试点。试点以来，泰安市、莱芜市切实加大环境保护工作力度，环境质量明显改善。2009年莱芜市获得生态补偿资金165万元，泰安市获得生态补偿资金124万元，进一步调动上下游加强生态保护的积极性。新华社、大众日报等多家新闻媒体对此作了报道，在社会引起良好反响。积极推动环境基础设施建设。优化省级城镇污水垃圾专项资金支出方向，进一步加大垃圾处理设施建设支持力度，确保省政府加快垃圾处理设施建设的决策落到实处。采取以奖代补的方式，支持城镇污水管网配套设施建设，有效调动了各地加快污水管网建设的积极性。2009年，全省共建成污水处理厂180座，实现污水处理“一县一厂”的目标，污水处理能力居全国第2位。通过贷款贴息和补助等多种方式，支持省重点电厂和热电联产企业脱硫脱尘技术改造，提前一年半完成“十一五”发电机组脱硫设施建设任务。山东财政新能源和节能减排工作走在全国前列，先后在全国财政新能源和节能减排工作会议及全国财政工作会议上做典型发言。三是突出支持产业结构调整振兴。坚持把发展信息产业、装备制造业等高新技术产业，作为产业结构调整振兴的重要抓手。大力发展信息产业。按照“政府引导、企业为主、市场化运作”原则，安排资金1.06亿元，重点对电子制造业、软件服务业和信息化建设项目给予补助，加快信息技术对产品设计、生产制造等环节的改造，全面提高全省信息化建设水平。积极支持装备制造业。以省政府名义下发《山东省重点领域首台（套）技术装备财政扶持办法（试行）》，省财政设立重点领域首台（套）技术装备发展专项资金，支持技术装备生产企业加快产业化进程，进一步提升全省装备制造业整体水平和企业核心竞争力。大力支持企业自主创新。继续支持省级以上的企业技术中心建设，鼓励企业开发新技术、新产品，增强了企业自主创新和集成创新能力。推动县域工业结构优化升级。按照“省级引导、市县配套、集中投入”原则，省级安排资金3 000万元，拉动市县财政资金4 500万元，集中支持10个示范县重点工业结构调整项目，促进了县域工业结构优化升级。

【坚持把保民生、促和谐作为出发点和落脚点，推动和谐社会建设取得新进展】 2009年，坚持以人为本，注重改善民生，积极促进和谐社会建设。一是高度重视粮食安全。认真落实种粮农民直接补贴、农资综合补贴策，并对种粮大户给予奖励，全省共向1 598万户农民，兑付粮食直补和农资综合补贴资金56.67亿元，每亩达到83.97元。结合农资综合补贴动态调整机制的实施，将中央新增4.7亿元农资综合补贴，按照集中财力办大事的原则，重点支持47个粮食产能任务县粮食基础能力建设，确保《山东省千亿斤粮食生产能力建设规划（2009～2020年）》目标实现。不断完善粮油等重点产品储备制度。针对基层粮食风险基金缺口较大的实际，筹措资金，进一步加大对基层的补助力度，减轻地方筹资压力。切实加强粮油大县奖励资金管理，确保粮油储备资金支付能力。截至2009年底，全省地方储备粮入库规模达到67.38亿斤，食用油入库规模达到6 000万斤，省级年度内储备化肥20万吨，省级储备猪肉入库规模达到5 000吨，对维护市场稳定、确保市场供应起到重要作用。二是大力实施农村民生工程。注重实施农村民生工程，大力推进城乡统筹发展。积极支持农村公路建设。切实加大交通资金向农村倾斜力度，农村公路建设养护机制不断完善。积极筹措资金，支持农村公路建设、养护和农村客运站点建设，在基本实现“村村通柏油路”的基础上，进一步保障农村路网畅通，初步实现城乡交通一体化和农村客运公交化。切实加强农村环保工作。配合有关部门，制定《关于实行“以奖促治”加快解决突出农村环境问题的实施方案》，并整合资金设立了农村环保和自然生态创建资金，进一步完善农村环保“以奖代补，以奖促治”的政策。积极争取中央农村环保资金，支持45个村庄开展环境综合整治和16个镇进行生态示范创建，促进全省农村环保工作深入开展。按照省委、省政府关于加快农村住房建设和危房改造的总体部署，坚持规划先行，根据各地工作任务，将城镇规划建设资金，全部用于县域村镇规划、农村住房建设与危房改造、农房集中建设改造等规划建设，促进社会主义新农村建设。三是狠抓产品和食品质量安全。认真贯彻落实省委、省政府质量兴省发展战略，积极支持产品质量和食品安监管。建立省长质量奖。为提高全社会质量意识，配合有关部门，建立山东省质量管理奖和山东省质量贡献奖，对在全省质量振兴做出突出贡献的组织和个人给予奖励，调动全社会关注质量、提高质量的积极性。积极支持食品安全执法检测。《食品安全法》实施以后，将食品抽样样品和检测费用，全部纳入财政保障范围，实行省、市、县三级财政共同负担，初步建立食品检测经费保障机制。加强产品质量安全技术支撑体系。积极统筹行政性收费、预算外资金和经营性收入，支持国家级、省级质检中心建设和购置实验室设备，初步构建以国家级质检中心为龙头，以省级质检中心和市级实验室为骨干，以其他技术手段为补充的全覆盖、无缝隙、动态化的监管和检测网络。

【坚持以改革创新为动力，推动财政经建科学化精细化再上新水平】 按照财政部和厅党组推进财政科学化精细化管理的要求，不断建立健全有利于科学发展财政经济运行机制。一是扎实推进交通财务管理体制改革。认真贯彻落实国家成品油价格和税费改革精神，在大量调研、反复酝酿和多次协商的基础上，代省政府起草《关于交通财务管理体制改革的意见》（鲁政发〔2009〕78号）。为进一步加强交通资金管理，制定《山东省交通预算及财务管理暂行办法》，将交通部门一般预算内资金、行政事业性收费、收费公路债务、事业收入等全部纳入预算管理，规范交通资金管理，促进全省交通事业健康发展。二是深入推动矿产资源有偿使用制度改革。继续深化矿产资源有偿使用制度改革，全省矿业权市场日趋活跃，矿产资源收益已成为财政收入重要来源。坚持把资源勘查和保护作为突破口，提高资源保障能力取得新成效。整合矿补费、探矿权采矿权价款收入、地勘专项资金，大力支持资源勘查和保护，增强山东资源接续保障能力。优先在胶东金矿区、鲁西南铁矿区、鲁西地区煤矿区开展深部找矿和危机矿山接替资源勘查，全年共支持铁矿勘查项目14个、金矿项目20个、煤矿项目13个，进一步增强铁、金、煤等战略性矿产资源保障能力。深入贯彻实施“走出去”战略，设立国外矿产资源风险勘查专项资金，鼓励地勘单位和矿业企业开拓国外地质矿产勘查市场。新开拓澳大利亚、刚果（布）、埃塞俄比亚等6个国家13个铁矿、铜矿、铝土矿、钾盐矿普查项目，进一步增强资源保障能力。为增强地勘单位勘查开发能力和市场竞争力，支持地勘单位购置大型物探设备和钻探设备200多台（套），进一步改善地勘队伍装备水平，增强地质找矿能力。三是创新资金运作机制。结合厅党组开展权力“梳理”活动，制定《山东省城镇规划建设专项资金管理办法》、《山东省扩大内需重点项目建设调控资金管理暂行办法》、《山东省太阳能集热系统财政补贴资金使用管理暂行办法》、《山东省无线电管理暂行办法》等10多个资金管理办法，将财政经建资金全部纳入制度化管理的轨道。对一些政策性强的资金，既严格制度、规范程序，又坚持急事急办、特事特办。创新资金分配方式。采用“以奖代补”、“首台套制”、因素法分配等方式，提高资金使用效益。

【坚持以转变工作作风为着力点，推动财政经建队伍建设再上新台阶】 狠抓干部队伍建设，进一步转变工作作风，在提高管理水平和服务质量上狠下功夫。一是加强政策研究。紧紧围绕厅党组的工作思路，结合做好财政经建工作，始终坚持把政策研究作为研究问题、制定政策、推动工作的依据，常抓不懈。在生态补偿机制、矿产资源有偿使用、交通财务管理体制改革、家电与汽车摩托车下乡等方面，进行专题研究。其中，《建立生态补偿机制 大力促进污染物减排和生态环境保护》被省委、省政府采用。二是规范内部管理。以厅党组开展权力“搜索”、监督定位、流程规范工作为契机，对负责管理的权力事项分门别类、逐项梳理，科学确定关键岗位，深入查找薄弱环节，积极完善管理流程，共梳理出涵盖各岗位的权力项目24项，并相应绘制资金项目管理流程图，细化各个工作环节的目标和任务，找出各个项目的关键或薄弱环节，强化管理职责，明确监督重点，使权力运行更加公开、透明、规范、有序。同时，按照“日常工作程序化，重点工作重点抓”的原则，进一步建立健全处内工作秩序，对处内工作的每个部位、每个环节都做出详细具体的规定和要求，保证各项工作高效有序规范运转。三是树立良好工作作风。强化服务意识、责任意识、效率意识、依法行政意识、团结协作意识，落实首问负责制、限时办结制、服务承诺制、AB 角等项工作制度，切实提高工作质量和水平。全年共编发财政信息 77 条，处理公文 1 000 多件，其中，办理交办件 130 件、征求意见稿 53 件。四是加强廉政建设。严格落实廉政建设的各项规定，坚持“两手抓”，落实责任制，对党风廉政责任分解到岗，落实到人，通过制度规范约束行为。实行民主集中制，重大事项必须经过集体研究决定，严格按照规定和程序办事，依法理财，树立财政经建干部的良好形象。

（撰稿：王　晶　李栋林　罗国宏　吴立行）

农业财政财务

【概述】 2009 年，全省各级财政部门坚持以科学发展观为指导，全面贯彻落实省委、省政府和厅党组关于“三农”工作的决策部署，紧紧围绕稳粮、增收、强基础、重民生，加大支农投入，优化支出结构，突出支持重点，创新支农机制，强化资金监管，不断提高科学化精细化管理水平。2009 年，省财政实现支农支出 87.8 亿元，比上年增加 25.6 亿元，增长 41.2%；其中争取中央专款 48.5 亿元，比上年增加 25.2 亿元，增长 108%。

【全力服务农业农村发展大局】 围绕全省农业农村发展大局，牢固树立全局意识，自觉把工作放在经济社会发展大局、党委政府重大决策和财政中心工作中来思考、审视和把握。一是更加注重政策系统性。认真贯彻落实中央和全省农村工作会议精神，密切关注“三农”理论创新、政策走向和工作部署，深入了解农业农村经济社会发展情况，认真研究财政支持农村改革发展的政策措施，研究出台《关于促进我省农业稳定发展农村持续增收的实施意见》（鲁财办发〔2009〕1 号），从七个方面提出 31 条具体政策措施，涵盖农村经济社会发展的方方面面，成为指导全省财政支农工作的纲领性文件。二是更加注重讲政治顾大局。对中央和省里重大决策部署、涉及农业生产安全和农民切实利益的问题，坚持“急事急办、特事特办、随到随办”，全力以赴抓好落实。为落实中央和省委、省政府扩大内需、促进经济平稳较快发展的决策部署，及时调整资金使用方向和重点，优先安排农村饮水安全、农村沼气、病险水库除险加固等新增中央投资项目配套资金；为有效应对冬春季节的严重旱情，紧急筹集下拨资金 7 300 万元，专项用于补助受旱严重地区抗旱保苗所需生产物资、应急抗旱设备购置、应急水源工程和调水工程建设、人工增雨以及解决临时性农村饮水困难等；为保护全省森林资源和生态安全，多方筹集并提前下拨林木病虫害防治资金 3 445 万元，重点支持开展 2009 年美国白蛾应急防控和林木病虫害监测预警预报及防控基础能力建设。三是更加注重把握生产季节性。坚持做到思路早谋划、工作早部署、政策早落实、资金早下达，确保财政支农资金的分配和使用不误天时、不误农时。为支持各地在主汛期到来之前基本完成小型病险水库除险加固主体工程，确保安全度汛，于 3 月份就按因素法切块下达补助资金 25 990 万元；为支持各市开展春季植树造林，于 3 月份将绿化山东、森林生态效益补偿资金 9 450 万元拨付各地；为保证棉花良种及时供种，在春节期间组织编制良种补贴实施方案，并认真做好各项基础工作和补贴政策落实，满足全省棉花生产需要。

【不断提升农业财政工作水平】 面对财政支农工作中出现的新情况、新问题和新要求，坚持把改革创新贯穿于工作始终，努力在改革中求突破，在创新中谋发展，不断推进农业财政工作上升新的台阶。一是积极探索支农投入新理念。坚持以县为单位，以统一规划为指导，整建制推进重点产业发展或关键设施建设的支农专项投入新理念，实现由“单项突破”向“整体推进”、由“零星、分散、随机投入”向“规模、稳定、连续投入”的转变。对现代农业生产发展资金项目，筹集资金 3.1 亿元，采取集中投入、连续扶持的方式，围绕小麦、玉米、优质鱼产业发展，在全省选择 52 个项目县，平均每个县集中投入 600 万元，支持开展深耕改土、新品种新技术推广和标准化规模养殖设施建设，大幅提高项目县主导产业整体发展能力；对小型农田水利重点县建设，筹集资金 4.4 亿元，按照“统一规划、分步实施，集中投入、整县推进”的原则，在全省选择 21 个粮食产能大县启动实施小型农田水利重点县建设，平均每个县集中投入 2 000 万元，通过连续扶持，全方位推动重点县小型农田水利设施建设实现跨越式发展，确保“建一片，成一片，发挥效益一片”；对农业综合开发高标准农田建设示范工程，筹集资金7 068万元，在全省选择6个粮食产能大县作为农业综合开发高标准农田建设示范县，平均每个县集中投入1 100多万元，建设高标准农田6万亩，支持项目县实施田水路林山综合治理，切实提高农业综合生产能力。二是积极探索项目运作新思路。创新农业技术推广模式，采取“地方推荐、专家遴选”的方式，在全省选择若干项先进适用的农业技术，由省级推广单位牵头、基层推广单位共同组织实施，实现省级技术优势和基层推广资源的有机结合；调整完善农民专业合作组织扶持政策，重点扶持依法登记、运作规范、带动能力强的农民专业合作社，对农民专业合作组织开展贷款担保、资金互助、合作保险、土地承包经营权流转等新型服务予以重点支持；探索开展农业综合开发土地治理和产业化经营两类项目有机结合试点，按照“依托龙头建基地，围绕基地扶龙头”的思路，组织乡镇政府和产业化龙头企业共同申报土地治理和产业化经营项目，使两类项目配套衔接，相互促进，加快区域优势主导产业发展。三是积极探索预算执行新模式。结合部门预算和国库集中支付改革，借鉴外省市的先进经验做法，建立“基础工作前移+因素法分配+资金直拨到县+县级报账提款”的预算执行新模式，2009年上半年省级农业财政资金支出完成调整预算的80%以上，11月份除中央资金外省级支农预算基本执行完毕。四是积极探索资金整合新机制。不断调整思路，强化措施，探索建立“县级自主整合、省级绩效考评、专项资金奖励”的支农资金整合新机制。支持县级以主导产业、重点项目或优势区域为平台，多渠道自主整合财政支农资金，集中财力办大事，省里对县级财政支农资金整合情况进行量化考评，根据考评结果，结合农业财政专项资金分配，对资金整合效果明显、成效突出的县进行奖励。

【积极落实各项强农惠农政策】 紧紧围绕建设社会主义新农村、发展现代农业的目标任务和总体要求，积极调整优化支出结构，集中财力保障重点项目建设，确保各项强农惠农政策落实。一是全面落实各项农业补贴政策。筹集资金13.82亿元，对全省5 584万亩小麦、5 887.5万亩玉米、1 367.8万亩棉花、200.4万亩水稻给予良种补贴；筹集资金6 630万元，对全省53万头赫斯坦奶牛、7.5万头弗莱维赫乳肉兼用牛、113万头生猪、22万头肉牛给予良种补贴；筹集资金4 600万元，按照每头奶牛补贴500元，省财政对东中西部市分别承担补贴资金总额的20%、40%和60%的比例，对25.28万头优质后备母牛给予补贴。筹集资金8.73亿元，比上年增加5.94亿元，增长2.1倍，在全省所有农业县实施农机购置补贴项目，补贴机具种类由2009年的81种扩大到126种，涉及近300家企业生产的1 572种不同型号的优质农机具；筹集资金1 000万元，启动实施现代农业机械化水平提升计划，扶持21个农机化创新示范项目，并对100个农机专业服务组织等给予奖励，支持农机规模化作业。筹集资金5 840万元，在全省所有农业县全面实施测土配方施肥补贴项目，加快测土配方施肥技术推广，引导农民科学施用有机肥；筹集资金720万元，在全省选择12个县启动实施土壤有机质提升补贴项目，对项目区内农民施用商品有机肥，按照每亩20元的标准进行补贴。二是着力加强农业基础设施建设。筹集资金2.9亿元，对纳入国家规划的73座大中型水库除险加固给予补助；筹集资金9.18亿元，支持全省1 648座小型病险水库进行除险加固，重点提高列入国家东部地区小型病险水库除险规划的350座小Ⅰ型水库的补助标准；筹集资金1.44亿元，治理骨干河道2条、省际边界河道3条、市际边界河道4条、重要支流12条，保障全省安全度汛；筹集资金5.3亿元，带动省以下财政自筹1.34亿元，农民筹资投劳和社会化融资0.54亿元，整合其他方面的资金3.24亿元，在继续支持面上小型农田水利设施建设的同时，选择21个粮食产能大县启动实施小型农田水利重点县建设。将农业综合开发基本任务和投资重点调整定位在打造“粮食核心产区”上来，加大对全省69个粮食产能大县的资金投入，支持其集中连片大规模改造中低产田。在粮食生产核心区启动高标准农田示范工程建设，将亩投资标准由过去的700元提高到1 200元，确保实现高产稳产、旱涝保收、节水高效的目标。筹集资金2.26亿元，大力支持荒山绿化、沿海防护林、村庄绿化、绿色通道等重点林业工程建设，对纳入中央和省级补偿范围内的1 939.8万亩生态公益林进行补偿，支持瞭望台建设和省级森林防扑火储备物资购置，加快推进集体林权制度改革进程。筹集资金2 500万元，以生态环境脆弱、水土易于流失的山区丘陵、黄泛平原为重点，支持开展土地沙化、碱化、水土流失综合治理。三是大力推进农业优势产业发展。筹集资金3.1亿元，在优势产区择优确定33个小麦项目县、20个奶牛项目县、10个优质鱼项目县，实施现代农业生产发展资金项目，集中支持开展深耕改土、新品种新技术推广和标准化规模养殖设施建设。筹集资金9 900万元，大力支持实施“渔业资源修复行动计划”，支持放流苗种18.1亿尾，新建人工鱼礁75万空立方、深水网箱186组，对7处省级水生生物保护区给予补助。筹集资金3.1亿元，将农业产业化龙头企业财政贴息资金与农业综合开发产业化经营资金统筹安排使用，重点支持与农民结成紧密利益联结机制的龙头企业365家，支持企业做大做强，提升科技含量和市场竞争力。筹集资金6 500万元，支持农民专业合作组织311家，其中农民专业合作社274家。筹集资金5 391万元，重点支持林业龙头企业、林纸林板一体化企业、中小企业和民营企业贷款以及国有林场及苗圃原料林、经济林、森林生态旅游建设项目。筹集资金6 000万元，全面实施农产品质量安全提升工程，支持制定并推广农业地方标准95项、简明生产技术规程70项和出口农产品操作规范3项，对新获得认证的696个无公害农产品、207个绿色食品、57个有机食品和37个进口国国际认证农产品给予奖励，加强农产品质量安全监测，并在12个蔬菜、果品和茶叶大县启动实施农产品质量安全示范县建设项目。筹集资金2.4亿元，加强省农科院农业科研平台建设，大力支持农业良种工程、农业重大应用技术创新、农业科技成果转化和农业技术推广。筹集资金2.96亿元，在全面落实村级动物防疫员补助政策、优先保证禽流感、口蹄疫、猪蓝耳病和猪瘟等重大动物疫病预防、监测等资金需要的同时，突出支持美国白蛾、松材线虫、灰飞虱等重大病虫害的防治，提高突发性重大动植物病虫害的快速反应及扑灭能力。四是着力保障和改善农村民生。筹集资金9 750万元，继续实施农村劳动力培训“阳光工程”、新型农民科技培训和创业培训三大培训工程。2009年全省共培训转移就业劳动力15.24万人，机防手、渔业船员、农机使用和维修、村级动物防疫员、乡村旅游服务员等涉农技能人才4.07万人，农村创业人才1.36万人。筹集资金1.14亿元，继续支持实施第三期整乡推进扶贫计划，坚持村为基础、整乡推进，重点帮助贫困乡村加强基础设施建设、调整农业产业结构、加强农业科技和职业技能培训，支持少数民族地区和国有贫困林场改善生产生活条件；进一步扩大贫困村村民发展互助资金试点范围，新增扶贫合作社132个，解决贫困村村民贷款难问题，提高贫困户自我发展能力。全年帮助82个贫困乡镇的50万农村贫困人口实现脱贫。筹集资金3.48亿元，与中央饮水安全工程资金统筹安排使用，解决380万农村人口饮水安全问题。筹集资金1.25亿元，与中央农村沼气项目资金捆绑使用，支持新建农村户用沼气池19.54万户，带动全省新增户用沼气55万户。筹集资金2 000万元，对采取秸秆生物反应堆、秸秆青贮、秸秆养殖食用菌、秸秆热解气化、秸秆收贮站建设、秸秆沼气等方式开展秸秆资源化利用进行扶持，共支持消耗秸秆127.7万吨。

【切实保障支农资金安全运行】 积极探索财政支农资金管理的新思路、新方法，建立规范、科学、高效的资金监管新模式，实现“制度全覆盖、管理全过程、监督全方位、考核精细化”。一是制度全覆盖。按照“先建制度、后分资金，先规范、后运作”的要求，及时制定、修订专项资金管理办法，2009年制定出台4项农业财政资金管理制度，使近年来出台的制度办法达到63项，做到了每一项资金都有相应的管理制度，基本建立起覆盖全面、科学合理的资金管理制度体系。积极指导省直农口部门和各市、县结合本地、本部门实际，研究制定实施细则和项目管理办法，促进形成“用制度管钱、靠制度管人、按制度办事”的工作格局。二是管理全过程。切实加强资金使用事前、事中、事后的全过程监管，不断提高资金使用效益。在项目立项环节，对实行项目管理的资金，均采取“统一发布指南，集中受理项目”的申报方式，规范申报程序和要求，实行财政支农项目责任人和责任反馈制度；在资金分配环节，全面推行专家评审论证、公开招标、竞争立项等制度，确保项目选择的客观、公正、公开、透明；在检查验收环节，积极开展重点检查、跟踪问效和竣工验收，确保支农资金专款专用和使用效益发挥。三是监督全方位。充分利用审计、纪检监察、财政监督、投资评审和中介机构、新闻媒体、农民群众等多方力量，全面加强对支农资金使用管理的监督。对小型病险水库除险加固、农科院科技创新工程等重大项目委托财政投资评审机构对项目投资规划进行审核把关；在小型农田水利重点县建设、农业综合开发等重大项目选择和资金分配过程中，邀请纪检部门全程参与，确保公开公平公正透明；对农业补贴项目，全面推行公示公告制，加强农民群众和社会监督；全面梳理与农民切身利益密切相关的各项直接补贴农民的政策，形成《山东省2009年惠农政策摘要汇编》，在新闻媒体上公布，并发放到全省每个行政村，让社会各界和农民群众了解掌握补贴对象、补贴标准、补贴程序等内容，增加政策透明度，强化社会监督。四是考评精细化。积极引入绩效管理的理念和方法，选择现代农业生产发展、贫困村村民发展互助、绿化山东等多项财政支农资金，研究制定绩效评价办法，设立科学、合理、规范、操作性强的考评程序和指标体系，对项目进展情况、目标任务完成情况和资金使用效益进行全面考评，并把考评结果作为预算安排、项目选择和资金分配的重要依据，确保把有限的资金用到效益高、管理好的地方。

【全面提高农业财政工作效能】 严格按照党的十七届四中全会精神和厅党组部署要求，不断加强干部队伍建设，着力提高行政效能，积极营造干事创业的良好氛围。一是注重加强理论学习。牢固树立终身学习的理念，特别注重学习掌握“三农”和财经方面的新理论、新政策和新动向，不断提高综合素质和履行岗位职责的能力。以《处室文化建设》简报为平台，积极开展处室文化建设活动，在潜移默化中提升处室的凝聚力、向心力、创造力和战斗力。二是深入开展调查研究。针对财政支农工作中的热点、难点和重点问题，深入开展调查研究，形成《关于2009年山东省重大财政支农政策落实情况的调研报告》、《关于江西省、厦门市农业财政工作情况的调研报告》等多篇调研报告或理论文章。三是大力加强廉政建设。认真组织学习廉政勤政的有关规定，真正筑牢拒腐防变的思想防线。严格遵守农业处工作人员廉政建设“十不准”和《农业处支部关于实行党风廉政建设责任制的规定》，严格按照规定和程序办事，不拿原则做交易，不以权谋私，自觉维护党员干部的良好形象。

（撰稿：李海军　王昱东　单　哲　张绍生）

社会保障财政财务

【加大社会保障投入力度】 2009年，全省财政社会保障工作围绕“扩内需、保民生、保稳定”的总体要求，积极应对金融危机造成的不利影响，全年省级财政（含中央财政补助）对重大社会保障政策制度的资金投入首次突破百亿元大关，达到118.2亿元，比上年增长29.4%。

【健全完善就业扶持政策体系】 全面贯彻落实国家出台的就业扶持政策，会同省有关部门制定促进创业带动就业、推动农民工就业、稳定就业局势、完善公共就业服务体系、促进高校毕业生就业等一系列政策措施，出台6个省政府文件和10多个配套文件，进一步完善我省促进就业的政策支持和服务保障体系。

【认真落实社会保险“五缓四降三补贴”政策】 全省批准在一定期限内缓缴养老、失业、医疗、工伤、生育等五项社会保险费的困难企业2 714户，缓缴社会保险费6.23亿元；阶段性降低城镇职工基本医疗、失业、工伤、生育等四项社会保险费率，减轻企业负担14.5亿元；使用失业保险基金、就业专项资金向2 904户困难企业支付社会保险补贴或岗位补贴，支持开展职工在岗培训，落实补贴资金8.3亿元，稳定就业岗位61.6万个。

【加大就业补助力度】 2009年，全省共筹集就业补助资金12.38亿元，比上年增长4.74%。其中，省财政安排就业补助资金1.4亿元，同比增长7.69%。通过对职业培训、职业介绍、社会保险以及就业岗位等给予补贴，充分调动社会各方面促进就业的积极性；加强对全省就业资金支出进度的调度，及时督促各项补助资金按时足额到位，为就业工作提供有力的资金保障。全省实现城镇新增就业105.7万人，转移农村劳动力就业122.4万人，分别完成全年目标任务的117.4%和122.4%，城镇登记失业率3.4%，各项就业目标全面实现。

【继续开展公共就业培训工作】 一是全面启动实施就业与创业能力提升工程。根据《山东省加强就业培训提高就业与创业能力五年规划（2009～2013）》，拨付培训专项补助资金1.72亿元，支持城镇新成长劳动力、城镇就业转失业人员、进城务工人员、创业培训人员参加职业技能培训和创业能力培训项目。二是积极推进全省技工教育百强专业能力提升建设工程。首批预拨奖补资金1 600万元，促进全省技工教育百强专业在办学条件、师资队伍建设、教学管理、人才培养等方面形成优势和特色。三是继续实施“技能扶贫与就业工程”和“金蓝领培训工程”。安排专项资金4 507万元，向27 887名技能扶贫生发放实验实习费、奖学金和特困生补助；落实培训资金800万元，对8 000名一线技术工人实施高级专业技能培训。

【启动新型农村社会养老保险试点】 按照中央统一部署，积极配合主管部门确定济南市天桥区、青岛市城阳区、青岛市即墨市、淄博市临淄区、枣庄市市中区、东营市河口区、烟台市福山区、烟台市招远市、潍坊市寿光市、济宁市嘉祥县、泰安市肥城市、威海市荣成市、日照市东港区、莱芜市莱城区、临沂市平邑县、德州市禹城市、聊城市东昌府区、滨州市滨城区、菏泽市牡丹区等19个首批新型农村社会养老保险试点县（市、区），并开展试点。

【按期完成全省企业职工养老保险省级统筹目标】 积极配合有关部门出台《山东省企业职工基本养老保险省级统筹实施意见》。从10月1日起，全省企业职工基本养老保险实现“六个统一”，即全省统一基本养老保险制度和有关政策，统一缴费基数和比例，统一基本养老保险待遇，统一管理基金，统一编制和实施基本养老保险预算，统一信息系统平台和相关业务流程，进一步明确各级政府的责任，从制度上确保全省基本养老金按时足额发放。

【企业退休人员基本养老金政策落实到位】 按照国家统一部署，积极配合主管部门精心测算，确定2009年1月起全省企业退休人员基本养老金人均每月提高143元，养老金平均水平达到每月1 350元左右，并科学制定待遇调整方案，督促各地及时将政策落实到位。

【失业保险制度逐步完善】 明确失业保险市级统筹模式、失业保险业务工作流程，进一步增强失业保险基金支撑能力。失业金标准由人均330元调整为365元，人均增加35元左右。稳妥开展失业保险基金扩大使用范围试点，将城乡登记失业人员、招用就业困难人员并参加失业保险的用人单位或公共就业服务机构纳入扩大使用的范围。

【城镇居民基本医疗保险制度完成提标扩面】 随着枣庄、日照、临沂、德州、菏泽5市第三批试点工作的启动，城镇居民医疗保险制度覆盖全省。城镇居民基本医疗保险补助标准进一步提高，将一般成年人、一般未成年人、未成年人中的低保对象和重度残疾人三类人群的补助标准分别提高到80元、80元和90元，及时下拨省级补助资金2.47亿元。按照中央及省要求，加大工作力度，配合有关部门将中央及中央下放地方政策性关闭破产国有企业和地方依法破产国有企业退休人员全部纳入城镇职工基本医疗保险，并及时下拨中央及省财政补助资金4.8亿元。

【加强社会保险扩面征缴和基金监管】 安排专项资金450万元，奖励各级扩面征缴工作；稳步推进做实个人账户试点，下达专项奖励资金3 000万元对省本级和各市做实企业职工基本养老保险个人账户工作进行奖励，调动各级做实个人账户的积极性；提高基层社会保险经办机构的经办能力，拨付990万元重点支持41个县（市、区）级社会保险经办机构进行征缴大厅及相关设施维修改造、基金征管信息网络系统开发建设及硬件配置等。认真开展社会保险基金专项治理，组织实施社保基金收支检查，妥善处理一批历史遗留和新发现的违规违纪问题。

【完善新型农村合作医疗制度】 及时拨付中央和省级专项补助资金26亿元保障新农合制度运行，对东中西三类地区每人每年分别补助24元、36元和56元。全省新农合制度统一实行住院统筹加门诊统筹模式，参合农民达5 439万人，参合率达98.61%。

【妥善做好济南铁路局移交离退休人员相关保障工作】 根据省政府办公厅《关于济南铁路局部分教育医疗机构离退休人员移交我省管理有关问题的通知》（鲁政办字〔2008〕79号）以及有关会议纪要精神，积极协调有关部门研究并提出经费划转管理意见，对划转有关单位的经费进行全面审核。及时对济南铁路局提出的医疗经费补偿分配意见做出明确答复，按时拨付有关经费，协调做好各项后续工作。

【全面启动和推进医药卫生体制改革】 一是积极配合有关部门完善医改新政策。组织全省17市座谈会，通报新医改政策，传达财政部关于新医改方案测算和工作要求，听取各市财政社会保障部门的意见和建议，及时对相关政策进行完善。二是为医改提供财力与政策保障。积极做好全省医改测算、基本药物供应保障体系研究、财政政策研究制定以及医改相关资金的监督管理等工作，牵头制定《关于完善政府卫生投入政策的实施意见》、《新增国家重大公共卫生服务项目资金管理暂行办法》等制度，并出台相关配套办法。

【加快完善卫生服务体系】 一是支持完善城市社区卫生服务网络，提升社区卫生服务能力。下拨省级以奖代补资金3 367万元，对年度考核合格的868处社区卫生服务机构兑现奖励，城市社区卫生服务网络和居民15分钟健康服务圈基本形成。全省16市（不含青岛）128个县（市、区）全面开展政府购买城市社区公共卫生服务项目。二是支持实施“1127工程”和村卫生室服务能力提升工程，提升农村基层医疗卫生机构服务能力和水平。省财政根据对乡镇卫生院培训考核结果下拨培训补助资金1 900多万元；根据对近2万多个村卫生室规划评审的结果，拨付省级以奖代补资金1.7亿元，支持规划内村卫生室的业务用房整修和基本设备配置。三是加强省级医疗卫生机构服务能力建设。按照“总量增长、分类管理、调整结构、保证重点”的原则，促进省级医疗卫生机构提升公共卫生服务水平。

【全面落实国家扩大免疫规划】 及时下拨中央计划免疫专项资金2.9亿元，保证卡介苗、口服脊灰疫苗、全细胞百白破疫苗等17种疫苗以及相关疫苗注射器的采购，确保我省国家免疫接种扩面目标的全面实现。

【积极支持落实公共卫生项目】 全力支持重大公共卫生项目，拨付艾滋病、结核病、手足口病、甲型H1N1流感、地方病、麻风病、寄生虫病、计划免疫、15岁以下人群补种乙肝疫苗、农村孕妇早期补服叶酸、贫困白内障患者复明、农村饮水安全集中供水工程水质监测、农村妇女两癌检查、农村孕产妇住院分娩等重大公共卫生服务项目补助资金3.5亿元；及时预拨基本公共卫生服务项目补助资金5.3亿元。

【积极支持防控重大公共卫生突发事件】 积极配合卫生等相关部门，切实做好应对局部地区甲型H1N1流感和手足口病聚集性爆发、患者激增的准备。全省各级财政累计拨付甲型H1N1流感和手足口病防控经费3.5亿元，积极支持“两病”应急检测、救治处置及卫生防疫等工作，有效控制疫病传播。配合农业、卫生、工商、质监、药监、畜牧等有关部门切实做好十一届全运会公共安全保障工作，汇总落实公共卫生及食品药品安全检验检测经费548万元，确保全运会期间无重大安全事故。

【大力支持医学人才培养项目】 继续实施省属高等医学院校实践教学中心项目工程和高层次卫生科技人才培训工程。拨付资金3 885万元，促进省属医学院校实践教学中心提高建设水平、强化内涵建设。按照《山东省高层次卫生科技人才境内外培训管理办法（试行）》的规定，资助在省级医疗卫生机构工作的优秀中青年卫生科技工作人员到国内外进修培训，切实提升我省卫生科技综合实力和服务整体水平。

【启动实施中医药服务能力提升项目】 出台《山东省中医服务能力提升专项资金管理暂行办法》，及时预拨资金3 100万元，支持省统一规划的中医优势专科和特色专科的床位添置、主要设备购置、业务用房修缮及人员培训，促进其提升服务能力。

【保障食品药品安全】 一是继续实施食品药品监管执法能力提升项目。拨付4 000万元，支持全省食品药品监管部门实施旧（危）房屋维修、执法装备和检验设备购置等项目。积极研究制定全省食品药品监管技术支撑能力规划，完善食品药品监管技术保障长效机制。二是启动食品药品放心工程。拨付1 600万元，支持食品综合监管、加强食品安全宣传、整顿药品和医疗器械市场等项目的实施，进一步完善监管体系，保障全省群众的饮食用药安全。三是完成对省级以下食品药品监管机构的经费下划调整。会同有关部门以实际支出和人员编制为基础，按照共同协商、平稳下划的原则，以实名制方式下划人员经费和公用经费，确定下划经费基数2.4亿元。

【扎实推进城市低保工作】 一是大力推行分类施保制度，适当增加“三无”对象、重度残疾人员、重大疾病患者等特殊困难群体补助数额。二是配合有关部门，指导市县做好城市低保对象申请受理和定期复核工作。省财政拨付3.3亿元，用于保障省属单位城市低保对象基本生活，为全省城市低保对象发放一次性生活补贴和相应补助。截至2009年底，全省城市低保对象达到61.3万人，平均保障标准达到每人每月262元，比上年增加28元，月人均补助水平达到172.6元，比上年增加34.6元。三是完善物价上涨和低收入群众生活补贴与保障标准联动机制。根据物价部门发布的2008年低收入居民基本生活费用价格指数，省财政联合有关部门指导各市全面启动2009年挂钩联动机制，普遍提高城市低保标准。

【切实提高农村低保保障水平】 一是认真落实省政府将农村低保标准由900元提高到1 000元的决定，省财政对东、中、西部地区的补助提高到每人每月12元、20元、28元（不含鲁民电〔2008〕59号文件规定的油价补贴）。全年共拨付农村低保资金6.1亿元，并下拨1.85亿元按每人100元标准给农村低保对象发放一次性生活补贴。二是加大督导力度，指导各地做好提高保障标准、审核认定新增人员等工作。截至2009年底，农村低保对象达到200万人，比上年增加12.5万人，保障标准全部提高到1 000元以上，月人均补助水平达到62.2元，比上年增加12.2元。

【稳步推进城乡医疗救助工作】 根据医改总体要求，按照统筹城乡、公平公正的原则，积极会同有关部门进一步规范救助方式、救助病种和救助对象，重点解决城乡困难群众“看病难、看病贵”及“因病致贫、因病返贫”问题。2009年，共拨付医疗救助资金3.12亿元，比上年增加1.16亿元，资助参保参合、救助困难群众172万人次。

【加快完善农村五保财政供养制度】 深入贯彻落实《农村五保供养工作条例》，加快完善以财政为主供养的农村五保供养机制，指导各地科学确定供养标准，确保五保供养不低于当地农民平均生活水平。进一步理顺农村五保财政供养机制，配合制定出台《山东省农村五保供养办法》，明确五保供养经费由省、市、县、乡四级财政负担，列入县乡财政预算。巩固乡镇敬老院建设成果，全省五保集中供养率保持在70%以上。

【引导支持养老事业加快发展】 一是继续对全省城镇养老服务机构实施以奖代补。经过严格评审和复核，省财政拨付资金600万元，对30家证件齐全、基本设施完善、入住率70%以上、满意率在95%以上的优秀城镇养老服务机构给予一次性奖励资金20

万元，支持其改善服务条件、归还贷款利息。二是制定《山东省百岁老人长寿补贴省级补助资金使用管理办法》，进一步规范补助范围、标准、审批发放程序。根据老龄部门实名统计，兑付百岁老人长寿补贴402.5万元。

【大力支持优抚安置工作】 一是认真落实中央提高部分优抚对象抚恤和生活补助标准政策。省财政对东中西三类地区带病回乡、参战及涉核等退伍军人的补助标准分别提高到每人每月40元、60元、80元。在新中国成立60周年之际拨付4 835万元，为建国前入伍的1～5级在乡残疾军人配发假肢、假眼等康复辅助器具，为建国前入伍且有听力障碍的在乡残疾军人配发助听器。二是认真落实抚恤定补优抚对象医疗待遇。省财政筹集资金2.4亿元，建立优抚对象医疗保障新机制，落实优抚对象医疗保障待遇以及其他优抚医疗优惠政策，切实解决优抚对象的医疗难问题。三是积极落实军队移交离退休人员安置政策。筹集拨付资金9.5亿元，解决军队离退休干部和无军籍退休退职人员和机构管理经费，保障离退休干部及其家属、遗属基本生活和医疗。四是支持城镇退役士兵自谋职业。省财政落实专项资金支持对自谋职业退役士兵开展技能培训和就业服务工作。五是积极落实伤病残退役军人安置政策。省财政落实补助及奖励资金，提高分散供养的1～4级残疾退役初级士官和义务兵的购建房补助，并对接收安置的管理单位进行奖励。

【认真落实离休干部“两费”政策】 一是及时下达困难市县离休干部“两费”专项转移支付6 000万元，重点帮助困难市县解决离休干部离休费、医药费拖欠问题。二是严格“两费”审定工作。两次组织有关部门对省属特困单位拖欠“两费”情况进行核实认定，新认定特困企事业单位15个，涉及离休干部98人，核拨“两费”、待遇差共计8 141万元。

【认真做好军转干部解困工作】 组织有关部门对中央困难企业进行资格审核，下达中央和省属困难企业退休军转干部生活补助383.55万元；下达17市军转干部解困资金916万元。积极配合有关部门帮助两家由中央驻鲁企业改制而成的民营企业落实退休军转干部解困资金。

【适度提高部分人群的生活待遇】 配合有关部门，提高1～4级工伤人员伤残津贴、生活护理费和供养亲属抚恤金，企业精减老职工生活困难补助和企业职工因病或非因工死亡后供养直系亲属生活困难补助等标准。

【支持残疾人事业稳步发展】 一是继续实施残疾儿童康复工程。根据《山东省贫困残疾儿童康复救助工程（项目）实施意见》，省财政安排500万元，对家庭人均收入低于当地城乡居民最低生活保障线或农村领取社会救济金的10岁以下脑瘫、智力残疾儿童和14岁以下的低视力儿童实施康复救助。二是积极落实国家残疾人“十一五”康复任务。安排590万元全额配套“十一五”康复任务所需资金，确保康复任务目标的完成。三是配合有关部门制定《关于加快推进残疾人事业发展的实施意见》，进一步明确残疾人基本医疗卫生服务、康复、生活保障、体育等一系列优惠政策。出台农村低保重度残疾人生活补贴政策，从2010年起对农村低保重度残疾人在低保的基础上，再给予每人每月不低于50元生活补贴。四是加强残疾人就业保障金的使用与监管，充分发挥就业保障金扶持残疾人自主择业与就业、自主创业的作用。

【积极推进资金分配模式改革创新】 一是完善资金分配管理机制。全面推广应用“山东省社会保障专项资金信息管理系统”，变被动“分钱”为主动“管钱”，最大限度地发挥财政资金保障民生的作用。二是完善“一体两翼”资金监管机制。主动引入监督检查、投资评审等管理手段，建立了以社会保障资金管理为主体，以投资评审和监督检查为“两翼”的社会保障资金管理新机制，促进资金分配的透明化、科学化、规范化，有效防止挤占挪用、虚列支出等问题的发生。

（撰稿：张振言　李　赞）

企业财政财务

【在创新思路、完善政策方面取得新突破、新成效】 一是完善中小企业发展财政政策促进体系。提出设立创业投资引导基金和组建再担保集团的政策建议，受到省委、省政府高度重视并纳入决策。积极参与省级创业投资引导基金设立和省再担保集团组建工作，先后赴外省市进行考察调研，研究制定具体实施方案、基金（公司）章程和管理办法，多渠道筹措落实资金，保证引导基金按时设立、规范运作和再担保集团顺利组建。二是完善外经贸发展财政政策鼓励体系。2009年初会同有关部门制定促进外经贸平稳较快发展的13条财政政策措施。7月份，又制定企业出口信用保险保费补贴政策，并在支持开拓新兴市场、建设境外营销网络、促进出口结构调整等三方面出台7条政策措施，对稳定外需、促进外经贸企稳回升发挥了重要作用。三是梳理制定推进工业调整振兴的政策措施。积极参与工业调整振兴的调度协调工作，参与编制山东省10大产业调整振兴规划、40个特色产业和13个新兴产业加快发展的指导意见，围绕促进经济结构调整、提高自主创新能力、推进节能减排、开拓国内外市场、缓解中小企业融资难等工作重点，进一步加大财政支持力度，制定21项促进工业调整振兴的政策措施。

【在加大投入、促进发展方面取得新突破、新成效】 一是主动分担预算安排压力，在积极整合专项资金上做文章，进一步优化资金投向，突出扶持重点，强化对经济发展重点领域、关键环节的投入。安排资金1亿元，设立省级创业投资引导基金；安排资金1 000万元，设立包装行业高新技术研发资金；安排1亿元，用于扩大企业自主创新资金和安全生产专项资金规模。通过优化财政资金投向，进一步提高资金使用效益。二是在争取中央财政资金支持上下功夫，努力用足用好中央各项扶持资金。全年用于支持中小企业、外经外贸、自主创新、结构调整等方面的资金达到34.6亿元，其中争取中央财政资金21.4亿元，同比增长40.45%。三是进一步创新资金使用方式，放大财政支持效果。注重发挥财政资金“四两拨千斤”的作用，运用投资参股、融资担保、财政贴息、以奖代补等方式，引导金融和社会资金加大对经济发展的投入，放大财政资金的“乘数效应”。比如：新设立的省级创业投资引导基金，主要采取投资参股、跟进投资等方式，鼓励省内外社会资本进入本省创业投资领域，支持和引导创业投资企业投资初创期科技型中小企业。省级创业投资引导基金当年与首批10家创业投资公司签署合作投资协议，引导基金出资1.8亿元，可直接带动社会资本10.3亿元，实现近6倍的带动放大效应，并通过创投公司投资于科技型中小企业，进一步发挥财政资金的二次放大效应。通过建立中小企业信用担保风险补偿和激励机制，落实资金1.79亿元，支持140家担保机构为12 467户中小企业提供贷款担保448亿元，约占全省新增中小企业贷款的四分之一，有效缓解了中小企业融资困难。

【在深化改革、强化管理方面取得新突破、新成效】 一是规范推进国有资本经营预算试行工作。全年收缴省级国有资本经营预算收入5.91亿元；实际完成预算支出5.66亿元，占全年支出预算的94.02%。按时编制2010年省级国有资本经营预算草案，并报经省政府常务会议研究通过。通过试行省级国有资本经营预算，进一步增强政府宏观调控能力，有力地推动国有企业重组和经济结构调整。组织召开全省国有资本经营预算试行工作座谈会，建立国有资本经营预算季报制度，加强对市县工作的督促指导，推动市县级国有资本经营预算试行工作开展。二是积极指导企业强化财务管理。安排专项资金1 350万元，支持开展企业理财知识培训，加强企业财务信息质量管理，促进企业管理水平和经济效益的提高。及时转发《财政部关于企业加强职工福利费财务管理的通知》等有关财政财务政策文件，编印出版《2007～2008年企业改革与发展财政财务法规政策选编》。三是进一步完善企业信息工作机制。改进和规范企业财务信息考评办法，完善企业信息工作质量控制和激励机制，进一步扩大财政企业快报信息覆盖面，提高财政企业信息质量。撰写经济运行分析文章11篇，编印《2006～2008年度山东省企业财务会计信息摘要》，为各级党委、政府及社会各界提供决策参考依据。四是进一步提高内部管理科学化、精细化水平。按照“综合运筹、有保有压、优化结构、突出重点”的原则，认真做好部门预算管理工作，强化对公共行政和社会事业发展的保障力度。积极配合做好机构改革和职能调整工作，进一步理顺业务关系，优化职能配置，为今后财政企业工作开展奠定良好基础。认真开展“权力搜索”、监督定位、流程规范工作，规范专项资金管理程序，健全管理制度，提高财政科学化、精细化管理水平。五是创新资产评估行政监管机制。全年批准设立资产评估机构24家，及时办理多起群众来信来访和举报，完善来访登记制度，结合企业年度决算落实资产评估机构年度报备制度。通过一系列措施，加强资产评估机构行政监管，促进资产评估行业自律约束。

【在落实政策、改善民生方面取得新突破、新成效】 一是落实水库移民后期扶持政策。全年累计拨付后期扶持资金13.2亿元，惠及184.38万大中型水库农村移民。积极参与小水库移民帮扶规划编制，足额筹集扶持资金，研究起草小型水库移民资金管理办法，努力改善小型水库移民的生产生活条件。二是企业安全生产投入得到较好保障。进一步创新工作方式和资金管理模式，建立省级安全生产专项资金项目库和专家评审机制，并对项目库实施滚动管理，实现省级安全生产专项资金科学化精细化管理。逐步扩大安全生产资金投入，改善企业安全生产条件，提升政府安全生产管理水平，维护全省安全生产大好形势。三是职工群众的切身利益得到有效维护。继续做好省属国有企业分离办社会职能收尾工作，切实做好企业办中小学教师待遇落实工作，积极推动企业政策性关闭破产遗留问题解决，及时拨付省属特困单位拖欠离休干部“两费”和待遇差，安排专项资金对省属困难企业特困职工实施生活救助，维护国有企业职工群众切身利益，促进和谐社会建设。认真研究企业收入分配政策，积极推进企业年金试点工作，企业工资正常增长和支付保障机制不断完善。

【在转变作风、提高素质方面取得新突破、新成效】 一是调查研究取得丰硕成果。进一步转变工作作风，围绕经济运行中热点、难点问题，先后开展纺织企业“走出去”、促进煤炭工业可持续发展等重点课题调研，形成了一批有价值的考察调研报告，其中多篇调研报告被国务院办公厅和省委、省政府采用，部分调研报告得到省领导的高度重视并作出重要批示，增强了财政企业工作的前瞻性、针对性和实效性。全年编发《财政情况》80余篇，进一步提高财政企业信息的利用价值，在2009年度全省财政信息工作考评中名列榜首。二是干部队伍素质有新提高。不断巩固和扩大学习实践科学发展观活动成果，坚持处务会与支部党员会联席会议制度，进一步加强政治理论学习和思想作风建设，全面提高干部职工的政治素质和工作能力。三是党风廉政建设取得新成效。坚持教育为先，注重源头治理，积极参加厅机关“四个一”廉政教育活动，严格执行民主生活会、廉政谈话等制度规定，坚持用制度管人、管事、管资金，通过开展权力“搜索”，有的放矢地进行监督定位，设立起防止权力滥用的“防火墙”，逐步建立健全教育、制度、监督并重的惩治和预防腐败体系，切实增强财政企业干部的内在自我约束力，有效地防范各种腐败行为发生。

（撰稿：姜　龙　张宏亮　王志福）

财政金融与国际合作

【引外资、保增长，服务经济中心工作】 积极贯彻落实省委、省政府决策部署，以促进经济平稳较快发展为核心，进一步加强与国际金融组织和外国政府合作，努力争取更多的国外优惠资金和技术援助服务，重点支持涉及民生、节能减排、城建环保等关键领域，促进全省经济社会可持续发展。截至2009年底，全省累计利用国际金融组织和外国政府贷款项目409个，协议贷款额54.31亿美元。一是积极推进新项目准备进度。在各级财政部门共同努力下，全年筹备和新列入规划的国际金融组织和外国政府贷款项目共18个，协议贷款金额6.1亿美元，实际利用外资4 526.5万美元，有力支持当地文化产业、社会保障、生态环境和基础设施的建设发展。二是结合政府投资的重点领域，探索贷款资金、赠款资金与节能减排、环保、教育、卫生以及扶贫等财政专项资金结合使用的有效方式，促进内外资金的整合与优势互补，最大程度弥补财政对公共领域投入的不足。2009年正式签约和前期筹备的赠款项目9个，涉及金额2 295万美元。三是拓宽利用外资领域。首次利用世行贷款5 000万美元，实施山东省孔孟文化遗产地保护项目，用于孔孟文化遗产地的文物修复保护及周边环境整治、配套设施建设，对于促进文物保护的可持续发展，继承和弘扬优秀传统文化，具有深远的历史意义。山东省清洁发展机制农村户用沼气项目，得到国家发展改革委、财政部的大力支持，并获世界银行批准立项，项目的实施有利于加强农业和节能减排等经济发展薄弱环节建设，有力配合了经济中心工作的开展。四是加强国际间知识合作交流。圆满完成财政部、国务院扶贫办及世界银行举办的第二届“中非共享发展经验高级研讨班”的外事任务，与考察团分享交流农业综合开发方面的经验做法，促进山东省与世界银行的知识合作，增进中非友谊，推动共同发展。

【转方式、重服务，支持地方金融业发展壮大】 认真落实积极财政政策，发挥财政资金“四两拨千斤”作用，引导金融机构信贷投放，改善金融资源配置，加大金融对经济发展的支持力度。一是在全省开展新型农村金融机构定向费用补贴工作，对符合条件的沂水县姚店子镇聚福源农村资金互助社和寿光张农商村镇银行股份有限公司，拨付定向费用补贴资金46万元，支持新设机构的发展，激发各地成立新型农村金融机构的热情。二是按照省小额贷款公司试点工作联席会议的分工，积极参与审批新设立小额贷款公司40余家，对农村金融市场的发展起到补充和完善作用。三是按照财政部《原料奶收购贷款中央财政贴息管理办法》的要求，积极组织相关乳制品企业开展申报工作，共向5

户符合条件的企业，拨付中央和省级财政贴息资金396.25万元，支持企业申请原料奶收购贷款2.19亿元，帮助企业缓解暂时性的资金短缺，促进全省乳制品行业的健康发展。

【防风险、保稳定，促进社会和谐发展】 一是确保中央专项借款按时偿还。针对财政收支矛盾突出的状况，省财政及时落实中央政策精神，指导各市统筹安排还款资金，提前归还中央到期专项借款本金16.13亿元，国际金融组织和外国政府贷款2 093.63万美元，争取到财政部2 430万元债务减免及缓扣两年借款本金的优惠政策，较好地缓解各级政府的债务压力。二是加强政府外债风险监测。省财政厅对截至2008年底正在执行（含还款尚未结束）的政府外债项目风险管理情况进行调查统计，重点分析项目面临的利率、汇率、行业等风险因素，及时跟踪和监测外债风险，利用金融衍生工具积极化解外债风险。各级财政部门通过利率互换、货币掉期、结汇等方式，共节省近7 000万元的还款资金，债务风险管理成效显著。

【促就业，惠民生，积极落实“三农”有关政策】 一是积极开展下岗失业人员小额担保贷款工作。通过开展“扶持百家企业，稳定万人岗位”活动，积极宣传落实小额担保贷款政策，扩大贷款范围，提高贷款额度，建立奖补机制，形成“多种方式担保、多家部门参与、多家银行经办”的良好态势，着力做好援企稳岗工作。2009年，全省开展小额担保贷款的担保机构达92个，小额担保贷款基金规模达到3.34亿元，累计发放贷款3.15亿元，各级财政实际拨付贴息资金820.56万元，中央和省级财政奖补资金511万元，共17 823名失业人员享受到小额担保贷款，带动48 601人就业，有力支持了下岗失业人员实现再就业。二是稳步推进农业保险工作。按照省政府统一部署，省财政厅、农业厅、保监局、金融办等部门联合下发《2009年山东省政策性农业保险试点工作实施方案》及《山东省政策性农业保险试点险种条款》，确定全省农业保险60个试点县，试点险种为小麦、玉米和棉花，进一步明确全省农业保险试点工作的指导思想、政策扶持及服务保障等。为加强资金管理，省财政厅制定出台《山东省种植业保险保费补贴资金管理办法》，并组织开展补贴资金专项检查，确保资金及时落实到位。2009年，各级财政部门共拨付农业保险和能繁母猪保险财政补贴资金2.8亿元。全省农作物投保面积4 072万亩，其中：小麦投保率达到79%、玉米投保率达到75%、棉花投保率达到31%。能繁母猪投保175万头，投保率达到33%。另对4.4万亩苹果、5.2万亩蜜桃、0.6万亩蔬菜、1 149头奶牛继续给予农业保险财政补贴。

【建制度、强监管，财政管理水平不断提升】 一是狠抓制度建设，提高工作精细化管理水平。在认真贯彻执行财政部政府外债管理工作有关规定的基础上，针对新时期政府外债工作出现的新情况，出台《山东省政府外债管理办法》，从管理机构职责、项目实施、债务偿还、风险管理等多方面对政府外债管理工作进行规范。进一步加强内部管理，制定《金融与国际合作处工作规则》，指导各市财政局规范工作流程，堵塞管理漏洞，优化权力运行机制。二是积极开展绩效评价，提升项目监管水平。全面树立“以结果为导向”的管理理念，以提高资金使用效益为核心，坚持“一评审、二评价、三检查”的管理机制。“一评审”，即在项目申报前期实施严格评审，2009年，省财政针对山东生态造林项目和农村能源生态建设二期项目的经济、社会和环境效益进行全方位评估。“二评价”，即开展项目后期绩效评价，对项目的社会贡献度综合评估。2009年，省财政厅成立国际金融组织贷款和外国政府贷款项目绩效评价工作领导小组和专家组，遴选出30个有代表性的外国政府贷款项目，并将山东省利用世行贷款山东环境项目列为重点绩效考核试点项目，通过对项目的相关性、效率、效果、可持续性等进行综合考核评价，世行贷款山东环境项目的综合绩效评价为“非常成功”，该绩效评价报告已被财政部列入国际金融组织贷款项目成功案例。“三检查”，即采取专项检查与日常检查相结合的形式，在定期不定期自查的基础上，积极配合审计部门对项目的各类审计检查，以查促管，防止项目实施和政策落实出现偏差。三是加强地方金融企业财务管理，维护金融国有资产安全。首次对全省现有的176家地方金融企业开展绩效评价，及时将绩效评价结果向有关单位反馈，对参评企业改善经营质量、对监管部门制定政策，提供重要的参考依据，进一步规范了地方金融企业的收入分配秩序。高质量完成地方金融企业季报、决算、国有资产保值增值结果确认和国有金融资产产权登记工作，全年共为53户地方金融企业办理国有资产产权登记手续，核定国有资本109.59亿元，保证地方金融企业国有资产的保值增值。

【重素质、抓培训，进一步加强干部队伍建设】 积极开展境内外业务培训，举办“全省财政系统债务金融管理培训班”，组织各市、县财政部门债务金融干部和省直有关部门近百人参加业务培训。培训班聘请了财政部领导和山东大学、山东经济学院等知名经济学专家，讲授中国经济金融形势分析与展望、政府中长期债务管理和金融风险防范等国内外前瞻性金融经济知识，对财政干部认清形势、更新观念、开阔思路、提高管理水平发挥重要作用。成功举办境外培训班，利用亚行赠款在菲律宾举办水资源管理国际培训班，财政部门和城建项目单位负责人员参加培训。

（撰稿：李　丽　唐　宁　夏　颖　李振华）

基层财政管理

【耕地占用税、契税收入创历史新高】 2009年，省财政厅采取积极措施，加大力度，深挖“两税”潜力，督促各地增收超收，两税收入再创历史新高。2009年，两税收入232.25亿元，比上年增长46.61%，其中：契税收入131.16亿元，比上年增长37.53%；耕地占用税收入101.09亿元，比上年增长60.36%。两税总量占全省地方财政收入的比重，由2008年的7.8%提高到10.6%，提高2.8个百分点。“两税”收入稳定增长，对壮大地方财力，增强财政保障能力做出积极贡献。

【建立收入分析制度】 一是开展全省耕地占用税税源大排查，积极挖掘潜在税源，对耕地占用税收入进行科学合理的测定，作为制定预算时的重要参考。每月对契税、耕地占用税收入进行分析，重点分析增减幅度比较大的地方，做到收入有分析、增减有原因。通过深入了解，查摆问题，分析原因，督促有关地市积极采取措施，确保税收收入应收尽收。二是不定期开展税收调研和分析调度会，对涉及“两税”的新政策和新标准，做到及时传达和掌握，确保第一时间落实到位，针对收入进度和征管工作中存在的问题和不足，积极开展调查研究，及时研究制定改进工作的建议和解决问题的办法，确保税收收入稳定增长。

【严格执行税收政策，构建和谐征纳关系】 积极引导各地两税征管由“征管型”向“服务型”转变，树立以纳税人为本的税收征管新理念，构建和谐文明的征收缴纳关系。一是完善“一站式”服务，推行首问责任制，简化办税程序，提高办税效率，改善征管环境，对一些行动不便或老弱病残特殊群体提供人性化服务，把为纳税人服务融入税收征管的日常工作之中。二是积极落实国家宏观调控政策，对个人首次购买90平方米及以下普通住房，执行契税税率统一下调到1%，实行优惠税率，减轻购房人负担，增强消费者信心。明确关于企业改制重组的若干契税政策，对企业公司制改造、企业股权转让，企业合并、企业分立、企业出售、企业注销破产等方面涉及的契税政策进行调整。三是不断加大宣传力度，拓宽宣传渠道，通过电视、广播、网络、报刊等多种途径宣传解释税收政策。充分利用征收大厅的便利条件，发放“两税”宣传材料，开展税法咨询，积极增进征管人员与纳税群众的相互交流，促进良性互动，为“两税”征管工作的开展营造良好的社会环境。

【规范管理，提高行政效率】 规范行政行为、简化办事程序，进一步完善各项工作制度，用制度规范行为，行政效率不断提高。一是加强两税税源的源头控制，堵塞税收流失漏洞。与国土资源、房管部门密切配合，明确两税征管工作中的职责分工，要求国土资源和房管部门在办理国有土地使用权出让、转让或房屋权属变更登记时，必须要求当事人出示由财政部门出具的契税完税证明，对未取得契税完税证明的一律不予办理，从根本上实现对契税的源头控管，防止税款流失。二是进一步健全完备纳税资料传递手续，制定契税征收操作程序及工作流程，从初审受理、审核、把关、审定确认，开票交税到资料整理归档都明确责任，提高工作效率，使部门之间工作联系与配合形成制度化，严格按照两税减免规定对契税、耕地占用税减免项目进行审核管理，规定各地来财政厅办理减免核准事项，必须由征收机关办理，一律不得由纳税人代送有关资料，有效制止违反政策规定擅自减免“两税”的行为。按照管理权限，全年共办理契税减免审批1 000余件，金额2.4亿元，全部做到限时办结。

【深入调查研究，提供决策参考】 为适应新形势发展需要，全面掌握了解目前两税征管及基层财政管理的现状，总结发现先进典型和存在的问题，在全省范围内全面开展两税和乡镇财政情况调研工作，调研内容主要包括两税的征管情况和基层财政工作情况，以及在两税征管工作中取得的经验、成绩等。通过调研，共回收各市县经验材料及报表160余份，与150余个乡镇座谈，实地走访乡镇50余个，了解掌握目前我省两税和乡镇财政工作基本情况、数据资料，总结两税和乡镇财政工作中好的做法和经验，发现在两税征管、乡镇财政规范化管理、乡财县管等工作先进典型，调研活动的深入开展有力地促进了工作水平的提高，为下一步做好基层财政管理工作打下坚实基础。

【健全制度，提高精细化管理水平】 为提高财政管理水平，更好地发挥财政职能作用，积极开展财政精细化管理工作。制定以工作流程为主体的工作规程体系，涵盖基层财政管理工作的方方面面。开展权力“搜索”工作，制定基层财政管理处工作规章制度，绘制工作流程图，落实权力控制关键环节，规范财权运行，形成程序严密、管理规范、制约有效的权力运行监督机制。强化征收经费指标分配约束机制，安排一定数额经费实行以奖代补的办法，根据《山东省契税征管考评奖励办法》，按照“公开透明、客观公正、实事求是、注重实效、强化导向”，对考核内容进行量化，逐项进行量化赋分，依据考评结果确定奖励指标，增加客观性因素的作用，提高征管部门的积极性。

（撰稿：袁绍明　沈雪灏）

会计管理

【概述】 2009年，全省会计管理工作认真贯彻落实科学发展观，围绕财政中心工作，务实求新，不断提高，积极探索新形势下会计管理新路子，会计管理工作水平不断提升，为推动财政科学化精细化管理提供重要基础和支撑作用。

【服务财政中心工作，会计基础保障作用得到较好发挥】

（一）企业会计准则实施有新突破。一是调查摸清现状，制定执行时间表。各级财政部门联合国资委、工商局、统计局、税务局、经信委、中小企业办等部门认真开展企业执行准则情况调查，摸清了底数。通过召开座谈会等形式，加强与企业单位的沟通，了解准则执行情况以及执行中存在的问题，及时研究解决，确保企业会计准则顺利执行。加强与省国资委、中小企业办沟通协调，确定了企业会计准则在国有企业重点推进、其他企业寻求突破的贯彻思路，制定了2010年在大中型企业全面执行《企业会计准则》时间表，准则贯彻实施进程实现了重要突破。二是加大培训力度，提高会计队伍整体素质。会计队伍业务素质是执行准则的重要基础。2009年，省财政厅与省国资委在上海国家会计学院联合举办了省属国有大中型企业财务负责人培训班，对金融工具、投资性房地产等准则执行中的难点问题进行了重点培训，全省70多家企业、118名企业财务负责人参加。在厦门国家会计学院举办了近400人参加的高级会计师企业会计准则培训班，为各部门单位培训了一批贯彻会计准则“带头人”。各市财政部门也结合实际加大对本区域会计队伍的培训力度。2009年，各市共举办了27期大中型企业财务负责人培训班，共培训会计人员5 000多人。同时，省财政厅还出台激励政策，对各部门、单位举办企业会计准则培训班，视同完成当年度会计人员继续教育，充分调动了各部门单位的积极性，推动了全省会计队伍业务素质的整体提高。三是准则贯彻力度实现新突破。截至2009年11月底，已纳入省财政决算快报的规模以上企业14 035户，其中国有大型企业160户，已执行124户，执行比例77.50%；中型企业555户，已执行323户，执行比例58.2%；大型集体企业14户，已执行1户，执行比例7.14%；中型集体企业118户，已执行33户，执行比例27.97%；大型非公有所有制企业97户，已执行59户，执行比例60.82%；中型非公有所有制企业585户，已执行195户，执行比例33.33%；外商投资企业共计8 441户，已执行745户，执行比例8.83%。省管大中型企业全部执行，任务目标按期实现，其他企业进展顺利，准则执行取得突破性进展。

（二）会计管理领域不断拓展。农村会计管理是会计管理工作的薄弱环节，2009年，全省会计管理工作围绕促进财政支农政策落实，深入调研，强化培训，实现了重要突破。一是深入基层，开展调研。各级财政部门结合实际，强化协调，形成合力，对农村会计工作进行深入调研，基本摸清了全省83 487个农村集体经济组织的会计基础工作、会计制度执行情况，85 904名会计人员的持证、人员素质结构状况。通过调研发现农村代理记账机构缺少资质、会计人员无从业资格证上岗、管理制度不健全、会计核算不规范等问题一定程度还存在，对财政支农政策贯彻落实造成了一定影响。二是按需施教，强化培训。各市针对基层村集体核算中存在的共性问题，开展了“送会计知识下乡，为村集体经济组织会计免费巡回培训”等系列活动，收到良好效果。济南市从8月份开始，历时2个月，培训人员达到1 800人次，免费发放教材6 000余册，开展学习答疑互动12场；泰安市针对调研情况，拟定了详细的教学方案，精选了《农村财务》、《资产管理》、《会计法规与职业道德》、《财政支农惠农政策》、《专项审计》等讲座内容。支农培训，提高了村集体经济组织会计人员业务素质，对规范村级财务管理、落实财政支农政策、维护财政资金的安全性和有效性、促进新农村建设发挥了重要作用。

（三）强化内部协作，实现信息共享。联合对纳入省财政快报企业财务会计信息披露质量开展核查，对存在问题的，一方面，按企业财务相关规定进行处理，另一方面，由根据《会计法》对相关责任人进行处理并记入个人从业档案，作为先进评选和职称评审时的参考，积极倡导广大会计人员依法诚信执业，促进了企业会计准则的实施和企业财务信息披露质量的提高。

【扎实推进全省注册会计师行业规范发展】 一是认真贯彻落实国务院办公厅转发的《财政部关于加快发展我国注册会计师行业若干意见的通知》，及时将文件传达到有关部门和各会计师事务所，同时在济南、青岛多次召开事务所代表座谈会，着力从体制上深化改革，开拓创新，加强行业监管，推动诚信建设和组织建设，引导会计师事务所协调发展，不断扩大执业领域和执业范围，全面提升执业质量和服务能力，大力改善执业环境和内部治理，促进注册会计师行业又好又快发展等方面，研究制定贯彻意见，形成了《关于加快发展我省注册会计师行业的意见》，并以省政府办公厅名义下发，成为近一段时期全省注册会计师行业发展的纲领性、指导性、规划性文件。二是做好会计师事务所日常管理工作。一方面，严把入口关，依法审批。2009年，共受理会计师事务所及其分所设立申请36项，实际批准设立会计师事务所35家。另一方面，组织备案，规范管理。2009年，对在山东境内注册的498家会计师事务所进行了年度备案，其中有限责任会计师事务所298家，联合会计师事务所96家，分所104家。针对备案存在的问题，按照《会计师事务所审批和监督暂行办法》规定，对不符合设立条件的16家会计师事务所下发整改通知，其中13家事务所完成整改，达到设立条件；3家事务所因在法定期限内未完成整改，被依法撤回设立许可。通过加强监管，全省注册会计师行业风险意识不断增强，执业质量不断提高，逐步从粗放型向集约型转变，从注重经济效益向经济效益与社会效益并重转变，在市场经济中的经济鉴证职能得到充分发挥。截至2009年底，全省注册会计师事务所达513家，拥有注册会计师6 060人，从业人员1.4万人，年度业务收入超过1 000万元的事务所达到20家，有6家事务所跨入全国百强。

【以人为本，会计人员职业胜任能力日渐增强】 会适应新形势需要，各级各部门始终把提高会计人员素质的提高作为工作主线，不断完善评价、培养、激励机制，会计队伍素质明显提高，专业胜任能力日渐增强。一是严把会计从业资格入口关，严格报考条件和资格审查，实行会计从业资格无纸化考试，实现考试自动组卷、评卷，营造公平公正的考试环境，提高新从业人员的整体素质。二是加强继续教育培训管理。加强对培训机构的监督指导，实行培训机构备案制，严格依法审批继续教育培训点。围绕年度重点工作制定培训内容，调动业务主管部门和单位自行组织继续教育培训的积极性，因材施教，按需施教，提高继续教育的针对性和实效性。同时，创新会计人员继续教育方式，支持网络继续教育发展，实现了优质教学资源共享。三是完善会计评价体系。2009年，山东省会计初中级专业技术资格考试职能重新划归省财政厅，会计管理体系得到进一步完善，形成了以从业资格考试为基础、初中高级职称考试为支撑、高级会计人才选拔为引领、继续教育为抓手、先进评选为激励的会计人员评价体系，会计队伍建设措施更加有力。四是积极开展先进表彰活动。按照财政部部署，2009年在全省范围内组织开展了全省先进会计工作者（总会计师系列）评选表彰活动。经过专家委员会认真评审，确定山东省商业集团有限公司李明等10名总会计师（财务总监）为2009年全省先进会计工作者。其中，山东省商业集团有限公司总会计师李明还获得“全国先进会计工作者”荣誉称号，并被授予“五一劳动奖章”。

【依法行政，会计管理科学化、精细化水平逐步提升】 按照统一部署，认真做好清理规范性文件、梳理和规范行政管理事项工作，确定了会计从业资格证考试、依法审批会计师事务所等7项权力的运行依据、运行流程、关键环节、薄弱环节、责任科组、分管及负责人员等重要内容，制定了相应的权力运行流程图。日常工作中，坚持管理与服务并重，严格执法，热情服务，实行审批时限制、AB角制度、首问负责制、一次性告知制度和窗口“一站式”服务。在各项会计事务办理工作中严把入口关、注册关和管理关，不断提升会计管理规范化、科学化、精细化水平。一是会计从业资格无纸化考试系统不断完善。自2007年12月以来，全省会计从业资格管理实现了从报名、考试至注册的全程网络无纸化管理。考试每季度组织一次。2009年共组织考试3 462场次，参考人员达145 390人次，合格82 072人，工作效能不断提高。二是会计从业资格证书办理、注册登记和档案调转流程不断规范。2009年省财政厅行政受理中心新办会计从业资格证书966个，办理会计人员档案调出调入总计11 259人次；办理继续教育注册登记16 940件。三是认真做好高级会计师考试评审工作。认真审查报名人员资格，严格执行《高级会计师考试管理规则》，统一组织安排，统一工作流程，统一岗位培训，确保考试评卷工作万无一失，公平公正。认真对《高级会计师考评办法》进行修订和完善，新的标准更加注重参评人员工作实绩考核。评审中，对参评人员既看理论研究水平，又看实际工作业绩，同时把其是否认真履行会计人员义务等纳入评价内容，人才评价更科学、更全面。

【强化“两翼”，学会桥梁纽带和工作支持作用更加突出】 一是开展学术交流活动，繁荣学术氛围。省会计学会教育专业委员会围绕“会计学科建设与发展”，根据会计教育的新形势，积极探讨会计学特色专业建设、人才培养模式改革、教学团队建设、精品课程建设和实践教学等问题，提出了许多很好的思路和建议。做好“石化行业经营风险监管与控制系统”课题研究工作，围绕石化企业经营管理中存在的问题和管理需要，通过一级财务核算实现源点数据采集，应用JIT思想进行经营流程实施监控，融合内控，构建全面、科学、合理的一系列风险控制体系，取得较好成果，该项目获得了“山东省科技进步三等奖”。积极培育省会计学会年度优秀论文评选这个品牌，开展2009年度论文征集和优秀论文评选，收到参评论文300多篇，影响力不断扩大。二是认真做好会刊《齐鲁珠坛》的编辑发行工作，以提高刊物质量为突破口，着重对刊物编辑、出版、发行各个环节，对刊物栏目、内容、版面各个方面加强了管理，2009年共发行6期，刊登文章130多篇，刊物整体质量不断提高，逐渐成为广大会计人员和会计管理工作者、珠心算爱好者喜爱的理论研究、工作与学习交流园地。三是本着继承与发展相结合、研究与应用相结合、规范与创新相结合的原则，省珠算协会积极传播珠算技术，弘扬珠算文化，培养塑造优秀珠算珠心算人才。开展了珠算心算教练师培训、珠算珠心算定级鉴定工作。联合潍坊医学院承担的《珠心算开发与脑机制研究》项目取得初步成果，得到中国珠算协会的好评，潍坊市潍城区北关中心小学被确定为“全国珠心算教育试验基地”。在中国珠算协会成立30周年之际，开展了全省珠算珠心算先进表彰活动，分别表彰了10家珠算珠心算先进单位、15名先进工作者、15名优秀教师。由于业绩突出，省珠算协会等4个单位、9名个人被中国珠算协会授予了光荣称号。四是加强组织建设。围绕规范管理，细化分工，科学发展，学会工作再上新台阶。加强对下级学会的工作指导力度，2009年先后有济南长清区、昌邑县、寿光市成立了会计学会或协会，省会计学会的组织结构体系不断健全，为充分发挥学会职能作用奠定了基础。

（撰稿：王永振　谢元涛）

行政事业资产管理

【狠抓基础工作，努力提高资产管理科学化精细化水平】 2009年，通过细化资产管理职责，完善资产基础信息，推进资产管理制度创新等措施，立足服务财政中心工作，夯实管理基础，进一步提高资产管理工作科学化精细化水平。

（一）理顺管理体制，完善处室职能。一是配合完成职能界定。针对机构改革中省财政部门与有关部门在行政事业资产管理职能分工上的意见分歧，研究提出《关于行政事业单位国有资产管理职能的界定依据》，从历史沿革、制度依据、理论实践等方面，全面、有力地证明行政事业资产管理历来就是省政府赋予财政部门的重要职责，是财政管理不可割裂的重要组成部分。二是科学细化管理职责。按照新时期资产管理工作任务，适应各项财政管理和改革的要求，立足服务财政中心工作，对资产管理工作职责进行认真分析研究，在细化职责的基础上，提出全面推进、突出重点的管理思路，尤其在资产处置、资产有偿使用等方面强化管理措施，确保国有资产安全完整和保值增值，促进财政增收节支，提高财政资金和国有资产使用效益。三是督促各地理顺体制。针对全省资产管理体制尚未完全理顺的现实状况，积极督促和指导各地加强机构建设，完善职能，理顺管理体制。目前，全省已有16个市行政事业资产管理职能由财政部门履行，并建立专门管理机构，配备工作人员，全省资产管理工作体系基本理顺。

（二）完善基础信息，服务中心工作。一是改进产权登记办法，完善产权登记文本信息。重新修订产权登记办法，实施新的工作规范，对产权登记文本信息进行补充完善，将主要固定资产明细情况表作为产权登记附表，使产权登记文本信息更加规范完整，为明晰资产产权关系、消除产权纠纷隐患打下坚实基础。二是改革资产管理信息体系，增强信息的完整性和实用性。对资产报表指标体系进行修改完善，使其更好地满足行政事业单位资产、财务和预算监管的需要。三是引入中介机构审计制度，提高资产信息质量。统一安排中介机构，对省级产权登记信息和资产报表数据进行专项审计，并通过制定专项审计工作指引、明确审计重点和审计报告要求、对中介机构进行集中培训等措施，确保审计工作质量。四是强化数据分析利用，为财政管理和改革提供信息支撑。强化资产信息整理和分析利用工作，建立健全资产信息数据库，以满足各方面的数据需求。配合非税收入监督检查，提供省直行政事业单位经营性资产数据，增强检查针对性，提高检查效率；通过分析资产信息，深挖行政事业资产收益管理中存在的问题及原因，撰写《完善制度机制加强行政事业性资产收益管理》专题报告，提出加强行政事业单位国有资产收益管理和反腐源头治理的措施建议；利用资产信息，分析和挖掘资产管理促进财政增收的潜力，撰写了《加强资产管理促进财政增收节支的措施建议》，提出11项符合山东实际、针对性强、操作性强的措施建议。

《山东省行政事业单位国有资产报表》显示，截至2008年底，全省行政事业单位38 687个，资产总额5 663.95亿元（不含青岛636亿元，下同），其中行政单位资产1 418.89亿元，占25.05%；事业单位资产3 517 36亿元，占62.10%；企业化管理事业单位资产727.70亿元，占12.85%。省级行政事业单位1 692个，资产总额1 716.46亿元，净资产总额908.45亿元。

（三）注重调查研究，推进制度创新。多次组成调研组，先后赴10个市进行实地调研，深入市、县和单位，调查了解资产管理工作中存在的问题，研讨政策措施，形成制度建设的框架思路。制度建设总的框架思路是：逐步制定资产配置标准及配置办法、资产有偿使用办法、资产处置标准及处置办法、资产收益管理办法等各单项管理制度，在此基础上，推动资产管理制度地方立法工作，提升资产管理制度的法律层次。2009年重点起草和出台以下制度：一是修订出台《山东省行政事业单位国有资产产权登记管理办法》。明确《行政事业单位国有资产产权登记证》的作用，突出国家对国有资产的所有权，明确行政事业单位仅拥有占有、使用权。通过修订产权登记办法，建立新的产权登记及其年度检查工作规范。二是制定出台《山东省省级行政事业单位国有资产处置管理暂行办法》。按照严格审批制度、明确职责分工、全程规范管理、公开公平公正、提高管理效益的原则，对资产处置中存在的问题进行有针对性的规范，建立资产处置审批、评估、市场化操作、收入上缴、全程监管等制度，规范资产处置及其收入收缴，为加强资产处置管理，提高资产使用效益，防止国有资产和财政收入流失提供制度保障。三是制定出台《关于加强文化体制改革中国有资产管理有关问题的通知》，规范文化事业单位改企转制过程中的国有资产管理。四是制定出台《山东省财政厅特聘行政事业资产管理服务机构和技术专家资源库暂行办法》。按照新时期资产管理工作中需引入社会中介机构和技术专家的要求，对资产管理涉及的审计、评估、鉴证或咨询等有关事项进行规范。通过加强制度建设，健全完善资产管理制度体系，促进资产管理工作的科学化、制度化和规范化。

【突出工作重点，确保国有资产安全完整和有效使用】

（一）严格资产处置管理。一是规范资产处置程序。行政事业单位处置资产，严格按照单位申报、主管部门审核、财政部门审批的程序，办理资产评估、资产处置、上缴收入、处置结果备案、账务处理、产权登记等事项。二是严格审查资产处置申报资料。对单位申请处置资产提供的申报资料，按照制度规定进行严格审查，重点审查资料的完整性、真实性和依据的充分性。三是严格资产评估制度。对经批准处置的资产，必须按规定进行资产评估，确定国有资产处置底价，防止国有资产被低价处置。四是实行资产公开拍卖制度。对经批准处置的资产，在资产评估确定处置底价的基础上，由财政部门委托拍卖机构进行公开拍卖，保证国有资产价值最大化。2009年，省级共审批资产处置事项116个，处置资产总额（账面原值）4.24亿元，其中报废报损资产0.72亿元，有偿转让资产账面价值2.55亿元，调剂资产0.97亿元。

（二）加强资产有偿使用监管。一方面，严格控制国有资产有偿使用行为。规定行政单位一律不得将其占用的国有资产用于对外投资和担保；事业单位申报资产有偿使用，要进行充分的可行性论证和风险评估，采取集体决策制度，按程序申报审批。另一方面，积极支持合规合理的资产有偿使用行为，鼓励单位盘活存量资产，补充经费不足，促进事业发展。2009年，省级共审批对外投资项目44个，国有资产投资总额7.08亿元。其中货币资金投资7亿元，固定资产投资800万元。

（三）加强国有资产收益监管。行政事业国有资产收益是政府非税收入的重要组成部分。为维护预算的严肃性，保证财政收入的全额收缴，在有关事项批复文件中明确规定收入管理要求，落实单位上缴责任，督促其按规定上缴收入。2009年，省级行政事业资产实现收益6.18亿元。

【创新管理手段，全面推进资产管理信息化建设】 实施资产信息化管理，对于固化管理程序，堵塞管理漏洞，提高管理效率，促进管理精细化具有重要意义。在认真研究论证和试点的基础上，在全省范围内全面启动“山东省行政事业资产管理信息系统”建设工作。

（一）加强组织领导，做好前期准备。一方面，对建设信息系统必要性进行考察论证。在较大范围内进行调查，了解各方面对资产管理信息系统建设的认识和需求。另一方面，对建设信息系统可行性进行分析。对可选择的财政部版信息系统和山东省自行研发的信息系统进行全面细致的分析比对，多次深入有关市、县及部门了解山东省信息系统试运行情况。经过考察分析，确定在全省实施“山东省行政事业资产管理信息系统”的条件已经成熟。

（二）制定实施方案，周密部署培训。一是科学制定实施方案。在反复论证和征求意见的基础上，制定《山东省行政事业资产管理信息系统实施方案》，对系统的功能作用、部署方式、运行环境等事项做详细说明，对系统的组织实施、工作步骤、时间安排等提出明确要求。二是科学确定实施目标。全省信息系统建设的目标是构建起横向“财政部门—主管部门—行政事业单位”、纵向“省—市—县—乡”的资产管理信息系统总体框架。三是强化技术培训。分三期对各市和省直部门近400名资产管理人员进行信息系统操作应用技术培训，全面讲解系统软件的功能、应用及实际操作技术。

（三）加强工作督导，确保进度质量。一是建立督导责任制。将对省直各部门、各市财政局的督导任务分解落实，分头对各级、各部门工作进度情况实行定期调度汇总，及时研究解决工作中遇到的问题。二是倒排系统建设时间表。按照信息系统数据库建设的时间要求，细化信息系统建设工作任务，以确保整体工作进度。三是深入实地指导。有重点、分层次地到各市、各部门了解工作进展情况，及时发现并解决问题，指导工作开展。四是及时交流经验，推动工作开展。及时总结和宣传推广各市、各部门信息系统建设工作的好经验、好做法，并对存在的共性问题编印《问题解答》予以明确，推动工作开展。

【积极配合支持，促进文化体制改革顺利进行】 推进文化体制改革，加快文化产业发展，是省委、省政府确定的重大战略决策。为配合和支持改革，按照有关规定，主动搞好服务，提高办事效率，切实加强文化体制改革中的国有资产管理，促进改革的顺利进行。一是组织召开座谈会，研讨文化体制改革过程中国有资产管理有关问题。组织召开省直文化体制改革国有资产管理座谈会，就有关资产管理和财务管理问题进行研究和解答，明确文化体制改革中涉及国有资产管理的各项任务，以及改革改制过程中资产清查、财务审计、损失核销、资产评估、资产划转各环节的相关政策。二是研究制定文化体制改革中资产管理配套政策。与省委宣传部联合印发《关于加强文化体制改革中国有资产管理有关问题的通知》，明确文化体制改革过程中国有资产管理的相关政策和程序。三是切实加强文化体制改革过程中的资产管理。先后完成全省新华书店系统改企转制资产损失核销、出版总社及其所属单位改企转制清产核资、文化厅所属事业单位资产重组等工作。配合组建山东演艺集团有限公司、山东省杂技演艺有限公司、山东文化传媒有限公司、泰山出版社有限公司等文化企业，在促进山东省文化产业发展的同时，确保国有资产安全完整。

【践行科学发展观，不断提高行政效能】 一是坚持政治理论学习。坚持每周一次的政治学习制度，组织全体党员干部认真学习《六个“为什么”》、《科学发展观学习读本》、《中国特色社会主义理论体系学习读本》、《社会主义核心价值体系学习读本》等文献资料。二是注重行政效能提升。按照厅党组财政工作精细化科学化管理的要求，结合处内工作实际和管理需要，研究制定综合工作规范、重要事项集体审议、廉政建设等在内的7项制度规定，正式印发执行。通过强化内部管理，健全管理制度，转变工作作风，服务意识和创新意识不断增强，行政效能进一步提高。三是狠抓党风廉政建设。按照新时期党的纪律和廉政建设的规定要求，处内始终把廉政建设工作放在突出的位置，抓紧抓实，并从工作的各个环节上科学设置程序，审核把关，保证每一个同志不出问题不掉队。根据厅纪检组权力“搜索”和流程规范的规定，紧密结合业务审批实际，认真做好权力“搜索”和流程规范工作，制定出科学、规范、严密、操作性强的流程表，认真执行到位，结合管理工作的开展，严格落实党风廉政建设责任制。通过认真组织学习吴大观、沈浩等优秀典型的先进事迹，提高全处同志的政治思想觉悟，讲奉献、讲服务蔚然成风，践行科学发展观，成为同志们的自觉行动。

（撰稿：冯延明　臧传荣　张　磊）

财政监督检查

【概述】 2009年，全省各级财政监督机构紧紧围绕财政中心任务，认真扎实开展财政监督工作，圆满完成各项工作任务。据统计，全年各级累计组织检查人员4 210人次，组成1 346个检查组，对10 505个部门、单位进行检查，查出各类违规违纪问题金额123.19亿元，已落实纠正94.56亿元，提出加强财政管理和促进财政改革的建设性意见和建议1 700余条，为深化财政改革、加强财政管理、促进经济社会平稳较快发展发挥积极作用。

【围绕做大财政蛋糕，积极开展财政收入监督工作】 2009年，各级紧紧围绕财政收入征管情况，加大监督检查力度。2月至5月，省级组织开展对29个省直部门及所属146个事业单位非税收入征管情况的专项检查。通过对各部门单位非税收入征收、财政票据管理使用、非税收入预决算管理等情况的检查，基本摸清部门单位非税收入的规模和家底，发现应缴未缴国库或财政专户、票据使用不规范等违规违纪问题金额27.94亿元。对上述问题，严格按照有关法律法规进行处理处罚，并从体制机制的层面对问题产生的原因进行认真剖析，从促进改革和加强管理的角度提出严格“收支两条线”管理、全面落实综合预算、规范强化征管措施等建议，为加强非税收入管理、推进财政改革发挥重要作用。各市财政监督机构也结合当地实际，积极开展收入监督，切实保障财政收入的安全、完整。

【围绕社会主义新农村建设，切实加大对民生资金的监督力度】 2009年，围绕惠民政策的贯彻落实，各级财政监督机构相继组织开展一系列专项检查。省级对新型农村合作医疗补助资金、农村低保省级补助资金、农村“腾空地”整理复垦专项资金开展日常审核监督工作，各市针对扶贫开发资金、“家电下乡”补贴等支农惠农资金的管理使用情况，开展一系列的监督检查。各级通过实地勘察、入户走访、分析核对、评估测算等形式，进一步摸清这些项目资金的筹集、管理和使用情况，针对发现的有关问题，提出规范资金拨付渠道、严格实行专户管理、健全完善资金管理制度等一系列建议，进一步保障资金安全、规范资金管理、提高资金使用效益。

【围绕反腐败源头治理工作，认真开展“小金库”专项治理】 按照中央和省委、省政府的部署和要求，2009年在全省党政机关和事业单位开展“小金库”专项治理工作。各级财政监督机构作为财政部门的具体承办机构，充分发挥牵头作用，积极与纪检、审计等部门沟通协调，抽调精干力量联合成立本级“小金库”治理领导小组办公室，具体负责“小金库”治理的宣传发动、组织实施、督导调度等日常工作。经过自查自纠和重点检查，专项治理取得明显成效。全省29 756个党政机关和事业单位，全部开展自查，自查面达到100%，有347户机关或事业单位自查出“小金库”409个，涉及金额2.48亿元。在对全省8 248个机关、事业单位的重点检查中，发现200个单位存在“小金库”203个，涉及金额8 584.5万元。

【围绕规范市场经济秩序，切实加大会计监督力度】 根据财政部2009年会计监督工作统一部署，7月至10月，全省各级组织开展会计信息质量检查工作。其中，省级对省立医院等10个省属公立医院进行检查，基本摸清省属公立医院的体制、人员以及收支情况，发现医院在预算管理体制、收入分配制度、公费医疗制度以及财务风险等方面存在的违规违纪问题金额4.17亿元。针对这些问题，提出将各项收支纳入综合预算管理、规范医院津补贴政策、将医院债务纳入财政管理范围以及规范修购基金管理、提高资产管理水平等建议，为规范医疗系统预算管理、推进医疗改革深入进行提供重要参考依据。各市主要针对涉及经济结构调整、发展方式转变的行业，开展会计信息质量检查，累计发现资产、负债、损益等会计信息质量不实问题60多亿元，针对问题产生的原因，提出一系列改进建议，切实提高会计监督成效。在会计师事务所执业质量检查中，省级重点选择群众反映比较强烈的13家中小会计师事务所，发现这些事务所在内部管理和执业质量上存在审计程序执行不到位、违反规定出具不实报告等问题。针对这些问题，依法进行严肃处理，对部分会计师事务所下达关注函，进一步提高会计师事务所的执业质量。

【围绕人民群众关注的热点问题，积极开展有关政策执行和资金使用的监督检查工作】 2009年，各级财政监督机构选择涉及教育、体制改革的政策执行和资金使用情况进行监督检查。5月至6月，省级组织开展全省2007年秋季、2008年春季和秋季国家助学金政策落实及资金管理使用情况专项检查，发现一些地方通过多报学生人数多申请补助资金、少负担助学金以及资金管理核算不规范等违规违纪问题1.88亿元，通过抵减多报学生人数申请的省级资金和因学生流失所造成的省级助学资金结余，节约大量的财政资金，而且从制度、监管的角度提出一系列建议，规范资金管理，提高资金使用效益。5月至7月，省级对省以下工商系统2008年12月31日前形成的债务情况进行专项审核检查，基本摸清省以下工商系统遗留的市场建设债务、账外债务、基金会债务等情况，进一步核定债务数额，提出科学制定化债方案、不断完善工作机制、切实巩固化债结果等建议，促进工商化债工作的顺利进行。各市也结合本地实际，选择小型水库除险加固资金、清理浒苔专项资金、五保供养资金等管理使用情况开展专项检查，切实发挥资金的使用效益，促进有关政策的贯彻落实。

【围绕财政改革，认真做好改革政策落实情况的监督检查】 在2009年的工作中，各级财政监督机构进一步加大对财政改革政策落实情况的监督力度。省级继续做好驻济以外省直垂管单位部门预算编制审核、银行账户审批、省属企业国有资本收益申报情况审核等日常监督检查工作。各市也结合部门预算改革、国库集中支付改革等，组织开展部门预算执行情况检查、国库集中支付中心对授权资金运行情况检查等，不仅较好地保证各项改革措施的贯彻落实，充分发挥查错纠偏、保驾护航的作用，而且及时发现改革中存在的一些问题，促进改革措施的进一步调整和完善。

【加强信息和调研工作，提高财政监督工作质量和效果】 2009年，各级财政监督机构进一步加强信息工作。厅监督检查局成立信息组，更加及时、全面、准确地反映财政监督工作中出现的新问题、新思路、新举措和新经验。全年各级累计上报信息280多条，被采用170多条。在调查研究工作中，各级财政监督机构继续本着“查管并举、标本兼治”的原则，围绕监督工作中遇到的新情况、新问题，积极主动地开展调查研究，进一步探索由合规性监督向服务型监督转变。据统计，全年各级财政监督机构共形成调研报告120多篇，提出改进和加强财政管理的意见和建议1 700多条。许多意见建议得到各级领导的充分肯定和有关部门的积极采纳，充分发挥调研服务于财政管理改革的作用，进一步提升财政监督的层次和水平。

【切实加强队伍建设，提高干部的综合素质】 2009年，各级财政监督机构通过采取业务培训、正面引导、警示教育等多种措施，多层次、多角度地加强干部教育，进一步提升干部队伍综合素质。一是通过举办业务培训班，邀请知名学者、专家讲授先进的财政理论、政策法规等，引导广大干部提高学习的自觉性和主动性，进一步提高广大干部的理论水平和实践能力。二是通过收看模范典型的宣传片，从正面引导广大干部加强作风建设，牢固树立立党为公、执政为民的公仆意识，进一步增强责任意识和服务意识，提升工作水平和质量。三是通过到监狱参加警示教育等活动，引导广大干部加强廉政建设，认真遵守廉洁自律的有关规定，确保干部廉政勤政意识不断增强。

（撰稿：李玉斌　李　波）

【省财政厅驻济南财政检查办事处】 2009年，紧紧围绕财政工作中心任务，认真履行监督检查职责，锐意进取，较好地完成各项工作任务。全年共完成各类检查、核查、调查任务共17项，检查一级预算单位149户，检查所属单位475户，检查涉及金额173.7亿元，查出各类违纪违规金额20.11亿元。共编制工作底稿996份、形成检查报告44份、调研文章4篇，共计33万余字，提出各类建议80余条。机关党建工作卓有成效，济南办事处被济南市直机关工委授予“机关党员先锋号”。

发挥优势，督促辖区正确贯彻执行各项财税经济政策。深入济南、泰安、莱芜三市，认真分析研究辖区财税经济形势，跟踪了解财税政策执行情况和取得的效果，对各地反映政策执行中遇到的问题进行深入研究和探讨，积极指导辖区各级财税部门正确运用各项政策。按照中央和省扩大内需促进经济增长政策精神，重点关注辖区各级预算下达、资金拨付、地方配套资金到位、政策措施落实等方面的情况，确保财政资金的安全、规范和效益。注重开展财税政策执行和财政收支情况调研活动，掌握财税政策执行及资金使用中遇到的新情况、新问题。针对检查中发现的有关政策、制度、管理等方面存在的问题及时纠正，并从制度层面提出完善政策、加强管理的建议。

精心组织，全力抓好“小金库”专项治理检查。根据省“小金库”专项治理检查领导小组部署，济南办事处联合省纪委组成第一检查组，对省委办公厅、省公安厅、省人力资源社会保障厅等8个部门共25个预算单位，以及省级驻泰安市监狱、质监、地税、工商4个部门15个预算单位进行了为期两个月的重点检查，共查出违纪金额5 451.5万元。并按照省“小金库”专项治理办公室的检查决定，进行处理和整改。同时，通过专项检查，深入分析研究“小金库”问题产生的原因，提出防范“小金库”的措施和建议。

突出检查工作重点，加强省级收入及民生资金项目监管。在收入检查方面，一是对省教育厅等5个单位及所属31个二级单位政府非税收入征缴、管理和使用情况进行专项检查，共查处违纪金额18.63亿元，对检查发现的问题，提出处理意见，并督促各单位进行整改。二是对省管企业2008年度国有资本收益上缴情况进行专项审核，共核查21户企业，核实应上缴国有资本收益金额8 552.52万元，全部按规定时间组织上缴国库。三是对实施成品油价格和税费改革划转清算进行审核，向财政部驻山东专员办上报审查结果，较好地维护地方财政利益。在项目资金支出方面，一是审核辖区三市新型农村合作医疗补助资金、农村居民最低生活保障补助资金、城镇居民基本医疗保险补助资金及县级社会保险基金征管能力提升奖补资金情况，为省财政核定补助资金，提供准确的资料。二是对辖区三市2007年度秋季，2008年度春、秋季，中职学校国家助学金政策落实及资金管理使用情况进行检查，共审核15个单位，涉及资金量1.28亿元，查处违纪金额544.71万元，及时进行了纠正和处理。三是开展对省农业生产资料公司、铁农集团有限公司省级化肥淡季储备的实施情况以及对辖区三市村庄“腾空地”整理复垦专项资金支出项目申报情况核查工作，确保资金按时拨付到位。

围绕服务实际工作，积极开展会计信息质量检查。一是对省立医院等4个单位2009年会计信息质量情况进行全面检查，查处违纪违规金额5 207.46万元，监督各单位及时进行整改。通过检查，对我省公立医院运转情况进行调研，针对存在的问题提出解决的措施和建议。二是对泰安、莱芜两市工商系统债务情况进行专项审核，共审减债务2 245.61万元，为化解债务提供准确依据。

（撰稿：张伯福　朱恩波）

【省财政厅驻淄博财政检查办事处】 2009年，在财政厅党组的正确领导下，淄博办事处以科学发展观为指导，尽职尽责，锐意进取，顺利完成了各项工作任务。

以专项检查为着力点，不断提高监督检查质量。2009年，淄博办事处共开展6项专项检查，查出各类违规问题资金1.86亿元，审减资金8 501万元。一是非税收入征管情况检查。3～5月份，对省建设厅等5部门及所属26家单位进行了检查，查出各类有问题金额5 693万元。对规范非税收入管理起到促进作用。二是工商系统债务核查。6～7月份，对淄博、滨州两市工商系统2008年底前形成的债务情况进行核查。审减申报债务金额7 839万元，审减比例47.75%。三是中等职业学校国家助学金管理情况检查。5月中旬开始，对淄博、滨州两市中等职业学校国家助学金政策落实及资金管理使用情况进行专项检查。共发现多申报学生12 691人，多申请省级资金662万元，其他违规问题金额2 732万元。四是“小金库”专项治理重点检查。8～9月份，对13家驻济单位、12家驻济以外单位“小金库”专项治理情况进行重点检查。共核实、发现“小金库”17个，涉及金额202万元。五是会计信息质量检查。8～10月份，对山东中医药大学第二附属医院、山东省血液中心进行了全面检查。共查出各类违规问题金额9 975万元。六是会计师事务所执业质量检查。10月份，对山东仲泰会计师事务所等2家事务所执业质量进行了检查。

以日常监督为突破口，不断完善监督工作机制。2009年，淄博办事处主要开展9项日常监督工作，财政监督工作机制日益完善。一是津补贴调节基金征收情况核查。3月份，对淄博市2008年度津贴补贴调节基金计征情况进行审核。二是新型农村合作医疗省级补助资金审核。4～5月份，对淄博、滨州各区县申请省级补助资金情况进行审核。三是农村低保和城镇医保省级补助资金审核。8～9月份，对淄博、滨州两市及17个区县申报农村低保、城镇医保两项省级补助资金情况进行审核。四是省属企业国有资本经营预算初审。8月份，对淄矿集团2008年度应交利润进行初审。核实应入库利润6 954万元。五是垂管部门2010年部门预算编制初审。9～11月份，对淄博、滨州两市省垂管系统2010年部门预算编制情况进行初审。促进部门预算编制质量的提高。六是村庄“腾空地”整理复垦专项资金审核。11月份对阳信县、沾化县申报的4个“腾空地”整理复垦项目进行了审核。七是县级社会保障征管能力提升奖补资金审核。11月份，对桓台县等三县社会保险基金征管能力提升情况及奖补资金申请情况进行了实地审核检查。八是成品油价格和税费改革影响地方收入划转审核。11月份，对中石化齐鲁分公司2009年1～9月份相应收入划转调库情况进行了审核。共初审核实调库金额281万元。九是开展省级单位银行账户审批工作。按照强化管理和服务单位相结合的原则，加强辖内省级单位的银行账户审批管理。共受理审批银行账户3个。

以调查研究为推动器，不断提升监督综合效能。2009年，办事处积极开展调研活动，不断提升监督综合效能。一是结合检查实践开展调研。坚持检查与调研相结合，实行“双报告”制度，共撰写5篇检查调研报告，为领导决策提供参考依据。二是

围绕热点难点开展调研。着眼服务医疗卫生体制改革和部门预算改革等，开展调查研究，为推动改革发展献计献策。三是着眼理论前瞻开展调研。坚持理论与实践相结合，深入思考，提出思路和建议，增强监督工作的前瞻性。

*以廉政勤政为总抓手，不断加强干部队伍建设。*2009年，办事处坚持把勤政廉政建设摆在突出位置，采取有力措施，狠抓效能提高。一是抓学习，提升干部素质。坚持抓好理论学习、业务学习、技能学习，并积极组织参加各类培训活动，不断提升干部素质。二是抓作风，提高行政效能。制定《关于进一步加强办事处机关作风建设的实施意见》。扎实开展“整改落实年”活动等学习教育活动等。认真落实“一岗双责”等制度，保障各项工作高效运转。三是抓廉政，筑牢思想防线。严格执行党风廉政建设责任制、廉政承诺和反馈等制度，构筑廉洁自律的牢固防线，树立廉政勤政良好形象。四是抓创建，营造和谐氛围。深入开展文明创建活动，保持了“市级文明单位”荣誉称号。认真落实党建工作量化管理标准，以党建带创建，不断增强办事处向心力、凝聚力。

（撰稿：赵克非）

【省财政厅驻烟台财政检查办事处】

*切实加强思想作风建设。*抓住实践科学发展观这个关键，把理论学习经常化、系统化、制度化，努力用科学理论武装头脑。坚持集体学习与个人自学相结合，积极采取集体讨论、辅导报告、参观学习等多种形式，不断增强学习活动的吸引力和实效性。坚持每周半天集中学习，通过边学习、边座谈，结合工作实践和自身情况对照科学发展观谈认识、讲体会、找差距，努力做到真学、真用，提高素质，促进工作。按照厅党组建设“学习型”机关的要求，不断加强财政、税收、金融和会计等方面知识的学习，更好地适应新形势下财政监督检查工作需要。以“市级文明单位”和“市级先进基层党组织”创建活动为载体，全面加强自身建设，把围绕中心、服务大局、心系群众融入财政监督检查工作的方方面面，努力提高办事处工作规范化、高效化、精细化、科学化水平。积极开展形式多样、方法灵活的经常性交流沟通，日常工作和生活中，将“四个关心”渗透到每个细节，帮助职工解决后顾之忧。建立了体育活动室和文化活动室，定期组织开展群众性的文体活动，丰富职工生活，营造健康向上的精神风貌。办公室、会议室和走廊墙壁张贴悬挂陶冶情操的名言警句和字画、办公区域设有“学习实践科学发展观活动园地”，使干部在规范、整洁、优美的工作环境中感受到浓厚的文化气息。

*依法履行财政监督职能。*按照省厅部署和要求，围绕财政改革和财政管理中心工作，开展16项专项检查。对省人事厅等41个事业单位、12个协会开展了非税收入征管质量检查。对龙口矿业集团公司国有资本收益应交利润情况进行核实监缴。对烟台市津贴补贴调节基金申报情况的真实性进行审核。对烟台、威海两市地税、工商、质监三部门部门预算“一上”进行初审。对省工商局等37个单位开展了“小金库”治理重点检查。开展了省直单位银行账户审批管理工作。对威海市中等职业学校国家助学金管理情况开展检查。对烟台、威海共20个县市区新型农村合作医疗省级补助资金进行审核。对烟台、威海农村居民最低生活保障省级补助资金进行审核。对烟台市农业生产资料总公司等企业省级化肥淡季储备情况进行审查。对威海市城镇居民基本医疗保险省级补助资金申报材料的真实性、合规性进行审核。对青岛、烟台、威海3市6个区市县级社会保险基金征管能力提升奖补情况进行审核。对烟台、威海两市村庄“腾空地”整理复垦项目进行审核。对青岛大学医学院附属医院、附属心血管医院2008年会计信息质量实施检查。对青岛青审会计师事务所、烟台兴业联合会计师事务所等6所事务所办所条件和执业质量实施专项检查。对省垂管系统部门预算编制事前审核、驻济以外省直单位银行账户设置审批管理、新型农村合作医疗补助资金审核等10多项监督检查类权力事项，进行全面彻底的梳理，认真查找出关键岗位与薄弱环节，按照“一事一制度，一事一办法”的原则，分别制定完善操作规程，逐步形成稳定的服务于日常监管的完整体系和工作机制。坚持检查与整改、检查与调查研究、检查与建章立制相结合，先后形成27篇调研报告，提出各类整改建议120多条。

*切实抓好廉政勤政建设。*认真落实“八个坚持、八个反对”的要求，深入开展理想信念和从政道德教育、党的优良传统和作风教育、党纪法规教育。认真落实廉政建设责任制，形成“一把手”负总责、班子成员齐抓共管、科长对科内人员具体负责的“三位一体”工作格局。实行“集体领导、民主集中、会议决定”的决策程序，落实AB角制度，做到明确分工，密切合作，责任落实，相互补位。

（撰稿：曲世强　李军华）

【省财政厅驻潍坊财政检查办事处】

*立足长远发展，建设高素质监督队伍。*一是树立科学发展，引领工作思路。深入贯彻落实全省财政监督检查工作会议和十七届四中全会精神、巩固和扩大学习实践活动成果有机结合，采取个人自学、集中学习、支部

交流等多种形式，进一步理清思路，明确职能定位，不断适应新形势对监督检查工作提出的更高更新的要求。二是强化业务学习，提高行政效能。积极参加各类业务培训班，注重日常学习，向书本学习，向被查单位学习，同事间相互学习，在实践中增长才干，为做好各项具体检查工作储备丰厚的业务技能。三是健全完善制度，规范行政管理。着重制度建设，进一步修订完善、建立健全各项工作制度，增强制度可操作性；健全党内工作制度，完善支部内部的议事和决策机制，严格组织生活制度。通过健全各项制度，把工作要求具体化、规范化、经常化，使教育和管理贯穿始终，保证工作的规范运转。四是推进廉政建设，确保廉洁从政。加强组织领导，做到党风廉政建设工作有研究、有安排、有措施、有落实；加强思想教育，组织政治学习，不断增强反腐倡廉的紧迫感和责任感；进行对比教育，组织到临朐贫困山区小学，捐献图书、看望和资助贫困学生；加强制度建设，坚持廉政工作会议制、民主集中制、检查组长负责制、廉政承诺制、权利“搜索”制，不断提高反腐倡廉的自觉性和坚定性。五是突出文化建设，推进全面发展。办事处立足长远发展，联系思想工作实际，在充分征求意见、广泛讨论的基础上，一致确立共同构建和弘扬“团结勤奋工作，健康快乐生活”的办事处核心价值观，将核心价值观的构建与党风廉政建设、思想政治建设、作风建设、道德建设紧密结合、相得益彰。

立足机制建设，提高监督检查工作质量。2009年，共完成了7个方面19项检查任务，共对220多个行政、企事业单位实施监督检查，查出违规违纪金额2.8亿元，形成检查报告48个，调研报告4份。一是深化“收支两条线”管理改革，开展政府非税收入监督检查。2009年2～3月对省农业厅等5个省直部门及其下属80个单位2007年度、2008年度政府非税收入征缴、管理和使用情况进行检查。二是深入开展“小金库”治理检查工作，推进反腐倡廉建设。与省纪委、省审计厅派出人员组成联合检查组，于2009年8～9月分别对山东省科学院等5个部门14个单位以及潍坊市质监局等13个驻济以外垂管单位的“小金库”专项治理工作进行了重点检查。三是抓好会计监督，切实履行政府监督职责。2009年9月开始，用2个月的时间，分别对山东省医学影像学研究所、潍坊医学院附属医院2008年度会计信息质量及潍坊普惠有限责任会计师事务所和山东大明联合会计师事务所的执业质量进行了全面检查，共查出违纪金额7 007万元，有效维护了财经纪律的严肃性。四是加强对财政8项专项资金支出项目的监督检查，促进经济社会又好又快发展。重点对潍坊、东营两市新型农村合作医疗资金、农村低保补助资金、城镇居民基本医疗保险资金等8项专项资金进行审核，确保各项惠民政策落实到位，让公共财政真正惠及百姓。五是抓好对举报信的查证落实工作。对省厅转来的各类举报事项，进行全面细致认真的核查，迅速查清事实，为上级机关决策提供翔实可靠的依据。六是加强日常监管事项的监督检查，更好地服务财政改革与管理。分别对辖区内国有资本收益情况、垂管单位编制的2010年部门预算情况、工商系统2008年12月31日前形成的债务情况，以及东营市申报缴纳2008年度津贴补贴调节基金情况、中国石油化工股份有限公司胜利油田分公司成品油价格和税费改革收入划转清算情况进行了审核。七是抓好宣传培训工作。在开展具体审核和检查工作中，注重加强对财经法律法规政策的宣传与维护，结合被检查单位的违规行为和典型案例，以案说法，增强财经法规的宣传效果，维护财经法规的严肃性和权威性。

立足服务经济发展，提升调研水平层次。检查是手段，调研是提升。紧密联系监督工作实际，深入思考、深入调研，在取得翔实数据的基础上不断加工和深化，以促进财政监督成果的转化。2009年，共撰写《建立防治“小金库”长效机制应采取的几点措施》、《新医改条件下加强公立医院财政财务管理的几点思考》、《加强非税收入征管，促进经济社会科学发展》和《支持新农村建设财政资金监督问题研究》共4篇调研报告。同时，注重信息开发，充分利用网络阵地，将工作动态、工作中好的做法及经验、检查中发现的突出问题等及时整理上报，以便相互交流借鉴。

（撰稿：祝学德　潘　涌）

【省财政厅驻济宁财政检查办事处】2009年，紧紧围绕厅党组确定的工作思路和目标，紧紧围绕财政管理与改革，不断加大监督检查力度，为整顿和规范财经秩序做出积极贡献。

财政收入监督卓有成效。一是2～3月份开展对省水利厅、省质量技术监督局、省青年管理干部学院、中华女子学院山东分院的非税收入征收、管理和使用情况的监督检查。针对检查中发现的问题，撰写《非税收入征管中存在的问题及建议》调研报告，有力促进省级非税收入征管质量的提高。二是组织实施对枣庄矿业（集团）有限责任公司2008年度应交国有资本收益申报数据的核实工作，核实应上交2008年国有资本收益9 688万元，改革完善收入分配制度、实行省级国有资本经营预算奠定基础。

惠农支出监督认真负责。为促进惠农政策的落实，保证阳光财政惠及广大农村，济宁办事处先后开展四项审核工作。一是开展对枣庄、济宁和菏泽三市上报2009年度新型农村合作医疗相关数据的审核工作。二是对枣庄、济宁、菏泽三市申请农村居民最低生活保障省级补助资金进行审核。三是对枣庄市、济宁市申请城镇居民医疗保险省级补助资金进行审核。通过以上三项审核工作，掌握有关市参合（参保）人数，市（县）级配套资金有关情况，为省级拨付补助资金提供依据。四是采取材料审核与实地踏勘相结合的办法，于11月份开展对济宁、枣庄、菏泽三市农村“腾空地”整理复垦专项资金审核工作，共审核18个县（市、区）的142个“腾空地”整理复垦项目，形成详细、完整的核查意见。共审减项目61个，审减资金7 214.9万元。确保项目资金的安全、规范、有效使用，促进农村“腾空地”工作的开展。

各种专项监督扎实开展。一是对枣庄中职学校国家助学金情况进行了检查。通过对市、县财政、教育、劳动部门的重点检查和市属3所学校、县属3所学校的抽查，共检查出虚报人数20 232人，多申请资金1 213.9万元，以现金形式发放资金143.91万元等问题。二是组织实施了对枣庄、济宁、菏泽3市工商系统2008年12月31日前形成的债务核查工作，采取听汇报、查账簿、审资料、问询有关人员、实地查看等多种方式，严格把握时间节点、政策依据、申报范围、证据资料等关键环节，确认三市市场建设债务为2 665.27万元，核减2 639.56万元，非市场建设遗留债务为1.2亿元，核减1.49亿元。

会计信息质量检查稳步推进。7~10月，陆续组织实施2009年会计信息质量检查，共检查山东中医药大学附属医院、济宁医学院附属医院两所医疗机构和山东旭正、邹城贵和两家有限责任会计师事务所。根据检查掌握的情况和问题，结合关于建立适应新医疗体制改革的财政管理体制的思考，形成《关于完善省级公立医院财政管理的几点建议》和《浅析如何建立城市医院与社区卫生服务中心分工协作机制》两篇调研报告。

“小金库”重点检查一丝不苟。根据省“小金库”治理领导小组办公室安排，共检查省经济和信息化委员会、省建设厅、省体育局、省物价局、省青年管理干部学院和济宁市、曲阜市地税局、工商局、质监局等11家单位。在检查中，每周开展一次集体交流探讨，促使大家结合检查中发现的问题和单位财务管理中的薄弱环节展开思考，形成题为《关于构建防治“小金库”长效机制的思考》的调研报告。

内部管理更加规范。一方面，不断加强办事处各种制度建设。尤其在2009年年初学习贯彻科学发展观活动结束后，利用开展回头看活动的契机，进一步归纳、整理办事处原有各种制度，形成了办事处检查人员守则、财务管理制度、中长期业务学习规划、督查催办制度等。通过不懈的制度建设，办事处按制度管理、按制度办事的工作方式已经初步形成，各项工作逐步向规范化方向发展。另一方面，认真落实党风廉政建设责任制，本着学习、教育、惩治、预防相结合的原则，加强纪律约束，强化廉政意识，严格执行廉洁自律的各项规定。在检查中，全面推行检查公告制度和被查单位评价制度，把廉政建设贯穿于财政检查全过程。规避了检查风险，增强了服务意识，树立了良好形象。

（撰稿：杨　博　张学东　刘泰然）

【省财政厅驻临沂财政检查办事处】 2009年，深入贯彻落实科学发展观，紧紧围绕经济发展大局，围绕财政中心工作，解放思想、团结进取、依法行政，为履行财政监督职能，提升财政管理水平，发挥重要的职能作用。

按照统一部署，开展专项检查。2009年，根据山东省财政厅监督检查局的统一安排，临沂办事处共计开展12项专项检查工作，检查单位涉及300多个，查处违规违纪问题2.3亿元。一是开展非税收入、国有资本收益专项检查，为规范财政收入征管，完善收入分配机制提供基础信息。查处省直19个行政事业单位应纳未纳非税收入管理资金等违纪问题5 296万元，核查落实并执收临沂矿业有限责任公司应交国有资本金收益2 291万元。二是开展“小金库”治理、会计信息质量检查，为强化财政支出管理，促进财政管理的科学化精细化提供参考依据。对省直28个行政事业单位的“小金库”治理工作进行重点检查；检查省卫生厅5个行政事业单位2008年度会计信息质量，发现各种违规违纪资金5 094万元。三是开展“腾空地”、中等职业学校国家助学金管理等为民政策的检查，监督国家涉农惠民政策落实到位。核减不符合审报条件“腾空地”项目22个，核减申报省投资979万元。四是开展事前审核，前移监督关口，有效地促进提高财政资金使用效益。审减临沂、日照两市工商系统上报债务1亿元，审查临沂、日照两市驻济以外省直垂管部门2009年部门预算“一上”编报基础信息库多报人员支出等552万元。

加强基础工作，开展日常检查。注重做好基础工作，强化日常监管，逐步实现财政监督与管理的融合，更好地发挥财政监督效能。一是继续实行辖区内省级单位和会计师事务所的基础会计信息资料报送制度，加大数据分析功能，强化对辖区内单位的动态日常监管，提高财政监督的针对性和有效性。二是做好驻济以外省直垂管单位银行账户审批工作，为推进国库集中支付改革服务。2009 年，共计核销银行账户 18 个，审批开设银行账户 21 个。三是完善日常监管职能，开展农村低保、新农合、城镇居民医疗保险等日常审核工作，共计审核申报资金 2.9 亿元，为省厅拨付资金提供依据，维护好、落实好惠民政策。

结合检查业务，开展调查研究。围绕财政政策调整和财政管理方式转变，配合财政改革等，结合检查业务工作，对财政政策执行及财政制度建设情况等进行调查研究，为财政政策的有效实施提供参考依据。一是做好财政政策执行情况的调查研究。一方面，总结政策贯彻落实中好的经验做法，发挥引导示范作用，为推动财政政策落实提供参考。总结推广临沂市在农村住房和危房改造及贯彻落实中等职业学校国家助学金中具有代表性、特点性的举措等。另一方面，结合检查发现的问题，查找制度漏洞，提出健全完善非税收入管理机制、防治“小金库”的建议等，充分发挥财政监督的预警作用，促进有效防止违规违纪问题发生。二是开展新农村建设资金财政监督问题研究。调研了解临沂、日照两市新农村建设财政资金投入及财政监督情况，为下一步加强支持新农村建设财政资金监管问题提供理论探讨，使财政监督工作更好地服务于社会主义新农村建设。三是对建立全过程财政监督机制进行调查研究。开展题为《建立全过程监督机制，加强源头治理，全面推进廉政建设》的调查研究工作，为财政支出资金的安全、合规、有效运行提供保障。

凝炼三种理念，加强作风建设。临沂办事处以“依法行政、服务为民”为主题，以“服务科学发展，加强作风建设”为实践载体，坚持“秉公执法”、“行为规范”、“公正透明”的依法行政理念，进一步强化服务意识，转变工作作风，提高服务形象和服务效能。2009 年，组织开展“整改落实年”、“建设群众满意机关”、“创建文明机关”、“加强党性修养、弘扬优良作风教育活动”、“争创廉洁勤政好机关”、“反腐倡廉月”等活动，获得社会各界的一致好评，获临沂市直机关“理论学习成果奖”、“机关党建工作创新奖”、“争创廉洁勤政好机关”、“群众满意服务品牌”等荣誉称号。

（撰稿：李一三 王宏伟）

【省财政厅驻德州财政检查办事处】坚持高位思考，理清工作思路，更新监督理念，紧紧围绕全省财政中心工作，服务财政改革和财政管理，坚持日常审核与专项检查并重，政策、收入、支出、会计监督并行，强化事前、事中和事后监督，确保财政资金的安全性、规范性和有效性。2009 年，累计进行了 9 项审核和 6 次专项检查，共涉及 99 个部门或单位，受理审核各类资金共计 69 506.5 万元，查出各类违规违纪问题资金 31 638.5 万元，日常审核剔除不合理申请资金 3 128.6 万元。同时结合监督检查和审核工作，提出了许多改进和完善管理的意见建议，推进了财政监督与财政管理的融合，进一步提升了财政监督工作水平。

围绕深化财政改革，开展政策执行情况监督。一是根据《关于编制 2010 年省级部门预算的通知》（鲁财预〔2009〕41 号）要求，9 月对德州市、聊城市工商、质监、地税和监狱系统 2010 年部门预算编制情况进行初审。二是根据《关于委托财政厅驻有关市财政检查办事处对驻济以外省级单位银行账户实施审批管理的通知》（鲁财库〔2007〕9 号）规定，继续做好对辖区内省级单位银行账户开设进行合规性审核。三是根据《山东省生态补偿资金管理办法》（鲁财建〔2008〕9 号）要求，对德州市生态补偿资金到位情况进行审核。经审核，各级配套资金 5 260 万元及时足额地存入相关专户。四是根据《关于开展省以下工商系统债务审核检查工作的通知》（鲁财监〔2009〕8 号）要求，5～7 月，对德州市、聊城市工商系统 2008 年 12 月 31 日前形成的债务情况进行审核检查。审定两市债务 4 772 万元，审减上报债务 3 182.6 万元，审减率 40%，对于加强工商系统财政财务管理，促进全省工商事业发展，起到极大的促进作用。

围绕促进经济又好又快发展，开展财政收入监督。根据《关于开展非税收入征管情况专项检查的通知》（鲁财监〔2009〕3 号）要求，2 月中旬至 4 月初对省民政厅、省煤炭局、省人力资源社会保障厅、省贸促会等四部门 2007 年度、2008 年度非税收入征缴、管理和使用情况进行检查。检查发现国有资源有偿使用收入未纳入非税收入、未经批准设立非税收入过渡户等违规问题 11 类，涉及违规金额 1.27 亿元。

围绕民生事业改善，开展民生支出监督。一是根据《村庄“腾空地”整理复垦专项资金支出项目申报指南》（鲁财综〔2009〕74 号）要求，11 月对德州市、聊城市申报的村庄“腾空地”整理复垦专项资金支出项目情况进行审核，共审核确定上报项目 19 个。为进一步提高农村土地利用率，加快推进农房住房建设与危房改造，发挥省财政资金的引导效应提供有力支持。二是根据《关于开展中等职业学校国家助学金管理情况检查的通知》（鲁财监〔2009〕6 号）要求，5 月下旬至 7 月初对德州市、聊城市中等职业学校 2007 年度秋季学期和2008年度国家助学金政策落实及资金管理使用情况开展专项检查。为切实履行公共财政职能，进一步优化教育结构，促进教育公平和社会公正，产生良好效应。三是根据有关文件的规定和要求，5月对德州市、聊城市新型农村合作医疗资金情况、城镇居民基本医疗保险资金情况进行审核。两市参加新型农村合作医疗人数850.5万人，参合率达到99%，建议按时核拨省级财政补助资金4.76亿元；城镇居民基本医疗保险参保人员55万人，建议按时拨付省级资金645万元。四是根据《关于印发〈农村居民最低生活保障省级补助资金审核监督工作操作规程〉的通知》（鲁财监〔2007〕6号）要求，8月对农村居民最低生活保障资金情况进行审核，共认定德州市、聊城市低保对象287 517人。五是根据《关于印发〈山东省县级社会保险基金征管能力提升奖补暂行办法〉的通知》（鲁财社〔2007〕53号）要求，对德州市、聊城市县级社会保险基金征管能力提升情况进行了审核。审核确定德州市宁津县、武城县、平原县和聊城市冠县、东阿县经济开发区符合奖补条件。

*围绕规范社会主义市场经济秩序，开展会计监督。*根据《关于开展2009年会计信息质量检查和会计师事务所执业质量检查的通知》（鲁财监〔2009〕9号）要求，10月对省千佛山医院2008年度会计信息质量和德州瑛诚联合会计师事务所和天津中审联有限责任会计师事务所聊城分所2009年执业质量进行检查。检查发现省千佛山医院虚列收入、坐收坐支、应缴未缴财政专户款等10类违规问题，涉及金额1.37亿元，为推进公立医院改革提供第一手资料。检查发现两家会计师事务所审计程序不合规等四类问题，有力地督促其提高执业质量。另外，11月对反映注册会计师张兆伟、周长山有关问题的人民来信进行了调查核实，按照实事求是、客观公正的原则出具了核查报告。

*围绕严肃财经纪律和推进反腐倡廉建设，开展“小金库”治理重点检查。*根据《关于印发〈关于在全省党政机关和事业单位开展“小金库”专项治理工作的实施办法〉的通知》（鲁纪发〔2009〕12号）要求，与省纪委、省审计厅抽调人员共同组成省“小金库”治理重点检查第七组，8月至9月对省直及省垂管的10部门21个单位的“小金库”治理情况进行重点检查。查处各类违规资金3 631.5万元，为加强对省直部门的财政财务管理，优化经济环境，建立健全惩治和预防腐败体系等提供有力支持。

*着力加强机关建设，夯实工作基础。*按照“打造一流机关、建设一流队伍、争创一流业绩”的目标要求，扎实推进机关效能建设，为财政监督工作奠定坚实基础。结合实际，对工作职责在办事处各科室进行划分，做到职责到科室、科室分工到个人。建立健全处务会议制度、主任办公会制度、党支部议事制度等集体决策机制，形成“公开、公正、公平”的领导决策机制。扎实开展“整改落实年”活动，巩固学习成果，将学习实践活动不断引向深入，深入查摆工作不足，剖析问题产生根源，进一步理清工作思路，找准着力点，促进办事处工作再上台阶。严格履行党风廉政建设责任制，把加强干部修养，推进反腐倡廉工作，作为一项重要的工作任务，纳入工作安排中，与业务工作共同部署、共同推进，未发生任何一起廉政投诉事项。

（撰稿：韩志毅　王　磊　王　卫）

财政队伍建设

【干部队伍建设基本情况】 按照科学发展观人才观和正确政绩观要求，全面贯彻干部队伍“四化”方针，认真执行《干部任用条例》，坚持德才兼备、以德为先的用人标准，加大干部培养选拔和轮岗交流工作力度，切实把好入口关，干部队伍建设保持旺盛活力。据统计，2009年全省各级财政部门共推荐选拔厅级干部12名，处级干部163名，其中省厅推荐选拔厅级干部4名，处级干部97名，通过干部选拔，全省财政系统进一步形成了注重品行、科学发展、崇尚实干、鼓励创新、群众公认的用人机制。2009年共有46名处级干部、151名科级干部在系统内实现轮岗交流，人才资源得到优化配置，干部队伍进一步盘活。2009年全省财政系统面向社会公开招考公务员142名，招聘事业单位工作人员473名。

【做好省财政厅新一轮机构改革工作】 2009年，省级国家机关行政机构改革全面启动。按照“转变职能、理顺关系、明确责任、完善机制、上下基本对口”的原则，认真设计省财政厅机构改革总体框架，拟订“三定”草案。将2000年机构改革以来财政职能演变、拟划入和新增职能等变动情况，逐一与有关处室核对理清，量化梳理，搜寻法规政策、文件依据。认真借鉴财政部和其他省市财政部门机构、编制、职数设置等情况，及时修订和优化“三定”草案和说明。加强与省机构改革领导小组办公室沟通协调，主动与职能交叉部门磋商研究，争取理解和支持，全力维护省财政厅职能完整和机构建设。2009年10月，《山东省财政厅主要职责内设机构和人员编制规定》经省政府批准，机构改革取得比较理想的结果。财政厅增加直接管理纳入改革范围的县（市）财政工作、指导和推动全省农村综合改革的职责；划入省农业厅承担的农业综合开发管理和原省人事厅承担的初中级会计专业技术资格考试管理等职责；预算和税政管理进一步加强，财力与事权相匹配的财政体制进一步健全，收入分配和税收调节功能得到强化，财政监督检查和财政宏观调控能力进一步增强。2009年下半年，全省市县一级政府机构改革陆续启动，市县财政部门按照当地政府机构改革要求，着手进行机构改革前期准备工作，各项工作稳步推进。

【全省财政系统机构人员概况】 截至2009年底，全省共有财政机构1 971个，比上年增加25个。其中，省级财政机构1个，计划单列市财政机构1个，市级财政机构16个，县（市、区）财政机构169个（济南市11个，青岛市14个，淄博市9个，枣庄市7个，东营市5个，烟台市14个，潍坊市15个，济宁市13个，泰安市8个，威海市7个，日照市6个，莱芜市4个，临沂市15个，德州市13个，聊城市9个，滨州市9个，菏泽市10个），乡镇所级财政机构1 784个。全省财政系统职工队伍共有30 131人，比上年增加1人。其中：中共党员22 755人，占职工总数的75.52%，比上年提高1.29个百分点；女职工10 962人，占职工总数的36.38%，比上年提高0.96个百分点；汉族29 991人，占职工总数的99.54%，比上年提高0.01个百分点。从全省人员分布状况看，省级财政部门（含济南、青岛2个副省级城市财政部门）职工1 222人，占总人数的4.06%，比上年增加25人，提高2.09个百分点；市级财政部门职工4 602人，占总人数的15.27%，比上年减少103人，下降了2.19个百分点；县（市、区）级财政部门职工11 470人，占总人数38.07%，比上年增加248人，提高2.21个百分点；乡（镇）级财政部门职工12 837人，占总人数的42.60%，比上年减少169人，下降了1.30个百分点。从学历结构看，全省财政系统职工队伍中具有大专以上文化程度的有25 501人（其中，博士24人、硕士研究生及研究生学历697人、大学本科15 102人、大学专科9 678人），占总人数的84.63%，比上年提高0.72个百分点；中专3 465人，占总人数的11.50%，比上年降低0.43个百分点；高中及以下文化程度1 165人，占总人数的3.87%，比上年降低0.29个百分点。从年龄结构看，35岁及以下的11 782人，占总人数的39.10%，比上年降低1.85个百分点；36岁至45岁的11 764人，占总人数的39.04%，比上年降低0.08个百分点；46岁至54岁的5 636人，占总人数的18.70%，比上年提高1.77个百分点；55岁及以上949人，占总人数的3.15%，比上年提高0.15个百分点。

【省财政厅及省经济开发投资公司机构和人员状况】 截至2009年底，省财政厅内设行政机构有：办公室、综合处（挂省清理规范津贴补贴办公室牌子）、法规处、税政处、预算处、国库处、政府采购监督管理处、行政政法处、教科文处、经济建设处、农业处、社会保障处、企业处、金融与国际合作处（挂省世界银行贷款管理办公室牌子）、基层财政管理处、会计处、行政事业资产处（挂省清产核资办公室牌子）、监督检查局、人事处、省农村综合改革办公室、离退休干部处、机关党委。省财政厅内设省农业综合开发办公室，内设两个处室：综合财务处（挂多种经营处牌子）、土地治理处（挂省世界银行项目管理办公室牌子）。派驻机构：中共山东省纪律检查委员会驻山东省财政厅纪律检查组，山东省监察厅驻山东省财政厅监察专员办公室（一个机构，两块牌子）。省财政厅所属事业单位：山东省省财政科学研究所、山东省注册会计师协会、山东省财政信息中心、山东省财政厅干部教育中心（挂省会计干部中等专业学校牌子）、山东省财政厅集中支付中心、山东省财政投资评审中心、山东省财政票据管理中心、山东会计培训学院（挂省财政职工大学、省中华会计函授学校牌子）、山东省财政厅机关服务中心。省财政厅派出机构：山东省财政厅驻济南财政检查办事处、山东省财政厅驻淄博财政检查办事处、山东省财政厅驻烟台财政检查办事处、山东省财政厅驻潍坊财政检查办事处、山东省财政厅驻济宁财政检查办事处、山东省财政厅驻临沂财政检查办事处、山东省财政厅驻德州财政检查办事处。山东省经济开发投资公司为省政府直属事业单位，挂靠省财政厅，其内部设：总经理办公室、计划财务部、资产管理部、投资业务部、稽核部、人事部。下设全资子公司6家，包括：山东省经济开发实业总公司、山东华鲁房地产开发有限公司、山东华鲁资产管理有限公司、山东金阳企业管理有限公司、深圳鲁财投资发展有限公司、香港宝丰有限公司；控股和参股公司30多家，主要有：山东航空集团有限公司、济南国际机场股份有限公司、山东省石油天然气有限公司、山东天润温泉房地产开发有限公司、山东省（鲁财）产权交易中心、山东和华电子有限公司、莱钢股份有限公司、北京泰山饭店有限公司等。

截至2009年底，省财政厅（含省经济开发投资公司）共有干部职工602人，比上年增加14人。其中，男412人，占总人数的68.44%，女190人，占总人数31.56%。中共党员501人，占总人数的83.22%，比上年提高0.74个百分点。省管干部18人、处级干部182人、科级干部273人、一般干部48人、工勤人员81人，各占总人数的2.99%、30.23%、45.35%、7.97%和13.46%。35岁及以下145人，36岁至45岁252人，46岁至54岁168人，55岁及以上37人，各占总人数的24.09%、41.86%、27.91%和6.15%。具有研究生以上文化程度128人（其中：博士15人，硕士研究生、研究生学历113人），占总人数的21.26%，比上年提高1.02个百分点；大学文化程度422人（其中，本科379人，专科43人），占总人数的70.10%，比上年提高0.38个百分点；中专及以下文化程度52人，占总人数的8.64%，比上年降低1.4个百分点。

（撰稿：隋宝文　苏登新　纪凤杰　胡晓鸿　隋　哲）

农村综合改革

【概述】 2009年7月，山东省财政厅成立农村综合改革办公室（以下简称“综改办”）。全省农村综合改革工作，按照省委、省政府决策部署，坚持以科学发展观为统领，紧紧围绕全省财政经济中心工作，贯彻落实工业反哺农业、城市支持农村、多予少取放活的方针，求真务实，开拓创新，取得显著成效。

【进一步推进农村综合改革试点工作】 一是按照省政府《关于进一步做好农村综合改革工作的通知》要求，完善政策措施，加大工作力度，鼓励有条件的地方进一步扩大试点范围，全面推进乡镇机构、农村义务教育、县乡财政管理体制等农村综合改革。二是认真落实《中共中央办公厅　国务院办公厅转发〈中央机构编制委员会办公室关于深化乡镇机构改革的指导意见〉的通知》精神，着力增强社会管理和公共服务职能，进一步推进乡镇机构改革，提高公共服务能力和社会管理水平。三是认真落实农村义务教育经费保障机制改革的各项政策，扩大改革成果，促进农村教育资源合理配置，提高农村教育质量，促进城乡教育均衡发展。四是结合省直管县财政体制改革试点，进一步深化县乡财政管理体制改革，加大对财政困难县的帮扶力度，缓解基层财政困难，提高基层财政保工资、保运转、保民生的能力，促进基本公共服务均等化。五是进一步落实部门分工责任制，按照农村综合改革总体要求，协调组织各有关责任单位积极做好本部门、单位应承担的工作，提出深化各项配套改革的实施方案和政策措施，确保农村综合改革取得实质性进展。

【积极推进村级公益事业建设一事一议财政奖补试点工作】 按照财政部和省委、省政府决策部署，联合山东省农业厅下发《关于开展村级公益事业建设一事一议财政奖补试点工作的通知》、《关于做好2009年村级公益事业建设一事一议财政奖补试点项目申报工作的通知》和《山东省村级公益事业建设一事一议财政奖补专项资金管理暂行办法》，对一事一议财政奖补的基本原则、奖补范围、奖补标准、补助比例、实施步骤、申报程序和一事一议财政奖补试点县应具备的条件等进行明确。2009年，省财政安排资金2 000万元，对利津、蓬莱、昌邑、肥城、平邑、夏津6个试点县（市）和自主开展一事一议财政奖补工作的县（市、区）进行奖补。同时，各市也根据试点地区一事一议财政奖补工作开展情况，相应安排奖补资金。截至2009年底，6个试点县（市）村级公益事业建设共涉及72个乡镇、587个行政村，项目投资总额1.26亿元，村级筹资合计1.02亿元，其中，村民筹资筹劳（折款）4 490万元，村集体积累投资2 565万元，社会捐助3 115万元。从建设内容看，项目完工后，可建成村内水渠22.64万米，堰塘35个，桥涵33座，机电井70眼，小型提灌或排灌站7处，修建村内道路531公里，植树造林985亩，各项村级公益事业惠及村民62.87万人。一事一议财政奖补试点工作的开展，对调动农民参与公益事业建设的主动性，扩大公共财政惠及农村的覆盖面，拉动内需，促进社会主义新农村建设发挥积极作用。

【稳妥推进清理化解农村义务教育债务工作】 2009年，山东省开始启动化解农村义务教育债务工作。5月14日，省委、省政府召开全省化解农村义务教育债务工作电视电话会议，对化解农村义务教育债务工作进行全面部署。5月15日，省农村综合改革领导小组办公室下发《关于规范各市化解农村义务教育债务实施方案有关问题的通知》，要求各市结合实际，科学制定化解农村义务教育债务实施方案，并以市政府名义上报省农村综合改革领导小组办公室审批。在汇总分析各市化债实施方案的基础上，形成《山东省化解农村义务教育债务实施方案》，报财政部预审。根据国务院农村综合改革工作小组办公室的预审意见，积极筹措偿债资金，优化调整实施方案，研究制定分年度偿债计划，细化工作步骤，确保化解农村义务教育债务工作稳妥推进。

【建立健全村级组织运转经费保障机制】 按照“保增长、保稳定、惠民生”的要求，进一步完善村级组织运转经费保障机制，促进村级组织建设，维护农民合法权益和农村和谐稳定。一是积极完善山东省村级组织运转经费保障机制。根据中办、国办《关于完善村级组织运转经费保障机制促进村级组织建设的实施意见》，在认真调研、广泛征求部门意见的基础上，代省委、省政府起草《关于完善我省村级组织运转经费保障机制的实施意见》，对村级组织运转经费的来源渠道，村“两委”班子主要成员、离任村党支部书记、村办公经费和其他必要支出等保障范围和标准做出明确规定。同时，把保障村级组织运转作为防止农民负担反弹、完善公共财政制度的重要举措来抓，进一步强化措施、完善机制、落实责任、加大投入，切实增强村级组织运转经费保障能力。二是制定山东省财政补助村级资金管理办法。为规范财政补助村级资金管理，确保专款专用和资金安全高效运行，保障村级组织正常运转，进一步巩固农村税费改革成果，省财政厅与省农业厅制定《山东省财政补助村级资金管理办法》，明确财政补助村级资金的来源渠道、使用范围和标准，对加强支出管理及监督检查等事项也做出相应规定。三是加大财政对村级组织运转经费的保障力度。各级财政部门认真贯彻落实文件精神，完善政策，强化措施，加大对村级的转移支付力度，确保村级组织正常运转。省级预算安排1.2亿元，专项用于提高村党支部书记报酬、落实村干部激励机制，取得良好效果。

【积极开展调查研究与信息交流工作】 一是围绕财政工作中心，结合农村综合改革实际，深入基层，组织开展村级组织运转经费保障情况、沿黄地区农民用水负担情况、新型农村社区建设等多项专题调研，形成多篇调研报告，为相关政策的制定出台提供决策依据。二是组织召开全省部分市县农村综合改革工作座谈会，调度基层情况，了解工作动态，听取市县对做好农村综合改革工作的思路和建议。三是及时总结宣传各地工作亮点、好的经验做法以及全省农村综合改革新出台的政策措施，有效推动农村综合改革信息宣传工作的开展。

【深入研究农村综合改革重点、热点和难点问题】 坚持务实与务虚相结合，业务工作与政策研究相结合，搭建起“省财政厅牵头，联合科研院校，市地财政局配合”的科研协作平台。围绕中央和省委、省政府关于“统筹城乡经济社会发展，推动城乡一体化进程”的决策部署，针对农村综合改革重点、热点、难点问题，与山东省社科院、山东农业大学等合作开展《加强城乡统筹 促进公共服务均等化研究》、《山东省深化农村综合改革重点问题研究》等多项课题研究，以实践丰富理论，以理论成果指导和推动农村综合改革向纵深发展。

【探索推进其他农村综合改革工作】 一是及时总结化解农村义务教育债务工作经验，探索建立化解其他乡村公益性债务长效机制。二是开展沿黄地区农民水费负担调研，探索建立减轻农民用水负担工作机制，以进一步完善现行农业用水水费政策，促进水管体制改革和农村水利良性运转。三是探索建立防止农民负担反弹的长效工作机制，进一步巩固农村税费改革成果。四是积极开展合村并居、新型城镇化建设等统筹城乡发展、实现城乡一体化相关领域的调查研究，认真总结和宣传推广农村综合改革的好做法、好经验。

【强化学习，注重实践，不断提升干部队伍素质】 一是加强政治理论学习。认真学习党的十七大、十七届三中、四中全会和省委九届八次、九次全体会议精神，全民贯彻落实科学发展观，用科学理论武装头脑，指导实践，推动工作开展。二是加强党纪政纪学习。认真学习十七大以来党的重要文件以及中纪委、省纪委历次全会精神，严格遵守廉政制度和工作纪律，牢筑拒腐防变思想防线，不断加强道德修养，模范遵守社会公德、职业道德和家庭美德。三是加强业务知识学习。认真学习掌握农村综合改革专业知识、法规政策，根据新形势新要求，切实加强业务学习，密切关注“三农”发展及农村综合改革最新理论动态和实践前沿，不断充实提升政策理论水平和专业知识素养。

（撰稿：李学春　杨建松　宫翔宇　宋　磊）

离退休干部工作

【离退休干部基本情况】 截至2009年底，省财政厅共有离退休及代管人员177人，其中离休干部37人，退休干部106人，退休工人23人，退职1人，代管厅及投资公司内退人员10人。

【完善离退休干部工作机制，形成工作合力】 党组书记、厅长尹慧敏担任老干部工作领导小组组长，副厅长文新三负责具体工作，各处室、单位都明确分管老干部工作的领导和联络员，形成“一把手”负总责，分管领导抓具体工作，离退休干部处牵头，各处室、单位积极配合的工作机制，为厅离退休干部工作开展提供良好的条件和基础。在厅党组的领导下，老干部工作坚持以科学发展观为统领，针对离退休干部实际，坚持政治上尊重老干部、思想上关心老干部、生活上照顾老干部，把落实老干部政治生活待遇作为重点认真落实，努力把离退休干部工作做细、做好，使离退休老同志老有所养、老有所医、老有所教、老有所学、老有所乐、老有所为。

【加强政治学习，落实老同志政治待遇】 一是落实情况通报制度。2009年9月，副厅长文新三向老同志通报1~8月份全省财政收支情况、财政工作形势、全国财政工作会议精神、厅机关干部调整和离退休干部工作等情况，社保处、综合处分别介绍有关医疗体制及非税收入改革的情况，使老同志及时了解全省财政改革与发展以及重大体制改革进展状况。二是落实厅级老领导阅文制度。坚持每月15日组织厅级老干部按规定阅读文件。全年共组织8次阅文，30多人次参加，整理借阅文件300多份。三是落实政治学习制度。坚持每月10日、25日组织老同志集中学习。组织老同志认真学习中国特色社会主义理论，党的十七大、十七届四中全会和省委工作会议精神，引导老同志深刻理解党的基本理论、基本路线、基本纲领、基本经验，把老同志的思想和行动统一到中央精神上来。四是保障好老同志日常学习。为每名老同志邮订了杂志，并在老干部活动室订阅各类报刊15份，供大家日常学习。五是组织参观考察，让老同志亲身感受经济社会发展成果。4月，组织80多位老同志赴济南市朱家峪参观；5~6月，分别组织近百位老同志到潍坊、泰安参观；10月，组织40多名老同志到北京参观，还组织8位80岁以上的老同志及厅级老领导到长清园博园参观。通过参观考察，让老同志了解经济社会发展变化，感受组织关心和照顾，增强对党和国家工作方针政策的理解。

【贯彻以人为本理念，开展亲情服务】 一是主动征求老同志的意见和建议。通过采取座谈和发放征求意见表等形式，针对政治学习方式、离退休干部党总支换届、老同志信息化管理以及离退休干部工作等情况，广泛征求离退休干部党总支和老同志的意见和建议，为针对性开展和改进工作提供依据。二是积极做好走访慰问工作。坚持在重大节日和老同志生病住院及遇到困难时，及时走访慰问。2009年，全厅看望慰问老同志达300多人次，了解他们的生活和健康状况，通报当前财政工作开展情况，听取他们的意见和建议，畅谈变化和发展。三是组织协调做好老同志健康保健工作。3月，为老同志编发《为您的健康加分》手册。5月，组织老同志参加健康保健讲座。7月，组织90多位老同志（家属）到石岛、蓬莱健康疗养。9月，组织老同志在省立医院进行健康查体。对驻外地的老干部除定期走访外，还积极做好医疗保障工作，深受老同志们的赞誉。

【立足实际，丰富老同志文体活动】 一是完善活动场所设施。老干部活动中心全年开放，并在配备棋、牌、球、报及健身器材等基础上，新增添多功能健身器、拉力器、哑铃等器材。还为棋牌室、会议室安装空调，老同志日常活动得到了更好的保障。二是开展丰富的文体活动。2009年12月，组织举办老同志冬季室内运动会，开展麻将、扑克、投镖、拍球入篓、套圈、台球、垒球等7项比赛，有90多人次参加。老同志桥牌队参加的省直机关老干部双人赛、团体赛和四次邀请赛都取得较好名次。4~10月，组织老同志钓鱼18次，有520人次参加。三是组织老同志参加老年大学学习。全年有30多名老同志报名参加学习计算机、摄影、舞蹈、书法等课程，为老同志搭建解放思想、更新知识、陶冶情操的桥梁和纽带。

【求真务实，全面加强老同志思想政治和组织建设】 2009年3月，按照党组要求，指导离退休干部党总支、党支部进行换届，选配党性强、威信高、讲奉献、身体好的同志担任书记和委员。8月，协调组织党总支、党支部成员等骨干共16人，举办理论学习读书会。在日常工作中，注重发挥离退休干部党组织的优势，加大组织协调力度，主动协商交流，及时化解矛盾问题，把老同志的思想凝聚到关心、支持财政厅机关工作和财政事业发展上来。

【加强自身建设，不断提高离退休干部工作能力】 一是加强政治理论和业务知识学习。认真学习邓小平理论和“三个代表”重要思想，学习党的十七大、十七届三中、四中全会和省党代会精神，积极搞好学习实践科学发展观“回头看”活动。深刻学习领会中央和省委、省政府关于老干部工作的重要精神，增强做好离退休干部工作责任意识。同时，积极参加各项业务培训，领会政策、学习经验不断提高政治理论素质和业务能力。二是大力改进工作作风。围绕开展“加强党性修养、弘扬优良作风”教育活动，提出倡导树立“大局、服务、学习、创新、团结、廉政、节约、保密”八个意识的工作目标，服务意识、服务质量进一步提高。三是强化廉政建设。认真落实廉政建设责任制度，加强对干部的监督管理，时刻牢记两个“务必”，严格遵守廉洁自律规定，自觉接受组织和群众的监督。在工作上，相互补位、相互配合，形成干事创业的合力，凝聚力、战斗力不断增强。

（撰稿：文 毅 庄龙涛 张祖军）

机关思想政治工作

【概述】 2009年，紧紧围绕省财政厅党组确定的“三保三促三抓”工作思路，以党的十七大、十七届四中全会精神为指导，以“整改落实年”活动为主线，以庆祝新中国成立60周年、迎接全运会为契机，切实加强省财政厅机关党的思想、组织、作风、制度、廉政和群众文化建设，引导党员干部职工提振信心、沉着应对，在危机中抓机遇，在机遇中谋发展，为促进全年财政工作任务的圆满完成和全省财政事业科学发展提供坚强的思想和组织保证。

【狠抓思想政治建设，基础保障作用更加得力】 坚持把引导党员坚定发展信念、强化发展意识、凝聚智慧力量，作为加强思想政治建设、应对危机、推进发展的首要任务来抓。一是用党的科学理论统一思想、提振信心。以财政厅党组理论学习中心组和处以上干部为重点，采取理论学习与财政业务、文化建设相结合，调查研究与专家辅导、交流借鉴相结合等方式，突出抓好对党的十七大、十七届四中全会精神，特别是贯彻落实科学发展观和中央、省委关于应对国际金融危机的一系列政策措施的学习教育，把思想统一到中央和省委的决策部署上来，为全面落实积极的财政政策，加大财税调控和支持力度，充分发挥财政职能作用、促进全省经济平稳较快发展奠定思想基础。二是用鲜明的财政文化陶冶情操、凝心聚力。坚持以人为本，牢固树立“科学实践创新、爱岗敬业奉献、廉洁勤政为民”的工作理念，扎实组织各类竞赛，积极开展群众性业余文体活动，努力建设以“铸造财政精神、树立财政形象”为主题的财政文化，激发大家胸怀大局、共克时艰的热情，为促进工作落实发挥重要作用。三是用先进典型引导行为、激发动力。组织开展向吴大观、沈浩同志以及省直机关60名爱岗敬业、为民服务先进典型学习主题教育活动，组织2次辅导讲座，编发43期《政工简报》、12期宣传栏，营造创先争优的氛围。

【狠抓基层党组织建设，组织功能与活力更加明显】 一是组织机构进一步健全。及时指导40个党支部（总支），按照“一岗双责”进行改选，确保支部（总支）班子健全；加强党员信息库建设，实现对党员发展、培训、组织生活等工作的动态管理；结合纪念建党88周年，督导各支部（总支）严格落实组织生活制度，开展参观革命圣地、重温入党誓词等系列主题活动，强化党员意识；抓好党务干部队伍自身建设，提高抓党建、带队伍、促发展的能力。二是狠抓机关党风廉政建设。督导各支部（总支）认真落实党风廉政建设“一岗双责”制度，强化对党员干部特别是党员领导干部，及敏感岗位、关键环节、重点人员的教育、管理和监督，落实责任考核、效能检查、联席会议、廉政谈话等工作制度，不断完善权力运行的制约和监督体系。三是营造创先争优、干事创业的良好氛围。结合省直机关工委开展的推荐先优活动，组织开展学习吴大观、沈浩等先进事迹大讨论，在各支部和党员中形成学先进、找差距、创先进的浓厚氛围，激发党组织和党员在应对危机、推进发展中发挥战斗堡垒作用和先锋模范作用。2009年，省财政厅机关1个党支部、1 名党务工作者、2 名党员受到省直机关工委表彰，60 名党员受到厅机关党委表彰。积极参加省直机关工委庆祝新中国成立 60 周年图片展，回顾展示了省财政厅党建工作发展历程、改革开放以来特别是近年来全省财政事业发展成绩和为促进经济社会发展做出的重要贡献，受到社会广泛好评。

【深入开展文明创建工作】 一是加强组织领导。督导省财政厅各处室（单位）以及各市、县（市、区）财政局认真学习贯彻《山东省省直文明单位（机关）管理条例》和《山东省省直文明单位（机关）考核细则》，切实加强对文明创建工作的组织领导，研究制定贯彻落实意见，规范全省各级财政部门文明创建工作。二是抓好创建活动。充分利用文明单位、青年文明号、文明家庭、文明服务窗口、青年岗位能手等创建载体，切实抓好文明创建联系点的工作。开展文明礼仪知识宣传普及活动，不断丰富和扩大文明创建工作内容和范围；认真总结文明创建工作的经验做法，扎实做好复查工作，不断提升文明创建工作水平，使全省财政系统文明创建工作由点到面、由浅入深，由省向市、县、乡扩展，影响力和效果正在逐步显现。三是积极开展对口帮扶。按照省文明委部署，继续加强对宁阳县伏山镇刘庄村的帮扶，进一步改善该村的教学条件和生活环境；与鄄城县、东明县失学少年儿童结成帮扶对子，支贫扶贫，奉献爱心，增强干部职工的宗旨意识，树立省财政厅良好形象。四是构建和谐机关。深入细致地做好化解矛盾、理顺情绪、凝心聚力工作，融洽机关党群关系，形成围绕中心、服务大局的有效合力。目前，文明创建活动已覆盖省、市、县各级财政系统，已成为全省财政系统提高文明素质、提升整体形象、凝心聚力的品牌工程。2009 年，山东省财政厅被评为“省级文明机关”；全省 17 市中，1 个市财政局被评为全国文明单位，3 个市财政局被评为全国文明创建工作先进单位，12 个市财政局被评为省级文明单位。

【努力加强机关作风建设】 把加强机关作风建设与政风行风建设结合起来，引导党员干部职工把树立良好的作风形象作为应对危机、推进发展的重要环节紧抓不放。结合“整改落实年”活动，制定《关于进一步加强机关作风建设的意见》，引导大家充分认识加强作风建设的重要性和紧迫性，深入查找在作风建设方面存在的突出问题，从 22 个方面积极采取措施，进一步改进学风、思想作风、工作作风、领导作风和生活作风，实现作风建设与业务工作相辅相成、相得益彰。围绕保增长、保民生、保运转、保稳定，引导党员干部职工深入开展调查研究，主动搞好服务，为部门、为基层、为群众办实事解难题，提高财政保障水平。通过提高财政预算透明度、加强门户网站建设、公开举报信箱电话、参与“阳光政务热线”活动等方式，接受群众监督，积极打造阳光财政。在 2008 年度省政府组织的行风评议中山东省财政厅获得第三名的好成绩。17 市中，有 13 个市财政局在本市行风评议中名列前三名，其中有 9 个排名第一。

【努力做好群团组织工作】 切实加强对工会、共青团、妇女工作的指导，充分发挥其联系和服务群众的桥梁纽带作用，把丰富机关文化生活、提高干部职工素质和促进财政工作三者有机结合起来。以“庆国庆、迎全运”为契机，开展了环山越野跑、乒乓球、篮球、足球比赛等各具特色的群众性文体活动，进一步丰富机关文化生活。举办了全省财政系统“庆国庆、迎全运”文艺汇演，搭建“建设财政文化、铸造财政精神、树立财政形象”的宣传平台。制定了《山东省财政厅干部职工生活困难补助暂行办法》，积极开展送温暖活动；征集为经济文化强省建设建言献策活动建议 30 条，征集省财政厅后勤服务质量意见建议 42 条，充分发挥干部职工的主人翁作用。积极组织参加“慈心一日捐”活动，捐款 28 180 元；扎实有效开展文明和谐家庭、“春蕾计划”捐资助学等活动。通过活动的开展，广大干部职工提高了素质，陶冶了情操，增强了体质，加强了团结，营造了顽强拼搏、开拓创新、团结进取的良好氛围。2009 年 9 月，省财政厅妇委会被表彰为“全国三八红旗集体”。

（撰稿：王崟垚）

纪检监察工作

【认真学习贯彻省纪委全会精神，把党风廉政责任制落实到各项财政工作中】 以省纪委全会和全国财政反腐倡廉会议部署的工作任务，研究印发《2009 年山东省财政系统党风廉政建设和反腐败工作实施意见》，对 2009 年山东省财政厅和全省财政系统党风廉政建设和反腐败工作进行全面部署。一是分解任务，落实责任。结合落实中央《2008～2012 年工作规划》和省委部署的任务，将财政承担牵头的5项、配合协作的27项源头治理任务细化分解，落实任务责任到岗到人，并通过联席会议和联络员制度督促各项任务的落实，发现问题及时协调解决。所承担的部门预算、“收支两条线”、规范津贴补贴、国库集中支付、政府采购改革以及“小金库”专项治理等各项源头治理任务取得新进展。二是认真落实党风廉政建设责任制。实行党组“一把手”负总责，分管领导“一岗双责”，各处室主要负责人实行“谁主管、谁负责”的领导体制和责任机制，形成了财政厅党组统一领导、纪检组组织协调、处室各负其责、党员干部积极参与、一级抓一级、层层抓落实的工作格局，全年各项任务的顺利完成。三是严格责任考核。通过廉政谈话、干部述职述廉、个人重大事项报告制度和民主生活会及时掌握领导干部落实党风廉政责任制以及执行廉洁自律有关情况。同时，加强效能考核评议，向社会各界和服务对象广泛征求意见，及时纠正在评议中发现的问题。

【强化党员干部廉政教育，扎实开展“四个一”教育活动】 按照省纪委等部门部署的“加强党性修养，弘扬优良作风”主题教育的要求，研究印发《关于开展“加强党性修养，弘扬优良作风”主题教育活动的通知》，将廉政教育纳入党员干部教育和培训计划。扎实开展“四个一”廉政教育活动。利用财政网络信息系统，创办一个廉政教育园地，播放惩防体系建设、作风建设以及警示教育视频资料；作一次加强党性修养、提高拒腐防变能力的专题讲座；组织召开一次厅机关反腐倡廉工作座谈会；组织一次《欲之祸》、《贪之害》警示教育活动。同时，对省财政厅机关处室领导班子进行建设性廉政谈话，肯定成绩，指出问题，提出要求。2009年，共与省财政厅机关25个处室、单位和7个驻外办事处领导班子进行廉政谈话，涉及处级干部170人，增强处室主要负责人的责任意识，起到较好的效果。

【加强制度建设，规范权力运行，完善监督制约机制】 一是扎实开展权力梳理、监督定位、流程规范工作。按照统一部署，在省财政厅机关和全省财政系统开展权力梳理、监督定位、流程规范工作。经过清理登记、审核汇总、整改完善、总结检查等环节，共梳理甄别出313项权力事项，其中，资金分配管理类有162项，行政管理类有102项，财政监督检查类有29项，其他类有20项。截至2009年底，全省县级以上财政部门权力梳理工作任务基本完成，做到权力事项成“章”，流程运行成“图”，工作规范成“册”。通过规范权力运行工作，完善资金管理制度，建立集体决策、相互监督、相互制约机制，强化制度约束力，财政管理制度化、科学化、精细化不断提高。二是组织开展专项资金管理执法监察。对省财政厅136项专项资金（专项经费）管理制度和办法进行清理审查，并其中对18项专项资金管理办法提出修订完善意见。截至2009年底，已经修订完善15项，余下的3项于2010年年初完成，实现“每项资金对应一项管理制度”的目标，消除资金管理制度上的“空白点”。三是加强对干部任用的监督。从方案制订、民主投票、计票统计、考察谈话、任前考察等各个环节全程参与干部选拔任用工作，为干部成长进步创造良好的环境氛围。四是建立领导干部廉政档案制度。建立副处级以上干部廉政档案对个人基本情况、述职述廉报告、落实党风廉政建设责任制考核情况、党风廉政建设方面受到的表彰或处分情况、个人重大事项报告情况、廉政谈话情况、经济责任审计结论等9项内容，加强对党员领导干部的管理和监督。

【认真落实厉行节约八项要求，积极推进节约型机关建设】 按照中央和省委、省政府关于厉行节约有关要求，研究制定了《关于深入推进节约型机关建设的意见》和《任务分工方案》，将财政牵头任务和财政厅内部任务细化分解到有关处室，明确任务，落实责任，并切实履行好在全省落实厉行节约八项要求工作中担负的牵头协调职责，确保各项任务目标的完成。

【认真办理群众来信来访】 2009年，共收到群众来信来电和上级转办来信19件（含重复举报3件），其中涉及财政厅机关和系统财政干部的6件。对群众反映的问题，按照处理原则和程序，认真负责地进行调查核实，做到事事有着落，署名的举报件件有回复。对反映财政系统“窗口”服务问题的，督促有关处室完善整改措施，加强执业道德教育，强化服务意识，维护财政部门和财政干部的良好形象。

【完善纠风工作机制，加强政风行风和干部作风建设】 一是完善政风行风保障机制。按照财政部的部署和省政府纠风办要求，研究印发《2009年财政厅机关纠风工作实施意见》，从强化扩内需、保增长、强农惠农、医疗卫生教育政策和资金落实的监督检查，以及规范行业协会、中介组织、公共服务业收费、财政监督、机关作风建设等10个方面，进一步明确政风行风建设25项工作任务，并将各项任务细化分解，确定了责任处室和责任人。省财政厅成立以厅长尹慧敏任组长的政风行风建设领导小组，为政风行风建设提供组织保障。二是开展行政效能考评工作。2009 年，向服务对象和部门、市、县财政部门、部分社会服务机构和上级财政部门发出行政效能考评征求意见信 395 封，收回 210 封，收集整理反馈意见建议 31 条。省财政厅党组召开会议进行专题研究，提出针对性的整改措施，推动机关服务意识和服务水平不断提高。三是加强系统纪检监察干部队伍建设。以“做党的忠诚卫士、当群众的贴心人”为载体，以“三个五”素质提升工程为抓手，切实加强思想、业务、组织、作风和制度建设。举办全省财政系统纪检监察干部培训班，突出财政纪检监察干部岗位特点和工作需求，重点就财政纪检监察业务及相关知识进行培训学习，进一步提升财政纪检监察干部的整体能力和专业水平。四是积极开展反腐倡廉调研工作。结合当前反腐倡廉建设面临的新情况新问题深入调查研究。2009 年，全省各级财政系统共撰写反腐倡廉建设理论研讨文章 30 余篇。按照财政部纪检组和省监察学会的部署，撰写《关于降低政府行政成本的研究》、《加强行政事业性资产收入管理的研究》2 篇调研报告，其中《关于降低政府行政成本的研究》获省监察学会优秀论文二等奖。

（撰稿：崔永峰　姜　湃）

财政科研

【概述】 2009 年，省财政科研所在厅党组的正确领导下，牢固树立科学发展理念，坚持“为现实服务、为中心服务”的方针，紧紧围绕厅党组工作部署和要求，大力开展课题研究，广泛开展学术研讨，认真组织财政宣传，全面加强内部管理，积极发挥财政科研的职能作用。

【抓课题质量，理论研究取得新成绩】 一是顺利完成全国财政协作课题《推进我省经济转型升级的财税对策研究》。研究期间与财政部科研所历史室、浙江省、河南省、上海市科研所等课题组成员单位积极配合，充分交流。课题报告在分析省重点企业优秀做法的同时，围绕薄弱环节和关键性领域，提出推动经济转型升级的财税对策思路。二是圆满完成省科技攻关项目《推进山东省主体功能区建设的财政政策研究》课题的相关工作。为推动我省主体功能区建设，联合省内有关高校专家，承担省科技攻关项目《推进山东省主体功能区建设的财政政策研究》课题。调研报告几经研讨，数易其稿，形成 15 万字的研究成果。通过对主体功能区建设的内涵、财政政策对主体功能区建设的影响机制进行探讨，明确提出完善财政政策推进主体功能区建设的相关政策建议。三是完成省规划办立项课题《山东省促进经济结构调整的财政政策研究》。在总结财政支持结构调整经验的基础上，从鲁、粤、苏、浙四省经济结构的对比分析入手，对粤、苏、浙三省支持经济结构调整的经验进行总结，提出我省促进经济结构调整的财政政策和建议。四是做好往年课题的结稿、鉴定和出版工作。2009 年，在原有研究基础上，进一步将研究成果修改完善，顺利完成《山东省县乡财政体制问题研究》结稿、鉴定工作。完成《我国现阶段居民收入分配问题研究》课题结稿和鉴定工作。在收集整理大量相关资料的基础上，分析当前收入分配制度取得的积极效果和存在的问题，提出调整完善分配制度和政策的建议。五是做好省科技攻关项目《支持山东半岛蓝色经济区建设的财政政策研究》前期准备工作。打造蓝色经济区是省委、省政府确定的重大战略措施，需要相应的财政政策作保障。2009 年，在搜集整理相关资料的基础上，拟定课题研究框架，做好课题研究的基础工作。

【抓专题调研，为现实工作服务取得新成效】 一是完成调研报告《山东省省管县财政体制改革问题初探》。从理论和实践的结合上分析省管县改革的必要性，并借鉴浙江、湖北等几个典型省份的实践经验，提出山东省省管县财政体制改革的设想及政策建议。二是对服务业发展进行专题调研。针对省委、省政府提出要大力发展服务业，促进我省产业升级和经济发展方式转变的要求，对服务业的发展进行专题调研，撰写《山东省服务业发展比较研究》。通过对我省与浙江、江苏、广东三省服务业发展情况的综合对比，总结出我省服务业发展中存在的差距与问题，提出加快政府职能转变、完善促进服务业发展的政策体系、推进农村服务业发展等一系列政策措施。三是对构建城乡公共服务体系提出政策建议。针对省委、省政府提出的大力推进城乡一体化建设要求，对我省城乡公共服务体系的发展状况进行专题调研，撰写《财政支持城乡公共服务体系建设的政策研究》。该报告通过对 2009 年山东财政支持城乡公共服务体系建设方面的综合评述，指出当前财政支持城乡公共服务体系建设中面临的主要问题，并针对问题提出优化财政支出结构，加大向重大领域倾斜力度；深化财政体制改革，增强县乡公共服务保障能力；发挥财政资金引导作用，构建“三位一体”的城乡公共服务体系等政策建议。报告被收录在《山东经济蓝皮书》中出版。四是开展“山东省落实扩内需保增长的相关财政对策研究”的调研工作。围绕省委、省政府提出的“扩大消费需求、积极培育新的消费热点”要求，对我省农村消费市场进行专题调研，撰写《扩大农村居民消费 保障基层财源建设》。通过对典型地区的调查，研究新形势下地方政府和财政如何发挥职能作用，提出合理融通多方面资金，增加有效投入，推动经济发展，同时控制财政风险等政策建议。

【抓组织协作，进一步推动系统内科研工作开展】 2009年，进一步完善协作课题制度，积极组织各市财政部门进行协作课题研究工作，并加强督促和指导，各市财政部门课题研究质量有了进一步提高。一是认真布置2009~2010年度协作课题。根据当前形势，确定“支持山东半岛蓝色经济区建设的财政政策”和“地方政府投融资管理研究”为2009~2010年重点课题，组织16个市财政科研力量分成3个协作课题组，集中精力共同研究。二是做好2008年度全省财政科研成果评选工作。为增强各市课题研究工作的积极性和主动性，提高科研成果的转化和宣传效果，组织专家对各市财政部门完成的2008年度协作课题的科研成果进行评审，并表彰奖励。同时，还对本年度部分研究成果进行编辑整理，出版《山东省2008年财政科研成果选》一书，供财政科研人员参考。三是进一步完善财政科研协作课题制度。财政科研课题自2006年采取各市协作、联合攻关的形式以来，形成一批具有较高质量，反映基层现实状况的科研成果，较好地发挥了为财政中心工作服务的作用。为进一步提高全省财政科研课题的质量，加强对课题的协调指导，以召开全省科研工作会议为契机，进一步修改完善全省财政科研协作课题制度，建立协作课题岗位责任制，完善课题的运行机制。

【抓办刊质量，进一步扩大《山东财政研究》宣传效果】 为切实办好《山东财政研究》，2009年，进一步明晰办刊思路，以宣传财政政策、服务经济建设为宗旨，以交流工作经验、指导基层财政工作为重点，认真抓好刊物编辑工作，使来稿渠道不断拓宽，稿件质量不断提升，稿件的时效性和针对性不断增强。全年共审阅、处理稿件800万字，刊发文章200余篇150余万字，编辑图片200多幅，在宣传财政政策、加强对基层工作指导、交流工作经验等方面收到明显成效。在刊发内容上注重对新形势下财政经济改革发展的热点、焦点问题组织稿件。针对促进居民消费的财政政策、民生保障政策落实、山东省省管县财政体制改革问题、山东省县乡财政体制改革问题、新能源产业发展等问题刊发相关论文。

【抓学术交流，进一步推动群众性财政科研工作开展】 2009年，加强与中国财政学会、各省市财政学会联络，扎实做好省财政学会秘书处工作。按照省民政厅要求，不断完善学会管理，积极参加省社科联组织的经济文化交流和研讨活动，组织理事和干事向社科联推荐全省优秀社科评选参评成果。2009年，省财政学会被省社科联评为省级先进学会。重点完成3项工作：一是积极组织召开山东省财政学会第七次代表大会。2009年8月在威海组织召开山东省财政学会第七次代表大会，38家团体会员单位的147名代表出席了会议。会议听取和审议山东省财政学会第六届理事会工作报告，修改学会章程，通过撤销山东省中青年财政理论研究会的事项。选举产生第七届理事会，布置第七届理事会工作，并对当前财政改革面临的若干问题进行研讨。二是开展优秀财政理论研究成果奖评选活动。为激励广大财政工作者提高调查研究和理论探讨的积极性、主动性和创造性，进一步促进全省财政研究工作的深入开展，组织开展山东省2003~2008年优秀财政理论成果奖评选活动。经个人申报、组织推荐，收到参评成果173项，评选出一等奖22项，二等奖38项，三等奖41项，并对获奖成果给予表彰奖励。三是组织开展理财问题研究征文活动。为深入贯彻落实省领导有关指示及全省财政学会第七次代表大会精神，不断深化对经济财政重大理论与现实问题的研究，促进全省经济财政发展，省财政学会在全省范围内组织开展“理财问题研究”征文活动，共收到学术论文455篇。

【抓组织协调，财政志编纂工作取得新进展】 一是圆满完成《山东省志·财政志（1986~2005)》送审稿编纂。邀请省史志办领导以及有关专家，召开志稿评审会议。根据专家提出的意见，形成修改方案，对志稿进行再次的修改和完善，形成《山东省志·财政志（1986~2005)》送审稿。送审稿按照“纵不断线、横不缺项”的编纂要求，记述了1986~2005年全省财政事业的发展历程。全志设4篇42章163节，共60万字。二是圆满完成《山东财政改革发展20年》编纂。为保存历史资料，全面、翔实地记录全省财政20年历史沿革，充分展示财政改革发展成就，于2009年7~9月对各处室提供的资料进行整理、补充，编辑出版240余万字的《山东财政改革发展20年》。

【抓内部管理，干部队伍建设取得新突破】 进一步加强内部管理，紧抓廉政建设不放松，确保各项工作顺利开展。一是成立青年活动小组，提升工作能力和综合素质。组织全所40岁以下人员成立青年活动小组，围绕当前经济热点问题开展学习、研讨活动。如：针对“能繁母猪补贴”政策出台的背景及实施效果进行分析与探讨，形成《能繁母猪补贴的经济学分析》。通过开展学习交流、研讨活动，大家的知识面和工作能力得到明显增强。二是强化责任意识，搞好勤政廉政建设。一年来注重加强政治思想教育，紧抓学习不放松。制定学习制度，每月集中学习一次。为保证学习效果，要求做到有学习计划、有读书笔记、有学习时间。并将每个干部的学习情况与年终的述职、评议相结合。为加强党风廉政建设，提高干部队伍拒腐防变的能力，从认真总结经验、分析问题症结入手，抓好责任分解、责任考核、责任追究三个环节，细化责任分工，进一步明确廉政工作职责，将责任落实到人，落实到位，领导带头，切实担负起所内党风廉政建设和反腐败的领导责任。此外，还按照厅内统一部署，认真开展权力梳理、监督定位、流程规范工作，对科研所担负的工作任务和职责范围内的权力进行全面的梳理、定位。结合梳理出的权力，重新修改、制定、完善管理制度。在学习实践科学发展观活动中，按照厅内要求，制定所领导班子整改落实方案，并建立台账。通过整改，全所党员干部的思想素质、业务素质得到明显提高，工作作风和效率进一步增强。

（撰稿：李建民　臧晓丽）

注册会计师工作

【深入开展行业学习实践科学发展观活动，全面加强行业党建工作】 一是召开会议全面动员部署。按照财政部统一要求，召开全省会计师事务所资产评估机构深入学习实践科学发展观活动暨行业党建工作会议，对行业深入开展学习实践科学发展观活动、全面加强行业党建工作进行全面部署。会议要求各会计师事务所、资产评估机构要进一步健全组织，夯实基础，全面加强行业党的建设工作。凡是正式党员在3人以上的事务所，根据党章规定单独建立党组织；正式党员不足3人的，按照业务相近、地域相邻的原则，就近与其他会计师事务所或社会组织联合建立党支部；尚无党员的事务所，通过选派党建工作指导员、联络员等办法开展党的工作。要积极探索建立党的建设长效机制，为做好行业党建工作奠定基础。二是成立中国共产党山东省注册会计师行业委员会。根据中组部和财政部要求，报经省委组织部批准，成立中国共产党山东省注册会计师行业委员会，山东省财政厅副厅长张洪军任书记，山东省注册会计师协会秘书长侯本领任常务副书记。三是做好行业党组织日常工作。组织部分事务所党支部书记参加财政部全国会计师事务所学习实践科学发展观交流会、中国注册会计师协会党委会议；组织全省50名会计师事务所党支部书记分三批参加在国家会计学院举办的党建培训班；组织部分会计师事务所党员参加远程培训；根据行业党委的决定，建立巡回指导制度；编辑出版《山东省注册会计师行业党员学习手册》，为基层党员学习活动提供方便；围绕中心工作，不断加强宣传力度，不断提高党员的党性观念、政治理论水平和思想素质。

【圆满完成年检、财务报表汇总及会费考务费清交工作】 注册会计师年检和财务报表汇总及会费考务费清交工作，头绪多，任务重。按照统筹安排、分工协作、提高效率、形成合力的原则，集中人员、集中精力，利用20多天的时间，圆满完成工作任务。对通过年检的5 874名注册会计师进行公告，对未通过年检的95名执业注册会计师注销注册，收回注册会计师证书。汇总财务报表显示，山东省注册会计师、资产评估师行业总收入、收入超过千万元的大所、注册会计师、注册资产评估师的人数，均居全国前列。

【加强行业监管，净化执业环境，促进行业健康发展】 根据注册会计师行业检查制度规定和中国注册会计师协会具体要求，研究制定全省注册会计师行业2009年度检查工作实施方案，将各市规模较大的事务所和2008年3月至2009年3月（2008年度注册会计师年检前）期间新设立的会计师事务所列入检查范围，共检查60多家。对检查出的问题，特别是对存在弄虚作假申请设立、内部管理混乱、违反职业道德、不顾执业质量、损害行业形象等重大问题事务所，依据有关法规和行业规定进行严肃处理。积极配合财政部、中国注册会计师协会做好对我省会计师事务所的监督检查工作，加强沟通协调，督促事务所认真查找问题、加强整改，不断提高执业水平和管理水平。

【加大培训工作力度，提高执业人员素质】 不断完善培训管理方法，严格执行IC卡报名和考勤制度，加大对后续教育培训考核管理力度，完成全年注册会计师后续教育工作任务。2009年，共举办注册会计师培训班22期，其中远程教育视频培训班1期，主任会计师培训班1期，质量监管培训班1期，培训5 771人次，培训率达到99%。一是加强组织领导。切实加强对培训工作的管理力度，对培训的机构建设、人员配备、计划制定、师资建设、课程设置、培训地点、考勤考试管理、财务管理、经费保障、后勤服务、证书颁发等各个环节都及时提出明确要求，并给予人力、物力、后勤等方面的支持保障，培训质量进一步提高。二是制定培训规划。结合全省注册会计师行业发展实际，研究制定《山东省注册会计师2009年度培训工作计划》，明确指导思想、总体目标、主要任务、具体要求，并将税收法规政策、企业内部管理风险控制、审计重点、难点及风险控制、会计准则的实施问题、2008年版企业会计准则讲解与2006年版差异介绍等内容作为今年的培训重点。三是加强师资队伍建设。为保证培训质量，聘请各大院校的知名教授和有实践经验的事务所专家前来授课，建立高质量的培训师资库。2009年，还在全省范围内选拔一批具有丰富实践经验和较高理论功底的师资，充实到继续教育培训师资库，使整个师资队伍更熟悉地方政策法规和实务中的问题，组织的教学内容能够更贴近注册会计师的需求。四是提高培训的针对性。截至2009年底，全省会计师事务所数量达到500多家，注册会计师（含今年新注册注师）已达6 432人，培训任务重，压力大。为提高培训效果，将培训地点设在济南、青岛、烟台、潍坊四个注册会计师比较集中、交通方便的城市，给学员提供一个较好的学习环境；针对学员们不同层次，采取“统分结合”的培训方式，“统”是将培训人员集中到国家会计学院，或者以省、市为单位进行集中培训，“分”则是以各事务所为单位，调动事务所的积极性，按需培训。加强对事务所内部培训工作的监督，对培训组织机构建设、培训制度建设、师资队伍建设、培训设施建设及培训经费的投入等进行检查和指导，使其充分发挥行业培训的基础作用。2009年，在全省范围内筛选推荐40家大、中型会计师事务所，作为财会类大学生实训基地，为社会和会计师事务所培训后备人才打下基础。五是加强培训组织管理。严格执行IC卡报名和考勤制度，杜绝迟到、早退、无故旷课等现象的发生，确保参训出勤率。每期培训班结束，都组织严格考试。对考试合格人员，颁发结业证书，并上网公示；不合格的，取消本次培训资格，令其下次补训。

【做好注册会计师的考试服务工作】 一是完成全省18个考区2009年度新、旧制度报名和报名条件的核查工作，2009年度旧制度全省报名人数为5 220名，报名总科次为12 873；新制度全省报名人数为43 978名，报名总科次为88 868，两项合计为49 198人，101 741科。二是完成全省报名人员辅导教材的预订发放工作，预订教材40种25 795册，发放各种辅导材料16种21 056份。三是完成2008年度注册会计师考试成绩的公布工作。四是完成2009年度考生全科合格人员的上报、核准以及发证等工作。截至2009年11月30日，全国考办共核准山东2008年度全科合格人员3批次共计638人。五是完成18名高级职称人员的免试审核、上报、通知等工作。

【做好注册会计师的日常服务工作】 一是做好注册会计师注册工作。全年共受理注册材料700多份，批准注册会计师503人，并严格按照财政部和中国注册会计师协会要求，准确、及时、完整地报备相关资料。二是积极开展非执业会员换证工作。对2009年以前年度批准的所有非执业会员进行重新登记。截止目前共有2010人提请中国注册会计师协会审核换证，占应换证人员的70%。同时办理非执业会员的入会及转会工作，全年审批非执业会员210人，为16名非执业会员办理转会手续。三是做好财政部注册管理网络系统管理工作。对全省注册会计师情况随时审核、登记入网，有关变更事宜及时调整数据，实现会员信息系统数据收集的统一性、完整性、准确性和及时性。四是及时办理转所、转会工作。全年办理注册会计师转所800余人，做到转所、转会随时办理。根据财政部的规定，严格办理新设事务所股东和合伙人资格审核工作。2009年，共对新设会计师事务所的116名股东或合伙人的资格进行认真审核，对审核合格的79名股东或合伙人出具相关证明。五是及时调解事务所内部矛盾，促进事务所和谐稳定发展。全年共处理来信20多件、来访30多人次，帮助10多家事务所较好地解决内部纠纷，对所反映问题都进行相应处理。

【积极参加行业准则、办法的研讨和修订】 按照中国注册会计师协会要求，先后组织参加对《〈注册会计师注册办法（修订）〉（征求意见稿）》、《中国注册会计师协会非执业会员登记办法（征求意见稿）》及《中国注册会计师协会关于〈行业信息管理系统建设阶段评估〉（征求意见稿）》等行业规范及制度建设的修订工作。同时，积极组织力量，深入开展调研，完成《会计师事务所分所发展及管理研究》课题研究，取得阶段性研究成果。

【做好权力搜索，监督定位，规范权力运行规程】 认真开展权力“搜索”、监督定位、流程规范工作，研究制定《山东省注册会计师协会秘书处基本工作规则》，并对山东省注册会计师协会的工作职责进行全面梳理与规范，共梳理出权力事项17项，编制情况登记表，设计18个流程图，较为全面、系统地反映和描述山东省注册会计师协会的权力运行流程。

【做好宣传工作】 采取多种措施，提高编辑水平，丰富刊物内容，会刊《山东注册会计师》的发行质量和影响力进一步提高，已经成为全省会员喜爱的刊物，也是全国同类会刊中办得最好的之一。充分利用山东省注册会计师协会网站和山东财政信息网，宣传注册会计师和注册资产评估师在维护公众利益和市场经济秩序中发挥的重要作用，宣传注册会计师和注册资产评估师在市场经济的建设和发展中所做的贡献，从而塑造良好的社会形象，为行业的发展争取有力的舆论支持。组织举办全省注册会计师行业第三届乒乓球比赛，共有来自全省40多家事务所的12支代表队、90多名运动员报名参加比赛，展现行业精神风貌，增强行业凝聚力。

（撰稿：侯本领　杨　超）

财政信息化建设

【抓应用支撑平台建设，财政信息化一体化步伐开始加快】 2009年，省财政厅统筹规划，精心组织，全力推进平台建设。一是精心组织省级平台建设。上半年，厅信息中心通过多种方式咨询财政部对模式选择的意见，了解兄弟省市实施进展情况，会同有关处室进行深入考察和反复论证，拟定《山东省金财工程应用支撑平台推广实施方案》，确定省级平台建设第一阶段采取接入为主、生长为辅的“4+2”模式（将部门预算、预算执行、指标管理、政府采购4个系统，进行规范化改造后接入平台，然后基于平台开发账务管理、综合查询分析2个系统）。8月，方案经财政部审查通过。9月16日，省财政厅召开平台建设动员部署会，统一思想，明确任务，正式启动平台建设。按照工作计划，平台实施小组完成基础数据整理、业务流程梳理，实施预算执行、政府采购、部门预算、指标管理、总账等系统的改造接入及支付中心账务系统、统一门户系统的生长开发，并对平台和系统进行测试验证。二是市级平台建设逐步展开。青岛市作为财政部试点单位，3月份市本级平台正式上线运行，将预算编制、基础信息库、项目库、指标管理、国库集中支付、实拨资金管理、财税库银联网、非税收入、工资统发等9个系统接入平台，基于平台生长开发账务系统和综合查询分析系统。东营市平台建设以生长模式为主，接入模式为辅，于4月份实现平台正式上线运行，先期将指标管理、国库集中支付、公务卡、工资统发、账务处理等业务纳入平台运行。

【抓核心业务系统建设，进一步增强信息技术对财政改革发展的支撑力】 2009年，厅信息中心大力抓好核心业务系统推广应用。一是积极搞好预算管理系统建设。7月份，完成2010年部门预算基础数据修改及录入报表、“二上”报表、基础信息表等近30张报表的定制，12月份完成“二下”报表的定制。同时，搞好基础信息库、项目库建设，实现与部门预算系统数据同步，为预算编制提供准确、科学的依据。做好指标管理系统定制及运行维护，确保系统正常运转。做好地方分析评价系统数据更新，指导督促各市、县财政部门按时完成数据录入、汇总，确保全省有关信息及时准确上报财政部。指导市、县财政部门搞好预算管理系统推广应用，全省所有市安装应用部门预算系统，16个市安装应用预算指标管理系统。厅信息中心组织开发的部门预算系统在35个县（市、区）正式上线，指标管理系统在15个县（市、区）成功运行。二是扎实搞好国库集中支付系统建设。2009年，将省交通厅下属预算单位纳入系统，使系统覆盖面扩大到省级所有基层预算单位。增加实拨资金支付等功能，实现与政府采购管理系统的对接。根据财政部部署和要求，与平台实施同步开展系统升级工作（将2.0版升级为3.0版），新系统于12月15日正式启用。公务卡管理系统应用力度加大，应用范围已扩大到所有预算单位及6家商业银行，有力地支撑公务卡改革。指导市、县财政部门搞好国库集中支付系统推广完善，市级国库集中支付系统在所有市运行应用，县级国库集中支付系统在全省122个县（市、区）成功上线。厅信息中心组织开发的总账系统，已推广到46个县（市、区）。三是继续做好涉农补贴“一本通”系统建设。2009年，系统已实现粮食直补、农资综合补贴、大中型水库移民扶助资金等26个补贴项目资金的“一本通”发放，其中本年度新增实施种粮大户奖励等5个补贴项目。全年发放资金63亿元，受益农民3 500万人次，为财政部门落实惠农政策提供重要的支撑保障。对系统进行完善开发，对综合查询模块进行重新设计，系统的易用性、稳定性及处理速度有较大提升。对接口程序进行优化升级，确保系统可以直接导出符合“中国农民补贴网”要求的数据文件，并实现“一本通”系统与农村信联社业务系统的有效衔接。四是成功开发政府采购管理系统。为满足政府采购管理需要，省财政厅确定开发新版政府采购管理系统。5月份，新系统在省级正式启用，覆盖预算单位1 179家，代理机构217家，实现与部门预算、指标管理、国库集中支付等系统的对接，基本涵盖整个政府采购管理业务。五是部署启动行政事业资产管理系统建设。选择确定全省推广使用的资产管理软件。制定《山东省行政事业资产管理系统实施方案》，对系统建设进行部署和要求，并完成对省直部门、各市财政部门的应用培训、设备配置和环境搭建工作。六是努力做好其他业务系统的开发应用工作。研制开发票据管理系统、离退休干部信息管理系统；协助有关处做好汽车摩托车下乡软件系统推广应用及技术支持；完成省人代会全省经济和社会发展信息库的整理入库及软件现场装调等工作；协助有关处开发部署政府债务管理系统；配合有关处做好国库执行分析系统、国库FTP系统、政府采购代理机构资格证书管理系统、专家库系统的技术支持；会同有关处搞好农村义务教育债务监管、扶贫资金管理、会计考试管理等系统的推广应用和运行保障。

【抓办公系统及信息网站建设，财政办公自动化水平不断提高】 一是不断完善办公系统。信息中心对软件进行修改完善和功能强化，同时对厅机关近百名工作人员应用权限做设置调整。重新配置厅远程收发文服务器，使远程收发文系统覆盖包括青岛在内的所有市。市、县财政部门应用力度进一步加大，全省17个市、近60个县（市、区）安装应用办公系统。二是网站建设取得新成效。信息中心及时为政府采购处、综改办、会计培训学院设计开发主页，为经建处等5个处室更新主页，增强主页功能。在网站首页增加政策文件、廉政勤政教育、干训园地、保密检查工具下载等栏目。对厅门户网站进行改版，使网站栏目设置更加合理，信息更加丰富，运行更加稳定。积极做好政府采购网站维护管理工作，保证网站可靠稳定运行。市、县两级财政内部网站建设和应用也不断深化，全省17个市、近50个县（市、区）建立内部信息网站。三是内网邮件系统运行稳定。为满足厅机关机构改革后处室应用需要，厅信息中心及时做好用户注册、更新和修改维护工作，确保各级财政部门用户正常使用。截至年底，全省已注册省、市、县、乡四级财政用户7 000多个，并实现与财政部及兄弟省、市财政邮件系统的互连互通。

【抓网络及安全建设，信息化基础设施日益完善】 一是继续抓好网络建设及完善。在局域网方面，着力抓好局域网交换设备扩展和网络性能提升，指导各地建立以核心三层交换机为主干的局域网络。在广域网方面，采取有效措施，确保网通、广电两条专线有效连通及网络设备稳定运行。率先完成省到财政部网络专线升级改造，网络传输速率大大提高。在城域网方面，认真做好省级城域网的扩展延伸工作，确保预算单位顺利接入省电子政务网。同时做好新增预算单位VPDN线路开通工作，年内累计开通1 100多条。增开省财政与中国银行、民生银行的两条专线，城域网商业银行接入数量达到6家。二是网络安全建设取得重要进展。按照财政部统一部署，信息中心组织实施省级身份认证及授权管理系统建设，先后完成环境搭建、应用系统接入及数字证书制作等工作。组织开展全省财政系统趋势网络防病毒软件升级，软件功能和性能有很大改善和提高。进一步优化调整防火墙、路由器等系统的安全访问策略，对访问厅局域网用户进行严格控制。做好会计VPN加密系统维护，确保考试系统安全稳定运行。三是加强网络安全管理。1月份，省财政厅印发《关于进一步加强计算机及财政信息系统安全保密工作的意见》（鲁财办〔2009〕1号），进一步明确安全管理要求，健全组织管理体系和技术防范措施。7～8月份，开展厅机关保密与信息安全自查，财政部和省保密局检查组也先后对财政厅安全保密工作进行检查。通过检查，及时发现问题，堵塞漏洞，有力促进全省财政网络安全和信息保密工作。

【抓组织管理，为信息化工作有序开展提供重要保障】 一是加强应用支撑平台建设的组织领导。8月，省财政厅成立应用支撑平台建设领导小组，由厅长尹慧敏任组长，副厅长李国健任副组长，办公室、综合处、法规税政处、预算处、国库处、政府采购监督管理处、行政政法处、教科文处、经济建设处、农业处、社保处、企业处、集中支付中心、信息中心主要负责人为成员。领导小组下设业务组和技术组，分工负责相关具体工作。二是完成《金财一期工程山东省建设项目可行性研究报告》编报任务。根据财政部统一部署和要求，厅信息中心认真组织编制可研报告，于3月份完成可研报告初稿，先后报财政部、省发改委通过审查、批复，较好地促进金财工程建设。三是加强工作考核。为进一步提高网络应用考核的针对性、实效性，省财政厅重新修订《全省财政系统计算机网络应用考核办法》，进一步明确考核内容、要求和标准，从网络应用、网络及安全建设、信息化基础工作等方面进行量化考核，力求客观公正地评价各市工作成效。部分市也参照省财政厅做法，组织开展对所属县（市、区）的考核，有力推动全省财政信息化工作顺利开展。四是开展技术培训。厅信息中心举办全省财政系统网络安全建设培训班、趋势网络防病毒软件升级培训班，培训各市财政信息中心主任及专业技术人员50多人次。积极参加财政部、厅机关及省有关部门举办的各种培训班，选派20多人次参加部门预算、国库集中支付、行政事业资产管理、农村义务教育债务监管、网络安全等方面的培训。结合应用支撑平台、新版国库集中支付系统、行政事业资产管理系统、政府采购管理系统、“一本通”管理系统等软件的推广应用，积极做好对厅各处室、省直单位以及市级财政、预算单位、银行等用户的培训，促进各项应用工作顺利开展。五是加强机构队伍建设。借厅机关机构改革之机，厅信息中心研究提出加强和完善信息机构职能的意见建议，进一步明确信息机构职责，强化信息机构职能，不仅为今后开展信息化工作奠定良好基础，而且为市、县信息机构建设提供重要依据。全省已有13个市、近40个县（市、区）成立专职信息机构，市、县两级从事计算机技术、管理等方面的专职人员有320多人。六是搞好调查研究。厅信息中心对如何搞好应用支撑平台建设进行深入调查研究，提出搞好平台建设的思路和建议，为平台建设顺利进行打下良好基础。结合年底对各市网络应用考核，了解掌握各地信息化工作情况，为下一年信息化工作积累第一手资料。

（撰稿：刘　冰　肖丽辉　赵　刚　陆　平）

财政干部教育培训

【概述】 2009年，共举办各类培训班35期，培训财政干部3万余人次，其中：岗位培训7期，培训干部400余人次；财政业务培训18期，培训干部1 300余人次；远程教育培训4期，上网学习2.8万人次；师资培训4期，培训系统内专兼职师资200余人次；干教通讯员培训1期，培训干部50余人次；远程教育系统管理员培训1期，培训干部50余人次；选调72名财政干部参加财政部举办的33期培训班，顺利实现“十一五”规划确定的阶段性目标。

【在创新中发展，较好地完成全年培训任务】 2009年，干部教育培训紧紧围绕财政中心工作，坚持整体推进与重点突破结合，规范管理与大胆创新并重，夯实基础与锐意进取同抓，不断向现代化、规范化和科学化迈进，圆满完成各项工作任务。一是深入学习贯彻党的十七届四中全会精神，不断提升财政干部的思想政治素质。按照中央和省委部署，紧密结合国家重大方针政策，把党的十七届四中全会精神、建设学习型党组织列为教育培训的重点内容，举办各种形式的专题培训班、报告会、知识竞赛，切实加强思想政治培训，用党的最新理论创新成果教育干部，使其在武装头脑、增强能力、指导实践和推动工作上取得实效。二是以能力建设为核心，不断创新岗位培训工作。积极利用国家优质教育资源，采取与高等院校联合办班形式，先后到厦门国家会计学院、上海国家会计学院等举办高层次岗位培训班7期。在培训内容上既注重财源建设、增收节支等新理论新观点，又注重财政体制建设、机制创新等长远发展规划；在培训效果上既注重受训者知识的更新和技能的提高，又要注重了受训者态度的改变和行为的优化。三是搭建互动平台，深入开展网络培训。2009年，网络培训工作的重点放在对“山东省财政干部教育网络培训系统”管理软件的改造上。采取征求意见、分析需求、修改程序、改进功能等一系列措施，使软件更加符合财政干部教育培训特点。先后对管理软件在班级分组、交流、统计、个性展示、比较等功能进行完善，通过对34个项目升级，网络培训学习的趣味性和吸引力进一步增加，达到以高质量的管理获取高效率培训效果的目标。同时，进一步完善资源库建设，年内新制作和移植视频课件462个。截至年底，系统资源库存课件已增容至2 000个，教育培训网站访问量超过30万人次。四是服务财政中心工作，大力开展专项业务培训。围绕部门预算改革、国库集中支付改革、社会主义新农村建设中的财政政策、税政税制改革、财政监督检查等热点、难点问题，2009年，组织多种形式的专项业务培训近20期，有力地保障财政工作的顺利推进。同时，增强服务意识，进一步完善财政专项业务培训管理工作规程和办班流程，提升培训服务管理质量。

【在探索中前进，积极拓展培训的深度和广度】 一是加强培训前瞻理论研究。按照财政部《财政干部教育培训与职业生涯发展问题研究》课题任务要求，成立专门课题组，确定“在缜密研究职业生涯发展相关理论，有效吸收国内外最新科研成果，借鉴利用先进经验的基础上，科学分析干部教育培训与职业生涯发展之间的密切联系、因果关系及发展方向，根据全国财政干部教育培训工作的现状和发展趋势，提出具有思想性、创新性、时代性、指导性、针对性和具有财政系统干部教育培训特色的理论框架。采取典型调查法与分层抽样法相结合，问卷调查与访谈调查相结合的方式，立足山东、放眼全国，按照“东中西”地区的实际差异，分别在省内17市分层次进行访谈，并向甘肃、湖南等省发放调查问卷。经过深入调研，最终形成研究成果并上报财政部。经评审专家鉴定，认为该课题研究成果具有较高水准，对于今后的财政干部教育工作具有很强的理论指导意义和实践参考价值。二是建立全省培训对象基本情况信息库。开展全省财政系统干部教育培训对象基本情况调查摸底工作，进一步深入了解全省财政系统领导干部的培训需求，增强干部教育培训的针对性和实效性，推进干部教育培训工作精细化管理。建成涉及17个市以及所属县（市、区），包括271名市级财政干部和1 703名县级财政干部的培训情况信息库，同时形成数据准确、统计详细、分析到位的调查报告。三是开展“十一五”干部教育培训情况调查工作。为全面了解“十一五”期间全省财政系统干部教育培训的发展情况和取得的成绩，探索“十二五”时期我省财政系统干部教育培训的发展趋势。2009年，在全省范围内开展“十一五”干部教育培训情况调查工作。通过开展问卷调查，对调查数据进行汇总，进一步明确今后的工作重点和发展趋势，为推动干部教育培训工作的纵深发展提供重要和可靠的依据。四是加强改进省会校工作。召开山东省会计干部中等专业学校工作座谈会，组织调研活动，了解各分校的发展概况、开展工作情况及办学中出现的突出问题等，倾听不同层次、不同对象的意见和建议，研究今后开展工作的新思路。

【在进取中提高，夯实干部教育培训工作基础】 一是推进干部教育培训管理队伍建设。持续实施“培训管理者培训工程”和系统内“师资培训工程”，举办1期“全省财政系统培训管理者研讨班”和4期“师资培训班”，为全省财政干部教育培训工作提供重要的人才保障。在全省财政系统培训管理者研讨班中，设置国学知识专题讲座，邀请山东财政学院教授讲授“《论语》中的为政管理思想及其现实意义”。通过组织参观山东蓝海职业学校，使干部教育培训管理者对全省集培训与学历教育为一体的现代化民营教育基地有了全新地了解，达到总结自己、学习他人、准备将来的目的。二是健全上下联动的培训宣传机制。坚持“一事一总结”，及时将工作新动态和每期班的举办情况进行总结，并将成果及时以信息的形式交流出去。全年积极向财政部《培训动态》专刊投稿15篇，采用率达100%，2009年，被财政部评为“全国财政干部教育培训宣传工作先进单位”。以厅信息网和干部教育中心网页为主窗口，在每期培训班结束后，及时将培训信息进行上网张贴，通过向厅《财政情况》、《财政研究》投稿，配合机关党委制作培训班信息专栏，及时整理学员们精彩发言、学习感言并汇编成册，印发各级，展示培训效果。通过一系列内容丰富、形式多样、快速高效的总结宣传，在全省财政系统产生强烈反响，对各市财政培训工作的开展起到良好的辐射引导作用，营造干部踊跃参加教育学习的浓厚氛围。三是加强全省财政干部教育培训指导工作。召开全省干部教育培训工作研讨会，总结交流各市开展大规模培训干部工作的先进经验和做法，探讨今后工作的指导思想、目标任务和对策举措。编发各类信息100余篇，重点推广各市先进培训经验和创新做法。组织开展各项调研活动，收集具有规律性、建设性的意见建议，并认真总结分析，将调研成果运用到培训工作中，以调研成果指导和改进培训工作，推动全省财政干部教育培训事业科学发展。

（撰稿：郝喜良）

国库集中支付工作

【深化完善财政国库管理制度改革，国库集中支付取得新成果】 2009年，全省国库集中支付改革跃上新台阶，取得新成果。一是省级改革扩面已基本实现全覆盖。按照年初确定的工作目标，配合国库处继续推进省级财政国库管理制度改革，在做好原有预算单位支付工作的同时，积极做好省交通厅公路系统纳入国库改革的各项前期准备工作，确定预算单位人员角色、岗位和权限，对具体操作人员进行业务培训等，各项准备工作有条不紊进行，为顺利推进全省公路系统国库改革奠定基础。截至2009年12月31日，省级国库改革单位达到822个，覆盖到所有省级预算单位（除垂直管理部门市局以下单位）的预算内资金。全年共完成国库集中支付资金351.63亿元，比上年同期增长49.12%，其中：财政直接支付资金181.61亿元，比上年同期增长103.94%，财政授权支付资金亿170.02亿元，比上年同期增长22.62%。省级实行国库集中支付改革以来，省级财政直接支付金额，首次超过财政授权支付金额，省级国库集中支付改革朝着改革方案确定的最终实现目标又迈出坚实的一步。二是市县国库集中支付改革全面推开。按照国库集中支付“纵向到底”的改革目标，进一步推动市、县加快国库集中支付改革步伐。从市级看，全省17市已全部实施国库改革，改革单位总数达到4 195个，其中青岛、淄博等15个市的改革覆盖到所有预算单位。从县级看，截至年底，全省除青岛所辖县市区外，其余16个市所有129个县市区全部实施改革，改革单位数达到13 169个，占全部预算单位的91%；其中，日照等9个市所辖县市区改革单位达到100%。三是中央和省级专项转移支付资金国库集中支付取得新突破。随着专项转移支付资金实行国库集中支付新机制的不断完善，支付的项目逐年增加，先后将家电下乡、新农合、农业保险补贴等专项资金实行国库集中支付。2009年，又先后增加汽车摩托车下乡、家电以旧换新等中央和省级专项资金实行国库集中支付。全年由省财政直接支付到县级财政的中央和省级专项资金达111.74亿元，比去年增长61.47%。其中，农村义务教育经费33.15亿元、新农合补助资金25.99亿元，与去年基本持平；家电下乡补贴12.45亿元、农业保险保费补贴1.88亿元、省级农业财政专项31.06亿元，分别比去年增长375.19%、74.07%和485.85%；新增加的汽车摩托车下乡、家电以旧换新专项资金也分别支付4.78亿元和2.43亿元。四是进一步加大国库集中支付改革业务培训工作。为进一步推动全省财政国库集中支付工作的开展，切实提高财政国库集中支付干部综合素质和工作水平，9月份，在东营市举办全省17个市60多名集中支付业务骨干参加的国库集中支付业务培训班，主要针对工资统发系统及国库集中支付系统操作流程、功能实现、实际应用进行培训；同时，对发挥国库集中支付系统平台作用，不断提高国库集中支付管理水平和资金安全防范意识以及反腐倡廉惩防体系建设与财政国库集中支付的关系进行探讨。

【财政统发工资工作取得新突破】 2009年，在继续做好原有省直预算单位工资统发的基础上，为配合推进省监狱、劳教系统监管和生产分离的改革，会同行政政法处等有关处针对两系统多为异地、又远离城区的特殊情况，多次研究相关政策措施，制定详尽的业务流程，确定工资统发代理银行，对具体经办人员进行业务培训，确保对省监狱所属24个单位13 715人、省劳教局所属5个单位1 810人，1.55万多干警工资和离退休人员离退休费全部顺利地发放到人，打破异地制约工资统发的瓶颈，对四个垂管系统的工资统发探索经验。为进一步做好省直工资统发工作，召开由省公安厅、省人力资源社会保障厅等10部门财务负责人、代发银行相关负责人参加的座谈会，就工资统发及新系统的实际应用等情况进行座谈讨论。11月份，会同厅人事处等处室研究探讨对厅7个检查办事处人员工资实行由省财政统一发放工资的可行性及相关准备工作。与省人事厅及厅行政政法处等有关处室密切协作，积极做好济青高速公路交通警察支队在职人员工资、津贴补贴（除生活性补贴外）和离退休人员的离退休费、离退休补贴由省财政统一发放的各项前期准备工作。截至2009年12月31日，省直全年由财政统发工资的单位达到239个，统发人数达3.4万多人，比去年增长86.86%；全年共统发工资10.46多亿元，比去年同期增加2.68多亿元，增长34.36%；代扣代缴个人住房公积金和个人所得税共计6 907.88多万元，比上年增加52.12多万元，增长0.76%。

【积极配合政府采购改革，政府采购资金支付成果显著】 在政府采购资金支付工作中，不断改进工作方式，规范内部程序，简化工作环节，提高服务能力和水平。进一步强化资金审核力度，严把资金出口关，确保资金的安全支付和采购合同责任的履行，实现“审核无遗漏，资金拨付无差错，安全高效快捷”的工作目标。2009年，共审核采购合同6 000多份、采购项目30 000余项，实现政府采购资金支付29.4亿元，比去年增加96%，实现采购资金结余3 300多万元。在做好日常政府采购资金集中支付工作的同时，一是针对2008以前年度政府采购资金支付一直沿用手工方式，没有纳入新的政府采购管理信息系统的现实状况，与国库处、采购处、信息中心进行协商沟通，对2008年度政府采购预算采购计划、未采购资金、未支付资金、结余资金及政府采购合同等信息进行认真核对，把相关信息全部重新录入到新的采购管理信息系统，实现与财政支撑大平台的对接，从而有效解决手工操作工作量大、支付效率低、支付数据报表统计迟缓等问题，有效防止手工容易出差错，资金安全隐患问题的发生。二是对2006年度、2007年度的政府采购预算执行情况进行全面梳理，就不同年度、不同资金性质及各种资金滞留账户情况进行分类汇总，多次会同有关业务处分析研究，提出切实可行的处理意见，从而顺利地完成2006年度、2007年度政府采购资金的清理工作，总计清理滞留在采购账户的采购项目600多个、采购资金1.5亿元。三是规范做好政府采购资金专户的会计核算、凭证管理等工作。完成政府采购资金建账工作，及时准确核算和反映采购资金专户的收支情况。加强与预算单位、相关业务处室、代理银行的定期对账工作，确保各类账表相符。加强会计档案资料管理，认真做好年度会计凭证、账簿装订、归档工作，确保会计资料完整、安全。

【加强资金支付管理和监督，确保资金支付安全】 始终把资金安全置于各项工作的首位，严防死守，确保万无一失。一是根据财政部《关于进一步加强地方财政资金安全管理的通知》精神，对支付中心内部各项管理制度进行全面深入地审查，特别是在资金支付管理这个环节，认真推敲支付业务流程，规范人员角色权限，同时，还对支付系统和工资系统的每个节点进行重新审查，确保资金支付科学、规范、安全、高效。二是开展权力“搜索”，强化制度建设。以厅党组开展权力“搜索”、监督定位、流程规范工作为契机，本着“制度健全、流程规范、监管到位”的原则，我们对负责管理的权力事项分门别类、逐项梳理，科学确定关键岗位，深入查找薄弱环节，认真制定整改措施，积极完善管理流程，共梳理出权力项目4项，并对每项权力绘制管理运行流程图，细化各个工作环节的目标任务，找出各个项目的关键环节和薄弱环节，强化管理职责，明确监督重点，使权力运行更加公开、透明、规范、有序。三是加强支付凭证、公章印鉴使用管理。资金支付过程中，严格执行印、单分离，印鉴分管，支付、核算、复核岗位分开，支付审核、稽核职责分开等制度。建立健全公章印鉴使用登记制度和回单登记制度，确保财政资金的安全和纸质单据的完整。

【加强财政国库管理信息化建设，为财政国库改革提供技术保障】 建设稳定高效、功能强大的国库管理信息系统，是顺利推进国库集中支付改革的技术保障，是提高国库管理水平和管理效率的重要支撑，也是“金财工程”建设的重要内容。支付中心会同信息中心等有关处室进一步加强财政国库集中支付、工资统发、政府采购、财政支撑大平台等信息系统建设，在认真做好系统维护、提高安全保障能力的基础上，不断强化和升级系统功能，财政国库管理信息化水平得到进一步提高。一是不断完善国库集中支付系统。对支付系统进行优化升级，进一步提高系统的稳定性，有效杜绝数据包丢失、单据传递异常等现象的发生，查询功能更加强大，账务处理、会计报表更加灵活，系统功能不断完善。为确保资金的安全和支付数据、账务系统的完整，启用支付系统中实拨资金功能，积极做好实拨方式下采购资金的支付流程、账套设置、账务处理等相关工作，将支付数据和账务处理统一到国库支付系统中，确保账务的完整性。配合开发商完成国库集中支付管理系统升级，进一步优化系统功能，也为顺利接入大平台打下基础。二是积极配合新的政府采购管理系统的建设和功能完善工作。新版的政府采购管理系统于7月份上线应用，资金支付安全性和效率进一步提高。三是配合做好应用支撑平台建设工作。按照厅财政综合业务运用支撑平台实施方案要求，全力配合厅信息中心做好国库集中支付管理系统、工资统发系统和政府采购管理系统融入大平台建设有关工作。按照“系统不改、业务不变、性能优化、管理高效”的建设目标，积极参加系统的改造部署联席会，结合国库集中支付工作实际，多次与信息中心、开发商交流沟通，提出三大系统融入大平台建设意见和建议，并完成国库集中支付管理系统的升级优化，确保大平台建设正常进行。

【加强干部队伍建设和党风廉政建设，增强干部综合素质和勤政为民的能力】 2009年，支付中心以开展学习实践科学发展观活动和“财政整改落实年”为契机，强化政治理论和业务知识学习，加强干部队伍建设、思想作风建设和党风廉政建设。贯彻落实党的十七大、十七届三中、四中全会精神和胡锦涛总书记视察山东时的重要讲话精神，拓展工作思路，加快推进财政国库集中支付改革，有力促进财政国库集中支付工作的深入开展。以人为本，努力提高干部队伍素质。针对中心新进人员多、业务生等问题，合理分工，科学安排，采取以强带弱等方法措施进行传、帮、带，让新进人员能够在较短的时间内熟悉环境、熟悉业务流程，尽快进入角色，全面提升工作业务能力。合理安排人员参加培训活动，5月份有3名同志参加科级干部培训班，9月份中心全体人员参加全省国库集中支付业务培训班。认真组织学习廉政建设法律法规，听取廉政报告和收看反腐倡廉录像，3月份，组织全体党员干部到省监狱进行一次警示教育活动，从思想上构筑反腐防线。严格落实党风廉政建设责任制，按照党风廉政建设与业务工作“一岗双责”的要求，领导干部以身作则，自觉接受监督，党员干部特别是领导干部在廉政建设中发挥表率作用，切实遵守廉政法规制度。2009年，中心党支部定期召开支部会议，以党员思想政治教育、作风建设为支部活动的主要内容，按照“特事特办、急事急办”的工作理念和“服务领导、服务基层、服务单位、服务群众”的服务理念，进一步改进工作作风，树立良好的“窗口”形象，连续六年被授予“山东省青年文明号”荣誉称号。

（撰稿：臧殿新　张立军）

财政投资评审

【概述】 2009年，全省各级财政投资评审机构以科学发展观为统领，坚持“以服务求发展、以发展促服务”，紧紧围绕党委政府和财政中心工作，紧扣财政科学化精细化管理，对财政投资评审理论和实践进行探索创新，全省财政投资评审思路更加清晰，机制更加完善，重点更加突出，质量更加可靠，关系更加和谐，成效更加明显。

【贡献力越来越大】

（一）评审效能再创新高。一是评审项目数突破7 000个。全省各级共完成评审项目7 368个，比上年增加1 045个，增长16.53%。其中，省级完成评审项目147个，市县完成评审项目7 221个。二是评审资金额突破800亿元。全省各级财政投资评审机构共完成项目评审额842.01亿元，比上年增加208.63亿元，增长32.94%，保持高位快速增长的态势。其中，省级完成评审额346.45亿元，比上年增长8.51%；市县完成评审额495.56亿元，比上年增长57%，市县财政投资评审步入加快发展的良性轨道。三是审减审增量突破100亿元。全省各级共审减资金支出112.28亿元，占评审额的13.33%；审增土地收益和其他有效资金供给3.09亿元，占评审额的0.37%；查出其他不合理资金1.21亿元，占评审额的0.14%。

（二）评审手段日益丰富。一是评审范围实现“广覆盖”。全省财政投资评审由单一的工程投资或专项资金评审拓展到财政重点项目支出各个方面的评审，由单一的城市建设投资领域的评审拓展到乡镇农村发展投资的评审，由单一的内资项目的评审拓展到世行、亚行和外国政府贷款等外资项目的评审，财政投资评审已涵盖财政支出的各个方面。有些市还积极开展土地招拍挂收益底价评审，对减少政府收益流失发挥重要作用。二是评审环节实现“全过程”。全省财政投资评审正由单一的事后或事前评审拓展到事前、事中、事后全过程、全方位跟踪评审，事前评审额较往年有大幅增长。全省事前、事中、事后各环节评审额分别为507.82亿元、157.19亿元、177亿元，分别占评审总额的60.31%、18.67%、21.02%。三是评审重点实现“全方位”。在全面推进“三农”、社会保障、教科文卫、节能环保等重点、热点项目评审的同时，还积极开展其他重点项目评审。全年省级完成民生项目评审额162.4亿元，占评审总额的47%，确保中央、省惠民政策的有效落实；完成世行、亚行、北欧投资银行、美国进出口银行和外国政府贷款等外资项目评审额55.4亿元，占评审总额的16%，有效规避外债风险，最大限度地保证外债资金“借得来、用得好、还得上”；省级对第十一届全运会保障、济南南郊宾馆贵宾区改造等重点项目派驻专人实施全过程评审；烟台、潍坊、枣庄、临沂等市对援川重建项目进行评审，其中潍坊市的“全过程、无缝隙”跟踪评审管理模式，得到省委领导的充分肯定，被推广到全省援建项目管理中。

（三）评审质量精益求精。一是评审质量保障机制更加完善。严格执行项目评审预案内部审议制度和项目评审专家论证会材料内部审议制度，认真把好评审预案审议关、项目评审专家论证关和项目评审质量稽核关。严格推行“谁评审谁负责、谁失误谁担责”的项目评审责任追究制度，增强责任意识和质量意识，在提高财政资金效益的同时，最大限度地降低评审风险。二是科学化精细化水平不断提高。深入项目评审现场，对项目实施的必要性、技术的可行性和资金的合理性进行综合评判，对有关财务资料、技术资料、批准文件进行严格审核，财政投资评审的科学化精细化水平不断提高。三是“评”“研”结合不断深入。大力推行研究型评审，认真做好财政投资评审信息的归纳、分析和提升，及时将评审结论转化为有深度、有高度、有价值的调研成果，将单纯的评审结论转化为针对性和可操作性强的对策建议。2009年，全省累计提出合理化评审对策建议近万条，撰写编发各类信息简报、调研报告百余篇，财政投资评审在制度建设、领导决策、政策研究等方面的作用得到充分发挥。

【服务力越来越强】

（一）评审机制日趋完善。继续创新完善并认真践行评审理念创新机制、评审职能定位机制、评审服务供给机制、评审经费保障机制、评审情况月报机制和评审效能考评机制等六大评审机制，研究制定集中研析制度、点评制度、精品项目评选办法、最具影响力单位评选办法等5项制度办法，在全省财政投资评审系统搭建互相沟通、交流学习和共同提高的平台，对各级进一步强化责任意识，促进全省财政投资评审事业加快发展发挥重要作用。成功召开全省财政投资评审工作会议，举办全省财政投资评审集中研析活动，组织开展全省财政投资评审集中点评活动，集中一切可能的优势力量，调动一切可能的积极因素，挖掘一切可能的内外潜能，在全省财政投资评审系统形成了自我加压、自我激励并重的局面，“比、学、赶、帮、超”蔚然成风，“后进赶先进，先进更先进，市市争先进”的氛围越来越浓厚，全省财政投资评审系统更加富有创造力。

（二）机构队伍不断壮大。一是机构建设积极推进。全省财政投资评审机构总数由上年的73个增至94个，全省15个市设立专职财政投资评审机构；县级财政投资评审机构从57个增至78个，新增21个，专职评审机构覆盖率由上年的43%增至60%，其中淄博、烟台、济宁、威海等市的所有县（市、区）全部设立专职评审机构，为财政投资评审工作的顺利开展提供组织保障。二是队伍实力明显增强。全省财政投资评审人员批复编制由上年的538人增至622人，增长15.6%；实有在职人员由上年的462人增至548人，增长18.6%，其中358人具有本科以上学历，78人具有专业技术注册执业资格，79人具有高级专业技术职称，167人具有中级专业技术职称，建立起一支政治过硬、结构合理、业务精通、作风优良的评审队伍。举办全省财政投资评审业务培训班，讲授财政专项资金管理知识，全省财政投资评审干部队伍的战斗力进一步增强。三是特聘人员专业更加齐全。为满足评审业务超常规增长的需要，全省各级财政投资评审机构共吸纳社会中介机构347家、专业技术人员3 875人，协助开展财政投资评审工作。其中省级财政投资评审特聘机构及人员库共吸纳特聘机构62家，各类高级专业技术人员751人，并对特聘机构和人员进行实时考核和动态管理，特聘机构及人员已成为协助开展财政投资评审业务的重要力量。召开部分省级财政投资评审特聘机构负责人座谈会，研究探讨加强特聘机构及人员管理的思路措施。通过机构、人员两手抓，内部、外部齐努力，全省财政投资评审系统更加充满战斗力。

（三）政治学习和廉政建设常抓不懈。坚持深入学习实践科学发展观，着力抓好党风廉政建设，充分发挥财政投资评审在反腐倡廉中的作用。一是深入学习实践科学发展观。始终把深入学习实践科学发展观作为工作的重中之重，在学习上下功夫，在实践上动脑筋，在问题上挖根源，在整改上求实效，践行科学发展观的思想基础更加牢固，为财政中心工作服务的信念更加坚定。二是严肃认真地抓好党风廉政建设。多形式、多渠道、多层次地开展党风廉政建设教育活动，牢筑拒腐防变思想防线；邀请厅纪检监察室专题讲授财政反腐倡廉惩防体系建设有关内容，增强干部职工加强廉政建设的主动性和自觉性。三是充分发挥财政投资评审在反腐倡廉中的作用。始终把财政投资评审作为加强财政资金管理、规范财政权力运行、促进党风廉政建设的重要举措不断加以推进。

（撰稿：常景刚　李绍亮　崔晓敏）

会计培训工作

【会计人员继续教育工作取得新成果】

会计人员继续教育是提高会计人员专业水平，加强会计人员职业道德修养，提高会计信息质量的重要手段。2009年会计人员继续教育工作，坚持以人为本，按需施教，注重在管理细节上下功夫，在具体措施上出实招，在培训结果上求实效”，继续教育培训工作取得显著成效。2009年共举办全省总（高级）会计师、省直（中央驻济单位）会计人员继续教育等各类培训班17期，培训2 065人。

【农村财会人员培训工作迈出新步伐】为宣传财政支农政策，管好用好支农资金，加强村级财务管理，根据财政部《关于开展农村财会人员财政支农政策培训工作的通知》和《山东省财政厅转发财政部〈关于开展农村财会人员财政支农政策培训工作的通知〉的通知》要求，切实加强对农村财会人员财政支农政策培训工作的组织实施和指导管理力度，精心组织，统筹规划，统一组织师资培训，编写征订培训教材，把培训工作抓紧、抓实、抓细、抓好，取得显著成效。

【培训组织管理工作有新举措】 一是做好培训需求分析。把会计培训工作延伸到调查、设计、组织、实施、评估五方面，通过剖析往年培训工作中积累的数据，探索本年度培训工作的重点和迫切需要解决的问题，提高培训的针对性和有效性。二是积极组织生源。按照“发挥自身优势，加强对外联络；巩固已有渠道，重点拓展攻关”的工作思路，加大宣传力度，积极组织生源，扩大培训规模。三是科学制定培训方案。根据不同培训对象和培训内容，科学制定培训方案，对培训课程设置、授课师资、授课方式等因素进行最优化配置。四是建立培训师资库。有计划地精心选聘具有一定理论功底和丰富实践经验的业务骨干、专家、学者担任兼职教师，积极培养内部业务骨干，在做好教学管理与教学研究的同时，讲授相关课程，建立师资库，实行动态管理。五是确保培训质量。牢固树立品牌意识和精品意识，严格培训过程管理与控制。建立培训管理者AB角制度，设培训班专管员，提高服务意识和管理水平。在教学方法上，多采取体验式、案例式、启发式、开放式、直观式等方法，控制培训效果。严把考勤和考试关，保证培训质量。

【开展调查研究，加强宣传，提高人员素质】 一是深入开展调查研究工作。2009年7月，先后组织相关人员赴诸城市、昌邑市、广饶县的部分乡镇、村庄，就开展农村财会人员财政支农政策培训工作进行调研。通过调研，基本了解农村财务管理现状，以及财政支农政策在基层的实施情况，为做好农村财会人员财政支农政策培训奠定基础。积极开展会计人员继续教育调研，通过调查问卷、实地调研、座谈、电话访谈等方式广泛征求意见，真正了解会计人员的培训需求，提高培训针对性和实效性。二是在“山东财政内部信息网”上开设山东会计培训学院网页，搭建宣传交流的平台，收到良好效果。三是注重政治和业务学习，提高人员素质。以“整改落实年”活动为契机，坚持把加强思想、组织和作风建设摆在首位，狠抓政治和业务学习。突出抓好对党的十七届三中、四中全会、省委九届八次、九次全体会议精神和财政会计相关业务知识的学习，并注重学以致用，不断提高队伍政治和业务素质。

（撰稿：宋兴修）

农业综合开发工作

【概述】 2009年，山东农业综合开发认真贯彻落实中央农村工作会议精神和国家农业综合开发方针政策，深入贯彻落实科学发展观，以发展现代农业、建设社会主义新农村为总体目标，着力加强农业基础设施建设，打造粮食生产核心区。2009年，山东省农业综合开发项目涉及16个市的94个县（市、区），计划总投资18.79亿元（不含贷款贴息项目，下同），其中：财政资金11.19亿元，自筹资金6.69亿元，银行贷款0.81亿元。共立项开发土地治理项目191.02万亩；扶持产业化经营有无偿结合项目72个。截至2009年底，实际完成投资12.65亿元，其中财政资金完成6.66亿元，自筹资金完成5.11亿元，银行贷款完成0.86亿元；共改造中低产田109.91万亩，生态综合治理5.51万亩，高标准农田建设1.1万亩。项目完成后，土地治理项目可新增、改善灌溉面积146.42万亩，新增、改善除涝面积93.2万亩，新增节水灌溉面积103.81万亩，增加农田林网防护面积104.37万亩，新增粮食2.17亿公斤，项目区直接受益农户46.79万户，农民人均纯收入增加1 342元；产业化经营项目经济效益显著，其中有偿无偿相结合项目年新增总产值100 650万元，增加值46 253.59万元，利税9 507.59万元，项目区农民人均纯收入新增1 342元；投资参股项目年新增总产值17 000万元，增加值3 533万元，利税2 657万元，项目区农民人均纯收入新增1 016元；财政补贴项目年新增总产值218 651.27

万元，增加值 76 897.9 万元，利税 28 890.93 万元，项目区农民人均纯收入新增 1 024 元；通过农业综合开发，农民增收的步伐加快，经济效益明显。

【扎实做好项目前期工作，力求立项科学合理】 一是抓好项目前期工作，各地早发动、早部署、早行动，切实把项目前期工作做深、做细。坚持“五不立项”，即不经实地勘察不立项；不经群众同意不立项；不符合开发规划不立项；不符合开发程序不立项；不符合开发目标和要求不立项。二是建立和完善项目库管理，对项目入库、出库严格把关，保证项目质量，以质量定项目。严格项目评审，优化选择，确保质量。按照国家农业综合开发项目评估办法有关规定，由市级组织初审，初审合格后上报。由省组织专家组对各地上报项目严格按照标准进行评审，确保项目立项质量。

【推行精细化管理，狠抓项目建设质量】 一是坚持以提高农业综合生产能力为目标，以排除项目区发展的突出制约因素为着眼点，因地制宜，强化措施，精心组织，精心施工，农业综合开发项目建设质量显著提高。按流域、按灌区统一规划，集中连片，山水田林路综合治理。重点抓好以农田水利为核心的农业基础设施建设。土地治理项目，80% 左右的投资用于农田水利建设，其中 50% 以上的投资用于发展节水灌溉，机井灌区基本实现地下管道灌溉。同时抓好土壤改良和生态防护林建设，做到科学造林，防止水土流失，确保林木覆盖率提高 4 个百分点以上。二是扎实做好项目施工队伍的选择、施工材料的采购、施工过程的监控和竣工验收的把关等各环节的工作，为提高项目建设质量提供保证。三是严格执行项目管理制度。各级相继出台一系列行之有效的项目管理办法，全面推广公示制、法人制、招投标制、监理制等制度。

【坚持基地建设，推进结构调整】 一是大力改善农业生产条件，坚持把发展特色优势农产业作为主攻方向，立足资源优势，调整农业结构，构建具有山东特色的现代农业产业体系。遵循市场和自然规律，按照“区域化布局，规模开发，标准化生产，产业化经营，外向化发展，制度化管理”的基本思路，大力发展各具特色的优势农产品基地。年度实施的土地治理项目，基本都建成了优质粮食、棉花、油料、蔬菜、果品或其他特色农产品基地，有的成为有机、绿色和无公害农产品基地。档次较高的有兖州优质小麦、寿光蔬菜、肥城有机食品、沾化冬枣、滕州马铃薯、金乡大蒜、日照茶叶、蓬莱葡萄等，都成为在市场上叫得响的名牌基地。二是产业化经营项目，围绕带动基地建设，建立健全农产品营销市场，发展农民专业合作组织，壮大农业龙头企业，对带动农民增收显著的项目实行集中投入，重点扶持、连续扶持，使基地快速发展，发挥其带动作用，促进农业产业体系形成和发展，提高农业综合效益，增加农民收入。

【强化资金管理，提高投入产出效益】 一是通过预算安排等多渠道积极筹集配套资金，确保配套资金及时足额落实到位。为减轻财政困难县的配套压力，省财政承担全省 30 个欠发达县县级配套资金 2 000 多万元。济南、淄博对于所属的商河、平阴、高青和沂源的县级配套资金全部由市级财政承担。各项目县在接到市级财政部门的资金指标文件后及时将资金拨付到农业综合开发项目专户，没有滞留、挤占财政专项资金的现象。二是认真执行县级报账制。依据国家和省里的相关规定和要求，制定县级报账实施细则，全面严格执行县级报账制度，积极推行国库集中支付改革。

【注重项目管护，确保长效运行】 坚持建管并重、边建边管，强化措施，不断提高项目运行管护水平。按照“统一管理与分级管理相结合，专业管护与群众管护相结合”的原则，积极推行租赁、拍卖、承包，建立用水户协会等多元化管护方式，明晰产权，明确责任，使项目工程管护由行政管理型逐渐向社会化、市场化和专业化的方向转化。在有条件的地方，积极推行管护组织管理的方式。积极探索资金筹集的办法和途径，解决管护资金问题。淄博市各级财政预算列出专项资金用于项目管护，建立管护组织 99 个。肥城市从林网拍卖所得中拿出一定比例，建立农业综合开发管护基金，进行项目运行管护，收到良好效果。

【加强组织领导，提高工作水平】 各级党委、政府始终把农业综合开发工作作为农业和农村工作的重要组成部分，列入重要议事日程，予以高度重视。省委、省政府主要领导深入农业综合开发项目区检查指导工作，对做好农业开发工作提出许多重要的指导性意见。各市、县党委政府把农业综合开发工作摆在突出位置，主要领导亲自抓，分管领导具体抓，充实和加强农业综合开发机构。省和各市举办多期农业综合开发培训班，组织干部学习开发业务，开拓工作思路，提高业务水平。

【宣传工作卓有成效】 2009 年 9 月，邀请几十位专家学者在禹城市召开“庆祝建国六十周年农业综合开发工作座谈会”，回顾农业综合开发的起源、发展及取得的辉煌业绩，扩大农业综合开发的影响，展示农业综合开发的光明前景。2009 年在《中国农业综合开发》杂志上发表文章13篇，第12期杂志上还做了山东农业综合开发专栏，专题宣传山东省农业综合开发事业取得的新成就。农业综合开发网站建设逐步推进，目前9个市、6个县建立网站，网络体系已具雏形。2009年，被国家农发办评为宣传工作先进单位。

（撰稿：朱孝德）

省经济开发投资公司

【概述】 2009年，省经济开发投资公司在省财政厅党组的正确领导下，深入学习实践科学发展观，认真贯彻落实省委、省政府决策部署，围绕实现又好又快发展目标，科学务实、积极作为，抢抓机遇、开拓进取，努力转变发展方式、拓展业务领域、调整资产结构、提升管理效能，取得了显著成效。全年实现经营收入5 855万元，实现净利润2 589万元，分别比上年增长10.5%和12.1%，超额完成年度计划目标，收入和利润总额均创历史最好水平，保持平稳较快发展的良好势头。

【坚持科学务实，投资业务取得新突破】 面对严峻复杂的经济形势，公司认真把握科学务实、积极作为的工作基调，坚定信心促发展，着力拓展财政投资管理和自营投资业务，取得积极成效。一是拓展财政投资管理业务。重点开展文化产业股权投资项目运作，对申报项目逐个调研论证，提出措施建议，确定投资方案，完成首批11个项目的股权投资工作，2 600万元专项资金已投资到位，建立起新的发展平台。根据省政府部署和省财政厅安排，参加山东电子口岸股份公司筹备组，积极介入山东电子口岸建设工作。二是稳步推进自营投资业务。按计划加快越秀园、雅秀园住宅小区项目开发建设，加强项目监管和现场管理，强化预算控制，保证工程建设的有序开展。推进天润温泉项目开发的前期工作，坚持转变发展方式，根据市场需求、经营风险和筹资能力，合理控制投资规模和节奏，初步确定以温泉会所开发为切入点，提升资源价值、实现滚动开发的运作模式。三是开展新项目的调研。以房地产、矿产资源、资本市场投资为重点，加强市场分析和项目调研论证，着重就土地开发进行论证，并达成投资意向，土地资源储备工作取得实质进展。

【调整优化结构，产权运营监管取得新成效】 通过加强企业监管、开展资本运营，资产质量和效益有新的提升。一是加强产权管控能力。坚持对董事会、股东会议题内容严格审查把关，督导完善议事决策程序，加强定期巡视调度，强化权属企业动态监控。对山航集团、机场公司、油气公司及农业产业化项目等优势参控股企业进行重点监管，督导山航集团抓好管理流程再造、控制基建规模等一系列降本增效措施，实现了扭亏为盈，盈利能力得到明显提升；支持油气股份公司推进与中石油合作建设输气管网项目；狠抓农业项目投资收益收缴工作，全年参控股企业实现投资收益755.85万元，其中农业综合开发项目收益426万元，超额完成年度收益计划目标。二是推进资产结构调整。探讨对部分优势企业股权资本运作的可行性。配合完成了北京泰山饭店增资扩股及工商变更，并以此为契机，督导泰山饭店规范法人治理结构。通过引进战略投资者、实施股权转让等方式，分别对菏泽百味鲜公司和鲁财产权交易中心进行整合重组，维护了公司权益，达到有序退出的阶段性目标。三是子公司经营绩效明显提升。公司坚持把保增长、提效益作为年度经营工作基本目标，在抓好参控股企业监管的同时，以实施年度经营目标责任制为主线，加强对直属子公司经营调度分析，强化资金运筹和预算控制，督导子公司面向市场、抢抓机遇，重点抓了房地产营销策划、实业资产经营等业务，着力提高经营绩效，实现了盈利水平的明显提升。

【推进管理创新，内部管理得到加强】 公司围绕提高科学发展水平，积极推进机制创新，不断增强发展活力。一是强化改革创新的调研。针对企业化管理改革、创新管理机制等等公司发展的一系列现实问题，组织开展调查研究，形成一批有指导作用和实用价值的调研成果，拓宽管理创新思路。二是强化人力资源管理。完善目标责任考核奖励机制，扩大部门和子公司奖惩分配自主权，强化了激励作用。从严加强人员管理，清理解决部分人事遗留问题，依法规范劳动用工管理。加大人才选拔招聘力度，加强了员工业务培训，优化人力资源结构。三是强化财务管理。加强全面预算管理和公司系统经营计划的督导落实，强化参控股公司及重点建设项目的财务监管和预算控制。加强与金融机构的联系合作，积极争取扩大融资规模。突出抓好资金调度运筹，强化风险控制，确保资金安全。四是强化审计监督。在做好例行财务审计的基础上，深化绩效审计评价工作，督导审计意见落实，改进经营管理。加强对重点工程建设项目的全过程跟踪监督，强化了合同管理和法律服务工作，依法解决了部分历史遗留问题。五是强化行政管理。巩固完善投资大厦物业管理机制，采取有效措施抓好节能降耗，在保障工作需要前提下，严格控制行政经费支出。推进了公司信息化建设，实现公司办公局域网和门户网站的正式运行。

【强化政治保障，促进全面和谐发展】 围绕中心工作，充分发挥思想政治保障作用，保持公司的和谐稳定。一是加强了党建工作。认真组织学习贯彻党的十七届三中、四中全会精神，抓好学习实践科学发展观整改方案的落实；加强党支部建设和党员教育管理监督，改进加强党员干部理论学习，制定实施年度理论学习计划，组织7次中心组专题学习，增强了学习的系统性和针对性。二是加强廉政建设。组织开展了反腐倡廉宣传教育活动，认真学习贯彻中央颁布的三项法规，全面落实党风廉政建设责任制，狠抓各项廉洁从业规定的贯彻落实，开展党支部书记廉政谈话工作，强化工程建设项目的监管和招投标工作，增强了党员干部廉洁从业意识。三是加强了作风建设。扎实开展了加强党性修养、树立优良作风主题教育活动，针对干部工作作风方面的薄弱环节，教育引导党员干部员工实现作风进一步转变，取得新成效。有针对性地开展思想政治工作，对员工情况进行谈话摸底，畅通沟通交流渠道，及时掌握员工思想动态，营造和谐稳定的环境。四是坚持以人为本，维护员工的根本利益，重视解决员工关心的实际问题，在公司效益增长的前提下，逐步提高员工的收入水平，增强了公司的凝聚力和向心力。

（撰稿：鲁　维　李永泉　张伟海）

第三部分

市财政工作

济　南　市

【概述】 2009年，济南市财政工作以科学发展观为统领，认真贯彻落实积极财政政策，紧紧围绕"四保"任务和财政中心工作，加快财政管理制度改革和创新，大力培植财源，努力增收节支，优先保障民生和社会事业，提高支出管理效能，有力地促进了全市经济社会发展。2009年，全市完成一般预算收入210.19亿元，占预算的102.72%，比上年增长13%。其中，税收收入完成164.91亿元，比上年增长13.01%；非税收入完成45.29亿元，比上年增长12.94%。税收收入所占比重为78.46%，比上年提高0.02个百分点。全市完成一般预算支出259.29亿元，比上年增长17.06%。其中：市本级支出106.62亿元，比上年增长13.96%；县区级支出152.67亿元，比上年增长19.34%。

【采取积极措施，促进财政经济稳定发展】

（一）加大政策扶持力度。一是全面落实扩大政府投资政策，通过增加市级财政投入、争取省调控及地方债券资金、支持平台融资等方式，加大对济南市重点建设项目投融资力度，充分发挥政府投资对经济增长的拉动效应。二是充分发挥财政资金扶持引导作用。梳理整合产业引导资金6 000万元，重点实施产业振兴规划，加快企业技术创新和节能减排，增强工业经济发展后劲；安排园区发展专项资金5 000万元，提升园区承载能力；设立"过桥资金"，缓解中小企业资金周转困难；设立2 000万元服务外包专项资金，促进服务外包、信息产业等现代服务业发展。三是全面落实中央和省、市取消行政事业性收费项目、降低收费标准等各项政策，减轻企业税费负担。四是健全转移支付政策机制。通过保障性和激励性转移支付、安排专项资金和争取上级补助等措施，积极扶持县区经济发展。五是支持科技创新。安排科技型中小企业技术创新专项资金1 000万元，重点对44个科技创新项目给予扶持；安排预算资金2 000万元，重点扶持全市软件相关工作和企业加大重大项目研发力度，促进软件研发成果转化。

（二）积极实施鼓励消费和出口政策。注重扩内需、保增长，及时兑付补贴资金，大力推进家电与汽车摩托车下乡、以旧换新工作开展，落实小排量汽车购置税优惠政策，支持农村流通网络体系和"万村千乡"市场工程建设，不断提高居民消费能力，完善消费流通市场，刺激居民消费需求。加大对出口企业的扶持力度，对出口信用保险发生的保费支出给予财政补贴，降低出口企业风险，鼓励企业扩大出口。

（三）强化收入征管，确保各项收入应收尽收。加强调度分析，强化税收征缴，实现各项财政收入应收尽收。2009年，契税收入完成9.04亿元，比上年增长26%；耕地占用税完成3.41亿元，比上年增长164%。实现土地出让收入191亿元，比上年增长41.48%。完成非税收入302.3亿元，比上年增长25.57%。

【不断增加投入，确保全面落实民生政策】

（一）建立完善城乡居民医保体系。2009年，全市参保居民达到58.5万人，政府补助资金达到5 900多万元。对参合农民补助资金提高到人均80元，320万参合农民直接受益。农村卫生室建设取得新进展，523个卫生室达到合格标准，基本公共卫生服务逐步实现均等化。

（二）完善社会保障和救助体系。2009年，全市共拨付城市低保资金7 836.4万元，农村低保资金2 611万元，农村五保资金1 113万元，企业离退休人员养老金44.76亿元，企业军转干部解困资金5 373万元，5.8万城市低保对象、6.2万农村低保对象、1.2万五保对象、27万企业离退休人员直接受益。

（三）大力支持保障性住房和棚户区改造建设。全年共发放补贴资金1 580万元，拨付廉租住房建设资金9 873万元，廉租住房收购资金1.5亿元，廉租住房制度在解决低收入家庭住房困难问题中的主渠道作用得到充分发挥。拨付棚户区改造资金32.78亿元，对棚户区改造拆迁安置房建设免收19项费用，最大程度地保障群众利益。

（四）不断提高教科文卫体事业保障水平。安排教科文支出16.7亿元，提高义务教育阶段生均公用经费标准，全部免除农村义务教育中小学作业本费和寄宿生寄宿费；全面实施农村中小学"两热一暖一改"工程，实施"改厕治污"、学校"取暖工程"等试点，完成校舍改造22万平方米。加大资金投入力度，健全人才培养投入机制，安排专项经费1 541.94万元，支持"双高人才"培训，加快实施人才强市战略。

（五）加强应急资金保障。及时拨付抗震救灾援建项目工程款4 457.08万元，支持做好支援擂鼓镇救灾援建工作。及时拨付防控专项经费1 560万元，加强手足口病、甲型H1N1流感防控工作。

【统筹安排资金，确保社会和谐稳定】

（一）积极推进全市就业再就业工作。研究制订减轻企业负担稳定就业实施方案，落实"企业减负"政策，全年共拨付社保补贴、岗位补贴资金2.31亿元，为促进全市就业再就业工作提供了坚实保障。

（二）积极保障基层政权运转。从2009年起，将村党支部书记的岗位补贴、基本养老保险和离任村党支部书记生活补贴纳入财政补助范围，通过足额安排人员经费，完善工资和津贴补贴制度，健全基层村党支部书记激励保障机制，支持农村党员干部现代远程教育站点和村级组织活动场所建设，基层政权保障水平不断提高。

（三）积极保障社会安全稳定。安排专项资金，支持开展"严打"整治斗争、警示教育、民族宗教、维稳信访、禁毒、反恐、反邪教、法律援助、12345市民服务热线等工作，不断提高全市公检法司的技术装备水平，社会安全稳定保障水平不断提高。

（四）确保各项政策安置经费及时到位。全年审核拨付四户政策性破产企业职工安置费、社会保险等17项费用共2.79亿元；为6 225名职工办理解除劳动合同减员手续、确保4 419名职工按时享受失业金。拨付三峡水库移民后期扶持资金、大中型水库移民后期扶持结余资金1 929.36万元，确保移民安置区的社会稳定。拨付资金268.26万元，妥善处理企业分离过程中形成的企业退休教师待遇问题，努力维护人民群众的切身利益。

【多渠道筹集资金，确保全运会成功举办】 在全运会场馆和城市环境建设方面，多渠道筹集资金，全力保障奥体中心场馆、市政道路、小清河综合治理、山体绿化等工程建设，为全运会圆满举办提供良好的场馆和环境条件。在服务保障方面，集中安排资金2亿元，为赛事举办期间的竞赛组织、接待服务、安全保卫、通讯交通等提供全面的资金保障。同时，还通过政府集中采购新能源汽车，支持公交公司实施公交车尾气治理项目，改善环境质量，完善城市功能，为全运会成功举办提供了保障，进一步放大了全运会的经济和社会效应。

【深入落实支农惠农政策，促进城乡统筹发展】 继续加大"三农"支持力度，全年支持"三农"资金累计达到34.32亿元，积极推进新农村"十大行动"建设，逐步实现城乡统筹发展。2009年，用于新农村建设"十大行动"支出共22.86亿元。其中：农民增收行动支出9.29亿元；城镇建设行动支出5 000万元；道路畅通（文化繁荣）行动支出1 865万元；文化繁荣行动支出1 273万元；饮水安全（水库加固）行动支出2.45亿元；生态富民行动支出5 275万元；造林绿化行动支出9 888万元医疗惠民行动支出2.69亿元；教育振兴行动支出3.56亿元；弱势保障行动支出7 647万元；市场拓展行动支出860万元。

【积极推进财政改革与管理，财政绩效不断提高】 在财政改革方面，进一步扩大国库集中支付范围，加快推进公务卡改革，科学拟定地方政府债券收支安排及市级预算调整方案，确保地方政府债券政策的落实到位，财政资金使用透明度明显提高；不断完善"管采分离"政府采购改革，工程项目逐步纳入采购范围；建立健全行政事业资产动态管理信息系统，为决策、管理提供详实的数据支持；进一步推动法规税政建设，提高依法执政、依法行政、依法办事的能力；全面建立乡镇基层财政信息化系统，不断提高基层财政财务管理水平；积极推动会计人员继续教育模式改革，开创以网络化培训为主、面授为辅、会计人员自主学习的双轨模式。在财政管理监督方面，不断推进支农资金项目库管理，规范资金运作方式；认真履行财政对政府投融资监管职能，建立以还贷准备金为重点的债务偿还机制，进一步提高防范和控制政府债务风险的能力；研究制定非税执收成本核算奖惩制度，从机制上保障非税收入执收单位的积极性；研究制定城镇土地使用税土地等级调整方案，进一步规范土地税收管理，提高土地使用效益；建立健全城建融资财务监管制度，进一步加强政府投融资管理；对34亿元省转移支付资金进行全程跟踪监督审核，确保资金合规、合法和有效使用；组织开展"小金库"专项治理，加大对资金使用的监督检查力度；扩大财政投资评审范围，进一步提高资金使用效益；以服务于预算管理为主线，不断提高财政评审质量，全年共完成评审项目351个，评审资金总值33.26亿元；加强工资统发管理，建立健全工资发放管理机制，按时、足额、准确发放工资及补贴，确保国家工资政策的严格执行以及人员经费的合理支出；积极构建政府信息公开"一网通"，做好财政政务信息公开工作。

【全面加强政治思想工作，努力建设廉洁干部队伍】 以"打造一流班子、建设一流队伍"为目标，加快推进济南市财政局机关建设，坚持内树正气、外树形象，促进机关作风明显转变。一是深入开展学习实践科学发展观活动，圆满完成学习实践活动各阶段任务。二是狠抓领导班子建设。不断完善决策、执行、监督体系，严格落实“一岗双责”和领导干部责任制，注重发扬民主、集体决策，班子凝聚力和战斗力不断增强。三是狠抓作风建设。树立正确的选人用人导向，加强行政效能考核，基本形成风正气顺心齐、团结和谐向上的良好氛围。四是狠抓廉政建设。按照标本兼治、综合治理、惩防并举、注重预防的方针，积极开展反腐倡廉“四个一”教育活动，注重加强廉政制度建设，开展了“权力搜索”，不断加大廉政监督力度，认真抓好反腐倡廉源头治理工作，党风廉政建设和反腐败工作取得显著成效。

（撰稿：陈思斌　黄锡锋）

青　岛　市

【概述】　2009年，青岛市实现生产总值4 890.33亿元，比上年增长12.2%。其中，第一产业增加值230.25亿元，比上年增长3%，第二产业增加值2 449.8亿元，比上年增长12.7%，第三产业增加值2 210.28亿元，比上年增长12.5%。三次产业的比例关系由上年的5.1∶50.8∶44.1调整为4.7∶50.1∶45.2。全市实现地方级财政收入695亿元，比上年增长30.5%。其中：地方一般预算收入377亿元，比上年增长10.1%；政府性基金收入318亿元，比上年增长67.4%。一般预算支出413.18亿元，比上年增长8.7%；基金支出195.7亿元，比上年增长53.6%，结转下年支出122.3亿元。

【实施积极财政政策】　2009年是进入新世纪以来青岛市经济发展最为困难的一年。全市各级财政部门认真落实中央和省、市关于保增长、保民生、保稳定的决策部署，迎难而上，积极作为，充分发挥财政职能扩内需、促消费、稳外贸，把积极的财政政策转化为促进经济发展的强大动力。

（一）*加大政府投资扩内需*。争取发行地方债券11亿元和200亿元银行授信额度，建立市级扩大内需重点项目调控资金，支持了重点项目建设。安排6亿元用于高新区基础设施建设，统筹9.3亿元启动17户老城区企业搬迁改造，支持“环湾保护、拥湾发展”战略加快实施。

（二）*运用财税政策促消费*。全面落实家电、汽车、摩托车下乡政策，各级财政共发放资金1.16亿元，补贴22.3万台家电和2.4万台车辆，带动青岛市农村市场家电、汽车及摩托车消费同比增长30%以上。及时出台财税优惠政策促进住房消费，减轻居民购房的税收负担，带动房产交易面积同比增长49.7%。

（三）*加大扶持力度稳外贸*。全年完成出口退税150亿元，缓解了出口企业的资金困难。积极争取上级政策支持，为五类出口产品争取提高出口退税率政策，为高新技术企业争取了降低关税税率和中央财政税收返还的优惠政策，970户企业受益，减轻企业负担1亿元。安排财政资金5 000万元，对服务外包、出口企业投保短期出口信用险、参加展会给予专项补助，帮助企业开拓市场。

【推进可持续财源建设】　2009年，受国际金融危机冲击，青岛市45%的规模以上工业企业利润下降或亏损，给财政部门组织收入带来了前所未有的困难和压力。青岛市各级财政部门在认真落实结构性减税政策的基础上，创新财源建设措施，把帮扶企业发展转化为促进财政增收的有效途径。

（一）*出台政策措施深挖财源*。制定《关于对我市2009年财源建设工作责任目标分解的通知》，实行财源建设工作目标考核机制，形成财源建设的强大合力；建成财源建设信息平台，对全市税源信息实施全过程动态监控；利用建筑项目招投标平台，实施外地入青企业的税收控管制度，堵塞建筑业税收流失漏洞，财政增收渠道得到有效拓展。

（二）*帮扶企业渡难关固财源*。面对国际金融危机对企业经营的影响，及时出台财税帮扶政策，千方百计帮助企业渡难关。通过取消、暂停或减收100项行政事业性收费，降低企业职工“三险（失业险、工伤险和生育险）”费率、缓调社会保险缴费基数，共为企业减轻负担17亿元。实施产业链商业票据补贴新政策，为3 600家中小企业盘活流动资金140亿元。积极支持企业技术改造和自主创新，扶持60多个重点项目，拉动项目总投资90多亿元，为企业发展和财政增收增添了后劲。

（三）*加强非税收入征管壮大财源*。完善国有资本经营预算收入收缴制度，全面推行海域有偿使用制度，当年国有资本收益和海域使用金分别比上年增长61.7%和121%。将未纳入预算管理范围的政府非税收入全部实行预算管理，有力促进财政收入持续增长。

【重点保障民生支出】 2009年，青岛市政府在困难多、财力紧的情况下，把保障和改善民生作为最大责任，坚持财力惠民不减、保障力度明显加大。青岛市在全国率先试编民生预算。市级财政安排保障民生和社会事业的支出达87.6亿元，比上年增加18.2亿元，增长26.2%，高出一般预算支出平均增幅21.5个百分点。

（一）大力支持新农村建设。市级财政投入“三农”资金24.9亿元，比上年增长13.9%。其中：落实种粮农民直补、农资综合直补、良种补贴和农机具购置补贴4.66亿元，增长11%，拉动农民人均增收97元；安排1.7亿元，支持1 000个村开展“五化”建设；安排2 000万元启动了农村危房改造工作，惠及8 600户农村贫困家庭。

（二）增加社会保障和促进就业投入。市本级社会保障和就业支出10.94亿元，比上年增长12.3%。将城市低保标准和农村低保标准分别提高到每月350元、每年1 800元，12.1万城乡低保对象直接受益。将青岛市内四区低保户廉租住房租金补贴标准提高到每月每平方米18元，惠及1.1万户低保家庭。将全市42万企业退休人员养老金人均每月提高152元。对暂时经营困难而不裁员的1 026户企业发放补贴7 618万元，稳定了5.4万职工的就业岗位。投入9 000万元，新开发6 710个公益性岗位，新建17个高校毕业生创业孵化基地，帮扶2.5万人实现了自主就业。

（三）解决群众关注的热点难点问题。投入5亿元支持廉租房建设和筒子楼改造。安排3.6亿元，大力支持污水、垃圾处理设施建设，城市环境进一步改善。安排3 000万元，用于崂山水库上游区域污水治理项目，促进饮用水源保护。补助供热、供水、公交等公用事业6.5亿元，改善居民生活及交通条件。

（四）改善群众看病就医条件。市本级医疗卫生支出5.68亿元，增长8.1%。全市451.7万农民参加新农合，参合率达到99.87%，当年为367.8万人次报销5.57亿元医药费，群众受益面进一步扩大。支持大型医疗设施建设向市区北部倾斜，投入4.4亿元用于市妇儿中心、国医堂及北部医疗中心建设。拨付1 115万元支持儿童补种乙肝疫苗等15个公共卫生项目，38万群众受益。

（五）大力支持教育、文体事业发展。市本级教育支出16.79亿元，增长30%。安排1.8亿元用于提高农村义务教育学校公用经费标准和教师工资发放。发放1亿元高校及职校困难学生生活补助，14万学生受益。安排1.7亿元，用于五市100所学校的教学仪器更新和校舍危房改造。免除5万余名农村义务教育阶段寄宿生的住宿费。筹措7.6亿元用于市体育中心、全民健身中心等设施建设，进一步丰富群众文体生活。

【强化财政监督管理】 2009年，为了进一步提高资金使用效益，青岛市加强财政监督管理，把收支矛盾转化为深化财政改革的有利契机。

（一）严格控制一般性支出。大力压缩因公出国（境）、公车及公务接待等行政经费，并通过国库集中支付平台对行政经费开支的规模和进度进行双重控制，当年因公出国（境）经费、公务接待费、车辆购置及运行费、会议费、办公水电油费等五项行政经费比上年下降25.6%。对市级财政专项资金进行了清理整合，将压减的3.4亿元财政资金全部用于保障民生。

（二）开展预算集中编审。对市级所有预算单位的基本支出预算实行集中编审，制定统一规范的基本支出定额标准和24类通用办公设备配置标准，进一步规范部门专项业务费，人员公用经费挤占事业发展支出以及资产超标配置等问题得到有效解决，预算编制更加公平透明。

（三）启动绩效预算改革试点工作。以科技、促进就业等8项重点专项资金为突破口，实行“先有评审、后有预算，择优安排、滚动管理”的绩效预算管理新模式，经评审共减少财政补助项目67个，压减不合理支出需求3.8亿元，初步建立了以绩效为导向的专项资金管理新机制。

（四）加大政府投资和政府债务管理力度。对政府投资的43个竣工项目开展决算审查，涉及金额5亿元，审减资金3 041万元。编制政府债务预算和设立偿债准备金，建立政府债务规模控制体系。研究设置偿债率、负债率、债务逾期率等政府债务预警指标，并定期对各区（市）债务预警指标进行通报。超前对政府投融资平台进行债务风险评估，将政府债务列入领导干部经济责任审计范围，初步建立规模适度、风险可控的政府债务管理新机制。

（五）优化财政资金拨付流程。将市财力投资项目的资金拨付周期平均缩短1/3，及时满足扩大内需重点项目资金需要。在全国首创家电下乡补贴新模式，农民购买家电可即时领取财政补贴。加快新农合和城镇居民医疗市级补助资金的拨付速度，实行参合农民在本区（市）定点医疗机构就医即时补偿报销的新措施，财政惠民政策更加便民、利民。

（六）加强财政监督检查。在全市党政机关和事业单位中开展“小金库”专项治理工作，查出“小金库”30个，涉及资金1 254万元；对扩大内需建设项目实施全过程跟踪督查，先后开展12次专项检查，督促项目单位规范资金管理。

【学习实践科学发展观活动成效显著】 2009年3月至8月，按照青岛市委统一部署，青岛市财政局全面开展深入学习实践科学发展观活动，活动中紧紧围绕“党员干部受教育、科学发展上水平、人民群众得实惠”的总目标，将“坚持科学理财，促进全市科学发展”作为学习实践活动的主题，把“创新有利于科学发展的财政体制机制，为保增长、保民生、保稳定服务”作为实践载体，突出实践特色，测评满意率达到99.8%。

（一）深入调查研究，破解难题。在活动中，青岛市财政局把“建立财政激励约束机制，推进全市科学发展”作为学习实践活动最需要解决的突出问题、最需要取得实效的战略课题。局党委班子成员牵头组织开展6项重点课题调研，深入区市、企业和农村进行实地调查，广泛征求意见，着力在深入调研基础上拓展思路，在制度建设层面上解决发展中的问题。财政局各处室、各单位也开展了形式多样的调查研究，共形成具有较强针对性和前瞻性的23个调研报告，提出160多条建设性的政策建议和工作对策。其中：调研报告《构建有利于全市科学发展的财政激励约束机制》获得青岛市机关优秀工作成果一等奖。

（二）立足为民办实事，力求实效。青岛市财政局从改善民生入手，紧扣社会建设的薄弱环节，选择社会关注度高、群众普遍期待的5个问题作为学习实践活动的实事项目，把惠民实事作为检验活动成效的标尺。财政局各处室、各单位结合工作职能也开展45项为民办实事工作，努力突出实践特色，以扎实的工作成效取信于民，取得显著的效果。特别是在落实收费减免政策、创新“家电下乡”补贴模式、化解农村义务教育债务和支持农村住房建设等方面，让广大群众得到了实实在在的实惠。

（三）依托机制创新，加强制度建设。围绕科学理财这根主线，深化改革求突破，创新机制谋发展，通过活动，研究出台《青岛市市级财政投资资金监管暂行办法》、《青岛市政府债务管理暂行办法》、《关于加强市级专项资金绩效预算管理的意见》等一系列规章制度（共新建或完善财政制度57项），制度体系建设涵盖预算编审、非税收入管理、行政事业单位资产管理、政府采购、预算执行监控、财源建设、绩效预算、政府债务管理和投资资金监管等9个方面，逐步将财政资金纳入法制化、精细化的管理轨道，进一步形成靠制度管财、用财和理财的新局面。

（撰稿：李诗华）

淄 博 市

【概述】 2009年，淄博市实现地区生产总值2 473.1亿元，按可比价格计算，比上年增长13.2%；地方财政收入实现128.77亿元，完成预算的102.07%，比上年增长12.28%；财政支出完成161.96亿元，比上年增长14.5%。

【切实抓好收入征管】 一是加强税收征管。大力推进社会综合治税，加快建立以“政府领导、财税主管、部门配合、司法保障、社会参与、信息化支撑”为基本内容的综合治税新机制，切实提高综合治税工作水平。严格执行国家税收优惠政策，清理低效率的优惠政策，依法清缴欠税，防止收入流失。突出重点行业和重点企业，加大税收稽查力度，做到以查促管、以查促收。切实抓好对扩大内需投资和政府融资建设项目的税收监管，加强对外地来淄建筑施工企业税收征管情况的监管，加强殡葬业、洗车业等零散税源征管，积极会同有关部门，研究制定管理办法，促进税源转化。二是加强非税收入征管。加大征管力度，严格执行非税收入征管政策，特别是对城市基础设施配套费、污水处理运行费、水资源费、排污费、价格调节基金、土地收益等非税收入项目，积极协调各执收部门逐项进行调研分析，制定增收措施，有针对性地加强征管，做到了应收尽收。严格减免缓审批制度，规范减免缓程序，防止随意减免造成政府收益流失。加大非税收入清欠力度，维护了政策的严肃性。三是加强国有资产和政府资源监管运营。积极拓宽工作思路，拓展运营范围和领域，强化收益收缴，最大限度挖掘增收潜力，多渠道增加地方财政收入和政府可用财力。

【支持经济平稳较快发展】 围绕推进发展方式转变和结构调整，认真落实积极的财政政策，把支持发展与培植财源紧密结合起来，增强财税扶持政策的针对性和灵活性，进一步巩固财政增收基础。一是全面落实增值税转型政策和中央、省、市关于取消停征部分行政事业性收费项目的有关规定，减轻企业和社会负担9.29亿元。二是扎实做好治污减排公司债券发行和政府融资工作，有效保障“两区三村”综合改造等重点工程资金需要，促进生态和谐宜居城市建设。三是认真落实国家收入分配改革和惠民补贴政策，深入推进家电与汽车摩托车下乡及以旧换新，支持城乡流通市场体系建设，提高城乡居民消费能力。四是引导企业用好用足出口退税政策，对市内企业境外投资、招商引资、开拓新兴市场、扩大出口规模等加大支持力度，促进外经外贸平稳运行。五是以促进高端高质高效产业发展战略实施为重点，围绕改造提升传统产业和培植壮大新兴产业，积极支持产业调整振兴、产业布局调整和产业梯次转移，市级累计兑现东部化工区搬迁、环境保护、节能减排、自主创新、品牌战略、现代服务业发展等方面奖扶资金4.35亿元，推动产业结构优化升级。

【着力保民生促和谐】 一是积极推进城乡统筹发展，全面落实强农惠农政策，支农力度持续加大，全市用于“三农”的财政性资金投入达到34亿元，为历年之最。二是加大教育投入，全市教育支出完成35.23亿元，比上年增长8.05%，扎实推进城乡义务教育经费保障机制改革，提高义务教育段生均公用经费定额标准，支持农村中小学“两热一暖一改”工程实施，积极开展农村义务教育债务化解工作，全面落实家庭经济困难学生救助政策。三是加大卫生投入，全市医疗卫生支出完成9.79亿元，比上年增长30.48%，启动全市医药卫生体制改革，完善城乡基本医疗卫生服务体系，推进基本医疗保障制度建设，大力支持公共卫生项目实施、甲型H1N1流感和手足口病等重大疾病防控。四是加大科技、文化、计划生育、体育等社会事业投入，支持承办全运会部分项目、筹办省运会，推动群众性文化活动等深入开展。五是加大社会保障投入，全市社会保障和就业支出完成20.99亿元，比上年增长21.76%，认真落实就业再就业扶持政策，提高新农合、城镇居民医保、城乡低保、五保供养、社会救助等补助标准，扩大政策实施面，全面落实残疾人救助、优抚安置、廉租住房补贴等制度，积极解决破产关闭企业退休人员医疗保险问题，各项民生政策得到不折不扣地贯彻落实。六是切实解决群众关心的热点难点问题，市级拨付供热、供气、自来水、公交企业补贴、困难群体取暖补贴2.5亿元。七是大力支持固本强基维稳工程实施，深入推进政法经费保障体制改革，积极落实政法经费保障资金1.29亿元。在切实保障重点支出的同时，大力压减一般性支出，努力提高资金使用效益。

【积极推进财政科学化精细化管理】 调整完善市以下财政体制，规范理顺政府间财政分配关系，促进区域经济协调发展。一是按照省统一部署，启动省直管县财政体制改革试点，做好交通、食品药品监督财务管理体制改革工作。二是积极推进公务卡管理改革，市级273个预算单位全面实施，部分区县也启动改革试点，提高财政支出透明度和精细化管理水平。三是强化财政监督，认真抓好对扩大内需项目实施、重大民生政策执行等的监督检查和跟踪问效，确保各项政策落到实处、取得实效。四是扎实开展党政机关和事业单位“小金库”专项治理，全市共对290个党政机关和事业单位进行重点检查，对违纪问题做出相应处理，维护财经纪律的严肃性。五是深入推进财政投资评审，加强支出绩效管理，全市共完成财政投资评审值20.92亿元，比上年增长57.89%，审减资金3.01亿元。六是加强地方金融和政府债权债务监管，推进会计诚信建设，有效防范地方财政风险。

【切实加强干部队伍建设】 认真开展深入学习实践科学发展观活动，全面加强班子建设和干部队伍建设，努力提高依法科学理财水平，市财政局继续保持全国文明单位荣誉并荣获山东省第十四届职工职业道德建设十佳单位和富民兴鲁劳动奖状。一是圆满完成深入学习实践科学发展观活动各项任务。贯彻落实“党员干部受教育、科学发展上水平、人民群众得实惠”的总要求，以争创学习实践科学发展观先进单位为动力，以落实“六好”标准和“五看”要求为抓手，加强领导、周密组织，创新形式、狠抓落实，整个学习实践活动扎实深入，在推动财政经济平稳较快发展、为民办实事好事、创新科学理财体制机制等方面取得新的明显成效，实现活动开展和财政工作的有机衔接、相互促进、共同提高。二是切实加强班子建设。坚持和完善党组学习制度、调查研究制度、联系基层制度、民主决策和科学决策制度，不断提高班子的执政能力和领导水平，努力建设学习型组织、创新型团队、实干型集体、廉洁型班子，确保各项工作有序高效开展。进一步健全党内生活、发扬党内民主，认真贯彻落实民主集中制，定期召开党组会、班子民主生活会、局务会、局长办公会，对重要事项实行集体研究、集体决策，不搞“一言堂”。切实增进班子团结，加强班子成员间的思想沟通和交流，加强工作配合，做到同心、同向、同力。局领导班子获得2009年度全市目标管理考核优秀县级领导班子。三是切实加强财政职业道德建设。认真贯彻落实《公民道德建设实施纲要》，健全完善职业道德建设工作机制，努力构建“和谐财政”、“文明财政”，取得了显著成效。立足于全面提高财政干部队伍职业道德素质，卓有成效地开展了以爱岗敬业、诚实守信、服务群众、奉献社会、顾全大局、开拓创新为主要内容的职业道德教育，教育干部职工自觉遵守职业操守。抓好系统文明创建，市财政局继续保持全国文明单位，各区县、高新区财政局全部建成省级文明单位（文明机关），全系统区县级以上文明单位建成面达到97%，得到上级领导和社会各界的充分肯定。大力加强财政机关文化建设，以塑造“团结和谐、求实创新、依法理财、廉洁高效”的新时期淄博财政精神为目标，深入开展“单位有精神、科室有理念、人人有格言”机关文化建设活动，促进党员干部核心价值理念的形成，使党员干部的心灵得到净化，情操得到陶冶，爱岗敬业、干事创业的自觉性和创造性进一步提高。抓好职工学习和培训，坚持把提高干部队伍的业务素质作为加强财政职业道德建设的基础工程，采取依托高等院校和科研院所举办研究生班和高层次培训班、专题讲座、辅导报告、网络授课、本单位业务科室负责人公开讲课等多种形式，开展财经理论知识和业务技能培训，广泛深入开展公文写作、财政法规、计算机办公应用、英语等技能比武活动，促进干部职工业务素质的整体提高。把增强服务意识、提高服务水平作为职业道德建设的基本出发点和落脚点，牢固树立全心全意为人民服务、为基层服务的意识，通过深入基层调查研究、积极为群众排忧解难、广泛开展全市财政系统政风行风建设示范窗口、优质服务标兵评选活动等，把理财为公、理财为民的要求真正落到实处。

（撰稿：唐　亮）

枣庄市

【概述】 2009年，枣庄市生产总值完成1 201.3亿元，按可比价格计算，比上年增长12.6%。三次产业比例为8.6∶62.0∶29.4。人均生产总值达到32 842元，比上年增加2 864元。全市规模以上工业增加值671.95亿元，比上年增长16.2%。社会消费品零售总额353.8亿元，比上年增长18.9%。全市地方财政收入60.8亿元，比上年增长15.3%。地方财政收入中税收比重为77.3%，比上年提高0.4个百分点；地方财政收入占GDP的比重为5.1%，比上年提高0.3个百分点。全市财政支出101.04亿元，比上年增长26.3%，其中：科学技术、文化体育、社会保障、医疗卫生和农林水事务支出分别比上年增长47%、41%、25.7%、53.1%和42.8%。

【支持资源型城市转型】 抓住枣庄市被国务院确定为资源枯竭型城市和国家出台政策措施刺激经济发展的机遇，支持八大工业集群和四大特色服务业发展，推动产业升级和城市转型。一是积极争取资源枯竭城市转型政策和资金支持。全年共争取中央财政2008年度、2009年度资源枯竭城市转型转移支付资金3.02亿元，省级财政配套5 000万元，共计3.52亿元。按照省政府《关于支持枣庄市做好资源枯竭城市转型工作的意见》要求，在2009～2012年期间，省级财政每年安排定额补助给予资源枯竭城市财力性转移支付配套，批准提取可持续发展准备金，同时在节能环保、服务业发展、高新技术、棚户区改造等专项资金安排上给予重点倾斜。二是利用融资解决经济社会发展的资金瓶颈制约。依托鲁南（枣庄）经济开发投资有限公司，做大做强投融资平台，加大融资力度，为城中村改造、农村住房建设和危房改造等重点基础设施建设项目提供了资金支持。三是完善担保体系，组建注册资本2亿元的担保公司。通过财政注资和引进战略投资，成立注册资本达2亿元的枣庄市担保有限公司，依照国家产业政策为符合条件的企业提供信用担保和中介服务，解决企业特别是中小企业融资难问题。四是积极筹集资金，落实保增长、扩内需政策。通过统筹预算安排、争取地方债券、加大政府融资等多种渠道筹措配套资金，共筹集地方配套资金4.32亿元。安排高新技术自主创新工程资金260万元，设立企业技改贴息、对外开放专项资金、名牌产品奖励和中小企业发展专项扶持资金2 600万元，安排服务业发展引导资金1 000万元，用于一系列保增长、扩内需政策落实。为支持旅游推销宣传和“枣庄优惠二日游”工作，设立文化旅游产业发展资金500万元。五是认真落实财源建设意见。发挥财源建设基金的作用，出台《枣庄市人民政府关于加强财源建设的意见》相关配套措施和管理办法，对困难税源企业给予紧急借款6 800万元，支持企业资金周转。六是支持和服务国有企业改组改制，支持国有企业改革。继续推进国有大中型企业主辅分离、辅业改制和移交办社会职能工作，拨付关停破产企业学校移交补助资金7 964万元，促进移交工作的顺利开展。安排2 105.86万元用于解决国有企业破产遗留问题，促进破产改制工作的顺利进行。七是支持环境友好型社会建设。多方筹措环保专项资金1.06亿元，用于全市水污染治理及环保能力建设，治理成效显著。在国家淮河流域水污染防治核查中取得了第一名的好成绩。

【加强税费征管】 一是认真开展税源调查。开展2008年度企业所得税税源调查和重点产品国际竞争力调查，根据国家调整增值税、利息税的相关政策及经济发展形势，调研测算对我市财政收入的影响。二是建立完善调度分析机制。严格执行财税运行分析联席会议制度，加强与发改、经贸、统计、国税、地税等部门的联系，及时掌握第一手资料，准确反映税收运行情况。认真做好财政旬月报和重点税源企业纳税快报编制工作，将20户重点纳税企业作为预算执行分析的重点，为财政经济分析和领导决策提供可靠依据。三是加强收入征管，挖掘增收潜力。配合税务部门搞好企业内部二三产业分离工作，增加地方收入。挖掘“两税”增收潜力，开展采煤塌陷地耕地占用税集中征收工作，全市契税和耕地占用税收入完成2.9亿元，均超额完成全年预算任务。加大非税收入征收力度，实行周调度、月分析制度，突出抓好国有资本经营收益、土地出让收入、价格调节基金、国有资源（资产）有偿使用收入、罚没收入、捐赠收入等的征管工作。

【着力保障民生】 围绕枣庄市政府确定的“十大民生工程”建设和100件惠民实事，积极调整支出结构，保障民生支出需要。一是认真落实各项强农惠农政策，提高补贴标准。全市共拨付粮食直补、农资综合直补、良种补贴、农机具购置补贴和大中型水库移民后期扶持资金3.53亿元，兑付家电和汽车摩托车补贴资金7 606万元。二是加强农业基础设施建设。大力支持农业基础设施建设，安排资金1 300万元，对21座小型水库实施除险加固工程；安排农村公路桥梁养护资金700万元，支持农村管理养护体制改革；安排户用沼气及大中型沼气工程建设资金500万元，沼气奖补标准由每户500元提高到1 000元，支持农村沼气服务体系建设；安排补助资金800万元，支持“双十双百”工程。三是进一步健全社会保障制度。城市低保标准提高到每月190元，农村低保标准提高到每年1 000元，农村五保对象分散供养标准和集中供养标准分别提高到每人每年1 400元、2 200元。探索新型农村养老保险制度，启动新型农村社会养老保险制度试点工作。2009年安排福彩公益金4 759万元，支持枣庄市福利院和57个乡镇敬老院的改造和建设。支持廉租住房制度建设，对符合政策规定的经济适用住房廉租住房项目，免收一切行政性收费和政府性基金。全年共拨付廉租房建设、棚户区改造、农村住房建设奖补资金1.06亿元。四是大力支持教育事业发展。认真落实好农村义务教育经费保障机制改革新政策，提高农村义务教育阶段学生“两免一补”标准，农村中、小学生均公用经费标准分别提高到550元和350元。拨付农村中小学校舍维修改造资金1 690万元，确保完成全年6.5万平方米的改造任务。拨付资金604万元支持“三亮三改”和教学仪器更新工程。认真落实城市义务教育学校学生免杂费政策，继续对城市低保家庭义务教育阶段学生实施“两免一补”，足额安排城市义务教育阶段学校预算内公用经费，全面完成了困难学生资助资金发放工作。扎实开展化解农村义务教育债务工作，积极筹措资金，确保按计划分年度实施。督促各区（市）稳步推进农村教师工资统筹发放，加大对农村教师工资发放情况的考核力度，实行“抑新补欠”，逐步缩小县乡教师工资差距。五是加大对公益性文化体育设施建设的投入。积极支持农村电影“2131工程”，完成了由胶片电影向数字电影放映的转换。拨付90万元，支持农家书屋建设。市级投入资金150万元，支持400个村体育健身路径建设；市级拨付配套资金120万元，支持全运会比赛场馆的维护改造工程。六是支持建设覆盖城乡居民的基本卫生医疗制度。安排资金660万元，对600个村卫生室进行统一规划和建设。新农合政府补助标准提高到80元/年·人，筹措资金2.37亿元，参保农民237万人，整体参合率达到99%。启动农村公共卫生服务工作，市级安排补助资金238万元。全面实施城镇居民基本医疗保险，市财政安排648万元，提高部分参保人群的财政补助标准，扩大报销范围，参保率达到80%。全市各级财政拨付778万元，做好手足口病和甲型H1N1流感防控工作。按照国务院的统一部署，于2009年底前将未参保的关闭破产国有企业退休职工全部纳入城镇职工医保，实现城镇职工医疗保险制度的全覆盖。七是进一步支持就业和再就业工程。出台一系列稳定就业、促进就业的政策，减轻企业负担。落实税费减免、小额担保贷款、培训补贴、创业补贴等各项财政扶持政策，发放小额担保贷款和各项补贴3 642万元，促进就业再就业。继续实施“技能扶贫就业”、“金蓝领”和“5992”等培训工程，以培训促就业。支持返乡农民工再就业引导性培训、农村劳动力转移培训、农村实用人才创业培训和新型农民科技培训，促进农村劳动力转移和创业。八是认真落实农业政策性保险政策。全市各级财政拨付小麦和玉米保费补贴资金396.64万元，支持土地流转合作社参加政策性农业保险，选择了6家土地流转合作社作为试点，对投保土地流转合作社，市级财政给予保费补贴。九是保障城市公用民生需求。会同有关部门实施老城区供暖管网改造、天然气置换和煤气中低压管网改造、居民自来水一户一表改造等重点惠民工程，加大基础设施投入，提高社会公共产品保障水平。筹措资金 1.5 亿元，实施了东城区供热管网改造工程；拨付 1 000 万元，继续加大旧住宅小区整治项目的投入。十是支持建立健全社会应急管理体制。完善政法经费保障机制，保障维护稳定、信访、反恐、综合治理等重点资金需要，推进“平安枣庄”、“平安全运”建设。建立和完善政府对公共安全体系建设的资金投入机制，市级设立安全生产专项资金 100 万元。

【推进财政改革】 一是继续深化部门预算改革。完善预算编报制度，完善市级部门预算项目库，推进区（市）部门预算工作，建立部门预算责任制度，建立预算编制、预算执行与预算监督的互动机制。严格控制和压缩一般性支出，市级对党政机关业务费等公用经费压减 6%。建立了地方预算动态管理机制，按时填报分析地方财政预算管理信息表，对全市预算编制、预算调整、预算执行实行全过程动态管理和监督，提高预算管理信息化、精细化水平。强化预算指标管理。实现部门预算编制系统和指标管理系统充分对接，通过完善操作程序，增加预算执行的透明度，加快拨款进度。督促指导区（市）深化预算编制改革、规范编制内容、完善编制办法、明确编制流程，与乡财县管等改革紧密结合，形成相互协调，相互促进的联动机制。积极稳妥地用好地方政府债券，研究地方政府债券收支预算编制工作。二是继续深化国库集中支付改革、政府采购改革。加大财政直接支付的力度，全市直接支付比重达 63%，市级全面推行了公务卡改革工作。继续扩大政府采购范围和规模，加大对中央和省补助专款、国债资金、土地整改、自主创新、节能环保产品以及民生项目的政府采购力度。全市政府采购规模 10.5 亿元，节约资金 1.76 亿元，节支率为 14.32%。

【提高精细化管理水平】 一是进一步完善各项管理制度。继续加强资金管理制度建设，总结“制度建设年”成果，印发《枣庄市财政制度汇编》，逐步达到“先有预算、后有支出，先有制度办法、后有资金分配”的要求。二是加大财政投资评审力度。加强年度评审计划的编制工作，列入评审计划的项目已涵盖市级财政的所有投资性支出。加强项目可行性和投资概算的评审，推行项目预算控制，加强资金拨付环节的评审，实现投资评审与国库集中支付的有机结合。三是进一步加强财政监督检查。开展会计信息质量、预算收入征管质量等 10 余项检查；认真组织开展全市范围内党政机关和事业单位“小金库”的清理工作。切实加强扩内需资金监管，确保“资金使用安全，确保政策落实不走样”，督促区（市）各项配套资金及时到位。四是进一步加强会计管理。认真抓好企业财务通则、会计准则、审计准则的贯彻实施，进一步强化财务会计基础工作，全面提高会计信息质量。完成全市农村会计人员调查摸底工作，开展了“会计基础工作建设年”活动，促进会计管理工作实现“五化”。五是加强行政事业单位资产管理。严格把关，认真做好行政事业单位资产配置和处置审批工作，提高资产管理效益和处置透明度。强化资产收益管理，将行政事业单位国有资产收入纳入政府非税收入管理。创新体制，积极做好资产划转工作，推进市直行政事业单位国有资产管理改革。六是进一步加强调研信息宣传工作。围绕落实市委、市政府重大决策，切实加强对重大财经问题的调研，形成多篇专题调研报告，为领导决策提供参考，进一步提高各项工作的前瞻性、预见性、主动性。进一步加强财政宣传和信息工作，为各项财政改革和财政管理创造良好的舆论环境。继续开展“非税收入管理宣传月”活动，着力推进非税收入管理改革，全面提高政府非税收入管理水平。

【支持县乡财政建设】 认真研究落实省财政收入质量改善奖励、财政支出结构优化奖励、均衡县级财力差异奖励、农村义务教育化债奖励和县级基本财力保障“五个机制”，顺应政策导向，采取有效措施。一是加强县乡财政建设。督促指导区（市）做实财政收入，提高财政收入质量，重点提高“四税”比重，指导区（市）优化支出结构，提高重点支出保障水平。二是进一步落实完善转移支付制度。逐步规范专项转移支付制度，继续加大对财政困难区的倾斜力度，缩小区（市）间财力差距。根据财力增长情况，不断加大对下转移支付规模，确保转移支付资金用于基本公共服务领域；在保障县乡工资发放和政权运转的基础上，加大村级经费、乡村公益事业的保障力度。三是进一步强化县乡财政管理，化解乡村债务。扎实开展清理核实农村义务教育债务工作，学习借鉴试点县经验，认真制订实施方案，科学拟定全市化债工作方案，严格督促区（市）开展清理核实工作。根据核定的农村义务教育化解债务数额，积极筹措资金，确保按计划分年度实施。按照“对口联络”制度的要求，积极指导基层加快推进“乡财县管”及部门预算改革，完善县乡财政体制。加强县乡财政供养人员“双控”管理，进一步完善供养人员数据库。开展区（市）预算审核工作，针对存在的问题，提出了整改意见，促进区（市）部门预算管理水平提高。

【加强干部队伍建设】 一是深入开展学习实践科学发展观活动。确立了“坚持科学发展、壮大财政实力”的实践主题和“壮大财源、优化分配、注重民生、强化管理、深化改革”的实践载体，周密制定活动计划，切实加强组织领导，圆满完成了各项任务，达到了预期效果。二是进一步健全干部学习教育机制。进一步加大教育培训力度，分别与北京大学、山东财政学院各联合举办了两期培训。深入开展财政法制宣传教育培训，建立健全权责明确、行为规范、监督有效、保障有力的财政行政执法责任制，推进依法行政、依法理财。三是进一步加强作风建设，提高行政效能。深入开展“马上就办”活动，大力倡导“立说立行，马上就办”的行政理念和作风，进一步完善工作流程，缩短工作时限，提高机关工作效能和办事效率，树立财政部门的良好形象。大力推进政务公开，促进财政权力运行的公开透明，推动阳光财政建设。四是进一步加强廉政建设。认真组织开展了“做勤廉表率、促科学发展”教育活动和“创建高效机关　服务科学发展”主题实践活动，完善教育、制度和监督措施，严格落实党风廉政建设责任制，促进机关廉政工作深入开展；利用干部调整之机开展集体廉政谈话，不断丰富反腐倡廉宣传教育形式，努力形成反腐倡廉教育的整体合力；切实抓好承担的反腐败源头治理工作和治理商业贿赂工作，为全市党风廉政建设和反腐败工作服好务。2009年在民主评议行风活动中再次被评为满意单位，获得省级文明机关、市级先进集体等一系列荣誉称号。

（撰稿：赵志军）

东　营　市

【概述】 2009年，全市地方财政收入完成80.87亿元，比上年增长13.98%。全市财政支出完成105.26亿元，比上年增长17.32%。市本级财政收入完成38.65亿元，比上年增长18.83%。市本级财政支出完成44.24亿元，比上年增长21.28%，当年实现财政收入平衡。

【全力支持经济企稳回升】 一是多渠道筹集资金。2009年，共争取中央、省扩大内需资金18.86亿元，争取扩大内需项目118个，为推进“四区一城”和“三路两港一场”等重点项目建设提供坚强的财力支撑。二是大力支持企业发展。为有效应对危机，各级财政部门积极建议党委政府出台42项扶持企业政策，投入资金达2.4亿元，帮助企业渡过难关。加强中小企业信用担保体系建设，支持设立小额贷款公司4家，参股省再担保公司3 000万元，发放互助自保资金1.68亿元，帮助申报上级补贴担保机构资金1 400万元，努力改善中小企业融资环境，缓解企业融资难问题。认真落实减免税费政策，全市共减免行政事业性收费5 279万元，经济发展环境进一步优化。引进和鼓励股份制银行设立分支机构，拓宽企业融资渠道。设立外经贸发展专项资金1 000万元，鼓励企业开拓国际市场，支持“两反一保”和出口信用保险工作，促进外向型经济发展。三是积极促进产业结构调整。市财政安排资金5 774万元，设立促进高新技术创新、服务业和文化、旅游等产业发展的七项扶持资金，加大对结构优化、节能减排、自主创新和产业升级的扶持力度，支持加快实现“两个转变”。四是努力扩大消费需求。拨付资金3 891万元，积极推进家电、汽车、摩托车下乡和以旧换新工程，有效启动农村消费市场。

【财政支农力度明显加大】 一是大力支持农村基础设施建设。市财政筹集拨付资金1.5亿元，保障“三网”绿化、农业综合开发和农业科技等重点项目建设。二是落实农业生产补贴政策。全年发放粮食直补、良种补贴、综合直补等涉农补贴1.54亿元，调动农民生产积极性，增加农民收入。三是推进农业产业化经营。市级投入财政资金1 200万元，重点扶持30家农业龙头企业，提高农业产业化水平。四是积极支持农村综合改革。市财政拨付资金914万元，增加村干部薪酬待遇，进一步完善村级组织运转保障机制。筹集资金273万元，开展农村公益事业建设一事一议财政奖补试点，积极探索破解农村公益事业难题的有效路径。

【民生保障更加有力】 一是支持完善社会保障体系建设。投入资金4 137万元，提高城乡低保补助标准。筹措资金2 510万元，支持建设城乡安居住房1 000套，落实廉租住房1 200套。二是大力推进医疗保障体系建设。2009年，各级拨付资金8 537万元，支持开展城乡居民医疗保险。筹集资金705万元，用于283处城乡卫生服务设施建设，投入资金751万元，支持实施基本药品零差价和政府购买基本公共卫生服务。三是认真落实教育优先发展战略。扎实推进农村义务教育经费保障机制改革，农村小学和初中生均公用经费定额分别提高到400元和600元。市级安排资金

1 000 万元，实施全市中小学校舍抗震安全改造和农村中小学“两热一暖一改”试点工程建设；科学制订债务化解方案，按上级要求及时开展清理化解农村义务教育债务工作。市财政投入资金 6 600 万元，支持职业教育发展，保障职业学院基建和技术学院东迁等重点项目建设。四是积极促进就业。2009 年市财政发放各类就业补贴 1 025 万元，特别培训券 4 158 张，有力地促进了就业。

【财政改革稳步推进】 一是调整完善市与区财政体制。进一步理顺财政收入分配关系，建立市与区利益共享、风险共担的长效机制，促进区域经济协调发展。二是深化部门预算改革。依托“金财工程”应用支撑平台，开发预算指标管理系统，完善部门预算基础信息库，进一步细化预算编制和管理，提高预算的准确性和透明度。三是加快推进国库管理改革。规范、整合财政资金管理流程，确定预算指标管理、支付管理等 18 项核心业务流程，国库管理的制度体系和技术支撑不断完善；顺利推进公务卡改革，改革覆盖到所有市级预算单位，提高公务消费支出透明度。四是实施政法经费保障体制改革。按照“明确责任、分类负担、收支脱钩、全额保障”的总体要求，争取省政法体制改革经费 4 682 万元。五是积极推进政府采购制度改革。通过规范管理和监管核查，政府采购工作实现采购质量、中标人资质和财政资金节支率的“三个确保”。2009 年，市级完成采购合同金额 13 亿元，节约资金 1.7 亿元，节支率达 11.56%。六是推动实施交通财务管理体制改革。按照“权责统一、专款专用、保障改革”的原则，摸清底数，理清账目，向上争取改革经费 1.49 亿元，理顺交通财政财务管理体制，促进我市交通事业发展。七是财政信息化建设全面推进。“金财工程”开发并成功应用国库集中支付、公务卡、工资管理等七个子系统，完成第一阶段建设任务，满足“财税库行”各部门对财政核心业务的需求，实现一体化管理。各项改革的顺利推进，进一步完善公共财政体制，为提升财政管理水平奠定坚实基础。

【干部队伍建设进一步加强】 一是深入开展“学习实践科学发展观”活动。注重学习与实践紧密结合，紧扣“科学发展、积极作为、攻坚破难、富民强市”主题和财政工作实际，精心组织，强化落实，成效显著。二是不断提高党风廉政建设水平。层层签订《党风廉政建设责任书》。建立廉政谈话制度，圆满完成财政部门承担的源头治理工作任务，为推进惩防体系建设做出积极贡献。三是坚持实施“人才兴财”战略。2009 年，分三批组织局机关干部、县（区）财政局长、乡镇财政所长到清华大学、山东大学参加高级研修班，提前完成新一轮干部培训。与山东大学经济学院联合，面向全市财政系统干部，开展硕士学位研究生教育。先后组织干部参加办公自动化、信息工程等各类专业培训，干部队伍综合素质得到全面提升。四是扎实推进精神文明创建活动。出台《东营市财政局关于加强精神文明建设的意见》和《东营市财政局关于创建文明系统的意见》，在全市财政系统深入开展文明创建活动。2009 年，市局被评为“全国精神文明建设工作先进单位”。

（撰稿：徐冰消）

烟　台　市

【概述】 2009 年，烟台市地方财政收入完成 189.12 亿元，比上年增长 13.81%。全市财政支出完成 248.03 亿元，比上年增长 18.53%。扣除按体制上解省 16.66 亿元和结转下年支出 3.69 亿元，与支出相抵，当年结余 197 万元，累计结余 3 328 万元，当年实现财政收支平衡。

【财政收入在逆势中实现平稳较快增长】 2009 年是财政增收环境极为复杂的一年。国际金融危机不断扩散蔓延，经济波动、企业经营困难对财政增收的不利影响逐步显现。面对严峻形势，全市各级财税部门一方面积极把握形势变化，科学制定应对措施，强化政策资金引导，集中培植骨干财源，努力扩大主体财源，深入挖掘潜力财源，着力夯实财政增收基础。另一方面，积极支持发展总部经济，加大零散税收征管，运用多种政策调控手段，堵塞税收征管漏洞，不断拓展财政增收渠道，有效遏制了财政收入增长下滑趋势，在逆势中实现了财政收入总量持续扩大、质量不断提升。2009 年，全市地方财政收入增幅比年初预算目标提高 3.81 个百分点，高于全省平均水平 1.47 个百分点；全市地方税收收入完成 152.02 亿元，比上年增长 16.14%，占地方财政收入的比重为 80.38%，同比提高 1.61 个百分点。

【积极灵活财政政策在保增长中发挥重要作用】 始终把保增长作为财税工作的重中之重，积极主动地发挥财税政策和资金的引导作用，推动全市经济平稳较快发展。一是全力以赴扩大内需。抢抓国家、省保增长政策机遇，先后争取国家、省资金30.7亿元，支持启动中医医院改扩建、套子湾污水处理厂升级改造等扩内需项目341个。全面落实家电、汽车和摩托车下乡政策，兑现补贴资金1.51亿元，拉动农村消费16.88亿元。投入资金4 376万元，补助奖励重点旅游项目20个、骨干旅游企业28家，支持绿色食品博览会、葡萄酒节举办以及文化中心启动等，打造新的旅游文化消费亮点。二是想方设法帮扶企业。全面推行增值税转型改革，严格落实各项税费减免政策，阶段性降低失业、工伤等四项社会保险费率，减轻企业负担21.4亿元。筹集资金1.3亿元，完善信用担保体系，组建市级再担保公司。为高新技术、新产品开发、再生资源回收等157户企业争取税款返还1.34亿元。三是千方百计促进外贸出口。拨付资金2 025万元，对服务外包产业的人才培训、公共平台建设等给予补助，兑现了外经贸企业在线交易、出口名牌建设以及对外开放目标考核等奖励补助政策。四是因势利导推进经济结构调整。拨付资金1.2亿元，补助污染源治理、矿产保护与勘探等项目60个，奖励节能先进单位和优秀成果20个。投入资金8 953万元，提高市级科技进步奖励标准，推进产学研合作，支持重大科技项目成果转化19个、补助技术研究中心26家，进一步提高企业自主创新能力。

【“三农”投入在统筹发展中实现新的突破】 围绕促进农村经济发展、提高农民收入水平和改善农村生产生活，不断加大“多予”力度，全市农林水事务支出达到22.7亿元，比上年增加10.6亿元。一是在强农惠农政策落实方面，在全省率先启动市级农业技术创新中心建设，对苹果、大樱桃、莱阳梨等标准化示范基地和渔业新品种进行奖励。及时发放粮食直补、农资综合直补、农机具购置、成品油价格改革等各类补贴资金3亿元，90万农户从中受益。二是在农业基础设施建设方面，支持完成荒山和海防林绿化21.7万亩、小型水库除险加固209座任务，新建、改建农村公路515公里。三是在改善农村生活环境方面，积极推动村村通自来水、农村户用沼气建设和村庄环境综合整治，进一步提高农村义务教育经费保障水平，大力支持农村中小学校舍维修改造、农村电影放映等工程，有效改善农村教育文化生活环境。

【民生和重点事业在促发展中得到全力保障】 牢固树立保民生就是保发展的理念，多方筹措资金保障改善民生。一是提高社会保障标准。将市及五区城市低保最低标准由每月320元提高到340元，农村低保最低标准由每年1 200元提高到1 300元，五保集中供养标准由每年3 500元提高到3 700元以上。筹集资金7 800万元，补助和建设廉租住房1 234套。全市投入保障就业再就业资金7 082万元，比上年增长22.5%。二是推动教育文化事业发展。拨付资金1.59亿元，用于烟台二中东校区建设以及中小学校舍维修改造、教学仪器更新和“两热一暖一改”工程，资助非义务教育阶段家庭经济困难学生7.5万名。农村小学和初中生均公用经费定额分别提高55元和105元。投入资金5 800万元，推进乡镇文化大院建设，落实博物馆、纪念馆免费开放政策，完成数字电视转换35万户、农村电影放映6.8万场，进一步丰富群众文化生活。三是保证重点项目建设资金需求。综合运用预算内安排、基金、贷款、争取上级财政支持等方式，筹措资金24.5亿元，保证莱山国际机场扩建、新火车站建设等90多个续建和新建重点项目顺利推进。四是强化疾病防控工作。投入资金3 571万元，购置手足口病、甲型H1N1流感等疾病防控物资，支持市传染病院、疾控中心等医疗机构建设，完成414所村级卫生室医疗设备配置和119个社区卫生服务机构能力建设，进一步健全医疗保障体系。

【财政管理效能在应对挑战中得到新的提高】 坚持用创新的工作理念和科学高效的管理方式应对危机挑战、破解发展难题、提高资金使用效益。一是调整理顺财政管理体制。研究确立“划分收支、收入全留、专项补助”的高新区财政管理体制，对高新区范围内的地方财政收入，全部留归高新区统筹安排使用，并连续三年安排专项资金3 000万元，支持高新区基础设施建设。二是大力压减财政开支。牢固树立过紧日子思想，大力压缩机关行政经费，深入推进政府采购、投资评审等管理改革。全市完成政府采购额59.78亿元，节约资金9.3亿元。完成政府投资评审总额145.95亿元，节约资金17.89亿元。三是强化资金监督管理。在市级预算单位全面推开公务卡支出管理改革。探索建立的“单位承诺、银行协管、财政审批、共同监管”扩大内需资金管理模式，得到中央、省检查组充分肯定。四是创新支农资金管理模式。探索实行新的农业应急物资储备方式，将部分防疫、防汛、防火等物资由实物储备变为期权储备，实现资金使用效益与应急物资保障水平的双提高。

（撰稿：李明哲）

潍坊市

【概述】 2009年，面对复杂多变的国内外经济形势，潍坊市委、市政府果断决策、从容应对，带领全市上下努力克服国际金融危机冲击带来的压力和挑战，经济发展趋势不断向好，实现平稳较快增长。全市完成地区生产总值2 727.8亿元，比上年增长12.9%；全社会固定资产投资完成1 890.5亿元，比上年增长24.1%；社会消费品零售总额988.5亿元，比上年增长19.1%；城镇居民人均可支配收入17 267元，农民人均纯收入7 695元，分别增长10%和8.8%。全市地方财政收入158亿元，比上年增长19.7%。地方财政支出196.9亿元，比上年增长22.8%。当年收支结余89万元，累计净结余4 586万元，连续23年实现收支平衡。

【助推经济发展效果显著】 一是积极扩大财政性投资。抓住扩大内需机遇，争取中央投资和省配套资金8亿元，利用省调控资金20亿元，直接拉动社会投资130亿元。认真落实出口退税等税式支出和结构性减税政策，减轻企业和社会负担85.5亿元。综合运用高新技术产业发展资金以及技术创新、名牌奖励、节能减排等专项资金，及时兑现招商引资、外经贸、服务业等奖励资金，促进产业优化升级。筹集2亿元，支持建筑节能、绿色照明和重点流域水污染治理、燃煤电厂脱硫等节能减排项目，促进发展方式转变。二是及时果断制定扶持政策。综合运用贷款风险补偿、投资利息补贴、设立过桥还贷资金、政府采购倾斜等手段，帮助企业渡过难关，促进投资和创业，保持了经济稳定增长。针对国际金融危机冲击对全市经济发展的影响，主导制定进一步扶持金融产业、支持中小企业加快发展、促进外经贸增长等一系列政策措施。综合运用贷款风险补偿、投资利息补贴等手段，促进投资和创业。强力支持金融产业发展，鼓励扩大中小企业贷款，全年拉动新增贷款比上年增加30%以上；2009年全市本外币贷款增量和增幅均居全省第三位，对解决企业融资困难、促进产业振兴发挥重要作用。三是促进优化发展环境。在落实上级减免收费政策基础上，暂停征收市级收费年度审验费和工商系统“两协”会费，共计减轻企业、社会负担9 800多万元。坚持主动上门送政策，举办金融知识、财税政策、上市和拟上市公司董事会秘书等培训班10余次，向企业免费发放《支持企业发展财政政策汇编》、《最新税收政策汇编》、《节能减排资源综合利用文件汇编》等资料2 000多册；建立政策咨询服务中心，深入开展“企业服务月”活动，点对点帮助企业解决实际困难，努力打造全国一流的发展环境。

【民生财政特征更加凸显】 一是投入力度进一步加大。大力压减一般性支出，将行政事业单位工资性支出以外的经费压减5%，统筹财力向民生倾斜。全市与人民群众密切相关的民生支出达96.1亿元，占地方财政支出的48.8%，比上年提高1.5个百分点，各项民生支出得到较好保障。集中财政资源，优先解决群众最为关心的上学、就业、看病、养老、住房等热点难点问题，及时兑现粮食直补、良种补贴、农业政策性保险、家电下乡、汽车摩托车下乡等惠农政策13.7亿元，支持政府承诺为民办好的10件实事全部落实到位，公共财政特征更加凸显。二是保障水平进一步提高。在困难群体保障上，不折不扣地将保障政策落实到位。先后将农村五保集中供养、分散供养标准分别提高到2 400元和1 200元，城市低保标准由每人每月260元提高到280元，农村低保标准由每人每年900元提高到1 000元，新型农村合作医疗政府补助标准由60元提高到80元。三是覆盖范围进一步扩大。完善面向高校、中职院校、高中、义务教育各个阶段困难学生的资助政策体系。主导制定以创业带动就业20条意见、利用政府投资促进扩大就业10条意见，建立起覆盖全部适龄人群的就业保障体系。医疗保险由面向职工，扩大到城镇居民和农民群众，建立起覆盖全民的保险制度体系。在寿光、峡山、高新等县市区启动新型农村养老保险制度试点，实现农村养老由依靠家庭赡养、土地保障向社会养老、制度保障的转变。四是运行机制更加优化。注重创新利用市场机制手段，通过市场化的办法解决社会发展难题，创造出一系列的“潍坊模式”。其中社区卫生服务、农村中小学“两热一暖一改工程”试点模式分别在全国、全省推广。建立完善以“发放廉租住房租赁补贴为主，与经济适用住房货币化补贴相结合”的住房保障制度，将低收入家庭纳入保障范围，取得了更好的保障效果。

【机制体制创新迈上新台阶】 一是构建支持“三区”建设投入支撑体系，为“三区”建设打造强劲动力引擎。抓住推进“三区”建设的有利时机，率先研究支持发展的政策措施，规划构建以产业投融资平台、引导基金和担保公司为主体，以支持高端、海洋产业和中小企业发展为主要方向的投入支撑体系，吸引带动各类社会资金投入，为形成蓝色经济和高端产业聚集发展的竞争优势，提供强力保障。二是健全完善城建融资体系。做大国资经营投资公司、三河公司等融资平台，强化与金融机构合作；拓展融资渠道，成功发行5亿元信托理财产品，市级融资到位126.8亿元，保障城建资金链条畅通。中心城区城建资金支出48.8亿元，推进文化艺术中心、奥体中心等重点项目建设。将成功的城建模式向小城镇建设领域推广，承办全市小城镇建设专题培训班，筹集3亿元支持镇级平台建设，提升城镇化水平。三是优化事业投入机制。整合相关公共资源，组建运营好水利、文化、交通等融资主体和发展平台，形成事业自我滚动发展的投入机制。其中，水利公司运行模式得到审计署和省财政厅的充分肯定。同时，积极稳妥地推进文化事业单位、市政府驻外办事处和棉花研究所等涉农事业单位改革，理顺关系，化解矛盾，增强活力。

【财政基础管理更趋科学化、精细化】 一是推进财政体制改革。适应省直管县财政体制改革，将安丘市纳入试点范围，认真做好体制基数核定等工作，确保市县两级平稳过渡、协调发展。着眼于消除区域经济发展的财政体制障碍，推进奎文区和高新区财政体制调整，全面完成资产和债权债务划转。二是健全预算管理制度。强化以部门预算、国库集中支付、政府采购和投资评审为主要内容的预算管理体系，实现预算管理的全覆盖。启用预算执行管理指标体系，建立国库资金综合查询和动态监控系统，提高预算执行透明度和资金支付效率。政府采购和财政评审工作水平进一步提升，全市完成政府采购额45.3亿元，节支7.6亿元；完成财政投资评审额79.5亿元，审减11.8亿元。三是强化资金监督管理。完善专项资金管理办法，健全公共服务绩效评价体系，对教育、卫生、惠农等项目，积极开展第三方绩效评价，保障资金使用效果。修订出台《财政管理资金内部控制和监督办法》，将全部财政资金纳入审计范围。加大专项资金及重大财经政策执行的监督检查力度，深入开展“小金库”专项治理，确保资金安全使用。加强住房公积金专项治理，加大公积金归集和发放贷款工作力度，市级当年归集5.2亿元，发放个人贷款2.5亿元。配合做好相关改革事业单位的国有资产管理，圆满完成2008年度全市行政事业单位资产管理信息统计工作。加强地方金融和政府债务监管，防范地方财政风险。四是深化会计管理工作。按照“统筹兼顾、合理安排、分步推进”的原则，扎实推进新会计准则贯彻实施；探索企业会计报表注册会计师鉴证制度和会计中介机构“黑名单制度”，优化会计诚信环境；规范会计领军人物培养，强化会计人员管理，分层次、分行业开展会计培训活动，进一步提高会计人员的从业素质和社会地位。

【干部队伍建设取得新突破】 一是高标准完成学习实践科学发展观活动。按照市里部署要求，充分体现“真抓实干、务求实效”财政特色，高标准完成规定动作，梳理并办好“百件实事”，以活动开展促进工作落实、以工作实效体现活动成果，得到市委、市政府和社会各界的认可，群众测评满意率达100%。二是提升学习研究能力。突出学习型、研究型机关建设，与东北财经大学、上海国家会计学院建立长期战略合作关系，组织第二批MPA专业学习班，努力营造“校园式”学习氛围。组织召开全市财政系统首次务虚座谈会，激发深入学习、加强研究的主动性和积极性。为全面了解基层信息、科学制定财政政策，深入全市100家企业、2处乡镇、20个村庄开展调研，形成有价值的调查报告60余篇。其中，关于东和检测公司“抱团式”发展调研报告得到王岐山副总理、姜大明省长签批推广，利用政府投资扩大就业、搭建“三区”融资平台、扶持地方炼油企业发展等多项调研成果进入市委、市政府决策。三是提升落实执行能力。针对市委、市政府重大决策和重要事项安排，建立集体办公和全程督查机制，确保第一时间研究，最快速度解决，最好质量完成。进一步完善机关绩效考核办法，坚持正确的用人导向，实施竞争上岗和岗位轮换，激发干部职工创新创业的积极性。四是提升廉政建设能力。严格落实党风廉政建设责任制，从教育、制度、监督入手，建立起预防和惩治腐败的长效机制，全局没有发生一起违法违纪案件。注重从思想、活动、文化三个方面加强引导，打造具有财政特色的机关廉政文化，增强干部队伍自律意识。注重以制度管权、管人、管事，制定禁止工作日中午饮酒、不准相互吃请等“廉政自律八条”，提高自我约束能力；加强内控制度建设，优化业务流程，完善内部审计机制，堵塞腐败漏洞；自觉接受审计监督，将全部财政资金纳入审计范围；完善诫勉谈话制度，对有行为不端苗头的同志，及时进行诫勉谈话，防患未然。开展“小金库”治理活动，加大专项资金及重大财经政策执行的监督检查力度，确保财政资金安全。

（撰稿：孙 超）

济 宁 市

【概述】 2009年，面对严峻复杂的经济形势，济宁市各级财政部门在市委、市政府的坚强领导下，以党的十七大和十七届三中、四中全会精神为指导，深入学习实践科学发展观，按照树立“为党委和政府服务，为部门和单位服务，为基层和群众服务”的三服务理念，加快推进“发展型、民生型、创新型、绩效型、阳光型”五型财政建设的工作思路，解放思想，抢抓机遇，迎难而上，顽强拼搏，实现财政收支稳定增长，全市地方财政收入134.66亿元，完成预算的103.43%，比上年增长12.74%。全市财政支出198.44亿元，完成预算的104.09%，比上年增长11.46%。当年实现财政收支平衡。

【加大财政调控力度，扩内需保增长取得新成绩】 各级财政部门始终把扩内需、保增长摆在首要位置，主动支持产业结构调整、经济战略转型，巩固经济回升向好态势。一是加大财政投入力度。注重发挥财政杠杆作用，投入3.3亿元用于引导、带动银行和企业向“四个千亿元产业”和现代服务业等投资。认真落实增值税转型和技术开发费加计扣除政策，加大对先进制造业、高新技术产业和新兴产业的支持力度。整合科技人才资金5 000万元，大力支持自主创新成果转化、科技创新公共服务平台和引进、培养急需短缺专业人才等。设立偿贷周转金，帮助企业获得银行续贷资金4.8亿元，推动中小企业持续健康发展。筹集1.5亿元扶持新能源产业发展，8兆瓦光伏发电项目列入国家“金太阳示范工程”，相当于全省示范项目总量的1/3，位居全省第1位。二是积极争取上级资金支持。累计争取中央扩大内需资金4.9亿元、地方政府债券资金3.8亿元和省重点调控资金18.6亿元，共计27.3亿元，资金量居全省前列，为全市保增长提供强有力的资金支持。开通资金拨付绿色通道，即收即拨、当日下达，确保扩大内需政策措施及时落实。争取3.3亿元推进节能减排环保重点项目建设，经济发展的后劲持续增强。三是做大做实投融资平台。投入8 000万元，使济宁市新城发展投资公司（原北湖旅游度假公司）的实收资本达到2亿元，融资能力明显提升。全市市场化融资规模达到180亿元，政府融资平台建设步伐加快。四是发挥政策扶持效应。认真执行中央、省行政事业性收费减免政策，直接减轻企业和社会负担1.5亿元。落实商品房销售契税优惠政策，发放补贴近1 400万元，7 600多户受益，拉动购房消费30亿元。实施家电、汽车摩托车下乡和家电、汽车以旧换新政策，发放补贴1.3亿元，带动社会消费51.9亿元。

【多措并举组织收入，地方财政实力实现新突破】 创新财政增收方式，做好向税收、向非税、向政策要财力的文章。一是在税收征管上，加强收入预测分析，强化社会综合治税，挖掘增收潜力。组织征收采煤塌陷地土地使用税，新增地方财力1.2亿元；在城区银座购物广场、贵和购物中心等11家大型商场、超市推广安装税控机，增收1 000万元；推进企业第二、三产业分离，全市累计分离182户企业，实现营业收入19.1亿元，入库税收1.1亿元。二是在非税征管上，拓宽征收渠道，加大征收力度，市级收取国有资本经营收益1.3亿元、增长72.6%，全市收取探矿权、采矿权使用费和价款收入3.2亿元。三是在政策争取上，认真落实省管县财政体制政策，金乡、泗水两县纳入改革试点范围；抓住中央建立县级基本财力保障机制的有利时机，积极争取上级转移支付。通过采取强有力的措施，财政实力明显增强，全市地方财政收入达到134.7亿元，7个县市区收入超过5亿元，6个财政困难县人均财力突破4万元。

【调整优化支出结构，保障重点支出取得新成效】 按照“有保有压”的原则，严格执行厉行节约有关规定，大力压减行政成本，集中财力保障各项重点支出。一是全力支持新农村建设。认真贯彻强农惠农政策，市级用于“三农”投入5.2亿元、比2006年增加1倍多，发放各类惠农资金8.8亿元，新农村建设步伐加快。市财政筹集8 720万元将粮食直补资金提前两个月发放到农民手中，帮助农民抗旱保春耕。统筹安排1.7亿元用于农村公路建设和养护，有效促进全市农村公路事业发展。二是加大改善民生力度。市级民生投入9.2亿元，增长21%，连续多年高位增长。支持教育优先发展，落实义务教育保障经费4.3亿元；投入中小学危房改造资金1.2亿元，新建、改建、扩建校舍20万平方米；拨付家庭经济困难学生资助资金8 500万元，受益学生达到12万人。落实更加积极的就业政策，及时出台就业政策的具体意见，全年新增城镇就业8.7万人，其中下岗职工再就业4.4万人，免费为2.1万名农民工实施技能培训，率先在全省对就业见习和应征入伍高校毕业生实行财政补贴，保持全市就业形势的基本稳定。养老、失业、医疗、生育、工伤等社会保险体系日益完善，投入1亿元用于新型农村合作医疗，提高报销比例，有效解决农民看病难问题。城镇居民医疗保险基本实现全覆盖，城乡大病医疗救助制度进一步完善，大幅提高医疗待遇。切实保障甲型H1N1流感等疫病防控资金需要。城市低保标准由每人每月170元至240元提高到200元至270元，农村低保标准由每人每年900元至1 100元提高到1 000元至1 300元。从2009年开始向全市1.7万名90岁以上老人每人每年发放600元长寿补贴，在惠及范围、发放标准、资金投入等方面居全省17市前列。筹集2亿元支持农村住房建设和危房改造，大力改善农民住房条件。三是有效保障重点项目建设。多方筹措资金，拨付十一届全运会场馆、洸河路和共青团路升级改造、北湖生态新城等重点项目建设资金9.7亿元，相当于市本级支出的1/4。

【深化财政改革，提高财政精细化管理水平】 坚持以改革破解难题，以管理促进保障，以创新推动发展，财政运行机制进一步健全。一是深入开展调查研究，破解难题。紧紧围绕壮大财源、增收节支、支持现代农业产业体系建设、扶持中小企业发展、保障和改善民生、推进财政管理改革等方面，先后派出20多批次工作组，深入基层，深入实际，召开30多个座谈会，完成36个质量较高调研报告，初步形成推动财政科学发展跨越发展的共识。二是继续推动财政体制改革。继续深化预算编制改革，不断提高部门预算到位率和透明度。组织运行好市对县市区财政新体制，完善财政体制激励约束机制，充分调动各级发展经济、培植财源、增收节支的积极性，实现共同发展。三是在全省17市首家推行公务卡改革，193个市直单位纳入改革范围，逐步在全市建立起“使用方便、操作规范、信息透明、监控有力”的公务卡管理新机制。四是加强财政监督评审。坚持政务公开，推行“阳光操作”，开通了对外信息网站，将工作职责、工作流程、办事依据、收费标准、服务承诺向社会和群众公开，自觉接受社会和群众的监督。深入开展税收征管质量、民生专项资金、会计信息质量、“小金库”治理等检查活动，完善长效机制，规范财经秩序。强化投资评审，健全完善先评审后预算、先评审后支付、先评审后采购、先评审后结算的评审机制。全市共完成评审项目573个，评审额45.3亿元，审减8.9亿元，审减率为19.7%。五是创新资金管理模式，在改革管理上求精细。以支农资金为例，建立起支农资金县级报账管理制度，严把资金支出关；开发财政支农资金管理系统，推行财政支农资金管理平台。

【加强干部队伍建设，整体素质得到全面提升】 坚持从严带队伍，从严管干部，从严抓作风，始终把加强干部监督管理提升整体综合素质作为一项重要任务来抓。一是加强教育，提高干部思想政治素质。开展深入学习实践科学发展观活动。在活动中，坚持以“推动财政工作科学发展跨越发展”为主题，以“全面推进发展型、民生型、创新型、绩效型、阳光型‘五型财政’建设”为载体，以“解决问题、创新机制”为核心，牢牢把握“党员干部受教育、科学发展上水平、人民群众得实惠”的总体要求，紧密结合财政工作实际，突出强调实践特色，把学习实践活动与推进财政事业科学发展紧密结合起来。通过学习调研、分析检查、整改落实三个阶段的工作，党员干部的思想认识明显提高，自觉用科学发展观统领全市财政工作的意识进一步增强，工作思路进一步明确，党员干部的精神风貌和工作效率明显转变。二是强化培训，增强干部干事创业的综合能力。积极组织外出培训学习，先后选派14名干部分别到市委党校、省财政厅举办的培训班进行学习培训。开设提升干部素质大讲堂，就财政改革和融资、党风廉政建设和转变作风提升干部素质专题报告。组织50名县市区财政局长、市局机关和局属单位科长赴中央财大，进行为期七天的集中学习培训。三是强化监督，提高干部和领导干部廉洁自律意识。通过坚持以廉政纪律和工作纪律为重点谈话制度，坚持对重要措施、重大事项、重点工作环节跟踪监督。坚持领导干部个人重大事项报告制度，局领导班子成员，对涉及本人的重大事项，都在事前进行报告，自觉接受监督。坚持内审制度，出台《济宁市财政局经费支出监督办法》，规范经费支出行为，加强财务监督，增加财务开支的透明度和约束力。大力推动党风廉政建设工作的落实，全局的政治纪律、组织纪律、工作作风始终保持良好状况。2009年被评为“省级文明单位”，在全市行风评比中列经济管理部门第一名，局党组被市委评为党委（党组）理论学习中心组学习先进单位，被市委、市政府评为全市创建文明城市先进单位。

（撰稿：钟　强　殷宪宇）

泰 安 市

【概述】 2009年，面对复杂、严峻的经济形势，泰安市上下坚持以科学发展观为统领，紧紧围绕“建设经济文化强市、打造国际旅游名城”奋斗目标，坚定信心，迎难而上，全力以赴保增长、保民生、保稳定。全市实现生产总值1 715.7亿元，比上年增长13.6%。其中，一、二、三产业增加值170.3亿元、936.4亿元和609亿元，分别增长4.5%、14%和15.5%，三次产业结构由上年的10.6∶55.5∶33.9调整为9.9∶54.6∶35.5。

财政收入。全市地方财政收入完成91.4亿元，比上年增长19.7%。其中：税收收入73.1亿元，增长24.6%，非税收入18.3亿元，增长3.4%。

财政支出。全市财政支出134.5亿元，比上年增长20.5%。

【预算执行特点】 一是财政收入快速增长，财政实力不断提升。面对前所未有的减收增支压力，全市各级财税部门坚定增收目标不动摇，进一步加强工作协调指导，强化收入调度分析，严格依法征税管费，努力拓宽增收渠道，实现财政收入的稳定快速增长，为经济社会平稳较快发展提供强有力的财力保障。二是税收比重显著提高，主体税种增收明显。全市地方税收收入完成73.1亿元，比上年增长24.6%。其中，增值税、营业税、企业所得税和个人所得税四大主体税种完成31亿元，比上年增长14.8%。税收收入比重达到79.9%，比上年提高3.2个百分点，保持连年增长的良好势头。三是财源建设扎实推进，增收基础更加稳固。将财源建设作为应对国际金融危机冲击、确保财政增收的着力点和突破口，进一步加大对财源项目和税源企业的支持力度。2009年，市级财政共筹集资金5.1亿元，用于支持工业企业恢复增长，全市规模以上工业实现增加值934.3亿元，比上年增长15.6%；利税过千万元、过亿元企业分别达到605户、52户，比上年增加113户、4户。投入资金1.9亿元，支持现代服务业加快发展，并设立1 000万元的旅游业、1 200万元的服务业、1 800万元的文化产业和文化事业发展资金。全年服务业增加值增速超过GDP增速1.9个百分点，占GDP的比重提高1.6个百分点，服务业对经济增长贡献率达38.1%。不断夯实壮大财源基础。2009年，全市二、三产业实现税收114.49亿元，其中第二产业完成税收78.15亿元，占境内工商税收的68.26%，比上年增长14%，增收9.35亿元，占境内工商税收增收总额的65%；第三产业完成税收36.34亿元，占境内工商税收的31.74%，比上年增长16.1%，增收5.05亿元。医药业、交通运输设备制造业、证券业等行业增收明显，分别比上年增长97.1%、90.5%和53.7%。其中，泰开电气集团入库税收4.92亿元，比上年增长55%；山东泰邦生物制品有限公司入库税收3 202万元，比上年增长1.53倍。四是支出结构不断优化，统筹发展成效显著。按照基本公共服务均等化和公共财政的要求，集中财力支持经济社会薄弱环节加快发展，统筹协调可持续能力逐步增强。加大“名城”建设投入力度。围绕“打造国际旅游名城”战略部署，积极拓展融资渠道，加大融资力度，扩大融资规模，累计拨付资金19.65亿元，保障“创城”工作的顺利实施。加大“三农”投入力度。全市共落实支农惠农补贴8.71亿元，比上年增加1.97亿元；投入资金7.67亿元，支持农业和农村经济发展；拨付资金11.4亿元，支持农村饮水工程、交通工程、病险水库除险加固、土地整理开发等基础设施建设；拨付资金1 755万元，支持农家书屋和乡镇综合文化站建设。加大环境保护和“平安泰安”投入力度，全市生态保护、环境治理、荒山绿化等投入达3.2亿元、“平安泰安”建设投入1.51亿元。加大对下财力倾斜力度。共安排对下转移支付和专项资金38.4亿元，比上年增加7.2亿元，缓解县乡财政困难，支持基层各项重点事业发展；落实资金1.44亿元，重点支持村级组织运转、社区工作开展以及“三支一扶”和“一村一名大学生”活动。

【砥砺奋进，服务发展取得新成效】 面对国际金融危机的严重冲击，坚持视危机为机遇，变压力为动力，认真做好上级政策落实和本级财政支持，全力推进经济平稳较快发展。一是认真落实投资配套。按照中央“快、重、准、实”的要求，积极督导各级财政加大中央投资项目配套资金落实力度，全市到位配套资金4.66亿元，为项目建设提供有力保障。同时，制定实施扩大内需和重点调控资金管理办法，明确资金拨付、使用、管理规定，严格实行跟踪监督，确保资金使用的安全、高效。二是积极帮扶企业发展。市级筹集资金7.38亿元，重点支持制造业和现代服务业发展；通过落实金融信贷奖励政策，全市当年新增金融贷款164亿元；通过实行贷款贴息政策，帮助企业贷款68.7亿元；通过落实各项税费减免政策，全市共减轻企业负担20.3亿元。筹集资金6.6亿元，支持企业改革改制和职工权益保障。三是立足根本扩大内需。认真落实鼓励消费的各项财税政策，全市共发放家电等下乡补贴和以旧换新补贴8 956万元，拉动城乡居民消费9.1亿元。全市筹集资金1.97亿元，建立价格调节基金；拨付资金613万元，初步建立粮油储备制度，物价稳定工作得到切实保障。拨付资金1 030万元，重点支持农村流通服务网络建设，农村消费市场日趋活跃。

【为民理财，助推和谐迈出新步伐】 坚持以人为本、民生优先的政策导向，不断加大财政投入，全力保障和改善民生。一是不断加大社会保障投入。全市共拨付资金1.64亿元，提高城乡低保标准；落实资金2 898万元，支持农村五保供养和乡镇敬老院建设；拨付资金1 785万元，用于自然灾害救助和扶贫开发；拨付资金6 208万元，用于汶川对口援建。二是不断加大教育事业投入。全市共落实义务教育保障经费2.39亿元、教育助学金6 188万元，生均公用经费标准进一步提高，教育资助政策得到了有效落实。筹集资金1.33亿元，支持了中小学校舍改造和“两热一暖”试点工程；拨付资金4 540万元，支持了泰城中小学布局调整和中小学建设，城乡教育教学条件进一步完善。三是不断加大医疗卫生投入。全市筹集资金3.34亿元，将新型农村合作医疗和城镇居民基本医疗保险政府补助标准，统一提高到80元；落实资金2.75亿元，用于城镇干部职工医疗保险补助和离退休干部医疗费报销；筹集资金5 680万元，支持医疗救助体系、基层卫生服务体系建设，看病贵、看病难问题进一步缓解。四是不断加大就业再就业投入。认真落实积极的就业政策，全市筹集资金5 000万元，支持实施就业援助、就业培训和劳动力市场体系建设；筹集资金3 913万元，支持稳定就业和全民创业；筹集资金780万元，支持实施“三支一扶”和“一村（社区）一名大学生”工程。五是不断加大住房保障投入。全市拨付廉租住房建设资金5 976万元，落实廉租房补贴资金132万元；筹集资金1 757万元，重点支持农村危房和城中村改造，城乡群众住房条件得到进一步改善。

【改革创新，科学理财再上新水平】 坚持把深化改革、强化管理作为提升理财水平的关键，以改革创新化解矛盾、破解难题，财政管理科学化、精细化水平不断提高。调整完善市区财政管理体制，将泰城3 000多户市属企业税收征管权全部下划给市属各区，实行市与区财力分成管理体制，理顺市区财政分配关系。国库集中支付、政府采购、财政投资评审改革不断深化。全市通过集中支付系统支付资金94亿元，比上年增长28%。完成政府采购额23.4亿元，比上年增长82.2%；节约资金4.2亿元，综合节支率15.4%。评审财政投资项目1 102个，比上年增加201个；评审总额41.1亿元，比上年增长56.8%；审减资金7.1亿元，平均审减率17.4%。政府投融资体制改革取得重大突破，市直初步构建起以总平台为龙头、分平台为支撑，总、分平台优势互补、相互促进、共同发展的平台体系，并探索出一条自求平衡、良性循环、可持续发展的新路子。2009年，全市完成政府融资额80.71亿元，到位资金60.57亿元，其中市融资总平台完成融资额57.48亿元，到位资金38.98亿元，分别是上年的5倍和4.1倍。政府非税收入管理更加规范，全市政府非税收入达到83.68亿元，增长69.21%。其中，河砂税费收入1.68亿元，增长70.7%。财政执法力度不断加大，全市共完成“小金库”治理等财政专项检查40余项，严肃了财经纪律，规范了财经秩序。

【以人为本，队伍素质得到新提升】 围绕建设“四型”机关、打造“五型”财政、争当“泰山先锋”，突出强化思想政治建设、党风廉政建设、政风行风建设，机关效能、部门形象、干部素质均有明显提高。一是以教育培训促提升。紧紧抓住深入学习实践科学发展观活动有利时机，突出“科学理财、争先进位”主题，大力加强政治理论和财政业务培训。全年共举办各类财政业务培训班82期，培训人员1万余人次。坚持理论与实践相结合，大力推进财政调研工作。全年共完成市、县（区）财政体制改革、缓解中小企业融资难等30项重点调研课题，为指导财政工作实践、创新财政发展思路注入新的活力。二是以党风廉政抓队伍。严格落实各项廉政建设责任制，高质量完成承担的28项反腐工作任务，促进廉洁从政、依法理财。高度重视载体建设，大力开展文明创建活动，市财政局连续7年获得“省级文明机关”称号。三是以作风建设树形象。根据市委、市政府的统一部署，认真组织实施“泰山先锋”工程，市财政局被评为市级“泰山先锋”先进集体；高度重视政风行风建设，在2008年被市委、市政府评为政风行风信得过单位，2009年免评一年的情况下，继续加强部门作风建设，认真做好政务公开，清理规范审批事项，办事程序进一步简化、机关效能进一步提高。

（撰稿：王庆涛　李　民　王　冰）

威 海 市

【概述】 2009年，威海市地方一般预算收入102.5亿元，占预算的101.4%，增长9.45%。全市一般预算支出136.9亿元，占预算的104.2%，增长12.02%，结转下年支出5.7亿元。收支相抵，累计净结余1 564万元，当年净结余60万元。

2009年，市级一般预算收入3.5亿元，占预算的124.09%，增长6.02%。市级一般预算支出27.5亿元，占预算的102.48%，增长19.64%，结转下年支出3.4亿元。收支相抵，累计净结余298万元，当年净结余10万元。

【保企业、保发展】 一是加大资金投入，扶持企业发展。投入3 000万元，扶持三角、威高等重点骨干企业做大做强；投入3.9亿元，支持企业重大技术创新、新产品研发、重大产学研项目、重点产品结构调整等；投入1.6亿元，支持节能降耗、清洁生产和发展循环经济；投入6 450万元，支持现代物流、商贸流通、旅游促销、国际市场开拓和农村流通服务体系建设等。二是完善激励机制，引导企业发展。建立企业纳税排行季报制度，通过对企业纳税进行综合排名，激励企业多做贡献；安排820万元，对评选出的32个纳税明星企业和19个纳税新星企业予以表彰奖励，调动企业加快发展的积极性；出台个人首次购买市区范围内商品住房契税补贴政策，积极稳定房地产市场；修订完善《威海市鼓励银行业发展奖励办法》，安排280万元，对金融机构支持地方发展和新设立的金融机构给予奖励补助；对53个荣获名牌产品和驰名商标的企业拨付奖励资金600万元，引导企业加快品牌建设，提升发展水平。三是破除资金瓶颈，帮助企业发展。在全省首创设立财政临时还贷扶持资金，为183户企业办理还款再贷30.7亿元，避免企业因资金链断裂而停产、破产；市级设立300万元中小企业融资担保专项资金，通过支持担保机构的方式，帮助653户企业融资26.2亿元。将政府性资金存款与金融机构支持政府融资和企业贷款情况挂钩，较好地调动了金融机构支持地方经济发展的积极性。四是优化发展环境，保障企业发展。落实增值税转型改革，减轻企业负担10亿元；实行减费让利，落实中央、省、市取消和减免缓、暂停征收的262项收费，减轻企业和社会负担1.2亿元；为企业减免失业保险金6 937万元，支付困难企业岗位补贴1 032万元；会同国税、地税部门制定《关于加强企业跨市区经营税收征管工作的意见》，明确跨区经营企业的税收征管及利益调整原则，进一步规范税收征管秩序。

【实施积极的财政政策】 一是加大公共投资力度。将落实扩大内需工作同政府重点项目建设有机结合，全市共投入政府重点项目建设资金40.7亿元，争取四批扩大内需项目资金3.97亿元，争取地方政府债券资金2.4亿元，落实地方配套资金3.4亿元，有力推动了威海市公益设施和民生工程上档升级。二是打造全新的投融资平台。成立政府投融资管理中心，在实现政府融资“借、用、管、还”一体化的同时，树立经营财政的理念，充分利用政府资源，建立了“投入—收益—再投入—再收益”的良性循环机制，立足当前，着眼长远，直接融资20.98亿元，部分用于环翠楼公园改造、米威调水三期、机场建设、金线顶区域整体改造、统一路南延等政府重点项目，部分用于政府可变现资产储备，实现保值增值，防范财政风险。三是积极拉动消费需求和对外贸易。组织开展家电下乡与汽车摩托车下乡工作，全市共销售家电下乡产品18.6万台（部）、汽车摩托车下乡产品20 430辆，发放补贴资金7 373万元，补贴兑付率稳居全省前列；市级筹集资金900万元，会同相关部门出台鼓励优势产品出口、加强出口品牌建设等鼓励对外贸易发展的七项措施，保证对外贸易稳定发展。

【保民生、保稳定】 一是大力支持“三农”发展。围绕改善农村人居环境，在全省率先开展农村环境综合整治工程，投入财政资金5 237万元，带动其他资金1.4亿元，完成200个村庄的整治任务；在全省率先启动农村居住工程，投入3 954万元，用于新建农村住房和危房改造；围绕加强农村基础设施建设，投入3.54亿元，支持病险水库除险加固、道路维修、饮水安全和农村沼气建设；围绕提升农业生产发展水平，投入2 694万元，支持农业龙头企业、农民专业合作组织发展，投入1.1亿元，支持农业综合开发和小型农田水利建设；围绕增强农业抗风险能力，投入1 353万元，扩大农业政策性保险试点品种和范围；围绕促进农民增收，加大惠农补贴力度，发放粮食直补、农资综合直补、渔用燃油、农机具购置等补贴3.9亿元。二是全力保障就业和社会稳定。面对经济形势变化带来的就业压力，不断加大就业保障和扶持力度，维护社会和谐稳定。出台多项财政补助和奖励政策，积极支持威海市创建国家级创业型城市；投入708万元，通过农村劳动力转移就业培训、再就业和创业培训、“金蓝领”培训工程，帮助30 268人提高职业技能；将个人小额担保贷款额度提高至5万元并放宽贷款条件，支持失业人员自谋职业或自主创业；设立1 000万元高校毕业生就业工作专项资金，为推动高校毕业生创业就业提供资金保障；发放灵活就业补贴、社会保险补贴和岗位补贴共1 754万元，鼓励政府兴办的公益性岗位吸纳“零就业家庭”和下岗失业人员再就业。三是进一步完善社会保障体系。提高城乡居民最低生活保障、五保集中供养、农村老党员、新型农村合作医疗、城镇居民医疗保险等十几项财政补助标准；在三区范围内启动新型农村社会养老保险试点，惠及5.9万参保农民；将在校大学生纳入城镇居民医疗保险范围，使6 100多名大学生的基本医疗得到保障；出台《威海市廉租住房保障资金管理实施办法》，困难群体住房保障体系进一步完善。四是加快推进教育、医疗等社会事业发展。大幅提高农村义务教育公用经费补助标准，农村小学和初中生均公用经费补助定额较上年分别增加55元和105元；采取以奖代补、费用减免等方式，进一步加强农村学前教育经费保障；实施新的城乡生活困难家庭教育救助政策，首次将城乡低保边缘家庭纳入救助范围，并进一步提高救助标准；积极做好医疗卫生体制改革的数据测算和政策拟定工作；投入652万元，用于126所村卫生室和11所重点卫生院的改造，着力推进农村卫生服务体系建设；不断完善计划生育家庭救助机制，实现计划生育扶助政策“无缝隙全覆盖”；投入692万元，专项用于手足口病和甲型H1N1流感防控，保障群众健康安全；投入4 082万元，用于第十一届全运会威海赛区的组织筹备和场馆建设改造，确保各项赛事顺利进行；拨付资金1.49亿元，保障援助四川地震灾区恢复重建工作的开展。

【加快财政科学发展】 一是以科学聚财保证发展成果。着眼于经济发展成果向财税成果的转换，加大收入征管力度。完善社会综合治税机制，建立起市直32个部门共同参与的税源信息采集网络平台，对税源实行全覆盖监控；会同税务部门拟定《关于加强部门联动 开展商业用房税收普查工作的意见》，积极挖掘潜在税源；完善非税收入成本考核机制，出台《威海市海域使用金征收管理办法》，为海域利用和保护提供有力保障；坚持源头治税，对契税征收信息、涉税房产信息实行实时掌握，市级契税收入超收4 500万元。二是以科学理财提升发展成效。加大政府投资项目事前、事中、事后全方位动态监管，市级核减投资2.5亿元；利用政策环境，合理调整债务结构，仅市级就减少利息支出5 000万元。三是以科学用财增强资金使用效益。根据威海市实际，采取货币化补贴的方式，有效满足低收入家庭的住房保障需求；出台办法加强市属学校定向资金使用管理，化解学校债务风险，优化教育发展环境；开展“绩效管理年”活动，在全省率先推行绩效管理，并将绩效评价结果与预算编制相结合，提高财政资金使用效益。四是以科学管理提高工作效能。在全省率先出台政府采购项目专家论证办法，积极发挥政府采购的政策功能；加快国库集中支付改革步伐，优化集中支付流程，在市级全面推行公务卡改革；组织开展“小金库”专项治理工作，进一步规范行政事业单位财务管理；建立工作联动机制，推进“一纵一横一中心”数据系统建设，财政工作的规范化、精细化、协调性不断增强。

（撰稿：付璐玮）

日　照　市

【概述】 2009年，日照市全市生产总值达到861.67亿元，比上年增长14.1%。全市地方财政收入实现43.48亿元，占预算的108.06%，比上年增长19.68%，其中市级收入实现2.09亿元，占预算的100.11%，比上年增长14.08%；全市财政支出实现72.89亿元，占预算的127.24%，增长27.51%，其中市级支出实现28.09亿元，占预算的140.32%，增长23.11%，全市财税保持良好的运行态势，连续23年实现财政收支平衡。

【加强财源建设，地方财政收入迈上新台阶】 2009年，全市财政部门认真落实积极的财政政策和财源建设激励政策，加大对产业结构优化、招商引资、企业技术改造等的支持力度，并加强考核工作，大力培植优质高效财源。一是统筹安排1亿元工业发展专项资金，对企业发展、淘汰落后产能和技术改造、调整结构等给予补贴、贴息和风险补偿。二是制定加强财政收入管理规范财税秩序的措施，扎实开展税负分析和税源调查，推进依法治税，加强了税收征收工作。在清理规范行政事业收费的同时，完善非税收入系统和“以票管费”办法，从源头上强化非税收入管理。三是健全企业经济运行分析制度，加强收入调度和预算执行分析，促进财政收入及时足额入库。全市税收收入占地方财政收入的比重为86.35%，列全省第二位。

【加大财政投入，民生保障机制建设取得新成果】 2009年，全市各级财政部门把保障和改善民生放在更加突出的位置，全年统筹用于民生和公共服务的财政资金达到41.26亿元，同比增长29.87%。一是加大支农惠农力度。发放粮食直补和农资综合补贴1.18亿元、大中型水库移民后期扶持补贴6 732万元、良种推广补贴1 302万元、农机具购置补贴1 620万元、家电与汽车摩托车下乡补贴7 224万元。拨付资金450万元支持了农村公益电影放映工程，支持率占行政村的90%。拨付资金765万元支持了文化信息资源共享、农家书屋等工程。二是加大教育资助力度。落实农村义务教育“两免一补”资金1.04亿元、城市义务教育免杂费资金1 668万元，为家庭经济困难学生提供助学金3 243万元。拨付资金2 866万元实施了农村中小学“211工程”（即热水、热饭、取暖、改厕）、教学仪器更新和校舍维修改造。农村义务教育债务化解完毕，比省规定时间提前了一年。三是加大公共医疗卫生服务力度。将新型农村合作医疗财政补助标准提高到80元，全市落实财政补助资金1.73亿元，农民参合率达到97.39%。全面启动城市居民基本医疗保险试点，财政补助资金达到1 438万元，6 489名参保居民享受了医疗待遇。及时拨付资金1 206.3万元用于防治手足口病和甲型H1N1流感，维护群众健康权益。四是加大社会保障支持力度。将农村低保年保障标准提高到1 200元，城镇低保月保障标准提高到276元，共发放农村低保资金4 029万元、城市低保资金2 468万元。落实财政资金1 246万元用于农村五保供养，集中供养率达到71%。落实就业再就业政策资金1 709万元，确保社会保险、岗位、职介及培训等各项补贴有效需求。加大保障性住房支持力度，为850户低收入家庭发放经济适用房补贴4 863万元，为194户低收入家庭发放了廉租房补贴，拨付资金1 600万元用于200套廉租住房配建。将住房公积金贷款最高额度提高到20万元，贷款年限最长延长到20年，并丰富贷款抵押、担保形式，较好地方便贷款群众。

【优化支出结构，服务经济社会协调发展迈出新步伐】 2009年，全市财政部门认真贯彻中央和省《关于党政机关厉行节约若干问题的通知》，从严控制一般性支出，优化支出结构，集中财力保证重点支出需要。全市农林水事务支出8.17亿元，其中市级支出1.71亿元，增长61.48%；教育支出15.29亿元，其中市级支出3.74亿元，增长53.78%；科技支出6 024万元，其中市级支出3 235万元，增长56.58%。围绕“保增长、扩内需、调结构”，充分发挥财政调控职能，在支持重点企业的同时，加大对中小企业扶持力度。出台《关于加强金融支持促进中小企业成长的意见》，并设立专项资金用于中小企业信用担保体系建设。出台财政鼓励外经外贸发展、招商引资引荐人奖励政策等，落实企业出口退税13.06亿元（地方负担7 293万元），支持外贸出口和招商引资。落实资金1 200万元用于应用技术研究开发和科技企业孵化器，拨付科技进步奖125万元，支持科技创新和科技成果转化。拨付资金1.64亿元用于水库除险加固、农业综合开发、农村饮水安全、小型农田水利、生态农业、农村沼气等项目，促进农业基础设施建设和现代农业发展。启动村级公益事业“一事一议”财政奖补试点，对村民通过规范的“一事一议”筹资筹劳开展的村内公益事业建设项目给予财政奖补。全年市级城市基础设施财政支出8亿元，确保阳光海岸、游泳馆、水运基地、老城区河道治理等一批重点项目顺利推进。认真落实市委、市政府关于加快县域经济发展的意见，安排专项资金用于奖励发展快的区县、乡镇，调动县乡发展经济、培植财源的积极性。

【深化改革管理，财政管理效益有了新提高】 一是财政部门以开展“财政管理效益年”活动为抓手，完善市区税收征管体制，明确界定重点企业收益范围，改革契税征缴入库办法，进一步规范征管秩序。二是健全部门预算、国库集中支付、政府采购、投资评审四位一体机制，在市级全面推行公务卡改革，完善支出绩效评价和专项资金管理办法，强化项目资金的跟踪管理、跟踪问效。三是通过政府采购节约资金3.4亿元，节支率17.8%，其中市级节约资金2.1亿元，节支率17.3%。通过对138个重点项目财政投资评审，审减财政资金1.49亿元，审减率22.5%。四是认真做好数据测算和债权债务清理，确保“省直管县”财政体制改革平稳运行。五是启动国有资本经营预算编制工作，加大行政事业单位资产运营监管力度，强化收益收缴管理。“小金库”专项治理取得重要成果，全市有905个单位进行自查和重点检查，查出并纠正“小金库”金额145.6万元，清理撤销49个预算单位的银行账户68个。对检查出的问题，依纪依法进行处理。六是扎实开展深入学习实践科学发展观活动，通过抓学习调研、抓分析检查、抓主题实践，促进了科学理财能力的提高。大力推进党风廉政、政风行风和精神文明建设，组织开展“完善自我、提升形象”活动，引导干部职工从政治品德、职业道德、家庭美德和社会公德等方面完善自己，时刻保持“名利上的满足感”和“能力上的危机感”，提升文明服务品牌形象。

（撰稿：单　君　张毅博）

莱　芜　市

【概述】 2009年，莱芜市完成地区生产总值461.29亿元，增长12.5%；规模以上工业增加值303.59亿元，增长14.15%；全社会固定资产投资260.55亿元，增长23.3%；农民人均纯收入7 317元，增长10.10%。在国民经济持续快速发展的基础上，财政收支稳定增长。2009年，莱芜市地方财政收入完成32.70亿元，增长8.11%。财政支出完成44.61亿元，增长13.27%。按现行财政体制算账，2009年结余9万元，其中市级结余7万元，实现连续十七年财政收支平衡。

【支持经济发展】 2009年，面对复杂多变的国际国内形势，各级把保增长作为头等大事，充分发挥职能，科学运筹资金，不折不扣落实各项政策，促进经济企稳回升。一是加大投入保增长。全市用于支持经济发展的资金达21亿元。其中，设立过桥续贷资金5亿元，帮助企业解决还款续贷资金问题；组建市经济开发投资有限公司，做大做强政府投融资平台，通过政府信用、资产抵押等模式，共融资10.31亿元，保障青草河治理、孝义河大桥改造、综合体育馆和全民健身馆、航空节和航空运动会场馆等重点工程建设以及为民办10件实事的资金需要。二是调整结构保增长。采取担保、贴息、补助等形式，投入资金5.7亿元，落实小火电关停补助政策，支持高新技术、服务业、现代农业等非钢产业发展，形成对钢铁产业的“补位效应”，加快产业结构调整进程。三是扩大内需保增长。积极落实中央、省级项目配套资金，保证项目顺利实施。积极落实“家电和汽车摩托车下乡”、“家电和汽车以旧换新”政策，兑付补贴资金2 041万元，进一步扩大了内需，拉动了经济增长。四是加快招商保增长。足额安排招商引资经费及奖励资金，促进全市招商引资工作深入开展。狠抓招商引资工作，制定《塑料机械行业产业招商方案》和《招商引资考核奖励办法》，调动干部职工招商引资的积极性，超额完成招商任务。

【支持统筹城乡发展】 2009年，在财政非常困难的情况下，各级仍然加大对“三农”的投入力度，全市共投入“三农”资金6.44亿元，增长11%。一是加大基础设施投入。支持病险水库除险加固、农村饮水安全、农村公路改造等工程，实施土地流转、农业综合开发等项目，加快富民强村步伐。制定六项扶持措施，加快推进集中居住区建设与危房改造，改善农村居住环境。二是落实各项惠农补贴。及时足额将粮食直补、农资综合补贴等惠农补贴，通过“涉农一本通”直接发放到农民手中，调动农民发展生产的积极性。三是加快镇域经济发展。认真落实促进镇域经济发展、乡镇地方财政收入尽快过千万元和“飞地经济”税收财力分成三项政策，乡镇财政收入保持较快增长。全市20个乡镇地方财政收入全部过千万元，其中3个过亿元。四是拓宽“三农”融资渠道。对深化农村投融资体制改革进行积极探索，开展村级互助资金试点，试行农村土地承包经营权质押贷款、林权抵押贷款改革，为“三农”资金筹集开辟新途径，实现新突破。

【支持民生事业】 2009年，全市财政面临“资金缺口不断加大、刚性支出难以压减、新增项目不断增多”三重压力，在这种形势下，各级科学调度资金，集中财力保民生，全市民生投入达12.9亿元，基本公共服务正加速向农村、向基层延伸。一是保障工资发放。足额安排应由财政保障的工资支出，严格工资专户管理，工资发放正常。加大对下的转移支付力度，继续对村主职干部实行定额补助，保障基层的正常运转。二是完善教育投入机制。落实农村义务教育经费保障机制改革和家庭经济困难学生补助政策，让农村孩子上得起学。实施农村中小学危房改造、“两热一暖”试点等工程，改善农村办学条件。三是健全就业促进体系。建立“三位一体”的就业援助机制，落实各项创业补贴，开展免费创业培训，推动以创业带动就业工作顺利开展。四是完善基层卫生服务体系。建立新农合市级统筹管理模式，提高城镇居民医疗保险补助标准，实施社区卫生服务中心和村卫生室服务能力提升工程，提高基层医疗卫生服务水平。五是支持住房保障工作。认真落实覆盖城乡的住房保障政策，共发放补贴资金 2 020 万元，2 605 户住房困难家庭喜迁新居。六是完善社会救助体系。继续落实农村居民养老保险、失地农民保险、城乡低保、农村五保政策，有效解决困难群体基本生活问题，维护了社会稳定。

【深化财政改革】 2009 年，各级围绕管好用好财政资金，在“少花钱多办事”上狠下功夫，深入研究政策，完善体制机制，不断提高财政精细化管理水平。一是细化预算抓管理。结合综合零基预算要求，深化预算、指标、国库集中支付一体化管理模式，细化部门预算编制，市直预算除必保的人员经费和民生政策外，其他一律按 2008 年预算数压减 10%，对包干到单位的公用经费，年底又压减 5%。严格执行厉行节约“八项规定”，从严控制公务接待、会议、参观支出和市直行政事业单位基本建设投资规模，坚决杜绝铺张浪费行为。二是推进改革抓管理。在园林养护等 5 个领域开展政府购买服务试点，把市场能办好的事全面推向市场，实现了由“花钱养人”向“花钱办事”的转变。开展公务卡改革试点，市直 174 个预算单位一次上线成功，进一步规范公务消费行为。启动行政事业资产信息系统，建立资产备查数据库，实现行政事业资产信息化管理。全面深化政府采购预算改革，规范采购信息公开和评标管理机制，采购规模进一步扩大，全市完成采购金额 4.4 亿元，节约资金 6 500 万元，节支率达 14.2%。加大财政投资评审力度，完善财政投资项目事前、事中、事后全过程的监管体系，有效地提高评审质量和效率，全市完成评审项目 134 个，提报价值 4 亿元，审减价值 7 451 万元，审减率 18.6%。三是完善制度抓管理。新出台全民创业培训资金使用办法等 20 多项管理办法，对 30 多项原有管理办法进行修订，确保各项资金安全规范高效使用。四是严格监督抓管理。开展会计信息质量检查、扩大内需资金检查、非税收入稽查，规范单位财务管理。采取“送培训下企业”的方式，加强会计人员继续教育。深入开展“小金库”专项治理，对市、区两级 68 个单位进行重点检查，查处违纪单位 12 个，违纪资金 534 万元。

【干部队伍建设】 2009 年，在应对危机保增长的重大挑战面前，各级以深入开展学习实践科学发展观活动为契机，紧紧依靠广大干部职工，大力加强干部作风建设和党风廉政建设，干部职工的服务水平和服务意识明显提高，凝聚力和战斗力明显增强。一是狠抓干部作风建设。认真落实市委提出的干部作风建设“十条要求”、“五项制度”，严格履行向社会作出的“四项公开承诺”，开展争做“三好干部”活动，推行业务考试、轮流讲课、学习交流三项制度，进一步激发干部职工学习的积极性。钢城区开展的以增强“六种意识”为主题的教育实践活动，莱城区开展的“作风集中整顿月”活动，都取得较好成效，机关作风和服务水平明显提升。二是狠抓学习实践活动。按照学习实践活动要求，积极发动基层单位、服务对象对领导班子分析检查报告进行公开评议，制定 17 项整改措施，废止和修订不符合科学发展要求的制度 10 项，新出台 14 项，各区也都对原先制定的规章制度进行归纳整理，建立起更加有利于科学发展的体制机制，达到“党员干部受教育、科学发展上水平、人民群众得实惠”的目标。三是狠抓廉政建设。认真落实干部监督“四个从严”规定，层层签订《廉政建设责任书》，开展多种形式的警示教育，时刻绷紧廉政这根弦。制定《全市财政系统党风廉政建设和反腐败工作实施意见》，对牵头和配合的工作细化分解到各科室、单位，对权力运行实施有效监督，搭建起了防止权力滥用的“防火墙”。在 2009 年的政风行风民主评议中，再次获得了第一名的好成绩，得到市委、市政府和社会各界的充分肯定。

（撰稿：张振新　武军锋　李　辉）

临　沂　市

【概述】 2009 年，临沂市实现地方财政收入 91.5 亿元，比上年增长 14.1%；财政支出 187.3 亿元，比上年增长 22.9%，促进了全市经济社会又好又快发展。精神文明建设也取得丰硕成果，多项工作受到市委、市政府和省财政厅的表彰。在市直 32 个经济管理部门、单位行风评议中，获得第一名。

【财政收入继续平稳增长】 一是将组织收入作为财政工作的中心任务，坚持依法征管，挖掘增收潜力，强化督导考核，财政收入继续保持平稳增长。全市地方财政收入总量突破 90 亿元大关，增幅高于全省平均水平

1.7个百分点，其中，地方税收收入完成69.6亿元，比上年增长18.2%，占地方财政收入的76%，比上年提高2.7个百分点。在抓好组织收入的同时，抓住国家扩大内需、加大民生投入的机遇，努力争取上级支持，累计争取转移支付和其他各类资金96.5亿元，比上年增加25.8亿元，比上年增长36.4%。

【支持经济发展作用明显增强】 科学运用财税政策手段，发挥财政资金“四两拨千斤”的导向作用，落实扩内需、保增长的政策措施，增强全市经济增长的内在动力。市和县区两级财政筹措资金9.6亿元，用于中央扩大内需项目资金配套，使367个项目地方配套资金到位率达100%。认真落实结构性减税和清理减免行政事业性收费政策，减轻企业和居民负担约3.9亿元。办理出口免抵退税和政策性减免各种税收34.7亿元。市财政共投入各类引导资金8.5亿元，比上年增加1.9亿元，促进经济结构调整和发展方式转变。大力支持中小企业发展，组建成立临沂市中小企业信用担保有限公司，注册资本金由去年的1亿元增加至5.2亿元，担保能力提升到50亿元以上，全年新增担保项目129个、担保额22.1亿元，累计担保额达24.2亿元；设立市级中小企业“过桥”还贷资金2.4亿元，累计为137家企业提供短期还贷周转资金12亿元；安排中小企业信用担保机构和金融机构风险补偿资金1 000万元，引导民营担保机构新增担保额36亿元、金融机构为34家中小企业发放项目贷款3亿元；实施中小企业贷款“绿色通道”工程，在贷款利率、风险补偿等方面给予优惠扶持，促进中小企业健康发展。

【重点事业得到有力保障】 各级财政用于民生方面的支出达112亿元，比上年增长33.8%，占全市财政支出的59.8%，支持全市“十大为民工程”实施，使人民群众得到更多实惠。加大重点社会事业支持力度，其中教育支出41.7亿元，增长11.1%，健全教育经费保障机制，进一步提高农村义务教育经费保障水平；医疗卫生支出15.5亿元，增长31.3%，建立完善新型农村合作医疗、城镇居民基本医疗保险、优抚对象医疗保障等制度；社会保障和就业支出21.2亿元，增长18.7%，提高城乡低保标准，促进困难群体就业、创业；环境保护支出6亿元，增长58.6%，重点支持迎接淮河流域水污染防治检查工作；文化体育与传媒支出2.7亿元，增长18.1%；廉租住房建设支出7 434万元，认真落实经济适用住房优惠政策，有效解决城市低收入家庭住房困难。多渠道筹措资金，全力支持北城新区、涑河片区开发建设和中心城区改造提升，促进园林城市创建，城市化水平得到明显提升。

【“三农”扶持力度进一步加大】 各级财政用于“三农”方面的支出达98.3亿元，比上年增长38%。其中，发放粮食直补、农资综合、良种、农机具购置、家电下乡和汽车摩托车下乡等涉农补贴8.9亿元；筹措资金1.5亿元，加大农业综合开发、中低产田改造、农产品基地建设、农业政策性保险、贫困村村民发展互助等方面的投入力度；补助资金7.5亿元，实施19座中型水库和299座小型水库除险加固；补助“村村通自来水”工程资金4 972万元，新增受益人口42万人；补助农村新能源建设资金5 936万元，新增4.8万沼气用户；市财政安排农村住房建设与危房改造和乡村环境综合整治资金3.15亿元，农村居住条件和乡村环境得到明显改善。

【依法理财机制不断完善】 积极做好“省管县”财政体制改革试点工作，郯城县和平邑县纳入试点范围。完善部门单位基础资料数据库和项目库，预算编制更加系统、科学、规范。全面推行市级预算单位公务卡制度，推进乡镇国库集中支付改革，进一步规范了支出管理。推行电子化政府采购，率先在全省实现县级管理与采购职能的分离，市级实现财政、监察部门对采购过程的远程实时监控，增强政府采购的透明度和公信力，全市完成政府采购额42.4亿元，节支率达14%。评审政府公共投资项目270个，评审投资额30.7亿元，审减不合理支出6.5亿元，审减率达21.2%。深入开展扩大内需项目资金、财政专项资金、税收征管、“收支两条线”、“小金库”专项治理等一系列监督检查，严肃了财经纪律。

【干部队伍整体素质全面提升】 以“打造一流机关、建设一流队伍”为目标，大力加强局机关自身建设。一是深入开展学习实践科学发展观活动。全局党员干部进一步解放思想，拓宽思路，提高贯彻落实科学发展观的执行力和创新力。二是努力建设和谐机关。顺利完成机关党委换届工作，成功举办第四届职工运动会，组织全市财政系统庆祝新中国成立60周年文艺汇演，开展“一月一法”学习活动，强化局内部工作考核，推动和谐机关建设。三是大力加强党风廉政建设。积极做好财政部门牵头负责和参与的反腐倡廉工作，促进党风廉政建设的深入开展。组织开展权力“搜索”、监督定位、流程规范工作，强化制度约束，促进廉政建设。积极组织开展“反腐倡廉教育月”、“廉政教育作风整顿月”活动，使干部职工受到深刻的警示和教育。

（撰稿：庄会兴　张玉波）

德 州 市

【概述】 2009年，德州市地方财政收入完成55.3亿元，占预算的106.7%，比上年增长17.4%。财政支出完成114.8亿元，占预算的111.2%，比上年增长19.9%。

【财政收入保持较快增长，保障能力实现新突破】 全市境内财政收入突破百亿元大关，达到106.7亿元，比上年增长10.3%，财政收入占GDP的比重为6.96%，比上年提高0.25个百分点，经济发展对财政的贡献能力有所增强，财政增收的基础更加牢固；全市地方财政收入突破50亿元，达到55.3亿元，增长17.4%，增幅位居全省前列，税收收入比重继续保持在75%以上。

【贯彻积极的财政政策，保增长、促发展效果明显】 各级共争取中央、省扩大内需项目268个，争取上级投资4.26亿元，拉动地方投资近40亿元；贯彻落实结构性减税优惠政策，为企业减轻税费负担近10亿元；全市科技创新、节能减排、现代农业、太阳能应用等投入6.2亿元，有力地推动经济结构调整和发展方式转变；各级设立骨干企业还贷周转金7.8亿元，累计为企业贷款周转37.3亿元，财政贴息3 120万元；中小企业信用担保体系建设投入2 000万元，带动担保公司为中小企业融资担保1.8亿元，缓解中小企业融资难问题；全市各级利用国家信贷政策，做大做强政府融资平台，拓宽融资渠道，融资到位资金超过80亿元，有效解决制约发展的资金瓶颈问题。此外，市级对在科技创新、节能减排、支持地方经济发展等方面贡献突出的企业单位奖励资金近2 000万元。

【调整优化支出结构，保民生、促和谐作用突出】 各级积极调整优化支出结构，集中财力重点向民生事业倾斜，持续加大“三农”投入，支持教育事业发展，完善社会保障体系，促进城乡居民生活水平不断提高。全市农林水事务支出14亿元，比上年增长7.9%；教育支出22.2亿元，比上年增长9.8%；社会保障和就业支出14.5亿元，比上年增长31.8%；医疗卫生支出9.4亿元，比上年增长34.6%；公共安全支出5.9亿元，比上年增长24.6%。在上述支出中，农资综合补贴、良种补贴、水利工程建设、村级经费保障等10.9亿元，优抚、新农合、农村低保、医改等社会保障安全网建设8.1亿元，义务教育经费保障、农村中小学校舍改造、高校生奖助学金等3.4亿元，家电与汽车摩托车下乡补贴1.2亿元，廉租住房支出1亿元，公共财政的阳光福利更多地惠及广大人民群众。市级在财政困难的情况下，安排县乡转移支付2.2亿元，提高基层政府民生保障能力，促进了基本公共服务均等化。

【各项财政改革稳步推进，理财水平有新提高】 燃油税改革正式启动，政法经费保障机制改革取得突破性进展，农村义务教育债务化解机制改革年内启动，城镇居民基本医疗保险改革全面启动，各项改革稳步推进。“四位一体”的财政管理模式初步建立，部门预算全面推开，支出管理更加规范，国库集中支付全面覆盖，投资评审范围不断扩展，政府采购攻坚破难。全市政府采购额完成23.3亿元，节支4.8亿元，节支率17%。财政投资评审额完成13亿元，审定额10亿元，审减率23%。

（撰稿：从胜强）

聊 城 市

【概述】 2009年是财政较为困难的一年，面对严峻的财政经济形势，聊城市财政部门在市委、市政府的正确领导下，全面落实科学发展观，积极采取有力措施保增长、扩内需、调结构、惠民生、促改革，圆满完成各项财政目标任务，财政工作取得显著成绩。

【财政收入预算超额完成】 2009年，诸多减收增支因素致使财政增收遇到多年未有的困难局面，聊城市财政部门审时度势，及时采取了有力的增收举措。强化局领导收入分工负责制，全面加强收入分析与预测，细化收入协调和指导。研究用好税收政策，实施“抓大不放小”的征管策略；落实财源建设奖励资金4 863万元调动各级各部门、各企业增收积极性；开展全市税收财务大检查，认真挖潜堵漏。多种应对措施取得了明显成效。全市地方财政收入完成55.38亿元，比年初预算超收1.91亿元，超额完成年初预算任务3.58个百分点，比上年增长13.17%，增幅居全省第11位。财政支出完成107.26亿元，占预算的107%，比上年增长17.6%。

【支持经济发展措施得力】 一是扶持力度不断加大。积极争取上级资金86.93亿元，比上年增加33.61亿元，同比增长63.02%，为历年来争取资金最多的一年。二是扶持方式灵活多样。市级财政先后建立1 000万元的企业技术研发资金、1 000万元的文化旅游业发展资金、2 200万元的中小企业、服务业发展引导和节能减排资金。投入7 829万元支持科技创新、现代服务业、中小企业和外向型经济发展。充分发挥财政融资平台作用，市级通过筹集财政性资金3亿多元、落实资金1亿元设立“中小企业贷款周转金”、吸引金融机构贷款22.63亿元等方式解决建设资金缺口问题。三是扩内需成效显著。在调整收入分配结构、增强居民特别是低收入群体消费能力的同时，大力推进家电与汽车摩托车下乡、家电汽车以旧换新，全年兑付财政补贴资金9 690万元，直接拉动社会消费9.23亿元，销售补贴家电25.39万台、汽车摩托车1.53万辆。四是发展环境不断优化。认真落实结构性减税和清理规范收费等优惠政策，为全市企业减轻税费负担6.2亿元；投入655万元支持招商引资和经贸洽谈活动；筹资1亿元分别向山东铁路建设投资有限公司、山东省再担保集团出资以加快铁路等重大基础设施建设。

【公共财政体系日臻完善】 2009年财政支出压力增大，聊城市财政部门积极调整优化支出结构，紧紧围绕市委、市政府部署，在支出安排上突出“四个重点保障”。一是重点保障事关稳定、发展大局的支出。确保工资按时发放，市直机关事业人员月人均增加津贴补贴300元，在此基础上，2010年1月起再次人均增加300元；大力支持城市发展，市级落实资金10.78亿元支持古城区开发等重点工程建设，市级累计投入1.2亿元建设体育馆、拨付500多万元用于平安全运，聊城赛区被授予第十一届全运会优秀赛区；投入1.17亿元用于水污染防治，圆满完成了国家对我市的海河流域水污染防治核查工作，并取得第一名的好成绩，被市政府授予“第十一届全国运动会聊城赛区筹办组织工作先进集体”和“国家海河流域考核工作先进集体”。投入8 498万元支援四川灾后重建。二是重点保障社会事业进步。教育优先发展战略得到较好落实，拨付5.04亿元继续深化义务教育经费保障机制改革和落实困难学生资助政策；拨付2 621万元实施公共文化设施免费开放等文化工程。医疗卫生服务体系不断完善，投入3.64亿元用于提高新农合筹资标准（由80元提高到100元）及城镇居民医疗保险扩面和提高补助标准；投入9 418万元推进城乡公共卫生服务体系建设，两年新建900所村卫生室的计划一年完成；投入495万元应对手足口、甲流感等突发公共卫生事件。三是重点保障民生改善。落实促就业政策积极有效，投入3 472万元、发放小额担保贷款611万元，支持就业再就业，确保就业形势基本稳定。社会保障体系更加健全，投入1.43亿元提高城乡低保保障标准；企业退休、退职人员养老金待遇普遍提高，月人均增加养老金116.1元，并同步提高了失业人员救济金和失业医疗补助金标准；拨付1.2亿元落实各类优抚政策；投入6 510万元大力支持保障性安居工程建设；投入1 207万元推进新型农村社会养老保险试点和农村敬老院建设等社会养老服务体系。四是重点保障“三农”事业发展。全市财政支农投入35.91亿元，增长41.66%，明显高于上年。拨付各项惠农补贴6.97亿元，调动农民种粮积极性；投入3.36亿元加大农业综合开发力度，提高农业生产能力；投入3 099万元支持农业龙头企业、农民专业合作组织发展；投入2.04亿元促进农村道路危桥、自来水等公益事业发展。投入1 500万元提高村干部报酬。有效促进粮食增产、农民增收和生活改善。

【财政运行机制规范高效】 一是预算管理改革进一步深化。预算编制严格执行“两上两下”程序，预算执行严格规范；转移支付制度进一步完善，结合上级支持，2009年对下转移支付资金达到26.73亿元，比上年增长13.65%，县乡财政保障能力显著增强；研究制定《关于支持东昌府区工业发展的意见》，促进县乡财政体制进一步完善；财政“省直管县”试点工作扎实开展，认真做好前期调研准备和后续政策研究工作，冠县和莘县被列为第一批试点县。二是国库集中支付改革进一步深化。制定并实施新的《国库集中收付中心内部工作规程》，支付效率进一步提高。尤其是对扩大内需项目资金，实行即日拨付制。公务卡改革准备工作有序开展。政府采购改革进一步推进，采购金额12.51亿元，节支率12.63%。三是投资评审工作卓有成效。2009年选择部分节能、环保和交通等领域项目作为切入点，取得良好效果。四是支持交通财务体制、政法经费保障等改革，努力向上级争取较满意的交通财务体制下划基数1.72亿元；投入2 095万元落实成品油价格补贴，促进交通等财务体制改革的平稳过渡。

【财政财务监管渐趋强化】 一是认真组织实施《财政监督条例》，广泛宣传，营造良好财政监督氛围。二是组织开展“小金库”治理专项检查和全市税收财务大检查。通过专项检查，查出应补缴税费1.52亿元。进一步规范财经秩序，增强监督实效，同时又增加了地方财政收入。三是“收支两条线”管理进一步规范。以落实《关于进一步加强市级非税收入征收管理的意见》为契机，积极开展政府非税收入清理工作，重点检查19个部门共70个执收单位的非税收入征缴情况。四是强化政府性债务管理。制定《市级政府债务管理暂行办法》，规范了政府债务资金管理。税政管理、会计管理、债务管理、财政科研工作取得新成绩，行政事业资产管理、“金财工程”应用支撑平台建设取得新突破。

（撰稿：任桂红）

滨州市

【概述】 滨州市财政部门坚持以科学发展观为指导，解放思想，攻坚克难，科学运筹，扎实苦干，财政收支实现稳定增长。2009年，全市实现地方财政收入80.17亿元，完成调整预算的103.37%，比上年增长13.93%，加上税收返还、各项补助和上年结转收入等62.3亿元，当年财政收入共计142.47亿元。当年财政支出124.72亿元，完成调整预算的115.83%，比上年增长23.39%。连续18年实现收支平衡。

【千方百计抓征管，地方财政收入稳定增长】 2009年，面对财政收入增幅放缓，刚性支出大量增加，收支矛盾异常尖锐的财政经济形势，滨州市下发《关于加强财政收入征管工作的通知》，进一步加强收入征管工作。在认真摸排税源、分析收入结构的基础上，把各项收入计划分解落实到各县区和各征收单位，切实做到各负其责，确保完成年初预算任务和均衡入库。严格执行“票款分离”、“罚缴分离”制度，进一步加强非税收入管理。以房地产交易为突破口，加大契税征缴力度，对近三年耕地占用情况进行彻底清查。加大收入督导力度，组织开展财政收入联合检查，共查补税款3.3亿元。2009年全市地方财政收入增长幅度在全省居第9位，地方财政收入与财政总收入的比重达到52.44%，比上年同期提高2.15个百分点；税收收入占地方财政收入比重达到76.06%，财政收入质量进一步提高。

【调整优化支出结构，民生支出得到较好保障】 2009年，滨州市严格落实中央和省关于党政机关厉行节约的有关规定，在确保国家政权机关正常运转的基础上，大力压减一般性支出。调整优化支出结构，大力提高农业、教育、医疗卫生和社会保障支出占财政支出的比重，重点支持市委、市政府确定的“十大民生工程”。全市财政预算内社会保障投入达到11.76亿元，比上年增长39.63%，为就业、社会救助、低保优抚、社会保险等社会保障事业的健康发展提供有力支持。全面推进城乡义务教育经费保障机制改革，全部免除义务教育阶段学杂费，农村中小学危房改造长效机制基本建立，“两热一暖一改”工程试点加速推进，困难学生资助政策体系日趋完善。积极参与医药卫生体制改革，推进全市基本公共卫生服务均等化等各项工作开展，城市社区卫生体系建设全面完成，农村卫生服务体系进一步完善，新型农村合作医疗保障能力进一步增强。全年财政直接拨付公共卫生防控应急专项经费1 201万元，积极应对甲型H1N1流感疫情。全市农林水事务支出14.95亿元，比上年增长54.46%，有力地促进了“粮丰林茂，北国江南”战略实施。全年兑现粮食直补、农资综合补贴、农机购置补贴、良种补贴、家电和汽车摩托车下乡及家电以旧换新补贴等惠农资金5.3亿元。大力支持平安滨州建设，为全运会安全保卫、道路交通安全提供资金保障。

【落实积极财政政策，全力以赴促进经济增长】 2009年，滨州市深入开展“基础设施建设年”活动，通过银行融资等渠道，大力支持十一届全运会体育场馆、滨州港、北海新区、文化中心等重点项目建设。筹措资金5.65亿元，用于城区道路、绿化、拆迁、污水管网等基础设施建设及归还以前年度工程欠款。抢抓中央扩大内需、促进经济增长的有利时机，争取中央扩大内需资金4.2亿元、省调控资金17亿元，用于保障性安居工程、节能减排、环保生态、“三农”、自主创新、结构调整以及卫生教育七大类360个项目的投入。加强政府性债务管理，防范信用风险，归还财政担保贷款和借款本息10.34亿元。成立“保企业促发展领导小组”，积极支持企业发展，向全市1 200多家规模以上企业的负责人发出《致企业家朋友的一封信》，对支持企业发展的12类42项财政政策进行认真梳理，并就规模以上企业如何争取项目支持、用足用好上级扶持政策进行具体指导。筹措和争取支持企业发展资金3.8亿元，比上年增长26%。出台《关于加快金融业发展的意见》，鼓励金融机构加大对企业的信贷投放。深入开展“发展环境优化年”活动，取消和降低行政事业性收费257项，减轻企业和社会负担5.3亿元。

【扎实推进财政改革，不断提高财政管理水平】 2009年，深入开展转变会计核算中心职能，深化国库集中支付改革，新的工资统发系统上线运行，公务卡改革试点正式启动。部门预算范围逐步扩大，在市直部分单位推行定额包干机制，强化预算内外资金管理。政府投资评审范围进一步拓宽到财政专项评审。市级累计接受评审项目362个，评审额11.62亿元，审定额9.79亿元，节约资金1.83亿元。规范采购程序，强化财政监管，编制市直政府采购预算1.5亿元，完成政府采购额9.92亿元，节约资金1.94亿元。市直行政事业单位公务用车改革取得新进展，批复下达市直第一批116个行政事业单位公务车辆编制，核定公务车辆编制382辆，核减61辆，可节省车辆购置资金1 200多万元，每年节约公务用车费用近500万元。配合“省直管县”财政体制改革，合理核定“省直管县”财政体制基数；认真开展“小金库”治理工作，对全市249个单位进行重点检查，共发现“小金库”23个，涉及金额243.32万元，现已全部进行处理。

【深入开展学习实践科学发展观活动，全面加强干部队伍建设】 2009年，深入开展学习实践科学发展观活动，通过党课教育、专题报告会、重温入党誓词、佩戴党徽徽章仪式、文体娱乐活动等形式，增强学习效果。制定完善政务督查工作管理办法、内部会议制度、印章管理办法、车辆管理办法、信息宣传和调研考核办法等内部规章制度，举办了全市财政系统信息员培训班，进一步提高工作效率和服务水平。在系统内从市局到基层财政所，在局机关从局长到每一名干部职工，层层签订廉政建设责任书和财政执法责任书，形成横到边、纵到底的责任网络。在全市财政系统开展权力梳理、监督定位、流程规范工作，梳理出三大类84项权力事项，形成结构合理、程序紧密、制约有效的权力运行机制。

（撰稿：李坤河　邱海涛）

菏　泽　市

【概述】 2009年，菏泽市充分发挥财政职能，狠抓组织收入，大力支持经济建设和社会事业进步，不断加强财政资金监管，有力推动了全市经济社会的持续健康稳定发展。全年地方财政收入完成60.57亿元，完成预算的106.87%，比上年增长19.98%，增幅比全省平均水平高7.64个百分点。税收收入占地方财政收入比重达到78.52%，比上年提高1.52个百分点。全市财政支出141.17亿元，完成预算的110.84%，比上年增长22.21%。

【创新收入征管机制，财政收入实现稳步增长】 严格按照菏泽市委、市政府的工作要求，进一步加大收入调度力度，主动采取有针对性的措施，不断完善征管手段，确保全市财政收入健康较快增长，全市财政收入总量和质量都实现了新的飞跃。在收入精细化管理上求突破，先后起草并以市政府名义出台了一系列文件，着力理顺征管机制，提高征管效率，有效促进财政增收。特别是针对菏泽市房地产和煤炭开发税收征管中存在的问题，积极组织开展税收专项检查活动，共查处房地产企业历年漏缴税款8 722万元，煤炭开发企业漏缴税费2 257万元。

【充分发挥职能作用，大力支持经济发展和城市建设】 牢牢抓住中央和省实施积极财政政策机遇，在财政资金非常紧张的情况下，千方百计筹集资金，全力支持经济加快发展。先后争取上级扩大内需资金4.9亿元、省调控资金14.6亿元、地方政府债券资金2.7亿元，足额落实地方配套，确保扩大内需项目早实施、早见效。通过争取上级支持和财政直接投入等方式，市级先后筹资7 130万元支持“四大基地一大产业”建设和重点企业加快自主创新步伐。认真落实《关于促进中小企业稳定健康发展的意见》，切实减轻企业税费负担，建立企业贷款风险周转金，帮助中小企业维持正常运转。进一步加大支持城市建设力度，市级财政多方运筹资金9.1亿元，重点支持牡丹园提升改造、赵王河公园、演武楼、城区道路改造、城市亮化、绿化工程等城区基础设施建设，进一步完善了城市功能，提高了城市品位，美化了生活环境。

【坚持服务“三农”方针，稳步推进社会主义新农村建设】 认真落实统筹城乡发展战略，把支持新农村建设摆在重要位置，进一步加大财政投入力度，2009 年全市财政支农投入达到 63.5 亿元，有力促进了农业增产、农民增收。进一步增加农业补贴规模，全年共发放粮食直补、农资综合补贴、良种补贴等 11 亿元，增长 13.5%。发放家电下乡补贴 7 544 万元，增长 2.5 倍。发放汽车摩托车下乡补贴 4 920 万元。发放农机购置补贴 7 200 万元，增长 1.25 倍。在补贴政策强力带动下，农村消费呈现“爆发式”增长。为确保补贴资金及时足额发放到位，出台了《关于加强政策性财政专项资金管理的通知》，组织开展一系列专项检查活动，取得明显成效。筹资 6 000 万元，支持洙赵新河、东渔河治理等工程，支持小型农田水利和节水灌溉工程建设，有效改善了农业生产条件。筹资 6 300 万元，支持农业综合开发，改造中低产田 8 万亩，帮助 15 万贫困人口逐步脱贫。

【落实“以人为本”要求，着力支持和改善民生】 牢固树立“以人为本”的理财理念，进一步加大支出结构调整力度，努力压缩一般性支出，着力保障和改善民生，重点支持解决人民群众最关心、最直接、最现实的利益问题。千方百计筹集资金，进一步提高干部职工工资收入水平。大力支持社会保障事业。全市社保和就业支出 22.1 亿元，增长 19.4%。农村低保标准由每人每年 900 元提高到 1 000 元，月人均补助水平达到 60 元。城市低保标准由每人每月 180 元提高到 200 元，月人均补助水平达到 120 元。在牡丹区、开发区启动了新型农村养老保险试点，60 岁以上老人每月领取补助 55 元。认真落实困难企业军转干部、关闭破产国有企业退休人员等弱势群体救助政策，有力促进了社会和谐稳定。大力支持公共卫生事业。全市医疗卫生支出 14.1 亿元，增长 43.6%。把新农合人均补助标准提高到 80 元，支持开展城镇居民基本医疗保险，构建起覆盖城乡的医疗保障体系。投入资金 5 054 万元支持手足口病和甲型流感防治防控工作。大力推进医药卫生体制改革，支持预防接种、农村改水改厕等 9 项基本公共卫生和 6 项重大公共卫生服务项目。大力支持教育事业。全市教育支出 32.4 亿元，增长 21%。农村中小学生均公用经费分别达到 600 元、400 元，比上年提高 105 元和 55 元。为农村义务教育阶段学生免费提供教科书。支持实施国家助学金、政府助学金和生活费资助政策，切实解决因贫辍学问题。支持开展农村中小学危房改造、教学仪器更新，有效改善农村办学条件。大力支持平安菏泽建设。多方筹措资金 2.8 亿元，重点支持交警道路交通控管系统、科技强警金盾工程、配备抢险救援车辆等，着力改善政法部门办案条件，保障全运会、国庆等重大活动的安全保卫工作，有力维护了社会稳定局面。

【继续深化财政改革，着力提高理财水平】 紧紧围绕加强和规范财政管理这个中心，继续深化各项财政改革，规范财政管理，着力打造适应现代经济和社会发展要求的公共财政框架体系。继续深化部门预算改革，按照“有保有压”原则，根据综合财力情况，区分轻重缓急，合理安排支出，不断提高资金使用效益。继续深化国库集中支付改革，市直预算单位全部纳入改革范围，县区改革有序推进。继续深化政府采购改革，所有招标采购项目均邀请采购单位、纪检监察、审计、义务监督员现场监督，有效防止违规操作现象发生。2009 年全市共完成政府采购额 4.2 亿元，增长 16%，节约资金 5 040 万元，综合节约率 12%。继续深化行政事业单位国有资产经营改革，实现资产处置收入 1 578 万元、产权交易 5 245 万元。研究起草了《关于印发菏泽市调整完善市区财政体制方案的通知》、《关于调整市与县分税制财政体制的通知》，进一步理顺了市县税收分享体制。认真落实“省直管县”改革，曹县和鄄城县纳入改革试点县范围。

【不断强化财政监管，着力规范财政收支行为】 建立健全财政规范化管理的制度体系，稳步推进各项财政监管体制机制改革建设，加大对政府债务管理，切实提高财政资金使用效益。研究制定了一系列规范财政收支管理的制度和办法。起草了《关于规范市区房地产开发企业税收管理工作的通知》，解决两区因互争房地产开发税源导致税收流失问题。起草了《菏泽市煤炭综合开发企业财政收入征收监管办法》，确保煤炭开发企业税收应收尽收。起草了《关于规范市区车船税征收管理办法的通知》，有效堵塞车船税征管漏洞。进一步加大财政监督力度。研究起草并以市政府名义出台了《关于加强政策性财政专项资金管理的通知》，有效规范财政专项资金管理。组织开展会计信息质量检查工作，共查处违规资金 203.08 万元。在全市范围内开展“小金库”专项治理工作，查处“小金库”问题单位 13 个，涉及违纪资金 135.62 万元。切实加强市直机关财务监督。在市直会计工作站全面推行业务四级审核责任制，实施双向审核责任流程，有效提高监管效率。据统计，2009 年市直委派会计拒付违规支出和不合理票据 600 余万元，通过加强财务管理累计节省各项支出 3 100 万元。进一步加强土地收益资金管理。研究制定

《市级国有土地使用权出让收支管理办法》，切实加强土地收益资金监管。进一步加强住房公积金监管，编制2009年度县区分部经费预算，细化预算管理，强化资金监管。

【全面推进思想作风建设，努力打造高效能财政队伍】 深入开展学习实践科学发展观活动，深刻挖掘存在的问题，研究制定整改落实意见，部署开展多项主题实践活动，学习实践活动成效显著。认真落实岗位责任制，按照岗位责任全员覆盖、全程覆盖要求，制定下发《市财政局机关工作人员问责暂行办法》，对每一位领导干部、工作人员的职权和责任都做出详细具体规定，做到每一项财政工作都有据可依、有章可循。切实加强廉政建设，邀请市委宣传部领导举办专题讲座，组织党员到革命老区学习考察，定期更换办公楼内廉政教育宣传栏，层层签订廉政承诺书，进一步筑牢财政干部职工廉洁理财的思想防线。狠抓信息调研工作，全年共撰写调查报告125篇，获奖12篇、发表51篇，全年编发财政情况83期343条，其中93条信息被上级采用，调研和信息工作在全市名列前茅。认真做好群众工作，2009年共接待群众来电、来信、来访122件，按期办结率达100%，群众满意率达98%，群众反映的问题都得到及时有效处理。在市政府开展的公开承诺、限时办结、公开电话“三项制度”考核评比中名列前茅。

（撰稿：楚喜斌　马　勇　王世光）

第四部分

县（市、区）财政工作

济 南 市

历 下 区

【概述】 2009年，历下区完成财政收入20.80亿元，比上年增长28.29%，完成财政支出13.95亿元。

【攻坚破难、真抓实干，科学聚财谱新篇】 一是按照“以城市建设引领经济社会又好又快发展”科学思路，不断优化产业结构，现代服务业贡献强劲。全年房地产业贡献区级收入6.04亿元，占区级税收收入的比重达31.53%，比上年增长62.46%。金融保险业贡献区级收入4.55亿元，占区级税收收入的比重达23.75%，比上年增长30.46%。以房地产业与金融保险业为代表的现代服务业日益成为历下区地方财政收入的支柱。二是深化联席制度，强化税源基础。强化收入调度，科学做好分析，完善税源监控机制，及时调整和改善税收软环境，真正做到“留大、存小、培新”，税收比重达到96.13%，为确保完成全年财政收入任务打下坚实基础。三是强化招商引税，培植引进税源。组建重点项目信息互动平台，采取重点招商、专业招商、以商招商的招商模式，建立招商引资工作考核机制，先后出台《历下区扶持服务业加快发展》、《招商引资考核办法》等一系列制度措施，加大财政招商重心工作前移力度，以制度建设促进招商工作。国家开发银行山东分行、浙商银行济南分行、国信证券、东北证券、德丰公司等十余家纳税大户先后入驻历下区，进一步壮大了财源基础。四是深入开展综合治税，房产税收增幅显著。积极探索综合治税新机制，逐步扩展出租房屋管理范围，推行个人出租房屋试点，将房产税征收作为出租房屋管理的出发点和落脚点，全年实现出租房屋房产税收入1.08亿元。加强对重点项目税源监控，税源实现平稳增长，动态管理信息化程度明显增高，项目服务实现全方位跟踪。五是非税管理强化约束，引入精细机制管理。积极开展“非税收入管理质量年”活动，出台《政府非税收入暂行管理办法》，完善非税收入管理工作流程，实行财政票据年审专项制度，着力在效益、效能评价上实现新突破，取得明显效果，全年实现政府非税收入1.61亿元。

【统筹兼顾、务求高效，科学理财促发展】 一是完善区街财政体制，主体作用充分发挥。对全区各街道办事处2008年财政收入基数、2009年财政收入计划进行调查核实。充分落实各项财税考核指标，建立和完善财源建设与经济发展相协调的收入增长机制，形成各街道办事处关注宏观经济运行效益、齐心协力营造促进财政收入增长的良好局面。二是建立健全“五位一体”税收管理新模式。积极落实各项财税考核指标，建立和完善财源建设与经济发展相协调的收入增长模式，实现“财政、国税、地税、工商、办事处”五部门信息共享、税源监管、跟踪服务和政企合作体制机制，形成企业盈利增加、区域经济发展，税收和收入增长的良性循环。三是保障有力成效高，和谐发展惠民生。全区社会保障和就业支出达1.73亿元，比上年增加1 053万元。以养老保险、医疗保险、最低生活保障制度为主要内容的社会保障体系和覆盖城镇居民、城镇职工的医疗保险体系全面建立。城乡居民最低生活保障制度实现应保尽保。全年累计为82 500人次拨付低保资金1 970万元。企业军转干部公益岗的开发、救助工作及社区干部待遇及时兑现资金1 481万元。四是理财突出保重点，规范支出重实效。财政资金重点向城市建设、教育、文化、民生、社会公共事业倾斜，全年资金支出达到8.07亿元。其中，投入城市建设资金2.38亿元，对新老城区的71条道路进行环境综合整治，提高城市综合功能。安排300万元的稳定工作经费，有效地维护社会稳定，进一步提升群防群治效能。大力支持教育优先发展，教育支出达到2.60亿元，比上年增长19.79%。有效解决农村学生取暖问题，对1 954名中等职业学校家庭困难学生进行有效救助。落实城市义务教育阶段免杂费，使3.42万名学生受益。拨付教育费附加5 092万元，对40所中小学进行校舍改造。加大对文体事业的投入力度，建成健身路径75条。提高对全区医疗机构扶持力度，投资近6 000万元，建设改造社区医疗服务中心（站）46个，新建设的区人民医院投入使用，做到“小病不出社区，特殊病号送医上门”，辖区居民真正享受到温馨、便利的社区卫生服务。投入资金300万元，用于甲型H1N1、手足口病防治及美国白蛾消杀工作，各项防治工作取得突出成效。

【创新机制、规范管理，实现财政新跨越】 一是加大支付改革力度，规范财政资金管理。利用信息化技术手段，不断扩大支付网络覆盖范围，实现财政、预算部门、代理银行资源共享，预算执行引入动态监控机制，建立单一国库账户体系，细化资金拨付流程，制定资金支付、内部稽核、职责分工、资金安全等制度，减少资金在途时间，提高资金使用效率，确保预算执行的规范性、合理性、科学性。二是阳光采购公开透明，优质服务廉洁高效。实行“五公开一服务”制度，公开信息、程序、监督、价格、结果，全方位搞好服务，增强政府采购服务理念。建立协议供货、验收管理、采购当事人行为等一系列制度，完善政府采购服务模式。全年实施采购3.23万件，采购金额1.36亿元，比上年增长32%，累计节支1 658万元，节支率达到10.86%。打造财政管理与服务新品牌“泉城会计网”，积极探索区域会计人员继续教育新思路，率先在全省推行会计人员网上免费继续教育，培训会计45 000余人，网站访问量达到340万人次，访问地址遍布全国20多个省份，体现财政管理以人为本理念。三是资产平台初步建立，信息共享监控有力。突出国有资产管理的科学化、规范化、制度化运行模式，完善国有资产动态管理体系，实现国有资产从“入口”到“出口”的全过程实时监管，改变以往重投入、轻管理的弊端，开展信息化改革试点，细化资产采购预算，逐步探索资产配置标准管理体系，采取与政府采购等相关入口衔接管理的方法，彻底杜绝以往单位账实不符的现象发生，实现网络化资产管理、处置、调转的科学管理新模式。出台工作流程、处置办法、岗位责任等三项举措，为后台管理提供制度保障。四是财政监督更加规范，有力促进反腐倡廉。率先在全省创建财政资金监督机制，以突出“财政工作底稿规范化”为重点，建立检查模板78块，推动财政监督的科学化进程。积极开展“小金库”专项治理和“厉行八项节约管理”工作，联合纪委、监察局、审计局对全区53家行政事业单位开展拉网式检查，推动政府反腐倡廉建设。

（撰稿：郝金海　崔　柯）

市　中　区

【概述】 2009年，市中区地方财政一般预算收入完成18.28亿元，比上年增长18.5%；地方财政一般预算支出13.34亿元，比上年增长19.1%。

【加强财源建设】 加强财税协调，严格依法治税，坚持大税小税一起抓，深挖地方小税种和非税收入征收潜力，实现税收收入及时均衡入库。实施区街财政体制，把街道办事处收入与区域财源建设挂钩，调动街道办事处生财理财积极性，推进招商引资，促进三产税收增长。设立财源建设专项资金，积极扶持重点税源，完善重点税源、重点行业的实施监控，税源基础不断壮大。

【保障民生支出】 一是加大“三农”投入，促进社会主义新农村建设。贯彻落实各项支农惠农政策，围绕农业增效、农民增收，投入“三农”资金2 423万元，大力推动现代农业发展和新农村建设。投资644万元支持阳光屋顶工程、秸秆还田、龙头企业、农民专业合作社等项目，积极推进农民增收和生态富民行动。拨付种粮农民补贴资金539.97万元，大、中型水库移民补贴91.76万元，能繁母猪保险补贴资金21.17万元，家电、汽车、摩托车下乡补贴资金135万元，全面、足额兑现农民补贴政策。投资96万元用于村级小型水库加固除险工程，加大水利基础设施建设投入，增强农业抗灾能力。投入140万元，开展禽流感、美国白蛾防治、森林防火工作，为维护生态安全、保护森林资源提供重要保障。投资650万元，完成造林绿化施工5 883亩，重点扶持南绕城绿化工程，南绕城高速两侧的生态环境得到进一步改善。二是注重改善民生，提高财政保障能力。全面落实各项社会救助和保障政策，围绕和谐社会建设，着力保障和改善民生，切实为人民群众“办实事，解难题”。2009年，社会保障资金支出31 983万元，比上年增长13.25%，其中：拨付城乡最低生活保障金2 003万元，再就业资金支出644万元，新型农村合作医疗支出1 060万元，社区公共卫生经费662万元，优抚对象医疗保障资金159万元，甲型H1N1流感防治资金60万元。三是发挥财政职能作用，加大社会事业投入。2009年，继续加大对教育、科技、文化等领域的资金扶持力度，不断推进各项社会事业发展。加大对教育的投入，投入7 360万元用于校舍建设及教学设备购置，先后减免城市义务教育学杂费、农村义务教育的“两免一补”，提高农村义务教育生均公用经费标准，实施教育“两热一暖一改”工程和校舍安全工程，增加支出1 100万元。积极落实国家扩大内需、保增长各项政策，通过政府债券转贷资金3 300万元，加大对体育、社区卫生和环境卫生的支持力度。全力支援抗震救灾，筹措对口支援灾区财政性资金1 542万元，确保对口灾区灾后恢复重建工作需要。科学安排各类专项资金1 300万元，用于扶持第三产业发展，支持企业技术创新和节能减排，缓解中小企业融资难问题。

（撰稿：邹伟鸣　盛　艳　孙景明）

槐　荫　区

【概述】 2009年，槐荫区地方财政收

入实现 8.02 万元，比上年增长 29.2%，税收比重达到 90.3%。全年财政支出实现 10.13 万元，比上年增长 26.6%。

【保增长，财政收入迈上新台阶】 抓住新区建设和老城提升的契机，促进经济发展、做大财政“蛋糕”，加强重点项目监控，形成全过程、全方位、立体化重大建设项目税收征管长效机制；建立综合治税网络平台，强化综合治税管理，狠抓零散税源，实现税收源头控管和对涉税业务的全覆盖；严格耕地占用税、契税征收管理，全年实现 1.11 亿元，占全区财政收入的 13.8%；继续完善“收支两条线”管理制度，加强非税收入征收管理。

【激潜力，财源建设有了新突破】 投入资金 1 600 余万元，用于全区科技应用与研发，优化经济结构；以财税型区域经济发展大局为重，狠抓总部型企业、金融保险企业、房地产企业在槐荫区的注册管理；开展涵盖辖区内所有经营业户的税源普查，为今后招商引资、优化税源培植、调整产业结构奠定坚实的基础。

【保民生，社会发展呈现新面貌】 实施农村义务教育阶段三免一补；扩大低保覆盖面，提高补助标准，全年城乡低保财政补助金额 2 648 万元，惠及 1.14 万人，实现城乡低保全覆盖；安排资金 500 万元保障城镇居民医保工作深入开展；实施惠民医疗和大病救助工程，扩大和提高新农合报销范围及比例，全年报销金额达 775.63 万元，新农合参合人数 6.01 万人，参合率达到 98.2%；将再就业资金列入财政预算，全年安置城镇再就业 8 339 人，转移农村富余劳动力 1 376 人；率先在全市实行社区居委会干部补贴银行卡发放方式；发放种粮补贴、综合补贴 397.82 万元，受惠 1.48 万农户，补贴面积达 47 279.55 亩；落实家电、汽车摩托车下乡和以旧换新补贴资金，发放补贴资金 509.37 万元。

【保稳定，构建和谐槐荫做出新贡献】 将城市环境综合整治与民生结合起来，与培育经济增长点结合起来，投入资金 3 568 万元，支持环境综合整治、棚户区改造和西客站片区建设；拨付资金 256 万元，全力防控甲型 H1N1 流感疫情以及美国白蛾防治；拨付各项社会治安专项资金，加大社会治安综合治理资金的投入。

【谋发展，财政改革实现新进展】 对现行办镇财政体制进行调整完善，提高办镇支出基数，明确综合治税及招商引资的范围和分成比例，激发办镇发展区域经济，培植壮大骨干财源的活力；稳步推进国库集中支付改革，进一步提高资金使用效率；完善政府采购制度，政府采购资金使用效率日益明显。2009 年全年实现采购额 1.65 亿元，资金节支率达 10.36%；积极推进行政事业资产管理信息系统建设，实施行政事业资产管理与绩效评价、政府采购的对接。

【强监督，财政管理水平有了新提高】 严格预算编制程序，完善部门预算编审制度和操作流程，加强项目支出绩效论证；实施项目资金追踪检查，强化专项资金监管；不断巩固和完善非税收入“收缴分离”改革成果；全面开展“小金库”查处工作。全区 161 个党政机关和事业单位进行自查自纠，重点检查 33 个单位，对发现的问题进行严肃的处理和责任追究。

（撰稿：郭兆生）

天　桥　区

【概述】 2009 年，天桥区完成地方财政收入 8 54 亿元，比上年增长 12.04%；完成地方财政支出 9.35 亿元，比上年增长 18.99%，连续 19 年实现财政收支平衡。

【增收节支】 收入方面，发挥财税政策服务经济发展的杠杆职能，认真落实增值税转型、取消行政事业性收费项目等改革政策，减轻企业负担，为企业发展创造良好环境。加强税收征管，不断完善税源监控体系，强化税收精细化和科学化管理，努力挖掘各种增收潜力，确保收入及时足额入库。

支出方面，着力优化支出结构，大力压缩一般性支出，努力降低政府运行成本，推进节约型机关建设。各部门、单位公用经费统一压减 5%，节约资金 200 万元。对一般性专项支出项目进行严控、调整，防止盲目发展和重复建设。

【财源建设】 加大财政投入，完善济南化工产业园区载体功能。年初预算安排 5 000 万元化工产业园铁路专用线回购资金，通过地方政府债券、省调控资金、市专项资金、区筹集等方式投入资金 9 000 多万元，建设园区外排管网工程。筹集资金 1 000 万元启动自来水厂扩建项目，使日供水能力达到 7 万吨，基本满足黄河北地区企业、居民生产生活用水需要。市返还土地收益 2.02 亿元，专项用于园区污水处理、道路等基础设施建设。园区各项基础设施的完善、服务功能的提升，真正具备承接大型工业项目的能力，为园区实现突破性发展、重振天桥工业雄风打下基础。

【财政改革】 天桥区大桥、桑梓店两镇共有 120 个行政自然村，已全部实行村级会计代理服务。设立专职机构、专职人员，办公地点和设备，出台《大桥镇农村财务管理制度》、《大桥镇农村财务定期审计制度》、《大桥镇农村财务监督管理制度》。实行“村财村账镇管”后，实行预算审批、限额管理、定期核算、两委监督的管理模式，财务票据实行统管，定期公开财务收支账目，提高资金使用效益和资金管理的透明度，确保村集体经济组织会计制度的贯彻落实和农村经济的健康发展。

（撰稿：陶书泉）

历城区

【概述】 2009年历城区地方财政一般预算收入完成17.53亿元，比上年增长11.08%，其中：税收收入完成11.55亿元，比上年增长7.45%，税收比重65.88%。

【支持新农村建设取得新进展】 依托“财政支农项目库”建设，切实加大惠农力度，全年共拨付农林水等各项支农资金1.42亿元；兑付粮食直补、综合补贴、家电下乡、大中型水库移民后期扶持资金等各项惠民补贴5 511万元；提高农村义务教育阶段中小学公用经费保障水平，预算内公用经费定额标准达到初中625元、小学415元；投入1 400万元，化解农村义务债务总额的50%；对新农合财政负担比例由2008年的60元提高到80元，为参合农民实际报销医药费支出5 777万元（含二次补偿1 307万元），使参合农民达到46.9万人。公共财政覆盖农村的范围不断扩大，各项支农惠农政策得到有效落实。

【支持社会保障的能力进一步增强】 积极稳妥做好城乡低保工作，将农村低保标准由2008年的每人每年1 320元提高到1 440元，城市低保标准由每人每月300元提高到330元，共发放低保补助1 636万元；提高各类优抚对象抚恤定补标准，投入资金将7～10级残疾军人、农村户口的抚恤定补优抚对象纳入新型农村合作医疗；支持就业再就业，协同劳动、人事部门联合开展招聘会和定单式就业培训，并保障相关资金到位，公共财政向弱势群体和困难群众倾斜的特点进一步凸显。

【支持重点社会事业取得显著成绩】 加大对教育投入力度，安排各项教育支出3.82亿元，有效推动全区教育事业的发展和教学质量的提高；投入科技支出3 030万元，着力支持科技创新、高新技术成果转化和创新基地建设；安排节能减排资金91万元，引导企业重点抓好节水、节电、降低煤耗。投入全省区域经济协调发展示范县扶持资金752万元，对山东豪特太阳能有限公司等四家企业的项目进行重点扶持；积极支持“平安历城”建设，较大幅度地提高政法部门的经费保障水平；全力做好卫生防控工作，追加甲型H1N1防控经费65万元，促进重点社会事业的全面发展。

【支持城市重点建设顺利推进】 不断拓展投融资渠道，通过政府性融资来解决大型基础建设资金难题，全年争取各类有偿资金4.4亿元，重点工程建设资金紧张问题得到有效缓解。全面推进城乡基础设施建设，重点抓好唐冶片区、济钢片区、两大体育设施及城区主次干道综合整治工程，共为各类重点工程累计拨付建设资金16.34亿元。其中：唐冶新区一期基础设施建设资金6.17亿元，历城区体育中心工程2.06亿元，马术赛马场2.48亿元，旅游路历城段8 200万元，济钢周边片区村庄整合工程4.65亿元，东区二期安置房扫尾工程1 587万元。

【财政各项改革扎实推进】 一是调整理顺区街财政体制。在充分调查研究的基础上，制定出台“税收属地征管，增量分档分成”的区街财政管理体制，进一步理顺区街财政分配关系，充分调动各街办发展区域经济、培植财源、增收节支的积极性。二是加快推进国库集中支付改革。全面清理各预算单位的银行账户，确定56家改革试点单位，进一步规范财政收支行为，提高财政资金的透明度和使用效率。三是不断完善收入分配制度。严格审核全区人员编制，严格核定财政供养人员范围，全年共向区直部门工作人员发放工资2.7亿元，工资发放管理工作更加规范。四是积极构建国有资产监管体系。先后起草《关于加强全区行政事业单位国有资产管理使用的意见》和《行政事业单位公务用车管理使用的意见》，对行政事业单位公务用车进行摸底、登记造册。积极推进资产动态管理系统建设，对行政事业单位资产配置、资产处置、国有资产收益等做了全面规范。五是不断完善政府采购管理制度。坚持政府采购信息公告、评审方法和中标结果的三公开，严格保证招标过程中的多方现场监督，切实增加工作透明度。全年实现政府采购实际合同金额2 436.2万元，节约采购资金289.01万元，节约率达10.61%。

【财政管理水平不断提升】 一是加强财政监管力度，切实防范财政风险。加强“小金库”专项治理工作，在纳入治理范围的151个区直单位全部进行自查自纠的基础上，对其中36个单位进行重点检查，建立健全整改落实长效机制，取得阶段性成果。二是积极探索创新非税收入管理模式。及时为执收单位做好执收编码的申请工作，确保收入及时收缴。采取重点和普查相结合的方式，对区直行政事业单位、各街镇的非税收入征管情况进行全面检查。三是切实强化会计管理和继续教育工作。认真做好对全区1.81万名会计持证人员的管理工作，对全区594个行政村的农村会计人员进行摸底调查。积极开展会计基础规范评审活动，做好会计人员继续教育，加强对代理记账机构的审批和管理，开展《企业会计准则》和《会计制度》执行情况调研，有效规范会计从业资格的管理。四是加快基层财政会计电算化实施进程。通过硬件安装调试、人员业务培训和会计资料的录入、结转、上报等程序，网络版会计电算化得到有效运行，有效提高基层财务管理效能。

（撰稿：商锡岭　孙金旭）

长　清　区

【概述】 2009年，长清区地方财政收入完成4.47亿元，比上年增长22.8%。全年实现地方税收收入3.50亿元，比上年增长29.6%，税收收入占地方财政收入的比重为78.38%，比上年提高11.57个百分点。2009年全区财政一般预算支出实现9.87亿元，比上年增长22.17%，实现了当年收支平衡，略有结余的目标。

【突出发展主题，培植壮大财源】 积极争取中央扩大内需资金，区级配套1 837万元全部到位。积极申报三产项目建设资金427万元。兑现企业发展优惠政策资金866万元；拨付科技创新1 117万元，支持企业自主创新和成果转化。

【加大财政投入，统筹城乡发展】 投入各级财政水利建设资金3 755万元，水土保持、土地整理资金500万元，村村通自来水工程资金4 111万元，沼气项目资金660.2万元，“小城镇建设行动”资金500万元，完善农村基础设施建设。拨付资金495万元，大力发展现代都市农业。落实发放各项惠农补贴资金8 605万元。拨付扶贫资金400多万元。全年拨付区级资金500万元，确保村干部工资和村级组织正常运转。

【优化支出结构，保障重点需要】 一是推进教育事业发展。全面实施城乡义务教育经费保障新机制，拨付农村义务教育“三免一补”经费2 393万元，对4万多名农村中小学生免除杂费、课本费和作业本费，拨付城市义务教育“一免一补”经费477万元，对1.5万多名城市中小学生免除杂费。二是推进医疗卫生事业发展。投入财政资金133万元，加强乡镇卫生院和社区卫生服务中心建设；拨付补助3 255万元，提高新农合补助标准；将企业军转干部纳入全市医疗保险统筹；使城镇居民参加城镇居民医疗保险。三是完善社会保障体系建设。完善以财政供养为主的农村五保供养机制，提高城乡低保标准，建立事业单位工伤保险制度。

【推进改革创新，完善运行机制】 坚持改革与服务并重，扎实推进财政改革向广度和深度拓展，基本形成“全方位，多层面，精细化”的良好格局。深化部门预算改革，细化编制项目，不断完善国库集中收付制度改革，按照“横向到边，纵向到底”的思路，初步构筑起财政资金运行全过程监控机制。不断拓展政府采购范围和规模，全年政府采购资金达3 975万元，节支率达11%。

（撰稿：万汶超）

章　丘　市

【概述】 2009年，章丘市地方财政收入完成23.02亿元，比上年增长15%。其中：市本级完成15.61亿元，比上年增长14.6%；开发区收入完成8 921万元，比上年增长12.7%；乡镇级收入完成6.52亿元，比上年增长8.42%。2009年全市财政支出实际完成30.18亿元，比上年增长20.43%。

【抓协调强征管，财政收入实现稳步增长】 不断加大综合治税力度，抓好重点税源监控，全年完成税收收入12.76亿元，比上年增长18.06%，税收比重达到55.44%，比上年提高1.46个百分点。不断强化非税收入管理，增强政府调控能力，全市非税收入完成10.26亿元，比上年增长11.3%。认真做好契税和耕地占用税征收工作，全年契税和耕地占用税完成1.14亿元，比上年增长38.1%。

【抓服务促发展，服务发展能力得到增强】 大力支持企业落实各项减税让利政策，提高企业应对危机的能力。不断扩大市中小企业担保中心规模，全年为116家单位提供2.4亿元担保贷款服务，帮助中小企业积极破解融资难问题。充分利用积极财政政策和宽松货币政策机遇，拓展信用融资渠道，运筹长期建设资金，有效保障扩大内需对接项目和体育场馆、二实中扩建、三职专迁建、城市道路及绿化、乡镇道路建设等重点工程的顺利实施。

【抓支出办实事，改善民生取得新进展】 加大支农投入力度，支持农业结构调整、农业综合开发，提高农业综合生产能力。切实做好各项惠农补贴发放工作，通过“一卡通”发放粮食直补、农资补贴、计划生育家庭奖励等资金9 247万元，涉及农户48.4万户。不断加大教育投入，全年完成教育支出6.15亿元，7.5万名小学生和3.7万名初中生实现免费上学，1 700多名贫困生得到生活补助，基本解决义务教育阶段上学难问题。持续加大社会保障投入，全年完成社会保障支出2.13亿元，实行城镇居民医疗保险，健全和完善以新型农村合作医疗、城乡低保、农村“五保”供养、农村医疗救助、特困户救济等为主要内容的新型社会救助体系，社会保障水平不断提升。

【抓改革求创新，财政管理水平不断提高】 启动国库集中支付改革，基本建立以国库单一账户体系为基础的现代国库管理制度。加强政府采购管理，对采购项目招投标、资金结算实行“双签字”制度，做到管理上的到位，全年共完成政府采购金额2.18亿元，节约资金2 664万元，节支率12.2%。对全市行政事业单位土地、房产进行核查登记，奠定国有资产管理的基础。20个乡镇（街道办事处）财政所全部实行电算化记账，财政精细化管理水平得到提高。

（撰稿：孟　国　马祖银）

平　阴　县

【概述】 2009年，平阴县实现生产总值152.3亿元，比上年增长14.3%。全社会固定资产投资81亿元，比上年增长24.0%。实现社会消费品零售总额51.1亿元，比上年增长17.3%。全县城镇居民人均可支配收入达12 221元，比上年增长9.5%；农民人均纯收入6 657元，比上年增长7.3%。全县地方财政一般预算收入完成4.2亿元，比上年增长18.3%，其中税收3.2亿元，比上年增长22.3%；税收比重为76.8%，比上年提高2.5个百分点。全县财政一般预算支出8.1亿元，比上年增长10.3%。

【收入稳定增长，质量持续向好】 紧紧围绕“保增长、保民生、保稳定”中心任务，强力落实增收节支举措，推进依法理财。一手抓财源建设，涵养税源，投入企业技改资金2 000多万元，支持骨干企业做大做强，夯实财源增收基础；多渠道筹融资3亿多元用于基础设施和220国道改线等重点工程建设，改善投资环境提升发展承载力。一手抓强化征管，确保经济发展成果在财税收入上及时得以体现，当年地域财政收入完成12.4亿元，比上年增长33.7%，其中税收8.5亿元，增长37%。

【保障更加有力，社会稳定和谐】 积极调整优化支出结构，突出对教育、社保、卫生、农业等民生社会事业的财力支持。2009年，县级财政保民生支出4.25亿元，占一般预算支出的65.6%，比上年提高5个百分点。积极落实各项补贴保障政策，兑付粮食、良种、农资、农机、家电汽车摩托车下乡及家电以旧换新、政策性农业保险等补贴补助资金5 200万元，发放城镇和农村低保补助资金728万元，支付五保供养补贴资金255万元。全力推进全民医疗保险制度改革，累计投入资金1 727万元。严格执行各项教育保障政策，深入推进农村义务教育制度改革，及时拨付公用经费1 640万元、职业教育在校生国家助学金283万元、中小学生作业本费75万元；争取资金825万元启动实施教育“两热一暖一改工程”、实施校舍改造等。继续加大新农村建设和现代农业支持力度，整合财政资金4 000多万元，重点支持农业产业结构调整、饮水安全、农业龙头企业等，进一步改善农业、农村和农民群众的生产生活条件。

【改革不断深化，监管力度加强】 以提高财政资金使用效益为目标，继续加强和改进预算编制，深入推进国库集中支付改革，努力提高财政管理的科学化、精细化水平。启用新的“财务监管网络系统”，资金使用更加规范和安全。实施国有资产产权登记，强化国有资产的经营处置管理。严格执行政府采购程序，全年采购工程、货物总额2 132万元，节约资金218万元，节支率9.3%。加强支农资金项目编审，建立起财政支农项目库。认真开展建设项目投资评审、内部财务审计、专项资金管理和使用检查，着力治理“小金库”，财政监督手段进一步强化。

（撰稿：李国梁　夏传军）

济　阳　县

【概述】 2009年，济阳县地方财政一般预算收入完成5.01亿元，比上年增长19.18%。其中：县本级财政实际完成一般预算收入2.91亿元，比上年增长8.33%。全县财政一般预算支出实际完成9.72亿元，比上年增长13.06%。其中：县本级财政一般预算支出7.13亿元，比上年增长8.21%。

【强化税收征管，收入规模实现突破】 面对各种减收增支因素，切实加大治税管费的工作力度，不断完善税源控管体系，强化依法征管的科学性，圆满完成预算收入目标，全县地方财政收入首次突破5亿元大关。财政收入结构得到改善，税收收入占地方财政一般预算收入的比重达到70.47%，比上年提高1.46个百分点。

【加强财源建设，转变经济发展方式】 一是灵活审慎地把握财政调控方向。突出财源建设的重点，加大对骨干企业、骨干项目的资金支持，努力提高自主财源规模，全年投入工业经济发展资金3 730万元，其中，扶持企业科技创新资金1 560万元，节能减排资金1 430万元，产业改造资金740万元，工业经济对财政的贡献率进一步增加；认真落实国家优惠政策，为企业减免税费和落实出口退税3 370万元，增强外向型经济的活力。二是统筹资金服务好招商引资工作。一方面投入招商引资专项资金500万元，支持引进项目和资金；另一方面投入开发区基础设施建设资金4 000万元，进一步改善环境，促使全县招商引资工作再上新台阶。三是科学运作构筑融资平台。通过实施小额担保贷款，有效解决破产、关闭企业特困职工欠缴养老金问题；在抓好国有资产运营公司融资贷款1.14亿元的同时，成立城镇建设投融资公司和开发区建设投融资公司，构建更加宽阔的融资平台。

【优化支出机构，重点保障民生】 一是社会保障体系更加完善。新建立城镇职工基本医疗保险个人账户，启动破产关闭企业退休人员医疗保险工作，2009年用于城镇低保、企业养老保险、农村低保、就业再就业、优抚救济等方面的支出达5 079万元，比上年增长9.23%。二是教育事业全面发展。实行农村义务教育经费保障新机制，拨付农村中小学生均公用经费1 924万元，对义务教育阶段学生全部免除学杂费、免费提供教科书、对贫困家庭寄宿生补助生活费；强化工作措施和力度化解农村义务教育债务470万元，全年教育支出达1.83亿元，比上年增长16.32%。三是新农村建设持续推进。安排资金3 680万元，专项用于全县新农村建设，群众居住条件和农村面貌进一步改善。四是各项惠农政策稳步落实。采取“一卡通”发放各类惠农补贴资金1.18亿元，其中，粮食直补1 145万元，农资综合补贴5 727万元，良种补贴1 661万元，农机购置补贴1 272万元，奶牛及能繁母猪补贴433万元，家电、汽车摩托车下乡补贴1 150万元，生态富民工程（沼气）补贴446万元；拨付资金558万元，专项用于扶贫帮困。五是公共卫生体系更加健全。全县医疗卫生支出达8 261万元，比上年增长16.86%。进一步完善城乡医疗救助体系，安排资金334万元，对城镇居民及困难企业职工实行大病医疗保险制度；拓宽新型农村合作医疗制度覆盖面，提高参保农民医疗费用报销标准和限额，全年安排农村合作医疗及大病保险救助等资金3 624万元，参加农村合作医疗的农民达到45.03万人，覆盖面达99.1%。

【财政管理在改革创新中实现了绩效提升】 一是深化财政改革。部门预算改革进一步深化，部门预算编制更加科学，资金管理更加透明和规范；国库集中支付改革逐步完善，将县直86个单位与10个镇（街道）纳入国库集中支付系统，财政资金国库集中支付实现全覆盖；政府采购制度改革成效明显，全年实现政府采购资金2.42亿元，资金节约率达22.77%；收支两条线改革逐步深入，收入全额直达国库或财政专户，确保结算率达100%。二是创新支农资金使用方式。多方整合国土、农业、水利等项目资金2 510万元，有效提高财政支农资金使用效益。三是依靠国库集中支付网络系统平台，专门配制会计软件，全面推行会计电算化，会计结算和会计建账监管工作基本实现网络化运作。四是调整理顺县镇财政体制，落实收入奖励制度，充分调动各镇（街道）发展经济、培植财源、组织收入的积极性。

（撰稿：郭　晶　王新戈）

商　河　县

【概述】 2009年，商河县地方财政一般预算收入完成2.26亿元，比上年增长22.68%。全县财政支出完成8.91亿元，比上年增长21.54%，实现当年财政收支平衡。

【大力加强收入征管】 紧紧围绕财政收入目标，建立部门和乡镇办（园区）收入任务动态监管机制，加强收入调度协调，加大依法治税和综合治税力度，改进税收征管手段，完善目标管理绩效考核机制，借助财税库行联网，完善月、季考核及分析报告制度，保证了财政收入的持续稳定增长。

【积极支持基础设施建设】 充分发挥聚财、理财职能，多渠道筹集资金，支持全县基础设施建设。累计投入4.1亿元，用于商中路、富民路、龙怀路、热源厂及管网、备战河及周边环境、文昌实验学校、环卫设施、绿化工程、县经济开发区和城区产业园基础设施等重点项目建设，改善经济发展环境，提升城市形象。

【着力改善民生】 始终把关注民生、保障民生、改善民生放在重要位置，优先予以保障。认真落实各项涉农补贴政策，通过“一本通”发放小麦直补、农资综合补贴，家电下乡、以旧换新，汽车、摩托车下乡各类惠农资金9 833万元，比上年增长16.20%。完善农村义务教育保障机制，全年投入农村义务教育经费3 110万元，比上年增长20.31%。扩大医疗保险覆盖范围，完善城镇居民医疗保险制度，改善城乡居民就医条件。提高新农合、农村最低生活保障和五保户财政补助标准，加强农村敬老院建设，加大新农村建设投入，改善农村生产生活条件。根据财力情况，提高了工资水平，增加干部职工收入。

【积极推进财政改革】 深化国库集中支付制度改革，扩大国库集中支付改革范围，由原来的10个扩大到19个，提高直接支付资金比例，增强资金透明度。完善偿贷基金专户管理制度，根据《商河县偿贷基金管理暂行办法》，拨付偿贷基金400万元，专项用于偿还城市基础设施建设贷款。继续深化和完善部门预算编制、政府采购、“收支两条线”、会计集中核算等各项改革，财政管理的科学化、精细化水平进一步提高。

（撰稿：庞志开）

高新技术产业开发区

【概述】 2009年，高新区地方财政一般预算收入完成9亿元，比上年增长36.6%，增幅列全市第一；税收比重95.54%，比上年提高了0.29个百分点。

【狠抓收入征管】 以财源建设为总抓手，努力创造良好的财政税收环境，积极培植财源，涵养税源。坚定增收信心，树立一盘棋理念，始终抓住“收入”这条主线不放松，尤其是在严峻的经济形势下，建立月、季通报调度机制，加强征管和监督检查，把“抓收入、保增长”作为全局工作的重中之重。做好综合治税，加强政府主导作用，健全内部配合体系，形成全员治税的工作合力。以总部经济基地为平台，加大对重点税源企业的跟踪服务与引进力度，明确责任落实机制，大力培植新兴财源。创新管理体制，挖掘增收潜力，充分调动办事处和村居增收节支的积极性。

【国有资产管理】 规范产权程序，制定国有产权转让的相关制度，通过评估严格把关、转让公开挂牌等有效措施，全面落实国有产权进场交易制度，建立项目运作的新模式。做好企业改制后续工作，确保体制改革的成果。继续在园区内全面推广资产运营体制，初见成效。2009年所属国有企业应上交资产占用费1 496.4万元，已足额上缴入库，在成功实施软件园发展中心运营体制的基础上，创业服务中心的资产运营体制也已确定。联合审计部门对镇、办事处开展清产核资，确保镇改办体制的顺利转变。加强源头控制，将国有资产监管重心转移到事前、事中，强化资产管理，真正行使监管职责。

【财政监督检查】 加强财政监督检查，努力提高会计信息质量。积极组织开展“小金库”治理工作，成立“小金库”专项治理工作领导小组，及时召开专题会议，研究制订实施方案，有效加强对财政资金监督管理的力度。认真配合国家审计署对高新区的审计工作，针对问题制定措施，进行有效整改，推进工作规范管理。审核企业扶持申请596份，同口径审减额0.51亿元，审减率3.85%。

【投资评审和政府采购】 强化服务与协调意识，加强联系沟通交流，实行工作即时研究制度，倡导现场办结制；积极前移评审关口，创新基建预算编制环节；强化内部管理，克服被动僵化思想，提高主动服务意识，围绕高新区经济建设和社会发展大局，做好财政评审工作，全面提升投资评审管理水平，财政资金投资效益不断提高。全年完成财政投资项目结算评审201项，报审值5.79亿元，审定值4.96亿元，审减值8 232.53万元，审减率14.22%；完成下达计划的115%。完成合同评审442项，数据库备案548份；完成资金申请拨付评审1 024项，评审申请拨付资金10.97亿元。完成政府采购项目430多个，受理额合计2 310万元，实际采购金额1 812万元，节约资金498万元，综合节约率达21.6%。

（撰稿：李建照　段连文）

青　岛　市

市　南　区

【概述】 2009年，市南区区级地方财政一般预算收入完成24.42亿元，比上年增长8%。全区财政支出完成20.89亿元。

【加大财源建设】 落实扶持企业发展的各项财政政策和配套资金、标准化资助及招商引资奖励等7 168万元。出台《市南区综合治税工作措施》，充分发挥街道办事处在协税护税中的主体作用，全年挖掘税源4 800万元。加强非税收入征管，努力使非税收入成为财政收入的有力补充。办理出口退税31亿元，其中区财力负担2 884万元，支持外贸企业发展。

【优化支出结构】 严格控制一般性支出，一般性支出同比下降6.3%。加大对科学技术、教育、文化体育与传媒、医疗卫生事业的投入力度，资金投入分别比上年增长12.2%、15.6%、11.42%和27.46%。重点保障民生，投入再就业资金1 068万元，发放各类低保金2 292万元，投入350万元新建200个养老互助点，50个日间照料中心，投入补助资金1 800万元妥善解决西部旧城拆迁改造困难居民安置问题。积极落实专项资金 3 900 万元对居民小区道路以及超期服役道路进行专项整治，拨付资金 4 508 万元对小鱼山、信号山、青岛路风貌保护区周边进行绿化、硬化和美化。投入 150 万元新增 10 处社区风雨健身中心。落实大项目资金 7 440 万元，保障西部旧城区改造、浙江路德式风情街建设以及中山路商贸区环境整修等全区重点项目的资金需要。

【深化财政改革】 出台《市南区街道财税管理办法》，辖区内企业全部实行属地化管理，促使各街道办事处逐渐成为经济服务的主体和经济发展的新引擎。以综合预算为重点，修订完善公用支出标准，使预算编制的完整性、预算管理的规范性、预算分配的科学性得到进一步提高。进一步扩大国库集中支付范围，推广公务卡使用。制定并落实《市南区国库现金管理暂行办法》，盘活国库存量资金，新增收益 400 余万元。

【完善财政监督】 成立区国有（集体）资产管理局，并向市南投资有限公司派驻监事会，代表区政府对区属国有企业的资产保值增值情况实施监督。规范政府采购管理，创新政府采购机制，提高政府采购管理水平，全年完成采购金额 1.27 亿元，节约率 17.6%。加大财政监督检查力度，对 45 项专项资金进行检查，抽查 50 家外资企业财务报告和会计信息质量。完成全区行政事业单位“小金库”治理检查工作。制定《市南区政府融资债务管理暂行办法》，完善以统计分析、过程监控及风险预警为主要内容的政府债务管理体系。首次对全区 12 所会计人员继续教育培训学校，进行评估考核，确保了全区会计继续教育工作的质量。

（撰稿：刘　鹏）

市　北　区

【概述】 2009 年，区级财政收入完成 15.42 亿元，比上年增长 14%；区本级财政支出完成 15.36 亿元，比上年增长 13.6%。

【注重财源建设】 一是围绕旧城改造等重大项目建设，积极筹措资金 28 亿元，有力地推进大项目建设，进一步改善投资环境，为促进全区经济和社会事业发展增添后劲。二是出台对全区各部门引进重点税源的奖励政策，不断提高税收亩产率和贡献率。三是密切与企业的联系与沟通，完善点对点服务制度，帮助企业解决问题，切实做到帮扶企业措施到位，扶持发展资金到位，为全面完成年度目标任务奠定坚实的基础。

【注重组织征管】 一是强化收入计划管理，明确责任目标，完善财税收入奖惩机制，层层抓好落实。二是认真开展“四项税收”整治，进一步加强对中小企业、个体工商业户和出租房屋及建筑施工企业的税收管理，组建 60 人的专职协税护税队伍，进一步挖掘增收潜力，确保“四项税收”同比增长 20% 以上。三是加强收入调度，坚持每月召开一次收入调度会，关键月份实行旬调度，随时掌握收入进度，研究分析收入工作中的薄弱环节，牢牢把握工作主动权。

【注重优化支出】 坚持把民生保障放在更加突出的位置，将可用财力更多的投向民生，全年共发放社会保障资金 1.17 亿元，廉租补贴 1 599 万元；教育事业共投入 4.43 亿元，比上年增长 14.2%；科技经费投入 5 417 万元，比上年增长 14.6%；文化体育与传媒事业投入 1 050 万元，比上年增长 13.6%；医疗卫生事业投入 5 901 万元，比上年增长 15.7%。

【注重财政监管】 一是在规范工作流程基础上，进一步健全岗位责任、账户管理及资金核拨等制度。二是积极推行财政公物仓资产管理模式，实行公物仓资产调配与单位新增购置设备预算安排挂钩，避免财政重复投入，提高物资使用效率。三是注重加强对社保金、土地出让金、基建工程等专项资金的管理，高度重视资金运作和使用的规范，杜绝以任何形式、任何目的挤占、挪用。四是认真开展“小金库”专项治理活动，在全区 212 个行政事业单位中，认真组织开展了自查，汇总账户 300 个，对发现的问题，及时督促整改。

（撰稿：孙孝海）

四　方　区

【概述】 2009 年，四方区区级财政收入完成 6.3 亿元，比上年增长 17.2%；区级财政支出完成 7.2 亿元，比上年增长 14.5%。

【高度重视收入组织工作，财政收入任务超额完成】 一是切实加强税收秩序整顿，依托监控监管抓收入。将房地产企业纳入重点税源监控范围，积极搭建四方区财源建设信息平台，实现全区综合治税工作网络化、实时化、涉税信息共享化。二是扎实做好税源巩固扩大工作，依托挖掘潜力抓收入。建立区级领导与纳税重点企业联系点制度，积极落实各项扶持政策，扶持重点骨干企业加快发展，努力增强重点监控企业发展后劲。开通注册审批绿色通道，努力使新增税源迅速形成有效税收。

【财政支出保障重点领域，资金使用效益不断提高】 进一步强化预算约束，规范预算执行程序，提高预算执行水平；优化财政支出结构，严格控制一般性支出，全力做好保障民生工作。积极统筹市、区两级资金，妥善解决历史遗留问题，着力推进教育事业均衡发展，社会保障体系不断完善，科技文化事业深入发展，居民生活条件不断改善。

【完善国资监管体系，加强国有资产监督管理】 一是健全完善国有资产管理制度，修改完善《青岛市四方区行政事业单位固定资产管理办法》等制度规定，建立固定资产信息动态数据库，实现了国有资产信息化管理。二是强化企业国有资产运营监管。开展区属国有全资公司和部分自收自支事业单位的经营业绩考核工作，委派财务总监，加强国有公司管理。三是建立政府公物仓管理模式，出台《政府公物仓管理暂行办法》，建立公物仓可调配物资共享共用机制，最大限度地利用资源，避免重复购置，节约行政成本。

【坚持依法科学理财，加快推进财政科学发展】 进一步深化部门预算编制改革，不断提高预算编制质量，促进部门预算编制更加标准规范。加强专项资金管理，出台专项资金管理制度，财政专项资金的全过程控制力度不断加大。强化政府采购监管，更加注重验收环节的监控，政府采购更加高效有序。加强财政监督监管，加大对政府投资项目资金使用监控力度，财政资金的使用率进一步提高，深入开展“小金库”专项治理，财政、财经秩序进一步规范。

（撰稿：郭　臣）

李　沧　区

【概述】 2009 年，全区地方财政一般预算收入完成 14.9 亿元，比上年增长 1.3%。

【财政收入实现平稳增长】 从巩固税基、强化征管入手，主要抓好招商引资，倾力培植财源。围绕财源建设工作重点，不断提高招商引资层次，努力调整税收结构。扶持企业发展，壮大存量税源。积极落实国家、省、市出台的增值税、企业所得税、河道维护费等税费减免政策。强化税收征管，挖掘增收潜力。通过建立部门协税护税工作机制，加强房地产、服务业等主要行业的税收征管，确保财政增收。

【重点支出得到有效保障】 按照“保工资、保运转、保民生”原则，不断优化财政支出结构，从严控制一般性支出，大力压缩各单位会议费、招待费、差旅费和交通费等一般性支出。加大科教文卫、社会保障、公共安全、城市基础设施建设等投入。其中：投入 5 054 万元用于教育方面支出；投入 2 114 万元改善辖区医疗环境和医疗设施；投入 2 507 万元用于城市居民最低生活保障，临时救济及困难群体医疗救助等；投入 502 万元打造创业孵化基地、引导高校毕业生就业和安置困难群体就业等；投入 650 万元用于平安李沧建设。充分抓住“环湾保护、拥湾发展”战略机遇，用足用活上级扶持政策，加大基础设施投入力度，主要用于推进金水路拓宽改造、李村河上游综合治理、滨海公园基础工程建设及路网、管网建设。

【财政管理水平明显提升】 财政监督逐步加强，重点检查民生工程资金、政府非税收入资金、事业经费预算执行情况，检查额达 15 亿元，涉及 30 多个部门（单位），对发现的问题督促部门（单位）及时整改。对李沧区 196 个部门（单位）开展“小金库”自查和审核工作，并重点抽查 30 个部门（单位）。项目管理逐步到位，基本形成事前概算审核、事中过程监督、事后决算审查的全过程监管机制。政府采购逐步深入，从健全采购目录、完善采购程序、扩大采购规模入手，切实提高采购效率、方便采购单位，全年集中采购项目 66 批（次），预算资金 5 320 万元，采购金额 4 780 万元，节约资金 540 万元，节约率 10.1%。

（撰稿：董　威）

经济技术开发区（黄岛区）

【概述】 2009 年，经济技术开发区（黄岛区）完成财政一般预算收入 145 亿元，增长 104.1%，其中：辖内地方财政一般预算收入 42.1 亿元，比上年增长 13.1%；区级财政一般预算收入 26.5 亿元，比上年增长 15.2%；全区一般预算支出 30.1 亿元，比上年增长 13.6%。

【财源建设】 积极应对国际金融危机带来的压力和挑战，认真研究成品油税费改革、增值税转型等政策性减收因素的应对措施，科学提升财源建设管理水平，2009 年财政收入较上年增长一倍，实现区域内财政收入规模、质量和增速同步提高。一是科学构建财源建设管理体系。建立科学严密的税源筹划机制，深入推进以“六大产业集群”项目为核心的骨干税源体系建设，上汽通用五菱入库税收 8.2 亿元，比上年增长 266%，大炼油入库税收 65.6 亿元，实现大幅增长；健全财税、招商、国土、城建等部门联动机制，催缴耕地占用税等税费近 2 亿元，确保财政收入应收尽收；将财源建设工作纳入全区目标绩效考核体系，强化目标责任，全区共引进税源项目 1 279 个，新增税收 2.2 亿元。二是积极培植壮大财源经济规模。建立健全涉税信息反馈和评价机制，进一步完善综合治税网络平台，收集土地交易、楼盘销售、分支机构等各类涉税信息4 074条，监控入库税款近6 000万元；抓好重点行业、重点项目动态分析，对房地产、港口仓储物流等7个主要行业实施分业治税，将纳税过百万元、主要税种增减大户全部纳入监管，形成全覆盖、无缝隙的纳税监控体系，全区税收过千万元的企业达95家，实现税收108.4亿元，占全区税收总额的85.4%。

【财政支出】 进一步优化财政支出结构，从严控制一般性支出，2009年全年行政事业经费仅增长3.3%，低于财政一般预算支出增幅10.3个百分点，预算约束力明显增强。在此基础上突出加大对民生领域的投入，财政用于社会保障、社会事业等支出增长21%，财政资金投向突出“三个倾斜”：一是向社会保障倾斜。大力支持社会保障体系建设，新增1 400万元用于提高城乡居民最低生活费补助等15项社会保障标准，深入实施城市低保标准与物价上涨联动机制，建立免费产前筛查和未成年病残独生子女救助制度，提高优抚对象抚恤金和优待金标准，出台八项稳定就业新政策，落实城乡居民自谋职业、高校毕业生自主创业财政优惠政策，加大城乡困难群众就业扶持力度，开发公益性岗位300个，投入资金对1.5万人次进行各类职业技能培训，全区社会保障和就业支出达到1.01亿元。二是向社会公益事业倾斜。加大对教育事业的投入力度，投入1 430万元用于减免义务教育阶段学生借读费和学杂费，拨付助学金2 000多万元用于资助中等职业教育和普通高中贫困家庭学生，将小学和初中学校的公用经费标准提高5个百分点，全区教育支出达4.27亿元；积极支持医疗卫生事业发展，投入1 390万元用于提高公立医院补助，安排1 800万元用于新型农村合作医疗、社区医疗服务和基本药品零差价销售补助，全区医疗卫生支出近7 000万元；加大文化体育事业投入力度，投入1 600万元用于文旅节、电影表演艺术学会奖（金凤凰奖）、国际儿童电影节和全运会等活动，全区文化体育与传媒支出达3 440万元；全力保障公共安全和应急性支出，加强食品药品放心工程、社会治安综合监控系统建设，确保甲型H1N1流感、手足口病防控以及浒苔治理等应急性支出，全区公共安全等支出达1.58亿元。三是向新农村建设倾斜。加快石化区、造船区、南港区等区域内47个社区搬迁改造，财政直接投入资金4.1亿元；加大对农村社区“五化”工程等基础设施改造的投入力度，保证农田水利改造、森林防火、退耕还林等资金需求，在农业基础设施、农村社会事业等方面的支出达到1.6亿元。

【财政改革】 以“金财工程”一体化平台为依托，完善财政资金统筹机制、国有资产监管机制和重点项目投入评价机制。科学调配资金，增加利息收入4 000余万元。加强国有资产管理，确保国有资产保值增值。健全政府采购预算机制，规范运作程序，全年完成采购计划3.8亿元，节约资金7 000万元。严格政府投资项目评审，完成财政性投资工程预算138项，标底总额21.3亿元，审核工程预决算及土地补偿评估业务179项，审减不合理资金1.2亿元。深入开展党政机关和事业单位“小金库”治理工作，加强重点领域和重点资金检查，巩固“全覆盖”财政监督机制。

（撰稿：汪　科）

崂　山　区

【概述】 2009年，崂山区区级财政一般预算收入完成24.78亿元，比上年增长8.1%。全区区级财政一般预算支出完成23亿元（含结转下年支出），比上年增长6.5%。全区实现收支平衡，略有结余，财政总体运行状况良好。

【预算管理】 收入方面，在国内经济增速放缓及各项结构性减收等不利影响下，财政收入保持持续增长，税收总收入完成101.9亿元，首次突破百亿大关，截至2009年年底对重点税源的监控已达到全区税收的80%。支出方面，严格控制政府行政成本，优化财政支出结构，社会保障事业、医疗卫生、教育支出分别达0.74亿元、0.55亿元、3.3亿元，比上年增长10.4%、14.6%、13%；在全市率先启动家电下乡区级补贴，全年共兑付家电下乡资金121万元，申报率和兑付率均位居青岛市首位。出台《崂山区预算管理办法》，实行综合预算，并首次在全区推行政府采购预算；出台《关于严格控制行政经费支出的通知》，努力降低行政成本；出台《崂山区财政投资基本建设项目资金管理办法》，规范重大基本建设项目管理，同时立足解决遗留问题，全面启动建园以来的基建项目财务决算工作。

【财源建设】 出台《崂山区关于进一步优化产业结构推动产业升级的若干措施》，首次将各项产业资金统一纳入全区财源资金平台统筹考虑。发挥政府创业资本的引导作用，推进企业做强做大，2009年9月17日青岛特锐德电气股份有限公司成功通过创业板审核，10月30日正式上市，成为中国创业板首批第一股。

【财政监督】 开展“小金库”专项治理工作，通过与监察、审计、银行等部门的联合，完成对147个单位共计463个银行账户的自查自纠和36家单位的重点检查任务，累计纠正不合理支出约150万元。

【国库集中支付改革】 开展“国库集中支付回头看”活动，进一步完善国库集中支付系统，简化审批程序。对崂山区67家单位结余资金进行处置，收缴历年结余资金1 177万元。调查分析76家预算单位现金管理情况，定期发放《现金管理情况简报》，加强对授权支付资金和现金监管。2009年通过国库集中支付系统支付财政资金15.75亿元，其中直接支付13.27亿元，财政直接支付比例达到84.3%。

【政府采购】 出台《崂山区政府采购管理办法》、《崂山区政府采购非招标采购方式管理办法》及采购工作规程等相关配套制度；建立会计、工程等5类中介机构项目库，有效促进全区政府采购制度化、规范化建设和全区党风廉政建设。2009年全区政府采购规模达到1.36亿元，比上年增长14.8%，资金节约率为10.78%。

【国有资产管理】 构建完善“崂山区国资局—受托管理单位—国有企业和行政事业单位”的三级监管体系，实现对受托管理的国有企业资产、行政事业单位资产和资源性资产全面监管。在青岛市率先启动废旧家电集中处置工作，分2批对全区30余家行政事业单位1 024台价值458余万元的废旧电子产品进行了集中处置。

【信息化建设】 推进财政部应用支撑平台建设，实现系统的核心应用。推进非税收入三方网络信息化管理，实现执收单位、代理银行、财政部门的互联。应用新版会计核算软件、支付与核算网络互联及实施单位远程报账，促进会计核算由核算型向管理型转变。

（撰稿：唐　晨）

城　阳　区

【概述】 2009年，全区财税总收入完成58.9亿元，比上年增长14.5%；其中，辖内一般预算收入完成27.68亿元，比上年增长13.2%。全区实现财政总支出19.54亿元，增长9.2%。

【财源建设】 围绕“抓增量税源、保存量税源”的思路，制定《关于加强财源建设，促进经济发展的意见》，综合运用财政政策，采取部门经费补助、企业税收扶持、街道分成奖励等方式，充分调动政府职能部门、区内企业和街道三方面的积极性，吸引区外税源流入，促进财政增收，引进中国再生资源青岛分公司、青岛德邦物流有限公司、青岛交通工程监理咨询有限公司、青岛永信汇泽财税管理咨询有限公司等27家企业落户，新增税收5 100万元。

【财政保障】 开展“解民忧、送温暖”亲民爱民系列活动，进一步优化财政支出结构，把更多的资金投向教育、“三农”、社会保障、医疗卫生、文化等社会公共服务领域，推进公共服务均等化。一是加大教育主渠道投入，健全义务教育经费保障机制与困难学生资助政策体系，提高生均公用经费标准，免除义务教育阶段学生学杂费，落实困难学生补助政策，保障中小学工程建设。二是加大“三农”投入，加强农村基础设施建设，保障墨水河治理五期工程、塘坝除险加固工程、农村饮水安全工程建设；深化农村综合改革，落实支农惠农政策，发放粮食综合直补、汽车及渔船燃油、家电下乡、汽车下乡、渔业互助保险、库区移民等补贴。三是加大社会保障投入，健全城乡救助制度，开展城乡低保救助、五保老人供养、90～99岁老年人老龄补贴、危房修缮、“千户扶贫济困”工程、促进就业、农村养老保险补助等民生工程。四是加大医疗卫生投入，建立健全重大传染性疾病防治经费保障机制，深化新农合改革，开展防治手足口病与甲型H1N1流感、疾控预防与卫生监督、创建省级食品安全区等活动。五是加大文化事业投入，按照“文化强区”战略，免费开放图书馆和文化馆，保障城市文化提升工程、童真宫建设工程建设。

【财政改革】 深化预算管理改革，扩大预算编制范围，将预算内、外所有收入纳入预算管理范围，编制零基预算、综合财政预算；细化预算编制，坚持指标管理、系统管理、项目管理相结合，以网络化管理为依托，开发并实施“部门预算管理系统”与“预算指标管理系统”，构建以预算编制为源头、以预算执行为主线、以账务处理为核心、以财政业务综合查询为结果的全过程预算执行监管体系，提升预算管理的科学化、精细化和规范化水平。压缩行政成本，严格指标控制与支出管理，对预算单位的差旅费、会议费、培训费按上年的5%，公务接待按上年的10%，出国经费、车辆购置及运行费用分别按前三年平均水平的20%、15%进行压缩，并全面清理公务用车，全年压缩行政成本859万元。深化政府采购制度改革，健全政府采购制度，扩大政府采购覆盖范围，减少采购批次，提高整体采购效益，发挥政府采购招投标平台作用汇聚税源，完成采购控制金额6 555万元，节支率达9.7%，其中本地企业中标2 535万元，占控制金额的42.8%。加快信息大平台建设，通过整合财政信息化建设网络，初步完成信息大平台的建设工作，形成涵盖预算编审、指标管理、国库支付、非税收入、账务管理、单位核算、综合查询分析的一体化系统，建成了业务标准统一、操作功能完善、覆盖全口径财政性资金的信息管理网络，为全面提升财政管理水平，提供了有力的技术支撑。

【财政监督】 加大监督检查力度，规范社团财务管理，开展“小金库”专项治理，突出抓好财政收入、部门预算执行、会计信息质量、民生资金、支农资金、基建资金、内部管理等七个方面的监督检查，检查资金达12.3亿元。

（撰稿：曲加斌）

胶州市

【概述】 2009年，胶州市完成地方财政一般预算收入20.84亿元，比上年增长12.6%。全市地方财政支出22.03亿元，比上年增长14.7%。全市实现财政收支平衡并略有结余。

【财源建设】 一是健全财源建设机制。完善全市工作目标管理考核办法，明确镇、市直部门的财源建设目标，强化奖惩措施，充分调动各级各部门发展经济的积极性。落实财源建设激励机制，对11家重点纳税企业奖励资金132万元，积极调动企业依法纳税的积极性。二是加大企业发展扶持力度。出台支持中小企业加快发展、上市融资、鼓励建设高层建筑等一系列奖励扶持政策，支持企业结构调整和转型升级。向盛宇投资担保公司增资7 000万元，使其注册资金达到1亿元，全年为130多家企业提供担保6.1亿元，有效解决企业贷款难问题。三是切实减轻企业负担。在全市范围内取消、暂缓、暂停和降低标准征收96项行政事业性收费，缓缴企业历年欠费利息，降低企业失业、工伤、生育保险缴费比例，发放企业稳岗补贴，全年减轻企业负担近4亿元。四是培植发展后续财源。发挥财政资金导向作用，引导金融资金、社会资金16亿元用于胶州湾产业新区、少海新城、胶州湾国际物流中心三大平台建设，吸引内外资项目签约落户胶州市，推动全市经济可持续发展。

【收入组织管理】 一是健全收入目标责任制考核。将镇办收入任务纳入全市工作目标责任考核，按月考核、按月通报，完不成任务的实行“一票否决”制。实施综合治税考核，对土地、建设、房产、国土、公安等30多个部门在年终工作目标中实行综合治税奖扣分考核，形成综合治税“齐抓共管”的良好局面。二是强化收入征管措施。加强税源监控，镇与征收部门相互协作，信息共享，定期深入企业调研，分析税收变动情况及趋势，提出应对措施，确保收入及时入库。三是开展税收征管质量和企业纳税情况检查。组织财政、国税、地税三部门进行税收征管质量和企业纳税情况联合检查，查出违法违规问题金额8 900万元，查补入库税款490万元，整顿财税秩序，减少税收流失。四是加强非税收入管理。强化非税收入收缴，将非税收入纳入年度工作目标考核，坚持依法征收、源头控收、以票管收的原则，全年实现非税收入4.98亿元。

【财政支出管理】 一是落实各项惠农政策。进一步增加对农民补贴，全年发放各项惠农补贴资金1.13亿元，有力促进农业稳定发展和农民持续增收；家电和汽车下乡补贴成效明显，补贴农民购买家电3.95万台、汽车4 658台，拉动消费近1.73亿元。二是社会主义新农村建设取得显著成效。安排专项资金6 800万元，重点支持农村新能源建设、秋冬造林、病险水库除险加固及库区移民建设等项目，农业基础设施得到明显改善。投资1.2亿元，基本实现村村通油路和村庄“五化”全覆盖。三是加大义务教育经费投入。筹集资金1 232万元，实施农村中小学“双安”工程，改善农村中小学办学条件。扩大“两免一补”范围，免除全市所有初中、小学在校生杂费、农村小学在校生书费2 500余万元。四是完善社会保障体系。全面推广新型农村合作医疗、城镇居民医疗保险，逐步实现基本医疗保险的全社会覆盖。提高城镇、农村最低生活保障线标准，保证低收入群体基本生活需要。五是统筹社会事业发展。全年计生支出6 669万元，主要用于独生子女父母奖励、促进生殖健康以及计生基础设施建设，提高出生人口素质。文化支出2 146万元，重点支持农村群众文化建设和文化遗产保护等公益性事业，活跃了城乡文化生活。公检法司支出1.57亿元，主要用于市镇村三级治安联防体系、第三消防站等项目，推动“平安胶州”建设。六是保障重点建设项目资金需要。集中资金5.8亿元，解决新老城区拆迁突出问题，支持新城区基础设施建设、老城区道路综合整治，推进胶济客运专线胶州站、职业中心及云溪河、护城河、三里河整治等政府实事和重点工程建设，城市化进程不断加快。七是压缩一般性开支。认真贯彻落实中央和省关于厉行节约有关规定，全市党政机关运行经费比2008年压缩5%，不断降低行政运行成本。

【财政改革】 一是深化部门预算改革。实行综合预算，部门预算涵盖预算内外所有收支，做到“一个部门一本预算”。细化预算编制，强化预算约束，部门预算全部提交并通过人大常委会审议。二是推进国库集中支付改革。健全国库单一账户体系，加强大额现金风险控制，规范直接支付审核流程。细化项目支出管理，划分业务类项目和发展类项目，对发展类项目实行重点监控，确保专款专用。全年市本级财政直接支付资金21.7亿元，直接支付比例72%，进一步提高资金使用效益。三是强化财政监督管理。加强会计人员教育培训，培训会计人员9 500多人次，促进会计信息

质量不断提高。严格执行《财政违法行为处罚处分条例》，查处违法违规金额2 000多万元，严肃财经法纪

（撰稿：杨玉玮）

即墨市

【概述】 2009年，即墨市完成地方一般预算收入22.58亿元，比上年增长12.5%。一般预算支出完成16.48亿元，全市实现财政收支平衡。

【税收征管】 综合考虑税源状况、上年基数和税收潜力等因素，科学调整收入考核办法，调动各级各部门组织收入的积极性。充分发挥综合治税平台作用，完善涉税信息交流共享制度，加强外地入驻房地产、建筑安装企业等重点税源以及地方小税的征管，确保综合治税效果。完善耕地占用税和契税纳税申报审核程序，启用新的房地产税收网络征管系统，实现税收征管的全面实时监控，促进“两税”收入稳步增长。全年完成“两税”收入4.08亿元，比上年增长7%。

【资金调度】 认真落实即墨市政府《关于支持企业发展的二十条意见》精神，筹措6 000万元扶持资金和3 000万元过桥资金，对企业贷款、扩大出口、品牌建设、技术创新等进行扶持，优化企业发展环境。落实增值税转型改革、出口退税政策调整、行政事业性收费减免等扶持资金1.57亿元，切实减轻企业税费负担。大力筹措中央新增投资项目配套资金6 060万元，并协助企业申报产业成果转化、企业技术改造等项目29项，争取上级资金4 000万元。

同时，不断优化财政支出结构，重点保障民生投入。投资8 340万元推进农村“五化”建设，拨付水利除险加固、农村沼气等项目配套资金5 433万元；通过惠农“一卡通”形式发放种粮农民补贴、良种补贴2 391万元，发放农业生产资料综合补贴、农机补贴5 251万元；增加专项资金1 318万元提高村庄干部待遇。扎实推进家电下乡流程改革，累计发放补贴资金941万元。实施中小学教学仪器更新工程，落实农村中小学布局调整以奖代补资金1 000万元。自2009年开始每年增加镇卫生院定额补助1 110万元，并筹资930万元改善镇卫生院医疗条件；投资900多万元保证手足口病和甲型H1N1流感防治工作顺利开展。提高一、二级定点医疗机构结报比例，参合农民结报医疗费增加3 465万元；为困难企业支付稳岗补贴677万元。积极筹措资金6 000万元，保障规范津贴补贴政策顺利实施。

【财政改革】 大力压减一般性支出，2009年出国和车辆购置经费分别较前三年平均数压减22.8%和48.4%，会议、接待支出比上年压减17.1%。拟定《即墨市政府投资项目管理暂行办法》，进一步明确各部门的管理职责，为解决项目建设过程中的“三边”工程、预决算超标等问题奠定基础。拟定《即墨市人民政府关于加强国有资产监督管理的意见》、《即墨市市级行政事业单位国有资产监督管理暂行办法》，为进一步规范国有资产管理提供依据。

（撰稿：黄宏云）

平度市

【概述】 2009年，平度市一般预算收入完成16.54亿元，比上年增长13.8%。全市财政支出完成29.10亿元，比上年增长18.1%，实现财政收支平衡。

【财源经济建设取得新成效】 一是全面落实国家、省、青岛市出台的各项税费减免政策和平度市出台的帮扶企业渡过难关27条措施，有针对性地帮助企业渡难关、促发展。积极实施增值税转型，全年抵扣税款3 600万元，鼓励企业增加投资，促进产业结构升级。全年办理出口退税2.6亿元，筹资6 565万元对海信空调等重点企业进行扶持，促进企业做大做强。二是用足用活国家保增长、扩内需、调结构各项经济政策，积极推动全区经济社会各项事业发展。三是优化金融生态环境，发放金融部门支持地方经济发展奖45万元，鼓励金融部门加大信贷投放力度。支持担保公司扩大担保贷款规模，2009年府鼎担保公司新增担保贷款2.7亿元、过桥贷款1.2亿元。

【财政收入实现平稳增长】 坚持财税部门工作联席会议制度，互通情况，分析形势，研究对策，促进税收及时足额入库。严格“先税后证”政策，加强契税和耕地占用税征管。规范政府非税收入征管，建立政府非税收入征收激励机制，深挖非税收入征收潜力，做到应收尽收、应缴尽缴。

【各项民生支出得到有效保障】 全面落实各项惠农政策，开通涉农补贴发放直通车，共发放各类涉农补贴资金2.14亿元，安排专项资金1 331.34万元，用于补贴政策性农业保险，促进农业增效、农民增收。加大教育投入，拨付资金5 766万元提高农村中小学生生均公用经费标准，投资3 074万元拆除重建D级危房52 629平方米，拨付666万元为农村中小学配备教学仪器，投资376万元完成农村中小学健康安全饮水工程。加大医疗卫生投入，完善新型农村合作医疗制度和农村大病医疗救助制度，2009年农民参合率达到100%。加大对困难群众的生活保障力度，将城市低保标准由每月210元提高到230元，农

村低保由每人每年 1 500 元提高到 1 800 元。

【依法理财水平明显提高】 强化财政监管，健全完善财政资金管理办法，对政府投资项目资金、农业综合开发项目资金等财政资金实施事前、事中、事后的全方位跟踪问效，提高财政资金使用的规范性、安全性和有效性。深化财政改革，完善市镇财政管理体制，严格按体制拨付资金，保证基层组织的正常运转。积极推进国库集中支付改革，扩大国库直接支付范围，确保财政资金规范、安全运转。完善部门综合预算，合理调整预算定额，进一步做细做实部门预算，严格控制一般性开支，努力降低行政成本。

（撰稿：徐　强）

胶南市

【概述】 2009 年，胶南市地方财政一般预算收入完成 26.16 亿元，比上年增长 11.3%；一般预算支出 32.79 亿元，比上年增长 26.5%。

【财源建设体制机制更加完善】 一是健全财源建设组织领导机构，成立财源建设工作领导小组，在全市建立起统一领导、分工负责、齐抓共管的财源建设组织领导体系，为财税工作的顺利开展提供有力保证。二是完善财源建设政策体系，在实施市镇财政体制改革的基础上，立足完善征管模式，先后制定出台相关配套文件，突出抓好建筑及房地产税收征管、总部经济发展、税收陈欠清理等方面的工作，实现财源建设的制度化、规范化。三是强化重点区域财源建设管理，对全市八大产业平台的土地出让，项目入驻及开工建设情况进行密切跟踪，并制定针对性措施，在重点开发建设区域的税收征管方面实现新的突破。四是助推工业平稳运行，认真落实各项税费减免、出口退税等政策，支持设立国有担保公司，妥善化解一批骨干企业连环担保债务问题。

【财政收入征管更加精细化】 一是推行税收网格化管理，依托土地网格化管理系统，在全市建立税收网格化管理系统，将税源企业按照地理位置划分区域，全面推行企业属地化管理，实现对企业涉及税收的无缝隙、全覆盖监控。二是完善利益分配机制，从税收考核、工作调度、财力分配等方面入手，积极引导各镇在增加工商税收上下功夫。三是实施税收征管动态监控，依托财源建设信息平台，建立税收综合分析系统，实现涉税信息共享、即时监控。四是加强土地税费征收管理，在全市组织开展闲置厂房调查，制定鼓励镇级盘活闲置低效利用土地的政策，率先建设未利用土地和闲置低效土地信息查询系统，依法清理违法用地、合理处置低效用地。

【财政支出管控及资金调度机制进一步规范】 一是严格预算控制，全面推行机关公用经费“零基预算”，在源头扎住一般性支出的口子，集中财力保增长、保民生。二是加强财政支出预测分析，按照先重点后一般、先急后缓的原则，对财政支出项目排序，优先保证全市重点项目、民生工程等资金需求。三是加强财政资金使用监管，建立财政资金联网审计系统，即时动态掌握财政每一笔资金、每一个项目的详细情况，制定规范财政专项资金管理办法，进一步完善专项资金的拨付程序、账务核算和结余管理、绩效评价、监督管理。四是完善政府采购管理机制，政府采购项目全部进入阳光大厅实行“阳光采购”。五是不断提高涉农项目的管理水平，从项目立项、工程招投标，到资金管理、绩效评价，逐一进行完善。

【国有资产监管工作进一步理顺】 制定《关于加强企业国有资产监督管理工作的意见》等五个国有资产监管办法，建立国有资产统计报告、重大事项报告、国有资产运营机构监管、经营业绩考核等一系列制度、规则，实现国有资产监管的规范化。同时，对国有及国有控股企业经营业绩实行规范考核，充分调动企业国有资产保值增值的积极性。

（撰稿：孟宪征）

莱西市

【概述】 2009 年，莱西市地方财政收入完成 14.32 亿元，比上年增长 12.1%；地方财政支出完成 16.23 亿元，比上年增长 9.5%，实现收支平衡。

【地方财政收入快速持续增长】 研究出台《关于进一步加强财源建设工作的意见》和《莱西市财源建设目标绩效考核办法》，加强财源建设，努力培植税源，总部经济得到有效发展，财政增收基础进一步牢固。强化综合治税，下发《关于进一步加强协税护税网络建设规范个体及零散税收征管工作的通知》，建立市、镇、村三级协税护税网络，规范税收征管秩序。狠抓行政服务中心农税征收窗口建设，不断完善“先税后证”制度，加强耕地占用税和契税征管，全年入库耕地占用税和契税 4 亿元。加大对镇级税收收入的考核力度，将市属企业工商税收下放到镇级管理，促进镇级税收收入快速发展，着力壮大镇级财政实力。2009 年全市镇级税收收入完成 5.60 亿元，比上年增长 15.7%；全年镇级地方财政收入完成 9.21 亿元，比上年增长 12.3%。

【财政保障坚强有力】 将全市机关事业单位住房增量补贴统一提高到 20%；将市、镇两级教师和机关干部的工资、公积金项目全部拉平，年增加支出5 700余万元，不断提高工资保障水平。成立青岛昌阳投资担保有限公司，为银企合作搭建起便捷的融资平台；通过银行融资、筹集建设基金等方式多方筹措资金，支持全市经济建设。积极支持社会主义新农村建设，兑现家电下乡、汽车摩托车下乡和家电以旧换新补贴1 380万元，发放小麦补贴6 208万元，积极支持全市水库除险、小型农田水利等项目建设，扩大农村消费，保护农民种粮积极性。努力维护社会稳定，累计将1.27万名农村低保对象和1 126名城市低保对象纳入最低生活保障范围，并从2009年10月1日起，提高农村居民最低生活保障标准和农村五保对象供养标准。

【财政管理体制改革稳步推进】 一是全面推开镇财市管镇用改革。认真总结镇财市管镇用改革试点经验，2009年7月份又将水集、姜山等7处镇办纳入改革范围，目前这项改革已在全市15处镇办全面推开。二是切实加强全市政府性投资基建项目管理。对全市政府性投资基建项目进行复核检查，着重清查政府性投资项目已付款、垫付款和应付款等数据资料，始终保持对全市政府性投资基建项目财务情况的动态管理，提高政府性投资的资金使用效益。三是不断深化政府采购改革。出台《莱西市政府采购工作流程管理暂行规定》等文件，进一步加强对公务车辆采购、定点采购等日常采购以及协议供货商的管理和监督，巩固政府采购成果。

【财政监管扎实有效】 对2008年财政拨付的农林、水利、畜牧、水产等财政专项资金使用情况进行专项检查，加大财政资金管理力度，提高资金使用效益。按照统一部署，在全市机关事业单位中认真开展“小金库”清理检查工作，严肃财经纪律。加强会计事务管理，组织开展会计电算化培训、继续教育培训、会计从业资格考试等培训工作，加强会计人员从业资格管理，提高会计管理水平。

（撰稿：李　涛）

保　税　区

【概述】 2009年，全区实现辖内地方财政一般预算收入3.9亿元，比上年增长4.3%。其中：区级一般预算收入2.2万元，比上年增长1.78%；实现一般预算支出2.8亿元，比上年增长0.5%，财政保障能力进一步增强。

【加大调控力度，挖掘税收潜力，确保完成全年财政收入任务】 不断加大协税护税工作力度，加强重点税源跟踪监控和重点税种稽查，确保主体税种和大宗税收的稳定增长。多次召集财源建设部门召开财税分析会，及时分析财税收入形势，走访区内重点税源企业，积极挖掘增收潜力，确保收入及时入库，应收尽收。抓住保税港区建设的重大机遇，积极推进项目建设、园区建设、培育壮大产业集群等工作，开发新的财源增长点。

【加强资金监管，优化资金配置，保证保税港区重点建设支出】 妥善安排和合理调度财政资金，坚持做到量入为出、保证重点、统筹兼顾。加强财政投资建设项目的资金控制工作，做好招标、建设、竣工三阶段的造价控制，确保每一分资金都能发挥最大效力。强化财政性投资项目的管理，做好青岛前湾保税港区土地征用、项目建设投资管理工作。修订完善2009年机关经费管理办法等有关规定，加大机关经费管理力度，压缩一般性开支。加强对企业的扶持引导，为36家企业申报的支持企业发展资金办理材料进行审查拨付。全程参与基本建设和市政养护改造项目招投标、合同签订、工程建设等环节的工作，内外审结合，互相监督，严格把关。

（撰稿：徐桂屏）

淄　博　市

张　店　区

【概述】 2009年，张店区财政收入完成17.69亿元，比上年增长13.34%。财政支出完成16.51亿元，占预算的103.37%，比上年增长13.49%。当年实现财政收支平衡。

【加强财源建设，提升经济发展质量】 一是把支持发展放在首要位置，认真贯彻落实国家宏观调控政策，充分发挥财政职能作用，推动财政经济加快发展。二是多方消化减收因素，深入挖掘增收潜力，着力培植壮大高效优质财源。三是认真抓好综合治税，确保税收收入不下滑。加强区域性金融中心建设，推进金融保险业中心聚集区形成。进一步加强政企合作，最大限度争取金融服务机构对经济发展的支持帮扶。四是积极争取各级内需项目资金，保证重点项目建设顺利进行。五是继续做好全区行政事业单位资产划转工作，为进一步整合和高效运营政府资源，多渠道筹措资金夯实基础。

【深化财政改革，提高理财水平】 一是巩固和扩大部门预算、收支两条线管理等各项改革成果，提升预算精细化管理水平。二是不断完善国库集中支付改革，建立起专项转移支付资金国库集中支付基本框架和执行机制。三是强化非税收入管理，不断健全“政策监督、以票管收、收缴分离、集中统一管理”非税收入征管机制。四是严格执行资产管理与部门预算管理相结合的规定，从严控制资产配置、处置，加强国有资产收益收缴工作，积极筹建行政事业资产管理信息系统，为进一步加强全区行政事业资产管理提供有力保障。

【加大民生投入，促进和谐社会建设】 一是按照统筹城乡发展的要求，继续保持财政支持“三农”政策的连续性和稳定性，积极筹措资金保障新农村建设居住工程、农村劳动力转移培训、农机购置补贴、美国白蛾防控及其他病虫害防治、重大动物疫病防疫检测、小型病险水库除险加固及雨季防汛等项目建设，保障村容村貌整治“五化”示范村创建活动顺利进行。二是认真做好粮食直补资金核拨工作，认真执行家电下乡、汽车摩托车下乡、家电以旧换新的政策规定，全年累计发放补贴资金737万元，近万户农户受益。继续完善新型农村合作医疗保障制度，做好困难企业职工救助工作。三是积极落实公共卫生政策，强化疾病预防控制体系。积极推进医药卫生体制改革，搞好体制改革项目投入测算。四是大力支持科教文等社会事业发展，先后完成21所企业办学的移交工作。五是开展“两区三村”旧居住区改造、城市建筑物立面整治、昌国路拓宽续建、猪龙河综合整治、雨污分流及老城区排涝设施改造等工程，继续开展城乡环境综合整治活动，市政设施养管水平和城市保洁质量得到明显提高。

【强化监督管理，提高财政资金使用效益】 一是优化资源配置，调整支出结构，压缩一般性支出，确保全区中心工作顺利开展。二是加强政府采购监管，做好全区重点建设项目招标监督工作，保障全区重点项目特别是中央扩大内需投资项目资金的协调、核拨、监督工作。三是不断完善财政投资评审工作机制，突出抓好项目评审和预算评审，深入推进财政支出绩效评价。四是加强会计管理，提高会计信息质量。五是探索建立预防“小金库”的长效机制，在全区党政机关和事业单位开展“小金库”专项检查工作，强化源头治理。

（撰稿：杜　郁　光　鹏）

淄　川　区

【概述】 2009年，全区实现地区生产总值337.94亿元，同比增长13.4%。全区地方财政收入完成11.52亿元，比上年增长12.22%；全区地方财政支出完成11.94亿元，比上年增长12.83%，当年实现财政收支平衡。

【财政经济实现协调稳步发展】 一是落实结构性减免税费政策，鼓励企业技术改造，为企业抵减固定资产增值税和其他税费1.6亿元。二是加大环境治理、科技创新和节能减排力度，安排落实扶持奖励资金5 430万元，推动全区经济结构向“低能耗、高效益”方向调整。三是紧紧抓住国家“扩内需、保增长”政策时机，争取专项资金3 328万元，地方债券资金2 290万元，省调控资金228万元，集中用于24个扩内需项目建设，拉动经济增长。四是积极落实“家电下乡”、“汽车摩托车下乡”、“家电以旧换新”等消费激励政策，兑现补贴资金1 679万元，拉动社会消费1.66亿元。五是积极发挥财政投融资作用，实现政府融资3.44亿元，加大城乡重点工程建设力度，提升城市形象，改善发展环境。

【财政综合保障能力显著增强】 一是坚持“理财为民”原则，集中财力保障民生政策落实，扩大“阳光财政”覆盖范围。二是积极构建完善多层次社会保障体系，安排财政补助资金6 295万元，用于提高新农合、城乡低保、五保供养财政补助标准，加快推进新农保、城镇居民医保及公共卫生服务体系建设。三是统筹城镇居民医疗保险基金4 316万元，新农合医疗基金3 117万元，为参保对象报销医疗费用2 521万元。加强传染性疾病防控，投入资金252万元，有效防治甲型H1N1流感和手足口疫情。四是扎实推进就业和再就业，投入资金522万元，实现就业再就业人员3 008名。拨付城乡义务教育阶段中小学免杂费及公用经费2 591万元，农村中小学“两热一暖一改”工程资金285万元，农村中小学校舍维修改造、仪器设备更新资金430万元，兑现家庭经济困难学生政府助学金380万元，全区教育事业实现健康、较快发展。人口与计划生育工作取得新进展，拨付计生事业资金2 420万元，确保计划生育惠民政策落实。

【城乡统筹发展环境逐步改善】 一是拨付各类支农资金5 147万元，比上年增长22%。安排农业综合开发资金1 766万元，扶贫开发资金534万元，农业生态及发展资金2 313万元，改善农业发展条件和农村生态环境。二是财政扶贫小额贴息贷款试点范围继续扩大，全年发放贷款249万元，兑现财政贴息资金11万元。三是落实惠农补贴政策，累计发放粮食直补、生产资料增支综合补贴、种粮大户奖励、良种补贴等各项惠农补贴资金2 428万元。四是提高农村义务教育阶段经费保障水平，将农村中小学生人均公用经费分别提高到600元和400元。实施“阳光工程”培训和新型农民科技培训，举办培训班78期，培训人员3 199人次。五是深入贯彻落实廉租住房保障制度，发放廉租住房补贴资金345万元，帮助1 333户城市低收入家庭解决住房困难问题。

【财政科学管理水平不断提高】 一是实行综合预算管理，加大区级国库集中支付力度。二是建立健全政府债务管理制度，制定出台《淄川区政府债务管理（暂行）办法》和《淄川区专项借款资金管理（暂行）办法》。三是深入推行政府采购制度，开展采购活动175次，采购金额17 045万元，节约资金1 735万元，节支率达9.24%。四是加大政府投资项目评审力度，完成评审项目32个，评审资金9 086万元，审减资金975万元，审减率10.73%。大力宣传《山东省财政监督条例》，开展“小金库”治理。五是深入开展扩大内需资金、支农资金、社保资金、会计信息质量等一系列专项检查活动，确保财政资金专款专用。六是加强会计代理机构的监管，完善会计管理网络，推广财会信用等级考核评定。

（撰稿：孙丰广）

博　山　区

【概述】 2009年，博山区实现地区生产总值240.6亿元，增长13.6%。地方财政收入完成8.57亿元，增长12.23%；地方财政支出完成9.04亿元，增长15.95%。

【发挥职能，支持经济发展】 拨付资金3 649万元，支持企业淘汰落后产能，发展循环经济，推进节能技术改造。企业政策性退税2 447万元，争取“两区三村”项目改造资金58 400万元，推动地区经济发展。积极筹措资金481万元，落实招商引资、重点工程、财政贡献、新农村建设等各项财政奖励政策，充分调动各方面发展经济的积极性。

【狠抓收入，壮大财政实力】 深入开展综合治税工作，配合税务部门清理漏征漏管户，加大零散税收的征管力度，努力做到应收尽收。加强部门配合，协助地税部门强化房产交易税收管理。进一步加强非税收入管理，在全市率先规范罚没收入管理，规范征管程序；督促欠缴大户入驻行政审批大厅收费。

【深化改革，强化财政监督】 全面实行综合部门预算，加强预算内外资金结合，逐步实现预算编制规范化。在区级预算单位开展银行结算账户清理工作，取消各单位基本账户；积极推行公务卡改革试点，进一步深化国库集中支付改革。加快对园林、市政环卫等事业单位经费保障方式进行改革，实行市场化运作。加快融资平台建设，将行政事业单位房产、土地逐步注入公有资产经营公司。积极开展“小金库”专项检查工作，严肃财经纪律。

【优化支出，提高保障能力】 积极筹措资金，确保各项惠农补贴的及时足额到位，支持完善新农合医疗制度，支持农村农林水基础设施建设。加大民生保障力度，切实做好城乡弱势群体救助保障工作，积极落实就业和再就业各项扶持政策。大力支持城建、教育、科技、文化、卫生、计划生育等各项重点社会事业均衡发展。

【规范管理，提升干部素质】 建立督查工作台账，对局领导实行工作日志制度，出台局机关厉行节约六项规定，努力发扬艰苦奋斗、勤俭节约优良传统。高度重视财政信息化建设，全面启动办公自动化系统，收发文全部实现网上运行，提高办文效率。建立博山区财政局对外工作网站，进一步搞好政务公开。建立全区财政系统人员信息库，加强人事管理。组织全区首届财税一家亲联欢会和局机关趣味运动会，进一步丰富干部职工的精神文化生活。

（撰稿：翟所信）

临　淄　区

【概述】 2009年，临淄区地方财政收入完成21.22亿元，增长11.24%；财政支出完成21.38亿元，增长7.04%。

【狠抓财源建设】 拨付企业扶持资金2.74亿元，入股鑫润担保公司5 000万元，设立5 000万元财政周转金和2 000万元的小额贷款担保基金，成立6家担保公司，全区金融机构各项贷款余额达209亿元，扶持南金兆集团、锐博化工等一批骨干企业，进一步增强临淄区企业发展后劲，为临淄的长远发展打下坚实的基础。

【力保事业发展】 拨付经济建设资金5.24亿元，支持淄江路、淄河二期、晏婴公园等87项重点工程建设。争取各级专项资金2 308万元，筹措区级配套资金3 783万元，落实中央扩大内需项目四批共计19项，达到“扩内需、促增长、保稳定”的目的。补贴资金1 425万元，办理家电下乡产品2.32万件，汽车、摩托车下乡4 703辆，“以旧换新”家电1 501台。投入5 381万元，为全区6万多名城乡义务教育阶段中小学生免除学杂费，并对农村学生免费提供教科书。新型农村合作医疗参合农民36.7万人，参合率达到100%，医疗支出4 403万元，受益人数29万人。城镇居民医疗保险报销支出1 025万元，受益人数1.5万人。拨付低保资金1 580万元，保障对象1.1万人。拨付3 782万元新型农村养老补助，其中为全区农村60岁以上老人发放养老补贴3 060万元。发放3 855.32万元粮食直补和农资涨价综合补贴，补贴农户10.2万户，受益农民33万人。

【推进新农村建设】 投资648万元建设41处农民文化大院和文明一条街，80处村务中心，247个平安和谐红旗村居。投资412万元，对齐都、梧台、凤凰三镇实行集中供水，涉及33个村、受益3万人。投入1 645万元支持农业综合开发新农村建设项目。投资3 767万元，用于购置农业机械、玉米秸秆禁烧和转化利用。投资3 000万元用于新农村“五化”建设，进一步推进临淄区城乡一体化发展。

【深化预算改革】 深化部门综合预算改革，结合以信息化技术为支撑的国库集中支付改革的不断深入，切实抓好预算执行。全年政府采购金额3.4亿元，列全市第一位，节约资金5 569万元，节支率14.06%。深入推进财政投资评审，评审计划投资项目11项，审查临淄大道东延、淄河二期综合治理等完工工程结算项目34项，完成报审值3.25亿元，审减值2 681万元，财政资金效益得到进一步提高。大力加强财政监管，圆满完成党政机关和事业单位“小金库”专项治理。

（撰稿：边荣立）

周村区

【概述】 2009年，周村区地方财政收入完成7.53亿元，同比增长10.02%，收入总量创历史新高；全年完成支出8.46亿元，同比增长13.54%，当年实现财政收支平衡。

【加大组织收入力度，增收促收初见成效】 一是全区财税部门采取积极有效措施，深入挖掘增收潜力，切实强化收入征管，保持财政收入的平稳增长。税收收入完成4.79亿元，增幅居全市前列。二是通过建立健全收入协调机制和税收增长激励机制，充分调动各方面的征管积极性，及时衔接落实收入预算任务。加强非税收入征管，认真落实清理规范行政事业性收费政策，实行彻底的“收支两条线”和“票款分离”制度，完善健全征管机制，非税收入保持较快增长，为完成全年预算任务提供有力支持。

【优化支出结构，集中财力“保工资、保民生、保稳定”】 目前全区工资正常发放，民生政策全部兑现落实，社会稳定得到强有力保障。加大教育投入，深入实施城乡义务教育经费保障机制改革，全年落实义务教育免杂费及公用经费补助资金1 361万元。提高新农合、城镇居民医保、城乡低保等补助标准，为2 408名城市下岗失业人员和4 806户城市低保户发放取暖补贴223万元。发放城乡低保补助金及困难家庭临时生活补贴2 637万元，落实城镇居民基本医疗保险补助资金1 510万元，优抚对象生活补助资金704万元。落实新农合补助资金1 106万元。发放新型农村养老保险补贴410万元，参保人数达1.9万人。扩大家电下乡政策实施范围，全年兑付家电与汽车摩托车下乡财政补贴资金870万元。全面落实粮食直补和农资综合补贴、农机具补贴、玉米良种补贴等强农惠农政策，发放以上各类补贴1 511万元。落实资金2 648万元加大对农业综合开发、节水灌溉、村村通和农村饮水安全工程以及玉米秸秆综合利用等投入，促进社会主义新农村建设。

【积极筹措资金，支持重点工程建设和社会事业发展】 2009年，支付东部路网工程款8 869万元；周村三中建设累计投入财政资金5 500万元，三中新校区已正式启用；古商城开发项目汇龙园建设共计投入财政资金8 840万元。落实资金及时兑现企业奖励扶持政策，去年年初兑现企业奖励资金552万元，2009年共拨付用于环境保护、节能降耗、自主创新等方面的奖扶资金达1.08亿元，支持企业发展壮大。支持古商城保护开发项目和城乡基础设施建设，落实古商城开发项目农信贷款1 000万元；污水收集系统工程世行贷款1 920万美元，污水收集系统工程市级配套资金6 988万元；大街街道旧城改造国家开发银行贷款1亿元；落实“两区三村”改造建设贷款资金5.87亿元。另外，积极争取各级项目资金1.47亿元，有力支持全区重点工程项目建设。

【不断推进财政改革和机制创新，财政监管水平进一步提高】 一是部门预算全面实施，收支两条线改革进一步推进，国库集中支付制度进一步深化，行政事业单位国有资产管理日趋完善，投资评审工作进一步加强，会计信息质量明显提高。二是政府采购日趋规范，全年完成采购额1.32亿元，节约财政资金1 930万元。三是财经纪律检查进一步加强，深入开展“小金库”治理工作，严肃财经纪律。四是压减一般性支出，全年共压减一般性支出1 413万元。

（撰稿：宓　雯）

桓 台 县

【概述】 2009年，桓台县国内生产总值实现298亿元，地方财政收入实现13.1亿元，增长14.5%，增幅继续保持全市第一。

【多措并举，强力拉动经济发展】 一是充分发挥政府融资功能，融通资金1.2亿元，用于中央“扩内需、保增长”项目资金配套，努力拉动全县经济健康稳定发展。二是严格执行国家免抵退税政策，为企业减免退各项税款4.1亿元，切实减轻企业负担。三是积极筹措资金，兑现县委6号文件有关企业纳税奖励政策，调动企业发展积极性。四是帮助、配合企业争取科技环保节能资金5 000万元，增强企业发展后劲。

【全力以赴保民生、促和谐】 多方筹措资金，努力增强资金调度能力，确保民生工程顺利实施。严格按照县委1号文件《关于实施民生工程的意见》要求，优先、足额安排民生资金，按时间或工程进度及时拨付，2009年，全县用于保障和改善民生资金达到3.87亿元，确保所有民生政策全部兑现。

【进一步提升财政精细化理财水平】 严格坚持财政节支十条规定；继续执行工资基金专户制度，把工资基金作为财政支出的第一顺序，确保全县工资足额正常发放；按照县委《关于党政机关厉行节约若干问题的通知》要求，严格预算支出管理，杜绝新增公务用车，大力压减燃修费、公务费；不断扩大政府采购范围和规模，全年实现政府采购2.62亿元，节省资金4 112万元；严格执行工程招投标、工程预决算和建设项目全过程跟踪审查制度，确保财政投资评审质量和资金使用效益最大化，政府工程全过程跟踪审查办法被省纪委作为典型经验在全省推广。

【努力建设干净、干事、干练的财政干部队伍】 一是加强党风廉政建设，筑牢拒腐防变思想防线。认真开展好拒腐防变每月一课活动，组织全局干部职工参观警示教育基地；严格执行内部审计制度，坚持局长牵头，对所有资金管理职能科室进行内部审计，防止财政部门自身在资金管理上出现违法违纪问题；认真落实警示诫勉制度、廉政谈话、述职述廉等制度。分层次召开廉政建设座谈会，进一步筑牢财政干部拒腐防变的思想道德防线。二是加强制度建设，健全约束机制。严格执行首问责任制、限时办理制、责任追究制，建立完善惩罚严明的长效机制、激励机制，坚持开展争先创优评选活动，激发干部职工的内在动力和主观能动性，得到社会各界的充分肯定和广泛好评。

（撰稿：张　暖）

高 青 县

【概述】 2009年，高青县一般预算收入完成4.87亿元，比上年增长10.01%；一般预算支出完成8.43亿元，比上年增长15.75%，实现当年财政收支平衡。

【依法加强税费征管，全力抓好财政增收】 面对经济增速放缓，企业效益下滑，财政减收增支因素多的困难局面，财税部门进一步加大社会综合治税和科技强税工作力度，充分发挥重大建设项目税收管理系统作用，不断完善税源控管体系，严格依法征税管费，深挖增收潜力，对非税收入实行分类规范管理，创新国有资产和政府资源运营收入监管模式，耕地占用税、城镇土地使用税等地方税收收入保持稳定增长。

【积极完善财税政策，努力促进经济增长】 一是配合落实中央新增扩大内需项目23个，到位资金4 379万元，协调加快项目和资金落实，促进经济平稳增长。二是统筹预算内外财力，兑现财源建设奖励、贴息资金970万元，落实各项发展扶持资金1.32亿元。三是大力推进节能减排和环境保护，全县用于节能降耗和环境治理等方面的支出2 900万元。四是全面落实家电、汽车、摩托车下乡政策，累计销售下乡产品金额6 756万元，兑付财政补贴855万元。五是全面落实行政事业性收费减、缓、免政策，取消174项收费项目，降低12项收费标准，减轻企业和社会负担。

【切实加大财政投入，全面加快民生建设】 一是拨付支农重点项目资金5 770万元，兑现强农惠农补贴资金7 530万元，拨付887万元实施农村饮水安全工程，解决最后28个村不通公路的问题。二是全部免除39 467名义务教育学生杂费，家庭经济困难学生资助体系不断完善，投入4 800万元实施高青四中扩建等教育基础设施建设。三是政府新农合补助标准由60元提高到80元，实施城镇居民医疗保险扩面工程，3.7万人受益。投入8 980万元加快实施千乘湖生态文化园等基础设施建设，开展城乡环境综合整治，进一步改善人居环境。

【继续深化管理改革，务实拓展财政职能】 2009年，高青县财政局获得“省级文明机关”和“省级文明单位”荣誉称号。一是在全面推进综合预算、部门预算等管理改革的基础上，继续扩大国库集中支付范围，扎实开展公务员津贴补贴改革，不断完善重点建设工程财政投资评审及台账管理制度，加强对城市配套费等专项资金和地方政府债务资金的监管。二是全面加强财政监督工作，组织实施中央专项资金、会计信息质量和非税资金征管专项检查，扎实开展“小金库”专项治理。三是继续推进财政绩效管理，完成财政投资评审值2.11亿元，为政府节约资金5 200万元，审减率24.63%，在全市财政投资评审工作综合考评中名列第一。充分发挥财政融资平台作用，到位调控资金、银行借款等各类建设资金2.39亿元。

（撰稿：宋希岗）

沂源县

【概述】 2009年，沂源县地方财政收入完成75 516万元，比上年增长14.25%。其中，税收收入完成60 658万元，比上年增长14.08%，占财政收入的比重为80.32%，提高0.12个百分点；非税收入完成14 858万元，比上年增长14.91%。全县财政支出完成10.07亿元，当年实现财政收支平衡。

【夯实财政增收基础】 积极争取扩内需项目，前四批争取项目36个，资金9 125万元，并足额落实县级配套资金6 614万元，带动全县经济结构优化升级和劳动就业。大力支持企业节能减排、新产品开发、技术改造和中小企业发展，落实增值税转型改革、高新技术企业所得税、出口退税、取消和停征部分行政事业性收费等优惠政策，增强企业发展后劲，全县经济发展实现逆势增长。深入企业开展税源调查，通过召开协调会、完善收入目标考核奖励等措施，健全完善税源动态监控，加大对税收和非税项目的征管力度，积极抓好国有资源和资产运营，增加地方财政收入和政府可用财力。

【加大民生投入】 坚持“四保一控”的支出原则，集中资金保障民生，严格控制一般性支出，支出结构不断优化，在保障工资和行政运转的基础上，加大对“三农”、教育、科技、社会保障、医疗卫生等民生方面的投入。积极落实各项支农惠农和扶贫互助政策，支持城乡卫生机构建设，完善城镇职工和居民基本医疗保险、新农合和城乡低保制度，大力实施义务教育经费机制改革，建立完善保障性住房建设的财政投入机制，推动全县和谐社会稳定。

【规范财政管理】 部门预算、国库集中支付、收支两条线等管理制度改革不断深入，预算编制更加规范化精细化，预算执行效率不断提高。政府债务管理、行政事业单位国有资产管理、会计管理等不断加强，政府项目投资评审、公开竞标、绩效评价和重点支出台账制度得到全面落实，资金使用效益明显提高。组织开展深入学习实践科学发展观、机关作风建设、政风行风建设和文明创建等活动，三个文明和行风政风建设取得显著成效。2009年，局机关顺利通过了“省级文明单位”复验，并获得了市县级荣誉称号和表彰20多个。

（撰稿：魏　蒙）

高新技术开发区

【概述】 2009年，高新技术开发区实现地方财政收入12.76亿元，实现地方财政支出11.78亿元，当年实现财政收支平衡。

【加强财政预算管理，确保完成全年财政收支任务】 2009年，受全球金融危机的冲击，财政收入工作遇到巨大挑战。通过大力培植财源，严格落实收入目标责任制，强化社会综合治税措施，重点监控主体税种、骨干税源和纳税大户，财政收入得到平稳增长。收入结构进一步优化，耕地占用税、契税、土地资金、非税收入都有新的增长。

【强化体制机制改革，推进工作规范化】 一是全面推行部门预算管理改革，部门资金管理更加科学规范。二是进一步细化两办一镇的财政体制，使一些民生项目、基层必保的项目支出得到更加有力的保障。三是教育、卫生管理体制变化，实行区级统一管理。四是加快城市建设资金管理体制改革，成立经济建设处，对城建资金管理进行有效探索，加强政府资金投资评审，不断规范城建资金管理。五是深化国有资产管理体制改革，管委会成立国有资产运营公司、担保公司、鲁创置业公司、反担保基金，对原风险投资公司和创新投资公司加强管理，资本运营范围不断拓宽。六是非税收入管理体制变化，成立非税收入管理科，进一步细化管理职责，加强非税收入预算编制、征收管理和土地资金管理。七是社会保障资金管理进一步细化，加强社会保障资金的宏观调控和监督管理，在原来多种保险的基础上，进一步做好新型农村养老保险、新农合、城镇医疗保险等，充分体现保民生的政策。

【积极做好融资和争取资金工作】 在协调抓好各项收入的同时，按照管委会提出的适当负债融资建设的思路，适应中央拉动内需各项政策的要求。国有资产运营公司资产和现金流量都不断扩充，融资平台不断扩大，并通过工程建设形成新资产的资本扩张。

【强化措施，促进企业发展】 一是按照管委会统一部署，制定出台《鼓励金融保险现代服务业的财政扶持政策及对突出贡献企业进行奖励的政策》，并对现行财政扶持政策制定实施细则，提高政策可操作性，营造良好的招商引资环境。二是发挥部门职能作用，促进重点企业发展。三是积极协调相关部门和村居，帮助企业解决项目建设中存在的问题。

【加强干部队伍建设，保持财政部门良好形象】 一是认真组织开展学习实践科学发展观各阶段工作，顺利召开总结大会，并通过工委督导组的考核。二是领导班子坚持民主集中制原则，认真履行职责，抓好工作落实。坚持“一岗双责”，深入贯彻落实党风廉政建设责任制，大力推进政风行风和效能建设。三是建立文明创建工作机制，全年组织开展多项丰富多彩的文明创建活动。四是积极组织开展了赈灾慈心一日捐活动，全局共捐款 8 900 元。五是做好各项重点工作任务的落实和督查工作。

（撰稿：田金宁）

枣　庄　市

市　中　区

【概述】 2009 年，市中区一般预算收入完成 9.47 亿元，比上年增长 16%。一般预算支出完成 13.31 亿元，比上年增长 22.47%，当年实现财政收支平衡。

【财政收入实现新跨越】 紧紧围绕区人代会确定的收入预算任务和均衡入库目标，按征收部门及时分解落实。财政部门不断加大对契税、耕地占用税的征管力度，并及时收缴国有资产经营收益，财政收入稳定增长。全区地方财政收入占 GDP 的比重达到 7.6%，比去年提高 0.1 个百分点；税收收入占财政收入的 75.8%，比上年提高 0.7 个百分点。

【民生财政特征更加显现】 一是社会保障水平不断提高。城市低保、农村低保年标准分别提高 144 元、100 元，农村五保供养年标准提高 200 元。全年发放低收入家庭廉租住房补贴和低保户取暖补贴 475 万元。二是卫生医疗事业快速发展。城镇居民基本医疗保险覆盖面达 80%，全年办理参保 11.58 万人，报销医保统筹基金 632 万元。新农合参合率达 99.6%，全年办理参保 22 万人，报销医保统筹基金 2 369 万元。拨付资金 1 000 万元，支持市中区人民医院外系病房楼建设，进一步改善医疗卫生条件。三是其他社会事业投入不断加大。2009 年，教育、科技支出分别为 2.26 亿元、2 154 万元，分别增长 22.2%、13.4%，均高于经常性财政收入增幅。中小学人均公用经费标准分别达 680 元、480 元，超过省规定标准，并拨付资金 638 万元用于四十一中北校建设。投入资金 436 万元，加大对文体、广播等公益事业的扶持力度，永安、齐村 2 个综合文化站和 18 家农家书屋全面完成规划建设任务。计划生育投入 3 598 万元，增长 16.5%，保证各项计划生育优惠政策的兑现。拨付资金 253 万元，支持农村剩余劳动力转移培训、新型农民科技培训和“三支一扶”大学生就业补助经费。

【财源建设取得新成效】 依托融资平台，积极协调多家金融机构融取资金 14.2 亿元，强力支持全区重点项目建设。认真研究政策，千方百计争取资金，2009 年，先后争取中央代发地方政府性债券 3 500 万元、调控资金 1.72 亿元、各类无偿资金 1.59 亿元，为全区重点项目建设提供资金保障。拨付资金 1 356 万元用于招商引资奖励和兑现优惠政策；拨付资金 355 万元用于支持中国（枣庄）二手车交易博览会及旅游美食文化节等节会招商活动。

【理财水平实现新提高】 继续深化政府收支分类、“收支两条线”、政府采购和国库集中支付等改革。一是国库集中支付试点工作稳步推开，非税收入管理水平进一步提升。二是出台《财政投资建设项目资金监督管理暂行办法》，财政性建设项目资金监管水平不断提高。三是开展会计基础工作规范化建设年暨财务管理促进年活动，部门和企业的财务管理水平不断提高。四是强化财政监督检查，扎实开展“小金库”专项治理、财经纪律专项检查、预算收入质量检查、社保资金等多项专项检查，财政资金使用效益进一步提高。

（撰稿：姜福祥）

薛　城　区

【概述】 2009 年，薛城区地方财政一般预算收入实现 3.27 亿元，同比增长 5%，税收比重达到 77.22%。财政支出完成 7.2 亿元，同比增长 23.5%，实现财政收支平衡。

【依法加强税费征管，大力组织财政收入】 坚持财源培植与税源监控并举，强化征管与协调配合并重。一是科学分解收入任务；二是强化分析、搞好测算；三是强化收入调度，掌握收入动态情况；四是加大对重点税种、重点行业、重点企业的税收征管力度；五是进一步规范非税收入管理，确保非税收入合理增长。

【千方百计筹措资金，支持经济发展】 充分发挥融资平台作用，全年共计完成各类融资4.34亿元。积极争取各级支持，筹集各类资金2.3亿元，有力促进全区经济社会事业的发展。一是加快发展无公害农产品基地建设，支持花卉种植等产业发展，支持发展畜牧业实现大的突破，重点扶持农民专业合作组织。二是大力实施工业振兴计划，先后投资1.6亿元对重点煤矿实施全面技改，积极鼓励企业技术改造和技术创新、“机械制造新基地”建设取得新突破。三是大力发展现代服务业，加快发展临港经济，培植经济增长新亮点。四是大力推进节能减排，促进经济发展方式转变。先后争取中央省市补助资金近700万元，推进产业结构优化升级。

【努力优化支出结构，落实各项惠民政策】 不折不扣落实各项惠农政策，全年共发放、兑付粮食直补和农资综合补贴、良种补贴、农机具等各类涉农补贴3 500余万元；发放各类家电、汽车和摩托车补贴资金近800万元。拨付义务教育保障机制改革资金3 200余万元，对区义务教育阶段学生全部免除杂费，对全区农村中小学学生全部免除了课本费。不断增强社会保障能力，完善就业援助机制：一是提高城乡低保补助标准；二是大力实施城乡医疗救助制度；三是不断提高新型农村合作医疗参合农民的受益水平，全年新农合基金增加补偿性支出2 246万元；四是再就业优惠政策得到进一步落实，拨付新增失业人员再就业小额担保贷款121万元。

【发挥公共财政职能，社会事业不断发展】 大力支持社会主义新农村建设，继续加强农业基础设施和生态环境投入：一是支持农田水利基本建设；二是支持沼气技术创新、维护管理和配套服务；三是支持以植树造林为重点的生态环境建设；四是全力推进“双十双百”工程建设，累计投入资金达508万元，重点向水利建设、农家书屋、村民种植养殖培训、村容村貌及道路建设等方面倾斜；五是投资520万元对全区小型病险水库进行除险加固。按照“科教兴薛”战略不断推进全区教育事业发展，先后安排1 100余万元对农村中小学危房改造和“两热一暖”工程试点，并完成“三亮三改”任务，同时确保农村教师工资发放实现工资标准、发放渠道、发放时间“三统一”。落实财政经费保障机制，推进城市社区建设，实施政府购买社区公共卫生服务，健全城市公共卫生服务体系。进一步加大对科技、文化、体育、广电和计生事业投入：一是科技经费支出738万元，有力推动了全区科技事业的发展；二是全年文体传媒事业费支出达到922万元，促进了区文化事业的健康发展；三是拨付100多万元丰富群众体育活动；四是积极推进计划生育政策综合改革，全年共投入计划生育经费1 916万元，人均达到46元。积极做好成品油价税费改革工作。去年全区共有各种公共交通运营车辆304辆享受到了国家成品油价格改革补贴金额89万元。

【深入推进财政改革，不断提高管理水平】 一是大力推进国有资产运营，创新管理手段，促进国有资产保值增值；二是以征管系统为依托，提高了非税收入管理的信息化、智能化水平；三是政府采购共组织实施集中采购任务98宗次，采购金额达5 987万元，节支率达16.7%，节约资金1 200万元；四是投资评审一年来审减额131万元，审减率26.44%；五是不断深化会计管理体制改革，规范会计基础工作，全面提高全区会计队伍整体素质；六是财政监督职能作用得以充分发挥，有效地维护了财经法纪，保证了财政资金安全。

（撰稿：张向辉）

峄 城 区

【概述】 2009年，峄城区地方财政一般预算收入完成3.26亿元，增长16%。

【财政收入平稳增长，收入质量进一步提升】 坚持依法治税，组织开展房地产和建筑业税收专项检查；进一步加强和深化社会综合治税，建立健全考核奖惩机制，强化对重点税源、重点税种和重点企业税收管理，强力推动税收在逆势中稳步增长。全年地方税收收入完成2.5亿元，增长20.62%，占地方财政收入的比重为76.87%，比上年提高2.8个百分点。

【财政支出保障有力，支出结构进一步优化】 全年农林水事务支出8 250万元，增长39.36%，重点投向农业产业化经营、水库除险加固、河道拦蓄和土地治理等项目建设。投资331万元，新建户用沼气池3 000余个，新增沼气服务网点40处。积极筹措资金，实施中小学校舍维修改造、“三亮三改”和“温暖工程”，农村办学条件和教学环境进一步改善。新建改建50所村级标准化卫生室，较好地保证了社区公共卫生服务、手足口病和甲型流感防治需要。城镇居民医疗保险试点稳步推进，参保人员达到4.2万人。大力开展“城市管理上水平年”活动，重点实施供排水管网升级改造、背街小巷治理和城区硬化、绿化、美化、净化，城市环境明显改善。

【民生投入显著增加，惠农政策全面落实】 进一步扩大农村居民最低生活保障面，新增农低保1 174人，实现动态管理下的应保尽保。在全市率先开展新型农村社会养老保险试点，参保4 000余人。投资800余万元对7处镇街敬老院实施升级改造工程，五保老人集中供养规模达80%以上。

【财源建设成效明显，发展后劲进一步增强】 以国有资产经营公司为依托，采取增加投资、信用担保等方式，支持企业发展。筹资3 000万元，成立宏通担保公司，缓解企业发展过程中的资金压力。建立中小企业还贷周转金，为5户企业解决短期借款1 000余万元。充分发挥宏达城市投资公司的平台作用，积极拓宽投融资渠道，促进全区经济发展和城市建设。

【财政改革进一步深化，财政资金管理水平不断提高】 不断扩大国库集中支付，印发《区级财政资金拨付管理操作规程》和《区级政府采购资金管理办法》等文件，清理归并财政专户，将新农合、农村义务教育和政府采购、工程项目等资金全部实行集中支付，提高资金使用效率。继续完善政府采购制度，采购规模和范围逐步扩大，全年完成采购额3 129万元，大宗项目全部委托代理机构公开招标。

【强化财政监督，依法理财观念进一步增强】 强化扩大内需和财政支农资金监管，对项目资金坚持专账、专户、专人核算，严格落实法人责任制、招标投标制、工程监理制和合同管理制，建立财政部门、主管部门、实施单位和项目法人四位一体的资金监管责任制，提高资金使用效益。

【加强自身建设，干部队伍素质不断提高】 积极开展文明创建活动，峄城区财政局顺利通过省级文明单位验收，被枣庄市纪委授予廉政文化建设示范点。

（撰稿：刘　伟）

台儿庄区

【概述】 2009年，台儿庄区实现一般预算收入3.28亿元，比上年增长15.1%。全区一般预算支出完成7.02亿元，比上年增长17.4%，当年实现财政收支平衡。

【围绕科学发展，注重财源建设，确保财政收入稳定增长】 一是在财源建设上，充分发挥企业挖潜改造资金、技术改造贴息等政策的引导、吸附和激励作用，吸附企业和社会资金用于科技创新；足额安排地方负担的新增出口退税资金，促进外向型经济发展；大力支持招商引资。二是在收入征管上，强化依法治税，完善征管措施，加强税收征管力度，实施重点税源监控和信息化管理，推广使用税控装置，努力做到应收尽收；加强非税收入征管，严格执行“收支两条线”，增强政府综合统筹能力。地方财政收入占GDP比重达到3.29%，比上年提高0.06个百分点，税收占地方财政收入比重为73%，同比增长1个百分点。

【围绕公共财政，积极优化支出结构，保障社会事业协调发展】 一是科学合理调度资金，全力保证工资发放。全区财政供养人员月工资均增450元。二是社会保障性支出完成1.31亿元，增长26.2%。投入资金1 836万元，全面推行新型农村合作医疗，参保人数达到22.11万人，参合率99.28%；认真落实优抚安置政策，深入实施“扶老助残济困”安居工程。三是支持重点事业发展。城市绿化及道路建设、城市垃圾、污水处理等基础设施投入5 150万元，促进自然生态环境和经济发展环境的改善。

【围绕改善民生，构建和谐社会，加快新农村建设】 一是加大农村基础设施投入，促进新农村建设。争取资金1.2亿元，实施了库山小流域治理、1.6万亩农业综合开发土地治理等农田基本建设工程；农村自来水普及率达到96%；农村沼气用户达到7 600余户；投入资金600万元用于农村公路建设和养护；继续开展政策性农业保险工作，实施经济薄弱村帮扶、重点扶贫项目建设，扎实推进新农村建设。二是加大惠民政策投入，促进各项事业的统筹协调发展。投入资金700万元，支持农村教育事业发展，拨付资金2 600万元，实施“卫生强基”工程，改善农村医疗条件。三是严格落实惠农补贴政策，全区共计发放粮食直补、农资综合直补资金3 448万元，家电、汽车、摩托车下乡补贴资金755万元，落实农机购置、良种补贴资金1 110余万元，农民群众持续享受到惠农政策带来的实惠。

【围绕依法理财，推进财政改革，提高资金使用效益】 一是推进预算编制改革。继续完善预算编制办法，规范编制内容，完善编制方法，努力增强预算编制的科学性。二是进一步深化国库集中支付和政府采购改革。政府采购资金预算1 820万元，财政直接支付金额1 572万元，节约支出

248万元。三是努力提高依法理财水平。严格按照“先建制度、后分资金”原则，不断完善资金管理制度和内控机制，稳步推进财政支出绩效考评工作，提高财政资金使用的规范性、安全性和有效性。四是继续整顿和规范会计秩序，推进会计信用体系建设。

【围绕人本理念，加强队伍建设，打造为民、勤政、廉洁的财政形象】 一是紧抓干部教育不放松。紧紧围绕践行科学发展观、构建和谐社会等方面内容，不断创新教育方式、加大培训力度，努力提高干部职工的政治、业务素质和依法理财、科学理财能力。二是紧抓作风建设不放松。大力倡导立说立行、真抓实干的好风尚，努力强化服务意识，切实提高行政效能，积极为部门、为基层、为群众排忧解难。三是紧抓廉政建设不放松。全面落实党风廉政建设责任制，积极推进廉政文化建设，成为全区机关廉政文化建设先进示范点，并连续3年保持“省级文明机关”的荣誉称号。

（撰稿：贺成瑞）

山亭区

【概述】 2009年，山亭区地方财政收入1.57亿元，比上年增长15.6%；全区一般预算支出7.2亿元，比上年增长41.9%；当年实现财政收支平衡。

【积极财政政策落实有力】 坚决执行中央扩大内需政策，及时筹措落实地方配套资金，全力扩内需、保增长，促进全区经济指标实现逆势增长；积极落实国家惠民补贴政策，大力推进家电与汽车摩托车下乡，兑付补贴资金1 051万元，直接拉动农村消费近亿元；认真落实增值税转型等税费政策，取消和停征部分行政事业性收费，进一步减轻企业和社会负担。

【财政收入实现平稳增长】 强化收入目标管理，健全增收激励机制，加强收入分析与调度，大力开展社会综合治税，强化对房地产业等重点税源控管；全区税收比重为85.1%，比上年提高2个百分点；四税比重为48.7%，比上年提高2.8个百分点，收入质量得到较大改善；坚持“先税后证”制度，实行源头控税，全年完成契税、耕地占用税1 731万元。

【财政保障能力显著增强】 积极调整支出结构，集中财力保障重点和改善民生，全年用于民生方面支出达3.29亿元，占财政支出的48.5%，增长43.5%，切实让群众分享更多经济发展成果。积极筹措资金6 200万元，支持新十八中建设和新中心人民医院建设，确保按期投入使用；拨付近1 000万元，启动区文体艺术中心建设，城市承载功能不断完善；发放粮食直补、农资综合补贴、良种补贴和农机具购置补贴等政策资金2 961万元，农民收入持续增加。

【财政改革创新步伐加快】 实行预算一个“盘子”，优化预算编制流程，细化项目支出预算，预算编制的完整性和科学性逐步提高；盘活存量国有资产，组建枣庄翼云城市资产经营有限公司，搭建政府融资平台，实现国有资产市场化运营；先期融资2 200万元，支持重点财源项目建设，融资业务实现零的突破；加快老城国有资产清查处置，清查资产35处，实现处置收入3 000万元，闲置国有资产得到有效盘活；严格“管采分离”制度，将政府采购范围扩大至医疗设备和建设工程等领域，实际政府采购支出1 320万元，节约预算资金166万元，节支率达11.2%。

【财政监管水平全面提升】 一是积极开展预算收入质量检查，制定非税收入征管办法，强化预算收入质量和非税收入监管；二是制定区直行政事业单位国有资产管理办法，规范处置审批程序，确保国有资产保值增值；三是制定老城国有集体资产管理实施细则，加强老城资产监管，防止资产流失；四是积极开展“小金库”专项治理活动，采取突击盘库、查验票据以及核对拨款等方式，对62个单位进行重点检查，维护了财经纪律严肃性；五是在全市率先制定《山亭区财政融资资金管理办法》，加大融资资金监管力度，确保资金安全高效使用。

（撰稿：张守军　张延庆）

滕州市

【概述】 2009年，滕州市地方财政收入完成22.66亿元，增长16.02%，税收收入占地方财政收入的比重达到77.52%，比上年提高2.88个百分点。

【经济财源结构进一步优化】 认真落实积极的财政政策，全年投入6.55亿元支持经济发展，积极争取国家扩大内需项目资金，大力支持招商引资和重点项目、骨干财源建设，加大对企业的帮扶力度，支持结构调整，促进发展方式转变，经济发展和财政增收后劲明显增强。

【改革成果进一步惠及群众】 调整优化支出结构，统筹推进“民生滕州”建设。投入5.5亿元，推进新农村建设；社保就业和医疗卫生支出分别完成2.4亿元、2.1亿元，支持完善社会保障和医疗卫生体系；教育支出完成7.3亿元，推进城乡教育均衡发展；大力支持人口计生、文体科技事业发展，统筹推进安全生产、应急机制和“平安滕州”建设，维护全市和谐稳定的发展环境。

【城乡人居环境进一步改善】 加大财政投入，多渠道融汇建设资金，投入860万元，支持完善城乡规划，投资1.5亿元，支持城市道路建设；投入2亿余元支持园林绿化和城市公共事业项目建设；支持环境保护，财政补贴污泥焚烧的经验获上级肯定，投入1 510万元实施水污染治理工程，为顺利通过淮河流域水污染防治核查增添了亮点。

【科学理财水平进一步提高】 深入推进部门预算、国库集中收付和政府采购改革，政府采购支出完成6.2亿元，节约资金1.1亿元，节支率达14.9%，完成财政投资评审项目78个，评审值4亿元，审减资金0.95亿元，审减率达19.2%。强化政府非税收入征收、稽查职能，深化国有资产管理体制改革，加强行政事业单位资产和政府债务管理，加大财政监督和会计管理力度，组织“小金库”专项治理等检查活动。

【财政自身建设进一步强化】 开展学习实践科学发展观活动，加强领导班子建设和干部队伍建设，强化基层基础建设，深化政风行风、机关作风和廉政教育，深入推进文明创建和财政文化建设，顺利通过省级文明机关复查验收，财政行风评议成绩位列滕州市部门单位第一名。

（撰稿：孔　强　吕　强）

东　营　市

东　营　区

【概述】 2009年，全区实现地方财政收入14.23亿元，同比增长10.5%；全区财政支出完成154 130万元，同比增长6.8%，当年实现收支平衡。

【积极培植财源，做实财政蛋糕，着力打造发展财政】 2009年，东营区财政局主动应对经济和财税形势变化，牢固确立责任意识，在继续培植壮大地方财源的同时，切实抓好收入征管工作，努力保持财政收入稳定较快增长。在培植财源方面，做到了“三个突出”：突出服务发展大局，突出财税政策落实，突出财政资金扶持。在收入征管方面，做到了“四个注重”：注重完善征管机制，注重财政收入结构，注重工作调研，注重考核奖惩。

【优化支出结构，强化预算管理，着力打造和谐财政】 随着经济的快速增长，政府财力的逐步增强，不断加大对社会公共事业的投入力度。累计投入4.17亿元（含上级专款），支持城乡一体化、新型城郊农业产业、农村道路建设、农村新能源建设、农田水利建设、“三网”绿化工程、一级渔港建设等重点项目，夯实农业基础，促进农村经济社会发展和农民持续增收。累计投入6 244万元，实现统筹城乡发展的“四个全覆盖”：城乡困难群众最低生活保障全覆盖、城乡困难群众大病医疗救助全覆盖、城乡义务教育免学杂费和贫困生救助全覆盖、农民和城镇居民医疗保险全覆盖。

【加大民生投入，发展公共财政，着力打造民生财政】 坚持把解决民生问题摆在更加突出的位置，妥善安排财力，进一步关注民生、重视民生、保障民生、改善民生，努力实现十七大提出的“五有”目标。兑付农村“三免一补”及生均公用经费928万元，受惠学生1.5万人；建立校舍防震及维修改造长效机制，投资2 356万元，实施中小学校舍安全改造2.1万平方米。深化医药卫生体制改革，投入450万元，新建及改造城市社区卫生服务机构、农村标准化卫生室68处；投入372万元，开展城市常用药物零差率销售；将新型农村合作医疗参保农民补助标准提高到120元，较上年增加24元；参保人数15.44万人，参保率达到98.28%，居全市首位。积极实施安居工程，投入资金3 835万元，启动518套经济适用房及两处公共设施建设；投入资金1 338万元，用于实物配租廉租住房建设及廉租住房货币化补贴发放，加快廉租住房建设进程，“低保”家庭和低收入困难群众住房得到进一步改善。

【深化财政改革，创新管理机制，着力打造阳光财政】 一是深化部门预算管理制度改革，强化预算资金管理约束，提高预算编制质量。二是深化国库集中支付改革，进一步提升财政财务管理的信息化水平。三是深化政府采购制度改革，全年审批政府采购项目479个，实际采购额1.7亿元，节支率达15.05%。四是深化非税收入管理制度改革，全年实现非税收入2.68亿元，同比增长23.22%。五是深化国有资产管理制度改革，全年实现国有资产经营收益1.15亿元。

（撰稿：卜祥磊）

河口区

【概述】 2009年，河口区一般预算财政收入完成5.87亿元，比上年增长10.08%。当年财政一般预算支出为81 050万元，上解上级支出为2 593万元，结转下年支出为2 294万元，实现财政收支平衡。

【着力抓增收，实现财政收入稳定增长】 一是加强协调配合、及时调度，强化收入征管，全面、细致地分析税源结构；狠抓主体税种、重点行业、纳税大户的税收征管；大力整顿和规范税收秩序，不断完善税源监控和税费征管机制，确保各项财政收入及时上缴入库。二是加强税收稽查，堵塞税收漏洞，挖掘税收潜力，依法足额征税。财政、税务、审计部门联合开展重点企业税源普查，为更好地深挖增收潜力，夯实税收征管基础，确保税源与税收相衔接，提供真实全面的依据。三是严格非税收入管理，按照“收支两条线”要求，规范行政事业性收费、基金、罚没收入收缴行为，加强国有资产、土地收益和利息收入的管理，确保非税收入及时足额入库。

【着力抓财源，夯实经济发展基础】 一是对中海、富海等骨干企业的生产经营及纳税情况进行调研，分析当前面临的经济形势和发展前景，针对企业存在的困难和问题制定应对措施，出台支持企业发展的相关政策。二是继续促进经济结构调整和产业升级，加大对经济园区的投入力度，支持高新技术企业发展，安排733万元，用于经济园区建设和科技项目孵化。三是落实各类奖励优惠政策，对符合奖励条件的42家企业兑现扶持资金2 054万元，同时抓住黄河三角洲开发建设的有利时机，及时调整投资结构，制定相应政策，加大招商引资和对外宣传力度，不断优化区域经济发展环境。四是支持第三产业发展，及时足额拨付服务业发展引导资金100万元，争取上级服务业发展引导资金60万元，用于扶持服务业重点项目建设。

【着力抓民生，促进社会和谐稳定】 按照“以人为本，有保有压，突出重点”的原则，以提高公共服务均等化水平为目标，科学调度资金，合理安排支出，集中财力办大事。2009年河口区教育、社会保障、农业累计支出分别为9 087万元、3 573万元和5 083万元，较2008增长19.50%、9.13%和8.29%，较好地保障了社会事业发展和民生政策落实。一是全面落实教育优先发展战略。安排303万元用于义务教育“三免”，全区义务教育阶段零收费政策得到全面落实；救助贫困中小学生、农村中小学校舍改造、保障职业教育经费等工作扎实推进。二是社会保障能力不断增强。2009年全区共收缴各项社会保险基金10 396万元，支出5 725万元，滚存结余19 313万元，保证了参保人群老有所养、病有所医。三是进一步加大涉农补贴扶持力度。拨付库区移民后期扶持补贴、农业保险补贴、能繁母猪补贴、玉米和棉花良种补贴、母牛补贴等823万元；粮食直补、农资综合直补、石油价格和税费改革财政补贴329万元；发放家电下乡补贴、汽车摩托车下乡补贴241万元。四是有效保障重点工程顺利实施。全区重点项目及便民实事累计完成支出7 577万元，有效地保证了10个重点项目和10项便民工程的顺利实施。

【着力抓改革，确保财政资金安全有效运行】 一是整体推进国库集中支付改革。2009年，河口区国库集中支付系统运行有序畅通，资金支付规范、安全完整，资金使用效率及监督、整合作用显著。2009年通过国库系统支付资金1.19亿元，其中国库直接支付2 977万元，授权支付8 962万元；拒付不合规支出15笔。二是深化政府采购改革。制订《河口区紧急、特殊政府采购项目审批程序》，出台《关于进一步规范政府采购招投标紧急、特殊项目审批程序等有关事项的意见》，切实按照“公开、公平、公正”、“阳光透明”的原则，从项目立项、公告发布、采购文件审核、采购公示等各个环节加强监管，确保规范公正运作。2009年河口区完成政府采购预算金额1.60亿元，合同金额1.36亿元，节约资金2 453万元，节支率达15.31%。三是积极推进财政民生补助和支付方式改革。提高了低保、五保供养、失业金、新型农村合作医疗补助等标准。新型农村合作医疗区财政补助由每人每年30元提高到40元，2009年全年筹集资金914万元，全区享受城镇低保及农村低保4 061人，拨付资金761万元；保障了困难群众的基本生活，有效缓解了群众小病看不起、大病再返贫的矛盾。在全省首先扩大农村老年人生活救助范围，由原来的75周岁扩大到70周岁，让更多的老年人感受到党和政府的关怀，享受到经济社会发展的成果。自汽车摩托车下乡工作开展以来，创新工作思路，拓宽便民渠道，为农民购车提供了现场办公、现场挂牌、现场兑付补贴的“一站式服务”，让农民体会到了实实在在的方便和实惠。

【着力抓监管，财政管理日趋规范】 一是规范国有资产管理。2009年，历时近四个月完成2008年度行政事业单位资产统计工作，摸清了家底。通过统计，河口区行政事业单位资产11.16亿元，国有资产8.22亿元，负债2.94亿元。严格按照规定程序办理国有资产购置、转让及处置手续，2009年公开拍卖公务用车41部，成交价166万元；单位资产报废209万元、划转443万元、盘盈33万元、一次性产权过渡624万元。二是深化财政集中支付管理。严格执行财经法规和有关财务规定，严把支出关，全年累计支出5.79亿元，拒付不合理开支306笔，查处假发票218张。为确保项目资金专款专用，河口区内重点工程及国债资金项目单独设账，实行报账提款。三是加强财政监督检查。抽调政治过硬、业务精通的人员，每年对局内各股室的账务进行检查。结合每年的财政审计，加强全区专项资金检查，确保专款专用。会同纪检、监察、审计等部门开展“小金库”专项治理工作，推动全区党风廉政建设和反腐败工作深入开展。进一步强化财政资金运行监管，从指标管理、资金拨付、账簿登记、对账等方面制定新的核算程序，提高资金使用效益。

（撰稿：李国强　苏志刚）

垦　利　县

【概述】 2009年，垦利县实现地方财政一般预算收入7.01亿元，比上年增长17.81%，全县地方财政一般预算支出10.74亿元，比上年增长27.8%。当年实现财政收支平衡。

【统筹预算内外资金，服务“五区”建设】 一是支持黄河口生态旅游区建设。落实服务业发展引导资金300万元，重点支持黄河口旅游、商贸流通等项目建设。拨付资金395万元，确保黄河口文化旅游节、创建省级旅游强县等活动的顺利开展。二是支持黄河口现代渔业区建设。到位省重点建设项目调控资金3 100万元，着力支持渔业示范区起步区、渔业研发中心等工程建设。拨付渔业发展奖励资金257.4万元。三是支持黄河口新型工业区建设。增加中信担保公司注册资本金4 000万元，引导其创新经营机制，提高担保能力。拨付各级节能引导、名牌战略奖励、企业技术创新等资金4 432.18万元，引导企业加大技术改造和节能减排力度，加快产品结构调整步伐。不断优化经济发展环境，安排纳税大户奖励、招商引资奖励及优惠政策资金700万元，落实出口创汇贴息资金365万元，取消、清理有关行政事业性收费22项。四是支持东营西郊现代服务区建设。拨付资金60万元重点用于园区规划编制、基础设施建设配套等支出。五是支持黄河水城北城区建设。投资5 245万元，确保了民丰路北延、胜兴路东西延等道路工程建设，着力打造城市发展“主动脉”；拨付双桥路永丰河城区段、民丰路北延段等绿化、亮化工程和溢洪河、永丰河等水系工程资金1 708万元。加大民生工程投入，为民丰新村二期工程融资7 000万元，拨付一中新校、文化大厦、城区改造等建设资金1.66亿元。2009年，县财政累计整合拨付政府投资项目资金达4.3亿元。

（撰稿：程　龙）

利　津　县

【概述】 2009年，利津县地方财政收入完成3.63亿元，比上年增长8%；全县财政支出完成8.64亿元，比上年增长17%，当年实现财政收支平衡。

【加强收入征管】 一是将收入任务落实到各征收部门和乡镇，严格落实目标责任，按月调度，按月考核，保证收入均衡入库。二是加强税源监控，及时研究解决组织收入中存在的问题。三是出台《利津县政府非税收入征管考核办法》，加大对重点执收单位的监控，切实做到应收尽收。

【支持社会保障】 全年筹集“五保五救助”资金6 564万元，进一步提高城乡居民医疗保险政府补助标准，实施农村特困群众“安居工程”和廉租房建设工程，落实优抚对象医疗保障政策，为破产国有企业退休人员缴纳医疗保险。

【促进社会事业发展】 一是筹集城乡义务教育经费保障资金3 291万元，全面落实农村义务教育“三费”减免和城市义务教育免除杂费、课本费政策，实施义务教育阶段校舍抗震安全改造工程和农村义务教育学校取暖改造工程。二是投入资金425万元，实施乡镇卫生院和村卫生室改造工程，对100种基本药物零差率销售给予补贴。三是投入资金186万元，实施基层文化基础设施建设、农村公益电影放映和“农家书屋”工程。

【加大财源建设力度】 一是积极做好银政企合作“寿光模式”试点工作，协调农业银行为8家企业提供优惠贷款3 300万元，缓解中小企业融资困难。二是认真落实国家增值税转型改革和减免税费政策，运用财政贴息、奖补等手段支持企业发展，兑付各项扶持奖励资金1 326万元，推进“工业强县”战略实施。

【深化农村税费改革】 兑付粮食直接补贴、农资综合补贴、家电下乡补贴、汽车摩托车下乡补贴、良种补贴、农机具购置补贴等各项惠农补贴资金2 602万元，促进农民增收。

【财政精细化管理】 扩大部门预算编制试点范围，不断完善编制方法，强化预算约束力。完善国库集中支付管理制度，规范业务操作流程，通过国库集中支付系统为试点单位支付资金4 099万元，其中直接支付2 639万元。

【财政资金管理】 健全财政资金监管机制，对支农资金、社保资金和文化专项资金进行专项检查，积极开展“小金库”检查清理，进一步规范全县财经秩序。严格落实《利津县政府投资项目资金管理办法》，对工程施工实行全过程跟踪审计，提高资金使用效益。

（撰稿：李泉城）

广饶县

【概述】 2009年，广饶县一般预算收入完成12.69亿元，比上年增长16.38%。全县地方财政支出完成24.35亿元，比上年增长21.94%，当年财政实现收支平衡。

【提升公共服务水平，保障和改善民生更加有力】 按照“有保、有压、有促、有控”的原则，科学安排2009年财政预算，切实保障政府运转，积极压减公用经费，适度控制基建支出，大力增加民生投入。一是在预算执行中除经济发展的重大事项以及救灾等突发应急支出外，其他经费预算一律不予追加，预算内财力优先保障和改善民生，向新农村建设倾斜，向社会事业发展的薄弱环节倾斜，重点加大对教育、卫生、社会保障、环境整治等公共领域的投入。二是投入资金8 433万元，落实粮食直补、良种补贴、农资综合直补、农机具补贴、家电下乡、汽车摩托车下乡和政策性农业保险等强农惠农政策。良种补贴实现了小麦、玉米和棉花的全覆盖，农资综合直补实行动态调整机制，农机具补贴种类扩大到126种，家电下乡范围进一步拓宽，老百姓得到更多实惠。三是充分发挥县城市资产运营公司融资功能，以城建投融资为重点，以项目建设为抓手，多方筹措资金，破解银行融资难问题，全年融资到位资金达到11.88亿元，完成全年融资任务的351%，保障孙武路（二期）拆迁改造工程、孙武湖配套工程、乐安公园及人防工程、民安路建设工程、城市绿轴建设工程、乐民小区建设工程等重点工程、重点项目支出需要。

【加快城乡建设进程，统筹发展格局逐步完善】 一是完善城市功能。共筹措各类资金1.5亿元，扎实推进城市规划编制、会展中心、民安路建设、城市绿轴工程、潍高路改线等一大批基础设施建设，增强城市基础设施配套功能和产业集聚功能，进一步提升县域经济社会发展的承载能力。二是提升农村面貌。投入资金3 686万元，扎实推进麻湾灌区总干清淤工程、北三乡排水体系恢复治理工程以及基本农田整理等一大批农田水利建设；投入资金7 937万元，积极推进“三网”绿化、乡村公路改造提升、农村危桥修复改造、饮水安全、沼气池和乡村垃圾处理等公益事业建设；投入资金320万元，加快新农村示范区、小康文明村和农村社区建设工作进程。城乡统筹发展能力逐步增强。

【强化财政监管力度，科学理财水平明显提高】 高度重视非税收入征管，采取“宣传引导、规范管理、部门联动、源头控管”的非税收入征管新模式，推进非税收入的快速增长。非税收入实际完成8.81亿元，完成计划任务的144.11%。扎实推进国库集中支付改革，积极开展“财政大平台”建设试点，财政资金管理改革进程明显加快。深入开展“小金库”专项治理工作，建立了防治“小金库”的长效机制，全县财经运行秩序显著改善。公用事业市场化改革取得新成效，将城市生活垃圾处理场引入市场化管理。调整完善了县乡财政体制，有力地调动乡镇生财、聚财、理财的积极性。充分整合政府采购、支付中心和工程评审的职能作用，积极强化资金监管力度，增强财政运行的严谨性和科学性，财政支出的绩效水平得到进一步提升。2009年累计节减资金8 131万元，节减率达13.40%。

【落实科学发展观，精神文明建设取得新成绩】 2009年，广饶县财政局积极应对复杂形势和严峻挑战，坚定信心，迎难而上，全力扩内需、调结构、保增长。局机关被省文明委授予“省级文明单位”称号，被省财政厅授予“全国财政‘五五普法’普法知识竞赛优秀组织奖”，局机关先后被市委、市政府授予“平安东营建设先进单位”、“全市基层单位内部安全保卫工作标兵单位”称号，被市普法依法治理领导小组授予“全市‘五五’普法中期先进单位”称号。

（撰稿：李　伟）

烟　台　市

芝　罘　区

【概述】 2009年，芝罘区完成地方财政收入12.1亿元，比上年增长16%；全区财政支出完成15.5亿元，比上年增长16.6%。

【积极财政政策得到有效落实，财政经济实现全面协调发展】 积极贯彻落实扩大内需促进经济增长政策，累计争取中央投资、中央代发地方政府债券、省调控资金6.44亿元；积极承担市区重点项目建设，筹措资金5.93亿元，用于市政工程、综合整治等公共设施建设；搭建区投融资平台，筹集资金用于城市建设；安排资金1 300多万元，加快推进服务业发展，服务业税收贡献率进一步提高，2009年服务业实现税收7亿元，同比增长11.2%，占国地税收入的比重达到74.7%；安排资金3 000多万元，支持企业技术改造、自主研发、产品升级等；严格落实国家税费政策，为企业减轻负担1 700多万元。

【综合治税能力切实增强，财源建设成效显著】 一是健全财政、税务、街道（园区）三方联动机制，充分发挥国地税征收主导作用及街道（园区）协税护税作用，有针对性地实施税源监控，防止税收流失。二是按照打造“五个产业聚集区”的总体思路，积极推进海港路中心商贸区、芝罘软件园区、汽车文化城等十大项目集群建设，规范不动产发票管理，防止房地产财源流失，巩固基础财源。三是创新出租房屋税收征管模式，积极推进征管工作向纵深发展。四是建立健全车船税全程监管机制，车船税实现大幅增长，2009年车船税完成4 737万元，同比增长42.8%。

【支出结构不断优化，民生需求得到切实保障】 进一步加大民生方面的投入力度，2009年涉及民生、惠及群众的支出达到10.1亿元，民生支出占财政总支出的比重达到65%。其中，安排资金3 000多万元，用于免除全区6万多名中小学生杂费、课本费，补助学校公用经费；安排资金5 000多万元，用于兑现教师增资政策；安排资金3 000多万元，为1 000多间教室实施“班班通”工程改造；安排资金1 300多万元，用于社区卫生服务机构能力建设、政府购买公共卫生服务、完善公立医院设施等；安排资金1 220万元，进一步加强疾病预防控制体系建设；安排资金750万元，用于补贴新农合和城镇居民基本医疗保险，使全区两项医疗保险参保率均达到90%以上；安排资金1 230万元，在全市率先将农村居民最低生活保障标准提高到每人每年1 800元，城市低保标准达到每人每月340元；安排资金500多万元，积极落实困难群体就业再就业扶持政策；安排资金5 000万元，用于社区工作者、环卫工人等公益性岗位工资福利待遇支出，进一步提高基层工作者工资标准；安排资金3 400万元，加快推进标准化城市建设；安排资金2 400万元，用于公检法等部门交通工具、技术装备、队伍建设及公用经费支出；安排资金3 000万元，用于科技文化体育事业，居民生活更加安逸，社会更加和谐。

【财政改革稳步推进，科学理财水平进一步提高】 健全预算管理基础信息库，完善财政收入分析机制和支出管理体系，科学合理地安排财政收支。实施《芝罘区政府投资城建项目融资业务管理暂行办法》、《芝罘区政府投资城建项目资金管理暂行办法》及《芝罘区重点工程项目财务管理意见》，切实规范项目资金监管程序，强化项目评审效力；实施《烟台市芝罘区行政事业单位国有资产公物仓管理暂行办法》、《烟台市芝罘区行政事业单位资产处置细则》等制度，初步形成分级管理使用、逐级审批备案、统一监管考核的国有资产管理体系；实施《烟台市芝罘区政府非税收入征收管理暂行办法》和《烟台市芝罘区政府非税收入征收管理考核办法》，进一步完善非税收入管理制度，并荣获“山东省非税收入规范管理示范县”称号。

（撰稿：张俊鹏）

福　山　区

【概述】 2009年，福山区地方财政收入实现9.05亿元，比上年增长16.03%；财政支出实现11.1亿元，比上年增长29.4%，当年实现财政收支平衡。

【落实积极的财政政策，努力实现扩内需、保增长】 一是积极落实各项财税政策，运用财政补贴、贴息、债券、担保等方式为企业提供资金支持，全年共为企业办理固定资产进项税抵扣4 649万元，落实再生资源回收、福利企业等方面增值税退税1 391万元，办理出口货物退增值税15 616万元。二是加大对中央投资、省调控资金和地方政府债券争取力度，共争取中央和省扩大内需项目13个、资金2.17亿元，带动地方配套资金1.7亿元。三是加强融资担保体系建设，注资7 000万元成立信用担保股份有限公司，鼓励和引导企业、银行及社会加大资金投入，促进经济增长。

【依法加强税收征管，财政收入实现新的突破】 面对收入形势的不断变化，进一步加强税收征管工作，完善征管制度，明确各项目标责任，不断创新管理方式，保证税收收入应收尽收。收入质量保持稳定，税收收入占地方财政收入的比重达到80.24%。增值税、营业税、城市维护建设税和契税等主要税种收入明显增长，实现了财政收入新的突破。

【加大公共需求投入，群众利益得到有效保障】 加大支农惠农力度，投入资金741万元，用于农田水利基础设施建设；投入资金2 030万元，推进农村沼气建设，完成43个村居自来水改造工程；投资1.2亿元，实施门楼水库除险加固工程；投入资金880万元，完成6座小型水库除险加固工程，群众生产生活条件得到有效改善；全面落实惠民政策，发放粮食直补、良种补贴、农机补贴等惠民资金224万元；积极落实家电下乡、汽车摩托车下乡政策，发放财政补贴资金639万元，拉动地方消费7 610万元；拨付资金151万元，用于落实计划生育家庭奖励、技术服务和全面推行免费婚检等政策，推进计划生育事业健康发展；投入资金560万元，基本实现中小学“班班通”；完善城乡低保制度，发放城乡低保资金850万元，把年人均收入低于1 600元的农村贫困人口全部纳入低保范围，将城镇低保标准提高到每人每月340元；继续落实困难学生救助政策，发放救助资金798万元，困难群众生活得到有效保障。

【关注民生工程建设，社会保障体系日渐完善】 拨付资金1 590万元，提高新型农村合作医疗财政补贴标准，达到每人每年90元。拨付资金253万元，加强城镇居民基本医疗保险工作。投入资金980万元，完善城乡基层医疗机构体系建设。拨付资金60万元，用于城乡困难家庭医疗救助。拨付新型农村养老保险缴费财政补贴资金689万元，推进新型农村养老保险工作，参保率达到80%。争取国家新型农村养老保险试点，拨付基础养老金301万元，使全区3.6万60岁以上的农村居民受益。拨付资金350万元，实施被征地村居集体经济组织成员基本养老保险办法。拨付资金58万元，全面推行老龄补贴，社会福利水平进一步提高。拨付资金138万元，支持统筹就业、城乡“双零”家庭就业援助工作。

【完善财政管理体制，财政各项改革取得显著成效】 部门预算改革稳步推进，各部门对细化预算编制、严格执行预算的认识不断提高，在优化支出、节约资金等方面得到明显改善。国库集中支付改革顺利开展，全区试点单位资金拨付程序正常运转，资金使用效益明显提高。加大对政府投资项目的评审力度，狠抓评审质量，提高政府投资效益，全年共完成评审项目56个，评审金额3.98亿元，评减资金4 322万元。设立政府采购招投标大厅，政府采购行为进一步规范。采购规模不断扩大，全年完成货物类采购1.33亿元、工程类采购3.42亿元，节约率均在12%以上。

（撰稿：徐　强）

莱山区

【概述】 2009年，莱山区地方财政收入完成9亿元，比上年增长20.2%。“两税”收入完成13.2亿元，比上年增长19%。税收收入占地方财政收入比重为87.55%；地方财政收入和“两税”收入占GDP比重分别为6.98%、10.23%。收入增幅和收入质量均位居烟台市第2位。财政支出9.6亿元，比上年增长17%。

【抓好财政收入，增强财政实力】 一是加强收入协调调度。全年每月增幅、每季增幅，均保持全市前列。及时掌握税源变动情况，搞好税收分析测算，强化主体税种征管，全年实现增值税、营业税、企业所得税、个人所得税等税收4.7亿元，比上年增长10%。二是提高税收征管效率。制定实施《莱山区财源建设管控工作试行办法》及《财源建设管控工作部门职责》，进一步明确目标任务和相关部门工作责任，理顺税源综合控管体制，全年完成建筑房地产业税收3.35亿元，比上年增长24%。三是挖掘财政增收潜力。加强契税、耕地占用税等地方税种征管，严格实行契税“先税后证”制度，深入开展耕地占用税专项调查，全年实现契税、耕地占用税6 124万元，比上年增长4%。加强非税收入征管，全年实现行政事业性收费、罚没收入、国有资产经营收益等非税收入1.12亿元。

【发挥财政职能，支持企业发展】 一是加大重点骨干企业扶持。投入资金795万元，重奖25家经济贡献突出企业，进一步营造关心企业家、支持企业发展的浓厚氛围。安排区级财政资金3 000万元，落实《重点骨干企业奖励办法》。筹集资金，重点支持绿叶制药、杰瑞石油等骨干企业增强竞争力，全年纳税过千万元企业达25家，比上年增加8家。二是扶持高新技术企业和中小企业发展。投入资金105万元，奖励认定为省、市工程技术中心（企业技术中心）以及获得省级著名商标称号的6家企业。安排技术研究与开发费用1 500万元，推进科技创新“四个聚集”目标建设。争取中小企业科技型创业基金等113万元，支持21家中小企业加快发展。三是加快企业信用担保体系建设。成立烟台市莱山信用担保有限责任公司，实行“政府控股、多方参与、企业化管理、市场化运作”模式，帮助企业和项目解决融资困难，增强发展后劲。

【加大民生投入，促进社会和谐】 一是落实为民服务10件实事。及时拨付资金3 610万元，圆满完成村居道路硬化、居民合作医疗、城乡环卫一体、最低生活保障等惠民实事。二是落实教育优先战略。拨付资金960万元，免除城乡义务教育阶段学杂费和书费；投入资金64万元，为全区困难学生及家庭提供生活补助；安排资金2 438万元，推进中小学校舍建设维修、教学设备更新以及改善职业院校办学条件。三是加大社会民生投入。拨付资金3 590万元，推进城乡居民最低生活保障、弱势群体救助、居民养老保险等体系建设。安排资金731万元，完善区、镇、村三级医疗卫生服务体系，推进镇卫生院和村卫生室改造；投入资金55万元，用于城镇居民医疗保险财政补助，完善城镇居民基本医疗保险制度，缓解群众“看病难、看病贵”问题。

【增强基层财力，推进城乡统筹】 一是完善基层财政体制。制定实施《街道、园区财政管理体制意见》，全年街道、园区完成地方财政收入5.67亿元，比上年增长13.1%。为促进莱山经济开发区发展，区级分成财力重点补助开发区基建、偿债等支出。帮扶院格庄街道发展，全额返还3年内街道实现的地方财政收入。争取上级资金200万元，支持街道综合文化站建设。二是加大城市建设投入。全年拨付预算内建设资金2.7亿元，推进中心城区基础设施建设和维护。协调争取政策性贷款、上级专项资金7.2亿元，用于迎春大街改造，其中，拨付资金4.9亿元，保证迎春大街安置房顺利竣工。三是支持新农村建设。落实财政惠农政策，发放家电及汽车摩托车下乡补贴、种粮直补、农资综合直补等878万元，受益农户达1.5万户。及时拨付区级财政资金6 651万元，推进新农村建设项目。

【深化财政改革，加强财政监管】 一是深化国库集中支付改革。公用经费、人员经费、政府采购等财政资金全部通过集中支付划拨，全年直接支付资金9 851万元；授权支付资金4 001万元。二是加强政府投资项目管理。制定实行《加强财政性投资项目追加投资管理通知》、《规范财政投资项目政府采购工作流程通知》等制度，抓好项目拆迁补偿、工程量和限价编审、招投标、结算审核等全方位监管，节约财政资金3 474万元。对16个中央扩大内需项目资金实行专户专账管理，封闭运行。三是加强政府采购管理。全年完成公务车辆、办公设备、工程项目等政府采购1.28亿元，资金节约率达18%。四是深化行政事业单位国有资产管理改革。制定实行《行政事业单位国有资产处置程序》，完成2009年度行政事业单位资产清查。五是强化财政资金管理使用情况监管。完成了2008年度财政资金审计和全区22个行政执法单位、1 583个处罚项目调查。发挥会计集中核算监督职能，开展清理“三公”，促进节约型机关建设。抓好“小金库”专项治理，完成部分区直部门和单位专项检查。加强农村财务管理，制定实行《村级集中采购工作实施细则》和《村级固定资产处置工作实施细则》。

（撰稿：柳　林）

牟平区

【概述】 2009年，牟平区地方财政收入完成7亿元，比上年增长13.7%。全区财政支出完成11亿元，比上年增长21.1%。

【积极落实财税政策，促进全区经济加快发展】 一是充分利用国家实施积极财政政策和适度宽松货币政策的有利时机，搭建融资平台，多渠道融资26.5亿元，保证滨海开发、水系开发、交通公路、城区绿化、旧村改造、基础设施等重点建设项目资金需要。二是搭建中小企业担保平台。组建注册资金1亿元的融资担保公司，向区宏孚担保公司注资500万元，着力构建银行、政府和担保机构“三位一体”的风险共担机制，努力解决中小企业融资“瓶颈”问题，促进民营经济发展。三是及时兑现扶持政策。拨付增值税退税、旅游开发、技术进步、节能减排、循环经济、名牌奖励等项资金2 773万元，支持企业发展。取消、减免和降低收费标准105项，为企业减负4 900多万元，帮助企业应对国际金融危机冲击。四是认真落实国家扩大内需政策，及时拨付扩大内需项目配套资金6 962万元，促进项目顺利实施。

【依法加强收入征管，努力提高收入质量】 成立区财源建设办公室，开展纳税信息比对，总部分部经济调查，二、三产业剥离、税收优惠政策核实，土地综合利用与土地收入清欠，零散税收调查，国有资产管理七个专项行动，建立税收举报奖励制度，严厉打击偷逃税行为，促进财政收入稳定增长。认真落实“收支两条线”规定，加大土地招拍挂力度，确保非税收入及时、足额入库。2009年，全区地方财政收入突破7亿元大关，税收收入占地方财政收入的比重达到79.7%，比上年提高1.1个百分点，财政收入质量进一步提高。

【调整优化支出结构，加大民生和社会事业投入】 一是保证人员经费发放。按照“先吃饭、后建设”的原则，确保机关事业单位干部职工工资按时发放和政策性增资及时兑现。二是完善社会保障体系建设。拨付3 514万元用于新农合、城镇职工和居民等医疗保障体系建设，拨付1 526万元用于城市社区卫生服务、农村标准化卫生室等卫生服务体系建设，拨付1 706万元用于农村低保、困难大学生和残疾人资助等社会救助体系建设，拨付2 633万元用于优抚对象生活保障，拨付705万元用于下岗失业人员、退伍军人、未就业高（初）中毕业生等人员职业技能和创业培训，拨付1 500万元用于廉租房建设。三是支持教育事业发展。拨付3 135万元用于免除义务教育阶段学生杂费、书本费及生活补贴、早餐补贴和校舍维修改造，拨付2 920万元用于一中新校区建设，拨付356万元对8所农村中小学旱厕进行改造。四是加大“三农”投入。全年用于水库除险加固、三年大造林、农业综合开发、农业技术推广、农村沼气工程、农家书屋建设、病虫害综合防治等“三农”支出达6 014万元。拨付1 394万元用于汽车、摩托车和家电下乡补贴。通过“惠民一卡通”拨付资金近2 600万元，全面落实粮食直补、农机购置补贴、成品油价格补贴、库区移民安置补贴等各项惠民政策。五是促进各项社会事业进步。累计拨付资金9 515万元，用于促进环境保护、安全生产、科学技术和“平安牟平”等各项社会事业协调发展。

【继续深化财政改革，促进财政管理科学化】 一是不断完善“四位一体”支出管理模式。进一步完善了部门预算，全面推行了国库集中支付，切实加强投资评审管理，不断扩大政府采购范围，实行阳光操作，共组织政府采购162次，采购金额达10.1亿元，节约资金3.2亿元，节约率达24%，取得了明显的经济和社会效益。二是启动实施新一轮镇级财政体制改革。进一步理顺区镇两级财权、事权分配关系，有效调动镇级增收节支积极性，增强区镇两级财政实力。三是进一步规范会计基础管理工作。出台行政事业单位会计工作考核办法，开通牟平区会计信息网，加强会计从业资格和继续教育管理。四是进一步加大财政监管力度。开展预算执行、非税资金、“小金库”专项治理等监督检查工作，规范财政管理行为，有效地维护全区财经秩序。

（撰稿：刘峰玮）

龙口市

【概述】 2009年，龙口市财政总收入完成93.5亿元，比上年增长16.5%；地方财政收入完成29.1亿元，比上年增长16.6%，总量跃居全省第一。

【科学组织财政收入，实现持续快速增长】 积极协调国地税大力组织收入，认真贯彻落实《关于进一步做好增收节支工作增强财税调控能力的实施意见》，加强对100户重点纳税企业监管，强化社会综合治税，确保应收尽收。同时，积极做好财政部门自身组织收入工作，全力组织契税、耕地占用税、非税收入和国有资产经营收益。2009年，共争取扩大内需项目17个，省以上投资资金5 439万元，争取省调控资金1.05亿元，地方政府债券3 000万元，争取其他资金6 400万元。

【加快公共财政建设，提高公共保障能力】 全面落实各项刺激消费和惠民政策，提高民生支出比重，坚持城乡一体发展，将财力向“三农”、民生倾斜。全年兑付“家电下乡”和“汽车摩托车下乡”补贴1 687万元，粮食直补和农资综合直补966万元，农机补贴、良种补贴、能繁母猪和奶牛补贴869万元，水库移民补贴及后期扶持资金963万元。成品油价格补贴793万元，发放助学金、奖学金2 090万元，新农合补助3 388万元，城乡低保、五保2 274万元，农村养老保险补贴455万元，城镇居民医疗保险补助252万元，农村独女户奖励、计生家庭奖扶等732万元，长寿津贴1 151万元。市财政用于支持“三农”资金达7.5亿元，比上年增长20%；用于保障和改善民生的资金达8.5亿元，比上年增长19%。

【强化财政监督，提高财政管理水平】 推行以部门预算为基础、投资评审为支撑、政府采购为手段、国库集中支付为保障的“四位一体”监管模式，提高资金使用效益，全年政府采购节支1.3亿元，投资评审节支1.1亿元。对各类资金全面推行国库集中支付，减少中间环节，防止截留挪用。会同审计、纪检监察部门在全市党政机关和事业单位扎实开展“小金库”专项治理工作，对全市机关和事业单位开展清产核资工作，通过建章立制、登记造册和分类管理，防止资产重复购置、闲置浪费和资产流失，确保国有资产安全完整。加强自身财务、乡镇财务和有关部门专项资金使用情况的跟踪检查，提高财政资金科学化、精细化管理水平。

（撰稿：王日新　孙　雪）

莱 阳 市

【概述】 2009年，莱阳市地方财政收入完成7亿元，比上年增加1 374万元，增长2%；财政支出完成11亿元，增长13.69%。

【组织收入】 一是着力抓好工商税收。通过强化税收控管，积极推行个人所得税全员全额申报制度等措施，全市工商税收完成47 057万元，增长8.59%。二是着力抓好两税收入。通过强化大宗税源控管和土地交易环节征管等措施，积极开展契税和耕地占用税收缴清欠工作，有力推动了两税收入的快速增长。全市契税和耕地占用税完成3 662万元，超额完成全年收入任务。三是着力抓好非税收入。通过定期稽查与专项稽查相结合的手段，加强对重点收费环节的控管，努力做到应收尽收，全年完成非税收入19 331万元。

【重点支出安排】 一是保增长。通过落实增值税转型、农副产品初加工企业免征所得税、取消194项行政事业性收费及普遍降低收费标准等政策，为企业减负11 611万元，有效拉动了企业投资需求。筹措资金703万元，为中小型企业自主创新、技术改造、节能降耗等提供了资金支持；筹措资金4 221万元，用于城市供水工程、园区基础设施建设、五龙河治理、沐浴水库及中小型水库除险加固项目。努力争取到农村饮水安全、乡镇卫生院建设、家电下乡、汽车和摩托车下乡、成品油价格补贴等扩大内需项目15个，涉及地方配套资金1 922万元。二是保民生。累计投入资金30 090万元，落实义务教育阶段经费保障、农村合作医疗政策、城镇低保、城镇居民基本医疗、五保户集中供养、企业离休干部补贴、新农村建设“525工程”、粮食直补、能繁母猪补贴、优质后备奶牛补贴等各项民生政策。三是保稳定。多方运筹资金11 965万元，及时兑现在职干部工资制度改革、2006～2008年军转人员补发养老金、失业金、离退休干部补发两次晋档工资、村级经费、企业军转干补差、政法办公业务经费等政策，为促进各项事业和谐发展提供有效的财力支撑。

【财政改革】 一是成功争取纳入“省直管县”财政体制改革范围。密切关注国家改革动向，多方积极运作，使莱阳市最终被确定为山东省首批“省直管县”。二是积极推行税收属地化征管。按照“属地征管、收入集成、适时过渡、数据初始”的原则，打破现行按企业行政隶属关系划分收入的办法，推行统一按生产经营地址为划分标准的镇街税收属地征管机制，将全部市级收入下划至镇街，提高各镇街加强税源培植、完善税收征管的积极性。三是深化镇街财政体制改革。结合税收属地化征管体制运行特点，对镇街实行分类分档的财政体制改革，使镇街财力水平与经济发展成果、财政收入发展速度直接挂钩，充分体现“谁发展、谁受益、发展快、多受益”的原则，推动全市经济社会协调发展。四是建立财政投资评审体系。为进一步完善财政资金拨付监管机制，成立项目投资评审管理机构，财政资金使用效益得到有效提高。全年共评审项目21个，送审额达2 158万元，审减值262万元，审减率达12.14%。五是完善政府采购制度改革。进一步完善政府采购实施意见，努力提高采购工作的制度化、规范化水平。先后组织文峰中学校舍建设、农村教育“211”工程、中医院病房大楼改扩建等大中型招标17次，实现政府采购金额5 326万元，节约资金1 368万元，节支率达到20.44%。六是规范集中核算管理。围绕“基本管理规范化、监督体系社会化、收入控制制度化”的工作目标，进一步理顺核算管理运行机制，加强部门账务核算管理。七是建立国库集中支付改革机制。进一步改进集中支付业务水平，推进国库集中支付网络化建设，提高资金运转效率。

（撰稿：李俊华）

莱 州 市

【概述】 2009年，莱州市地方财政收入完成19.13亿元，增长15.9%。财政支出完成22.8亿元，累计结余166万元，当年实现财政收支平衡。

【财政收入实现平稳较快增长】 积极发挥政策、资金调控引导作用，着力培植支柱产业和骨干企业，努力壮大财源。充分发挥社会综合治税平台作用，组织开展税源调查，全面准确掌握全市重点税源情况。加大对小税种和零星分散税源的控管力度，进一步挖掘增收潜力。密切关注国家税收政策调整动向，争取省属企业在莱州设立子公司，确保莱州市资源类企业股权转让税收收入全部在地方实现。以上工作措施的实行，有效确保了经济发展成果全面反映到财政增收上来，全市地方财政收入同比增长15.9%。

【支持发展的能力持续增强】 抢抓中央、省出台扩内需、促增长等政策机遇，争取上级扶持资金3亿元，落实地方配套资金9 840万元。围绕推进“工业强市”战略，及时拨付财政扶持资金，帮助重点企业融资2 700万元。拨付专项资金1 600万元，支持企业创新发展。拨付1.5亿元用于城市建设、拆迁和绿化，其中拨付4 000万元用于城市道路建设，拨付

5 800万元用于疏港公路、园区道路等基础设施建设，拨付5 660万元用于月季园建设、植树造林、大米草治理等。全面落实增值税转型政策，全市企业固定资产投资抵扣增值税7 600万元。认真做好废旧物资回收企业增值税退税工作，为全市56家废旧物资回收企业争取税款返还2 200万元。落实增值税小规模纳税人征收率下调政策，全市相关企业少缴增值税2 400万元。做好企业出口退税退库工作，全市出口企业增值税退税2.72亿元。认真落实上级取消和停止征收208项行政事业性收费政策，减轻企业和社会负担4 500万元。

【民生事业得到快速发展】 2009年筹措并拨付各类财政资金3.6亿元，及时兑现一系列民生政策。一是落实各项惠民补贴政策。及时发放各类强农惠农补贴资金9 756万元，其中发放粮食直补、农资综合直补、石油价格改革补贴6 736万元，发放良种补贴、农机购置补贴、家电和汽车摩托车下乡补贴、以旧换新补贴等3 020万元。二是完善社会保障体系。支出社会保障资金11 120万元，其中拨付4 867万元用于新型农村合作医疗，筹措765万元为75岁以上无固定收入高龄老人发放生活补贴，筹措5 460万元用于低保、抚恤、救济、就业再就业等。三是协调发展社会事业。筹措6 205万元加强对教育投入，拨付912万元向1.1万名计生对象发放奖励扶助资金，拨付850万元用于廉租房和经济适用房建设，拨付4 800万元用于人民医院新院建设，拨付2 610万元用于临疃河水库、坎上水库等23座中、小型水库除险加固。

【财政管理水平不断提高】 深化"四位一体"财政支出管理模式，财政基础管理工作进一步加强。研究出台《财政支出管理改革意见》，强化项目支出控制，2009年节省开支3 200万元。深入推进国库管理制度改革，扩大国库集中支付范围，进一步规范财政资金管理。加强财政投资评审工作，重点抓好城市建设、人民医院新院、月季园等重点工程项目的管理，完成评审项目82个，评审额5.25亿元，审减资金4 390万元。加强政府采购管理，推行"管采分离"工作措施，完成采购合同金额6.4亿元，节约资金7 840万元。完善国有资产监督体系，加强对行政事业单位资产的监管，提高国有资产收益能力。强化财政监督检查，规范政府性资金拨付程序，加强专项资金监督检查，对扩大内需、强农惠农等118个专项资金项目进行重点检查，确保资金的专款专用。

（撰稿：杜镇松）

蓬莱市

【概述】 2009年，蓬莱市地方财政收入完成12.66亿元，比上年增长15.1%，财政支出15.97亿元，比上年增长21.9%。

【以服务发展为根本，发挥财政调控职能作用】 一是把财源建设作为财政工作的重中之重，开展税源调查，了解企业经营难题，帮助企业解决实际困难。二是拨付资金5 665万元，用于支持企业争创名牌、科技创新以及淘汰落后产能，鼓励扩大对外开放，促进房地产市场健康发展，提升全市支柱行业和骨干企业的规模实力、创新能力和品牌优势。三是筹措资金800多万元，全面落实"支持两翼加快发展"和"帮扶村里集镇"政策措施，促进镇域经济发展。四是认真落实国家结构性减税政策，取消、停止和降低部分行政事业性收费项目，全年为企业减轻负担2.4亿元。

【以改善民生为重点，支持和谐社会建设】 2009年教育、社会保障、三农等方面的民生支出8.66亿元，占财政支出比重54.2%，是历年来资金投入最多、群众受益范围最广的一年。拨付资金1 900万元，保障"7.17"特大暴雨灾害抢险救灾工作的开展；发放粮食直补、家电、汽车下乡补贴、燃油补贴等涉农补贴4 218万元，群众得到更多的实惠；投入资金955万元用于农业综合开发项目建设，改造中低产田1.2万亩，新增优质葡萄酒生产能力3 000吨，实现企业和农户的双赢。拨付资金767.74万元用于病险水库除险加固、三年大造林、沼气项目建设、村庄整治，促进农村生产生活条件改善；发放低保金1 253万元，城乡低保标准分别提高了6.7%和8.3%；投入资金770万元，支持4所乡镇卫生院改造、100所村卫生室建设和市医院病房大楼建设，提升全市医疗卫生条件；投入资金2 811万元，新农合和城镇居民医疗保险补助标准分别提高了26元、20元；拨付"4050"人员、城镇失业人员保险、岗位补贴和创业补贴850万元，促进了再就业工作。

【以改革创新为动力，提高科学理财水平】 坚持用改革的思路突破发展难题，用创新的理念提高财政资金使用效益。积极推行"评审先行"和"两审定案制"，全市完成评审值2.04亿元，审减资金5 115万元；完善政府采购制度，加大对采购代理机构、供应商和评审专家的监管力度，政府采购规模不断扩大，全市完成采购额8 152万元，节约资金793万元，节支率达14.7%；不断规范行政事业单位资产管理，在烟台地区率先推行行政事业单位资产出租评估底价法，增加资产出租收益28%。

【以学习实践科学发展观活动为契机，加强机关作风建设】 积极开展学习实践科学发展观教育活动，共集中学习38课时，撰写调研报告38篇，征求各类意见209份，召开民主生活会和专题组织生活会，形成的领导班子分析检查报告顺利通过评议。在学习教育活动中，开展演讲比赛、拓展训练、业务知识培训班、惠农政策送下乡等富有特色的主题实践活动，提高团队的凝聚力和战斗力。被省文明委授予“省级文明机关”称号，连续16年被市委、市政府授予“市直最佳工作部门”称号，连续3年在全市政府部门行风评议中名列第二，被市委、市政府授予“十佳涉企服务部门”称号。

（撰稿：王先杰）

招 远 市

【概述】 2009年，招远市地方财政收入完成18亿元，比上年增长15.72%；财政支出完成18.2亿元，比上年增长12.5%，当年实现财政收支平衡。

【运用财税杠杆，服务经济发展】 紧紧抓住国家扩大内需的有利机遇，利用好积极的财政政策，全力支持产业结构调整，加快推进财源建设，实现经济和财政的良性互动。一是财政性资金投入大幅增加。及时兑现企业自主创新、品牌战略、服务业发展引导、信息化建设等各类扶持政策，拨付企业政策性项目扶持资金11 630万元，企业挖潜改造资金1 350万元；安排资金2 331万元，支持企业技术研究与开发；安排资金1 000万元，主要用于11户企业帮扶解困。二是争资引资力度加大。主动发挥财政优势，协助企业、部门争取上级支持。经财政平台申报各级引资项目190多个，争取到位资金3.2亿元。三是大力支持企业融资发展。财政注资3 000万元，带动市属企业入股，支持成立中小企业融资担保机构。同时，由财政参股成立注册资本过亿元的天健担保公司，进一步支持中小企业融资发展。四是经济发展外部环境更加优化。多方筹措资金3.5亿元，用于支持城市基础设施、招辛快速通道、滨海新区、市医院改造等重点工程项目，努力打造有利于经济发展的“硬环境”。

【加大支农力度，推进新农村建设】 一是加大财政直接投入力度。安排资金542万元，支持实施玉米、小麦良种工程；投资784万元，完成1.3万亩的中低产田改造；投资647万元，带动社会投资3 700万元，完成造林面积2.7万亩；投资200多万元，对10座小型水库除险加固。二是对农民的补贴力度逐步加大。为农民兑付农资综合补贴资金2 498万元，粮食直补资金543万元，涉及农户10.5万户；发放汽车、摩托车下乡补贴资金533.9万元，鼓励农民购买汽车、摩托车4 168辆；发放家电下乡补贴资金474.5万元，支持农民购买家电24 813件（台）；发放购机补贴资金674万元，支持农民购买农机具1 000多台（套）；市财政为564个经济薄弱村发放村干部补贴192万元。

【集中财力保重点，加快构建民生财政】 一是工资、津（补）贴政策得到较好落实。按照烟台市工资改革制度和规范公务员收入分配秩序工作会议要求，认真核对测算，制定规范实施方案，及时筹措资金，确保增资政策及时落实兑现。二是社保和就业体系建设加快推进。2009年增加市级财政支出762万元，将新农合补助标准提高到每人每年100元，全年为参合农民报销医药费3 489万元；安排资金180万元，全面实施城镇居民医疗保险，当年参保群众达3.9万人；安排资金261万元，支持开展新型农村养老保险试点，全市8.9万农民直接受益；安排资金70万元，对6处乡镇卫生院进行建设改造；安排资金135万元，新建社区卫生服务站3处。为进一步稳定就业形势，安排就业资金500万元，用于下岗失业人员、“4050”困难人员补助。全年实现就业再就业10 993人。拨付资金70.7万元，积极开展创业培训，共培训农民3 560人，加快以创业带动就业步伐。三是加快支持教育文化等公益事业发展。安排资金6 000万元用于丽湖学校建设；安排资金3 260万元，用于全市中小学校舍维修改造；安排资金323万元，支持高级职业学校实习车间及塑胶跑道建设；安排资金430万元，用于3 500名高中生、职专生政府补助；安排资金3 577万元，继续推进落实“四免一补”政策。安排补贴资金210万元，支持免费放映电影8 000场、剧团公益性演出200场；安排资金93万元，支持市图书馆、文化馆创建；安排资金500万元，加大旅游市场开发和宣传推介力度。

【深化财政管理改革，创新财政运行机制】 一是继续深入实施国库集中支付改革。严格按照支付程序和范围拨付资金，确保财政资金的安全准确到位。全年共实现国库集中支付831笔，计33 374万元。二是加强政府投资项目监管。针对2009年国家实施扩内需、保增长政策，重点建设项目较多的实际情况，加强全程监管，确保各项工程规范运行、阳光操作。共评审概、预、决（结）算项目207个，评审投资73 650万元，审定投资额63 870万元，审减、剔除各项不合理支出9 780万元，审减率13.3%。三是政府采购效益不断提高。注重创新工作思路，完善管理机制，切实提高政府采购的规范性、透明性和高效性。共完成采购合同金额达39 825万元，节约资金5 615万元，节约率14.1%。四是制定完善市镇财政体制。2009年重新制定完善市镇财政体制，合理确定收入与支出基数，提高镇级发展和保障能力。同时，实施市级与镇级财政之间按一定比例的增收分成结算办法，调整增收奖励办法，调动镇级招商引资、培植财源、组织收入的积极性。

（撰稿：杨志旗　冯晓东）

栖霞市

【概述】 2009年，栖霞市地方财政收入完成3.20亿元，比上年增长13.73%。地方财政支出为5.89亿元，当年实现财政收支平衡。

【财税征管】 财税部门以财政增收为目标，加强协调配合，通过纳税评估、税源分析、税务稽查和社会综合治税等措施，进一步完善税源控管体系，确保应收尽收。全年地方工商税收完成2.74亿元，增长11.7%。全市地方税收占财政收入的比重达到90.73%，列烟台各县市区首位。

【服务经济】 围绕培育壮大骨干企业，兑现财源建设奖励资金733万元，对2008年入库地方工商税收100万元以上的企业和招商引资单位，获得省名牌、著名商标、国家免检产品和市级企业技术中心的企业以及银企合作先进单位给予表彰奖励，促进骨干财源培育，全市33户重点骨干企业和纳税前30名企业对全市财政的贡献率进一步提高。围绕推进老企业嫁接改造，拨付各类资金1 000多万元，惠及海升果汁、瀚海化工和天工绣品厂等部分改制企业，帮助企业解决一些历史遗留问题，促进企业增效、财政增收；围绕园区基础设施，拨付开发区基础设施建设资金1 000万元，拨付桃村镇基础设施配套资金1 600多万元，拨付台湾农民创业园、天力生物质热电、万华生态板等各项扶持资金1.18亿元，促进了园区建设和企业发展。

【关注民生】 充分利用国家扩大内需机遇，争取上级扩大内需、省调控和地方政府债券资金1.75亿元，确保城区雨污分流管网建设、供热供气、廉租房等全市重点民生工程顺利开工建设，有效提升城市载体功能。投入农田水利和造林绿化方面的资金2 000多万元，主要用于农村沼气、农村饮水安全等，稳固农业生产；兑现小麦直补、综合补贴、优质存栏后备奶牛补贴、石油价格和税费改革财政补贴等资金2 200多万元，确保上级强农惠民政策的兑现。投入义务教育经费保障机制改革资金3 200多万元，重点提高义务教育阶段学生人均公用经费定额标准和贫困寄宿生生活费补助标准。拨付资金650多万元，用于农村中小学校舍维修改造，改善农村教育基础设施。拨付派出所、卫生院、综合文化站、村级卫生室等建设资金500多万元，改善基层群众服务场所条件，促进各项社会事业的全面协调发展。

【财政管理】 综合应用投资评审、政府采购、财政监督和绩效评价等管理手段，保证资金使用的高效快捷。政府采购招标大厅顺利竣工并投入使用，共完成小型水库除险加固工程、水源地保护工程和车辆、计算机等100多个项目的招标采购，监督采购金额达1.38亿元，节约资金1 020万元，节支率达到7%。运行的行政中心办公用品超市运转正常，比市场价节约资金16%，有效降低机关办公费用。完成评审重点工程、重点项目等工程预决算项目99个，评审工程总价值2.25亿元，核减5 204万元，核减率23%，有效提高财政资金的使用效益。完成会计信息质量、农村低保和“小金库”专项检查等工作；将上级下达的所有专项资金全部纳入跟踪问效范围，每个项目完工后都做出相应的绩效评价，确保资金发挥应有的经济和社会效益。

（撰稿：刘昕瑶）

海阳市

【概述】 2009年，海阳市完成地方财政收入10亿元，增长18.86%。其中，税收收入完成7.43亿元，增长19.09%；纳入预算管理的非税收入完成2.57亿元，增长18.23%。

【夯实征管基础，财源建设可持续能力得到进一步增强】 2009年，面对严峻的增收形势，各级财税部门紧紧围绕上级“保民生、保稳定、保增长”一系列决策部署，加强税源控管，夯实征管基础，逐步建立完善以“政府领导、财税主管、部门配合、社会参与”的社会综合治税体系；深入挖掘契税和耕地占用税增收潜力，从源头上加大征收力度；深化完善以考核和奖励相结合的预算外资金管理办法，提高非税收入征管质量；新组建成立财源建设办公室，坚持依法治税，严厉打击“偷、逃、骗”税等违法行为，确保各项税费应征尽收；充分发挥政策引导和财税政策杠杆作用，积极落实支持毛衫产业、民营经济、金融服务、原创型工业企业发展等一系列扶持政策，全年共兑现落实企业技术创新、科技进步以及创名牌等各项扶持奖励资金920万元，办理外向型企业出口退税2.11亿元，调动企业加快结构调整、优化产业升级、提高竞争力的积极性和主动性，为财源持续健康发展奠定坚实的基础。

【加大资金筹措力度，各项重点支出得到有效保障】 2009年，面对亚沙会工程建设进入实质性阶段、财政收支矛盾异常突出的实际情况，财政部门积极围绕农业、环保、城乡基础设施、扩大内需、亚沙会筹建等项目实施税收优惠政策，取得明显成效。同时，采取多种方式，积极开展政府融资活动，缓解财政支出压力，切实保障亚沙会项目建设和各项社会事业发展等重点支出的需要。全年累计拨付城乡基础设施和亚沙会建设资金8.18亿元，公共财政覆盖面不断扩大，城乡面貌发生显著变化。

【优化支出结构，公共财政体系得到进一步完善】 一是不断加大“民生”投入，切实保障困难群体、弱势群体基本生活。将农村低保标准由每人每年1 000元提高到1 200元，城市低保标准由每人每月260元提高到300元，新增城市低保对象234名，保障范围进一步扩大，做到动态管理下的应保尽保。全年发放破产企业职工救助资金506万元。全年发放惠民助学金203万元，对全市2 993名家庭困难学生进行资助；发放普通高中和职业学校家庭经济困难学生助学金188万元，进一步解决家庭经济困难学生就学问题。拨付资金200万元，对全市14处敬老院暖气、电视和健身器材等设施进行配套完善，充分提高农村集中供养对象集体福利水平。不断拓展新型农村合作医疗保障范围，实行参合农民在定点医疗机构就地即时报销制度，将血液透析、癌症放疗等大病治疗费用纳入报销范围，并将报销封顶线标准由原来的2万元提高到3万元，切实减轻了农民医疗负担。进一步加大新型农村社会养老保险财政补贴力度，对年缴费200元以上的参保农民给予20至80元的财政补贴，极大地调动了农民参保积极性。加快实施城镇居民基本医疗保险制度，拨付资金86万元，对参加保险的城镇居民给予财政补助，有效解决部分城镇居民因病致贫、因病返贫的问题。二是不断加大“三农”支持力度，全面落实各项支农惠农政策。继续推进义务教育经费保障机制改革，全年拨付义务教育保障经费1 217万元，对义务教育阶段学生杂费、教科书、寄宿生住宿费进行补助，有力地促进教育事业的健康发展。全面落实各项支农惠农政策，切实维护农民利益，全年通过涉农补贴“直通车”渠道，发放粮食直补、农资综合补贴、家电下乡补贴、汽车摩托车下乡补贴、农村低保、优抚对象抚恤金等各项涉农补贴资金1.2亿元，使广大群众进一步享受改革发展和公共财政的成果和实惠。拨付资金1 414万元，对35座中小型病险水库全面进行除险加固；拨付资金1 493万元，对708个村级组织进行专项补助，进一步促进农业、农村、农民的和谐统筹发展。三是不断加大惠民实事投入，积极解决好与群众生活密切相关的热点、难点问题。继续加大“村村通”财政投入力度，按照每公里4万元补助标准，对全市88个村159公里“村村通”工程进行改造，农村交通状况得到明显改善。拨付资金316万元，对农村自来水和饮水安全工程进行建设和改造，解决部分村庄饮水困难，提高群众饮用水质量。拨付资金86.4万元，创建4个高标准沼气示范村，新型能源得到进一步普及和推广。拨付资金880万元，对城区居民普遍关心的西出口周边、背街小巷、樱桃园小区和哲阳小区等环境问题，进行硬化、绿化、美化、亮化综合性整治；并建设完善了北山公园、瑞祥园健身广场等居民健身、娱乐场所和设施，城市面貌明显改善，城市功能日趋完善，居民宜居水平进一步提升。

【加强资金监管，财政管理水平得到进一步提高】 一是把好政府投资工程资金监督关。对政府投资建设工程项目的预决算、招投标、施工、竣工结算每一个环节，都安排专人全程参与，深入现场严格把关，力求资金节约高效。参与亚沙会场馆等政府投资建设工程项目审核116个，通过实施工程预决算审查、招投标等形式，节减财政建设资金1.1亿元，切实提高财政资金使用效益。二是把好政府采购关。在原有政府采购目录的基础上，不断扩大采购范围，延伸拓宽采购领域，全面提升政府采购工作制度化、规范化、精细化管理水平。全年共进行35次货物类招标采购活动，通过招标、询价、现场采购、统一办理车辆保险等方式节减资金671万元，节支率达14%。三是把好国有资产监督管理关。组织实施4户国有企业和216户行政事业单位资产统计、产权登记、财产清查和债务统计工作，切实强化行政事业单位经营性房产和固定资产的有效监管，避免国有资产流失。

（撰稿：由志强）

长 岛 县

【概述】 2009年，长岛县地方财政收入累计完成1亿元，同比增长25%；财政支出累计完成3亿元，同比增长10%。当年实现财政收支平衡。

【财税征管】 积极加强与国、地税部门的协调与配合，采取“周调度、月分析、季度集中研究”的形式，加强对全县税收状况分析，最大限度地减少税收漏洞，实现应收尽收，全年完成税收收入6 011万元，同比增长7.3%。抓好非税收入征管工作，积极开展“全县非税收入征管财政票据使用情况专项检查”和“非税收入宣传月”等活动，做好行政事业性收费工作，将应收款项及时足额收缴入库，全年非税收入完成 4 007 万元，同比增长 66.9%。

【政策争取】 在努力做好增收节支的同时，把握省市支持长岛科学发展的有利时机，认真研究上级财政政策的走势，紧紧围绕“海岛经济发展”主线，不断加大向上争取资金和项目的力度，为县域经济社会发展提供资金保障。加大各类专项资金以及政策性贷款的支持力度，促进城建、交通等基础设施项目建设，提高卫生、教育、公检法司等社会事业发展水平，有效改善城乡生产、生活条件。

【民生工程】 坚持以人为本，在发展经济的同时，着力保民生、保稳定。先后筹资 1 000 多万元兑现机关晋升工资档次、事业单位晋升薪级、中小学教师增长 10% 工资、公检法津贴，确保干部职工队伍的稳定。加快新型医疗卫生体系建设，拨付新型农村合作医疗补助资金 155 万元；拨付城镇居民医疗补助资金 53 万元；提高未成年参合补助标准为每人每年 80 元。设立农村义务教育地方专项资金特设专户，确保专款专用，完善教育经费保障机制。拨付资金 234 万元，用于免除义务教育阶段学生杂费、公用经费补助资金、校舍维修改造等。发放成品油价格改革财政补贴资金 838 万元，粮食直补和农资综合直补资金 5.66 万元，补贴下乡家电 3 966 台（部），资金 73 万元，补贴下乡汽车、摩托车 202 辆，资金 35.3 万元。拨付资金 95 万元落实城乡低保对象、五保供养对象和残疾人补助等政策，拨付资金 20 多万元为渔村贫困残疾人家庭进行危房改造，拨付资金 355 万元支持渔村自来水管网，拨付资金 130 万元进行乡村道路改造，切实改善基层群众生产生活条件。

【财政管理】 加强扩大内需资金管理，全县扩大内需的建设项目共有 11 个，按照“急事急办、特事特办、责任到人”的原则，严格实行专账专户管理办法，加强对项目实施和资金运用等情况的全程跟踪检查，确保工程项目的顺利进行，在省、市检查中获得好评。根据年初安排，组织开展全县行政事业单位财务管理大检查（与中央的“小金库”专项治理工作有机结合），历时四个多月，共检查行政事业单位 109 个，针对检查中的问题下达整改通知。逐步转变政府采购管理模式，强化政府采购全过程监管，严格执行管采分离通知。共组织进行招标采购 78 次，采购预算资金 5 169 万元，实际采购金额 4 529 万元，节约率 12.4%。严格财政资金评审，审结财政投资建设项目 216 个，原报造价 5 815 万元，审减额 873 万元，审减率达 15%，确保财政资金发挥最大效益。

【国有资产管理】 积极与市财政部门和拆迁部门沟通，对长岛驻烟台办事处房产实施拆迁，争取补偿 1 220 万元；加大行政事业单位出租房产的监督管理力度，及时收缴房产租赁收入 30 万元；积极催收国有资产占用使用费，入库资金 100 余万元。先后筹措资金 335 余万，重点解决县农业建设机械队、海洋食品公司、远洋渔业有限公司、县罐头厂等单位的 79 名职工的安置问题，并对未处理的部分企业提出切合实际的解决方案。及时做好对西海岸海上养殖搬迁户的调查摸底工作，并在此基础上提出有效地搬迁补偿协议。联合县土地、渔业局、乐道公司对龙须港码头进行综合论证和评估，提出市场化运作方案，经县政府研究同意后，顺利完成码头的依法转让。

（撰稿：史慧敏）

经济技术开发区

【概述】 2009 年，烟台经济技术开发区实现财政总收入 78.52 亿元，其中地方财政收入完成 23.04 亿元，比上年增长 15%；税收占地方财政收入的比重 83.85%。地方财政一般预算支出 24.02 亿元，比上年增长 15%。获山东省“财政收入质量提高”、“支出结构优化”两项考核奖。

【落实保增长的责任，推动经济发展】 按照“保企业就是保发展、保就业、保财政、保稳定”的原则，综合运用财政手段，及时、有效地采取措施，促进全区经济在短期回落后即实现“V”型反转。一是加大投入。拨付扶企资金 5.2 亿元、增长 69%。办理出口退税 20.8 亿元，地方负担 1.34 亿元、增长 31%。二是减轻负担。全面落实各级优惠政策，取消和停征 210 项行政事业性收费，为部分困难企业降低四项社保费率，累计减负 6.7 亿元。三是平台支撑。完善中小企业融资担保平台，向区内两家担保公司新增出资 2 700 万元。完善金融考核平台，鼓励银企对接，全年驻区银行存贷比 88.3%，比上年提高 3 个百分点，日均贷款额 207 亿元、增长 24%。设立中小企业信贷周转金和再生资源回收企业退税周转金 3 600 万元，缓解企业资金困难，支持循环经济发展。四是优化服务。为企业办实事好事 140 多件，帮助 160 个项目进入上级扶持盘子，到位资金 1.54 亿元。

【落实抓收入的责任，提高保障能力】 面对企业经营困难、税源不足、政策性减收影响大等不利因素，强化措施保增收。一是调动各部门培植财源、强化征管的积极性，构建分工明晰、配合联动的大财源建设机制。财税部门联手运作深加工结转、发展总部经济等增收2.6亿元；财政、房管、土地等部门密切协作，契税、耕地占用税完成1.65亿元、增长128%。二是加强财源建设，实行动态监控，按照“抓龙头财源、抓新兴财源、抓综合帮治、寓服务于管理之中”的工作思路，建立财源建设信息共享平台，运行税收收入分析系统，企业月份财务信息调度185户，基本覆盖全区重点企业。三是拓宽增收渠道，将资源性收入、罚没收入等纳入非税收入管理。编制国有资本经营预算，将国有资本经营收入、国有资产出租和处置收入纳入目标责任制考核，国有资源（资产）有偿使用收入8 360万元、增长186%。

【落实促建设的责任，提升综合环境】 完成基本建设投入12.6亿元，富士康、西港区、大宇造船等重点项目基础配套及时跟进，安置小区建设全面加快，残疾人康复中心、医院病房大楼、福莱山公园等公益项目顺利推进。对政府投资的使用安排，实现从预算、评审、采购到支付的全过程监管，基建资金直接支付施工单位，避免沉淀和截留。投资评审关口前移，积极开展项目前期论证和立项审核，全年评审基建项目200余项，评审非基建项目41个，评审额8亿元，审减资金9 600万元，审减率12%。政府采购实现货物、工程、服务三类产品全覆盖，重大政府投资工程坚持现场监督、公开招标，完成采购总额5亿元，节约资金8 200万元，节约率14%。

【落实惠民生的责任，促进社会和谐】 坚持以人为本、民生为重，支出把握有保有压，压缩一般消费性支出，民生投入增长25.3%，达到7.91亿元，与群众息息相关的一系列民生问题，得到较好保障。城乡义务教育均衡发展，经费人均标准实行统一。实施积极的就业政策，对67家困难企业发放岗位补贴2 000万元，涉及职工5.4万人，“失地农民就业扶持资金”安排450万元，比上年增长24%。对居民购房实行契税优惠，全年补贴523万元，2 800多购房户受益。发放公积金贷款1.58亿元，增长137%，帮助771户居民圆了住房梦，比上年增加366户。累计拨付安保信访、维稳综治、安全生产等资金7 755万元，增长34.8%，进一步促进社会稳定。

（撰稿：王晓刚）

潍　坊　市

潍　城　区

【概述】 2009年，潍城区财政总收入完成13.65亿元，比上年增长21.9%；其中，地方财政收入完成6.98亿元，比上年增长20.4%。全区一般预算支出完成7.4亿元，比上年增长35.7%，当年实现收支平衡。

【完善收入组织机制】 积极应对国际金融危机影响，健全完善收入调度联席会议机制，继续推行社会综合治税，规范重点行业和重点税源管理，强化小税种、重大建设项目地方税收征管，不断挖掘税源潜力，理顺税收秩序。收入质量进一步提高，税收比重达95.5%，高于全市平均水平。

【重点支出得到有力保障】 完善城乡医疗救助、农村五保户保障机制，提高城乡低保、新农合补助标准。加大投入，启动城镇居民医疗保险，积极推进社区卫生改革，不断提高城镇居民医疗保障水平。加大就业扶持力度，积极开发公益性岗位，缓解就业压力。切实保障义务教育经费，健全校舍维修改造长效机制，促进教育事业发展。加强资金运作，提高全区干部职工工资标准，保证拆迁、土地储备、道路改造等重点项目建设。

【科学理财水平进一步提升】 配合开展“小金库”和非税收入专项治理检查，严肃财经纪律。加大专项资金检查力度，确保资金安全使用。搞好部门协调配合，区级土地储备进展较快。继续深化以部门预算、国库集中支付、政府采购、投资评审为主要内容的预算管理体系改革，压减一般性开支，集中财力保工资、保民生、保稳定。不断扩大政府采购范围和规模，严格规范工程招标程序，完成政府采购2 239万元，节约资金524万元，节支率达18.9%。

【各项惠民政策落实到位】 发放库区移民补贴716万元、粮食直补和农资综合补贴1 002万元、良种补贴219万元、农机购置补贴177万元、能繁母猪补贴94万元，家电、汽车摩托车下乡补贴688万元；认真落实廉租住房等保障政策，发放廉租住房补贴153万元、经济适用房补贴414万元、购房补贴420万元。

【工作机制不断创新完善】 进一步明确政策导向和支持重点，积极争取资源，科学合理调度资金，保证重点建设项目、片区拆迁、道路建设的顺利进行。利用财信公司融资平台，与金融机构合作，多渠道开展融资，为经济社会发展提供有力保障。争取中央扩大内需资金 4 566 万元、省调控资金 3 500 万元、地方政府债券 4 143 万元，专项用于廉租房、农村安全饮水、农村道路、符山水库除险加固、小城镇融资平台建设等项目。

（撰稿：孙铭刚　魏晓东）

寒亭区

【概述】 2009 年，寒亭区地方财政收入完成 4.1 亿元，增长 20.8%。地方财政支出完成 7.3 亿元，增长 15%。

【全力助推经济平稳较快发展】 认真执行国家宏观调控政策，积极应对国际金融危机，加快推进经济发展方式转变和结构调整，全区经济保持平稳较快发展。工业经济平稳回升，应对措施及时有效，投入力度进一步加大，支持企业自主创新取得新成果，潍坊三建滨海建材公司建筑垃圾综合利用项目和圆友集团玻化微珠轻质砂浆项目分别在全省、全国推广。都市农业稳步推进，农业产业化水平不断提升，着力扩大标准化生产规模，实现全区有机食品认证零的突破。寒亭昱合国际公司成功升入美国纳斯达克主板市场，成为全国畜牧行业唯一一家在美国纳斯达克主板市场上市的企业。文化旅游业蓬勃发展，按照“大产业、大发展、大文化、大旅游”的理念，突出“浪漫画乡、逍遥寒亭”主题，杨家埠民俗文化旅游品牌影响力不断扩大，禹王生态湿地、柳毅山文化旅游景区等项目顺利推进，潍坊新丰红木嵌银厂被省旅游局评为省级工农业旅游示范点。

【促进社会事业全面发展】 民生保障显著改善，就业再就业工作取得新突破，社会保障体系不断完善，养老、医疗等五项社会保险覆盖范围不断扩大，城镇居民医疗保险试点扎实推进。进一步提高城乡最低生活保障标准，城乡低保对象和农村五保对象全部实现“应保尽保”。建成城区居民“十分钟就医圈”，社区卫生服务功能大幅提升。计划生育政策推动体系进一步完善，镇街计生服务站全部达到国家标准要求，被国家人口计生委授予“全国计划生育优质服务先进单位”称号。涉及教育、医疗、计生、就业等方面的“10 件惠民实事”全面完成，广大群众得到了更多实惠。

【着力加强机关自身建设】 注重把学习成果转化到提升干部职工综合素质上，积极推进财政管理体制创新，全面实现工作提速 30% 的目标。不断完善内控机制，优化业务流程，对重点岗位、重点业务权力实行分解，有效防止资金管理行为失范。坚持对科室负责人离任审计和会计岗位变动会计交接监管等措施的实施，进一步规范内部监督制约机制，促进财政管理水平的整体提高。

（撰稿：刘洪康）

坊子区

【概述】 2009 年，坊子区地方财政收入完成 4.74 亿元，比上年增长 17.8%。地方财政支出完成 5.79 亿元，比上年增长 15.8%，连续 21 年实现财政收支平衡。

【强化征收管理，财政收入实现稳定增长】 面对全球金融危机造成减收增支的严峻形势，精心组织，加强调度，细化措施，积极化解减收因素影响，确保应收尽收，实现税收平稳增长和均衡入库。加大非税收入收缴监管力度，强化预算统筹，增强财政调控能力。

【优化支出结构，重点支出得到较好保障】 实施公务员职级制改革，提高全区干部职工收入水平；同时为确保离退休人员工资足额发放，提高养老保险征缴比例。投入 2 亿多元用于发展教育事业，全面推行城乡免费义务教育，改善办学条件。筹集资金 2 100 多万元，用于落实新型农村合作医疗及城镇居民基本医疗保险制度。提高城镇低保、农村低保和五保供养标准，积极落实廉租住房补贴制度，共发放低保金、五保供养金、农村医疗救助金等各类资金 2 570 万元，低收入群体生活得到有效保障。筹集资金 2 050 万元用于棚户区改造，切实改善居民居住条件。实施积极的就业扶持政策，加大就业培训力度，开发公益性岗位，有效缓解困难人群的就业问题。认真落实各项强农惠农政策，发放各类补贴 4 000 多万元。村干部工资由区级财政统一负担，确保基层组织正常运转。加大城市基础设施投入力度，城市载体功能不断提升。

【加大扶持力度，财源建设成效显著】 建立联系和服务企业制度，实行“点对点”服务，增强服务针对性。争取政策和资金扶持 1 亿多元，帮助企业解决发展中遇到的难题。出资与民企成立担保公司，为中小企业贷款提供担保。设立中小企业融资风险基金，与民生银行合作帮助中小企业融资，破解制约中小企业发展的资金“瓶颈”。完善金融机构新增贷款奖励补偿机制，提高金融业对中小企业新增贷款的奖励额度，引导金融行业加大对中小企业的资金支持，促进经济平稳较快发展。

【完善监督管理，财政管理水平进一步提高】 健全以综合预算、国库集中支付、政府采购和基建评审为主要内容的预算管理体系，扩大国库集中支付覆盖面，确保财政资金及时安全拨付到位。强化政府采购、基建评审管理，通过招标实施道路改造、绿化亮化等12项工程，节约资金3 000多万元。开展税收征管质量检查、财政专项资金检查、会计信息质量检查和“小金库”检查，规范财经秩序，优化经济发展环境。

（撰稿：陈相武）

奎文区

【概述】 2009年，奎文区地方财政收入完成10亿元，增长17.5%。全年地方税收收入完成9.3亿元，占地方财政收入的比重达到92.5%，收入质量进一步提高。地方财政支出完成7.1亿元，增长21.6%。

【增收节支有新办法】 强化收入调研分析，密切关注财税政策变化，及时掌握主要行业运行及税收入库情况。完善财税联席会议制度，加强与相关部门的沟通协调，做到应收尽收。认真做好奎文区与高新区、区内有关街道之间区划调整。强化预算约束，公用经费按定额，专项经费根据项目轻重缓急和财力来核定，预算执行坚持支出按计划，审批按权限，追加按程序，拨款按进度的原则办理。

【谋划发展取得新成绩】 积极贯彻各项产业优惠政策，扶持企业发展，争取扶持企业发展资金3 445万元和地方政府债券资金3 000万元，服务经济发展；进一步加大政府直接投资规模，落实城市基础设施建设资金9 581万元；积极兑现购房补贴、粮食直补、成品油价格补贴、家电及汽车摩托车下乡、家电以旧换新等消费补贴政策，拉动内需。

【社会保障水平有新提高】 2009年，社会保障、医疗卫生支出达到8 469万元。发放城镇低保资金1 146万元，做到符合条件的6 487人应保尽保；在农村建立农村低保、五保供养、新型合作医疗、医疗救助和贫困残疾人危房改造等五项制度；积极贯彻落实就业再就业政策，安置就业困难人员380人，培训下岗失业人员637人。

【各项社会事业稳步发展】 安排资金1 406万元，免除35 353名学生城乡义务教育阶段学生杂费；足额落实中小学教师工资提高10%和满30年教龄教师享受100%待遇；进一步提高村干部人均保障水平，全面兑现“一村一名大学生”和“三支一扶”政策；增加政法部门装备和办案投入，维护社会稳定。

【财政改革取得新进展】 深化预算管理改革，努力做到预算编制完整细化，实行综合预算；进一步规范直接支付报送程序，开辟专项资金拨付绿色通道；逐步建立“管采分离”的采购管理体制及竞标企业“黑名单”制度。

【强化财政监管有新举措】 相继出台完善《奎文区大额财政资金管理办法》、《奎文区基本建设项目政府采购管理暂行办法》等财政资金分配和使用监督管理办法；进一步加强会计培训与监督，认真开展“小金库”专项检查，规范财经秩序。

（撰稿：孙 伟）

青州市

【概述】 2009年，青州市地方财政收入完成14.7亿元，比上年增长25%；财政支出完成19.6亿元，比上年增长36.3%，全市连续25年实现财政收支平衡。

【财政收入稳定增长】 狠抓综合治税，强化“小税种”征收；总结综合治税经验，进一步加强综合治税办公室力量；着力培植壮大骨干财源，经济发展质量和效益不断提升。进一步加大契税和耕地占用税两税收入任务的分解落实，加大税收稽查力度；完善“票款分离”系统，加强非税收入征收管理，提高收入征收管理水平。

【支出结构继续优化】 2009年，人口和计划生育、教育、文化体育与传媒、社会保障和就业、医疗卫生、城乡社区事务等重点社会事务支出完成10.6亿元，比上年增长20.6%。地方财力安排教育、社会保障和就业、医疗卫生、农林水事务等重点支出101 424万元，占地方财政支出的比重为59.5%，比2008年提高1.7个百分点。其中，积极落实义务教育阶段免除学杂费及补助公用经费政策；完善普通高中家庭经济困难学生助学金制度；对中等职业学校家庭经济困难学生实施资助；建立农村义务教育阶段中小学校舍维修改造长效机制，教育经费保障机制不断完善。

【社会保障体系进一步健全】 工资发放得到有效保障，在全市行政事业单位人员工资全部由市财政统发的基础上，提高村支部书记工资报酬，并将其纳入财政统发范围，实行按月发放。建立并完善城乡最低生活保障制度，对符合城乡低保条件的1.76万人实行应保尽保；完善农村五保供养制度，将符合条件的1 889名五保对象纳入供养范围；提高新型农村合作医疗政府补助标准由每人每年60元提高到80元，参保率达到100%。实施被拆迁社区居民生活养老保险，推行城镇居民医疗保险和启动优抚对象医疗保障。

【各项惠民政策得到全面落实】 拨付资金1.1亿元，兑付粮食直补、农资综合补贴、家电下乡及汽车摩托车下乡补贴、良种补贴、农机补贴以及奶牛和能繁母猪补贴等政策，农民得到更多实惠。

（撰稿：王小雨）

诸城市

【概述】 2009年，诸城市实现地区生产总值402亿元，比上年增长14.5%。地方财政收入完成24.6亿元，列全省县级第7位，增长20.6%。财政支出完成29.8亿元，增长20.3%。

【强化综合治税，保持财政收入较快增长】 建立税收预警和动态分析机制，把握税收动态；完善社会综合治税管理办法，形成社会综合治税强大合力；出台房屋租赁业税收管理办法，堵塞税收漏洞；深化纳税评估，强化以票控税；从源头上加强房地产行业税收监控，防止税收流失。

【调整支出结构，保障重点社会事业发展】 一是优化财政支出结构，压减公用经费支出5%，集中财力向社会事业方面倾斜。二是提高新型农村合作医疗、城乡低保补助标准，对贫困人群实行医疗救助，全面推行城镇居民医疗保险制度，提高村干部补贴报酬标准，发放聘用高校毕业生到村任职人员工资。三是落实汽车家电下乡、以旧换新补贴政策，增加农村中小学公用经费，对职业教育学生发放交通补贴，实行免费婚检和唐氏综合症筛查。

【加大财政投入，推动经济平稳较快发展】 认真落实国家出口退税、福利企业退税等政策支出5.7亿元；成功发行中小企业集合票据，为新郎·希努尔、信得科技等8家企业募集资金5亿元；利用舜域和舜邦融资担保公司平台为63家中小企业担保贷款2.8亿元；设立金融平衡资金，确保企业资金链条安全；争取上级地方债券和扩大内需调控资金，加大融资投入，支持墙夼水库除险加固、潍河生态综合治理等公益性项目建设。

【盘活国有资产，提高经营效益】 严格规范土地拍卖市场，加大土地储备和招拍挂力度，实现土地效益最大化；大力整顿矿产资源市场秩序，规范完善拍卖程序，实现矿产资源有序开采运营，全年完成国有资产经营收益8亿多元。

【加强财税监督，规范完善财税秩序】 建立健全税收执法机制，加强对税收征管质量、企事业单位税收征缴和涉税部门综合治税职责履行情况的监督检查；开展党政机关和事业单位“小金库”专项治理，进行房地产业和重点企业税收专项检查；完善政府投资评审制度，强化事前评审、事中跟踪、事后审计，全年共审减政府投资额1.3亿元，审减率15%。

（撰稿：李家磊　刘顺章）

寿光市

【概述】 2009年，寿光市地方财政收入完成25.1亿元，比上年增长12.7%和19.6%。

【依法加强税费征管，财政收入预算圆满完成】 2009年，各级财税部门密切配合，坚持依法治税，强化征管，努力挖掘增收潜力，促进财政收入平稳较快增长。坚持月调度、季分析，及时研究、解决收入征管中遇到的困难和问题，狠抓措施落实，保证收入及时入库。依法加大科学征管力度。主体税种应收尽收；对小税种深挖潜力，增收效果明显。充分发挥监督稽查作用。加大综合治税力度，开展专项稽查，共查补各类税款4 183万元。

【全面落实财税政策，增强经济发展活力】 在认真落实中央省市出台的积极财政政策的同时，结合实际，制定出台一系列扶持政策，大力支持房地产业、金融业、中小企业、服务业等重点产业发展。认真落实财税优惠政策，全年办理出口退税5.1亿元，为企业抵扣新购设备增值税1.8亿元，安排技改项目补贴、企业法人奖励和工业大项目扶持专项资金2亿元，促进产业结构优化和发展方式转变。抓住机遇，加强政策研究，全年争取中央扩大内需、省调控贷款及地方政府债券资金2.8亿元，获批全国小型农田水利重点县和农业综合开发两类结合试点项目等国家重点支农项目。

【科学优化支出结构，公共保障体系更加完善】 认真执行部门预算，优先保工资、保民生、保重点，一般性支出比上年压减20%，市级节减支出2 700万元，财政支出保障公共管理和重点事业发展的时效性、均衡性明显提高。与人民群众生产生活密切相关的教育、文化与传媒、医疗卫生、社会保障、科学技术、公共安全、城市建设规划维护等社会事业支出18.9亿元，占全年财政总支出的62.5%，同比增长30.4%。从支出预算执行结果看，全市新增财力的91.3%投向民生社会事业领域，发展成果更多地惠及城乡居民。

【深入推进财税改革，财政管理水平

不断提高】 按照事权与财权相统一的原则，市财政将市属企业税收下放，实行收入共管共享，调动基层组织收入的积极性，4个镇街道地方财政收入过亿元，财政实力进一步增强。非税收入管理更加规范。土地出让收支全部纳入预算管理，全年土地出让收益2.9亿元，政府统筹经济发展的调控能力进一步增强。综合预算管理体制更加完善。以部门预算、国库集中支付、政府采购和投资评审为主要内容的预算管理体系进一步健全，预算内外资金实现资源整合，统筹使用。财政资金直接支付率达82%；政府采购规模超过10.6亿元，节支率达11.6%；财政投资评审规模完成9.5亿元，审减率达15.8%。投融资平台实力更加强大。创新融资方式，成功为8家企业发行中小企业票据债券5亿元，利用BT方式发行治污减排债券10亿元。

（撰稿：郎继荣）

安丘市

【概述】 2009年，安丘市地方财政收入5亿元，同比增长15.5%；地方财政支出9.95亿元，比上年增长18.7%。

【强化财源建设，促进经济发展】 积极适应财政体制改革和宏观经济环境变化，及时调整财源建设思路，全面落实招商引资、出口退税、节能减排等财税政策，促进经济持续健康发展。整合财政支农资金和资源，大力实施出口食品、农产品质量安全区域化建设，加大对农业标准化生产基地和协会组织的扶持力度，提升现代农业产业化水平。运用财政贴息、补贴、奖励等手段，发挥财政政策杠杆作用，吸引更多社会资金参与经营，为经济持续健康发展注入新的活力，实现财政与经济的互促共进。

【优化支出结构，保障重点支出】 调整和优化财政支出结构，严格控制和压减一般性支出，优先保障工资发放、政权运转、社会稳定和重点事业支出，公共财政保障能力稳步提高。全面落实各项强农惠农政策，加快推进新农村建设，家电下乡工作位居全省县级第一。加大财政投入，大力支持教育、科技、文化、医疗卫生、劳动就业、社会保障、计划生育、环境保护、公共安全等重点事业发展，保障和改善民生。

【深化财政改革，提升管理水平】 深入推进部门预算、国库集中收付、政府采购、投资评审、收支两条线等项制度改革。支持扩权强镇改革试点，推进城乡经济社会统筹协调发展。加强住房公积金和国有资产运营管理。清理整顿行政事业单位公务用车。建立健全“立项审批—投资评审—政府采购—绩效评价”的管理机制，制定《安丘市政府投资评审暂行管理办法》，全面提升精细化管理水平，提高资金使用效益。

【加强监督检查，依法严格理财】 坚持依法行政、依法理财，财政会同监察、物价、审计等部门，实施“收支两条线”专项检查，认真做好“小金库”清查，规范了财经秩序。组织对契税、耕地占用税征管情况进行专项清理整顿，对社保、教育、支农、公共安全等专项资金使用情况进行重点检查，堵塞了漏洞。

【加强队伍建设，创建文明机关】 围绕建设“公共财政、阳光财政”，建立健全财政管理制度，实施工作绩效考核、机关效能提速、局务例会点评三项措施，全面落实政务公开、首问负责、服务承诺、限时办结和责任追究制度，靠制度管人管事。加强廉政勤政建设，层层签订《党风廉政责任书》，扎实开展深入学习实践科学发展观活动，组织开展帮村扶贫等多项公益性活动，努力建设学习型、服务型和创新型机关。

（撰稿：贺成波　宋振波　徐德利）

高密市

【概述】 2009年，高密市地方财政收入完成14.28亿元，比上年增长21.42%。财政支出完成18.39亿元，比上年增长20.98%。

【发挥优势，支持企业发展】 利用国有资产经营投资有限公司为企业提供贷款担保；成立高密鑫彤飞投资担保有限公司，通过帮助企业偿还贷款、缴纳投标业务保证金、为企业借款提供担保等方式，支持企业加快发展。为19户企业争取资金5 465万元；争取中央资金和省调控资金5 100万元；为企业兑现优惠政策9 174万元，为企业科技创新等提供资金支持2 094万元。

【多措并举，积极组织收入】 健全征管机制，加强对重点行业、重点企业和重点税种的管理，掌握组织收入工作主动权，做到应收尽收。加强“两税”征管，采取镇街交叉进行方式，对以前年度纳税情况进行全面检查，摸清“两税”底数，清理欠缴税款，促进“两税”征收。强化非税收入管理，核定单位非税收支计划和财政统筹计划，确保非税收入稳定增长。落实专管员责任制，通过加强考核、严格奖惩制度，完善专管员责任制，督促专管员认真履行职责，提高管理水平。

【拓展思路，提高融资能力】 将国有股权划转到国有资产经营投资有限公司，公司资产规模达到80亿元，从多家金融单位融取资金11亿元，融资总额达到18.7亿元。筹备发行国有资产经营投资有限公司10亿元"城投债券"，与国家开发银行合作，运作100家中小企业3亿元捆绑式贷款项目，不断拓展融资渠道。

【优化结构，保障重点支出】 落实行政事业单位月人均300元津贴补贴、教师10%工资、公检法特岗津贴等增资政策。加大事业投入，重点社会事业支出10.13亿元，比上年增加1.77亿元，增长21.2%。落实"三农"政策，支持实施农村饮用安全水工程、病险水库除险加固、现代农业标点建设、动植物防控、造林绿化等。投入8 300万元，用于新农村建设。搞好社会保障。用于社会保障事业方面的支出达1.75亿元。

【加强监督，维护财经秩序】 一是加强政府采购管理。2009年，完成采购预算2.58亿元，实际支出2.25亿元，节约资金3 273万元，节支率12.7%。二是加强会计管理。培训各类财会人员2 600人次。三是加强住房资金管理。全市243个单位建立住房公积金制度，缴费人数达2.78万人，归集住房公积金5 300万元；发放个人住房公积金委托贷款1 624万元。四是加强监督检查。开展纳税评估、专项资金使用情况、涉企收费、清理"小金库"、政府融资使用情况等检查，提高了资金使用效益。

（撰稿：李泰鹏　王　蕾）

昌邑市

【概述】 2009年，昌邑市地方财政收入预计完成9.6亿元，同比增长20.29%，增收1.6亿元。

【财政融资工作进展顺利】 完善国资公司《章程》和《业务管理暂行办法》，制定规范的公司业务流程，建立与合作金融机构良好的业务合作关系，实现投融资平台和过桥引领职能，为全市重点项目和基础设施建设提供担保支持和投融资服务。全年累计完成融资8.3亿元。

【社会保障水平进一步提高】 2009年共计安排社保单位支出预算2 262万元，预留低保、五保、农村合作医疗、城乡医疗救助、民政优抚、就业补助等社保专项资金6 392万元，比上年增长26.7%，保障社会保障资金需要。进一步完善农村低保制度，提高城乡低保保障标准，其中：农村最低保障标准，由每人每年1 000元提高到1 200元，人均月补差由41元提高到55元；城镇居民低保保障标准，由每人每月220元提高到240元，人均月补差由116元提高到137元。全面落实中央惠农补贴政策，采取"齐鲁惠农一本（卡）通"的形式，发放粮食直补和农资综合补贴资金4 673万元，将政策不折不扣地落实到位。

【财政改革实现新突破】 深化部门预算编制改革，强化预算编报时间和程序要求，严格预算批复时限规定；推进基本支出预算编制实行定员定额管理，细化基本支出和项目支出预算编制，预算编制规范化水平进一步提高。深化国库集中支付制度改革。加强预算单位资金账户管理，对预算单位所有财政性资金实施动态监控。深化政府采购制度改革。健全监督机制，规范采购程序，拓展采购规模，加大工程、服务类采购力度，采用询价采购单制度，让采购单位全程参与，相互制约，相互监督。全年完成采购额1.2亿元，资金节约率达38.7%。进一步推进"收支两条线"制度改革，加强非税收入系统管理，及时调整增减项目，全市139个单位，691个收入项目纳入非税收入征收管理系统。

（撰稿：明坤祥）

临朐县

【概述】 2009年，临朐县地方财政收入完成3.27亿元，增长16.5%；地方财政支出完成7.8亿元，增长17.9%。

【拓展职能空间，服务企业发展和城镇化建设】 制定财政扶持激励政策，促进大项目建设和重点企业发展。落实企业奖励资金，培训企业会计2 380人次，增强财政发展后劲。完成财政融资1.9亿元，全力推进城市建设和文化旅游业等重点产业发展。

【落实增收措施，促进财政收入稳定增长】 加大综合治税力度，制定完善石灰石资源税、砂资源税征管办法和铝合金企业纳税评估预警办法，开展重点行业发票管理、会计从业人员诚信和县属企业财税法规执行情况专项检查，规范税收征管秩序，促进税收增收。严格"收支两条线"管理规定，加大非税收入稽查和票据管理力度，加强非税收入征管。建立并落实局领导班子成员包靠镇（街）财政收入制度，促进镇（街）财政增收。全年镇（街）地方财政收入完成2.3亿元，增长32.4%。其中4个镇（街）地方财政收入增幅超过40%，收入千万元以上的5处，比上年新增1处。

【优化支出结构，努力保障和改善民生】 民生政策得到较好落实。统一县乡教师、干部工资标准，实现了县乡同劳同酬。巩固免费义务教育成果，农村困难家庭寄宿生生活补助和高中困难学生、中职学生资助政策全面落实。新农合政府补助标准和城镇居民基本医疗保险补助标准进一步提高，新实施城乡居民医疗救助制度。农村低保和五保供养、城镇低保以及军转干部差额补助、残疾军人护理费标准进一步提高，认真实施好廉租住房补助制度和残疾人危房改造工程。累计发放各项惠农补贴资金1.1亿元，投入财政支农资金1.78亿元，积极促进农村基础设施建设、生态建设和现代农业发展，被评为“中国绿色名县”。

【深化财政改革，理财水平进一步提高】 深化国库集中支付制度改革，不断提高直接支付比例，增强财政资金的透明度。深化政府采购改革，完成政府采购合同金额9 942万元，节支率14.3%。健全完善投资评审制度，完成工程预算评审、决算评审额1.72亿元。强化财政监督，围绕家电下乡补贴、政府融资贷款、职业学校助学金、扩大内需资金以及医疗卫生、“小金库”等社会关注的热点问题，加强专项检查治理。按照“全覆盖、高标准、统一规范”的原则，全面实施部门预算编制改革，财政科学化精细化管理水平进一步提高。

（撰稿：王兴刚）

昌乐县

【概述】 2009年，昌乐县地方财政收入完成8.2亿元，比上年增长20.3%。财政支出完成12.2亿元，比上年增长17.3%。

【全力支持新农村建设】 落实各项惠农政策，全年发放良种补贴、农机补贴、粮食直补、家电下乡、汽车摩托车下乡等各项补贴资金5 209万元。加强农村基础设施建设，支持解决165个村、10万人的饮水安全问题，对全县28座小型水库进行除险加固。大力支持现代农业发展，支持农村沼气建设、农业标准化建设和农业综合开发。加强农村基层保障，提高村干部工资待遇，落实大学生村官和“三支一扶”人员生活、交通补贴。

【加大以改善民生为重点的社会事业投入】 统一城乡教师工资标准，农村教师人均月增资316元，提高农村中小学生均公用经费标准，农村教育保障体系更加完善。支持开展计划免疫和手足口病、甲流、结核病、艾滋病等重大传染病防控，公共卫生服务水平进一步提高。支持文物普查和非物质文化遗产项目的保护及恢复，推进省级文化先进县创建，对农村公益电影放映进行补贴，支持科学普及示范活动；落实独生子女父母、家庭奖励扶助和计划生育四术减免专项资金，实施免费婚前检查和免费唐氏综合症筛查，促进文化体育、科技、计生事业全面发展。

【各项财政改革稳步推进】 在全县86个部门、104个单位全面推行部门预算改革，建立预算定额和支出标准体系。继续深化国库集中支付改革。其中，直接支付资金占国库集中支付资金的比重提高到84%。进一步规范“收支两条线”管理，开展票据使用管理清理检查和“小金库”专项治理，有效地防止违纪违规现象的发生。强化政府采购制度和投资评审制度，政府采购规模2.3亿元，资金节约率达19.8%；累计评审政府投资工程预、结算项目154个，评审资金5.5亿元，审减率达到20.5%。

【机关管理水平进一步提升】 扎实开展深入学习实践科学发展观活动，圆满完成各阶段的学习任务，得到省、市指导检查组的好评。加强干部职工教育培训。制定中长期学习培训规划，邀请专家和高校教授对全局干部职工进行政治理论和财政业务知识培训。制定完善规章制度。制定《昌乐县财政局财政资金收支操作流程》、《昌乐县财政局机关干部自律八条》等制度，逐步实现“用制度管人、按制度办事、以制度理财”的管理体制。

（撰稿：周海刚）

高新技术开发区

【概述】 2009年，高新区财政按照“保民生、保稳定、促发展”的工作思路，深入落实构建和谐社会的重大战略部署，积极进取，锐意创新。全区完成地区生产总值（GDP）151.9亿元，比上年增长13%；地方财政收入完成13.5亿元，比上年增长21.8%，其中税收收入12.7亿元，比上年增长19%。

【加大建设支出，促进经济发展】 紧紧围绕经济社会发展任务，着力调整和优化支出结构，支持经济发展。完成地方财政支出6.33亿元，比上年增长30.2%；完成基本建设投资49.94亿元，增长6.7%，有力保障重点项目资金需求，推动全区经济持续快速发展。

【加大民生投入，惠及广大群众】 坚持以人为本、聚财为民的原则，不断强化民生意识，加大民生投入，提高公共财政保障水平。全面落实义务教育保障机制，免除全区城乡中小学生学杂费、课本费。扩大城乡最低生活保障范围，进一步提高城乡最低生活保障水平和农村“五保”供养保障标准。推行城镇居民基本医疗保险制度，将非就业城镇居民全部纳入医疗保险保障范围，实现医疗保障的全覆盖。

【落实“三农”扶持政策，加快新农村建设】 按照以工促农、统筹城乡的要求，切实加大“三农”投入，不断扩大公共财政覆盖农村的范围。继续深化新型农村合作医疗制度改革，参合率达 100%，农村医疗保障水平进一步提高。加快旧村改造步伐，实施“村村通公路”工程，农村基础设施体系更加完善。

【推进财政改革，完善财政体制】 不断完善部门预算管理体系，提高预算管理的科学化、精细化水平。推进综合治税信息化工作，实现税源的全程监控，解决税源信息不对称、涉税信息处理不及时和涉税信息处理结果无反馈等问题。进一步理顺区、街财政分配关系，增强街道财力，充分调动街道发展经济、培养税源、增收节支的积极性，促进全区经济社会协调发展。

【加强财政监督，提高财政财务管理水平】 认真贯彻执行《会计法》及《实施办法》，对会计人员进行以业务素质教育和职业道德教育为重点的培训工作。按照“收支并举、内外并行、监管并重”的原则，充分发挥财政监督职能。进一步加强和规范财政监督和审计工作。

（撰稿：从衍涛）

滨海经济开发区

【概述】 2009 年，滨海经济开发区地方财政收入 9.31 亿元，增长 16.39%。财政支出 6.96 亿元，比上年增长 19%。

【加强财源建设，支持经济发展】 与有关部门配合，积极争取中央补助资金 1 142 万元，用于沿海防护林、防潮堤、农村公路、生物柴油等项目建设。落实各项企业优惠扶持政策，兑现扶持奖励资金 1 590 万元；争取技术改造、节能减排、技术创新等各类补助及奖励资金 938 万元；积极做好中小企业融资担保工作，为 32 家中小企业担保资金 1.77 亿元，鼓励和引导企业加快发展。

【保障和改善民生成效显著】 本着保障重点、有保有压原则，调整和优化支出结构，民生投入大幅度增加。在全省率先实施失海渔民保障，150 多名失海渔民享受到保障待遇。全面启动新型农村社会养老保险工作，参保农民每人每月可领取到 130 元左右的养老金。新农合区级补助标准由年人均 30 元提高到 50 元。城镇居民医疗保险全面铺开，中小学生补助标准由 2008 年的年人均 18 元提高到 28 元。率先开展农村社区公共卫生服务，提高城镇社区公共卫生购买标准。将城镇社区公共卫生服务年人均补助水平由 10 元提高至 15 元；将社区基本药物“零加成”补助政策调整为按年人均 10 元的标准购买社区基本医疗服务。

【全面落实惠农补贴政策】 全年发放粮食直补与农资综合补贴资金 332.7 万元；落实家电下乡和汽车、摩托车下乡补贴政策，发放资金 178 万元；贯彻油价补贴政策，发放农村客运补贴资金 7.4 万元、渔业渔用柴油补贴资金 485.3 万元。

【严格执行政府采购制度】 在做好日常采购工作的同时，先后为环境监测站仪器及试剂、社区卫生服务设备、乡镇卫生院地方配套设备、电子政务软硬件系统、渤海中学教学设备配套、央子卫生院病房楼配套设备、环境监测中心设备配套及软件系统等项目进行招标采购。全年采购额 2 500 万元，节约资金 540 万元。

【强化财政管理，规范财经秩序】 全年归集住房公积金 6 752 万元，发放住房公积金个人贷款 2 186 万元。组织会计从业资格报名考试工作，全年共报考人员 341 人。组织 1 150 多人次参加会计从业人员继续教育学习。开展家电下乡补贴、科学技术及农林水事务中央财政专项支出资金检查工作；对扩大内需、促进经济增长政策落实情况进行监管检查，确保专款专用。扎实开展“小金库”专项治理工作，着重对执收、执罚权相对集中的 9 个部门和单位进行检查。

（撰稿：于钦勇）

经济技术开发区

【概述】 2009 年，经济开发区地方财政收入完成 1.52 亿元，增长 21.4%，其中税收收入 1.46 亿元，占收入的 96.2%，非税收入完成 576 万元，占收入的 3.8%。

【完善社会保障体系】 加大公共医疗服务基础设施建设投入，构建城乡卫生医疗服务保障体系。完善城乡社会救济保障体系，积极推进农村五保供养、农村低保等财政机制建设。提高城乡低收入群体补贴水平，城市最低生活保障标准由每人每月 260 元提高到 280 元，农村最低生活保障标准由每人每年 900 元提高到 1 000 元。落实汽车下乡财政补贴工作，累计发放补贴资金 53 万元。认真落实水库移民政策补贴工作，累计发放补贴资金 179 万元。

【抓好投资评审工作】 充分发挥社会中介机构履行财政专管员的作用，对项目进行全过程的跟踪监督，进一步加大政府投资项目监管力度。2009 年共评审项目 17 个，送审项目申请资金额 4 967 万元，审定资金额 4 011.2 万元，审减 955.8 万元，综合审减率 19%，有效节约财政资金。

【强化政府采购工作】 一是强化集中采购力度，突出“公开、规范、合理”的宗旨，扎实推进政府采购工作。二是充分发挥政府采购职能，提高财政支出效益。在充分发挥市场经济的条件下，政府采购职能优势，充分吸纳社会上的优势资源，投身到我区的经济建设中来，全年完成政府采购项目21个，节省财政资金约1 947万元。三是加强对集中招标项目的监督、管理，实行采购前积极向监督部门汇报形成共识，采购中职能部门现场监督，采购后跟踪监督的工作机制，将监督贯穿于全过程。

（撰稿：张大颖）

峡山生态经济发展区

【概述】 2009年，峡山生态经济发展区（以下简称峡山区）地方财政收入实现3 209万元，比上年增长22.7%。财政支出实现1.7亿元，比上年增长35.9%。

【加大融资力度，支持城区基础设施建设】 与多家银行建立日常联系沟通机制，及时了解国家货币金融政策及其走势和各金融机构的融资项目优势及内部审批程序等情况，在充分利用融资平台的基础上，建立符合峡山区实际的多形式、多层次、多渠道的融资机制，保障峡山区基础设施建设顺利实施。

【科学统筹规划，合理安排各项支出】 在财政收入低，增支压力大，收支矛盾突出的情况下，按照“保工资、保稳定、保民生、保重点”的要求，科学安排各项支出，较好地保证教育、卫生、社会保障、农业等重点支出的需要。同时树立过紧日子的思想，坚决控制一般性支出，大力压缩人、车、会费。在年初预算安排上，充分考虑各项增减收因素及支出要求，科学编制收支预算。在预算执行中，对各项资金的拨付严格按照年初预算来安排，做到无预算不支，超预算不付。把有限的财力真正用到促进经济社会发展的关键领域，提高财政资金的社会效益和经济效益。

（撰稿：赵翠玲）

济　宁　市

市　中　区

【概述】 2009年，济宁市市中区完成地区生产总值146.16亿元，增长13.1%；地方财政收入5.82亿元，增长17.01%；财政支出7.1亿元，增长42.4%。当年财政实现收支平衡。

【支持发展取得显著成效】 一是科学管理使用财政扶持基金。进一步扩大基金规模，支持企业发展，全年财政共拨付各类基金1 209万元。二是全力支持重点项目建设。积极筹措和投入资金3.6亿元，保证百花公园升级改造、济安桥路南延工程等十大项目的顺利实施。三是积极扩充城建投融资平台。投入注册资本7 000万元，增加信贷和融资规模，先后承诺融资、贷款近8个亿，保证城市开发建设。四是认真落实扩大内需、刺激消费政策。大力推进家电、汽车摩托车下乡和家电、汽车以旧换新，全年兑付补贴资金1 082万元，直接拉动社会消费1.18亿元。

【税收征管创出特色亮点】 一是在税收征管上，适应区划后新的征管形势，大力实施社会综合治税，集中开展清理整治行动、综合治税突击月活动。二是在日常管理中，认真落实以票控税措施，强力推进缴款开具发票工作，在银座商城、大润发超市、贵和购物中心等11家大型商场、超市推广安装税控机，实现缴款与开具发票同步进行，有效减少税收流失。2009年，市中区社会综合治税工作得到省财政厅、市社会综合治税工作领导小组和市财政局的充分肯定，经验做法被省财政厅编入《财政情况》，被市政府编入《要情快报》，在全省、全市进行推广。

【保障能力得到显著提升】 一是工资性支出和重点支出得到有力保障。全年工资性支出得到及时足额发放，农业、教育、科技、医疗卫生支出均达到法定增长要求。二是大力实施民生工程，不断加大财政对民生保障的投入力度。全区各类养老、医疗保险、社保支出达2.04亿元，增长46%。直接用于民生建设投入1.16亿元，同比增长39.3%，年初确定的为民“10件实事”全部完成。三是全力推进新农村建设。财政拨付用于农村发展、农业增效、农民增收的各类补贴、惠农补助和配套资金2 000余万元。

【财政管理更加精细科学】 扎实推进国库集中支付改革，全面实施非税收入预算化管理，财政科学化、精细化管理水平进一步提升。全区执行非税收入“收支两条线”管理的部门单位142家，覆盖面100%，纳入国库管理的非税收入5 724万元，政府统筹能力显著增强。认真组织开展上级专项资金、“小金库”治理等专项检查，严肃财政纪律，促进依法理财。

（撰稿：吕　镇）

任　城　区

【概述】 2009年，任城区地方财政收入完成12.6亿元，增长14%。财政支出完成9.3亿元，增长6.93%。当年实现财政收支平衡。

【强力抓征管，财政实力显著增强】 面对严峻复杂形势，努力加强收入预测分析，深入挖掘增收潜力，堵塞征管漏洞，提高征管水平，以管促收，以管增收。一是突出抓好采煤塌陷地土地使用税、交通运输业税收、漏征漏管户、房地产项目税费等重点收入的征管，增加税收2 500多万元。二是对采煤塌陷地耕地占用税，采用多种手段依法进行清理清收，全年入库4 601万元。三是充分发挥综合治税职能，强化对政府投资项目税费的代征代扣，全年代扣税款1 500多万元。全区财政实力显著增强，收入规模不断扩大，地方财政收入总量居全市第三位，增幅高于全市平均1.26个百分点，非税比重低于全市平均8.11个百分点。

【倾力支持民生重点，财政保障能力稳步提高】 坚持“有保有压”的原则，区分轻重缓急，集中资金支持“三农”、民生改善和各项重点支出需要。一是认真贯彻强农惠农政策，发放家电下乡补贴、汽车摩托车下乡补贴、种粮补贴、农机具补贴、农资综合和良种补贴资金4 750万元，全区农民每人年均直接受益136元。二是进一步加大改善民生力度，支持教育优先发展，落实义务教育保障经费1 615万元；投入中小学危房改造资金1 025万元，新建、改建、扩建校舍1.3万平方米；拨付家庭经济困难学生资助540万元，受益学生达到4 019人，教育教学条件得到较大改善。发放补助资金276万元，帮助230户农村困难家庭实施危房改造1.3万平方米，大力改善农民住房条件。拨付1 939万元，用于抚恤、城乡低保、敬老院建设、五保户供养和孤儿救助，社会弱势群体受益面不断扩大；拨付3 930万元，用于镇街卫生院建设、城镇职工、城镇居民、新型农村合作医疗三项医保等项目，全区医疗卫生条件明显改善；年增加400万元，实现全区定职村干部补贴由区级统筹发放，并办理养老保险，确保农村基层组织正常运转；拨付210万元，组建应急与巡逻警察大队，保障社会稳定；拨付300万元，用于建设村级文化大院，改善农民群众的业余文化生活；“十件实事”基本完成，各项惠民政策全面落实，全区人民共享经济发展成果。三是多方筹措资金，全力支持城市建设，保障重大工程、重点项目和重要事项资金需要。投入7.9亿元，用于小街巷综合整治、洸河路、共青团路、105国道、济邹公路升级改造以及城北片区拆迁、回迁安置房建设，老城改造成效显著。投入3.2亿元，用于任城新区道路、湿地公园、森林公园、任兴商务中心、疾控中心、汇翠园小区、金融大厦等项目建设，任城新区初现雏形。

【大力推进财政改革，管理体制更加健全】 对区经济开发区制定“划分收支、递增上解、滚动发展、自求平衡”相对独立的财政体制，对金城、仙营街道按照“一级财政”制定“划分收支，核定基数，增收分成”的财政体制。新的财政体制赋予两街道和区经济开发区充分的财力自主权，既增强区级财政调控能力，又调动镇街积极性，激发镇街发展活力。深入实施部门预算，部门预算编制范围不断扩大，定额标准更加合理，预算管理更加规范，预算约束力度不断增强。进一步深化国库集中支付改革，集中支付事前、事中、事后全过程的审核力度不断加强。

【着力强化财政监管，财政管理水平不断得到提升】 一是进一步健全和完善财政资金监管办法，严格扩大内需、支农惠农和融资等专项资金的具体使用办法和程序，用制度规范支出行为。二是加大财政监督检查力度，先后开展非税收入大检查和清理“小金库”专项治理活动，进一步严肃财经纪律，确保财政资金的安全高效运行。不断加强国有资产监管，对区直单位租赁房屋进行公开招租，租金增长达50%，从源头上堵塞房屋租赁税收的流失，促进国有资产保值增值。三是进一步加大周转金回收力度，全年共清收周转金4 000多万元，有效缓解支出压力。

（撰稿：师　建）

曲　阜　市

【概述】 2009年，曲阜市地方财政收入完成8.69亿元，比上年增长6%；财政支出完成13.89亿元，增长15.85%。

【强化征管，全力组织收入】 一是积极克服国际金融危机冲击带来的不利影响，挖掘增收潜力，确保财政收入均衡入库。二是不断完善综合治税机制，开展百日攻坚、税收集中整治活动，增加税收4 957万元，切实把应纳税款及时征收到位。三是努力改善收入结构，提高收入质量，税收收入占比提高7.22个百分点，增幅名列济宁市第一。四是加强非税收入征缴管理，拓宽非税收入管理范围，2009年全市非税收入完成13.4亿元，比上年增长223%。

【采取有力措施，扩内需保增长】 认真贯彻中央和省市各级扩内需保增长各项政策，争取扩大内需资金4 508万元。落实家电、汽车摩托车下乡和家电、汽车以旧换新优惠政策，带动社会消费1.15亿元。设立重点企业还贷周转金，帮助企业获得银行续贷资金7 355万元。利用方兴公司搭建好担保融资平台，融资规模达14.2亿元，有力支持城区道路综合管线、大沂河治理等重点项目建设。成立“曲阜市恒信担保有限责任公司”，帮助中小企业解决融资难、贷款难的问题。

【集中财力保障和改善民生】 不断调整优化支出结构，合理调度资金，确保全市各项重点支出的需要。加大“三农”投入力度，全年投放支农资金9 380万元。及时发放粮补等各类惠农补贴6 378万元。实施好“教育兴市”战略，筹集5 671万元用于提高乡镇教师工资、“两免一补”、课桌凳更新和“211”工程。突出保障民生改善，完善城乡最低生活保障制度，城市低保标准提高到每人每月251元、农村低保提高到每人每年1 060元。筹资1 884万元，推动经济适用房、廉租住房建设和危房改造。支持城乡公共卫生服务体系建设，新农合参合人口达到50.83万人，补助标准达到每人每年80元。

【加强财政管理，稳步推进各项财政改革】 围绕建设科学财政、精细财政、活力财政、民生财政的要求，进一步巩固和完善财政各项改革。完善国库集中支付制度改革，增强财政资金调控能力，防止资金截留、挪用和浪费。优化经济发展环境，降低企业负担，提高行政效能。强化“小金库”治理，完善长效机制。加强政府采购监督管理，提高财政资金使用效益。推进政府投资工程预、结算评审，全年审减额9 839万元，审减率达27.68%。

（撰稿：刘亚军）

兖州市

【概述】 2009年，兖州市实现地方财政收入19.23亿元，增长11.23%。完成财政支出21.43亿元，增长11.3%。当年财政实现收支平衡。

【推进社会综合治税】 一是承担涉税信息采集传递、对比分析和增值利用的各部门、单位进一步完善涉税信息共享机制，突出加强对主体税种、骨干税源、纳税大户的重点监控。加强地方建材行业税收和交易管理费的征收管理，理顺管理体制，规范征管办法，强化监管措施。二是对采煤塌陷地恢复征收土地使用税，加强矿区煤炭运输车辆的税收管理，完善国税部门代征城市维护建设税、教育费附加和地方教育费附加等“一税两费”的手段，深化房地产税收一体化税收管理。三是开展个体业户使用发票专题调查和税收漏征漏管户专项清理核查。通过进一步强化税源监控和税收征管，增加地方收入4 609万元，比上年增长17.13%。

【发行10亿元城投债券】 为加大力度筹集城市建设资金，兖州市惠民城建投资有限公司经过平台包装、信用评级、项目筛选、选择担保方式、确定券商和监管银行等前期工作，3月份先后上报省发改委和国家发改委。9月17日，国家发改委下达《关于山东省兖州市惠民城建投资有限责任公司发行2009年公司债券的批复》，同意发行“09兖城投债”10亿元，为7年期固定利率债券，由华林证券有限责任公司主承销。9月26日，惠民城投公司和华林证券公司联合举行债券发行仪式。9月28日，发债资金全部到位。这次债券成功发行是兖州市第一次面向市场直接融资，也是济宁市各县市区首次通过发行长期债券筹集城市建设资金。

【保证城乡建设资金需要】 统筹调度预算内外资金和政府融资资金，共投入14.24亿元，大力支持城乡基础设施和公共服务设施建设。一是拨付资金3亿元，支持兴隆塔和南顺城等11个片区拆迁，保证补偿政策落实到位。二是拨付资金3.37亿元，支持九州路、文化路等10余条道路建设，加快城区东西两翼发展的步伐。三是拨付资金0.89亿元，支持新一中、职教中心等教育工程建设，丰富城市新区发展的文化内涵。四是拨付资金1.01亿元，支持少陵社区、牛旺社区、和馨家园等安置房建设，改善人民群众的居住条件。五是拨付资金1.76亿元，支持泗河拦蓄工程、农村集中供水改造工程和农村公路改造工程，改善农村发展和农民生活的基础条件。六是拨付资金1.15亿元，支持工业园区和工业聚集区基础设施建设，优化招商引资的硬件环境。

（撰稿：刘　勤）

邹城市

【概述】 2009年，邹城市一般预算收入完成24.6亿元，增长10.16%；全市一般预算支出完成28.36亿元，增长6.26%，当年财政实现收支平衡。

【全力发挥职能作用，确保经济平稳较快发展】 一是抓住国家“扩内需、保增长”的机遇，认真筛选、申报项目，争取中央资金和省调控资金6 444万元。二是采取贷款贴息、以奖代补等方式，积极推进大项目建设，为加速经济转型和实现财政增收夯实基础。2009年，扶持企业发展方面资金达 30 615 万元。三是筹资 3 000 万元设立续贷过桥周转金，努力解决中小企业融资难问题。

【积极应对复杂形势，确保财政收入稳步回升】 强化社会综合治税，严格收入分析和目标考核，严控重点税源和建筑安装等行业，严厉打击偷逃骗税等违法行为。先后开展出租房屋税收清理、重点税源企业调查等多项活动，财政收入整体较好，圆满完成全年收入任务。

【强化保障机制，公共服务水平显著提高】 在保障工资发放的基础上，积极筹措资金，确保规范津贴补贴政策执行到位，全方位增加“水路电气医学”投入，保障城市重点项目建设，继续落实就业和再就业的各项优惠政策，完善城乡医疗救助制度。教育、医疗卫生、社会保障和就业支出分别达到 87 613 万元、19 420 万元、19 742 万元。

【完善制度措施，财政改革稳步推进】 成立北宿分局和太平分局，对新型镇实行“划分收支、核定基数、增收分成”的财政管理体制，每年对两个新型镇（园区）各投入 3 000 万元用于基础设施建设，逐步增强其财政实力。狠抓融资平台建设，积极拓宽融资渠道，全市五个融资平台累计争取各项贷款 262 630 万元，为推进新农村建设、完善园区基础设施等重点项目提供资金保障。

【加大财政监管力度，确保资金使用安全高效】 先后开展财政专项资金检查、非税收入监督检查、会计信息质量检查和“小金库”专项治理工作，严肃查处各种违法违纪行为。加大重点工程项目审核力度，前移评审关口，扩大评审范围，政府资金使用效率显著提升。2009 年，共审核政府投资项目 158 个，审减 16 622 万元，审减率达 20.87%。

（撰稿：郑　杰　韦效楠）

微　山　县

【概述】 2009 年，微山县实现地区生产总值 213.65 亿元，比上年增长 14.1%。地方财政收入完成 11.06 亿元，增长 13.26%。财政支出 14.18 亿元　增长 9.92%。当年财政实现收支平衡。

【财政收入继续保持增长】 财税部门坚持以科学发展观为统领，认真落实积极财政政策和适度宽松的货币政策，科学分析、正确把握全县财税经济形势，严格征管责任，依法治税管费，加大组织收入协调力度，抓好重点税源监控，实施科学化、精细化管理，确保应收尽收、均衡入库。地方财政收入创历史最好水平，税收质量进一步提高。

【重点支出得到较好保障】 2009 年，微山财政牢固树立理财为民意识，进一步优化支出结构，在支持经济发展的同时，不断加大重点支出投入。开发区基础设施建设投入 1.5 亿元，微山岛、南阳古镇旅游开发建设投入 1.34 亿元，旧城改造投入 7 500 万元，104 国道北扩南延工程投入 2 036 万元，市政建设投入 1 903 万元，汽车站迁建投入 1 900 万元，农村公路建设和村村通自来水工程投入 2 560 万元，廉租房建设投入 1 500 万元。确保县政府为民重点建设工程顺利实施。

【民生政策得到全面落实】 2009 年，全县用于农业、教育、医疗卫生、社会保障等民生支出 6.39 亿元，占财政总支出的 54.94%。其中：完成贫困家庭危房改造 540 户，投入资金 648 万元，每户补助 1.2 万元；农村合作医疗投入 3 300 万元，新型农村合作医疗制度进一步完善；城市最低生活保障标准提高到每人每月 260 元，补差标准由 120 元提高到 180 元；农村最低生活保障标准提高到每人每年 1 300 元，补差标准提高到每月 65 元；投入 294.1 万元，支持手足口病和甲型 H1N1 流感防治工作，民生投入资金得到保障。

【财政改革向纵深发展】 一是继续深化“收支两条线”改革，加大非税收入征管力度，实施日常稽查和专项资金监督检查相结合，全年征收非税收入 1.46 亿元。二是财政国库集中支付改革实现突破性进展，规范操作程序，开通网络运行，强化资金监督，提高了财政资金使用透明度和调度能力。全年下达用款计划 23.80 亿元，办理支出 23.77 亿元，直接支付 15.43 亿元；办理支付业务 10 098 笔。三是 3 月实施财政投资评审制度，全年评审工程项目 72 个，审定投资金额 2.5929 亿元，审减资金 6 856 万元，审减率 20.91%。四是坚持“收支并举，监督并重”工作方针，“立足监管，服务改革”，强化财政监督职能，维护财经纪律。

【队伍素质明显提高】 以机关作风整顿为契机，完善内部管理制度，倡导雷厉风行作风；落实廉政建设责任，开展惩防体系建设；教育职工心系群众，开展“慈善一日捐”活动；解放思想，实事求是，与时俱进，大力营造团结一致向前看，一心一意做工作的良好氛围。2009 年，被济宁市“民主评议行风”活动领导小组和“万名代表评机关”活动领导小组授予“基层行风建设示范窗口单位”，连续三年获市级文明单位。

（撰稿：李善峰）

鱼 台 县

【概述】 2009年，鱼台县地方财政一般预算收入完成32 346万元，比上年增长19%。2009年全县地方财政一般预算支出67 273万元，比上年增长8.00%，当年实现财政收支平衡。

【投融资体制改革】 创新投融资体制，以国有资产经营中心为投融资平台，全方位、多渠道开展投融资工作，支持鱼台经济发展。2009年实现基础设施贷款8 721万元，重点项目BT方式融资1.6亿元，争取到国家扩大内需地方政府债券1 000万元。

【社会综合治税】 全面深化社会综合治税，2009年，全县通过社会综合治税系统入库税费9 814万元。在加强对主体税种、骨干税源、重点行业和纳税大户的税收征管的同时，强化零星分散税源的征管，尤其是加强房地产、建筑业、运输业、餐饮业、冷库和小型加工业的税收征管。加强税收稽查力度，开展全县耕地占用税清理、县开发区企业税收大检查、个体工商户清理检查、城镇土地使用税税源清查、房地产开发企业及建筑企业税收检查等专项检查活动。

【保障民生】 不断优化财政支出结构，大力压减一般性支出，确保全县行政事业单位人员工资按时足额发放，确保机关正常运转，确保教育、医疗卫生、社会保障、就业、文化等民生支出的需要。2009年，全县民生支出3.18亿元，占总支出的47.24%，增长21%。

【新农村建设】 扎实做好各项惠农补贴发放工作，严格实行财政涉农补贴资金“一卡通”发放制度，2009年，全县通过“一卡通”向农民兑付各类补贴资金5 079万元。加大财政支农力度，推进现代农业建设，促进农村教育、卫生、科技、环境、文化、基础设施等各项社会事业发展。

【财政改革】 巩固完善乡财县管、村财乡管改革成果，实施县乡财政管理体制、部门预算、国库集中支付、政府采购等制度改革；加强财政预算管理，细化预算科目，增加预算透明度，强化预算约束，提高财政工作科学化，精细化水平。

【财政监督】 严格执行“一口对外”的财政监督检查机制。全面开展“收支两条线”专项检查，共查出各种违纪、违规金额1 469万元，堵塞非税收入管理漏洞。深入开展“小金库”治理检查工作，共查出各类违纪、违规金额777万元。

（撰稿：张万岭）

金 乡 县

【概述】 2009年，金乡县实现地区生产总值94亿元，地方财政收入达到2.2亿元，财政支出完成5.6亿元。

【积极落实招商引资各项奖励政策，用足用好上级扶持资金，加快县域经济发展】 一是多措施扶持企业发展，出台《加快工业经济发展若干规定》等一系列优惠扶持政策，设立工业经济发展基金1 000万元、中小企业还贷周转金2 000万元，促进企业循环经济的发展。二是用足用好中央扩大内需和上级各项支农惠农政策，加快推进全县重点社会事业的发展。三是适应新形势发展的需要，搭建政府融资平台，成立金源投资发展公司，积极抓好各项投融资业务的开展，为全县重点项目和基础设施建设提供强有力的资金支持。

【推行社会综合治税，强化重点税费征管，促进税收收入稳步增长】 不断借鉴外地先进管理经验，创新工作模式，调整完善县乡综合治税机构，实现综合治税常态化，落实固定县乡涉税信息单位和信息员，加强日常考核管理和业务培训，根据职责履行情况，严格考核奖惩兑现，有效提高各级各部门协税护税的工作积极性。2009年共收集各类信息20余万条，直接征收税款676万元。根据全年财税目标，层层细化分解收入任务，按月下达征收计划，实行月调度、季考核，通过严格的通报考核，提高各征管部门和乡镇组织收入的主动性和积极性。2009年国地税地方收入完成18 079万元，增长32%，占地方财政收入的83.6%，增幅在全市列第一位。按照“一项税费、一套班子、一个目标、一抓到底”的工作模式，集中优势力量开展重点税费征管，确保实现应收尽收。

【优化整合财政资金，确保重点事业支出的需要】 规范理顺津补贴发放项目和标准，从2009年初，执行新的工资标准，新增工资性支出6 000余万元，进一步提高财政供养人员工资发放水平。通过“涉农补贴一本通”，抓好各项支农惠农政策的落实，有效维护农民的切身利益。加大社会保障方面的投入，积极做好新型农村合作医疗工作，逐步提高城乡低保补助标准，做好城乡低保资金的筹集发放工作，积极推行城镇居民医疗保险，抓好医疗保险资金的筹集和监管。积极推进义务教育保障机制改革，加强农村中小学危房改造、校舍安全工程等工程建设，进一步提高农村义务教育办学条件。

（撰稿：赵建国）

嘉 祥 县

【概述】 2009年，嘉祥县地方财政收

入实现 5.03 亿元，比上年增加 6 568 万元，增长 15.01%。税收收入占地方财政收入的比重为 87.06%，比上年同期提高 4.65 个百分点。

【支持重大项目建设，夯实经济发展基础】 一方面，抓住国家实施减免税费扶持相关产业带来的机遇，发挥财政资金引导带动作用，加快推进产业结构优化升级，着力培植地方财源增长点，带动财源结构优化、质量提升。筹集资金 4 000 万元支持县医院门诊楼和新一中建设，筹集资金 4 810 万元支持污水处理、路网改造等基础设施建设。另一方面，抓住国家实行适度宽松货币政策的大好时机，采取多种融资手段，支持祥诚投资公司等政府投融资平台建设，大力争取省扩大内需重点项目调控资金，确保重点项目建设资金需要。

【强化税收收入征管，财政收入实现新突破】 一是紧紧围绕收入增长目标，采取有效措施，强化责任落实，牢牢把握征收主动权。着力完善分析预警和纳税评估机制，促进税收收入的增长，为财政增收提供有力支持。二是深入开展重点税源企业“一税两费”、税收减免政策等专项清查，进一步摸清底数、堵塞漏洞。农税部门主动争取房地产管理部门的支持，积极组织契税、耕地占用税征收。三是及时协调、加强调度，切实履行综合治税牵头抓总职责，会同国地税等部门拓展征管领域、挖掘增收潜力，确保收入均衡入库。

【优化财政支出结构，保障重点支出需要】 一是通过存量资金优化结构、增量资金调整投向等措施，集中财力优先保障各项民生支出，加大对“三农”、教育、医疗卫生、社保、科技等社会发展薄弱环节和重点领域的财政支持力度。投入 6 761 万元，用于城乡低保、城镇居民基本医疗保险、新型农村养老保险试点、优抚安置、廉租住房补贴以及破产企业职工补贴等。拨付资金 1 871 万元，用于能繁母猪补贴、农业保险补贴、小型农田水利建设。投入 6 898 万元，确保城乡义务教育阶段学生免杂费、家庭经济困难学生救助、中小学危房改造、特殊教育和职业教育发展资金需要。拨付资金 6 821 万元，支持新型农村合作医疗、疾病防控、农村卫生建设等，群众“看病难、看病贵”问题得到缓解。二是突出抓好为民办实事工作，将做好为民所办 6 件实事作为深入学习实践科学发展观活动的重要抓手，解决一系列事关人民群众切身利益的突出问题。三是加大科技、文化、计划生育、广播电视等社会事业发展投入，切实保障政权建设、公共安全等支出需要，促进了各项事业全面进步。

【强化财政监督管理，提高资金使用效益】 进一步深化部门预算、收支两条线、政府采购、乡财县管等改革，扎实推进投资评审、国库集中支付等工作。认真开展“小金库”治理以及专项资金使用、管理和项目建设情况的跟踪检查，不断强化财政监管。统筹安排综合财力，将地方政府债券资金全部用于中央投资的公益性建设项目地方配套。对债券资金实行预算管理，将支出纳入部门预算，严格按照预算制度进行管理，努力提高资金使用效益。

（撰稿：张万昌　阮成敏）

汶上县

【概述】 2009 年，汶上县地方财政收入完成 4.32 亿元，增长 20%，增幅居全市第一位。按现行财政体制计算，全县财力总计 11.42 亿元；财政总支出 10.49 亿元，加结转下年支出 9 169 万元，支出总计 11.41 亿元；累计结余 137 万元，结余 2 万元，当年财政实现收支平衡。

【狠抓税费征管】 结合汶上实际，大力培植财源、强化税收征管、加强社会综合治税、规范非税收入管理、积极组织收入，财政收入保持平稳较快增长。全县地方财政收入占总收入的比重达 46.9%，较上年提高 8.6 个百分点；税收收入完成 3.77 亿元，增收 3 691 万元，增长 10.8%，占地方财政收入的比重达 87.4%；国地税收入完成 3.3 亿元，占地方财政收入的比重达 76.3%，收入结构不断优化。

【优化支出结构】 牢固树立勤俭节约、过紧日子的思想，统筹兼顾，规范支出范围，大力压缩一般性开支，制定出台《关于机关事业单位厉行节约若干问题的规定》，县直行政事业单位公用经费压减 10%。严格执行经费包干计划，大力压缩行政成本。不断优化支出结构，积极整合各类财政资金，集中财力加大对民生领域的投入，教育、社保、医疗卫生、农林水等重点支出完成 6.9 亿元，增长 25%，占财政支出的 66%，体现“民生财政、公共财政”的服务理念，进一步促进社会和谐稳定。

【深化财政改革】 一是不断创新财政工作机制，健全财政管理制度。稳步推进部门预算和国库集中支付改革，确保财政资金统筹安排、合理分配、安全运行、高效使用。二是巩固完善“乡财乡用县管”改革成果，规范程序、强化监管，防范财政风险。三是积极探索建立健全行政事业单位国有资产管理制度体系，切实改变“重购置、轻管理”的现象。四是深化财政投资评审制度改革，健全绩效评价机制，规范和完善财政投资评审机制，着力提高评审质量。五是不断扩大政府采购范围和规模，逐步提高政府采购占财政支出的比重。六是加强对财政收支活动的监督检查，完善监督检查机制，所有财政收支活动均纳入监督范畴，财政资金使用效益显著提高。

【加大筹融资力度】 积极搭建融资平台，做大做强金财公司，依托金财公司融资贷款4.08亿元，积极争取上级调度款、专项补助资金和集中各项间歇资金9亿元，重点支持如意天容紧密纺、联想（控股）高端化工园区、礼佛大道和宝相寺景区、泉河城区段治理、城区东部防洪体系建设、莲花湖湿地、中小学基础设施和城市基础设施建设等重点工程建设，不断推进全县经济社会发展实现新跨越。

（撰稿：冯成利　郭宗军　孙海涛）

泗　水　县

【概述】 2009年，泗水县地方财政收入完成20 868万元，扣除不可比因素，同比增加3 240万元，增长14.02%。

【加大财源建设，努力支持县域经济发展】 充分发挥财政职能作用，围绕“工业强县”战略，采取有力措施，积极推进财源建设。一是全力支持招商引资工作，确保招商费用所需。全年拨付招商引资经费360万元，推进招商引资工作上水平、出成效。二是大力支持企业发展。充分运用以奖代补、财政贴息、担保等手段，支持企业走出困境，全年拨付各种企业扶持资金2 260万元，有效缓解企业发展资金困难问题。三是确保重点项目建设。2009年，为海螺水泥、汇源矿泉水两大项目调拨资金13 111万元，有力地保证项目的健康快速推进。

【狠抓税收征管，确保应收尽收】 财政部门分析形势，研究对策，加大措施，强化征管，增加地方财政收入。一是任务落实到位。与乡镇（街道）、税收征管职能部门签订税收征管责任状，建立激励机制，激发各乡镇（街道）、税收征管职能部门组织收入积极性。2009年，乡镇级税收完成4 982.8万元，完成任务的130.80%。二是挖掘税收潜力。4月份，开展耕地占用税突击月活动，在全县各级各部门的积极配合下，全年征收耕地占用税2 181万元，有效缓解泗县地方财政压力。三是强化河砂税费控管。建立健全征管机制，充分发挥河道管理局职能作用，河砂税费有大幅度增长。2009年完成1 019万元，比上年增加955万元。四是加强对房地产行业税收征管。对全县10家房地产项目进行税收摸底，采取税收分析、纳税评估、税源监控、税务稽查等手段，促进房地产业税收迅猛增长。全年房地产税收完成2 760万元，增长155.80%。

【加大三农投入，推进新农村建设步伐】 围绕新农村建设，整合各类财政资金，支持农村发展、农民增收。一是积极开展扶贫互助合作社。全县建立扶贫互助合作社26个，入社资金达到647万元，其中投入财政资金390万元，参社户数达到5 680户，有效缓解农民发展生产资金不足。二是大力发展林果基地建设。充分发挥财政扶贫资金引导作用，拨付林果基地建设资金314万元，项目覆盖21个村，人口15 097人。三是加快农业综合开发步伐。拨付农业综合开发资金1 230万元，资金覆盖丰产林、水利、河道清理等项目，加快农村基础设施建设步伐。四是推进水库除险加固建设。抓住国家扩大内需有利时机，争取华村、龙王套水库除险加固资金8 474万元。投入水库除险加固资金960万元，现已完成加固病险水库26座。

【高度关注民生，促进和谐泗水建设】 围绕群众关注的工资、农业、教育、社保、卫生等事业，加大财政投入，确保惠民政策落实到位。一是确保行政事业单位（乡镇）工资发放和机关政权运转。合理调度资金，优先保障工资发放和机关政权运转，为全县财政供养人员发放工资、津贴、补贴2.9亿元。二是及时足额兑付涉农补贴。积极筹措资金，发放粮食直补、综合补贴、良种补贴、农机具补贴、能繁母猪补贴等各项涉农补贴3 535万元。三是确保九年义务教育所需。深入贯彻落实教育优先发展战略，全年共拨付农村义务教育保障经费2 566万元，书本费补助487万元，减轻家庭教育支出负担。四是加大社保投入。拨付农村低保、五保资金1 784万元，使农村特困户、五保户救助人数达到1.8万人。拨付新型农村合作医疗补助资金4 750万元，有效缓解农民看病难、看病贵问题。

（撰稿：王　亮）

梁　山　县

【概述】 2009年，梁山县地方财政收入完成2.45亿元，比上年增长14.3%，财政支出完成8.81亿元，比上年增长8.27%，其中，农业、教育、科技支出分别比上年增长19.54%、11.9%、37.1%，均高于经常性收入增幅，当年财政实现收支平衡。

【扎实推进财政改革，提高依法理财水平】 围绕建设创新型财政，注重用创新的办法、改革的措施，破解财政发展中的难题。积极推进集中支付、集中核算并轨运行，实现财银联网和支付核算网上操作运行，“两集中”运作单位进一步拓展，对单位经费支出监管职能进一步加强。设立乡财县管办公室，对乡镇财政收支实行统一管理，严格支出票据审核，杜绝不合规支出，乡镇财政收支进一步规范。部分专项资金项目纳入政府采购范围，进一步规范政府采购运行程序，平均节支率达到14%，集中采购数量和资金节支数额均创历史新高。财政投资评审工作与部门预算、国库集中支付以及政府采购紧密结合，建立健全“先评审、后预算、后拨款、后采购”的工作机制，围绕政府投资的热点和重点，积极开展中央扩大内需项目和财政专项支出评审，平均审减率19.97%，节支增效成果明显，县财政局被省财政厅评为“山东省财政投资评审最具影响力单位”。

【财政支持经济发展力度加大】 认真贯彻上级保增长、扩内需的工作部署，落实积极的财政政策，把支持经济发展作为第一要务。发放粮食直补资金和农资综合直补资金、良种补贴资金，家电和汽车、摩托车下乡补贴资金9 443万元，稳定农业生产，促进农业增效、农民增收、农村稳定。积极争取扩大内需项目中央和省市专项资金5 061万元，利用政府融资平台，争取市财政分配梁山县地方政府债券，为全县重点建设项目融资3.2亿元，被省财政厅评为区域经济发展示范县。同时，实行财政资金存款与金融机构存贷比挂钩制度，促进金融机构为企业快速运转注入资金，支持地方基础设施建设和经济发展。

【进一步强化财政收入征管措施】 财政部门除定期召开联席会、及时分析形势、加强协调调度外，全县社会综合治税措施进一步深化，相继开展六个行业的税收集中治理活动，清理清缴税款5 100余万元，增加地方财政收入3 100万元；广泛开展耕地占用税和契税税源调查，认真核实房屋交易价格，强化征收措施，杜绝跑冒滴漏。

（撰稿：叶　蔚）

泰　安　市

泰　山　区

【概述】 2009年，泰山区地方财政收入完成15.52亿元，完成预算的107%，比上年增长18.5%。全区财政支出11.97亿元，完成预算的117.48%，比上年增长18.46%，连续22年实现财政收支平衡。

【服务发展措施坚实有力】 全年争取上级转移支付和专项资金3.86亿元，政府融资中心融资3.6亿元，争取企业扶持资金1.3亿元，落实增值税转型改革、出口退税政策调整、新企业所得税法等税收优惠政策支出5 657万元。拨付补助资金650万元，引导全区信用担保机构为中小企业提供贷款担保，缓解中小企业融资难的问题。推动科技创新型城区构建，拨付资金600万元，帮助全区企业淘汰落后产能，加快自主创新步伐，保障重点项目建设需要。

【民生保障覆盖面逐步扩大】 社会保障水平逐步提高，全年发放社会保障金2.1亿元，安排资金1.1亿元缴纳机关事业单位人员的“三险”，投入资金2 600万元提高城乡低保标准。医疗卫生体系不断健全，全年安排资金5 190万元，保障城镇居民、城镇职工和农民基本医疗需求；投入资金546万元用于甲型H1N1流感防控工作，使疫情得到有效控制；发放城乡医疗救助资金154万元，缓解城乡困难群众就医难的问题。安排就业再就业资金200万元，推动全区新增就业再就业11 650人，促进社会和谐稳定；鼓励扶持创业，发放小额担保贷款401万元，全区新增创业1 135人，2009年，泰山区被列为国家创业型城市试点区。

【强农惠农政策得到较好落实】 拨付资金700万元，新建和改扩建奶牛标准化养殖场14个，推进现代农业奶牛产业项目建设；积极落实惠农政策，全年共发放粮食、良种、农资3项补贴资金950万元，累计发放家电和汽车摩托车下乡补贴资金568万元，补贴下乡产品1.1万台（辆）；加大农村公共事业投入，筹集资金410万元，重点支持病险水库除险加固以及农村交通工程、沼气池、改厕改灶等基础设施建设。

【财政资金使用效益不断提高】 深入推进国库集中支付改革，全年通过国库集中支付系统直接支付2.7亿元，授权支付8 745万元；加强政府采购管理，全年完成政府采购额2 095万元，节约资金356万元，综合节支率达到15%；推进区乡财政管理体制改革，出台《关于改革处镇和泰山工业园区财政管理体制的通知》，进一步理顺了区乡两级分配关系。同时，积极推进“金财工程”，全区财务管理规范化、科学化、信息化水平又上新台阶。

（撰稿：罗文亮）

岱岳区

【概述】 2009年，面对国际金融危机的严重冲击，岱岳区坚持以科学发展观为统领，按照扩内需、保增长、保民生、保稳定的总体要求，全力抓好转方式、调结构、惠民生、促发展各项工作。全区实现生产总值189.3亿元，比上年增长14.2%，其中一、二、三产业增加值分别增长4.8%、16.7%和15.5%。三次产业比例调整为18.3∶46.6∶35.1。全区地方财政收入完成5.3亿元，比上年增长20.17%，财政支出完成11.6亿元。

【财政收入实现新突破】 严格依法征税管费，努力挖掘增收潜力，财政收入总量和质量快速提升。2009年，全区地方财政收入突破5亿元，全区地方税收收入完成4.7亿元，比上年增长21.85%，占地方财政收入的比重达到89%，同比提高3.2个百分点，保持连年提升的良好势头。

【支持发展力度进一步加大】 筹集资金1.32亿元，重点支持装备制造、电子信息、新能源等产业加快发展，企业综合竞争力逐步提高。创新完善政府融资体系，做大做强融资平台，有力保障“创城”工作的顺利实施。筹集资金3 375万元，全力支持泰山青春创业开发区和大汶口石膏工业园建设。兑现招商引资经费和奖励资金1 072万元，充分调动各级干事创业、服务发展的积极性。

【民生保障能力显著增强】 拨付人员工资2.2亿元，养老保险金、医疗保险金和住房公积金2.1亿元。拨付农资综合补贴和粮食直补资金4 376万元，家电及汽车摩托车下乡补贴1 670万元，后备母牛、能繁母猪补贴412万元。拨付离退休人员住房及生活补贴3 307万元，新农合资金5 374万元，农村低保、“4050”、军转干、退役军人补助和五保户供养等涉稳支出2 884万元，在全市率先建立农村优抚对象医疗保障机制。拨付农村义务教育保障经费3 694万元，特困生救助资金707万元，农村中小学“211工程”试点资金400万元，校舍维修改造资金609万元。2009年，全区教育、社会保障、医疗卫生、支农支出分别比上年增长12%、40.3%、46.1%和45.6%。

【财政管理水平日益提高】 积极推行国库集中支付与财政集中核算制度改革，拒付不合理支出60多笔，涉及金额300多万元。认真做好农民专业合作社财务会计和农村会计培训工作，会计人员整体素质明显提高。扎实开展“非税收入管理创建年”活动，2009年，被评为全省非税收入规范管理示范县。全程监督政府招投标活动，政府采购节支率达到24.95%。加大中央财政资金、重点专项资金监督检查力度，突出抓好扩内需保增长政策资金全过程监管，确保资金运行安全高效。积极开展“小金库”专项治理工作，财经秩序进一步规范。

（撰稿：王　震）

新泰市

【概述】 2009年，新泰市实现生产总值500.1亿元，比上年增长14%。城镇居民人均可支配收入17 548元、农民人均纯收入7 826元，分别比上年增长10.8%和7%。地方财政收入23.3亿元，比上年增长18.9%，财政支出30.8亿元，连续23年实现财政收支平衡。在全国县域经济基本竞争力与科学发展百强排名中，新泰市居第25位，获得中国中小城市科学发展百强、中国最具区域带动能力中小城市百强等荣誉称号。

【促进经济发展】 围绕保增长首要任务，落实积极财政政策，推动经济平稳较快发展。市（县）财政共安排采掘电力信息等事务支出7.5亿元，粮油物资储备管理等事务支出8 956万元，科学技术支出3 101万元；拨付资金2 324万元，支持企业节能减排、技术改造、开发新产品，并向企业减税让利6 600万元。拨付553万元，支持招商引资和经贸洽谈；拨付960万元，重点支持旅游业等现代服务业发展；投入1 726万元，支持农业和农村经济发展，其中投入资金231万元，用于支持农业龙头企业发展；筹集资金6 000万元，支持了重点工程建设。

【支持民生建设】 全面落实惠农补贴政策，共补贴农民4 258万元。安排对乡镇转移支付8 819万元、专项资金9 809万元，有力支持基层各项事业发展。筹集资金7 314万元，提高新型农村合作医疗和城镇居民基本医疗保险政府补助标准。落实义务教育保障经费4 997万元、教育助学金389万元，提高生均公用经费标准；筹集资金1 140万元，支持中小学校舍改造。拨付资金1 509万元，支持实施就业培训、就业援助和劳动力市场体系建设。投入4 189万元，提高城乡低保标准；落实资金1 291万元，支持五保供养和乡镇敬老院建设；拨付资金305万元，用于自然灾害救助和扶贫开发。拨付廉租住房建设资金929万元，落实廉租房补贴资金30万元；筹集资金724万元，重点支持农村危房改造和城中村改造，有效改善群众住房条件。拨付资金

5 288 万元，重点支持生态环境保护。拨付资金 9 550 万元，支持“平安新泰”建设。

【强化财政管理】 积极深化财政管理改革，完善财政管理制度建设。全面取消乡镇级国库，进一步完善市乡财政管理体制。国库集中支付和政府采购改革不断推进，通过集中支付系统支付资金 13.5 亿元，其中直接支付比例达 68.9%；政府采购额达到 28 286 万元，节约资金 3 050 万元，综合节支率 10.8%。加强国有资产管理，组织开展行政事业单位资产清查和国有及国有控股企业资产统计、产权登记年鉴工作，推进出资人制度建设，加大企业国有分红收缴力度，全年累计收缴 2 亿元。加强非税收入管理，政府非税收入达到 4.9 亿元。强化财政监管，组织开展“小金库”专项治理等 6 项财政专项检查活动。

（撰稿：杨　敏　朱　政）

肥　城　市

【概述】 2009 年，肥城市实现生产总值 415 亿元，比上年增长 14%。实现地方财政收入 18.31 亿元，比上年增长 18.9%。全市财政总支出达 24.52 亿元，完成预算的 110.37%，比上年增长 17.64%。

【积极推进财源建设】 紧紧围绕“保增长、调结构、扩内需”，发挥财政职能作用，支持经济平稳较快发展。全年共发放家电下乡和以旧换新补贴 1 557 万元；积极落实增值税转型等税费政策，向企业减税让利 1.9 亿元；拨付资金 1.36 亿元；加快投融资平台和基金担保体系建设，为企业创造好的融资环境。

【全力保障改善民生】 在保障机关正常运转和工资足额发放的基础上，全市教育、医疗卫生、社会保障和就业支出分别比上年增长 11.6%、59.7%和 26.6%。其中，拨付资金 4.67 亿元，深化义务教育经费保障机制改革，认真落实“两免一补”政策，支持 14 处农村中小学校舍改造；拨付资金 1.9 亿元，扩大城镇居民基本医疗保险范围，提高新型农村合作医疗政府补助标准，支持城乡卫生设施建设；拨付资金 2.18 亿元，落实离退休职工待遇和城乡低保、“五保户”供养、社会优抚、就业援助政策，建设经济适用房 1.2 万平方米，积极实施农村危房改造工程。

【大力支持统筹发展】 按照基本公共服务均等化要求，全力支持社会统筹发展。拨付资金 1.36 亿元，加大新农村建设投入，支持农业基础设施建设、综合开发、保险试点和产业化发展，全年兑付各类支农惠农补贴 9 413 万元。拨付资金 3 316 万元，建立生态补偿机制，促进生态环境建设。拨付资金 8 121 万元，支持环境综合整治和垃圾污水处理。拨付资金 4 116 万元，用于疾病防控、安全生产和“平安肥城”建设。安排转移支付资金 1.95 亿元，支持基层组织运转和社区建设。

【强化提升财税管理】 深化国库集中支付和政府采购“采管分离”制度改革，提高财政资金的使用效益和社会效益。强化财政财务管理，加大财政执法力度，全年共开展各类财政专项检查 17 项，重点开展“小金库”专项治理工作，财经秩序进一步规范。财税队伍建设卓有成效，思想政治建设、党风廉政建设、政风行风建设不断加强，干部队伍素质明显提升。

（撰稿：尹逊东）

宁　阳　县

【概述】 2009 年，宁阳县实现生产总值 172.63 亿元，比上年增长 13.7%。实现地方财政收入 6.21 亿元，比上年增长 15%。其中，地方税收收入 5.4 亿元，比上年增长 15.1%，占地方财政收入的 87.1%；非税收入 8 025 万元，比上年增长 14.4%。全县财政总支出 12.3 亿元，比上年增长 12%，连续 21 年实现财政收支平衡。

【财源建设力度不断加大】 全力构建现代产业体系和财源体系，增强财政收入增长后劲。认真落实优惠政策，各项政策性减免退税、先征后退以及出口退税累计达到 1.14 亿元；拨付资金 1.22 亿元，支持经济开发区和县城基础设施建设。全面落实“停止征收部分行政事业性收费”工作，减轻企业负担近 1 000 万元；拨付扶持资金 6 210 万元。

【民生支出得到较好保障】 不断加大财政投入，保证县乡工资及时发放、行政机关的正常运转和各项民生支出及时拨付。全面做好各类惠民补贴的发放，累计兑付粮食直补、农资综合补贴、种粮大户奖励共 6 791.14 万元，惠及种粮农户 18.18 万户；销售家电和汽车摩托车下乡中标产品 29 599 台（部），兑付财政补贴资金 1 151.72 万元。全力保障社会事业加快发展，新型农村合作医疗政府补助标准由每人 60 元提高到 80 元，农村低保标准由每人每年 1 000 元提高到 1 100 元，城市低保标准由每人每月 200 元提高到 230 元，初中和小学生均公用经费定额分别较上年提高 155 元和 105 元。

【财政管理水平显著提高】 认真落实各级关于党政机关事业单位厉行节约

的要求，通过完善各种内控机制，人、车、会、公务接待等各类行政支出明显压缩。部门预算改革、乡财乡用县管、会计集中核算、非税收入征管等工作逐步完善，国库直接支付比例达到80%，比上年提高20个百分点；完成政府采购额35 422万元，比上年增长54.7%，综合节支率达到19.5%，政府采购总量、增量、增幅在全市排名第一。财政监督和评审工作进一步强化，会计基础工作和行政事业单位国有资产管理工作明显加强，会计信息质量和国有资产管理水平不断提高。同时，认真组织深入学习实践科学发展观学习教育活动，大力强化干部队伍建设，进一步改进工作作风，为科学精细理财提供组织保障。

（撰稿：苏 民 朱道国）

东平县

【概述】 2009年，东平县实现生产总值154亿元，比上年增长15%，增幅居泰安市第一位，一、二、三产业比重调整为16:55:29。全县地方财政收入完成5.32亿元，比上年增长18.5%，其中地方税收收入3.88亿元，增长23%。全县财政总支出11.9亿元，比上年增长16.5%。

【争先进位保增幅】 及时将收入任务落实到乡镇，具体到部门，分解到个人，定期组织召开联席调度会议，通报分析收入形势。通过综合治税平台查补零散税收772万元。对房地产税收坚持“先税后证”、“一站式征收”，积极推行建筑业税收源头管理，全年实现建筑营业税8 890万元、房地产契税591万元，分别比上年增长116%和102%。

【主动作为培财源】 泰安市基金担保公司在东平县设立分公司，先后为国信实业、新东岳等企业贷款进行担保。认真执行结构性减税和行政事业性收费减免政策，减轻企业和社会负担3 000万元。积极支持开发区基础设施、贯中大道、稻屯洼公园、州城宋城一条街、《水浒》影视基地等项目建设。筹集资金1.1亿元，完成清河生态公园、主题雕塑广场和清河亮化三项工程，提升县城形象。

【竭尽全力惠民生】 认真执行《东平县民生改善计划》，八大民生工程、37个项目总投资19.9亿元。全县城镇新增就业再就业6 892人、农村16 037人，免费培训1 030人。征缴各类社会保险金3.04亿元，发放2.33亿元。新增城乡低保对象4 647人，总计达到22 977人，发放资金1 613.8万元。1月份起企业离退休人员人均增资130元，机关事业单位人员4月份起增资344元。投入资金3 613万元，解决105个村、9.4万人饮水安全问题。发放惠农补贴2.1亿元。完成县二实小扩建工程。支持县三院病房楼、3个乡镇卫生院和455处村卫生室改扩建，95%村卫生室达标。新农合报销资金6 400万元，参合率达到98.9%。投资1 200万元，建设3 000个户用沼气。建设廉租房5 337平方米，发放租金补贴12.5万元。积极支持敬老院建设，3月份全省农村五保供养工作现场会在东平召开。建设乡镇文化站12个、村文化大院60个。全力支持“平安东平”建设。

【改革创新求突破】 预算外专户实现“封闭运行”。国有资产处置收入1.41亿元，完成煤气公司等事业单位的改制。政府投融资中心直接融通资金1.05亿元，协助企业融资7 595万元。政府采购金额1.4亿元，节支1 994万元；投资评审额2 084万元，审减181万元。“小金库”治理检查单位76个。

【队伍建设展风采】 把深入学习实践科学发展观与“细节、效能、卓越”主题活动结合起来，坚持每周讲坛，新设《每周新貌》，启动《财政志》编撰工作，连续两年在县直部门行评中荣获第一名。

（撰稿：魏宏斌 尹燕国）

威海市

环翠区

【概述】 2009年，环翠区完成一般预算收入17.2亿元，比上年增长8.1%；完成一般预算支出13.4亿元，比上年增长11.68%，连续23年实现财政收支平衡。

【强化资金引导，推进经济平稳较快发展】 设立3 000万元企业发展专项资金，用于激励扶持企业加快膨胀发展。设立1亿元企业临时还贷周转金，无偿帮助企业“还旧贷新”5.2亿元，节省利息支出1 000多万元，较好地破除融资难题。减免缓7项涉企收费，减轻企业负担500多万元，并公布113项现行涉企行政事业性收费项目；阶段性下调城镇职工失业保险、工伤保险、生育保险缴费费率，涉费金额1 750万元，减轻企业负担。加大科技扶持力度，为24个科研项目和5名科研人员发放扶持资金156万元。

【高度关注民生，解决群众热点难点问题】 一是全力以赴保“三农”。共发放粮食直补、家电下乡、汽车下乡、渔用燃油等各项补贴2 408万元，“三农”支出较上年增长12%；以“三清三化”为重点，投资268万元，对40个村环境进行综合整治。二是全力以赴保民生。实施教育、医疗、住房、计生等救助活动，救助困难家庭学生1 349名，为502名大病患者发放救助金222.8万元，为困难家庭发放住房货币补贴73万元，发放各项计划生育奖扶资金380多万元。新建15个农村中心卫生室和13处社区卫生服务机构，修缮改造优抚对象和残疾人危房67户；推行新型农村社会养老保险制度，并通过财政全额补助方式，将农村483名低保家庭60周岁以上成员及355名60周岁以上残疾人纳入保障范围；深入开展创建国家级创业型城市试点工作，完善小额担保贷款工作，提高就业再就业水平；实施残疾人脱贫、救助工程，提高城乡低保标准和农村五保对象供养水平。

【加强支出管理，提高财政资金使用效益】 一是深化财政改革。不断规范基本支出预算管理，健全定额支出标准体系，增强基本支出预算编制准确性，有效提高预算管理精细化水平；加快国库集中支付改革，优化集中支付流程，提高资金运行效率。二是强化支出监管。认真开展财政支出绩效评价试点工作；进一步规范和完善政府采购工作程序，提高财政资金使用效益，共组织政府采购90项，资金节约率达到8.22%。加大政府投资项目跟踪审计监管力度，严格推行工程招投标制度，资金节约率达到20%以上。三是提升管理水平。组织开展“小金库”专项治理工作，进一步规范行政事业单位财务管理；加强会计事务管理，创新继续教育模式，共举办会计电算化、远程网络继续教育等培训班14期，参训人员近5 000人。

（撰稿：戚向军）

文登市

【财政收支规模进一步扩大】 2009年，文登市完成地方财政收入20.6亿元，同比增长9%；全市完成一般预算支出26.8亿元，比上年增长13.3%。

【财源建设实现新跨越】 一是搭建融资平台，解决企业融资难题。先后引进成立山东文通投资担保有限公司等三家公司和威海金海小额贷款有限公司，切实帮助中小企业解决融资难的问题。二是出台扶持企业发展的21条措施，取消和降低152项涉企收费，减轻企业负担3 000万元；实施增值税转型改革，减轻企业负担3 000万元；采取缓缴和下调失业、工伤、生育保险，为企业减负2 000万元。三是充分利用财政资金，帮助企业解决临时还贷资金2.4亿元，缓解企业资金压力，促进企业平稳发展。

【民生保障水平明显提高】 一是顺利完成机关事业单位津贴补贴调整工作。在连续两年提高机关事业单位工资、增加津补贴的基础上，又兑现津贴补贴近1亿元，使全市2万多人的津贴补贴落实到位，大大调动全市上下干事创业的积极性。二是民生投入不断加大。投入3.7亿元用于民生项目建设，全市教育经费保障体系、社会保障体系、医疗保障体系进一步完善，落实各项强农惠农政策，农村居住环境取得较大改观。

【财政改革步伐不断加快】 一是预算管理改革不断深化。对预算资金全面实行指标电子智能化管理，提高部门预算管理水平和预算约束力。二是全面推开国库集中支付改革。全面推开国库集中支付改革，国库单一账户体系进一步健全。

【财政监督管理再上新台阶】 一是强化政府投资工程项目的监管。出台《文登市政府投资工程项目管理暂行办法》，规范政府投资工程各个环节操作规程，特别是加强对标底的编制和保密、评标办法的制定以及专家库评标专家的抽取等关键环节的管理，有效堵塞漏洞，财政资金使用效益得到提高。二是加强政府集中采购及财政投资评审的监管。全年完成政府集中采购合同额1.1亿元，节约资金1 864万元，节支率达15.7%。审定工程造价2.87亿元，审减5 871万元，审减率17.0%，提高财政资金的使用效益。三是深入开展“小金库”专项治理。对全市260家机关事业单位进行“小金库”专项清查，进一步规范行政事业单位财务管理。

（撰稿：董文强）

荣成市

【概述】 2009年，荣成市共完成地方一般预算收入27.73亿元，比上年增长9.03%。全市共完成一般预算支出35.63亿元，同比增长12.48%。当年实现财政收支平衡。

【财税征管工作坚定有力】 调查梳理全市税源结构，强化百户重点企业纳税调度，纳税总额比上年增长16.5%，占两税收入的70%以上；大力实施综合治税，建立纳税信息考核机制，全年新增税务登记352户，增加税收1.96亿元；积极推进产业招商，全年引进12家外地企业，全年增加税收1 100

万元；严格落实收支两条线，确保非税收入安全完整。

【支持经济发展成效显著】 制定《关于进一步加强财源建设的意见》，全面加大政策、资金扶持力度，积极应对国际金融危机冲击。减免缓停18项收费项目，全年为企业减负1亿多元；全力推进增值税转型改革，提前抵扣增值税1亿元；提供企业临时还贷扶持资金4.3亿元，带动金融资金8亿元；安排专项资金9 218万元落实财税优惠政策，着力支持支柱产业发展；安排专项资金4 000万元用于企业奖励认证、品牌建设等重点工作；充分发挥全国政府采购网络平台作用，全面扩大企业产品销量。

【民生保障事业快速推进】 坚持以人为本，积极优化支出结构，加大民生支出。全面提高新型农村合作医疗筹资、补偿标准和城镇居民参保率，建设4处社区卫生服务中心和16处卫生服务站；投入资金8.9亿元，支持农业基础设施建设、小型病险水库除险加固、沼气建设、农村环境综合整治等30多个涉农项目，发放粮食直补、农资直补、家电下乡等15项补贴；实施农村中小学“两暖一热一改”工程，全面免除义务教育杂费；农村五保户供养标准不断提高，城乡低保覆盖率由2.3%提高到3%；扎实推进新型农村养老保险工作，首次向农民支付基础养老费，并列入2010年全国新型农村养老保险试点县；全面施行购房补贴政策，发放补贴291.3万元。

【财政支出管理不断强化】 进一步健全监督管理制度，狠抓投资评审和政府采购管理，全面做好“小金库”专项治理和扩大内需专项资金监管；狠抓国有资产管理，提高使用效益；认真落实中央厉行节约八项要求，全年没有新增非生产性支出项目，控制和压缩“车、会、出国、接待”等各类行政经费1 018万元；在威海市率先推行绩效评价制度，建立财政支出绩效评价体系，将绩效评价结果与预算管理有机结合，完成9个项目的支出绩效评价工作。

【财政行政效能全面提升】 牢固树立“高效办事，规范管理，廉洁理财”工作理念，建立财政应用数据平台，全面掌握百户重点企业与规模以上企业运行质量、纳税动态和全市重点工程项目资金拨付及行政事业单位基本情况。建立预算编制、执行、监督“三位一体”预算管理机制，并将预算编制和数据平台有机结合。全面加强干部队伍建设，建立健全工作制度，狠抓政风、行风建设，推进财政工作优质高效。2009年，荣成市财政局荣获“省级文明机关”荣誉称号。

（撰稿：刘景奕）

乳 山 市

【概述】 2009年，乳山市财政工作以科学发展观为指导，以“保增长、保民生、保稳定”为主线，积极培植财源，狠抓增收节支，全力推进改革，实现收入质量、总量双提高，支出规模、效益双提高，监管能力、水平双提高，为全市经济社会和谐发展提供了有力的财力保障。全市一般预算收入13.3亿元，增长10.1%；一般预算支出17.9亿元，增长18.22%。

【助推发展能力逐步增强，财源基础趋向稳固】 一是提高城市品位和功能，累计投入重点工程资金4.63亿元。二是以国家扩大内需政策为导向，争取资金7 851万元，落实地方配套资金3 657万元，用于实施农村饮水安全、农村公路建设等便民利民实事项目，推动全市公益设施和民生工程上档升级。三是认真落实各级针对企业出台的减费让利政策，累计取消、暂停涉企收费项目79个，拨付重点企业扶持资金和经济奖励资金2 863万元，促进企业在逆境中稳步发展。四是筹措资金8 000万元，设立企业转贷基金，为47家企业提供还贷周转金7.6亿元，缓解企业还贷压力。五是拨付支农资金2.06亿元，实施中小型水库除险加固等新农村建设项目，进一步夯实农业和农村发展基础。

【公共服务水平明显提高，民生事业健康发展】 把保工资作为刚性任务，优先调度资金保证工资按时足额发放和公务员津贴补贴的及时兑现。全面加大教育、卫生、社保等重点事业投入力度，较好解决弱势群体和困难群众生产生活问题。落实各项支农惠农政策补贴8 357万元，保证粮食直接补贴、粮食综合补贴、家电下乡补贴等的按时兑付和发放。

【税收征管机制不断完善，财政收入良性增长】 各综合治税成员单位认真履行工作职责，主动提报涉税信息，依法进行代征代扣，形成齐抓共管税收工作的合力。两个税务部门依托税收分析预警和纳税评估系统，严格落实房地产税收一体化、以票控税、税收稽查等征管措施，对优化收入质量起到了积极作用。财政部门全面落实“先税后证、先款后证”政策，保证在房地产市场起伏的大环境下，契税和耕地占用税稳定增长，当年入库契税1.3亿元，实现历史性突破。

【财政改革力度持续加大，监管质量不断优化】 全面推进国库集中支付制度改革，全市197个预算单位全部纳入国库集中支付改革范围。加大政府采购监管力度，共组织基本建设、车辆购置等集中采购72次，节支8 454万元。积极探索机关事业单位车辆集中保险和定点采购，全市514辆车辆纳入集中保险范围，节约保费27.5%。不断规范政府投资工程项目评审管理，重点抓好事前预算评审、事中现场监督和事后决算审查，核减不合理支出2 267万元。组织开展“小金库”专项治理工作，严格落实机关事业单位通讯费、差旅费等管理办法，规范部门和单位经费开支行为。

（撰稿：彭新波）

经济技术开发区

【概述】 2009年，威海市经济技术开发区完成生产总值159亿元，比上年增长17%；实现一般预算收入9.2亿元，比上年增长15.59%。实现工商税收7.3亿元，占一般预算收入的比重为79.2%；实现“四税”收入5.1亿元，占一般预算收入比重为55.32%。

【多措并举　保证财政增收】 通过实施闲置土地和不良债权清理、强化土地税收和应收款清缴等措施，实现财政收入平稳较快增长，全年清查入库土地使用税8 238万元，超年度目标2 238万元；查清不良债权6 383万元；清收以前年度欠款22 374万元；实现国有资产收益1 549万元。

【统筹兼顾　保证重点支出】 从严控制办公经费等一般性行政支出，部门公用经费压缩5%。财政支出重点向发展、民生、稳定方面倾斜。全年完成财政支出19.95亿元。其中，教育支出1.3亿元，比上年增长25.07%；社会保障支出8 573万元，比上年增长23.57%；医疗保障支出1 942万元，比上年增长24.73%；农业支出6 600万元，比上年增长57.18%。各项预算支出比例均高于全市增幅。同时城市基础设施建设支出1.7亿元，偿还债务支出1.7亿元，在不增加新的债务规模前提下，实现了保民生、保发展、保稳定的目标。

【精打细算　财政节支效果明显】 全年共节约财政资金2 000多万元。一是强化财政投资项目事前、事中、事后评审，工程结算审减资金1 354万元，审减率为12.8%；二是完善政府采购机制，实施政府采购“管采分离”，节约资金300万元，节支率为17.6%；三是充分利用国家扩大内需政策，将高息贷款全部置换为低息贷款，年节约利息支出320万元；四是强化旧村改造无证房屋审核认定工作，审减土地收益分成200多万元；五是积极开展财政支出绩效评价，将财政支出项目全部纳入绩效管理范围，并对重点支出项目实施绩效评价。

【完善制度　规范内部管理】 狠抓财政基础工作，完善并制定各项工作制度15项，制定财政支出工作流程12项，建立各项工作台账8套，强化内部考核机制，重点工作任务到分管领导、到科室、到工作人员，确保各项工作落实到位。

（撰稿：霍书林）

高技术产业开发区

【概述】 2009年，威海火炬高技术产业开发区（以下简称高区）实现地方财政收入9.8亿元，比上年增长12%。工商税收和四税收入比重分别比上年提高了2.5和1.5个百分点。全区实现财政支出7.95亿元，连续17年实现财政收支平衡。

【财政收入稳定增长】 一是加强财源建设。发挥财政职能作用，培育、扶持、壮大优质财源，通过用足、用活税费优惠政策，健全奖励引导机制，优化经济发展软、硬环境等手段，促进骨干企业做大做强和中小企业迅速发展，自主创新力度不断加大。二是完善税收征管体系。严格落实目标管理，及时做好任务分解，逐一落实税源、税种和征收单位；大力开展综合治税，积极协调相关部门做好税源管控，保证应收尽收；狠抓收入调度，坚持月调度、季考核；把好财政直接征收关口，强化举措，严格流程，保证各项收入及时、足额入库。

【财政支出保障有力】 按照构建公共财政的要求，突出保增长、保民生、保稳定三个重点，科学安排各项支出，合理调整支出结构，严格控制一般性开支，充分做到有保有压、重点突出、统筹兼顾。2009年，高区在社会保障和就业以及医疗卫生方面的支出分别比上年提高36.16%和35.23%，保民生、保稳定力度空前。同时，全年科学技术支出占到一般预算支出的13%，教育支出比上年提高20.91%。

【财政改革深入推进】 一是继续推动完善以部门预算为基础、以投资评审为支撑、以政府采购为手段、以国库集中支付为保障的“四位一体”财政支出制度。2009年，高区财政部门在预算编制中将项目支出细分为“大”“小”专项；国库集中支付在预算单位中的覆盖率达100%，直接支付比例达93%；投资评审效果显著，资金审减率达12.22%；政府采购资金节约率达20.7%。二是开展以推进财政支出绩效评价工作为重点的“绩效管理年”活动。按照“先用先建”的原则，初步建立起符合本地实际情况、易于操作的指标体系。三是规范财政基础性工作，加强档案管理，推进财政“一纵一横一中心”电子数据库建设，努力构建信息化财政体系。四是深入开展“小金库”专项治理工作，并取得阶段性进展。

（撰稿：张晓光）

日 照 市

东 港 区

【**概述**】 2009年，东港区实现国内生产总值282.71亿元，比上年增长17.6%；全年地方财政收入完成14.01亿元，比上年增长22.05%；地方财政支出完成9.01亿元，比上年增长15.54%。

【**认真落实积极财政政策，全力支持经济平稳较快增长**】 围绕“保增长、扩内需、调结构”，着力调整优化经济结构，支持经济增长，应对国际金融危机对经济运行带来的不利影响。实施中央新增预算内投资项目、省配套资金项目和调控资金项目56个，区财政配套资金3 644万元；出台《支持全区工业经济发展的意见》，财政安排1 000万元工业企业发展专项资金；全年落实结构性减税8 300万元，办理出口退税49 363万元。

【**狠抓财政增收措施落实，不断壮大地方财政实力**】 密切关注经济运行态势，加强收入预警分析，牢牢把握组织收入工作主动权；坚持依法治税，大力开展社会综合治税，积极推行纳税评估、清缴欠税等措施，加大耕地占用税、土地使用税征收力度，深挖潜力保增长，加强管理促增收；落实考核奖惩措施，建立财政收入质量改善和增量奖补机制，将收入均衡入库和年度任务目标完成情况纳入绩效考核，并与部门单位经费拨付相挂钩。

【**扎实推进民生财政建设，全面促进社会和谐发展**】 把保障和改善民生放在更加突出的位置，全年用于民生的财政资金达到2.33亿元，其中区财政配套5 906万元，中央、省、市出台的城市、农村义务教育免费，新型农村合作医疗，城市居民基本医疗保险试点，城市、农村两个“低保”等64项民生政策得到有效落实，推动教育、计生、农业、社会保障、医疗卫生等各项社会事业全面发展。

【**紧紧围绕全区发展大局，有效保障重点资金需求**】 搞好土地运营，实现政府收益8 931万元，完善政府投融资机制，新增融资规模3.5亿元。落实资金9 023万元，用于335省道拓宽等重点工程建设，改善基础设施条件，拨付城中村改造有偿使用资金3 400万元，加快改造进程。

【**坚持改革创新，进一步提高依法理财水平**】 镇级国库集中支付全面推开，在全省率先搭建国库集中支付预警平台。实施财政监督项目计划管理，建立行政事业单位资产配置制度。规范非税收入征收管理，在全市率先实施“部门征收、银行划缴、财政管理、政府调控”的政府非税收入管理新模式，实现财政、银行、执收单位的联网办公。

【**加强制度建设，着力提高财政运行质量**】 制定出台《关于全面加强组织收入工作的通知》等15个制度办法，为财政运行提供制度保障。全面开展财政性建设资金投资评审，全年完成投资评审项目24个，送审额12 591万元，审减率14.6%。继续实施区对镇转移支付制度，加快基层财政解困步伐，完善区直和镇街道差额单位补助经费管理办法，改革农村干部补贴发放模式，财政运行中的薄弱环节得到有效改进和加强，运行质量显著提高。

（撰稿：申作柏）

岚 山 区

【**概述**】 2009年，岚山区实现地方财政收入13.3亿元，增长9.5%。其中，区级地方财政收入实现4.82亿元，增长39.1%。全区财政一般预算支出完成7.3亿元，增长9%。

【**出台政策培植财源**】 一是面对严峻的经济形势，制定《关于进一步加强财源建设的实施意见》等一系列扶持企业发展的政策措施，整合九大项扶持企业优惠政策，当年拨付各类企业扶持资金9 445万元。二是针对三产比重过低，对地方税收贡献率小的经济结构现状，制定《岚山区二三产业剥离实施方案》，全力推进二三产业剥离工作，当年新增地方收入5 000余万元。三是制定《招商引资工作经费补助办法》，安排资金200万元鼓励各部门、单位、个人招引项目，培植财源。

【**精细挖掘收入潜力**】 一是加大税源排查力度，切实堵塞税收漏洞。对全区税源进行拉网式清查，坚持边清查边征收，当年增加税收1 300万元。二是加强非税收入征缴，落实“超收累进奖励”规定，加强国有资产处置收益管理，完成非税收入5 268万元。

【**破解融资瓶颈制约**】 一是借中央扩大内需政策实施契机，加强同工商银行、开发银行、农业发展银行和上级财政部门沟通协调，积极筛选项目、精心筹备资料，当年融资到位资金7.4亿元。二是规范土地市场，集中力量搞好土地出让金的清缴工作，涉及土地23宗，清缴土地出让金6 000万元。加快培育土地市场，储备土地5 600亩。三是发挥政府在工程项目开发上的引导吸附作用，采取灵活政策，争取开发商参与城建重点工程项目开发。当年严格按合同直接拨付城建重点工程资金3.31亿元，有力保障14项城建重点工程的顺利推进。

【突出重点规范支出】 按照“有保有压”的原则，严格预算执行，坚持保工资、保民生、保稳定、保法定增长。安排财力1.6亿元确保该区“阳光工资”的足额及时发放。当年用于农业农村和新农村建设的投入达4.1亿元，占财政支出的56.2%，增长28%。拨付资金623.8万元用于农村干部工资发放，制定《岚山区农村干部基本养老保险试行办法》，筹集资金160万元率先推行农村干部养老保险财政补贴工作。

【健全机制监管问效】 一是继续深化财政支出管理体制改革，将国库集中支付制度改革由区级成功推行到八处镇（街道）。强化政府采购监管，2009年签订政府采购合同352份，采购规模达到2.88亿元。其中，公共工程采购规模达2.35亿元，节约资金5 048万元，节支率为21.5%。二是创新政府投资工程监管办法，实施工程联合监督小组制、工程变更六家会签制、工程决算财政和审计双审核制等机制。三是从规范非税收入征管、财政资金拨付“两条渠道”和强化预算单位银行账户准设、预算执行动态监控、会计信息承诺问责“三种机制”入手，扎实开展“小金库”专项治理工作；严格执行《关于认真落实中央厉行节约八项要求的通知》的规定，压减各类开支，全力打造廉洁高效财政。

（撰稿：徐玉春　刘　煜）

五莲县

【概述】 2009年，五莲县地方财政收入完成2.89亿元，比上年增长15.21%；财政支出完成8.02亿元，比上年增长25.33%，全县财政事业实现平稳较快发展。

【发挥职能促发展】 一是深入实施积极财政政策，加大对优势骨干企业和重点基础设施建设扶持投入力度，财政财源基础得到有效巩固。发挥国有资产经营公司平台作用，为县域骨干企业注入中短期帮扶资金7 909万元，实现企业出口退税、免抵调减增值税6 997万元，争取利用节能减排、技术改造、结构调整资金5 400万元，促进了企业健康稳定发展。二是多渠道筹措资金，足额落实扩大内需项目地方配套，累计投入资金6 300多万元支持334省道五莲东段绿化工程、县城沿河路改造、污水处理厂、无害化垃圾处理厂、农村公路桥梁等重点项目建设，加大政府投资项目评审力度，增强投资的科学性、有效性，经济发展环境实现新提升。

【强抓征管保增长】 一是严格依法征税管费，加强税负分析和税源控管，深入开展重点税种调查、规模以上重点企业税源摸底工作，大力实施社会综合治税、纳税评估和税收稽查，全年实现税收收入26 074万元，同比增长11.41%，占地方财政收入的比重达到90.34%。二是加强非税收入征管系统和票据源头控管，对保留征收的各项行政事业性收费项目，严格规范减免，确保非税收入项目足额征缴。三是拓展国有资产和政府资源运营范围和领域，积极推进县百货公司、工业品公司等破产企业资产拍卖工作，努力实现国有资产价值最大化，为国有资产市场化运作奠定良好基础。

【集中财力惠民生】 落实各项民生政策，积极筹措资金为民办实事、办好事，让广大人民群众共享经济社会发展成果。农林水事务、教育、医疗卫生、社会保障和就业等重点民生支出分别比去年增长12.45%、11.2%、57.29%、77.48%。一是继续加大“三农”支持力度，发放粮食直补、农资综合补贴、家电下乡等涉农补贴资金7 906万元，投入资金3 600多万元支持农田水利设施建设，改善农业生产和农村生活条件。二是实施教育优先发展战略，落实资金2 377万元用于提高农村中小学公用经费标准、免除农村义务教育学杂费，促进了教育事业稳步发展。三是进一步提高城乡医疗保障水平，投入资金3 100多万元推进实施城镇居民基本医疗保险改革、提高新型农村合作医疗政府补助标准，新农合参合率达到98.1%。四是进一步完善社会保障体系，累计发放城乡低保资金1 108万元，投入957万元落实就业扶持政策、提高农村五保供养补助标准、支持残疾人事业发展。

【提升素质树形象】 一是扎实开展深入学习实践科学发展观活动，通过学习提高、查摆问题、整改落实三个阶段工作，财政干部思想政治素质进一步提高，财政体制机制进一步完善，存在问题得到有效整改落实。二是积极开展机关服务品牌、文明创建活动，先后组织举办第二期全县财政系统干部教育培训班、“庆国庆、迎全运”职工运动会、财税审系统迎新春联欢会等系列活动，提升全系统整体素质水平，树立文明、高效、务实、清廉的财政形象。2009年，局机关顺利通过省级文明单位、省级文明机关复核，先后荣获省级科技进步三等奖、日照市机关服务名牌、全县十佳文明窗口单位等多项荣誉称号。

（撰稿：周兴文）

莒　县

【概述】 2009 年，莒县地方财政收入实现 3.68 亿元，占预算的 105.7%，比上年增长 22.6%；全县财政支出实现 10.04 亿元，占预算的 113.4%，比上年增长 21.6%。全县连续 23 年实现财政收支平衡。

【科学聚财生财，促进收入持续稳定增长】 一是围绕“保增长、扩内需、调结构”，积极推进财源持续增长，不断培植壮大财源，实现财政经济持续协调发展。综合运用财税政策，着力促进优势产业和骨干企业加快发展，促进企业规模膨胀和效益提高，夯实财政增收基础。二是强化财税部门之间的协作配合，依法治税管费，建立季度财政经济运行调度分析会议制度，加强对重点企业生产经营情况调研分析，抓好重点行业、重点企业、重点税源的征管工作。三是加大非税收入征管力度，加强耕地占用税、契税源头控管，确保应收尽收。

【发挥财政职能，服务经济发展】 一是积极发挥财政政策和资金的引导作用，大力支持县域经济、新农村建设、城镇建设和各项重点事业发展。二是落实工业企业扶持激励政策，支持工业经济、招商引资和大项目建设，推动全县“五大产业”、“十大集团”膨胀规模、提升层次。三是精心研究财税政策，积极清理核实乡村债务，在全省率先完成农村债务清理核实工作，为下步完成乡村债务化解工作奠定了良好基础。

【科学运筹资金，保障重点支出】 一是积极调整优化财政支出结构，严格预算执行，从严控制一般性支出，集中财力保工资、保运转、保民生。二是认真落实津补贴政策和乡镇非“六保”工资，提高机关干部职工、乡镇教师和离退休人员收入水平。三是积极筹措资金，落实农业、教育、医疗卫生、社会保障等各项民生政策，保证各项重点事业发展。四是健全政府投融资机制，拓宽融资渠道，保障全县重点工程和重点项目建设，改善投资环境，拉动经济增长。

【推进改革创新，提高科学理财水平】 一是深化部门预算改革，统筹安排预算内外资金，提高预算编制的规范性、科学性。深化政府采购制度改革，进一步扩大政府采购规模，加强工程类项目的监管。二是制定出台扩大内需重点工程项目资金管理、专项资金项目库管理等办法，构筑规范完整的财政资金监管体系。探索实施“月审月促”监督法，对会计账务实行一月一审，实现财政监督关口前移。三是探讨推行涉农补贴“套餐式”发放办法，建立资金发放绿色通道，确保资金及时、足额发放到位。四是制定出台行政事业单位国有资产管理办法，加强国有资产处置管理，提高资产使用效益。五是针对乡镇财政财务管理方面存在的薄弱环节，推行定岗位、定职责、定目标、定流程、定标准“五定”机制，实现乡镇财政规范管理。

（撰稿：柏发友　刘世强）

经济开发区

【概述】 2009 年，日照经济开发区实现生产总值 122 亿元，比上年增长 24.1%，全区地方财政收入实现 6.81 亿元，比上年增长 41.7%。地方财政收入占 GDP 比重 5.59%。一般预算支出实现 5.18 亿元，比上年增长 48.2%。当年全区财政收支平衡。

【加强财源建设，强化税收征管，保持财政收入持续稳定增长】 一是突出招商引资和园区建设，壮大支柱产业。全年安排招商专项经费 510 万元，比上年增长 8.51%；投入基础配套建设资金 3.53 亿元，比上年增长 35.77%；积极推动能源、制浆造纸、粮油食品、机械、纺织服装五大主导产业发展，2009 年五项支柱产业完成产值 317.6 亿元，占全区规模以上工业产值的 82.5%。二是强化征管，保障财政收入持续稳定增长。积极开展社会综合治税，进一步加大对重点税种、重点行业、重点企业的监控力度，不断挖掘增收潜力，保障财政收入持续稳定增长。

【强化预算管理，优化支出结构，财政保障能力进一步增强】 一是全面实现“两个保证”、“两个确保”和城乡“低保”目标。二是积极支持教科文卫事业发展。在保障教师工资和公用经费的基础上，加大中小学危房改造支出。全年共安排教育支出 4 930 万元；积极支持疾病防控体系、医疗救治体系和新农合制度建设，全年共安排医疗卫生支出 1 540 万元，比上年增长 67.57%；加强生态建设，全年安排环境保护支出 2 007 万元，比上年增长 390.71%。三是大力支持社会保障工作。认真落实中央关于就业再就业的各项扶持政策，继续做好“两个确保”和城乡低保工作。全年累计支出社会保障资金 3 625 万元，比上年增长 33.13%。四是扎实推进农村综合改革。认真落实各项惠农政策，积极推动新农村建设。认真落实库区移民、能繁母猪、粮食直补、农资补贴等各项惠农政策；积极落实“家电下乡”工作，全年拨付家电补贴 108.39 万元，比上年增长 392.69%；

2009 年投资 1 000 万元，分步实施村居生活垃圾统管统运；在全市率先实现道路、自来水、有线电视“村村通”。

【加强财政监督，规范财务管理，依法理财水平得到提高】 一是深化国库集中支付改革。继续做好会计集中核算与国库集中支付的衔接工作；建立完善街道国库集中支付管理系统。二是强化重点建设资金监管。加强对各级重点项目资金的监督检查，保障专款专用；积极开展投资评审工作，全年审减各类工程建设资金 3 141 万元，审减率 14.82%。三是进一步完善政府采购管理机制。积极推行“管采分离”，全年采购合同金额 2.27 亿元，节约资金 3 298 万元，节支率 14.5%。四是积极开展小金库治理工作。

（撰稿：孙　涛）

山海天旅游度假区

【概述】 2009 年山海天旅游度假区地方财政收入实现 7 007 万元；地方财政支出实现 5 137 万元。连续 13 年实现财政收支平衡。

【财政收入管理】 面对严峻的经济形势，财政部门与国税、地税等部门制定符合实际的财政收入计划。全年共完成契税 1 170 万元，占年初预算的 130%。

【财政支出管理】 一是不断加强制度建设，从严控制支出标准，规范财政支出管理，确保财政资金的使用效益，保证工资正常发放。加大工资保障力度，严格按照工资标准执行和发放。集中财力用于重点项目和重点支出需要。二是积极配合区国土部门和建设部门，做好区内征地补偿和工程建设资金的拨付工作，确保工程建设项目的顺利开展和进行。全年拨付征地补偿款 2 346 万元，拨付工程建设资金 3 269 万元。

【财政监督工作】 一是完善财政监管机制，认真落实财政资金审批制度，加大对财政资金的监督检查力度。重点加强政府投资的项目的监管，2009 年审计报价 6 690 万元，审减 1 429 万元，审减率达到 21.36%。二是加强各单位“小金库”的自查自纠工作，认真开展重点检查，建立健全防控“小金库”发生的长效机制。

（撰稿：姜兆宇）

莱　芜　市

莱　城　区

【概述】 2009 年，全区实现地区生产总值 281 亿元，增长 13.5%；规模以上固定资产投资完成 146 亿元，增长 25%；城镇居民人均可支配收入和农民人均纯收入分别达到 18 020 元和 7 255 元，分别增长 11%、10%；地方财政收入完成 11.57 亿元，增长 3.73%；地方财政支出完成 14.88 亿元，增长 14.09%。

【全区财政收入实现持续增长】 面对国际金融危机冲击等严峻经济形势，认真落实区委、区政府部署的“项目建设年”和“企业服务年”活动，认真落实“扩内需、保增长”扶持优惠政策，大力促进经济发展，为财税增收奠定良好基础。及时召开多层次、多形式的财税工作座谈会，分析收入形势，明确工作目标，研究加强税收征管的工作措施。财政、税务等部门密切配合，建立收入分析快速反应机制，逐项目、逐企业、逐单位分析研究，跟踪收入变化趋势，随时掌握征收进度，不断加大征收力度，克服重重困难，确保全区财政收入实现持续增长。13 个乡镇（办事处）全部过千万元，其中凤城办事处、羊里镇 2 个乡镇过亿元。

【重点支出和法定支出得到较好保障】 一是加强工资发放和行政运行保障工作，科学合理调度资金，确保区乡两级工资正常发放，保证区乡两级党委、政府和公共事业的正常运行。二是加大对教育、科技、农业等方面的投入，保证重点支出达到法定增长比例。全区教育、科技、农林水支出增幅分别达到 12.05%、13.11% 和 37.16%，均高于经常性财政收入的增长比例。三是在保障重点支出的基础上，财政部门采取加强现金调度、督促项目实施等措施，加快支出进度，让当年安排的支出尽可能地发挥效益。

【着力改善民生，促进社会和谐】 本着保证重点、有保有压的原则，调整和优化支出结构，民生领域的投入大幅度增加，着力改善就业、最低生活保障、医疗、住房、基础设施建设等一系列民生问题。2009 年，全区用于民生的支出 2.42 亿元，增长 19.02%。全面落实各项强农惠农补贴政策，全年共兑现粮食直补、农资综合补贴、良种补贴、农机具购置补贴2 690万元。

【大力支持经济发展】 认真落实各项退税、减免税等政策2.02亿元，为企业创造相对宽松的政策环境。筹集资金923万元，支持重点企业技术中心、新型建筑工程技术研究中心等科技创新平台建设。落实资金697万元，加快关闭小企业和淘汰落后产能步伐。充分发挥财政职能，积极应对国际金融危机冲击，共争取扩大内需项目19批次，投资总额1.43亿元，带动区乡府投资7 000多万元，拉动企业及社会投资6 000多万元。

【财政监督管理卓有成效】 2009年，全区财政系统深入开展“财政资金监督管理年”活动，进一步强化财政科学化、精细化和规范化管理。进一步完善部门预算和国库集中支付制度，对行政事业单位预算外资金、非税收入和“小金库”进行全面检查，使所有的财政性资金达到“收入在国库，支付进中心，全程有监督”。认真做好扩大内需项目资金检查工作，对存在的问题及时进行整改。进一步加强财政投资评审工作，2009年，共完成概、预（结）算审查项目84个，完成评审额1.06亿元，审减金额2 026万元，审减率19.11%。进一步完善政府采购管理，共完成采购额3 372万元，节约资金459万元，节支率达13.6%。

（撰稿：郭廷亨）

钢　城　区

【概述】 2009年，莱芜市钢城区完成国内生产总值180亿元，地方规模以上工业企业实现产值115.2亿元、利税6.98亿元，分别增长62.8%、26.3%；城镇居民人均可支配收入和农民人均纯收入达到21 641元、7 679元，分别增长13%、10.3%。全区地方财政收入达到15.85亿元，比上年增长3.06%；财政支出完成18.84亿元，比上年增长6.4%。

【全力以赴保增长，区域经济迅猛发展】 一是扎实做好宽厚板、钢铁研发基地、齐鲁钢铁物流园等莱钢重点项目和六润食品、挠性覆铜板、粉末冶金、电子PI膜等区属重点项目的服务支持工作，促进重点项目的快速推进、快见成效。二是合理安排招商引资经费，认真落实创业活动财税优惠政策，确保招商引资和全民创业活动的顺利开展。三是积极构筑担保体系，组建政府参股控股的3家信用担保公司，为148家中小企业提供担保贷款96 600万元，为全区中小企业的持续健康发展提供资金保障。

【凝心聚力抓收入，财政收入快速增长】 一是坚持依法治税和加强征管。建立税源动态监控体系，全面推行社会综合治税，加强对地方小税等零散税收的征管和申报纳税质量的检查，地方财政收入实现稳定快速增长。二是加强非税收入征管。积极创新政府资产经营机制和管理体制，通过招拍挂方式，大力推进城市资产和国有资产经营，政府纯收益实现3 045万元。

【千方百计惠民生，支出结构进一步优化】 一是保证工资发放和基层运转。统筹安排预算内外财力，把工资性支出摆到预算安排的首位，保证机关正常运转。二是加强社会保障体系建设。安排各类保障资金5 644万元，扩大社会保障范围，提高保障能力。三是建立公共事业发展体系。投资2.34亿元，加大对教育、卫生等各项社会和公共事业支持力度。

【知难而上推改革，财政创新发展能力明显提高】 一是完善预算、指标、国库集中支付系统管理一体化模式，对全区64个部门各项资金全部纳入国库集中收付系统，实行严格的经费包干办法，提高预算管理水平和约束力。二是完善政府采购制度，扩大政府采购规模，2009年共完成采购金额3 530万元，节约财政资金552万元，平均节支率达15.6%。三是深入开展“小金库”专项治理和扩大内需资金检查，加大对津贴补贴、土地征用、“三乱”行为等工作的监督检查力度，从源头上预防腐败现象的发生。四是不断强化对政府投资重点工程特别是扩大内需工程的监督检查，对工程预算严格评审，实现政府投资重点工程项目的全覆盖、无缝隙管理，全年评审工程总额6 570万元，评定总额5 300万元，审减资金1 270万元，平均审减率达19.3%。五是认真执行企业会计准则，提高会计培训工作的质量，促进全区会计工作向规范化、制度化发展。

（撰稿：孙东升　邹笃华）

高新技术开发区

【概述】 2009年，莱芜市高新区财政收支稳定增长，地方财政收入完成30 833万元，增长18.16%；财政支出完成36 416万元，增长60%。

【应对危机保增长，全面促进经济企稳向好】 一是加大投入保增长。优化企业项目库，加大项目申报力度，投入1.35亿元支持节能型、创新型、高新技术等项目发展。二是落实政策保增长。对符合减免政策的企业，及时减、免、退、抵，努力削减国际经济危机冲击对企业的影响。三是服务企业保增长。积极为企业争取省扩大内需调控资金和过桥资金，促成银企签订资金合作意向10亿元，参股担保公司，解决企业贷款难问题。四是扩大内需保增长。争取基建项目省级扩内需资金9 000万元，全面落实扩内需政策。

【千方百计促增收，保持地方财政收入稳定增长】 一是加强协调促增收。落实包片、包点收入责任制，完善收入分析机制和收入激励机制，强化财税领导联席会议制度，利用社会综合治税网络平台，提高税收控管力度。二是强化管理促增收。开展纳税评估、税务稽查，完善征地项目“先税后征”制度和工程建设项目“先缴税，后拨款”的办法，完善重点税源监控制度，建立综合税负预警控管体系，加大稽查力度，确保税款不流失，维护税法统一与税负公平。三是深挖税源促增收。财税联合开展税收调查，与当前形势相结合，转变税收征管理念，对受冲击较大的生产类企业采取适度宽松政策，对一次性税源加大征管力度，深挖增收潜力，确保应收尽收。四是拓宽渠道促增收。深化收支两条线改革，加强非税收入管理，实现预算外收入 1 071 万元；加强土地出让金管理，结算土地收益 1.3 亿元。

【集中财力保重点，实现经济社会协调发展】 优化支出结构和投资结构，大力压减一般性支出。一是力保招商引资支出。优先安排招商业务支出，为开展各项招商活动、完成招商引资任务提供资金保障；及时兑现招商引资优惠政策资金 5 032 万元，优化招商引资软环境。二是加大基础设施建设投入。投入城市基础设施建设资金 10 254 万元，保证重点工程建设，投入环保资金 925 万元，用于污水处理和支持企业进行重大节能技术研发，进一步优化投资环境。三是提高民生保障水平。投入教育事业 2 298 万元，医疗卫生事业支出 785 万元，新农合参保率达 99.2%，安排专项资金 569 万元推进农村垃圾处理、水库除险加固等工程，发放涉农补贴 178 万元，投入 500 万元拓宽低保覆盖面，办理农村养老保险，通过资金代管增加农民收入 825 万元，提高民生保障水平，加快城乡一体化发展进程。四是保证重点项目支出。及时拨付拆迁清障及征地补偿资金 6 616 万元，推进重点项目顺利开工建设。

【完善机制抓管理，提高财政精细化管理水平】 一是推进改革抓管理。启动行政事业资产信息系统，建立资产备查数据库。全面深化政府采购预算改革，规范采购信息公开和评标管理机制。加大财政投资评审力度，对区内财政投资项目实施全过程跟踪评审，严格执行二次复审制度。二是完善制度抓管理。深入开展学习实践科学发展观、“三创”和“规范管理年”活动，重点解决制约财政科学发展的实际问题，健全全区财政、财务管理体系，提高财政干部整体素质、行政效能和服务水平。顺利通过各级全面审计和专项审计。三是严格监督抓管理。深入开展会计信息质量检查，加强对预算单位、企业以及村居的财务指导和监督；圆满完成“小金库”自查自纠和综合治理工作，探索建立预防“小金库”的长效机制。

（撰稿：王玥珺）

雪野旅游区

【概述】 2009 年，雪野旅游区完成地方财政收入 3 773 万元，同比增长 27.68%；财政支出完成 19 630 万元，同比增长 15.76%。国民经济实现持续快速发展，实现工业总产值 1 466 万元，增长 109.3%；全社会固定资产投资 80 554 万元，增长 42.4%；农民人均纯收入 6 516 元，增长 11%。

【强化税收征管，收入实现快速增长】 立足挖掘自身潜力，在堵漏增收上狠下功夫，强化征管手段，采取“抓好骨干税源、盯紧一次性税源、全面控制零星税源”方法，加大税收征管力度，切实做到以法治税，依率计征，应收尽收。

【合理有效利用财政资金，保证旅游区正常运转】 面对国际金融危机冲击对经济的不利影响，财政部门坚持“一要吃饭、二要建设”的支出原则，把加强财政支出管理放在突出的位置，在财政资金紧张的情况下，做到勤俭节约、量入为出，保证各级工资的正常发放，保证医疗卫生、民生保障等政策的落实，重点支持中国国际航空节、雪野水库除险加固工程、首届中国“侠文化”艺术节、“雪湖杯”全省青少年自行车赛等重点项目和活动的开展。

【大力提高财政资金使用效益】 一是做好部门经费管理，发扬勤俭节约办事的作风，把有限的资金用于基础设施建设、环境绿化支出，发挥资金的最大效益。二是做好建设项目投资评审和拆迁补偿工作，全年共完成 80 余项工程的决算审计工作，为旅游区节约财政资金 2 000 余万元；充分发挥财政监督职能，抓好旅游区建设项目拆迁补偿工作，有效提高资金使用效益，保证社会稳定。二是进一步规范政府采购程序，严格按照《中华人民共和国政府采购法》、《中华人民共和国招投标法》的要求实施政府采购，杜绝采购过程中的舞弊行为。

【加强招商引资力度，努力培植新税源】 在旅游区现有财源的基础上，积极利用自身优势招商引资，吸引外来资金。2009 年先后已有 20 余家新建企业落户旅游区，新增纳税 1 000 余万元。

【加强队伍建设，提高财政干部队伍素质】 按照市委、市政府“三创”活动要求，组织全体干部职工深入学习贯彻落实科学发展观活动精神，激发干部职工服务于旅游区发展全局的积极性和艰苦奋斗、干事创业的决心。同时，健全内部控制制度，严格财经纪律，进一步提高了财政干部队伍的业务素质和政治思想水平。

（撰稿：王　霆）

临　沂　市

兰　山　区

【概述】　2009年，兰山区地方财政收入完成12.1亿元，增长10%；财政支出完成16.4亿元，增长12.58%，当年实现财政收支平衡。

【收支管理】　稳步强化财源建设，从政策、资金、措施、服务上为企业提供良好服务。建立“周碰头、月协调、季督导、关键时期每天一调度”的收入协调机制，按收入级次确定各镇街道收入任务，按收入类别确定国税、地税、财政收入目标，做到任务层层分解，责任逐级落实，管理不断强化。支出方面，严肃政府收支分类，严格部门预算和预算精细化管理，大力推行直接支付，不断强化预算执行分析，圆满实现“保工资、保运转、保民生、保重点”的任务目标。

【财政惠民】　一是稳步推进新农村建设。投入农业综合开发项目资金760万元，筹集小型病险水库除险加固资金383万元，争取农村住房建设与危房改造及农村住房建设增减挂钩资金1 066万元，发放各类涉农补贴3 806万元。二是加大社会保障投入。补助城镇居民基本医疗保险资金457万元，拨付低保资金889万元，筹集新型农村合作医疗基金3 623万元。三是保障教育优先发展。落实义务教育阶段“两免一补”资金4 572万元，投入农村小学校舍改造资金502万元，清理核销农村义务教育债务1 194万元。四是扶持公益事业发展。安排镇级敬老院建设资金135万元，投入农村社区基础建设和配套设施建设资金455万元。

【监督管理】　一是加强财政投资评审。累计评审政府投资项目六大类48项，评审政府投资额50 040万元，节约资金8 163万元，节支率16.31%。二是组织扩大内需项目财务检查。严格按照《国有建设单位会计制度》进行落实，做到账账相符、账实相符。三是深入开展“小金库”专项治理。自查单位76户，自查率100%；重点检查单位12户，重点检查面15%。四是认真组织会计信息质量检查。会同区监察局、区审计局等部门，对兰山区5户企业2008年度会计信息质量进行检查。

【队伍建设】　一是组织中层干部竞争上岗。坚持公开、竞争、择优原则，组织竞岗活动，让业务骨干走上重要岗位。二是开展党风廉政教育读书活动。采取封闭培训、纪委领导讲课、自学讨论相结合的方式，保证了学习效果。三是组织“一月一法”学习活动。精选12部与财政业务密切相关的法律法规进行系统学习，提高干部职工依法行政素养。2009年，中央电视台播出了关于兰山区财政局“家电下乡”工作的新闻报道。兰山区财政局被省财政厅评为“全省财政投资评审最具影响力单位”。被市委、市政府和市有关部门表彰为“行风建设先进单位”、“计划生育分工职责先进单位”、“临沂市学生资助工作先进单位”、“决算编制先进单位”。被区委、区政府表彰为“年度综合工作先进单位”、“精神文明建设先进单位”、“纪检监察工作先进单位”、“履行计划生育分工职责先进单位”、“办理区人大代表建议先进单位”、“宣传思想工作特等奖”、“创建全国文明城市工作先进单位”、“扫黄打非工作先进单位”。

（撰稿：杨　震）

罗　庄　区

【概述】　2009年，罗庄区实现国内生产总值190.2亿元，比上年增长14.2%。地方财政收入完成5.57亿元，比上年增长14.04%。财政支出完成8.37亿元，比上年增长13.61%。

【财政收入保持平稳增长】　2009年，全区各级财税部门全力加强收入征管，通过抓税收收入分析、主体税种收入质量考核和地方小税种清收，财政收入上半年持续下滑势头得到有效遏制，财政收入总体保持平稳增长。全区地方财政收入规模居全市第三位；地方财政收入中税收占比80.41%，税收比重居全市第五位；小额税种实现较快增长，其中耕地占用税增长最为明显，全年完成12 497万元，同比增长8.96倍，拉动地方财政收入增长23个百分点。

【支持经济发展成效突出】　全力支持国家园林城市创建和生态区建设，及时调度财政资金10 151万元，其中：

创建国家园林城市1 100万元，城乡公共设施建设700万元，加强污染防治、环境保护4 451万元；努力做实融资平台，提升融资能力，累计完成融资3.6亿元，主要用于通达路南段改造、陷泥河、南涑河综合整治、污水处理等重点工程建设；完善信用担保体系，成立区信用担保中心，同时积极争取地方政府债券资金2 016万元，弥补配套资金不足；投入资金978万元，大力支持企业自主创新，促进进出口贸易稳定增长；拨付失业保险金136万元，帮助困难企业“减负稳岗”；加强对企业过桥还贷周转金的使用管理，累计提供周转资金3.89亿元；全面做好汽车、摩托车和家电下乡财政补贴工作，兑付补贴资金1 509.3万元。

【民生重点支出全面保障】 一是全年投入“三农”资金9 659万元，促进农业农村发展和农民增收。其中，农村基础设施建设1 000万元，水源地建设100万元，农业综合开发340万元，岸堤水库饮水入区工程870万元，农村住房建设和危房改造5 564万元；水稻、玉米良种及粮食、农资综合直补1 307万元。二是投入社会重点事业及民生保障资金22 735.6万元。其中，教育6 797万元；社会保障和就业6 425万元；医疗卫生4 298万元；科技研发和企业创新改造418万元；计划生育和文化体育1 026万元；公共安全管理2 910万元；城市供暖改造861.6万元。三是认真落实厉行节约八项要求，大力压缩一切与经济发展、改善民生无关的支出，一般公共服务支出得到有效控制。

【财政监管水平显著提升】 部门预算编制的准确性、完整性和合理性逐步提高；财政国库直接支付范围进一步扩大，全区国库直接支付资金79 688万元，直接支付率达到86.7%；从管理与操作两个层面上着力深化政府采购“管采分离”制度改革，共实现采购金额4 100万元，节约资金700余万元，节支率达15%；加强政府公共投资的跟踪监管，参与重点工程项目评审23项，涉及财政资金4.08亿元，审减资金6 500万元；积极推进行政事业单位国有资产管理改革，初步形成行政事业单位国有资产管理新的体制和机制；进一步强化会计基础规范化管理，全区会计信息资料整体质量显著提升；开展“收支两条线”检查和“小金库”清理活动，配合中央、省、市检查组认真做好扩大内需项目资金检查工作。

（撰稿：张维军）

河东区

【概述】 2009年，河东区实现生产总值93.8亿元，比上年增长13.8%；实现地方财政收入2.51亿元，增长13.06%；实现财政支出8.24亿元，增长24.79%。

【财政收入实现较快增长】 积极克服金融危机影响，不断完善税费征管机制，加大征管力度，深挖增收潜力，严堵收入漏洞，努力做到应收尽收，财政收入保持较快增长。当年，全区地方财政收入比上年增加2 900万元。其中国税部门增加增加711万元，地税部门增加1 475万元，财政部门增加714万元；税收收入占地方财政收入的比重达63.65%。

【重点支出得到有力保障】 在支出安排上，坚持统筹兼顾、有保有压，集中财力保重点、办大事，有力地促进了扩内需、保增长、惠民生、保稳定各项工作的开展。2009年，全区教育、科学技术、文化体育与传媒、社会保障和就业、医疗卫生、城乡社区事务、农林水事务等支出，分别增长9.89%、20.82%、63.68%、25.58%、27.92%、130.49%、38.68%。

【科学理财水平不断提升】 加强部门预算管理，制定科学合理的定员定额标准，提高了年初预算到位率，减少预算追加，推进部门预算的科学化、规范化。加强区乡财政管理，提高村级组织保障水平，较好地保障了基层组织正常运转。完善国库集中支付制度，加强零余额账户管理，对账政直接支付和授权支付作了进一步规范，推进财政支出管理向精细化迈进。加强与税务、统计、银行、重点企业、乡镇基层的联系和配合，预算执行分析质量不断提高。加强经建专项资金管理，严格督促项目单位执行“项目法人制、招投标制、合同管理制、工程监理制”等管理要求，对各级财政资金实行专户管理。加强政府性投资项目管理，对政府投资建设的城建工程进行认真评审、严格把关。加强政府采购监管，认真贯彻实施《政府采购法》，全面推行政府采购制度，2009年全区累计完成政府采购额1.81亿元，节约资金2 400万元，综合资金节约率达14%。

（撰稿：尤作瑞）

郯城县

【概述】 2009年，郯城县地方财政收入完成4.85亿元，比上年增长12%。税收收入完成3.53亿元，占地方财政收入的72.7%；非税收入完成1.32亿元，占地方财政收入的27.3%。全县一般预算支出12亿元，增长21%；其中县本级支出9.72亿元，乡镇支出2.28亿元。

【财源建设实现新突破】 一是兑现奖励资金1 316万元，对招商引资、项目建设、高新技术产业发展、金融支持、纳税大户发展、乡镇财政组织收入等领域给予激励。二是设立中小企业过桥资金3 000万元，成立中小企业信用担保公司，积极解决中小企业融资困难。三是采取服务承诺，对新上项目实行打包收费和一站式办结等便利举措，努力控制“三乱”行为，为企业发展创造良好的环境。2009年，全县税收过100万元的企业达到53家，新增17家。有8个乡镇地方财政收入过500万元，过1 000万元的乡镇由2个增加到5个。

【民生和重点支出得到有效保障】 一是县乡教师实现同工同酬；农村干部报酬实现财政统一发放。二是兑现粮食直补，农资综合补贴，农机具购置补贴，小麦、玉米、水稻良种补贴，家电和汽车、摩托车下乡补贴等惠农资金11 921万元；大力支持农业综合开发、病险水库除险加固、农村沼气池建设和村村通自来水工程；支持土地增减挂钩试点和农村住房与危房改造。三是提高新农合补助标准，对农民的人均财政补助标准由60元提高到80元；将全县3 292名关闭破产及困难企业的退休职工纳入医疗保险范围，社会保障覆盖面稳步扩大。四是多渠道融资，重点支持中央扩大内需工程，县城南北外环道路东延、沭河滨河路、兴郯路等重点工程和十大惠民工程建设，进一步提升城市形象。

【科学理财水平稳步提高】 财政投资评审工作实现新进展，共审核项目预算109个，审核预算金额34 813万元，审减资金额6 109万元，节支率17.5%。政府采购稳步扩面，共参与监督货物类、工程类和服务类招标62次，政府采购预算金额23 600万元，实际支出20 353万元，节约资金3 247万元，节支率13.8%。监督检查工作力度逐步加大，组织开展部门预算执行情况、政府采购、收支两条线、小金库、中央专项资金和拉动内需专项资金管理使用情况等监督检查活动，进一步严肃财经纪律。会计基础管理进一步规范，统一对乡镇财政所、农税所设置9个业务岗位，明确岗位职责，进一步规范乡镇财务业务处理程序，提高财政精细化管理水平。国有资产管理取得新成效，严把资产处置审批、资产评估、公开拍卖、处置公示、收益入户五道关，有效构筑资产处置“防火墙”。

【机关行政效能明显提升】 扎实开展学习实践科学发展观活动。围绕“科学理财，和谐发展”的主题，做到真学、真懂、真会、真用，彰显财政部门特色。坚持以岗位职责考核为总抓手，加强机关作风建设，推行业务考试、轮流讲课、专题辅导和学习交流四项制度，提高干部队伍素质。认真落实“一岗双责”和领导干部个人重大事项报告制度，层层签订《反腐倡廉建设责任书》；组织机关干部到警示教育基地接受教育，积极开展创建“廉洁明理好家庭”活动，推动反腐倡廉源头治理工作顺利开展，促进机关党风廉政建设的深入开展。

（撰稿：马学准　魏拂晨）

苍　山　县

【概述】 2009年，苍山县地方财政收入完成3.6亿元，比上年增长17.5%，税收占地方财政收入的比重为85.2%；财政总支出实现13.5亿元，比上年增长18.6%。

【2009年财政工作情况】 用于“三农”方面的支出达5.74亿元，增长19.37%，落实粮食直补、库区移民、家电、汽车和摩托车下乡等补贴1.58亿元。预算内民生支出达6.99亿元，增长21.36%，集中保障“十项为民实事”和“七大系统工程”顺利实施，投资2 391万元实施农村中小学校舍危房改造；投资927万元，完成19所农村义务教育学校冬季取暖；投资9 122万元，全部免除了义务教育阶段学生的杂费和课本费；投资253万元，实现“不让一人因贫困上不起大学”的目标；农村低保和城市低保标准分别调整到1 000元、2 400元；建设廉租住房5 000平方米，进一步健全城镇低收入家庭的住房保障机制。累计落实各类税收优惠政策4 816万元，招商引资奖励及项目洽谈支出420万元。成立临沂市中小企业信用担保有限公司苍山分公司，为我县19家中小企业提供贷款担保额1.78亿元。县级财政筹措资金7 668万元，保障中央扩大内需项目的顺利实施。筹措投入1.95亿元，确保园区建设、体育馆、兰陵文化公园、206国道续建、东泇河综合治理、民兵训练基地、新党校、监管场所、一中三期、实验中学、实验二小等工程项目的资金需要。财税体制改革取得重点突破，综合配套、整体推进，综合预算、国库支付、政府采购改革进一步深化，财政项目资金评审、绩效评价制度逐步健全，财政资金使用效益进一步提高。

【精神文明建设再上新台阶】 在做好财政工作的同时，深入学习实践科学发展观，注重加强财政部门思想、作风和廉政建设，在全系统开展“服务年”活动和“一月一法”学习活动，强化干部职工的法制观念，全面提升干部队伍的服务理念、服务意识和服务效能。2009年苍山县财政局被临沂市委、市政府授予行风建设、安全生产、千村帮扶、百万农户致富工程等先进荣誉称号6个，被临沂市财政局授予全市财政系统非税收入征缴、会计管理、财政监督等先进荣誉称号12个，被苍山县人民政府记“集体三等功”一次，被苍山县委、县政府授予最佳文明服务单位、行风建设、平安创建、招商引资等先进荣誉称号10

个。同时 31 名同志被苍山县人民政府记“个人三等功”。

（撰稿：焦　波）

莒南县

【**概述**】 2009 年，莒南县实现生产总值 168.2 亿元，比上年增长 14.1%；地方财政收入完成 3.57 亿元，增长 15.01%；财政总支出完成 12.66 亿元，增长 30.97%。

【**民生保障更加有力**】 落实义务教育保障经费 3 805 万元；发放教育助学金 518 万元；筹集 1 595 万元，支持中小学校舍建设、教学仪器更新和职业教育发展。补助新农合和城镇居民医疗保险 6 386 万元，全年为农民报销医药费 9 836 万元。发放城乡低保金 1 629 万元；筹集 1 332 万元，支持廉租房和农村住房建设和危房改造。落实农村五保供养、困难企业军转干部解困和优抚对象抚恤补助 3 525 万元，保障困难群体的基本生活。

【**农民利益得到更好保障**】 一是落实粮食、良种、家电、汽车和摩托车等惠农补贴政策，全县农民得到实惠 1.22 亿元。二是投入农村饮水安全工程 1 959 万元，4 万人口受益。三是筹集 808 万元，用于沼气建设，新发展户用沼气 8 599 户。四是筹集 6 728 万元，除险加固小型病险水库 73 座。

【**支持扩内需、保增长成果明显**】 争取扩大内需项目扶持资金 1.43 亿元，落实县级配套资金 1.24 亿元，推动扩大内需项目的实施。骨干企业群体不断壮大，全县纳税过 500 万元的企业达到 19 家，比上年增加 8 家；纳税过千万元的企业达到 11 家，比上年增加 4 家；阜丰集团和鑫海科技纳税均突破 5 000 万元。

【**财税管理更趋科学规范**】 国库集中支付改革成效显著，全年直接支付占支付总金额的 93%。政府采购“管采分离”顺利实施，全县完成政府采购 3 183 万元，节支率 13%。投资评审绩效突出，评审工程总额 3 200 万元，审减率达 27%。开展“小金库”治理、“收支两条线”和扩大内需专项资金等检查，维护良好的财经秩序。

【**队伍建设成效显著**】 扎实开展学习实践科学发展观、“效能建设年”和“反腐倡廉教育月”等活动，系统上下呈现出凝心聚力、干事创业、风清气正的良好局面。莒南县财政局在全县机关效能建设评议中取得第一名的好成绩。

（撰稿：王仕平）

沂水县

【**概述**】 2009 年，沂水县完成国民生产总值 208.5 亿元，增长 14.5%，地方财政收入实现 6.5 亿元，同比增长 21.3%；地方财政支出 14.7 亿元，增长 32.6%。

【**发挥财政职能，支持经济发展**】 一是落实各项支农、惠农政策。实现“三农”支出 63 827 万元，支持农业综合开发、小型水库除险加固、农村中小学危房改造、新型农村合作医疗等项目。对全县 21.6 万户农民发放粮食直补和农资综合补贴资金 3 699 万元，兑付家电、汽车摩托车下乡补贴 3 037 万元。二是积极落实各项财税政策，大力支持重点项目和骨干企业。扶持企业 82 户，扶持资金 11 672 万元。

【**完善征管措施，促进财政增收**】 一是抓好调度分析。认真落实财税金融部门与经贸部门调度分析例会制度、重点行业和重点企业专项调度分析制度、企业税负分行业定期通报制度、联系督促乡镇组织收入制度，把各项调度分析的结果运用到税收征管上，确保收入目标的实现。二是积极实施综合治税。认真开展税收“六项清理”和区域税收综合整治活动，有针对性地对纳税预警重点企业进行检查和评估，公平税负，促进收入增长。三是以建筑房地产为重点，深挖三产增收潜力。通过实行“源头扣缴”、“一体化管理”、“台账跟踪”等措施，进一步加强建筑、房地产业税收的征管。同时，对批发零售企业、旅游、交通运输、餐饮娱乐等第三产业进行全面、彻底的清理。四是强化非税收入征管。把应该纳入非税收入管理的收入及时纳入管理，加强对执收单位的稽查工作，避免擅自减征、免征、缓征，同时防止收费收入的截留、坐支、挪用，确保非税收入目标的完成。

【**深化财税改革，提高管理水平**】 一是进一步深化政府综合预算、部门预算和零基预算管理，优先保证工资的发放和单位正常运转经费，以及“三农”、教育、社会保障、环境保护、公共卫生事业、城市建设、社会稳定等基础公益事业需求。二是加快国库集中收支付、政府采购工作改革。全年累计支付各类款项 22 亿元。政府采购总金额达到 2.2 亿元，节约资金 2 948 万元，资金节约率达 12%。三是进一步强化资产管理。通过国有资产运营公司等多渠道融资 3.3 亿元，用于城建工程建设；参与全县片区拆迁补偿审核和资金发放工作，全年共复核审减支出 4 209 万元；加强安置房管理，保证 2 095 户安置户及时入住。

（撰稿：武　强）

蒙 阴 县

【概述】 2009年，蒙阴县一般预算收入完成8.77亿元，增长18.6%，税收收入完成1.87亿元。财政总支出完成9.07亿元，同比增长17.6%，当年财政实现收支平衡。

【民生财政特色明显】 一是预算执行中，坚持以人为本、民生为重，积极调整支出结构，切实增加民生投入。二是在落实促进就业政策、健全义务教育经费保障、实施医疗卫生体制改革、建立城镇居民基本医疗保险、提高城乡低保和新农合补助标准等方面，支出增幅大大高于一般预算支出增幅。三是围绕保障重点项目和重点工程建设，千方百计筹措资金，全力支持开发区、孟良崮工业园两个园区建设，促进县域经济发展；支持城北建设、钻石公园及205国道修建等重点工程；支持“三城同创”、污水处理厂、垃圾处理厂等建设，城市化水平得到明显提升。

【财政理财机制更趋完善】 一是强化政府投资项目资金管理。制定出台《蒙阴县政府投资建设项目资金管理办法》，加大对政府投资项目的投资评审和招投标的监管力度，全年共审减投资337万元，审减率14%。二是逐步健全政府采购监管机制，推行“管采分离”制度，不断拓宽采购领域，增强政府采购透明度和公信力，全年完成政府采购额10 046万元，节约资金1 370万元，节支率达12%。三是继续深化和完善部门预算、国库集中支付、乡财县管、“一本通”发放等财政体制机制改革，推进财政管理的科学化、精细化。四是深入开展扩大内需项目资金、财政专项资金、税收征管、“小金库”专项治理等一系列监督检查，有效规范财政收支行为，严肃财经纪律。

（撰稿：刘志民　张好林）

平 邑 县

【概述】 2009年，平邑县地方财政收入3.71亿元；一般预算支出12.4亿元，同比增长20%。

【积极培植财源，增强发展后劲】 紧紧抓住全县大项目推进年这一主题，对汇源果汁、中联水泥、临工桥箱平邑公司等大项目，提供最大可能的支持。其中汇源果汁一期、玉泉玻璃生产线、天宝化工乳化炸药生产线等10个项目已竣工或部分投产。特别是一期投资6亿元的平邑中联水泥，筹集到位注册资本金3 400万元，前期引导项目投入2 000万元，促成企业项目落地建设。设立五大产业发展财政专项基金，大力支持罐头、石膏、石材、手套、金银花五大产业集群发展。积极搭建政府投融资平台和融资担保平台，县财政注资1亿元成立财源担保公司，先后为8家企业担保贷款3 620万元。

【强化征管措施，收入结构明显改善】 一是全县完成契税、耕地占用税入库1 690万元，完成任务的110%。二是严格非税收入征管，全年入库非税收入1.95亿元，政府基金收入1.89亿元，均超额完成年度任务，通过专项集中治理采沙秩序，涉沙税费收入1 000多万元，同比增收850万元。三是全县税收增幅达到22%，税收收入占地方财政收入的比重达到72%。

【调整支出重点，着力解决民生问题】 一是保证县乡两级财政供养人员工资、津贴补贴和全县村干部报酬及时发放。二是投入6 346万元用于教育保障，新建校舍2.1万平方米。三是投入1 670万元用于农村和城市低保，使2.6万低收入农民和城镇居民受益；深入推进新型农村合作医疗改革，全县农民参合率达99.18%，拨付资金8 978万元，及时报销参合农民的医药费用。四是投入17 000万元，用于全县43座小型水库和5座中型水库除险加固工程；投入1 180万元用于农业综合开发和扶贫开发；落实粮食、良种、农资、能繁母猪补贴等惠农政策，共补贴资金4 768万元；大力落实家电、汽车、摩托车下乡补贴政策，补贴到位资金2 236万元；县财政投入资金4 600万元，扶持新建农村社区23个，工程实施后可使3 250户农民搬进新房，同时开发复垦新增土地1 900余亩。

【深化财政改革，完善运行机制】 一是经过多方积极争取，我县被列入全省首批财政体制省直管县改革和新型农村养老保险改革试点县。二是继续深化部门预算管理改革。三是县级国库集中支付制度改革向纵深推进。四是政府采购工作成效显著。全年采购金额13 697万元，节约资金1 390万元，节支率10.15%。五是国有资产管理进一步加强，完成归来庄金矿改制，发展热电、晨翔建材等企业的破产清算及资产变更等工作。

【强化财政监管，提高管理水平】 一是对人员经费和项目资金，采取动态管理，跟踪问效。二是对重点建设项目资金加大评审力度，去年完成评审项目25个，评审总额5 127万元，核减资金451万元。三是对教育、扶贫、农业综合开发和农村住房等专项资金实行报账提款。四是对粮食直补、库区移民、农村低保、农民养老金等专项资金采取“一本通”，直接补贴到人。五是开展非税收入检查、小金库治理和会计信息质量检查，进一步规范财经秩序，提高财政资金的使用效益。

（撰稿：夏　天）

费　县

【概述】 2009年，费县实现一般预算收入4.6亿元，比上年增长20.5%。实现总支出16亿元，比上年增长25.3%，其中一般预算支出12.6亿元，比上年增长19.4%。

【保障民生、促进发展】 认真贯彻落实积极的财政政策，不断优化支出结构，加大对民生和“三农”、科技、教育、卫生、文化、社会保障、保障性住房等社会公益事业支持的力度。2009年，费县兑现各项民生政策及配套资金9.2亿元。实行招、拍、挂，加大土地收储力度，全年出让土地17宗，出让总收入2.6亿元，实现政府收益1.9亿元。建立融资平台，拓宽融资渠道，提高融资质量。2009年县级财政共投放各类资金15亿元，用于费县重点项目建设。

【深化改革、优化结构】 一是将18个乡镇纳入费县部门预算范围，实现县乡财政预算统编，增强预算编制和预算执行的约束力，促进乡镇财政管理水平的提高。二是建立完善部门单位基础资料数据库，部门预算编制更加系统、科学、可行，财政支出更加阳光、透明、规范。三是建立现代财政国库管理制度，财政资金收付更集中、快捷、安全。四是严格执行收支两条线管理，规范收费项目和标准，堵塞征管漏洞，政府廉政建设进一步加强。五是不断拓宽政府采购范围，费县政府采购金额达到7 188万元，节约支出963万元，节支率为12%。六是调整优化乡镇财政支出结构，加大县级财政对乡镇财政补助力度。控制乡镇投资和负债，预算安排优先保工资。七是改革工资发放办法，将乡镇机关事业单位全额在编在职人员工资、农村干部工资和计生专职人员补贴，由县级财政统一代发，实行国库直接支付到人。

（撰稿：刘学文　袁堂玲　徐荣才）

沂　南　县

【概述】 2009年，沂南县实现地方财政收入3.51亿元，比上年增长19.07%。其中，税收收入完成2.76亿元，占地方财政收入的78.69%，比上年增长20.65%。

【财政收入实现新突破】 加大组织收入责任考核力度，制定完善乡镇激励性转移支付考核办法，充分调动各级各部门组织收入的积极性。全县17个乡镇中，有12个乡镇税收入库超千万元，5个乡镇地方财政收入过千万元。

【财源建设有新发展】 农业综合开发、生态农业建设、黄烟生产等有了进一步发展。设立中小企业“过桥”还贷资金等措施，着力解决中小企业资金困难问题。2009年，全县发放企业还贷“过桥资金”4 510万元，各金融机构对重点项目发放贷款达到20.2亿元，有力地促进了企业发展，培植了税源。有六家企业上缴税收过千万元，其中山东临沂烟草有限公司沂南分公司上缴税收过3 000万元。

【高度重视民计民生，促进社会和谐进步】 养老、医疗、失业等各项社会保险基金均按进度拨付到位，全县各项社会保险基金滚存结余达到2.9亿元；补偿参合农民、城镇居民医药费8 458万元；补助城镇、农村低保对象3.9万名，发放低保金2 276万元；拨付再就业资金275万元，帮助1 070名下岗失业人员实现再就业。安排城乡义务教育经费3 390万元，免除课本费698万元；拨付资金2 600万元解决农村中小学危房改造问题；投入资金198万元，实施农村中小学教学仪器更新及现代化远程教育工程。拨付资金918万元，支持农业综合开发和农业产业化经营；发放粮食直补资金、农资综合补贴、农机具购置补贴、能繁母猪补贴等农业补贴8 052万元。

【财税改革进一步深化】 继续推进国库集中支付制度改革，深化部门预算改革，扎实推进非税收入工作的改革完善，新型农村合作医疗工作走在全市前列，继续深化政府采购改革，推进乡财县管工作，加强资金安全管理和合理调配。

【财政监管进一步加强】 强化国有资产管理，进一步规范行政事业单位资产处置行为。加大财政监督检查力度，重点对扩大内需专项资金、涉农资金管理使用情况、行政事业性收费情况、新农合资金管理使用情况等进行检查，严肃查处财政违规违纪行为，促进党风廉政建设。加强会计基础规范化建设，会计工作进一步法制化、规范化。

【精神文明建设再上新台阶】 认真开展思想政治教育活动，提高干部队伍素质。加强党风廉政建设，坚持依法行政，促进政务公开，优化机关作风。沂南县财政局2009年通过“省级文明机关”验收。

（撰稿：张安学　解国星　刘贞国）

临　沭　县

【概述】 2009年，临沭县地方财政收入完成3.69亿元，比上年增长15.5%，其中税收收入完成3.05亿元，占地方财政收入的82.7%。全县财政总支出完成10.11亿元，连续23年实现财政收支平衡。

【财源基础进一步夯实】 通过预算安排、政府融资和债券借款等方式，加大政府投资项目地方配套资金筹集力度，充分发挥项目建设对经济增长的拉动作用。设立出口退税、节能减排、技术创新等专项资金，支持企业进行产业转型和结构优化升级。认真落实各项结构性减税免费政策，经济发展环境进一步优化。不断加大基础设施建设力度，城市功能进一步完善。

【财政保障能力全面提高】 深入开展纳税评估工作，大力推进社会综合治税，加强税源控管，规范征管秩序，确保各项税收及时足额入库。依托非税收入信息平台，严格执行“票款分离、罚缴分离”等管理制度，突出抓好资源环境有偿使用收入、城市基础设施配套费、土地收益等非税收入征管，进一步拓宽财政增收渠道。

【民生政策得到有效落实】 认真落实强农惠农政策，发放粮食直补、农资综合补贴等资金8 231万元，积极支持农村基础设施建设，投入资金1.6亿元，开展水库除险加固、农村沼气建设、饮水安全工程、农村住房建设和危房改造等，促进社会主义新农村建设。深化义务教育经费保障机制改革，将生均公用经费标准提高到初中每生每年600元，小学每生每年400元，扎实开展农村中小学“211”工程试点，教育优先发展战略得到有效落实。积极开展新型农村合作医疗和城镇居民基本医疗保险，稳步推进乡镇卫生院业务用房和村卫生室服务能力提升项目，支持手足口病和甲型H1N1流感疫情防控，促进基本公共卫生服务均等化。认真实施积极的就业政策，设立创业小额贷款担保基金，加大对职业技能培训、大学生创业能力培训和农村劳动力培训的支持力度，进一步提高了就业和创业能力。

【科学理财水平不断提高】 一是深入推进部门预算和国库集中支付制度改革，严格资金审批程序，确保按预算花钱、按进度拨款。二是完善政府采购监管机制，全面实施“管采分离”制度，健全完善政府采购专家库，拓宽政府采购范围。三是规范政府投资项目评审，严格执行工程质量监理、竣工工程联合验收、资金管理专户储存等管理制度，提高财政资金使用效益。四是加强财政监督检查，开展“小金库”专项治理和会计信息质量、中央支农资金、扩大内需项目等专项检查活动，对查出的问题及时进行反馈和纠正，严肃财经纪律。

（撰稿：王峰立　徐芝良）

高新技术产业开发区

【概述】 2009年，高新技术产业开发区全年完成地方财政收入7 382万元，同比增长16%。

【强化征收措施，确保收入稳定增长】 立足招商引资和经济建设，坚持向发展要财力，向税源要收入，在区有关部门，特别是税务部门的大力配合支持下，确保税收及时足额入库。为充分调动积极性，保证财政收入快速增长，财政局每月组织召开财税工作调度会，调度财政收入情况，研究分析收入中存在的问题和解决办法，考核通报收入进度等。

【加强财政执法检查，规范整顿财经秩序】 2009年，高新区财政部门采取得力措施，强化财政监管，坚决遏制财经领域各种违法违纪行为，完成管委财政、财务经济责任审计、财政专项资金监督检查、全省税收收入征管质量检查、危化品生产企业安全生产费用专项检查及农村义务教育债务清理、认定工作，进一步规范财经秩序。

【多措并举，促进财政事业全面发展】 积极开展中小企业贷款担保互助协会，打造高新区金融生态区，实现金融投资“洼地”效应，切实解决困扰科技中小型企业的贷款难问题；在全区范围内进行耕地占用税征收清收工作，全年共完成清收耕地占用税243万元，严格规范耕地占用税征管工作；坚持非税收入收缴分离、收支脱钩、综合预算、集中支付；加大收费稽查力度，做到单位开票、银行收款、财政统管、政府调控；加强财政票据源头控管。严格按相关制度登记建账，专人管理、定期核查、规范记录、严格奖惩。

（撰稿：刘西昆）

经济开发区

【概述】 2009年，经济开发区完成地区生产总值120亿元，增长38%，增幅全市第一；地方财政收入2亿元，同比增长63.6%，增幅全市第一；税收占地方财政收入比重90%，占比全市第一。

【突出设施配套，打造生态环境高地】 一是重点工程强力推进。新修联邦路、香港路、华夏路拓宽、沂河东路拓宽、李公河路、高科路、青岛路、彭白河路、月亮湾南路、月亮湾北路、皇山路、碧溪路、5号路、中泰路、上海路东段、梅开路东段等16条道路，修建“村村通”道路21条。结合迎淮环保检查，实施污水处理厂升级工程，新增雨水管网76公里，铺设污水管网20公里，“七通一平”更加完善。二是城建绿化亮点纷呈。高标准建成占地400亩的皇山文化公园，打造长 8.7 公里的李公河生态水景走廊，绿化提升 13 条道路，一期 3 500 亩的万亩梅开生态园林基地初具规模，累计绿化面积 750 万平方米，为我市创建国家园林城市做出突出贡献。三是围绕安居乐业，累计开工建设八大社区、651 栋还建楼 340 万平方米，已有 4.5 万名群众回迁入住。

【突出招商选资，打造产业集聚高地】 新引进项目 67 个，合同投资额 133 亿元，主要有沃尔沃桥箱、金升铜业、宝达无缝钢管等一批大项目、好项目。全年新开工项目 55 个，在建工业项目完成固定资产投资 45 亿元，增长 40%。4 月 24 日，总投资 86 亿元的 30 个工商贸项目集中开工奠基，掀起了“项目建设提速年”活动高潮。

【扶持百家重点企业，培植壮大骨干企业】 新增联邦家私、三友重工、金利液压油缸、宝达无缝钢管等规模以上工业企业 30 家，累计达到 130 家，成为拉动经济增长的重要引擎。实行规模以上工业企业利税 14 亿元、利润 8 亿元，分别增长 37.2%、38%，增幅均居全市第一；其中有 50 家企业产值过亿元，沃尔沃 - 临工、立晨物流、华夏重工等 10 家企业纳税过千万元，60 家企业纳税过百万元，同比分别增加 28 家、9 家、26 家。

【街道财政管理】 一是完善街道财政体制，建立适当的税收任务体制，奖罚分明，最大限度促进街道发展经济的积极性，同时加大对街道转移支付的力度，保证街道、村两级正常运转所需经费需要。适时开展街道财政财务检查、街道债务统计，加强对街道财政的监督。二是开展街道财政干部财政业务知识培训，增强街道财政干部的业务能力，促进街道财政的建设。按照建立公共财政要求，进一步加强街道财政支出管理，优化支出结构。三是加强对各类行政、事业单位的财务管理，加大监督检查力度，确保街道财政资金使用的合理、规范。

【财政监督检查】 对预算的编制和执行进行监督，完善财政资金预算、领拨和使用的管理制度。规范财政专项资金拨付使用程序，加强追踪问效管理。按照专项资金管理的有关规定，建立联合检查工作制度，把加强资金管理、工程质量管理与制度监督结合起来，保证专项资金专款专用。

【财政队伍建设】 一是坚持以人为本，按照“三个代表”重要思想和科学发展观的要求，树立终身学习理念，营造学习型的干部队伍，增强为人民理财的思想意识和解决实际问题的能力。二是树立服务就是管理的理念，深化内部管理，建立和完善各项制度。三是建立权责分明的考核责任制，规范财政业务流程，规范岗位考核，规范执法行为，提高执法水平。四是树立“立党为公、执政为民”的理念，认真落实党风廉政建设责任制，做到自重、自醒、自警、自励，构筑起牢固的拒腐防变防线。

（撰稿：杨佃农）

临港产业区

【概述】 2009 年，全区地方财政收入完成 0.32 亿元，增长 26.2%。全区财政支出 0.98 亿元。

【收入管理】 一是强化收入任务目标责任制。将地方财政收入任务层层分解细化，具体落实到各镇和各基层征管单位，实行目标管理、责任考核。二是强化部门联动。加强与国、地税务部门协调配合，齐抓共管，促进征收工作。三是加强社会综合治税力度。突出重点税源和重点税种管理，强化税源监控，坚持做到收入规模与收入质量并重。

【财政财务管理】 一是加强制度建设，规范财经秩序。二是对区直各部门实行集中核算。三是圆满完成财政体制划转和国库的设立工作。四是积极搞好政府采购工作。全年累计采购金额 1 200 万元，平均节支率 13%。

【基础设施建设】 一是积极筹措资金 4.5 亿余元，为城市基础设施建设提供充足的资金保障。二是优化支出结构，保证重点支出。根据产业区实际，认真分析研究，对排出的重点建设项目，合理安排资金，保证重点工程建设的顺利进行。三是围绕“工业立区”战略，重点支持入园企业基础设施、挖潜改造等建设，全年协议利用外资 0.14 亿美元，招商引资实际利用外资 5 亿元，2009 年新开工过千万元项目 47 个，在建项目完成固定资产投资 14.8 亿元。

【队伍建设】 引入竞争机制，按照公开、公平、竞争、择优原则，充实工作人员，加强业务培训，为全面开展好财政工作奠定坚实的干部队伍基础。2009 年，被区党工委、区管委会表彰为“年度工作先进单位”、“招商引资工作先进单位”。

（撰稿：刘清暖）

德　州　市

德　城　区

【概述】 2009年，德城区地方财政收入4.71亿元，比上年增长12.17%。全区地方财政支出8.3亿元，比上年增长27.52%。

【充分发挥财政职能，服务经济社会发展】 拨付财政续贷周转金5.47亿元，全力帮助企业渡过难关，为企业科学发展提供强劲动力。开展“企业发展服务年”活动，落实再生资源退税政策1 707万元。筹措资金1 200万元，建设全长9 971米的天衢工业园污水管网项目，改善园区环境，促进工业园提档升级。支持外贸出口，为企业出口退税606万元。严格落实各项支农惠农政策，兑现粮食直补和综合直补1 004万元，补贴标准达到每亩83.97元。积极开展“家电、汽车、摩托车下乡”工作，为9 828户农民审核购买资料，补贴资金442万元。筹集资金900万元，实施二屯镇中低产田改造项目，修筑渠路各69公里，打机井187眼，节水灌溉1万亩，促进农业高产高效。

【大力优化收入结构，确保平稳较快增长】 加强非税收入管理，将符合政策规定的行政事业性收费收入全部纳入国库管理。坚持依法治税，加大清理欠税力度，在保持收入持续稳定增长的同时，注重财政收入结构优化和收入质量提高，税收占地方财政收入的比重达到91.19%，继续保持在较高水平。

【切实加大民生投入，推进和谐社会建设】 认真执行支出预算，优化支出结构，从严控制一般性支出，集中财力保工资、保稳定，全力支持重点事业发展。把工资发放摆在支出的首要位置，在预算安排和资金调度上优先保证。不断加大社会保障投入，拨付企业离退休人员养老金11 573万元、机关事业单位养老金6 930万元。完善城乡居民最低生活保障制度，城市低保标准提高到每人每月220元，拨付城市低保金1 606万元，农村低保金215万元。深化新型农村合作医疗制度改革，政府补助标准提高到人均80元，拨付农村合作医疗款839万元，有效缓解农民“看病贵”问题。大力发展教育事业，教育支出13 851万元，比上年增长24.71%，城乡义务教育经费保障机制改革全面落实，农村中小学改厕治污试点工程顺利完成，中小学公用经费保障水平进一步提高。积极贯彻落实中央拉动内需政策，争取地方债券资金1亿元，用于城区道路改造、医疗卫生和教育文化等社会事业基础设施建设，对缓解财政收支压力，扩大公共投资发挥积极作用。大力支持卫生事业发展，全区卫生事业费支出4 486万元，比上年增长32.57%，加大对重大疾病疫情的防控力度，全面落实城乡儿童疫苗免费接种等政策。支持计生事业发展，全区计生事业费支出1 397万元，比上年增长17%，城乡居民独生子女父母奖励、农村部分计划生育家庭奖励等政策得到全面落实。

【全面深化财政改革，切实提高理财水平】 一是深入实施财政涉农补贴“一本通”改革，将粮食直补、综合直补、农村家庭计划生育奖励补贴、计划生育家庭特别补助、农村优抚等项目全部纳入“一本通”发放范围，涉及全区6.8万户次，发放1 428万元，切实将惠农政策落到了实处。二是强化国有资产监管，对行政事业单位土地、房产进行现场测量、绘图，对房屋（土地）租金及时缴入专户。三是扎实开展政府采购工作，对全区行政事业单位车辆保险、燃油及其他设备进行采购招标，全年组织政府采购金额638万元，节支率15.2%。

（撰稿：陈志勇　杜　光）

乐　陵　市

【概述】 2009年，乐陵市完成地方财政收入1.6亿元，比上年增长11%；完成财政支出7.86亿元，比上年增长17.5%。

【财源建设成效明显】 一是财政出资7 000万元设立企业贷款风险补偿、财政小额应急借款等6项专项基金，扎实推进全民创业。二是注资1 000万元扶持成立注册资本金5 000万元的投资担保公司，解决企业发展融资担保难题。三是落实贷款风险额度4%～6%的补偿政策，为中小企业及创业者提供贷款的金融机构、担保公司实施财政激励政策。四是循环实施过桥还贷资金超2亿元，专项用于全市中小型、符合国家产业政策和信贷政策、资金出现暂时困难企业的续贷、转贷。五是抓住机遇，利用国家扩大内需、拉动消费的政策，开展重点项目储备和项目申报，支持地方经济快速发展，巩固壮大税基财源。

【收入质量不断提高】 2009年，全市完成地方税收收入1.2亿元，比上年增长15.4%，占地方财政收入的比重为75.8%，比上年提高2.9个百分点。其中，与经济发展密切相关的增值税、营业税、个人所得税、企业所得税“四税”地方收入完成0.63亿元，比上年增长6.94%。

【支出结构进一步优化】 2009年，全市农业、教育、卫生、社保支出分别比上年增长26.36%、2.6%、9.17%、34.47%，“四项”支出总量同比增长14.73%，占一般预算支出的比重为64.83%，民生财政理念得到全面彰显。全年重点支出超2亿元，其中新一中、实验小学等教育设施建设投入5 160万元；城乡义务教育、新型农村合作医疗等政策配套3 148万元；市区及城乡交通基础设施建设及改造投入4 540万元；小企业孵化器、重点企业项目建设3 828万元；水污染防治、农田水利工程等农村民生工程和农村基础设施建设投入2 643万元。

【民生事业得到高度关注】 2009年4月拉平市直与乡镇财政供养人员人均90元津贴补贴差额，7月调增行政事业单位人员人均300元的津贴补贴，规范津贴补贴工作取得阶段性成果。全年统筹住院补偿、统筹门诊报销分别65 041人次、245 434人次，补偿金额4 439万元、349万元，分别占参合农民总数的12.66%、47.78%，占年度统筹基金的86.42%、6.79%。

【财政监管更趋规范】 认真组织开展对全市预算单位财政账户的年检工作，对全市105个行政事业单位、乡镇街道扎实开展“收支两条线”专项检查，认真清理清查“小金库”；加强社会保障、扶贫、支农、教育、卫生等专项资金跟踪管理，严格实施资金专户储存、项目报账制，专项资金按项目进度拨付，实行动态监管，投资绩效评价，确保资金安全，发挥财政资金应有的经济社会效益。

（撰稿：孙　毅　王志勇）

禹城市

【概述】 禹城市地方财政收入完成3.9亿元，比上年同期增长13%，其中：税收收入2.7亿元，比上年同期增长25%，税收占地方财政收入的比重达到70.2%，比上年增长7个百分点。

【坚持生财有道，多措并举支持经济发展】 一是着力筹措、落实支持经济发展和项目建设资金。为应对国际金融危机冲击，市财政和企业建立7 000万元风险周转金，解决企业资金困难，保证正常运转。其中，及时拨付资金用于城乡道桥、污水处理厂等基础设施建设，努力优化项目建设和企业发展环境。二是努力促企业发展、保经济增长。认真落实增值税转型、提高部分商品出口退税率等积极的财税政策，依法为14户企业办理退税1 692万元，切实增强企业活力。与税务等部门组成联合调研组，深入企业实地调查了解生产经营状况，分析问题，拿出对策，为企业发展添助力，增后劲。

【坚持聚财有法，全力抓好组织收入工作】 面对复杂严峻的经济发展和财政收入形势，禹城市财政局密切关注国家宏观调控政策和财政经济走势，加强预测分析和运行调节，强化部门间协调合作，依法加强收入征管入库，全市财政收入保持了持续较快增长的态势，超额完成全年任务。

【坚持用财有度，有效保障重点支出需要】 一是保障和改善民生成效显著。全面落实惠农政策，及时拨付各项惠农补贴。全年兑现粮食直补资金、良种补贴资金、农村综合直补等惠农资金共6 159万元，资金兑付率、农户兑付率均达到100%；认真落实保障政策，及时落实低保政策，及时拨付农村医疗、城乡低保、五保户、孤儿供养等民政、医疗救助资金。切实保障教育投入。始终把教育放在优先发展的地位，全面落实义务教育经费保障新机制，确保对教育事业投入逐年增加，对教育经费优先安排、优先保障、优先拨付，及时补助贫困住宿生生活费、免除义务教育学生学杂费、书本费。确保工资刚性支出，在财力有限的情况下，积极筹措资金，合理安排支出，确保按照上级要求及时足额发放工资及津贴补贴，维护广大干部职工的切身利益。二是加大财政投入，服务新农村建设。投入资金近2 000万元，积极参与支持了世行三期项目建设，土地整理项目，村村通自来水项目，改善农业生产条件，农村基础设施建设进一步加强，农田水利灌溉效益明显提高，农村饮水安全问题基本解决。

【坚持理财有方，大力推进财政改革创新】 一是继续深化预算管理改革。集中精力推进部门预算工作，建立完整、准确的部门预算网络，优化部门预算软件应用。二是继续深化财政监督和国有资产监管。充分运用日常监督、专项检查、信息管理监控等财政监督方式，突出民生政策和积极财政政策落实情况两个重点，开展支农资金管理及落实情况检查、收费罚没专项稽查、村级转移支付资金检查等检查活动，“小金库”专项治理工作扎实推进。不断完善行政事业单位国有资产配置、使用、处置、收益收缴和资产信息动态监管措施，坚持逐级审批、严格评估、公开处置和收益上缴“四项制度”。

【坚持从严带队，不断深化六型机关

建设】 一是大力强化干部教育培训。坚持读书学习制度，深入开展以文件讲读、收看影音资料为主要内容的教育活动，并大力培树财政核心文化理念、机关建设理念、作风建设理念和财政精神。二是扎实开展各项专题活动。深入学习实践科学发展观和干部作风建设年活动。在活动中，抓学习强素质，抓工作重实践，抓作风促发展，落实财政干部“十不准”，把科学发展观内化为以“为民理财、民主理财、依法理财、规范理财、高效理财、廉洁理财”为主要内容的科学理财观。

（撰稿：马兴炎）

陵　县

【概述】 2009 年，陵县地方财政收入完成 2.23 亿元，较上年增长 15%；财政支出 7.28 亿元，较上年增长 11.1%。

【围绕经济发展抓财源，应对严峻形势实现新突破】 利用“企业还贷周转金”，为企业无偿提供短期紧急融资服务，帮助企业还贷 2.6 亿元；组建骨干项目担保服务平台，解决企业贷款难、担保难问题，为企业融资 3 亿元；鼓励企业科技创新、争创品牌，支持企业节能减排，制定政策给予奖励。

【围绕精细管理抓征管，收入总量和质量同步提升】 深入研究收入总量、税收总量和经济总量之间的关系，分析收入增长潜力，找出差距。大力开展财源、税源调查，摸清财源税源结构、纳税对象和征管范围的变化，提升收入管理和分析水平。对重点税源户建立定期走访制度，逐户摸清税源的收入动态，及时了解重点税源的需求和动向。加强对非税收入的分析、测算工作，重点关注收入增减变化因素，发现问题及时解决，确保非税收入应收尽收。

【围绕民生民本抓支出，财政保障能力不断提高】 积极调整支出结构，大力压减一般公用支出，从严控制经费支出，积极落实厉行节约七项要求，在全县营造勤俭办事业的良好氛围，2009 年党政机关和行政事业单位的公用经费比上年压缩 6.64%。集中财力保民生、保重点，全县农业、医疗卫生、社会保障、教育等重点支出占全县一般预算支出的比重达到 77.32%，财政保障能力进一步提高，逐步实现由“保工资、保运转”向“保工资、保运转、保民生”转变。

【围绕安全高效抓监管，财经秩序进一步规范】 将预算外资金、各类专款等能够实行国库集中支付的财政性资金，全部通过国库单一账户体系进行支付，逐步扩大国库直接支付范围。加大财政投资评审力度，抓好源头控制，从图纸设计、招标文件编制和标底确定以及合同审核等前期工作全程参与；坚持跟踪问效，对所有政府投资工程项目，安排专人负责跟踪监督，2009 年节约财政资金 2 000 多万元。对专项资金实行专户存储、专项管理、专款专用、单独建账、单独核算、封闭运行。严格审批拨付程序，按照项目工程建设进度，将专项资金直接拨付到项目实施单位。坚持实行“报账提款制”，确保专款专用。严格专项资金的监督检查，确保专项资金发挥更好的效益。加强会计人员管理和会计制度检查，举办会计人员继续再教育培训班 4 期，培训会计人员 438 人；举办会计电算化培训班 4 期，培训会计人员 162 人；开展新《企业会计准则》执行情况检查，加快企业执行新会计制度进度；对全县教育系统和 13 个乡镇财政所会计基础工作规范化进行考核，提高会计规范化管理水平。加强会计执法检查，提高会计信息质量。

（撰稿：陈建军）

平　原　县

【概述】 2009 年，平原县地方财政收入完成 2.14 亿元，同比增长 16.06%，增幅列全市第一位。

【狠抓财源、强化征管，努力壮大财政实力】 一是落实减免税政策，减轻企业负担，增强企业发展后劲，对志诚化工、晋德螺丝等骨干企业落实税费政策资金 4 278 万元。二是深入企业及时摸清企业的生产、经营和纳税情况，全面掌握税源结构及其变化趋势，了解经济发展变化对税收收入的影响，帮助全县 12 家重点骨干企业建立企业信息平台，充分发挥企业信息平台的参谋作用，为宏观决策指导企业发展服务。三是积极支持税务部门做好宏观税负、行业税负、税种税负和重点税源税负分析，坚决打击偷逃骗税行为。四是进一步完善“政策监督、以票定管、收缴分离、单一账户”的管理模式，严格落实“收支两条线”规定，依法加强非税收入征管，提高财政统筹调控能力。

【以人为本、民生为重，促进和谐社会建设】 在保工资方面。全年工资性支出 2.7 亿元，同比增加 4 400 万元，增长 19.46%，做到工资及时足额发放和国家增资政策的及时兑现。在保运转方面。大力压缩一般性开支，特别在公务购车和用车经费、接待费、会议费等方面，压缩支出 451 万元，同比缩减 10.40%，确保县乡两级政权建设、机关正常运转和村级组织运转需要。在保民生方面。积极调整支出结构，切实增加民生投入。全县农林水事务、教育、医疗卫生、社会保障和就业支出同比分别增长

13.44%、14.09%、23.39%和43.83%，较好地保证民生政策的落实。在促进经济社会协调发展方面。一是全面落实强农惠农政策，调动农民种粮积极性。2009年拨付粮食综合补贴资金6 246万元；发放各类良种补贴资金1 720万元；发放农机补贴资金832万元；发放能繁母猪补贴资金383万元。二是支持农业综合开发和农业龙头企业、农村专业合作组织发展，促进粮食增产和农民增收；深入实施农村饮水安全工程，积极推广农村沼气，改善生活环境。在扩内需保增长方面，积极响应国家刺激消费扩内需的政策，大力推进家电与汽车摩托车下乡、家电汽车以旧换新工作。全年发放汽车、摩托车下乡补贴资金421万元，家电下乡补贴资金561万元。

【深化改革、把握关键，财政管理成效显著】 一是政府采购、投资评审工作成效显著。"以部门预算为基础、以投资评审为支撑、以招标采购为手段、以国库集中支付为保障"的"四位一体"的政府采购模式不断健全，"采管分离、中介代理、专家决策、全程监督"的管理运行机制日趋完善，财政性资金的工程、货物和服务三大类项目全部纳入政府采购的管理范围。建立工程类采购项目"先评审后采购，先评审后拨款"的管理模式，工程建设项目实现"事前造价控制，事中造价监督，事后决算评审"的投资评审机制。项目资金全部纳入国库集中支付管理，实现项目资金直拨到户，加强资金监管，确保财政资金的安全、规范和有效。2009年政府采购签订合同金额2.2亿元，节支率15.34%；投资评审额2.69亿元，节支率16.5%。全县政府采购和投资评审规模均列全市第一位。二是支农资金整合工作再上新水平。支农资金整合工作以提高资金使用效益为目的，以扶持壮大优势主导产业、发挥区域资源优势为重点，整合各项支农资金，全面提升农业综合生产能力，促进农业增效、农民增收、农村发展。2009年，整合财政支农项目25个，项目总投资20 164万元，其中财政资金3 488万元，带动社会投入16 677万元。平原县由市级试点县推选为全国财政支农资金整合试点县，加快了我县由农业大县向现代农业强县的转变。三是专项资金管理取得显著成效。2009年，完善《平原县财政专项资金实施县级报账制管理暂行办法》，建立合理的财务报账制度，严格报账程序，建立严格的监督检查机制。四是财政监督工作进一步加强。坚持"收支并举、监管并重、内外并行、统筹兼顾"的原则，进一步拓宽了监督范围，强化监督措施，加大监督力度，取得明显成效。强化对内监督，提高财政管理水平。使内部监督管理工作制度化、规范化、程序化，从源头上堵塞了管理漏洞，提高精细化管理水平。认真搞好"小金库"专项治理工作，优化发展环境。按照"统筹兼顾、整体推进、标本兼治、纠建并举"的原则 以"小金库"专项治理为中心，兼顾非税收入、专项资金、政府采购检查等内容，共查处"小金库"资金103万元，乱收费364万元，维护财经秩序，优化发展环境。

（撰稿：王志鹏）

夏 津 县

【概述】 2009年，夏津县完成地方财政收入完成1.72亿元，同比增长14.5%。实现财政总支出6.7亿元，比上年增长17.5%。按现行体制，实现了当年收支平衡。

【积极作为，科学理财，推动经济社会健康协调发展】 有效应对国际金融危机冲击，落实积极财政政策，搭建政府融资平台，支持全县经济建设。扶持引导传统产业上档升级，推进新兴产业蓬勃发展，加快生态城市建设步伐，力推该县获得"中国民营经济最具潜力县"、"中国绿色名县"等荣誉称号。强化税收征管，大力组织财政收入，严格源头控管，按照"先税后证"原则，契税实现新突破。加强预算外资金管理，政府调控能力显著增强。严控预算，优化支出结构，科学调度，提高用财成效，积极争取上级政策和资金支持，为推动全县经济社会发展提供了有力保障。

【锐意改革，开拓创新，推进财政管理科学化精细化】 一是国库集中支付改革全面推进。在积极总结试点经验的基础上，将改革扩展到全县92个行政事业单位，在全县范围内实行国库集中支付制度。二是乡财县管改革日趋完善。通过完善"乡财县管"各项管理制度，进一步规范操作规程，加强业务指导，实现凭证编制、账簿登记、表格编报等业务网络化、信息化，全县乡财县管的运作能力和规范化管理程度得到全面提升。三是政府采购节支效果明显。积极拓宽采购范围，完善管理制度，严格采购流程，提高服务效率，实现政府采购规模和采购范围的持续扩大。全年节约财政资金679万元，节支率达12.6%。四是省管县财政改革试点扎实有序开展。五是精心组织实施村级公益事业建设"一事一议"财政奖补试点。六是贫困村村民互助资金试点工作改革经验全省推广。

【情系民生，理财为民，促进经济社会和谐稳定】 通过一卡通直接到户、补助差额等多种形式，及时兑付落实粮食直补、良种补贴、新农合补贴、农资综合补贴、家电下乡、汽车摩托车下乡、农村秸秆沼气新能源建设等惠民补贴资金达 8 525 万元。提高津贴补贴标准，县直人均增资 260 元，乡镇人均增资 320 元，实现县乡同工同酬，彻底解决历时 20 多年的县乡干部职工收入不平衡的问题。优先发展教育事业，加大教育投入，大幅度提高农村中小学公用经费保障水平，认真落实对家庭经济困难学生的资助政策，全年义务教育投入 2 821 万元。着力保障和改善民生，社会保障体系进一步健全，城乡弱势群体救助力度不断加大，全县 1.9 万人享受到最低生活保障。加大公益事业投入，对一中新教学楼、公寓楼，县医院病房楼、县中医院建设和 84 处中小学校、13 处乡镇卫生院改造升级，支持会盟公园、龙湖公园、城区绿化、“畅通工程”、“三统三供”等一批重点民生工程建设，城乡居民就医、就学、居住环境得到显著改善，改革发展成果惠及城乡居民。

（撰稿：梁　波）

武　城　县

【概述】 2009 年，武城县地方财政收入完成 1.4 亿元。财政总支出 5.2 亿元。

【狠抓收入征管，财政收入实现稳定增长】 各级财税部门紧紧围绕提高财政收入“两个比重”的要求，通过细化分解收入任务、完善激励机制、严格依法征管、加强综合治税，使财政收入实现了均衡入库。

【优化支出结构，重点支出得到有力保障】 严格控制支出，大力压减一般性支出，从严从紧控制临时预算，继续扩大政府采购的范围和规模，努力节约财政资金，通过合理调度资金，确保全县工资增资后的正常发放，确保各级机构的正常运转，有力地促进了全县经济和社会各项事业的发展。

【社会保障工作取得新进展】 2009 年，共征缴社保基金 4 420 万元，支出社保基金 3 079 万元，保证企业离退休人员工资的正常发放，并使全县广大干部职工医疗和企业失业人员的生活得到保障。积极推进社会保险“五险合一”征缴办法，扩大各项社会保险覆盖面，提高基金征缴率。积极配合劳动部门搞好“金保工程”建设，提高社会保险信息化管理水平。就业再就业工作又见新成效，投资 56 万元用于职业介绍、职业培训，帮助 705 名下岗职工和进城农民找到工作。切实做好社区卫生服务工作，按每人 3 元的标准列入财政预算，选择条件较好的 151 处村卫生室为农村合作医疗服务，逐步实现“小病不出村、大病进医院”的目标。认真做好新农合资金专户管理，确保新农合资金安全运营。2009 年新型农村合作医疗收入 2 827 万元，支出 1 702 万元，农民看病难、看病贵的问题得到缓解。加强农村低保工作，逐步扩大低保的范围和人员数量，到 2009 年底全县享受低保的人数 6 571 人，发放低保资金 296 万元。

【积极落实惠农政策，切实维护农民利益】 2009 年共完成对全县 393 个行政村的 7.08 万户种粮农民的补贴发放，补贴小麦面积 35.9 万亩，发放补贴资金 3 019 万余元，兑付率全部达到 100%。2009 年预计发放家电下乡补贴农户 14 000 户，共补贴资金 350 万余元，汽车摩托车下乡补贴农户 2 150 余户，共补贴资金 450 万余元。发放玉米良种补贴资金 346 万元，用于农业综合开发土地治理工程资金 600 余万元，用于抗旱资金 115 万元，有力地保障农民的正常生产生活。

（撰稿：马海洋）

齐　河　县

【概述】 2009 年，齐河县一般预算收入 5.8 亿元，比上年增长 11.45%。全县财政支出完成 10.90 亿元，比上年增长 11.45%，当年实现财政收支平衡。

【狠抓财政收入，实现稳步增长】 定期对我县税收大户的生产经营情况进行细致调研，协调督促两税部门加强税收征管。进一步加强税源建设管理、税源分析，协调配合两税部门组织收入，督促乡镇（开发区）加强收入征管。加强小税种的征管，全年契税和耕地占用税突破 6 900 万元。充分发挥国资部门的作用，谋求土地和国有资产的最大化收益。

【优化支出结构，财政保障能力持续增强】 确保党政机关、行政事业单位正常运转和全县干部职工与教师工资及时足额发放。2009 年共投入教育专项资金 3 397 万元；全年全县兑付粮食直补及农资综合直补资金 9 804.9 万元，惠及 12.9 万农户；全年全县共发放家电下乡及汽车摩托车下乡补贴资金 1 647 万元；良种补贴、技术推广、职业保险、扶持生猪生产及能繁母猪补贴 2 816 万元；全力推进城乡居民医疗保险改革，提高城乡居民最低生活保障标准；继续对社会公益性行业和部分弱势群体给予油价补贴，全年拨付成品油价格财政补贴资金 107 万元，涉及车辆 372 台。大力支持重点工程开展，2009 年拨付工程款、改制款共计 2.8 亿元。

【加大融资力度，融资工作实现新突破】 全年累计融资 4 202.8 万元，全年共向上级财政部门争取专项补助和转移支付 1.5 亿元。

【加强财政监管，提高财政资金使用效益】 一是进一步强化国库集中支付。2009年财政授权支付金额为7 736万元，财政直接支付金额为7 828万元。二是进一步完善政府采购制度。2009年政府采购金额达1 374万元，节约资金306万元，节约率达18%。加强财政投资项目投资评审工作。三是进一步完善《齐河县政府投资项目监督管理办法》，规范基建工程的招投标程序和办法，加强项目实施监管，全年共审减不合理投资812万元，审减率达9.8%。四是进一步加强财政监督。开展小金库清查工作，共检查22个单位，查出资金2万余元。五是继续完善收费票据管理制度，严格要求单位对票据实行专人管理，并建立台账。

（撰稿：李　宁）

临 邑 县

【概述】 2009年，临邑县地方财政收入完成6.1亿元，比上年增长12.88%，财政支出完成10.5亿元，比上年增长8.7%。当年实现收支平衡，累计结余3 696万元。

【完善财政管控体系，确保财政收入平稳增长】 严格税源管理，完善税源管控体系，确保依法治税，应收尽收。积极推进社会综合治税。进一步规范非税收入管理，挖掘资源性非税收入潜力，完善国有资源有偿使用制度，切实提高财政保障能力。

【优化财政支出结构，不断改进理财用财方式】 财政支出按照“区别对待、有保有压”的原则，在保证基本运转的基础上，大力压减一般项目支出，千方百计增加“三农”、社保、教育、医疗等重点事业投入，全面促进重点事业发展，维护社会稳定。

【加强财源建设，支持经济发展】 认真贯彻落实积极财政政策，发挥财政在促进经济增长和发展方式转变中的杠杆作用，着力培植壮大优质高效财源。不断加强信用担保、贷款周转、企业债务等投融资体系建设，发展创业投资和私募股权融资，为地方经济发展提供更多资金支持。落实各项税费减免等财税优惠政策，着力打造经济社会发展新载体，拉动内需增长。

【以改革创新为动力，财政管理水平不断提高】 面对减收增支因素，始终坚持以改革创新为动力，不断强化预算约束，狠抓管理增效，财政管理水平不断提高。确保种粮补贴、计生奖励以及优抚补助等各类涉农资金准确、及时、足额发放到农户手中，规范资金管理，提高服务水平。对全县部分行政事业单位公用经费继续实行部门预算改革，对车辆保险实行政府采购改革。建立全县财政供养人员信息库。‘乡财县管’改革稳健运行，国库集中支付在县直行政事业单位全面铺开。财政管理机制更加完善，节支效果更加明显，支出效率进一步提高。

（撰稿：孙奉杰）

宁 津 县

【概述】 2009年，地方财政收入完成1.75亿元，同口径增长15.1%，完成财政支出49 321万元，同比增长11.1%，当年实现财政收支平衡。

【服务民生】 “三农”、教育、社会保障、医疗卫生等各项民生事业投入力度进一步加大。补贴下乡家电17 363台（部），补贴资金495万元；补贴下乡汽车、摩托车1 753辆，补贴资金440万元；发放奶牛补贴80万元、能繁母猪补贴221万元；发放石油价格补贴122万元；发放粮食直补、农资综合补贴、种粮大户奖励资金4 593万元，补贴种粮农民91 104户，补贴小麦面积54.7万亩；发放玉米良种补贴536万元、小麦良种补贴547万元、棉花良种补贴300万元；发放农机具购置补贴903万元；投入农业综合开发财政资金960万元，打机井177眼、改良土壤1.6万亩、修建桥涵190座；投入财政补贴资金100万元扶持农业产业化企业瑞丰食品有限责任公司，投入中央财政贴息36万元扶持好康制粉有限公司；筹集2 281万元用于保障义务教育经费；安排农村中小学危房改造资金2 579.3万元，新建教学楼1.6万平方米，消除危房1万平方米；筹措资金3 957万元，推进新型农村合作医疗试点，使39.5万农民享受到医疗救助；投入乡镇卫生院建设资金129万元；为财政供养人员、离退休干部、困难企业军转干部等筹措拨付养老保险、医疗保险7 816万元，缓解干部职工后顾之忧和看病难问题；发放城市低保和农村低保资金1 358万元；为完善住房保障体系，解决职工住房难问题，试点推行了住房公积金制度。

【收支管理】 一是大力推进征管改革，层层分解落实收入任务，通过以票控税管费、查漏补收、加强征管等措施，促进税收及政府非税收入征管秩序进一步规范；坚持量入为出、量财办事原则，按照轻重缓急安排支出，保证机关事业单位工资和办公经费支出；确保乡镇教师工资按时发放。二是优化支出结构，严格控制一般性开支，增加农业、文教卫生、环保等重点社会事业发展投入，着力完善社会保障体系和改善农民生活，在全市率先实施财政涉农补贴资金“一本通”发放制度。对国库集中支付程序进行了升级，进一步强化资金监督功能，使资金拨付更加安全、快捷、高效。三是进一步完善部门综合预算改革，将预算内、外资金全部纳入部门综合预算，统一支出标准、统一核算口径、统一安排资金，提高了财政资金使用效益。2009年纳入财政专户管理的资金23 585万元，纳入综合预算的非税收入1 160万元。

【政府采购】 采购范围进一步扩大，2009年完成县直单位政府采购业务39项，其中包括文化艺术中心、美食苑、两条精品大道、水城建设和背街小巷五大重点工程建设的政府采购工作；组织公开招标25次，询价采购25次，竞争性谈判4次，同时维修公务用车423台次，维修电脑和打印机58台次。本年采购预算15 633.1万元，实际支出13 118.5万元，节约资金2 514.6万元，节支率16.1%。

【财政监督】 加强预算外资金管理，实行“票据领购—资金管理—监督检查”相结合的工作机制，提高政府宏观调控能力。财政投资评审工作创历史新高，审计政府投资工程108项，重点完成污水管网、艺术中心、农业综合开发、市政工程等政府投资工程预结算审查、工程限价编制及拆迁费用评估、工程质量监督等方面工作。累计完成预结算评审额16 200万元，审定额14 000万元，审减额2 200万元，审减率13.75%，评审规模比上年增长1亿元，增长3.2倍。对农业综合开发实行招投标管理办法，提高工程质量和投资效益。当年纳入财政专户管理社保资金14 390万元。

【应对国际金融危机】 一是多方筹措财政资金7 000多万元，帮助重点企业解决资金困难。二是拿出100万元专项资金，积极争取与大企业的合作，搞好与国家投资政策的对接。三是严格落实金融部门奖励政策，帮助企业解决资金不足问题。

（撰稿：张　勇）

庆　云　县

【概述】 2009年，庆云县实现地方财政收入11 828万元，比上年增收1 078万元，增长10%。其中，税收收入9 113万元，比上年增收105万元，增长1.2%；非税收入2 715万元，较上年增加973万元，增长55.8%。

【强化税收征管】 一是健全财税信息交流机制，完善重点税源收入定期报告制度，增强收入预测分析能力。二是加强税源管理，挖掘税收潜力，依法足额征税，规范收入征管行为，促进财政收入持续稳定增长。三是狠抓非税收入，严格按照“收支两条线”管理要求，规范行政事业性收费、罚没收入收缴行为，确保非税收入及时足额入库。四是积极培育财源，加大高税利项目招商引资力度，积极培育来自高新技术产业、新材料、能源、环保等新兴产业、高端产业作为税收收入增长点，增强对财税增收的支撑力。

【全力支持经济社会快速发展】 一是立足现有产业基础和发展趋势，整合各类要素资源，积极调整财税扶持政策。多渠道融通资金，加快基础设施建设和项目引进步伐，对扩内需项目实施及时足额配套，保证项目尽早发挥效益。二是激励企业做大做强，对带动性强、关联度大、科技含量高的重大项目，实行“一企一策”扶持，支持重大工业项目及重点企业技术升级和自主创新。三是积极发挥财政政策和资金引导作用，建立多渠道多层次的中小企业融资体系，有序发展中小企业担保机构，创造融资平台，为企业提供“过桥”资金，为民间投资打造“绿色通道”。四是加大城市建设资金投入力度。完成庆云广场、香海禅林、北海公园等精品工程建设，提升城市形象，促进旅游产业发展。

【民生事业得到较好保障】 加大农村和农业建设投入，积极推动“富民强村”计划，全年农业支出达8 207万元，扎实推进“财政支农管理年”活动的开展。全面启动农民补贴实现“一卡通”，确保补贴农民资金4 000万元及时到达农民手中。投入社会保障资金6 105万元，稳步提高新型农村合作医疗和弱势群体生活补助标准；加快完善新型社会救助、优抚安置、社会福利等公共体系建设，切实维护社会稳定；加强农村医疗机构服务能力建设，改善城乡卫生医疗条件。加大教育投入，全年教育支出12 504万元，较上年增加1 210万元，全力促进教育事业优先发展和均衡发展。

【稳步推进财政改革】 一是完善部门预算定员定额管理体系、切实加强项目支出管理，提高预算编制水平；二是全面推行国库集中收付改革，实现“横向到边，纵向到底”全覆盖，支出管理效能得到进一步发挥；三是“乡财县管”制度改革全面推行，乡镇财政收支行为更加规范，保障能力得到不断提高；四是“省管县”工作稳步推进，地方财政保障能力得到加强；五是政府采购行为更加规范，财政资金使用效益得到切实提高；六是深化政府投资项目管理改革，促使政府性投资评审的广度和深度得到拓展；七是启动行政事业单位资产清查工作，行政事业单位资产分类管理日趋规范，财政管理迈上新台阶。

【强化监督管理】 着眼于从创新财政监督机制入手，着力提高财政监督能力和资金使用效益。开展会计信息质量检查，严防会计信息失真行为；加大财政投资评审监管力度，对重点项目进行跟踪监理，提高财政资金使用效益；成立“预防职务犯罪监察室”，重点参与工程招投标、政府采购、惠农补贴、专项资金等领域的监督检查。完善财政内部监督制度和惩防体系建设，逐步建立起长效监控机制，确保财政资金的规范、安全和高效运作，促进经济社会快速健康发展。

（撰稿：胡明辉）

聊 城 市

东昌府区

【概述】 2009年，东昌府区地方财政收入完成5.04亿元，占调整预算的100.90%，同口径比上年增长16.03%。全区财政支出完成8.37亿元，占调整预算的103.45%，比上年增长8.37%。

【坚持工业立区，促进区域经济发展】 2009年，财政部门充分发挥职能作用，以促进经济发展、增加财政收入为核心，集中财力发展经济。一是把工业放在经济工作的首位，围绕“突破工业、大上工业”的思路，着力培植工业支柱财源。二是加大财政对服务业的支持力度。全年拨付服务业引导建设资金913万元，重点投入到铁力货运、正大物流、裕昌汽贸等企业，不断提升壮大服务业和商贸流通业。三是立足东昌府区是农业大区的优势，重点安排资金1 123万元，扶持昌海冷藏、绿亚禽业等一大批农产品加工企业，努力促进农业产业结构调整，带动农业产业化发展。四是改善经济发展环境。多渠道筹集资金5 937万元投入园区和重点项目建设，用于支付土地补偿及附着物清偿和嘉明工业园区内道路建设及欠款，解决历史遗留的焦点难点问题。

【财政支出结构进一步优化，重点事业得到较好保障】 一是始终把保工资放在预算安排的首位，在确保原有工资按时足额发放的基础上，在财力非常紧张的情况下，逐步提高干部职工津贴补贴水平。二是认真落实各项惠农政策。三是社会保障能力进一步增强，多渠道筹集社会保障资金，健全社会保障体系。四是合理安排资金，提高卫生医疗保障水平。五是支持三农事业发展，加强政府资金引导，多渠道筹集资金，加大公共财政覆盖农村的力度，进一步夯实农业农村发展基础。六是严格各项法定支出。财政拨付计划生育经费830.59万元，比上年增长10%，保障计划生育政策的落实和各项计生工作的顺利开展。拨付义务教育保障经费4 139.48万元，保障全区义务教育工作正常开展。拨付科技经费1 127万元，加大科技创新投入，增强自主创新能力。同时，积极落实贫困生救助政策，为农村697个贫困住校生发放救助金25.8万元；为1 746个职业学校学生发放助学金247.95万元；为671个高中贫困生发放助学金33.55万元，确保每个贫困学生不因贫困而辍学。七是确保各项应急支出。为积极配合聊城市委市政府实施古城保护与开发工作，东昌府区财政在古城开发中投入2 600多万元和大量人力物力，解决了众多焦点难点问题。另外，拨付资金220万元用于国庆、全运会安保支出、593万元用于海河流域治理、800万元用于企业污染防治和节能减排、195万元用于美国白蛾防治等应急支出，确保了全区各项工作顺利开展。

【深化财政改革，提升财政管理水平】 一是深化部门预算改革，将区直预算单位全部纳入部门预算编制范围，编制面达100%。二是进一步推进国库集中支付制度改革。逐步完善资金拨付管理制度，规范资金拨付流程，最大限度地简化拨款程序，提高办事效率，增强政府调控财政资金的能力，提高预算资金使用的安全性和透明度。三是规范非税收入管理，按照“收支两条线”原则，坚持依法征收，加强非税票据源头控管，将罚没收入、行政事业性收费包括社会抚养费全部纳入财政预算管理。四是加强国有资产管理，对全区133户行政事业单位国有资产管理情况进行专项检查，保证全区国有资产保值增值。五是加强财政监督检查，在全区范围内开展“小金库”专项治理工作，重点检查146家单位，及时纠正个别单位存在的公款私存、坐收坐支等不良现象。

（撰稿：王 勇）

临 清 市

【概述】 2009年，临清市地方财政收入完成5.85亿元，比上年增长12.31%，增收6 417万元。税收收入完成3.94亿元，增长11.9%，占地方财政收入的67.26%；非税收入完成1.92亿元，增长13.16%，占地方财政收入的32.74%。全市地方财政收入，加返还性收入1.56亿元，各项转移支付补助1.81亿元，专款补助

1.61 亿元，上年结转 5 499 万元，转贷财政部代理发行地方政府债券收入 3 991 万元，总财力 11.78 亿元；当年财政支出，加各项上解支出 1 670 万元，调出资金 621 万元，结转下年支出 1.26 亿元，累计结余 402 万元，当年收支平衡。

【强化收入征管措施，确保实现预算收入目标】 一是加强与税务部门沟通协调，落实收入分配任务，做好收入动态分析，积极推进企业主辅分离、“以电控税”、治理车辆外挂等工作，保证财政收入及时、足额、均衡入库。二是社会抚养费征收工作成效显著，全年各乡镇办事处缴纳入库 3 869 万元。

【落实积极财政政策，促进经济平稳较快发展】 一是认真贯彻落实上级扩大内需、促进经济增长的各项措施。在保障资金安全的前提下，足额落实配套资金，加快拨付进度，确保项目资金及时足额到位。二是创新财政投入机制，支持中小企业投融资平台建设。为解决中小企业发展资金瓶颈、缓解企业贷款难的问题，成立盛祥担保投资有限公司，注册资金 1 亿元。

【严格控制一般支出，确保重点支出需要】 一是确保社会保障支出。各项社会保障资金财政专户收入 6.05 亿元，支出5.43亿元，拨付城市低保资金 1 326 万元，农村低保资金 915 万元，做到动态管理下的应保尽保。二是深入推进城乡义务教育经费保障机制改革。投入 3 108 万元用于提高中小学公用经费补助标准、免除学杂费和免费提供教科书，投入 1 223 万元用于中小学校舍改造，有力地推动义务教育的发展。

【全面落实支农惠农政策，支持新农村建设】 投入 824 万元用于农业综合开发中低产田改造，投入 349 万元用于支持10个农业龙头企业和6个农民专业合作组织发展。发放粮食直补、农资综合直补资金 5 683 万元，良种推广、农机具购置、政策性农业保险保费补贴资金 3 527 万元。新型农村合作医疗补助标准提高至每人 80 元，财政补助资金 4 026 万元。补贴家电下乡 2.8 万台（件），补贴资金 639 万元，补贴摩托车、汽车下乡 1 924 辆，补贴资金 588 万元。

【树立科学发展理念，提升财政管理水平】 一是加强支出管理。坚持有保有压，突出重点，强化预算约束，落实各项节支措施，压缩一般性支出，坚持勤俭办事业。二是积极推进国有企业产权改革。签署了奥博特铜铝业有限公司加入中色集团的协议，中色集团一次性为奥博特公司注入资本金 3 亿元，为促进地方经济发展、增加财政收入探索出一条成功之路。

（撰稿：武学岭）

阳 谷 县

【概述】 2009 年，阳谷县地方财政收入完成 2.73 亿元，比上年增长 20%；财政支出完成 10.3 亿元，比上年增长 45.84%。

【落实积极财政政策，推动经济平稳较快发展】 争取上级专项资金 2.4 亿元，确保全县重点建设项目顺利实施。投入资金 1 185 万元，大力支持中小企业转变发展方式，调整产业结构。全面落实国家税费改革政策，共取消 166 项、停征 26 项收费，进一步优化了经济发展环境，减轻了企业负担。积极实施家电、汽车摩托车下乡政策，补贴家电 2.55 万台、汽车摩托车 1 920 辆，直接拉动社会消费 1.03 亿元。

【加强税费征管，财政收入持续稳定增长】 财税部门密切协调配合，加强沟通协调，形成了政府统一领导、部门各负其责、齐抓共管的整体合力。强化非税收入征管，严格执行“收支两条线”，切实加强收费票据管理。加强契税、耕地占用税征管，通过“税票征缴分离”和开展“两税”集中清欠征收活动，共入库 1 904 万元，完成年计划的 544%。

【调整优化支出结构，集中财力保障重点支出】 在财政支出安排上，坚持勤俭办一切事业的原则，按照建设节约型社会的要求，坚持适度从紧、有保、有压的原则，严格控制行政经费和一般性项目支出。全年安排工资性支出 3.8 亿元，确保行政事业单位工资按时发放。规范支出范围，加大重点支出保障力度，对涉及社会稳定和公共事业发展的重点支出都予以保障，促进各项民生政策的落实，其中教育、社会保障和就业、医疗卫生、农林水支出分别为 2.79 亿元、1.11 亿元、8 471 万元和 1.34 亿元，分别比上年增长 27.2%、36.31%、38.98% 和 83.97%。

【加大民生投入，增强公共财政保障能力】 共发放各项惠农补贴 1.08 亿元。投入 2 943 万元，用于农业基础设施建设、农业技术推广、农业产业化、劳动力转移和病虫害综合防治等方面。深化义务教育经费保障机制改革，进一步提高农村中小学生均公用经费标准，继续推进农村中小学危房改造，完善家庭困难学生资助政策体系。大力支持职业教育发展。新农村合作医疗财政补助标准提高到 80 元，农民参合率比上年增长 5%。投入 1 985 万元，落实城乡低保政策。累计投入 1 784 万元建设 6 处中心敬老院。

【深化财政改革，提高依法科学理财

水平】 清理化解农村义务教育债务工作全面完成。截止到2009年6月底，农村义务教育债务化解资金全部兑付完毕，累计偿还债务3 415万元，涉及债权人2 000多人，切实减轻了基层政府和学校的历史债务负担，保障了学校日常教育教学工作的正常开展。调整村级经费保障机制。根据中央和省、市关于提高村级干部报酬的要求，阳谷县从2009年起大幅度提高村级干部报酬标准并实施村级干部绩效工资，全年为农村干部发放工资550万元。

（撰稿：张生健）

莘　县

【概述】 2009年，莘县实现地方财政收入2.4亿元，比上年增长13%；财政当年支出10.9亿元，比上年增长9.2%。

【社会综合治税取得明显成效】 按照“政府领导、财税主管、部门配合、社会参与、司法保障、信息化支撑”的原则，扎实开展社会综合治税活动，取得明显成效。狠抓涉税信息的采集与利用，全年共采集涉税信息8 279条。实行先税后证、前事不清和后事不办、以票控税，有效地堵塞了税收漏洞，加强了税源控管。实行以电控税，规范了饲料加工、屠宰冷藏等行业的税收征管。狠抓了车辆外挂治理，全县新增运输营业税840万元。对中心市场进行集中清理整顿，规范了市场经营秩序。全年通过综合治税活动，增加税收4 000多万元。

【公共财政保障水平明显提高】 按照“有保有压”的原则，合理安排资金，保障工资正常发放和重点事业开展。集中有限的财政资金，支持行政服务大厅、廉租住房、徒骇河公园、燕塔公园、污水处理厂配套管网、中小学危房改造、农业基础设施等重点项目建设，共拨付资金1.6亿多元。积极落实各项民生政策，及时发放粮食直补、报销新农合资金、拨付义务教育经费等各项资金3.5亿多元。坚持厉行节约，大力压缩车、会、接待等一般性支出，全县行政事业单位的车辆配置及燃修费压缩15%，公务接待费压缩10%，水电费压缩5%。政府采购金额达到5 980万元，节约资金633万元，综合节支率达10.6%。

【财政监管能力进一步增强】 实行财政综合预算，将县直各单位的行政事业性收费、罚没收入、政府性基金等政府非税收入，全部纳入财政综合收支计划。实行“部门开票、银行收款、财政统管”的管理体制，全面推行“票款分离”和“罚缴分离”，从根本上堵塞了收费、罚款收缴工作中的漏洞，确保财政性资金及时足额纳入财政专户和国库。加大监督检查力度，组织开展“小金库”专项治理活动。2009年共组织政府非税收入6 245万元，其中行政事业性收费1 112万元，罚没收入3 741万元。

（撰稿：冯麦林）

茌 平 县

【概述】 2009年，茌平县地方财政收入完成10.1亿元，增长12.1%，财政支出16.2亿元，增长16.1%。连续37年实现财政收支平衡，收支总量均居聊城市各县（市、区）首位，为茌平县在聊城市经济指标综合考核“七连冠”作出积极贡献。

【财政收入逆势增长】 受国际金融危机冲击，茌平主导产业铝电产业税收下滑，为弥补主体税种下滑造成的影响，想方设法加大非税收入征管力度，完成2.95亿元，同比增长93.7%。积极清理欠税，加强税源控管，除主体税种以外的地方小税种共完成3.7亿元，同比增长74.67%，成为财政增收的亮点。其中耕地占用税征收1.7亿余元，是上年的6.5倍，占全县地方财政收入的17%。

【财源建设深入推进】 一是扎实开展“项目突破年”活动，加大财税扶持力度，利用财源建设奖励资金、地方政府债券资金、扩大内需重点调控资金、各种专项资金等近10亿元，对优势企业发展和农林水、生态环保、环城水系及景观建设等社会重点领域予以大力支持。二是投资4 000多万元，筹建“城市综合开发建设投资公司”，理顺管理体制，打造投融资平台，支持城市运营开发、土地收购储备。三是积极运作中小企业贷款担保公司，努力健全信用担保体系。四是加强企业财税业务指导，拉近“财企”距离。优化发展环境，清理收费项目，规范非税收入分配秩序。

【重点支出保障有力】 努力克服减收增支的双重压力，确保工资发放和正常运转，加大对“三农”、民生工程、社会保障、义务教育、公共卫生等公共领域的投入力度。“十大惠农工程”、“十大民生工程”圆满完成，“十大城建重点工程”完成年度建设计划，全县社会保障体系进一步完善，低收入群体生活状况明显改观，各项社会事业全面发展，城镇化水平进一步提升。

【理财水平明显提升】 一是推进部门预算改革，收入预算层层分解落实，支出预算人员经费细化到人，维持性支出和建设性支出细化到项目，明确支出类型和支付方式，并启动农村中小学部门预算，启用预算单位电子报表系统。二是进一步扩大集中支付范围，增加资金拨付透明度。集中支付资金12亿多元，其中直接支付8亿多元。三是制定《茌平县政府采购操作规程》等一系列监管制度，规范招标工作程序，加强招标代理、监理、造价咨询等中介机构的管理，全年采购金额3亿元，节支率15.6%。四是出台《茌平县行政事业单位国有资产处置监督规定》，完善《茌平县会计人员与财务工作量化考核办法》。五是大力压缩控制人、车、会、话等一般性支出，比上年累计节约资金6 000多万元。

（撰稿：刘吉强）

东阿县

【概述】 2009年东阿县地方财政收入完成2.88亿元，比上年增长15.6%；财政支出5.23亿元，比上年增长9.4%。

【大力培植财源，加快经济发展】 坚持工业立县指导思想，把项目突破作为经济发展总抓手，实施县级干部帮包责任制，督促项目投产达产。调整县乡财政体制，出台《关于完善财税体制促进经济发展的意见》，加大对乡镇扶持考核力度，充分调动县乡两级发展积极性。加大资金扶持，财政担保公司为企业提供担保贷款5 639万元，担保授信额度1.53亿元，财政投入748万元支持企业节能减排、科技创新，增强发展活力。

【积极组织收入，增强财政实力】 把组织收入作为中心任务，狠挖增收潜力，深入排查税源，采取稽查、评估、预警等措施，重点抓好企业所得税、土地使用税、耕地占用税、契税几个亮点，财政收入保持平稳增长。全县地方财政收入完成2.88亿元，占预算的103.2%，增长15.6%，税收比重达到80%，分居全市第三、二、一位。全县总财力达到7.39亿元，财政实力进一步增强。

【着力改善民生，建设公共财政】 把保发展、保民生、保稳定作为支出重点。一是优先保障基本支出。从7月份起住房补贴提高15%，乡镇增发第三次职务补贴，月人均增资190元，全县增加支出1 400万元，提高了工资水平。二是认真落实惠农政策。2009年落实各项惠农补贴7 196万元，其中粮食直补和农资综合补贴5 149万元，小麦、玉米良种补贴、汽车、摩托车和家电下乡补贴、能繁母猪和后备奶牛补贴等2 047万元，通过涉农补贴“一本通”直接发放到户，使群众共享改革发展成果。三是加大公共卫生投入。筹措200多万元用于防治手足口病、甲型H1N1流感和乡镇卫生院、社区卫生室建设。新农合参合农民达31.4万人，人均补助标准提高至80元，财政支出2 515万元。县乡投入1995万元创建全国计生优质服务县，实行育龄妇女免费查体及免“四术”费用。四是加大义务教育经费保障。免除中小学学生学杂费、教材费，资助困难学生、中职在校生，4.4万名学生受益。五是完善社会保障体系。筹集2 138万元用于城乡低保、中心敬老院运行、农村残疾人危房改造及康复救助，提高弱势群体生活水平。六是改善城乡环境，投入城建资金8 200万元，重点支持阿胶文化苑、游泳馆、喜鹊广场、污水处理厂、生态垃圾处理厂等项目建设，高标准整治铜鱼路、工业街等4条道路，提升全民幸福指数，打响环境品牌亮点。

【深化财税改革，提高管理水平】 一是加快推进国库集中支付制度改革，确定“先行试点、总结经验、分批实施、逐步到位”的改革思路，研究制定《财政国库管理制度改革实施方案》，从5月1日起，对33个单位纳入国库集中支付正式运行。二是深化收支两条线改革，提高自动化管理水平，完成非税收入4 856万元。三是加强财政监督，严格执行《政府采购法》，加强政府采购管理，完成政府采购额1.46亿元，节约资金2 190万元。对财政投资项目实行全过程监控，评审总额8 913万元，审减资金672万元，节约了财政资金，阳光财政迈出新步伐。

（撰稿：张子先　王　鹏）

冠　县

【概述】 2009年，冠县地方财政收入完成2.32亿元，占预算的102.1%，比上年增收3 096万元，增长15.4%；财政支出9.11亿元，增长8.1%。

【加强税费征管，财政实力进一步增强】 面对严峻的经济形势，全面开展了各项税费清理，在极为困难的情况下，超额完成了全年财政收入任务，全面实现了财政收支平衡，财政部门征收的两税、社会抚养费、土地出让金全部实现了历史性突破。2009年征收耕地占用税、契税1 200万元，社会抚养费5 500万元，土地出让金1.6亿元，分别比去年同期增长11倍、3.8倍、2.3倍。

【优化支出结构，民生财政逐步显现】 认真落实各项惠农政策，全年发放粮食直补、综合补贴以及成品油价格改革、家电下乡、汽车摩托车下乡、小麦良种、玉米良种、棉花良种、能繁母猪、农机购置等各项惠农补贴1.24亿元；在财政十分困难的情况下，为职工增加10%住房补贴和机关津贴补贴，人均月增资150元；农村新型合作医疗、农村低保、城市低保、居民医保发放标准全面提高。清泉河改造、职教中心二期工程、武训纪念地、鲁西北地委旧址、敬老院建设、义务教育学校建设、污水处理厂、垃圾处理厂等一批公益性项目先后动工或投产，城市绿化、亮化、道路建设的规模档次进一步提升。

【深化财政改革，管理机制进一步健全】 部门预算管理进一步规范；财政统发工资范围进一步扩大；政府采购规模、数量、规范程度都迈上了新台阶；国库集中支付制度逐步完善；出台了涉及财政体制、政府采购、城市拆迁、招商引资、增收节支、国有资产管理、监督检查等方面的管理制度，使财政管理更加有法可依。

【强化班子建设，队伍战斗力显著增强】 着力强化队伍建设，建立局长办公例会，科长述职例会，出台科室目标考核，转变作风、提高效率，财政资金限时拨付等16项新的内部管理制度，财政服务效能进一步提升，财政队伍的凝聚力、战斗力进一步增强；成功举办了冠县首届财务会计知识大赛，填补了全市县级财政部门业务竞赛空白；组建百人合唱团，在全县红歌大赛中取得了第一名的骄人成绩，展现了财政部门的良好形象，推动了财政工作不断迈上新台阶。

（撰稿：梁明彪）

高 唐 县

【概述】 2009年高唐县完成一般预算收入7.18亿元，完成预算的104.2%，比上年增长12.5%；完成一般预算支出9.95亿元，完成预算的102%，比上年增长12%。

【坚持项目带动促发展，经济发展取得新成效】 一是落实激励机制，激发发展动力。及时兑现对企业奖励1 460万元，80万元金牌重奖企业家，优先拨付企业各类专款。二是用好用足政策，帮助企业上项目。对接中央、省产业政策，指导企业做好项目申报，全年争取到位企业扶持资金5 695万元。三是拓宽企业融资渠道。建立中小企业贷款周转金制度，充分利用财政间歇资金2.3亿元，帮助中小企业获得续贷支持。四是加大投入，支持扩内需项目建设。投入资金1.1亿元用于农村饮水工程、廉租房建设等扩内需项目，着力改善城乡基础设施，为经济发展打造良好平台。

【坚持多措并举抓征管，财政收入迈上新台阶】 一是社会综合治税深入开展，全年累计报送涉税信息1.61万条，增加税收1 700多万元，新增税务登记证158个。二是加强对重点税源，重点企业调查分析，加大国资收益、土地出让金等非税收入征管力度。三是加强"两税"征收，提前做好税源调查，落实征管责任，强化源头控管，真正做到"先税后证"。

【坚持部门配合抓争取，资金支持实现新突破】 中央出台拉动内需相关政策以来，坚持早谋划、快落实、争主动，全力以赴争取上级资金支持。先后取得农田水利建设重点县、农业综合开发两类结合示范项目、综合补贴试点县等项目以及廉租房建设、水污染防治、基层医疗机构建设等扩大内需项目。

【坚持以人为本重投入，民生支出得到新保障】 按照科学发展、建设和谐社会要求，坚持统筹兼顾，有保有压，有促有控，把民生保障作为重中之重，着力解决老百姓最关心、最直接、最现实的衣食住行、上学、看病、养老等切身利益问题。2009年，一般公共服务支出比上年下降25.2%，公共安全、教育、科学技术、社会保障、医疗卫生、农林水事务支出分别比上年增长27.5%、48.5%、79.7%、44.5%、82.2%、99.4%。

【坚持积极稳妥抓创新，财政改革闯出新思路】 国库集中支付改革全面推开，全县129个预算单位的预算内外资金、政府性基金等财政性资金全部纳入改革范围，实现从会计集中核算向国库集中支付的平稳过渡，增强了政府宏观调控能力；科学编制综合预算，充分体现了"统筹兼顾、有保有压、量力而行、尽力而为、收支平衡、集中财力办大事"的原则；进一步完善政府采购制度，深化国有资产管理改革，加大基建审核力度，推进乡财县管改革，巩固工资统发成果，财政资金使用效益不断提高。

【坚持依法理财抓监管，经济秩序开启新篇章】 一是组织开展了税收财务大检查，财税部门组成9个重点检查小组，对105家企业、行政事业单位进行了重点检查，共查补入库税款574.44万元。二是牵头开展"小金库"专项治理活动，对全县党政机关和事业单位存在的7种形式的"小金库"展开检查，进一步建立和完善治理"小金库"的长效机制。三是会同有关部门对党政机关事业单位干部职工虚报冒领工资补贴问题进行清理，加强对工资发放的监管。

（撰稿：金红谦　董莹莹）

经济开发区

【概述】 2009年，聊城经济开发区国民经济呈现平稳快速增长态势，全区实现国内生产总值51.66亿元，增长41.47%。对外贸易进出口总额1.45亿美元，其中外贸出口额9 890万美元，进口额4 647万美元，实际利用外资1 700万美元。城市居民人均可支配收入1.60万元，增长28.78%，农民人均纯收入5 691元，增长4.23%。全区地方财政收入完成2.34亿元，增长35.21%。地方财政支出完成3.46亿元，增长59.34%。

【充分发挥财政职能，深入推进财源建设】 认真落实积极财政政策，紧紧围绕“三个亮点”——高新技术、民营经济、服务业，大力支持经济发展，充分发挥财政资金和政策的调控作用，争取到上级支持企业发展和节能减排无偿资金 2 759 万元，地方配套 4 000 万元，用于科技创新、污染防治、节能减排、支持中小企业发展和服务业引导等，加快经济结构优化升级，增强经济可持续发展能力，财政收入实现历史性突破，税收收入占地方财政收入的比重达 88.72%。

【确保重点支出需要，加快构建公共财政体系】 进一步加大支出结构调整力度，采取有力措施，大力压缩公用经费和一般性支出，巩固工资正常发放成果。进一步加大财政支持社会保障力度，三农、科技、教育、社保和就业等重点支出分别增长 136.51%、722%、72.38%、82.74%。重大项目建设顺利实施，较好地保障了涉及改革、发展和稳定大局的重点支出需要。

【深化财政改革，创新财政运行体制】 坚持把深化财政改革和制度创新作为增强财政发展活力、提高工作水平的关键，进一步转变观念，研究措施，继续深化政府采购制度改革，全年政府采购实现 2 260 万元，增长 41.25，节支率达 26%，稳步推进国库集中支付制度改革，深化“收支两条线”管理改革，不断提高财政科学化、精细化管理水平。

【加强财政监督管理，提高依法理财水平】 在加强日常管理的同时，及时把握财政领域出现的新情况、新问题，进一步强化财政监督管理的重点和措施，强化预算外资金监督管理，狠抓基本建设预决算审查、财政投资评审等工作，审减率达 23%，加强会计监督，加强国有资产管理工作，扎实开展清查治理“小金库”活动，依法开展村级账务“双代管”清理，对加强财政资金管理、提高财政投资效益发挥了明显作用。

【加强内部制度建设，全面提升财政干部队伍水平】 以“项目突破年”为契机，深入学习实践科学发展观，全面加强机关建设，狠抓落实，干部队伍综合素质都有了明显提升，被评为区直目标考评先进单位。

（撰稿：郝丽娟）

滨　州　市

滨　城　区

【概述】 2009 年滨城区完成地方财政收入 18.38 亿元，比上年增长（剔除区划调整因素）10.17%。完成财政支出 12.61 亿元，比上年增长（剔除区划调整因素）19.87%，连续 22 年实现财政收支平衡。

【千方百计强化收入征管，确保财政收入稳定增长】 2009 年，继续加强对收入形势的调度分析，及时研究解决收入征管工作中存在的问题和困难，深挖增收潜力。强化对重点行业、重点企业的监控，及时掌握企业经营和税收状况，增强工作主动性；支持税务部门完善税源管控体系，加强薄弱环节征管力度，认真开展财政收入专项检查、土地使用税和房屋租赁业税收等专项清理活动，共查补入库税款 5 000 万元，减少了税收流失；进一步规范各项行政性收费、罚没收入和国有资产收益征管，全年组织非税收入 5 965 万元，使全区地方财政收入在重点税源大幅下滑的情况下保持了平稳增长。

【认真落实积极财政政策，促进经济平稳回升】 2009 年，发挥财政政策和资金的鼓励引导作用，支持企业进行设备更新、技术创新，结构调整，节能减排和开拓国际国内市场，全年拨付企业各类专项资金 3 211.43 万元；及时将中央扩大内需补助资金、省级调控资金及政府债券资金拨付到 45 个项目单位，切实发挥对经济增长的投资拉动作用；认真落实国家出台的税收减免、税费优惠方面的财政政策，支持企业加快发展；组织职能科室与企业结成“一对一”帮扶对子，积极发挥部门优势，帮助企业解困渡关。

【坚持公共财政导向，促进社会和谐稳定】 2009 年，在财力极度紧张的情况下，调结构、保重点、压一般。深入推进新型农村合作医疗、城市居民基本医疗保险改革，积极落实城乡低保、农村五保等困难人群救助资金，大力支持全区 8 个卫生服务中心和 10 个卫生服务站建设，全年投入各类社保资金 1.93 亿元支持完善社会保障体系；筹措财政资金 2 100 万元用于城乡义务教育经费保障机制改革，投入财政资金 1 540 万元，实施中小学校校舍安全工程；投入财政资金4 671万元，重点支持乡村公路、农村沼气、村村通自来水、农村环境治理等项目建设。4 029万元涉农补贴全部通过涉农补贴“一本通”及时发放到农民手中。安排专项资金238万元用于基层组织活动场所建设，及时将462万元村干部报酬发放到位，为农村和谐发展提供坚强的组织保障；公务员津贴补贴按照上级要求和批复标准规范到位；大力支持承担的北川县禹里乡敬老院建设。

【加强财政监督管理 提高依法理财水平】 一是继续完善国库集中支付和会计集中核算相结合的财政资金拨付管理模式，逐步扩大财政直接支付规模，进一步规范财政授权支付的范围和程序。二是以规范采购程序、提高采购效率为重点，推进政府采购向纵深发展。全年累计完成政府采购预算额7 382万元，节约资金906万元，节约率12.27%。三是开展“小金库”专项治理和国有资产出租专项调查，把脱离监管的财政资金纳入监管。四是以会计信息质量检查和会计从业人员继续教育为抓手，切实规范各项财政财务收支行为。

【加强干部作风建设，提高服务水平】 紧密结合财税工作实际，扎实开展深入学习实践科学发展观、干部思想纪律作风建设年、企业发展服务年等活动，切实查摆、解决与科学发展观不相适应的思想观念、工作作风等方面的突出问题，进一步开阔了服务科学发展的视野，丰富了服务科学发展的思路，提升了服务科学发展的能力和水平。

（撰稿：赵志敏 周 炜）

惠 民 县

【概述】 2009年，惠民县实现地方财政收入3.08亿元，占年初预算的100.35%，同比增长20.4%。连续18年实现财政收支平衡。

【依法完善征管机制，确保各项收入足额入库】 严格依法组织收入，坚持税收收入和非税收入两手抓，扎实做好开源和挖潜两篇文章，强化征管措施，加大稽查力度，保证各项收入及时、足额入库；充分发挥税收征管网络作用，进一步完善税收动态监控体系，实现税收的科学化、精细化、规范化管理；不断加大对企业的扶持力度，从发展环境、发展条件、基础保障、融资投入等各个方面尽可能多地为企业排忧解难，有效促进企业发展和税收增长。

【积极筹集资金，支持经济社会发展】 紧紧围绕县委、县政府的总体部署，主动协调乡镇、企业和各部门积极开展工作，共申报各类项目300余项，到位项目资金5.15亿元，有力支持了经济社会事业的发展；以国有资产投资公司为平台，大力筹资融资，今年共筹集城市基础设施、重点项目建设和支持重点企业发展资金5亿元，为全县经济建设提供充足的资金保障；紧紧抓住国家实施扩大内需和积极财政政策的机遇，适时从项目库筛选上报城市污水处理系统及污水管网建设、城区供水、廉租房建设、护城河水体治理、白龙湾灌区节水改造、垃圾处理厂、李庄水库六个大项目，总投资达4.3亿元；通过各种方式和途径积极向上争取转移支付补助资金5.95亿元，比上年决算净增6 838万元，增长13%，有效缓解了财政压力，确保财政收支平衡。

【保障重点支出，不断强化公共财政职能】 坚持厉行节约、科学理财理念，支出安排遵循从紧节俭、有保有压、有促有控原则，不断优化支出结构，严格控制一般性支出，统筹安排和保障各项民生支出。农业支出1.74亿元，比去年增加6 542万元；教育、社保、医疗支出5.45亿元，比去年增加1.84亿元；民生支出7.19亿元，占财政支出总额的比重达66%；通过惠农补贴“一本通”将9 170万元补贴补助资金直接发放到农户手中，让农民群众切实得到了实惠，促进了社会和谐。

【稳步推进各项财政改革，科学理财水平明显提高】 惠民县列入“省直管县”财政体制改革试点；继续健全完善国库集中支付系统，建立以国库单一账户体系为基础、资金缴拨以国库集中支付为主要形式的财政国库管理制度，有效提高了资金的使用率；“收支两条线”管理更趋规范。严格实行“票款分离、罚缴分离”，规范单位财务管理和收支行为，提高了非税收入管理质量和水平；将政府采购与部门预算和国库集中支付等改革有机衔接，推行阳光采购，完成采购金额1.64亿元，节约资金1 499.25万元，节约率达到8.38%。

【加强财政监督检查，资金管理使用进一步规范】 推进政务公开，强化财政监督，把财政监督贯穿于财政资金运行的各个环节，实现事前、事中和事后的全过程监控。对收入征管质量、财政转移支付和扶贫、救灾、社会保障、农业、教育等资金使用情况进行专项检查。

（撰稿：杨晓东）

阳 信 县

【概述】 2009年，阳信县实现生产总值（GDP）77.72亿元，比上年增长13.3%。第一产业实现增加值14.53亿元，增长6.1%；第二产业实现增加值33.39亿元，增长12.7%；第三产业实现增加值29.80亿元，增长17.5%。人均生产总值达到17 350元，增长

12.69%。地方财政收入完成2.02亿元，增长30.06%，增幅居全市第一。地方财政支出完成6.92亿元。

【三农政策全面落实】 2009年，共投入财政资金8 685万元，用于各项惠民政策落实。一是兑付粮食直补及农资补贴资金4 446万元；二是发放农机补贴839万元；三是发放良种补贴1 070万元；四是发放汽车、摩托车下乡补贴700万元；五是发放农户家电下乡补贴480万元；六是投入财政专项资金1 150万元，用于支持农业产业化生产、现代农业及农民专业合作组织发展。

【社会保障工作成效显著】 2009年，财政共投入社会保障资金1.37亿元。主要用于拨付全县机关事业单位离退休人员养老金和退职、遗属人员生活费，发放城乡低保和农村五保供养费；灾民基本生活费和倒房重建费用及优抚对象抚恤补助金；投入医疗保障金4 630万元，保障离休干部、退休人员、城镇职工和居民、优抚对象、农民等40万人的医药费按时报销，使全县职工基本医疗保险、城镇居民基本医疗保险、新农合、城乡医疗救助以及优抚对象医疗等各项医疗保障制度平稳、有序运行，有力维护社会稳定；积极支持就业再就业工作，拨付就业资金130万元，用于下岗失业人员职业培训、职业介绍、社保补贴、岗位补贴和创业补贴，有力推进了就业再就业工作；拨付基本公共卫生服务经费166万元，保障全县儿童计划免疫、结核病、艾滋病、甲型H1N1流感等公共卫生和其他卫生事业政策的落实。这些财政资金的投入，有效保障了民生政策的落实，为困难群众和弱势群体构筑起了基本生活和医疗保障网，为全县和谐稳定、科学发展作出了积极贡献。

【加大教科文投入，促进重点事业快速发展】 一是加大教育投入力度，促进教育事业发展，投入教育经费3 370万元，用于义务教育阶段公用经费和免费教科书、困难学生资助；筹资390万元，对全县5个农村中小学进行校舍维护；安排160万元，实施3处中小学“两热一暖”工程。二是投入260万元，用于支持科技创新和科技体制改革。

【确保工资按时发放和重点项目支出】 2009年，在收支矛盾十分突出的情况下，严格按照县委、县政府确定的“保工资、保稳定、保法定支出”的顺序安排支出。2009年，为全县行政事业单位干部职工增发生活补贴200元，提高全县统发工资人员平均工资水平，调动了广大干部职工干事创业的积极性。千方百计多渠道筹集资金，保证公用经费按季度拨付、各项专款和重点工程资金按进度拨付，县委、县政府确定的各项奖励政策全面落实，促进社会稳定和发展。

【财政管理改革进一步深化】 一是继续推行国库集中支付制度，将全县98个县直单位全部纳入集中支付范围，做到财政资金统一管理、统一调度、集中支付。二是深化“乡财县管”改革，保证乡镇机关人员工资和重点支出需要。三是规范政府采购行为，实现监管和采购分离。

（撰稿：凌锡泽　岳立民）

无　棣　县

【概述】 2009年，无棣县地方财政收入7.6亿元，比上年增长15%；财政支出12.03亿元，比上年增长17.44%，连续18年实现财政收支平衡。

【强化税费征管，科学发展保增长】 2009年，狠抓小税种的征缴，资源税、印花税、车船使用税、土地增值税、耕地占用税等税种比去年均大幅增长，完成小税种收入2.26亿元，有力地弥补了主体税种增幅下降带来的不利影响；强化非税收入管理，严格执行“收支两条线”管理，实现非税收入2.47亿元，极大增强了政府统筹、调控能力。

【深化财政改革，创新管理求精细】 从2009年1月1日起，对乡镇实行“划分税种，核定收支，定额补助（或上解），超收分成，短收自补”的财政体制，极大调动了乡镇组织收入积极性和主动性，全年乡镇平均增幅40%以上；在县级行政事业单位推行相对规范的部门预算改革，全面实行综合预算，统筹安排预算内外收支，使预算管理更加规范；改革国有资产管理模式，对行政事业性国有资产实行统一管理、统一经营，达到资源优化配置，实现国有资产保值增值；改革投融资管理方式，组建成立无棣县鑫馨供热公司和鑫苑热力公司，并筹资5 000余万元，铺设新城区供热管网，改造老城区管网，解决了县城居民的供暖问题和新海工业园的环评问题。

【优化支出结构，服务民生促和谐】 从2009年1月1日起，无棣县党政机关、事业单位全员实行社会保险基本养老金制度。深入推进义务教育经费保障机制改革，提高农村中小学公用经费标准，多方筹资化解农村义务教育债务，维修改造农村中小学校舍，全县财政支出教育资金2.47亿元，比上年增长27.57%。加大社会保障和就业资金支持力度，大幅提高农村和城镇低保、新农合政府补助标准，加强城镇医疗卫生体系建设，积极落实国家各项就业优惠政策，促进了城乡劳动者就业再就业，全年各级财政落实资金1.41亿元，保障力度明显增强。

【积极落实政策，统筹城乡惠三农】 2009年，严格落实农业保险、种粮农民粮食直补、优质良种补贴、农资综合直补、农机补贴、能繁母猪补贴、家电下乡等支农惠农政策，拨付支农补贴资金7 847万元，有力推动了新农村建设进程。加大对农业方田建设、路域林网建设、农田水利建设、农业综合开发的支持力度，全县农林水事务发展支出2.55亿元，农业综合生产能力进一步提高。

（撰稿：鲍云霞）

沾化县

【概述】 2009年，沾化县实现生产总值107亿元，增长13.7%；完成固定资产投资103.6亿元，同比增长24.8%；全年完成地方财政收入4.1亿元，同比增长13.92%，连续18年实现财政收支平衡；城镇居民人均可支配收入、农民人均纯收入分别达15 600元、6 246元，同比分别增长10.6%、11.52%。地方财政收入占GDP比重3.76%，税收收入占地方财政收入比重80.48%，收入结构和质量进一步优化，收支总量和质量均创历史之最。

【坚持改革创新，科学理财再有新创举】 2009年，科学调整县乡财政体制，确保“撤镇设办”工作顺利实施。政府采购改革不断深入，节支效果显著，全年政府采购额1 100万元，节约资金116万元，节支率达10.5%。国库集中支付改革扎实推进，库款调控能力显著增强。财政供养人员信息库、部门预算基础信息库和项目库建设更加完善，预算编制更加规范化、精细化。收支两条线改革稳步推进，全县行政事业性收费、政府性基金征收日益完善，国有资源有偿使用收入实现历史性突破，非税收入征管水平不断提高。

【千方百计保民生，为民理财再谱新篇章】 2009年，不断完善民生政策体系，加大民生投入力度，促进了与民生密切相关的社会事业发展。一是积极筹集资金，确保“阳光工资”翘尾巴等各项增资政策落实到位及干部职工工资及时足额发放，全年增资总额达2 980万元。二是不断加快社会保障体系建设。拨付资金5 043万元，落实企业养老保险、失业保险及工伤保险制度；拨付资金2 798万元，提高和扩大城乡低保、抚恤救济、再就业补贴、计划生育家庭扶助等补贴的标准和范围。三是继续加大“三农”投入。拨付资金5 448万元，增加对农民的直接补贴力度，粮食直补、综合直补、石油价格改革补贴、良种补贴、家电下乡补贴、汽车摩托车下乡补贴、库区移民补贴、农机具购置补贴和石油价格改革财政补贴等各种支农惠农政策得到较好落实。拨付资金3 116万元，加大农业基础设施投入力度，改善农村生态环境，支持农民合作经济组织，大力实施农业综合开发和扶贫开发项目建设。四是深入实施教育优先发展战略。拨付资金1 883万元，全面落实农村义务教育经费保障机制改革；拨付资金243万元，支持农村中小学校舍维修改造；拨付资金122万元，高中和中等职业学校困难学生资助政策体系日趋完善。五是不断加快城乡医疗卫生服务体系建设，拨付新型农村合作医疗资金3 643万元，政府补助标准提高到80元；拨付资金365万元，全面推行城镇居民基本医疗保险制度，城镇未成年人和非从业居民纳入医疗保险体系；拨付资金2 203万元，支持全县医院、社区卫生服务体系及疾病防控体系建设，城乡医疗卫生条件明显改善。六是拨付资金284万元，提高村党支部书记报酬，党的基层组织建设进一步加强。七是拨付救灾资金530万元，支援汶川地震灾后恢复重建工作。

【健全“两制”职能，财政监督再上新水平】 2009年，在支出管理上，严格按《预算法》办事，严格按预算花钱，对确需追加的支出严格按照程序办理，确保预算的严肃性。全面开展“小金库”治理和组织财政收入联合大检查工作，全县共查补税款860万元，通过组织联合检查，不但起到了直接组织财政收入的作用，而且收入征管工作和征管环境得到了加强和改善，企业依法纳税意识显著增强。严格贯彻落实各项财政政策，进一步完善财政执法责任制和廉政建设责任制。严格执行“一岗双责”制度和责任追究制度，健全财政资金跟踪问效制度，发挥财政资金的最大效益。开展会计信息质量检查，举办7期会计人员继续教育培训班、2期财政所长、预算会计培训班，培训人员达828人次，提高了会计人员素质，促进了会计诚信建设。依法加强政府债务管理，高度重视防范和化解财政风险。加强非税收入管理，运行“非税收入征管系统”，强化票据年检工作，有效堵塞单位坐支挪用现象。对各项基金、农发资金、扶贫资金、国债转贷资金实行报账提款制度，保证专款专用；对部门经费实行包干办法，调动部门节支理财的积极性。

（撰稿：刘清松　柴升辉）

博兴县

【概述】 2009年，全县实现地方财政收入10.9亿元，同比增长20.24%，连续23年实现财政收支平衡。

【依法加强税费征管，财政收入预算圆满完成】 2009年，全县各级财税部门切实加大社会综合治税和科技强税工作力度，不断完善税源控管体系，严格依法征税管费，圆满完成收入预算任务。分征管部门看，2009年国税部门共组织各项税收8.14亿元，同比增长7.19%，其中地方级收入2.13亿元，同比增长21.58%；地税部门共组织各项税收5.2亿元，同比增长13.26%，其中地方级收入4.01亿元，同比增长17.95%；财政部门共组织收入4.73亿元，同比增长21.64%。在全县地方财政收入中，税收收入8.7亿元，比上年增长19.95%；非税收入2.17亿元，增长21.43%。财政收入结构进一步改善，税收收入占地方财政收入的比重达到80.02%，比全市平均水平高出3.96个百分点。

【财政支农力度不断加大，支持社会主义新农村建设稳步推进】 一是做好各项涉农补贴工作。配合农口部门发放良种补贴资金1 435万元，支持农业生产发展。做好粮食直补工作，共核对小麦种植面积53万亩，农户9万多户，兑付直补资金746万元。顺利完成种粮农民的综合补贴工作，以2009年小麦种植面积为基数，并依托农村合作银行发放的齐鲁惠农“一本（卡）通”将3 729万元补贴资金发放到农民手中。兑付家电下乡补贴636万元，惠及购买家电下乡产品农户25 504人次。二是加大对农业和农村发展的投入力度。拨付涉农支出1.3416亿元，占全县地方财政收入的比重达12.34%。落实农业综合开发资金1 405万元，扶贫开发资金443万元，有力支持了农业基础设施和农村经济的发展。三是农村中小学校基础设施投入不断增加。投入272万元用于农村中小学校舍维修改造，拨付资金95万元用于农村中小学学生困难生活补助政策，受益学生达到1 489人，为加快农村义务教育发展注入了新的活力。四是全面落实农村计划生育家庭奖励政策。对全县2 596户符合条件的家庭发放扶持奖励资金186.9万元。

【加快公共财政体系建设，重点保证民生支出】 一是教育优先发展战略得到全面落实。义务教育经费保障机制改革全面推开，拨付资金2 860万元，用于全部免除义务教育阶段学生学杂费及补助公用经费，投入591万元，用于免除义务教育阶段学生书本费，6万余名中小学生享受到免费义务教育。二是城乡卫生事业快速发展。积极推进新型农村合作医疗制度改革，全县参合农民达38.24万人，参合率98.36%。积极推进城镇居民基本医疗保险工作，至12月底共筹集资金412万元，2.5万城镇未成年人和非从业居民被纳入医疗保险体系，居民医保实现无缝隙全覆盖。三是加快社会保障和就业服务体系建设。切实保障企业离退休人员“两金”、最低生活保障、下岗职工基本生活保障、失地农民救助等直接关系群众切身利益的支出，努力提高弱势群体保障水平。2009年全县用于社会保障和抚恤救济方面的支出达1.67亿元。四是国家收入政策得到全面落实。按照“保工资、保稳定、保法定支出”的次序，优先保证县直和各镇（街道）行政事业单位工资的正常发放。从6月份起执行新的工资标准，切实让干部职工享受到了发展的成果。

【财政改革不断深化，管理和服务水平不断提高】 一是预算管理改革不断深化。会计集中核算管理水平不断提高，县级88家预算单位纳入会计集中核算中心管理，预算执行的效率和透明度明显提高。“收支两条线”改革顺利实施，全县行政事业性收费和政府性基金征收全部实现“票款分离”。政府采购日趋规范，采购范围和规模不断扩大，2009年完成政府采购额1.82亿元，节约资金2 555万元，节支率达12.32%。二是税制改革稳步推进。认真落实新的企业所得税政策，进一步完善耕地占用税政策，提高税额标准，在增加财政收入的同时，促进了耕地保护和土地节约集约利用。三是加强会计信息质量检查，提高会计工作管理水平。深化企业会计制度改革，举办新企业会计准则培训班12期，培训会计人员2 500余人次。四是建立健全监督体系，切实加强行政事业单位国有资产管理。2009年全面开展行政事业单位资产清查，健全产权登记和资产管理制度，进一步规范财政资金和国有资产使用管理程序，杜绝了国有资产流失现象的发生。

（撰稿：李曙光）

邹　平　县

【概述】 2009年，邹平县地方财政收入28.38亿元，比上年增长17.7%。地方财政支出32.8亿元，比上年增长22.1%，连续第23年实现财政收支平衡。地方财政收入排名列全省第2位，比2008年上升1个位次。

【多措并举，促进经济平稳较快增长】 2009年，认真贯彻国家宏观调控政策，深入开展“三个年”活动，经济建设平稳健康发展。大力开展“城乡建设年”活动，以县国有投资公司为融资平台，多方筹集资金，增强城市可持续发展活力。大力开展“加大投入年”活动，把加大投入作为拉动经济发展的第一生命线，强力推进“7471”工程。大力开展“环境建设年”活动，扎实做好增值税转型、再生资源回收企业增值税“先征后返”、统一小规模纳税人增值税税率等项改革，切实减轻企业和社会税费负担。

【科学理财，增强财政综合实力】 2009年，面对国际金融危机冲击和国内经济增长放缓的影响，多方消化减收因素，收入总量继续增长。全县地方财政收入占地区生产总值的比重分别为 11.7% 和 6.2%，比上年提高 0.3 个和 0.6 个百分点；地方税收收入占地方财政收入的比重达到 70.5%，比上年提高 0.2 个百分点。镇域财政经济发展更加协调，镇级完成地方财政收入 10.74 亿元，比上年增长 12.5%，16 个镇办地方财政收入全部突破 1 500 万元，其中高新办、魏桥镇、韩店镇、长山镇超亿元。

【竭尽全力，保障和改善民生】 2009 年，坚持依靠人民、惠及人民的指导思想，认真落实政府为民办实事项目，群众生活质量不断改善。支持优先发展教育，深入推进义务教育经费保障机制改革，提高农村中小学公用经费水平，全部达到省教育示范县标准。促进医疗卫生事业发展，实施农村卫生普惠工程，镇办卫生院全部上划县级管理，进一步提高农村公共卫生服务能力。统筹城乡发展，积极落实涉农补贴政策，全县纳入“一本通”发放财政补贴 11 项，兑付补贴资金 1.44 亿元，农民生活水平明显提高。

【坚持不懈，深化财政改革】 2009 年，深化“收支两条线”改革，完善“票款分离”制度，农商行成功代理票款分离业务，成为第五家代理银行。加强行政事业单位国有资产清查和监管，确保国有资产保值增值，圆满完成 2008 年度国有资产管理信息统计工作。加大财政监督力度，组织开展财政收入联合检查、“小金库”治理、专项资金审计等监督检查，严肃查处违规违纪行为，维护财经纪律的严肃性。增强服务意识和群众观念，扎实开展“三优三满意”活动，全面提升干部队伍素质，提高财政工作效率。

（撰稿：袁　琳　赵方成　宋淑钢）

经济开发区

【概述】 2009 年，开发区以科学发展观为统领，以“三年两活动”和财政资金管理效益年活动为契机，围绕全区中心工作和全年工作重点，求真务实、创新实干，圆满完成了各项财政工作任务。2009 年，全区完成地方财政收入 3.55 亿元，占预算的 109.3%，比上年增长 20.36%，增幅列全市第三位；财政支出 3.64 亿元，同比增长 17.44%。全区地方财政收入由 2006 年的 1.44 亿元增至 2009 年的 3.55 亿元，三年平均增幅达 35.11%。

【挖潜提效依法征收，超额完成全年任务】 2009 年，针对国际金融危机冲击给组织收入工作带来的严峻挑战，开发区创新思路，强化措施，自我加压，迎难而上，在摸清税源的基础上大力挖潜，采取多种手段确保超额完成全年财政收入任务。做到四个突出：突出重点税源、重点行业，重中之重是骨干企业和房地产业；突出城镇土地使用税、耕地占用税和车船使用税等重点税种；突出抓好油田等潜力大的财源项目；突出抓好车船税等零散税收征管。各项措施有力实施，确保了全区财政收入的持续平稳较快增长，超额完成全年财政收入任务。

【科学理财精打细算，确保重点普惠民生】 2009 年，开发区在保工资、保运转的基础上，大力压减一般性支出，通过调整优化支出结构加大对教育、科技、文化、计生、社会保障、医疗卫生、涉农、促进企业发展等领域的投入。2009 年民生类支出 2 14 亿元，占全部支出的近 60%，增幅高于总体增幅近 49 个百分点。在确保各项民生政策落到实处的同时，区财政多渠道筹集资金 1.5 亿元用于黄河五路西延、黄河十二路贯通、长江二路、帕克西大桥、职业中专、18 个城乡社区和林水会战等重点项目建设资金需要，筹集资金 1 亿元用于兑付工程欠款和归还部分借款，有力促进了全区经济社会的健康发展。

【改革创新完善机制，财政管理日趋规范】 一是努力扩大收入范围。大胆创新，把组织收入模式从原来单一重视一般预算收入，拓展到一般预算收入、基金预算收入、政府土地经营收益、预算外资金收入、油区办经营收入、政府债务收入六项，将全口径政府收入纳入日常化的组织、计划、调度、考核范围，形成一般预算收入保工资、保运转、保民生、保法定、保稳定、保重点，其他五项收入保政府投入、保归还债务、促进经济发展的良性局面。二是区、办财政体制运行平稳。为调动各级增收节支积极性，开发区进一步完善区办财政体制，对部分税种比上年增收部分实行区与办事处按比例分成，加大激励约束力度，区财政给予经费补助，组织开展财政收入联合大检查，力促办事处收入快速增长，2009 年办事处完成地方财政收入 1.02 亿元，增长 26.09%，高出区级收入增幅 7.9 个百分点，是 2006 年区办体制调整前的近 3.6 倍。对辖区内的城市基础设施建设工程投资实行分级负担办法，进一步理顺财权与事权的关系。三是部门预算编制日趋规范。为加强财政支出管理，开发区继续推进相对规范的部门预算编制改革，调整完善定额标准体系，建立健全项目库，部门预算编制程序更加规范、支出项目更加细化、编制方法更加科学；为提高资金使用效益，加大绩效预算实施力度，项目支出实行管委会集中审批制度。四是政府投资项目管理日益精细化。为有效控制政府投资项目支出造价，研究制定《关于政府投资项目价格收费标准的意见》、《滨州经济开发区关于加强政府投资项目管理的通知》等独具开发区特色的个性化造价控制制度，采取预算总额控制、现场审计跟踪、决算审计复核和造价对比分析等措施，实行对政府投资项目全过程的造价控制，重点抓住合同会审把关、现场签证管理，签证备案制度和清单报价包干等办法，较好地降低了工程造价。2009年，节约资金达6 200万元，节支率20%以上。五是全区实现工资统发。为积极稳妥地推进国库集中支付改革，利用财政统发工资软件，对全区教职工和三个办事处工作人员工资实现区财政统一发放，缩短了资金流转。

【双管齐下向外借力，引资招商实现突破】 2009年，开发区紧紧抓住中央实施积极的财政政策和适度宽松的货币政策这一有利时机，坚持走出去引进来，创新引资和招商方式，实现政府融资2.3亿元。到位无偿资金4 592万元。争取省调控资金1.74亿元，争取地方债资金1 000万元。区财政部门引进项目5个。创新中小企业融资方式，为辖区企业新增贷款10亿元。组织参加全市第七届银企合作洽谈会，签订合同36个，贷款金额54.57亿元，同比增长27.9%，全市排名第五位，成效显著。

【完善制度加强学习，风正气清干劲十足】 以深入学习科学发展观活动和转变机关作风、加强效能建设等活动为契机，紧紧围绕“服务发展、服务基层、服务群众”主题，以“责任明、能力强、效率高、形象好”为目标，紧密结合财政工作实际，进一步完善规章制度，通过加强学习，狠抓机关作风建设，认真研究和大胆推进制度建设和制度创新，修订和完善各项规章制度及管理条例，组织开展读一本好书、演讲比赛、实施“春蕾计划”捐款救助、拓展训练等多种形式的培训活动，干部职工的凝聚力、事业感、责任心和执行力明显提高，机关运转更加高效、规范，服务意识和服务水平明显增强。

（撰稿：李洪岐　王　硕）

高新技术开发区

【概述】 2009年，高新区完成地方财政收入6 528万元，较上年同期增长12%，财政预算支出8 315万元。全区财政供养人员1 232人。全区一、二、三产业地区生产总值分别为2.9、8.68、6.94亿元，总增幅21.2%。

【贯彻落实积极财政政策，集中财力保民生、保增长、促发展】 2009年，密切结合中央、省里、市里出台的一系列积极财政政策，积极抓住扩内需政策实施的有利时机，大力争取上级资金和项目投入，采取多种措施，争取上级有关部门支持，圆满完成年初预算收入任务，实现年初制定的增长目标。同时加强与国地税的协调工作机制，进一步强化税收征管，定期组织召开财税联席会议，分析财政收入，加强对财政收入形势的掌握，使财政工作更有针对性、计划性和预见性。开展好税源调查工作，加强对重点税源的监控。做好财政资金的统一归口管理，强化财政对专项资金的调控力度，严格按照预算用途规范支出安排，做到专款专用，集中财力实现保民生、保增长、促发展。

【创新工作机制，强化财务管理】 2009年，积极完善区对镇办的财政体制，制定符合高新区实际的财政体制，充分调动镇办积极性，以体制建设为杠杆，推动高新区大开发、大建设工作进程。

【多管齐下抓收入，严格征管保入库】 2009年，围绕全区财政收入过亿元的目标，严格实行收入目标责任制，充分调动镇办、各有关部门依法组织收入的积极性。加大税收稽查力度，打击各种偷税、逃税、骗税、抗税行为，制定并出台了一系列加强税收征管的文件，进一步整顿和规范了财税征管秩序，完善了收入征收体系。

【优化财政支出结构，集中财力办大事】 2009年，坚持有保有压原则，严格支出预算安排，严格控制三费等一般性支出，加大社会保障及基础设施建设投入力度，努力保障各级党政机关正常运转和社保、农业、科技、教育等重点支出需要。

【完善财政监督，打造阳光财政】 2009年，高新区坚持完善财政监督职能，使其制度化、规范化。充分利用网络、报纸、电视等媒体，让更多的人理解、支持和监督财政工作，逐渐形成了建设“阳光型财政”工作思路。

【加强财政队伍建设，创建务实、自信、文明型机关】 2009年，高新区以深入学习实践科学发展观活动为契机，着力抓好班子自身建设，注重政治理论、业务知识学习，努力提高班子分析问题、解决问题和驾驭复杂局面的能力。

（撰稿：高建筑）

菏泽市

牡丹区

【概述】 2009年，牡丹区以科学发展观统领全局，进一步解放思想，求真务实，开拓进取，国民经济企稳向好，社会各项事业繁荣和谐。全区完成国内生产总值110亿元，比上年增长14.6%，实现地方财政收入7亿元，完成预算的106.82%，比上年增长21.8%，保持了持续快速增长；财政支出完成15.9亿元，完成预算的111.7%，比上年增长20.4%，在实现财政收支平衡基础上，实现了保工资、保运转、保民生、保重点的目标，法定支出亦得到重点保障。

【财政收入规模进一步扩大】 面对国际金融危机深度影响、经济增速明显放缓、减收增支因素较多的不利局面，区乡两级在力保经济增长的基础上，切实加大社会综合治税和科技强税工作力度，不断完善税源控管体系，严格依法治税管费，2009年全区地方财政收入突破7亿元，收入总量和质量同步提高。

【财政保障能力进一步增强】 科学运筹资金，确保行政事业单位干部职工工资按月及时发放，加大社会保障力度，提高城乡居民最低生活保障标准和失业保障水平，完善离休人员医疗费统筹保障机制，切实保证军转干部生活补助、农村优抚等重点支出，积极开展就业再就业培训，加大城乡弱势群体困难救助，加快敬老院升级改造，五保户集中供养水平明显提高。保证甲型H1N1流感、手足口病等突发性应急支出需要，应急反应保障能力明显提升。扩内需项目顺利实施，大力支持重点企业加快发展和园区基础设施建设，确保各项支持经济发展的决策部署落实到位。

【支持“三农”力度进一步加大】 严肃纪律，强化督导，认真落实粮食直补、农资综合补贴、家电下乡、汽车摩托车下乡和以旧换新补贴政策，良种补贴和农业灾害救助，确保农民切实得到实惠。大力支持农村教育事业均衡发展，逐步提高农村中小学生均公用经费标准，为农村义务教育阶段学生提供了免费教科书，开展国家助学金、政府助学金和生活费资助，实施以热水、热饭、取暖、改厕为内容的“211”工程，改善了农村学生学习生活条件。提高新农合财政补助标准，改革大病救助办法，支持医疗卫生“两个体系”和“村卫生室服务能力提升工程”建设，改善农村医疗卫生条件。建立和完善计生经费保障和利益导向机制，全面落实计生政策。加强农村文化建设，丰富群众文化生活。大力支持农村农田水利、基础设施建设和新农村建设，农村生产生活条件得到明显改善。

【财政监管水平进一步提高】 积极推进综合预算管理改革，着力建设节约型财政。不断扩大政府采购范围和规模，进一步规范采购程序。乡镇财政所和区直会计工作站全部实行会计电算化管理，会计核算、会计监督水平有了质的提升。加强对拉动内需资金、社保、扶贫、支农、就业和再就业等社会关注的热点支出项目跟踪监控，防止了财政资金的截留、挪用和损失浪费。深入开展企业纳税情况检查、行政事业单位“小金库”专项治理工作，建立健全财政监督检查机制，全面推进财政规范化建设。

（撰稿：刘雨祥）

曹县

【概述】 2009年，曹县完成地区生产总值114.25亿元，比上年增长14.9%；固定资产投资46亿元，比上年增长24.7%；三次产业比为24.61∶52.34∶23.05，二三产业比重比上年提高3.35个百分点；农民人均纯收入4 969元，比上年增长10.2%；地方财政收入完成6.53亿元，完成预算的110.22%，比上年增长23.44%；完成一般预算支出16.6亿元，完成预算的101.12%，比上年增长15.36%。

【提高收入征管水平，多措并举抓收入】 2009年，受全球金融危机和宏观经济环境变化的影响，经济增长总体趋缓，财政形势异常严峻。面对困难，财税部门认真研究，深入重点企业和重点乡镇开展税源调研，摸清底数，分析原因，夯实基础，堵塞漏洞，强化社会综合治税，建立健全协税护税机制，先后开展房地产业税收检查、非税收入清理检查、“小金库”清理检查等活动，确保了财政收入稳定增长。

【落实积极财政政策，全力以赴保增长】 牢固树立科学发展观，按照国家保增长、扩内需、调结构的总体要求，进一步加大对经济建设的支持力度。争取中央扩大内需资金 2 795.5 万元、省调控资金 5 500.7 万元、地方政府债券资金 3 500 万元，足额落实地方配套，确保项目顺利实施。认真落实国家有关减免税费政策，全年办理出口退税 1.14 亿元，减轻了企业负担，促进了外贸出口。争取上级扶持企业专项资金 2 300 多万元，用于企业技术改造、科技创新、设备更新、扩大再生产等，增强了企业的发展后劲。

【加大财政投入力度，民生保障水平明显提高】 积极调整支出结构，严格控制一般性支出，着力保障和改善民生。认真做好规范津贴补贴工作，县直在职财政供养人员人均月增资 191 元，乡镇在职财政供养人员人均月增资 196 元。进一步提高了城乡低保标准，城市低保月人均补助水平提高到 120 元，农村低保月人均补助水平提高到 60 元，全县发放城乡低保资金 4 179 万元。继续完善新型农村合作医疗制度，补助标准由 60 元/人提高到 80 元/人，全县参合农民 123.55 万人，参合率 99.14%，大大缓解了农民看病难、看病贵的问题，使广大农民群众得到了有效的医疗保障。

【坚持统筹发展，促进社会和谐】 全面贯彻党的各项强农惠农政策，全县发放粮食直补、农资综合补贴、良种补贴、农机补贴、家电补贴等资金 1.97 亿元，支付水库移民后期扶持资金 1.07 亿元，促进了农村的发展和稳定。大力支持教育事业发展，拨付农村义务教育公用经费 9 153 万元，使农村中、小学生公用经费标准达到了 600 元、400 元。投入资金 2 459 万元用于农村中小学危房改造、教学仪器更新，进一步改善了农村办学条件。

【深化财政改革，财政管理水平明显提高】 继续深化国库集中支付制度改革，简化办事程序，健全运行机制，提高资金运行和使用效益。进一步深化政府采购改革，全面推行政府采购管采分离制度，健全了监督机制，促进了政府采购工作的有序开展。积极探索财政监督新途径，坚持经常性检查和专项检查相结合，构建了事前、事中、事后三位一体的财政监督体系，重点加大对涉及民生资金的检查力度，确保财政资金的安全高效运行。

（撰稿：杨志娟）

定陶县

【概述】 2009 年，定陶县地方财政收入完成 2.79 亿元，完成预算的 100.59%，比上年增长 12.64%。税收收入完成 2.21 亿元，比上年增长 14.12%，占当年地方财政收入的 79.12%，比上年提高 1.02 个百分点。财政支出完成 8.58 亿元，完成预算的 113.02%，比上年增长 18.95%，实现了全县财政收支平衡。

【财政支持经济建设成效显著】 一是用足用活政策，积极争取扩大内需项目资金。共争取扩大内需项目 12 个，国家专项扶持资金 1 269 万元，省级调控资金 5 436 万元，地方政府债券资金 2 200 万元，有力支持了全县重大项目建设。二是千方百计缓解企业困难，着力提升帮扶效果。用于支持工业企业节能减排、中小企业自主创新和技术改造资金 1 056 万元，增强了企业竞争能力和抵御风险能力。三是扎实推进家电汽车下乡工程，扩大消费需求。全年补贴家电汽车产品 20 867 台（辆），兑付资金 983 万元。四是大力支持城区基础设施建设。多方运筹资金 1 亿多元，实施多项城市道路、城区绿化和雨污管网建设，进一步完善了城市功能。

【各项惠民政策得到较好落实】 发放助学金 267 万元，落实农村义务教育学校公用经费 3 100 万元；发放城市和农村最低生活保障对象补助 2 455 万元，用于补助和改善农村五保供养对象的生活资金 420 万元；落实再就业补贴政策资金 388 万元；用于廉租住房建设资金 1 000 万元；安排新农合资金 4 342 万元，报销医药费用 6 410 万元，82 万人次受益；用于农村广播电视“村村通”工程项目建设资金 300 万元，用于田野文物保护资金 80 万元，支持农村电影放映工程资金 35 万元。

【农村生产生活条件明显改善】 实施农业综合开发项目资金 1 028 万元；用于水利建设资金 1 739 万元，拨付动物防疫和防治美国白蛾等重大病虫害 135 万元；落实各类涉农补贴 6 760.32 万元；用于支持农民专业协会和专业合作社建设资金 104 万元，开展农村劳动力转移就业和新型农民职业技能培训资金 46.2 万元；安排通村公路建设资金 509 万元，用于农村自来水工程建设资金 1 231 万元，用于农村沼气项目建设资金 411 万元。

【财政科学管理能力不断提升】 一是政府非税收入改革进一步深化。2009 年，共组织预算外资金收入 3 453 万元，土地出让金收入 1.4975 亿元，罚没收入 2 145 万元，纳入预算行政事业性收费 4 063 万元。二是政府采购规模进一步扩大。完成政府采购项目 95 个，签订政府采购合同 101 份，实际采购资金 2 163.33 万元，资金节约率达 15.69%。三是财政监督效果进一步提升。县直会计核算中心严把支出关口，全年拒付不合规会计业务 950 笔，节约开支 300 多万元；严格财政投资评审工作，全年完成基建预决算审查项目 16 个，送审资金额 1.4 亿元，审定工程建设资金 1.23 亿元，综合审减幅度达到 12.14%。

（撰稿：陈关键）

成武县

【概述】 2009年，成武县地方财政收入累计完成3.47亿元，占预算的101.9%，比上年增长17.18%，增加5 087万元。税收收入完成2.75亿元，完成预算的101.28%，比上年增长23.43%。2009年财政支出完成9亿元，完成预算的114.6%，比上年增长12.94%，并实现了当年财政收支平衡。

【科学征管，努力提高收入质量】 与税务部门密切配合，搞好税源调查，堵塞税收漏洞，密切关注收入入库动态，定期召开财税联席会议，积极解决入库过程中的各种问题，确保财政收入及时足额入库。继续加强非税收入管理基础工作，全面落实“收支两条线”规定，进一步完善征收专柜管理办法，严格执行票款分离，不断完善税收征管机制，提高征管质量和水平，使经济发展的成果在财政上得到充分体现。

【突出重点，全力优化支出结构】 继续按照“保工资、保重点、保运转”的要求，突出支农惠农、民生保障等支出重点，发放“两补”资金7 070万元；发放家电补贴资金825万元，补贴农民购置家电产品、以旧换新家电产品4万台；补贴汽车、摩托下乡产品4 059辆，发放补贴资金489万元；发放农作物良种补贴、能繁母猪补贴1 750万元。投入资金1 980万元，用于全县水利建设、人畜用水改造项目、农业综合开发土地治理和各项扶贫项目。落实城市低保资金380万元，城市低保标准月人均补贴由90元提高到120元；农村低保每月人均补贴由45元提高到60元；离休干部医药费统筹金标准每人每年提高到5 500元。新型农村合作医疗工作继续在全县普及，农民缴费人数达53.5万人，参合率达98%。农村中、小学生公月经费标准和农村中小学贫困生寄宿费比上年稳步提高；继续实施贫困家庭学生资助政策，资助资金56.5万元，全县1 600名学生受益。

【强化创新，大力推进财政精细化管理】 会计集中核算改革不断深入，规范报账，严格审核，全年纠正和退回不合规支出、拒付不合理支出共计200万元。累计完成采购资金1 120万元，节约资金210万元。积极探索新形势下国有资产管理的新手段。在全市首次开展国有资产档案的规范化管理，实现了档案信息检索系统的电子化。住房公积金管理工作又上新台阶，新增住房公积金4 000万元，支付610万元，住房公积金余额达1.08亿元。财政监督职能有效发挥，深入开展会计信息质量检查、清理“小金库”、经营性房屋税收集中清理和房地产企业税收的清理检查工作，共查补入库金额443万元，严肃了财经法纪，增加了财政收入。

【统筹兼顾，整体工作再上新台阶】 财政干部队伍建设切实得到加强，认真开展学习实践科学发展观活动，深入落实领导干部问责制，进一步加强廉政教育，干部队伍整体素质得到有效提高。大力开展招商引资工作，先后引进同济医院、华润物流两个项目，超额完成招商引资工作任务，被评为“全县招商引资红旗单位”。国资管理工作再上新台阶，国资档案室被评为省二级档案室，获得了“全省国资监管工作先进县”荣誉称号。

（撰稿：杨鲁伟　朱瑞常）

单县

【概述】 2009年，单县实现地区生产总值113.13亿元，比上年增长15.4%，一二三产业结构比为26∶50∶24；完成50万元以上固定资产投资60.14亿元，比上年增长27.9%；进出口总额5 228万美元。境内财政总收入完成9.03亿元，比上年增长23.9%。地方财政收入完成6.3亿元，完成预算的112.29%，比上年增长29.2%；税收收入占地方财政收入的比重达到84.3%。完成地方财政支出16.14亿元，完成预算的113.5%，比上年增长33.6%。

【依法加强征管，实现财政收入增长目标】 各级财税征收部门始终严格依法治税，深挖税收潜力，实行税收均衡入库和阶段任务目标考核，加大税收检查力度，确保应收尽收。根据房地产开发新形势，加强对房地产业税收的征管，2009年共征收房地产开发税收1.2亿元，有力促进财政收入增长。

【加大民生支出，促进经济社会和谐发展】 积极调整和优化支出结构，筹措资金，着力提高财政公共服务能力，认真落实各项惠民资金和政策，让社会各阶层共享经济发展成果。投入资金3.96亿元，加快城市基础设施建设，进一步完善城市功能，积极推进城市化建设进程。加大财政对再就业扶持力度，实现新增农村劳动力转移就业2.9万人，完成新增城镇就业1.4万人。全力支持公共卫生体系建设，城区共建设3个社区公共卫生服务中心和5个服务站，完成259个农村卫生室能力提升建设，新型农村合作医疗工作走上正轨，参合农民102万人；进一步做好农村低保工作，发放低保资金2 539万元。认真做好对种粮农民的直接补贴工作，共发放补贴资金1.01亿元。积极做好家电下乡、汽车、摩托车下乡补贴工作，共兑付补贴资金1 274万元，使农民真正得到实惠。

【突出重点，稳步推进各项财政改革】一是进一步完善部门综合预算管理，提高资金使用效益和政府统筹运用资金能力。二是进一步加强政府采购招投标工作，拓宽采购范围。2009年共完成采购金额2.02亿元，节约资金3 752万元，节约率达15.7%。三是积极做好行政事业单位国有资产管理工作，将行政事业单位国有资产纳入政府统一管理。四是继续加强会计集中核算和收支监管，共拒付不合理支出发票3 220张，涉及金额215万元。五是进一步规范非税收入征管，加强检查，扎实开展"小金库"专项治理，有力促进了收支两条线管理。

（撰稿：陈　睿）

巨　野　县

【概述】 2009年，巨野县地方财政收入实现6.21亿元，完成预算的120.2%，比上年增长44.12%。财政支出实现13.77亿元，完成预算的117.25%，比上年增长27.35%。

【强化税收征收管理，确保财政收入增长】 不断健全和完善征管制度，财税部门密切配合，有力推动税收工作开展。以堵塞征管漏洞、提高征管质量为目标，建立起以"政府领导、财税主管、部门配合、司法保障、社会参与、信息化支撑"为主要内容的社会综合治税的管理新机制，形成了"齐抓共管、集约管理、事前监管、标本兼治"的治税工作新局面。加强重点税源、重点行业、重点税种和隐蔽性税源管理。加大以票管税力度，在商业零售、餐饮、娱乐等行业大力推广税控装置，加大发票违规行为查处力度，维护税收秩序，确保及时足额入库。

【发挥财政管理职能，服务社会经济发展】 突出发展抓融资。积极稳妥借助融资平台，运用担保、资产抵押等方式，努力拓宽融资渠道，增加政策性贷款和商业银行贷款等信贷资金，新增各类贷款45.3亿元（含异地贷款），为重点项目建设提供资金保障，服务地方经济发展。支持重点项目建设。大力整合财力资源，扶持、帮助重点项目开工建设，积极筹集各类财政资金支持项目建设，保障各类项目建设的顺利推进。拨付招商引资经费599万元，确保重大招商活动的顺利进行。拨付科技专项经费680万元，支持项目技术改造升级。加强国有资产监管。采取收储国有资产等切实可行的办法，进一步增强资产的统筹调度力度；完善资产配置和处置报批制度，维护国有资产的安全和完整。

【调整优化支出结构，提高财政公共服务能力】 支持完善社会保障。用于城镇居民医疗保险制度146万元；用于新型农村合作医疗6 052万元；用于城乡居民最低生活保障516万元；用于就业补助460万元；用于农村五保供养698万元。落实惠农惠民政策。拨付种粮农民粮食直补和农资综合直接补贴7 046万元；拨付良种补贴2 446万元；拨付家电、汽车摩托车下乡1 450万元；拨付土地治理和土地整治1 708万元；拨付扶贫开发220万元；拨付县道改造和危桥改造3 627万元。支持公共事业发展。拨付教育事业发展2.6亿元；拨付科学技术事业2 025万元；拨付文化体育与传媒1 160万元；拨付公检法司4 661万元。

【加强财政监督，发挥财政资金效益】建立财政监督检查联动机制。积极与县监察、审计等部门沟通协调，密切配合，实行部门联动、监管联动和指定检查项目协调单位联动等多种形式进行监督检查，对同级审计提出的问题认真整改，提高了财政监督的综合效能。一是结合"小金库"专项整治工作，对行政事业单位和镇（区）进行财政监督检查，在实施过程中，坚持突出重点、克服难点，完满完成监督检查任务。二是根据上级要求，对房地产等重点行业开展专项检查，查补税款1 506万元。三是开展非税收入质量检查，查出问题资金756万元。

（撰稿：庞英南）

郓　城　县

【概述】 2009年，郓城县财政局积极贯彻落实科学发展观，充分发挥财政职能，各项财政工作取得了新的成绩。2009年，地方财政收入完成7.30亿元，占预算的104.76%，比上年增长15.23%，总量位居全市第一位；地方财政支出完成15.82亿元，占预算的106.48%，比上年增长21.09%。

【依法加强税收征管，确保收入稳步增长】 通过加强税源管理，开展税收专项治理，实现财政收入的稳步增长。清理耕地占用税往年欠税；对2002年以来房地产业税收进行了集中清理。

【落实积极财政政策，促进经济恢复增长】 一是减免税负保增长，全年依法为企业减免税负7 000多万元。二是加大投入保增长，支持企业扩大出口、技术改造、支持中小企业和服务业发展；筹措资金27 328万元，支持基础设施建设，进一步完善了城市功能。三是争取支持保增长。抓住中央和省实施积极财政政策的机遇，争取上级资金支持，并足额落实地方配套，确保扩大内需项目早实施、早见效。四是拉动内需保增长。认真落实好"家电下乡"和"汽车摩托车下乡”政策，刺激消费增长，2009年合计兑付补贴资金1 290万元。

【加大民生支出投入，保证惠民政策落实】 一是做好粮食直补、农资综合补贴和良种补贴等惠农政策落实，共发放各项补贴资金1.26亿元；实施政策性农业保险，将小麦和能繁母猪纳入政策性保险范围。二是着力保障和改善民生。提高干部职工住房补贴标准，并形成了财政供养人员工资增长机制。提高农村低保、城市低保保障标准和新农合财政补助标准。三是积极应对突发公共事件。投入资金500多万元支持手足口病和甲型H1N1流感防控工作，有效控制了疫情的发展和蔓延。四是大力支持教育事业。提高农村中小学生均公用经费标准，为农村义务教育阶段学生免费提供教科书，支持开展农村中小学危房改造、教学仪器更新，有效改善了农村办学条件。

（撰稿：孙兆同 车鹏博）

鄄城县

【概述】 2009年，鄄城县地方财政收入实现3.20亿元，完成预算的111.86%，较上年增长27.5%。财政支出9.61亿元，完成预算的108.2%，较上年增长16.49%，实现了财政收支平衡，推动了全县经济社会的持续、稳定发展。

【认真落实各项财政支农惠农政策】 2009年，财政涉农资金投入达2.11亿元，较上年增长21.26%。支持农村水利建设、农业综合开发、土地治理、防沙造林等，增强了农业抵御自然灾害的能力，提高了农业综合生产水平；支持农村沼气池建设、村村通自来水、道路建设等，进一步改善了农村生产生活条件。全面落实各项涉农补贴政策，2009年共发放涉农补贴1.14亿元。

【财政管理水平进一步提高】 稳步实施政府收支分类改革，财政收支预算更加完整、规范和透明。加强部门预算信息库建设。完善政府采购机制，严格执行政府采购程序和时限，完成政府采购额1 563万元，节约财政性资金197万元。纳入财政“省直管县”试点范围。国有资产经营管理、乡财县管乡用、国库集中支付等财政改革进一步深化。

【坚持依法征管，财政收入再上新台阶】 出台《开发区招商引资企业及城区房地产开发项目税收分配暂行办法》、《乡镇资金拨付暂行办法》等6个文件，理顺征管机制、提高征管效率，有效促进财政增收。组织实施房地产开发、建筑安装企业2005年以来纳税情况专项检查活动，依法查缴税款2 803万元。规范税收征管秩序，优化依法治税环境，堵塞税收征管漏洞，促进了财政收入增长和收入质量的提高。

【大力支持经济发展和城市建设】 落实拉动内需项目资金。扩大内需项目29个，总投资3.24亿元。涉及民生、医疗卫生教育文化社会事业等建设项目。积极帮助企业融资，支持企业发展。通过县财政信用担保中心，累计向企业担保贷款3.35亿元。大力支持城市建设。投入2 600万元，用于工业园区、城区道路建设、防汛工程建设等，城区环境进一步改善。

【优化财政支出结构，着力保障和改善民生】 大力支持教育事业发展。教育支出2.27亿元，落实“两免一补”政策，组织实施为农村中小学教室采购节能空调4 306台，解决中小学生冬季取暖、夏季防暑问题。大力支持医疗卫生事业发展。继续加强公共卫生服务体系建设，进一步提高农村新型合作医疗和城镇居民医疗保险覆盖面，完善城乡医疗救助制度。

（撰稿：李 宏）

东明县

【概述】 2009年东明县地方财政收入6.46亿元，完成预算的103.71%，比上年增长18.22%。其中税收收入5.39亿元，比上年增长15.56%，占一般预算收入的比重为83.47%。财政支出13.16亿元，完成预算的109.96%，比上年增长19.3%。

【组织收入工作取得新突破】 因国际金融危机冲击，2009年东明县部分企业经营出现困难，同时受国家一系列结构性减税免费政策影响，财政收入形势异常严峻。面对困难局面，东明县财政部门在收入精细化管理上求突破，先后起草并以县政府名义出台了一系列文件，着力理顺征管机制，提高征管效率。从11月份开始，重点对62处房地产开发项目进行专项检查，共查缴入库各项税款526.1万元。进一步完善征收手段，拓宽财政增收渠道，对非税收入开展清理检查，将应纳入预算管理的行政事业性收费收入、国有资产经营收益和各项罚没收入及时清缴入库。

【保增长措施扎实有效】 投资9 097万元，用于推进企业自主创新；累计投放9 100万元，用于中小企业还贷周转；抓住中央和省实施积极的财政政策机遇，争取扩大内需资金4 569万元、省调控资金9 000万元、地方政府债券资金3 500万元，确保扩大内需项目早实施、早见效；认真落实家电、汽车摩托车下乡补贴政策，带动农村消费呈现“爆发式”增长。

【支农力度明显加大】 认真落实统筹城乡发展战略，把支持新农村建设摆在重要位置，不断加大投入力度，着力推进农业增效、农民增收、农村发展。全年共发放粮食直补、农资综合补贴、良种补贴、农机购置补贴等1.5亿元，比上年增长19.71%，提高了农民生产积极性。为确保补贴资金及时足额发放到位，组织开展一系列专项检查活动，取得明显成效。

【民生保障更加有力】 一是进一步增加干部职工工资收入。月人均增加津贴补贴100元，人均月工资达到1 750元，工资水平居全市前列。二是大力支持社会保障事业。全县社会保障和就业支出2.2亿元，增长39.34%。提高城乡居民最低生活保障标准，增加新农合补助标准，支持开展城镇居民基本医疗保险，构建起覆盖城乡的医疗保障体制。三是大力支持教育事业。全面落实义务教育阶段学生免杂费、免课本费、部分高中贫困学生助学金等各项政策，实施国家助学金、政府助学金和生活费资助政策，切实解决因贫辍学问题。开展农村中小学危房改造、教学仪器更新，切实改善农村办学条件。

【财政管理机制更加健全】 继续深化部门预算改革，按照“有保有压”的原则，出台《关于规范行政事业单位财务开支的通知》和《加强行政事业单位公务小轿车管理规定》，严格控制一般性支出，财政管理规范有序。继续深化政府采购改革，所有招标采购项目均邀请采购单位、纪检监察、检察院现场监督，有效防止违规操作现象发生。2009年共完成政府采购额1 860万元，增长50.85%，资金节约率达到12%。

（撰稿：王发展）

开　发　区

【概述】 2009年，菏泽开发区地方财政收入完成3.44亿元，完成预算的100.08%，增长25.10%；财政支出完成4.49亿元，完成预算的120.26%，增长40.89%。

【在支持经济发展上实现新突破】 积极筹措、落实支持经济发展和项目建设资金。协同有关部门，积极争取上级专项资金、金融机构贷款，支持全区企业发展和项目建设。努力促企业发展、保经济增长。认真落实土地使用税、增值税、企业所得税、营业税等企业扶持政策，积极为企业办理兑现奖励资金。

【在组织财政收入上实现新突破】 强化目标管理。按收入级次确定各办事处收入目标任务，按收入类别确定国税、地税、财政的收入目标任务，同时将收入任务纳入机关年度目标考核内容，细化量化到局属各股室、单位，层层落实责任。创新管理机制。细化预算执行分析，强化部门间协调合作，建立收入协调机制。加强税收征管。建立财政收入监控、预测、预警机制，进一步强化主体税种征管；开展房产税、土地使用税税源调查和“两业两税”专项整治活动。细化契税、耕地占用税征管。对契税、耕地占用税应税单位或个人实行动态监控，确保税收在交易第一时间实现。五是规范非税收入管理。完善“以票控费”政府非税收入监管系统，规范财政票据内部管理，全面强化非税收入征管。

【在保障重点支出上实现新突破】 一是保证全区教师干部工资和津贴的发放和各项工资改革政策兑现，确保工资和津补贴的发放以及事业单位工资改革政策的落实到位。二是保障和改善民生成效显著。统筹调度资金，足额拨付城乡低保资金。全面落实新农合和推行城镇居民基本医疗保险制度，缓解城乡群众看病贵、看病难问题。三是支农惠农力度进一步加大。全面落实涉农补贴和家电下乡和汽车、摩托车下乡补贴政策，给农民群众带来了实惠。争取支农项目和支农财政资金，开创支农工作新局面。

【在创新财政管理上实现新突破】 一是进一步规范办事处财务管理工作，制定了一系列规范办事处财务的规章制度。二是继续深化部门预算改革。科学合理确定部门预算定额标准，进一步提高预算编制的透明度。三是继续深化政府采购改革和集中支付改革。不断规范政府采购程序，努力推进采购工作制度化、规范化。严格票据审核，规范集中支付程序。四是继续深化财政监督和国有资产监管。开展支农资金管理及落实情况检查、“小金库”专项治理、综合治税专项检查、转移支付资金检查等。不断完善行政事业单位国有资产配置、使用、处置、收益收缴和资产信息动态监管措施，坚持逐级审批、严格评估、公开处置和收益上缴“四项制度”，切实保障资产处置的公开、公正、透明。

（撰稿：李续宾）

第五部分

财经文选

深入开展重大财政问题研究
努力开创财政改革发展新局面

尹慧敏

当前，我省经济社会建设已步入新阶段，财政改革发展既面临良好机遇，又面临很多挑战和考验。特别是国际金融危机爆发以来，国内外经济形势发生深刻变化，我省财政改革发展的任务更加繁重，对财政理论研究提出了新的任务和要求。省财政学会及各级财政部门，要坚持理论联系实际，解放思想、大胆创新，正确把握当前形势，深入搞好对重大财政问题研究，积极探索推动科学理财、破解改革发展难题的新思路、新措施，更好地为经济社会发展服务。

一、关于新形势下的财政学会建设问题

自上届理事会成立以来，省财政学会始终坚持"服务现实、服务财政中心工作"的指导方针，充分发挥智力优势，动员广大会员和社会各方面力量，加强财政科学研究，开展形式多样的学术交流活动，营造了良好的学术研究氛围，形成一大批既有理论高度、又有指导性的研究成果，提出了许多建设性的政策建议，为推动地方公共财政建设，促进全省经济社会又好又快发展，做出了积极贡献。面对新形势、新任务，新一届省财政学会理事会要更加注重自身建设，不断创新工作机制，充分发挥组织协调作用，推动全省财政科研工作再上新台阶。

*（一）加强引导，提高财政科研的层次和水平。*财政理论研究的最终目的，是为了更好地指导财政工作实践。我省近年来形成了一大批有分量、水平高、理论与实践结合紧密的财政科研成果，对推动财政改革发展起到了重要作用。但也有一些研究成果，与实际工作严重脱节，提出的政策建议指导性、可操作性不强，理论研究与实践工作"两张皮"的问题没有解决好。新一届财政学会理事会要加强引导，引领广大会员把握正确的财政科研方向。一方面，加强财政基础理论研究，为推进财政改革凝聚共识，奠定思想和理论基础。另一方面，坚持用理论指导实践，紧紧围绕当前财政改革的重点、难点问题，深入基层、深入实践，加强调查研究，掌握第一手材料，提出符合实际的政策建议，提高财政理论研究与实际工作的契合程度，提高研究成果的质量和效果。

*（二）促进交流，形成财政理论研究的强大合力。*作为全省性的学术团体，省财政学会联系面宽，汇聚了全省财政科研领域的精英，既有经济综合部门的领导同志，又有教育科研单位的专家学者，还有身处一线的财政实践工作者，大家在不同的工作岗位上共同进行财政研究，具有优势互补的有利条件。其中，高校和科研机构的同志，理论功底扎实，对财政理论的前沿问题了解较多；经济综合部门的同志，对本行业或经济发展情况了解得更全面，把握得更准确；财政实践工作者掌握最新的财税政策和财政改革发展动向。加强会员之间的交流，能够达到沟通信息、拓宽视野、激发研究思路的效果，对提高学会整体研究水平非常有益。今后，财政学会要继续发挥桥梁纽带作用，进一步丰富科研活动内容，除了开展联合课题研究之外，还应通过组织研讨、联谊活动等，搭建起学会内部交流沟通的平台，让大家发挥各自优势，形成理论研究工作的合力。

*（三）创新方式，增强学会的活力和影响力。*当前看，要在以下几个方面多下功夫：一是定期举办研讨会。根据财政经济形势发展变化，及时征集大家关注的重点题目，定期举办专题研讨会，并将其以制度化的形式固定下来，作为加强交流、提高科研水平的重要途径，打造一流的财政研讨会品牌。二是经常邀请专家办讲座、作报告。以学会名义，或采取学会与高校、科研机构联合举办的方式，尽量多举办一些学术讲座，既拓宽视野，扩大学会的影响，又提高资源利用效率，培养更多的财政科研人才。三是加大研究成果的宣传推介力度。定期收集全省财政科研成果，通过《山东财政研究》等载体和平台，定期编发研究报告和工作动态，并通过组织优秀课题评选、报送省领导参阅、印发财政系统学习等多种形式，搞好研究成果的推广利用。

*（四）规范管理，提高学会的自身建设和服务水平。*重点抓好以下三个方面：一是加强领导，强化服务。

学会秘书处要进一步强化服务意识，提高服务能力，明确职责分工，做好课题研究和学术交流等活动的组织协调工作，形成浓厚的财政科研氛围。各位理事和其他从事财政研究工作的同志，要坚持正确的政治方向，深刻理解党和国家的重大方针政策，提高财政理论和政策水平，增强财政科研的主动性。各市财政部门负责同志，要更加重视财政科研工作和本市财政学会建设，并带头搞好研究。二是完善制度，规范运作。健全的管理制度，是确保学会工作规范高效开展的前提。学会秘书处要对学会的工作职责作进一步细化、梳理，制定学会年度工作计划、优秀课题评选奖励办法、协作调研机制和联系点制度等一系列管理制度，将学会工作纳入制度化、规范化轨道。三是搭建平台，共享资源。据了解，高校和科研机构的很多专家，都非常关心财政政策和财政改革发展情况，希望畅通信息获取、交流渠道。学会秘书处要重点抓好这方面的服务工作，着手建立“财政科研数据库”，无论是财税政策、财政工作动态，还是财政经济运行的基础数据，只要是大家研究工作需要的，又不涉密的信息资料，都要想方设法收集，及时传递给大家。对高校和科研机构的最新研究成果，秘书处也要及时收集整理，印发各级财政部门，以指导财政工作实践。通过这个平台，真正实现财政研究信息资源的共享共用，使学会秘书处成为高校、科研机构与财政业务部门之间的联络站。

二、关于搞好新形势下的理财研究问题

当前我省财政工作面临的新情况、新矛盾很多，需要研究的重点问题也很多。2009 年 6 月份，省委主要负责同志到省财政厅视察时，要求很好地研究一下山东理财问题，特别是对生财、聚财、管财问题，要高度重视、深入研究，下力气研究透。省政府领导也多次强调理财研究的重要性，并提出明确要求。

省委、省政府领导之所以如此重视理财研究，主要是因为理财问题是关系全省改革发展稳定全局的重大问题。经济要发展，社会要进步，没有强有力的财政保障是不行的。当前我省已进入全面落实科学发展观，加快推进工业化、城镇化、市场化、国际化的新阶段，处于科学发展、和谐发展、率先发展的关键时期，经济体制深刻变革、社会结构深刻变动、利益格局深刻调整、思想观念深刻变化，经济社会运行中的深层次矛盾逐步凸显，发展、改革、稳定的任务十分繁重。发展需要加强财政调控，改革需要财政支付成本，稳定需要财政增加投入，这些都迫切要求我们不断提高理财水平，为化解各类矛盾、促进社会和谐、推动经济又好又快发展提供财力支持。特别是 2008 年下半年以来，受国际金融危机的影响，我省经济发展遇到前所未有的困难，需要财政在扩内需、保增长、保民生、保稳定方面发挥更大作用。但受多方面因素的影响，我省目前财政实力还不够强，理财的思路还不够宽。如何拓宽理财思路、做好理财工作，建立有利于科学发展的体制机制，提高财政调控和保障能力，已成为关系全省改革发展全局的大事。省财政学会的所有会员单位和全体同仁，要充分认识新形势下搞好理财问题研究的重要性，并以此为核心，切实抓好重大财政问题的研究。

理财问题政策性强、涉及面广，必须紧密结合财政工作实际，把握研究重点。具体来说，在研究工作中，要把握“一个主题”，突出“三个重点”。“一个主题”，就是要坚持以科学发展观为指导，立足当前、着眼长远，围绕“做大做强山东财政，发挥财政在经济文化强省建设中的重要作用”这一主题，根据国家财政政策和体制机制调整变革的趋向，着眼于解决影响全省财政改革发展的重点、难点、热点问题，通过总结我省财政改革发展的成功经验、研究财政运行的基本规律、借鉴兄弟省市的先进做法，提出具有前瞻性、针对性、可操作性的措施建议。“三个重点”，就是要围绕生财、聚财、用财问题，进行深入、系统的研究，在培植优质高效财源、有效聚集财力、提高财政综合保障能力方面，研究提出具有创新性的思路和建设性的措施。

（一）要深入研究生财问题。生财，就是平时讲的培植财源。晋代葛洪有句话：“卉茂者土必沃，鱼大者水必广”，用花和土、鱼和水的关系，形象概括了“三财之道，生财为本”的道理。也就是说，只有经济发展、财源丰裕了，财政收入才能持续快速增长。近年来，各级高度重视财源建设，以财源建设引导经济发展，形成了东部地区率先发展、中部地区加速崛起、西部地区跨越式前进的局面，全省财源基础日趋雄厚，财政收入能力不断增强。我们也要看到，与先进省市相比，我省财源结构还不够合理，经济发展的财政贡献率不高。同时，我省高新技术产业、外向型经济和民营经济等新兴财源发展差距较大，多元化的财源支撑体系需要进一步强化。培植壮大财源，增强财政保障能力，既是建设经济文化强省的重要目标，也是经济由大变强的基本标志。我们一定要充分认识研究生财问题的重要性，针对当前扩内需、保增长的新形势，深入剖析我省财源建设的成效与不足，研究推进财源建设的新思路、新措施、新机制，提高全省财源建设的质量和效果，夯实财政增收的基础。就目前而言，做好“生财”文章，要注意研究这么几个问题：

一是研究确定财源建设思路，明

确财源建设的着力点。也就是要解决财源在哪里，如何发展才能壮大财源的问题。搞财源建设，必须首先对本地区的财源状况有个清晰的认识，了解优势在哪里？差距在哪里？潜力在哪里？就全省而言，由于服务业所占比重低、发展水平不高，提供的营业税明显少于沿海先进省份，今后发展的空间很大，应将其作为下一步财源建设的着力点，优先支持、重点发展。再比如新能源产业，既能带动传统产业升级，又能形成一批新兴的产业，将成为新一轮增长周期的领头产业和引擎。目前，西方发达国家已把发展新能源产业，作为占领新的国际市场竞争制高点、主导全球价值链的新王牌，美国奥巴马政府甚至将新能源产业作为经济复苏的核心，我国也正在研究新能源发展的规划及政策措施。山东在新能源建设方面有一定基础，如果抓住机遇、完善政策、加大投入，在新能源建设方面取得率先发展优势，就会大大增强经济增长后劲和竞争能力，形成新的财政经济增长点。又如新材料、新医药、新信息及海洋经济、节能环保产业，都是新的经济和财源增长点，发展前景十分广阔。当然，具体到一个市、一个县，培植壮大财源发展什么，应首先分析财源现状，并结合本地优势条件，因地制宜、因时制宜，明确财源建设的着力点。

二是研究创新财源建设的方式，提高运用财政手段促进财源建设的能力。财政作为重要的经济调控杠杆和社会分配手段，在这方面大有文章可做。比如，在创新财税体制机制，激发财源建设的积极性方面，近年来我省坚持“抓两头、带中间”，深入实施“双30工程”，在对财政困难县实行营业税增量返还的基础上，创造性地实行“五奖一补”政策，建立促进县乡科学发展的“五个机制”，将转移支付与地方税收增长挂钩，变输血为造血，用外力启动内力，增强了县域经济发展的能力。在发挥财政资金的吸附作用方面，2006年省里采取财银联手，通过贷款贴息方式，用2.5亿元工业结构调整专项资金，吸引银行贷款250亿元，推进了“双百工程”实施，达到了“四两拨千斤”的效果。在创新市场化融资模式方面，今年一些地方利用政府财政信用，积极支持融资平台建设，大规模发行企业债券、城市债券，也取得很好的效果。目前我省直接融资渠道还不够多、水平还比较低，通过发行企业股票、债券融资，大有潜力可挖。也就是说，培植壮大财源，不能仅靠财政增加投入，关键是如何完善财政体制机制和转移支付制度，激发各方面加快发展、培植财源的活力；如何发挥好财政资金的导向作用，把财政支持与市场化运作紧密结合起来，引导更多的社会资金投入到财源建设的重点领域。在这方面，希望大家拓宽思路、创新手段、大胆实践，争取有新的突破。同时，也要注意防范财政风险，保持财政的可持续发展。

三是研究树立正确的发展理念，提高财源建设的质量和效益。经济结构不合理，质量差、效益低，是制约我省经济发展和财源建设的重要问题之一。反映到财政上，主要是我省税收收入占生产总值的比重较低，经济结构不合理，低税、无税行业所占比重大。现在很多招商引资项目，企业生产非常红火，盈利能力也非常可观，但由于优惠政策过多，基本不贡献或很少贡献税收。因此，今后上项目、增投资，一定要算经济账、税收账。尤其是在当前环境容量有限、能源资源供应趋紧的情况下，必须树立科学的财源建设理念，坚持用财源建设引导、规范经济运行，注重财源建设和招商引资的质量，力争用最小的成本代价，取得最大的财源效益。

另外，对于优化经济发展环境问题，也要加强研究。现在很多企业反映，当前最需要政府做的，并不是给予多少税收优惠政策和资金扶持，他们最看重的还是经济发展环境。研究培植壮大财源问题，必须在这方面狠下功夫，牢固树立环境就是资源、环境就是财源的观念，着力优化经济发展的软、硬环境，清理“三乱”，规范财经秩序，为一切创造财富的源泉充分涌流提供条件。

（二）要深入研究聚财问题。如何把经济发展和财源建设的成果充分体现到财政收入上来，这就涉及“聚财”问题。近年来，各级财税部门在创新征管手段、完善征管机制方面做了大量工作，促进了全省财政收入持续较快增长。但从审计和财政监督情况看，目前偷、逃、骗税问题还比较突出，财政收入跑、冒、滴、漏现象依然存在。要积极借鉴外省先进经验，深入研究完善税源控管体系、做好组织收入工作的新办法、新手段，大力推进依法征税管费，深入挖掘收入增长潜力。在研究重点上：

一是研究创新征管手段，挖掘征管潜力。有专家分析，1994年我国的税收征管效率只有50%，目前已经提高到了70%，但是与西方发达国家相比，还有不小的差距，如美国的征管效率达到了85%。这说明目前加强征管的潜力还是很大的。近年来，一些市县结合实际，在加强税收征管方面，探索出一些好的经验做法。比如，济南市市中区通过委托社区管理组织代征房屋出租装修税收，每年的收入都有1个多亿，较好地解决了房屋出租装修领域的税收流失问题。济宁市针对新上投资项目多、投资额大的情况，今年一季度，通过加强城区84个重点建设项目的税收征管，相应增加地方税收1.31亿元。滨州等地通过实施企业二、三产业分离纳税，有效增加了地方财政收入。这方面的潜力依然很大，关键是要研究、利用好国家的税收政策。对这些好的经验做法，要深入研究，及时总结推广，进一步完善税源控管体系，创新征管方式，提高税收征管的绩效。

二是搞好税收政策研究，挖掘政策增收潜力。税收政策对财政增收的效果更直接、更明显。一方面，对国家即将推出的资源税、消费税改革等，要密切关注、加强研究，结合我省实际提出应对措施和建议，以便在新一轮的税制改革中争取主动。对国家正在研究的物业税、环境保护税等，也要注意研究。另一方面，要对现行税收政策的执行情况进行跟踪分析，深入排查、评估各类税式支出情况，看看哪些税收不该减的减了，不该免的免了，不该返的返了，通过规范税收优惠政策，严肃税政纪律，堵塞收入流失漏洞，挖掘政策性增收潜力。

三是拓宽聚财视野，研究多渠道增加财政收入的办法。研究聚财问题，眼睛不能仅仅盯着税收，对于国有资本经营收益、土地收入、矿业权有偿使用收入、海域使用金、水资源费和城市公共资源有偿使用收入等，也要高度重视。去年省里通过试行国有资本经营预算制度，当年收取国有资本经营收益2.05亿元；实行探矿权、采矿权有偿取得制度改革以来，全省已累计收取价款收入20多亿元；一些地方对风景名胜资源实行有偿使用，也取得较好效果。类似的办法，要大胆研究探索，努力把经济发展成果体现到财政收入上来。

（三）要深入研究用财问题。古人讲：财不患寡，而患不善用。小平同志也曾讲到，“怎样把钱花好是一门学问”。在当前财政收支矛盾突出的情况下，如何加强财政管理和监督，确保资金使用安全、规范、有效，既是财政管理的一项重要任务，也是财政部门应该肩负起的一项重要政治责任。就目前而言，研究财政资金管理使用问题，关键是要在“保、调、压、管”四个方面做文章。“保”，就是牢固树立公共财政理念，围绕满足社会公共需要，集中资金向“三农”倾斜、向民生倾斜、向基层倾斜、向经济社会发展的薄弱环节倾斜。“调”，就是要根据经济文化强省建设的需要，从经济全球化、市场化、信息化、节能环保化的角度，深入研究新形势下财政资金投放的重点和方式，提出优化财政支出结构的措施建议，把有限的财政资金用到“刀刃”上。当前，重点是要整合财政专项资金，集中财力办大事。现在财政专项资金太多，既固化了支出结构，又存在多头管理问题，分散了政府财力。有些专项甚至是计划经济时代设立的，目前已不合时宜。今后应加大整合力度，该取消的取消，该归并的归并，只有这样，才能集中财力办大事。“压”，就是大力压减不应由财政负担的支出，压减政府机关的一般性开支，把有限的财政资金用到经济社会发展的关键领域。“管”，就是本着依法理财、科学理财的原则，通过创新财政支出管理机制，切实解决花钱大手大脚、干事不计成本，财政资金被挤占、挪用和低效使用问题。在这里，我想重点讲一下财政科学化精细化管理问题。

“天下大事，必作于细”。解决财政支出管理方面的问题，提高财政资金使用效益，必须在推进财政科学化精细化管理上狠下功夫。今年7月份召开的全国财政工作座谈会，就推进财政科学化精细化管理问题作了重点部署。会议强调，推进财政科学化精细化管理，事关改革发展稳定大局，事关财政职能作用的有效发挥，事关财政事业的健康发展。越是财政宏观调控的关键时期，越是财政收支矛盾比较突出的时期，越要实施财政科学化精细化管理。其中，科学化管理，就是要从实际出发，实事求是，积极探索和把握财政管理的客观规律，建立健全管理制度和运行机制，运用现代管理方法，提高管理的实效性。精细化管理，就是要树立精益思想和治理理念，运用信息化、专业化和系统化管理技术，建立健全工作规范、责任制度和评价机制，明确职责分工，完善岗责体系，加强协调配合，按照精确、细致、深入的要求实施管理，不断提高财政管理的效能。

对于财政科学化精细化管理问题，我省一直高度重视。2006年以来在全省财政系统组织开展了“财政管理年”、“调查研究年”、“财政服务年”、“整改落实年”活动。各级围绕加强和规范财政管理，不断深化改革、强化措施，管理水平显著提升。同时我们也看到，当前我省财政管理仍存在一些薄弱环节，在财政管理理念、管理制度、管理方法、管理手段、管理人员素质等方面，还存在不少问题与不足。我们要进一步统一思想、提高认识，围绕建设现代财政管理模式这个目标，进一步研究推进财政科学化精细化管理的措施，促进全省财政管理水平再上新台阶。特别是对以下几个方面，要深入研究、加强管理。一是建立完整的政府预算体系。进一步完善公共财政预算、国有资本经营预算、政府性基金预算的编制，在建立社会保险基金预算的基础上逐步建立社会保障预算，形成有机衔接、完整的政府预算体系，以全面反映政府收支总量、结构和管理活动。二是加强预算编制和执行管理。重点对加强部门结余资金管理，推进资产管理与预算编制的有机结合，完善预算编制机制和工作流程，健全财政收支均衡机制等问题进行深入研究，拿出管用的措施，提高预算编制和执行的科学化、精细化水平。同时，进一步研究完善财政监督机制，逐步建立起覆盖所有政府性资金和财政运行全过程的监督机制。三是加强财政管理信息化建设。以建设并推广应用支撑平台为重点，建成各级财政内部、财政与同级相关部门、上下级财政部门互联互通的一体化财政管理信息系统，全面加强各级财政部门对财政资金和资产的规范化管理。

三、关于当前全省财政经济形势及任务

欲谋事，先谋势。密切关注财政经济形势，准确把握财政工作面临的矛盾，是我们做好财政理论研究和实践工作、推进财政改革发展的重要前提。

（一）今年以来全省经济财政运行情况好于预期。今年以来，面对严峻复杂的国内外经济形势，全省各级、各部门按照中央和省委、省政府决策部署，全力扩内需、保增长，取得明显成效。上半年，全省生产总值增长9.9%，比一季度增速提高2.9个百分点，高于全国GDP增幅2.8个百分点，其他主要经济指标也逐月攀升，总体形势企稳向好。在此基础上，财政预算执行情况也好于预期。1～7月份，全省地方财政收入完成1 332.5亿元，完成预算的62.5%，比上年同期增长7.4%；全省财政支出1 500.4亿元，完成预算的51.3%，比上年同期增长15.6%。在经济增速下滑、企业效益下降的情况下，全省财政收支实现持续增长，是很不容易的，集中反映了全省扩内需、保增长、调结构的成果。

在此过程中，各级财政部门认真贯彻积极的财政政策，努力增收节支，切实加强管理，为促进全省经济社会又好又快发展做了大量工作。

一是支持扩内需、保增长取得明显成效。在扩大投资方面，配合有关部门，认真筛选、论证、上报项目，积极争取中央扩大内需项目和资金。截至7月底，中央已下达我省扩大内需项目资金68亿元，目前已全部拨付到位。同时，分两期成功发行了70亿元地方政府债券，并通过支持融资平台建设，多渠道筹措地方配套资金，较好地保证了扩大内需项目的资金需要。具体工作中，我们始终注意把扩大投资与调整结构结合起来，集中资金，加大对先进制造业、高新技术产业、现代服务业、自主创新、节能减排、新能源等方面的投入。今年1～7月份，仅省财政用于新能源和节能减排方面的支出，就增长2.32倍。在刺激消费方面，积极落实国家收入分配政策和惠民补贴政策，努力支持扩大就业，提高城乡居民的消费能力。在此基础上，以推进家电与汽车摩托车下乡为重点，积极开拓城乡消费市场。截至8月10日，全省累计销售下乡家电290.7万件、汽车摩托车14.3万辆，销售金额75.3亿元，兑付财政补贴资金6.8亿元，销售数量与销售金额均居全国前列，在刺激消费、稳定就业方面，较好地发挥了“倍速效应”。在优化经济发展环境方面，去年12月份以来，在中央公布取消100项行政事业性收费项目的基础上，省级又取消和停（减）征了104项行政事业性收费，各市也清理、停征收费项目112个、降低收费标准项目165个，加上实施结构性减税政策，全省每年可减轻企业和社会负担370亿元。

二是保障和改善民生取得新成果。预算执行中，各级紧紧围绕省委、省政府确定的“五件实事”，不断加大民生投入力度，较好地保障了各项民生政策落实。在促进就业方面，以解决高校毕业生就业难为重点，全面落实积极的就业政策，支持实施了“一村（社区）一名大学生”、“三支一扶”等工程。在促进农民增收方面，不断加大粮食、良种、农机和农资综合补贴力度，今年全省四项补贴资金达到109.2亿元。在支持教育事业发展方面，将农村中、小学的生均公用经费定额标准，分别提高到600元和400元。同时，扩大农村中小学“211工程”试点范围，全面实施农村义务教育债务化解工作，继续增加高校经费拨款定额，鼓励高校化解债务风险，进一步改善了各类学校的办学条件。在医疗卫生方面，组织实施了“村卫生室服务能力提升工程”，进一步完善了新农合、城镇居民基本医疗保险制度，提高了政府补助标准。在完善社会保障体系方面，提高农村低保标准和农村部分计划生育家庭奖励扶助标准，大力推进保障性住房建设，人民群众得到更多实惠。

三是推进改革取得新突破。坚持把支持改革、创新体制机制，作为增强经济活力、放大财政政策效果的重要措施。一方面，积极支持工商经费保障体制改革、医药卫生体制改革、增值税转型和燃油税费制度改革，消除经济发展的制度、政策瓶颈。另一方面，把增加转移支付与促进县乡科学发展结合起来，积极创新县乡帮扶机制，建立了财政收入质量改善奖励、财政支出结构优化奖励、县级财力差异均衡奖励、县乡义务教育债务化解奖励、县级基本财力保障“五个机制”，调动了县乡发展经济、增收节支、改善民生的积极性。此外，还通过建立生态补偿机制，实行多耗能加价、多用水加价、节能减排奖励等措施，调动了各方面科学发展的积极性。

上述工作和措施，既增加政府支出，又实行结构性减税；既着眼于扩大投资，又着眼于扩大消费和出口；既促进总量增长，又推动结构调整，对经济企稳回升发挥了重要作用。

（二）当前财政运行面临的矛盾和问题仍相当突出。尽管当前我省经济运行中的积极因素不断增多，但面临的矛盾和困难依然相当突出。

——从国际经济运行看，不稳定不确定因素依然较多。尽管4月份以来，世界主要经济体的一些经济先行指标出现了不同程度的反弹，全球制造业衰退趋势有所减弱，美国、欧盟等金融市场出现企稳迹象，但美、日、欧失业率依然处于高位并不断攀升，房地产市场仍处于调整之中，国际金融领域仍存在较大的潜在风险，主要经济体实施扩张性宏观政策的余地缩小，下一步经济走势仍不明朗，一些好转的迹象可能出现反复，世界经济总体上仍处于衰退之中，实现复苏将会是一个缓慢而曲折的过程，这必将进一步影响国内经济发展。

——从国内省内经济运行看，经济增长的基础尚不稳固。受外需持续低迷的影响，1～7月份，全省实现进出口总额735.1亿美元，同比下降18.2%，其中出口419.4亿美元，下降18.7%。投资、消费增长，在很大程度上得益于政策推动，企业和民间投资积极性不高，居民收入增长不快对即期消费影响较大，经济内生增长动力尚需加强。国内一些长期积累的矛盾还比较突出，大部分行业的生产能力仍处在全球产业链的低端，经济发展很大程度上依赖物质资源的大量投入，可持续发展的能力不强，推进产业结构转型升级和节能减排的任务艰巨。

——从企业运行情况看，存在增产不增收的现象。虽然当前主要经济指标在逐月提高，但经济增长与企业效益回升并不同步。尤其是产品价格、企业效益等与税收关联度高的指标仍然低迷，不少企业有产值、无利润，有销量、无税收，增产不增收的矛盾比较突出。1～6月份，全省规模以上工业增加值同比增长12%，而居民消费价格指数（CPI）同比下降0.7%，工业品出厂价格指数（PPI）同比下降6.5%，工业企业利润同比下降5.7%。尤其是钢铁、有色金属、煤炭、化工等行业，受价格因素的影响，利润减少较多，直接制约了有关税收增长。今后几个月，如果产品价格、企业效益、物价指数等指标不能明显回升，税收增幅很难有大的提升。

——从拉动财政增收的因素看，结构性矛盾比较突出。今年全省地方财政收入的增长，主要是靠地方小税和非税收入的拉动，以及税收清欠、免抵调库等一次性增收因素。1～7月份，全省非税收入增长14.5%，高于税收收入增幅8.9个百分点。在税收收入中，耕地占用税和契税收入增长41.3%，增收39.5亿元，占全部税收增收额的72.3%，而增值税、营业税、企业所得税、个人所得税4个主体税种，完成收入644.4亿元，下降2.5%。后几个月，随着结构性减税清费政策的全面实施，财政增收的难度可能会进一步加大。

——从财政支出需求看，保障压力越来越大。年初编制预算时，受财力所限，各级预算都打得很紧。特别是省级财政预算，由于财力不足，一些重点项目也未能列入预算。预算执行中，省级财政收入不增反降，致使资金调度更加困难。特别是在预算执行过程中，国家又出台了一系列新的刚性增支政策，如启动医药卫生体制改革、实施新型农村社会养老保险试点、开展农村新居建设和危房改造等，进一步加大了财政保障压力，实现财政收支平衡的难度很大，全年形势不容乐观。

（三）今后几个月需要重点研究、抓好的几项工作。尽管当前财政运行面临一些困难，但也拥有不少有利条件和积极因素。特别是中央基于当前财政经济形势，明确提出今年下半年将继续实施积极的财政政策和适度宽松的货币政策，保持宏观调控政策的连续性，这将有利于巩固经济企稳回升势头，促进经济长期平稳较快发展。我们一定要准确把握形势，既充分考虑困难、沉着应对，又增强信心，努力做好今后几个月的财政工作。特别是对以下几项重点工作，要深入研究，切实抓紧抓好。

一是深入贯彻积极财政政策，促进经济平稳较快发展。重点是管好用好地方政府债券资金，并在防范财政风险的基础上，支持地方融资平台建设，多渠道筹集、落实配套资金，保障扩大内需项目早实施、早见效。目前，第一批扩大内需项目地方配套资金，我省已全部落实到位，对第二、第三批项目配套资金，各级要按照中央和省委、省政府要求，确保在9月底以前100%落实到位。同时，要扎实开展家电与汽车摩托车下乡及家电汽车“以旧换新”工作，大力促进居民消费。落实国家出口退税政策，促进企业扩大出口。严格执行减税清费政策，不断优化经济发展环境。

二是狠抓财政增收节支，确保完成全年预算任务。各级财政部门要加强预算执行调度分析，围绕实现全省地方财政收入增长8%、省级收入增长3%的目标任务，协调税务部门完善税源控管体系，挖掘税收增长潜力。完善国有资源有偿使用制度，抓好土地、矿产等资源型非税收入征管，拓宽收入来源渠道。处理好实施结构性减税与依法征管的关系，既防止有税不收，擅自减免税或“先征后返”，又防止为保增幅而“寅吃卯粮”、收“过头税”，尤其要防止在地方小税和非税收入上做文章，人为拉动财政收入增长。同时，要牢固树立过紧日子思想，严控一般性开支，结合开展“小金库”治理工作，加强对各项经费支出的监管，确保把中央和省委、省政府厉行节约的要求落实到位。对增收节支问题，最近省政府已专门下发了通知，希望各地认真抓好贯彻落实。

三是千方百计筹措资金，落实好各项民生政策。工作中，各级要不断强化民生意识，围绕省政府年初确定的“五件实事”，积极筹措资金，加快完善覆盖城乡的教育、卫生、社保、就业、住房保障等政策体系，让人民群众得到更多实惠。尤其是医药卫生体制改革和新型农村社会养老保险试点，是今年经济社会领域的大事，群众关心、社会关注，各级财政部门必须高度重视、深入研究，积极搞好测算，科学制定资金保障方案，为各级党委、政府当好参谋。

四是稳妥推进“省直管县”改革试点，进一步创新财政体制机制。实行“省直管县”，有利于增强县域经济发展活力，促进县域经济加快发展；有利于减少管理层次，节约行政成本，提高财政资金使用效率；有利于进一步规范财政分配关系，加快推进城乡、区域协调发展。根据中央要求，省委、省政府研究确定，今年我省先选择20个县（市）开展“省直管县”改革试点。目前，20个试点县的名单各地已确认上报，管理的框架财政部也有规定，现在省里正在制定具体实施方案。实行省直管县必须注意调动各方面的积极性，正确处理好省、市、县之间的财政关系，明确各自的责任和义务。目前纳入“省直管县”试点范围的县（市）大都比较困难，各市财政部门要牢固树立一盘棋思想，进一步加强对县乡财政工作的指导，做到财力支持不少、工作力度不减，省、市共同把县乡财政建设好。

（作者为山东省财政厅厅长）

扩内需　保民生　保稳定
切实做好当前财政社会保障工作

阮凤英

2009年是新中国成立60周年，是“十一五”规划纲要顺利实施的关键一年，同时也是我国经济发展和财政收支面临严峻挑战的一年。我们必须从全局着眼，充分认识做好今年财政社会保障工作的重大意义，这不仅是社会保障事业自身发展的需要，也是当前扩大内需、促进经济发展的需要。各级一定要从大局出发，认清形势，对各项工作要抓得紧、抓得准、抓得快、抓得实，以更加积极主动的姿态和昂扬向上的精神风貌，迎接挑战，知难而上，将我省财政社会保障工作不断推向深入。根据全国财政社会保障工作会议和全省财政工作会议精神，2009年我省财政社会保障工作总的指导思想是：以科学发展观为指导，全面贯彻党的十七大、十七届三中全会精神，把“扩内需、保民生、促稳定”作为着力点，实施更加积极的就业促进政策，加强社会保障体系建设，加快医疗卫生体制改革，注重发挥机制作用，深化精细管理，不断开创社会保障事业新局面。在具体工作上，要把着力点放在抓落实上，脚踏实地地解决问题，雷厉风行地推进工作，切实把财政社会保障的各项政策措施落到实处。

一、突出更加积极的就业政策落实，全方位促进就业工作

各地要将促就业作为当前和今年财政社会保障工作的重中之重，充分运用财政手段，有效调动企业、劳动者和社会各方面力量，协调联动，共同促进就业工作扎实开展，确保就业局势总体稳定。

（一）把各项就业政策落实作为促进就业的有效抓手，突出抓好。各市财政部门要进一步提高认识，在理解好、把握好现有就业政策的基础上，把抓好政策落实作为就业工作的首要任务，积极配合有关部门，结合本地实际，全力做好资金保障工作，增强政策执行力，确保就业政策全面落实到位。一是要千方百计扩大就业。充分发挥积极财政政策对就业的推动作用，通过发展经济、扶持企业生产、政府购买公益性岗位等措施增加就业岗位。二是要千方百计稳定困难企业就业局势。各地要按照中央和省里要求，妥善运用好阶段性缓缴社会保险费、降低四项社会保险费率、扩大失业保险支出范围等措施，在确保社会保险基金支付能力的前提下，切实减轻企业负担，稳定生产，防止出现大规模集中裁员。三是要千方百计推动以创业带动就业。积极落实税费减免、财政补贴等扶持政策，支持构建政策扶持、创业服务、创业培训“三位一体”的创业扶持机制，鼓励、扶持更多的劳动者创业，充分放大创业的乘数效应，带动更多的人实现就业。四是要千方百计解决好重点群体的就业问题。把大学生、返乡农民工、城镇就业困难人员作为就业促进工作的重点群体，采取扶持打造就业品牌、开设就业招聘专场等有效措施，确保各项扶持政策及时落实。

（二）把提升能力作为促进就业的长效举措，全面提升，加快推进。一是实施“1225培训工程”。目前，

“1225培训工程”五年规划和今年的培训计划已经下发，省里还将出台一系列配套办法，各市要根据省里的规划要求，尽快将规划任务和年度培训计划进行分解落实，制定具体的、操作性较强的实施方案，并有步骤地组织实施。在培训规划“本地化”过程中，要紧密结合本地经济发展战略、产业结构调整等，积极探索推行“菜单”式培训，有针对性地确定培训项目，并与劳务输出有效对接，打造“培训—输出—就业”一条龙服务流程，保障培训效果。二是切实加大对就业困难群体的培训力度。要重点做好大龄失业人员、双零家庭成员、低保对象等就业困难人员的技能培训工作，提供适宜的培训服务，确保其掌握基本就业技能，帮助其实现就业。继续实施好“技能扶贫与就业”培训工程，进一步完善项目制管理办法，加大培训力度，提升城乡贫困家庭子女的就业能力。三是大力推进高技能人才培训。全面落实省委省政府实施人才强省战略，大力支持高技能人才培养，为提升企业素质、增强企业竞争力提供人力支持。省里将启动实施技工院校百强专业建设工程，全面提升我省技工教育水平和质量，为技能人才培养打造高效平台。继续实施金蓝领培训项目，进一步完善培训办法，扩大高级技师培训比例，通过高端带动引导企业重视高技能人才的培养，为实现稳定就业进一步发挥示范带动作用。

*（三）把就业基础平台建设作为促进就业的重要载体，加快提升和完善。*当前，我省就业信息网络建设还存在信息系统研发推广应用滞后，社区、乡镇基层就业服务平台薄弱等问题。各级要进一步提高认识，结合本地实际，认真调查研究，找准症结，制定服务延伸规划，积极筹措资金，加大支持力度，加快建成规范完善、务实高效的基础服务平台。一是要大力推进就业信息系统建设。省里将统一实施就业信息化应用系统规划，早日实现就业信息化建设的上下延伸、全省贯通，解决好“路宽车少、载荷不足”的问题。为此，各市要积极做好系统推广应用工作，将就业扶持政策全部纳入网上实名制管理，形成省市县乡四级动态管理、服务就业的信息管理体系。二是要切实加强基层就业服务平台建设。要在现有的基层保障服务平台基础上，进一步规划完善社区、乡镇基层就业服务平台建设，通过延伸提升服务能力、就地创造就业岗位，推行购买公共就业服务和实施能力提升扶持等一系列措施，大力支持拓展服务功能，提升服务能力和水平。三是要建立“网格化”基层就业服务体系。要在加快社区、乡镇就业服务平台和就业信息网络建设的基础上，积极探索基层就业服务体系“网格化”管理的新路子，要把“网格化”作为实现稳定就业的重要基础，切实抓好建设，要按照全面覆盖、实时监控的管理要求，划分管理网格和责任区域，加强基础信息采集，积极支持构建“横向到边、纵向到底、管理到位、责任到人”的基层就业服务网格化管理体系，形成全方位覆盖、全过程监控、精细化管理的就业服务格局。

二、突出医疗保障制度落实，不断增强制度保障能力

全面启动实施城镇居民基本医疗保险。一是完善政策体系，增强制度吸引力。从调度情况看，目前试点普遍存在“两低一高”问题，即参保率低、受益率低、基金结余率高。2008年，试点城市平均参保率为60%，住院受益率仅为3%，而基金平均结余率高达67%。各级必须解放思想，创新思路，积极配合有关部门研究有效政策措施，强化制度激励，加快建立增加政策吸引力的长效机制。要研究采取降低起付线、提高封顶线和补偿比例，实施门诊医疗费用统筹、小额医药费报销、缴费与待遇挂钩等，科学设计费用支出项目、范围和比例，稳步扩大待遇支付水平，逐步提高制度受益面，吸引更多的居民参保。二是加大措施，确保财政补助资金及时到位。要结合现行财政补助政策，统筹安排资金，确保将提标政策落实到位。并根据省级补助资金审核拨付办法，严格核查参保缴费情况，及时将配套资金落实到位。三是加强宣传引导，及时总结推广试点经验。要积极配合劳动保障部门进一步加大对制度、政策的宣传力度，鼓励探索实施家庭账户或门诊补贴、门诊统筹等办法，提高参保率和受益率。要善于挖掘筹资力度大、保障水平高、基金监管严、社会效果好的典型，并及时总结推广。年内，省里将召开现场会，推广试点经验。

切实提高新型农村合作医疗制度效能。经过6年试点，我省新农合管理水平不断提高，但诸如补偿方案不合理，基金管理不规范，医疗机构侵蚀新农合基金，补助资金不按时到位等问题仍较突出。各级要把确保财政补助资金尽快落实作为自己的重要职责，时刻紧抓不放，决不能出现因资金不到位或到位慢而影响补偿政策落实问题，决不能因此成为制度推行的障碍。为此，3月底前市县要将应负担的财政补助资金及时拨付财政专户，确保政府补助资金达到人均80元，为制度运行创造良好条件。要进一步规范基金管理。要切实加强基金报销环节的监督检查，做到“三个规范、三个监督”。“三个规范”，即规范定点医疗机构信息管理，建立动态监督机制；规范医疗机构的行为，建立有效的费用控制机制；规范经办机构和人员的职责，杜绝弄虚作假现象。“三个监督”，即强化内部监督，完善内部管理制度，谁审批、谁负

责；强化违规监督，对违规违纪行为严肃处理；强化社会监督，对基金使用情况和农民补偿情况定期公示，接受群众监督。要进一步完善补偿机制。各级财政部门要深入基层，认真开展调查研究，掌握实际情况，分析研判基金支出趋势，主动给政府当好参谋。积极参与重大政策的研究制定工作，按照收支平衡、略有结余的原则，结合本地基金筹集使用和结余变化情况，适时调整补偿方案，重点是降低补偿起付线，提高封顶线和补偿比例，继续将当期基金结余率控制在合理范围内。

三、突出公共卫生项目落实，加快提升公共卫生服务能力

（一）加快实施村卫生室服务能力提升工程。首先，省里将委托专业机构组织专家，按照规定和标准，对各市上报的规划，逐个进行统一、严格的评审。经省里审核通过的规划，作为各县（市、区）组织实施的依据，更作为省级对下补助资金的重要依据。对经评审不符合要求的，由各市根据评审意见组织有关县（市、区）限期调整或重新规划，确保这项百年大计的民心工程科学规划，合理布局，标准规范。其次，要认真组织实施，严格管理。各级要建立项目调度、督导检查制度，加强项目实施全程监督考核。项目结束后，要按规定时间、程序及时上报项目总结报告，省里将委托专业机构进行评审验收，对验收达标的村卫生室拨付奖补资金。各市要安排好今年的项目配套资金财政预算，并按照项目实施进度，及时拨付，保障工程建设需要。

（二）继续完善城市社区公共卫生服务政府购买机制。截至目前，尚有个别市未建立起购买服务制度，相关配套办法尚未出台。这项支出机制建设，虽然在前期试点中积累了一些经验，但是各地在购买服务程度和深度上进展很不平衡。今年，除个别市应加快建制外，其他市要加大投入，拓展赎买项目，完善绩效考评，将政府购买城市社区公共卫生服务工作全面推向深入。一是要引导社会资源，采取公开招标方式，健全服务机构能进能退机制。通过实行公示制度，对公共卫生服务机构、服务项目、考核指标、补助标准等，定期向社会公开，便于社会监督。二是要认真测算服务成本，合理确定补助标准。省里正在抓紧制定城市社区公共卫生服务项目成本测算规程。各市要本着实事求是的态度，按照逐步到位的思路，认真组织测算，在最大限度降低服务成本的基础上，合理确定补助标准。三是要加强购买服务绩效管理。尽快健全管理制度、绩效考评办法和评价指标体系，对实行购买服务方式且运行机制完善、效果明显、群众满意的机构，经考评后，依照服务人口和补助标准等情况补助，保障制度考核效果，推动政府购买城市社区公共卫生工作健康持续发展。关于公共卫生均等化问题，省政府明确提出“用两年时间实现人均公共卫生服务经费标准达到15元”的要求，各市要提早介入，早做打算，不仅要落实资金投入政策，更要研究投入管理机制。

（三）进一步健全重大传染病预防与控制体系。各级财政部门要继续落实扩大国家免疫规划投入责任，完善经费保障机制。市县财政原用于计划免疫的经费不得减少，切实保障冷链系统建设和运转、预防接种等工作所需经费。同时，要不断完善公共卫生经费保障机制，加强对艾滋病、结核病、麻风病、手足口病、人禽流感等重大传染病防治的支持力度。

（四）不断提高全省食品药品监管保障能力。自食品药品监管系统上划省级管理以来，省财政在正常经费、执法装备、办公条件等方面，给予了大力支持，使我省食品药品监管能力有了较大提升。目前，国家已出台调整省以下食品药品监管体制的方案，决定将省以下食品药品监管机构改由地方政府分级管理。对此，我们要有高度的思想认识，无论管理体制怎么变，食品药品监管工作的重要性不会变，各级财政对食品药品监管的支持力度不能变。今后，省财政将继续加大支持力度，确保食品药品监管能力不断提高。

四、突出社会保险改革措施落实，进一步提高基金支撑能力

（一）完善基金征缴激励机制，增强基金自我平衡能力。养老保险基金征缴奖励办法实施6年来，发挥了很好的激励作用，但现行的奖励办法仍存在一些问题。今年省里将对现行的养老保险基金征缴奖励办法进行修订，进一步挖掘奖励资金的激励潜力，最大限度保障基金应收尽收，切实增强基金支撑能力。各市要参照省里的新办法建立本地区的征缴奖励办法，并积极做好新旧办法转换衔接工作，形成上下联动机制，全面调动征缴积极性。需要特别强调的是，在执行缓缴社会保险费、阶段性降低四项社会保险费率等政策过程中，各地要在充分测算基金支付能力和收支情况的基础上审慎决策，以不影响当期发放、不增加基金缺口为前提，明确这些政策的执行范围和认定程序，严格审核审批规程，紧把关口，在执行政策的同时，保障基金应收尽收、稳定增长。

（二）完善失业保险制度，发挥失业保险保障效力。一是发挥失业保险基金促就业的功能。从我省情况看，目前失业保险支出范围较窄，促就业功能尚未充分发挥，多数地区失业基金有一定结余。但不可因有点结余而盲目乐观，要充分考虑到当前金融危机的深度影响有可能进一步引发企业生产经营困难甚至倒闭的情况。同时，也要看到，实施更加积极的就

业政策后，享受扶持的范围更广，补贴力度更大，各级财政将面临更大压力。为缓解这一矛盾，当前国家和省里已经出台了使用失业保险金支付岗位补贴、社会保险补贴的政策。各市要在进一步总结扩大失业保险使用范围试点的基础上，积极研究有效措施，进一步完善政策，深入挖掘和落实失业保险“促就业和预防失业”的功能。在政策落实和资金使用上，要与就业资金统盘考虑，提高综合保障效能。二是落实好失业保险缴费减、缓政策。为了减轻企业负担、稳定就业局势，国家和省里出台了失业保险缓缴和降低费率的政策。各市要结合本地实际，在认真分析测算、评估确定失业保险基金支撑能力的基础上审慎地抓好失业保险费减缓政策的落实。三是继续发挥好失业保险保生活的作用。当前和今后一段时期，失业人员可能急剧增加，要充分发挥失业保险在保生活、保就医方面的主渠道作用，切实保障失业人员有关待遇 落实。

（三）积极稳妥探索新型农村养老保险制度。党的十七届三中全会提出，要按照个人缴费、集体补助、政府补贴相结合的要求建立农村社会养老保险制度。我省有些地方也进行了初步试点，但从几个市的调研情况看，各地的模式差异很大，而且一时难以统一。在目前情况下，各地要在试点的基础上，进一步加强精算，做到底数清、情况明，心中有数，始终掌握主动。从一开始就要充分考虑财政负担能力和制度的可持续性，力求探索出一条制度科学、管理规范、群众受益的好路子，并要为与国家统一制度接轨留下足够空间，规避制度转换成本。

五、突出社会救助工作落实，确保困难群众基本生活

（一）继续完善城乡最低生活保障制度。一是要全面实现应保尽保。今年省政府决定将农村低保标准提高到1 000元，这是省政府确定的五件实事的重要内容。各地财政要及早介入，积极参与低保对象审核审批工作，严格规程，规范施保。同时，要根据本地实际，认真做好资金测算，足额安排低保资金，全面推行低保资金“一本通”发放，巩固应保尽保成果；城市低保要继续提升管理水平，进一步增强保障能力。需要说明的是，2008年底，媒体报道2009年中央财政将对城乡低保分别按月人均15元、10元给地方财政增加补助。在全国财政社会保障工作会议上，财政部予以澄清明确，中央对各省的资金补助根据低保人数、财政困难系数、地方努力程度等因素确定。对此，各市不要理解为按媒体宣传的标准再次提高城乡低保标准。2008年底，我省城乡低保对象分别占城乡居民的1.77%、3.17%，虽然低于全国平均水平（5.6%、4.9%），但作为东部省份，同北京（1.6%、2.7%）、上海（2.9%、6.2%）、浙江（0.7%、1.7%）、江苏（1.4%、3.1%）、广东（1%、4.1%）等地相比，我省并不算低。因此，各地在确定保障标准，推进城乡低保制度建设时，既要尽力而为，又要量力而行。2009年，省里将开展城乡困难居民普查工作，各地要积极配合，以摸清底数，为今后制定政策提供可靠依据。二是进一步健全低保制度动态管理机制。要综合考虑当地居民实际生活水平、物价情况等，加快建立低保对象生活水平与物价指数联动机制，做到适时调整保障标准和补差水平，有效应对物价上涨对困难群众生活的影响。要全面推行分类施保，对重病、重残、“三无”对象等实施重点救助，更好地保障特困低保对象的基本生活。三是要强化管理。加强低保对象家庭收入审核认定，规范操作程序，严格公示制度，切实解决人情保、关系保和平均发放低保金等问题，推行阳光救助，力争不漏一人，不错一人，并强化资金监管，提高制度保障效能和资金使用效益。

（二）加快提升农村五保供养水平。我省农村五保供养政策虽然得到了较好落实，但在有些地方还存在供养标准偏低、运转经费不到位、部分敬老院房屋闲置等突出问题。2009年，各地要进一步完善省市县乡共同负担的农村五保供养机制，确保各级投入责任的全面落实。积极巩固乡镇敬老院改造成果，加大投入，确保乡镇敬老院正常运转，探索建立提升五保供养保障能力和加强乡镇敬老院管理的长效机制。对于五保供养资金，省级负担资金早已纳入农村税费改革转移支付，同时，也作为一般转移支付的重要测算因素。因此，各市县要将上级安排的转移支付资金和本级应负担的五保供养资金足额列入预算，决不允许因资金不到位而出现退出集中供养等问题的发生。

（三）进一步规范城乡医疗救助制度。目前，我省医疗救助工作还普遍存在救助面窄、救助程序不规范、城乡差别大等问题。今年，省里将在城镇职工、城镇居民基本医疗保险和新型农村合作医疗三个制度基础上，加快建立由困难群众提出申请，民政部门实地核查并提出初步救助建议，民政、财政两部门共同批复的科学、规范的管理运行机制，完善救助和资金发放程序，确保救助政策公平、公正地得以落实。各级财政部门一定要主动参与把关，严格审核，实施公平救助、规范救助，杜绝随意救助 现象。

（四）全面落实各项优抚政策和自然灾害生活救助政策。新中国成立60周年之际，中央决定继续提高优抚对象和建国前老党员抚恤和生活补助标准。我省是革命老区，优抚对象人数较多，各地一定要从大局出发，既要算经济账，更要算政治账，按照中央和省里的部署要求，将各级应负担

的资金及时足额安排到位，确保优抚政策的落实。同时，要落实好自然灾害生活救助政策，保障受灾群众基本生活，维护灾区社会稳定。

六、突出财政社会保障资金监管落实，切实提高投入绩效

（一）切实加强制度建设，扎实推进绩效考评。2009年，省财政将重点对就业、新农合、农村低保等专项资金开展绩效考评，并将考评结果作为分配省级补助资金的重要依据。各市要把所有的项目全部纳入绩效考评轨道，能单独制定绩效考评办法的要单独制定；不能单独制定的，要在资金管理办法中对绩效考评作出明确规定。各市要按照《山东省社会保障重点项目绩效考评管理暂行办法》，切实抓好落实，将绩效考评作为预算管理重点，多措并举，完善“事前论证、事中监控、事后考评”的全程绩效管理机制，不断提高“投入产出”效益；所有重点工程、重要制度和新增重大项目，都要按照规定实施绩效考评，制定考评办法，明确绩效目标，落实保障措施，实现投资绩效。

（二）深入开展精细化管理，创新社保管理机制。一是以精细化管理为目标，开展社会保障财务精细化管理年活动。通过活动开展，完善财务管理制度办法，细化和强化资金监管，堵塞管理漏洞，提高政策执行效果和资金使用效益，推动社会保障事业健康持续发展。二是全面实施项目制“一条龙”管理。进一步完善“搞调研、定项目、做规划、出办法、投资金、评绩效”的“一条龙”分配管理机制。按照公共财政原则，集中财力支持社保领域的重点项目。继续落实“一个项目、一套办法”的要求，着力完善资金管理办法，全面实现靠制度管人、管钱、管事。三是进一步完善阳光透明的分配机制。对社会保障制度性和政策性资金，按照工作努力程度、事业发展需求、人均可用财力等因素所占权重，实行规范化分配。四是全面推行社保基金预算。进一步修订社会保险基金预算编制程序、方法和科目体系，完善《山东省社会保障预算管理信息系统》，提升预算编制、预算执行水平和质量。

（三）完善社会保险基金监管制度，提高基金管理精细化水平。虽然近年来我们在社会保险基金监督管理方面做了大量工作，也取得了较好成效，但仍然存在欠费严重、挤占挪用、基金保障增值不够等诸多问题。各级财政一定要提高认识，克服麻痹思想，把加强基金监管作为重要责任，严格按照社会保险基金监督管理规定，切实履行好监管职责。要加强对社会保险基金财务制度、会计制度执行情况的监督，建立社会保险基金管理定期检查报告制度。运用现代化手段促进基金收支管理方式改革，切实加强基础管理工作，为规范基金监管创造条件。

七、突出干部队伍建设措施落实，着力提升符合科学发展观的能力和素质

当前经济形势决定了2009年及今后一段时期的财政社会保障工作任务将更加艰巨，我们必须更加注重干部队伍建设，增强科学发展能力，促进财政社会保障事业又好又快发展。

（一）继续加强反腐倡廉建设。近年来，财政社会保障部门管理的资金越来越多，资金监管任务越来越重。这更加要求我们必须把反腐倡廉教育贯穿于财政社会保障工作和权力运行的全过程，坚决贯彻落实党风廉政建设的各项规定，积极建立“不想腐败”的自律机制、“不能腐败”的防范机制、“不敢腐败”的惩戒机制，使我们的每位同志牢固树立正确的权力观、地位观和利益观，能够稳得住心，管得住手，抵得住诱惑，经得住考验，提高拒腐防变的自觉性和坚定性，为人民群众当好家、理好财。

（二）继续加强工作作风建设。进一步树立群众观点和公仆意识，深入基层，深入群众，做到问政于民、问需于民、问计于民，始终把实现好、维护好、发展好最广大人民的根本利益作为财政社会保障工作的出发点和落脚点，着力解决人民群众最关心、最直接、最现实的问题。大力弘扬求真务实精神和艰苦奋斗精神，坚决反对形式主义、官僚主义和弄虚作假行为。以保民生、扩内需为基点，加强与有关部门的协调配合，主动研究问题和分析问题，充分发挥财政社会保障工作对民生的保障作用。

（三）继续加强行政能力建设。一是进一步增强把握大局、服务大局的能力，从经济社会变革的大趋势中考虑社会保障问题，从大财政的角度通盘考虑解决社会保障问题的思路和对策，把握工作的主动性；二是进一步增强求真务实、开拓创新的能力，围绕当前重点、难点工作，深入实践、调查研究，加强分析，注意发现新问题，反映新情况，找出新办法，探索新途径，更具前瞻性和战略性地开展财政社会保障研究工作；三是进一步增强依法理财、规范行政的能力；四是进一步加强妥善协调利益关系、应对突发事件和复杂局面的能力。

（作者为山东省财政厅巡视员）

建立生态补偿机制
大力促进污染物减排和生态环境保护

于国安

生态补偿机制是以保护生态环境、促进人与自然和谐发展为目的，根据生态系统服务价值、生态保护成本、发展机会成本，运用政府和市场手段，调节生态保护主体利益关系的公共制度。2007年，省财政在南水北调沿线、淮河流域和小清河流域启动了生态补偿试点。2008年，又加大资金筹集力度，在全省所有重点流域全面推行生态补偿机制。同时，建立了环境保护“以奖代补”制度，并在大汶河流域开展上下游协议补偿试点，在建立生态补偿机制方面做出了有益探索和努力。

一、山东省生态补偿机制的基本框架

按照省政府《关于在南水北调黄河以南段及省辖淮河流域和小清河流域开展生态补偿试点的意见》（鲁政办发〔2007〕46号）要求，省财政会同环保、建设部门积极探索，扎实工作，初步形成了具有山东特色的生态补偿机制框架。可基本概括为：“一个目标、两项补偿原则、三条筹资渠道、四种补偿模式、五大监管体系”。

（一）一个目标。即推动完成“十一五”污染物减排目标，到“十一五”末流域水质基本达到或优于规划水质要求。我省水资源严重匮乏，生态系统比较脆弱，随着经济社会的快速发展，资源环境的压力日益加大，生态环境问题已经成为影响经济社会发展的重要因素。2006年，省辖淮河流域有28.6%的断面未达到国家“十一五”规划目标，南水北调沿线95.8%的断面达不到调水水质要求，小清河流域水质达标率仅为4%，距离“十一五”规划目标还有较大差距，水污染防治工作任务十分艰巨。建立生态补偿机制，对生态保护的实施主体及受损主体支付一定的经济补偿，是促使经济行为主体提供良好生态公共物品的有效手段。这一制度设计的目的就是要改变环保思路和资金使用方式，建立起政府引导、多方参与、市场运作的环境治理模式，逐步形成一套多排污多拿钱、少排污少拿钱、达到水质要求获得补偿的良好机制，调动各方面加强生态环境保护的积极性，推动完成“十一五”污染物减排目标，到“十一五”末流域水质基本达到或优于规划水质要求。

（二）两项补偿原则。即“谁污染谁付费、谁破坏谁赔偿、谁保护谁受益”的责任原则和分类指导、因地制宜的实施原则。建立生态补偿机制是一项复杂的系统工程，涉及的利益关系错综复杂，补偿责任的划分，补偿模式的选择等，一直是各界深入研究和探讨的问题。近年来，我省始终坚持“谁污染谁付费、谁破坏谁赔偿、谁保护谁受益”的责任原则，将环境因素纳入经济主体的成本，对为环境保护做出贡献的个人、企业、地区给予补偿，对造成环境污染、生态破坏的予以追偿。同时，按照分类指导、因地制宜的实施原则，结合实际，合理确定补偿方式，建立了项目补助、直接补偿、协议补偿和“以奖代补”四种互为补充的生态补偿模式。

（三）三条筹资渠道。即通过加大预算内环保财政投入，整合排污费、城市污水处理专项资金等各类财政资金和引导企业、社会资金投入等三个渠道筹集生态补偿资金。补偿资金是做好生态补偿的物质保障，是建立生态补偿机制的关键。总的要求是，省级补偿资金发挥引导作用，引导市县财政和企业、社会资金共同建立补偿资金。其中，各市原则上每年按照COD和氨氮两种污染物处理成本的20%安排补偿资金，省级资金不低于各市资金额度。为确保补偿资金及时落实到位，各级财政积极采取措施，从三个方面加大了资金筹措力度。一是加大预算内财政投入。“十一五”以来，各级政府把新增财力重点向环境保护倾斜，逐年加大投入。2007～2009年，仅省级就安排预算内环保资金6亿元。二是积极整合各类财政资金。积极整合排污费、城市污水处理专项资金等环保、建设口资金，集中用于生态补偿工作。为进一步加大投入，省级将中央三河三湖污染治理资金13.34亿元，全部用于生态补偿工作。2007年以来仅省级就整合资金25亿元，用于生态补偿工作。三是积极引导企业和社会资金用于生态补偿。充分发挥补偿资金的引导作用，调动企业和社会加大污染治理力度、发展循环经济的积极性。各市县也积极利用BOT、TOT等多种融资形式，吸引银行、社会资金投入环保基础设施建设。据初步统计，2007年以来，全省各级财政共筹措资金50多亿元，引导社会总投入300多亿元用于治污工程建设，为生态补偿工作提供了可靠的资金保障。

（四）四种补偿模式。即对生态环保项目直接补助、对退耕（渔）还湿的农民直接补偿、上下游政府间协议补偿、对污染减排和生态环境改善做出突出贡献的市给予奖励等四种补偿模式。生态补偿核心是要解决补偿主体、补偿客体、补偿标准以及补偿方式等问题，建立有效的补偿模式。目前，国内外主要将生态系统服务价值作为补偿依据，采取机会成本法、市场价格法、影子工程法等对生态服务价值进行评估，并据此开展生态补偿。我省生态补偿政策既参考了国内外经验，又结合“十一五”期间我省污染减排任务重、流域排污标准严的特点，主要采取以项目补助为主，对退耕（渔）还湿的农民给予直接补偿、上下游政府间协议补偿、对污染减排和生态环境改善做出突出贡献的市给予奖励等其他三种模式为重要补充的补偿模式，形成了具有我省特色的“1+3”生态补偿模式。

1. 对生态保护项目建设项目给予补助。生态保护项目建设具有正的外部效应。为调动各类社会主体保护环境的积极性，政府需要向生态保护项目建设主体支付部分费用。考虑到我省达标排放企业关停并转、实施“再提高工程”或“深度处理工程”，污水垃圾处理、重点污染点源和流域综合治理项目在污染减排中具有重要地位，按照“谁保护、谁受益”原则，我们对项目建设主体适当补偿。具体操作中，主要考虑工程削减污染物效果和投资额确定补偿标准。对因实施工业结构调整而造成达标企业关闭、外迁的，统筹其他资金给予补偿；对实施“深度处理工程”、“再提高工程”的，原则上按照所削减污染物处理成本的50%给予补偿；对按治污规划新建污水垃圾处理设施的，通过贷款贴息和建成奖励等方式给予补偿。

2. 对退耕（渔）还湿的农民给予直接补偿。人工湿地可有效处理生活污水、出水水质好，维护方便，运行费用低。近年来，通过退耕（渔）还湿建设了一些人工湿地，有效改善了环境质量。但在湿地发挥经济效益前，区域内部分农民的利益受到一定损失，政府应给予直接公共补偿。第一年度，我省按同等地块纯收入的100%予以补偿；第二年度按60%进行补偿；第三年农民获得稳定收入，不再补偿。实施细则和具体补偿标准由各市确定，比如，枣庄滕州市滨湖镇退耕还湿项目，采取奖励和补偿并举的政策，对种植小麦、玉米、水稻的农户每亩补偿300元；树木和台田、鱼池的农户每亩补助200元的标准发放；较早退耕还湿农户给予3 000~5 000元的奖励政策。

3. 实行上下游协议补偿。建立省内流域上下游协议补偿机制的关键在于理顺上下游责任主体的关系。总体思路是，在省级的协调下，建立流域环境协议，按水质情况确定补偿或赔偿的额度。大汶河流入的东平湖是南水北调东线工程重要调蓄水库，且该流域全部在莱芜、泰安两市，上下游划分明确，污染责任易于分清。2008年省财政厅和泰安、莱芜两市共筹集资金2 000万元，在大汶河流域先行开展上下游协议生态补偿试点。选择跨界断面和东平湖湖心水质自动监测数据（化学需氧量和氨氮）的年平均值分别对莱芜市、泰安市进行考核。如果莱芜市水质比上年好转，则由下游泰安市补偿；反之，则由莱芜市向泰安市赔偿。如果东平湖水质比上年好转，则由省级给予补偿；反之，则由泰安市向省级赔偿。补偿（赔偿）资金额度根据COD和氨氮两项污染物改善程度确定。计算公式如下：

$$A = [(C_0 - C_1)/C_0 \times 65\% + (N_0 - N_1)/N_0 \times 35\%] \times M$$

其中，A为水质改善补偿或赔偿资金额度，C_1为考核年度断面COD年均浓度值，C_0为上年度断面COD年均浓度值，N_1为考核年度断面氨氮年均浓度值，N_0为上年度断面氨氮年均浓度值，M为各自资金筹措额度。

由于莱芜市、泰安市切实加大环境保护工作力度，2008年莱芜市流入泰安市水质和东平湖水质都有明显改善，根据上述考核办法，莱芜市获得泰安市水质改善补偿165万元，泰安市获得省级补偿124万元。

4. 对污染物减排和环境改善成效显著的市给予奖励。为进一步调动各市治污减排积极性，2007年底，省财政厅、省环保局印发了《山东省污染物减排和环境改善考核奖励办法》。每年安排资金2.01亿元，设立了总量减排、重点企业和城镇污水处理厂有效监管、重点河流（河段）水质明显改善、城区空气质量改善等四个奖项，每个奖项排名在前9位的市获奖。一是污染物总量减排奖。按各市COD与SO_2累计完成“十一五”计划情况的各50%之和计算。二是重点企业和城镇污水处理厂有效监管奖。以重点企业达标排放率的70%与城镇污水处理厂达标排放率的30%之和，计算综合达标率。三是重点河流（河段）水质明显改善奖。以各市所有重点河流（河段）水质实现目标率的平均值计算。四是设区城市建成区空气质量改善奖。以各市建成区年度空气质量达到2010年二级以上目标比率的70%与达到一级目标比率的30%之和，计算空气质量达标率。

（五）五大监管体系。即环保统计体系、监测体系、考核体系（通称三大环保能力体系）和资金监管、项目监管等五个监管体系。一是大力支持三大环保能力体系建设。2006年以来，省级安排资金3.84亿元，用于环境统计、监测、考核等环保能力体系建设。目前，全省1 000多家重点监管企业、170多座城镇污水处理厂、60条主要河流跨市断面水质、25个主要饮用水源地水质全部实行自动监测。省及17个设区城市、140个县（市、区）全部建成环境监控中心，并实现互联互通、信息共享，切实提高了对主要污染源监管的制度化、经常化、数字化水平。二是建立补偿资金监管体系。为保证资金安全、高效使用，各级将资金全部纳入专户管理；省厅驻有关市检查办事处也充分发挥职能作用，积极做好补偿资金使用的日常监督检查工作。三是建立项目监管体系。为保障生态补偿项目有效实施，省财政坚持专家评审、科学立项、规范运作，确保了项目选得准、选得好。同时，省财政联合环保、建设部门，对项目实施情况进行督导检查和跟踪问效，建立了项目事前、事中、事后全过程监督体系。

二、山东省生态补偿机制取得的效果

通过开展生态补偿，使生态保护主体得到相应的经济回报，构建了政府、企业、社会相互合作和共同行动的环境保护新格局，有力促进了我省污染物减排和生态环境保护。全省主要污染物减排持续下降，重点流域水质明显改善，环境基础设施日益完善，人工湿地建设取得了环境改善、农民增收等多重政策效果，环境保护长效机制初步建立。我省在全国先行开展大范围生态补偿试点，引起了社会各界的高度关注。中央电视台、新华网、中国财经报等多家媒体对此进行了报道，产生了良好反响。

*（一）主要污染物减排成效明显。*2007年以来，我省各级财政共支持了1 000多个生态补偿项目。项目全部完成后，预计新增COD削减量30.4万吨、氨氮2.7万吨。2008年，全省COD排放量同比下降5.73%、2006～2008年三年累计下降11.86%，为实现“十一五”污染物减排目标奠定了良好基础。

*（二）重点流域水质持续明显改善。*2008年全省60条主要河流COD和氨氮平均浓度，分别比2007年下降了19.4%、34.0%，比2006年均有较大幅度下降。其中，南水北调黄河以南段22个考核断面，与2006年相比，COD平均浓度下降了22.0%。省辖淮河流域28个考核断面，与2006年相比，COD和氨氮平均浓度分别下降了21.4%、70.4%。省辖海河流域27个国控考核断面，与2006年相比，COD和氨氮平均浓度分别下降31.9%、37.2%。小清河流域21个省控断面，COD和氨氮平均浓度分别下降16.3%、21.9%。半岛流域28个省控断面，COD和氨氮平均浓度分别下降26.1%、22.4%。同时，开展协议补偿的泰安、莱芜两市，环境质量也明显改善，试点考核的角裕水质断面COD和氨氮年均浓度分别比上年度改善14.9%、51.1%，东平湖湖心COD和氨氮年均浓度分别比上年度改善13.3%、10.8%。

*（三）城市污水集中处理能力显著提高。*我省把城市污水集中处理项目建设作为生态补偿的重点，各级财政积极调整支出结构，不断加大投入，大力支持城市污水垃圾处理建设。2007年以来，我省共筹措资金14亿元，支持了400多个城市污水处理项目。仅2008年，省级就筹措资金6.1亿元用于城市污水处理，比上年增长387%，有力推动了全省污染物减排和环境保护工作深入开展。2008年我省新建成城镇污水处理厂24座，扩建城镇污水处理厂15座，新建污水管网1 500千米，新增日处理污水能力120.8万吨。到2009年9月底，全省共建成污水处理厂180座，处理能力达到820万吨/日，污水集中处理率达到75.9%。国家重点流域治污责任书确定的山东省辖淮河、海河和南水北调等重点流域环境基础设施已基本建成，全省实现了污水处理厂“一县一厂”的目标，污水处理能力居全国第2位。

*（四）工业点源基本实现稳定达标排放。*通过实施污水深度处理或再提高工程，大部分工业企业建成污水深度处理设施，2008年全省重点监管企业达标率达到96.4%，基本实现稳定达标排放。部分企业直接利用处理过的废水，促进了水资源循环利用，从源头上改善了流域水质。同时，全省大多数县至少实施一个区域综合治理项目，项目建成后显著改善了水环境，有效提升了城市品位。比如，省财政连续三年安排资金1.11亿元，支持济南小清河综合治理项目，目前已新建截污管网48公里，新增日污水集中处理能力10万立方米。

*（五）人工湿地建设取得了环境改善、农民增收等多重政策效果。*2007年以来，全省财政支持40多个人工湿地项目建设，较好地削减了面源污染，提高了环境容量。仅在南水北调南四湖、东平湖流域，建设了11个河流入湖口人工湿地水质净化工程，20多个人工湿地河道走廊工程，湿地水生植物种植及修复面积已达6万多亩，项目全部完工后流入南四湖河水的COD浓度将降低到20毫克/升以下。同时，通过种植杞柳、芦竹等湿地作物替代原有粮食作物，农民获得了较好收益（种植杞柳每亩年收益约1 200元，菱角每亩约1 200元，莲藕每亩约1 500元，均超过种植粮食作物收益），促进了不同地区、不同利益群体的和谐发展，推动了基本公共服务均等化。

*（六）环境保护长效机制初步建立。*建立生态补偿机制，以财政补偿的方式推动环境治理，向企业和社会

释放了强烈的经济激励政策信号，调动了各地治污减排的积极性。截至2009年9月底，我省列入《南水北调东线工程山东段控制单元治污方案》确定的324个项目建成率达到85.5%；列入国家《淮河流域水污染防治规划（2006～2010年）》的238个项目建成率达到76.9%；列入国家《海河流域水污染防治规划（2006～2010年）》96个项目建成率达到62.5%。实施生态补偿政策以来，已成为我省完成治污规划项目最多、规划任务完成情况最好的时期。通过建立生态补偿机制，引导了各地牢固树立科学发展理念，在发展中更加注重生态建设，初步建立起有利于环境保护的激励约束机制和长效机制。

三、进一步完善生态补偿机制的设想和建议

生态补偿政策的实施对我省流域生态环境保护和恢复产生了较大推动作用，但工作中还遇到一些困难，部分治污工程进展较慢，部分流域距离“十一五”规划水质目标还有较大差距，治污任务还很艰巨。

（一）进一步突出补偿要点。近几年我省生态补偿工作主要侧重于支持减排工程建设。随着工程治理成效逐步显现，应更多地采取综合性措施，充分发挥生态补偿利益调节机制作用。一是因地制宜，分类指导。进一步区分流域污染状况和环境治理现状，因地制宜，合理确定不同流域的支持重点，突出补偿重点。比如，淮河流域、南水北调沿线，工业点源污水深度处理、城市污水集中处理设施日益完善，今后应重点鼓励其提高治污设施利用效率，并加快人工湿地建设，进一步削减农村面源污染；海河流域工业污染严重，环境基础设施薄弱，要重点支持污水集中处理、区域污染治理项目建设，支持企业加大污水深度处理力度等；黄河三角洲是我国最后一个未开发的大河三角洲，要加大对自然生态保护和生态修复的支持力度。二是进一步发挥生态补偿机制的约束作用。目前，我省生态补偿政策主要采取项目补助、直接补偿和奖励等激励方式，但“谁污染谁付费、谁破坏谁赔偿”的约束作用没有得到充分发挥。应将主要河流断面水质目标完成情况与环保资金挂钩，对不能完成目标的市扣缴补偿金，用于奖励完成目标任务的市。同时，积极推广流域上下游协议补偿。采取逐条治理方式，逐步明确每条重点河流上下游污染防治的责任，调动上下游共同保护环境的积极性。三是加大对半岛蓝色经济区的支持力度。近年来，我省生态补偿重点实施范围是淮河、海河流域，今后要结合贯彻落实省委、省政府《关于打造山东半岛蓝色经济区的指导意见》，加大对小清河流域、半岛流域污染防治工作的支持力度。一方面，要认真贯彻渤海环境保护规划。今年国务院出台了《渤海环境保护总体规划（2008～2020）》，要求环渤海四省市把渤海保护放在更加突出、更加紧迫、更加重要的位置。我省环渤海区域主要涉及小清河流域以及海河流域部分市、县。特别是小清河流域全部在我省，水质达标率连年在10%以下，污染十分严重。需要省级与沿线各市进一步加大资金筹措力度，采取项目补助或因素法分配方式，专项用于流域内规划内项目建设，确保完成规划任务。另一方面，要加大对胶东半岛支持力度。建设胶东半岛高端产业带，是打造山东半岛蓝色经济区关键环节。由于污水管网不配套，胶东半岛部分污水处理厂运行负荷率低，大部分污水处理厂不具备除磷脱氮功能。要重点支持半岛各市加快污水管网建设和污水处理厂升级改造。同时，积极支持高端优质环保产业向区域内聚集，推进产业结构升级　大力支持近岸流域综合治理和生态修复，不断降低入海排污总量，为建设半岛蓝色经济区提供环境质量保障。

（二）积极探索开展排污权有偿使用和交易试点。实施排污权有偿使用和交易，是政府利用市场和宏观调控手段，合理配置环境资源，实现环境资源效益最大化的有效途径。按照“污染者付费”原则，开展排污权有偿使用和交易，实现环境污染外部成本内部化，是运用市场机制解决环境污染的一条成功经验。目前，我省已经建立了比较完善的环境质量在线监测网、重点污染源在线监控网，具备了污染物排放定量分析评价能力，为开展排污权有偿使用和交易提供了技术和数据支撑。今后，在明确污染物总量控制的前提下，支持建立排污权交易储备中心，在小清河等重点流域探索开展排污权有偿使用和交易试点。政府通过招标、拍卖等方式，将排污权有偿出让给排污者。流域内纺织、化学工业、造纸等高污染行业新建、改建、扩建项目排污单位和排放化学需氧量一定规模以上的企业，要按照核定的排污量从政府部门有偿获得或在交易中心购买排污权指标，彻底改变企业无偿获得排污权指标的现状。同时，获得排污权指标的企业通过减排措施，完成减排任务后多余指标可以在市场上交易，使企业在利益驱动下发明或利用新的更经济的处理技术和方法，更加珍惜有限的排污权，减少污染物排放并从减排中获利，真正把治理污染的责任落到实处。

（三）进一步建立生态补偿科技支撑体系。目前污染治理和生态修复技术还处在起步阶段，要加大对环保科技的投入，鼓励和引导企业加大环保技术和产品的研发应用投入，逐步建立完备的污染减排环保科技支撑体系。一方面，依托我省流域水污染防治规划和重点污染治理工程，集中攻

克一批具有全局性、带动性的饮用水安全保障技术、水污染治理关键共性技术，并通过开展区域、流域水污染治理技术集成与示范，全面推进水污染防治工作。要根据国家发布的先进污染防治技术示范名录和鼓励发展的环境保护技术目录，支持新技术新工艺推广示范，积极探索科技含量高、资金投入少、环境效益好的治理模式，积极推进环保科技产业全面升级，大力发展循环经济，从生产源头和全过程减轻环境污染。另一方面，加强生态补偿政策等环保软科学研究。目前，生态补偿工作尚处于探索阶段，生态补偿权责主体还不够明晰、经济补偿落实还不能完全到位、补偿标准体系尚未健全，许多问题还亟待深入研究。我省应结合主体功能区规划，支持建立资环境源价值评价体系、生态环境质量评价制度和保护标准、定量化生态环境价值评价方法，研究确定生态补偿类型与标准、不同补偿主体与客体的生态补偿方式，为进一步完善生态补偿机制提供理论和技术支持。

（四）进一步完善生态补偿资金保障体系。今后一段时期我省环境保护形势仍然不乐观，治污减排和生态保护任务仍然很重，资金需求量较大。据建设部门测算，仅城市污水处理一项，今后三年我省需要新建扩建50座城市污水处理厂，新建3 000千米污水配套管网，需要投资80多亿元，资金缺口较大。各级财政要充分发挥职能作用，进一步加大对环境保护的支持力度。一是加大财政投入。按照建设公共财政的要求，加大对生态环保的预算内财政投入，集中更多资金用于污水处理厂管网配套和升级改造、流域综合治理、企业深度处理工程等重点污染治理项目。二是大力整合资金。本着“横向整合、集中投入”的原则，将发展改革、环保、建设、水利、农业、林业、国土等不同部门管理的环保资金，在职能分工和管理渠道不变的前提下，由相关部门按照国家和省环境保护规划要求，集中投向重点领域水污染防治项目，形成资金使用的规模效益。三是灵活运用贴息、奖励和采取BOT、TOT等多种融资形式，充分发挥市场机制作用，逐步形成政府引导、社会参与、企业为主的环保投入机制。在努力增加投入的同时，加强监督检查，督促各地加快生态补偿项目建设，尽快发挥效益。积极探索因素法、集中打捆转移支付等多种资金分配方式，进一步提高资金分配的公平性和科学性。积极开展绩效评价，建立完善的环保资金考核、评价体系，不断提高资金使用效益。

（作者为山东省财政厅副厅长）

积极采取措施
进一步做好农业综合开发工作

曹云龙

今年以来，我们在各级党委、政府的坚强领导下，深入贯彻落实科学发展观，认真执行中央农业、农村以及农业综合开发的各项政策措施，全省农业综合开发进一步出现了积极变化。7月份，我们对全省第七期（2006～2008年）农业综合开发竣工项目进行了抽查验收。从抽查验收情况看，总的形势是比较好的。主要表现在，农业综合开发项目建设任务基本完成，绝大多数项目建设标准高、质量好、运行正常，资金管理比较规范，又涌现出了一批新的高标准、高质量、高效益的土地治理项目区和优秀的产业化经营项目，也研究和探索了一些值得总结的做法：一是扎实做好项目前期工作，坚持科学立项；二是狠抓项目工程质量，坚持高标准建设；三是坚持基地建设，推进结构调整，着力构建现代农业产业体系；四是积极创新开发模式和机制，不断提高开发水平；五是坚持按制度办事，强化资金管理。这些做法，对做好下一步农业综合开发工作很有意义，我们一定要坚持和发扬。

当前，应对国际金融危机处于关键时期，经济企稳回升的基础还不够稳定，面临的困难还很多。对农业综合开发影响不可低估，我们的面前还有许多问题和矛盾。因此，我们决不能盲目乐观，更不能有丝毫的松懈。要进一步增强忧患意识，把问题和困难估计得更充分一些，及早做好各项应对准备，把工作做细做实，确保完成今年各项工作任务，并力争做得更好。

一、采取切实措施，抓紧把农业综合开发问题整改到位，迎接国家验收考评

据了解，今年到期应验收考评的全国共有14个省市，现在绝大多数

已派员展开了验收考评工作，只有包括山东在内的两个省没有开始，但最迟于国庆节后进行。我省第七期农业综合开发项目正是国家农发办将要验收的项目。全省第七期农业综合开发，从各级验收的情况看，总体情况是比较好的，但发现存在的问题并不少。一是有些地方项目建设的缺口较大，至今还没完成任务；二是还有少量项目建设标准偏低或管护不到位，损坏严重；三是个别产业化经营项目至今难以实施，需要调整的没有调整；四是有的地方县级报账制执行不够严格，报账资料不齐全、不规范；五是还有的地方档案资料不齐全、管理不规范，项目规划设计与竣工图互不衔接，甚至有的项目没有标牌标志；六是个别市三年项目建设任务已完成了，但没有进行审计，审计报告至今没有报送到省里等。对此必须引起高度重视，认真对待。

第一，要全面完成第七期农业综合开发任务。没有按计划完成开发任务的县（市、区），要采取强有力的措施，按计划保质、保量地全面完成开发任务。项目建设标准低的，要加快完善提高项目标准质量；同时，要加强项目区的运行管护工作，确保项目正常运行。

第二，要彻底整改存在的问题。对省级验收抽到地方的问题要整改，没有抽到的地方，有实际存在的问题，也要认真地、彻底地检查纠正。特别是县级报账制和“三专”制度，挤占挪用或抵顶项目资金、擅自调整变更项目批复计划等一票否决的问题，要坚决整改，决不含糊，不要存一点侥幸心理。

第三，抓紧报送市县审计报告。按验收要求，各地在上报申请验收报告和验收情况报告的同时，必报审计报告。但目前有的市还未上报，请有关市抓紧时间做好这一工作。没有审计的尽快审计，审计后迅速报省里。

二、深入学习贯彻落实全国农业综合开发工作会议精神，努力把开发工作做得更好

前不久召开的全国农业综合开发工作会议，是在应对国际金融危机，保持经济平稳较快发展的关键时机，在促进农业稳定发展，农民持续增收的重要关头召开的一次重要会议，是在农业综合开发向30年迈进之际召开的一次重要会议。各级要深入学习贯彻全国会议精神，推进我省农业综合开发再上新水平。

第一，从现在起，要组织广大干部职工认真学习、原原本本地学习国务院回良玉副总理、财政部谢旭人部长的讲话，领会会议的主要精神，明确农业综合开发的工作重点，明确农业综合开发的主要任务。

第二，要联系当地实际，研究提出具体的贯彻意见和方案。会上国务院回良玉副总理提出“两个聚焦”，农业综合开发资金安排向高标准农田建设聚焦，项目布局向粮食主产区聚焦，为我们创新开发思路，凝聚开发优势，强化开发措施，打造开发亮点，提高开发水平，彰显开发技能，点破了题目。各地要根据自己的实际情况，提出意见，力求把会议精神和当地实际结合起来，有效地推动农业综合开发事业向前发展。

第三，要有具体的措施和行动。根据会议的精神和要求，我省高标准农田建设试点已经开始，前一段时间进行了竞争立项，确立了六家先行，下一年还将继续进行。今后几个月，是我们研究思路，确定2010年开发规划和任务的黄金时期，各地要把会议精神体现在新年度的开发思路里，明确在整体的规划中，确定在任务和项目的具体安排上，落实在具体行动。要认真地试，大胆地创，力求走出一条新的路子来。

三、今后几个月农业综合开发应抓好的重要工作

（一）搞好今年项目的实施。今年农业综合开发的计划已下达，资金也已拨付下去，各地应不失时机地抓好项目的实施，同时要有序地展开。首先要完善修订项目规划设计、然后组织队伍投入建设，监理人员随及跟进，管护措施接着落实。要坚持高标准、高质量地建设项目，坚决杜绝低标准、低质量的次品工程，力求一步到位。特别是农业综合开发新农村建设项目、两类结合项目，高标准农田建设项目，有关地方，一定要下功夫搞好，只能高标准，不能低标准，只能成功，不能失败，要一炮打响，一炮走红。这个响是全国的响，这个红是全国的红。

（二）做好2010年度计划安排的前期工作。实践证明，年度计划安排，前期工作动手早就主动，晚就被动，就难以把计划安排好。现在是9月份了，是着手准备明年计划安排的时候了。各地应根据全国农业综合开发工作会议精神，早思考，早谋划，早确定思路，早考察和选择项目，早听取当地干部群众意见，早进行可行性研究分析，早规划设计。力争选出好项目，作出科学规划，防止和避免坐在家里选项目，关在室内搞设计。省里拟改变过去的做法，在国家农发办验收考评后，准备分组到各地，对准备选择的项目进行实地考察论证，研究确定项目是否可以立项。在此基础上，通知各地选报项目，编制计划。

（三）搞好世行三期项目竣工验收。一是认真搞好自验，不要走过场。二是省抽查验收中发现的问题，要认真整改，同时要举一反三，自查自纠，扎扎实实地做好各项准备工作，迎接国家农发办和世界银行的最后验收，圆满完成各项工作任务，做

一份合格的、令人满意的答卷。

（四）加强农业综合开发的宣传。宣传工作是我们党的一项十分重要的工作，各级党委十分重视。农业综合开发的宣传工作是农业综合开发工作中一项不可忽视的重要的工作，国家农发办对此十分重视。各地要高度重视这项工作，切实抓紧、抓好、抓出成效，省里将把这项工作纳入年度绩效考核的内容。

（五）加强农业综合开发队伍建设。农业综合开发是一项长期的事业，要加强人员力量配备，强化机构建设，关心干部成长，为这个事业的发展创造一个良好的条件和环境。要加强部门配合，特别是财政部门和农业开发部门的配合。广大干部职工要加强自身修炼，牢固树立全心全意为人民服务的思想，努力干好自己的本职工作，在各自的岗位上为我们党、为农民办好事、办实事，为农业综合开发事业做出新的更大的贡献。

（作者为省农业综合开发办公室主任）

开拓创新　锐意改革
努力实现省直行政政法财务工作新跨越

张洪军

一、省直行政政法财务工作取得显著成绩

2005年以来，省直行政政法部门财务工作者与财政部门加强协作、密切配合，以科学发展观为统领，开拓创新、扎实工作，各方面都取得了新成绩。

（一）行政政法经费保障水平明显提高。行政政法部门位置重要，责任重大。加大资金投入，搞好经费保障，是行政政法财务工作的重要任务。三年多来，各部门与财政部门通力协作，合理运筹资金，千方百计加大投入，行政政法经费保障水平明显提高。据统计，2008年，省级行政政法支出达到71.8亿元，是2005年的1.56倍，保持了较快增长的势头。在支出安排上，重点加大了以下三方面保障力度：一是人员经费得到足额落实。针对增资因素多、支出需求增长快的形势，为解决部门“人头吃公用”、人员经费预算核定不准确的问题，我们在人员经费预算的核定上，将原来的“定额测算法”改为“两次核定法”，即年初做足打实，年中找差补齐，在统一标准、规范发放的同时，保障了各部门人员工资及各项津补贴的及时、足额发放，解除了单位的后顾之忧。二是日常公用经费大幅提高。为解决“行政挤事业、公用吃专项”的问题，进一步提高保运转能力，自2006年起，我们在反复调研的基础上，积极完善省级行政机关日常公用经费核定办法，将人员编制作为核定经费的依据，并大幅提高了定额标准，解决了部门之间办公、车辆条件及支出定额方面的差距。与以前相比，新的定额标准翻了一番还多，各部门公用经费保障水平大为提高，办公环境和办公条件得到明显改善。三是重点项目保障有力。近几年来，在收支矛盾十分突出的情况下，我们通过优化支出结构，压一般、保重点，集中财力保稳定、保民生、促发展，切实加大了对各项重点支出的保障力度。比如，不断加大政法部门投入，积极安排反恐、打击邪教、侦办大要案等工作经费，全力保障涉稳事项支出需要，有力地推进了“平安山东”建设；大力支持高校毕业生就业，支持开展社会治安综合治理和信访工作，加大对困难群体的法律援助力度，为营造和谐稳定的社会环境提供了保障；持续加大旅游发展、人才建设、外经外贸投入，推动实施“旅游强省”、“人才强省”等战略，有力地促进了经济又好又快发展，等等。与此同时，各部门也不断优化支出结构，突出保障重点，将增加的财政投入用到刀刃上，用到工作最需要的地方，充分发挥每一笔资金的使用效益，为各项工作的顺利开展提供了强有力的资金支持。

（二）部门预算管理制度更加完善。近年来，各部门按照预算管理制度改革的总体要求，积极改进预算编制方法，严格预算执行，强化预算管理，大力推行综合预算，初步建立了规范、科学的部门预算管理体系。一是预算编制方法更加科学。各部门按照部门预算管理工作的总体部署，逐步完善财政供养人员“基础信息库”，为编制基本支出预算夯实了基础。通过建立“项目库”，实行项目滚动管理、优中选优，增强了项目预算编报的科学性和规范性。改变基数加增长的预算编制方法，积极推行零基预算，大大提高了预算编制的科学化、合理化水平。二是年初预算到位率进一步提高。在根据不同类型单位业务

量进行分类的基础上，坚持细编、实编预算，普遍提高了年初预算到位率，改变了过去“年初分，年中加，岁末追”的状况，减少了预算追加，维护了预算的严肃性，提高了财政资金使用效益。三是预算管理手段更加多元化。这几年，各部门通过落实政府收支分类改革、国库集中支付改革，扩大政府采购规模，强化政府采购预算执行纪律，对预算外资金实行指标化管理等措施，进一步提高了预算编制和执行的透明度，增强了预算约束力，在节减开支、规范预算执行方面发挥了重要作用。四是综合预算改革力度明显加大。在实行“收支脱钩”和单位强化非税收入管理的基础上，按照“收入财政统管，支出财政统筹”的原则，着力加大综合预算实施力度，在日常公用、项目支出安排上，实现了财政经费拨款与单位自有收入使用的紧密结合，保证了部门职能的正常履行。

（三）支出管理的精细化水平不断提高。管理出成绩，管理出效益。近年来，面对突出的资金供需矛盾，财政与各部门积极转变思路、创新机制，在健全管理制度、强化管理措施上下功夫，通过加强管理挤资金、挖潜力、增效益，财政财务管理的规范化、精细化水平不断提高。一是基本支出管理更加细化。省直各部门认真贯彻落实财政供养人员实名制和规范津补贴工作的要求，如实申报单位人员和工资信息。财政部门把机构编制和人事部门核定的人员，作为拟定财政预算和核拨经费的主要依据，有效遏制了人员过快增长、人员经费不断增加的势头。针对政府职能转变不到位，有些部门承担了一些不该负担的支出，管理方式比较粗放的问题，我们对省直行政事业经费开支进行了分类界定，明确经费开支“五分开”原则，即单位之间分开，人员经费与公用经费分开，基本支出与项目支出分开，经营性开支与财政拨款分开，个人支出与公家支出分开，有效解决了部分单位存在的责任不清、主体不明的问题。有的单位通过落实上述规定，加强机关大院费用分摊，成立专门的收费收缴小组，一年收缴应由其他单位负担的费用几十万元。有的单位通过安装智能水电表，不仅收齐了院内单位的欠费，水电暖的费用也大幅下降。二是专项资金管理更加规范。数量多、规模小、使用分散，一直是困扰部门专项资金管理的突出问题。为了发挥专项资金的规模效益，各部门按照“先规范、后运作”的要求，在整合资金上下力气，通过取消小项目、合并同类项，努力发挥专项资金的“拳头”效应。为了提高资金管理规范化水平，各部门坚持“先建制度、后分资金”的原则，深入查找管理薄弱环节，建立完善制度办法，绝大多数专项资金都有了专门的制度规范，逐步形成了用制度管钱、管事、管人的良好机制。三是管理手段更加丰富。近年来，各部门充分发挥行政政法财务的主体作用，不断丰富管理手段，在健全激励约束机制，调动部门内部增收节支积极性上进行了认真探索。比如，有的部门细化核算单位，将办公用品、差旅费、通讯费等支出，以处室为单位设立核算账户，明确费用分配和归集原则，包干使用；有的单位制定节能节支制度，细化量化，责任到人，严格考核，健全了内控机制，完善了责任体系，从源头上强化了支出管理。财政部门也充分发挥财政杠杆作用，建立奖优罚劣激励机制，对贯彻财政财务制度好、支出管理好、资金使用效率高、制度建设全、预算申报实的单位，在资金分配时优先安排，谁管理的好，就给谁更多支持。从实践看，上述机制的建立，较好地发挥了激励先进的作用，取得很好的效果。

（四）改革创新的步伐明显加快。改革创新是推动发展、促进工作上台阶的动力和源泉。三年多来，针对部门反映的热点、难点问题，我们坚持以完善机制为抓手，努力做好财政改革文章，在诸多方面取得新突破。一是推行奖励办法，健全节支增效激励机制。为落实人员编制和财政预算相结合“双控”机制，我们会同省人事厅、省编办制定了《省直机关节编奖励办法》，对空编的省直部门及参照公务员管理的事业单位，按空编数每人3万元的标准，从日常公用经费结余中提取节编奖，用于奖励机关在职人员，改变了依靠行政手段控制编制的单一模式，运用经济手段调动了单位节编控人的积极性。为了推动省直部门建设节约型机关，2006年我们会同有关部门制定了《省级机关节能降耗考核奖励暂行办法》，明确规定凡节水、节电、机关公务用车消耗和办公费用开支达到一定要求，并在年度考核中被评为节约型机关的部门、单位，可按能耗节约额提取奖励资金、发放节约奖励。节能奖、节编奖实施三年来，26个单位累计发放奖励资金370多万元，发挥了良好的激励效应。二是推动暗补改明补，提高财政支出透明度。2005年，为了规范职工住宅冬季取暖费管理，建立与市场经济、公共财政相适应的支出管理机制，我们会同有关部门研究制定了省直行政事业人员住宅采暖补贴发放办法，根据房改面积和供暖价格，认真测算定额补助标准，事先将补贴资金发放到个人手中，然后按照市场价格根据个人实际取暖情况据实征收，实现了取暖费发放由“暗补”到“明补”的转变，不仅提高了支出透明度，而且明确了缴费责任主体，减轻了单位负担。三是注重思路创新，破解支出管理难点问题。干部教育、差旅费、公务用车、会议、出国经费是部门支出的重要方面，资金需求大，管理难度高，容易产生损失浪费现象，社会各方面也很关注，要求对此进行改革的呼声很高。针对这些问题，各部门积极出主意，提建议，共同探索解决问题的方式方法，在许多方面都取得新突破。比如，2005年，我们制定了在职人员学历学位教育费用报销办法，规定在职人员参加学历学位教育只可享受一次学费补助，单位报销学费比例最高不超过50%，总额不超过2万元，其他费用由个人自理，大大减轻了部门负担。2007年，出台了新的省直单位差旅费管理办法，对执行了11年的老办法进行了重大改革、调整。新办法充分考虑了目前的经济发展水平和物价水平，保障了出差人员工作和生活的基本需要，规定了住宿费、伙食费、公杂费标准，明确了纪律要求，对节约财政资金、规范支出管理有着积极的推动作用。为解决部门车辆配置渠道混乱问题，在车辆定编的基础上，积极实行交旧车换新车、换车不换牌、旧车收回集中拍卖等办法，规范了公务用车购置、处置管理。研究制定了党政干部因公出国（境）经费管理暂行办法，将出国（境）经费纳入预算管理，实行了经费先行审核制度，完善了经费预算及用汇额度双控机制，有效控制了党政干部因公出国（境）开支。为控制会议费支出，我们对一些重要会议，实行费用包干、超支不补、节余留用的办法以及定点接待制度，大力提倡无食宿会议、电视电话会议，多管齐下严控会议费支出。部分省直部门在办节、办会上，充分利用政府“金字招牌”做文章，通过“政府搭台、市场唱戏”的形式办节办会，实现了互惠互利、多方共赢。

二、准确把握形势，进一步增强做好行政政法财务工作的责任感

正确认识和把握形势，是做好工作的重要前提。总体看，虽然当前行政政法财务保障水平明显提高，管理体制机制也已初步理顺，各方面对行政政法保障工作非常重视，为下一步开展工作打下了良好基础，创造了很多有利条件，但面临的新情况、新矛盾也很多，工作的困难和压力都很大。要深入分析、准确把握当前形势，增强做好各项工作的主动性。

*（一）经济社会发展的新形势，对做好行政政法财务保障工作提出了新要求。*行政政法部门作为党委、政府的组成机构，在落实国家和省决策部署，促进经济社会平稳较快、健康和谐发展过程中，肩负重要职责。特别是当前加快推进经济文化强省建设的新形势，以及国际金融危机引发的一系列新情况、新问题，给行政政法部门职责赋予了新内涵，提出了新要求。比如，落实科学发展观、促进经济社会又好又快发展，要求加强党的建设、推进政府职能转变，建设服务型府、责任型政府，提高科学执政、依法执政的能力；经济发展面临的不确定性因素增多，经济管理日益复杂，要求不断提高宏观调控、促进经济平稳较快发展的能力；经济社会转型加快，群众就业和生活困难增加，社会矛盾进入凸显期、多发期，要求提高维护稳定、促进和谐的能力；群众对公共安全、民生的需求越来越大，期望越来越高，要求进一步提高社会管理、应对自然灾害、增加基本公共服务的能力；推进经济结构调整，促进重点行业和产业调整振兴，要求提高促进旅游强省、人才强省建设的能力，等等。财政财务是保证政府履行职能的物质基础，行政政法部门肩负的职责日趋繁重，对行政政法财务保障工作提出了更高要求。具体来说，突出体现为“两个加大”：一方面，保障的压力加大。主要是随着经济社会的发展，人员工资、公用经费、事业发展等各方面的保障水平将随之提高，财政财务新增支出需求较多。同时，推进司法经费保障机制改革，落实清理行政事业性收费政策，行政政法部门的减收增支压力加大，也将相应增加保障难度。另一方面，保障的责任加大。行政政法部门涵盖了党政领导机关、国家权力部门、政治协商机构、公检法司安、民主党派、社会群团等国家机器和社会组织的方方面面，做好经费保障工作，满足各部门履行职能的需要，对于巩固党的执政地位、维护国家长治久安、保障人民安居乐业、促进经济社会科学和谐发展具有重要意义。对必须的需要保障不到位，就会牵一发而动全局，使工作陷入被动。行政政法财务工作责任重大，使命光荣，对此我们一定要形成共识。

*（二）财政收支矛盾十分突出，加大行政政法经费投入的困难明显加大。*从财政收入看，去年下半年以来，受国际金融危机影响，我省经济发展面临的不确定性因素增多，财政增收面临的形势异常严峻。今年1～4月份，全省地方财政收入完成717.87亿元，比上年同期增长4.66%，省级则下降20.1%。当前，尽管在国家和省一系列政策措施刺激下，全省经济企稳回暖，财税运行有了积极变化，但受经济运行和政策减收的双重影响，全年财税形势不容乐观。一方面，目前我省工业增加值、固定资产投资、能源、交通等指标有所好转，但产品价格、销售收入、企业效益等与税收密切相关的指标仍然低迷，有产值、无利润，有销量、无税收的问题比较突出，财税收入增长受到较大制约。如果下半年经济运行没有明显好转，完成全年预算任务将面临很大压力。另一方面，今年国家税费政策调整力度大，政策性减收因素多，预计全年将直接影响我省地方财政收入130多亿元，尤其是国家和省取消近200项行政事业性收费项目，对省直行政政法部门的收入造成很大影响。

比如，停征工商“两费”，今年一年将减少省级收入10.5亿元。而且从长远看，减少和规范政府收费项目，减轻居民和社会负担是大势所趋，取消或停征部门收费项目的工作力度可能进一步加大，对财政收入的影响不容忽视。从支出方面看，受财力所限，今年年初各级预算就打得很紧，省级一些重点项目甚至未能列入预算。预算确定后，国家又出台一系列刚性增支政策，各级财政保障压力进一步加大。初步测算，各项必保增支今年就达400多亿元，综合来看，今后一段时期我省财政收入将进入平稳增长期，过去那种大幅快速增长的形势将不复存在，而各方面硬性必保的刚性支出不断增加，各级尤其是省级财政面临的收支矛盾十分尖锐，加大行政政法经费投入的困难将明显加大。

（三）*支出管理仍存在薄弱环节，改革创新、控制行政成本的任务十分繁重*。近几年来，省财政与各部门积极深化改革，不断完善管理措施，围绕提高财政管理规范化、精细化水平做了很多工作，取得很大成绩，但从近几年审计情况看，当前行政政法支出管理仍然存在一些薄弱环节。例如，有的部门预算编制不全；个别单位挤占、挪用专项资金，改变资金用途；有的部门管理方式仍比较粗放，制度办法不够健全，财务基础工作不够扎实；个别部门绩效观念淡薄，干事不计成本，花钱大手大脚现象仍然存在；支出改革整体推进步伐较慢，节支增效的办法还不够多，推进节约型机关建设的空间和潜力还比较大等。这些问题的存在，说明我们深化改革、强化管理的任务还比较重。当前，中央对规范政府支出、控制行政成本问题越来越重视，要求越来越严格，三令五申要求强化支出管理、厉行节约。社会上对政府支出行为也比较关注，要求规范管理、控制行政成本的呼声很高，各方面监督也越来越充分，媒体对个别地方政府开支不规范、损失浪费行为时有曝光，引发了一些负面影响，这些都对行政政法财务工作提出了新的更高要求。同时，经过不断探索创新和积极实践，改革已进入深水区，下一步工作焦点、难点多，改革的难度越来越大，需要我们进一步统一思想、提高认识，加快改革创新步伐，强化工作措施和力度，采取更加有效的措施，克服困难，解决问题。

总的看，当前和今后一段时期，省直行改政法财务工作既面临许多有利条件，也面临诸多困难挑战。我们一定要高度重视、正确对待、准确把握，进一步增强做好财务工作的责任感和紧迫感，理清思路、把握关键，开拓进取、勇于创新，调动方方面面的积极性，推动各项工作深入扎实开展。

三、解放思想，科学理财，推动省直行政政法财务工作再上新台阶

今后一个时期，省直行政政法财务工作总的指导思想是：**以科学发展观为统领，按照建设公共财政的要求，围绕保障、管理、改革这条主线，坚持保障与节支并重，改革与管理齐抓，解放思想、开拓创新、科学理财，努力推动省直行政政法财务工作再上新台阶**。当前，应重点做好以下几方面工作：

（一）*围绕中心工作，提高保障能力*。行政政法财务工作做得好不好，搞好保障是关键。在当前收支矛盾突出的情况下，关键是要在转变保障理念，拓宽资金入口，严把资金出口上下功夫，提高行政政法经费保障能力。一是转变保障理念，突出保障重点。当前需要花钱的地方很多，我们在工作中，既要算经济账，更要算政治账；既要注重经济效益，更要注重社会效益、政治效益，真正做到在资金安排上，突出重点，有保有压，保压有序。要学会主动埋单，力求工作主动。对符合履行部门职能，确属必要、急需的支出，全力予以保障，并随着财力的增长逐步增加投入。对不属于财政供给范围的支出，要坚决清理，努力降低行政成本，并把节约下来的资金用到真正急需的地方。二是狠抓收入不放松，保证行政政法经费投入稳步增长。提高行政政法财务保障水平，必须有足够的资金作支撑。今后，随着省级财力不断增长，省财政将进一步加大对各部门的经费保障力度。各部门也要依法组织征收各项行政性收费。需要注意的一点是，去年以来中央和省清理和停征了一系列行政性收费和基金项目，我们要坚决执行，但对保留的项目，还要严格依法收足收好，不然我们的经费缺口会更大，收支矛盾会更加突出。同时，要严格落实“收支两条线”规定，将收取的各类非税收入及时缴入国库或财政专户，并按照综合预算原则，做好与预算内资金统筹结合的文章，提高财务综合保障能力。最近，中央和省在党政机关和事业单位部署开展了“小金库”专项治理工作，这既是推进反腐倡廉建设的重大举措，也是对单位收入管理是否规范的一次检验，希望各部门要高度重视，认真落实有关要求，确保将各项收入全额纳入预算管理。三是大力压缩一般性支出，切实降低行政成本。要牢固树立过紧日子的思想，大力压减一般性支出，勤俭办一切事业。按照中央要求，去年省直党政机关公用经费压减了5%。最近，省委办公厅、省政府办公厅又下发《关于党政机关严格落实中央厉行节约有关规定的通知》，要求2009年全省各级党政机关原则上不配置新车，因公出国（境）经费和公务用车运行费用支出，在近三年平均数基础上分别压缩20%和15%，公务接待费用支出和用电、用水、用

油指标，分别比上年削减10%和5%。各部门要结合实际抓好落实，多管齐下深挖节支潜力。要从支出费用增长较快的重点项目入手，有针对性地采取措施，继续强化“车、会、出国、接待”等费用管理，杜绝大手大脚花钱和铺张浪费。从目前的情况看，控制和压减行政成本，将会成为今后一段时期行政政法财务保障工作的常态和重要内容，大家要充分理解，积极配合。

（二）深化部门预算改革，提高预算管理水平。把部门预算编好、执行好，是做好行政政法财务工作的基础。我们要在现有基础上，将部门预算管理工作做深、做细，进一步提高部门预算编制执行的规范化、科学化程度，充分发挥部门预算对资金管理的总源头作用。基本支出预算编制方面，要落实好对人员信息的人事编制、财政、监察共管机制，把基础数据做准确、做扎实。大家要与本单位的人事、纪检部门做好衔接，加强配合，共同做实人员等基础信息。在此基础上，要严格按政策标准编报基本支出，既要确保各项支出打实打足，又要防止擅自扩大支出范围、提高支出标准，造成损失浪费。下一步，财政将与有关部门加强协作、分头审核监督，切实防止和纠正信息填报不规范、不准确等问题。项目支出预算编制方面，要优先保证省委、省政府确定的重点项目、重点事业发展等支出需要；要加强必要性和可行性论证，并拟定好项目目标及具体实施规划，符合投资评审条件的，要先进行评审，切实提高项目预算编制的准确性、科学性，提高项目资金年初到位率，避免执行中的频繁调整。政府采购预算编制方面，关键是确保应编尽编。从近几年情况看，部分部门仍然存在预算编制不全、项目不够细化、部分属于政府采购范围的项目游离于采购预算外的问题，影响了采购工作正常开展。各部门要引起高度重视，尤其要加强采购项目的调研论证，为实施采购、加强管理奠定基础。在预算执行方面，要进一步增强严格预算执行的意识，严格按照批准的支出预算额度及规定的开支项目，按计划、按进度合理安排各项支出，减少支出的随意性，严禁挤占、挪用专项资金，或自行改变资金用途，确保资金规范、安全运行。要充分发挥集中支付的作用，提高直接支付的范围和数额，确保财政资金的安全，提高财政资金效益。

（三）完善支出管理机制，推进财务精细化管理。健全支出管理机制，强化财务管理措施，是缓解财政财务收支矛盾、提升财务管理水平的重要途径。要增强责任意识。按照会计法的规定，单位负责人是单位财务工作的管理者。财务工作在做好经费保障工作的同时，要科学理财、依法理财，增强做好财务工作的责任意识，工作中敢于坚持原则，对领导负责，为领导当好参谋。同时，也要争取同事的支持，变财务人员的共识为单位职工的共识，变一个积极性为多个积极性，形成齐抓共管的工作合力。要继续加强制度建设，完善制度管理体系，没有管理办法的要抓紧制定，已有办法的要进一步完善，不断健全资金管理链条，切实建立起“先建制度、后分资金，依靠制度管人管事管资金”的良好机制。要完善监督检查机制，既加强事前控制，又加强事中监管和事后跟踪，并不断创新技术管理手段，把所有管理活动纳入规范化、自动化、电子化轨道，最大限度地减少人为因素的影响。要广泛推行经费包干办法，通过对会议费、接待费和出国经费等预算指标进行内部分解、细化，实行“总额包干、超支不补、节余留用”的办法，增强单位广大干部职工主动节支的积极性和责任感。

（四）深化支出改革，提高科学理财水平。政府职能转变，对变革支出管理方式提出了新要求。我们要进一步创新单位财务管理方式，丰富管理手段，提高科学理财水平，更好地服务于节约型、绩效型政府建设。一要积极推进资源共享共用机制建设。由于开展业务手段相近，行政政法单位所需设施、设备通用性较强。如果每个单位都按“大而全、小而全”的思路配备，不仅财力不允许，也会造成资源浪费。下一步，财政部门将在大型仪器设备使用、信息化建设、集中办公等方面，选择合适项目重点支持、加强引导，采取“财政投资、一家购建、数家共享、市场运作”的方式，推进资源共享共用工作。各部门要进一步统一思想，在整合内部资源，推动有关设备设施调剂共用的基础上，搞好规划、做好准备，积极参与系统、部门、单位间的装备共建、资源共享工作，提高资源利用效率，达到“少花钱、多办事、事办好”的目的。二要大力推行绩效评价。当前，社会各界对财政支出的效益非常关注，推行绩效评价、提高资金使用效益，是加强行政政法支出管理的必然趋势。前几年，我们已选择部分专项资金进行了绩效评价试点，取得良好效果，获得了初步经验，下一步将逐步扩大项目试点范围。有关部门单位要高度重视，做好准备、搞好配合，积极推进绩效评价工作。三要大力推进机关后勤市场化改革。推行机关后勤市场化改革是市场经济条件下政府机构改革、职能转变的必然要求。这几年我们对此做了一些尝试，取得了初步成效，但总体进度还比较缓慢。当前正在进行的事业单位改革为推进机关后勤社会化提供了良好时机，有关部门要抓住机遇，积极推进改革，力求有新的突破。比如，对原依附于部门的宾馆、饭店等自收自支事业单位，要加快改企转制步伐，减轻单位及财政包袱。要区分机关后勤服务内容，除保留极少数机关运转所必需，且不宜由社会承担的服务项目外，其他均可通过购买服务的方式从市场取得，变花钱养人为花钱买服务，提高行政效率，节约财政资金。

四要加强对司法经费保障体制改革的研究与准备。按照中央有关精神，今年将实施司法经费保障体制改革，调整完善人员经费、公用经费、业务装备经费和基础设施建设经费负担机制。考虑到这项改革政策变化大，且中央至今尚未出台具体政策，有关部门要提前研究、做好准备，共同做好这项工作。

（作者为山东省财政厅副厅长）

坚持改革创新　促进科学发展
努力推动财政教科文工作再上新水平

庞敦之

一、全省教科文财政财务工作改革发展再获新突破

近年来，全省各级教科文财政财务部门认真落实中央和省委、省政府决策部署，按照建设经济文化强省和创新型省份的要求，不断加大投入力度，大力支持实施“科教兴鲁”战略，深入推进体制机制创新，促进了教科文事业健康协调发展，呈现出五个显著特点：

（一）财政投入力度明显加大。事业要发展，投入是关键。去年以来，在经济增长下滑、减收增支因素增多的情况下，各级始终把促进教科文重点事业发展摆到突出位置，优先考虑、优先支持，财政支出规模快速扩大，保障能力日益增强。2008 年，全省一般预算内教科文支出达到704.7 亿元，比上年增长 22.2%，其中教育、科技、文化体育与传媒支出分别增长 21.5%、23.1%、25.2%，均高于全省财政支出 19.6% 的增幅；全省财政教科文支出占总支出的比重达到 26.5%，一个“蛋糕”切成四块，教科文投入已占其一。特别是今年前 7 个月，在收入增幅大幅下降，保增长、扩内需支出需求大幅增加的形势下，财政教科文支出仍得到较好保障。其中，教育支出在过去几年实施义务教育经费保障机制改革、增长较快的情况下，仍然实现了 10.3% 的增幅。科技、文化体育与传媒支出分别比上年同期增长 18%、21.7%，均高于财政总支出 15.6% 的平均增幅，公共财政对教科文事业的倾斜力度进一步加大。

（二）重点保障水平显著提高。面对‘供不应求”的困难局面，各级各部门统筹安排资金，优先保障事关发展稳定的重点支出。一方面，着力保运转。各级积极落实教科文事业经费保障政策，采取据实核定、定额管理、经费包干等基本支出算账办法，优先保证财政供养人员工资发放和机构运转；省财政根据财力增长情况，逐步提高省属高校学生定额和离退休人员定额，增强了高校统筹安排资金的能力。另一方面，着力保建设。2008 年，中央和省财政投入近 6.1 亿元，支持实施科技发展和自然科学基金计划、自主创新成果转化、建设科技创新平台、鼓励专利发明；投入4.7 亿元，实施高校骨干学科教学实验中心建设、高校“三重点”建设、中央与地方共建高校特色优势学科实验室建设、职业教育实训基地建设、省级重点实验室建设等工程；投入1.4 亿元，支持实施高校教学质量与改革工程、教师培训、齐鲁名师名校长工程、社科精品工程、泰山学者特聘教授岗位建设，改善了“硬件”设施条件和装备水平，促进了科技人才成长，提高了自主创新能力。

（三）理财为民意识不断增强。近年来，各级坚持以人为本，把民生事业发展放在财政保障的首位。在教育方面，通过提高义务教育公用经费保障水平，扩大免费教科书发放范围，加大贫困寄宿生补助力度，完善校舍维修改造长效机制，把农村中小学教师工资全部纳入县级财政预算，有力地促进了全省义务教育发展。2008 年全省农村义务教育经费保障机制改革支出 54.2 亿元，比上年增长35.5%；762 万农村学生全部免除学杂费、享受免费教科书政策，205 万城市义务教育阶段学生全部免除杂费，14 万贫困寄宿生得到补助。同时，健全家庭经济困难学生资助政策体系，完善国家助学贷款政策，发放高校学生伙食补贴，确保不让贫困学生辍学失学。2008 年，各级财政共安排奖助学金 21 亿元，对 23 万名高校学生、88 万名中职学生和 15 万名高中学生进行了资助。在科技方面，2008 年省财政投入 2 500 多万元，支持实施科普村村通工程、科技富民强县专项行动计划、科普惠农示范工程、科普车“齐鲁行”等工作，带动

了农民科技致富。在文化方面，去年中央和省财政共安排近1亿元，支持实施广播电视村村通、文化信息资源共享、农村电影放映、农家书屋建设、农民体育健身等文化惠民工程；各级财政安排6 946万元支持博物馆、纪念馆及爱国主义教育基地免费开放，较好地保障了人民群众的基本文化权益。在计划生育方面，稳步推行农村部分计划生育家庭奖励扶助制度和独生子女伤残死亡家庭扶助制度，2008年全省投入“两扶”资金1.72亿元，分别有25.4万名、1.8万名人员受益，较好地发挥了计生奖励政策的利益导向作用。

（四）体制机制改革进一步深化。面对发展中的矛盾和问题，各级各部门不断解放思想、更新观念，坚持通过深化改革、创新体制机制、强化财政财务管理化解难题、推动工作，在诸多领域取得新突破。一是创新管理体制，积极推动文化事业单位改革。各有关部门按照省委、省政府部署，认真研究制定配套支持政策，着力推动出版、影视、传媒等文化单位体制改革，全省16家出版单位、39家影视剧制作单位、12家文艺院团和全部发行单位完成转企改制，规范了财政支出行为，激发了文化单位发展活力。二是创新管理机制，努力强化预算内外资金统筹。各级在实行部门预算改革的基础上，普遍构建了预算编制工作新机制，省级和部分市建立了预算“基础信息库”和“项目库”，统一完善了支出定额体系和开支标准，省级还按照“收入一个笼子、支出一个口子、预算一个盘子”的要求，将一般预算资金、政府性基金、预算外资金、事业收入、经营收入、历年结余等资金捆绑使用，对省级宣传文化发展专项资金实行基金预算同一般预算并轨管理，综合预算管理工作初见成效。2007年以来，省级教科文部门预算中，当年财政拨款以外的资金占到了60%以上。三是创新管理形式，切实提高资金使用效益。面对日趋加大的支出压力，各级各部门通过创新后勤管理模式、实行经费包干、推广现代节能新技术等措施，管“源头”、扎“口子”、堵“管涌”、筑“堤坝”，眼睛向内挖潜力，精打细算抓管理，有力推动了节约型机关、节约型校园建设。积极推行大型科学仪器资源共享共用、科技风险投资、文化产业发展专项资金股权投资、省级重点实验室绩效考评等措施，创新资金使用和运筹管理形式，都取得明显节支效果。

（五）横纵协调配合更加默契。俗话说，“众人拾柴火焰高”。教科文工作任务重、责任大，需要各级各部门的共同努力。多年来，各级各部门始终把财政财务管理摆在重要位置，一把手亲自抓，分管领导靠上抓，大家齐心协力，自觉从大局出发，心往一处想、劲往一处使，拧成“一股绳”、统成“一盘棋”，相互理解、通力合作、共克时艰，推动了全省教科文财政财务管理工作不断迈上新台阶，取得了可喜成绩。

二、正确认识和把握当前形势，切实增强做好教科文财政财务工作的责任感和使命感

古人云，“欲谋事，先谋势”，阐明了把握形势对于做好工作的重要性。教科文财政财务工作也不例外，必须树立大局观念，把教科文事业放在经济社会发展的全局中来定位、思考和谋划。改革开放30年来，我省地方财政收入从1978年的64.13亿元增加到2008年的1 957.05亿元，增长30倍，如果没有经济的高速增长，就不可能取得这样的成绩，也不可能有教科文事业的今天。要做好教科文财政财务工作，必须从以下三个方面正确认识和把握当前形势。

（一）经济运行企稳向好，但整体形势仍不容乐观，教科文事业发展的宏观环境还比较严峻。去年下半年以来，针对国际金融风暴愈演愈烈的形势，我省各级认真落实中央和省委、省政府各项决策部署，全力以赴扩内需、保增长、调结构，主要经济指标逐月好转，总体形势企稳回升。但仍有一些问题不容忽视：从国际经济运行看，尽管4月份以来，世界主要经济体的一些经济先行指标出现不同程度的反弹，全球制造业衰退趋势有所减弱，美国、欧盟等金融市场出现企稳迹象，但美、日、欧失业率依然处于高位并不断攀升，房地产市场仍处于调整之中，国际金融领域还存在较大的潜在风险，主要经济体实施扩张性宏观政策的余地缩小，尤其是美国政府近日宣布今后10年财政赤字规模将达到史无前例的9万亿美元，为世界经济投下了“震撼弹”。因此，今后一个时期国际经济走势仍不明朗，实现复苏将会是一个缓慢而曲折的过程。从国内省内经济运行看，由于外需持续低迷，扩大出口难度依然很大。投资、消费增长，在很大程度上得益于政策推动，企业和民间投资积极性不高，居民收入增长不快对即期消费影响较大，房地产市场、股市波动较大，经济内生增长动力尚需加强。同时，国内一些长期积累的矛盾还比较突出，大部分行业的生产能力仍处在全球产业链的低端，经济发展很大程度上依赖物质资源的大量投入，可持续发展能力不强。我省一些地区、行业和企业特别是中小企业，生产经营困难，开工仍显不足，就业形势依然严峻。这些都将对教科文事业发展产生重大影响：一是经济下行直接影响了财政收入增长，从根本上制约了财政对教科文事业发展的投入；二是经济结构调整压力加大，在为推进科技创新带来了难得

机遇的同时，也带来了前所未有的挑战；三是经济不景气，直接加大了社会就业压力，今年省内高校毕业生将有20万人不能实现当期就业，对人民群众的收入水平也带来很大影响，人民群众对教育、文化等方面的公共服务需求相应增加，这也对教科文财政财务工作提出了新的课题。

（二）财政增收任务艰巨，完成预算难度较大，直接制约了对教科文事业的投入。今年以来，各级积极克服经济和政策层面的困难，努力开源节流，预算执行情况好于预期。1～7月份，全省地方财政收入完成1 332.5亿元，比上年同期增长7.4%。但综观全年形势，完成预算任务的压力仍然很大。一是企业增产不增收矛盾突出。虽然当前主要经济指标明显提高，但经济增长与企业效益回升并不同步。尤其是产品价格、企业效益等与税收关联度高的指标仍然低迷，不少企业有产值、无利润，有销量、无税收，增产不增收。二是财政收入质量不够高。今年全省地方财政收入的增长，主要是靠耕地占用税、契税等地方小税和非税收入的拉动，以及税收清欠、免抵调库等一次性增收因素，增值税、营业税、企业所得税、个人所得税4个主体税种下降2.5%，并且每月都是负增长。随着结构性减税清费政策的全面实施，今后财政增收的难度很大。三是中央和省级收入形势非常严峻。今年1～7月份，中央级财政收入完成21 456.4亿元，同比下降6.3%；省级财政收入完成138.9亿元，同比下降10.4%，比全省收入增幅低17.8个百分点。据了解，受此影响，今年中央对地方的一般性转移支付将维持上年水平，不再增加，省级财政对下帮扶也力不从心。财政收入方面呈现出的这种局面，决定了今后几个月财政教科文方面的投入也将受到很大影响。在各级财政都非常困难的情况下，各级各部门必须强化自力更生意识，不等不靠，深入挖掘税收和非税收入增长潜力，切实提高自我保障的能力。

（三）支出需求快速扩大，资金管理相对粗放，直接加大了教科文财政财务工作的难度。年初编制预算时，受财力所限，各级预算都打得很紧，有些方面甚至留下了“窟窿”。预算执行中，国家又出台一系列新的刚性增支政策，财政收支缺口进一步扩大。据初步测算，落实中央扩大内需项目地方配套，启动医药卫生体制改革，推进司法经费保障机制改革，实施新型农村社会养老保险试点，开展农村新居建设和危房改造等，今年全省各项必保的财政增支高达400多亿元，全年实现财政收支平衡的难度很大。虽然我们初步建立了教科文财政投入保障机制，但目前仍是广覆盖、低水平，投入总量与事业发展需要还有较大差距，公共服务水平相对较低。比如，去年我们积极筹措资金，将农村中小学的生均公用经费定额分别提高155元和105元，但也仅仅达到了中央基准定额标准，距财政强省的水平还有一定差距。又如，全省147个图书馆中，41个没有购书经费，占到28%；全省人均购书费0.32元，最低的地区只有1分钱。同时，尽管近年来我们采取一系列措施，强化了对财政资金的管理，但仍不同程度地存在末端管理粗放现象，个别地方甚至出现虚报、冒领、挪用财政资金等严重违规行为，“一审就有问题，屡审屡出问题”的情况时有发生。这些都对今后的教科文财政财务工作提出了很高要求。

形势固然严峻，但我们也要看到有利因素，迎难而上、以为化危、以为求机，增强做好工作的信心和决心。我们要看到，随着国家和省一系列宏观调控措施的实施，经济运行困难将会逐步克服，总体形势将会进一步企稳向好，教科文事业发展的宏观环境将会越来越好。我们也要看到，教科文工作事关经济社会发展大局，党委政府关心，人民群众关注。优先发展教科文事业，创造新的经济增长点、新的就业岗位和新的发展模式，是拉动内需、摆脱危机、促进发展的现实选择。我们还要看到，历史经验表明，全球性经济危机往往凸显教育的反经济周期功能，催生重大科技创新突破，刺激强劲的文化产品需求。我省具有较好的教育、科技、文化资源优势，蕴藏着巨大的需求和增长潜力，这将为教科文事业发展注入新的活力。我们更要看到，为加快经济文化强省建设，省委、省政府制定实施了一系列重大战略，教科文事业有望成为引领社会发展的“火车头”，推进结构调整的“助力阀”，培养高端人才的“孵化器”，调节就业矛盾的“蓄水池”。做好教科文财政财务工作，不仅责任重大、使命光荣，而且舞台宽广、大有可为。

三、明确任务、增强信心，努力做好今后一个时期的教科文财政财务工作

潜力需要我们去挖掘，困难等待我们去克服。今后一个时期，我省教科文财政财务工作的总体要求是：坚持以科学发展观为指导，认真贯彻省委、省政府和厅党组决策部署，以保障重点事业发展为目的，以加大投入、提高效益为重点，以科学化、精细化管理为核心，围绕财政中心工作，进一步创新思路、深化改革，推进教科文事业又好又快发展。

（一）要继续把搞好经费保障作为首要任务来抓。“巧妇难为无米之炊”。加大财政投入力度，完善经费保障机制，是推动教科文事业又好又

快发展的重要物质基础。在资金尚不宽裕的情况下，各级要积极采取措施，努力做到三个“确保”：一要确保经费投入依法增长。各级财政部门要努力克服困难，有进有退、有保有压，严格落实财政教育、科技投入法定增长和文化投入“不低于”的规定，保证计划生育人均投入水平，并在完成上述任务的基础上，想方设法加大投入，为教科文事业发展提供更加有力的资金保障。二要确保配套资金落实到位。近年来，教科文领域自上而下出台的改革政策很多，需要各级配套的资金量也很大。各级财政部门要提高认识，不折不扣地贯彻执行，及时足额地落实配套资金。对已经明确分担比例的，要严格按规定比例落实到位；对要求列入年初预算的，要在年初足额列入预算；对有配套要求但未明确比例的，要结合实际合理安排资金。三要确保投入结构逐步优化。要按照公共财政的职能要求，不断更新投入理念，合理界定保障范围，努力优化支出结构，确保在教育、公共科技和公益性文化等重点领域的投入，更多地支持“平台”、“体系”和“网络”建设。

（二）*要在推动事业单位改革方面争取更大突破*。事业单位改革是体制机制问题，也是一个财政政策问题。各级财政部门要立足财政改革与管理的大局，与有关部门密切配合，在建立科学的分类管理机制、高效的公平竞争机制、有力的监督约束机制、健全的激励保障机制基础上，研究探索事业单位预算管理办法和经费补助方式，制定符合事业单位特点的收入分配制度。当前，要本着政事分开、企事分开、管办分离的方向，以经营性文化单位转企改制为突破口，积极推进广播影视体制改革，采取整体转企改制、部分剥离、“团中团”或“事生企”等多种方式推动国有文艺院团改革，以资本为纽带促进院团与优势产业融合，为事业单位改革积累更多的经验。要继续支持改革后的文化单位发展，“扶上马送一程”，加快培育新兴文化市场主体，为文化产业发展创造政策环境、提供发展动力。

（三）*要注重以工作具体化推动管理科学化精细化*。对财政科学化、精细化管理，财政部和厅党组高度重视，在今年7月底召开的全国财政工作座谈会上，谢旭人部长作为核心问题进行了部署，印发了《关于推进财政科学化精细化管理的指导意见（征求意见稿）》，厅党组也要求结合实际认真贯彻落实。我们常说，“一笼统就落空，一具体就落实”。要实现管理的科学化、精细化，必须在工作具体化上下功夫。一是目标要具体。按照突出重点、分步实施的原则，坚持夯实管理基础与推进业务工作相结合，研究建立预算管理与财务管理、预算编制与预算执行协调衔接的运行机制，完善预决算编报、预算资金管理、预算执行分析等制度，明确教科文财政财务管理的努力方向和主要任务。二是措施要具体。要以工作目标、工作质量、责任追究等为要素，科学设置工作岗位，明确界定业务流程，周密制定工作措施，确保每项工作都有具体计划和量化指标，并严格对照、抓好落实，努力提高工作效能。三是考评要具体。以高校骨干学科教学实验中心建设、重点实验室管理、非物质文化遗产保护为试点，研究制定财政教科文支出绩效考评办法和指标体系，奖优罚劣，探索试行后补助办法、“以奖代补”办法，充分发挥绩效考评对预算编制和资金分配的激励约束作用，提高专项资金的使用效益。

（四）*要始终坚持把教育放在优先发展的战略地位*。教育涉及千家万户，惠及子孙后代，今天的教育就是明天的生产力，支持教育优先发展是公共财政的重要职责。各级要加大财政投入，保障运转、推进均衡、提升质量，促进高等教育与职业教育、基础教育协调发展。一要切实搞好义务教育经费保障。把义务教育全部纳入财政保障范围，按规定落实生均公用经费标准，并根据财力状况稳步提高。坚持向农村倾斜、向欠发达地区倾斜、向薄弱环节和薄弱学校倾斜，统筹好城乡学校公用经费标准，扩大农村中小学“211”工程试点，不断缩小城乡、区域和学校之间办学条件差距，在解决“好上学”的同时，促进适龄孩子“上好学”，逐步实现优质教育均衡化、平民化、普及化。要结合校舍维修改造规划，按照轻重缓急原则搞好抗震加固，提高校舍综合防灾能力，把学校建成最安全的地方，经得起政府的检查、社会的检阅、历史的检验，让家长暖心、老师安心、学生放心。二要积极推进职业教育均衡发展。以就业为导向加快中等职业教育发展，逐步实现与普通高中1:1配置的目标。在增加职业教育实训基地建设等专项经费的同时，按规定比例将城市教育附加、地方教育附加用于职业教育，并充分调动企业、行业和社会力量的积极性，形成公办民办共同发展、资金来源多种渠道的职业教育办学格局。要积极落实对中职学校困难学生和涉农专业逐步免费的政策，鼓励学生就读职业教育。三要努力提升高等教育质量。围绕教学改革、素质教育、学科建设和师资培训等重点，以骨干学科教学实验中心建设工程、“三重点”建设、教学质量与教学改革工程为着力点，优化高校教学条件，推进教育内涵发展和创新能力建设。以泰山学者建设、教师培训工程为着力点，培养高素质的骨干教师队伍，进一步提高人才培养质量和办学层次。今年省里设立了省属高校化解债务奖励专项资金，对化债工作成效突出的给予奖励。各级要根据实际情况，积极探索多种化债方式，努力减轻高校债务压力。同时，要引导高校充分挖掘内部潜力，统筹运用校区置换、优化贷款结构等措施，多渠道筹措资金，促进高校良性运转。

（五）要加快构建有利于促进科技创新的良好机制。充分发挥科技资金的引导作用，支持全面提高自主创新能力，牢牢掌握发展的主动权，实现“弯道超车”，推动跨越式发展。一是积极构建政产学研互通机制。充分发挥政府、企业、高校和科研机构在科技创新中的作用，引导各类科技经费优先支持对经济发展具有战略性、前瞻性和带动性的产学研结合项目，促进科技、教育和经济紧密结合，构建政产学研互通的“立交桥”，建立企业为主体、市场为导向、产学研相结合的科技创新体系，壮大具有自主知识产权的高新技术产业，培育企业核心竞争力。二是积极构建多元投入机制。根据科研活动规律明确财政科技投入范围，重点支持科技基础能力建设、科技创新平台建设和公共性、关键性技术研究。充分发挥财政政策和资金分配的“引子”作用，支持建立与科技发展规律相适应的科技投入新机制，形成以财政投入为引导、企业投入为主体、银行贷款为支撑、社会集资和引进外资为补充、优惠政策为辅助的全社会多元化投入体系。三是积极构建资源共享共用机制。研究制定科技资源配置依据和标准，通过实施科技创新平台建设、大型科研仪器设备购置联合评议等方式，支持打破部门、单位、所有制、中央和地方的界限，搭建科技资源的共享平台和网络体系，实现系统内外和区域内外资源的整合共享，最大限度地减少分散重复配置，提高科技资源的利用效率。

（六）要抓住机遇推进文化事业产业繁荣发展。文化是一个国家和民族的灵魂，是社会进步的精气神，文化的“软实力”是发展的“硬功夫”。目前，文化建设春潮涌动，面临良好发展机遇。各级各有关部门要把增加财政投入与整合存量资源结合起来，积极促进文化事业和文化产业发展。一方面，要以城乡公共文化服务体系建设为抓手，促进文化事业繁荣。明确公共财政支持范围、标准和方式，加大文化事业投入力度，支持构建结构合理、网络健全、运行有效、覆盖城乡、惠及全民的公共文化服务体系。要积极推广诸城市以社区为平台整合文化资源、打造农村“两公里文化服务圈”的经验，支持整合多种功能的文体活动中心建设。推广莱芜市实施“十、百、千”工程、扶持农民文化专业户和带头人的做法，支持农村题材文化产品创作，培育群众文化活动队伍和领头人，鼓励开展农民群众喜闻乐见的文化交流活动。支持扩大博物馆、纪念馆免费开放范围，探索研究图书馆、艺术馆、美术馆等其他公共文化设施免费开放政策。以向公众提供服务的质量和数量为要素，建立和完善文艺精品创作与生产、文物保护与征集、濒危非物质文化遗产抢救与保护等激励性财政补助机制。另一方面，要以投融资体系建设为抓手，推进文化产业发展。积极借鉴中央和陕西、江苏等省先进经验，通过设立扶持文化产业发展的引导性专项资金、投资基金等方式，撬动社会资本和外资的有效聚集、整合，构建文化产业投融资平台，支持组建控股公司，加快实现投资主体多元化。支持运用高新技术改造传统文化产业，促进文化创意、文化博览、动漫游戏等新兴产业发展，打造系统完整的文化产业链条。鼓励大型文化产业集团跨地域、跨行业、跨所有制联合兼并重组，培育文化产业骨干企业和战略投资者，推动文化产业做大做强。

（七）要坚持不懈地支持实施计划生育基本国策。计划生育工作抓起来千难万难，松下来也就“一夜之间”，稍有麻痹，就会前功尽弃。目前，我省正处在第四次人口出生高峰期，预计每年出生约120万人，净增约55万人，要完成人口增长控制目标，任务异常艰巨。下一步，重点要加强“三个建设”：一要加强制度建设，完善导向机制。认真落实农村部分计划生育家庭奖励扶助制度、独生子女伤残死亡家庭扶助制度等措施，严格执行“四权分离”运行机制，坚持资金封闭运行、社会化发放，确保财政资金及时足额到位。做好城市特困企业独生子女父母退休人员加发一次性养老补助金工作，研究解决把计生家庭纳入低保补助范围的问题。坚持从实际出发，探索建立各级政策相互衔接、各种帮扶措施和救助方式相互补充、管理运行严格规范的计生利益导向新机制。二要加强设施建设，保障经费投入。加大对基层计生服务站所的基础设施建设改造力度，改善基层计划生育服务网点基础条件，落实计划生育免费技术服务项目，保障计生药具和器械配置，加强基层技术人员培训，进一步提高计生工作服务质量。三要加强载体建设，促进生育文明。支持利用科普宣传栏、农村电影放映、文化资源信息共享、科普流动服务车等载体，深入开展宣传服务活动，把计划生育、生殖健康服务送到家门口，为广大农民特别是偏远地区的农民送政策、办实事，让更多群众感受到党和政府的温暖。

（八）要以举办十一运会为契机推动体育产业健康发展。体育是人类文明进步的重要标志，是综合国力的重要体现。经济越发展，社会越进步，人们的健身意识就越强烈，体育就越重要。为此，一是要全力支持办好全运会。目前，离十一运会开幕还有一个半月的时间，各级财政和相关部门，要强化收支监管，维护资金安全，为全运会成功举办提供保障。要抓住机遇，在继续支持体育训练、培养后备人才的基础上，增加群众体育健身支出，促进竞技体育和群众体育协调发展。二是要充分发挥体育场馆的经济社会效益。为了举办全运会，全省新建和改造比赛训练场馆129个，总投资70多亿元。这是一笔巨大的有形资产，更是一笔宝贵的体育财富，决不能赛后就偃旗息鼓、闲置荒废。要搞活经营机制，采取参股、控股、冠名、转让经营权等多种方式营运好体育场馆，盘活体育器械，发挥现有设施的经济社会效益，在保证体育赛事正常举办的情况下，积极开展市场开发和有偿服务活动，弥补事业经费不足。三是要努力促进体育产业发展。统筹发展体育事业与体育产业，走以事业促产业、以产业带事业的路子。对经营性体育产业，要按照“谁投资，谁所有，谁获益”的原则，研究制定优惠政策和措施，培育体育市场，增强体育的“造血”功能。通过政府引导和市场资源配置，逐步建立起以健身娱乐、竞赛表演、体育用品、数字体育、体育传媒为支柱的体育产业体系和社会化服务体系，不断满足人民群众多方面、多层次、多样性的体育需求。

（九）*要把加强队伍建设作为做好工作的根本保障*。干事创业，人的因素是关键。要做好新时期教科文财政财务工作，关键是要加强能力建设，打造一支素质过硬、业务精通、作风优良、清正廉洁的干部队伍。一要自我加压，增强与时俱进的学习力。据统计，在全球生产总值的高速增长中，知识份额已经由20世纪初的5%上升到今天的80%～90%。学习型组织理论创始人彼得·圣吉教授，在他的名著《第五项修炼》里提出了L≥C的学习公式，L是学习速度，C是变化速度。他强调，只有学习速度大于、至少等于形势变化速度时，才能适应环境变化，获得成功。我们要时刻保持一种强烈的知识危机感、本领恐慌感，针对自身素质“短板”，与时俱进、锲而不舍地学理论、学政策、学业务，把学习当成一种生活态度、一种工作责任、一种精神追求，追上形势变化的速度，实现自我的不断超越。二要辨证思考，增强政策解读的思维力。恩格斯说过，人类思维是“地球上最美丽的花朵”。大脑指挥四肢，思维决定行动。缺乏辩证分析的思维能力，就无法准确理解、深刻把握各项方针政策，更好地指导实践。我们要切实拓宽视野，全面准确地解读中央大政方针，深入领会它的时代背景、丰富内涵和本质要求，善于将其同本地本部门的实际结合起来，把上面的政策内化为管理的理念，转化为具体的行动，贯彻到工作实践中去。三要狠抓落实，增强攻坚克难的执行力。一项工作部署以后，就要不折不扣地抓好落实。如果在贯彻过程中“减了压”、“走了调”甚至“断了线”，再新的思路、再好的决策，最终都是空中楼阁。要坚决克服“靠”的思想、“满”的心理、“散”的习惯、“浮”的作风，既要有“唱功”，更要练“做功”，铺下身子抓，溜到“底线”转，沉到下边干，在潜移默化中强化执行理念，在融会贯通中提升执行能力，在统筹兼顾中确保执行质量，切实把上级的意图领会好，把领导的指示贯彻好，把部门的职能履行好，把财政财务工作落实好。四要开拓进取，增强敢为人先的创新力。做事缺乏创新、没有突破，工作就缺少活力、生气和亮点。邓小平同志曾说：“要克服一个怕字，要有勇气。什么事情总要有人试第一个，才能开拓新路。”当前，教科文事业中的许多问题需要我们去探索、去创新。我们的眼里要有“活儿”，坚决改变等着上面发指令、拿方案、走现成路的思想，树立创新意识，形成创新习惯，培育创新思维，敢为人先，不步人后尘，努力促进教科文事业在不断创新中发展壮大。五要团结凝聚，增强相互配合的协作力。“互相补台，好戏连台；相互拆台，共同垮台”。我们要树立全局观念，既各司其职、各负其责，又相互支持、密切配合；既勇挑重担、当好主角，又协同作战、当好配角，杜绝政出多门、各行其是、推诿扯皮的现象。对工作中的矛盾和问题，要相互尊重、相互理解，切实增强合作意识，不断提高和谐共事的能力，努力形成干事创业的强大合力。六要加强修养，增强廉洁奉公的自律力。廉洁自律是为官之德，从政之本。古人把廉洁分为三等：见理明而不妄取为上，尚名节而不苟取为中，畏法律而不敢取为下。我们要做“见理明”的上等人，明晰法与纪的“高压线”、公与私的“警戒线”，不断增强是非面前的辨别力、诱惑面前的自控力、警示面前的醒悟力，自重、自省、自警、自励，自觉接受各方面的监督，做到想干事、能干事、干成事、不出事。

（作者为山东省财政厅副厅长）

以完善惩防体系建设为重点 扎实推进财政部门反腐倡廉建设

李振声

一、2008年全省财政反腐倡廉工作情况

2008年是极不平凡的一年。面对复杂严峻的国内外形势，各级财政部门坚持以邓小平理论和“三个代表”重要思想为指导，深入学习实践科学发展观，按照中央、省委关于党风廉政建设和反腐败工作的部署要求，围绕落实中央《建立健全惩治和预防腐败体系2008～2012年工作规划》（以下简称《工作规划》）和省委《实施办法》，全面推进财政反腐倡廉建设，取得新的成绩。

（一）认真落实中央《工作规划》和省委《实施办法》，为构建财政惩治与预防腐败体系奠定了良好基础。中央《工作规划》和省委《实施办法》下发后，厅党组认真组织学习，迅速研究贯彻落实意见，印发了《关于财政厅落实省委〈实施办法〉的实施意见》，明确了推进财政惩防体系建设的目标、任务和措施，并按照处室工作职责，将牵头和配合的33项任务细化分解，确定了牵头及配合单位，明确了目标要求和责任人。为确保完成五年规划任务，厅党组成立了由党组书记、厅长尹慧敏同志任组长的领导小组。同时，建立联席会议制度，定期调度工作进展情况，加强督促检查。各级财政部门结合本地实际，也都制定了工作规划和落实方案，并层层签订责任书，将目标、任务、责任、完成时限落实到岗、到人，为构建财政惩防体系提供了组织和机制保证。

（二）扎实开展深入学习实践科学发展观活动，进一步理清了财政反腐倡廉建设工作思路。开展深入学习实践科学发展观活动，是一项重要政治任务。去年，在厅党组的正确领导和全体党员干部的共同努力下，经过认真学习讨论、深入查摆问题、狠抓整改落实，省厅和先行试点的部分市县财政局圆满完成各项任务，进一步完善了有利于科学发展的财政体制机制，得到省委领导的充分肯定，也为全省财政系统开展学习实践活动提供了借鉴。学习实践活动中，厅党组坚持以科学发展观为统领，在年初确定构建“一个体系”、打牢“两个基础”、把握“三个关系”、坚持“四个结合”、做到“五个融入”总体思路的基础上，又提出了发挥纪检监察职能作用，营造有利于财政科学发展“五个环境”的总体要求。即通过廉政教育和监督，保证党员干部自重、自省、自警、自励，努力营造风清气正、权为民用的从政环境；通过严格执行党的纪律，防止和纠正急功近利、弄虚作假、有令不行、有禁不止或上有政策、下有对策等错误行为，努力营造令行禁止、政令畅通的政治环境；通过纠正损害群众利益的不正之风，进一步关注民意、改善民生，努力营造安定团结、和谐稳定的社会环境；通过加强政风行风建设和开展效能监察，纠正个别干部存在的不作为、慢作为、冷作为、乱作为等官僚衙门作风，努力营造公平公正、优质高效的服务环境；通过制度创新，加强组织协调，建立健全源头治腐各项制度规范，努力营造有利于从根本上预防和消除腐败的制度环境。上述构想的提出进一步完善了工作思路，为今后深入推进财政反腐倡廉建设奠定了基础。

（三）大力加强廉政教育，构筑党员干部拒腐防变的思想道德防线工作卓有成效。各级财政部门把廉政教育作为基础性工作，纳入干部教育培训规划，以省厅提出的“四个一”特色廉政教育活动为载体，与廉政文化建设紧密结合，广泛开展了多种多样的教育活动。有的举办廉政书画展，高唱廉洁正气歌，组织拒腐防变演讲比赛；有的组织党员干部到老区、到烈士纪念馆进行革命传统教育，到监狱实地参观，听取服刑人员忏悔报告，开展警示教育；有的在办公区域设置廉政宣传栏、警示牌，在电脑上设置廉政屏保，在局域网开设廉政视频点播栏目；有的在节日为干部发廉政短信、为家庭送廉政祝福，组织干部与亲属一起进行廉政算账等。据不完全统计，去年全省财政系统共组织党风党纪党课教育辅导2.36万人次，开展警示教育1.76万人次，由于形式灵活、内容丰富、贴近实际，收到了入情入理、入脑入心的良好效果。

（四）贯彻从严治党方针，信访举报案件查办工作深入开展。各级财政部门高度重视和认真做好纪检监察来信来访和案件查办工作，去年省厅受理信访举报15件，地方受理270件，全部依照规定进行了调查核实，对查实的问题依法依纪作了纠正处理。纪检监察机构注意从信访举报和案件查办线索中发现苗头性、倾向性

问题及制度和管理中的漏洞，采取措施及早预防。一些发生案件的地方，更是注重以案说纪讲法、以案警示他人，做到调查处理一个问题，教育一批党员干部，完善一套制度办法，发挥了信访举报和查办案件的治本功能。

（五）推进财政管理制度改革，从源头上防治腐败工作取得新的进展。去年各级财政部门继续推进财政管理制度改革，部门预算、国库集中支付、收支两条线等重大改革项目不断深化，政府采购监管更加规范有效，公务员津贴补贴政策进一步规范，国有资本经营预算、政府机构公务卡结算制度改革顺利启动，行政事业单位国有资产监管更加严格，财政监督机制不断完善。财政管理制度改革的深入推进为源头上防治腐败提供了有力保障。同时，各级积极探索党政机关领导干部职务消费改革，认真治理商业贿赂、治理乱收费、清理个人“小灵通”捆绑单位办公电话、清理“小金库”等专项治理工作取得重大进展，全省共清理捆绑电话219部，退回话费5 260元；有3个市财政局会同有关部门开展清理“小金库”工作，查处了一些问题，严肃了工作纪律；清理违规设立收费项目3个，查处违反津贴补贴政策项目12个，上述工作作为治本措施都对预防腐败发挥了重要作用。

（六）加强制度建设和监督检查，对权力运行的监督监察力度不断加大。各级财政部门把监督制约权力运行作为工作重点，针对财政机关容易发生问题的重点领域和重要环节，积极探索完善监督检查办法。一是认真贯彻党内监督条例，严格执行民主生活会、述职述廉、廉政谈话、诫勉谈话、函询、党员领导干部报告个人有关事项、定期打招呼会等制度规定。去年全省各级财政机关共召开民主生活会1 215人次，自查自纠问题574个；修订完善党风廉政建设制度1 071项；签订党风廉政责任书3 666份；领导干部述职述廉1 760人次，报告个人有关事项802人次；开展任前廉政谈话686人次、诫勉谈话8人次。省厅反腐倡廉工作领导小组办公室与10个处室、单位进行建设性廉政谈话，对7个办事处进行廉政巡视谈话，谈话涉及处级干部53人、科级干部63人，对推动厅机关党风廉政建设起到了积极作用。二是扎实开展专项资金管理执法监察。全省财政系统共组织各类执法监察318次，纠正和处理问题531个。其中，厅纪检组对各处室贯彻落实厅党组《关于加强财政内部管理工作的规定》情况开展了执法监察。三是不断完善财政资金管理办法。各级财政部门共制定专项资金管理分配办法268件，有的市局还认真开展“财政制度建设年”活动，推动制度建设与创新，有力地强化了制度的刚性约束功能。

（七）加强政风行风与机关作风建设，财政部门和财政干部形象有了新的提升。一是狠抓作风建设，不断提高服务水平。省厅以开展“机关服务年”活动为载体，抓机关促基层、抓服务促作风，机关干部的服务意识越来越强，服务水平越来越好。各地进一步完善行政问责、政务公开、服务承诺、首问负责、一次性告知、限时办结等制度措施，也都以全新的服务理念和务实的工作作风赢得了群众的信任与支持。二是积极参与“阳光政务热线”直播活动，真心实意为群众解难题办实事。2008年省、市、县三级财政厅局共有267位领导干部上线与基层群众交流，解答疑难问题，宣传惠民政策，群众提出的678个与财政有关的问题全部得到妥善处理。三是各级财政机关高度重视、精心组织、全力推进政风行风建设，系统政风行风建设有了新的突破。厅机关连续3年被评为省级文明机关，在省政府组织的民主评议行风活动中荣获省直经济和社会管理部门第一名；17个市财政局中，有5个被评为全国文明单位或精神文明先进单位，12个被评为省级文明单位，8个在行风评议中名列市直第一；另外还有80%以上的县财政局被评为市级以上文明单位和政风行风建设先进单位。

（八）加强财政纪检监察干部队伍建设，服务财政改革发展的能力进一步提高。各级财政纪检监察机构深入学习实践科学发展观，认真开展“做党的忠诚卫士，当群众的贴心人”主题实践活动，着力解决纪检监察工作与科学发展观要求不适应、不符合的突出问题，围绕财政改革和财政中心工作，认真履行职责，坚决维护党和人民利益，求真务实、开拓进取、清正廉洁、依法执纪，树立了可亲、可信、可敬的良好形象。去年还对全系统587名专职纪检监察干部进行了分级培训，以不断提高他们在新形势下做好纪检监察工作的素质和能力。

二、2009年财政党风廉政建设和反腐败工作主要任务

2009年是新中国成立60周年，是深入学习实践科学发展观、积极应对国内外严峻形势、促进经济平稳较快发展的关键一年，也是贯彻落实中央《工作规划》和省委《实施办法》、推进财政惩防体系建设的重要一年。全省财政党风廉政建设和反腐败工作总的要求是：**以邓小平理论和“三个代表”重要思想为指导，深入贯彻落实科学发展观，根据省纪委九届四次全会和全国财政反腐倡廉建设工作会议的部署要求，按照厅党组反腐倡廉建设“一二三四五”的工作思路，坚持“标本兼治、综合治理、惩防并举、注重预防”的方针，以落实省委省政府决策部署、推动科学发展、实现经济平稳较快增长为目标，加强对积极财政政策实施情况的监督检查；以推进财政改革、完善惩防体系为重**

点，加大反腐败抓源头工作力度，深入推进财政反腐倡廉建设；以加强党性修养、树立良好作风和严格落实党风廉政建设责任制为抓手，着力解决党员干部在党性党风党纪方面存在的突出问题，为推动财政改革发展、建设财政强省提供坚强保证。

（一）严明党的纪律，加强对积极财政政策实施情况的监督检查，推动科学发展重大决策部署贯彻落实。

要加强对政治纪律执行情况的监督检查。政治纪律是党最重要的纪律，严明政治纪律对维护党的团结统一，提高执政能力，妥善应对各种风险挑战至关重要。要高度重视执行政治纪律的极端重要性，深入开展政治纪律教育，使广大党员干部始终坚持正确的政治方向、政治立场和政治观点，切实增强政治意识、政权意识、责任意识、忧患意识，真正把思想统一到中央和省委重大决策部署上来，统一到厅党组的具体工作安排上来。纪检监察要把党员执纪、特别是执行党的政治纪律情况作为监督检查重点，坚决纠正有令不行、有禁不止，甚至阳奉阴违、说做不一的违纪问题，确保中央和省委、省政府政令畅通。

要加强对积极财政政策实施情况的监督检查。落实积极的财政政策，促进经济平稳较快发展，是今年财政工作的重中之重。纪检监察机构要围绕这一中心任务，搞好组织协调，配合有关处室重点加强对财政扩大内需投资资金的拨付使用，对重大民生政策资金的保障落实，对清费减税政策实施，对援建北川资金物资管理使用等情况的监督检查。要充分发挥行政监察的职能作用，加大行政执法力度，对存在的问题做到及早发现、及早纠正，把问题消灭在萌芽状态。对在执行中发生违纪违法行为的，或因玩忽职守、失职渎职出现重大失误、造成严重损失的，要立案调查，严肃处理，追究责任。

要加强对中央和省委倡导艰苦奋斗、过紧日子有关要求实施情况的监督检查。近日，中办、国办下发了《关于党政机关厉行节约若干问题的通知》、《关于坚决禁止公款出国（境）旅游的通知》，省委、省政府也正在起草有关落实办法。财政作为党和政府的重要理财部门，要带头树立过紧日子的思想，带头压缩行政开支、带头反对铺张浪费和大手大脚花钱，确保把有限的资金和资源用在刀刃上。财政纪检监察机构要把落实中央和省委精神作为监督重点，确保各项要求执行到位。

（二）严格落实党风廉政建设责任制，加强党员领导干部党性修养和作风建设。

要高度重视党员领导干部的党性修养和作风建设。作风关乎党性、连着党风，领导干部作风好坏，对个人来说是党性强不强的问题，对全党来讲则是党风正不正的问题。各级财政机关要认真学习胡锦涛总书记在十七届中纪委三次全会上的讲话精神，结合当前正在开展的第二批深入学习实践科学发展观活动，教育引导广大党员干部增强党性，改进作风，切实转变不适应不符合科学发展观的思想观念，着力解决影响和制约科学发展的突出问题以及党性党风党纪方面群众反映强烈的突出问题。要把增强公仆意识作为加强党性修养的重要内容，把保持党同人民群众的血肉联系作为加强作风建设的重点环节，针对机关工作中存在的推诿扯皮、效率低下、不作为、乱作为等突出问题，制定出台具体规定，做到目标任务、责任主体、工作标准、操作流程、完成时限、奖惩措施等具体明确，建立起有利于加强领导干部党性修养和作风养成的工作机制。纪检监察机构要协助党组（党委）加强对领导干部作风状况的监督检查，及时发现和解决领导干部在党性修养和作风养成方面的主要问题，把冷、浮、庸、奢、散和严重损害群众利益的问题作为监督和问责重点，对一般性问题要批评教育，对经教育不改的要做出组织处理，对造成严重后果的要给予党政纪处分，对典型案例要予以曝光。

（三）深入开展反腐倡廉教育，促进财政干部廉洁自律。

要继续完善教育机制，把反腐倡廉教育列入干部教育培训规划，以树立正确的权力观为核心，以党员领导干部为重点，面向广大财政干部深入开展理想信念、党风党纪、廉洁从政和艰苦奋斗教育，完善大宣教格局，增强教育成效。除按上级部署组织好反腐倡廉主题教育活动外，今年要继续开展具有财政特色的“四个一”廉政教育活动：一是由省厅和各地自行邀请纪委或监察部门领导举办一次拒腐防变专题讲座，引导党员干部认清当前反腐倡廉形势、任务、特点、规律，明确财政反腐倡廉面临的任务，促进干部职工自警自省、严格自律。二是利用现有信息系统，搭建廉政教育远程网络平台，及时通报情况、交流信息、介绍经验，共享全省财政反腐倡廉建设成果。三是组织一次财政反腐倡廉理论研讨活动，由省厅统一下达题目，各地分头调研，在此基础上提出推进财政系统反腐倡廉建设的对策建议。四是收集整理一批近五年来发生在全省财政系统的违纪违法典型案例，用身边的事教育身边的人。各地要拓宽领域，丰富内容，创新形式，切实增强廉政教育的感染力和吸引力。

要教育引导干部认真落实廉洁自律各项规定，加强党员领导干部管理，严禁利用职务上的便利谋取不正当利益。重点抓好五个方面问题：(1) 严禁领导干部违反规定收送现金、有价证券、支付凭证和收受干股等行为。(2) 落实领导干部配偶和子女从业、投资入股、到国外定居等规定和有关事项报告登记制度，严禁发生与公共利益冲突的行为。(3) 治理违规组织集资合作建房、超标准建房、在风景名胜或公园区建房等问题；纠正领导干部违规发放住房补贴、多占住房、以明显低于市场价格购置住房或以劣换优、以借为名占用住房等问题。(4) 严禁领导干部利用和操纵招商引资项目、资产重组项目，为本人或特定关系人谋取私利。(5) 严禁领导干部相互请托，违反规定为对方的特定关系人在就业、投资入股、经商办企业等方面提供便利，谋取不正当利益。

（四）加大查办案件工作力度，严肃查处财政部门中的违纪违法行为。

针对财政工作实际，突出办案重点，严肃查办以下几方面案件：利用资金管理分配权、行政审批权、行政执法权进行贪污、索贿受贿、徇私舞弊、权色交易的案件；利用工作便利为亲友谋取不正当利益的案件；干预招标投标获取非法利益的案件；严重违反政治纪律的案件；严重侵害群众利益的案件；失职渎职，给国家利益造成重大损失的案件。同时，要深入开展政府采购领域治理商业贿赂专项工作，认真搞好问题整改，完善管理制度和机制。加强注册会计师、评估师事务所等市场中介组织的诚信体系建设和执业监管，建立健全失信惩戒和守信激励制度。

各级财政部门党组（党委）要加强对查办案件工作的指导和组织协调，支持财政纪检监察机构查办案件工作，机关有关职能部门要积极配合。财政纪检监察机构要健全信访举报制度，完善跟踪督办机制，正确使用案件检查措施，提高查办案件工作能力，确保案件查办质量。要加大组织处理工作力度，对确有问题、不宜继续担任领导职务的，按有关规定采取引咎辞职、责令辞职、免职等组织措施予以处理。要正确把握办案规律，惩前毖后、治病救人，努力取得良好的办案效果。要加强典型案件剖析，深挖问题根源，堵塞制度和管理中的漏洞。

（五）加强对领导干部的监督，完善财政权力运行监督制约机制。

要加强对领导班子和领导干部的监督。各级要严格执行党内监督条例，发扬党内民主，加强党内监督，推进党务公开，认真落实民主生活会、述职述廉、廉政谈话、函询等制度规定。纪检监察机构要发挥纪律检查和行政监察双重职能，加强对领导班子和领导干部贯彻落实党风廉政建设责任制、重大决策执行、重要干部任免、重大资金分配等方面的监督。省厅今年要继续搞好廉政谈话和廉政巡视，组织开展不同内容、不同形式的执法监察活动。各级领导班子和领导干部要严格执行制度，自觉接受监督。

要加强对财政工作重要环节和关键岗位的监督。省、市、县三级财政部门都要结合推进行政审批制度改革和财政改革，对资金分配、行政审批、财政执法、行业监管等权力事项进行“搜索”，逐项梳理，分门别类制定科学规范、公开透明的工作流程，有的放矢地进行监督定位，设立起防止权力滥用的“防火墙”。这项工作财政部已经探索了一年，取得了成功经验。财政部要求，今年要在全国财政系统全面推行，年底前完成。考虑到这几年省厅及各地一直在探索推进这方面工作，并有财政部的成功做法可供借鉴，而且年底财政工作任务较重，我省这项工作提前到10月底结束。各级财政部门要高度重视，纪检监察机构搞好协调，高质高效地完成任务。

要大力推进政务公开。按照《政府信息公开条例》的要求，不断健全财政政务公开领导办事机构和相关制度，加强政务公开信息系统建设，明确公开事项和公开渠道，积极稳妥地推进财政信息公开。各级财政纪检监察机构要加强对政务公开实施情况的执法监察，督促落实相关要求，促进财政权力运行的公开透明，推动阳光财政建设。

（六）推进财政改革和专项治理工作，认真落实财政源头治理任务。

全省财政系统要按照省委《实施办法》和厅党组《实施意见》的分工，认真实施本级财政惩防体系五年规划，确保完成以下牵头工作任务：(1) 深化财政体制和部门预算制度改革。进一步规范省以下政府间分配关系，简化和理顺省市财政结算关系，规范财政转移支付制度和专项补助政策，建立县级基本财力保障机制，推进乡财县管改革。深化部门预算改革，将部门预算延伸到基层预算单位，完善支出标准体系，扩大绩效考评试点，提高部门预算编制和执行质量。(2) 健全现代国库管理制度。将所有预算单位实有资金账户逐步纳入国库单一账户体系管理。加强国库现金管理，健全覆盖各级财政的动态监控机制，确保财政资金安全。(3) 强化“收支两条线”管理。完善非税收入收缴管理制度，加快将预算外管理的非税收入纳入预算管理。将行政单位国有资产出租出借和处置、事业单位国有资产处置等非税收入实行“收支两条线”管理，逐步纳入预算管理。(4) 推进政府采购管理制度改革。加大监督检查力度，加强对政府采购代理机构的管理，推进政府采购电子化建设，建立健全监督处罚机制，研究制定应急采购管理办法。严格执行政府采购预算，不断扩大政府采购范围和规模。(5) 深化收入分配制度改革。促进提高低收入群体收入水平，实施义务教育教师绩效工资制度，推进事业单位收入分配制度改革。继续做好规范公务员津贴补贴工作，加快县乡工作进度，严肃查处乱发津贴补贴等违规违纪行为。(6) 加强财政资金管理监督检查。健全覆盖政府性资金和财政运行全过程的监督机制，重点加强对政府投资的监督检查和投资评审。按照上级部署，开展对“小金库”问题的专项治理工作。(7)加强行政事业单位国有资产管理。完善管理制度和管理软件，加快资产管理信息化建设，促进资产管理与预算管理相结合，提高行政事业单位国有资产管理水平。(8)推进党政机关领导干部职务消费改革。认真落实压缩出国（境）经费预算、公务接待费用、公务购车用车、会议经费等规定和要求，在省级所有预算单位全面推行公务卡结算，指导市县推行公务卡制度。(9)推进国有资本经营预算试行工作。完善国有资本收益分类收缴制度，扩大省级试行范围，推动市、县加快改革步伐。规范国有企业收入分配秩序，增强政府宏观调控能力。

要配合有关部门认真做好协办工作。当前要着力解决好食品药品安全、征地拆迁、涉及民生的基金资金监管、税费价格改革、治理乱收费、减轻农民负担、清理规范评比达标表彰活动等社会关注程度高、群众反映强烈的突出问题。

（七）加强政风行风建设，坚决纠正损害群众利益的不正之风。

坚持“管系统必须管行风”的原则，把政风行风建设纳入党组（党委）议事日程，与文明创建结合起来，加强领导，强化措施，持之以恒，常抓不懈。当前，特别是要把改善民生作为纠风工作的出发点和落脚点，妥善处理群众的利益诉求，着力解决关系群众切身利益的突出问题，把省委、省政府出台的各项惠民政策落实到位。要积极参加“阳光政务热线”直播活动，充分利用这一平台，倾听百姓呼声，了解群众所想所盼，自觉接受监督，不断改进工作，树立和维护财政部门和财政干部为民、务实、清廉的良好形象。

（八）加强纪检监察队伍建设，不断提升纪检监察干部的综合素质。

要坚持用科学发展观武装头脑。以开展“做党的忠诚卫士、当群众的贴心人”主题实践活动为载体，深入扎实地开展学习实践科学发展观活动，用科学发展观武装头脑、指导实践、推动工作，使财政纪检监察工作更加贴近财政工作实际，更加符合财政落实科学发展观的要求，通过自身的努力，做到“有为、有位、有威”。

要全面实施“三个五”素质提升工程。根据省纪委部署要求，全省财政纪检监察干部要加强学习实践，尽快提高政治鉴别、执纪办案、文字写作、调查研究、工作创新“五种能力”，处理好与上级机关、与下级机关、与驻在部门、与机关内部、领导与被领导“五个关系”，争做刻苦学习、勤奋工作、秉公执纪、维护团结、廉洁自律“五个表率”，内强素质、外树形象，打造高素质的财政纪检监察干部队伍。

要大力推进工作创新。深入理解和落实厅党组“一二三四五”反腐倡廉工作思路，紧紧围绕财政中心工作来谋划反腐倡廉工作，立足当前、放眼长远，统筹规划、重点推进，把握新情况，解决新问题，不断推进财政纪检监察工作理念、体制机制和方式方法创新。

要支持做好纪检监察机构统一管理工作。为整合纪检监察力量，加大反腐倡廉力度，省纪委决定，今后要在全省全面推行市级纪检监察机构统一管理工作。各地要高度重视、全力支持，确保改革顺利进行，加快推进新体制下的反腐倡廉建设。各市财政局的领导特别是主要负责同志，要积极做好工作，主动与当地纪委、组织部门汇报沟通，全面介绍干部的德能勤绩情况，人尽其才地提出使用建议，为他们干事创业提供更加宽阔的舞台。广大财政纪检监察干部要讲政治、顾大局，忠于职守、坚守岗位，在新老体制转换期间做到思想不散，干劲不减，标准不降，工作不断。

（作者为省纪委驻省财政厅纪检组组长、省监察厅驻省财政厅监察专员）

完善政策　加强管理
努力促进现代农业生产

文新三

一、全省现代农业生产发展资金项目建设取得明显成效

2008年，按照财政部关于实施现代农业生产发展资金项目的统一部署和要求，全省各级财政和农口部门紧紧围绕构建现代农业产业体系，切实加强协调配合，科学确定主导产业，合理选择项目区域和扶持重点，深入推进资金整合，积极创新工作机制，全力打造现代农业项目“精品工程”，有力促进了全省现代农业发展。

（一）集中投入，打造支农资金整合新平台。现代农业项目是一项庞大的系统工程，需要大量的资金投入。我省从项目实施之初，就以主导产业发展规划为指导，以现代农业生产发展资金为引领，通盘考虑产前、产中、产后各个环节，统筹安排各级次、各部门、各渠道支农资金，加大资金整合力度，集中解决制约产业发展的关键“瓶颈”问题。在编制全省主导产业发展总体规划和省级指导意见时，省里注重将现代农业项目与农业综合开发、国家新增1 000亿斤粮食生产能力规划、国家生猪调出大县奖励政策和黄河三角洲高效生态经济区建设紧密结合起来，相互融合，互为补充，共同实施，形成了政策和资金合力。去年，省财政在年初预算已经确定的情况下，及时调整有关支农资金使用范围和重点，从20多项省级支农专项资金中筹集建设资金，集中投入现代农业项目区。在省里的指导带动下，市、县级财政部门也以实施现代农业项目为契机，加大了支农资金整合力度，集聚各方资源，扩大投入规模，全力支持项目建设。比如垦利、桓台、临淄、邹平、兖州、曲阜、临邑、莱州、广饶9个县（市、区），整合市、县两级资金都超过1 000万元，垦利县达到4 000万元。截至2008年底，全省各级财政用于现代农业项目的资金总额达到8.7亿元，其中中央现代农业生产发展资金2.4亿元，省级整合各类资金3.26亿元，市、县整合资金3.04亿元，平均每个项目县资金投入规模达到1 500万元，对主导产业发展的支持力度明显加大，规模效益进一步提高。

（二）积极探索，建立资金使用管理新机制。现代农业生产发展资金具体使用在农村，项目建设靠基层，政策受益是农民。为充分调动和发挥基层群众的积极性、创造性，我们大胆探索和创新资金使用管理机制，改变过去“基层申报项目、省级逐项审批”的工作方式，建立了“省级宏观指导、资金切块下达、地方自主立项、绩效考评奖惩”的运作机制，进一步下放项目选择权限，由项目县根据省里的统一部署，结合产业发展实际和亟须解决的关键问题，在专家指导下，自主确定具体项目和实施区域，编制出更加符合实际、更具操作性的实施方案。同时，省财政将中央和省级补助资金直接拨付到项目县，取消了中间环节，提高了资金拨付效率，确保财政资金早到位、早发挥效益。今年年初，省财政厅还会同省直农口部门组成联合检查考评组，对项目实施成效、资金使用管理等情况进行检查考评，并根据考评结果，对工作积极性不高、项目建设进度慢的5个县，暂停了项目资格，建立了奖优罚劣的激励约束机制。

（三）通力协作，形成部门协调配合新格局。在现代农业项目实施过程中，我省建立起了“财政综合协调、部门牵头实施、地方具体落实、专家技术指导”的组织管理体系，营造了各部门密切配合、协力推进项目建设的良好氛围，保障了各个环节高效有序运转。各级财政部门注重加强与农口部门的沟通协商，积极参与项目指导、立项、实施、检查等工作，发挥了较好的综合协调作用。省级农口主管部门充分发挥职能作用和工作优势，认真研究编制产业发展总体规划，普遍建立了项目县联系制度，及时调度项目进展情况，定期深入项目区加强工作指导，为项目顺利实施做了大量卓有成效的工作。有关农业专家充分发挥“智囊团”作用，积极参与项目规划、方案的编制和论证，定期到项目县进行技术指导，开展技术培训和试验示范等工作，为项目顺利实施提供了良好智力支持和技术保障。各项目市、县均建立了现代农业项目领导小组，大部分项目县政府主要负责同志亲自“挂帅”，做到了领导、组织、措施“三到位”。比如，东平县委、县政府每月调度一次项目建设进展情况，项目县、项目乡（镇）、项目村层层签定责任书；广饶县建立了领导小组成员包乡镇、技术指导组成员包项目单位的工作制度，县畜牧局、县财政局、乡镇政府和项目实施单位四方签订了合同书；文登市财政局、畜牧局密切配合，每周召开一次调度会，每十天对一次账，做到了项目建成一项、竣工验收一项、资金拨付一项。

（四）项目带动，推动现代农业产业新发展。通过现代农业项目的实施，项目区农业生产的规模化、标准化、产业化水平明显提高，农业综合生产能力明显提升，主导产业发展后劲明显增强。粮食产业项目县积极推行玉米秸秆还田、深耕改土、增施有机肥等措施，实行项目区良种补贴和良种推广全覆盖，加强病虫害专业化防治队伍建设，在去冬今春遭受重大旱灾的情况下，平均亩产仍比前三年平均水平提高5%以上，增产1.8亿斤；畜牧产业项目县大力支持规模化养殖场（区）改造，加快良种繁育体系建设，标准化规模饲养比例提高15%，畜牧业产值增长5.6%；水产项目县着力推进标准化鱼塘整理改造、工厂化养殖车间改造和循环水养殖示范大棚改造，健康养殖面积达到总养殖面积的40%，水产业产值增长5%。在今年全国春季农业生产工作会议期间，回良玉副总理视察了我省现代农业生产发展资金项目区，对项目建设取得的成效给予高度评价。

总体上看，我省现代农业项目进展良好、成效显著，这些成绩的取得，主要得益于各级党委政府重视、部门通力协作、上下共同努力，特别是省直农口部门讲政治、顾大局，认真履行职责，为现代农业项目顺利实施发挥了重要作用，做出了积极贡献。在看到成绩的同时，我们也要看到当前我省现代农业项目和资金管理中存在的不足和问题。一是部分项目建设进度慢。部分生猪、奶牛标准化养殖场改造项目建设进度严重滞后，截至考评日，奶牛养殖场改造项目完工率不足10%，个别项目县甚至尚未开工建设；粮食产业农田水利设施建设项目进展普遍较慢。二是有些地方资金整合力度小、到位率低。市、县级整合资金仅占财政资金总规模的36%，其中市级仅为9 150万元，占财政资金总规模的10.5%；部分项目县整合资金没有按方案足额落实到位，有的到位率不足50%，个别地方根本没有整合相关资金。三是资金管理不规范。有些项目县报账申请审核进度慢，项目完工后未能及时拨付资金；有些支出未严格执行县级报账制，将资金直接拨付项目主管部门或所在地乡镇；个别项目县存在违规列支会议费、招待费、交通费等问题。四是项目管理存在薄弱环节。有些项目县在省级下达资金额度后没有及时调整实施方案，导致建设资金存在硬缺口，规划项目无法全部完成；部分项目县甚至擅自变更项目建设地点、内容等，未按规定程序报批；有的项目单位招标程序不规范，监理制度落实不到位；有的项目县档案管理不细致，工作台账不完整，存在资料散缺等问题；个别地方物料采购缺乏供货合同和购货发票。五是宣传工作不到位。有些地方做了许多工作，但在宣传项目实施的重要意义、目标任务、建设内容、工作要求、取得成效等方面明显不足，向上级领导汇报工作相对较少，致使地方党委政府对项目建设情况了解不多，组织协调力度不强。上述问题，有季节、市场、农业生产周期等客观因素，但主要还是一些地方政府和部门重视程度不够，事业心和责任心不强，前期工作不扎实，方案编制不科学，部门协调不顺畅，工作落实不得力，保障措施不到位等原因造成的。对此，省里已采取相应的处罚措施，并下发了《关于进一步加快2008年现代农业生产发展资金项目实施进度的通知》。各级各有关部门一定要统一思想，提高认识，严格按照通知要求，采取切实有效措施，认真加以纠正和解决，确保项目顺利实施。

二、精心组织，周密部署，认真落实好2009年财政支持现代农业生产发展的各项政策

实施现代农业项目，是财政支持农业发展工作思路的重大转变，是推进现代农业建设的重大举措，也是促进农业稳定发展、农民持续增收的重要政策。各级各部门要严格按照财政部的统一部署和要求，继续围绕构建现代农业产业体系，以支持主导产业、优势区域和关键环节为重点，以加大投入、整合资源、创新机制、强化监管为手段，以技术应用和服务体系建设为支撑，全面提升优势主导产业的综合生产能力、可持续发展能力和市场竞争能力，确保实现“粮食等主要农产品产量明显提高、质量明显提升、结构明显改善和农民明显增收”的目标，加快推进我省现代农业发展。具体工作中，要重点抓好以下几个方面：

（一）要进一步明确项目实施的目标任务。财政部要求，2009年现代农业生产发展资金，原则上继续支持2008年确定的主导产业，但必须落实到优势特色农业的具体品种，数量不超过3个，同时要突出支持发展粮食生产。为此，今年省里进一步细化了支持的主导产业，确定重点支持发展小麦、奶牛和优质鱼业。小麦产业主要在国家确定的粮食产能建设重点县内选择项目县，重点向鲁西南、鲁西北等传统粮食主产区倾斜，确定项目县33个（其中续建项目县29个、新增项目县4个），共安排中央财政资金1.65亿元，目标是提高单产，促进均衡增产，带动全省粮食总产量持续增长；奶牛产业重点在济青高速沿线和大中城市周围布点，确定项目县20个（其中续建项目县7个、新增项目县13个），共安排中央财政资金7 000万元，目标是提高标准化规模养殖水平，确保产品质量安全，保障市场供应；优质鱼产业继续在黄河三角洲地区实施，确定项目县10个（其中续建项目县5个、新增项目县5个），共安排中央财政资金3 500万元，目标是改善养殖条件，提高规模化健康养殖水平。各项目县要围绕全省的总体目标，进一步细化、量化各自的项目建设目标任务，从规模效益、发展潜力等方面综合考虑，精心选择项目实施区域，项目布点不能过多、过散，要实行整建制推进和连片连区建设，切实提高各项目县主导产业整体发展能力。

（二）要准确把握财政支持的关键环节。为集中财力办大事，确保取得实实在在的成效，财政部提出“资金支持不能面面俱到，支持的环节不能过多、过乱，不能平均用力、分散投入，要重点抓住一两个关键环节，集中投入”。按照这一要求，2009年实施现代农业项目，要紧紧围绕当前制约产业发展的“瓶颈”和财政支持的“短板”，集中财力，重点投入，力争让“瓶颈”变“通途”，把“短板”变“优势”，进一步提升全省农业优势产业发展的层次和水平。经反复研究论证，中央和省财政现代农业生产发展资金，对小麦产业重点支持深耕改土和新品种新技术推广2个环节，对奶牛和优质鱼产业重点支持标准化规模养殖设施建设环节。在此基础上，省财政将结合省级其他专项资金安排，对现代农业项目建设中的社会化服务体系、农业产业化经营等环节，予以大力支持和重点倾斜。各项目县要严格按照《山东省现代农业生

产发展资金使用管理暂行办法》规定，根据省里确定的关键环节，结合当地实际，合理确定资金投向和重点，集中力量突破“瓶颈”问题，促进主导产业快速上台阶、上层次、上水平，切忌面面俱到、“撒芝麻盐”。

（三）要科学编制项目实施方案。编制好实施方案是现代农业生产发展资金项目顺利实施的基础。各级财政和农口部门要按照“看得见、摸得着、有指标、能考核”的要求，科学合理、认真细致地编制好项目实施方案。项目实施方案内容应包括主导产业发展状况、项目目标以及预期效益、项目建设内容、资金投入概算、支农资金整合方案、资金具体用途和补助标准、组织保障措施等方面，内容要全面、详实、清晰。具体要求由各省直农口部门作专门部署，在这里我重点强调以下几点：严禁搞“形象工程”，不得将中央和省财政资金用于建设仅供参观的“示范园区”等形象工程；要注意精打细算，力争少花钱多办事；要加强已建工程监管，严格管理项目形成的资产，提高各项资产使用效益。

（四）要切实抓好项目实施。对2008年在建项目，各市、项目县要进行一次全面调度，倒排工期，切实加快项目建设和资金拨付进度，确保按时完成。凡到今年8月底仍未完成建设任务的项目县，省里除进行通报批评外，对尚未支出的财政资金将全额收回，并取消相关县项目资格。对今年暂停的项目县，有关市也要督促加快项目建设进度，确保按期完成建设任务，2009年省里要组织对其进行专项检查，对仍不能完成项目建设任务的，将对相关县及所在市进行严肃处理。对于2009年项目，各级各部门要严格按照有关资金管理办法、项目管理办法和项目实施方案要求，认真做好项目申报审批、组织实施、管理监督、绩效评价等工作，切实加强资金管理和监督，坚决杜绝截留、挪用、套取项目资金等违法违纪问题的发生。项目县要严格执行项目法人制、项目公示制、项目招投标制、政府采购制、项目监管责任制等管理制度。各级各部门要切实加强项目实施档案管理，特别是对项目实施前后、项目区与非项目区对比的影像、图片资料，要认真搜集、整理和保存。省级要以项目县为单位，逐个建立生产、投资以及项目实施进展等方面的档案信息；项目县要建立核心示范区和示范农户的相关档案信息，随时了解掌握项目进展情况，抓好项目建设和资金使用管理，确保完成项目建设任务。

三、加强领导，强化措施，切实加快全省现代农业生产发展资金项目建设

2009年是实施现代农业生产发展资金项目的第二年，各级各部门要增强使命感和责任感，认真总结经验教训，加强领导，精心组织，强化措施，规范管理，确保这项支农惠农政策真正落到实处。

（一）切实加强组织领导。省里将充分发挥山东省财政支持现代农业生产发展资金项目领导小组的作用，统一负责项目实施的组织领导，做好宣传发动、专家论证、申报审批等工作。省级农口主管部门现代农业项目领导机构，也要全面负起本行业项目各项具体管理工作的责任。今年新增加的项目县，都要成立由县政府主要领导任组长的领导小组。各市、项目县现代农业项目领导小组，要认真抓好项目组织实施和工作协调。各级财政部门要充分发挥综合协调作用，切实把好政策落实、资金使用、项目立项、绩效评价等重要关口，同时加强与农口部门的沟通协调，为现代农业项目顺利实施提供保障。

（二）深入推进资金整合。为集聚各方资源，扩大投入规模，省财政年初预算安排现代农业生产发展专项资金4 000万元，与中央财政资金配套使用，同时在省级其他相关支农资金的分配中，也将重点向现代农业项目区倾斜，切实发挥资金的规模效益。市、县级财政部门要以现代农业项目为平台，进一步加大资金整合力度，将性质相同、用途相近的支农资金统筹安排使用，市、县级整合资金的渠道、名称、数量等要编入项目实施方案。省里将把项目县增加投入和资金整合与到位情况作为绩效考评的重要内容，考评结果将与下年度资金分配直接挂钩。各级还要充分发挥财政资金的引导作用，创新资金使用方式，广泛采取民办公助、贷款担保、财政贴息、以奖代补、以物抵资等方式，积极吸引银行、企业、外资、个人等各渠道资金用于现代农业建设，努力放大财政资金的乘数效应。

（三）进一步强化项目资金监管。省里将建立监督检查制度和违规违纪问题通报、登记制度，对项目资金运行全过程进行动态监控和定期监督检查，及时发现和查处资金使用管理中的违规违纪行为，对出现问题的地区和单位，将在全省范围内进行通报批评，并列入财政支农项目“黑名单”。同时，进一步强化激励约束，严格按照《山东省现代农业生产发展资金绩效考评暂行办法》组织绩效考评，对领导重视、工作突出、成效显著的项目县予以表彰奖励，对没有按期完成任务或资金使用效益较差的项目县，视情节轻重分别给予责令限期整改、暂停拨付资金、撤销项目并收回资金、减少或暂停新建项目等处罚。今年，根据绩效考评结果，省里暂停了5个县的项目资格（其中粮食产业1个、奶牛产业3个、水产业1个），并对绩效考评结果较差的市，在新增项目县安排上进行了严格控制，致使一些符合条件的县今年没能纳入扶持范围。今后，现代农业生产发展资金

使用将更加集中，支持主导产业的数量可能要减少，项目县个数将要压减，届时根据绩效考评结果淘汰的项目县将不会是一个或几个，而是一批，以确保把资金集中投放到想干事、能干事、干成事、不出事的地方。对此，各市、项目县要引起足够重视，切实采取行之有效的措施办法，加强资金使用管理和监督，确保项目建设效益。

（四）积极开展政策研究。经过一年多的探索和实践，我省现代农业生产发展资金支持的环节选得比较准，重点比较突出，成效也很显著，但与财政部的要求和兄弟省份的先进做法相比，总感觉还有一定差距。制约各个产业发展的首要问题是什么？制约“瓶颈”在哪里？如何着眼长远能力建设，确保资金使用效果“看得见、摸得着”，并能长期发挥作用？对这些问题，希望大家在今后项目实施过程中，进一步加强研究和思考，多方论证，集思广益，真正找准财政支持现代农业发展的切入点和突破口。

（五）广泛开展宣传交流。项目县要积极向当地党委、政府进行汇报，争取党政领导的重视和支持；要积极向社会各界特别是向广大农民宣传，充分利用广播、电视、报纸等多种新闻媒体，大力宣传实施现代农业项目的重大意义、政策内容和建设成效，争取社会各界广泛关注和支持现代农业发展，为项目顺利实施营造良好的环境和氛围，扩大项目示范效应。要认真总结现代农业项目实施中的好经验、好做法，积极开展多种形式的交流，努力推动现代农业项目建设和全省农业财政工作不断取得新成效、新进展。

（作者为山东省财政厅副厅长）

以财源建设为抓手 促进服务业又好又快发展

李国健

今年以来，全省各级财政部门认真贯彻落实省委、省政府关于促进服务业加快发展的重大决策部署，将支持服务业发展做为扩内需、保增长、调结构、惠民生的重要手段，积极运用财税杠杆，采取有力政策措施，大力促进全省服务业又好又快发展。

一、坚持将支持服务业发展作为培植新兴财源的重点

服务业新型业态多、附加价值高，税基扎实、税源宽广，且提供的营业税全部归地方，是地方财政收入最重要的来源。财政部门充分认识到繁荣和发展服务业的重要性和紧迫性，并给予高度重视。把增加财政收入、培植新兴财源与促进服务业发展紧密结合起来，综合运用财税手段，努力把现代服务业培植成经济与财税重要增长点。一是积极转变地方财源建设思路，把支持服务业发展作为财源建设的重中之重，作为优化财源结构、增加地方财政收入的有效手段，进行了大量调查研究和深入分析测算，针对我省实际，从政策、资金、手段上研究提出了一系列行之有效的政策措施。二是加强对各市县的督促指导，专门召开全省县域财源建设工作现场会议，对财政部门如何发挥职能作用支持促进服务业发展、推动全省县域财源建设工作进行了部署，并要求各市县将支持服务业发展作为调整产业结构，优化经济布局的重要手段。促进各市县进一步转变财源建设思路，加大对服务业的扶持力度。三是建立财政收入质量提升机制。为进一步完善鼓励县乡科学发展的激励约束机制，努力培植壮大财源，省财政制定了《激励性转移支付办法》，对各县（市、区）增值税、营业税、企业所得税和个人所得税占一般预算收入的比重进行考核。对“四税”比重提高的县（市、区），按“四税”增收额的一定比例给予一次性奖励；对“四税”比重超过全省平均水平的县（市、区），按超过部分的一定比例给予一次性奖励。2008年全省各县市区“四税”比重提高奖励共计1.77亿元。四是积极运用激励手段，调动各级加快发展服务业的积极性。从2003年起5年内，对30个经济欠发达县每年缴入省、市财政的营业税收入比上年增长部分，由省、市财政全额返还；同时，为支持鲁南经济带和黄河三角洲高效生态经济区加快发展，自2008年起3年内，对鲁南地区、黄河三角洲高效生态经济区上缴省级营业税比上年增长部分予以全额返还。2008年省级共返还欠发达县营业税1.04亿元，调动了经济欠发达地区加快发展服务业、加强营业税征管的积极性。在各级的共同努力下，我省服务业呈现出加快发展态势，营业税收入快速增长。2008年我省营业税收入为396.09亿元，增幅16.6%，占全省地方财政收入的比重为20.24%。

今年1～9月份，全省地方财政收入完成1 638.07亿元，增长8.83%，其中完成营业税收入332.59亿元，增长12.65%，高于地方财政收入增幅3.82个百分点，营业税已经成为带动财政收入增长的重要税种之一。

二、积极为促进全省服务业又好又快发展提供资金支持

近年来，我省各级财政大力优化支出结构，不断加大对服务业发展的支持力度。为进一步促进我省服务业做大做强，2009年省级财政设立的服务业发展引导资金、旅游发展资金、农村流通服务体系建设资金等一系列专项扶持资金总规模已超过3亿元，此外，争取中央财政内贸流通发展专项资金1.98亿元。其中按照鲁发14号文件要求，按上年全省GDP的万分之零点五安排服务业发展引导资金1.45亿元。按照集中财力办大事和做大做强服务业的要求，省级服务业发展引导资金从着力培育“三大载体”入手，积极支持全省服务业上层次、上水平。

在扶持重点上，一是结合全省服务业发展规划，紧紧围绕金融保险、现代物流、科技与信息等省政府确定的发展新兴服务业的重点产业，加大对服务业关键领域和薄弱环节的扶持力度。安排资金7 720万元，对科技信息、文化创意等公共服务平台和现代物流、商贸流通升级改造项目等给予支持。二是按照“扩内需、保增长、调结构”的要求，争取中央财政内贸流通发展专项资金1.98亿元，以“万村千乡市场”、“双百市场”、“农超对接”等“五大工程”，和“家政服务”、“早餐示范”、“放心肉服务体系建设”等“七大工程”为重点，积极支持农村流通服务业和内贸流通业加快发展。三是积极促进现代高端服务业发展，鼓励企业承接国际服务外包业务，今年省财政安排和争取中央财政资金3 300万元，对服务外包基地城市公共服务平台建设、服务外包人才培训和服务外包企业取得相关国际认证给予支持。四是以“服务业千人培训工程”为重点，支持提高服务业专业技术人员的理论水平和实践能力，积极培养业务素质强、创新能力突出的服务业专业技术人员队伍，安排资金400万元，对省人事厅组织的多层次的服务业人才培训班给予支持。此外，还安排资金5 500万元，对扩大内需中央服务业建设项目给予资金配套扶持；安排奖励资金对受到省政府表彰的服务业发展先进地市和有关省直部门给予奖励。

三、切实把促进服务业发展的各项财税优惠政策落到实处

近年来，为促进服务业加快发展，国家和省委、省政府相继出台了一系列重要政策措施。这些政策含金量高，支持力度大，针对性和操作性强，全省各级财政部门在加大政策宣传，引导企业充分用足用好优惠政策的同时，不断强化对政策贯彻落实情况的监督检查，确保促进服务业发展的各项扶持政策得到不折不扣的贯彻执行。一是会同有关部门研究制定了落实技术先进型服务企业税收优惠政策的实施办法。对被列入中国服务外包示范城市的济南市技术先进型服务企业减按15%的税率征收企业所得税；对其发生的职工教育经费按不超过企业工资总额8%的比例据实在企业所得税税前扣除，超过部分准予在以后纳税年度结转扣除；对离岸服务外包业务收入免征营业税。二是落实好地方税的减免税政策，对新引进的国内外著名企业的企业总部、研发设计中心，纳税确有困难的，按照税收管理权限批准，酌情减免房产税和城镇土地使用税。三是认真落实好支持内贸流通业加快发展的政策措施。根据中央和省委、省政府关于搞活流通、扩大消费，加快服务业发展的决策部署，结合我省实际情况，先后研究制定了《关于实施“七大工程”加快我省服务业发展的通知》和《关于实施“五大工程”促进农村流通服务业发展的通知》。四是充分利用非税收入政策，大力减轻企业负担，促进服务业发展。2008年以来，为进一步扩大内需、促进经济平稳较快增长，积极应对国际金融危机的影响，在认真落实中央取消收费政策的同时，全省各级累计取消或停征收费322项，降低收费标准197项，按2008年度收费额静态测算，每年可直接减轻企业和社会负担近40亿元，对优化发展环境、促进服务业加快发展发挥了积极作用。

四、强化财政的公共服务保障职能，加大对社会公共服务的投入

近年来，省财政按照建设公共财政的要求，通过健全公共财政体制，完善政策措施，不断加大转移支付力度，帮助各地加大公共服务投入，积极推进基本公共服务均等化。今年1～9月份，全省财政支出完成1 972.31亿元，增长16.67%，其中医疗卫生、文化体育与传媒支出分别增长37.79%和32.58%，均明显高于财政支出平均增幅。

一是支持医疗卫生事业加快发展。基本完成了城镇职工、城镇居民、新农合三大基本医疗保障制度各有侧重、分工覆盖的建制目标，全民医疗保障格局基本形成。同时，基层医疗卫生服务体系建设取得显著成绩，“村卫生室服务能力提升工程”正式启动；政府购买公共卫生服务制度全面推行，城市社区卫生服务能力稳步提升。下一步的工作重点是逐步推进“全覆盖”，实现“人人有医就”的目标。统筹推进城镇职工、城镇居民、新农合三大基本医疗保险制度和城乡医疗救助体系建设，建立三大基本医疗保险制度之间以及与城乡医疗救助体系之间层次分明、有序高效的衔接机制。

二是支持社会福利事业加快发展。积极落实企业养老保险提高待遇政策，扎实推进养老保险省级统筹，大力促进基金征缴，不断规范基金管理，企业职工基本养老保险在5年内连续提高待遇。提高农村低保补助标准，启动实施低保对象生活水平与物价指数联动机制，适时调整保障标准和补差水平，有效应对物价上涨对困难群众生活的影响。巩固乡镇敬老院建设成果，推行五保对象实名制管理，集中供养水平不断提高。下一步的工作重点是大力提高企业职工基本养老保险统筹水平，增强基金支撑能力；积极稳妥开展新型农村养老保险制度试点，逐步解决好农民的养老问题；继续实施养老服务机构“以奖代补”办法，促进形成多形式、多层次、社会化兴办养老服务机构的发展模式。

三是支持教育事业加快发展。深入推进义务教育经费保障机制改革，2008年各级财政落实资金61.3亿元，全部免除了971万城乡义务教育学生杂费，提高了农村中小学公用经费标准，对所有农村义务教育学生免费提供教科书，维修改造农村中小学校舍317万平方米。家庭经济困难学生资助政策体系不断完善，2008年各级财政安排奖助学金21.5亿元，资助家庭经济困难学生128万名。同时，高等教育、中等职业教育、普通高中投入也明显增加。

四是支持文化产业加快发展。制定和完善相关扶持政策措施，通过奖励、贴息等形式，引导社会资本投入，积极构建文化产业投融资平台，实现投资主体多元化。认真落实免费开放博物馆、纪念馆政策，大力支持体育场馆和公益文化设施建设。集中财力实施农村文艺骨干和专业文艺人才培养工程，满足不同群体、不同层次人们的文化需求；大力支持艺术创作，鼓励产出更多群众喜闻乐见的优秀精神文化产品。

五、以财源建设为抓手，大力支持服务业加快发展

一是把支持服务业发展作为培植优质高效财源抓紧抓好。目前我省每百元GDP提供的地方税收，第二产业为4.5元左右，而第三产业达到6元左右，尤其是房地产、金融保险等生产性服务业达到13元，是名副其实的高效财源。我省服务业发展水平低、创税能力小，这是与南方先进省市的主要差距，也是今后我省财源潜力所在。应始终把服务业作为财源建设的重要着力点，充分发挥省服务业引导资金的作用，在加快传统服务业改造升级的同时，抓住潜力大、关联度强、成长性好、税收贡献多的房地产、金融、现代物流、商务与科技信息服务、文化旅游等产业，实施重点突破，提高服务业对财政增长的贡献水平。

二是突出支持“一区三带”建设，壮大服务业产业集群。我省特色区域经济规模小，分布散，集中度低，对经济发展和财政增收的龙头带动作用不够强。发展集群经济，形成服务业产业积聚，是支持区域经济发展，壮大地方财政实力的有效途径。应抓住打造山东半岛蓝色经济区、加快产业集聚的重要契机，进一步加大投入，培育壮大“三大载体”，促进服务业产业集聚，带动黄河三角洲、青烟潍威、鲁南临港“三带”服务业的快速发展，形成财源建设的规模效应。

三是创新财政投入方式，充分调动社会资金参与服务业发展的积极性。在财政资金有限的情况下，应进一步扩大财政手段与市场机制结合的范围，丰富投入方式。在不断完善补助、贴息、以奖代补等手段的同时，探索运用更多的市场手段，切实发挥市场机制的作用，鼓励风险投资、外商投资大力进军服务业。在资金投向上，重点支持企业自主创新和技术进步，引导企业加大自主创新投入，着力增强企业核心竞争力，力争通过几年的努力，集中培育形成一批带动能力强、科技含量高、经济效益好的服务业企业。

（作者为山东省财政厅副厅长）

关于完善“小金库”治理长效机制的调查与思考

张魁珍

所谓“小金库”，是指违反法律法规及其他有关规定，应列入而未列入符合规定的单位账簿的各项资金（含有价证券）及其形成的资产，这是2009年中办、国办印发《关于深入开展“小金库”治理工作的意见》中界定“小金库”的权威定义。“小金库”问题是个社会顽症，虽经多次治理，依然“生命力”旺盛，不仅造成国家财政收入和国有资产的流失，而且也是诱发和滋生腐败问题的经济基础，严重败坏了党风政风和社会风

气，必须认真搞好专项治理，并切实建立起有效管用的长效机制。

一、“小金库”的形成和特点

“小金库”是个形象的说法，是为部门、单位的少数人提供经济支持的，是中央明令禁止的。近年来，随着部门预算、国库集中支付、“收支两条线”等财政管理制度和收入分配制度改革的不断深化，以及财政和审计监督管理的加强，加之各级党委政府按照中央部署积极推进惩治和预防腐败体系建设，大力加强源头治理腐败工作力度，广受社会各界声讨的“小金库”问题得到了有效遏制，较之以前有了明显好转。但是，在我省专项检查中发现，仍有一些部门和单位依然存在“小金库”问题，有的问题还比较严重。

从存在形式看，有现金、存折、实物、有价证券和外币等多种；在形成方式上，既有账外账、往来账，也有通过虚假发票虚列支出套取资金等多种方式。

从资金来源看，“小金库”资金来源主要为两个方面，一是少计收入，二是多计成本。具体有以下几个渠道：一是截留收入不上缴，转到账外形成“小金库”；二是钻政策空子违规收费、罚款、摊派、代收或搭车收费形成的款项，以个人名义存入银行形成“小金库”；三是收费不及时上缴，将大额资金截留转存为定期存款或委托其他机构代为理财，牟取利息和额外高息作为“小金库”；四是通过往来账列收列支、转移资金、虚列支出转出资金或未列支出设立“小金库”；五是利用一些单位交款后不要正式发票，或以假发票等非法票据隐藏收入、骗取资金设立“小金库”；六是转移账外隐匿资产、变卖、出租闲置资产或出租公房等取得收入不入账形成“小金库”；七是利用行政职权或业务管理权，将下属单位或承包单位上缴的管理费、承包费隐匿设立“小金库”；八是以各种名目骗取财政专项资金设立“小金库”等等。

从定性分析看，“小金库”有以下三个特点：一是存在领域具有集中性。“小金库”多集中在一些监管相对薄弱的部门和行业，如教育部门、特殊的行政部门、金融部门和机关服务中心、工会、协会及三产部门等，特别是高等院校、科研院所成为“小金库”的多发区，高校所属的二级学院私设账外账的问题较为突出，资金来源多为学校与社会力量联合办学获得的经营收入。二是存在形式具有隐蔽性。“小金库”是账外账，通常情况下只有单位主要负责人或少数几个负责人知道，具有很大的隐蔽性，在账务处理上较为“专业和严密”，检查时很难抓住把柄，查出问题。三是产生方式具有多样性。有的单位为了小团体利益，将单位划分为多个财务小核算单位，通过多头开设银行账户，把本应作为单位收入纳入财务部门统一核算的资金分散核算，以多本账作掩盖逃避监督检查；有的单位将应属本级管理使用的资金放在下属单位，使用起来很方便又脱离监管，检查中很难发现。

二、“小金库”的成因分析

“小金库”问题屡禁不止，从主客观上分析，原因主要有以下几个方面：

一是受利益驱动。用起来方便，脱离监管，这是“小金库”存在的思想土壤，“小金库”脱离上级或同级财务、纪检监察、审计部门的监督约束，花钱办事方便，不受约束，使个别人或者少数人得到经济上的实惠。因此，有的领导干部受部门和个人利益驱动，置国家财经纪律和党纪国法于不顾，授意有关人员私设“小金库”。有的领导干部财经法纪观念淡薄，不重视学习财经政策法规，对单位“小金库”问题视而不见、听之任之、装糊涂。

二是制度不完善。近年来各级财政部门采取各种措施强化财政管理，实行了部门预算、国库集中支付、收支两条线、罚缴分离、政府采购等一系列改革，加大单位银行账户清理力度，实施源头控制，财政管理的科学化精细化水平有了显著提高。但一些部门和单位对这些制度办法执行不到位，存在“私心杂念”，有制度不执行，搞变通，甚至恶意规避，想方设法设置账外账、脱离监管。

三是管理不规范。一些基层单位财务管理不规范，还存在用普通收据做账、用白条抵现和无据凭证支出等各种违反财务制度的问题。有些部门和单位违反现金管理规定，大额收支不通过银行转账，而直接用现金收付。有的基层单位以财会人员个人名义将单位资金存入银行，这些问题都为“小金库”的形成留下隐患。

四是查处力度弱。“小金库”问题虽经多次清理，对查出的问题在处理处罚时往往因“法不责众、集体违纪、下不为例”等各种原因，一收了之，一罚了之，查处不深入，处罚不到位，加之现行法规中对“小金库”问题的责任追究和处罚办法缺乏应有的威慑力，很少对存在“小金库”问题的单位直接责任人给予党纪政纪处分，违纪成本过低，这也是导致“小金库”问题屡禁不止的一个重要原因。

三、加强“小金库”治理的对策及建议

“小金库”久治不除的根本原因，在于巨大的利益驱动、制度上有缺失、管理上有漏洞、监督上不到位、处理处罚上不严厉。对症下药，建立防治“小金库”问题的长效管理机制，应从制度、监管、技术、教育四个方面入手，构筑起防治“小金库”的多种屏障。

第一，从制度层面上，要提升财政财务管理法律法规的层次，加大财经法规对私设小金库的约束力。在国家层面，有关部门要加快财政资金支

付条例、国有资本经营预算条例、行政事业单位国有资产管理条例、非税收入管理条例的立法进程，目前这些领域的立法已经严重滞后，许多领域还存在法律上的空白。比如，每年全国范围的非税收入总量超过1万亿元，但目前还没有一部国家层面的非税收入管理法规来规范管理如此数量庞大的非税收入，需要从国家层面加快立法，提高财经法规的针对性和权威性。同时，国家要加快《预算法》的修订进程，补充和细化行政事业单位财务管理条例，特别是加大对违规问题的处理处罚和信息披露力度，强化财政违法违纪责任追究，从根本上减少私设“小金库”和坐收坐支行为。

第二，从监管层面上，要以推进财政管理科学化、精细化为契机，加大财政监管力度。财政监管与“小金库”是一进一退的关系，财政财务管理越精细，“小金库”的生存空间就越小，反之，管理越粗放，“小金库”就会“野火烧不尽、春风吹又生”，所以建立起管控有效、约束有力的财政监管机制，是防治“小金库”的关键所在。一是要建立和完善财政资金绩效评价机制，采用公开透明的评审方式，保证财政资金的使用效益，防止违规侵占和截留挪用问题的发生。二是要用制度规范非税收入管理，研究制定非税收入管理办法，实行彻底的“收支两条线”和“票款分离”，增强非税收入征管的完整性和透明度，从制度和管理上杜绝单位隐报国有资产收益私设“小金库”的行为。三是大力推广公务卡结算制度，拓宽公务卡试点范围和使用范围，加强和改进公务卡支持系统，尽量减少和控制预算单位现金使用量，最大限度地取消公务消费弹性，提高公务支出的透明度。四是制定资产配置管理办法，建立存量资产与增量预算挂钩机制，促进部门预算与资产配置紧密结合，实现对资产从“入口”到“出口”的全过程、动态化管理，截断“小金库”的资金来源。五是加强对专项资金的监管，坚持“先有办法后分资金，没有办法不分资金”的原则，严格按办法、程序分配资金，杜绝资金分配的随意性。要建立和完善资金分配的事前评审和事后绩效评价制度，使资金管理由事后决算向全程绩效监管转变。

第三，在技术层面上，要以财政部统一部署的“金财工程”为技术支撑，建立预算执行动态监控机制，综合运用国库集中收付平台和“金财工程”信息系统，将预算单位所有银行账户资金收付信息纳入动态监控系统，全过程监控财政资金支付活动，促进部门单位规范资金使用行为。在所有预算单位逐步推广使用统一的会计核算软件，实现预算执行动态监控和财务收支全过程监督，截断转移支付资金进入“小金库”的渠道，从“入口”上把住把紧。

第四，在思想教育层面上，要以加强专题培训和思想教育为依托，增强部门、单位负责人和财务人员遵章守纪意识。这些人员作为“小金库”问题的核心环节，其自律性和法律意识的强弱在很大程度上决定着“小金库”的存亡。纪检监察、组织、财政等有关部门要有针对性地开展单位负责人和财会人员专题培训，通过政策讲解、案例剖析和业务辅导等多种方式，提高相关人员的法律意识和廉洁从政意识。要加强财政法律法规学习和廉政教育，使单位负责人和财会人员清醒地认识到私设“小金库”不仅违纪，而且违法；不仅国家、集体利益受损，个人也必将受到惩罚。通过剖析典型案例，用发生在身边的人和事进行教育，消除侥幸心理，严格廉洁自律。同时，严格执行责任追究制度，明确责任追究主体，严明责任追究纪律，加大责任追究力度，对发现的私设“小金库”问题，依据情节严重程度，既对责任单位作出相应处罚，又对相关责任人特别是单位主要负责人和相关财会人员进行严肃处理，发挥纪律约束和震慑作用，建立起防范“小金库”的长效机制。

（作者为省纪委驻省财政厅纪检组副厅级检查员）

努力做好关闭破产企业退休人员医疗保障工作

王慎民

一、提高认识，切实增强做好关闭破产企业退休人员医疗保障工作的责任感

妥善解决关闭破产企业退休人员的医疗保障问题，是当前我国社会保障制度建设的一项重要举措，意义重大。一是有利于实现社会公平，促进社会和谐。长期以来，关闭破产企业退休人员的医疗问题一直没有得到彻底解决，已经成为一个十分突出的社会问题。解决好这个问题，使关闭破产企业退休人员的医疗权益得到保

障，是“执政为民”的具体体现，是落实科学发展观、促进社会和谐、实现社会公平的具体措施。二是有利于加快推进国有企业改革。妥善解决好企业改革改制遗留的关闭破产企业退休人员医疗保障问题，使“企业保障”转化为“社会保障”，是加快企业改革步伐、使企业“轻装上阵”、增强市场竞争力的重要保证。三是有利于加快医疗保障体系建设。将关闭破产企业退休人员和困难企业职工纳入医疗保障范围，既是扩大医疗保障制度覆盖面的难点，也是推进实现人人享有基本医疗保障目标的关键点，是加快医疗保障体系建设、实现医改首要目标的攻坚战。各级财政部门一定要充分认识这项工作的重大意义，统一思想，高度重视，在当地党委政府领导下，以强烈的使命感、责任感，积极主动，密切配合有关部门，认真落实中央和省里的工作部署，扎实做好各项工作，为圆满完成我省关闭破产企业退休人员医疗保障工作任务，做出应尽的努力。

二、准确理解和把握中央和省财政补助政策

中央财政和省财政对支持与保障关闭破产企业退休人员医疗保障工作高度重视，专门研究出台了相关的财政补助政策，概括地讲，主要有四个方面：

（一）对中央和中央下放的政策性关闭破产国有企业退休人员参加医保，中央财政给予一次性补助。按照现行国有企业关闭破产政策，中央财政对有色、煤炭、军工、核工业等中央和中央下放的政策性关闭破产企业，已经给予了部分医疗补助，但因部分企业职工工资基数较低，退休人员人均参保补助标准偏低、基金承受能力弱等原因，我省尚有部分中央和中央下放的政策性关闭破产国有企业退休人员未纳入驻地城镇职工医保。为彻底解决这一历史遗留问题，这次中央财政对地方给予一次性补助。补助后，各地要切实按照国家和省里的要求，将这部分退休人员及其参保所筹集资金，纳入属地城镇职工基本医疗保险体系统一管理，不得单独管理、封闭运行。

（二）对地方依法破产国有企业退休人员参加医保，中央财政和省财政给予适当奖补。为帮助各地将上述人员全部纳入医保范围，同时，对已经解决关闭破产企业退休人员医保问题的地区给予鼓励，避免“鞭打快牛”，中央财政和省财政对各市依法破产国有企业退休人员参保，给予适当奖补。具体办法：对已参保人员，按照每人504元的标准给予奖励；对未参保人员，按每人参保需一次性筹资1.26万元的标准，由中央财政和省财政对东、中、西部地区分别补助30%、40%、50%，中央财政和省财政补助后剩余的所需资金，通过未列入破产财产的土地出让所得、市县财政补助、医疗保险基金结余调剂等多渠道解决，具体办法由各市结合实际制定。

（三）对关闭破产集体企业退休人员和困难企业职工等其他城镇未参保人员参加医保，省财政结合中央财政的办法对下考核奖励。为尽快解决关闭破产集体企业退休人员和困难企业职工的医保问题，省里下发的《通知》规定，各市首先要将这部分人员尽最大可能纳入城镇职工基本医疗保险，对无力支付职工最低工资连续6个月以上，或停产停业6个月以上、濒临破产、职工仅发生活费的企业，确有困难、难以参加城镇职工医保的，经市级人民政府审核同意、并报省政府批准后，可纳入城镇居民医保，中央财政和省财政按照城镇居民基本医疗保险有关规定给予补助。同时，为激励各级进一步扩大医疗保险覆盖面，推动解决关闭破产集体企业退休人员和困难企业职工等其他城镇未参保人员的医疗保障问题，结合中央对地方的考核奖励办法，省财政对各市已参保人数、企业退休人员新增参保人数、其他城镇人口新增参保人数、财力状况等全面考核后，给予适当奖励。

（四）中央财政和省财政的补助资金先按一定比例预拨，在考核各地实际工作进展后结算。这次中央财政和省财政分配关闭破产国有企业退休人员参保补助资金，依据就是各市根据劳社厅明电〔2007〕49号文件要求上报的数据。各市上报的工作方案经省直四部门审核通过后，省财政将按一定比例预拨补助资金。预拨资金下达后，各市要于2009年底前，将依法破产国有企业、中央属及中央下放的政策性关闭破产国有企业退休人员，全部纳入属地城镇职工基本医疗保险。2010年，中央财政和省财政将对上述情况进行全面检查。根据检查结果，确定中央财政和省财政应补助资金数，并结合预算情况分年度补助到位。关于推动各类城镇未参保人员参保的奖励资金，省财政将结合中央财政对地方的考核办法，适时考核下达。

另外，2008年中央财政对我省地方政策性关闭破产国有企业退休人员参保，已经进行了补助。2009年，中央财政将根据各地实际工作进展情况，对此项资金统一进行结算。有关市要按照中央和省里的要求，及时报送中央财政补助资金结算申请及相关材料，并配合做好审核工作。

三、尽职尽责，切实做好关闭破产企业退休人员医疗保障工作

解决关闭破产企业退休人员医疗保障问题，是党中央、国务院作出的重大决策，是当前全面推进医疗保障制度建设的重要战略举措。各级财政部门要牢固树立大局意识、服务意识，认真履行财政职能，全力做好各项工作。

一要进一步完善相关政策。按照省里的要求，市级政府要制定和完善相关政策，明确关闭破产企业退休人员参保的筹资标准、各渠道分担比例、资金到位时间、后续资金保证等，还要制定周密详尽、切实可行的工作方案。财政部门要积极参与筹资政策及具体实施方案的研究制定，特别是要根据本地实际，研究拟定具体的工作措施。已经制定出台筹资政策的地区，要结合这次中央财政和省财政的补助政策，及时调整和完善相关办法。

二要千方百计筹措配套资金。关闭破产企业退休人员参保所需资金，数额较大，省里要求要多渠道筹资解决。各级财政部门要努力克服财政困难，积极作为，合理调整支出结构，确保资金及时足额到位。为不过多增加地方政府特别是困难市、县政府的负担，同时又确保地方配套资金及时足额到位，中央和省明确要求，地方政府补助资金可以分年度到位，但到2011年底，各地政府的配套资金到位率要达到50%。从目前各地城镇职工基本医疗保险基金收支情况看，绝大部分地区都有一定结余，部分地区结余量还比较大。各地一定要结合本地医疗保险基金收支结余情况，努力调剂部分结余资金，用于解决关闭破产国有企业退休人员等医保问题。

三要及时分配下达补助资金。各级财政部门要认真按照省里的规定，及时分配下达补助资金，确保政策按时落实，资金及时足额到位。市级财政应在上级财政补助资金拨付10个工作日内，将上级财政补助资金和本级财政配套资金及时拨付各统筹地区财政医疗保险基金财政专户。各地在分配上级财政补助资金和本级财政补助资金时，要根据所属县市实际情况，对关闭破产企业退休人员和困难企业职工参保任务重、财政困难的县（市、区）给予倾斜。

四要加强资金监督和工作进展督查。各级财政部门要严格按照中央和省里的规定，加强资金监管，真正做到管理规范化、精细化。在补助资金下达后，要会同有关部门认真做好跟踪检查和追踪问效工作，省里将结合中央的考核办法对各市建立严格的考核机制。对检查发现的问题，要会同有关部门认真研究解决；对违规问题，必须及时纠正。各地财政部门要与有关部门通力合作，切实加强基础工作，及时准确掌握工作进展情况，确保如实、准时上报信息，并按要求认真做好中央财政和省财政补助资金申报结算等具体工作。

（作者为山东省财政厅副巡视员）

扎实做好村级组织运转经费保障工作

姜 凝

完善村级组织运转经费保障机制，是落实中央“多予、少取、放活”政策的具体体现，也是巩固农村税费改革成果，防止农民负担反弹的重要举措，对提高村级组织凝聚力和战斗力、巩固党在农村的执政地位，促进社会主义新农村建设，都具有十分重要的意义。

一、我省村级组织运转经费保障的现状及做法

1984年实行村民自治后，村级组织经费来源主要是按人头向农民收取的“三提五统”，由于支出的刚性增长和收费欠规范，致使乡村两级在“三提五统”以外“搭车”收费现象严重，加重了农民负担，社会各方面反映强烈。2001年国家实施了农村税费改革，取消了“三提五统”和农业税，村级组织运转经费主要靠上级转移支付，特别是对于没有集体经济收入的村，财政转移支付补助已成为村级组织运转的唯一来源。据统计，到2008年底，全省共有行政村79 882个，农业人口5 860万人；全省用于村级组织运转经费的转移支付资金达14.3亿元，每个村平均1.79万元，为村级组织正常运转打下良好的基础。在此过程中，各级结合实际，强化措施，做了大量卓有成效的工作：

（一）确保农村税费改革转移支付资金用于村级组织运转经费补助部分不低于20%。从调查情况看，绝大部分县（市、区）均能按有关政策规定足额安排用于村级的转移支付补助，确保农村税费改革转移支付资金用于村级组织运转经费补助部分不低于20%，有的地方甚至超出了20%的比例。如莱芜市莱城区，在区机关干部工资尚无法足额兑现的情况下，优先安排村级转移支付补助，并根据村级的经济状况和保运转的基本要求，确定对年收入5万元以下的村给予运转补助，年收入8万元以下的村给予村主职干部补助。沂水县自2004年起，财政每年用于补助村级组织的资金均超出农村税费改革转移支付资金20%的比例，最高达到32.3%。

（二）积极深化村级财务管理制度改革。目前，各地村级财务已基本实行了“村账乡代管”的办法。乡镇

成立农村财务记账中心，专门负责代理村级账目和资产的管理，村级设报账员，村级开支实行限额管理审批，明确村党支部、村“两委”班子、民主理财小组、村民代表会议的审批权限等，取得明显成效。村级招待费明显减少，农民负担明显减轻，涉及农村财务问题的信访案件明显下降。

（三）硬化预算约束，依法民主理财。如沂水县对乡镇预算实行“县乡共编”，本着“量入为出、收支平衡、统筹兼顾、确保重点”的原则，在保证政府公共支出合理需要的前提下，妥善安排其他各类支出。其中，对村级转移支付资金明细到具体单位和主要项目，年初将应分配各村的转移支付数额、用途等在预算表中明细反映，以便乡镇、村统筹管理，合理掌握拨付进度。

（四）大力压缩村级干部职数，减少村级开支。各地立足实际，推行村干部交叉任职，精简村干部职数，着力完善村级组织运转经费保障机制。莱城区结合村两委换届，对农村享受固定工资干部职数进行了严格控制，1 500 人以下的村，村干部职数控制在 3 人以下；1 500 人以上的村最多不超过 5 人，特殊情况由乡镇党委特批，尽可能实行两委交叉兼职。村民小组长、记账员等采取村干部兼职，确因工作需要增加人员的，实行临时聘任，报酬实行误工补贴。民主理财小组、红白理事会等村办组织，则倡导义务奉献，减少开支。

（五）大力发展村集体经济，提高村级组织自我保障能力。如莱城区的寨里镇下官庄村，通过发展特色经济小区，年增加集体收入 30 万元；口镇西街村依托传统工业，形成“村企合一”的发展模式；苗山镇四村利用闲置土地，引进白花丹参种植加工项目，年可增加集体收入 10 多万元；杨庄镇高家店子村将原来集体的汽缸厂等 13 处闲置资产拍卖，增加集体收入 74 万余元；羊里镇东温石村发挥富含铁矿石的优势，对废置铁矿进行招标拍卖、集体增收 100 万元；大王庄独路村将本村的水库使用权公开拍卖，甩掉了包袱，增加了收入。

二、村级组织运转经费保障工作存在的主要困难和问题

（一）村集体经济实力薄弱。目前我省除了部分地区二、三产业相对发达的村以外，多数村级集体经济力量薄弱，无集体财产、无集体资源、无集体企业、无集体收入的“四无”村和“空壳”村现象突出；村级组织运转经费缺乏充足保障，部分村级组织陷入“集体经济无实力，为民办事无能力，群众缺乏向心力”的尴尬局面。

（二）村干部报酬水平差距较大。如调研的莱城区口镇位于莱城区工业新区，多年来村级集体经济实力一直较强，企业每年向村里上交部分承包费，村级组织运转经费保障总体水平较高。调查的 10 个村党支部书记 2008 年平均收入 1 万元左右，两委委员 5 800 元左右，最低的一个村党支部书记年收入仅为 2 200 元。

（三）村级办公经费支出差距悬殊。从 20 个村的调查分析，莱城区 10 个村的办公经费平均水平在 3 万元左右，最高的达到 10.2 万元，最低的只有 2 670 元，基本运转尚难维持，只能“有多少钱，办多少事”，通过严格控制支出的办法保证收支平衡。随着农村经济社会发展和农民对村级公共服务需求的增长，一些地方村级组织运转经费紧张问题会更加突出。

（四）村级债务包袱较重。此次调研的 20 个村中，有债务的村庄达 19 个，债务余额有的还比较大。村级债务沉重，不仅导致部分村级组织无法正常履行管理职能，而且已成为影响农村和谐、稳定的最大“隐患”。

（五）“一事一议”难以有效开展。“一事一议”是国家为减轻农民劳务负担，在取消劳动积累工和义务工后，对村集体公益事业所需劳务由村民大会进行民主决定的一种制度。调研了解到，现阶段“一事一议”制度在实际工作中操作有难度，部分村存在“有事不议、有事难议、议而不决、决而不行”的现象。其中原因较为复杂，有资金制约的原因，也有群众思想不统一，对村集体某些事项缺乏理解和支持的原因。有的村干部原本想通过“一事一议”为村里解决一些实际难题，有时会顾虑加重群众负担而导致工作无法开展。

（六）行政村过多。近几年，我省在推进村组合并方面做了大量工作，取得明显成效。但截至 2007 年底，我省行政村仍有 80 866 个，居全国第一（国务院综改办统计）。与我省总人口、农村人口规模相当的四川、河南两省，行政村个数分别为 48 919 、47 533 个，村均人口分别为 1 070 人、1 293 人，财政补助村均经费分别为 2.42 万元、2.46 万元，远远高于我省村均 745 人、财政补助村均经费 1.78 万元的水平。假如我省行政村个数与这两个省接近，我省保障水平将高于上述两省，村级组织运转经费保障水平也会得到很大改善。

三、完善村级组织运转经费保障机制的对策建议

（一）科学界定村级组织运转经费的保障范围和补助标准。为推动村级组织经费保障工作深入开展，中共中央办公厅、国务院办公厅出台了《关于完善村级组织运转经费保障机制促进村级组织建设的意见》。我们在抓好贯彻落实的同时，应结合实际，科学界定村级组织运转经费保障标准范围，把村干部报酬、离任村党支部书记生活补贴、村办公经费和其他必要支出，纳入村级组织运转经费保

障范围，科学合理地确定财政补助标准和补助数额，有效保障村级组织运转。

（二）加大对村级组织的转移支付力度。目前村级组织运转经费保障机制亟待完善，要确保村级组织的正常运转，还需各级财政继续加大投入。应在合理界定村级组织职能的基础上，按照分级负责的原则，适当考虑我省东、中、西部地区的财力差异，建立由各级政府共同负担村级组织运转经费的保障机制，确保村级组织正常运转。

（三）适当提高村干部的经济待遇。2009年7月，省委组织部、省财政厅联合下发了《关于健全完善村党支部书记激励保障机制的意见》，把村党支部书记报酬分为基本报酬和业绩考核奖励报酬两部分。并规定，从2009年起，经考核合格，每人每年的基本报酬和业绩考核报酬之和，不低于所在县（市、区）2007年人均纯收入的2倍。同时探索建立村党支部书记人身意外伤害、大病医疗保险制度，完善离任村党支部书记生活补贴制度。这些政策，有利于激发村党支部书记干事创业的积极性，各级政府应结合实际，努力将这项政策落实到位，并适当提高其他村干部的经济待遇。

（四）加大村组合并力度。扩大村级规模对提高财政保障水平有重要意义。据测算，我省村均人口如果达到1 000人，则财政补助村均经费将达到2.4万元左右的标准，村均提高约6 000元。各级政府在社会主义新农村建设过程中，应结合小城镇规划、村庄整治、农村住房建设与危房改造等工作，在充分考虑农村风俗习惯、自然条件、经济状况等情况下，有计划、有步骤地推进村组合并，适度扩大村级规模。

（五）积极开展农村"一事一议"财政奖补试点。推进"一事一议"财政奖补制度，是激活和完善"一事一议"制度，充分发挥其作用的重要举措。应在全省范围内开展村级公益事业建设"一事一议"财政奖补试点工作，探索建立政府引导、农民参与、社会力量支持的农村公益事业建设投入新机制，促进农村公益事业的健康发展。

（六）大力发展集体经济，增强村级组织自我保障能力。各级政府应鼓励和支持有条件的村利用自身优势，积极发展村集体经济，开辟增收渠道。应充分发挥村级组织联系面广、带动效应强等优势，鼓励其兴办农村专业合作组织、协会等经济实体，增加村级组织收入，努力提高村级组织自我保障能力。

（作者为山东省财政厅副巡视员）

解放思想 求实创新
努力推动财政监督科学发展

张光月

当前和今后一个时期，是全面落实科学发展观、加快构建社会主义和谐社会的重要时期，也是加快发展财政监督事业的关键阶段，研究确定当前和今后一个时期的财政监督发展思路，关乎财政监督事业的稳定健康发展，意义重大，影响深远。根据党的十七大、全国财政监督工作会议和全省财政工作会议精神，结合我省财政监督事业发展的实际情况，当前和今后一个时期财政监督工作的总体思路是：以邓小平理论和"三个代表"重要思想为指导，以科学发展观为统领，按照构建社会主义和谐社会的总体要求，进一步认清形势，明确目标，抓住关键，开拓创新，努力推动财政监督全面、协调、可持续发展。具体地讲，明确目标，就是要把促进全省经济社会又好又快发展作为财政监督工作的总目标，把促进财政改革发展、服务财政管理作为财政监督的出发点和落脚点。这是推动财政监督可持续发展的核心问题。抓住关键，开拓创新，就是要以财政监督机制建设为总抓手，着力创新财政监督工作的内容，推动财政监督全面发展；着力创新财政监督工作的形式，推动财政监督协调发展。

（一）明确财政监督目标，进一步增强工作信心和动力。目标问题是做好一切工作的首要问题。这个问题是关系方向、信心和动力的大问题。工作没有目标就像航海失去了指南针。明确的目标可以开阔我们的视野，指引我们前进的方向，可以增强我们胜利的信心，激发我们工作的热情和动力。从财政监督发展的历程来看，1998年以前，是以增加财政收入为主要目的、政府主导型的大检查，目标明确，声势很大，效果明显。1998年机构改革，取消了大检查。之后，财政监督转入日常监督。由于日常监督的概念比较模糊，财政监督目标不够明确，致使财政监督工作在很长一段时间内发展缓慢。经过多年的不懈努力，特别是近几年的探索和实践，新形势下财政监督的目标逐步确立下来。在明确的目标指引下，我省财政监督事业取得了长足发展。但是，当前我省财政监督工作发展还很不平衡，财政监督与经济社会以及财政事业发展的需要还不适应。造成这种不平衡、不适应的一个重要原因，就是我们有些地方、有些同志，对财政监督目标认识还不够清、理解的还不够透。因此，要做好新形势下的财政监督工作，首先必须进一步明确工作目标。

实现经济社会又好又快发展，是今后一个时期党和国家工作的出发点和落脚点，也是财政工作的重要目标任务。财政监督是财政工作的重要组成部分，我们必须明确地把这个目标作为工作的总目标。这就从根本上确定了财政监督在党和国家工作中的位置，不仅为财政监督的存在和发展找到了根据，而且指明了发展方向，拓宽了发展路子，同时也提出了更高的要求。财政监督不是无事可为，而是大有作为。我们必须站在经济社会发展全局的高度，以更加宽阔的视野和海纳百川的胸襟，来审视和理解财政监督；以更加坚定的信心和勇往直前的气势，来推动和发展新形势下的财政监督事业。具体地讲，就是要求我们在当前和今后一个时期，把促进科学发展和建设和谐社会作为财政监督的首要任务，摆上重要位置，创新财政监督的内容和形式，提高监督工作的层次和水平；就是要求我们进一步解放思想，摒弃“就监督论监督”的狭隘思想，牢固树立“大监督”的监督理念，在财政部门内部形成监督合力，最终实现财政监督与财政管理的紧密融合；就是要求我们进一步唤起从事财政监督工作的使命感和责任感，始终保持奋发向上的精神风貌，把财政监督事业不断推向前进。把促进财政改革发展、服务财政管理作为财政监督的出发点和落脚点，进一步明确了财政监督在财政工作中的定位问题。这就首先解除了“红旗打多久”的疑惑。可以说，只要财政职能存在，财政监督就不可或缺。其次，把财政监督归位于财政管理，有利于财政专职监督机构与相关业务管理机构协调配合，求同存异，逐步形成财政部门内部纵横联动、齐抓共管的“大监督”格局。最后，这个定位确定了财政监督工作的方向和重点。在今年全省财政工作会议上，尹厅长对当前和今后一个时期的全省财政工作提出了总体思路和工作任务。财政监督工作必须紧贴这些财政中心任务来开展，选准工作重点，提高服务能力和水平，充分发挥职能作用。

总之，财政监督目标问题，是财政监督的根本问题。当前和今后一个时期，我们一定要明确财政监督的总体目标和具体定位，既着眼长远，又面对现实；既要保持乐观向上的精神，又要有求真务实的态度。

（二）抓实机制建设，不断创新财政监督工作的内容和形式。从近年来我省机制建设的情况来看，各级财政监督机构对机制建设十分重视，加快机制建设的主动性和积极性不断增强。不少地方结合本地实际，积极探索适合本地特色的财政监督新机制，取得了一定的成效。但从总的情况来看，全省机制建设步子迈得还不够大，发展还很不平衡。出现这种局面的原因是多方面的，其中一个重要原因就是不少地方不能很好地抓住机制建设的切入点。我认为，监督机制建设实际上就是根据财政改革发展和管理的需要，适时对监督的内容和形式进行创新，并把创新的结果以法规、制度的形式固定下来。只有通过工作的不断创新、法制的不断完善，才能逐步形成适应财政工作需要的监督新机制。推进财政监督机制建设的过程，就是财政监督全面、协调发展的过程，也是财政监督不断总结完善、层次提升的过程。因此，在一定意义上讲，不断创新财政监督工作的内容和形式，就是把机制建设落到了实处，就能有力地推动财政监督全面、协调发展。

——突出全面发展，不断创新财政监督内容。实现财政监督的全面发展，就是要统筹兼顾财政监督的各项内容，有针对性地选择发展进程和发展重点。财政收入、支出、内部监督和会计监督是开展财政监督工作的四条主线。这无疑是非常正确的，但如果大家不能全面理解其实质，思想就会僵化，工作就会停滞。我们必须用发展的眼光看待这四条主线，适应财政经济形势的变化，不断创新、丰富、发展这四条主线。具体地讲，在收入监督方面，不仅要确保财政收入及时、足额入库，强调财政收入的完整性，而且要站在促进经济又好又快发展的高度，加大对促进经济增长方式转变的一系列财税政策落实情况的监督，从根本上做大财政收入“蛋糕”。不仅要重视非税收入的监督，做到应交尽收，而且要重点关注税收收入，让经济增长的成果真实体现在税收收入的增加上，进一步提高“两个比重”。在支出监督方面，要在做好一般性财政支出日常监管的同时，加大对财政重点支出领域的监督，确保有关扩大内需、保障民生等财政政策的贯彻执行。要加大对财政支出改革的监督力度，紧紧围绕部门预算、国库集中收付、政府采购等支出改革开展监督工作，为改革的顺利实施保驾护航。在内部监督方面，不仅要做好内部财务监督和预算编制、执行情况的监督，堵塞管理漏洞，而且要加强对内部管理制度、机制的监督，促进财政部门内部建立起完善的预防和内控机制，真正达到用制度管事、管人的目的。在会计监督方面，不仅要监督企业会计主体的会计信息质量，而且要加大对行政事业单位会计主体的监督；不仅要监督会计主体的会计行为，而且要强化会计人员的监督；

不仅要关注会计信息的真实性和完整性，而且要重视会计制度和政策的贯彻落实情况；不仅要监督会计主体，而且要加大对社会中介机构执业质量的监督，力求从多个角度和层次上发挥会计监督的作用。

——立足协调发展，不断创新财政监督形式。实现财政监督的协调发展，关键在于通过创新完善财政监督的形式，使财政监督的各个要素形成一个有机的整体，与财政管理紧密融合，发挥最大的效益。当前的财政监督工作，一方面是内容广泛、任务艰巨，一方面是监督力量不足、手段落后。要解决好这一对矛盾，关键是要从创新财政监督的方式、方法入手，有效地提高财政监督的效益。为此，我们要在财政监督的实施形式和组织形式上，努力实现转变。

在财政监督的实施形式上，一是要从直接监督向间接监督转变，抓住监督链条的关键环节。如，在税收收入监督中，要逐步减少直接针对企业的纳税检查，强化对税务等征管机关的监督，必要时再延伸检查相关企业。这样可以起到事半功倍的作用。二是要从合规性监督向服务型监督转变，提高财政监督的层次和水平。合规性监督是财政监督的基本形式。在监督工作中，我们不仅要查处违规违纪问题，保证财政资金的安全、完整，更重要的是通过对违纪问题的检查和调研分析，发现制度和政策方面存在的不足，提出建设性的改进意见，从更高层次上服务于财政管理。三是要从事后监督向事前、事中、事后监督相结合转变，完善财政监督链条，提高财政监督成效。

在财政监督的组织形式上，要突出整合监督力量这个关键环节。整合力量既包括上下财政监督机构的纵向联动，也包括同级财政部门内部专职机构与相关业务机构的横向联合；整合监督力量必须以具体的财政监督工作为载体，选准工作切入点；切入点的选择必须体现整合各方的共同利益，有利于各自优势的发挥。从当前我省财政监督实际出发，我们可以选择税收征管质量监督和重大项目资金监督为突破口，整合全省财政监督力量。在税收征管方面，整合监督力量，不仅解决了上级机关有权监督而力量不足的问题，同时也解决了下级机关有力量监督而无权监督的问题。重大项目资金既是财政专职机构监督的重点，也是相关业务机构十分关心的问题，通过对重大项目资金监督力量的整合，不仅可以解决专职监督机构对有些情况了解不透的问题，也可以很好地解决相关业务机构力不从心的问题。

实现财政监督的科学发展，需要各方面的共同努力，需要深入的调查研究，需要长期的实践探索。各级财政监督机构既要着眼长远，统筹谋划财政监督的科学发展问题，又要立足当前，贯彻落实好各级领导对财政监督工作的指示精神，围绕财政中心任务，扎实做好近期的财政监督工作。

一、认真做好扩大内需政策落实和资金监管工作

去年11月份中央出台扩大内需促进经济增长政策以来，我省各级财政部门迅速行动，按照中央和省里的部署要求，认真落实有关政策措施，及时下达新增中央投资预算，切实加强资金管理，积极跟进开展全过程监督检查，为促进中央一揽子经济刺激计划的有效落实发挥了重要作用。但从中央和省里检查组检查的情况看，部分地区和部门还存在项目进展缓慢、地方配套资金率低、项目申报与设计内容不一致、项目建设管理不规范等问题。这些问题的存在，在一定程度上影响了积极财政政策的实施效果，降低了资金的使用效益。为此，国家发改委和财政部于今年5月18日联合下发通知，要求各省（区、市）9月底以前对新增中央投资项目的实施要做到“3个百分之百”，即项目开工率、地方配套资金到位率和中央检查组两轮检查发现问题的整改落实率都要达到100%。对于落实不到位的，要扣减或收回未安排的中央投资，或减少以后的项目安排。之后，财政部又于5月19日在广州召开了扩大内需促进经济增长政策落实和资金监管会议，对有关工作进行了安排部署。各级财政部门一定要高度重视，把扩大内需政策落实和资金监管工作摆到突出位置来抓。一是要积极督促纠正整改，并将纠正整改的结果反馈回省里，做到件件有着落，事事有回音。要明确纠正整改方案和时间进度表，对有关问题进行认真分析，分类整改。要举一反三，扩大整改效应，保证发现的问题不再发展，类似问题不再发生。要把落实整改和健全长效机制结合起来，着力解决影响中央和省里的决策部署有效贯彻落实的深层次矛盾和问题，促进深化政府投资体制改革，进一步提高财政管理科学化、精细化水平。二是要加大监督检查力度。要履行好财政部门的职责，重点关注预算下达和资金拨付、地方配套资金、投资项目财务管理等方面的问题。要与纪检监察、发展改革委、审计等部门密切联系、加强沟通，形成便捷高效的工作协调机制，避免监督检查计划的重复安排。三是要把严格执行纪律和强化行政问责结合起来。对发现贯彻落实上级政策措施不力、行动迟缓的，特别是对因失职渎职致使上级政策措施得不到落实、造成严重后果的，要与纪检监察部门积极协调，综合运用组织处理、纪律处分等手段，严肃追究有关领导或责任人的责任。

二、扎实做好“小金库”治理工作

深入开展“小金库”治理工作是党中央、国务院决定的一项重要工作

任务。5月11日，我省召开了“小金库”治理工作电视电话会议，对治理工作进行了动员部署。全省上下迅速行动，本着“分级负责、分口把关、多方联动、整体推进”的原则，扎实开展，取得了阶段性成效。在宣传发动阶段，省、市、县各级相继成立了政府领导挂帅，纪委、监察、财政、审计等有关部门参加的治理工作领导小组，加强治理工作的组织领导。通过制定实施方案、加大新闻宣传等措施，在全社会营造出关注和支持“小金库”治理工作的良好氛围。在自查自纠阶段，各级“小金库”治理领导小组加强组织协调，认真制定自查方案，深入开展自查工作，及时纠正发现的问题。从总体上看，各地“小金库”治理工作的开展情况比较好，但也有个别地方、个别部门对治理工作不够重视，存在宣传发动不到位、自查自纠走过场、信息报送不及时等问题。为此，省里近期将组织督导组对地市进行督导检查。这些地方和部门要及时纠正改进，确保全省治理工作的整体推进。对于正在进行的重点检查工作，要重点把握好以下几个方面：一是要严格确保重点检查面。我省规定，“小金库”重点检查面不得低于纳入治理范围单位总数的10%，重点领域、重点部门和重点单位的检查面不得低于30%。这是硬性指标，各地要不打折扣地认真完成，确保重点检查的效果。二是要合理组织检查力量。“小金库”治理工作涉及的政策十分复杂，组织、实施、定性、处理等各个环节，单单依靠财政部门的力量是完不成的。各地要加强与领导小组其他成员单位的协调沟通，会同纪检、审计等部门的力量组成联合检查组，充分发挥各自优势，提高检查质量。三是要认真做好举报受理工作。要及时设立举报电话、举报信箱，畅通举报渠道，充分发挥举报的线索作用。要建立严格的举报受理制度，规范举报受理流程，对举报信息严格保密。四是要严惩顶风违纪。对重点检查中发现的问题，除依法进行财务、税务处理外，还要对责任单位和责任人员依法实施行政处罚，并依法依纪追究责任；涉嫌犯罪的，移交司法机关处理。五是要加强信息沟通。各地要及时总结治理工作经验，挖掘治理工作典型，通过编发简报等形式，报送交流有关信息，达到相互学习、相互促进的目的，促进全省“小金库”治理工作的深入开展。

三、认真贯彻落实《山东省财政监督条例》

《条例》的出台，是我省财政监督领域的一件大事。各级财政监督机构必须认真学习领会，切实做好贯彻落实工作，进一步增强法治意识，提高依法监督能力。一是要切实重视《条例》的学习、培训，深刻领会内容实质，准确运用条款规定，提高执法水平。二是要加大《条例》的宣传，通过新闻媒体、电子网络等渠道，多角度、多形式地宣传报道《条例》的有关内容，在全省范围内积极营造认真学法、准确知法、严格守法、规范执法的良好氛围，提高财政监督的威慑力和影响力。三是要切实做好配套制度办法的制定工作。根据《条例》的总体要求，各地要结合本地实际，及时修订、完善相关制度办法，促进《条例》的贯彻落实。

四、切实加强财政监督的成果利用

成果利用作为财政监督的一个重要环节，是衡量财政监督成效的重要标准，是提升财政监督地位的重要途径。在当前的监督检查工作中，许多地方往往只重视问题的查处，以罚了之，忽略了监督检查成果的利用环节，使监督的成效大打折扣，达不到“标本兼治”的效果。在今后的工作中，我们要高度重视财政监督的成果利用。在财政部门内部，要通过检查结果通报的形式，向有关主管业务机构通报检查的有关情况，针对财政管理中的问题，提出加强和改进的建议。有关业务机构要认真研究利用检查成果，制定完善相应的制度办法，弥补管理的漏洞和不足，并及时向监督机构进行反馈。对于被检查单位，要在处理违规违纪问题的同时，在完善单位财务管理体制、加强财务核算等方面，提出改进建议，并定期进行跟踪回访，对有关问题的整改落实情况进行再监督，确保问题整改到位。如果把监督检查的成果利用这项工作做好了，做到位，财政监督的层次和地位会得到很大的提升。

五、进一步加强财政监督队伍建设

财政监督岗位的特殊性，决定着从事财政监督工作的同志们要付出更多的汗水，拿出更多的精力，承担更大的压力。但同志们毫无怨言，一心一意扑在工作上，为财政监督事业的发展默默奉献。对于财政监督干部的成长和进步，各地财政部门的领导要给予更多的关注和关心。对于财政监督干部的培养和锻炼，各地要采取多种形式，提高监督干部的综合素质。如，可以通过邀请知名学者专家，分析当前国内外经济发展形势，讲授先进的公共财政理论，引导广大财政监督干部从经济社会发展的全局，看待财政监督事业，谋划财政监督工作；可以通过召开理论研讨会等形式，引导广大财政监督干部充分发挥主观能动性，积极动脑筋、想办法，总结工作新经验，提出发展新思路，全面提升创新能力；可以通过警示教育等形式，引导广大财政监督干部牢筑思想道德防线，认真遵守廉洁自律的有关规定，养成良好的工作作风和生活作风，提高拒腐防变的能力。

（作者为山东省财政厅副巡视员）

完善财政政策 促进地方经济建设

徐长林

实施有力财政政策，促进地方经济建设，是当前学习实践科学发展观活动的必然要求，是实现“保增长、保民生、保稳定、保全运”中心任务的重要保障，也是推动财政工作不断前进的源动力。近年来，财政政策在服务地方经济工作中发挥了重要作用，但也存在着一些薄弱环节，需要进一步发挥财政对经济的激励和引导作用，促进产业结构调整，优化资源配置，实现地方经济平稳运行。

一、当前我市实施有力财政政策促进地方经济建设的成效

（一）加大财政扶持力度，促进产业结构优化升级。我市产业结构比例较为合理，三次产业协调发展，2008年三次产业比例达到5.8∶44.1∶50.1，成为全省第一个三产比重超过二产的城市。产业结构不断优化升级，财政政策发挥着非常重要的作用。

1. 加大“三农”投入力度，促进农业经济发展。近年来，各级财政加大对“三农”的投入力度，以“十大行动”为总抓手，支持农业基础设施建设，发展特色品牌优势产业，推广农业科技示范项目等。财政对农业的扶持，促进了农业长远、科学和可持续发展，维护了农村和谐稳定，确保了广大农民共享公共财政改革的成果。

2. 发挥引导资金的放大作用，鼓励工业经济壮大。近年来，财政设立多项引导资金，扶持我市工业发展，巩固了机械装备行业的主导地位，逐步完成了重汽产业园、济柴工业园建设；电子信息行业也跨入新的高度，实施了浪潮科技园等项目。工业企业的发展壮大离不开当前有力的财政政策支持，而工业的强大也带来了其财政贡献度不断提高，这充分体现了财政促进经济，经济反作用于财政的良性循环。

3. 支持服务业发展，提高三产对经济发展的贡献度。充分发挥信息产业发展资金的引导作用，加快软件产业创新体系建设；鼓励金融机构法人或地区总部来济落户，对完善我市金融体系，壮大金融业规模发挥了重要作用；设立服务外包产业发展专项资金，支持示范园区及承接外包业务企业发展。在上述政策的支持下，我市软件、金融、外经贸等重点服务行业快速发展，2008年，全市服务业实现增加值1 511.7亿元，同比增长16.8%，服务业对经济增长的贡献率达到61.8%，拉动GDP增长8.0个百分点。

（二）加强财政政策支持，有力促进中小企业成长。中小企业是国民经济的重要组成部分，是保持全市经济平稳较快发展、推进经济结构优化升级、培植壮大财源和扩大就业的重要载体。当前，我市中小企业正处在发展的关键时期，财政政策在支持中小企业发展方面发挥着极其重要的作用。

1. 支持中小企业信用担保机构，有效缓解融资困难问题。财政充分调动社会担保机构开展中小企业融资担保的积极性，加大对中小企业担保中心的资金拨付力度，并对担保中心的担保资金设立专户，实施监管。通过对中小企业担保中心的支持，有效缓解了中小企业融资困难问题，极大地支持了中小企业发展。

2. 补助技术创新项目，促进中小企业自主创新。积极推动省市科技型中小企业技术创新项目的申报工作，对通过评审中小企业创新项目给予补助，支持了我市科技型中小企业的技术创新和高新技术成果产业化，培育了区域技术创新力量和新的经济增长点。

3. 扶持外经贸发展项目，支持中小企业开拓国际市场。为支持中小企业开拓国际市场，积极实施走出去的战略，增强企业出口创汇能力，市财政对外经贸发展引导扶持项目进行审核论证，拨付资金，同时积极吸引国家和省级专项财政拨款，支持中小企业开拓国际市场。

财政资金充分发挥了“四两拨千斤”的作用，有力地支持了我市中小企业发展。2009年1～2月份，全市中小企业实现增加值200.3亿元，同比增长16.9%；实现利税56.3亿元，同比增长8.2%。其中，规模以上中小企业实现增加值57.1亿元，同比增长19.7%；实现利税23.5亿元，同比增长25.8%；利润13.4亿元，同比增长26.1%，三项主要经济指标分别高于全市增幅18.1、25.6和43.5个百分点。

（三）完善转移支付制度，促进县域经济发展。当前，我市在发展县域经济方面，出台了一系列的政策措施，通过完善转移支付制度，有重点、有针对性地促进了县区经济的发展。

1. 按照促两头、带中间的发展思路，支持县区经济发展。根据促两头、带中间的发展思路，出台了帮扶

商河县的18项政策措施，积极对商河县实施各项保障性转移支付和增收返还政策。从市土地收益中安排1亿元资金支持高新区城市基础设施建设，并全额返还高新区2008～2010年3年税收增长部分等，以两个县区的发展带动全市县域经济的成长壮大。

2. 实施住宿餐饮业税收财源增长激励政策，调动县区发展第三产业的积极性。以2007年各县（市、区）住宿餐饮娱乐业上交市级的流转税收为基数，从2008年开始到2012年的5年内，对超出上缴市本级基数的部分，全部作为奖励，转移支付给相关县（市）、区，充分调动了县（市）区及街道办事处挖掘增收潜力和发展第三产业的积极性，缓解了基层工作经费困难。

3. 改革转移支付办法，激活县乡自我发展活力。为增强基层“造血”功能，切实缓解县乡财政困难，提高乡镇财政保障能力，在完善保障性转移支付制度的基础上，制定了六项激励性转移支付奖励政策，保障了基层政权正常运转和社会稳定，引导鼓励了各县（市）区深化改革、加强管理和自我发展。

各县（市）区地方经济的发展体现在财政收入方面，2008年全市县级财政收入增势较好，完成99.39亿元，增长21.45%，高于全市平均增幅（18.47%）2.98个百分点，高于上年增幅（18.89%）2.56个百分点。同时，县级财政收入质量、结构大幅优化，县级汇总税收比重为78.53%，比上年的76.68%提高1.85个百分点。

二、当前我市利用财政政策促进地方经济发展方面存在的薄弱环节

（一）财政政策在巩固工业主导地位方面需要加大力度。在国际金融危机中，我市工业的主导地位受到了相当大的冲击，工业投入不足，特别是一些骨干企业，像济钢、重汽等大型企业，在生产经营中遇到了市场、能源、原材料、运输、资金等问题，企业如何搞好自主创新，利用信息化优化产品结构，大力开拓市场，加强内部控管，减少开支、压缩成本，提高竞争和抗风险能力，这些都是当前工业经济发展过程中面临的突出问题。财政如何扶持受危机冲击较大的企业走出困境，刺激工业经济复苏，巩固工业主导地位是今后财政政策发挥作用的一个有效着力点。

（二）财政政策在支持现代服务业发展方面需更有所作为。我市第三产业中，信息服务、文化传媒等现代服务业发展缺乏新的增长点，这些产业发展过程中普遍存在着一些问题：如企业自主创新能力不强；人才结构不尽合理，高层次、复合型人才短缺等；缺少培育与支撑发展的载体；产业发展的政策法规体系建设相对滞后；需求导向，服务民生的水平有待进一步提高等。在支持现代服务业发展方面，财政政策手段也略显单一，过多地运用直接的资金手段，而忽视了间接的政策服务手段，财政在支持自主创新、人才培养、产业配套环境建设等方面存在不足，在放松管制、市场准入、政策法规等方面的支持力度有待进一步加大。

（三）财政在促进县域经济平衡发展方面仍存在不足。当前我市各县（市）区经济发展不平衡现象严重，从各县（市）区财政收入情况可见一斑。2008年各县（市）区一般预算收入中，章丘市一般预算收入（17.9亿元）在区县中排名第一，其收入将近是排名最后的商河县（1.8亿元）的10倍；商河县的一般预算收入不仅总量最低，税收收入贡献率也较低。各县（市）区经济发展不平衡现象仍然严重。财政政策在促进各县区公共服务均衡化，特别是扶持困难县区发展方面仍需继续完善。

三、进一步实施有力财政政策，促进地方经济建设的对策

（一）加大扶持力度，巩固工业主导地位。受国际经济危机的影响，我市工业企业生产效益下滑，为继续巩固我市工业企业的主导地位，需在资金、鼓励技术创新和开拓国内外市场等方面发挥财政政策的积极作用，解决好工业企业发展中存在的突出矛盾和问题。

1. 完善财政贴息机制，保障企业资金供给。为有力解决工业企业发展过程中资金困难、流动性不足问题，财政部门要积极协调金融部门、市经委和政府各融资平台，充分利用工业发展引导资金，对关系企业技术创新等科学发展的重点项目提供贷款贴息，切实帮助企业争取更多的信贷支持，满足他们的资金需要，力保企业现金流、资金链不出问题。

2. 发挥财政资金引导作用，支持企业技术研发和改造。一是继续发挥好工业发展引导资金的积极作用，对企业进行自主创新和技术改造项目，给予优先支持。二是认真落实国家出台的增值税改革措施，鼓励工业企业加大科技投入。三是提高成长型企业自主创新能力，建立产学研合作机制，鼓励成长型企业率先承接转化成果，推动企业开发专利产品，形成自主知识产权，并安排专项资金，大力支持自主创新成果尽快转化为现实生产力。

3. 加大政府采购力度，支持企业开拓市场。当前工业企业生产经营过程中，由于受出口下降的影响，产品销路出现问题。财政积极协调配合市经委、外经贸局等有关部门，加大政府采购名优地产品的力度，优先采购我市自主创新产品，做好名特优产品相关的展销活动和采购的招投标工作，帮助企业扩大产品销路，支持企业开拓产品销售市场。

（二）搞好协调服务，促进现代服务业的发展。要充分利用我市举办

全运会、园博会的有利时机，结合棚户区改造，在继续推动金融、房地产、旅游、餐饮服务业持续壮大的基础上，重点扶持信息服务、文化传媒等产业发展。同时，加快培育服务业发展载体，搭建高效服务平台。

1. 推进信息化与工业化融合，加快信息产业发展。充分利用信息化发展专项资金的引导和放大作用，支持信息产业发展。积极推进信息化对传统工业、农村信息服务市场和金融、旅游、物流等服务业的提升改造。加大财政对信息技术创新的扶持力度，加快技术创新体系建设，重点加强技术中心、产业联盟和公共技术支撑平台建设。完善人才培养、引进、使用和激励机制，优化人才就业创业环境，以各类园区和重大项目为依托，培养和引进高层次复合型人才。

2. 用好文化产业发展专项资金，支持文化产业发展。深入落实市政府出台的深化文化体制改革，加快文化产业发展的若干政策，继续发挥文化产业发展专项资金的作用，并制定资金使用管理办法，采取担保、贴息、奖励、资助等形式，支持文化产业发展。

3. 加快培育服务业发展载体，发挥重点城区、重点园区、重点企业、重点品牌的示范带动作用。积极争取国家、省服务业发展引导资金和各级财政专项资金，优先支持重点服务业载体建设，市级服务业发展引导资金和相关专项资金也要予以优先支持。同时，积极协调有关部门，通过确保土地供应和实施税收优惠等手段，及时解决服务业载体建设中遇到的困难和问题，搭建高效服务平台。

（三）完善财政体制机制，激励县域经济发展。针对县域经济发展不平衡、部分县区基层财政困难的问题，市财政要配合省里奖励县区的激励政策，通过完善保障性和激励性转移支付办法，促进县域经济发展。

1. 落实扶持困难县区经济发展政策，加大保障性转移支付力度。继续落实扶持商河等困难县区的政策，积极协助其争取上级资金支持，并通过财政贴息或担保等手段，在基础设施建设、社会保障、扩大内需重点项目配套资金等方面加大支持力度，解决困难县区财力资金不足问题，扫除远郊县区阻碍经济发展的障碍，为当地经济提供良好的发展环境。

2. 落实发展都市型现代农业的政策，以农业经济带动县区经济发展。各县（市）区财政部门要认真落实市政府出台的加快发展都市型现代农业的意见，加强农业配套基础设施建设投入，积极探索由政府、企业及农户三方共同构成的风险互助等农业风险保障机制，为都市型现代农业健康发展创造良好环境。同时，大力发展循环经济，加快推广种养联动的生态型生产方式，鼓励节能农业和生态农业的发展。

3. 县区财政建立园区发展专项资金，鼓励发展园区经济。当前工业园区成为承载县域工业发展的最重要载体，一些县（市）区由于财力困难，对辖区内的工业园区建设投入不足，导致园区基础设施配套跟不上，发展不快。今后，各县区要充分发挥园区发展专项资金的作用，强化园区基础设施建设，打造工业园区优质平台，提升园区招商引资和承载大项目的能力，以园区经济带动县域工业经济的发展。

（四）加大民生基础设施投入，有力落实中央扩内需政策。当前，借助全运会和园博会举办的有利契机，积极落实中央扩大内需政策，将积极财政政策与保障民生有机结合，转变财政投资的方向和结构，更多地向民生基础设施和社会薄弱环节倾斜。新增的中央和省扩内需资金主要用于保障性安居工程、农村民生工程和农村基础设施建设、基层医疗卫生服务体系建设、节能减排和生态建设、自主创新和产业结构调整等项目。在中央和省扩内需资金的使用上，要严格按照上述用途，合理、高效地利用有限的资金，真正发挥财政资金扩内需、调结构、保民生、促增长的作用。

科学发展观的第一要义是发展，这个发展包括经济发展。随着学习实践科学发展观活动的有序开展，我们将科学发展的观念引入到财政工作中来。在这次学习实践活动中，我们深入调查研究，对前期财政政策促进地方经济建设所取得的成绩和存在的问题进行了分析，并提出了相应的对策建议。今后我们要按照科学发展观的要求，紧紧围绕“发展”第一要义，充分发挥财政政策扶持经济的有力作用，为政府出好谋、划好策，圆满完成“四保”中心任务，履行好“维护省城稳定、发展省会经济、建设美丽泉城”的职责。

（作者为济南市财政局局长）

构建财政激励约束机制的思考与实践

周　安

当前，青岛市已经进入了一个重大的战略转折期。从有利因素看，“环湾保护、拥湾发展”战略的实施以及打造蓝色经济区核心区的目标要求，为青岛拓展城市发展空间，推动结构调整产业升级提供了持续而强大的动力。从不利因素看，国际金融危机的影响与青岛经济发展中的一些深层次矛盾相叠加，给青岛的发展特别是财政经济带来了严重的冲击，财政收支矛盾空前突出。

财政部门要更好地服务于科学发展的大局，就必须要把科学理财作为整个财政工作的战略重点，放在更加突出的位置，加强重大财政问题研究，建立健全科学理财新机制，这不仅是应对国际金融危机冲击的当务之急，更是促进我市科学发展、和谐发展、率先发展的长远之策。

科学理财机制是以促进发展为目标、以提高效益为导向、适应市场经济条件下财政经济运行规律的理财新模式。与传统的理财机制相比，科学理财具有四个显著的特征：

——在职能定位上更加注重支持城乡经济社会协调发展；

——在价值取向上更加强调绩效观念；

——在管理方式上更加突出激励约束的导向效应；

——在制度安排上更加侧重系统整合和整体推进。

要按照科学理财的总要求，进一步增强讲大局、算活账、谋长远的理财能力，重视从制度建设的层面来解决发展中遇到的新问题，既注重发挥财政体制、政策的激励作用，开拓聚财之道；又有效增强财政监管的约束功效，规范管财、用财行为。

一、财政激励约束机制的制度框架

构建财政激励约束机制的出发点是有效发挥财政职能、服务我市科学发展，制度框架设计突出针对性、前瞻性、操作性和协同性，目标是形成“聚财有道、用财有方、管财有效”的科学理财新机制。新机制分为财政增收激励机制和财政监管约束机制两条主线。

（一）财政增收激励机制主要解决“聚财”问题。涉及三个板块：一是立足于发挥部门和区市发展经济、聚集财源的能动性，打造区市联动、部门协作的财源建设平台；二是立足于发挥企业做大做强的积极性，在不增加本地企业税负的基础上，打造增加地方税源、增强区域竞争实力的税源聚集平台；三是立足于发挥征收部门的能动性，打造规范的非税收入管理平台。

（二）财政监管约束机制主要解决“用财、管财”问题。涉及四个板块：一是立足于提高财政资金使用效益，建立财政专项资金绩效预算管理机制；二是立足于提高预算执行的均衡性和合规性，建立预算执行动态监控机制；三是立足于发挥政府投资拉动作用，建立投资项目支出预算评审机制；四是立足于规范债务行为、防范债务风险，建立政府债务预算管理机制。

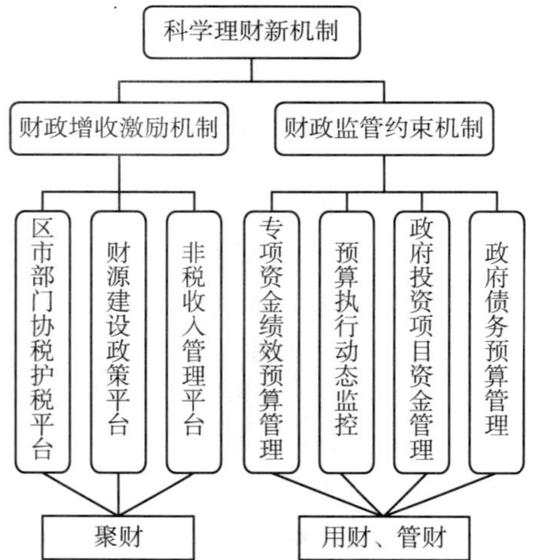

二、财政激励约束机制的实施途径

制度框架勾画了改革的轮廓，落实的关键在于丰富和完善政策实施途径，把激励约束真正转化为长效管理机制，把科学发展观的要求转化为谋划发展的正确思路和促进发展的政策措施。

（一）打造“三个平台”，为生财聚财增添新引擎。

一是构建区市联动部门协作的协税护税工作平台，把存量税源统管起来。全面整合各经济管理部门的涉税信息、管理资源，运用先进的技术手段，将管理融入到征税链条的各个环节，实现对全市税源的全过程动态监控。将财源建设目标责任纳入全市目标绩效考核体系，进一步落实部门、区市组织收入和协税护税的目标责任。

二是整合财源建设政策平台，把潜力税源挖掘出来。针对区域经济竞争的新特点以及国家税制调整的新形势，从支持扩大内需、转变扶持方式和培植后续财源三个方面，采取一系列更加有针对性的政策措施，在不增加本地企业税负的前提下，引导本地总部经济集聚税源、外地入青企业增加税收。如运用财政激励政策发挥股份制银行作为区域总部集聚税源的作用，鼓励总部在青大企业改进组织结构和营销模式，最大限度地聚集税源。

三是构筑管理新平台，把非税收入规范起来。按照“分类管理、逐项规范”的原则，研究制定政府非税收入管理办法，将国有资源（资产）有偿使用收入、国有资本经营收益、彩票收入纳入财政管理范围，实行彻底的“收支两条线”和“票款分离”，增强非税收入征管的完整性和透明度。建立统一规范的政府非税收入考核制度和统计分析报告体系，督促执收单位依法征收、应收尽收，进一步挖掘非税收入征收潜力。

（二）依托四个突破，把财政资金纳入精细化管理的新轨道。

一是启动财政资金绩效预算改革。以文化产业、科技、促进就业、农村住房、农业示范区建设、城市维护费等8项重点专项资金为突破口，实行“先有评审，后有预算；择优安排，滚动管理；跟踪问效，奖惩结合”的绩效预算管理，在编制2010年市级预算的同时，启动绩效预算编制试点工作。主要做法是在编制专项资金预算之前，先由事权部门组织专家或委托第三方机构对申报项目进行可行性论证，并将预算细化到具体项目和单位；然后由财政部门对项目和支出预算进行综合评审，在两轮评审论证的基础上择优安排专项资金预算，将专项资金支出全部纳入项目库实行滚动管理。在预算年度终了后实行绩效评价，根据绩效评价结果改进预算编制管理。

二是建立预算执行动态监控机制。综合运用国库集中支付平台和“金财工程”信息系统，从制度和技术两个层面对财政资金实行科学严密的控管。一方面将预算单位银行账户资金收付信息纳入实时监控范围，促进事权部门进一步规范用财行为。另一方面严格按规定压减因公出国经费、车辆购置及运行费和公务接待费，通过国库集中支付平台对行政开支进行规模和进度双重控制，确保有效控制行政运行成本。

三是创建政府投资项目资金的监督约束机制。为确保扩大内需项目资金用在刀刃上，出台《政府投资项目资金监管办法》。一方面设立专户，对项目资金的使用情况进行全过程跟踪检查。另一方面建立投资项目预算支出的事前评审制度和事后绩效评价制度，要求建设单位做实做细做准项目预算，预先明确项目绩效目标，项目竣工后连同财务决算与项目绩效自评报告，一并报财政部门审查考评和追踪问效，考评结果直接与次年的项目预算挂钩。这种做法解决了随意追加预算的问题，促进了政府投资项目资金管理的规范化、精细化，为有效发挥政府投资对经济的拉动作用提供保障。

四是建立政府债务预算管理机制。将政府债务全面纳入预算管理。今年在全面清查各类政府债务的基础上，制定了《政府债务预决算管理暂行办法》。对政府债务举借实行分类管理，通过政府债务预算和设立偿债准备金落实还款资金，建立偿债责任制；科学设置偿债率、负债率、债务逾期率等预警指标，并对各区市债务预警指标进行考核，建立了政府债务控制体系、债务预警机制；将政府债务的举借、使用、偿还和提供担保等情况列入领导干部经济责任审计范围，作为干部考核的依据。这一系列措施促使政府债务由分散式粗放管理逐步向集中规范化管理转变，起到了规范举债、高效用债、及时偿债的作用，初步形成了“规模适度、管理规范、风险可控”的政府债务管理机制。

三、构建财政激励约束机制的初步成效

实践是检验机制创新和制度建设成效的唯一标准。今年以来，我们坚持把应对金融危机和加快发展作为机制创新的试金石，充分发挥财政职能作用，强力助推了全市经济社会平稳较快发展。

（一）建立财政增收激励机制，财政收入实现稳定增长。针对金融危机和结构性减税造成的严重减收影响，始终坚持存量税源控管与增量税源开发并重，全力以赴组织财政收入。

一是启动了税源信息共享网络平台。将工商、税务等22个部门以及项目投资、股权转让等46个领域的涉税信息全部纳入平台实施动态监控，实现了对各种税源的一体化控管。平台自5月份运行以来，税务部门通过对平台涉税信息数据比对分析，三个月已查补入库税款5 500万元。

二是整合公安、文化、土地等部门现有的管理平台。协调相关部门共同出台了五个协税护税的单项文件，通过采取审核前置、先税后审、纳税登记把关、外地建安企业入青登记、发放入青信用证等方式，建立起了对文化娱乐业、机动车车船税、外地驻青建安企业税收、土地和房产税收以及股权变更税收等源头控制的协税护税新机制。政策自5月份陆续实施以来，查补入库所得税等税收2 000余万元。

三是拓展非税收入管理范围。将慈善总会的非定向货币捐赠收入、畜禽及畜禽产品防疫检疫分成收入和高新区招拍挂土地出让收入纳入了财政专户管理，为财政收入的稳定增长发挥了重要作用。

在今年严峻的形势面前，全市地方一般预算收入增幅稳步提高，税收从5月份起扭转负增长趋势，初步呈现企稳回升态势。

（二）构建地方融资平台，财政促进发展的政策措施更加丰富有力。紧紧抓住国家代理发行地方债券的有利契机，发行地方债券11亿元，通过银行贷款设立200亿元的扩大内需重点建设项目调控资金，全力支持扩大内需重点项目建设。资金主要用于海底隧道、前湾港疏港道路项目以及排污管网建设等民生工程和重大基础设施建设，为落实扩大内需政策注入强大动力。

（三）建立财政帮扶机制，帮助企业渡难关。把帮扶企业发展作为保增长、保税源、保收入的重中之重，创新政策措施，扶持企业发展。

一是运用财税政策做“减法”，持续为企业减负。在全面落实中央、省规定的取消80项收费的基础上，又暂停或减半征收了我市的20项收费，合计为企业减负近6亿元。其中仅河道维护费实行减半征收，就为企业减负超过2.5亿元。积极争取国家对我市重点企业的政策支持，为3类重点出口产品和11类节能、高新技术产品争取了提高出口退税率及调整关税的政策，我市970户企业直接受益。争取财政部和国家税务总局为丽东化工返还消费税近4亿元，极大缓解了企业的资金压力。在充分测算收支、不增加基金缺口的前提下，降低企业职工失业保险、工伤保险和生育保险的缴费率，累计降低费率1.9个百分点，预计全年可为企业减负3亿元左右。

二是为中小企业融资做“乘法”，发挥财政资金“四两拨千斤”的作用。实行了产业链商业票据的补贴办法，既鼓励金融机构为中小企业开展商业票据贴现、保理业务融资，又引导大企业为本地配套中小企业融资提供信用支持，今年共为1 500家本地中小企业盘活流动资金45亿元。

三是运用财政补贴做“加法”，帮助企业开拓市场。加大财政投入，对出口企业投保短期出口信用险、参加国内外展览会及国际贸易摩擦应诉调查给予专项补助。结合国家产业振兴规划及时安排扶持资金，重点支持我市家电电子、石油化工等七大产业加快发展，为经济增长和财政增收增添了后劲。

（四）试编民生预算，构建民生保障长效机制。针对今年财政收支矛盾异常突出的情况，加大了支出结构调整力度，在全国率先启动了民生预算编制试点工作，把有限的财力真正用到促进经济社会发展的关键领域。

2009年市本级财政安排的与人民群众生活直接相关的教育、医疗卫生、社会保障和就业、保障性住房等方面的民生支出达到87.6亿元，比上年增加18.18亿元，增长26.2%。其中：安排5亿元支持廉租住房建设及筒子楼改造项目，将市内四区低保家庭廉租住房租金补贴标准从每月每平方米16元提高到18元，11 153户低保家庭从中受益；安排6亿元用于自来水亏损补贴、供热补贴以及公交政策性亏损补贴，支持了公用企业的正常运转；投入3.3亿元促进就业补助资金，支持实施积极的就业政策；投入4.4亿元支持重点医疗卫生设施建设，改善我市居民的看病就医环境。

在预算执行过程中加大对惠民政策的落实力度。加快新农合和城镇居民医疗市级补助资金的拨付速度，由年底拨付改为年初预拨、年底结算。实行了参合农民在区市以上定点医疗机构就医即时补偿报销的新措施，农民可在所有定点医院自主选择就医，出院即时结报获得补偿。优先发放涉农补贴，提前18天将粮食直补、农资综合直补资金共计3.4亿元直接发放给103万农户。创新“家电下乡”补贴模式，农民购买家电的当天便可领取财政补贴，全国人大和财政部高度肯定并在全国推广我市的经验做法。

（五）实行财政监管约束机制，财政管理的科学化精细化水平明显提高。针对今年政府投资规模大、资金运行快的特点，及时制定了《政府投资项目资金管理办法》和《政府债务管理暂行办法》，促使项目资金管理由事后决算审查向全程绩效监管的转变，政府债务由分散式粗放管理向集中规范化管理的转变。对财政专项资金进行了全面清理整合，共归并、压缩支出项目39项，压缩支出1.3亿元。积极推进财政管理关口前移，启动了重大项目的预算评审试点工作，先后对文化产业资金项目、土地调查经费、基础设施配套费进行了预算前评审，取得显著成效。其中，土地调查经费评审共审减6 300万元，审减率达到55%。预算评审工作的开展，确保了有限的财政资金发挥出最大的效益，初步摸索出一条对财政资金实施源头控管、科学理财的新途径。

四、进一步完善财政激励约束机制的思路打算

按照市委市政府的决策部署，更加积极有效地发挥财政政策效能，进一步加大对经济社会发展的支持力度；不断丰富完善政策实施方式，全面提高财政管理的科学化精细化水平，努力为经济社会又好又快发展提供强大的动力和体制保障。

一是建立完整的政府预算体系。启动2010年政府基金预算、社会保险基金预算试编工作，研究社会保障预算的编制范围、内容及方法，逐步探索和建立社会保障预算；进一步细化完善部门预算、国有资本经营预算和

政府债务预算，扩大非税收入预算编制范围，通过预算编制形成资金合力，夯实市委市政府宏观调控的基础。将城市基础设施配套费、土地出让金、专项资金在支出用途不变的情况下纳入统筹范围，集中财力支持蓝色经济区建设。

二是择机完善财政管理体制。按照财力与事权相统一、公平与效率相统一、激励与约束相统一的原则，结合中央对地方财政体制改革情况，适时调整完善市对区市的财政体制，合理界定市与区市的事权和支出责任，优化收入分配格局，进一步调动各级发展经济、增加收入的积极性，不断增强各级政府的保障能力，推进区域经济社会协调发展。完善专项转移支付分配机制，建立规范化的一般性转移支付制度，保障区市基本支出需要，推进基本公共服务均等化。

三是促进预算管理与资产管理的有机结合。抓住资产配置、使用和处置三个关键环节，建立行政事业单位国有资产配置标准体系，实行部门预算与资产配置紧密结合。探索将交通工具、办公设备、专用设备等资产，由单位自行采购改为财政部门集中购置、统一配备，明确资产使用期限，规范资产处置行为，处置收入纳入政府非税收入管理，实现行政事业单位资产从入口到出口的全过程监管，提高财政资源的配置效率。

四是探索建立预算编制、预算执行、预算监督和财政评审“四分离”的财政运行机制。适应财政改革形势的要求，探索建立分工明确、衔接顺畅、运转高效的管理流程，促进预算编制体系、预算执行体系、财政监督体系和财政评审体系建设，构建相互促进、相互制衡的财政管理新机制，全面提升财政管理的科学化、精细化水平。

（作者为青岛市财政局局长）

强化投资评审　把牢财政资金的“铁大门”

——关于淄博市财政投资评审工作情况的调研

王修德

为全面总结近年来全市财政投资评审工作的经验做法，查找工作中的问题与不足，研究进一步加强财政投资评审工作的对策措施，淄博市财政局组织开展了专题调研，形成以下报告。

一、近年来淄博市推进财政投资评审工作的主要做法

近年来，淄博市财政投资评审工作紧紧围绕全市财政工作中心，始终坚持“不唯增、不唯减、只唯实”的评审理念，以服务财政预算管理为主线，完善评审工作机制，突出抓好项目评审和预算评审，探索推进财政支出绩效评价，大大提高了预算管理的规范化、精细化、科学化水平。

（一）抓好事前评审，服务预算编制。充分发挥财政投资评审的参谋助手作用和“哨卡”作用，积极开展预算评审，对支出的合理性和资金管理使用情况进行审核评价，合理确定项目投资预算，建立财政投资项目前期防控机制，从源头上控制支出，将财政资金节约在分配环节，为预算编制提供参考依据。

（二）抓好事中评审，服务预算执行。加大对涉及民生的专项资金项目、重点项目的评审力度，实行全过程跟踪评审。通过现场监督施工企业签证行为，有效避免在签证中的弄虚作假现象；积极参与未招标建筑材料的价格确定工作，合理确定工程造价；严密监控资金拨付使用情况，避免财政资金流失；对投资控制提出合理化建议，有效提高财政资金使用效益。2005～2008年，对淄博新城区六条道路建设工程和绿化工程进行了全过程跟踪评审，由于加强了事中监控，最大限度地控制了工程造价，结算评审平均审减率不到10%，明显低于未进行事中监控的项目。

（三）抓好事后评审，节约财政资金。通过强化对项目结、决算的评审，对财政投资项目建设、财政资金使用及其经济社会效益情况进行分析、评价，严把资金结算关，既有效节约了财政资金，又为今后合理安排部门预算提供了重要的参考依据。评审过程中，针对造成工程造价不实的因素，如工程量计算错误、定额错套、违反合同约定、取费错误、材料报价虚高等问题，逐一进行深入分析，有效地提高了评审工作质量，确保了评审结论的科学、准确、可靠。几年来，共评审财政投资结、决算项目近百个，审减资金近3亿元。

（四）积极推进财政支出绩效评价，努力构建绩效财政。将财政支出绩效评价作为财政改革的重要内容之

一，努力构建以部门预算为切入点，以项目支出为重点，以制度建设为保障，事前、事中、事后全过程评价以及各部门自我评价、财政综合评价为一体的财政支出绩效评价机制，为加强绩效财政建设奠定了坚实基础。2009年，从财政重大投入项目中选择了农村中小学“211”工程、柳泉路人防枢纽工程等十个项目，开展了绩效评价试点，全面分析了评价项目绩效总目标和阶段性目标的完成情况、资金使用情况、财务管理状况、工程组织管理情况以及经济、社会、生态效益情况；对尚未完成（完工）或跨年度实施的项目，重点评价了其阶段性目标完成情况，并对绩效总目标实现的可能性进行了预期分析。针对发现的问题，提出了相关的意见与建议，为领导决策、预算编制和推进项目实施提供了重要依据。

二、评审工作取得的成效及存在的主要问题与不足

淄博市财政投资评审工作自2003年5月全面开展以来，取得了显著成效。截至2009年9月底，全市共完成评审项目543个，评审值38.38亿元，审减资金6.44亿元，综合审减率达到16.78%。其中市级完成评审项目184个，评审值25.05亿元，审减资金4.09亿元，审减率16.33%。特别是今年以来，面对复杂多变的财政经济形势，全市各级财政部门紧紧围绕增收节支，积极发挥职能作用，加大评审工作力度，取得了显著成绩。今年前三季度，全市共完成评审项目205个，评审值12.47亿元，审减值2.3亿元，审减率18.44%，评审值和审减值分别比上年同期增长107.17%和131.69%。其中，市级完成评审项目30个，评审值5.26亿元，审减值0.83亿元，审减率15.78%，评审值和审减值同比分别增长26.89%和17.25%。

区县财政投资评审工作总体实现新突破。截至目前，各区县、高新区均成立了专职财政投资评审机构，并配备了专职工作人员。评审工作制度和规程进一步健全完善，初步构建了包括工程概预算、结决算评审和专项资金预算评审在内的全方位的评审体系，为财政支出监控和政府投资决策提供了重要依据。在此基础上，区县级评审额快速增长，评审范围逐步拓宽。2008年，区县级完成评审值5.49亿元，审减资金0.75亿元，评审额和审减资金额分别比上年增长16倍和12倍。2009年前9个月所完成的评审值和审减值已超过2008年全年，同比分别增长2.85倍和4.17倍。评审范围已涵盖教育、卫生、农业、城建、水利等多个领域，评审工作得到了党委政府和社会各界的充分肯定。

在看到成绩的同时，也要看到工作中仍然存在一些问题和不足，主要表现在以下几个方面：

（一）项目预算申报存在造价虚高现象。在项目预算申报过程中，个别项目存在预算编制缺乏政策依据、支出项目前后重复、搭车申报经费支出等现象。前九个月，市级完成的30个评审项目中，审减率在20%以上的项目有12个，占全部评审项目的40%，其中审减率在30%～50%的项目4个，审减率在50%以上的项目3个，预算申报虚高现象较为普遍。

（二）工程量清单编制质量不高。自2008年起，淄博市全面执行国家规定的《建设工程工程量清单计价办法》，对控制工程造价、提高工程质量起到了积极的作用。评审中发现，部分建设单位未实行工程量清单计价，有些项目工程量清单不准确，有的存在重复计算问题，人为扩大了工程量；有的工程量清单不完整，存在缺项、漏项，不仅影响招投标工作质量，而且会在项目施工中增加工程量，从而加大工程造价。

（三）项目变更和签证不实的问题较为突出。施工单位为获取更大的利润空间，在项目实施过程中，往往会利用变更签证等手段增大工程量，摆脱招标控制。评审中发现，大量的变更、签证存在后补和伪造现象，而对于隐蔽工程，其签证的真实性和变更设计的合理性，事后往往很难界定。

（四）部分单位材料采购不经政府采购程序。个别单位利用政府投资进行项目建设时，存在材料设备不经政府采购招标的现象。通过评审发现，经过政府采购招标的项目，审减率相对较低，而未经政府采购招标的，审减率相对较高，一般都在20%以上。

（五）个别项目工程监理不到位。近年来，大多数工程监理单位能够认真履行监理职责，对于确保工程质量、控制工程造价，起到了积极有效的作用，但也有极少数的工程监理单位责任心不强，作用发挥不够，监督弱化；甚至在部分项目建设中，存在与建设单位、施工单位恶意串通，制造虚假签证和变更等问题。

三、对策建议

针对工作中存在的问题，就进一步加强财政投资评审工作提出以下建议：

（一）严格项目预算编制。针对部分项目单位在申请资金时存在搭车项目和虚报经费预算等现象，应进一步加大对预算编制工作的监督、审核、指导，从严控制项目预算编制，加强对预算编制工作的源头控制，使政府资金能够真正花在刀刃上，切实提高资金使用效益。

（二）加强对招标阶段工程量清单的控制。加强对工程量清单计价的监督管理，对工程前期投资实行全面控制，在项目决策设计阶段，由相关部门参与审查拟建项目的设计方

案和投资估算；工程招标阶段，参与编制招标文件、制定合同条款、审定标底。对送审的清单报价，重点审查工程量清单的准确性和内容的完整性，确保工程量清单计价准确无误。

（三）加强对财政重点支出项目的全过程跟踪评审。对重点项目实行动态实时监管，有效解决隐蔽工程认定难等问题；突出加强事前控制，有效解决项目概算超计划、预算超概算、决算超预算“三超”现象的发生，提高建设项目预算执行的准确率与合理性。

（四）进一步加大政府投资项目政府采购力度。对项目建设所需材料和设备，严格按照《招标投标法》和《政府采购法》等有关规定进行政府采购招投标，通过政府采购，将价格限制在合理、正常的水平，降低投资成本，节约政府资金。加强对招投标全过程的监督管理，促进工程招投标工作健康有序进行。

（五）加强对工程监理机构的监督管理。严格依照国家有关法律、法规，对监理企业履行责任等行为进行监督，确保监理企业依照有关法律、法规、技术标准以及设计文件、建设工程承包合同和监理合同开展监理，严格监督工程施工，确保合法合规履行监理职责，担当好建设工程的“守护人”和“防火墙”。

（作者为德州市财政局局长）

充分发挥财政“助推器”作用 加快推进枣庄资源型城市转型步伐

尹克同

枣庄市是因煤而建、因煤而兴的工业城市，经济结构较为单一，主要以煤炭、水泥等资源产业为主，是典型的资源型城市。煤炭是枣庄市的支柱产业，对枣庄市的经济发展起到了关键性的作用。长期以来，枣庄作为华东地区乃至国家重要的能源和建材工业基地，为国家建设作出了巨大贡献。全市资源型产业创造的税收和上缴的国有资本投资收益约占地方财政收入的40%，如果加上相关基金、收费的收入，资源产业提供的财政收入占地方财政收入的比重超过40%，资源产业是枣庄市财政收入的最主要来源。经过长期的开采，枣庄市已成为典型的资源枯竭型城市，经济结构单一、矿山资源萎缩、就业压力增大、城市功能滞后等矛盾越来越尖锐，面临着严峻的可持续发展问题，加快城市转型已成为当前最为紧迫的任务。为有效应对国际金融危机，促进资源型城市可持续发展和区域经济协调发展，今年3月份，国务院确定了第二批32个资源枯竭城市，枣庄市被列为中央扶持范围的资源枯竭城市，这对枣庄市来说是难得的发展机遇。枣庄市委、市政府抓住时机，审时度势，精心谋划，制定了《枣庄市促进资源型城市转型实施纲要》，明确了城市转型的指导思想和工作目标，提出了围绕实施城市转型战略，打好“发展煤化工、发展文化旅游、加快城市建设”三大战役的总体部署。枣庄市财政部门作为经济综合管理部门，紧紧围绕市委、市政府战略部署，充分运用各种财政手段和工具，努力为助推资源型城市转型提供强大财力支撑和优质财政服务。

一、以科学发展观为统领，明确财政支持城市转型的指导思想、基本原则和工作重点

（一）指导思想

以邓小平理论和“三个代表”重要思想为指导，以科学发展观统领全局，深入贯彻落实党的十七大和省、市九次党代会精神，按照市委确定的“3695”工作思路和市十四届人大一次会议审议通过的《政府工作报告》要求，以加快资源型城市转型为抓手，以接续替代产业培育壮大、城市功能转型、人才结构转变、民生改善为重点，着力转变发展方式和优化经济结构，着力加强资源节约和环境保护，着力推进改革开放和自主创新，促进我市经济社会全面协调可持续发展。

（二）基本原则

1. 远近结合，标本兼治。着眼于解决资源枯竭城市存在的突出问题和深层次矛盾，解决好产业接续和民生问题。

2. 政府引导，市场化运作。积极发挥政府的引导作用，加强协调指导，营造良好的发展软环境。充分发挥市场在资源配置中的基础性作用，遵循市场经济规律，积极运用市场化运作手段，化解城市转型中的问题。

3. 统筹规划，开发与保护并重。坚持统筹配置境内各种资源，合理开发利用，加强资源节约和环境保护，加大环境治理力度，有效保护生态环境，努力实现经济社会和谐发展。

4. 坚持改革开放和自主创新相结合。积极消除体制机制障碍，坚持技术创新和自主研发相结合，增强自主创新能力，激发内部活力，实现结构优化和发展方式转变。

5. 着力改善民生，构建和谐社会。认真解决关系群众利益的实际问题，不断提高城乡居民收入，改善群众生活质量，大力发展教育事业，着力抓好就业再就业，完善社会保障体制，促进社会和谐进步。

（三）工作重点

1. 推动产业结构优化升级。按照“传统产业新型化、支柱产业多元化、新兴产业特色化”的要求，以转变发展方式为主，优化产业布局，培植和壮大接续替代产业，加快发展特色服务业，加快推进城市转型。一是优化产业布局。围绕“一纵一横一环”的发展轴线，合理布局优势产业。即：构建沿路沿运经济走廊、构建枣薛中心城区经济走廊、构建环枣庄旅游观光走廊。二是培植壮大接续替代产业。坚持走新型工业化道路，着力培植壮大煤化工、精细化工、机床、水泥、新型建材、纺织服装、农副产品加工、电子信息八大工业集群。三是加快发展文化旅游业、沿运物流业、专业市场群、生产性服务业四大特色服务业。四是扎实推进新农村建设。加强农业基础设施建设，转变农业发展方式，扩大优质商品粮和特色农产品“两大基地”规模，提高农业产业化、市场化、标准化、组织化“四化”水平，全面发展农村各项事业。推动新农村建设迈出坚实步伐。

2. 推动城市功能转型。加快城市功能转型，推动传统工矿城市向文化旅游城市转变、单一的矿区城市向功能相对完善的“门户城市”转变。围绕打造“江北水乡·运河古城”的城市品牌，按照“尊重自然、尊重历史、尊重民生”的理念，加快城市功能转型，提升鲁南“门户城市”的核心竞争力。

3. 促进人才结构转变。围绕城市转型，加大对各类人才的培养力度，积极培养创新型人才，引进急需的特殊人才，用好各类柔性人才。在加强枣庄学院学科建设的同时，积极建设枣庄职业学院，大力发展职业教育，完善教育体系，努力培养更多的高技能专业人才和高素质的劳动者，推动人口资源更多的向人力资源转变，向人才资源转变。

4. 抓好环境治理和节能减排。一是加强采煤塌陷地治理，增加可利用土地。二是大力发展循环经济，全面推进生态市建设，恢复生态环境。三是依法淘汰落后生产能力，鼓励节能技术创新和节能产品应用，切实抓好节能减排。

5. 着力改善民生问题。坚持民生优先，突出抓好增加就业岗位、提高居民的收入、加快棚户区改造、增强社会保障能力等工作，让人民群众得到更多的实惠。

二、运用多种财政手段，支持城市转型

（一）创新财政支持方式，多渠道筹集资金支持城市转型战略。城市转型战略的实施，需要大量的资金支持，仅靠财政资金投入无异于杯水车薪，必须多渠道筹集资金，集中各方面的财力办大事。**一是积极争取中央、省对我市城市转型的政策资金支持**。国务院于3月5日公布枣庄市为全国第二批资源枯竭城市后，财政、发改、国土资源等部门积极配合，多次派人外出考察学习外地城市转型经验，积极向中央、省有关部门汇报我市情况，争取中央、省政府对我市资源枯竭城市转型给予更大的政策和资金支持。目前，财政部已下达枣庄市2008年度、2009年度中央资源枯竭型城市转型转移支付资金3.02亿元；省政府也召开专题会议研究支持枣庄城市转型的政策问题。**二是创新投融资体制**。为加快城市转型步伐，筹集更多的资金用于结构调整和城市建设，在学习借鉴外地经验的基础上，对政府投融资体制进行了改革。成立了枣庄市国有资产运营管理中心和鲁南（枣庄）经济开发投资有限公司，将市直行政事业单位国有资产划归其统一运营管理，统一运作政府投融资业务，特别是需要政府财政性资金还款的公共服务项目投融资，负责城市土地储备，参与重大项目建设，为经济发展、城市建设筹集资金。公司成立一年的时间就已融资50多个亿，为全民健身中心、台儿庄古城、老城区供热改造、城市道路、城市绿化、农村住房建设和危房改造、城中村改造等重点建设项目提供了资金支持，加快城市功能转型，提升鲁南“门户城市”的核心竞争力。区（市）政府也都成立了融资平台，融入资金主要用于区（市）城市基础设施建设和政府公共、公益项目投资等。融资平台主要通过与各大银行进行政府金融合作，采取投资入股、贷款贴息、信用担保等多种市场化方式，充分发挥财政资金的杠杆作用和乘数效应，引导、聚集更多的银行资金和社会资本，为城市转型战略的实施提供有力的资金支持。**三是搞好国有资本和国有资产运营**。试行国有资本经营预算，对国有独资企业上交的利润，国有控股、参股企业国有股权（股份）股利、股息收入，国有产权（股份）转让收入，应属国有的清算净收入以及其他国有资本经营收入，全部纳入国有资本经营预算收入管理。重点抓

好区（市）级以上国有企业的资产运营，及时收缴国有资本收益。政府在高度垄断土地一级市场的基础上，对土地二级市场有选择地进行参与和控制。对经营性用地一律实行招拍挂，土地净收益除按规定比例用于农业、廉租住房等相关支出外，主要用于城市建设等重点城市转型项目以及归还融资本息。我市煤炭、石灰石、石膏等资源丰富，对探矿权、采矿权的出让采取招标、拍卖和挂牌等方式，切实增加探矿权、采矿权使用费和价款收入。

（二）*发挥财政导向作用，推动产业结构优化升级*。为改变单一的资源产业依赖，加快推进产业结构优化升级，转变资源型城市的发展方式，同时优化财源结构，促进地方财政收入快速增长和质量稳步提高，枣庄市政府下发了《关于加强财源建设的意见》，充分发挥财政政策和资金的引导作用，将财源建设与促进经济结构调整、节能减排、发展绿色产业相结合，重点支持符合国家产业、环保政策、科技含量高、提供税收能力强的项目，培植壮大财源。**一是建立财源建设基金**。为推动工业结构调整，市财政在原有各项扶持企业发展资金的基础上，新设立财源建设基金 6 000 万元，滚动使用，采取无偿补助、投资入股和有偿使用等方式，支持重点财源项目建设。基金主要来源：(1) 当年国有资本经营收益新增收入；(2) 整合财政专户相关结余资金；(3) 清理回收企事业单位拖欠的财政信用资金；(4) 政府统筹的预算外资金。基金规模随着税收收入的增加，逐步进行扩充。通过贴息、担保、直接投资等方式来吸引信贷资金和社会资金，投入我市煤化工、高新技术产业、先进制造业、特色服务业、旅游业等重点项目，同时帮助困难企业接续资金链条，渡过危机，加快发展，增强财政后劲。凡财政直接投入项目建设资金，待项目建成后，可由市国有资产经营公司或鲁南（枣庄）经济开发投资有限公司收购或转让，建立基金投资退出机制，滚动发展，形成良性循环。对我市财源建设做出突出贡献且依法纳税、成长性好、安全生产与节能减排达标的企业，可申请财源建设无偿奖补资金或短期借款帮扶，短期借款额最高可达 1 000 万元。各区（市）结合本级财力情况，从当年财政超收以及整合其他财政性资金，建立财源建设基金，加快发展区域重点财源。**二是加大对高新技术产业的扶持力度**。对新开办的符合条件的高新技术企业、科技中介服务机构和经认定的高新技术成果转化项目，自投产经营之日起 3 年内，各类企业孵化及在孵企业、高新技术风险投资机构自投产经营之日起 5 年内，享受财政专项资金扶持政策。对省级以上新产品，自列入享受财政专项资金扶持的新产品项目名单的年度起，国家级新产品享受 3 年、省级新产品享受 2 年财政专项资金扶持政策，新产品新增增值税 25% 部分由同级财政列支用于企业新产品研发。认真落实加速折旧、研发投入加计扣除等财税优惠政策，鼓励企业加大研发投入和科技投入，增强企业新产品、新工艺、新技术的研究开发能力，特别是拥有自主知识产权的核心技术的创新能力。对水泥等生产企业“三废”利用等资源节约项目，及时足额办理增值税退税。对企业高新技术改造项目或省级以上新产品开发项目贷款，经验收达到设计要求，在规定时间内达产达效的，一年内由技改贴息资金或财源建设基金给予贴息扶持。对专利和重点专利实施项目，给予一定的经费补助。落实科学技术进步奖励政策，对符合条件的科技创新成果给予奖励。充分发挥科技三项费用和学科带头人资金的鼓励和引导作用，大力支持以企业为主体、以市场为导向、产学研相结合的科技创新体系建设，重点支持技术水平高、带动性强的企业研发中心建设。落实增值税转型改革政策，将生产型增值税转为消费型增值税，企业原材料、固定资产等外购项目所含税金都允许抵扣，鼓励企业进行设备更新和技术升级。**三是促进服务业发展**。各级财政按上年度 GDP 的万分之一设立服务业发展引导资金，以贴息的方式重点支持 6 个城区、15 个园区、30 个龙头企业为依托的“三大载体”建设和临港物流中心建设；按营业收入、上缴税收和提供就业等指标对服务业企业进行考核，对突出企业给予 5 万～20 万元的奖励；对引进外地名特吃落地经营、业绩突出的业户，一次性给予 1 万～3 万元的奖励；对服务业发展综合考评前三名的区（市）依名次分别给予 10 万元、8 万元和 5 万元奖励；对农村综合社区服务中心建设给予 2 万～10 万元的补助。设立文化旅游产业发展资金 500 万元，支持旅游推销宣传和“枣庄优惠二日游”活动。**四是鼓励外向型产业加快发展**。对机电产品、农副产品、加工贸易年出口 100 万美元和高新技术产品年出口 50 万美元以上的企业，较上年新增出口 1 美元奖励 0.05 元；对进口先进技术、先进制造设备、重要原材料及重要能源、资源型产品的，按进口额给予不高于一年期贷款利率的贴息；对开展国际市场认证和参展的，按实际支付费用的 50% 给予补贴；对境外资源合作开发项目取得的人民币中长期贷款实际发生的利息给予 30% 的贴息，对资源运回费用给予 50% 的补助；对获得国家级“重点培育和发展的出口名牌”的给予 10 万元奖励，对获得省级“重点培育和发展的出口名牌”的给予 5 万元奖励，对获得省级“科学发展示范园”称号的省级以上经济开发区给予 5 万元奖励；对年度外经贸综合考评前三名的区（市）依名次分别给予

10万元、8万元和5万元的奖励。对国内企业为开发、制造大型、精密、高速数控设备及其功能部件而进口部分关键零部件所缴纳的进口关税和进口环节增值税实行先征后退，所退税款转为国家资本金，主要用于企业新产品的研制生产以及自主创新能力建设。**五是大力支持招商引资**。市财政设立扩大对外开放专项资金，对全市定点招商项目和经贸洽谈活动给予经费保障；安排重点项目工作经费，支持重点项目的包装、推介工作，积极争取枣庄市重点项目纳入国家、省投资计划，努力吸引国内上市公司、大企业集团、规模型民营企业和世界500强企业来我市投资。支持总部经济的发展，鼓励总部在外地的有税源的企业，将总部或地区总部迁入我市，根据每年上缴地方税收增量的50%，在3年内连续给予财源建设资金扶持。积极争取和鼓励中央、省属驻枣企业在境内增资扩股、投资新上项目、拉长产业链，可采取一事一议办法研究确定优惠政策。

（三）研究制定相关政策，支持促进企业发展。围绕产业发展方向和重点，研究制定具体财政政策措施，着力支持企业发展。**一是建立健全信用担保体系**。鼓励建立多种形式的担保机构，对新注册成立或增资扩股的担保机构，按照注册资金的多少一次性给予20万~50万元的补助；设立担保风险补偿基金，市和区（市）财政每年安排一定资金，对年日平均担保责任额在注册资本金6倍以上的担保公司给予风险补偿或奖励；做大信用担保公司，通过财政注资和引进战略投资，成立了注册资本达2亿元的枣庄市担保有限公司，依照国家产业政策为符合条件的企业提供信用担保和中介服务，解决企业特别是中小企业融资难问题。**二是鼓励金融机构为企业发展提供支持**。设立银行发展贡献奖，综合考虑银行当年新增贷款量、地方税收贡献、金融创新、金融服务等因素，表彰奖励突出贡献单位和个人，奖励资金列入财政预算。建立小企业贷款风险补偿基金，对银行业金融机构当年新增贷款产生的风险进行补偿，鼓励银行放宽小企业贷款条件，加大对小企业贷款力度。鼓励外地金融机构和股份制银行来我市设立机构，对在枣庄市新设立或迁入的金融业法人总部或地区总部，按照注册资本规模或当年上缴地方税收情况，一次性给予100万~300万元财源建设资金补助，可适当用于有功人员的奖励。**三是积极扶持企业上市**。市财政从财源建设基金中单设500万元用于支持企业上市工作，对枣庄市上市公司在境内外首次公开发行上市的，按照募集资金实际投入枣庄市数额的1.5‰对公司主要负责人和有功人员给予奖励。上市公司的主要负责人不低于奖励总额的40%，其他人员不高于60%。**四是支持企业争创名牌**。设立专项奖励资金，对获得世界名牌产品的企业一次性奖励100万元，对获得中国名牌产品、中国驰名商标、全国质量管理奖的企业一次性奖励50万元，对获得山东省名牌产品、山东省著名商标、山东省服务名牌和山东省质量管理奖的企业一次性奖励10万元。**五是支持企业改革改制**。对进入破产程序的企业，财政安排专项破产经费，妥善安排改制企业土地出让金，用于职工安置和支持企业发展，使困难企业顺利实施破产重组。对枣庄市国有企业或企业集团在兼并过程中，被兼并企业所欠财政借款，可以享受挂账停息政策，经批准也可以转增国家资本金。鼓励有条件的国有大中型企业在进行结构调整、重组改制和主辅分离中，对国有大中型企业通过主辅分离和辅业改制分流安置本企业富余人员兴办的经济实体，凡符合相应条件，经税务机关审核，3年内免征企业所得税；涉及土地等资产转移的，可免征契税。**六是落实税费优惠政策**。对投资枣庄市固定资产投资规模达到一定数额标准的产业大项目、重点项目；对服务业项目投资额或专业市场经营面积达到一定规模的，在土地出让金缴纳、基础设施配套费收取上，可采取一事一议办法研究确定优惠政策。认真落实好中央、省出台的增值税转型等各项财税优惠政策，取消和停征了54项行政事业性收费项目，进一步为企业松绑减负，支持企业发展。建立健全行政事业性收费、政府性基金公示制度，定期对政策落实情况进行监督检查。落实中小企业税费优惠政策。对经营困难的中小企业涉及的有关行政事业性收费，可以按照政策规定予以缓交或免交；对符合条件的小型微利企业实行20%的优惠税率；对纳入全国试点范围的非营利性中小企业信用担保、再担保机构从事中小企业信用担保或再担保取得的担保业务收入，从纳税人享受免税之日起3年内免征营业税；按照增值税设定的起征点高限计征增值税等。

（四）发挥财政稳定职能，着力改善民生。资源型城市转型必然伴随着低收入群体多、劳动就业矛盾大、社会保障包袱重等问题，财政发挥稳压器作用，着力改善民生，维护社会稳定，积极为城市转型提供支持。**一是着力加强就业再就业工作**。进一步完善和落实促进再就业的扶持政策，重点解决好由于煤炭企业及相关产业关井破产，带来大量的下岗失业人员就业再就业问题。以城乡“双零家庭”为重点深入开展就业援助，通过大力开发公益性岗位、开展“一对一”结对等活动，优先解决“零就业家庭”就业问题。对下岗失业人员从事个体经营以及吸纳下岗失业人员符合条件的企业，按规定享受小额担保贷款等就业再就业扶持政策，鼓励自主创业和企业吸纳就业。组织实施各类职业培训、创业培训，提高就业、创业成功率，促进就业工作。健全劳动、资本、技术、管理等生产要素按贡献参与分配的制度。扩大劳动力市场工资指导价职位（工种）范围，调整提高我市最低工资标准，健全完善企业工资正常增长机制，保障职工工资与经济发展的同步提高。**二是完善社会保障体系**。以扩大覆盖面和完善制度为重点，健全社会保险、社会福利、慈善救助相衔接的社会保障体系，扩大社会保障覆盖范围。扎实做好城乡居民最低生活保障工作，本着“保障能力与保障对象相适应”、“先保障重点，后全面启动”、“低标准，广覆盖”的原则，逐步建立和完善城乡居民最低生活保障制度，扩大保障范围，提高保障标准。继续深化养老保险制度改革，进一步推进做实养老保险个人账户试点工作，推进城镇职工基本养老保险改革，探索建立新型农村社会养老保险制度。加快基本医疗保险制度建设，逐步建立以个人和家庭缴费为主、政府对困难群体给予补助的城镇居民医疗保险制度，全面实施新型农村合作医疗制度，着力研究解决关闭破产企业退休人员等困难群众的医疗问题。加强失业保险制度建设，在确保失业人员按时领取失业金的基础上，推进扩大失业保险基金使用范围试点工作。根据失业人员基本生活要求，调整失业保险标准。加快发展社会福利和慈善事业，加大对困难弱势群体的救助力度。**三是加快棚户区改造和经济适用房建设**。各级财政在棚户区改造方面给予资金扶持和优惠政策。重点解决拆迁、棚户区道路、照明、绿地等基础设施和公建配套设施等问题。加快经济适用房建设，健全廉租住房制度，解决城市低收入家庭住房困难，重点推进中低价位、中小套型普通商品住房建设。

（五）采取多种措施，为城市转型创造良好外部环境。**一是优化经济发展环境**。严格治理乱收费、乱罚款、乱摊派等“三乱”行为，坚决整顿和规范市场经济秩序，切实保护经营者的合法权益。加强企业财务会计人员业务知识培训，提高财务管理水平，保证会计信息真实可靠，增强依法纳税意识。强化诚信理念，构建诚信平台，以诚信创造枣庄竞争新优势。**二是推进公共财政体系建设**。深化财税体制改革，加强财源建设和重点税源监控，依法规范收入征管，有效增加地方财政收入。按照“先有预算、后有支出，先有制度办法、后有资金分配”的要求，完善财政资金管理制度，提高理财水平。按照公共财政的要求界定支出范围，进一步完善部门预算、政府采购、国库集中收付、财政投资评审等制度，从源头上节约财政支出，堵塞财政支出中的漏洞。**三是强化财政资金监督管理**。加强财政资金监管，提高资金效益是财政管理的目的，也是有效缓解城市转型资金紧张矛盾的有效办法。在对城市转型重点项目的管理上，提高财政资金精细化管理程度，建立对财政支出事前评审，事中政府采购和国库集中支付，事后绩效评价的财政管理机制上有所突破，形成联动体系，实现财政促进城市转型的综合效应。

三、进一步加大工作力度，促进城市转型可持续发展

（一）继续争取上级部门支持。认真研究国家和省制定的有关优惠政策，紧紧抓住国家促进资源型城市可持续发展和省支持鲁南经济带加快发展的机遇，在财政、税费、金融、土地、产业布局、项目安排及资金等方面，努力争取国家和省的大力支持。

（二）探索建立资源开发补偿机制和衰退产业援助机制。遵循市场规律，以法律、经济等市场手段为主，必要的行政措施为辅，引导和规范各类市场主体合理开发资源、承担资源补偿、生态环境保护与修复等方面的责任和义务。

（三）研究建立可持续发展准备金制度。由资源型企业按照国家的有关规定在税前按一定比例提取可持续发展准备金，专项用于环境恢复与生态补偿、发展接续替代产业、解决企业历史遗留问题和企业关闭后的善后工作等。

（四）强化绩效考核。围绕城市转型，把产业结构优化升级、城市功能转型、人才结构转变、健全社会保障体系、棚户区搬迁改造、采煤沉陷区治理、环境整治与生态保护以及解决就业、失业问题等工作情况，列入各级政府年度工作考核范围，作为今后一段时期各级领导干部综合考核评价的重要内容。对在城市转型工作中做出突出贡献的区（市）、部门、企业及个人给予表彰奖励；对工作不力的通报批评，形成推进城市转型、加快城市转型的激励机制和正确导向。

（作者为枣庄市财政局局长）

落实黄河三角洲高效生态经济区发展规划 建立保障和改善民生长效机制

李俊峰

在全国上下积极应对金融危机，共同谋划“十二五”发展的重要时期，国务院批复了《黄河三角洲高效生态经济区发展规划》（以下简称《规划》），明确要求黄河三角洲地区走出一条具有自身特色的高效生态经济发展新路子。这是在新的历史条件下，国家着眼推动区域协调发展全局做出的重大战略部署，必将对今后一个时期黄河三角洲地区乃至全国转变发展方式、实现又好又快发展产生重大而深远的影响。东营作为建设黄河三角洲高效生态经济区的主战场，必须充分认识发展黄河三角洲高效生态经济的重要意义，深刻领会《规划》的精神实质和基本内容，紧紧围绕发展高效生态经济的主题，走出一条经济建设、社会建设和生态文明建设协调发展，具有鲜明时代特色的科学发展之路，把《规划》贯彻实施好。

一、正确把握落实《规划》与改善民生的关系

经济发展是社会建设的前提和基础，也是社会建设的重要保证；社会建设是经济发展的重要目的，也为经济发展提供强大动力和支撑。因此，在认真贯彻落实《规划》的同时要更加注重改善民生，抓紧解决群众关心的突出问题，为《规划》的顺利实施创造和谐的社会环境，使二者能够相互促进、共同发展。

“治众人之事”首先在于“谋众人之福”，发展高效生态经济也是如此，其目的同样是为了提高和改善人民群众生活，实现人与自然、人与社会的和谐发展，让区域内人民公平享受发展成果，这既是《规划》的题中之义，也是《规划》对发展高效生态经济提出的明确要求。《规划》中提出“以保障和改善民生为重点，大力发展各项社会事业，推进基本公共服务均等化，形成覆盖城乡、设施完善、适应生态经济发展的公共服务体系”。这些内容充分体现了《规划》在发展思路上的鲜明特色，集中反映了科学发展观的基本要求，不仅是下一步推进高效生态经济发展需要坚持的重要理念，也为我们今后的财政工作指明了方向。

二、近年来财政支持保障和改善民生取得了显著成效

近年来，财政部门按照科学发展观要求，坚持以人为本，继续优化支出结构，不断加大对公共服务领域的投入，向社会主义新农村建设倾斜，向社会事业发展的薄弱环节倾斜，向基层和群众倾斜，着力建立保障和改善民生的长效机制。2006～2008 年，全市财政用于“三农”的资金投入累计达到 47.4 亿元，年均增长 23.22%，加强农村基础设施建设，改善农村生产生活条件，促进了粮食增产和农民增收。用于教育、社会保障和就业、医疗卫生、文化体育支出累计分别达到 53.04 亿元、13.57 亿元、10.37 亿元和 2.45 亿元，分别年均增长 14.1%、16.48%、19.47% 和 26.54%。农村免费义务教育全面实现，高校和中等职业学校家庭经济困难学生资助政策全面落实，新型农村合作医疗制度全面推行，城乡最低生活保障制度全面实施，城镇居民医疗保险制度基本建立等，有力地促进了我市和谐社会建设。

2009 年，按照“深入学习实践科学发展观”活动的要求，财政部门进一步加强了对民生等重点支出的保障。市财政用于教育、社会保障和就业、医疗卫生、文化体育等民生支出合计达到 13.05 亿元，占当年市财政总支出的 34.85%，主要用于增加对农民的补贴，加快发展教育事业，支持完善社会保障体系，促进就业和推进医药卫生体制改革等，财政支出的公共性、公益性特征日益明显。

同时，也要清醒地认识到，与《规划》提出的全面推进社会事业发展，形成覆盖城乡、设施完善、适应生态经济发展的公共服务体系的要求相比，财政在支持保障和改善民生方面还存在相当大的差距。财政增收的基础还比较薄弱；社会保障的标准较低；行政成本较高，一般性开支控制不够严格；财政资金管理水平有待提高等，解决这些问题，还需要不断壮大财政实力，进一步调整和优化支出结构，加大投入力度，加快建立财政保障和改善民生的长效机制。

三、建立保障和改善民生长效机制的重要措施

为切实贯彻落实好《规划》精神，财政部门要组织专门力量深入研究《规划》，立足支持科学发展、创

新发展与和谐发展，进一步充实、调整、完善财政工作思路，切实把《规划》的战略意图贯彻到具体财政工作中，体现到各项财政政策措施上。安排支出时既要算好经济账，也要算好“政治账、民心账”，加大对公共服务的投入力度，着力构建与经济社会发展和资源环境相适应的，具有“高效生态”特色的民生保障机制。具体说来，就是要着力抓好以下几个重点：

一是支持教育优先发展，推进教育强市战略实施。《规划》中指出，要“加大教育投入，深化教育改革，优化教育结构，促进教育事业协调发展”。我们将按照《规划》要求，积极调整财政支出结构，继续加大对教育的投入力度，依法落实教育经费的“三个增长”，建立健全义务教育经费保障机制，将义务教育全面纳入公共财政保障范围。支持推动公共教育资源向农村和贫困地区倾斜，支持加强教师队伍建设，推进城乡义务教育一体化。逐步增加职业教育和高等教育生均预算内教育经费，提升教育质量，加强发展高效生态经济所需人才的培养，促进各级各类教育协调发展。同时，进一步完善家庭经济困难学生资助体系，努力提高义务教育阶段贫困寄宿学生资助比例和补助标准，切实落实好国家助学贷款政策。

二是支持完善社会保障制度建设和促进就业支持机制，保障人民基本生活。积极支持完善城乡居民最低生活保障制度，努力扩大社会保障覆盖面，逐步提高保障标准，逐步建立社会保险、社会救助、社会福利相衔接的覆盖城乡居民的社会保障体系。积极支持完善城乡基本养老保险制度，大力支持机关、企事业单位基本养老保险制度改革，研究和探索建立农村养老保险制度。加大资金筹措力度，加快实施保障性安居工程，加大廉租房和棚户区改造力度，多渠道解决中低收入家庭住房困难。充分发挥积极就业政策的作用，完善公共就业服务体系，认真落实减免税费、小额担保贷款财政贴息、职业培训补贴等促进就业的财税政策，促进以创业带动就业。

三是支持完善医疗服务体系，提高基本医疗服务能力。坚持政府主导，加大财政投入，支持加快建立机构设置合理、服务功能健全、人员素质较高、运行机制科学、监督管理规范的城乡社区卫生服务体系。通过财政补助、集体扶持和农民个人缴费等多渠道筹集资金，进一步完善新型农村合作医疗制度。支持健全城乡医疗救助制度，切实解决城乡困难群众的基本医疗保障问题。以提高资金使用效率为目标，改革财政补助医疗卫生服务方式，实现由“养人办事”向“办事养人”的转变，促进医疗卫生机构有序竞争和服务质量改善。灵活运用各种财税政策手段，鼓励和引导社会资本投入医疗卫生事业，推动形成多元化的医疗卫生服务市场。

四是支持完善财政投入机制，加快文体事业繁荣发展。不断加大财政投入力度，逐步扩大扶持专项资金规模，支持加快文体事业发展步伐。一是支持公益性文体事业发展。加强公共文化和体育设施建设，拓展服务功能。二是充分发挥财政职能，积极运用奖励、补贴等手段引导社会力量兴办公益性文体事业。三是加大财政扶持力度，支持充分发挥黄河三角洲地区文化资源优势，培育和壮大文化产业。

五是切实加强财政管理，严格控制一般性支出。财政管理的过程实质上是财政资金发挥作用的过程。财政管理水平直接影响财政保障和改善民生的效果。在加大民生领域投入的同时，要努力推进财政管理的科学化、精细化，通过推行支出绩效评估、加强监督管理等措施，不断提高财政资金使用效益，充分发挥财政保障和改善民生的作用。要坚持勤俭办一切事业，制定完善一般性开支标准，推进服务型、节约型政府建设。严格控制行政成本增长幅度，尤其是公务用车、会议经费、公务接待、因公出国等经费的增长，推进机关节能减排工作。严肃财经纪律，坚决反对大手大脚花钱和铺张浪费行为。通过压缩一般性支出，腾出财力增加保障和改善民生方面的支出。

（作者为东营市财政局局长）

创新财政工作　服务科学发展
加快推进文明富庶新烟台建设

叶文君

2009年是财政工作任务非常繁重的一年，也是近年来财政增收环境最复杂、政策性减收因素最多、增支压力最大的一年。财政作为实现党和政府方针政策的物质基础、政策手段和体制保障，越是在困难的时候，财政部门越要坚定信心、勇于担责、奋力攻坚，越要创新理念、强化职能、优化管理，紧紧围绕市委、市政府的决策部署，积极服务全市科学发展大局。当前，全市财政部门最重要的任务是以深入学习实践科学发展观活动为契机，以解放思想为先导，以改革创新为动力，昂扬精神，积极进取，千方百计确保完成保增长、保运转、保稳定、保民生、保就业、保重点的目标，为经济繁荣、社会和谐提供坚强保障。

一、解放思想、更新观念，在服务全市科学发展上积极作为

思想决定境界，思路决定出路。先进地区的实践和历史经验反复证明，思想解放的空间有多大，发展的空间就有多大，什么时候解放思想，什么时候就迎来大发展。面对异常严峻的经济形势和艰巨繁重的财政任务，财政事业要化危为机，危中求进，就必须用思想的大解放，带来观念的大更新，在新的思想高度上形成新共识，研究新情况，打开新思路，拿出新办法，抢抓发展机遇，破解发展难题。一是牢固树立顾全大局、服务发展意识。财政部门作为综合经济管理部门，只有在全市经济社会发展大局中才能找到发挥作用的空间、展现才能的舞台、实现发展的载体。要坚决破除部门利益、小团体利益的狭隘意识，坚决克服收入增速下滑、支出压力加大等诸多困难，跳出就财政论财政的圈子，更多地从政治高度和全局角度，分析形势，思考问题，找准工作立足点和切入点，迎接挑战，共克时艰。既要学会算经济账、收支账，更要算政治账和社会账，牢牢把握财政工作的主动性和自觉性，更好地发挥财政在收入分配、资源配置和宏观调控方面的职能作用，为促进全市经济社会持续快速健康发展提供坚实的财力保障与政策支持。二是牢固树立攻坚克难、协调发展意识。把实现财政科学发展放在支持全市经济平稳较快发展的大环境中统筹规划，更加积极地运用财政政策资金的调控引导作用，扩大投入、促进消费，更加主动地支持科技创新、扩大开放，推动产业升级和效益提升，支持经济结构战略性调整，不断提高经济整体素质，让经济的持续快速发展成为财政增收的源泉和不竭动力。三是牢固树立敢想敢为、创新发展意识。坚决突破传统思维定式和旧的条条框框约束，勇于改正不符合形势发展变化的做法，积极创新财政支持经济社会发展的具体方式，创新管理机制和管理手段，积极推进财政管理精细化、效能化、规范化，把应对金融危机变成强化自身建设、提高驾驭经济社会发展复杂局面能力的有利契机，主动调整、积蓄力量、壮大实力、科学发展，为全面建设文明富庶新烟台做出更大贡献。

二、超前谋划、科学运筹，在促进经济平稳较快增长上积极作为

毫不动摇地坚持以经济建设为中心，全面把握宏观经济形势，认真研究经济运行重点、热点问题，积极发挥财政政策资金调控引导作用，加快建立起促进经济发展的财政导向机制，以更加灵活有效的财政手段推动经济平稳较快发展。一是在落实积极财政政策上实现新突破。加大财政投入是应对国际金融危机最直接、最有力、最有效的方法。财政建设性支出要优先用于中央、省投资项目的资金配套，灵活运用贴息、补助等杠杆工具，引导金融资本和社会资本加大对经济发展的投入，放大财政资金效应，确保扩内需投资项目及时启动、尽早见效，为激发全市发展活力、促进经济增长提供动力支撑。二是在帮助企业克服生产经营困难上实现新突破。全面落实增值税转型改革以及结构性减税等政策，严格清理规范收费项目，降低收费标准，切实减轻企业负担，为企业发展创造更好条件。大力推进市、县两级担保网络建设，鼓励担保机构提供融资服务，积极探索银政企合作新模式，努力为企业解决融资难题。三是在支持扩大开放上实现新突破。当前外经贸企业发展遇到了很大困难，要进一步加大招商引资奖励力度，鼓励外经贸企业开拓国际市场、优化出口结构、争创出口名牌、加快“走出去”步伐，保证出口退税及时拨付，帮助企业积极应对国际金融危机。四是在支持科技自主创新上实现新突破。集中支持重点实验室建设和中科院海岸带研究所、中科院烟台综合技术转化中心建设。鼓励企业、高等院校和科研单位采取多种合作形式共建工程技术研究中心、行业技术中心和企业技术中心。从政策和资金上支持高新区建设和发展，选择一批自主创新项目和先进制造业项目给予重点扶持，为经济发展方式转变、产业结构优化升级提供有力、持久的技术支撑。五是在支持重点项目上实现新突破。重点项目是扩大投资、拉动内需的有效载体，也是实现烟台未来可持续发展的有力支撑。要积极筹集资金，着力支持德龙烟铁路、蓝烟铁路电气化改造、烟台港西港区、火车站新站、莱山国际机场扩建等重点项目建设，抓紧做好芝罘区南郊、牟平东区等污水处理厂建设工作，进一步完善雨污分流等截流配套工程，不断改善城市发展环境，为全市经济社会实现科学发展提供良好的基础支撑。

三、统筹兼顾、突出重点，在促进社会和谐发展上积极作为

当前形势下，保障和改善民生比以往任何时候都重要，财政资金使用效果也更突出。在支出压力不断加大

的情况下，要区分轻重缓急，统筹兼顾，协调各方，突出重点，尽力而为，量力而行，把解决民生问题作为财政工作的根本出发点和落脚点，把工作的着眼点放在全市发展和稳定大局的重要方面，集中财力向人民群众最关心、最直接、最现实的利益问题倾斜，保障基本公共服务需要。一是向“三农”倾斜。进一步加大新农村建设投入力度，不断完善三农投入增长机制、涉农补贴机制、县乡公共服务激励机制、金融资金投入“三农”引导机制，推动现代农业和新农村建设突破发展。二是向改善民生倾斜。筹集更多的资金用于民生事业，提高新型农村合作医疗补助标准，扩大城镇居民医疗保险试点范围，扎实推进成品油税费改革，落实“家电下乡”补贴政策，支持“万村千乡”市场工程建设，确保各项民生政策真正落到实处。三是向社会保障倾斜。要站在政治高度充分认识保证就业的重要性，积极落实小额担保贷款、创业补贴等政策，为城镇登记失业人员、被征地农民、高校毕业生等群体自主创业营造良好环境，以创业促进就业。在教育、医疗等方面对低保边缘家庭予以救助，做好低收入家庭的住房保障工作。四是向社会事业倾斜。推进城乡义务教育经费保障机制改革，健全资助城乡家庭经济困难学生的政策体系，促进义务教育均衡发展。加快推进文化中心建设，激励县市区加大文化投入，丰富人民群众的文化生活。加快村卫生室的维修改造和城市社区卫生服务中心建设，不断完善城乡公共卫生服务体系。五是向生态建设倾斜。重点支持“一区三线”的荒山绿化和海防林绿化。通过规划引导、政策扶持等，强化节能管理和污染治理，推进节能减排重点工程建设。在财政体制、污水处理、流域治理、荒山绿化等方面，对栖霞水源地保护给予支持，并建立水源地保护专项资金，专款用于水源地的保护和治理。

四、改革创新、规范管理，在提高科学理财水平上积极作为

改革创新是财政工作始终保持生机和活力的根本动力。近年来，通过制度创新，部门预算、投资评审、政府采购、国库集中支付、收支两条线等各项改革稳步推进，探索建立的“四位一体”支出管理模式运转科学、效果明显，有力地推进了财政资金分配的公平与效率。要解决当前财政运行中的问题和矛盾，还要继续在推进改革、规范管理上下功夫，善于运用财政规律推动思维创新、方法创新、实践创新和制度创新，加快构建管理科学、手段先进、充满活力、富有成效、有利于财政事业科学发展的体制机制。一是在财政体制上创新。按照国家和省推进财政体制改革的部署，紧密结合我市实际，科学界定市以下政府间的事权和支出责任，逐步形成合理的纵向财力分配格局。加快推进转移支付制度改革，优化转移支付结构，科学合理分配资金，努力构建权责明确、定位准确、规范透明的政府分配机制。二是在财政支出管理机制上创新。继续深化部门预算、国库集中支付、政府采购等改革，扎实推进公务卡结算改革试点工作和公用事业单位改革、行政事业单位资产管理改革，加强公务支出监督管理，不断提高财政支出管理水平。三是在资金使用方式上创新。遵循市场经济内在规律，坚持“有所为，有所不为”，积极创新工作思路，运用市场化的办法破解发展中的问题，充分调动市场和社会资源办事。积极引入市场化的利益挂钩机制和成本核算机制，办事讲成本、讲效益，将有限的资金用在刀刃上，最大限度地保证各项事业发展需要。四是在激励引导机制上创新。充分引入竞争机制，依靠市场机制来优化配置财政资金，力求提高财政资金投向的针对性和科学性。充分运用财政贴息、前期补助、以奖代补、信用担保等激励引导手段，发挥财政资金乘数效应，提高资源配置效率。五是在财政监督管理机制上创新。把“大监督”理念融入财政管理、资金全过程，建立预算编制、执行、监督紧密衔接、相互制衡的监管体系，严肃查处乱收乱支、挤占挪用资金行为，全面提升财政监督能力。建立健全绩效考评制度，发挥好对预算编制和资金分配的正向引导作用。

五、整合资源、增收节支，在提高财政保障能力上积极作为

社会要稳定，经济要发展，人民生活水平要提高，关键是要有资金来支撑。但当前财政减收增支因素较多，支出需求增长远远快于财力增长的速度，收支矛盾越来越突出，如果仅在收入增量上做文章，调控余地会越来越小。要提高财政保障能力，实现收入较快增长，必须更新思路、放宽视野，在继续强化征管的同时，开辟新的增收渠道，保证财政收入持续稳定增长。一是强化税费征管增收入。抓好重点区域、重点部位和重点企业的税收征管，管好零星分散税种，提高掌控税源的能力。积极加强总部经济、三产剥离、关联企业等方面的税收研究分析，运用多种政策调控手段，努力把企业的经济效益和税收效益留在地方，在抓好土地收益、污水处理费、价格调节基金等重点非税收入征管的基础上，深入挖掘非税收入增长潜力，加强国有资产和政府资源监管运营，完善国有资源有偿使用机制，对土地、矿产、旅游景点、城市公共场地等资源，全面实行招标拍卖，不断拓宽增收渠道。二是节减开支增收入。提高财政资金使用效益、减少财政支出，就等于增加了财政收入。要进一步严格财经纪律，完

善财务管理制度，挖掘节支潜力，大力压缩“人、车、会和网络、差旅、招待”等一般性经费支出，努力降低行政成本，创建节约型政府部门和单位。今年市财政对市直行政事业单位公用经费比上年压缩5%，原则上不再审批车辆和办公设备购置。*三是资源整合增收入*。进一步提高财政优化配置和调动资源的整体效能，把所有可用的资源调动和激发起来，让有限资源发挥出最大的效用，满足各方面的需求。按照“整合财力、零基预算、保证重点、讲求效益”原则，以县级为平台，纵向到底，横向到边，扎实推进支农资金整合，改变以往多向投入、分散管理的格局，实现1+1>2效应。进一步提高行政事业单位资产科学管理水平，对于部门和单位资产购置问题，严格按照“先调剂、后承租（购买服务）、再购置”的程序研究解决，打破部门、单位限制，做好资源整合与共享工作，努力实现国有资产的集约利用。

六、转变作风、建设队伍，在提高财政工作服务水平上积极作为

打造一支政治硬、业务精、作风优的财政干部队伍是推动财政科学发展坚强保证。近年来，财政部门以效能建设、文明创建和党风政风行风建设为抓手，在长期实践中形成了昂扬向上、争先创优、团结和谐、无私奉献、富有特色的财政文化，有效推进了机关建设和干部作风建设，为推动全市财政经济持续快速发展提供了坚强保证。在前所未有的挑战和前所未有的机遇面前，要进一步总结、提炼、升华烟台财政文化，推动机关建设和干部队伍建设。*一是提高把握大局能力*。要正确地判断和把握形势，紧紧围绕市委、市政府的发展思路和决策部署，抛弃畏难发愁、消极应付的思想观念，进一步发扬勇挑重担的优良作风，超前思考，未雨绸缪，找准财政工作与经济社会发展的结合点，从不断变化的形势中捕捉机遇、抢抓机遇，深入研究影响经济发展和社会进步的前瞻性、战略性、指导性问题，最大限度地利用好国家促进经济增长的政策措施，全力以赴支持经济社会发展，为全市经济发展大局做出更多的贡献。*二是提高服务能力*。要从集体的角度、从群众的角度来考虑问题、解决问题，怀着感恩的心正确处理好权力和服务的关系。进一步转变作风，主动到基层、企业、部门听取意见，加强沟通，以新的工作方法和工作作风赢得基层和各部门的理解和支持，把握工作主动权。要从小事做起，从细微处着手，进一步明确职责分工，细化工作措施，强化执行落实，全面提高服务质量和服务水平，真正为全市发展大局和人民群众服好务。*三是提高创新能力*。改革创新是发展的需要，更是发展的灵魂。要按照科学发展观的要求，大胆探索，把改革创新贯穿于财政工作的方方面面，把创新的结果体现到提高财政服务效能上来，体现到财政改革与发展进程中来，力争使烟台的财政工作多出特色、多出亮点、多出经验、多出成效。*四是提高廉政工作能力*。认真落实反腐倡廉各项规定，不断加大廉政监督力度，坚持不懈抓好廉政教育，教育广大干部职工算好“人生大账”，弄清楚该干什么，不该干什么，把自己的人生规划好，引导财政干部自重、自省、自警、自律，筑牢拒腐防变的思想道德防线。着重加强对重点环节、重点部位权力的监督，构建财政部门反腐倡廉的长效机制，真正构筑财政廉政“防火墙”，确保财政资金和财政干部两个安全。

（作者为烟台市财政局局长）

农村公共服务提供路径研究

——惠农补贴转化、资产资本化和有序城镇化

王有亭

“三农”问题是我国经济社会生活中广泛关注的焦点，土地流转、环境治理、社会保障体系建设、粮食生产等每一个问题都是一篇大文章。多年来，从中央到地方，各级政府为解决“三农”问题付出了很多努力，但是收效并不明显，或没有达到理想的目标。本文就如何推动城镇化、城乡一体化和解决“二元结构”问题，从如何更好地提供农村公共服务着眼，试图从机制体制的建立上，提出一些政策建议。

一、农民当前最需要的是什么

作为城乡居民，权利和义务应该是一致的、平等的。建国以来，长期实行的城乡分治政策，客观上带来了居民实际权利上的不平等，这体现在

生产生活的方方面面，如教育、就业、公共交通等，城市居民免费或部分付费享受的公共服务，在农村大部分需要个人承担，直接影响了农民的生活质量。在解决“三农”问题上，应该把“城乡居民权利的平等化”作为最基本的出发点。明确了这一点，许多制度和政策设计就不会再出现新的“二元”问题——城市和农村自成体系，为和谐发展带来了许许多多负面的影响，增加了未来的发展和改革成本。在制度和政策规划上，城乡的体制和机制应该是相同的，但是着眼于国情实际，阶段性、区域性的具体实施标准可以有所不同。经过调查研究，作为农村居民，当前最需要的公共服务主要有：

（一）新型养老制度的建立。社会保障体系包括的内涵非常丰富，如养老、生育、失业、救助等制度内容，但是最基本、最急需的是农村养老保障体系的快速建立和完善。随着计划生育政策的推行、人们生育观念的变化以及农村人均土地的减少、青年农民强烈的“去土地化”倾向和土地经营的集约化趋势，养“儿”防老、土地养老等已经不能为农村居民提供让人安心的家庭化和制度性保障，这些特点是在许多发达国家都曾经历过的历史，不可逆转。出路只有一条，那就是新型养老制度的建立和完善，没有这一道最后的、最基本的保障线托底，绝大多数农民依靠自身的储蓄和积累养老，启动农村消费市场是不可企及的。中央也已经充分认识到了建立养老保障体系的必要性和紧迫性，胡锦涛总书记提出，中国的社会保障体系建设要以“基本养老、基本医疗、最低生活保障制度为重点”。温家宝总理在2009年《政府工作报告》中明确提出，新型农村社会养老保险试点要覆盖全国10%左右的县（市）。5月22日下午，中共中央政治局进行第13次集体学习，内容是世界主要国家社会保障体系和我国社会保障体系建设，透露出的信息是危机时期国民更需要社会保障的庇护。目前，全国有1.49亿老年人口，而其中农村高达70%，约1亿人；即使按照每人每年900元的农村低保标准（山东潍坊2009年）测算，每年的养老支出也需要900亿元之巨，如此庞大的养老支出，单纯依靠政府新增投入，显然不是我国当前财力所能承受的，需要整合现有的各项惠农政策，统筹安排，把资金有重点地进行投放，实现关键环节的重点突破。

（二）医疗保障体系的完善。新型农村合作医疗制度2003年起在全国部分县（市）试点，截至2008年底全国有8.14亿人纳入新农合保障范围，参合率91.5%，农村的医疗保障框架基本建立。经过几年的运行，该制度还存在着以下问题：一是定点医疗机构药品价格不统一，药价普遍虚高，同样的药品定点医院要比其他医院高出许多，比如阿奇霉素其他药店卖7元，定点医院卖36元。同时，存在不合理服务、不合理收费问题。有些定点医疗机构利用信息不对称，诱导参合农民过度“享受”医疗服务，如不必要的化验检查、不合理用药、不坚持出入院标准、延长患者住院时间等。这些制度涉及不到的问题，一定程度降低了农民患者对新农合的信任程度。二是在不同级别的定点医院，享受的报销政策不同。一般县级以上医院治病医疗费用大，但起付点高、报销比例低，补偿额少，患者负担重，导致患大病的农民仍然住不起院，看不起病，没有实现新农合政策设计目标。三是相关信息公开程度不够，农民对住院药品报销范围、用药目录、药品价格、收费项目、收费标准、用药多少不清楚。有的农民反映说：‘看的是糊涂病，用的是糊涂药，花的是糊涂钱”。四是报销不便。“感冒头疼等小病小灾的不愿跑几十里地到乡镇医院去拿个几元钱的药，都是在村里的诊所随便看看算了”——山东安丘市辉渠镇的一位60多岁的老农民说。一个人得大病住院的几率毕竟比较低，但是门诊诊疗、取药等日常化的服务，实际上没有纳入交通不便农村的医保范围，让他们感觉是自己参保、别人受益，影响了农民参保的积极性，妨碍了新农合制度作用的发挥。五是带来新的农村债务。各级对新农合工作的考核指标是参合率，每年都制定一个量化的目标，并层层分解，到了村级压力很大，虽然是“自愿参保”，但由于完成考核指标的压力较大，一些村集体就借钱、贷款给那些不愿参保的农民“包办”加入了新农合，形成了新的农村债务，带来了新的农村债务隐患，需要从考核指标上进行调整。这些问题不是个别现象，而是带有普遍性，需要在今后的制度实施过程中不断加以修改、完善。

（三）生活环境的改善。随着工业化、城市化的快速推进，农民的整体收入水平纵向相比有了大幅度的增长，但是农村的生活环境却没有很大改善，主要体现在垃圾的产生和处理上——以前生活水平低，生活垃圾很少，即使有也是一些烂菜根叶、庄稼秸秆、破旧衣物、柴草树根等，基本通过不同形式进入牲畜圈、家禽栏积成了肥料，可以循环利用，街头巷尾很少看见成堆的垃圾；随着经济的快速发展，品种繁多的商品和现代化生活方式迅速进入农村，各种无法靠简单掩埋处理的生产、生活垃圾也大量出现。这些堆积如山的垃圾，成分十分复杂，有废塑料、碎玻璃，有砖瓦石块、工业垃圾，甚至一些农药瓶、肥料袋、废电池和过期药品等有毒、有害物质。卫生部2008年调查显示，农村每天每人生活垃圾量为0.86公斤，当年全国农村每年的生活垃圾量接近3亿吨。由于缺乏必要的处理手段，垃圾迅速占据了大街小巷、洼地沟塘、偏僻角落。农村对这些垃圾的处理一般采取自然堆放、简单掩埋等方法，严重破坏土壤、河流、空气和自然景观，影响农产品质量，并成为疾病的传染源，危及城乡居民健康，环境治理要求非常迫切。

（四）就业服务体系的城乡一体化。就业是民生之根本，要解决“三农”问题，首先要解决参与生产权利的平等。在就业服务体系上，依旧存在着人才、劳动力和农民工市场相分割的态势——人才市场归人事部门管理、为具有一定学历的人员服务；劳动力市场归劳动和社会保障部门管理、主要为企业蓝领就业服务；而农民工市场是典型的自发形成的马路市场，就在城郊结合部的干道旁边，日出而聚、日落而散，来也无影、去也无踪，不仅影响了市容和交通安全，而且也不可能很好地提供服务，供需双方权益得不到有效保障，迫切需要各级地方政府下大气力进行培育、规范和完善。在发挥政府职能、促进就业问题上，需要把握几个要点：

一是突出创业带动功能，鼓励以创新带动就业。通过创业使中小企业获得快速发展，不但可以扩大就业，而且可以推动经济的发展。有资料表明，2003 年美国有 2 000 多万个企业，其中 99% 是小企业，小企业的销售额占美国国内生产总值的 50% 左右，就业人数占总数的 53%，自主创业已成为美国就业的一个明显特点。我们要借鉴发达国家和地区的经验，结合我国就业工作实际，为小企业的发展提供各种有效的支持，如设立小企业开发中心，推广为小企业服务的就业培训计划，建立“小企业孵化基地”等。通过创业增加就业机会，争取实现自主创业 1 人带动就业 5 人以上，创办 1 个企业平均带动就业 10 人以上的倍增效应，缓解就业压力。

二是紧紧抓住政府扩大投资机会，发挥好对就业促进作用的“三结合”。

——实现购买市政公益性岗位与安置就业困难人员相结合。通过开发道路保洁、绿地养护、公厕管理等市政管理公益性岗位，吸纳城镇零就业家庭、4 050 人员、城乡低保家庭及农村贫困零转移家庭等就业困难人员就业，这样一方面减少了政府社会保障支出，另一方面也提升了就业困难和家庭生活困难人员自主改善生活的能力，实现了政府和困难群体双赢。

——实现开展劳动力转移培训与扩大城市建设管理就业相结合。针对政府扩大投资带来的城市建设管理旺盛劳动力需求，结合正在实施的农村剩余劳动力转移培训工程，引导定向培训建筑施工、绿化管理、道路保洁等方面的专业劳动力，增强培训的针对性，在一定期限内，如 2010 年底以前政府培训补助标准在原有基础上再提高 20% 等，用于支持提高劳务人员就业技能，满足市政建设、绿化养护、道路保洁等岗位要求，并着力打造一批像衢州保姆、扬州搓澡工、菲律宾女佣等具有鲜明地域特色的劳动力品牌，为劳动力在细分市场竞争增强比较优势。

——实现规范城区劳务市场与健全就业服务体系相结合。把建设劳务市场的责任放在县级政府，便于规划、协调和管理，由市以上政府进行适当补助；把人才市场、劳动力市场和马路农民工劳务市场整合在一起，统筹规划布局，建设固定服务场所，免费提供就业中介服务，切实完善服务功能，把供需双方吸引到市场中来。同时，完善服务信息网络，逐步建立起覆盖到镇街村居和中小企业的直达就业需求最终端、就业岗位供给最源头的信息网络，逐步提高对城乡劳动力的服务能力和水平。

三是积极培育劳务中介机构。县级政府要着眼于长效机制建立，按照市场运作机制引导培育几个劳务中介组织；市场力量暂时进不来的，可先由政府主导成立，时机成熟后推向市场，培育成为规范化的市场主体。由这些中介组织参与劳务市场的具体运作，政府采取购买服务的方式给予补助，并给予相关政策扶持，增强劳务市场的组织性和有序性，提高服务效率，发挥好对供需双方的维权作用。

二、我国惠农补贴带来了什么

补贴是各级政府在特定时期、为实现特定政策目标、对特殊群体或企业进行的阶段性经济补助政策。近 30 年以来，“三农”问题一直是中央政府关注的焦点，先后有 10 个中央一号文件是关于“三农”问题的，充分体现了中央政府对解决“三农”问题的积极态度。2005 年 3 月，温家宝总理在十届全国人大三次会议作《政府工作报告》提出实行“工业反哺农业、城市支持农村”的方针，把“三农”问题提到了一个新的高度。中央政府近年来出台了若干项减负、补贴农民的政策，农村税费改革一年给全国农民减负约 1 400 亿元，加上对种粮农民补贴（2004 年实施，下同）、农业机械购置补贴（2004 年）、农作物良种补贴（2005 年）、农业生产资料综合补贴（2006 年）等政策 1 028.6 亿元（2008 年中央支出），农民得到的好处 1 年近 2 500 亿元。另外，还有家电下乡、农业综合开发、退耕还林、母猪保险等几十项补贴政策，2009 年中央财政用于“三农”的投入 5 955 亿元，比上年增加 1 637 亿元，增长 37.9%。这些政策的出台和实施，对于刺激粮食生产、促进农民增收、维护城乡居民的整体利益发挥了很大作用。政策运行数年来，也发现了一些不足之处，主要有：

（一）项目比较散。由于每项补贴政策都有特定的目标，从整体来看项目比较多而散，不易对“三农”问题的解决产生明显的积极影响。2008

年，国家四项补贴资金总额达到1 028.6亿元，姑且用国家统计局公布的2006年底农村人口为7.37亿计算，平均每个农民139元，而2008年农民人均纯收入4 761元，所占比重不到3%。由此可见，涉农补贴对农民的生产生活影响是有限的！另外，许多经济经济条件比较好的省份还自己出台了一些补贴政策，加上中央补贴项目，2009年山东省的农民可享受23项补贴政策。各级政府出台这些政策初衷是好的，但是“项目分散、资金分散、实施主体分散”带来的负面影响也不可小觑，造成了资金使用效益低下。

（二）兑付成本高。与种植有关的补贴要求兑付到户、到人，各级财政部门在计算机、网络、人力等方面的投入比较大，运行成本都比较高，如粮食补贴中，山东省每亩补贴的工作成本为1元；河北省在2008年粮食直补工作中，县乡村三级共抽调2万多人，每人用了近60个工作日，一般一个乡镇的直接支出费用为2万~3万元（不含人工），直补工作成本约占直补资金的10%。兑付成本高，还表现在基层认定和兑付工作的多部门化，粮食补贴在农业部门，农机补贴在农机部门，退耕还林补贴在林业部门，母猪保险在畜牧部门等，导致了政策执行成本居高不下。兑付成本高背后的原因是项目分散，项目分散背后的原因是补贴政策缺乏统一规划和长远打算，临时性、阶段性特点突出，有“头疼医头、脚痛医脚”之嫌。

（三）政策绩效不理想。以山东为例，2009年一亩小麦能够享受种粮农民补贴和综合补贴83.97元，仅化肥、浇水、收割等（不含种子和劳动力成本）的生产成本一般就要1 240元，两季庄稼（含一季小麦）的收益176元，加上政府的补贴也只有260元；而打工一个月的收入最少也得800元，一年就接近1万元，两者的差距还是相当大的。因此，农民种粮食只是为了满足自己口粮需要和土地不至于荒芜的“道义”需要，而不是为了赚钱，如果有多余的土地也更多地愿意种经济作物和植树，从经济意义上来讲，尽管农民对种粮和综合补贴等政策持欢迎态度，但对提高种粮积极性作用不大。当然，从统计数字上看，好像是种粮亩数增加了，产量提高了——2003年全国小麦种植面积2 065万公顷、总产量8 074.2万吨，2008年小麦播种面积2 390万公顷、总产量11 250万吨，但相当一部分因素源于测算、丈量等环节上村集体与基层政府、下级政府与上级政府“猫鼠游戏”博弈的结果，而并非全部的、真正的亩数和产量的增加。再说，有的补贴政策是反“市场”而行的，比如能繁母猪补贴、猪肉储备等，事倍功半，更有甚者加剧了相关产品、商品供求之比和价格的波动幅度，违背了政策设计目标。进而言之，现行补贴是临时之举，不是制度性措施。而要从根本上解决“三农”问题，需要从农民的诉求、城乡居民生产生活权利平等化和相关体制机制建立完善上下功夫。

三、如何给农民提供公共服务

中央和地方各级政府对“三农”问题的解决，需要从“零点”出发重新审视一下，以更好地提供公共服务。首先，理清什么是农村居民最需要的公共服务，当然是生存、基本生活方面的需要，其次才是生产和人的全面发展以及其他更高层次的需求。如何来满足这些公共需求？在农业人口占54.3%的大国，农村人口达到7.37亿人，单纯依靠政府投入，短时期内不可能解决这些公共服务的供给问题，需要依靠市场和社会的力量，加快解决‘三农”问题的进程。具体来说，建议途径有：

（一）补贴转化。2009年中央财政安排“三农”投入7 161亿元，其中四项补贴资金1 230亿元，加上家电、汽车等下乡补贴400亿元，达到1 630亿元，人均218.2元。鉴于相关补贴存在的种种弊端，建议在补贴的使用上集中财力重点突破，暂缓实现生产性目标，重点转向农民的民生领域，特别是新型农村养老保险和新型农村合作医疗，搭建养老保险框架，提高新农合报销标准和范围。假定新农合政策维持现状不变，中央负担标准估算为30元/人（因为对各省市自治区的补贴比例差别较大），其余为养老保险，达到188.2元/人。按照新型农村养老保险最低标准与农村低保接轨测算，以山东省潍坊市为例，2009年农村低保标准为不低于1 000元/年，本着先急后缓的原则，先给40岁以上人群（2008年全市总人口860万，农村适龄人口370万）入保，那么除中央给予的补贴外，按照政府和个人6∶4，以及省、市、县逐级6∶4负担比例测算，省市县和个人每年的负担金额分别为288元、115元、37元和320元，其中个人每月负担不到27元，就可以在60岁后享受每年1 000元以上的养老金，而且随着各级政府补助标准的提高和年轻人投保数量的增多，养老金水平还会有较大幅度的增加。只有农民把养老和医疗的后顾之忧解决了，才可能放心的消费和创业，从根本上解决农村消费市场难以启动、内需不足、转变经济增长方式等一系列事关国计民生的重大问题。

（二）土地权利变现。经济效率源于资源的有效配置，而农村土地资源有效组合的前提是土地流转，不论是资源有效配置还是具体到农村的土地流转，只有在市场和交易中才能得到实现，而交易的顺畅进行得益于清晰的产权。土地承包经营权是目前农民手中最有效的资产，姑且不论未来可能土地私有化带来的收益，按照当前政策，每亩土地（含政府补贴，见前述分析）每年收益300元，全国人均耕地面积1.4亩计算，3口之家30年承包期的经营权折现为28 224元（折现率按2%），数额虽然不大，但对农民而言是一笔理想的进城创业资本，可以创业实现就业、扎根城市、帮助实现农民变市民的梦想。当然，这是土地承包经营权带来的一笔一次性资本，后续的买房、孩子入托就学等投入需要从创业收益中实现，但毕竟这是农民进城的第一笔可用资本，是政府赋予的“第一桶金”。

（三）农民房产资本化。农民的房产权是不完整的，源自宅基地的集体所有、地上房产的个人所有。在农村，每个年满18岁的成年人都可以申请自己的宅基地，特别是在近郊农村，这笔财富不可小觑。小产权房作为连接农民和城市的现实的“物化”纽带，近年来引起了越来越广泛的关注，也被变相视为是解决农民住房产权问题的先导性因素。小产权房的官民“磨叽”中，今年5月底、6月初，刚刚看到一丝曙光——深圳市人大通过《关于农村城市化历史遗留违法建筑的处理决定》，其中规定，“违法建筑除未申报的外，符合确认条件的，按规定办理初始登记，依法核发房产证”，意味着小产权房可能合法化；中央媒体马上解释说，这不是给小产权房的准生证，曙光又转瞬即逝。但是从长远来看，农民住房、小产权房的产权明晰化，是绕不过去的坎，是一定要有个说法的，否则“已经出生的婴儿怎么返回娘胎”呢？发达国家，如美国、日本、韩国等，农民的住房和城市居民的住房性质是相同的，都是私有财产。我们把农民住房“底下”的集体土地无偿送给农民，作为对农民几十年“剪刀差”、对工业化和城市化过程中的艰苦付出的经济补偿又有何不可呢？明确了农民房产的个人所有，就会把农民拥有的这个最大的资产盘活，只有明晰了农民住房的产权，进城农民才能够以原住房的变现收入实现定居城市的“梦想”，才能加快城镇化进程，才能推进和谐社会建设。

总之，土地和住房是农民能够拥有的仅有资产，是进城的唯一可用资本，舍此别无他法。

（四）发挥小城镇转化农民功能。解决“三农”问题，减少农民、转移农民是必要前提。减少农民、转移农民，就要坚持走符合中国国情的“城镇化”道路，而不是贪大求洋的“城市化”。城镇化，是指农村人口不断向城镇转移，第二、三产业不断向城镇聚集，从而使城镇数量增加，城镇规模扩大的一种历史过程。当前，城镇化的突破点在于加快中心镇建设。需要把握好几条原则：

一是科学定位重点城镇。小城镇是连接城市和农村的一个纽带和节点。目前规划建设的重点城镇，就是未来的小城市，要适应和满足农村居民生活、生产方式转变的需要，具有一定的人口规模，镇区人口未来发展到5万人以上；镇区基础设施、公共服务等，要按照城市的发展规律去规划和建设。只有实现人口数量和镇区规模的适度扩张，在公共服务提供上才能实现规模化，降低运行成本。

二是合理布局重点城镇。重点城镇要有持续发展的动力，必须具备两个条件：一个是要有产业支撑，靠产业集聚人气，带动就业，增强发展后劲。比如，浙江乐清的柳市镇等小城镇就是以专业市场为依托，发展成为市场主导型小城镇的。江苏昆山的周庄、江西婺源的江湾就是以旅游、文化资源为依托，发展成为旅游开发主导型小城镇的。山东安丘的凌河镇就是以蔬菜加工为依托，发展成为农产品加工主导型小城镇的。另一个是要有区位优势。比如，山东昌乐的红河镇，位居昌乐、安丘、临朐三个县市的距离均在60公里左右，区位优势明显，成为三个县市附近村农民就业、就医、消费的重要节点。对于拥有特殊资源的乡镇，在行政区划上可以给予更突出的地位，布局为具有特定地位的产业园区，依托自然风光等资源，打造出一个特色旅游镇。在整体布局和在重点城镇选择上，应当根据镇域资源优势、区位优势、人口规模，在一个市或一个县范围内统筹规划，选择一定数量的产业基础好、区位优势突出的镇，给予特殊政策，先行突破。支持重点城镇高起点制定镇区功能规划。在功能定位上，要把重点建设的镇，打造成县域内的次级经济、文化、教育、医疗卫生服务中心，发挥辐射带动作用。

三是多元化投入建设重点城镇。政府投入的建设资金，不能撒“芝麻盐”，应对重点城镇亟需建设的项目，集中给予资金支持。政府补助资金要与项目紧密结合，不再实行“以奖代补”方式，因为数额较小的奖补资金，往往成为一些地方的经费性支出。同时，按照市场机制要求，利用镇区的有效资源，搭建融资平台，建立长效投入机制，保障小城镇建设资金的需求。另外，在公共性、垄断性比较强的供水、污水处理等行业，放开门槛，采取BT、BOT等方式，吸引社会资金进入，形成多元化的投融资格局。产业和人口集聚了，工厂企业多了，城市居民多了，城镇扩大了，必然带动商业、文化、教育等社会事业和农民就业的发展，人民整体生活环境水平提高，“三农”问题最终是要通过城镇化这条道路得到根本解决。

（作者为潍坊市财政局局长）

关于强化增收节支提高财政保障能力的调研

张茂如

增收节支是财政永恒的主题，提高财政保障能力是公共财政的使命所在，是增收节支的重要目的。在当前国际金融危机影响日益加深的大背景下，抓好增收节支更显得尤为重要。只有坚持增收、节支两手抓、两手都要硬，才能为提高财政保障能力提供坚实的财力基础。

一、基本情况

近年来，济宁市财政在强化增收节支方面做了大量卓有成效的工作，取得了很大成绩。

增收方面，一是通过加快发展促增收。牢固树立发展增收、效益增收意识，利用各种政策手段，培植壮大有税财源，努力提高经济发展质量和税收贡献能力，为促进财政增收夯实基础。二是通过利用政策促增收。2008年，争取到对全市有利的省内跨地区总分机构企业所得税分配政策，基本实现驻济外地煤矿企业就地纳税，增加地方税收1.5亿元。稳步推行国有资本经营预算改革，市级征缴国有资本经营收入7 700万元。全力争取各项奖补政策，2008年争取到上级财力性转移支付22亿元。三是通过体制调整促增收。2008年，市委、市政府调整完善市对县市区财政体制，实行“部分企业下放、税收属地征管、增量比例分享、强化激励约束”。新体制理顺了市与县市区之间的财政分配关系，统筹建立市县两级共同发展的良性机制。四是通过强化管理促增收。强化社会综合治税，完善激励约束机制，特别是开展全市重点税源企业财税专项调查，促进了收入足额均衡入库。2008年全市地方财政收入完成119.45亿元，增长18.01%，总量在山东省17市中居第5位；12个县市区收入全部超过2亿元，其中有4个超过8亿元，地方财政实力进一步壮大。

支出方面，一方面，通过压减行政成本节约支出。牢固树立过紧日子的思想 严格从紧控制“人车会话”等一般性支出。2008年，大力节约用车开支效果明显，节省市级财政支出3 000多万元。一般公共服务支出完成28.7亿元，增长7.1%，低于全市平均增幅15个百分点。另一方面，通过加强资金监管节约支出。围绕财政工作的关键环节、重点领域，有针对性地加强制度建设，实行“先建制度、后分资金，先规范、后运作”，逐步形成部门预算、项目评审、政府采购、集中支付核算和督查问效等环节相结合的公共财政支出管理模式，提高了财政精细化管理水平，财政资金分配使用更加规范、安全、有效。坚持依法理财，完善内控机制，自觉接受人大及社会监督。加大监督检查力度，依法查处各类违规违纪行为。积极拓展财政投资评审范围，全市完成项目评审值22.2亿元、审减3.7亿元。

通过强化增收节支，提高了财政保障能力。一是重点支出得到较好保障。2008年，市财政投入重点项目建设资金达到10.6亿元，相当于市级一般预算支出的23.39%，孔子文化会展中心、圣都国际会议中心、济宁曲阜机场等重大工程项目按时竣工使用。全市财政安排1.01亿元用于支援抗震救灾工作，有力推动了灾区重建工作。在落实扩大内需政策中，多方争取上级项目资金1.98亿元，全市配套7 300余万元，拉动经济增长的各项政策措施的效应已经初步显现。二是民生支出得到较好保障。2008年，全市发放支农政策性补贴9.5亿元，拿出2 700万元扶持奶农，广大农民得到更多实惠。安排4.2亿元深化义务教育经费保障机制改革，教育优先发展战略得到全面落实。安排近9 000万元支持就业再就业，有力地保障了就业再就业各项政策的落实。为城乡低保对象每月分别增发补贴30元和20元，确保低保对象不因物价上涨影响生活水平。新农合补助由40元提高到80元，率先实现省定工作目标。落实2 000万元支持“家电下乡”，共有近7万户农民受益，形成了“农民得实惠、企业得市场、政府得民心”的良好局面。安排1 300万元保障敬老院、低收入家庭取暖，把党和政府的温暖送到千家万户。安排4 800万元用于廉租住房建设，有效解决了城市低收入群众住房困难问题。三是基层运转得到较好保障。2008年，6个财政困难县继续纳入省保障性转移支付范围，省、市对6个财政困难县转移支付总量达到20.4亿元，人均财力由2007年的3.2万元提高到3.9万元。县域教师工资实现统一发放、工资标准大幅提高，基层政权运转、民生、医疗卫生等事业得到较好保障。

二、存在问题

虽然增收节支工作得到了加强，

财政保障能力得到较大提高，但仍然存在着一定问题。一是地方财政收入增幅仍处于下滑趋势。受国际金融危机持续蔓延影响，经济增长相对乏力，使得地方财政收入增幅逐月下滑的趋势持续延续。今年一季度，全市地方财政收入增长6.16%，比1～2月份回落了4.8个百分点，比2008年1～8月份回落了18.51个百分点。二是部分单位节支意识相对较差，财政资金使用效益相对不高。三是财政保障能力有待进一步提高，诸如部分保障的标准较低、保障范围较窄。

三、下一步工作措施

增收方面，一方面，加大财源建设力度，夯实财政增收基础。针对复杂严峻的国内外经济形势，把扩内需、保增长作为当前及今后一个时期财政工作首要任务，认真落实积极的财政政策。一是抓住国家扩大投资的重要机遇，用足用好国家投资项目资金、地方政府债券资金和省重点建设项目调控资金，千方百计搞好地方配套，调动社会各方面加大投入，为促进经济增长提供有力支撑。加快市属困难企业改革脱困步伐。管好用好中小企业偿贷周转金，切实帮助中小企业渡过难关、提质增效。全面落实各项税费政策，鼓励商品房销售，促进房地产市场健康发展。加大重点项目支持力度，支持投融资平台建设，促进城区城建项目尽快开工建设、及早竣工使用。二是认真落实国家和省减税清费政策，加快推进收入分配、就业服务、社会保障体系建设，做好家电下乡、汽车摩托车下乡工作，挖掘居民消费潜力，发挥消费对经济增长的拉动作用。三是积极争取上级政策，努力为全市争取更多的资金和项目。推进增值税改革、成品油税费改革，及时研究解决改革过程中出现的新问题，完善相关政策措施，确保改革平稳实施。密切关注资源税、房产税等改革动态，结合本地实际，努力争取利益最大化。高度重视县级基本财力保障机制和县乡财政激励帮扶“五项机制”新政策，指导县市区把握好扶持政策要求，最大限度地享受到奖补政策。四是加大资金投入力度，统筹整合市级招商引资、民营经济、农业产业化等专项资金，形成合力促发展，攥紧拳头办大事，发挥财政资金“四两拨千斤”作用，促进产业结构调整，引导企业加快自主创新步伐，鼓励企业做大做强，实现经济平稳较快发展。

另一方面，依法征税管费，把经济发展成果充分反映到财政增收上来。一是强化依法征税。严格责任制，把组织收入、扩充总量、提升增幅、优化结构作为当前财税工作的首要任务，摆上突出位置，全力抓好增收工作。密切部门配合，全面准确掌握煤炭产量、营销和价格等方面的情况，最大限度堵塞漏洞，促进煤炭税收及时入库。组织征收采煤塌陷地土地使用税，使其尽快成为新的财政增收亮点。加强车船税征管，尤其是运输大户车船税的征管。全面推广普及税控机和发票“双奖”办法，促使所有商业零售企业严格财务管理、据实申报纳税。二是扎实开展二、三产业分离。对二、三产业已经相对分离的企业，进一步抓好规范完善，引导其加强经营管理，巩固已有工作成果。对主辅业应分离而未分离的企业，加紧制定实施方案，明确时限要求和目标责任，促其尽快完成剥离。采取多种方式，切实加强对混合销售、物流企业及车辆运输零散户的监控管理，防止各环节形成的税收出现“跑冒滴漏”。三是强化非税收入管理。要树立“非税收入也是财政收入”的观念，像抓税收一样抓好非税收入。抓好国有资源有偿使用、特许经营权出让等资源环境性收入的征收管理，努力挖掘增收潜力。强化价格调节基金的征收管理，全面展开探矿权、采矿权价款改革。继续深化国有资本经营预算改革，切实履行所有者权益，依法收取国有资本经营收益。加大非税收入的统筹力度，增强政府宏观调控能力。

节支方面，一是着力压减行政成本。树立“节支也是增收”的观念，着力严控开支、厉行节约的各项新规定落实到位。要认真贯彻落实市委、市政府关于党政机关厉行节约有关问题的文件精神，进一步强化节俭意识，坚持勤俭办一切事业，降低行政成本，建设节约型机关。要严格制度约束，按照有关规定，今年全市各级党政机关因公出国团组、人数和经费支出，要在近三年平均数基础上压缩20%，公务用车费用要在近三年平均数基础上降低15%，公务接待费用要在2008年基础上削减10%，节电、节水、节油指标要在2008年基础上压减5%。大力压减会议、文件、通信等方面的费用支出。二是加强资金管理。创新财政专项资金管理，制定和完善各类财政专项资金管理办法，防止项目预算执行过程中违规操作、频繁调整、突击花钱等行为。健全完善投资评审机制，探索事前、事中、事后相结合的评审模式，提高资金使用效益。完善差旅费、会议费等支出管理办法。推动“两集中”改革向纵深发展。加快市直公务卡实施步伐。深入开展“小金库”治理工作，建立和完善防治“小金库”的长效机制。三是强化监督检查。要加强财税管理机制建设，完善财税监督检查机制，加大对重点部门、重点行业、重点资金、重点项目的监督检查力度，同时，要自觉接受人大、政协和社会各界的监督。要坚持领导带头，以身作则，廉洁奉公，杜绝浪费。

在增收节支基础上，正确处理好聚财的有限性和用财的无限性之间的矛盾，统筹协调好各方面关系，巧分

“蛋糕”、分好“蛋糕”，切实把更多财力用于项目建设、民生等重点支出。全力支持市委、市政府确定的重点项目建设。严格执行强农惠农各项政策，较大幅度增加农业补贴，加快农村基础设施建设步伐。认真落实就业培训和农民工、高校毕业生就业创业等政策，特别是落实对参加就业见习和应征入伍高校毕业生的财政补贴政策。着力保障和改善民生，提高农村中小学生均公用经费标准，提高企业退休人员养老金和城乡低保水平，为全市90岁以上老人发放长寿补贴。全面实施新型农村合作医疗，扩大城镇居民基本医疗保险覆盖面。大力支持保障性住房建设，改善低收入家庭住房条件。

（作者为济宁市财政局局长）

坚持主旋律　谋求新跨越
努力开创泰安财政新局面

李诚实

近年来，泰安市各级财政部门坚持以科学发展、创新发展、和谐发展为主旋律，围绕中心，服务大局，争创一流，推动了财政工作的持续协调健康发展。2009年，全市境内财政一般预算收入153.9亿元，其中地方财政收入91.4亿元，分别是2005年的2.2倍和2.3倍，年均增长21.9%和22.5%；全市财政总支出134.5亿元，是2005年的2.1倍，年均增长20.5%，有力保障了经济社会各项事业发展。

一、转方式、调结构、增财源

坚持转方式、调结构与增财源相结合，做到“五个并重”，不断加大财源建设扶持力度。一是坚持扩大增量与优化存量并重。一方面，持续加大财源建设扶持力度，两年来市财政累计筹集资金15.4亿元，重点支持了企业经济发展；通过落实各项税费减免政策，全市共减轻企业负担32.8亿元。另一方面，注重发挥财政政策、资金的鼓励引导作用，坚持向自主创新、绿色增长、中小企业倾斜，以优质增量来扩大总量、优化存量，以投资结构来调整经济结构、财源结构。二是坚持改造提升与引进新上并重。一方面，立足现有企业技改提升，两年来先后拨付资金4.09亿元，支持了企业技术改造和技术研发；拨付资金6 844万元，帮助企业采用新工艺、开发新产品；落实资金3 721万元，支持了高新技术和创新型企业，尤其是科技型中小企业发展；拨付资金2.75亿元，鼓励支持企业节能降耗、淘汰落后产能和新能源利用。另一方面，先后投入资金4 200万元，支持开展招商引资活动，通过引进新上项目优化经济结构。三是坚持三次产业协调发展并重。为巩固加强农业，市级设立了2 000万元的农业产业化专项资金，两年来引导各级财政投入1.39亿元，重点支持了农业龙头企业、农民专业合作组织和优势农产品生产基地建设。至2009年底，全市市以上农业龙头企业发展到186家，农民专业合作社1 474家。围绕做大做强工业，两年来累计筹集资金10.2亿元，重点支持了骨干工业企业发展。至2009年底，全市主营业务收入过亿元、10亿元的工业企业分别达到565家、45家，比上年增加125家、10家，百亿企业达到3家；利税过千万元、亿元的企业分别达到608家、55家，增加105家、5家。特别是立足泰安旅游资源优势，自2008年起市级设立了1 000万元的旅游业、1 200万元的服务业、1 800万元的文化产业和文化事业发展资金，重点支持旅游文化产业发展，努力提升三产服务业。两年来，先后投入资金3.45亿元，重点支持名山名城创建、旅游资源保护开发和旅游宣传促销，努力提升泰山、泰安的品牌效应；拨付资金2.6亿元，重点扶持了金融保险、服务外包、现代物流等现代服务业发展。2009年，全市服务业实现增加值609亿元，比上年增长15.5%，超过GDP增速1.9个百分点；上缴税金36.34亿元，增长16.13%，高于工业税收增速3.59个百分点。四是坚持投资、消费、出口“三驾马车”并重。为积极应对国际金融危机，促进经济平稳较快增长，两年来全市共落实家电、汽车、摩托车下乡和以旧换新补贴资金1.17亿元，拉动城乡居民消费9.9亿元；组织实施扩大内需和重点调控项目282个，完成政府投资19.76亿元；落实出口退税4.37亿元，并启动了出口信用保险补贴试点，支持出口恢复增长。五是坚持财政引导与市场运作并重。对生产经营性企业项目，采取财政贴息、奖励、补助以及“财政选银行、银行选项目、平台作担保”等方式，吸纳金融资本、社会资本增加投入。两年来，通过落实金融信贷奖励政策，全市新增金融贷款 222 亿元；通过贷款贴息补助，帮助企业贷款 104.3 亿元；通过落实技改奖励，引导企业增加技改投资 94 亿元。对城市基础设施建设项目，采取政府主导与市场化运作相结合，探索走出了一条整合资源、多方融资、自求平衡、滚动发展的新路子。

二、建机制、严征管、壮实力

紧紧扭住组织收入不放松，创新“五项机制”，规范收入征管，确保调结构、转方式、增财源的效果体现在财政收入增长、保障能力增强、收入结构改善上。自 2006 年以来，全市地方财政收入、地方税收收入年均增长 22.5% 和 27.1%，分居全省第 4 和第 3 位；税收收入占地方财政收入的比重达到 79.9%，比 2005 年提高 10.9 个百分点，保持了连年提升的良好势头。一是建立常态化调度分析机制。以财政收入联系点制度为抓手，建立了全员参与、定期调度、联合分析的常态化收入调度分析机制。局领导班子成员带领所分管的科室（单位），每季度至少集中 3～5 天的时间深入基层，详细了解重点税源企业生产经营、产品研发、税收贡献、市场前景等情况，分析解决问题，预测发展走势，牢牢掌握了组织收入工作主动权。二是建立收入征管激励约束机制。为调动各征管部门依法组织收入的积极性，努力提高收入征缴入库率，按照公开、透明、规范、长效的原则，研究制定了税收收入和税收稽查激励约束机制，将各征管部门工作经费与工作努力程度、税收入库率等挂钩，促进了财政收入及时足额入库。为引导各级调整优化收入结构，建立完善了财政收入目标考核体系，重点考核工商税收、四大主体税收增速及比重。自 2006 年以来，全市地方工商税收和四大主体税种年均增长 21.28%、21.67%，分居全省第 5 和第 3 位，高于全省平均增速 2.1 个、3.9 个百分点。三是健全社会化综合治税机制。一方面，实现了由税务主办向政府主导的转变，扩大协税护税范围，细化部门职责，调整完善综合治税考核奖励办法，形成了强大的税收征管合力。另一方面，实现了由侧重小税源到大、小税源齐抓共管的转变，将全市纳税百强企业纳入综合治税范围，提高了税收控管水平。两年来，全市通过综合治税机制共采集各类涉税信息 13.6 万条，入库税收 1.66 亿元。四是完善税源动态监管机制。坚持以信息化促进征管的科学化、规范化和高效化，支持建立了纳税评估系统、契税征管系统、税收政策分析反馈系统、涉税信息报送管理系统以及财经信息网等，加强重点行业、重点税源、重点建设项目的跟踪监控，尤其对房地产、建筑安装以及小餐馆、小商店等流动性、时效性强的税源，密切跟踪、重点关注，最大限度堵塞了征管漏洞。五是改进非税收入征管机制。坚持税收、非税一起抓，依法加强政府非税收入征管，调整理顺非税收入征管机制，实行归口统一管理，突出加强资源环境性非税收入的征收管理，增强政府调控能力。通过开展河砂资源综合整治，2009 年全市河砂税费收入达到 1.68 亿元，是 2003 年规范管理前的 56 倍；通过对泰山风景名胜资源实行特许经营、有偿使用，实现政府收益 1.65 亿元；通过严格实行土地公开“招、拍、挂”制度，市直累计实现土地出让收入 22.3 亿元。

三、办实事、惠民生、促和谐

坚持把保障改善民生，作为发展经济的最终目的和扩内需、转方式的根本动力，不断加大民生投入，健全“六大体系”，全力为民办实事、解难题，确保科学发展的成果体现到人民群众得实惠上。两年来，全市仅用于为民办实事的财政投入就达 28.2 亿元。一是建立健全支农惠农体系。坚持统筹城乡发展，加快推进新农村建设。一方面，全面落实惠农补贴政策，两年来全市共补贴农民 15.45 亿元，促进了农民持续增收。另一方面，围绕解决农民行路难、吃水难等问题，两年来全市筹集资金 8.38 亿元，重点支持了村村通公路、通自来水、通客车等工程，农村生产生活条件得到极大改善。二是建立健全社会保障体系。两年来，全市累计投入财政资金 2.8 亿元，支持提高城乡低保水平，城乡低保月人均补助水平分别提高到 160 元和 70 元以上；拨付资金 8 458 万元，支持了农村五保供养和乡镇敬老院建设；落实资金 17.5 亿元，完善了失业保险和养老保险制度，并启动了新型农村社会养老保险试点。三是建立健全教育保障和资助体系。两年来，全市共落实义务教育保障经费 4.16 亿元、教育助学金 1.5 亿元，确保了免费义务教育和困难学生资助政策的落实；筹集资金 1.79 亿元，支持了中小学校舍改造、“两热一暖”试点工程，城乡教育教学条件不断改善。四是建立健全医疗卫生保障体系。两年来，全市共筹集资金 10.3 亿元，支持完善新型农村合作医疗、城镇职工和城镇居民基本医疗保险制度，实现了医疗保障制度的全覆盖；拨付资金 8 477 万元，支持城乡医疗救助和基层卫生服务体系建设，并启动了医药卫生体制和基本医疗保障制度改革，看病难、看病贵问题进一步缓解。五是建立健全就业服务体系。认真落实积极的就业政策，两年来全市共筹集资金 9 655 万元，支持实施就业援助、就业培训和劳动力市场体系建设；筹集资金 4 883 万元，支持稳定就业、全民创业和实施“三支一扶”、“一村（社区）一名大学生”工程。六是建立健全住房保障体系。大力支持保障性安居工程建设，住房保障范围扩大到城市低收入家庭、农村困难群众。两年来，全市共拨付资金1.1亿元，重点支持经济适用房和廉租住房建设以及农村危房改造、城中村改造，并建立了廉租房补贴制度，有效改善了困难群众住房条件。

四、推改革、求创新、提绩效

始终坚持用创新的思路引领发展，用改革的办法破解难题，突出“四个重点”，探索建立科学化、精细化理财的长效体制机制。一是理顺体制添活力。按照税收属地化管理原则，将市属3 000多户企业税收征管权，全部下划给所属各区，实行财力分成管理体制，理顺了市区财政分配关系。坚持保障与激励并重，调整完善了转移支付分配办法，将对下转移支付额度与地方税收增长、收支结构改善程度挂钩，充实扩大因素指标体系，调动了县乡发展经济、培植财源的积极性。二是深化改革增效益。大力深化国库集中支付、政府采购、财政投资评审和投融资管理等改革，财政资金使用效益显著提高。政府采购规模走在了全省前列，两年来全市累计完成政府采购额36.2亿元，节约资金6.3亿元，综合节支率14.9%。财政投资评审成效显著，两年累计评审项目2 003个、资金67.3亿元，审减资金11.8亿元，平均审减率17.6%。特别是围绕“打造国际旅游名城”战略实施，按照大平台、大融资、大投入、大发展的目标和融得来、还得上、用得好的原则，创新政府投融资管理体制，实行总平台统一融资、统借统还，分平台有偿使用、有借有还资金管理模式，初步构建起以总平台为龙头、分平台为支撑，总、分平台优势互补、相互促进、共同发展的平台体系，探索出一条自求平衡、良性循环、可持续发展新路子。三是狠抓管理上水平。加强预算管理，逐步健全政府预算制度体系，细化预算编制，大幅降低年初预留比例，严格控制追加预算，提高了预算编制的科学性、完整性和透明度，增强了预算约束力。加强资金管理，制定了专项资金管理办法和行政成本控制约束办法，最大限度提高财政资金使用效益。加强资产管理，探索建立了行政事业单位、地方金融机构国有资产管理制度体系和资产调剂、共享共用机制。四是强化监督稳秩序。坚持内外监督并举，事前、事中、事后并重，初步建立起覆盖所有政府性资金和财政运行全过程的监督检查机制，确保了资金安全，规范了财经秩序。近两年，全市共开展扩大内需专项资金、“小金库”治理等各类财政专项检查86项。

五、抓作风、强素质、争一流

事业兴衰，关键在人。近两年来，以争创“五型机关”、建设“五型财政”为载体，坚持“四抓四促”，着力打造素质过硬、业务精湛、作风优良、团结和谐的干部队伍。一是抓学习促提升。把学习作为强本领、提素质的根本途径和工作上水平、上台阶的重要推力，大力营造崇尚学习、全员学习、终身学习的氛围，倡导学思结合、学用结合、知行合一的方法，鼓励参加学历教育、专业学习和技能培训，学习逐渐成为全局干部职工的生活方式、工作常态、精神追求和政治责任。在抓好日常教育培训的同时，与上海、北京国家会计学院合作，连续两年对全市财政干部进行轮训，干部职工的思想境界、知识素养和工作能力明显提升。二是抓作风促效能。牢固树立服务就是竞争力、效能就是执行力的理念，坚持在提速、提效、提质上下功夫。大力倡导立说立行、雷厉风行的作风，要求人人做到该办的立即办，能办的就办好，不能办的说清楚，努力提高工作速度和效率。大力倡导理论联系实际、密切联系基层的作风，重在吃透上情、摸清下情上下功夫，广泛开展调查研究，做到问题在基层发现、办法在基层制定、决策在基层检验。大力倡导严谨务实、精益求精的作风，牢固树立细节决定成败、扎实就是水平的思想，全面提高财政精细化管理水平。三是抓制度促规范。坚持用制度管权，按制度办事，靠制度管人，重点加强廉政防范制度、民主决策制度、内控管理规范以及业务工作流程建设，并提出了“廉政向我看齐”等要求，设立了首问负责岗、去向告知牌、政务公开栏等，公开接受社会各界的监督。四是抓文化促和谐。以“廉政文化进机关”为核心，加强机关行为文化、制度文化、精神文化和廉政文化建设，在潜移默化、润物无声中引导干部职工树立正确的世界观、人生观和价值观，增强凝聚力、向心力和战斗力，形成了廉洁务实高效、团结和谐有序、风正气顺心齐的良好氛围。市财政局连续7年被评为“省级文明机关”，连续6年获得“全省部门和行业作风建设先进单位”、“全市政风行风建设先进单位”称号。

（作者为泰安市财政局局长）

推行支出绩效评价　促进财政科学化管理

朱明华

财政支出绩效评价是目前财政改革的方向，也是公共财政管理改革的重要组成部分，它与部门预算、国库集中支付共同构成“三位一体”的公共财政管理体系，是推进财政管理科学化、精细化、规范化管理，提高资金使用效益的重要手段。全国不少省、市、县都已经或正在推进这项工作，江苏、浙江、广东等地已经广泛开展并取得了良好的成效。财政支出绩效评价既是缓解当前财政收支矛盾，提高财政资金使用效益的必然要求，也是进一步深化财政支出管理改革的客观需要，因此我们将其作为深入学习实践科学发展观的载体，学习先进地区经验，结合威海市实际情况，推进财政支出绩效评价深入开展，推动财政工作取得新发展。

一、江苏省开展财政支出绩效评价的经验

江苏省在财政支出绩效评价工作方面起步早、效果好，其中无锡、镇江等市的绩效评价工作已经处于全国领先地位。为学习借鉴先进地区的经验，为我市绩效评价工作的开展打下良好基础，2008 年 11 月我局专门组织考察小组前往无锡、南京、镇江等地进行了考察学习，对绩效评价工作的作用、方法、步骤等内容有了较为全面的把握。

（一）绩效评价开展的前提——明确评价的目的和作用。在认识上对财政支出绩效评价有一个整体、全面的把握，在思想上接受绩效评价的理念，这是江苏省开展财政支出绩效评价工作的第一步。开展绩效评价工作是应对当前财政收支矛盾不断加剧的新思路，是进一步加强财政管理、提高财政资金使用效益的必然要求，是提高财政支出管理水平、发挥公共财政作用的有效途径。绩效评价体现的是公共财政下政府支出是买服务、买效果的理念，其核心是把现代市场经济的一些理念融入预算管理中，使政府预算能像企业财务计划一样，对政府的行为进行内控，并通过这种内控，保障政府目标的实现，提高政府运行效率。同财政监督关注资金使用过程的合规性、合法性相区别，绩效评价关注的是财政支出的效果，解决的是资金支出和使用的合理性问题。同传统的跟踪问效相区别，追踪问效是评价主体用自己的眼光和自己的标准去评价，绩效评价则更多是用第三方的眼光用大家公认的标准去评判。此外绩效评价除为财政支出和政府决策提供有效参考外，在客观上还能够对资金的支出、管理、使用发挥规范作用、导向作用。

（二）绩效评价推行的过程——确定评价重点进行逐步推进。江苏省各地在开展绩效评价的过程中采取了明确评价重点，稳步扎实推进的做法，首先选择相对容易实施的项目进行试点，以良好的效果推进工作的开展，不断积累实践经验，然后再进行制度方面的建设。在评价重点上，主要是财政支出大户（教育、农业、卫生等）、政府专项资金、经常追加的项目和与民生密切相关的支出。在推行过程中突出“稳”字，均是从一两个项目入手，在做好做实的基础上逐步扩大范围，如镇江市 3 年来共对义务教育支出、再就业工程支出和科技合作计划项目支出进行了绩效评价。在此过程中，江苏省从省财政厅到所有地级市均成立了财政支出绩效评价处，兼有支出绩效评价和行政事业资产管理两大职能，为此项工作的开展提供了机构保障。

（三）绩效评价的方法——专家评价、分阶段进行。江苏省绩效评价工作是以专家评价为主，兼有业务处室评价和主管单位自评。聘请专家进行评价是绩效评价的最主要方式，财政绩效考评部门发挥协调、组织、规范的作用，具体评价工作由专家组进行。评价过程大体分为三个阶段，一是前期准备阶段，主要是初步确定评价项目，对项目进行调查了解，正式确定考评项目，聘请成立考评小组并制定评价方案，研究确定指标体系，并下发相关文件和通知。二是评价阶段，组织相关单位填报数据，收集相关基础资料，根据项目需要进行问卷等方式的调查，核实相关数据，专家根据数据进行分析评价并撰写评价报告。三是结果运用阶段，将评价报告印发并报送有关领导、业务科室和相关单位，以便充分发挥绩效评价的作用。其中指标体系的设计是绩效评价工作的关键，必须结合当地实际，经财政绩效部门、业务处室、主管单位和相关专家进行认真设计论证，才能够充分发挥绩效评价的导向作用，保证评价结果的有效性。

（四）绩效评价的效果——提高效益、规范管理。通过江苏省实施绩效评价的效果来看，一是有效控制了支出的无序增长。通过实行绩效评

价，使支出与效果挂钩、目标与结果挂钩，对财政支出提出了明确的绩效要求，建立了财政支出的衡量机制，从而抑制了支出的无序增长，有利于化解财政收支矛盾。二是为预算安排和政府决策提供了依据。绩效评价的结果能够为增加或者减少财政支出提供科学有效的依据，同时也能够反映在资金使用和政策实施过程中存在的问题，在政府决策过程中发挥参考作用。三是进一步规范了财政支出管理。绩效评价客观上起到了对资金使用单位督促作用，加强了部门、单位的自我约束，使之不断提高管理水平，也进一步规范了资金的使用范围，解决了财政资金供给中的“缺位”与“越位”的问题，不断提高财政资金的使用效益。四是更好地发挥了财政资金的导向作用。绩效评价能够在不增加财政资金投入力度的情况下进一步发挥财政导向作用，如在绩效评价指标中将节能减排纳入考评范围，就能够有效带动企业提高对节能减排的重视程度。五是为绩效预算工作打下良好基础。建立绩效预算是我国公共财政的发展趋势，而绩效评价是实行绩效预算的前提，开展绩效评价为未来绩效预算的推行打下了坚实基础。

二、威海市推行财政支出绩效评价工作的现实意义

通过学习先进地区开展财政支出绩效评价工作的经验，我们认识到，绩效评价工作是当前财政管理中最核心、最突出、最前沿的因素，也是带动我们财政工作走上更加科学化、规范化道路的重要保证，把握现实发展的要求，大力推进财政支出绩效评价工作具有重要的现实意义。

（一）推行财政支出绩效评价是适应公共财政改革的制度需要。在建立公共财政的目标下，加强财政支出管理越来越成为财政改革的重要任务之一。财政支出管理资金分配、资金使用、资金监督三个环节中，资金分配环节，重点是加强预算审核，规范基本支出预算的配套制度是部门预算制度，规范项目支出预算的配套制度是绩效目标评价和应用制度；资金使用环节，就是预算执行，保证资金及时到位、安全完整，配套管理制度是政府采购和国库集中收付制度；资金监督环节，是对资金使用的合规性、合法性和有效性进行监督考评，规范这一环节的配套制度是财政监督制度和支出绩效评价制度。

过去较长一段时期，受传统观念的影响，人们对财政支出基本目标的取向是以“规模大小”而论，而不是“效益高低”。认为财政的主要任务就是要最大程度地满足各部门的资金支出需要，为经济建设和社会事业发展筹集和投入更大规模的资金，而对财政支出的绩效如何却重视不够，从而导致了财政支出存在“重分配、轻管理”的现象，特别是支出的有效性被忽略了。财政资金的管理程序中缺少了绩效评价及绩效评价结果在预算安排方面的应用环节，客观上制约了财政分配效益的提高。在威海市的财政工作实践过程中，部门预算、政府采购、国库集中支付改革都得到了深入推进，连续几年开展的“财政管理年”、“财政基础管理年”、“效益效率年”活动以制度建设、数据库建设使财政支出的规范性和安全性得到了充分的保障，推行财政支出绩效评价，提高财政支出的效率，提高财政支出的效益，建立以“结果”及“追踪问效”为导向的财政支出管理模式，已经成为公共财政改革对我市财政发展新的、更高的要求。

（二）推行财政支出绩效评价是建立阳光财政和民生财政的政治需要。公共财政也被称为“阳光财政”，讲求科学、规范、公正、公开。公共财政支出就是用纳税人的钱为人民群众提供公共产品和公共服务，而群众也对财政支出的方向和效果有越来越强烈的知情权诉求。实行财政支出绩效评价，就能够全面回答政府收支“钱从哪里来、用到了哪里去，办了什么事、用了多少钱、有什么效果”的问题，充分体现出公共财政作为“阳光财政”的特点。通过对财政支出的结果进行分析评价，可以清楚地判定各项支出是否与国家宏观社会经济目标相一致，是否实现了预期目标，有助于推动各预算单位建立责任机制，建立以结果为导向、自我评价和外部评价相结合、自我监督和外部监督相结合的有效约束、监管机制。财政支出绩效评价的结果，也是政府和财政部门对财政资源配置能力和效率的集中体现，其结果还可为以后的预算编制、优化财政支出结构和提高财政支出效率提供有力的信息支持。

（三）推行支出绩效评价是缓解目前财政困难的现实需要。目前，地方各级财政普遍面临着这样一个难题：旺盛的财政支出需求超过了财政收入的增速，财政困难并没有随财政收入的增加而缓解，反而出现了“经济发展了，财政收入增加了，财政困难反而加剧了”的奇怪现象。如何解开这个死结，既不能寄希望于财政收入的超高速增长，也不可能期待财政支出需求的下降，而且，随着各级党委和政府支持民生事业发展政策的不断出台，范围不断扩大，标准逐步提高，民生事业的发展需要投入大量资金，财政支出刚性增长已经成为既定事实。因此，要解决这个矛盾，除了进一步发展经济、推进改革外，最重要的一点是需要从加强和完善支出管理的角度寻找出路。此外，就我们当前面临的财政经济形势而言，一方面受国际金融危机的影响，经济发展放缓，企业效益下滑，财政收入增幅放缓；另一方面，增值税转型改革、支援灾区重建等政策性减收增支因素增

多。当前财政收支矛盾空前突出。这要求我们必须从效益出发，使有限的资金发挥出最大的使用效益来满足各方面的资金需求。而财政支出绩效评价，就是通过支出上的效益评价，使得财政资金在一个逻辑严密、制度严厉和无缝对接的通道中高效运行，堵住财政资金低效使用的“后路”，促进节约财政资金，减少资金浪费，“向管理要资金”替代一定的财政资金增量需求，进而缓解收支矛盾。

三、找准突破点，积极稳妥推进财政支出绩效评价工作

从现实情况来看，威海市已经具备了推行财政支出绩效评价的基本条件。从需求的角度来看，深入推行财政支出绩效评价工作符合市委、市政府学习落实科学发展观的执政理念；从供给的角度来看，外地的改革实践已经为我们积累了大量经验，解决了部分技术难题。因此，找准突破点，积极稳妥地推进我市财政支出绩效评价工作的开展已经成为当务之急。

（一）理念先行，营造重视绩效评价工作的良好氛围。财政支出绩效评价作为一种新事物，不仅各政府部门和社会民众不了解，就是财政干部职工也对绩效评价缺乏系统、深入的认识。要推进这项工作的开展，必须首先让大家了解绩效评价，树立绩效观念，从了解到理解再到支持，营造开展绩效评价工作的良好氛围。一方面，首先要确保财政干部职工认识到位。采取邀请专家和先进地区富有实践经验的工作人员进行讲座，对财政干部进行专题培训等方式，引导财政部门干部职工树立绩效管理的理念，掌握绩效评价的基本方法，真正理解绩效管理的重要作用，增强开展工作的主动性和能动性。另一方面，通过宣传赢得社会各界的理解和支持。充分利用报纸杂志、广播电视、网络媒体等载体，对财政支出绩效评价的目的、意义进行广泛宣传，让各部门和单位充分认识开展财政支出绩效评价工作的重要性和必要性，进而取得部门的理解和主动配合，保证绩效评价工作顺利开展。

（二）规范评价，逐步建立符合实际的绩效评价制度和评价指标体系。威海市的财政支出绩效评价工作尽管起步比较晚，但通过借鉴先进地区经验，可以做到高起点、高要求，改变其他地区先起步、再规范的做法，从起始就坚持制度先行，规范开展。首先要做到制度规范。加紧制定出台《威海市市级财政支出绩效评价暂行办法》，对绩效评价工作的原则、方法、内容、程序、组织管理、结果应用等做出原则性规定，为绩效评价工作的开展提供完整的体系框架和严格的制度规范。其次，要做到程序规范。加强对绩效评价实施过程的管理和监督，确保无论是财政部门评价，还是主管部门和单位自行评价，都严格按规定程序实施评价，防止流于形式，做到数据真实准确、结果客观公正。再次，要制定科学合理的评价指标体系。评价指标体系的设定是绩效评价实施过程中最关键的一环，评价指标应切合实际，适应当前发展要求，突出体现政府工作目标的导向性。可以在借鉴其他省市经验的基础上，按照“先用先建”的原则，初步建立起符合我市实际情况、易于操作的指标体系，然后再根据工作需要逐步加以补充和完善。

（三）选准项目，循序渐进开展试点。开展绩效评价工作是一个长期的过程，即使是在江苏省开展比较早的市地在许多方面目前也处于摸索阶段。既借鉴外地的经验，又考虑实际需要，开展支出绩效评价工作可本着“统一规划、稳步推进、先易后难、分步实施”的原则，选择几个相对实施容易、示范作用明显的项目进行绩效评价试点。力求达到“评价一个，成功一个，示范一片”的作用，争取用一到两年的时间，实现“试点探路、积累经验、锻炼队伍、多方重视、共求绩效”的初期目标，以实际效果来引起各方的重视，以实际经验来推动评价工作的不断完善，进而最终实现支出绩效评价工作制度化、经常化。同时也要充分借鉴外地成功的经验，关口前移，提前介入，科学设立绩效目标，加强对项目的跟踪，做好基础资料的收集工作，使评价工作得到快速有效的开展。

（四）体现效果，重视绩效评价结果的应用。绩效评价结果应用既是开展绩效评价工作的基本前提，又是加强财政支出管理，增强资金绩效理念，合理配置公共资源，优化财政支出结构，强化资金管理水平，提高资金使用效益的重要手段。如果评价结果得不到有效应用，绩效评价工作将失去意义。我们应从绩效评价工作起步开始，就要强调有效地应用绩效评价结果，积极探索和建立一套与部门预算相结合，多渠道应用评价结果的有效机制，切实提高绩效意识和财政资金使用效益。威海市部门预算改革已推行多年，各政府部门已基本熟悉部门预算的编制程序，因此可在现有部门预算编制的基础上，结合绩效管理的精神，把项目预期绩效目标列入财政资金的项目申请，让评价结果逐步成为编制和安排部门预算的重要依据。此外，将评价项目实施情况和评价结果在一定范围内予以公开，接受社会公众监督，也可以达到增强财政资金使用的公开性和透明度的效果。

应该看到，财政支出绩效评价还是一项新工作，还有大量的未知领域需要探索，要达到预期的理想效果，需要经历一个过程。我们将充分吸收先进地区在这方面工作中的先进经验，结合实际，全面推动支出绩效评价工作的开展。

（作者为威海市财政局局长）

着力提高执行力　推动财政新发展

毛晖明

党的十七届四中全会对新时期加强和改进党的建设作出了重大部署，特别是对党的执政能力和先进性建设提出新的更高要求。当前财政部门要以十七届四中全会精神为指导，在进一步提高执行力上下功夫，努力推动财政工作新突破，促进全市科学发展、跨越发展、和谐发展。

一、提高生财聚财能力，加快培植地方新型财源

提高财政部门执行力，首先要提高生财聚财的能力。当前财政经济运行中的不确定因素仍然较多，减收增支压力较大，财政工作面临许多新情况、新问题、新考验。在这种情况下，尤其需要进一步提高科学生财聚财的能力，加快培植地方新型财源。*一是深入实施积极的财政政策。*立足于打造蓝色经济区、加快建设海洋特色新兴城市，围绕“保增长、扩内需、调结构”，深入落实积极的财政政策和市委、市政府关于进一步扩大内需，促进经济社会平稳较快发展的政策措施，抓好资金争引、投入和监管，突出支持临港先进制造业、高新技术产业、现代海洋服务业等蓝色产业，突出支持基础设施、自主创新、节能减排、招商引资等。完善政府投融资机制，做强投融资平台，进一步拓宽投融资渠道，积极利用开发银行、国际金融组织和外国政府贷款，管好用好地方政府债券资金。认真落实财源建设激励政策，对企业的扶持实施项目库管理，加强考核工作，充分调动各方面加快发展、培植地方新型财源的积极性。*二是完善收入征管机制，保持财政收入平稳较快增长。*密切关注宏观经济运行态势，加强税源调查分析，完善属地税收征管体制，加大企业二、三产业分离工作力度，落实好增值税转型、出口退税、燃油税费等税制改革政策，积极清理规范税收优惠政策，努力挖掘税源潜力。推进“金财工程”建设，加强财税库银信息共享。严格执行“收支两条线”规定，进一步规范非税收入征管。大力推进国有资源有偿使用制度，拓展财政收入来源渠道。

二、提高科学用财能力，全力服务经济社会发展

当前，提高科学用财能力的关键在于结合我市实际，按照有保有控的原则，大力调整支出结构，将有限的资金集中用于谋发展、保民生、促和谐，重点向民生体系、公共安全体系、现代产业体系、生态环境体系“四个体系”倾斜。**民生体系方面：**必须坚持理财为民理念，对照群众的愿望和要求，进一步调整和优化财政支出结构，确保新增财力大部分用于民生，不断提高民生支出占财政总支出的比重，加快推进与人民群众息息相关的社会建设。目前重点是加大公共财政对“三农”的保障力度，落实强农惠农政策，搞好政策性农业保险和各项补贴发放；完善城乡义务教育经费保障机制，深入实施农村中小学“211工程”，全面完成农村义务教育债务化解；抓好城镇居民基本医疗保险试点，完善城乡居民最低生活保障和新型农村合作医疗制度。积极支持医药卫生体制改革，探索新型农村养老保险试点。**公共安全体系方面：**积极支持政权建设、安全生产、社会治安等工作，提高处置突发公共事件的应急救援能力，维护社会稳定和公共安全。**现代产业体系方面：**重点用好工业发展专项资金，支持工业振兴和结构调整；落实好服务业发展引导资金，支持临港物流、金融保险、旅游商务、服务外包等现代服务业；进一步加大科技创新投入，促进科技成果转化和高新技术产业发展；完善促强扶弱的财政政策机制，支持县域、镇域经济加快发展。**生态环境体系方面：**重点是认真落实矿产资源有偿使用制度、生态环境补偿制度、节能产品政府采购政策等，管好用好排污费，支持节能减排、自主创新、环境保护和再生资源开发利用。

三、提高改革创新能力，完善财税体制机制

提高财政部门执行力，必须更加注重推进改革创新，从根本上解决制约科学发展的深层次矛盾，消除不利于科学发展的体制机制障碍，当前应着力抓好五个方面。*一是大力支持重点领域和关键环节的改革。*改革是对既得利益格局的调整，几乎每一项改革都离不开财政的保障和支持。应充分发挥财政职能作用，支持深化收入分配制度、资源价格、医疗卫生、司法经费保障机制等改革，消除制约经济社会发展的体制机制性障碍。*二是推进财税体制机制创新。*根据蓝色经济区规划建设的总体部署，加快财税体制机制创新，优化区内税费环境，探索区内财税分配新体制，增强对生产要素的聚集能力，激发区内企业发展活力；认真研究现行财政体制，积

极提出财税体制机制创新的意见和建议，争取上级更多的政策支持。三是深化公共财政体制改革。继续坚持财力下移原则，理顺政府财力分配关系，完善转移支付制度，建立县级基本财力和重点支出保障机制，深化“乡财乡用县管”和“村财村用乡管”改革，提高县乡公共服务保障能力。按照“三个直接”（即省级将财政体制直接核定到试点县，省级补助直接分配、结算、拨付到试点县，财政行政审批事项、非税收入管理等直接审批到试点县）、“三个不变”（即按照现行行政管理体制，市级继续对试点县财政工作进行指导和监督的责任不变，市级继续负责试点县的财政预决算汇总报送、收入任务完成情况考核和科学发展综合考核等工作责任不变，市级继续对试点县开展各类财政专项业务工作评先评优、会计事务、财政监督和干部培训等工作责任不变）的要求，积极落实“省管县”财政体制改革，搞好有关数据测算和债权债务清理，确保改革平稳运行。四是深化国有资产管理改革。认真贯彻《企业国有资产法》，按照责权利相统一、管人管事管资产相结合的要求，探索建立企业国有资产监管新机制。编制实施国有资本经营预算，强化国有资本收益收缴管理。制定实施行政事业单位国有资产管理办法，统一资产监管、配置和处置，盘活资产存量，提高资产使用效益。五是积极推进村级公益事业一事一议财政奖补试点。按照“统一规划、突出重点、先易后难、逐步覆盖”的原则，积极推进一事一议财政奖补试点，对村民通过规范的一事一议筹资筹劳开展的村内公益事业建设项目，采取以奖代补、民办公助的方式，给予适当财政奖补，逐步形成农民自愿、政府引导、多渠道投入的村内公益事业建设新机制。

四、提高科学管理能力，促进财政管理效益最大化

着眼于提高财政管理的科学化、精细化水平，深入开展“财政管理效益年”活动，全面强化管理监督，努力向收入管理要效益、向支出监管要效益、向深化改革要效益、向效能建设要效益。收入管理方面，重点是认真落实市政府加强财政收入管理规范财税秩序的文件，全面细化强化收入征管，健全财政经济分析体系，加强收入调度分析，及时发现和解决收入工作中的矛盾与问题。支出管理方面，牢固树立过紧日子的思想，认真贯彻中央、省《关于党政机关厉行节约若干问题的通知》，严格控制一般性支出，推动节约型机关建设，集中财力保增长、保民生、保稳定。预算管理方面，重点完善政府收支分类和预算科目体系，提高预算信息、财务信息的开发利用水平。细化部门预算编制，加快推进项目滚动预算管理。健全国库集中支付制度，推行公务卡改革。完善政府采购预算制度，加强公共工程采购监管，进一步扩大政府采购规模和范围。资金管理方面，严格落实专项资金和城建资金管理办法，强化财政投资评审，加强支出绩效评价，对50万元以上的项目聘请社会中介机构实施跟踪再评价，评价结果作为安排预算的重要依据。财政监督方面，认真贯彻《山东省财政监督条例》，健全财政监督工作机制，加大监督检查力度，深入推进“小金库”专项治理，维护正常的财经秩序。机关效能建设方面，重点是进一步完善和落实内部管理制度，加强内部审计、岗位目标和个人台账考核，进一步严格纪律，规范办事，不断提高依法理财、科学理财、民主理财水平。

提高财政部门执行力，必须进一步加强领导班子和干部队伍建设。全市财政系统要以十七届四中全会精神为指导，按照政治坚定、开拓创新、求真务实、勤政廉政、团结协调的要求，深化学习实践科学发展观活动，结合实际深入开展“完善自我、提升形象”教育，讲党性、重品行、作表率，不断提高领导班子和干部队伍凝聚力、战斗力，为实现财政经济新发展提供良好保障。

（作者为日照市财政局局长）

完善财政转移支付制度 促进地区间基本公共服务均等化

高发林

自1994年实行分税制以来，作为推动基本公共服务均等化实现形式之一的转移支付制度，在平衡不同地区间政府财力，保证政府为人民群众提供均等的基本公共服务，构建以人为本的和谐社会方面发挥了重要作

用。但是随着经济的发展和财政管理改革的逐步深化，现行的转移支付制度对转移支付功能的充分发挥，对运用转移支付来推动地区间基本公共服务均等化目标，确有诸多需要完善的地方。本文以莱芜市转移支付制度的实证分析为基础，探讨如何通过进一步完善财政转移支付制度，促进地区间基本公共服务均等化。

一、近年来莱芜市运用转移支付资金推进基本公共服务均等化的现状

*一是转移支付规模逐年扩大。*近年来，随着经济实力不断增长，中央、省对市及以下财政转移支付总体规模不断扩大，有力地保障了市及以下的支出需要。以对莱芜市的转移支付情况为例，2006～2008 年莱芜市接受上级转移支付总额达 33.28 亿元，相当于三年地方财政收入的 44.04%，2006～2008 年转移支付占全市财政支出的比重分别为 36.54%、27.56%、34.15%。

*二是投入方向日趋合理。*近年来，莱芜市以加快教育、就业、医疗、住房等“十大民生保障体系”建设为重点，不断加大投入力度，优化投入方向，确保让广大人民群众共享改革发展成果。2006～2008 年莱芜市对民生的支出分别为 6.44 亿元、8.81 亿元和 11.2 亿元，支出总额为 26.45 亿元，年均增长 31.7%。

*三是转移支付效果更加明显。*2006～2008 年，莱芜市接受财力性转移支付总额从 22 352 万元增加到 45 120 万元，年均增长 43.47%，财力性转移支付占转移支付总额的比重也由 21.66% 上升到 33.55%。随着财力性转移支付规模的扩大，全市可支配财力不断增长，对推动基本公共服务均等化提供了可靠的财力保障。

人均财力方面，2006～2008 年转移支付前莱芜市人均财力分别为 1 542 元、2 080 元和 2 402 元，转移支付后分别为 2 369 元、2 839 元和 3 469 元，比支付前分别高出 827 元、759 元和 1 067 元，转移支付对提高人均财力的作用明显。

*四是转移支付监管体系初步形成。*第一，完善了对一般性转移支付的使用管理体系。通过对一般性转移支付计算分配方法进行不断调整和完善，现在市级全部采用标准支出口径，按照客观因素统一计算，采用公式法统一分配，减少人为因素的影响，从制度上保证了一般性转移支付分配的科学合理和公开透明。第二，对专项转移支付制定了专门的审核标准和程序。对中央财政专项支出资金，市区两级都制定了专项支出资金使用管理办法，严格审核标准，规范审核程序，实行专户专账管理，确保专款专用。第三，对各转移支付项目采取事后审查制度。转移支付项目完成后根据相关专项资金管理办法，由财政、审计等部门进行事后监督，审查资金使用范围，杜绝虚报、冒领资金等现象。

二、当前莱芜市运用转移支付资金推进基本公共服务均等化过程中存在的问题

*（一）转移支付整体规模仍然偏小。*近年来，中央、省对市以下转移支付总体规模逐年扩大，但目前转移支付规模还远不能满足公共财政的需求，与推进公共服务均等化的需要还有很大的差距。在中央财政安排的专项转移支付中，大部分需要地方配套资金，这样就会产生一个现实问题，就是客观上加大了地方负担，获得的转移支付越多，地方配套就越多，容易造成寅吃卯粮或拆东墙补西墙，甚至加重地方政府债务负担，不利于基本公共服务均等化的全面实现。

（二）转移支付有关制度设计不够合理。

*一是税收返还形式单一。*现行转移支付制度税收返还占据较大的份额，其与税收收入的增长挂钩，它有利于调动高财政收入地区的积极性，但却固化了财政包干制下的财力不均问题，实际上起到了逆向调节的作用，不利于区域间差距的缩小，偏离了均等化目标。就省对莱芜市转移支付情况而言，税收返还的数额从 2006 年的 3.22 亿元到 2008 年的 3.50 亿元，分别占当年转移支付总额的 31% 和 26%。在以税收返还为主的转移支付制度下，省对我市的其他转移支付资金总额相对较小，不利于缩小我市与其他市地的差距，不利于均衡地区间财力。

从税收返还的结构来看，税收返还分为增值税和消费税返还、所得税基数返还、营业税基数返还、四部门企业税收返还，我市税源结构相对单一，税收收入 50% 集中在钢铁行业，这就造成了省对我市的转移支付以增值税返还为主，如果钢铁行业出现波动，将会直接影响我市转移支付总量。

*二是一般性转移支付比例过小。*一般性转移支付是政府间财政关系的重要组成部分，是一种不带使用条件或无指定用途的转移支付，由接受拨款的政府自主使用，其目的是解决各级政府之间财政收入能力与支出责任不对称问题，是最能体现基本公共服务均等化目标的项目。从一般经验看，发达市场经济国家转移支付制度大都以一般性转移支付为主，占 50% 左右，这个比例在我国只有 10%。具体到莱芜市仅占不到 2%，一般性转移支付规模过小，严重弱化了地方政府财政自主权，不利于自由支配财力。

*（三）专项转移支付项目繁多且有重复支付现象。*专项拨款是指附加条件的政府间财政转移支付，拨款提供者在某种程度上指定了资金的用

途，拨款接受者必须按照规定的方式使用这些资金，专款专用是其最基本的特征。一般来讲，属于中央承担的事务，由中央给予补助或直接承担一定的比例；属于中央与地方共同承办的事务，由地方具体负责、中央按自己的份额拨给地方经费。目前，专项转移支付存在项目设置过多、过滥的现象，其补助对象几乎涵盖了所有的预算支出科目，行业界限、科目界限划分不严格，无法体现专项转移支付的特殊作用。此外，多头管理现象严重，譬如财政支农资金分散在农业、水利等十几个部门，同时，财政拨款管理权限的划分不明确，造成了实际操作中挤占、挪用、监督管理不到位、资金拨付效率低等问题。

（四）转移支付制度缺乏法律保障。目前相关转移支付资金的分配办法不规范、不透明，基础性制度建设不健全，使得政府在执行监督管理时缺乏一定的行为规范。现行财政转移支付制度对实施转移支付的形式、原则、资金分配方式和拨付程序等缺乏有效监督，资金使用监督主体还不够明确，监督制约和效益考核机制匮乏等，这些都在客观上降低了转移支付制度的规范性、公正性和透明度，影响了其有效性的发挥。

三、进一步完善转移支付制度推进基本公共服务均等化的对策

（一）加快建立财权与事权相匹配的财政管理体制。明确划分各级政府的事权范围是建立完善的财政转移支付制度的前提条件。事权划分不清晰将使财政转移支付据以计算的“标准财政支出”不标准，直接影响转移支付均等化效果。在公共财政框架下，明确地方职能，清晰划分政府间事权，一是要按照公共性、市场化和引导性原则，进一步明确政府支出范围。凡属于社会公共领域的事务，市场不能解决或不能有效解决的，财政就必须到位，没有到位的应当逐步到位；凡属于可以通过市场机制解决的领域，财政不应介入，已经介入的要逐步退出；介于二者之间的，财政要积极发挥四两拨千斤的杠杆作用，积极引导社会资金投入。二是要根据支出受益范围等原则，依法规范中央和地方政府的支出责任。对具有调节地区间、城乡间重大收入分配性质的支出责任，应由中央财政承担或者由中央和地方财政共同承担；地区性行政管理、基础设施等地方性公共产品和服务的支出责任由地方财政承担；对于在省级范围内，但有外溢效益的公共产品和服务，应由中央财政和地方财政共同承担。同时，充分考虑基本公共服务均等化进程以及各地的财力，合理确定中央和地方的负担比例，引导地方政府将公共资源配置到社会管理与基本公共服务领域，促进由“全能型”政府向管理型和公共服务型政府的转变。

（二）逐步取消税收返还。在1994年分税制财政体制改革以后的相当长的一段时间内，把税收返还作为财政转移支付的主要形式。但税收返还是为了维护既得利益，是旧体制的延续。按照分税制的规定，这部分收入理应归中央所有和分配，但为了保护地方改革前的利益，才将这部分收入以税收返还的形式转让给地方，很明显，其性质属于转移支付。当时采取税收返还形式，是为了分税制财政体制改革方案的顺利推行，是必要的。但应看到，由于税收返还的数量大，又属于非均等化转移形式，它同实现公共服务均等化目标是相悖的。因此，不能将其永久化和固定化，甚至扩大化。目前可以规定一个过渡期（比如3～5年），分步实施，逐步到位。

（三）进一步优化转移支付结构。要实现地区间基本公共服务的均等化，就必须适当降低专项补助规模，加大一般性转移支付补助力度。一是尽快制定一个基本公共服务项目标准，按照不同地区现有公共服务水平，结合主体功能区的划分要求，确定该行政区划的现有公共服务水平等级标准，制定不同行政区划的渐进式的公共服务等级实现目标；根据这一目标，通盘筹划支付规模和力度，确定支付方式和数额。二是改革转移支付分配方式，将除结算补助以外的财力性转移支付并入一般性转移支付。农村税费改革转移支付、调整工资转移支付、调整收入任务补助和其他补助都是因为中央出台某项政策导致地方财力不足引起的，或者说是缓解体制矛盾的产物，地方可以按照相关规定统筹安排和使用资金，因此可将其整合为一般性转移支付。

（四）加强专项转移支付管理。针对专项转移支付中项目多而繁的现象，要进一步清理整顿专项转移支付，尽量减少项目支出的重复、交叉，合并专项转移支付项目，规范专项转移支付分配。一要科学界定专项转移支付的标准，即要明确具备什么条件才能列入专项转移支付。通常来看，列入专项转移支付的项目，应是具有外溢性、突发性、特殊性、非固定性等特征的项目。根据专项转移支付应具备的上述特征，如义务教育、公共卫生、社会保障和一般性的扶贫等支出都不应列入专项转移支付的范畴。二要控制规模。专项转移支付，只能是次要的、辅助的形式，因此规模不能过大，当然，如果把准入的条件限制在具有上述特征的项目内，其规模必然不可能过大。三是列入专项转移的项目要经过科学论证和一定的审批程序。要严格控制新设项目，必须设定的项目要实现资金安排和制度建设同步进行。除国家法律、法规及国务院文件有明确规定的外，新设立的专款项目由财政部门审批并实行规范管理。

（五）建立区级最低财力保障机制。中央、省财政要继续增加对地方转移支付力度，同时，安排一部分资金作为奖励和补助，与市对下转移支付工作实绩挂钩，引导市级政府尽量多地将中央、省转移支付资金及自身财力分配落实到基层财政，完善市对下转移支付制度。市级财政部门要综合考虑各区的经济发展水平和支出需要，建立最低财力水平的保障制度。具体可考虑通过对区级基本财力需求的分析和测算，科学核定各县标准财政收入和标准财政支出规模，在因素的选择和权重的设定上，应充分考虑财政困难区的实际问题，对财力存在缺口的区实行基本财力保障。

（作者为莱芜市市长助理、财政局局长）

关于临沂市培植地方特色财源的调研报告

李　民

临沂位于山东省东南部，地近黄海，南邻苏北，现辖9县3区，人口和面积均占全省的1/9，是农业大市、人口大市、革命老区。作为农业大市，全市1/3是平原，2/3是山区、丘陵，长期以来，农业一直是全市的支柱产业。作为人口大市，由于人口多，优抚对象多，人均占有低，办同样的事业，需要拿更多的资金、付出更大的努力。作为革命老区，抗日战争和解放战争时期，临沂经过了战争的洗礼，对全市经济破坏较大。长期以来，由于以上多种原因，导致经济基础较差、底子较薄，县乡财政状况整体上比较困难，基本上属于“吃饭”财政，财政收支矛盾十分突出。这些虽然体现到财政上是财力紧张、财政困难，但归根到底是经济发展不够快、经济总量偏小造成的。因此，加强财源建设、增加财政收入成为当前迫切需要解决的问题。

为缓解财政困难的局面，近年来，临沂市委、市政府坚持把抓特色财源建设当作经济工作的重点，不断转变思想观念，创新工作思路，制定可行措施。先后提出了打造经济大市、商贸强市、宜居城市、文化名市的“四市目标”和在淮海经济区、鲁南经济带、全国革命老区中实现“三个率先发展”的战略，把支持经济发展，提高财政收入总量和质量作为考核县区和部门的重要内容，调动了各级各部门抓经济、抓财源的主动性和积极性，全市经济发展连年呈现出又好又快发展的态势。2008年，全市实现地区生产总值1 958.2亿元，比2006年增长39.4%；地方财政收入80.2亿元，比2006年增长37.6%，连年保持了较快的增速。

一、围绕建设商贸强市培植财源

2007年，市党代会提出把“建设物流天下的商贸强市”作为临沂今后五年发展的四大战略之一。**一是科学制定行业发展规划，确定发展目标和思路。**结合旧城改造和商城提升改造，制定实施了《临沂市“十一五”现代物流业发展规划》、《临沂商城总体发展规划》等一批商贸物流业发展规划和规范性文件，重点规划建设了市区西部、市区东部、莒南临港三大物流园区，完善了日用消费品、农副产品、生产资料等专业市场布局，通过科学规划，合理布局，较好地发挥了规划对全市市场分布、园区建设的指导作用，有效防止了重复建设、布局雷同、无序竞争的问题，提升了产业层次，促进了商贸物流业的健康良性发展。**二是加快发展现代物流业，实现由传统流通方式向现代流通方式的转变。**近年来，结合商场改造提升、居民消费由传统的吃、穿、用发展为住房、汽车、通讯产品等升级换代的时机，及时引导商家、商场引进采纳新的经营业态，扩大信息化营销手段，完善信息技术服务，大力发展电子商务、总经销、总代理、物流配送等现代流通方式，以促进商品销售，方便消费者购买。紧紧抓住鲁南经济带商贸物流基地规划建设机遇，加强部门协调，积极推进物流管理协调机制的建立完善，大力发展现代物流业，立晨物流、金兰物流等一批物流企业和物流园区蓬勃兴起。**三是大力发展会展业，推动商贸流通业的发展。**会展业作为一个新兴的复合型服务行业，其影响面广，关联度高，对调整产品产业结构、开拓市场、引导消费、加强合作交流、推动经济发展具有较大的促进作用。为加快会展业的发展，制定了《会展业管理办法》，成立了专门负责会展工作的“会展业服务办公室”，以加强会展工作的管理和办展招展工作。近年来，先后举办了“山东省糖酒交易会”、“鲁南经济带住宅产业博览会暨首届临沂国际新型生活方式展”、三届“中国（临沂）人造板国际洽谈会”、“首届临沂花卉博览会”等大型会展活动，有力地促进了商贸流通业的发展。**四是着力改造提升批发市场，发挥临沂商城的龙头带动作用。**临沂批发市场前期一直不很规范，集约化程度不高，经济效益和社会效益没能充分发挥出来。近年来，市委市政府把临沂商城的整合改造提升列入经济工作的重要日程，成立了“临沂商城管理委员会”，制定了《临沂商城市场管理办法》，深化市场管理与运作机制改革，高标准制定发展规划，大力推进市场布局结构调整，优化配套设施，提升经营业态，努力打造全国领先且与国际接轨的现代商贸城。在市场的各个发展阶段注重发挥政府主管部门的引导支持作用，本着先成市后建场、先繁荣后规范、先综合后分离、先分散后集中、先简易后提高的原则，逐步发展改造提升市场。依托批发市场的资源优势，引导经营大户围绕批发市场经营产品组织在本地加工生产，实现产销一体化。依托市场兴办的临沂高新技术开发区、经济开发区和工业园区，大大提升了市场商品的地产率。

2008年，全市各类商品市场达到1 010处，实现商品交易额855亿元，综合效益稳居国内同类市场前三位。全市实现货物运输量1.21亿吨，实现物流业增加值290亿元，同比增长18%。市区西部、市区东部、莒南临港三大物流园区建设稳步推进，鲁信国际会展中心、立晨保税仓库、医药集团配送中心等一批现代物流基础设施先后建成投入运营。商品交易辐射全国20多个省、市、自治区，成为鲁东南地区重要的人流、物流、资金流、信息流中心，打造了“物流天下，商城临沂”的响亮品牌。

二、围绕地产品加工培植财源

临沂商城区域内围绕市场搞加工的经营户约1 000余户，加工企业800余个，涉及行业众多，有板材、塑料、五金、铝型材、不锈钢、家具、玩具、小商品等行业，依托临沂批发市场发展地产品加工具有得天独厚的优势。为此，我们以临沂商城为依托，以市、县区开发区和工业园区为主要载体，兼顾特色产业镇和专业村，发挥市场、物流、产业优势，通过政策引导、政府推动，壮大龙头企业，培育小商品加工业，培植一批特色明显、结构优化、体系完整和市场竞争力强的地产品加工业集群，推动了商城持续繁荣，培植壮大了地方财源。**一是加大政策扶持力度**。制定了《关于依托临沂商城加快地产品加工业发展的意见》等政策，在税收政策、费用减免、土地征用等方面最大限度地优惠。降低工业园区入园门槛，在工业园区内开设地产品加工专业区，降低租金等收费标准，吸纳中小型地产品加工企业入园生产。根据市场加工企业实际，规划设立小型工业园，建设标准厂房，低租金租赁，并降低相关费用，解决市场地产品加工企业生产场地、资金的问题。例如，小型加工业户的用电，可采用工业园区一个大户注册，每个小用户都可享受大工业的电价优惠政策等。**二是完善发展平台建设**。围绕市场旺销产品，以培育优势产业为目标，突出区域分工，整合、优化、提升现有各类工业园区资源，不断提高投资强度和土地集约化程度，在开发区和经济园区内试办地产品加工专业区，完善地产品加工业发展平台。按照“政府推动、业主开发、银行支持、市场化运作”的方式，在地产品加工专业区内规划建设标准厂房，高档次仓储区，以租赁等方式，解决市场经营户和中小企业生产场地问题，推进地产品加工业集聚发展。按照“政府推动、市场运作”的原则，健全完善行业协会、同业商会、信息网站和电子商务、金融和物流市场、校企合作培训中心、技术研发中心、知识产权服务机构、产品质量检测中心等中小企业公共服务平台，大力发展生产性服务业，特别是加强中小企业公共技术服务平台建设，为地产品加工业发展提供坚强有力的技术支撑。**三是壮大龙头企业**。对于产业聚集度高、特色突出、辐射带动作用大、综合经济实力强、对地产品加工业发展贡献大的特色产业，给予重点扶持。选择一批符合消费潮流、市场容量大、产品竞争力强的地产品加工骨干企业进行重点扶持和培育，实施地产品加工龙头企业带动，引导地产品加工中小企业集聚，形成与市场具有较好融合性的产业结构，逐步培育起一批支撑拉动市场繁荣和工业发展的优势产业。**四是培育特色产品加工业**。充分利用市场信息资源，发挥市场商品门类多的优势，选择一批适合家庭作坊式生产的项目，通过来料加工、组装包装等形式，培育特色产业镇和专业村，形成特色优势和规模效应，降低市场经营成本，增强地产品市场竞争力。

目前，全市地产品加工业规模逐步壮大，2008年，临沂批发市场成交额510亿元，其中地产品销售额200多亿元，地产品占有率40%左右，板材、塑料产品销售均在50亿元以上。

三、围绕文化旅游培植财源

临沂历史文化底蕴深厚，是一片红色热土，革命题材众多，商旅文化繁荣，民俗文化缤纷，旅游资源富足。为充分挖掘历史文化题材，开发旅游资源，全市上下紧紧围绕文化名市作文章，致力打造富有沂蒙特色的红色、书法、兵学、商旅、山水五大文化品牌。**一是科学确立文化旅游产业发展坐标**。市委、市政府把文化产业作为支柱产业纳入“十一五”规划，确立“十一五”时期，建设一批标志性文化基础设施、形成一批文化产业基地、发展一批龙头企业、推出一批精品力作、打造一批知名文化品牌，全面发展文化旅游、文艺演出、文博会展、文化信息服务等十大产业板块。编制完成了《临沂市旅游发展总体规划》、《临沂市红色旅游发展总体规划》、《临沂城市旅游目的地总体规划》，全市形成了系统的旅游规划体系，打造了以“绿色沂蒙、红色风情、文韬武略、地质奇观”为主题的旅游产品体系和一批特色旅游精品线路。**二是致力构建文化旅游产业发展平台**。为发挥临沂红色旅游的品牌优势，我市对全市红色旅游资源进行了统一规划、统一营销，全力打造沂蒙山红色旅游园区，该园区规划总面积232平方公里，计划总投资14.15亿元，被列为临沂市2009年重点项目，已完成投资2.81亿元。为提升城市文化软实力，增加文化旅游吸引力，推出了以红色文化为主调的大型水上实景风情歌舞《蒙山沂水》，获得了社会一致好评。**三是加强乡村旅游项目开发建设**。把发展乡村旅游同社会主义新农村建设相结合，既是一项文明工程，也是一项惠民工程。为此，我市出台了《临沂市农家乐质量等级划分与评定标准》，提出在全市创建100个农家乐旅游示范村的目标要求。目前，我市已拥有6个国家级农业旅游示范点和7个省级农业旅游示范点，创建了100个农家乐旅游示范村。全市开发了30余类、100个品种的地方特色旅游商品，发展乡村特色餐饮、娱乐场所600余处。**四是创新文化旅游产业投入机制**。我市的旅游资源主要分布在县里，为推进县域旅游基础设施建设，我市大力实施“以北促中，以中带南，集群发展”战略，每个县区都有多个旅游项目开工建设，呈现出遍地开花，你追我赶的发展势头。在资金投入上，有的是股份制开发，有的是民间资本开发，有的是工业企业转型投资开发。截至目前，全市共有国家A级旅游区39家，其中4A级8家，3A级11家；国家工农业旅游示范点8家，省工农业旅游示范点9家；旅行社88家；星级酒店58家。2008年，全市建成投资过千万元的文化产业项目达51个，实现增加值72亿元；接待国内外游客2 000多万人次，旅游总收入154.7亿元，文化产业产值和旅游收入占地方生产总值的比重达11.6%。

四、围绕高效农产品生产培植财源

近年来，市委、市政府围绕农业大市做文章，加快推进全市优势特色农业发展，采取了一系列重大举措和配套政策，经过积极培植和长期不懈努力，特色农业得到长足发展，呈现出区域特色凸显、规模不断膨胀、档次不断提升、信誉度不断扩大、市场竞争力不断增强和“龙头、基地、农户”相互连接的现代特色农业新格局，特色农产品的生产、加工和开发已经成为发展现代农业的重点。**一是抓规划布局，引导特色农业发展**。着眼推进特色农业发展，“十一五”规划明确了全市特色农业发展的总体思路、规划布局、发展目标和政策措施，确定了全市重点培植发展瓜菜、食用菌、苗木杞柳、优质果品等十大农业优势特色产业带。引导各地走一乡一业、一村一品的特色农业发展路子，使农业产业发展做到突出重点、各具特色，适度规模发展，充分发挥各地的区域优势，以实现区域产业的产业效益、基地建设的规模效益、特色作物的特色效益。特色优势农产品向优势产区聚集，由点到面，由分散到连片，逐步形成了具有一定区域特色的种植产业带和产业群体，培育壮大了一批龙头企业，提高了产业的聚集效应。全市专业村达到3 940个，占到55%，专业乡镇85个，占47%。涌现出了一批“特色之乡”和“名优之村”。目前，我市已发展形成了瓜菜、果品、花生、金银花等优势特色农业产业群，成为当地农民增收的重要增长点和经济支柱。如莒南2008年种植花生50万亩，总产17.6万吨，实现单产、加工能力、出口创汇三个全国第一。**二是抓三方联动，大力推进特色农业产业化**。特色农产品生产催生了一批特色农产品加工企业。为支持农业产业化发展，市里出台了关于加快农业产业化发展的意见，不断培植壮大农业龙头企业，特别是特色农产品加工企业。每年拿出600万元用于扶持农业产业化，用于龙头企业、市级以上标准化基地、先进农民合作社奖励，实施龙头、基地、合作组织三化联动战略，农业产业化水平得到快速提升。**三是抓政策配套，形成特色农业发展的支持体系**。在认真落实国家和省对重点农业龙头企业贷款贴息政策的基础上，2003年以来，市财政每年列支1 500万元农业产业化专项扶持资金，用于与优势特色产业产品培植农业配套龙头企业贷款贴息。大力实施百万农户致富工程，农业银行、农村信用合作社等涉农金融机构，给瓜菜、果品、中药材等种植项目提供信贷支持，每年市政府给予贷款贴息3 000万元。**四是抓科技推广，不断提高集约化和标准化生产程度**。着力抓好农业新技术、新品种的引进推广和应用步伐，全市共推广重大农业科技项目100多项，引进、培育、推广农作物新品种280多个；建立标准化基地320处，全市农作物良种覆盖率达99%，科技贡献率达到54%，高于全省平均水平1个百分点。

目前，全市特色农产品总面积达到600多万亩，其中花生面积达260万亩，总产79.4万多吨，列全省第1位。果园面积115万亩，总产达178万吨，面积、总产均居全省第2位。有7个县跻身全国油、菜、果百强县。规模以上龙头企业发展到721家，占全省规模以上龙头企业十分之一强，实现销售收入867.97亿元，出口创汇14.98亿美元，带动基地农户总数138.66万户，特色农业产业化经营已成为带动农民增收的重要力量。

五、围绕产业集群发展培植财源

产业集群是具有持续竞争优势的经济群体，在强化专业化分工、发挥协作配套效应、降低创新成本、优化生产要素配置等方面作用显著，是工业化发展到一定阶段的必然趋势。综合分析我市历史和区位因素，我们感到，在发展产业集群方面具有传统产业优势、体制机制优势、商贸流通优势、区位资源优势。鉴于这些分析，我们着力从五个方面培植产业集群。**一是培育特色产业镇**。乡镇和街道办事处是全市产业集群形成和发展的重要基础。为此，实施了特色产业提升计划，培植“一镇一品、一镇多品”，提升特色产业的发展质量、科技含量、品牌知名度、产业集聚能力，促其做大做强。引导特色产业镇加强基础设施建设，改善软硬环境和条件，提高吸引力和集聚力。**二是加强产业园区建设**。产业园区是产业集群发展的重要载体。从产业发展的实际出发，采用产业链带动、品牌带动、市场带动等多种模式搞好产业园区的规划发展。充分利用现有各类工业园区的资源，进行整合、优化、提升，不断提高投资强度和土地集约化程度，促进产业集聚和升级。加强产业园区的基础设施建设，合理确定园区主导产业，引导龙头企业从横向和纵向两个方面实现聚集。横向就是促进配套发展，实行专业化分工协作，提高配套能力；纵向就是按产业结构的上、中、下游产品扩展，特别重视深加工，拉长产业链，增强园区的集聚效应。**三是加快科技技术创新**。以构建产业群、延伸产业链为主线，以高新技术企业和开发区、工业园区为主要载体，以市场需求为导向，实施一批重大科技项目，着力突破一批共性关键性技术，促进其推广应用。引导企业加强与高等院校、科研机构的产、学、研技术人才合作，鼓励支持企业通过委托开发和联合开发、共建研发机构，建立长效机制，加快创新成果转化和新技术的引进、消化、吸收、创新，为产业集群发展提供技术支撑。鼓励企业大力开展技术改造，实施工业发展“新、特、优工程”，推动信息化与工业化结合，积极采用高新技术和先进适用技术改造传统产业，提高产品质量和档次，加快产业升级。**四是实施品牌带动战略**。大力实施质量兴市和品牌带动战略，提升产业集群内企业品牌意识，推动生产要素向名牌产品和优势企业流动，通过品牌企业聚集效应，培养形成区域品牌。加强企业自主创新和标准、计量、质量等内部管理，不断提高产品质量和服务水平。鼓励企业建立综合品牌，引导企业开展企业形象和品牌标识的策划与宣传活动，促进名牌产品企业多层次、全方位的联合协作，实现共享。**五是加大资金扶持力度**。把扶持产业集群发展纳入市级中小企业发展专项资金扶持范围，采取贷款贴息、专项补助等方式，重点支持产业集群龙头企业、公共服务平台、共性关键技术和产业链的延伸。对农副产品加工、劳动密集型和高新技术产业等重点产业集群发展项目，银行业金融机构应根据国家产业政策和信贷政策的规定，积极给予贷款支持。进一步推进融资担保体系建设，鼓励支持独资、股份制、会员制等各类形式的担保机构发展，为中小企业和产业集群发展拓宽融资渠道。

目前，全市已形成规模的产业集群有板材、食品、柳编、石材、蔬菜、磨具磨料、五金加工、复合肥等21个。2008年，21个产业集群共有企业13 334户，从业人员总人数76万，全部集群2008年实现销售收入10 986亿元，实现利税近82.35亿元，对全市经济贡献达到35%以上。全市21个产业集群中，有14个集群年收入超过20亿元，其中，过50亿元的集群8个，过百亿元的集群2个。

六、围绕房地产业培植财源

房地产是一个国家一个地区的支柱工业，它不仅能消化吸收钢材、水泥等大量上游原材料，而且带动建材、化工、服务等下游行业，并解决大量就业问题。临沂城水系多，地理位置优越，常驻人口和外来流动暂住人口较多，发展房地产业具有得天独厚的条件。为此，市政府制定了“以河为轴、两岸开发、北上东进、南优西连”的城区框架布局，围绕打造以水为魂、滨水生态环境优越的宜居城市，着力发展以河为轴的五大房地产板块。以沂河、涑河、祊河三河交汇处为中心，沿河展开形成兰山滨河区、河东滨河区、罗庄滨河区，北城新区及兰山老城区五大板块，开发重心由兰山滨河区向北城新区（南坊）、河东滨河区转移。2008年房地产开发面积突破1 000万平方米。随着临沂经济发展实力提升，投资环境改善，特别是“一河五片”的滨河城市格局的推出，吸引了一批国内外房产开发商，如新加坡客商开发的联安现代城，鲁商集团开发的沂龙湾、凤凰城，福建客商开发的锦绣蓝山、江苏客商开发的久隆国际、台湾客商开发的台北新城、北京客商开发的外滩明珠等。目前，有40多家中外开发商进驻临沂投资兴业，2008年，房地产直接贡献的地区生产总值达180亿元，围绕房地产而带动的其他相关产业效益更大。

（作者为临沂市财政局局长）

构建财力与事权相匹配的财政体制做法、经验和建议

战士平

财政体制是在中央与地方政府之间以及地方各级政府之间划分财政收支范围和预算管理权限的根本制度。党的十七大报告对深化财税改革提出了“健全中央和地方财力与事权相匹配的体制”的要求，只有构建财力与事权相匹配的财政体制，才能从根本上解决各级财权与事权的划分，使公共财政分配体系更加均等化。我国财政体制历经多次变革，影响最深远的是1994年的分税制财政体制改革。这次改革，进一步理顺了中央与地方的财政关系，调动了各方面的积极性，国家财政实力不断壮大，增强了中央调控能力，促进了地区协调发展，取得了显著成效。但由于受改革的主客观条件所限，致使分税制体制改革的某些方面没有完全到位，造成了体制构造上的缺陷和不足、财力和事权不相匹配、政府公共服务职能不到位的问题产生。下面，结合德州实际，对如何构建财力与事权相匹配的地方财政体制进行简要的探讨。

一、分税制财政体制运行中存在的问题

分税制财政体制在运行上采取了“以主体税种共享，上级转移支付、支出均沾”为主体的财权分配体系，调动了各级组织收入的积极性。但是，在运行中，由于区域发展不平衡、政府公共服务事权划分不明晰等因素，造成了在实际操作中产生一些突出问题和矛盾，具体表现在：

（一）财权的集中度越来越高。1994年分税制后，财力向上过度集中，导致纵向财力不均衡。实施分税制当年，中央财政收入占全国财政收入的比重即由1993年的22%提高到55.7%，15年来集中度始终维持在55%左右这样一个较高的比例，地方财政收入比例则下降到了45%左右。特别是对于经济欠发达地区来说，原来收入基数小、后期发展快、收入增幅高，成了集中财力的重点对象。1994～2008年，我市上缴中央“两税”（增值税和消费税）153亿元，实际两税返还55亿元，净上解98亿元。而且对于经济欠发达地区来说，分税制下的地方税绝大多数是比较零散、稳定性差的小税种，形不成一个完整的体系，难以成为地方财政收入的主体来源，而且是越往下越“无税可分”，这既不符合分税制体制的一般要求，同时也加大了地方财政对中央返还收入和上级补助的依赖程度。就德州来说，来自上级税收返还、转移支付等补助收入所占的比重越来越大，2008年上级补助收入已占到地方预算内外综合财力的51%，其中县级58%，乡级68%。

（二）税收增长努力的外溢性越来越强。与地方经济发展关联度最高的主体税种增值税、企业所得税、个人所得税、营业税最能体现当地经济发展的成果。近年来，这四个税种先后被中央、省进行了分享改革。按照分税制财政体制规定，主体税种增值税、企业所得税、个人所得税、营业税等已全部成为共享税，市以下分成比例太小，如消费税的100%，增值税的75%、企业所得税的68%、个人所得税的60%，营业税的20%先后上划中央、省，地方所得比例不断下降，致使地方在存量和增量上所取得的份额明显减少，严重削弱了地方财政收入的增长潜力，收支平衡压力加大。从根本上说，地方发展经济、增加税收的努力主要体现在了上级收入的增长上，收入—成本不成比例，外溢性过高。以德州市为例，2008年全市境内财政收入97亿元，是当年一般预算收入47.1亿元的两倍多。

（三）地方事权财力性压缩。由于财力的减少，地方在行使事权时力不从心，特别突出表现在乡镇财政这个末梢上。随着农业税的取消，乡镇财政财力萎缩，乡镇财政根本没有足够的财力行使职能。在支出上，大部分县市核定乡镇支出基数只是人头经费和标准很低的公用经费，没有事业发展经费。人头经费按现执行工资标准，而由于财力所限，几乎所有乡镇都没能全部兑现补贴政策。乡镇支出中工资性支出所占比重较高，有的高达90%多，乡镇财力几乎全部被用于人员工资，多数乡镇财力仅能维持基本的政府机构运转，没有资金支持乡镇经济和社会事业的发展。市县自身困难，转移支付更多的是维持基本运转，财力分配捉襟见肘，对其他乡镇经济事业发展支持相对不足。

（四）地方增加财力渠道少。目前地方除通过自身收入增加可用财力这一渠道外，只有两个渠道增加可用

财力：一是上级的转移支付，二是通过各种融资平台融资。第一个渠道转移支付具有长期性、稳定性，也是体制设计内的渠道。但是从目前情况看，存在两个问题：一是基层的依赖度太高，个别乡镇90%以上的支出依靠上级转移支付；二是转移支付专项转移支付倾向性增强，从2006~2008年我市情况看，专项转移支付占总转移支付的比重从26.9%上升到38.4%，而专项转移支付的定向性影响了地方的主动性，同时地方配套又给地方财政造成了更大负担。第二个渠道，由于中央规定不允许地方发债，为应对发展需要，各级只能借助各种融资平台筹集资金，往往形成沉重的债务负担。从2008年债务情况看，我市2008年县级直接显性债务45.5亿元，是县级当年地方财政收入的1.3倍，乡镇级直接显性债务16.4亿元，是当年乡镇级财政收入的3.7倍，其中个别乡镇已达到惊人地步，债务规模已经是其财政收入的9倍。

二、导致财力与事权不相匹配的深层次原因

（一）体制设计上的问题。分税制主要解决的是财权划分的问题，而在事权上没有进行明确的划分。实际上，在分税制问题的争论上，主要聚焦在事权的确立上，而恰恰在1994年以来的历次财政体制调整，都只是以财权划分为主，而忽略了事权的划分，对事权范围只做了粗线条的原则界定，造成了目前事权与财权交叉贯通，划分不清。在事权没有得到合理界定的情况下，在体制框架下，不可避免地形成了“财权上划、事权下移”的情况，如果这个问题解决不了，我们依托分税制体制设计的政策、体制将不会从根本上达到财权与事权的匹配。从表象看，下级往往不能达到上级要求，在很多方面“缺位”，而从另一个角度看，实际上很多“缺位”往往是由于在另一些方面“越位”造成的。角色的错乱或者说不清晰从体制设计一开始就已经形成，而考虑到公共服务的外部性，事权的划分往往是不容易界定的，很难有非常清晰的标准和确定，这也是体制设计者面临的难以解决的问题，从某种意义上说，不是设计本意，而是设计无法较好地克服，必须下更大气力尽可能做到财力与事权相匹配。

（二）体制运行上的问题。在体制设计本身就存在缺陷的情况下，在执行中就产生了许多问题。突出表现在两个方面：一是事权给的多。上级有关部门出台多项“法定支出”项目，要求财政必须按规定安排足够的支出规模，还有一些项目要求地方财政硬性配套，特别是近几年出台的增资政策，县乡财政在已经债台高筑的情况继续东挪西借，出现债务不断增加的现象。只出台政策，却没有相应的配套资金下达，而让地方自己掏钱兑现，造成了履行事权与所需财力高度不对称的矛盾。二是财权给的少。税收返还不足，转移支付力度不够，更加剧了地方财政困难程度，造成财力与事权难以匹配。近年来，上级通过分税制改革，将消费税、增值税的基数增量的70%拿走，2002年中央和省又对企业所得税和营业税实行增量分成办法，地方财政在增收困难的情况下又减少了地方财力，自我保障能力下降。目前看，转移支付资金的规模还不够大，计算依据不太科学，相关数字可信度不高。财权越来越集中，事权逐步下放，转移支付不足，地方财力发展与地方事业需要反差越来越大。

（三）基层执行上的问题。由于国、地税上划和按经济区域设置税务征收机构，基层政府对征管部门的协调能力和收入组织能力下降，失去了对本级财政收入管理控制权，无法统筹安排全年财政预算。在支出方面，法定支出项目过多、支出标准不统一影响预算的完整性和公平性。国家在农业、教育、科技、卫生、环境保护、计划生育、宣传文化、政法等方面作出了支出与财政收入（或支出）增长挂钩的规定，给地方财政安排支出预算造成很大压力，使基层财政无法合理安排支出预算，也导致部门之间支出水平差异过大。为保证某一方面的支出，上级出台了一系列专户管理制度，包括工资发放专户、社保资金专户等等，肢解了预算资金，破坏了预算的完整统一。

三、德州市在当前财政体制下所做的改革和尝试

为构建事权与财权相匹配的财政体制，我们在省财政厅的指导下，先后在市对县财政体制、县对乡财政体制方面进行了改革，进一步理顺体制关系，充分调动各级积极性，促进地方财政经济又好又快发展。

（一）调整了市对县财政体制。2007年，为进一步理顺市与县（市、区）财政分配关系，充分调动各级政府发展经济、培植财源、组织收入的积极性，切实增强财政宏观调控能力和综合保障能力，德州市出台了市与县（市、区）税收分享体制改革。

改革原因。改革前，市与三区实行的是按企业隶属关系划分收入的办法，随着市场经济体制的逐步成熟，这一体制弊端日益显现出来，越来越不适应我市经济社会发展的需要，在一定程度上制约了区域经济的协调发展。一是投资主体日趋多元化、企业隶属关系变得复杂化，各级财政收入的模糊区扩大，税收混级混库、争挖税源现象时有发生，由此引起的利益分配不合理的问题日趋突出。二是对企业按隶属关系分级管理，上下级政府间缺乏共同的利益关系，税务征收机关在同一行政区域内交叉重叠组织收入，区域之间竞相提供税收返还等

优惠政策，导致财政收入大量流失，破坏了正常的经济秩序。三是市级与市辖区之间税收管理范围不清，给企业发展带来很多障碍，不利于形成稳定的投资环境和税收增长机制，影响经济的长远发展。

划分的原则。一是增强市级保障能力。本着效率优先、兼顾公平、事权与财权相统一的原则，对县（市、区）财力进行适当集中。二是保证各级既得利益。充分尊重原体制下各级财政的既得利益，以2006年为基期核定税收基数和返还基数，只对增量部分进行调节，确保各级财政平稳运行。三是合理划分各级收入。税收征管遵循属地原则，采用分税种、按比例分享的规范做法，各级共享经济发展成果。非税收入保持原有的征管办法和收入级次不变。四是建立科学的收入分配机制。市级集中财力主要用于增加对困难县（市、区）的转移支付补助，以及关系民生、涉及全局的重点事业发展投入。

采取的措施。自2007年1月1日起，除市级保留收入外，市级税收按属地原则下划县（市、区）级管理。对各县（市、区）辖区内的增值税、营业税、企业所得税、个人所得税（以下简称“四税”），市以下部分由市与县（市、区）按比例分享。市辖区（德城区、经济开发区、运河经济开发区，下同）范围内的城市维护建设税、教育费附加由市与三区按比例分享。其他各项收入维持原体制办法不变。市级下划税收，县（市、区）每年按10%的比例递增上解。**分享比例**：“四税”收入。市与县（市）。增值税：中央75%、市10%、县（市）15%；营业税：省20%、市30%、县（市）50%；企业所得税：中央60%、省8%、市5%、县（市）27%；个人所得税：中央60%、省15%、市10%、县（市）15%。市与区。增值税：中央75%、市10%、区15%；营业税：省20%、市40%、区40%；企业所得税：中央60%、省8%、市5%、区27%；个人所得税：中央60%、省15%、市10%、区15%。市辖区范围内的城市维护建设税、教育费附加。市与区分享比例为：市级60%，区级40%。税收基数以2006年地方财政一般预算收入决算数为依据核定；税收返还基数和体制上解基数，以2006年为基期，按改革方案确定的分享范围和分享比例，根据县（市、区）上划市级的税收与市级下划县（市、区）级的税收分别确定。

（二）实行乡财县管改革。改革的原因：近年来，受诸多减收增支因素的影响，尤其是农业税取消政策出台以后，乡镇财政入不敷出，基层政权运转面临困难，主要表现为：一是工资水平低且拖欠现象严重。有的乡镇几个月不能正常发工资，在职干部及教师大量外流，造成队伍不稳定。二是养老保险、医疗保险制度未得到落实，就是合同制养老保险也拖欠严重，有的最长达八年之久。三是乡镇财政支出行为极不规范。有的乡镇财政虽然处于“饥饿”状态下，但是仍然高息借款，随意开支，缺乏应有的监管。四是乡镇债台高筑，乡镇政府支出的不规范造成了债务规模的快速膨胀，有的甚至超过乡镇政府承受能力的数倍以上，乡镇政府中很大一部分时间用来应付债务问题，有的乡镇领导甚至不敢在办公室办公，跑到一边去躲债。

改革的主要内容：一是完善乡镇财政体制。重新核定了乡镇财政收支范围和基数，确保各乡镇工资正常发放和机构正常运转，解决了乡镇之间苦乐不均问题。二是建立乡镇财政增收激励机制。变对乡镇政府的单一考核为乡镇政府、税务部门双重考核，将地方财政收入的增长与乡镇政府的公用经费拨付、政绩考核以及税务部门的奖励挂钩，调动了乡镇政府和税务部门组织收入的积极性。三是建立乡镇财政支出控制机制。重点把好财政供养增人、工资待遇发放、公用经费支出、政府采购等四个关口，卡住支出管理混乱、盲目膨胀的口子。四是建立乡镇债务清偿制度。通过锁定现有债务、上收举债权、债权债务置换、强化债权回收力度、将回收资金由县财政直接兑付到债权人等措施，有效解决了债务风险问题。五是建立乡镇财务监管机制。通过县乡联网，所有财政业务网上运作，实现了对预算执行、人员工资增减、资金拨付以及账务的全过程监督。六是实行财政所人员垂直管理。乡镇财政所工作人员从乡镇具备会计任职资格的公职人员中统一招考录用，并将其人事任免、工资发放全部划归县财政局垂直管理。

通过实行“乡财县管”，乡镇财政的保障能力明显增强。人员工资以及其他对个人和家庭补助支出均达到国家标准，并得以按时发放，乡镇办公条件得到明显改善，各项社会事业基本支出得到保障，有效缓解了乡镇财政困难状况，控制了债务的快速增长，探索出一条欠发达县科学理财、缓解乡镇财政困难的新路子。

四、健全财力与事权相匹配的财政体制的建议

现行财政体制运行中所带来的诸多矛盾和困难，与分税制体制构造上没有建立起财力与事权相匹配关系直接相关，所以解决问题的关键要求我们深入贯彻落实科学发展观，按照公共财政体制的要求，改革完善中央与地方之间的财政关系，健全财力与事权相匹配的财政体制，这是新阶段公共财政体制改革的关键环节，是推进基本公共服务均等化的体制保障，也是完善社会主义市场经济体制的重要途径。

（一）合理划分事权，明确各级

政府的支出责任。判断一种体制是否合理，关键是要看各级政府事权配置是否合理。为此，应遵循受益、效率、便民三原则，把明确划分中央与地方各级政府的事权放在体制构建的首位。一是受益原则，即按政府各项服务所覆盖的居民范围，来确定某项服务由哪级政府承担，受益范围覆盖全国，全体居民受益，应由中央政府承担；有的只覆盖一定区域，则应划归地方各级政府负责；大部分的公共产品、公共服务是由中央和地方共同承担的，如义务教育、生态环境、文化卫生、就业再就业、社会保障等，它既有外部性和受益范围的广泛性，又有区域性特征，应该由中央和地方政府共同负责。二是效率原则，即哪一级政府处理行政效率最高，事权就归哪一级。与中央政府相比，地方政府更接近和了解实际，如果下级政府能够和上级政府提供同样的公共品，由下级政府提供效率更高。要把有利于降低行政成本、更适合地方管理的事权下放给地方管理，并赋予相应的财力，做到事权与财力、责任与权力相统一。三是便民原则，要求行政机关能够依法高效率、高效益地行使职权，最大程度地方便人民群众。大部分的公共产品和服务，覆盖全国或几个区域，交给或委托一个行政区的政府去办，能够更加优质服务，方便公民、法人和其他组织。在通常情况下，按受益范围划分事权，也是服务效率最高和最为便民的，即“受益、效率、便民”三个原则通常是统一的。

（二）合理配置财权，壮大地方财力。财权配置是配合各级政府事权方面的合理分工，使政府能够稳定、规范地“以政控财、以财行政”的重要制度安排。财力与事权不匹配的主要原因是财权配置不够。在健全中央和地方财力与事权相匹配的体制的过程中，要在制度安排层面解决好财权配置这样一个重要问题。第一，确保地方享有相对独立的税权。1994年分税制后，又通过所得税、营业税改革，地方税权实际处于不断变化和削弱中，税权越来越小，越来越不独立，难以与一级政府相匹配，故此要逐步构建各级地方政府的税基，赋予地方政府适当的税率决定权，依据同一税基，征收不同的税额，使各级政府都能在合理事权定位上依托制度安排取得相对而言大宗、稳定的收入来源。第二，调整收入划分，完善共享税。一是在财政收入划分上彻底打破按照企业隶属划分收入级次的方法，完全按照属地原则将与经济发展相关度较高的增长较稳定的税种划分为共享税，其他的作为地方税。二是改革税收共享办法，实行税基分享制。即各级政府针对同一个税基分别按照不同的税率征收各自的税收，取消目前实行的税收分成办法。三是税收分成实行不同比例。在不能尽快彻底实行税基分享办法的前提下，按照地区发展程度分类，采取不同比例划分收入，无论贫困地区还是富裕地区，都能得到比较稳定的满足政府行使事权所需要的基本财力，在财政体制上构造起促进基本公共服务均等化、促进和谐社会建设的长效机制。第三，赋予地方政府发债权，作为地方财力的有益补充。从分税分级体制长远发展考虑，要在控制、消化地方政府总量债务的前提下，结合《预算法》的修改，在宏观控制，设定规范、透明的程序和必要的制约条件的情况下，适当发展规范的地方政府债券。

（三）完善转移支付制度，优化转移支付结构。即使较好地配置了财权，做到了财权与事权的匹配，也绝不等于做到了财力与事权的一致。因为同样的税基，在发达和欠发达地区的丰裕程度可能大不相同，体制设计中，必须在尽可能合理配置财权之后，再配之以合理、有力的自上而下的转移支付，缩小财力和事权的不匹配程度。一是对我国转移支付模式的各个要素尽可能作出明确规定，以便实现转移支付的全面规范化和强化对转移支付的监督。二是要优化财政转移支付结构，提高一般性转移支付规模和比例，改进标准收入和标准支出的测算办法。继续清理现有专项转移支付，对使用方向一致、可以进行归并的项目予以整合，对到期项目、一次性项目以及根据宏观调控需要不必保留的项目予以取消或压缩，进一步规范专项转移支付管理，规范配套政策。三是要继续完善财政激励约束机制，加快建立县乡最低支出保障机制和省以下财力差异调控机制，促进基本公共服务均等化。四是进一步加大对经济欠发达地区的财力补助力度，支持基础设施建设，促进区域协调发展。五是要增加对限制开发区、禁止开发区的一般性转移支付和专项转移支付力度，建立和完善生态补偿机制，鼓励加强生态环境保护、公共服务和社会管理。

（四）培植壮大地方财源。发展经济，广辟财源是解决县乡财政困难、增强财政调控和保障能力的根本途径，财政收入的增长主要依赖于二、三产业的快速发展。因此，一是要稳步发展农业，培植基础财源。要以市场为导向、效益为中心、增收为目的，依靠科技进步，加快农业产业化进程，通过拉长农业产业化链条，形成生产、加工、销售有机结合和效益。二是要大力发展工业，提高工业经济运行质量，壮大主体财源。要通过招商引资和发展民营经济等政策措施增加工业企业总量，同时通过改组、改造等措施，引导乡镇企业和私营企业向规模型、科技型、外向型、效益型转变，把企业做大做强，以增强企业竞争能力和获利能力，从而增加税收，壮大财政实力。三是大力推进小城镇建设，培植后继财源。要把小城镇建设作为促进农村经济发展的一项重要战略来实施，同时改革户籍制度，制定优惠政策，吸收民间资金，促进小城镇经济发展。四是强化财政收入征管，防止税源流失，做到应收尽收。在税收征管中，要加强耕地占用税、契税、车船使用税、土地使用税、房产税等小税种的征收，这些税种虽然征收难度大，但集中起来数量可观，不可忽视。

（五）加强财政法制建设、增强财政体制的科学性和稳定性。由于现在制定的各项经济制度并不能确保永远有效，也不能保证适合所有的地区，因此，不仅要考虑体制的稳定性、完备性、规范性，更要注重体制的灵活性和适应性，努力从体制政策、方式方法、管理手段等方面进行创新，不断完善分税制财政体制，探索财政管理的新思路、新方法，建立适合自身特点的财政管理模式，增强各级财政自主理财、自我发展的积极性，确保各级政权的正常运转。一是对经实践证明已是成熟的改革成果，尽快上升为法律，形成以预算管理、税收、国有资产管理、财务管理、会计、财政监督等为主要内容的财政法律法规体系。二是加大财政执法力度，依法理财，依法治财。当前应强调严肃对待财政法律法规，维护法律的权威，严禁以言代法、以权压法、违法行事。特别是要以《预算法》规范财政资金的分配行为，严格《会计法》的执行，规范以记账为核心的会计基础工作，切实杜绝假造会计数据，转移财政资金，搞账外账，转移财政资金，私设“小金库”等违法违纪行为。三是加强财政法制宣传与执法监督，提高财政依法行政的水平与质量。进一步加大财政法制宣传力度，结合普法教育，加强财政执法人员法律知识与业务培训，提高广大干部的执业素质与执法水平。进一步强化人大、审计等外部监督职能，建立上下左右联通的监督网，对财政执法工作施行全方位、全过程的监督，从源头上扼制执法不严与违法行为，确保财政运行的安全与财政行政执法的有效。

（作者为德州市财政局局长）

坚定信心　科学谋划
促进经济平稳较快发展

姜之厚

2008年下半年以来，聊城市财政局积极应对国际金融危机，理性分析形势，努力当好党委政府参谋，按照“抢抓政策机遇，科学谋划发展”思路，采取了过硬措施，取得了明显效果。

一、理性分析形势，积极采取有效措施

（一）应对复杂严峻形势把握准、措施实。2008年国内外经济形势错综复杂，国家宏观调控政策相应调整较快，为此，从2008年初开始，财政部门就积极应对。2008年上半年，为控制物价过快上涨，认真落实涉农补贴政策，大力扶持粮食、油料、生猪生产，增加重要农产品和生活必需品供给。仅粮食直补和农资综合补贴，去年全市就达6.84亿元，每亩补贴72.78元。2008年下半年，国际金融危机对我市的影响逐步显现，生产萎缩直接导致全市财政收入增幅从2008年1月的41.3%急速降到2008年9月份的19.9%。危机面前，我们始终坚决贯彻市委、市政府决策部署，积极出主意、当参谋，拿措施、抓落实。

一是统一思想认识。市财政局党组多次召开全体财政工作人员会议，引导全市财政干部坚定勇渡难关、抢抓机遇的信念，把思想和行动统一到中央对经济形势的研判上来，把握发展大势，坚定信心保增长。

二是提出增收节支政策建议。密切关注经济走势，在2008年上半年收入大幅增长面前，始终保持清醒头脑，6月份财政收支数字出来后，市财政局进行了深入分析，及时发现苗头性问题，7月份及时起草了《关于进一步增收节支的通知》，引起市政府领导的高度重视，并予以转发。

三是抢抓政策机遇，争资立项保增长。2008年11月中央出台扩大内需十项措施后，市财政局结合实际研究了“紧”、“活”、“序”、“效”四结合的落实意见，抓住国家增加投资扩大内需的有利时机，上争外引，掀起项目建设高潮。通过各级党委、政府和有关部门的共同努力，2008年争取上级专项资金共计53.33亿元，比上年增加15.89亿元，有力地支持了我市经济社会加快发展。

四是及时调整收入目标。在理性分析经济运行形势和各地税源情况的基础上，市财政局及时向市委、市政府建议，把增长16%作为2008年收入目标，市委、市政府采纳了我们的意见，强化了工作指导。

五是出台加强非税收入管理的意见。2008年12月，为进一步加强政府非税收入管理，起草了《关于进一步加强市级非税收入征收管理的意见》，市政府以聊政发〔2009〕4号文予以转发。

六是促进解决企业贷款难问题。针对中小企业由于资金周转难、贷款难效益普遍下滑的严峻形势，参与制定了《聊城市金融业综合考核奖励暂行办法》，以促进金融业加大对地方企业的支持力度。

七是收入任务早安排。2009年1月，在金融危机的冲击日益严重、企业效益大幅下滑的严峻形势下，我们及时建议市政府召开了全市财政工作会议作出部署，统一思想，坚定信念，细化措施。在去年1月份增幅如此高的前提下，今年1月份全市财政收入同比实现了增长，并一鼓作气，一季度实现了首季开门好、4月份增幅6.67%，逐步扭转了自去年10月份以来收入逐月下降的局面，呈现了低位逐渐启稳态势。

八是加强专题调研。为有效应对危机，市财政局几次组织人员分赴深入各县（市、区）、重点税源企业、部分中小企业调研，重点企业等开展专题调研，如开展了“牢固树立围绕财政抓经济的思想观念，努力促进地方经济又好又快发展”、“建立完善五个机制，促进县乡科学发展”、“增值税转型对我市财政经济的影响”、“金融危机对我市财政的影响及对策”、“完善中小企业融资体系，促进中小企业发展”等等，及时研究和帮助解决企业在生产、经营过程中遇到的困难，进一步研究促进经济平稳较快发展的新举措。

（二）大事急事面前讲政治、行动快。去年以来，经济社会生活中的大事多、急事多、难事多，对地方财政预算正常执行造成较大冲击。在汶川特大地震、奥运安保、“三鹿奶粉”事件等大事要事面前，市财政部门讲政治、顾大局，合理调度资金，压一般、保重点，增收节支、科学理财，较好地保证了突发性支出需要。中央、省扩大内需资金到账后，坚持急事急办、特事特办，开通资金拨付绿色通道，对手续齐全、拨付无特殊规定的，市财政局必须在三日内拨付，确保了资金即收即拨。

（三）保增长力度大、机制活。去年下半年始，中央确定扩内需、促增长的方针，市财政局充分发挥职能作用，一是积极争取中央、省扩大内需资金，2008年，通过各级党委、政府和有关部门的共同努力，争取上级专项资金共计53.33亿元，比上年增加15.89亿元，有力地支持了经济社会加快发展。二是专门安排中小企业创新资金、技术研发经费、专利资助等资金2 979万元，拨付名牌产品、技术研发中心奖励350万元等，对优势企业发展予以大力支持。三是整合财政专项资金扶持企业，鼓励企业调整产业结构。针对中小企业由于产品滞销造成资金特别困难，市财政局迅速拨付资金410万元支持中小企业创新发展；争取省以上资金503万元、拨付500万元，对54户（其中市级补贴34户）企业新增流动资金贷款给予利息补贴，支持企业获得流动资金贷款总额16.8（其中市级补贴14.23亿元）；积极争取利用外债资金1 864万美元，许多企业借此渡过了难关。四是2009年，市委市政府确定为“项目突破年”，市财政局更是统一思想，积极行动，把贯彻积极的财政政策和落实市委、市政府的决策部署有机结合起来，研究确定以“快、序、活、严、效”五结合的工作要求，即：行动“快”，工作有“序”，方法“活”，管理“严”，重实“效”五结合，扎实落实“项目突破年”。

（四）促进科学发展措施新、方法多。灵活运用财税杠杆，多措并举，力促发展。**在组织财政收入方面**，完善局领导收入分工负责制，对财税收入进行旬调度，月分析，及时掌控情况采取措施，努力挖掘增收潜力。**在筹集资金方面**，积极拓展新的融资渠道，用外债、融内资，建立多元化投入发展机制，积极利用外国政府贷款和国际金融组织贷款，2008年新申报、实施了六个外债项目，到位外债资金1 864万美元；与中融信托、济南商行合作发行了江北水城理财产品1.3亿元，用于城市基础设施建设；与省开发银行的合作取得新进展，现已初步授信4.7亿元。**在促进经济结构调整方面**，注重发挥财政资金的“引子”作用，积极调控和引导社会资金，显著加大对现代农业、先进制造业、高新技术产业、现代服务业和自主创新等方面的投入，有力地推动了现代产业体系建设。**在推进节能减排方面**，注重发挥体制机制的激励约束功能，通过推广节能产品奖励、推行节能产品政府采购等措施，调动了各方面节能减排的积极性，加快了落后产能淘汰步伐。**在优化发展环境方面**，牢固树立“环境就是资源、环境就是财源”的观念，对市级立项的收费项目进行了全面清理，清除了不合理、不合法的行政事业性收费项目，并采取了“事前规范收费报批程序、事中严格收费票据审核、事后加强收费监督”三步走的监管措施。在巩固去年“转变工作作风，提高办事效率”暨解放思想“回头看”活动成果的基础上，进一步完善了服务承诺制、问责制、优化发展环境“五不准”等在内的各项机关管理制度。**在促进县乡科学发展方面**，积极改进转移支付办法，加大转移支付力度，结合中央、省财政支持，2008年共安排对下转移支付资金23.52亿元，比上年增加4.62亿元，是历年来增加最多的一年，县乡财政保障能力明显增强。以化解农村义务教育“普九”债务为突破口，加快推进农村综合改革，清理核实我市农村义务教育债务42 235万元，化解债务3 280万元。**在保障和改善民生方面**，投入大、效果好。2008年下半年，结合中央、省财政支持，筹措资金3.86亿元，支持实施了提高新农合政府补助标准、全面推行城镇居民基本医疗保险、提高能繁母猪财政补贴标准等几项新的民生政策。**在推进财政改革管理方面**，重创新、重规范、重绩效。面对尖锐的收支矛盾，把深化改革、强化管理，作为提升理财水平的关键，以改革化解矛盾、破解难题。

以上举措，取得了明显成效：在去年1月份增幅如此高的前提下，今年1月份全市财政收入同比实现了增长，并一鼓作气，2月份、3月份、4月份分别实现了6.65%、7.96%、6.67%的增幅，逐步扭转了自去年10月份以来收入逐月下降的局面，并呈现了低位逐渐启稳态势。

二、当前我市财政经济运行中存在的困难和问题

尽管我们应对金融危机取得了一定成效，1~4月份的财政收支实现了稳定增长，但也存在一些不容忽视的问题。

一是经济复苏有待进一步观察。4月份部分企业生产经营有所好转，经济运行呈现回暖迹象。根据纳入财政财务快报统计范围的388户重点企业的主要财务指标显示，4月份营业收入、利润和税收分别为90.5亿元、3.56亿元和2.48亿元，比3月份分别增长8.11%、31.3%和1%。但与去年同期相比，则分别下降12.7%、52.6%和31.5%。因此，受国际国内复杂多变的经济环境的影响，企业发展仍面临着一些新的考验，金融危机对我市企业的影响有没有消除，经济有没有最终复苏，还有待进一步观察。

二是财政增收难度加大。从收入结构看，1~4月份税收收入完成13.47亿元，比上年同期下降0.28%，占地方财政收入的比重为73.82%，比去年司期下降5.15个百分点。从财源结构看，近年来，财政收入的持续较快增长，主要得益于部分重点骨干企业的快速发展，尤其是在平信发集团等企业迅猛发展的带动。但从另一方面看，财源结构的过分单一，也容易导致财政收入产生较大波动。截至4月底，由于信发集团效益下滑，影响全市地方财政收入5.48个百分点，影响税收收入6.94个百分点。从区域发展情况看，县（市区）之间发展很不平衡。无论是企业状况，还是财政收入增长速度、收入进度、收入结构，县（市区）之间均存在不同差距。

三是收支矛盾更加突出。自去年第四季度以来国家出台了一系列扩内需、保增长、重民生的政策措施，财政上一些减税、免费、增加支出的措施相继出台，造成在经济形势没有根本好转的情况下，财政收入增长缓慢，财政支出却持续快速增长，而国家陆续出台的刺激经济增长的后续政策还需要地方财政不断增加配套资金，造成我市财政支出压力越来越大，收支矛盾异常尖锐，诸多问题和矛盾给财政运行带来相当大的难度。

三、下阶段促进经济平稳较快发展的措施和打算

1. 积极作为，认真贯彻积极财政政策。温家宝总理3月13日在全国人大年度例会闭幕后会见中外记者时说，积极的财政政策是当前应对金融危机最直接、最有力、最有效的办法，加大财政投入，越快越好。当前，要找准财政服务的切入点和着力点。进一步梳理各项政策资源，充分发挥政策的引导和放大作用。全面推进增值税转型等税制改革，促进企业投资和居民消费；做好企业主辅分离工作，解决二、三产业混同纳税问题。

2. 多措并举，建立多层次财政投入机制。一是加大预算内投资力度，保障重点项目建设需要。二是综合利用贷款贴息、投资参股、以奖代补等方式，引导社会资金投入，放大财政投资的乘数效应；健全各类融资平台，多渠道、多形式融入资金。三是积极向上级争取政策资金支持。

3. 加大力度，实现项目突破。围绕市委确定的“高端、高质、高效”的产业发展战略，狠抓项目建设。当前，要在准确把握国家宏观经济政策与我市经济发展的结合点的基础上，利用好地方政府债券和重点调控资金，采取灵活多样的方式，确保现有项目顺利开工建设，确保经济发展“发动机”不停转。同时，尽快论证储备一批大项目、好项目，加强项目前期工作，始终做到投产达标一批，开工建设一批，储备报批一批，以一轮又一轮的项目建设推动经济快速增长。

4. 科学谋划，确保完成各项财政任务。一是着力保收入增长。加强财税部门协调配合，强化税收经济分析，规范非税收入管理，确保上半年财政收入实现“双过半”，为圆满完成全年财政收支任务打好基础。二是切实保障改善民生。继续加大对社会建设的投入力度，加大对上级民生项目的争取力度。继续落实收入分配政策，认真做好就业保障工作，支持健全各项社会保险制度，推动各项社会事业发展。三是优化支出结构，着力确保收支平衡。坚持总量控制、结构调整，严控一般性支出，加强财力统筹，保障重点支出需要。四是深化各项管理和改革，着力建立健全与经济社会发展水平相适应、与经济社会发展要求相协调的财政支出保障机制和

运行机制，提高管理的精细化、科学化水平。强化政府性债务管理，加强资金监管。五是加强和改进理财服务，着力为经济社会发展创造良好环境。结合学习实践科学发展观活动，推进“五型”财政建设，切实加强和改进工作作风，进一步提高工作效率，着力提高践行科学发展的能力，为促进经济社会又好又快发展做出更大的贡献。

（作者为聊城市市长助理、财政局局长）

破解投融资难题　力促跨越式发展

王秀夫

为破解投融资难题，促进滨州经济又好又快发展，滨州市对重庆市及其部分县区的投融资情况进行了实地调研，就滨州市加快投融资体制创新步伐，推进投融资平台实体化，提高政府融资能力，进行了认真研究和探索。

一、重庆市投融资管理的主要做法和特点

重庆市辖 19 区、21 个县，是我国行政辖区最大、人口最多、管理行政单元最多的特大型城市。1997 年直辖后，经济社会发展进入提速阶段，综合实力显著增强。特别是深化投融资体制改革和机制创新，创办国有建设性投资集团作为融资载体，投入近 2 000 亿元进行了城市基础设施和公共设施建设，城乡面貌出现了日新月异的变化，被称为“三个月换一版地图的城市”。

（一）重庆市八大投融资平台的基本情况。重庆市从 2002 年按照新的投融资集团模式，组建和壮大了高发公司、交旅集团、城投公司、开投公司、水投公司、渝富公司、水务控股、地产集团等八大国有建设性投资集团，成为重庆基础设施、城市建设等重大项目的投融资平台，也就是“八大投”模式。八大投资集团实行现代企业管理制度，按照《公司法》设置公司治理结构，重庆市国资委履行出资人职责，常务副市长黄奇帆任国资委书记，市政府常务副秘书长崔坚任国资委主任。

重庆市八大投资集团有不同的投资定位，水务控股对授权范围内的国有资产实施经营管理，特许经营主城区供排水；城投公司是城市建设筹融资的总渠道、主城区路桥建设的总账户、城建项目所需土地的总储备；高发公司负责高速公路建设、经营和融资；交旅集团主要对除高速公路以外的高等级公路实施投资、建设、经营和资产管理，对市旅游景点实施投资建设和营运；地产集团主要履行建设用地的征用、土地收购储备和开发整理、“耕地占补平衡”、廉租住房建设、旧城改造等职能；渝富公司主要履行债务重组、资金周转和发展投资职能；开投公司系重庆轨道交通及城镇化基础设施建设的综合性投资主体；水投公司主要是对“九五”项目清资确权和推进“泽渝”项目水利工程，确保水利国有资产保值增值，促进水务一体化建设。这八大投资集团有四大功能和任务：

第一，实施重大基本建设项目的支撑功能，完成市委、市政府确定的重大公共设施、基础设施、社会文化设施的投资建设任务，发挥国有资本的调控、引导和带动作用。

第二，促进财政管理模式转变的功能，履行政府的建设投资调控任务，通过八大投资集团的平台作用，所有投资都由投资集团组织，市财政既不直接借贷，也不作借贷担保，把财政融资投资转变为政府引导下的国有投资集团按市场化方式融资投资，进而引导和带动社会参与融资投资。

第三，支持金融事业健康发展，优化投资环境。

第四，推动国有经济整体搞活，增强国有资本控制力、影响力和带动力。

（二）投融资平台的运作模式。重庆市采取三大保障性措施，既避免了政府直接与银行发生信贷关系，又提高了企业资本金规模，降低了企业债务风险。目前八大投资集团资产规模达到 3 300 亿元，负债 1 800 亿元，资产负债率 60% 左右，承担了全市 70% 以上的重大基础设施建设任务，成为基础设施、公益设施建设的中坚力量。

1. “五大注入”充实国有投资集团资本金。一是国债注入。把分散在各个区县的国债资金 250 多亿元归口注入各大投资集团。二是规费注入。包括路桥收费、城市配套费等，累计有 150 亿元投入了集团。三是土地注入。土地储备、土地转让等各方面的收入有近 800 亿元。四是存量资产注入。政府基础设施、公共设施的存量资产，有 200 多亿元注入了“八大投”。五是税费注入。“八大投”生产经营活动产生的税费全部返还，6 年来累计注入 1 500 亿元。

2. “三不”构筑防火墙。一是财

政决不为投资集团作担保。政企之间保持严格的界限，防止财政债务危机。二是投资集团之间不能相互担保，避免出现连环灾难，造成大面积金融风险。三是各投资集团的专项资金不能交叉使用。

3."三大平衡"防范经营风险。一是净资产与负债的平衡，即把资产负债率控制在50%左右，把贷款额度保持在授信额度的1/3左右，始终维持净资产与负债1:1的水平。二是集团现金流的平衡。搞好现金调度，保证现金需求和供给的基本平衡，实现现金流的良性循环。三是投入与产出或资金投入与来源要平衡。各投资集团在接受政府部门下达的投资建设任务时，必须坚持经济规律、价值规律和市场原则，要有相应的资金注入或者通过特定的赢利模式回收投资。

（三）对土地资源的运作情况。土地储备作为政府最重要的资源，配置给八大投资集团，具体运作分为两种情况：

1.市政府只赋予地产集团、城投集团履行土地储备的职能。地产集团是市政府土地储备的总公司，履行着土地储备中心的功能，土地储备产生的收益，主要用于支持社会文化事业、社会公共事业发展以及特殊重大项目建设。政府赋予城投集团"半个"土地储备中心的功能，用土地储备收益来平衡城市建设的资金缺口。城投集团的土地储备，是为全市城市建设服务的专项储备，不用于其他方面。地产集团、城投公司的土地储备功能在集团内部有两个循环。第一个循环是资金链上的循环，公司先垫付资金，完成规划红线内的土地征地动迁、产权过户，使其成为信用资产，然后在银行抵押贷款，用于基础设施建设。第二个循环，土地储备了以后，要投入、开发，七通一平，然后把这个土地通过市场转让给房地产商。这是一个土地升值的过程，升值部分用来抵扣基础设施中的各种投资，结余部分用来归还银行贷款。第一个循环是跟银行借钱，第二个循环是把银行的钱还了，这样就形成了良性循环。

2.其他投资集团的"土地储备"，与市政府的"土地储备"是两个完全不同的概念。其他投资集团所谓的"土地储备"，实质上是以地换项目，包括以地换路，以地换水库，以地换轨道交通等，是项目的专项周转、交换、平衡，不纳入市政府土地收益考核。比如，高投公司负责全市范围内几千公里高等级公路的建设，区县也划给它一块地，以地换路。水投集团负责水利设施建设，受益区县划给它一块地，用土地出让收入建水库或污水处理厂等。轨道公司的土地储备，也是通过以地换路来取得。

土地储备涉及到用地指标，只有得到用地指标后，土地才能转化为集团的资产用地。在没有用地指标前，市政府划地给投资集团储备，各投资集团要履行好有关的职责，比如控制乱搭乱建、所有土地必须挂牌转让等。

（四）主要融资方式。把政府直接投资转换为由政府性的投资集团出面，用市场化方式融资，带动社会力量投入，是八大投资集团融资建设的一个指导思想，形成了政府主导、市场运作、社会参与的多元投融资格局。除加大财政性资金的投入外，主要有五种融资方式：

1.银行贷款。绝大多数投资集团被授信为AAA级，获得了银行3 000亿元的授信额度和1 000多亿元的实际贷款。

2.土地融资。地产集团收取土地出让综合价金197亿元，城投公司通过土地增值筹集城市基础设施建设资金约40亿元，其他投资集团也都因此筹集到了重要的发展资金。

3.发行信托产品、短期融资债券、企业债券等。八大投资集团已累计发行企业债券200多亿元。

4.招商引资。水务集团与法国苏伊士集团先后组建了三个合资公司，其中法方投资9.49亿元，苏伊士集团又与香港新创建联合投资16亿元间接参股水务集团15%的股权；高发公司通过转让经营权、合作建设经营等方式完成了4个项目的合作，引进资本金53.15亿元，并减少负债32亿元。

5.多元化投资融资。如城投旗下的上市公司渝开发，成为其重要的投融资平台，已启动了整体上市战略；水务集团上市方案也已进入证券会审批流程。

二、重庆市部分县区的投融资管理情况

（一）綦江县的主要做法及特点。

1.融资平台建设情况。綦江县于2005年组建了渝南资产经营有限公司（简称渝南公司），注册资本4.8亿元，资产来源主要是储备土地和经营性国有资产。2006年将城市建设工程有限公司等3个国有公司的国有资本3 469万元划转归该公司。2007年又将31个部门单位的门面房（29.4万平方米）等不动产划转给该公司。目前渝南公司资产规模达43.6亿元，下设5个子公司，金融机构授信总额度160亿元，融资贷款余额15亿元，BOT融资9 587万元。

2.组织架构。渝南公司归县政府直接领导，公司高管人员的任免、经营方向和范围、重大投融资项目选择等重大事项由县政府决定，依法设立董事会、监事会，县长兼任董事长，常务副县长兼任总经理，两名副总经理负责公司的具体运作。为加强统筹协调，县金融办与渝南公司合署办公，所需人员从机关事业单位择优选调、借用。渝南公司以出资人代表的身份参与五个子公司的管理和经营，子公司行业主管隶属关系不变，具有

法人资格，依法独立承担民事责任。

3. 运行模式。运行的基本模式为：整合国有资产→搭建融资平台→获取平台增信→项目开发储备→项目申请贷款→获得贷款审批→转借投资主体→贷款资金投放→资金监督使用→财政或平台偿债→（循环运行）。渝南公司作为融资平台，仅是一个借款主体，目前不承担投资任务，投资主体是各个项目子公司。除此之外，渝南公司还凭借雄厚的资产实力和良好的信用等级，为政府投资项目子公司提供资产或信用担保，支持这些子公司直接向银行申请贷款。

4. 项目融资决策机制。根据县委、县政府批准的投资计划和本级财政偿债能力，财政局会同发改委拟定年度融资计划和年度偿债计划，经县政府批准后实施。需要人大审议的融资项目，由县政府报请县人大常委会审议批准后实施。

5. 融资平台偿债机制。建立了以政府偿债资金和土地出让金为主要还款来源的政策性偿债保障机制，将渝南公司的年度政策性融资规模严格控制在政府当年偿债计划范围内，根据县人代会批准的年度预算和县政府下达的年度融资计划，由渝南公司进行融资。债务到期前，根据事先下达的年度融资计划和年度偿债资金补贴计划，县财政局将偿债资金拨付渝南公司，专项用于偿还政策性债务。

（二）九龙坡区的主要做法及特点。

1. 融资平台建设情况。九龙坡区目前有重庆渝隆资产经营有限公司（简称渝隆集团）等四大融资平台，各平台自主经营、自求平衡。渝隆集团注册资本金29.2亿元，根据政府批准的投融资计划，开展各工业园区以外的基础设施项目融资，代建政府委托项目，园区内的基建项目由园区下属的投资公司承担。渝隆集团2009年1月成功发行10亿元企业债券，创下了全国区县国有投资公司发行国家企业债券的先例。

2. 组织架构。渝隆集团按法人治理结构设置，人员实行优化组合，集团公司董事长、总经理由区委、区政府任命，财务总监由区财政局党组成员兼任，公司高管由组织安排，保留公务员或事业身份；子公司的资产、财务、人员和融资、偿债由集团公司统一管理，建设项目管理实行责任制。为加强投融资管理，组建投融资办公室，设在财政局，主任由财政局领导兼任，为便于工作协调，一名副区长兼任财政局长。渝隆集团下设四个子公司，总公司和子公司实行独立核算、自负盈亏、自求平衡。

3. 投融资运作机制。为健全项目决策前的评估、建设中的监管和建设后的评价体制，设立区财经领导小组，区委书记、区长任组长，实现科学决策和有效监管。

（1）年度投融资计划审定程序。项目决策前，由发改委收集投资项目，会同财政局编制下一年度投资估算，送财政投资评审中心初审后形成投资计划；投融资办会同财政局编制政府性融资计划、偿债计划。投资计划、融资计划、偿债计划报财经领导小组审议后，送政府常务会、常委会决策。

（2）年度投融资计划运行程序。业主单位开展项目前期工作，经估算评审、概算审查，投融资办审核后，送政府常务会、常委会决策；在项目完成预算编制以及经评审、审核后，实施招投标。

（3）年度投融资新增和追加项目运行程序。严格预算管理，项目实施过程中确需增加预算的，由业主单位向发改委提出申请，编制方案，明确资金来源，经财政投资评审中心评审、投融资办会同财政局审核后，送政府常务会、区委常委会决策。决策通过的项目按基本建设程序办理。

4. 建立债务预警和偿债机制。建立债务预警机制，对非经营性项目，原则上负债率（年度负债总额/GDP）不超过10%，债务率（年末债务余额/当年可支配财力）不超过100%；新建经营性项目，参照盈亏平衡进行严格审核。建立政府偿债准备金，主要来源为财政预算资金、土地出让金、城市建设配套费、政府债务性资金收益和国有资产收益等。渝隆集团加强与银行协调，做好资金平衡，通过政府偿债准备金、应收款和资本经营，逐步削减债务。

（三）璧山县的主要做法及特点。

1. 融资平台建设情况。璧山县2005年10月组建县国有资产经营管理有限公司，资产6亿元，负债2亿元，主要负责对政策性银行的融资；2006年8月成立城市建设投资有限公司，注册资本金1亿元，资产总额41亿元，负债10亿元，负责对商业银行的融资。为了壮大融资平台的资产实力，该县分两次将县直行政事业单位、国有企业占有使用的国有土地、房产，国有林场、矿山、公园、广场、道路等资产划转给县国有资产经营管理有限公司，目前公司已接收土地226万平方米，林地9.4万平方米，房屋建筑物76万平方米，城市建设投资有限公司储备土地3 974亩。截至2008年底，累计融资17亿元，投资12.5亿元。

2. 组织架构。国有资产经营公司和城投公司隶属于县政府，业务受财政局指导，与县国有资产经营中心（设在财政局）实行“三块牌子，一套班子”的运行模式。公司设立董事会，由财政局、国土房管局、规划局等单位的领导组成，设立监事会，由纪委、监察、审计、财政等部门的人员组成，总经理由财政局副局长担任，按正局级事业单位配备干部。

3. 公司运行模式。公司的运作主要是以国有土地经营为重点，作为全县国有土地的总筹备，同时还作为政府投资的总业主。融资管理遵循“总量控制、计划管理、防范风险、确保安全”的原则，实行县委、县政府集体决策，政府“一支笔”审批制度，公司对所融资金没有安排和使用自主权。发改委会同有关部门负责政府融资项目的储备和筛选；财政局负责编制年度政府融资计划、政府融资使用方案和资金调度，制定政府融资偿还计划和建立偿债专项资金，提供财政担保；公司具体负责政府融资项目的申报、政府融资的借入和偿还。用款单位根据项目工程实施进度向财政局提出由项目负责人签署意见的资金拨付申请，县财政局根据县政府批复的《资金需求进度计划方案》进行项目工程进度审查后，报分管财政的副县长批准后拨付。县审计局负责政府融资使用和工程竣工决算的审计。

4. 融资平台偿债机制。政府融资坚持“谁使用，谁负责偿还”的原则。用款单位属于街道、镇乡的，由街道、镇乡偿债；用款单位属于县级部门的，由县政府在偿债专项资金中解决。县政府建立偿债专项资金，主要用于偿还政府融资到期的本息。偿债专项资金的来源为：承贷公司储备和收购土地整治出让的收益，土地出让金县级可支配部分的30%，园区新增税收地方分成部分的50%，城市建设配套费，贷款项目的自身收益，财政预算安排的偿债资金等。

三、加强滨州市投融资管理的启示和借鉴

重庆市及其部分县区政府投融资的做法说明，加快城市发展缺乏资金，仅靠财政不行，只有靠市场融资，靠银行资金、靠社会资金，才能实现快速发展，从中可以得到以下启示和借鉴。

（一）解决城市建设投融资难题，必须解放思想。目前，滨州市正处在跨越式发展的关键时期，中央和省为应对国际金融危机，扩大内需，保增长、保民生、保稳定，出台了一系列刺激经济发展的宏观调控措施，提供了不可多得的政策机遇。市场经济是法制经济、诚信经济，讲求规则和秩序。只要研究市场经济规则，遵循资本运作规律，拓宽资金融通渠道，融资难题才会迎刃而解。首先我们要改善融资环境，眼睛向内，创造良好的融资条件，建立诚信的环境、诚信的政府、诚信的平台。其次，创新融资思维，学会运用现代融资工具，重视资本运作。最后，要树立资金动态平衡的思想，完善政府投融资资金运作链条。

（二）解决城市建设投融资难题，必须做大做实投融资平台。大发展需要大融资，大融资需要大平台。我市投融资平台最大的问题是规模小，注入的资源少，平台的负债投资与资产、收益不能对应平衡。滨州市要做实做大融资平台，必须完善经营机制，逐步由单一融资向投融资和资产经营、资本运作转变，使平台真正做到持续经营、滚动发展。

（三）解决城市建设投融资难题，必须项目规划先行。好项目是融资成功的一半。滨州市应当扎扎实实地做好城市基础设施项目库建设，搞出五年规划，认真进行可行性研究和项目评审，根据轻重缓急排出先后次序，分步实施；区分经营性项目和非经营性项目的性质，统筹安排资金，通盘考虑借、用、还，形成良性循环机制；项目运营、养护与项目建设同步规划，首先向有投资回报的项目倾斜，政府应尽可能地享有土地增值收益、经营收益等投资回报。

（四）解决城市建设投融资难题，必须加强监管，控制和防范风险。重庆有“三不”作为控制风险的防火墙。滨州市也应建立相应的融资额度控制，投资计划与融资计划、偿债计划相统一，建立债务预警和偿债机制。

四、加强滨州市投融资平台建设和投融资管理的思考和建议

（一）要进一步解放思想，统一认识，坚定不移地扩大投融资能力，全力推进滨州经济又好又快发展。金融是现代经济的核心。区域之间、城市之间的竞争中，投融资竞争是关键。近年来，滨州市通过投融资平台，融资近40亿元，有力支持了城市基础设施建设，缓解了建设资金短缺的矛盾。对于滨州而言，“四环五海、生态滨州”的城市框架虽已初具规模，但新城区配套完善、老城区改造、开发区扩展、高新区开发等基础设施建设仍需大量资金投入，而黄河三角洲高效生态经济区和山东半岛蓝色经济区建设，更需要大量的资金投入。如何借鉴外地的做法和经验，创新投融资运行机制，集聚发展资金，推进基础设施建设，形成“政府引导、市场运作、社会参与”的多元投资格局，实现全市经济社会又好又快发展，已是摆在党委、政府和有关部门面前的一项重要任务。

科学发展观的第一要义是发展。发展必须有强大的资金投入做支撑。经济欠发达地区财政实力薄弱，社会保障压力巨大，投入严重不足，只能用现有资产和预期财力为基础扩大投融资规模。对此，各方面、各部门要统一思想，形成共识，坚定不移地扩大投融资能力。只有这样，滨州才能实施赶超战略，才会实现跨越式发展。

（二）完善三个机制，实现投融资管理新跨越。进一步整合政府非税收入、行政事业资产等资源，规范政府投融资平台，使之尽快实现实体化，按照“融得来、用得好、还得上”的理念，完善融资、建设、还款三个机制，既为重点建设项目提供资金支持，又要确保各项融资的高效安全使用，切实防范债务风险。

1. 完善融资机制，搭建新的投融

资平台。目前市本级现有三个基本的融资平台，即市经济开发投资公司（加挂国有资产经营管理公司牌子）、城建投资经营公司、四环五海城市建设运营有限公司，除市经济开发投资公司具有一定的实体公司特征外，其他两个公司都不是真正意义上的实体性公司。三个公司利用政府储备土地、城市资产积极开展融资活动，累计融资近40亿元，为我市城市基础设施建设和其他重点项目建设做出了重要贡献。随着经济形势和金融环境的不断变化，各公司的资产规模偏小、运作机制不完善等问题越来越突出，限制了融资能力的扩大，急需在体制机制方面进行改革创新，并进行资产扩充。

建议除现有三个基本融资平台外，将市经济开发投资公司附设的“国有资产经营管理公司”剥离出来，成为一个独立的实体公司；做大做实城建投融资平台，成为市区城市基础设施建设和公益项目建设投融资的“拳头”公司；由交通部门牵头设立交通建设投资公司，由水利部门牵头设立水利建设投资公司。同时，明确各公司的功能定位和运作机制。

（1）市经济开发投资公司。

功能：承担原城信社债权债务清偿；承担扩大内需调控资金的承接和管理；承担政府风险投资管理和原开发银行贷款管理；协助各开发区投资公司开展投融资活动。

运作机制：鉴于其债权债务过于复杂，可暂时维持现行运作方式，依靠财政信用，自求平衡。

（2）市国有资产经营管理公司。

功能：辅助性融资公司；承担一部分文化、体育、卫生等公益设施建设融资任务。

资产形式：行政事业资产+财政信用，部分行政事业单位资产转入；部分行政事业性收费和部门经营资产收益作为现金流。

运作机制：财政直接监管；事业法人；工作人员由市委组织部（人事局）公开招聘，聘任期间保留其原有身份不变，其薪金待遇参照自收自支事业单位管理，实行绩效工资制。

（3）市城建投资经营公司（可加挂土地储备中心牌子）。

功能：城市建设融资的主平台。承接政府土地储备任务，垄断土地一级市场；承担市区范围内的城市基础设施建设和公益设施建设融资任务。这是需要我们精心打造的主平台。

资产形式：政府储备土地+城市公用资产+土地出让、整理收入+财政信用辅助。

运作机制：直接隶属于市政府；成立由国土局、发改委、财政局、建设局、规划局等部门参加的董事会和由人大、政协、纪委、监察、审计等部门参加的监事会，由政府领导任董事长、总经理，人大领导任监事会主席，市财政局派驻财务总监。工作人员由市委组织部（人事局）公开招聘，聘任期间保留其原有身份不变，其薪金待遇参照自收自支事业单位管理，实行绩效工资制。按照年度城建任务和批准的融资规模，利用政府储备土地和土地出让收入等融资，公司化运作，逐步自求平衡。

（4）滨州四环五海城市建设运营有限公司。

功能：辅助性融资公司。

资产形式：政府部分储备土地+财政信用。

运作机制：该公司已经承接工商银行16亿元贷款，再承接贷款难度很大，可暂时维持现行运作方式不变。

（5）市交通建设投资公司。

功能：承担市区以外的交通公路基础设施建设投融资任务。

资产形式：市区外交通公路资产+部分交通公路规费+国家燃油税改革补助返还+财政信用辅助。

运作机制：隶属于交通局；成立交通、公路、国土、财政、发改委等部门参加的董事会和由监察、审计等部门参加的监事会，由交通局领导任董事长，监察或审计部门的领导任监事会主席，市财政局派驻财务总监。工作人员由市委组织部（人事局）公开招聘，聘任期间保留其原有身份不变，其薪金待遇参照自收自支事业单位管理，实行绩效工资制。政府配置资产，公司独立投融资，投融资项目接受政府监管。

（6）市水利建设投资公司。

功能：承担市区以外水利基础设施建设投融资任务。

资产形式：市区外水利资产（包括各灌区资产）+河道维护费等行政性规费+灌区水费+财政信用辅助。

运作机制：隶属于水利局；成立水利、国土、财政、发改等部门参加的董事会和由监察、审计等部门参加的监事会，由水利局领导任董事长，监察或审计部门的领导任监事会主席，市财政局派驻财务总监。工作人员由市委组织部（人事局）公开招聘，聘任期间保留其原有身份不变，其薪金待遇参照自收自支事业单位管理，实行绩效工资制。政府配置资产，公司独立投融资，投融资项目接受政府监管。

以上六个公司，除市经济开发投资公司和四环五海城市建设运营有限公司外，由市资产经营管理公司、城建投资经营公司、交通建设投资公司、水利建设投资公司四个投融资公司开展新的投融资业务，形成完整的融资平台体系。各公司为事业法人或企业法人，市场运作，企业化管理，逐步走向独立融资，自求平衡。待条件成熟后，实行政企分开，整合为投融资集团公司。

2. 完善项目决策机制，管好用好各项资金。建立规范的项目决策机制，是管好、用好各项资金的前提。借鉴外地经验，在项目决策管理方面采取规范的管理程序。

（1）城建及公益项目。

立项决策方面：建设各口（含文体部门）提出建设项目内容→市规划部门汇总→规划、财政部门提出工程估算→政府分管领导预审→政府投资评审中心、发改委评估中心概算→财政部门进行资金平衡→政府常务会议研究→市委常委会（或几大班子联席会）决策→发改部门立项。项目立项是项目开工的前提而不是决策的前提，决策前置是各地通行的做法。

建设项目管理方面：确定项目业主单位（责任部门）→组建项目班子（或工程指挥部）→业主单位编制工程概算和施工图预算→政府投资评审中心评审确定标底→建设项目招投标（最好是实行代建制招标）→指挥部或业主组织工程施工→工程完工后业主单位编制决算→投资评审中心复核（或审计局抽查审计）后财政部门批复→资产登记移交。在项目建设工程中，政府投资评审中心专业人员全程参与工程管理和投资控制。

（2）交通、水利项目。

立项决策方面：交通、水利部门提出建设项目内容→发改部门汇总→发改、财政部门提出工程估算→政府分管领导预审→政府投资评审中心、发改委评估中心评估概算→财政部门进行资金平衡→政府常务会议研究→市委常委会（或几大班子联席会）决策→发改部门立项。

建设项目管理方面：确定项目业主单位（责任部门）→组建项目班子（或工程指挥部）→业主单位编制工程概算和施工图预算→政府投资评审中心评审确定标底→建设项目招投标→业主或指挥部组织施工→工程完工后业主单位编制决算→投资评审中心复核（或审计局抽查审计）后财政部门（或其上级主管部门）批复→资产登记移交。各项目业主单位必须按照政府批准的投资规模进行建设，加强工程管理和投资控制。视项目具体情况，由政府决定投资评审中心介入工程管理的深度和广度。

3. 完善还款机制，确保政府信誉。有序安排和控制融资规模，是确保按时还款的前提。融资规模是由财政实力、政府资源规模以及项目建设规模所决定的。在一定时期内，财政实力和政府资源是个常量，因此，项目建设规模应与融资规模相平衡。每年融资总量的确定应遵循如下顺序：

市委、市政府批准和确定项目建设任务→财政部门提出融资总量→市委、市政府研究同意→人大常委会批准→分解落实各公司融资任务。

各公司融资过程中，必须努力降低融资成本，并接受财政等有关部门的指导。除控制融资规模外，要建立政府财政偿债准备金。借鉴外地经验，财政预算原则上不再直接安排城建等基础设施建设资金，所列建设资金全部转为偿债准备金，以扩大偿债准备金规模。还本付息资金的主要来源是预算渠道安排资金和用新贷还旧贷的办法解决。

（三）切实加强对投融资工作的组织领导。综观各地的投融资工作，无不是在党委、政府的强力推动下进行的。投融资管理是一项艰巨复杂的开创性工作，涉及诸多观念更新和利益调整，单靠一个或几个部门的力量是远远不够的，必须依靠党委、政府的综合协调和强力推动。滨州市也应成立投融资管理委员会，由市长或副市长任主任，人大、政协分管领导任副主任，委员会下设办公室，由发改委、国资委、财政、交通、建设、国土、规划、水利、金融办等部门的主要负责同志为成员，负责投融资计划的汇总提报、规模控制、还款协调等事宜。

（作者为滨州市财政局局长）

关于菏泽市财政惠农政策贯彻落实情况的调查和思考

赵传山

“三农”问题始终是关系改革开放和社会主义现代化建设的重大问题。财政惠农政策是党和政府促进“三农”发展的重要财力保障和物质基础，在社会主义新农村建设中处于重要地位、发挥着重大作用。近期，根据全市学习实践科学发展观活动学习调研阶段的安排，市财政局组成专门调研小组，对财政惠农政策执行情况进行了深入调研，对财政惠农政策取得的成效、面临的主要问题进行了系统分析，就如何充分发挥财政职能作用、健全完善财政惠农机制、深入推进新农村建设提出了对策建议。

一、全市财政惠农政策取得显著成效

菏泽是农业大市、农村人口居多，历届党委、政府始终高度重视农业的发展、农民的增收和农村的稳定，把落实党和国家的农业政策，特别是把落实支农惠农政策作为统筹城乡经济社会发展，推进社会主义新农村建设的重要措施来抓，实行了许多支援农村、富裕农民、加强农业的政策措施，有力促进了农业和农村经济发展。据统计，仅2008年全市“三农”投入达到42.4亿元，比上年增长22.2%。在不断加大财政投入力度的同时，深入推进县乡财政管理体制改革，不断创新财政支农机制，为“三农”发展提供了坚实的财力和制度保障。

（一）注重落实“少取”方针，切实减轻农民负担。按照中央、省统一部署，从2002年起，实施了农村税费改革，2003年取消了农业特产税，2005年全部取消农业两税。与改革前的2001年相比，农民负担总额减少10.37亿元，人均减负117元。农村税费改革后，积极争取上级农村税费改革转移支付资金，上级对农业两税和附加给予全额补偿，有力保障了农村基层政权的正常运转，从根本上防止了农民负担反弹现象的发生。

（二）注重落实“多予”方针，有效促进农民增收。**一是全面落实支持农业生产的“四项”补贴政策**。党的十六大以来，在中央财政政策的正确指导下，菏泽市把财政支农工作的着力点由直接支持农产品生产、流通环节转向直接补贴农民。2004年全市发放粮食直补资金1.2亿元；2005年发放粮食直补、农资综合补贴、农机具补贴和良种补贴1.6亿元；2006年发放“四项”补贴3.2亿元；2007年发放“四项”补贴5.01亿元；2008年发放“四项”补贴9亿元。2009年继续加大补贴力度，截至目前已落实补贴资金9.63亿元。**二是大力维护生猪市场稳定**。为了平抑猪肉价格波动，维护养殖户利益，按照上级要求，2007年开始实施能繁母猪补贴，每头能繁母猪给予50元补贴，2008年提高到100元。两年来，共补贴资金近300万元，有效提高了养殖户的收入。同时，通过开展农业政策性保险和能繁母猪保险，为农民种植、养殖撑起了安全保护伞。**三是大力实施“阳光工程”**。针对农村剩余劳动力丰富的实际，充分利用省委、省政府组织劳动力“西输东接”的有利时机，抢抓中央和省大力支持农民培训的机遇，积极促进农村劳动力转移就业。5年多来积极争取2 000万元专项资金，支持农民培训达到10万人以上，带动全社会农民培训20万人次以上，大大提高了农民劳动技能，促进了农民工就业。

（三）注重统筹经济社会协调发展，着力支持农村社会事业发展。党的十六大以来，国家逐步将农村各项社会事业发展纳入公共财政的保障范围，各级财政积极落实上级精神，不断调整优化支农支出结构，大力支持农村社会保障和社会公益事业发展。

1. 大力支持农村义务教育事业发展。一是落实“两免一补”政策。2005年开始对农村义务教育实行“两免一补”。2005～2006年，累计发放“两免一补”补助资金4 937万元，帮助20万名农村贫困家庭学生顺利完成学业。2007年秋季开始，将“两免一补”纳入农村义务教育保障机制改革范畴，在全部免除学杂费和教科书费的情况下，对农村中小学贫困寄宿生实施生活费补助。二是不断提高农村中小学生均公用经费。2007年初农村义务教育经费保障机制改革开始实施，实行了“以县为主”的农村义务教育管理机制，为全市116万农村义务教育阶段学生全部免除学杂费，免费提供教科书。不断提高农村中小学生均公用经费保障水平，目前小学经费标准已经达到400元、中学达到600元，比改革前翻了一番。三是解决农村中小学校舍危房问题。自2001年起集中实施了农村中小学危房改造，累计筹集资金9亿元，消除危房面积200万平方米，大大改善了全市农村中小学生学习和住宿条件。四是实施中小学课桌凳更新工程。2004～2007年累计投入财政资金5 112万元，其中省负担3 584万元，市县配套1 537万元，为农村中小学更新课桌凳71万套，有效解决了农村中小学生自带课桌凳问题。

2. 大力支持农村医疗卫生事业发展。一是实施新型农村合作医疗制度。2004年在东明县率先启动了新型农村合作医疗改革试点，2007年在全市各县区全面铺开。2008年，新农合补助标准提高到74元，全市参合农民人口达到706.16万人，参保率达到93%，全年补偿参合农民门诊和住院医疗费用4.6亿元，农民医疗负担水平明显下降。二是组织实施“360”、“1127”工程。2005年开始，财政先后投入7 200万元，其中上级补助7 100万元，地方配套100万元，共改造乡镇卫生院94个，着力提高了农村卫生机构服务能力。三是大力扶持农村卫生室建设。从2008年开始，财政筹集资金加大农村卫生室建设，共完成1 129所村卫生室建设，业务用房面积均达到110平方米。

3. 大力支持农村社会保障事业发展。一是实施农村最低生活保障制度。2007年菏泽市开始实施农村低保制度。2008年筹集资金8 147万元，把农村低保补助水平提高到月人均45元，26.6万农民被纳入制度保障范围。二是大力改造乡镇敬老院。2006年我市134个乡镇敬老院纳入了全省“540工程”，筹集乡镇敬老院改造资金4 258.9万元，对乡镇敬老院房屋维修及房内设施配套用品实行了政府招标采购，并统一修缮、统一配发了房内用品。三是实施农村计划生育家庭奖励扶助政策。该项政策推行以来，每年为农村计划生育家庭发放奖励扶助金1 200多万元，1.9万名农村群众受益。

4. 大力支持农村文化事业发展。一是实施广播电视村村通工程。2007年以来各级财政共筹资1 072.9万元，完成了列入计划的自然村广播电视信号覆盖任务，确保了全市所有“盲村”都能正常收听收看广播电视节目。二是实施科普村村通工程。积极配合有关部门，大力筹措工程建设资金，为每个行政村至少建设了一个科普橱窗。截至目前，累计筹集资金365.8万元，建设完成科普橱窗6 010个。三是实施农村公益电影放映工程。每年筹集资金500多万元，按照每月至少为每个行政村免费放一场公益电影的要求，免费为农村群众放映公益电影，丰富了农民群众的文化生活。

*（四）注重农村基础设施建设，着力改善农民生产生活条件。*近年来，各级把加快农村基础设施建设作为统筹城乡发展的重点和突破口，采取切实措施，着力改善农民生产、生活条件。**一是开展农村公路改造工程**。长期以来，由于缺乏统一规划的村庄建设，农村几乎无公共设施可言，农民朋友形容走了一代又一代的乡间泥路是“小坑能卧狗，大坑能卧牛”。2003～2008年，中央实施了农村公路改造工程，补助菏泽市资金1.39亿元，地方配套2.6亿元，建设农村公路近1 400公里，有效改善了农民行路难问题。**二是开展农村安全饮水工程**。2005～2008年，共投入资金5 325万元，支持了农村安全饮水工程，使农民朋友在家中也能喝到安全水、吃到放心饭。**三是大力支持沼气池建设**。近年来累计投入财政资金近3 000万元，帮助农民建设沼气池4.1万个，使用沼气的农户彻底告别了做饭烟熏火燎的时代，农村污水横流、臭气熏天、蚊蝇乱飞的现象也得到明显改观。**四是开展农业综合开发**。2006年财政投入3 200万元，改造中低产田6.8万亩，土地沙化治理1万亩，测土配方施肥示范推广项目0.5万亩。2007年财政投入3 893万元，治理改造中低产田7.8万亩。2008年财政投入5 712万元，治理改造中低产田8万亩，农田林网植树0.64万亩。**五是积极利用世行和开行贷款支持农村基础设施建设**。先后争取到世行三期贷款项目投资资金7 660万元，改造中低产田5 667公顷，改善灌溉面积5 667公顷，发展节水灌溉面积5 600公顷。

*（五）注重改革和创新，着力完善创新财政惠农资金监管机制。***一是建立健全惠农补贴发放机制**。为了确保各项支农补贴及时足额发放到农民手中，市财政在全市范围内着手建立了涉农补贴资金“一本通”管理系统，全市粮食直补、农资综合补贴、农村“五保”供养补贴、农村低保补贴、能繁母猪补贴、三峡水库移民补助、大中型水库移民补助等资金直接拨付到农民持有的“一本通”账户，从制度上防止了挤占截留挪用补贴现象的发生。**二是创新支农资金管理机制**。菏泽市于2006年开始实施农业专项资金报账制，支农资金不再拨付到项目单位，建设单位根据项目实施计划和项目进度，凭合法有效支出凭证向县级财政部门提出报账申请。通过采取这一办法，防止了挤占截留挪用专款资金行为，杜绝了一些不合理开支，极大地提高了支农资金使用效益。**三是切实加大监督检查力度**。为了确保惠农补贴资金真正惠及农民，财政部门不断完善工作机制，加强制度建设，狠抓督查监管。2004年市监察局、市财政局联合下发了《关于对种粮农民实行直接补贴工作中严肃纪律的意见》，要求必须做到“五到户”、“六不准”。2008年市委出台了《关于进一步加强粮食直补和农资综合补贴管理工作的意见》，从制度上规范了补贴资金发放行为。每年补贴兑付结束后，市财政局立即组织检查组赴各县区开展督导检查，明察暗访存在问题，及时提出整改要求，确保补贴资金发放到位。如2006年市财政局根据市委主要领导批示精神，抽调了100名局机关干部奔赴各县区开展检查。同时各县区财政局抽调20～30人、各乡镇政府抽调20～40人，3人一组，挨家挨户进行拉网式普查。普查结束后，市财政局检查组马不停蹄，先后抽查了6 200个行政村，回访了31 000户农民，对发现的问题立即整改，对责任人做出了严肃处理。得到了农民群众的赞扬和市委市政府主要领导的好评。

二、财政惠农政策执行中存在问题

调查中发现，2004年以来中央连续出台了6个一号文件，持续关注“三农”问题，使得“三农”面貌发生了历史性变化。过去的5年来是我市农业发展最好、农村变化最大、农民得到实惠最多的时期之一。但客观来看，农村建设仍然是公共财政建设的最薄弱环节，财政在支持社会主义新农村建设过程中仍存在一些不容忽视的问题，特别是有些问题在基层和农村反映非常强烈。这些问题的出现，既有惠农政策设置、执行和管理方面的表层原因，又有财政惠农机制与市场经济不适应和不协调的深层原因，使得惠农政策的实施未能达到预期目标。主要表现在以下三个方面。

（一）在财政投入机制方面存在的问题。

一是财政支农力度不够。由于历

史欠账太多，尽管近年来中央和地方对“三农”的各项支出绝对量明显增长，但从总体来看，工业反哺农业、城市支持农村的长效机制还没有形成，农业、农村、农民在国民收入分配中的不利地位还没有从根本上彻底扭转。根据调查测算，从总量上看，2008年全市财政“三农”投入42.4亿元，占当年全市财政总支出比重为36.7%，但我市农业人口达到70%，财政支农支出相对于“三农”需求来说仍然远远不够；从增幅上看，2008年全市财政“三农”投入增长22.2%，比全市财政总支出高出1.3个百分点。但县乡两级财政“三农”投入仅增长19.8%，低于县乡两级财政支出增幅0.5个百分点，这说明尽管从整体上看财政支农投入实现了“三个高于”目标，但基层财政受客观条件制约，很难拿出更多财政资金投入新农村建设。

二是财政惠农支出结构不合理。调查中发现，财政支农支出中，用于“养人吃饭”的钱多，而用于服务“三农”的钱少，甚至出现行政费挤占事业费、事业费挤占民生支出的现象，这些资金虽然被统计为支农支出，但相当部分资金用于涉农单位的“人吃马喂”，并未全部用之于民生。如2008年全市农林水支出15.3亿元，其中工资和事业费支出就达到6.3亿元，占41%。

三是财政支农资金过于分散。现行财政支农资金管理体制不完善，涉农部门多，条块分割严重，导致资金使用分散，效益不佳。财政支农资金按行业分，有农业、林业、水利、水产、畜牧、农垦、气象等7大类；按部门分有发改委、财政、水利、农业、林业、国土、畜牧、科技等8个部门，再加上交通、电力、教育、卫生、文化、民政等安排涉农专项投资的部门，可以说是“僧多粥少”。财政和农口各部门之间以及各部门内部机构之间还没有形成一个有效的协调机制，基本上是各自为政，部门利益、“条块”管理、各自为战、交叉重复，导致财政支农资金使用效率低下。同时，财政支农资金往往是通过中央、省、市、县、乡、村六个层级，再惠及到农民，中间的“跑、冒、滴、漏”问题不容忽视。

（二）在政策制度设计方面存在的问题。

一是制度设计复杂，影响农民积极性。比如国家施行的家电下乡补贴，按照13%的补贴标准，如果农民购买指定型号手机，仅能拿到几十块钱的补贴。按照补贴程序，农民购买指定产品后，在规定时间内要持发票原件及复印件、身份证明原件及复印件、户口簿、补贴类家电产品专用标识卡、购买人储蓄存折以及管理部门需要的其他材料，到户口所在地乡镇财政部门申报补贴。乡级财政部门初核后，报县财政部门，再经县财政部门审核确认后，才能将补贴资金通过银行发放到农民储蓄账户上。调查中发现，有些农民了解到领取补贴的程序后，就打了“退堂鼓”；比如国家为了扶持生猪养殖业，不仅发放能繁母猪补贴，而且对参加能繁母猪保险的农户给予80%的补助。从执行情况看，每头能繁母猪补贴资金100元，对养殖户的激励作用并不大。另一方面，我市参加能繁母猪保险的覆盖面不到50%，主要是因为农民不愿缴纳20%的保险费，导致上级补助政策不能用足用尽。对生猪繁殖的补贴政策过于复杂，客观上反而影响了补贴的实际效益。

二是政策和资金不配套，落实难度大。上级出台的惠农政策都有统一的受益范围和标准，但由于区域发展不平衡，存在差异性大，按照政策标准很难操作。比如按照贫困家庭学生救助政策要求，高校国家助学金享受面为14%，高中和义务教育阶段享受面为8%。但从实际情况看，贫困生的比例要高于这个限额，一些应该享受到国家救助政策的学生没有得到应有的补助，造成新的不公平现象；比如良种补贴政策，近年来全市不断加大补贴投入，扩大补贴范围，2008年全市小麦和玉米良种补贴面积分别达到55.1%和31%，但实际上小麦和玉米的良种普及面积已经达到95%和96%；比如农机购置补贴。尽管各级财政对农机购置补贴的力度不断加大，但由于财政安排的补贴资金有限，每年仍有相当一部分农民无法申请到农机补贴。

三是忽略市场机制，惠农效果不够理想。惠农政策的施行，必须按照市场规律办事，尊重农民的主体地位，只有这样才能达到应有的效果。在调查中发现，农机购置补贴政策执行中，按照规定只有纳入补贴范围的机型才给予补助，由于各地存在地块大小、耕作环境等个体差异，导致部分农民要么买到了合适农机但得不到实惠，要么得到了补贴却买不到称心如意的机型。特别是省里要求，农民要享受购买拖拉机头的补贴政策，必须绑定购买一台玉米收割机。菏泽市玉米种植较为分散，机主效益不佳，玉米收割机闲置，造成了不必要的浪费；在家电下乡补贴政策执行中，由于指定机型少，款式单一，一些农民喜欢的家电不在补贴范围之内，客观上束缚了农民的消费选择权，不仅农民得不到应得的实惠，而且难以达到最大限度地激活农村消费市场的目的。农民还反映，有的电器存在款式陈旧、功能缺失等问题。并且补贴机型和同款类似机型相比，价格高出一大截，国家给予农民的优惠被家电生产厂家和销售商吃掉。正是由于这些具体补贴政策上的不合理因素，导致了补贴资金未能发挥出最大的作用。

（三）在惠农政策执行方面的问题。

一是政策宣传不到位。近年来，

国家出台的惠农补贴政策项目多，数量大，政策性强。这些惠农政策能否宣传到户，做到妇孺皆知，是做好补贴工作的基础。在调查中发现，很多政策的宣传，只是在新闻媒体上发个公告，在村头上贴张告示，在村广播上吆喝一下，在村里见面打个招呼，没有深入、细致地宣传补贴政策的具体内容、补贴标准、计算口径、补贴程序等，导致一些农民对补贴政策理解不到位、积极性不高，有的甚至引起误解，造成不必要的上访事件。

二是政策执行不到位。惠农政策关键在执行，再好的政策和制度，如果无法落实到位，也只能流于形式。在调查中发现，落实惠农政策不到位问题仍然较为突出，有的甚至发生截留、挪用惠农资金现象。如在粮食直补工作中，近年来市委、市政府采取很多强有力的措施，多次开展全面检查活动，有关部门也做了大量的工作，但在具体发放过程中，用补贴款抵扣、代扣一事一议和新农合资金等现象仍然时有发生。据市长公开电话统计，2008年立案办理的直补投诉事件就达250多件，直接通过电话办复的投诉更多；根据《用于农业土地开发的土地出让金收入管理办法》要求，土地出让平均纯收益的20%用于农业土地开发，但在调查中发现，在资金使用上存在不规范等问题。

三是资金配套不到位。一方面是地方财政配套不到位。国家安排的各类农业项目资金、扩大内需资金，往往需要各级地方政府给予一定的配套资金，但项目实际建设中，地方政府由于受财力等因素的影响，无法拿出相应的配套资金；另一方面是单位自筹资金不到位。比如为解决农民群众出行难问题，国家实施了农村公路改造工程，每公里给予10万元补助，但修建一公里农村公路最少也要投入17万元，群众自筹配套资金的难度非常大，导致项目批复后，配套资金迟迟无法到位，农村行路难问题没有得到彻底解决。

四是使用监管不到位。近年来，财政支持“三农”、教育、社保、医疗卫生、文化、环保等方面资金不断增多，但“重拨付、轻监管”的现象依然存在，截留、挤占、挪用支农惠农资金现象没有从根本上杜绝。这些问题不仅造成资金流失，影响资金使用效益，而且严重损害了党和政府的形象，侵害了农民群众的利益。

三、建议和对策

惠农政策作为党和国家解决“三农”问题的重要载体，传递着党和国家对农村发展的重视和关怀，负载着菏泽市700万农民的期望，要真正实现农村发展、农业振兴、农民富裕的目标，应着力建立健全四个方面的惠农工作机制。

（一）建立健全多渠道筹措惠农资金的长效机制。作为财政部门，要切实履行公共财政职责，按照工业反哺农业、城市支持农村和“多予少取放活”的方针，进一步加大财政支农资金投入，积极运用财政政策手段，引导信贷资金、社会资金投向新农村建设。**一是进一步加大财政支农资金投入力度**。一方面，随着我市财政实力的不断增强，要将财政资金的分配更多地向“三农”倾斜，提高支农支出占财政支出的比重，扩大公共财政覆盖农村的范围。要按照存量适度调整、增量重点倾斜的原则，进一步压缩财政支出存量中的一般性支出，腾出财力用于增加“三农”投入，确保支农支出预算高于经常性财力增长。有关部门要严格按规定标准从土地出让金中及时提取农业土地开发资金，及时安排土地整理项目，避免资金滞留，杜绝挤占挪用行为发生。另一方面，要努力争取上级政策和资金支持。随着上级财政收入的不断增长，对欠发达地区的转移支付和补助力度逐年加大，市县财政部门应与其他相关部门密切配合，多渠道、多途径向上争资金、要政策，使上级公共财政的阳光普照我市农村大地。**二是积极吸引信贷资金加大“三农”投入**。要充分发挥财政政策和资金“四两拨千斤”的作用，吸引更多的信贷资金投入“三农”，在完善农村金融服务体系过程中发挥应有作用。发挥财政融资平台作用，认真研究、积极利用农业发展银行职能定位调整和国家开发银行加大支持农村基础设施建设力度的机遇，进一步加强与政策性金融机构的合作，尽最大限度地争取贷款融资业务。积极争取和利用世界银行、亚洲开发银行等国际金融组织的优惠贷款，支持我市新农村建设。**三是鼓励和引导社会资金增加“三农”投入**。新农村建设需要大量的资金投入，除了要加大财政和信贷资金投入外，还必须引导社会资金广泛进入，特别是农民的自身积累和自我发展。要研究出台相关办法，对民营企业和个体工商户到农村从事产业经营，或出资发展农村公益事业的，财政要在项目立项、资金补助、贴息等方面给予优先支持。积极探索在农业综合开发项目上实行投资参股经营方式，支持提高产业化龙头企业综合竞争力和带动社会资金的能力。

（二）建立健全财政惠农补贴政策落实机制。**一是探索调整补贴具体方式**。近几年来，国家为了保证粮食安全，提高农民种粮积极性，不断加大对种粮农民直接补贴和农资综合补贴的力度，仅2008年我市补贴资金就达8.4亿元，得到广大农民群众的普遍赞誉。但客观分析，由于农业生产资料价格不断提高，再加上农民外出务工收入更高，补贴对促进粮食生产的效应逐渐减弱。继续执行补贴政策，在政治上的意义更大，从经济学的角度来看可能并非最佳选择。另一方面，目前在全国范围内农田水利设施普遍存在年久失修、使用效益下降问题，抵御自然灾害能力较弱。比如2009年初发生北方冬麦区旱情，由于部分农田不具备灌溉条件，导致冬春小麦生长受阻甚至枯死，农田水利设施状况已经成为制约农业生产的瓶颈因素。因此，逐步缩小直接补贴规模，相应加大对农田基础设施投入力度，不失为一个合理选择。**二是研究完善补贴发放政策**。在制定惠农政策的内容和措施时，要本着适应农村、方便农民的原则，最大限度地做到简便易行，增强惠农政策的可操作性。比如在家电下乡补贴政策上，群众反映最为强烈的两个问题是补贴程序繁琐和补贴机型受限。在制定家电下乡政策中，不妨放弃限制补贴机型的办法，凡是农民购买手机、洗衣机、电视机、电冰箱、电脑等电器，分别由乡镇财政直接根据销售发票给予农民固定数额的补贴。在农机购置补贴政策上，建议取消绑定销售玉米收割机的政策，因地制宜的选定补贴机型，赋予购机农民更大范围的自主选择权力。**三是着力提高补贴标准和范围**。在财力允许的条件下，要按照“生产发展、生活宽裕、乡风文明、村容整洁、管理民主”的目标要求，进一步提高财政补贴标准，扩大财政补贴范围，着力解决好当前农民最关心、最直接、最现实的利益问题。特别是对于西部欠发达地区，上级应该安排足额的经费，不留资金缺口，尽量降低和避免要求县乡财政的配套额度。**四是加大补贴政策执行力度**。落实惠农补贴政策，关系到广大农民的切身利益，关系到党和人民群众的血肉联系，关系到社会的和谐稳定，是一项严肃而重大的政治任务。各级党委、政府特别是基层党组织要充分认识落实惠农补贴政策的重要意义，以高度的责任感和事业心，认真落实好惠农补贴政策。要进一步完善“惠农一卡通”发放方式，在发放环节上杜绝挤占截留挪用行为发生。要加大执纪执法力度，对动作迟缓、措施不得力的，要督促整改；对有令不行、有禁不止的，要坚决查处，保证政令畅通。**五是提高补贴政策宣传效果**。要采用多种群众喜闻乐见的形式，切实加大补贴政策宣传力度，把政策信息原原本本、清清楚楚地交代给农民，努力做到补贴政策信息公开、补贴操作过程透明、补贴结果充分公示。要充分利用电视媒体的传播优势，将补贴政策信息以公告的形式在市县电视频道滚动播放。充分利用远程教育的平台作用，与市委组织部、市电视台联合制作各种涉农补贴政策解答，将补贴政策纳入远程教育的内容广泛宣传。采取政策宣传下乡形式，印发补贴公告，打印宣传资料，公告到村、宣传资料到组，同时出动宣传车下乡宣传，努力做到政策家喻户晓。

（三）着力完善创新财政惠农的工作机制。实践证明，只有不断深化改革、创新机制，才能最大限度地发挥出财政惠农政策和资金的最大使用效益。各级财政部门要不断加大创新力度，重点做好以下几项工作。**一是加大惠农资金整合力度**。按照集中财力办大事的原则，着手建立在财政内部、系统上下、县级整合和项目规划等四大平台。财政内部的整合，采取“调整存量、集中增量、统筹预算内外”的办法，集中财力扶持重点项目；财政系统的整合，采取“上下级资金捆绑使用”的办法，加强对上联系与对下指导，申请上级资金、安排本级项目通盘考虑，在同一渠道、同一项目全力扶持，集中培育支农精品工程；县级支农资金整合，采取“市县协调、规划先行、条块结合、整体推进”的办法，把各部门、各行业性质相似、功能相近的专项资金统筹使用，着力解决使用分散和重复建设问题；项目规划整合，以项目发展规划引导支农资金的整合，市级通过项目的实施带动支农资金的集中使用。如以农田水利设施建设为切入点，打造水利资金的整合平台；以新农村建设为契机，打造农村发展类资金和扶贫资金的整合平台；以发展优势产业和特色产品为抓手，打造生产类和产业类资金的整合平台；以改善生态环境为重点，打造生态保护和治理资金的整合平台。**二是完善财政激励奖扶机制**。农村税费改革以后，农村基层组织筹措公益性建设资金的能力减弱，如何调动农民、企业和社会力量增加“三农”投入的积极性，是需要认真研究和探索的新课题。要积极探索“民办公助”方式。对小型农田水利基础设施，可以采取“以奖代补、以奖代投、先建后补”等多种形式，鼓励农民投资，政府适当补助，引导农民自愿筹资、投工投劳。特别要尽快研究实施“一事一议”财政奖补政策，从根本上解决取消农民义务工以后，农民参与积极性不高、农村公益事业筹资难的问题。**三是进一步完善县乡财政管理体制**。要通过建立完善县乡财权与事权相匹配的财政体制，提高基层政府服务新农村建设的能力。按照公共财政改革方向，合理划分县、乡事权和财权，明确各级财政支出责任，努力增加农村公共产品和公共服务支出比重。继续完善“乡财县管乡用”和“村财乡管”制度，不断提高县乡财政管理水平。采取有效措施，加大检查力度，督促县区和乡镇足额落实村级经费，大力支持农村基层组织建设。

（四）建立健全财政惠农资金监督管理机制。要在把好“四道关口”上下功夫。**一是把好立项申报关**。积极推行项目库管理，采取专家咨询论证、政府采购、招标竞标、社会公示等办法，增强项目选择的科学性、民主化和透明度，保证资金安排合理有效。**二是把好资金使用关**。突出抓好规章制度建设，对过去没有专门管理办法的专项资金、新增专项资金、纳入预算管理的各项收费和基金，逐项研究制定具体管理办法。严格落实项目建设责任制，扩大政府统一采购、国库集中支付和县级报账提款制实施范围，规范会计核算，确保专款专用。**三是把好绩效评价关**。尽快研究制定财政支农资金使用绩效评价的指标体系，根据评估结果实施激励约束并重的考核机制。对能够做到专款专用、按期竣工、效益显著的项目，经综合考核评审后，要对项目管理部门、项目实施单位及直接责任人给予一定形式的奖励。**四是把好监督检查关**。要把支农资金使用管理的检查作为财政监督的重点，并自觉接受审计等社会各方面的监督，严厉查处资金使用管理中的违法违规行为，防止损失浪费，提高支农资金使用的规范性、安全性和有效性，确保把党和政府的温暖更多地、更直接地送给农民。

（作者为菏泽市财政局局长）

第六部分

财政统计资料

2009 年度山东省一般预算收支决算总表

单位：万元

预算科目	调整预算数	决算数	预算科目	调整预算数	决算数
一、税收收入	16 980 954	17 203 455	一、一般公共服务	5 529 220	4 901 437
增值税	3 414 946	3 244 846	二、外交	18	
营业税	4 588 639	4 706 109	三、国防	90 042	84 223
企业所得税	2 316 971	2 203 040	四、公共安全	2 091 714	1 973 698
企业所得税退税	-2 646	-3 812	五、教育	6 287 064	6 134 864
个人所得税	643 768	646 665	六、科学技术	658 612	628 783
资源税	323 141	328 077	七、文化体育与传媒	764 957	703 991
固定资产投资方向调节税			八、社会保障和就业	3 655 287	3 427 930
城市维护建设税	1 145 672	1 090 776	九、医疗卫生	2 065 421	1 892 400
房产税	559 238	578 637	十、环境保护	1 055 875	761 698
印花税	243 340	238 728	十一、城乡社区事务	3 378 622	3 119 311
城镇土地使用税	1 222 849	1 208 817	十二、农林水事务	4 065 914	3 693 489
土地增值税	426 563	438 406	十三、交通运输	1 956 475	1 742 456
车船税	157 101	176 905	十四、采掘电力信息等事务	1 519 901	1 350 718
耕地占用税	775 792	1 010 860	十五、粮油物资储备管理等事务	994 565	825 344
契税	1 141 011	1 311 622	十六、金融监管支出	16 122	8 743
烟叶税	24 539	23 779	十七、地震灾后恢复重建支出	292 642	251 108
其他税收收入	30		十八、预备费		
二、非税收入	4 568 194	4 782 869	十九、国债还本付息支出	151 300	149 888
专项收入	877 688	874 113	二十、其他支出	2 720 359	1 026 635
行政事业性收费收入	1 598 717	1 715 876			
罚没收入	658 172	680 153			
国有资本经营收入	744 160	682 208			
国有资源（资产）有偿使用收入	439 764	609 526			
其他收入	249 693	220 993			
本年收入合计	21 549 148	21 986 324	本年支出合计	37 294 110	32 676 716

续表

预算科目	决算数	预算科目	决算数
本年收入合计	21 986 324	本年支出合计	32 676 716
上级补助收入	11 415 996	上解上级支出	511 609
返还性收入	4 020 818	一般性转移支付	474 420
增值税和消费税税收返还收入	1 900 193	体制上解支出	250 253
所得税基数返还收入	693 925	出口退税专项上解支出	224 167
成品油价格和税费改革税收返还收入	1 426 700	成品油价格和税费改革专项上解支出	
其他税收返还收入		专项转移支付	37 189
一般性转移支付收入	3 112 330	专项上解支出	37 189
体制补助收入	15 862	计划单列市上解省支出	
均衡性转移支付补助收入	951 700		
民族地区转移支付补助收入			
调整工资转移支付补助收入	418 484		
农村税费改革补助收入	628 486		
县级基本财力保障机制奖补资金收入	288 729		
结算补助收入	－3 425		
化解债务补助收入			
资源枯竭型城市转移支付补助收入	17 800		
企事业单位预算划转补助收入	150 718		
成品油价格和税费改革转移支付补助收入			
村级公益事业“一事一议”奖励资金收入			
工商部门停征两费转移支付收入	49 215		
一般公共服务转移支付收入	24 838		
公共安全转移支付收入	137 980		
教育转移支付收入	338 094		
社会保障和就业转移支付收入	69 839		
其他一般性转移支付收入	24 010		
专项转移支付收入	4 282 848		
专项补助收入	3 707 144		
增发国债补助收入	575 704		
地震灾后恢复重建补助收入			
省补助计划单列市收入			
财政部代理发行地方政府债券收入	700 000	财政部代理发行地方政府债券还本	
转贷财政部代理发行地方政府债券收入		转贷财政部代理发行地方政府债券支出	
		增设预算周转金	805
国债转贷收入		拨付国债转贷资金数	7 832
国债转贷资金上年结余	15 265	国债转贷资金结余	7 433
国债转贷转补助			
上年结余	3 602 787		
调入预算稳定调节基金		安排预算稳定调节基金	
调入资金	170 440	调出资金	18 466
1. 政府性基金调入	90 753	年终结余	4 667 951
2. 国有资本经营预算调入		其中：本级	1 052 174
3. 预算外调入	21 279	减：结转下年的支出	4 617 394
4. 其他调入	58 408	其中：本级	1 050 154
地震灾后恢复重建调入资金		净结余	50 557
预算稳定调节基金调入		其中：本级	2 020
预算外资金调入			
收入总计	37 890 812	支出总计	37 890 812

2009 年度山东省一般预算收入决算明细表

单位：万元

预算科目	决算数
税收收入	17 203 455
增值税	3 244 846
国内增值税	3 244 846
国有企业增值税	363 797
集体企业增值税	54 112
股份制企业增值税	1 280 455
联营企业增值税	1 678
港澳台和外商投资企业增值税	621 810
私营企业增值税	492 156
其他增值税	56 569
增值税税款滞纳金、罚款收入	12 943
福利企业增值税退税	-25 725
软件集成电路增值税退税	-7 303
三线搬迁增值税退税	-19
民贸企业增值税退税	
宣传文化单位增值税退税	-943
森工综合利用增值税退税	-1 994
其他增值税退税	-41 071
免抵调增增值税	489 435
成品油价格和税费改革增值税划出	-51 054
营业税	4 706 109
金融保险业营业税（地方）	909 767
一般营业税	3 788 999
营业税税款滞纳金、罚款收入	7 343
营业税退税	
企业所得税	2 203 040
国有冶金工业所得税	4 215
国有有色金属工业所得税	
国有煤炭工业所得税	31 393
国有电力工业所得税	7 275
其他国有电力工业所得税	7 275
国有石油和化学工业所得税	5 982
国有机械工业所得税	69
国有汽车工业所得税	1 309
国有核工业所得税	
国有航空工业所得税	45
国有航天工业所得税	
国有电子工业所得税	81
国有兵器工业所得税	
国有船舶工业所得税	26
国有建筑材料工业所得税	12
国有烟草企业所得税	22 687
国有纺织企业所得税	19
国有铁道企业所得税	602
其他国有铁道企业所得税	602
国有交通企业所得税	1 717

续表

预算科目	决算数
国有民航企业所得税	732
国有外贸企业所得税	379
国有银行所得税	109
其他国有银行所得税	109
国有非银行金融企业所得税	170
其他国有非银行金融企业所得税	170
国有保险企业所得税	73
国有文教企业所得税	3 140
国有电影企业所得税	6
国有出版企业所得税	1 974
其他国有文教企业所得税	1 160
国有水产企业所得税	6
国有森林工业企业所得税	
国有电信企业所得税	53
国有农垦企业所得税	
其他国有企业所得税	76 680
集体企业所得税	99 696
股份制企业所得税	926 067
其他股份制企业所得税	926 067
联营企业所得税	1 025
港澳台和外商投资企业所得税	349 476
其他港澳台和外商投资企业所得税	349 476
私营企业所得税	213 192
其他企业所得税	28 845
分支机构预缴所得税	124 640
国有企业分支机构预缴所得税	13 794
股份制企业分支机构预缴所得税	44 905
港澳台和外商投资企业分支机构预缴所得税	62 902
其他企业分支机构预缴所得税	3 039
总机构预缴所得税	180 810
国有企业总机构预缴所得税	3 660
股份制企业总机构预缴所得税	111 559
港澳台和外商投资企业总机构预缴所得税	64 132
其他企业总机构预缴所得税	1 459
跨市县分支机构预缴所得税	54 090
国有企业分支机构预缴所得税	952
股份制企业分支机构预缴所得税	3 181
港澳台和外商投资企业分支机构预缴所得税	49 890
其他企业分支机构预缴所得税	67
跨市县总机构预缴所得税	35 380
国有企业总机构预缴所得税	15 563
股份制企业总机构预缴所得税	8 465
港澳台和外商投资企业总机构预缴所得税	11 000
其他企业总机构预缴所得税	352
跨市县总机构汇算清缴所得税	10 151
国有企业总机构汇算清缴所得税	340
股份制企业总机构汇算清缴所得税	867

续表

预算科目	决算数
港澳台和外商投资企业总机构汇算清缴所得税	8 701
其他企业总机构汇算清缴所得税	243
企业所得税税款滞纳金、罚款、加收利息收入	22 894
内资企业所得税税款滞纳金、罚款、加收利息收入	21 261
港澳台和外商投资企业所得税税款滞纳金、罚款、加收利息收入	1 633
企业所得税退税	-3 812
国有冶金工业所得税退税	
国有有色金属工业所得税退税	
国有煤炭工业所得税退税	-3 506
国有电力工业所得税退税	
国有石油和化学工业所得税退税	
国有机械工业所得税退税	
国有汽车工业所得税退税	
国有核工业所得税退税	
国有航空工业所得税退税	
国有航天工业所得税退税	
国有电子工业所得税退税	
国有兵器工业所得税退税	
国有船舶工业所得税退税	
国有建筑材料工业所得税退税	
国有烟草企业所得税退税	
国有纺织企业所得税退税	
国有铁道企业所得税退税	
国有交通企业所得税退税	
国有民航企业所得税退税	
国有外贸企业所得税退税	
国有银行所得税退税	
其他国有银行所得税退税	
国有非银行金融企业所得税退税	
其他国有非银行金融企业所得税退税	
国有保险企业所得税退税	
国有文教企业所得税退税	
国有电影企业所得税退税	
国有出版企业所得税退税	
其他国有文教企业所得税退税	
国有水产企业所得税退税	
国有森林工业企业所得税退税	
国有电信企业所得税退税	
其他国有企业所得税退税	-306
集体企业所得税退税	
股份制企业所得税退税	
其他股份制企业所得税退税	
联营企业所得税退税	
私营企业所得税退税	
跨省市总分机构企业所得税退税	
国有跨省市总分机构企业所得税退税	
股份制跨省市总分机构企业所得税退税	

续表

预算科目	决算数
港澳台和外商投资跨省市总分机构企业所得税退税	
其他跨省市总分机构企业所得税退税	
跨市县总分机构企业所得税退税	
国有跨市县总分机构企业所得税退税	
股份制跨市县总分机构企业所得税退税	
港澳台和外商投资跨市县总分机构企业所得税退税	
其他跨市县总分机构企业所得税退税	
其他企业所得税退税	
个人所得税（款）	646 665
个人所得税（项）	644 434
利息所得税	40 050
其他个人所得税	604 384
个人所得税税款滞纳金、罚款收入	2 231
资源税	328 077
其他资源税	327 451
资源税税款滞纳金、罚款收入	626
固定资产投资方向调节税	
国有企业固定资产投资方向调节税	
集体企业固定资产投资方向调节税	
股份制企业固定资产投资方向调节税	
联营企业固定资产投资方向调节税	
港澳台和外商投资企业固定资产投资方向调节税	
私营企业固定资产投资方向调节税	
其他固定资产投资方向调节税	
固定资产投资方向调节税税款滞纳金、罚款收入	
城市维护建设税	1 090 776
国有企业城市维护建设税	194 770
集体企业城市维护建设税	37 573
股份制企业城市维护建设税	719 415
联营企业城市维护建设税	1 208
港澳台和外商投资企业城市维护建设税	13 017
私营企业城市维护建设税	156 678
其他企业城市维护建设税	76 532
城市维护建设税税款滞纳金、罚款收入	2 993
成品油价格和税费改革城市维护建设税划出	-111 410
房产税	578 637
国有企业房产税	69 296
集体企业房产税	49 616
股份制企业房产税	241 515
联营企业房产税	1 315
港澳台和外商投资企业房地产税	76 717
私营企业房产税	62 615
其他房产税	72 350
房产税税款滞纳金、罚款收入	5 213
印花税	238 728
证券交易印花税（项）	
证券交易印花税（目）	

续表

预算科目	决算数
证券交易印花税退库	
其他印花税	236 339
印花税税款滞纳金、罚款收入	2 389
城镇土地使用税	1 208 817
国有企业城镇土地使用税	134 089
集体企业城镇土地使用税	66 858
股份制企业城镇土地使用税	553 498
联营企业城镇土地使用税	779
私营企业城镇土地使用税	202 519
港澳台和外商投资企业城镇土地使用税	99 038
其他城镇土地使用税	139 497
城镇土地使用税税款滞纳金、罚款收入	12 539
土地增值税	438 406
国有企业土地增值税	29 579
集体企业土地增值税	17 757
股份制企业土地增值税	222 178
联营企业土地增值税	5 668
港澳台和外商投资企业土地增值税	32 131
私营企业土地增值税	89 914
其他土地增值税	39 867
土地增值税税款滞纳金、罚款收入	1 312
车船税（款）	176 905
车船税（项）	176 745
车船税税款滞纳金、罚款收入	160
耕地占用税（款）	1 010 860
耕地占用税（项）	1 010 645
耕地占用税退税	
耕地占用税税款滞纳金、罚款收入	215
契税（款）	1 311 622
契税（项）	1 311 388
契税税款滞纳金、罚款收入	234
烟叶税（款）	23 779
烟叶税（项）	23 779
烟叶税税款滞纳金、罚款收入	
其他税收收入	
非税收入	4 782 869
专项收入	874 113
排污费收入（项）	141 223
排污费收入（目）	141 223
海洋工程排污费收入	
水资源费收入	111 053
教育费附加收入（项）	484 444
教育费附加收入（目）	532 883
成品油价格和税费改革教育费附加收入划出	-48 439
教育费附加滞纳金、罚款收入	
矿产资源补偿费收入	74 245
探矿权、采矿权使用费及价款收入	61 420

续表

预算科目	决算数
探矿权、采矿权使用费收入	1 721
探矿权、采矿权价款收入	59 699
场外核应急准备收入	
其他专项收入	1 728
行政事业性收费收入	1 715 876
公安行政事业性收费收入	238 177
法院行政事业性收费收入	118 803
司法行政事业性收费收入	8 856
外交行政事业性收费收入	206
工商行政事业性收费收入	19 351
商贸行政事业性收费收入	2 074
财政行政事业性收费收入	18 043
税务行政事业性收费收入	15 860
审计行政事业性收费收入	53
人口和计划生育行政事业性收费收入	158 216
外专局行政事业性收费收入	
保密行政事业性收费收入	
质量监督检验检疫行政事业性收费收入	55 939
出版行政事业性收费收入	
安全生产行政事业性收费收入	23
档案行政事业性收费收入	496
贸促会行政事业性收费收入	29
宗教行政事业性收费收入	
人防办行政事业性收费收入	94 868
文化行政事业性收费收入	3
教育行政事业性收费收入	7 728
科技行政事业性收费收入	
体育行政事业性收费收入	1
发展与改革（物价）行政事业性收费收入	142
统计行政事业性收费收入	31
国土资源行政事业性收费收入	238 676
建设行政事业性收费收入	139 333
知识产权行政事业性收费收入	87
环保行政事业性收费收入	14 511
旅游行政事业性收费收入	3
海洋行政事业性收费收入	2 684
测绘行政事业性收费收入	612
交通运输行政事业性收费收入	1 943
工业和信息产业行政事业性收费收入	1 403
农业行政事业性收费收入	26 540
林业行政事业性收费收入	5 395
水利行政事业性收费收入	138 630
卫生行政事业性收费收入	34 552
民政行政事业性收费收入	2 227
人力资源和社会保障行政事业性收费收入	11 845
电力市场监管行政事业性收费收入	
仲裁委行政事业性收费收入	

续表

预算科目	决算数
编办行政事业性收费收入	437
党校行政事业性收费收入	46
监察行政事业性收费收入	
外文局行政事业性收费收入	
国资委行政事业性收费收入	
其他行政事业性收费收入	358 053
罚没收入	680 153
一般罚没收入	679 702
公安罚没收入	211 654
检察院罚没收入	40 591
法院罚没收入	24 610
工商罚没收入	55 824
新闻出版罚没收入	48
技术监督罚没收入	20 254
税务部门罚没收入	2 326
海关罚没收入	2 906
食品药品监督罚没收入	6 598
卫生罚没收入	1 492
检验检疫罚没收入	318
证监会罚没收入	
保监会罚没收入	
交通罚没收入	60 491
铁道罚没收入	
审计罚没收入	8 320
渔政罚没收入	1 143
交强险罚没收入	
其他一般罚没收入	243 127
缉毒罚没收入	451
罚没收入退库	
国有资本经营收入	682 208
利润收入	109 794
金融企业利润收入	
其他企业利润收入	109 794
股利、股息收入	12 845
金融业公司股利、股息收入	
其他股利、股息收入	12 845
产权转让收入	366 760
其他产权转让收入	366 760
国有资本经营收入退库	
国有企业计划亏损补贴	-12 505
工业企业计划亏损补贴	-659
农业企业计划亏损补贴	
外贸企业计划亏损补贴	
其他国有企业计划亏损补贴	-11 846
其他国有资本经营收入	205 314
国有资源（资产）有偿使用收入	609 526
海域使用金收入	109 996
地方海域使用金收入	109 996
场地和矿区使用费收入	33
陆上石油矿区使用费	

续表

预算科目	决算数
中央和地方合资合作企业场地使用费收入	
地方合资合作企业场地使用费收入	3
港澳台和外商独资企业场地使用费收入	30
专项储备物资销售收入	
利息收入	63 705
国库存款利息收入	26 834
财政专户存款利息收入	1 987
有价证券利息收入	
其他利息收入	34 884
非经营性国有资产收入	84 259
行政单位国有资产出租收入	5 066
行政单位国有资产处置收入	18 204
事业单位国有资产处置收入	20 825
其他非经营性国有资产收入	40 164
出租车经营权有偿出让和转让收入	
其他国有资源（资产）有偿使用收入	351 533
其他收入（款）	220 993
捐赠收入	43 611
国外捐赠收入	
国内捐赠收入	40 122
汶川地震捐赠收入	3 489
基本建设收入	1 658
差别电价收入	
成品油价格和税费改革清退补缴收入	48 592
其他收入（项）	127 132
本年收入合计	21 986 324

2009年度山东省一般预算支出决算功能分类明细表

单位：万元

预算科目	决算数
一般公共服务	4 901 437
人大事务	96 885
行政运行	71 237
一般行政管理事务	8 355
机关服务	437
人大会议	7 263
人大立法	361
人大监督	259
代表培训	444
代表工作	1 321
人大信访工作	49
事业运行	219
其他人大事务支出	6 940
政协事务	71 375
行政运行	48 517
一般行政管理事务	8 250
机关服务	256
政协会议	5 755
委员视察	1 168
参政议政	408
事业运行	349
其他政协事务支出	6 672
政府办公厅（室）及相关机构事务	1 555 863
行政运行	1 151 372
一般行政管理事务	141 864
机关服务	45 891
专项服务	1 001
专项业务活动	23 951
政务公开审批	5 904
法制建设	1 309
信访事务	4 542
参事事务	
事业运行	29 665
其他政府办公厅（室）及相关机构事务支出	150 364
发展与改革事务	117 189
行政运行	69 786
一般行政管理事务	8 495
机关服务	853
战略规划与实施	3 809
日常经济运行调节	561
社会事业发展规划	100
经济体制改革研究	465
物价管理	13 858
事业运行	6 212
其他发展与改革事务支出	13 050
统计信息事务	46 493
行政运行	26 647

续表

预算科目	决算数
一般行政管理事务	1 469
机关服务	46
信息事务	2 835
专项统计业务	2 365
统计管理	278
专项普查活动	5 282
统计抽样调查	1 548
事业运行	4 848
其他统计信息事务支出	1 175
财政事务	215 942
行政运行	119 705
一般行政管理事务	21 081
机关服务	1 040
预算编制业务	505
财政国库业务	5 039
财政监察	789
信息化建设	2 471
财政委托业务支出	1 437
事业运行	19 987
其他财政事务支出	43 888
税收事务	379 616
行政运行	119 321
一般行政管理事务	74 937
机关服务	301
税务办案	2 277
税务登记证及发票管理	17 824
代扣代收代征税款手续费	42 676
税务宣传	449
协税护税	25 875
信息化建设	6 576
事业运行	6 575
其他税收事务支出	82 805
审计事务	49 001
行政运行	36 080
一般行政管理事务	1 941
机关服务	135
审计业务	7 403
审计管理	132
信息化建设	285
事业运行	1 365
其他审计事务支出	1 660
海关事务	4 150
行政运行	235
一般行政管理事务	40
机关服务	
收费业务	
缉私办案	63

续表

预算科目	决算数
口岸电子执法系统建设与维护	100
信息化建设	
事业运行	
其他海关事务支出	3 712
人力资源事务	123 998
行政运行	38 174
一般行政管理事务	7 019
机关服务	127
政府特殊津贴	1 943
资助留学回国人员	126
军队转业干部安置	50 370
博士后日常经费	41
引进人才费用	4 523
公务员考核	742
公务员培训	156
公务员招考	324
事业运行	7 385
其他人事事务支出	13 068
纪检监察事务	62 252
行政运行	42 311
一般行政管理事务	8 001
机关服务	79
大案要案查处	1 925
派驻派出机构	903
中央巡视	
事业运行	180
其他纪检监察事务支出	8 853
人口与计划生育事务	435 850
行政运行	204 621
一般行政管理事务	20 039
机关服务	1 201
人口规划与发展战略研究	937
计划生育家庭奖励	60 427
人口和计划生育统计及抽样调查	578
人口和计划生育信息系统建设	878
计划生育、生殖健康促进工程	3 520
计划生育免费基本技术服务	19 863
人口出生性别比综合治理	120
人口和计划生育服务网络建设	18 814
计划生育避孕药具经费	4 748
人口和计划生育宣传教育经费	7 637
流动人口计划生育管理和服务	3 388
人口和计划生育目标责任制考核	3 898
其他人口与计划生育事务支出	85 181
商贸事务	157 604
行政运行	65 834
一般行政管理事务	7 569

续表

预算科目	决算数
机关服务	500
对外贸易管理	2 633
国际经济合作	26
外资管理	197
国内贸易管理	807
招商引资	50 251
事业运行	9 982
其他商贸事务支出	19 805
知识产权事务	3 693
行政运行	2 211
一般行政管理事务	346
机关服务	
专利审批	300
国家知识产权战略	
专利试点和产业化推进	300
专利执法	49
国际组织专项活动	
知识产权宏观管理	63
事业运行	111
其他知识产权事务支出	313
工商行政管理事务	229 663
行政运行	186 268
一般行政管理事务	4 164
机关服务	226
工商行政管理专项	4 365
执法办案专项	8 397
消费者权益保护	824
信息化建设	722
事业运行	11 892
其他工商行政管理事务支出	12 805
质量技术监督与检验检疫事务	108 414
行政运行	40 380
一般行政管理事务	12 140
机关服务	128
出入境检验检疫行政执法和业务管理	95
出入境检验检疫技术支持	
质量技术监督行政执法及业务管理	26 465
质量技术监督技术支持	1 073
认证认可监督管理	5
标准化管理	406
信息化建设	119
事业运行	24 141
其他质量技术监督与检验检疫事务支出	3 462
国土资源事务	314 057
行政运行	79 696
一般行政管理事务	7 366
机关服务	144

续表

预算科目	决算数
国土资源规划及管理	6 182
土地资源调查	5 166
土地资源利用与保护	31 495
国土资源社会公益服务	263
国土资源行业业务管理	1 279
国土资源大调查	1 016
国土整治	14 837
地质灾害防治	790
土地资源储备支出	114
地质及矿产资源调查	5 316
地质矿产资源利用与保护	225
地质转产项目财政贴息	63
国外风险勘查	320
矿产资源补偿费支出	53 672
探矿权采矿权使用费和价款支出	31 941
地质勘查基金（周转金）支出	565
事业运行	35 509
其他国土资源事务支出	38 098
海洋管理事务	42 603
行政运行	4 280
一般行政管理事务	364
机关服务	
海域使用管理	445
海洋环境保护与监测	494
海洋调查评价	100
海洋权益维护	
海洋执法监察	244
海洋防灾减灾	
海洋卫星	
极地考察	
海洋矿产资源勘探研究	
海港航标维护	
海域使用金支出	35 253
海水淡化	
海洋工程排污费支出	
事业运行	1 106
其他海洋管理事务支出	317
测绘事务	4 023
行政运行	
一般行政管理事务	
机关服务	
基础测绘	3 065
航空摄影	
测绘工程建设	
事业运行	45
其他测绘事务支出	913
地震事务	12 053

续表

预算科目	决算数
行政运行	3 869
一般行政管理事务	223
机关服务	1
地震台站、台网	1 599
地震流动观测	23
地震信息传输及管理	
震情跟踪	
地震预报预测	5 142
地震灾害预防	463
地震应急救援	135
地震技术应用与培训	6
地震事业机构	409
其他地震事务支出	183
气象事务	13 094
行政运行	1 719
一般行政管理事务	372
机关服务	5
气象事业机构	2 854
气象技术研究应用与培训	
气象探测	60
气象信息传输及管理	2
气象预报预测	436
气象服务	4 794
气象装备保障维护	1 153
气象台站建设与维护	246
气象卫星	
气象法规与标准	
其他气象事务支出	1 453
民族事务	4 907
行政运行	3 585
一般行政管理事务	305
机关服务	
民族工作专项	511
事业运行	
其他民族事务支出	506
宗教事务	2 621
行政运行	1 446
一般行政管理事务	82
机关服务	2
宗教工作专项	199
事业运行	201
其他宗教事务支出	691
港澳台侨事务	8 341
行政运行	5 391
一般行政管理事务	649
机关服务	1
港澳事务	6

续表

预算科目	决算数
台湾事务	1 090
华侨事务	492
事业运行	249
其他港澳台侨事务支出	463
档案事务	27 093
行政运行	12 479
一般行政管理事务	638
机关服务	18
档案馆	13 410
其他档案事务支出	548
共产党事务	504 470
行政运行	330 279
一般行政管理事务	56 075
机关服务	3 067
专项服务	4 807
专项业务	49 586
事业运行	7 846
其他共产党事务支出	52 810
民主党派及工商联事务	17 044
行政运行	11 558
一般行政管理事务	1 100
机关服务	2
参政议政	850
事业运行	142
其他民主党派及工商联事务支出	3 392
群众团体事务	48 182
行政运行	31 350
一般行政管理事务	6 165
机关服务	59
厂务公开	186
工会疗养休养	
事业运行	3 206
其他群众团体事务支出	7 216
其他一般公共服务支出（款）	244 961
国家赔偿费用支出	5
其他一般公共服务支出（项）	244 956
外交	
外交管理事务	
行政运行	
一般行政管理事务	
机关服务	
专项业务	
事业运行	
其他外交管理事务支出	
对外援助	
对外成套项目援助	
对外一般物资援助	

续表

预算科目	决算数
对外科技合作援助	
对外优惠贷款援助及贴息	
对外医疗援助	
其他对外援助支出	
对外合作与交流	
出国活动	
招待活动	
在华国际会议	
其他对外合作与交流支出	
对外宣传	
边界勘界联检	
边界勘界	
边界联检	
边界界桩维护	
其他支出	
其他外交支出	
国防	84 223
现役部队	
预备役部队	4 462
民兵	19 919
国防科研事业	
专项工程	
国防动员	39 645
兵役征集	1 880
经济动员	140
人民防空	35 614
交通战备	
国防教育	98
其他国防动员支出	1 913
其他国防支出	20 197
公共安全	1 973 698
武装警察	71 890
内卫	12 486
边防	10 283
消防	43 647
警卫	1 676
黄金	
森林	70
水电	
交通	138
其他武装警察支出	3 590
公安	1 145 500
行政运行	670 358
一般行政管理事务	89 101
机关服务	700
治安管理	34 072
国内安全保卫	3 025

续表

预算科目	决算数
刑事侦查	8 370
经济犯罪侦查	1 960
出入境管理	9 066
行动技术管理	2 178
防范和处理邪教犯罪	381
禁毒管理	1 269
道路交通管理	179 708
网络侦控管理	3 588
反恐怖	704
居民身份证管理	8 600
网络运行及维护	3 353
拘押收教场所管理	16 881
警犬繁育及训养	298
信息化建设	9 599
事业运行	5 461
其他公安支出	96 828
国家安全	36 597
行政运行	29 429
一般行政管理事务	1 787
机关服务	134
安全业务	2 155
事业运行	100
其他国家安全支出	2 992
检察	180 179
行政运行	118 095
一般行政管理事务	17 468
机关服务	619
查办和预防职务犯罪	5 498
公诉和审判监督	477
侦查监督	631
执行监督	218
控告申诉	91
“两房”建设	13 426
事业运行	621
其他检察支出	23 035
法院	294 415
行政运行	167 185
一般行政管理事务	32 764
机关服务	614
案件审判	30 592
案件执行	5 664
“两庭”建设	18 394
事业运行	1 757
其他法院支出	37 445
司法	63 577
行政运行	44 005
一般行政管理事务	3 632

续表

预算科目	决算数
机关服务	274
基层司法业务	1 959
普法宣传	1 344
律师公证管理	4 280
法律援助	1 879
司法统一考试	20
仲裁	643
事业运行	899
其他司法支出	4 642
监狱	135 003
行政运行	90 436
一般行政管理事务	774
机关服务	78
犯人生活	15 993
犯人改造	6 568
狱政设施建设	6 887
事业运行	1 222
其他监狱支出	13 045
劳教	26 991
行政运行	19 747
一般行政管理事务	329
机关服务	
劳教人员生活	2 070
劳教人员教育	656
所政设施建设	3 010
事业运行	
其他劳教支出	1 179
国家保密	193
行政运行	43
一般行政管理事务	56
机关服务	
保密技术	
保密管理	88
事业运行	
其他国家保密支出	6
缉私警察	
行政运行	
一般行政管理事务	
专项缉私活动支出	
缉私情报	
禁毒及缉毒	
网络运行及维护	
警服购置	
其他缉私警察支出	
其他公共安全支出	19 353
教育	6 134 864
教育管理事务	137 072

续表

预算科目	决算数
行政运行	100 186
一般行政管理事务	8 100
机关服务	703
其他教育管理事务支出	28 083
普通教育	4 671 414
学前教育	29 452
小学教育	1 727 202
初中教育	1 425 201
高中教育	596 901
高等教育	555 648
化解农村“普九”债务试点支出	14 335
其他普通教育支出	322 675
职业教育	575 483
初等职业教育	3 313
中专教育	177 850
技校教育	85 524
职业高中教育	145 722
高等职业教育	142 365
其他职业教育支出	20 709
成人教育	8 010
成人初等教育	1 244
成人中等教育	2 189
成人高等教育	3 664
成人广播电视教育	684
其他成人教育支出	229
广播电视教育	8 241
广播电视学校	7 174
教育电视台	1 064
其他广播电视教育支出	3
留学教育	
出国留学教育	
来华留学教育	
其他留学教育支出	
特殊教育	27 447
特殊学校教育	26 498
工读学校教育	
其他特殊教育支出	949
教师进修及干部继续教育	121 634
教师进修	23 921
干部教育	87 784
其他教师进修及干部继续教育支出	9 929
教育附加及基金支出	483 332
教育费附加支出	483 332
其他教育附加及基金支出	
其他教育支出	102 231
科学技术	628 783
科学技术管理事务	34 319

续表

预算科目	决算数
行政运行	25 691
一般行政管理事务	4 414
机关服务	202
其他科学技术管理事务支出	4 012
基础研究	42 545
机构运行	17 237
重点基础研究规划	
自然科学基金	4 002
重点实验室及相关设施	5 265
重大科学工程	
专项基础科研	
专项技术基础	343
其他基础研究支出	15 698
应用研究	27 488
机构运行	5 026
社会公益研究	17 064
高技术研究	50
专项科研试制	30
其他应用研究支出	5 318
技术研究与开发	399 541
机构运行	1 064
应用技术研究与开发	287 261
产业技术研究与开发	55 725
科技成果转化与扩散	15 064
其他技术研究与开发支出	40 427
科技条件与服务	21 025
机构运行	6 521
技术创新服务体系	4 025
科技条件专项	625
其他科技条件与服务支出	9 854
社会科学	8 970
社会科学研究机构	4 081
社会科学研究	2 711
社科基金支出	
其他社会科学支出	2 178
科学技术普及	18 984
机构运行	5 506
科普活动	4 695
青少年科技活动	268
学术交流活动	297
科技馆站	2 381
其他科学技术普及支出	5 837
科技交流与合作	1 654
国际交流与合作	54
重大科技合作项目	10
其他科技交流与合作支出	1 590
其他科学技术支出	74 257

续表

预算科目	决算数
科技奖励	6 904
核应急	
转制科研机构	618
科技重大专项	
其他科学技术支出	66 735
文化体育与传媒	703 991
文化	181 719
行政运行	47 465
一般行政管理事务	4 168
机关服务	77
图书馆	18 025
文化展示及纪念机构	5 510
艺术表演场所	10 017
艺术表演团体	24 103
文化活动	6 452
群众文化	26 965
文化交流与合作	275
文化创作与保护	5 309
文化市场管理	3 460
其他文化支出	29 893
文物	84 138
行政运行	5 376
一般行政管理事务	105
机关服务	40
文物保护	12 810
博物馆	59 489
历史名城与古迹	360
其他文物支出	5 958
体育	267 123
行政运行	17 648
一般行政管理事务	586
机关服务	351
运动项目管理	15 666
体育竞赛	89 439
体育训练	12 625
体育场馆	99 645
群众体育	7 346
体育交流与合作	76
其他体育支出	23 741
广播影视	100 031
行政运行	27 059
一般行政管理事务	667
机关服务	802
广播	13 129
电视	35 485
电影	5 376
广播电视监控	128

续表

预算科目	决算数
其他广播影视支出	17 385
新闻出版	12 291
行政运行	5 006
一般行政管理事务	349
机关服务	74
新闻通讯	738
出版发行	1 774
版权管理	22
出版市场管理	310
其他新闻出版支出	4 018
其他文化体育与传媒支出（款）	58 689
宣传文化发展专项支出	30 720
其他文化体育与传媒支出（项）	27 969
社会保障和就业	3 427 930
人力资源和社会保障管理事务	139 879
行政运行	48 459
一般行政管理事务	4 321
机关服务	566
综合业务管理	2 229
劳动保障监察	2 930
就业管理事务	10 494
社会保险业务管理事务	6 628
金保工程	860
社会保险经办机构	45 880
劳动关系和维权	528
公共就业服务和职业技能鉴定机构	4 134
其他人力资源和社会保障管理事务	12 850
民政管理事务	115 513
行政运行	47 722
一般行政管理事务	3 726
机关服务	459
拥军优属	6 749
老龄事务	6 792
民间组织管理	519
行政区划和地名管理	1 473
基层政权和社区建设	28 608
部队供应	1 346
其他民政管理事务支出	18 119
财政对社会保险基金的补助	310 008
财政对基本养老保险基金的补助	264 733
财政对失业保险基金的补助	1 225
财政对基本医疗保险基金的补助	6 342
财政对工伤保险基金的补助	508
财政对生育保险基金的补助	124
财政对新型农村社会养老保险基金的补助	5 774
财政对其他社会保险基金的补助	31 302
行政事业单位离退休	1 349 511

续表

预算科目	决算数
行政单位离退休	457 437
事业单位离退休	804 398
离退休人员管理机构	8 748
其他行政事业单位离退休支出	78 928
企业改革补助	183 659
企业关闭破产补助	126 621
厂办大集体改革补助	
其他企业改革发展补助	57 038
就业补助	108 376
扶持公共就业服务	4 625
职业培训补贴	7 112
职业介绍补贴	1 075
社会保险补贴	16 193
岗位补贴	19 458
小额担保贷款贴息	1 084
补充小额贷款担保基金	910
职业技能鉴定补贴	251
特定就业政策支出	2 340
其他就业补助支出	55 328
抚恤	331 404
死亡抚恤	37 654
伤残抚恤	113 179
在乡复员、退伍军人生活补助	91 332
优抚事业单位	22 952
义务兵优待	16 366
其他优抚支出	49 921
退役安置	158 694
退伍军人安置	23 721
军队移交政府的离退休人员安置	112 403
军队移交政府离退休干部管理机构	17 486
其他退役安置支出	5 084
社会福利	49 098
儿童福利	3 275
老年人福利	17 585
假肢矫形	2
殡葬	2 925
社会福利事业单位	12 661
其他社会福利支出	12 650
残疾人事业	27 763
行政运行	11 610
一般行政管理事务	1 896
机关服务	314
残疾人康复	5 007
残疾人就业和扶贫	794
残疾人体育	420
其他残疾人事业支出	7 722
城市居民最低生活保障	117 942

续表

预算科目	决算数
其他城镇社会救济	13 370
流浪乞讨人员救助	3 176
其他城镇社会救济支出	10 194
自然灾害生活救助	21 919
中央自然灾害生活补助	9 836
地方自然灾害生活补助	5 063
自然灾害灾后重建补助	5 556
其他自然灾害生活救助支出	1 464
红十字事业	3 708
行政运行	2 110
一般行政管理事务	422
机关服务	4
其他红十字事业支出	1 172
农村最低生活保障	151 055
其他农村社会救济	58 259
五保供养	35 408
其他农村社会救济支出	22 851
保障性住房支出	81 713
廉租住房支出	75 340
沉陷区治理	
棚户区改造	1 990
少数民族地区游牧民定居工程	
农村危房改造	2 645
其他保障性住房支出	1 738
其他社会保障和就业支出	206 059
医疗卫生	1 892 400
医疗卫生管理事务	70 846
行政运行	50 556
一般行政管理事务	6 749
机关服务	228
其他医疗卫生管理事务支出	13 313
医疗服务	292 569
综合医院	182 713
中医医院	51 593
传染病医院	9 504
口腔医院	1 325
精神病医院	7 727
其他专科医院	13 516
福利医院	
行业医院	3 324
处理医疗欠费	371
其他医疗服务支出	22 496
社区卫生服务	55 119
社区公共卫生服务	33 512
社区卫生专项	10 934
其他社区卫生服务支出	10 673
医疗保障	971 203

续表

预算科目	决算数
行政单位医疗	155 926
事业单位医疗	125 824
公务员医疗补助	9 397
优抚对象医疗补助	29 746
城市医疗救助	7 635
新型农村合作医疗	517 939
农村医疗救助	10 447
城镇居民基本医疗保险	46 036
其他医疗保障支出	68 253
疾病预防控制	166 501
疾病预防控制机构	77 869
突发公共卫生事件应急处理	13 186
重大疾病预防控制	15 402
其他疾病预防控制专项	17 353
其他疾病预防控制支出	42 691
卫生监督	19 761
卫生监督机构	17 218
卫生监督专项	1 618
其他卫生监督支出	925
妇幼保健	39 200
妇幼保健机构	22 335
妇幼保健专项	14 489
其他妇幼保健支出	2 376
农村卫生	176 730
乡镇卫生院	117 785
农村卫生专项	51 327
其他农村卫生支出	7 618
中医药	1 658
中医（民族医）药专项	988
其他中医药支出	670
食品和药品监督管理事务	63 736
行政运行	34 725
一般行政管理事务	321
机关服务	132
食品、药品及医疗器械检验	5 245
注册审评事务	15
标准事务	2 070
认证事务	
食品药品评价	1 860
药品保护	
执法办案	2 714
食品药品安全	1 509
事业运行	5 818
其他食品和药品监督管理事务支出	9 327
其他医疗卫生支出	35 077
环境保护	761 698
环境保护管理事务	53 658

续表

预算科目	决算数
行政运行	42 256
一般行政管理事务	3 244
机关服务	215
环境保护宣传	871
环境保护法规、规划及标准	730
环境国际合作及履约	
环境保护行政许可	16
其他环境保护管理事务支出	6 326
环境监测与监察	8 945
建设项目环评审查与监督	428
核与辐射安全监督	102
其他环境监测与监察支出	8 415
污染防治	355 274
大气	10 610
水体	162 078
噪声	6
固体废弃物与化学品	34 762
放射源和放射性废物监管	219
辐射	24
排污费支出	136 697
其他污染防治支出	10 878
自然生态保护	11 334
生态保护	2 790
农村环境保护	7 547
自然保护区	430
生物及物种资源保护	
其他自然生态保护支出	567
天然林保护	
森林管护	
社会保险补助	
政策性社会性支出补助	
职工分流安置	
职工培训	
天然林保护工程建设	
其他天然林保护支出	
退耕还林	906
粮食折现挂账贴息	
退耕现金	29
退耕还林粮食折现补贴	71
退耕还林粮食费用补贴	
退耕还林工程建设	20
其他退耕还林支出	786
风沙荒漠治理	2
京津风沙源禁牧舍饲粮食折现补助	
京津风沙源治理禁牧舍饲粮食折现挂账贴息	
京津风沙源治理禁牧舍饲粮食费用补贴	
京津风沙源治理工程建设	

续表

预算科目	决算数
其他风沙荒漠治理支出	2
退牧还草	
退牧还草粮食折现补贴	
退牧还草粮食费用补贴	
退牧还草粮食折现挂账贴息	
退牧还草工程建设	
其他退牧还草支出	
已垦草原退耕还草	
能源节约利用	181 560
污染减排	80 451
环境监测与信息	12 212
环境执法监察	7 874
减排专项支出	55 872
清洁生产专项支出	1 690
其他污染减排支出	2 803
可再生能源	12 319
资源综合利用	41 836
能源管理事务	213
行政运行	
一般行政管理事务	
机关服务	
能源预测预警	
能源战略规划与实施	
能源科技装备	
能源行业管理	
能源管理	
石油储备发展管理	
能源调查	
信息化建设	
事业运行	213
其他能源管理事务支出	
其他环境保护支出	15 200
城乡社区事务	3 119 311
城乡社区管理事务	384 623
行政运行	177 436
一般行政管理事务	21 804
机关服务	1 091
城管执法	58 805
工程建设标准规范编制与监管	1 620
工程建设管理	6 294
市政公用行业市场监管	2 866
国家重点风景区规划与保护	118
住宅建设与房地产市场监管	3 308
执业资格注册、资质审查	789
其他城乡社区管理事务支出	110 492
城乡社区规划与管理	75 462
城乡社区公共设施	1 996 054

续表

预算科目	决算数
小城镇基础设施建设	127 036
其他城乡社区公共设施支出	1 869 018
城乡社区住宅	27 120
公有住房建设和维修改造支出	2 878
其他城乡社区住宅支出	24 242
城乡社区环境卫生	238 025
建设市场管理与监督	5 308
其他城乡社区事务支出	392 719
农林水事务	3 693 489
农业	2 323 763
行政运行	249 246
一般行政管理事务	14 940
机关服务	1 603
农业事业机构	122 788
农垦	441
技术推广	70 883
技能培训	14 357
病虫害控制	49 185
农产品质量安全	22 947
执法监管	8 259
信息服务	976
农村及农业宣传	557
农业资金审计	279
对外交流与合作	70
耕地地力保护	15 703
草原草场保护	17
渔业及水域保护	13 398
农业资源调查和区划	195
灾害救助	2 957
稳定农民收入补贴	5 118
农业结构调整补贴	1 874
农业生产资料补贴	263 256
农业生产保险补贴	33 459
农民合作经济组织	8 301
农产品加工与促销	15 087
农村公益事业	55 336
垦区公共支出	
垦区公益事业	
农业国有资产维护	3
农业前期工作与政策研究	620
农民收入统计与负担监测	328
农业产业化	46 598
农业资源保护	1 374
草原资源监测	
外来物种管理	
农村能源综合建设	64 198
农村人畜饮水	128 356

续表

预算科目	决算数
村级债务化解	1 238
农村道路建设	157 936
对村民委员会和村党支部的补助	154 025
对村集体经济组织的补助	13 587
对村级一事一议的补助	1 611
实施减轻农业用水负担综合改革补助	
农资综合直补	519 505
石油价格改革对渔业的补贴	35 890
棉花专项补贴	
农业生产资料专项补贴	657
对高校毕业生到村任职补贴	6 444
其他农业支出	220 161
林业	240 739
行政运行	60 359
一般行政管理事务	6 106
机关服务	140
林业事业机构	24 276
森林培育	72 484
林业技术推广	4 025
森林资源管理	1 267
森林资源监测	205
森林生态效益补偿	11 262
林业自然保护区	853
动植物保护	124
湿地保护	2 719
林业执法与监督	472
森林防火	6 735
林业有害生物防治	16 896
林业检疫检测	288
防沙治沙	669
林业质量安全	170
林业工程与项目管理	1 793
林业对外合作与交流	42
林业产业化	1 098
技能培训	76
信息管理	10
林业政策制定与宣传	87
林业资金审计稽查	
林区公共支出	
林业贷款贴息	4 623
林业救灾	14
石油价格改革对林业的补贴	269
其他林业支出	23 677
水利	859 490
行政运行	95 942
一般行政管理事务	5 266
机关服务	659

续表

预算科目	决算数
水利行业业务管理	14 138
水利工程建设	420 975
水利工程运行与维护	26 451
长江黄河等流域管理	
水利前期工作	1 502
水利执法监督	920
水土保持	13 988
水资源管理与保护	8 415
水质监测	613
水文测报	1 028
防汛	7 884
抗旱	12 440
农田水利	94 833
水利技术推广和培训	2 758
国际河流治理与管理	
三峡建设管理事务	
大中型水库移民后期扶持专项支出	23
水资源费支出	103 210
砂石资源费支出	621
信息管理	47
水利建设移民支出	5 308
其他水利支出	42 469
南水北调	33 008
行政运行	158
一般行政管理事务	20
机关服务	
南水北调工程建设	32 753
政策研究与信息管理	
工程稽查	
前期工作	
南水北调技术推广和培训	
环境、移民及水资源管理与保护	1
其他南水北调支出	76
扶贫	38 521
行政运行	903
一般行政管理事务	181
机关服务	
农村基础设施建设	17 359
生产发展	10 439
社会发展	145
扶贫贷款奖补和贴息	970
“三西”农业建设专项补助	
扶贫事业机构	
其他扶贫支出	8 524
农业综合开发	145 645
机构运行	4 699
土地治理	89 947

续表

预算科目	决算数
产业化经营	19 252
科技示范	1 396
贷款贴息	10 247
其他农业综合开发支出	20 104
其他农林水事务支出	52 323
交通运输	1 742 456
公路水路运输	1 548 004
行政运行	194 518
一般行政管理事务	28 727
机关服务	611
公路新建	92 428
公路改建	286 937
公路养护	138 055
特大型桥梁建设	713
公路路政管理	15 416
公路和运输信息化建设	306
公路和运输安全	881
公路还贷专项	70 078
公路运输管理	29 244
公路客货运站（场）建设	19 233
公路和运输技术标准化建设	
车辆购置税支出	69 882
港口设施	35 653
航道维护	13 119
安全通信	
三峡库区通航管理	
航务管理	840
船舶检验	33
救助打捞	10
内河运输	
远洋运输	
海事管理	292
航标事业发展支出	
水路运输管理支出	238
口岸建设	1 300
取消政府还贷二级公路收费专项支出	85 507
车辆购置税用于地震灾后恢复重建的支出	7 584
其他公路水路运输支出	456 399
铁路运输	27 416
行政运行	422
一般行政管理事务	35
机关服务	
铁路路网建设	22 055
铁路还贷专项	1 541
铁路安全	
铁路专项运输	
其他铁路运输支出	3 363

续表

预算科目	决算数
民用航空运输	17 278
行政运行	461
一般行政管理事务	21
机关服务	
机场建设	6 713
空管系统建设	
民航还贷专项支出	
民用航空安全	
民航专项运输	
民航政策性购机专项支出	
其他民用航空运输支出	10 083
石油价格改革对交通运输的补贴	54 752
对城市公交的补贴	34 423
对农村道路客运的补贴	9 323
对出租车的补贴	7 324
石油价格改革补贴其他支出	3 682
邮政业支出	6
行政运行	3
一般行政管理事务	3
机关服务	
行业监管	
邮政普遍服务与特殊服务	
其他邮政业支出	
其他交通运输支出	95 000
公共交通运营补助	21 795
其他交通运输支出	73 205
采掘电力信息等事务	1 350 718
采掘业	91 325
行政运行	4 301
一般行政管理事务	648
机关服务	85
煤炭勘探开采和洗选	38 282
石油和天然气勘探开采	
黑色金属矿勘探和采选	1 440
有色金属矿勘探和采选	
非金属矿勘探和采选	
其他采掘业支出	46 569
制造业	407 436
行政运行	10 563
一般行政管理事务	1 381
机关服务	778
纺织业	14 556
医药制造业	10 356
非金属矿物制品业	215
通信设备、计算机及其他电子设备制造业	6 984
交通运输设备制造业	40 738
电气机械及器材制造业	19 863

续表

预算科目	决算数
工艺品及其他制造业	3 520
石油加工、炼焦及核燃料加工业	4 299
化学原料及化学制品制造业	11 871
黑色金属冶炼及压延加工业	300
有色金属冶炼及压延加工业	517
其他制造业支出	281 495
建筑业	30 346
行政运行	250
一般行政管理事务	1 352
机关服务	
其他建筑业支出	28 744
电力监管支出	2 548
行政运行	48
一般行政管理事务	31
机关服务	
电力监管	13
电力稽查	
争议调节	
安全事故调查	
电力市场建设	
电力输送改革试点	
信息系统建设	
三峡库区移民专项支出	
电力改革专项支出	
农村电网建设	
事业运行	
其他电力监管支出	2 456
工业和信息产业监管支出	38 171
行政运行	7 192
一般行政管理事务	853
机关服务	77
战备应急	
信息安全建设	200
专用通信	256
无线电监管	4 769
工业和信息产业战略研究与标准制定	24
工业和信息产业支持	16 232
电子专项工程	2 130
行业监管	555
军工电子	
技术基础研究	
其他工业和信息产业监管支出	5 883
安全生产监管	60 691
行政运行	22 777
一般行政管理事务	1 697
机关服务	25
国务院安委会专项	
安全监管监察专项	7 973

续表

预算科目	决算数
应急救援支出	636
煤炭安全	21 753
其他安全生产监管支出	5 830
国有资产监管	17 629
行政运行	7 356
一般行政管理事务	1 149
机关服务	145
国有企业监事会专项	482
中央企业专项管理	6
其他国有资产监管支出	8 491
支持中小企业发展和管理支出	320 702
行政运行	14 691
一般行政管理事务	2 264
机关服务	129
科技型中小企业技术创新基金	19 396
中小企业发展专项	116 011
其他支持中小企业发展和管理支出	168 211
其他采掘电力信息等事务支出（款）	381 870
黄金事务	2 173
建设项目贷款贴息	4 324
技术改造支出	29 866
中药材扶持资金支出	
其他采掘电力信息等事务支出（项）	345 507
粮油物资储备管理等事务	825 344
粮油事务	261 500
行政运行	19 247
一般行政管理事务	1 131
机关服务	195
粮食财务与审计支出	
粮食信息统计	142
粮食专项业务活动	582
国家粮油差价补贴	696
储备粮油利息费用补贴	5 137
储备粮油差价补贴	221
储备粮食移库费用补贴	677
储备粮（油）库建设	3 733
粮食财务挂账利息补贴	16 325
粮食财务挂账消化款	965
处理陈化粮补贴	10
粮食风险基金	177 600
最低收购价政策支出	8
事业运行	921
其他粮油事务支出	33 910
商业流通事务	328 067
行政运行	23 811
一般行政管理事务	1 189
机关服务	147
棉花储备	173
食糖储备	
肉类储备	1 581
化肥储备	4 527

续表

预算科目	决算数
农药储备	79
边销茶储备	
羊毛储备	
处理商业物资挂账补贴	
处理供销社挂账利息补贴	626
消化供销社挂账本金补贴	
食品流通安全补贴	5
市场监测及信息管理	
民贸网点贷款贴息	97
医药储备	
石油储备	
国家留成油串换国家储备油支出	
食盐储备	337
事业运行	975
其他商业流通事务支出	294 520
物资储备	5 352
行政运行	4 231
一般行政管理事务	33
机关服务	
铁路专用线	
护库武警和民兵支出	
物资保管与保养	
专项贷款利息	
物资收储	6
物资转移	
物资轮换	260
仓库建设	
仓库安防	
事业运行	125
其他物资储备支出	697
旅游业管理与服务支出	69 311
行政运行	13 292
一般行政管理事务	1 099
机关服务	23
旅游宣传	12 674
旅游行业业务管理	1 108
其他旅游业管理与服务支出	41 115
涉外发展服务支出	51 427
行政运行	1 933
一般行政管理事务	1 271
机关服务	88
外经贸发展专项资金	34 354
外商投资环境建设补助资金	
其他涉外发展服务支出	13 781
其他粮油物资储备管理等事务支出（款）	109 687
服务业基础设施建设	9 188
其他粮油物资储备管理等事务支出（项）	100 499

续表

预算科目	决算数
金融监管支出	8 743
行政运行	355
一般行政管理事务	1 063
机关服务	
货币发行	
金融服务	
安全防卫	
反洗钱及反假币	
重点金融机构监管	
金融稽查与案件处理	442
金融行业电子化建设	40
从业人员资格考试	
中央银行亏损补贴	
政策性银行亏损补贴	
商业银行贷款贴息	172
补充资本金	1 000
风险基金补助	
事业运行	
其他金融监管支出	5 671
地震灾后恢复重建支出	251 108
倒塌毁损民房恢复重建	
农村居民住宅恢复重建	
城镇居民住宅恢复重建	
基础设施恢复重建	199 401
公路	
桥梁	
铁路路网	
机场	
水运港口设施	
运政设施	
邮政设施	
水利工程	
供水	
供气	
市政道路、桥梁	1 232
排水管道	365
污水处理设施	
公交设施	20
其他基础设施恢复重建支出	197 784
公益服务设施恢复重建	5 511
学校和其他教育设施	4 539
医院及其他医疗卫生食品药品监管设施	812
科研院所科普场馆及其他科研科普设施	
文化馆图书馆及其他文化设施	136
文物事业单位博物馆及其附属设施	
广播电视台（站）及其他广播影视设施	
体育场馆及其他体育设施	
儿童福利院及其他社会保障和社会福利设施	
环境保护事业单位及环保设施	
人口和计划生育事业单位及设施	
档案事业单位及设施	

续表

预算科目	决算数
地震事业单位及设施	
其他公益服务事业单位及设施	24
农业林业恢复生产和重建	
农业生产资料补助	
损毁土地整理	
农田水利设施恢复重建	
规模化种养殖棚舍池恢复重建	
良种繁育设施恢复重建	
农林推广和服务设施恢复重建	
森林防火设施恢复重建	
受损林木恢复	
其他农业林业恢复生产和重建支出	
工商企业恢复生产和重建	
项目投资补助	
注入资本金	
贷款贴息	
其他工商企业恢复生产和重建支出	
党政机关恢复重建	46
一般公共服务机关恢复重建支出	
公共安全机构恢复重建支出	
教育管理机构恢复重建支出	
科学技术管理机构恢复重建支出	
文化体育与传媒管理机构恢复重建支出	
社会保障和就业管理机构恢复重建支出	
医疗卫生及食品药品监督管理机构恢复重建支出	
环境保护管理机构恢复重建支出	
农林水管理机构恢复重建支出	
其他党政机关恢复重建支出	46
军队武警恢复重建支出	
军队恢复重建支出	
武警恢复重建支出	
其他恢复重建支出	46 150
震后地质灾害治理支出	
其他恢复重建支出	46 150
国债还本付息支出	149 888
国内债务付息	112 641
国外债务付息	3 177
国内外债务发行	55
补充还贷准备金	34 015
财政部代理发行地方政府债券付息	
其他支出（类）	1 026 635
住房改革支出	154 186
住房公积金	101 552
提租补贴	1 604
购房补贴	51 030
汶川地震捐赠支出	48 635
地震灾后恢复重建捐赠支出	48 635
其他捐赠支出	
预留调资支出	
其他支出（款）	823 814
本年支出合计	32 676 716

2009 年度山东省一般预算收支决算分级表

单位：万元

预算科目	决算数合计	省级	地级	其中：地级直属乡镇	县级	乡镇级	预算科目	决算数合计	省级	地级	其中：地级直属乡镇	县级	乡镇级
一、税收收入	17 203 455	1 828 286	4 342 579	159 427	6 966 649	4 065 941	一、一般公共服务	4 901 437	689 737	1 101 636	35 512	1 987 212	1 122 852
增值税	3 244 846	303 723	773 738	47 766	1 321 317	846 068	二、外交						
营业税	4 706 109	763 515	1 429 802	32 522	1 555 525	957 267	三、国防	84 223	27 326	40 232		16 455	210
企业所得税	2 203 040	516 305	656 859	15 396	752 674	277 202	四、公共安全	1 973 698	310 323	808 270	951	829 865	25 240
企业所得税退税	-3 812	-762	-1 166		-1 884		五、教育	6 134 864	614 880	902 943	19 012	4 368 362	248 679
个人所得税	646 665	190 770	165 791	3 069	210 280	79 824	六、科学技术	628 783	100 350	178 744	618	318 174	31 515
资源税	328 077	51 020	22 827	2 029	100 052	154 178	七、文化体育与传媒	703 991	194 756	287 004	531	187 722	34 509
固定资产投资方向调节税							八、社会保障和就业	3 427 930	350 509	777 581	6 229	1 928 245	371 595
城市维护建设税	1 090 776	3 715	306 471	11 602	526 827	253 763	九、医疗卫生	1 892 400	178 722	330 082	2 107	1 296 016	87 580
房产税	578 637		129 587	4 726	271 512	177 538	十、环境保护	761 698	23 779	265 346	169	454 162	18 411
印花税	238 728		51 023	2 337	115 966	71 739	十一、城乡社区事务	3 119 311	5 650	1 140 729	21 219	1 593 280	379 652
城镇土地使用税	1 208 817		238 820	16 459	481 479	488 518	十二、农林水事务	3 693 489	902 117	377 435	9 351	1 751 004	662 933
土地增值税	438 406		80 558	1 632	249 678	108 170	十三、交通运输	1 742 456	655 194	834 761	125	244 733	7 768
车船税	176 905		49 385	2 210	68 040	59 480	十四、采掘电力信息等事务	1 350 718	88 711	518 621	5 866	484 403	258 983
耕地占用税	1 010 860		81 723	13 780	588 760	340 377	十五、粮油物资储备管理等事务	825 344	225 332	111 113	879	441 168	47 731
契税	1 311 622		357 013	5 758	724 062	230 547	十六、金融监管支出	8 743		5 239		3 504	
烟叶税	23 779		148	141	2 361	21 270	十七、地震灾后恢复重建支出	251 108	220 421	28 949		1 738	
其他税收收入							十八、国债还本付息支出	149 888		137 088		11 770	1 030
二、非税收入	4 782 869	633 834	1 432 216	10 005	2 418 376	298 443	十九、其他支出	1 026 635	86 566	378 193	837	463 447	98 429
专项收入	874 113	180 784	263 716	4 202	360 113	69 500							
行政事业性收费收入	1 715 876	251 596	482 176	1 107	898 722	83 382							
罚没收入	680 153	91 907	149 005	1	417 647	21 594							
国有资本经营收入	682 208	23 113	209 265		417 113	32 717							
国有资源（资产）有偿使用收入	609 526	58 579	225 489	4 106	243 024	82 434							
其他收入	220 993	27 855	102 565	589	81 757	8 816							
本年收入合计	21 986 324	2 462 120	5 774 795	169 432	9 385 025	4 364 384	本年支出合计	32 676 716	4 674 373	8 223 966	103 406	16 381 260	3 397 117

2009 年度山东省政府性基金收支决算总表

单位：万元

预算科目	调整预算数	决算数	预算科目	调整预算数	决算数
政府性基金收入	10 049 331	14 942 724	一般公共服务	299 598	131 489
			教育	217 906	155 981
			文化体育与传媒	36 300	17 673
			社会保障和就业	88 930	39 334
			城乡社区事务	16 603 776	12 656 252
			农林水事务	313 834	230 965
			交通运输	107 966	72 859
			采掘电力信息等事务	94 617	24 025
			粮油物资储备管理等事务	25 390	16 130
			其他支出	123 664	61 347
本年收入合计	10 049 331	14 942 724	本年支出合计	17 911 981	13 406 055
上级补助收入		314 956	上解上级支出		
其中：地震灾后恢复重建补助收入					
省补助计划单列市收入			计划单列市上解省支出		
上年结余		2 726 272	调出资金		90 753
调入资金		18 782	年终结余		4 505 926
1. 一般预算调入		18 466	其中：本级		623 828
2. 预算外调入		45			
3. 其他调入		271			
收入总计		18 002 734	支出总计		18 002 734

2009 年度山东省政府性基金收支决算分级表

单位：万元

项目	决算数合计	省级	地级	其中：地级直属乡镇	县级	乡镇级	项目	决算数合计	省级	地级	其中：地级直属乡镇	县级	乡镇级
三峡工程建设基金收入							三峡工程建设基金支出						
地方农网还贷资金收入							地方农网还贷资金支出						
煤炭可持续发展基金收入							煤炭可持续发展基金支出						
电源基地建设基金收入							电源基地建设基金支出						
铁路建设附加费收入							铁路建设附加费支出						
民航机场管理建设费收入							民航机场管理建设费支出	36 449	8 817	27 632			
高等级公路车辆通行附加费收入							高等级公路车辆通行附加费支出						
转让政府还贷道路收费权收入							转让政府还贷道路收费权支出						
港口建设费收入							港口建设费支出	36 410	790	24 520		11 100	
下放港口以港养港收入							下放港口以港养港支出						
散装水泥专项资金收入	6 157	112	4 419		1 626		散装水泥专项资金支出	3 563	400	2 301		862	
新型墙体材料专项基金收入	66 302	3 569	45 829		16 904		新型墙体材料专项基金支出	20 462	883	10 914		8 660	5
中央对外贸易发展基金收入							中央对外贸易发展基金支出	9 013		5 487		3 526	
旅游发展基金收入							旅游发展基金支出	1 320	200	490		530	100
援外合资合作项目基金收入							援外合资合作项目基金支出	5 747	841	1 791		3 115	
对外承包工程保函风险专项资金收入							对外承包工程保函风险专项资金支出						
国家茧丝绸发展风险基金收入							国家茧丝绸发展风险基金支出	50				50	
文化事业建设费收入	17 678	13 234	4 444				文化事业建设费支出	16 997	9 265	5 523		2 129	80
地方教育附加收入	175 699		50 942	5	122 601	2 156	地方教育附加支出	155 981	10 062	30 473	72	113 181	2 265
地方教育基金收入							地方教育基金支出						
国家电影事业发展专项资金收入	624	624					国家电影发展专项资金支出	676	676				
农业发展基金收入							农业发展基金支出	3				3	
新菜地开发建设基金收入							新菜地开发建设基金支出						
新增建设用地土地有偿使用费收入	446 871	355 776	91 095				新增建设用地土地有偿使用费支出	297 240	1 943	90 108		202 458	2 731
林业基金收入							林业基金支出						
育林基金收入	2 859	346	606		1 907		育林基金支出	2 450	513	302		1 635	
森林植被恢复费收入	7 652	7 056	113		483		森林植被恢复费支出	3 624	230	202	20	3 192	
中央水利建设基金收入							中央水利建设基金支出	1 930	60	507		1 303	60
地方水利建设基金收入	26 527	26 506	21				地方水利建设基金支出	94 999	78 266	10 304		6 247	182
南水北调工程基金收入							南水北调工程基金支出						
灌溉水源灌排工程补偿费收入	5				5		灌溉水源灌排工程补偿费支出						

续表

项目	决算数合计	省级	地级	其中：地级直属乡镇	县级	乡镇级	项目	决算数合计	省级	地级	其中：地级直属乡镇	县级	乡镇级
水资源补偿费收入							水资源补偿费支出	5				5	
残疾人就业保障金收入	47 508	2 741	19 064		25 689	14	残疾人就业保障金支出	39 334	1 578	12 473		25 190	93
政府住房基金收入	147 631		141 745		5 886		政府住房基金支出	51 404		30 221		21 183	
城市公用事业附加收入	123 898		62 423		61 475		城市公用事业附加支出	118 954		51 905		66 049	1 000
国有土地使用权出让金收入	12 287 539	15 342	6 859 041		5 409 254	3 902	国有土地使用权出让金支出	11 282 313		5 263 734	3 301	5 829 268	189 311
国有土地收益基金收入	553 908		330 565		223 209	134	国有土地收益基金支出	413 173		220 851		185 896	6 426
农业土地开发资金收入	186 817		81 973		104 767	77	农业土地开发资金支出	156 175		43 683	31	103 276	9 216
大中型水库移民后期扶持基金收入							大中型水库移民后期扶持基金支出	127 954	230	5 983		119 807	1 934
大中型水库库区基金收入							大中型水库库区基金支出						
三峡水库库区基金收入							三峡水库库区基金支出						
彩票公益金收入	177 084	75 074	91 332		10 678		彩票事务	131 489	23 175	59 921	109	43 448	4 945
城市基础设施配套费收入	593 665		494 243		99 422		城市基础设施配套费支出	336 993		222 634		107 628	6 731
小型水库移民扶助基金收入	5 374	5 374					小型水库移民扶助基金支出						
其他政府性基金收入	68 926	904	35 877		32 145		其他政府性基金支出	61 347		31 546		23 736	6 065
本年收入合计	14 942 724	506 658	8 313 732	5	6 116 051	6 283	本年支出合计	13 406 055	137 929	6 153 505	3 533	6 883 477	231 144

2009年度山东省国有资本经营预算收支决算总表

单位：万元

预算科目	调整预算数	决算数	预算科目	调整预算数	决算数
国有资本经营收入	40 632	40 632	农林水事务	115	115
			交通运输	68	68
			采掘电力信息等事务支出	20 554	20 554
			粮油物资储备管理等事务	35 820	35 820
			地震灾后恢复重建支出		
本年收入合计	40 632	40 632	本年支出合计	56 557	56 557
地震灾后恢复重建补助收入			调出资金		
上年结余		18 510	年终结余		2 585
			其中：本级		2 585
收入总计		59 142	支出总计		59 142

2009年度山东省国有资本经营预算收支决算明细表

单位：万元

预算科目	决算数	预算科目	决算数
非税收入	40 632	农林水事务	115
国有资本经营收入	40 632	农业	112
利润收入	40 632	农业国有资本经营预算支出	112
石油石化企业利润收入		林业	
电力企业利润收入		林业国有资本经营预算支出	
电信企业利润收入		水利	3
煤炭企业利润收入	21 982	水利国有资本经营预算支出	3
有色冶金采掘企业利润收入		交通运输	68
钢铁企业利润收入	11 672	公路水路运输	68
化工企业利润收入		公路水路运输国有资本经营预算支出	68
运输企业利润收入		民用航空运输	
电子企业利润收入		民用航空国有资本经营预算支出	
机械企业利润收入	471	采掘电力信息等事务	20 554
投资服务企业利润收入		采掘业	9 193
纺织轻工企业利润收入		采掘业国有资本经营预算支出	9 193
贸易企业利润收入		制造业	3 728
建筑施工企业利润收入		烟草国有资本经营预算支出	
房地产企业利润收入		制造业国有资本经营预算支出	3 728
建材企业利润收入		建筑业	63
境外企业利润收入		建筑业国有资本经营预算支出	63
对外合作企业利润收入		电力监管支出	
医药企业利润收入		电力国有资本经营预算支出	
农林牧渔企业利润收入		工业和信息产业监管支出	74
其他国有资本经营预算企业利润收入	6 507	工业和信息产业国有资本经营预算支出	74
股利、股息收入		其他采掘电力信息等事务支出	7 496
国有控股公司股利、股息收入		其他国有资本经营预算支出	7 496
国有参股公司股利、股息收入		粮油物资储备管理等事务	35 820
其他国有资本经营预算企业股利、股息收入		商业流通事务	32 767
产权转让收入		商业流通国有资本经营预算支出	32 767
国有股权、股份转让收入		旅游业管理与服务支出	
国有独资企业产权转让收入		旅游业国有资本经营预算支出	
其他国有资本经营预算企业产权转让收入		涉外发展服务支出	32
清算收入		涉外发展国有资本经营预算支出	32
国有股权、股份清算收入		其他粮油物资储备管理等事务支出	3 021
国有独资企业清算收入		其他国有资本经营预算支出	3 021
其他国有资本经营预算企业清算收入		地震灾后恢复重建支出	
其他国有资本经营预算收入		工商企业恢复生产和重建	
		国有资本经营预算补助项目支出	
		国有资本经营预算注入资本金	
		国有资本经营预算安排的贷款贴息	
		国有资本经营预算安排的其他支出	
本年收入合计	40 632	本年支出合计	56 557

2009年度山东省国有资本经营预算收支决算分级表

单位：万元

预算科目	决算数合计	省级	地级	其中：地级直属乡镇	县级	乡镇级	预算科目	决算数合计	省级	地级	其中：地级直属乡镇	县级	乡镇级
利润收入	40 632	40 632					农林水事务	115	115				
股利、股息收入							交通运输	68	68				
产权转让收入							采掘电力信息等事务	20 554	20 554				
清算收入							粮油物资储备管理等事务	35 820	35 820				
其他国有资本经营预算收入							地震灾后恢复重建支出						
本年收入合计	40 632	40 632					本年支出合计	56 557	56 557				

2009年度山东省预算外财政专户资金收支决算总表

单位：万元

科目名称	决算数	科目名称	决算数
一、行政事业性收费收入	3 055 680	一、一般公共服务	236 473
二、国有资源（资产）有偿使用收入	342 739	二、外交	21
三、其他收入	192 435	三、国防	1 365
其中：主管部门集中收入	29 438	四、公共安全	64 493
乡镇自筹和统筹收入	5 984	五、教育	1 265 380
彩票发行费	54 734	六、科学技术	30 967
		七、文化体育与传媒	136 989
		八、社会保障和就业	73 514
		九、医疗卫生	71 980
		十、环境保护	44 722
		十一、城乡社区事务	381 014
		十二、农林水事务	60 844
		十三、交通运输	1 016 819
		十四、采掘电力信息等事务	21 044
		十五、粮油物资储备管理等事务	51 565
		十六、金融监管支出	2
		十七、地震灾后恢复重建支出	53 724
		十八、国债还本付息支出	
		十九、其他支出	65 200
本年收入合计	3 590 854	本年支出合计	3 576 116
上级补助收入		上解上级支出	
省补助计划单列市收入		计划单列市上解省支出	
上年结余	986 385	政府调剂资金	21 324
		1. 调入一般预算	21 279
		2. 调入政府性基金	45
		3. 调入地震灾后恢复重建	
		年终结余	979 799
		其中：本级	253 508
收入总计	4 577 239	支出总计	4 577 239

2009年度山东省预算外财政专户资金收入决算明细表

单位：万元

预算科目	决算数
行政事业性收费收入	3 055 680
公安行政事业性收费收入	7 365
法院行政事业性收费收入	2 545
司法行政事业性收费收入	3 746
外交行政事业性收费收入	439
工商行政事业性收费收入	3 110
商贸行政事业性收费收入	4 626
财政行政事业性收费收入	2 701
税务行政事业性收费收入	
审计行政事业性收费收入	4
人口和计划生育行政事业性收费收入	4 633
外专局行政事业性收费收入	
保密行政事业性收费收入	
质量监督检验检疫行政事业性收费收入	61 471
出版行政事业性收费收入	289
安全生产行政事业性收费收入	32
档案行政事业性收费收入	349
贸促会行政事业性收费收入	919
宗教行政事业性收费收入	
人防办行政事业性收费收入	4 576
文化行政事业性收费收入	6 729
教育行政事业性收费收入	1 283 147
科技行政事业性收费收入	
体育行政事业性收费收入	89
发展与改革（物价）行政事业性收费收入	9 105
统计行政事业性收费收入	712
国土资源行政事业性收费收入	7 956
建设行政事业性收费收入	298 307
知识产权行政事业性收费收入	
环保行政事业性收费收入	634
旅游行政事业性收费收入	3 563
海洋行政事业性收费收入	1 054
测绘行政事业性收费收入	19
铁路行政事业性收费收入	4 598
交通运输行政事业性收费收入	1 081 390
工业和信息产业行政事业性收费收入	24
农业行政事业性收费收入	9 547
林业行政事业性收费收入	834
水利行政事业性收费收入	16 841
卫生行政事业性收费收入	59 783
民政行政事业性收费收入	26 455
人力资源和社会保障行政事业性收费收入	35 638
电力市场监管行政事业性收费收入	
仲裁委行政事业性收费收入	2 111
编办行政事业性收费收入	530
党校行政事业性收费收入	3 969

续表

预算科目	决算数
监察行政事业性收费收入	
外文局行政事业性收费收入	
国资委行政事业性收费收入	
其他行政事业性收费收入	105 840
国有资源（资产）有偿使用收入	342 739
利息收入	8 650
财政专户存款利息收入	5 855
有价证券利息收入	
其他利息收入	2 795
非经营性国有资产收入	141 917
行政单位国有资产出租收入	12 588
行政单位国有资产处置收入	43 956
事业单位国有资产处置收入	37 121
其他非经营性国有资产收入	48 252
出租车经营权有偿出让和转让收入	
其他国有资源（资产）有偿使用收入	192 172
其他收入（款）	192 435
捐赠收入	62 073
国外捐赠收入	2 765
国内捐赠收入	59 086
汶川地震捐赠收入	222
主管部门集中收入	29 438
国际赠款有偿使用费收入	
乡镇自筹和统筹收入	5 984
彩票发行费收入	54 734
福利彩票发行费收入	34 241
体育彩票发行费收入	20 443
其他彩票发行费收入	50
其他收入（项）	40 206
本年收入合计	3 590 854

2009年度山东省预算外财政专户资金支出决算功能分类明细表

单位：万元

预算科目	决算数
一般公共服务	236 473
人大事务	2 065
政协事务	108
政府办公厅（室）及相关机构事务	25 460
发展与改革事务	9 817
统计信息事务	101
财政事务	7 832
税收事务	2 359
审计事务	212
海关事务	
人力资源事务	12 350
纪检监察事务	20
人口与计划生育事务	10 663
商贸事务	2 587
知识产权事务	487
工商行政管理事务	6 783
质量技术监督与检验检疫事务	53 583
国土资源事务	20 265
海洋管理事务	1 041
测绘事务	123
地震事务	321
气象事务	17
民族事务	
宗教事务	
港澳台侨事务	77
档案事务	173
共产党事务	3 467
民主党派及工商联事务	17
群众团体事务	6 500
彩票事务	41 979
其他一般公共服务支出	28 066
外交	21
国防	1 365
公共安全	64 493
武装警察	93
公安	21 547
国家安全	
检察	724
法院	15 407
司法	5 731
监狱	20 453
劳教	496

续表

预算科目	决算数
国家保密	
缉私警察	
其他公共安全支出	42
教育	1 265 380
教育管理事务	35 628
普通教育	801 362
职业教育	320 897
成人教育	8 488
广播电视教育	14 016
留学教育	
特殊教育	655
教师进修及干部继续教育	54 295
教育附加及基金支出	25
其他教育支出	30 014
科学技术	30 967
科学技术管理事务	160
基础研究	197
应用研究	233
技术研究与开发	24 510
科技条件与服务	2 830
社会科学	241
科学技术普及	1 763
科技交流与合作	
其他科学技术支出	1 033
文化体育与传媒	136 989
文化	5 320
文物	1 750
体育	5 444
广播影视	107 403
新闻出版	885
其他文化体育与传媒支出	16 187
社会保障和就业	73 514
人力资源和社会保障管理事务	17 308
民政管理事务	4 653
财政对社会保险基金的补助	
行政事业单位离退休	12 497
企业改革补助	691
就业补助	1 006
抚恤	376
退役安置	1 893
社会福利	20 613
残疾人事业	360
城市居民最低生活保障	498

续表

预算科目	决算数
其他城镇社会救济	1 019
自然灾害生活救助	2 515
红十字事业	4 106
农村最低生活保障	
其他农村社会救济	186
保障性住房支出	
其他社会保障和就业支出	5 793
医疗卫生	71 980
医疗卫生管理事务	16 216
医疗服务	12 111
社区卫生服务	91
医疗保障	883
疾病预防控制	12 653
卫生监督	681
妇幼保健	5 670
农村卫生	184
中医药	
食品和药品监督管理事务	3 459
其他医疗卫生支出	20 032
环境保护	44 722
环境保护管理事务	2 574
环境监测与监察	262
污染防治	26 045
自然生态保护	
天然林保护	
退耕还林	
风沙荒漠治理	
退牧还草	
已垦草原退耕还草	
能源节约利用	328
污染减排	3 812
可再生能源	
资源综合利用	
能源管理事务	
其他环境保护支出	11 701
城乡社区事务	381 014
城乡社区管理事务	66 645
城乡社区规划与管理	25 079
城乡社区公共设施	169 046
城乡社区住宅	11 669
城乡社区环境卫生	38 438
建设市场管理与监督	7 829
其他城乡社区事务支出	62 308

续表

预算科目	决算数
农林水事务	60 844
农业	20 756
林业	2 788
水利	29 887
南水北调	
扶贫	
农业综合开发	
其他农林水事务支出	7 413
交通运输	1 016 819
公路水路运输	1 009 352
铁路运输	5 956
民用航空运输	
石油价格改革对交通运输的补贴	
邮政业支出	
其他交通运输支出	1 511
采掘电力信息等事务	21 044
采掘业	3 475
制造业	12 782
建筑业	1 443
电力监管支出	17
工业和信息产业监管支出	1 254
安全生产监管	689
国有资产监管	28
支持中小企业发展和管理支出	511
其他采掘电力信息等事务支出	845
粮油物资储备管理等事务	51 565
粮油事务	43 435
商业流通事务	454
物资储备	27
旅游业管理与服务支出	7 396
涉外发展服务支出	25
其他粮油物资储备管理等事务支出	228
金融监管支出	2
行政运行	
一般行政管理事务	
机关服务	
货币发行	
金融服务	
安全防卫	
反洗钱及反假币	
重点金融机构监管	
金融稽查与案件处理	
金融行业电子化建设	

续表

预算科目	决算数
从业人员资格考试	
中央银行亏损补贴	
政策性银行亏损补贴	
商业银行贷款贴息	
补充资本金	
风险基金补助	
事业运行	
其他金融监管支出	2
地震灾后恢复重建支出	53 724
倒塌毁损民房恢复重建	189
基础设施恢复重建	25 016
公益服务设施恢复重建	
农业林业恢复生产和重建	
工商企业恢复生产和重建	
党政机关恢复重建	
军队武警恢复重建支出	
其他恢复重建支出	28 519
国债还本付息支出	
其他支出（类）	65 200
住房改革支出	77
汶川地震捐赠支出	1 267
其他支出（款）	63 856
本年支出合计	3 576 116

2009 年度山东省预算外财政专户资金收支决算分级表

单位：万元

预算科目	决算数合计	省级	地级	其中：地级直属乡镇	县级	乡镇级	预算科目	决算数合计	省级	地级	其中：地级直属乡镇	县级	乡镇级
一、行政事业性收费收入	3 055 680	1 568 967	826 867		657 310	2 536	一、一般公共服务	236 473	92 661	67 785		70 741	5 286
二、国有资源（资产）有偿使用收入	342 739	71 992	181 297		87 362	2 088	二、外交	21		21			
三、其他收入	192 435	73 952	56 778		52 114	9 591	三、国防	1 365	170	811		384	
其中：主管部门集中收入	29 438	20 052	2 731		6 655		四、公共安全	64 493	22 282	14 935		27 275	1
乡镇自筹和统筹收入	5 984					5 984	五、教育	1 265 380	586 899	311 252		365 896	1 333
彩票发行费	54 734	34 771	19 946		17		六、科学技术	30 967	5 008	25 712		247	
							七、文化体育与传媒	136 989	6 490	83 002		47 497	
							八、社会保障和就业	73 514	3 623	45 927		23 727	237
							九、医疗卫生	71 980	9 538	39 421		22 961	60
							十、环境保护	44 722	1	29 072		15 646	3
							十一、城乡社区事务	381 014	3 328	241 182		136 051	453
							十二、农林水事务	60 844	6 491	22 340		31 248	765
							十三、交通运输	1 016 819	885 603	120 409		10 615	192
							十四、采掘电力信息等事务	21 044	4 316	12 473		1 973	2 282
							十五、粮油物资储备管理等事务	51 565	574	49 807		1 182	2
							十六、金融监管支出	2				2	
							十七、地震灾后恢复重建支出	53 724	23 871	29 843		10	
							十八、国债还本付息支出						
							十九、其他支出	65 200		44 522		20 567	111
本年收入合计	3 590 854	1 714 911	1 064 942		796 786	14 215	本年支出合计	3 576 116	1 650 855	1 138 514		776 022	10 725

2009年度山东省政府性收支决算总表

单位：万元

预算科目	政府性收入	一般预算	政府性基金	国有资本经营预算	预算外财政专户资金	预算科目	政府性支出	一般预算	政府性基金	国有资本经营预算	预算外财政专户资金
一、税收收入	17 203 455	17 203 455				一、一般公共服务	5 269 399	4 901 437	131 489		236 473
增值税	3 244 846	3 244 846				二、外交	21				21
营业税	4 706 109	4 706 109				三、国防	85 588	84 223			1 365
企业所得税	2 203 040	2 203 040				四、公共安全	2 038 191	1 973 698			64 493
企业所得税退税	-3 812	-3 812				五、教育	7 556 225	6 134 864	155 981		1 265 380
个人所得税	646 665	646 665				六、科学技术	659 750	628 783			30 967
资源税	328 077	328 077				七、文化体育与传媒	858 653	703 991	17 673		136 989
固定资产投资方向调节税						八、社会保障和就业	3 540 778	3 427 930	39 334		73 514
城市维护建设税	1 090 776	1 090 776				九、医疗卫生	1 964 380	1 892 400			71 980
房产税	578 637	578 637				十、环境保护	806 420	761 698			44 722
印花税	238 728	238 728				十一、城乡社区事务	16 156 577	3 119 311	12 656 252		381 014
城镇土地使用税	1 208 817	1 208 817				十二、农林水事务	3 985 413	3 693 489	230 965	115	60 844
土地增值税	438 406	438 406				十三、交通运输	2 832 202	1 742 456	72 859	68	1 016 819
车船税	176 905	176 905				十四、采掘电力信息等事务	1 416 341	1 350 718	24 025	20 554	21 044
耕地占用税	1 010 860	1 010 860				十五、粮油物资储备管理等事务	928 859	825 344	16 130	35 820	51 565
契税	1 311 622	1 311 622				十六、金融监管支出	8 745	8 743			2
烟叶税	23 779	23 779				十七、地震灾后恢复重建支出	304 832	251 108			53 724
其他税收收入						十八、国债还本付息支出	149 888	149 888			
二、非税收入	23 357 079	4 782 869	14 942 724	40 632	3 590 854	十九、其他支出	1 153 182	1 026 635	61 347		65 200
政府性基金收入	14 942 724		14 942 724								
专项收入	874 113	874 113									
行政事业性收费收入	4 771 556	1 715 876			3 055 680						
罚没收入	680 153	680 153									
国有资本经营收入	722 840	682 208		40 632							
国有资源（资产）有偿使用收入	952 265	609 526			342 739						
其他收入	413 428	220 993			192 435						
本年收入合计	40 560 534	21 986 324	14 942 724	40 632	3 590 854	本年支出合计	49 715 444	32 676 716	13 406 055	56 557	3 576 116
上级补助收入	11 730 952	11 415 996	314 956			上解上级支出	511 609	511 609			

续表

预算科目	政府性收入	一般预算	政府性基金	国有资本经营预算	预算外财政专户资金	预算科目	政府性支出	一般预算	政府性基金	国有资本经营预算	预算外财政专户资金
返还性收入	4 020 818	4 020 818				体制上解支出	250 253	250 253			
一般性转移支付收入	3 112 330	3 112 330				出口退税上解支出	224 167	224 167			
专项转移支付收入	4 282 848	4 282 848				成品油价格和税费改革专项上解支出					
地震灾后恢复重建补助收入						专项上解支出	37 189	37 189			
政府性基金补助收入	314 956		314 956			政府性基金上解支出					
预算外补助收入						预算外上解支出					
省补助计划单列市收入						计划单列市上解省支出					
财政部代理发行地方政府债券收入	700 000	700 000				财政部代理发行地方政府债券还本					
转贷财政部代理发行地方政府债券收入						转贷财政部代理发行地方政府债券支出					
						增设预算周转金	805	805			
国债转贷收入						拨付国债转贷资金数	7 832	7 832			
国债转贷资金上年结余	15 265	15 265				国债转贷资金结余	7 433	7 433			
国债转贷转补助											
上年结余	7 333 954	3 602 787	2 726 272	18 510	986 385						
调入预算稳定调节基金						安排预算稳定调节基金					
调入资金	58 679	170 440	18 782			调出资金		18 466	90 753		
从一般预算调入			18 466			调出至一般预算			90 753		
从政府性基金调入		90 753				调出至政府性基金		18 466			
从国有资本经营预算调入											
从预算外调入		21 279	45								
从其他调入	58 679	58 408	271			政府调剂资金					21 324
地震灾后恢复重建调入资金						调出至一般预算					21 279
从预算稳定调节基金调入						调出至政府性基金					45
从预算外资金调入						调出至地震灾后恢复重建					
						年终结余	10 156 261	4 667 951	4 505 926	2 585	979 799
收入总计	60 399 384	37 890 812	18 002 734	59 142	4 577 239	支出总计	60 399 384	37 890 812	18 002 734	59 142	4 577 239

2009 年山东省国有企业资产负债表

单位：元

项　　目	行次	期末余额	年初余额	项　　目	行次	期末余额	年初余额
流动资产：	1	—	—	流动负债：	65	—	—
货币资金	2	218 112 131 457.17	158 146 131 129.23	短期借款	66	192 551 763 624.84	178 425 132 479.56
结算备付金	3	105 310 950.49	170 211 945.40	向中央银行借款	67	0.00	0.00
拆出资金	4	171 849 398.70	268 498 797.40	吸收存款及同业存放	68	32 446 324 070.38	21 150 339 013.31
交易性金融资产	5	11 359 469 690.62	4 943 259 013.83	拆入资金	69	0.00	0.00
应收票据	6	37 886 579 163.23	29 701 274 025.40	交易性金融负债	70	1 933 032 821.00	37 224 951.73
应收账款	7	62 922 732 366.78	58 544 802 194.82	应付票据	71	42 495 492 744.23	45 286 597 821.31
预付款项	8	50 889 322 711.80	46 600 585 774.09	应付账款	72	113 968 836 574.69	104 245 990 722.25
应收保费	9	657 829.89	621 279.53	预收款项	73	58 929 070 936.47	45 145 421 815.38
应收分保账款	10	27 306 566.44	24 589 010.44	卖出回购金融资产款	74	6 813 747 019.00	3 263 387 771.00
应收分保合同准备金	11	23 526.00	63 526.00	应付手续费及佣金	75	0.00	11 454.64
应收利息	12	434 300 411.25	405 874 460.61	应付职工薪酬	76	21 876 509 404.63	22 378 527 389.10
其他应收款	13	135 083 492 679.43	110 539 924 175.14	其中：应付工资	77	13 934 372 747.38	14 519 420 922.20
买入返售金融资产	14	6 239 376 669.40	1 466 896 300.00	应付福利费	78	1 394 643 800.60	2 277 083 971.01
存货	15	147 829 628 275.70	131 659 315 827.71	其中：职工奖励及福利基金	79	20 099 354.94	138 469 419.53
其中：原材料	16	39 892 828 740.08	38 305 697 970.08	应交税费	80	12 804 260 307.49	11 335 524 509.98
库存商品	17	64 813 074 587.88	58 405 258 599.24	其中：应交税金	81	8 072 243 523.81	7 457 977 488.83
一年内到期的非流动资产	18	4 016 382 633.91	3 200 341 091.78	应付利息	82	2 699 633 795.21	2 101 139 464.24
其他流动资产	19	6 441 612 687.51	5 301 989 398.17	其他应付款	83	173 924 216 357.51	143 047 856 006.26
流动资产合计	20	681 520 177 018.32	550 974 377 949.55	应付分保账款	84	2 287 223.57	2 833 452.49
非流动资产：	21	—	—	保险合同准备金	85	17 612 752.18	15 124 097.32
发放贷款及垫款	22	19 743 747 392.70	14 853 953 065.77	代理买卖证券款	86	0.00	0.00
可供出售金融资产	23	12 837 636 995.05	6 873 428 556.12	代理承销证券款	87	0.00	0.00
持有至到期投资	24	10 026 577 102.84	7 667 717 274.03	一年内到期的非流动负债	88	14 699 277 030.55	17 327 993 214.06
长期应收款	25	19 864 278 812.29	4 587 002 300.33	其他流动负债	89	5 247 032 914.05	6 218 339 695.39
长期股权投资	26	106 190 274 511.27	84 891 281 969.53	流动负债合计	90	680 409 097 575.80	599 981 443 858.02
投资性房地产	27	4 789 608 750.79	3 533 797 648.56	非流动负债：	91	—	—
固定资产原价	28	665 168 932 944.26	583 060 161 075.82	长期借款	92	255 175 096 099.01	163 095 294 865.67
减：累计折旧	29	223 015 441 105.24	191 219 955 585.04	应付债券	93	32 149 262 355.10	10 166 695 907.59
固定资产净值	30	442 153 491 839.02	391 840 205 490.78	长期应付款	94	18 279 346 939.76	11 530 947 909.55

续表

项　　目	行次	期末余额	年初余额	项　　目	行次	期末余额	年初余额
减：固定资产减值准备	31	3 689 672 510.57	2 068 283 730.44	专项应付款	95	15 923 235 503.16	9 943 293 062.74
固定资产净额	32	438 463 819 328.45	389 771 921 760.34	预计负债	96	2 575 650 121.43	2 284 755 134.42
在建工程	33	105 878 112 018.55	88 692 350 294.15	递延所得税负债	97	4 133 654 856.32	1 941 293 070.92
工程物资	34	2 757 980 110.44	3 497 055 702.25	其他非流动负债	98	3 528 591 665.79	4 983 196 388.99
固定资产清理	35	827 958 800.27	775 164 748.43	其中：特准储备基金	99	0.00	0.00
生产性生物资产	36	9 579 168.52	3 777 634.43	非流动负债合计	100	331 764 837 540.57	203 945 476 339.88
油气资产	37	0.00	0.00	负债合计	101	1 012 173 935 116.37	803 926 920 197.90
无形资产	38	107 129 210 383.55	68 368 846 952.09	所有者权益（或股东权益）：	102	—	—
开发支出	39	84 410 833.73	83 493 924.01	实收资本（股本）	103	181 767 209 626.19	161 354 765 252.04
商誉	40	4 480 345 025.11	2 804 552 867.01	国家资本	104	106 058 344 264.93	99 584 562 368.62
长期待摊费用	41	5 830 099 080.03	4 544 216 974.84	集体资本	105	696 032 666.41	524 148 788.41
递延所得税资产	42	7 434 077 760.72	5 987 727 684.62	法人资本	106	66 222 528 201.14	52 896 334 816.35
其他非流动资产	43	12 996 106 249.54	7 956 144 757.91	其中：国有法人资本	107	61 755 139 461.90	48 608 402 018.65
其中：特准储备物资	44	0.00	0.00	集体法人资本	108	2 656 762 299.34	2 605 461 399.80
非流动资产合计	45	859 343 822 323.85	694 892 434 114.42	个人资本	109	6 283 514 760.69	5 919 091 735.69
	46			外商资本	110	2 506 789 733.02	2 430 627 542.97
	47			减：已归还投资	111	912 000.00	912 000.00
	48			实收资本（或股本）净额	112	181 766 297 626.19	161 353 853 252.04
	49			资本公积	113	182 815 005 309.20	147 309 492 177.43
	50			减：库存股	114	0.00	189 750.00
	51			专项储备	115	4 940 852 896.32	3 781 655 406.61
	52			盈余公积	116	23 711 887 572.72	22 810 689 944.59
	53			其中：法定公积金	117	11 394 617 828.96	10 049 665 793.34
	54			任意公积金	118	3 014 132 363.03	3 654 801 325.49
	55			储备基金	119	67 644 268.08	54 595 789.33
	56			企业发展基金	120	53 747 461.71	38 853 805.71
	57			利润归还投资	121	0.00	0.00
	58			一般风险准备	122	607 299 755.89	339 386 088.14
	59			未分配利润	123	28 466 661 712.17	12 143 279 754.79
	60			外币报表折算差额	124	-26 200 951.93	-108 666 121.69
	61			归属于母公司所有者权益合计	125	422 281 803 920.56	347 629 500 751.91
	62			少数股东权益	126	106 408 260 305.24	94 310 391 114.16
	63			所有者权益合计	127	528 690 064 225.80	441 939 891 866.07
资产总计	64	1 540 863 999 342.17	1 245 866 812 063.97	负债及所有者权益总计	128	1 540 863 999 342.17	1 245 866 812 063.97

2009 年山东省国有企业利润表

单位：元

项　　目	行次	本期金额	上期金额	项　　目	行次	本期金额	上期金额
一、营业总收入	1	836 946 794 302. 86	827 686 796 463. 00	其他	29	11 949 852. 91	74 159 525. 00
其中：营业收入	2	830 571 776 825. 65	823 319 427 169. 55	加：公允价值变动收益（损失以“－”号填列）	30	1 991 357 097. 67	－373 349 843. 38
其中：主营业务收入	3	786 657 479 086. 26	781 695 971 205. 62	投资收益（损失以“－”号填列）	31	7 418 262 507. 35	7 412 864 078. 70
其他业务收入	4	43 914 297 739. 39	41 622 455 963. 93	其中：对联营企业和合营企业的投资收益	32	973 484 568. 94	556 237 188. 87
利息收入	5	1 694 359 295. 64	1 752 583 399. 11	汇兑收益（损失以“－”号填列）	33	－65 365. 62	－8 388 520. 83
已赚保费	6	30 836 252. 73	27 801 693. 00	三、营业利润（亏损以“－”号填列）	34	50 012 994 001. 36	43 397 328 506. 60
手续费及佣金收入	7	4 649 821 928. 84	2 586 984 201. 34	加：营业外收入	35	11 255 424 244. 02	9 673 889 983. 71
二、营业总成本	8	796 343 354 540. 90	791 320 593 670. 89	其中：非流动资产处置利得	36	645 798 484. 50	2 110 794 902. 57
其中：营业成本	9	677 791 301 093. 41	671 848 150 062. 43	非货币性资产交换利得	37	35 954 548. 17	3 129 593. 18
其中：主营业务成本	10	641 886 619 836. 42	639 210 524 134. 41	政府补助	38	5 735 673 393. 80	4 695 787 926. 00
其他业务成本	11	35 904 681 256. 99	32 623 897 436. 16	债务重组利得	39	418 756 306. 56	78 720 652. 83
利息支出	12	685 083 873. 34	714 746 951. 05	减：营业外支出	40	2 871 158 005. 11	3 344 888 588. 10
手续费及佣金支出	13	83 524 461. 05	79 617 068. 10	其中：非流动资产处置损失	41	685 757 090. 21	666 834 880. 87
退保金	14	0. 00	0. 00	非货币性资产交换损失	42	1 034 277. 34	2 331 949. 08
赔付支出净额	15	0. 00	0. 00	债务重组损失	43	52 598 737. 55	9 204 294. 38
提取保险合同准备金净额	16	1 737 515. 08	1 823 115. 20	四、利润总额（亏损总额以“－”号填列）	44	58 397 260 240. 27	49 726 329 902. 21
保单红利支出	17	0. 00	0. 00	减：所得税费用	45	14 321 989 058. 89	13 435 496 645. 30
分保费用	18	0. 00	10 781. 21	五、净利润（净亏损以“－”号填列）	46	44 075 271 181. 38	36 290 833 256. 91
营业税金及附加	19	13 609 833 822. 84	10 478 713 884. 09	归属于母公司所有者的净利润	47	28 733 591 221. 14	20 030 036 259. 79
销售费用	20	27 800 391 806. 81	25 697 437 205. 13	少数股东损益	48	15 341 679 960. 24	16 260 796 997. 12
管理费用	21	58 015 046 636. 04	57 389 387 878. 47	六、每股收益：	49	8. 37	1 360 689. 16
其中：业务招待费	22	1 634 626 460. 68	1 420 463 074. 88	基本每股收益	50	16. 78	107 953 674. 61
研究与开发费	23	3 036 323 822. 87	2 321 955 929. 93	稀释每股收益	51	10. 05	114 380. 38
财务费用	24	15 301 252 920. 03	18 030 862 345. 27	七、其他综合收益	52	2 667 110 693. 37	－1 437 343 497. 99
其中：利息支出	25	17 985 461 381. 73	19 697 059 640. 40	八、综合收益总额	53	46 742 381 874. 75	34 853 489 758. 92
利息收入	26	3 725 416 277. 88	3 560 173 016. 25	归属于母公司所有者的综合收益总额	54	21 534 316 479. 44	14 700 580 533. 34
汇兑净损失（净收益以“－”号填列）	27	－66 007 578. 87	330 530 459. 24	归属于少数股东的综合收益总额	55	14 445 238 189. 48	15 043 233 020. 76
资产减值损失	28	3 043 232 559. 39	7 005 684 854. 94				

2009 年山东省国有企业现金流量表

单位：元

项　目	行次	本期金额	上期金额	项　目	行次	本期金额	上期金额
一、经营活动产生的现金流量：	1	—	—	处置固定资产、无形资产和其他长期资产所收回的现金净额	30	3 943 658 664.27	4 325 975 545.70
销售商品、提供劳务收到的现金	2	851 721 739 969.98	847 088 899 347.71	处置子公司及其他营业单位收回的现金净额	31	517 522 286.51	617 452 721.28
客户存款和同业存放款项净增加额	3	11 600 874 937.04	4 657 822 978.11	收到其他与投资活动有关的现金	32	7 652 945 015.87	4 435 539 906.31
向中央银行借款净增加额	4	-53 400 000.00	-176 700 000.00	投资活动现金流入小计	33	44 079 367 302.66	29 102 419 574.35
向其他金融机构拆入资金净增加额	5	536 765 990.73	1 832 735 800.00	购建固定资产、无形资产和其他长期资产所支付的现金	34	86 103 508 824.43	78 874 459 897.68
收到原保险合同保费取得的现金	6	31 361 792.73	28 009 620.00	投资支付的现金	35	55 022 302 770.56	33 648 304 478.28
收到再保险业务现金净额	7	0.00	0.00	质押贷款净增加额	36	0.00	15 506 464.88
保户储金及投资款净增加额	8	0.00	0.00	取得子公司及其他营业单位支付的现金净额	37	3 931 469 749.78	3 326 968 316.33
处置交易性金融资产净增加额	9	3 996 831 277.92	0.00	支付其他与投资活动有关的现金	38	15 283 621 728.74	3 620 531 250.26
收取利息、手续费及佣金的现金	10	6 346 587 222.10	4 254 077 575.37	投资活动现金流出小计	39	160 340 903 073.51	119 485 770 407.43
拆入资金净增加额	11	0.00	537 987 771.00	投资活动产生的现金流量净额	40	-116 261 535 770.85	-90 383 350 833.08
回购业务资金净增加额	12	-139 880 752.00	693 400 000.00	三、筹资活动产生的现金流量：	41	—	—
收到的税费返还	13	5 059 258 756.21	5 662 410 664.93	吸收投资收到的现金	42	34 790 398 596.81	18 702 055 491.18
收到其他与经营活动有关的现金	14	158 814 388 872.05	96 056 620 058.81	其中：子公司吸收少数股东投资收到的现金	43	544 730 073.25	1 132 965 140.59
经营活动现金流入小计	15	1 037 914 528 066.76	960 635 263 815.93	取得借款所收到的现金	44	382 660 894 870.88	286 934 465 947.41
购买商品、接收劳务支付的现金	16	643 003 946 335.80	640 998 115 071.06	发行债券收到的现金	45	11 336 487 761.82	2 139 779 972.97
客户贷款及垫款净增加额	17	5 764 567 100.32	3 324 952 115.69	收到其他与筹资活动有关的现金	46	20 365 909 851.43	18 382 620 848.81
存放中央银行和同业款项净增加额	18	1 312 143 534.94	1 471 531 935.24	筹资活动现金流入小计	47	449 153 691 080.94	326 158 922 260.37
支付原保险合同赔付款项的现金	19	0.00	0.00	偿还债务所支付的现金	48	288 827 702 792.64	243 367 424 558.05
支付利息、手续费及佣金的现金	20	763 285 114.78	656 103 705.46	分配股利、利润或偿付利息所支付的现金	49	32 781 718 754.40	31 687 924 209.59
支付保单红利的现金	21	0.00	0.00	其中：子公司支付给少数股东的股利、利润	50	2 668 076 650.65	2 728 413 557.20
支付给职工以及为职工支付的现金	22	72 281 795 590.00	66 279 897 418.13	支付其他与筹资活动有关的现金	51	25 156 514 729.70	15 878 662 620.59
支付的各项税费	23	61 677 260 233.00	65 360 342 022.02	筹资活动现金流出小计	52	346 765 936 276.74	290 934 011 388.23
支付其他与经营活动有关的现金	24	181 563 287 486.49	105 320 310 389.78	筹资活动产生的现金流量净额	53	102 387 754 804.20	35 224 910 872.14
经营活动现金流出小计	25	966 366 285 395.33	883 411 252 657.38	四、汇率变动对现金及现金等价物的影响	54	3 614 128.27	-41 016 112.34
经营活动产生的现金流量净额	26	71 548 242 671.43	77 224 011 158.55	五、现金及现金等价物净增加额	55	57 678 075 833.05	22 024 555 085.27
二、投资活动产生的现金流量：	27	—	—	加：期初现金及现金等价物余额	56	150 728 437 425.59	128 703 882 340.32
收回投资收到的现金	28	26 954 776 761.54	14 152 966 531.65	六、期末现金及现金等价物余额	57	208 406 513 258.64	150 728 437 425.59
取得投资收益收到的现金	29	5 010 464 574.47	5 570 484 869.41				

2009 年山东省国有企业

项目	行次	归属于母			
		实收资本（或股本）	资本公积	减：库存股	专项储备
栏次	0	1	2	3	4
一、上年年末余额	1	161 353 853 252.04	147 309 492 177.43	189 750.00	3 781 655 406.61
加：会计政策变更	2	—	—	—	—
前期差错更正	3	—	—	—	—
二、本年年初余额	4	161 353 853 252.04	147 309 492 177.43	189 750.00	3 781 655 406.61
三、本年增减变动金额（减少以“-”号填列）	5	20 412 444 374.15	35 505 513 131.77	-189 750.00	1 159 197 489.71
（一）净利润	6	—	—	—	—
（二）直接计入所有者权益的利得和损失	7	-1 609 561 974.60	8 445 760 099.38	0.00	595 811 136.36
1. 可供出售金融资产公允价值变动净额	8	—	3 640 259 557.60	—	—
2. 权益法下被投资单位其他所有者权益变动的影响	9	—	940 235 081.18	—	—
3. 与计入所有者权益项目有关的所得税影响	10	—	-585 801 472.07	—	—
4. 其他	11	-1 609 561 974.60	4 451 066 932.67	0.00	595 811 136.36
净利润及直接计入所有者权益的利得和损失小计	12	-1 609 561 974.60	8 445 760 099.38	0.00	595 811 136.36
（三）所有者投入和减少资本	13	20 422 993 651.02	27 218 410 281.32	-189 750.00	0.00
1. 所有者投入资本	14	20 953 087 056.11	22 543 744 913.64	—	—
2. 股份支付计入所有者权益的金额	15	-2 631 000.00	-35 444 012.67	—	—
3. 其他	16	-527 462 405.09	4 710 109 380.35	-189 750.00	0.00
（四）专项储备提取和使用	17	0.00	2 705 712.35	0.00	560 264 793.11
1. 提取专项储备	18	—	—	—	2 663 624 673.85
2. 使用专项储备	19	—	—	—	-2 103 359 880.74
（五）利润分配	20	17 999 220.96	599 682 887.90	0.00	3 121 560.24
1. 提取盈余公积	21	0.00	0.00	0.00	0.00
其中：法定公积金	22	—	—	—	—
任意公积金	23	—	—	—	—
储备基金	24	—	—	—	—
企业发展基金	25	—	—	—	—
利润归还投资	26	—	—	—	—
2. 提取一般风险准备	27	—	—	—	—
3. 对所有者（或股东）的分配	28	—	—	—	—
4. 其他	29	17 999 220.96	599 682 887.90	0.00	3 121 560.24
（六）所有者权益内部结转	30	1 581 013 476.77	-761 045 849.18	0.00	0.00
1. 资本公积转增资本（或股本）	31	1 210 977 059.75	-1 210 977 059.75	—	—
2. 盈余公积转增资本（或股本）	32	78 416 588.81	—	—	—
3. 盈余公积弥补亏损	33	—	—	—	—
4. 其他	34	291 619 828.21	449 931 210.57	0.00	0.00
四、本年年末余额	35	181 766 297 626.19	182 815 005 309.20	0.00	4 940 852 896.32

所有者权益变动表

单位：元

本年金额						
公司所有者权益					少数股东权益	所有者权益合计
盈余公积	一般风险准备	未分配利润	其他	小计		
5	6	7	8	9	10	11
22 810 689 944.59	339 386 088.14	12 143 279 754.79	-108 666 121.69	347 629 500 751.91	94 310 391 114.16	441 939 891 866.07
—	—	—	—	—	—	—
—	—	—	—	—	—	—
22 810 689 944.59	339 386 088.14	12 143 279 754.79	-108 666 121.69	347 629 500 751.91	94 310 391 114.16	441 939 891 866.07
901 197 628.13	267 913 667.75	16 323 381 957.38	82 465 169.76	74 652 303 168.65	12 097 869 191.08	86 750 172 359.73
—	—	28 733 591 221.14	—	28 733 591 221.14	15 341 679 960.24	44 075 271 181.38
-184 413 035.64	0.00	-645 063 190.98	83 246 989.46	6 685 780 023.98	-1 915 667 942.07	4 770 112 081.91
—	—	—	—	3 640 259 557.60	131 804 727.01	3 772 064 284.61
—	—	—	—	940 235 081.18	34 692 462.09	974 927 543.27
—	—	—	—	-585 801 472.07	-25 110 054.10	-610 911 526.17
-184 413 035.64	0.00	-645 063 190.98	83 246 989.46	2 691 086 857.27	-2 057 055 077.07	634 031 780.20
-184 413 035.64	0.00	28 088 528 030.16	83 246 989.46	35 419 371 245.12	13 426 012 018.17	48 845 383 263.29
162 327 641.44	-4 370 612.63	-291 736 558.94	-1 218 298.07	47 506 595 854.14	4 826 028 185.59	52 332 624 039.73
—	—	—	—	43 496 831 969.75	2 672 131 868.68	46 168 963 838.43
—	—	—	—	-38 075 012.67	1 271 133.65	-36 803 879.02
162 327 641.44	-4 370 612.63	-291 736 558.94	-1 218 298.07	4 047 838 897.06	2 152 625 183.26	6 200 464 080.32
20 094 481.47	0.00	71 101 599.43	0.00	654 166 586.36	356 304 194.55	1 010 470 780.91
—	—	—	—	2 663 624 673.85	921 803 073.60	3 585 427 747.45
—	—	—	—	-2 103 359 880.74	-565 498 879.05	-2 668 858 759.79
2 091 024 073.46	272 284 280.38	-11 912 379 018.28	436 478.37	-8 927 830 516.97	-6 368 236 976.79	-15 296 067 493.76
2 309 778 765.15	0.00	-2 309 778 765.15	0.00	0.00	28 702.23	28 702.23
1 674 661 725.38	—	-1 674 661 725.38	—	0.00	—	0.00
595 841 326.97	—	-595 841 326.97	—	0.00	—	0.00
21 878 390.16	—	-21 878 390.16	—	0.00	—	0.00
17 397 322.64	—	-17 397 322.64	—	0.00	—	0.00
0.00	—	0.00	—	0.00	—	0.00
—	270 824 280.38	-270 824 280.38	—	0.00	—	0.00
—	—	-7 389 676 803.59	—	-7 389 676 803.59	-6 215 916 346.18	-13 605 593 149.77
-218 754 691.69	1 460 000.00	-1 942 099 169.16	436 478.37	-1 538 153 713.38	-152 349 332.84	-1 690 503 046.22
-1 187 835 532.60	0.00	367 867 905.01	0.00	0.00	-142 238 230.44	-142 238 230.44
—	—	—	—	0.00	—	0.00
-78 416 588.81	—	—	—	0.00	—	0.00
-1 110 001 059.89	—	1 110 001 059.89	—	0.00	—	0.00
582 116.10	0.00	-742 133 154.88	0.00	0.00	-142 238 230.44	-142 238 230.44
23 711 887 572.72	607 299 755.89	28 466 661 712.17	-26 200 951.93	422 281 803 920.56	106 408 260 305.24	528 690 064 225.80

项　　目	行次	归属于母			
		实收资本（或股本）	资本公积	减：库存股	专项储备
栏　　次	0	12	13	14	15
一、上年年末余额	1	130 665 583 974.27	137 200 136 140.65	330 825 042.26	-1 642 924 340.40
加：会计政策变更	2	1 082 107 076.29	18 541 595 216.07	-8 765 212.51	5 691 000 293.83
前期差错更正	3	43 326 781.87	-35 212 275.37	-322 059 829.75	7 103 669.42
二、本年年初余额	4	131 791 017 832.43	155 706 519 081.35	0.00	4 055 179 622.85
三、本年增减变动金额（减少以“-”号填列）	5	29 562 835 419.61	-8 397 026 903.92	189 750.00	-273 524 216.24
（一）净利润	6	—	—	—	—
（二）直接计入所有者权益的利得和损失	7	-8 541 046.18	-23 396 121 871.77	0.00	14 435 650.56
1. 可供出售金融资产公允价值变动净额	8	—	-5 592 784 249.26	—	—
2. 权益法下被投资单位其他所有者权益变动的影响	9	—	1 344 018 345.95	—	—
3. 与计入所有者权益项目有关的所得税影响	10	—	1 096 485 932.00	—	—
4. 其他	11	-8 541 046.18	-20 243 841 900.46	0.00	14 435 650.56
净利润及直接计入所有者权益的利得和损失小计	12	-8 541 046.18	-23 396 121 871.77	0.00	14 435 650.56
（三）所有者投入和减少资本	13	22 536 111 507.00	21 334 579 002.18	189 750.00	0.00
1. 所有者投入资本	14	20 305 133 852.89	18 969 277 796.75	—	—
2. 股份支付计入所有者权益的金额	15	-955 757 213.69	30 346 156.84	—	—
3. 其他	16	3 186 734 867.80	2 334 955 048.59	189 750.00	0.00
（四）专项储备提取和使用	17	0.00	12 115 713.61	0.00	-304 336 014.62
1. 提取专项储备	18	—	—	—	1 055 090 768.90
2. 使用专项储备	19	—	—	—	-1 359 426 783.52
（五）利润分配	20	98 210 763.04	149 368 858.50	0.00	16 376 147.82
1. 提取盈余公积	21	0.00	0.00	0.00	0.00
其中：法定公积金	22	—	—	—	—
任意公积金	23	—	—	—	—
储备基金	24	—	—	—	—
企业发展基金	25	—	—	—	—
利润归还投资	26	—	—	—	—
2. 提取一般风险准备	27	—	—	—	—
3. 对所有者（或股东）的分配	28	—	—	—	—
4. 其他	29	98 210 763.04	149 368 858.50	0.00	16 376 147.82
（六）所有者权益内部结转	30	6 937 054 195.75	-6 496 968 606.44	0.00	0.00
1. 资本公积转增资本（或股本）	31	6 499 278 079.01	-6 499 278 079.01	—	—
2. 盈余公积转增资本（或股本）	32	185 296 137.92	—	—	—
3. 盈余公积弥补亏损	33	—	—	—	—
4. 其他	34	252 479 978.82	2 309 472.57	0.00	0.00
四、本年年末余额	35	161 353 853 252.04	147 309 492 177.43	189 750.00	3 781 655 406.61

续表

上年金额						
公司所有者权益					少数股东权益	所有者权益合计
盈余公积	一般风险准备	未分配利润	其他	小计		
16	17	18	19	20	21	22
21 358 452 825. 42	203 156 601. 33	5 165 156 225. 76	-134 025 599. 40	292 484 710 785. 37	81 995 337 646. 58	272 878 932 199. 35
-1 155 792 728. 15	0. 00	-2 973 740 128. 10	86 067 164. 43	21 280 002 106. 88	1 862 275 624. 56	17 126 988 580. 42
-151 772 093. 06	0. 00	-1 106 251 399. 90	0. 00	-920 745 487. 29	-533 658 951. 62	-1 440 565 862. 14
20 050 888 004. 21	203 156 601. 33	1 085 164 697. 76	-47 958 434. 97	312 843 967 404. 96	83 323 954 319. 52	396 167 921 724. 48
2 759 801 940. 38	136 229 486. 81	11 058 115 057. 03	-60 707 686. 72	34 785 533 346. 95	10 986 436 794. 64	45 771 970 141. 59
—	—	20 030 036 259. 79	—	20 030 036 259. 79	16 260 796 997. 12	36 290 833 256. 91
699 051 316. 40	0. 00	243 372 636. 14	-58 059 829. 08	-22 505 863 143. 93	329 533 425. 44	-22 176 329 718. 49
—	—	—	—	-5 592 784 249. 26	-248 192 667. 25	-5 840 976 916. 51
—	—	—	—	1 344 018 345. 95	464 135 918. 48	1 808 154 264. 43
—	—	—	—	1 096 485 932. 00	34 769 295. 59	1 131 255 227. 59
699 051 316. 40	0. 00	243 372 636. 14	-58 059 829. 08	-19 353 583 172. 62	78 820 878. 62	-19 274 762 294. 00
699 051 316. 40	0. 00	20 273 408 895. 93	-58 059 829. 08	-2 475 826 884. 14	16 590 330 422. 56	14 114 503 538. 42
8 778 495. 42	0. 00	223 884 980. 89	0. 00	44 103 164 235. 49	1 503 719 940. 02	45 606 884 175. 51
—	—	—	—	39 274 411 649. 64	1 282 502 583. 22	40 556 914 232. 86
—	—	—	—	-925 411 056. 85	113 178 981. 47	-812 232 075. 38
8 778 495. 42	0. 00	223 884 980. 89	0. 00	5 754 163 642. 70	108 038 375. 33	5 862 202 018. 03
-28 568. 77	0. 00	73 375 069. 64	0. 00	-218 873 800. 14	161 246 315. 56	-57 627 484. 58
—	—	—	—	1 055 090 768. 90	500 789 333. 69	1 555 880 102. 59
—	—	—	—	-1 359 426 783. 52	-339 543 018. 13	-1 698 969 801. 65
2 237 273 622. 46	136 229 486. 81	-9 257 741 225. 25	-2 647 857. 64	-6 622 930 204. 26	-7 263 842 785. 42	-13 886 772 989. 68
2 231 037 054. 50	0. 00	-2 231 037 054. 50	0. 00	0. 00	80 924 621. 78	80 924 621. 78
1 824 986 295. 95	—	-1 824 986 295. 95	—	0. 00	—	0. 00
363 881 242. 90	—	-363 881 242. 90	—	0. 00	—	0. 00
23 324 198. 99	—	-23 324 198. 99	—	0. 00	—	0. 00
18 845 316. 66	—	-18 845 316. 66	—	0. 00	—	0. 00
0. 00	—	0. 00	—	0. 00	—	0. 00
—	136 229 486. 81	-136 229 486. 81	—	0. 00	—	0. 00
—	—	-6 189 805 914. 27	—	-6 189 805 914. 27	-5 360 567 447. 04	-11 550 373 361. 31
6 236 567. 96	0. 00	-700 668 769. 67	-2 647 857. 64	-433 124 289. 99	-1 984 199 960. 16	-2 417 324 250. 15
-185 272 925. 13	0. 00	-254 812 664. 18	0. 00	0. 00	-5 017 098. 08	-5 017 098. 08
—	—	—	—	0. 00	—	0. 00
-185 296 137. 92	—	—	—	0. 00	—	0. 00
-1 132 545. 89	—	1 132 545. 89	—	0. 00	—	0. 00
1 155 758. 68	0. 00	-255 945 210. 07	0. 00	0. 00	-5 017 098. 08	-5 017 098. 08
22 810 689 944. 59	339 386 088. 14	12 143 279 754. 79	-108 666 121. 69	347 629 500 751. 91	94 310 391 114. 16	441 939 891 866. 07

2009 年山东省国有企业

项目	行次	年初账面余额	本期增加额				
			本期计提额	合并增加额	其他	合计	转回
栏次	0	1	2	3	4	5	6
一、坏账准备	1	16 138 995 338.50	2 420 050 427.77	62 219 750.74	88 422 045.17	2 570 692 223.68	669 497 149.79
二、存货跌价准备	2	3 796 486 685.11	738 485 310.07	411 902.60	4 348 846.39	743 246 059.06	461 016 035.07
三、可供出售金融资产减值准备	3	224 631 420.03	-95 480 000.00	260 723.30	0.00	-95 219 276.70	10 330 560.00
四、持有至到期投资减值准备	4	308 020 625.09	16 581 011.86	0.00	0.00	16 581 011.86	1 788 274.06
五、长期股权投资减值准备	5	2 533 617 533.30	370 936 414.92	7 177 940.49	20 653 710.00	398 768 065.41	—
六、投资性房地产减值准备	6	159 987 668.02	0.00	0.00	9 384 956.51	9 384 956.51	—
七、固定资产减值准备	7	2 068 283 730.44	1 539 208 969.94	206 456 395.21	25 186 376.09	1 770 851 741.24	—
八、工程物资减值准备	8	99 286.51	0.00	0.00	0.00	0.00	—
九、在建工程减值准备	9	206 243 468.10	49 194 166.59	0.00	470 240.13	49 664 406.72	—
十、生产性生物资产减值准备	10	0.00	0.00	0.00	0.00	0.00	—
十一、油气资产减值准备	11	0.00	0.00	0.00	0.00	0.00	—
十二、无形资产减值准备	12	68 210 937.82	23 891 785.02	0.00	0.00	23 891 785.02	—
十三、商誉减值准备	13	204 176 630.22	9 981 108.38	0.00	0.00	9 981 108.38	—
十四、其他减值准备	14	165 822 184.37	267 295 636.94	0.00	77 297.29	267 372 934.23	15 341 819.13
	15						
合计	16	25 874 575 507.51	5 340 144 831.49	276 526 712.34	148 543 471.58	5 765 215 015.41	1 157 973 838.05

资产减值准备情况表

单位：元

本期减少额				期末账面余额	项　目	行次	金　额
转销	合并减少额	其他	合计				
7	8	9	10	11	补充资料	—	12
650 516 380. 77	25 914 216. 64	658 824 300. 11	2 004 752 047. 31	16 704 935 514. 87	一、待处理资产损失（执行行业会计制度企业填列）	17	1 206 724 119. 26
1 753 191 203. 61	9 214 910. 33	714 419 628. 69	2 937 841 777. 70	1 601 890 966. 47	（一）待处理流动资产净损失	18	1 062 870 505. 02
2 721 841. 25	0. 00	11 466 686. 00	24 519 087. 25	104 893 056. 08	其中：1. 坏账损失	19	565 857 519. 97
0. 00	0. 00	0. 00	1 738 274. 06	322 813 362. 89	2. 存货损失	20	187 914 997. 10
261 214 269. 03	1 562 300. 00	15 294 392. 23	278 070 961. 26	2 654 314 637. 45	3. 短期投资损失	21	14 793 021. 41
0. 00	0. 00	5 372 775. 62	5 372 775. 62	163 999 848. 91	（二）待处理固定资产损失	22	120 726 136. 28
89 950 844. 75	795 042. 12	58 717 074. 24	149 452 961. 11	3 689 672 510. 57	其中：固定资产盘亏	23	7 618 190. 02
0. 00	0. 00	4 286. 51	4 286. 51	95 000. 00	固定资产毁损、报废	24	86 709 355. 91
6 562 291. 19	297 000. 00	470 240. 13	7 329 531. 32	248 578 343. 50	固定资产盘盈	25	－2 747 433. 75
0. 00	0. 00	0. 00	0. 00	0. 00	（三）长期投资损失	26	16 684 083. 62
0. 00	0. 00	0. 00	0. 00	0. 00	（四）无形资产损失	27	2 146 128. 67
0. 00	1 590 833. 21	0. 00	1 590 833. 21	90 511 889. 63	（五）在建工程损失	28	4 297 265. 67
0. 00	0. 00	0. 00	0. 00	214 157 738. 60	（六）委托贷款损失	29	0. 00
18 331 136. 00	0. 00	0. 00	33 672 955. 13	399 522 163. 47	二、政策性挂账	30	275 824 297. 15
					三、当年处理以前年度损失和挂账	31	579 901 482. 58
2 782 487 966. 60	39 374 302. 30	1 464 569 383. 53	5 444 405 490. 48	26 195 385 032. 44	其中：在当年损益中处理以前年度损失挂账	32	230 929 062. 11

2009年山东省国有企业应上交应弥补款项表

单位：元

项　目	行次	金额	项　目	行次	金额	项　目	行次	金额
一、增值税：	1	—	本年已交进口关税	37	961 216 688.18	年末未交数	73	171 396 590.36
年初未交数	2	1 571 630 213.03	本年已交出口关税	38	91 382 400.55	十六、基本养老保险：	74	—
本年应交数	3	28 402 035 412.37	九、企业所得税：	39	—	年初未交数	75	1 016 726 358.49
本年已交数	4	29 499 826 633.91	年初未交数	40	5 739 148 432.84	本年应交数	76	8 680 069 855.44
年末未交数	5	473 838 991.49	本年应交数	41	15 714 141 633.45	本年已交数	77	8 373 489 089.81
二、消费税：	6	—	本年已交数	42	14 337 477 322.76	年末未交数	78	1 323 307 124.12
年初未交数	7	421 043 111.10	年末未交数	43	7 115 812 743.53	十七、基本医疗保险：	79	—
本年应交数	8	2 828 640 918.18	十、其他各税：	44	—	年初未交数	80	90 015 641.74
本年已交数	9	2 782 711 117.51	年初未交数	45	1 371 432 082.70	本年应交数	81	4 997 559 820.43
年末未交数	10	466 972 911.77	本年应交数	46	5 756 007 514.93	本年已交数	82	2 657 822 927.60
三、营业税：	11	—	本年已交数	47	5 297 471 985.11	年末未交数	83	2 429 752 534.57
年初未交数	12	945 539 057.34	年末未交数	48	1 829 967 612.52	十八、工伤保险：	84	—
本年应交数	13	4 456 960 896.04	十一、财政拨款：	49	—	年初未交数	85	39 178 058.91
本年已交数	14	4 242 152 553.52	年初结余	50	1 016 338 391.67	本年应交数	86	423 815 661.42
年末未交数	15	1 160 347 399.86	本年拨入	51	2 522 519 374.06	本年已交数	87	409 138 392.29
四、资源税：	16	—	本年支出	52	2 430 099 312.96	年末未交数	88	53 855 328.04
年初未交数	17	28 347 214.57	本年结余	53	1 108 758 452.77	十九、生育保险：	89	—
本年应交数	18	765 593 356.46	十二、储备粮油差价款：	54	—	年初未交数	90	23 154 805.47
本年已交数	19	733 649 845.58	年初未补数	55	815 185.81	本年应交数	91	255 689 892.12
年末未交数	20	60 290 725.45	本年应补数	56	43 339 158.45	本年已交数	92	246 446 417.72
五、城建税：	21	—	本年已补数	57	43 417 799.03	年末未交数	93	32 398 279.87
年初未交数	22	341 002 808.57	年末未补数	58	736 545.23	二十、石油特别收益金：	94	—
本年应交数	23	2 114 180 362.82	十三、预算弥补亏损及补贴：	59	—	本年应交数	95	126 493.68
本年已交数	24	2 129 709 879.88	年初未补数	60	784 748 133.92	本年已交数	96	126 493.68
年末未交数	25	325 473 291.51	本年应补数	61	498 711 395.69	补充资料：	97	—
六、教育费附加：	26	—	本年已补数	62	497 597 877.51	一、本年应交税金总额	98	62 272 927 261.87
年初未交数	27	232 137 139.02	年末未补数	63	785 861 652.10	二、本年实际上交税金总额	99	61 229 269 398.77
本年应交数	28	1 178 897 092.55	十四、国有资本收益：	64	—	三、本年支付补充养老保险总额	100	203 189 374.87
本年已交数	29	1 152 557 046.85	年初未交数	65	-30 954 676.67	四、本年支付补充医疗保险总额	101	214 574 323.14
年末未交数	30	258 477 184.72	本年应交数	66	1 239 927 197.28	五、出口退税情况	102	—
七、农牧业税：	31	—	本年已交数	67	1 203 738 547.81	出口额（美元）	103	4 071 979 525.79
年初未交数	32	1 584 873.61	年末未交数	68	5 233 972.80	以前年度欠出口退税	104	513 440 223.99
本年应交数	33	3 870 986.34	十五、失业保险：	69	—	本年度应收出口退税	105	2 424 636 319.32
本年已交数	34	1 113 924.92	年初未交数	70	144 752 126.03	本年度已收出口退税	106	2 551 178 849.28
年末未交数	35	4 341 935.03	本年应交数	71	671 816 361.95	年末欠出口退税	107	394 370 850.07
八、关税：	36	—	本年已交数	72	645 171 897.62			

2009 年山东省国有企业基本情况表

单位：元

项　目	行次	金　额	项　目	行次	金　额
一、职工人数情况（人）:	1	—	（四）本年累计支付经济补偿金额	26	48 552 040. 58
（一）年末从业人员人数	2	1 550 864	其中：财政负担部分	27	4 358 663. 45
（二）全年平均从业人员人数	3	1 537 423	三、工资及福利情况：	28	—
（三）年末职工人数	4	1 512 201	（一）全年应发工资总额	29	52 658 034 236. 11
其中：年末在岗职工人数	5	1 371 952	（二）全年实际发放工资总额	30	51 755 930 643. 55
（四）全年平均职工人数	6	1 495 362	其中：全年实际发放职工工资总额	31	48 865 156 512. 40
其中：全年平均在岗职工人数	7	1 347 974	其中：全年实际发放在岗职工工资总额	32	47 337 573 205. 15
（五）年末离休人数	8	12 721	（三）企业提取的工资总额	33	47 064 741 543. 34
（六）年末退休人数	9	428 812	1. 非工挂企业工资总额	34	45 408 684 944. 07
（七）参加基本养老保险职工人数	10	1 399 859	2. 工挂企业工资总额	35	0. 00
（八）参加补充养老保险职工人数	11	123 065	（1）核定的工挂企业工资总额基数	36	0. 00
（九）参加基本医疗保险职工人数	12	1 373 906	（2）工挂企业提取的新增效益工资	37	0. 00
（十）参加补充医疗保险职工人数	13	249 201	（四）离退休人员养老金及福利性补助	38	1 655 531 762. 91
（十一）参加失业保险职工人数	14	1 342 232	（五）企业负责人薪酬总额	39	988 990 181. 56
（十二）参加工伤保险职工人数	15	1 246 967	企业负责人人数	40	4 548 111
（十三）参加生育保险职工人数	16	1 076 815	（六）本年支付的职工福利费	41	3 665 622 901. 72
（十四）接收军队转业、复员退伍人员总数	17	34 588	（七）本年支付的医药费	42	807 985 246. 93
其中：当年接收军队转业、复员退伍人员数	18	2 602	其中：离退休人员医药费	43	370 458 536. 69
（十五）实行工效挂钩职工人数	19	2 437	（八）本年企业支付的职工住房费用	44	5 176 350 246. 27
二、企业不在岗职工及劳动关系处理情况：	20	—	其中：本年提取的职工住房公积金	45	2 634 335 803. 39
（一）年初不在岗职工人数（人）	21	132 088	本年一次性支付的住房补贴	46	72 412 352. 76
其中：内退人数（人）	22	73 141	本年按月发放的住房补贴	47	2 346 311 347. 66
（二）年末不在岗职工人数（人）	23	131 258	四、本年支付的职工培训费用	48	473 401 458. 43
其中：内退人数（人）	24	72 789	五、产值（按现行价格计算）：	49	—
（三）本年累计解除劳动关系人数	25	22 297	（一）总产值	50	623 816 400 181. 47

续表

项目	行次	金额	项目	行次	金额
（二）工业增加值	51	175 599 622 781.39	运输工具	79	21 276 625 412.09
六、本年收到的财政性资金	52	7 106 799 184.62	2. 当年计提的固定资产折旧总额	80	53 416 585 926.38
（一）基本建设性资金	53	3 134 144 191.64	其中：房屋、建筑物	81	11 730 707 319.04
（二）生产发展性资金	54	1 151 386 705.94	机器设备	82	32 215 524 688.07
（三）社会保障性资金	55	132 536 530.81	运输工具	83	2 955 747 400.85
（四）其他	56	2 688 731 756.23	3. 当年计提折旧的固定资产原价	84	522 919 258 347.71
七、本年科技资金来源与研发费用情况：	57	—	（三）当年固定资产投资额	85	124 032 686 250.68
（一）本年科技资金来源合计	58	6 130 613 293.15	1. 购置固定资产	86	53 211 535 917.44
其中：政府拨款	59	237 372 387.87	2. 基建投资	87	59 566 001 717.09
企业自筹	60	5 816 690 679.49	3. 其他投资	88	11 255 414 493.22
其他	61	76 550 225.79	九、投资收益	89	7 418 262 507.35
（二）本年科技支出合计	62	7 496 634 842.25	其中：长期股权投资	90	5 581 195 490.69
1. 研究开发费用合计	63	6 076 070 145.40	交易性金融资产	91	766 474 057.54
其中：科技人员人工支出	64	1 757 571 052.38	交易性金融负债	92	1 827 233.00
研究开发性固定资产	65	1 879 038 346.21	持有至到期投资	93	410 158 995.96
其他研究开发支出	66	2 439 460 746.81	可供出售金融资产	94	418 942 923.29
2. 购买新技术、科研设备等支出	67	688 937 810.49	其他收益项目	95	239 663 806.87
3. 其他科技支出	68	570 371 558.89	十、拥有的自主知识产权专利数量（项）	96	9 601
八、固定资产情况：	69	—	其中：本年度新增专利数量（项）	97	2 280
（一）使用情况（原价）	70	665 168 932 944.26	十一、当年企业提取的安全生产费用	98	3 203 800 793.39
1. 在用固定资产	71	656 139 504 313.50	十二、当年企业支出的安全生产费用	99	2 957 227 767.35
2. 未使用固定资产	72	4 314 028 716.72	十三、当年企业支出的环境保护及生态恢复支出	100	700 787 313.51
3. 不需用固定资产	73	4 715 399 914.04	其中：（一）本年度上交政府统筹的支出	101	96 015 909.58
（二）主要类别固定资产情况	74	—	（二）本年度企业提取或据实列支的支出	102	746 792 050.67
1. 固定资产原价合计	75	665 168 932 944.26	十四、当年企业支出的节能减排费用	103	638 632 908.91
其中：土地资产	76	14 073 648 696.03	十五、企业累计向境外投资额	104	1 374 881 357.50
房屋、建筑物	77	217 990 772 042.39	其中：企业当年新增向境外投资额	105	1 369 500.00
机器设备	78	324 841 618 426.92		106	

2009 年山东省国有企业国有资产变动情况表

单位：元

项　　目	行次	金　额	项　　目	行次	金　额
一、年初国有资本及权益总额	1	342 034 765 297.63	三、本年国有资本及权益减少	17	17 696 608 104.53
二、本年国有资本及权益增加	2	95 316 435 946.52	（一）经国家专项批准核销	18	34 005 179.52
（一）国家、国有单位直接或追加投资	3	30 425 297 584.91	（二）无偿划出	19	1 299 057 322.13
（二）无偿划入	4	9 912 517 844.06	（三）资产评估减少	20	133 624 706.79
（三）资产评估增加	5	3 205 285 218.57	（四）清产核资减少	21	1 292 286 884.02
（四）清产核资增加	6	28 550 525.29	（五）产权界定减少	22	147 613 085.18
（五）产权界定增加	7	42 348 041.84	（六）消化以前年度潜亏和挂账而减少	23	724 523 334.86
（六）资本（股票）溢价	8	4 419 348 311.79	（七）因自然灾害等不可抗拒因素减少	24	181 434.25
（七）接受捐赠	9	48 899 800.83	（八）因主辅分离减少	25	47 826.43
（八）债权转股权	10	2 381 109.19	（九）企业按规定上缴利润	26	4 842 993 835.87
（九）税收返还	11	658 594 899.61	（十）资本（股票）折价	27	0.00
（十）补充流动资本	12	61 351 186.95	（十一）中央和地方政府确定的其他因素	28	2 313 982 395.17
（十一）减值准备转回	13	102 105 691.52	（十二）经营减值	29	6 908 292 100.31
（十二）会计调整	14	712 783 072.46	四、年末国有资本及权益总额	30	419 654 593 139.62
（十三）中央和地方政府确定的其他因素	15	3 701 045 650.71	五、年末合并国有资产总量	31	513 547 820 711.84
（十四）经营积累	16	41 995 927 008.79			

2009年山东省国有企业主辅分离辅业改制情况表

单位：元

项目	行次	金额
一、“三类”资产账面净值	1	1 277 267 085.71
其中：非主业资产	2	1 252 569 258.93
闲置资产	3	3 727 726.78
关闭破产企业有效资产	4	20 970 100.00
二、已改制“三类”资产账面值	5	1 150 496 284.88
其中：非主业资产账面值	6	1 150 496 284.88
三、已改制“三类”资产评估值	7	200 925 461.77
其中：非主业资产评估值	8	200 925 461.77
闲置资产评估值	9	0.00
关闭破产企业有效资产评估值	10	0.00
四、辅业改制清查的资产损失总额	11	35 372 933.85
五、企业富余人员总数（人）	12	18 901
其中：（一）“三类”资产改制安置富余人员总数（人）	13	17 213
1. 进入国有法人控股企业人员数（人）	14	35
其中：变更劳动合同人员数（人）	15	2
2. 进入非国有法人控股企业人员数（人）	16	16 563
（二）辅业改制分流富余人员总数（人）	17	4 963
六、享受经济补偿的人数（人）	18	16 189
七、向职工支付总额	19	1 246 540 657.01
（一）支付经济补偿金总额	20	1 246 540 657.01
（二）其中：用改制企业净资产支付总额	21	1 204 715 586.00
原主体企业支付总额	22	41 825 071.01
八、改制企业户数	23	9
其中：（一）国有法人控股企业户数	24	9
（二）非国有法人控股企业户数	25	9

2009 年山东省契税、耕地占用税征收情况表

单位：万元

地区	"丙税"征收额			其中：滞纳金、罚款收入
	合计	契税征收额	耕地占用税征收额	
合计	2 322 482	1 311 620	1 010 862	449
济南市	124 528	90 400	34 128	0
淄博市	172 950	83 384	89 566	256
烟台市	257 116	159 982	97 134	46
枣庄市	29 034	19 673	9 361	0
潍坊市	275 920	205 297	70 623	45
济宁市	127 909	52 148	75 761	0
临沂市	101 188	46 142	55 046	0
聊城市	42 898	12 629	30 269	0
泰安市	253 142	124 105	129 037	20
菏泽市	40 600	13 740	26 860	0
德州市	57 497	39 003	18 494	75
莱芜市	26 921	13 506	13 415	0
东营市	45 380	42 539	2 841	0
威海市	189 621	69 342	120 279	0
日照市	27 190	20 923	6 267	0
滨州市	135 161	58 302	76 859	0
青岛市	415 427	260 505	154 922	7
	0			
	0			
	0			
	0			
	0			
	0			
	0			
	0			

第七部分

财政机构人员

省财政厅副处级以上干部名单

一、省财政厅领导

（一）厅长：尹慧敏（女）

巡视员：阮凤英（女）

副厅长：于国安

省农业综合开发办公室主任：曹云龙

副厅长：张洪军、庞敦之

省纪委驻省财政厅纪检组组长、省监察厅驻省财政厅监察专员：李振声

副厅长：文新三、李国健、窦玉明（援藏）

省纪委驻省财政厅纪检组副厅级检查员：张魁珍（女）

副巡视员：王慎民、姜　凝、张光月

（二）党组书记：尹慧敏（女）

党组副书记：于国安

党组成员：曹云龙、张洪军、庞敦之、李振声、文新三、李国健、窦玉明（援藏）

二、总会计师、总经济师

总会计师（正处级）：韩　炜

总经济师（正处级）：王玉敏

三、机关各处室处级干部

（一）办公室

主任：张玉成

调研员：张思功、魏光明、崔宗涛

副主任：王　炜（主持厅机关服务中心工作）、肖友华

副调研员：丛培德

（二）综合处（挂省清理规范津贴补贴办公室牌子）

处长：孙忠欣

调研员：朱厚玉

副处长：谭　梅（女）、陈　茜（女）、侯乃弘

副调研员：袁笑梅（女）

（三）法规处（与税政处合署办公）

税政处处长：解正湖

法规处处长：赵明亮

税政处调研员：王丽华（女）

税政处副处长：吕兰纪

法规处副处长：刘凯声

税政处副处长：张长德

法规处副调研员：车爱武

税政处副调研员：张　励（女）

（四）预算处

处长：陈祥志

调研员：肖玉贵、陈东辉（女）

副处长：沙永利、王元强

副调研员：王　进

（五）国库处

处长：袁培全

副处长：董苏彭（兼）

调研员：徐春义

副处长：张建华（女）、孟纪庚

副调研员：侯效波

（六）政府采购监督管理处

处长：刘仁民

调研员：鞠少波

副处长：杨士祥（援疆）

副调研员：韩己峰

（七）行政政法处

处长：孙庆国

调研员：张　弘

副处长：房小蔚（女）、周　晖

副调研员：马志红（女）

（八）教科文处

处长：钟泽圣

调研员：刘玉栋

副处长：孙玉波、王宇轩、孙天波

副调研员：牛　红（女）

（九）经济建设处

处长：王　晶

省援川办资金组组长（正处级）：单卫国

调研员：刘治春

副处长：宋　杰、李恩川

副调研员：李栋林

（十）农业处

处长：李海军

调研员：张国君

副处长：王昱东、刘昌惠、刘洪军、韩如月（女）

副调研员：单　哲

（十一）社会保障处

处长：宋新生

调研员：袁永斌

副处长：韩　震、李轩红（女）

副调研员：汤　青（女）

（十二）企业处

处长：姜　龙

调研员：姜玉巧（女）、张宏亮

副处长：张广东、张庆堂

副调研员：刘海鹏

（十三）金融与国际合作处（挂省世界银行贷款管理办公室牌子）

处长：张相阳

调研员：徐德斌

副处长：李海英（女）、施　军

副调研员：李　丽（女）

（十四）基层财政管理处

处长：袁绍明

调研员：曹桂荣（女）

副处长：张　波

副调研员：宋庆鑫

（十五）会计处

处长：冯桂华（女）

副处长：王永振、于　军、侯萍（女）、朱　平

副调研员：杜英俊

（十六）行政事业资产处（挂省清产核资办公室牌子）

处长：张　鹏

调研员：冯延明

副处长：张　艳（女）

副调研员：李　晨、明德兵

（十七）监督检查局

局长：李玉斌

调研员：田承钢、刘　萍（女）

副局长：蔡好勤、李福禄、王凤芝（女）

副调研员：梁　雷

（十八）人事处

处长：宋文旭

调研员：隋宝文、苏登新

副调研员：李政华

（十九）省农村综合改革办公室

主任：李学春

副主任：杨建松

副调研员：宫翔宇

（二十）离退休干部处

处长：文　毅

调研员：胡新黔（女）、庄龙涛

副处长：于铁民

副调研员：张祖军

（二十一）机关党委

专职副书记（正处级）：殷　明

副书记（副处级）：王鲁刚

副调研员：王彦磊（女）

四、纪检监察机构处级干部

（一）省纪委驻省财政厅纪检组

副组长：张魁珍（女、兼）、崔永峰

（二）省监察厅驻省财政厅监察专员办公室

主任：崔永峰

五、厅属事业单位处级干部

（一）省财政科学研究所

所长（正处级）：李建民

副所长（副处级）：周象民、刘仲川

（二）省财政信息中心

主任（正处级）：刘　冰

副主任（副处级）：赵　明、肖丽辉、赵　刚

（三）省财政厅集中支付中心

主任（正处级）：董苏彭

副主任（副处级）：李永刚、魏绪燕（女）

副调研员：臧殿新、杨振华

（四）省财政投资评审中心

主任（正处级）：李和森

副主任（副处级）：王文胜、甘信厚

（五）省财政票据管理中心

主任（正处级）：高剑锋

副主任（副处级）：于丽丽（女）、于晓勤

（六）省财政厅驻济南财政检查办事处

主任（正处级）：张伯福

副调研员：魏鲁林（女）、王旭东

（七）省财政厅驻淄博财政检查办事处

调研员：张传利

（八）省财政厅驻烟台财政检查办事处

主任（正处级）：刘焕平

副调研员：曲世强、李玉林

（九）省财政厅驻潍坊财政检查办事处

调研员：宿　胜

副调研员：祝学德、张振言

（十）省财政厅驻济宁财政检查办事处

调研员：杨　博

（十一）省财政厅驻临沂财政检查办事处

调研员：李一三

副调研员：李　军、庄良翠（女）

（十二）省财政厅驻德州财政检查办事处

调研员：韩志毅

副调研员：赵晓宏

（十三）省财政厅机关服务中心

副主任（副处级）：王永增、杨成国

（十四）省财政厅干部教育中心（挂省会计干部中等专业学校牌子）

主任（正处级）：王镇修

副主任（副处级）：王　宁、韩丽华（女）

（十五）山东会计培训学院（挂省财政职工大学、省中华会计函授学校牌子）

院长（正处级）：王镇修（兼）

副院长（副处级）：孙长春、邓玉香（女）、宋建海

（十六）省注册会计师协会

秘书长（正处级）：侯本领

副秘书长（正处级）：韩　群、史兴涛、张焕平

办公室副主任（副处级）：杨　超

注册管理部副主任（副处级）：彭建义

业务监管部（与法律部合署）副主任（副处级）：林祥才

考试培训部副主任（副处级）：杜　刚

资产评估部副主任（副处级）：刘　宏（女）

副处级：李燕燕（女）

六、山东省经济开发投资公司领导、部室处级干部及有关人员

（一）省经济开发投资公司

总经理（正厅级）：姜延伟

副总经理（副厅级）：聂肖林（女）、赵怀文、寇尊宪

（二）部室负责人

部室主任（正处级）：鲁　维、李继忠

部室副主任（副处级）：王洁明（女）、李秀芹（女）、孙丰彦、黄训

强、李继寿、陈书明、郭洪涛、刘政富、翟振华、赵永安、韩四平

党总支委员会专职副书记（副处级）：董家兰（女）

（三）省经济开发实业总公司

总经理：姜延伟（兼）

副总经理：聂肖林（女、兼）、赵怀文（兼）、寇尊宪（兼）

各市、县（市、区）财政局领导及有关人员名单

一、济南市

（一）济南市财政局

1. 局长：纪宝华

巡视员：于关淑（女）

副局长：王　勇、张永华（女、市政府结算中心主任兼）、王　毅、刘大坤、林　军

纪委书记：董国瑞

总会计师：王玉柱

副巡视员：王志恒、赵树峰、王玲（女）、李　伟、张　勤

2. 工资发放管理中心

主任：林　军（兼）

3. 非税收入管理局

局长：车夕奇

（二）历下区财政局

1. 局长：郭向平（女）

副局长：赵世海（正处级）、栾杰（女、正处级）、宫爱红（女）、马恒禹、王朝海

副调研员：李长玉、张　延（女）

2. 政府投融资管理中心

主任：聂　军（副区长兼）

副主任：姜国培、荣　燕（女）

总会计师：王　波

3. 政府采购办公室

主任：王焕超

4. 工资发放管理中心

主任：王晓莉（女）

5. 财政国库支付中心

主任：郭向平（女、兼）

副主任：李剑涛

（三）市中区财政局

1. 局长：杨洪斗

副局长：邹伟鸣（正处级）、程伟、田贯顽、王永君（女）

2. 财政集中支付管理中心

主任：程　伟（兼）

副主任：王书勤（女、兼）、李荣海

3. 工资管理办公室

主任：张　宏（女）

4. 政府采购办公室

主任：王书勤（女）

（四）槐荫区财政局

1. 局长：肖　骏

副局长：卢亭琴（女）、王树政、张军胜、肖　兵

纪检组长：郭兆生

副调研员：王俊科

2. 集中支付中心

主任　卢亭琴（女、兼）

（五）天桥区财政局

1. 局长：章九玲（女、区政协副主席兼）

副局长：聂甲方、王念立

调研员：朱洪义

2. 集中支付中心

主任：王念立（兼）

3. 国有资产管理局

局长：朱洪义（兼）

4. 政府采购办公室

主任：王仁宗

5. 工资发放管理中心

主任：陶军奇

6. 政府金融办公室

主任：聂甲方（兼）

副主任：邢大安、张晓玲（女）

（六）历城区财政局

1. 局长：晁进军

副局长：庞延明、王廷炜、王兴贵、汪元君、张传淼

2. 政府投融资管理中心

主任：辛　波

副主任：陈　静（女）、程福海

总会计师：商锡岭

3. 国有资产管理局

局长：庞延明（兼）

副局长：张义克、孙向东

4. 政府采购中心

主任：王元省

5. 政府预算外资金管理办公室

主任：程永年

（七）长清区财政局

1. 局长：呼　强

副局长：宗海泉、刘清忠、许长征（女）、杨素英（女）、张海水、闻洪宝、邢庆凯

调研员：房世琪

2. 工资发放管理中心

副主任：赵　洁（女、区政协副主席兼）

3. 国有资产管理局

局长：马　玉（女）

4. 财政监督局

局长：陈延顺

副局长：王宪亭

5. 开发区财政局

局长：闻洪宝（兼）

6. 机关事业单位资金核算中心

副主任：魏　芳（女）、王春红（女）

7. 莲台山管委会

主任：邢庆凯（兼）

8. 政府采购办公室

主任：邢立顺

9. 政府投融资管理中心

主任：张海水（兼）

副主任：谭玉田

（八）章丘市财政局

1. 局长：杨吉利

副局长：王建华、郭晓明

纪检组长：孙雪梅（女）

2. 城市资金管理中心

主任：杨吉利（兼）

副主任：王　洪

3. 中小企业信用担保中心

主任：李迎春（女）

4. 政府采购中心

主任：杨家万

5. 金融合作办公室

主任：孟　国

副主任：马洪玉

（九）平阴县财政局

1. 局长：王伟红（女）

副局长：张乐生、张乐文、陈焕星、夏　言

纪检组长：刘少辉

总会计师：翟华婷（女）

2. 财政监督局

局长：丁世文

3. 国有资产管理局

局长：张乐文（兼）

4. 政府投融资管理中心

主任：丁保镰

副主任：陈　丽（女）

5. 预算外资金管理办公室

主任：张乐生（兼）

副主任：韩拥军

6. 中小企业担保中心

主任：孙和龙

7. 基本建设财务审查管理中心

主任：丁　刚

（十）济阳县财政局

局长：李建国

副局长：徐迎春、任艳明、方英华（女）、杨振华、李　罡

纪检组长：李晓青

（十一）商河县财政局

1. 局长：倪少祥

副局长：高炳军、王玉江、李清雁、李浩淼

2. 国有资产管理局

局长：高炳军（兼）

3. 政府采购办公室

主任：刘宁晓

（十二）高新技术产业开发区财政局

1. 局长：李建照

副局长：赵太国、张庆英（女）

副巡视员：张庆江

2. 国有资产管理办公室

主任：李建照（兼）

3. 国库支付中心

主任：赵太国（兼）

二、青岛市

（一）青岛市财政局

1. 局长：周　安

副局长：崔　慰（女、正局级）、杜云烟（女）、陈　强、车云明

副巡视员：毛文真（女）、徐守训、马青英（女）、王振海

总会计师：曹彦平

2. 收费管理局

局长：徐中民（副局级）

3. 财政国库支付局

局长：宋　磊（副局级）

（二）市南区财政局

局长：刘卫国

副局长：于宗霞（女）、周碧均（女）、姜苑桃（女）

（三）市北区财政局

1. 局长：胡义生

副局长：张兴堂、苑振强、王兴村、范鹏先

副调研员：孙孝海、陈彩燕（女）

2. 财政国库支付中心

主任：张霄霞（女）

（四）四方区财政局

1. 局长：刘文光

纪检组长：宫殿荣

副局长：关爱红（女）、王秀丽（女）、尹　鹏

2. 会计核算中心

主任：关爱红（女、兼）

（五）黄岛区财政局

局长：徐海洁

副局长：吴晓惠（女）、苏兆德、张　勇

纪委书记：任永贵

总会计师：荀文杰（女）

（六）崂山区财政局

1. 局长：宋　军

副局长：李海荣（女）、周立杰（女）、董天涛

纪检组长：徐震宇（女）

2. 国有资产管理局

局长：李海荣（女、兼）

（七）李沧区财政局

1. 局长：柳　凯

副局长：栾　琳（女、正处级）、张在厚

副调研员：江　霞（女）

2. 会计核算中心

主任：江　霞（女、兼）

（八）城阳区财政局

局长：王　涛

党委书记：杨宏生

纪委书记：曲永河

副局长：宋　健（女）、荀育国、徐素华（女）

（九）胶州市财政局

1. 局长：陈焕堂

副局长：刘衍国、蔡　滋、刘忠伟

纪检组长：高爱武

工会主席：耿　炜（女）

2. 财政稽查分局

局长：孙江山

3. 国库集中支付中心

主任：付　饶（女）

（十）即墨市财政局

1. 局长：李　辉

副局长：孙公伟、兰永钦、陆钧林、单存浩

纪委书记：范希兵

党委成员：孙丕辉

2. 财政征收分局

局长：于正初

3. 城市资产经营管理中心

主任：孙公伟（兼）

（十一）平度市财政局

1. 副局长：郭永海、张锡田、李学锋

党委副书记：朱家庆

纪委书记：于志栋

2. 国有资产管理中心

主任：于永芳（女）

3. 非税收入征管中心

主任：王　涛

（十二）胶南市财政局

1. 局长：刘增爱

副局长：郑世方、刘润东

纪检组长：薛明强

2. 财政稽查分局

局长：张志军

3. 国有资产管理办公室

副主任：孙爱萍（女）

（十三）莱西市财政局

1. 局长：陈玉国

副局长：李洪波、徐志章、孙良训

党组副书记：全成旭

纪检组长：晋利刚

2. 农业税收征收管理局

局长：李洪波（兼）

3. 预算外资金管理局

局长：徐志章（兼）

4. 国有资产管理办公室

主任：孙良训（兼）

（十四）保税区财政局

局长：王云升

副局长：王　敏（女）、马慧琴（女）

副调研员：刘兆权

（十五）高新区财政局

局长：陈铭传（副局级）

副局长：闻　武（正处级）

三、淄博市

（一）淄博市财政局

1. 局长：王修德

副局长：卜德兰、孙兆科（正处级）、王昌晖（女）

党委书记：张效莲（女）

党组成员：林传富

纪检组长：陈　晶

总会计师：董　博

工会主席：时立宏（女）

2. 国有资产管理委员会办公室

主任：卜德兰（兼）

3. 会计学校

校长：林传富（兼）

党总支书记：张效莲（女、兼）

（二）淄川区财政局

1. 局长：于加宁（区政协副主席兼）

党组书记：司志荣

党组副书记：李　伟

副局长：司志荣（兼）、李　伟（兼）、李氏辉、高　萍（女）

党组成员：李永利

纪检组长：孙丰广

总会计师：于建国

2. 非税收入管理局

局长：李永利（兼）

（三）张店区财政局

1. 局长：王海波（区长助理兼）

副局长：胡元勇、王睿丰、张春生

纪检组长：郑兆山

2. 预算外资金管理局

局长：王海波（兼）

3. 国有资产管理局

局长：胡元勇（兼）

（四）博山区财政局

局长：李同军

副局长：孙兆昧、池　蕊（女）

纪检组长：张　伟

（五）临淄区财政局

1. 局长：李文远

副局长：韩桂美（女）、刘新运、路新民

党组成员：张益年

总会计师：孙　杰

2. 国有资产管理局

局长：张益年（兼）

（六）周村区财政局

1. 局长：于学民

副局长：贺兆周、徐科学

纪检组长：宁卫东

工会主席：刘　鹏（女）

党组成员：杨　红（女）

局长助理：张守兴

总会计师：王文君（女）

2. 国库集中支付中心

副主任：杨　红（女、兼）

（七）桓台县财政局

1. 局长：成　勇

副局长：甘明春、田照礼、魏勤远

纪检组长：王　静（女）

总会计师：国悦德

2. 统一收费局

局长：甘明春（兼）

（八）高青县财政局

1. 局长：刘金锋

副局长：张　芊（女）、丁振忠、张玉刚、信广永

纪检组长：帅卫东

党组成员：张红光（女）

2. 预算外处

副主任：张红光（女、兼）

（九）沂源县财政局

1. 局长：郭忠和

副局长：王力岩、白如军、冯成德

党组成员：朱化利

工会主席：郑继光

2. 投资项目招投标管理办公室

主任：王力岩（兼）

3. 农税分局

局长：朱化利（兼）

（十）高新区财政局

1. 局长：杜玉林

副局长：徐斌治、许福年

局长助理：孟凡成

2. 有偿资金管理处

处长：孟凡成（兼）

四、枣庄市

（一）枣庄市财政局

1. 局长：尹克同

副局长：王　辉（正处级）、郑金福（正处级）、李学启、孙　静（女）、杜家华

党组成员：张守信（正处级）

副调研员：张景华、赵　蕾（女）、杜益军

2. 财政监督局

局长：刘中利

3. 预算外资金管理局

局长：孙中成

副局长：陈子泓（女）、张士涛、刘　玲（女）

总会计师：杨自力

4. 会计管理局

局长：崔彦瑞

副局长：窦云峰、刘福元

5. 财政干部教育中心

主任：华志中

副主任：陈克磊

6. 财政投资评审中心

主任：徐春梅（女）

7. 国有资产运营管理中心

主任：张守信（兼）

副主任：杨方元（副处级）、曹登月（副处级）

8. 财政信用资金管理处

主任：季娟娟（女）

（二）市中区财政局

1. 局长：王光顺

副局长：吴成勋、王广仁、李存富、刘凌东、刘　玲（女）

纪委书记：谢福明

工会主任：韩书生

副主任科员：任小曼（女）

2. 财政监督局

局长：吴成勋（兼）

副主任科员：宗兆建

3. 国有资产管理局

局长：刘凌东（兼）

4. 农业税收征收管理局

局长：王广仁（兼）

副局长：郭成金

副主任科员：唐文峰

5. 预算外资金管理局

局长：王光顺（兼）

副主任科员：张瑞洪

6. 会计管理局

局长：李存富（兼）

副主任科员：殷允华（女）

7. 政府采购中心

副主任科员：李文国

8. 国库集中支付中心

主任：刘　玲（女、兼）

9. 山东民生城市资产经营有限公司

总经理：王光顺（兼）

（三）薛城区财政局

1. 局长：王汝东（副区长兼）

副局长：种法勇、张　渠、杨家民、李　钢

纪检组长：刘　杰

党组成员：钟士强

2. 预算外资金管理局

局长：钟士强（兼）

副局长：郭传军

3. 农业税收征收管理局

局长：李　钢（兼）

副局长：张慎芳（女）

副主任科员：关文森

4. 会计管理局

局长：种法勇（兼）

副局长：孙中银、闫　平（女）

5. 财政监督局

局长：杨家民（兼）

副局长：田　源

6. 国有资产管理局

局长：张　渠（兼）

副局长：段志芳（女）、李芳歌（女）

（四）峄城区财政局

1. 局长：时树干

副局长：杨家利、叶宗国、孙启昌（正科级）

党组成员：王爱华（女）、刘　振、李常荣（女）

纪检组长：殷钊博

2. 政府采购中心

主任：杨家利（兼）

副主任：石华丽（女）、吴成洲

3. 预算外资金管理局

局长：叶宗国（兼）

副局长：赵修习

副主任科员：刘志伟

4. 财政监督局

局长：王爱华（女、兼）

副局长：张　强

副主任科员：孙中秀（女）

5. 会计管理局

局长：刘　振（兼）

副主任科员：张　泳

6. 国有资产管理办公室

主任：李常荣（女、兼）

副主任：窦长勇

副主任科员：李　青（女）

7. 基层财政管理局

局长：李剑敏

副局长：王　辉、荆国华

8. 城市投资中心

主任：时树干（兼）

9. 国有资产经营公司

董事长：李常荣（女、兼）

（五）台儿庄区财政局

1. 局长：王启峰

副局长：张文生、周　鑫

纪检组长：李学才

主任科员：谭文龙

副主任科员：冯　永、张树霞（女）、顿　明（女）、彭　鹏

2. 区政府驻济南办事处

主任：王启峰（兼）

副主任：赵　亮

副主任科员：陈国栋

3. 预算外资金管理局

局长：胡述光

4. 政府采购中心

主任：张圣存

5. 财政监督局

局长：张文生（兼）

6. 会计管理局

局长：马维纲
副局长：赵艳萍（女）
7. 国有资产管理局
局长：张亚超
副局长：刘成林
8. 经济开发投资公司
经理：王启峰（兼）
（六）山亭区财政局
1. 局长：韩西荣
副局长：杨兴华、李秀银、周忠辉、赵振建
党组成员：李明文
监察室主任：张玉新（女）
工会主任：田海燕（女）
党组成员：刘永峰
主任科员：张培玉
副主任科员：王学功
2. 财政监督局
局长：杨兴华（兼）
副局长：吴跃德
3. 国有资产管理局
局长：刘　鹏
副局长：雷　波
4. 预算外资金管理局
局长：李明文（兼）
5. 经济开发投资总公司
经理：刘永峰
副经理：任衍明
6. 农业税收征收管理局
局长：耿宝贵
副局长：张砚伟、钱金栋
7. 政府采购管理办公室
主任：孙祥军
副主任：满　超
8. 会计管理局
局长：朱惠芹
副局长：张守军
9. 会计核算中心
主任：王　冠
副主任：赵逢义
10. 国库集中支付中心
主任：张学来
（七）滕州市财政局
1. 局长：柴春国
副局长：刘学军、国振灵、马洪光
纪检组长、监察室主任：李体岩
副主任科员：翟传峰、马丽诺（女）
2. 国有资产管理局
局长：柴春国（兼）
副局长：国振灵（兼）、葛瑞良、吕国璋
3. 财政监督局
局长：刘学军（兼）
副局长：刘希玉
4. 非税收入管理局
局长：国振灵（兼）
副局长：李　霞（女）
5. 会计管理局
局长：庞丹妹（女）
6. 农业税收征收管理局
局长：郭长杰
副局长：李新照
7. 政府采购中心
主任：赵曰鹏
8. 财政投资评审中心
主任：葛瑞良（兼）
（八）枣庄高新技术产业开发区财政局
局长：魏朝生
副局长：李德举

五、东营市

（一）东营市财政局
1. 局长：李俊峰
副局长：倪文华（正处级）、李中元、薛在山、隋振明
副调研员：盖士珍（女）、高良文、田树同、薄立新（女）、崔卫国
2. 非税收入征收管理局
局长：吴立岩
副局长：吕连岭、刘建忠（女）、孟宪台
3. 财政集中支付中心
主任：隋振明（兼）
4. 国有资产管理办公室
主任：巩春波
5. 政府采购中心
主任：袭祥珠
6. 财政评审中心
主任：王树合
7. 财政信用投资公司
经理：崔希尧
（二）东营区财政局
1. 局长：隋向村
副局长：刘文琴（女）、杨庆军（女）
纪检组长：徐正凤（女、正科级）
2. 核算中心
主任：刘文琴（女、兼）
3. 国有资产管理局
副局长：孙林光
4. 国库集中收付中心
副主任：张小营
5. 农业税收征收管理局
局长：朱国庆
（三）河口区财政局
1. 局长：张希臣
副局长：李金明、王志勇、韩汝英（女）、郭启联
纪检组长：张立华
2. 政府采购办公室
主任：路广新
3. 预算外资金管理局
副局长：付　强
4. 财政集中支付中心
主任：李金明（兼）
副主任：韩学玲（女）
（四）垦利县财政局
1. 局长：郝秀芹（女）
副局长：韩文第、战春光、袁　林
纪检组长：周　玲（女）
副主任科员：罗宗利
2. 农税征管局
局长：马子文
3. 支付中心
主任：郭晓敏（女）
4. 政府采购中心
主任：李明泉
5. 非税收入管理局
局长：韩文第（兼）

副局长：宋清澜、张继海

（五）利津县财政局

1. 局长：徐忠华

副局长：王建民、高素梅（女）

纪检组长：赵海华（女）

2. 国有资产管理办公室

主任：刘建民（县人大副主任兼）

3. 农业税收征收管理局

局长：陈　波

4. 政府采购办公室

主任：刘庆芝（女）

（六）广饶县财政局

1. 局长：李增祥

副局长：孟春香（女）、王振业、张长恩、王相云

纪检组长：李佐江

副主任科员：李丽红（女）

2. 预算外资金管理局

副局长：郑杰敏（女）

3. 城市资产运营公司

经理：王振业（兼）

副经理：田效红、邓　勇

4. 财政监督局

局长：孙桂云（女）

六、烟台市

（一）烟台市财政局

1. 局长：叶文君

副局长：陈方武（正处级）、张明玉（正处级）、赵晓晖、牟树青、张　静（女）

纪检组长：丛　浩

总会计师：张　静（女、兼）

2. 政府采购管理办公室

主任：叶文君（兼）

副主任：任信美（女）、许奎山

3. 预算外资金管理处

主任：王金钟（女）

党支部书记：李　妍（女）

4. 政府投资评审中心

主任：张云鹏

5. 财政干部教育中心

主任：孟　阳

支部书记：庞国明

6. 财会培训中心

主任：宫建国

副主任：宋友明、蔡春玲（女）、路有林

（二）芝罘区财政局

1. 局长：高海军（烟台崆峒列岛省级海洋自然保护区管理处工委书记兼）

副局长：李　娜（女）、李　辉、吴界峰、尹树莉（女）

纪检组长：姜浩平

副主任科员：刘铭宪

2. 预算外资金管理局

局长：李　娜（女、兼）

副局长：徐连发、宫　民

3. 会计事务管理中心

主任：李海棠（女）

4. 农业税收征收管理局

局长：姜　斌

5. 中小学会计核算中心

主任：于忠国

6. 区直机关会计核算中心

主任：王海清（女）

7. 政府投资评审中心

主任：彭铭慧（女）

8. 政府采购管理办公室

主任：苏新春（女）

9. 财会干部培训中心

主任：宋寿德

10. 国有资产管理办公室

主任：孙　涛

（三）福山区财政局

1. 局长：姜广益

副局长：初立旭（正科级）、于维平、刘锡玉

纪检组长：刘忠江

2. 农业税收征收管理局

局长：初立旭（兼）

3. 政府采购管理办公室

主任：王其顺

4. 国库集中支付中心

主任：王其顺（兼）

5. 预算外资金管理处

主任：李树平

6. 国有资产经营公司

经理：姜呈俊

7. 投资评审中心

主任：唐仁忠

（四）牟平区财政局

1. 局长：宋有锋

副局长：孙木平、姜　牟

总会计师：王俊英（女）

2. 农业税收征收管理局

副局长：车路飞

3. 会计培训中心

主任：王少华（女）

4. 预算外资金管理局

局长：孙木平（兼）

副局长：王丽萍（女）、于进花（女）

5. 财政监督检查处

主任：张曰明

6. 政府采购管理办公室

主任：姜传波

7. 投资评审中心

主任：王明永

（五）莱山区财政局

1. 局长：范　涛

副局长：徐显良、张福伟

2. 财政投资评审采购管理办公室

主任：王连红（女）

（六）龙口市财政局

1. 局长：郑祖纯（市开发区管委主任兼）

副局长：仲崇斟、李瑞江、史文军（正科级）

纪检组长：张发兵

2. 投资公司

副经理：曹承彩、柳年基、遇保京

3. 农业税收管理局

副局长：李国新

4. 政府采购管理办公室

主任：陈剑英

5. 国有资产管理局

局长：李瑞江（兼）

副局长：曲永乐

6. 预算外资金管理处

主任：张淑华（女）

7. 会计核算中心
主任：仲崇斟（兼）
副主任：丁志鹏、李汝军、王连策
8. 财会培训中心
主任：方　伟
9. 会计中等专业学校
副校长：王相松
（七）莱阳市财政局
1. 局长：任　文
副局长：王　丽（女）、王兴宏、王文胜、孙英俭、祁学栋
纪检组长：张　瀚
总会计师：盖仕辉
2. 财政干部教育学校
校长：李文明
3. 预算外资金管理处
主任：孙凤英（女）
4. 政府采购管理办公室
主任：赵胜东
5. 监督检查处
主任：盛丽娜（女）
6. 会计结算中心
主任：祁旭光
7. 政府投资评审中心
主任：隋文高
8. 基层财政管理局
局长：任　文（兼）
9. 国有资产管理办公室
主任：任　文（兼）
（八）莱州市财政局
1. 局长：戚胜发
副局长：赵海云、于兴国、冯治邦、于占东、郑梅杰（女）、张元坤
纪检组长：刘永新
2. 国有资产管理局
局长：李忠勇
副局长：刘桂明、陶英倩
3. 经济投资开发公司
经理：赵海云（兼）
副经理：黄茂亭
4. 政府采购管理办公室
主任：于兴国（兼）
副主任：刘保唐、滕春成
5. 农业税征收管理局
局长：冯治邦（兼）
副局长：汤华波、宋长征
6. 收费管理中心
主任：毛爱芹（女）
7. 财会培训中心
主任：刘少云（女）
8. 国库集中支付中心
主任：孙培盛
（九）蓬莱市财政局
1. 局长：张　力（女）
副局长：高德奎、管　伟、李岱新
2. 国有资产管理局
局长：王宏波
3. 预算外资金管理局
副局长：姜仁秋
4. 政府采购管理办公室
主任：魏勋通
5. 农业税收征收管理局
副局长：张　兴
（十）招远市财政局
1. 局长：王焕刚
副局长：李建华（女）、蔡　蒙、丛建茂
总会计师：李金波（女）
2. 农业税收征收管理局
局长：于希龙
3. 预算外资金管理局
局长：韩金强
4. 政府投资评审中心
主任：王同兴
5. 政府采购管理办公室
主任：蒋丽珍（女）
6. 国有资产监督管理科
科长：庞延鹏
7. 资金管理处
主任：蒋作针、曹敬臣
8. 国库支付中心
副主任：万学全
（十一）栖霞市财政局
1. 局长：衣然强
副局长：衣培强、徐学军、衣正伟、王福正
纪检组长：林永春
党组成员：王云峰
2. 农业税收管理局
局长：王云峰（兼）
3. 行政事业性收费征收管理处
主任：衣培强（兼）
4. 政府采购管理办公室
主任：刁庆涛
5. 国有资产经营公司
经理：孔伟光
6. 财会培训中心
主任：林海峰
7. 国有资产管理局
局长：徐学军（兼）
（十二）海阳市财政局
1. 局长：于乐文（市政协副主席兼）
副局长：刘勇涛、梁国阳、邓宗发、蒋　峰
纪检组长：梁国阳（兼）
党组成员：姜春亭
2. 农业税收征收管理局
副局长：姜春亭（兼）
征收分局局长：王荣平
3. 财政监督处
主任：王树国
4. 预算外资金管理处
主任：王玉江
5. 国有资产管理局
副局长：孙智松
6. 政府采购管理办公室
主任：高君峰
（十三）长岛县财政局
1. 局长：包如轩
副局长：史宏源、于国旭
2. 农税征收管理局
副局长：张泰利、王星云
3. 会计结算中心
主任：张仁涛
4. 预算外资金管理处
主任：曲　斌
5. 国有资产运营中心
主任：史宏源
副主任：孙德晶
（十四）经济技术开发区财政局
局长：于　玲（女）

副局长：张奇东、林　平

副调研员：张　翔（女）

局长助理：姜海滨

（十五）高新技术产业园区财政局

局长：荆永杰

副局长：曲秀玲（女）、刘新纲

七、潍坊市

（一）潍坊市财政局

1. 局长：夏芳晨

副局长：夏永波、王有亭、李树范（女）、王志刚、王　丙、刘锡田

总会计师：田民利

党组成员：陈学俭（正处级）、王文俊（正处级）

调研员：胡敬义、赵洪亮

副调研员：张修海、马进礼、王金祥

2. 国有资产监督管理委员会

主任：杨子正（正处级）

副主任：冯纪伟、孙爱云（女）

副调研员：胡嘉敏（女）、葛春荣

3. 住房公积金管理中心

主任：王文俊（兼）

4. 企业处

主任：姜钦亮

书记：于　强

5. 财政监督局

书记：王振平

6. 政府采购中心

主任：李元春

副处级干部：丁恒智

7. 国有资产经营投资公司

总经理：李宪元

支部书记：王兴龙

8. 财务总监管理办公室

负责人：安鲁文（副处级）

9. 基层财政管理处

主任：刘子茂

书记：吴君青

10. 市投资公司

经理：陈学俭（兼）

（二）潍城区财政局

1. 局长：李树东

副局长：高起生、赵会亭、孙晓东、刘汉杰

党组成员：王舒红（女）、寇忠祥

总会计师：王舒红（女、兼）

副主任科员：孙铭刚

2. 国有资产管理局

局长：姜传敬

副局长：徐树强、胡玉兰（女）、刘美春（女）

3. 财政监督局

局长：高起生（兼）

副局长：裴来兴、史秀珍（女）

4. 住房资金管理中心

主任：徐建东

5. 农业发展基金管理处

主任：考持帮

6. 基层财政管理局

局长：王建君

7. 会计管理局

局长：王会光

8. 政府采购中心

主任：于小慧（女）

9. 社会保障处

主任：寇忠祥（兼）

10. 城市建设资金管理中心

主任：刘　伟

11. 预算外资金管理局

局长：李乃杰

12. 财税计算机管理中心

主任：于在宝

（三）寒亭区财政局

1. 局长：李梅生

副局长：于志强、王翰林

党组副书记：张晓彬、徐建华、尹占奎

纪检组长：刘世泉

党组成员：牟同庆、蒋万田

副主任科员：徐伟利（女）、张晓红（女）

2. 预算外资金管理局

局长：张晓彬（兼）

副局长：姚永建

3. 农业税收征收管理局

局长：齐新立

副主任科员：王春玲（女）、孙少成

4. 财政监督局

局长：韩　军

副主任科员：王长平

5. 政府采购中心

主任：蒋万田（兼）

6. 国有资产管理局

局长：刘世泉（兼）

副局长：牟同庆（兼）

副主任科员：李　梅（女）

7. 国库集中支付中心

主任：陈晓青（女）

8. 住房资金管理中心

主任：于俊兰（女）

（四）坊子区财政局

1. 局长：张秀霞（女）

副局长：王瑞金、刘启兴、郭伟、李振祥、刘振明

主任科员：秦乐堂

党组成员：刘　辉、王清润、刘召平、王明义

2. 投资公司

经理：王瑞金（兼）

副经理：刘洪斌

3. 农业税征收管理局

局长：刘启兴（兼）

副局长：杨宗伟

4. 国有资产管理局

局长：郭　伟（兼）

主任科员：刘　辉（兼）

副局长：王清润（兼）、刘晓培

5. 政府采购中心

主任：王明义

6. 非税收入征收管理局

局长：李培伟

7. 住房资金管理中心

主任：刘善辉

8. 财政监督局

局长：赵同亮

9. 社会保障处

主任：刘召平（兼）

（五）奎文区财政局

1. 局长：王万堂

副局长：杨　霞（女）、吴卫忠、李晓华、曹希山

纪检组长：迟玉玲（女）

工会主席：柳　青（女）

党组成员：孙　伟

2. 国有资产管理局

局长：杨　霞（女、兼）

3. 国库支付中心

主任：徐春宁

4. 住房资金管理中心

主任：纪文忠

5. 财政监督局

局长：桑　青（女）

6. 社保中心

主任：周　斌

7. 非税收入征收管理局

局长：刘春燕（女）

8. 会计管理局

局长：李祖忠

9. 财政投资公司

经理：张培锦

10. 信息中心

主任：葛竹胜

11. 农业税征收管理局

局长：高光伟

12. 国有资产运营中心

主任：李晓华（兼）

（六）青州市财政局

1. 局长：郑　伟

副局长：颜　萍（女）、姚春生、南天星、邱元国

党委副书记：王志敏（女）

纪检书记：王志敏（女、兼）

总会计师：丁志航

主任科员：康效臣、付学农

副主任科员：何玉德

党委成员：彭明周、周勤堂、王春耕

2. 非税收入管理局

副局长：刘正坤、李玉福

3. 基础设施建设资金管理中心

书记：杨忠俊

副主任：李宗泉

4. 财政监督局

局长：颜　萍（女、兼）

书记：彭明周（兼）

副局长：刘子亮

5. 财税计算机中心

书记：鹿　玲（女）

6. 国有资产管理局

局长：卢增军

7. 国库集中支付中心

主任：王春耕（兼）

副主任：刘方国

8. 农业税征收管理局

局长：周勤堂（兼）

9. 住房资金管理中心

主任：田详章

10. 财政投资评审中心

主任：季延文

（七）诸城市财政局

1. 局长：韩培武

副局长：潘桂祥、王进华、周华伟、王清亮

纪检组长：姜成海

党组成员：滕兆和、赵小燕（女）、邬基江、王会斋、王金堂、杨光照

副主任科员：王昭义

2. 预算外资金管理局

局长：潘桂祥（兼）

副局长：王会斋（兼）、杨光照（兼）

3. 国有资产管理局

局长：王进华（兼）

副局长：姚文东

4. 经济开发投资公司

总经理　滕兆和（兼）

副经理　王金刚、吴爱国

5. 基层财政管理局

局长：王清亮（兼）

副局长：王金堂（兼）、贾聚业、宋新波

6. 财政监督局

局长：刘忠玉

7. 农发基金征收处

主任：赵　平

8. 国库集中支付中心

主任：邵宏武

9. 国有资产评估中心

主任：万曲波（女）

10. 国有资产经营总公司

总经理：周华伟（兼）

副总经理：滕兆和（兼）、尤进金、孙东军、王滋芝（女）

工会主任：王桂清

11. 财政投资评审中心

主任：赵青山

（八）寿光市财政局

1. 局长：李泮德

副局长：于世茂、刘建平、王守华、冯星元、张玉娥（女）、张　英（女）

纪检组长：付心刚

党组成员：张玉华、王新海

2. 预算外资金管理局

局长：于世茂（兼）

副局长：王新海（兼）、王　欣（女）

3. 基础设施建设资金管理中心

主任：张玉娥（女、兼）

副主任：董长山、赵乐资

4. 国有资产管理局

局长：张玉华（兼）

副局长：王玉玲（女）、杨云龙

5. 住房资金管理中心

主任：门保海

书记：王金山

6. 政府采购中心

主任：肖庆臣

7. 国库集中支付中心

主任：张宏雨

8. 基层财政管理局

局长：武建华

9. 财政监督局

局长：锡景明

（九）安丘市财政局

1. 局长：刘兴军（市长助理兼）

副局长：李泽民、贺成波、辛献秀、徐淑娟（女）

纪检组长：贺立民

2. 国有资产管理局

局长：李泽民（兼）

副局长：张景义、刘德华

3. 财税督查局

副局长：张建国

4. 政府采购中心

主任：马春江

5. 非税收入管理局

局长：贺成波（兼）

副局长：孙金明

6. 政府投资评审中心

主任：凌云书

7. 住房资金管理中心

主任：陈绪莲（女）

8. 国库集中收付中心

主任：王　敏（女）

9. 农业税征收管理局

副局长：王振忠

（十）高密市财政局

1. 局长：张新和

副局长：王金波、闫公健、吴兆道、王　琨

主任科员：王进会

纪检组长：钟西福

党组成员：贾东杰、黄宝峰

2. 农业税征收管理局

局长：贾东杰（兼）

副局长：马德水、黄丽菊（女）

3. 会计管理局

局长：黄宝峰（兼）

副局长：李　雁（女）

4. 预算外资金管理局

局长：王金波（兼）

副局长：张新功、王文波

5. 国有资产管理局

局长：闫公健（兼）

副局长：姜兴文

6. 国有资产经营投资有限公司

经理：闫公健（兼）

7. 财政监督局

局长：张宝山

8. 政府采购中心

主任：王　建

（十一）昌邑市财政局

1. 局长：董凤杰（市海洋生态特别保护区党支部书记兼）

副局长：林明波、孙介甫、孙广阔、魏全江

纪检组长：徐学义

工会主任：徐桂华（女）

2. 国有资产管理办公室

主任：林明波（兼）

副主任：张始训

3. 基层财政管理局

局长：孙介甫（兼）

4. 国有资产经营投资有限公司

经理：孙广阔（兼）

5. 财政监督局

局长：孙继刚

6. 住房资金管理中心

主任：于爱国

7. 国库集中支付中心

主任：付绍集

8. 政府采购中心

主任：徐云舟

9. 社保处

主任：孙健美（女）

（十二）临朐县财政局

1. 局长：邓世华

副局长：翟淑法、谭茂村、谭月红（女）

纪检组长：石效群

党组成员：王克军

副主任科员：王　鹏、王兆亮

2. 会计管理局

局长：邓世华（兼）

副局长：魏　生、张成兵、李元平

3. 基层财政管理处

主任：谭茂村（兼）

副主任：刘文涛、尹焕会、王志勇

4. 基础设施投资管理中心

主任：翟淑法（兼）

副主任：王忠勇

5. 非税收入管理局

局长：谭月红（女、兼）

6. 财政监督局

局长：朱志新

7. 住房资金管理中心

主任：王克军（兼）

8. 财税信息中心

主任：王克军（兼）

9. 经济开发投资公司

经理：杨文林

10. 国库集中支付中心

主任：潘海军

11. 财政投资评审中心

主任：张　东

12. 政府采购中心

主任：冯元民

13. 国有资产管理局

副局长：李来成

（十三）昌乐县财政局

1. 局长：田本义（副处级）

党委副书记：宫春年

副局长：臧丽丽（女）、刘学禄、刘子坤、滕肖华

纪委书记：付春荣（女）

党委委员：刘卫国

2. 农税征收管理局

局长：刘子坤（兼）

副局长：邢涌涛（女）

副主任科员：刘　俊

3. 财政监督局

局长：臧丽丽（女、兼）

副局长：张　继、高洪利（女）、徐建林

4. 国有资产管理办公室

主任：刘学禄（兼）

副主任：刘学亮

5. 非税收入管理局

局长：田本义（副处级、兼）

副局长：李卫国

6. 住房资金管理中心

主任：王爱美（女）

7. 政府采购中心

主任：陈晓莉（女）

（十四）高新技术产业开发区财政局

1. 局长：牟丕宗（副处级）

副局长：李　洪（副处级）、段守华、石可法、熊福涛、翟伟春

主任科员：杨立春（女）

2. 会计管理局

局长：崔荣民

副局长：齐红红（女）

3. 住房资金管理中心

副主任：陈亦男（女）

4. 财政监督局

局长：李美玲（女）

5. 国库集中支付中心

主任：刘晓华（女）

副主任：王志刚

6. 企业处

主任：李　云（女）

7. 政府采购中心

主任：丛衍涛

（十五）滨海经济开发区财政局

局长：宋美亮

副局长：张兴龙、王　翠（女）

党组成员：于钦勇

副主任科员：单月山

（十六）经济开发区财政局

局长：周　冲

副局长：徐延明

副主任科员：周晓晖、刘清明

八、济宁市

（一）济宁市财政局

1. 局长：张茂如

副局长：张明生、王玉留、韩梅（女）

纪检组长：徐卫华

副调研员：杨殿聪、许一新

党组成员：刘裔洒

2. 经济开发投资公司（市政府投融资管理中心）

主任、经理：刘裔洒（兼）

副主任、副经理：杨奉月、夏传强

3. 企业财务管理处

主任：宋全领

4. 财政投资评审中心

主任：张　伟（女）

5. 市财政局开发区分局

局长：徐兴良

6. 预算外资金管理局

局长：刘永庆

7. 监督检查办公室

主任：何旭东

8. 农业税收管理局

局长：王志强

9. 财政集中支付核算中心

主任：张明生（兼）

副主任：于凤科、吴　勇、魏　戎

总稽核：刘　玮

（二）市中区财政局

1. 局长：刘瑞军（区长助理兼）

副局长：冯建民、赵淑峰（女）、郭广森

纪检组长：赵春民

总会计师：蒋新平

副主任科员：尤利东

2. 预算外资金管理局

副局长：姜淑芬（女）

3. 财政集中支付中心

主任：程殿武

4. 财政监督办公室

主任：吕　镇

5. 区综合治税办公室

主任：郭广森（兼）

副主任：刘　宁

（三）任城区财政局

1. 局长：杨晓春（女）

副局长：杨银轩

2. 农业税收管理局

局长：茹兴苗

副局长：廉长林

3. 财政监督办公室

主任：李昭远

副主任：李志刚

4. 财政集中支付中心

副主任：顾　伟

5. 非税收入管理局

副局长：许允鹏、张玉军

6. 国有资产管理办公室

副主任：左振宇

（四）曲阜市财政局

1. 局长：赵业勇

副局长：李兴龙、裴绪军、柴骥、孔凡明

工会主席：林秉金

2. 农业税收管理局

局长：孔令臣

副局长：李继成

3. 社会保障基金管理中心

主任：韩素宏

4. 国有资产管理局

副局长：张　红（女）

5. 非税收入管理局

局长：陈志诚

副局长：张海峰

6. 开发区财政分局

局长：刘桂龙

（五）兖州市财政局

1. 局长：王建华（市长助理兼）

副局长：裴宪敏（女）、韩兆玉（女）、秦佑勇

纪检组长：袁景平

总会计师：程绪殿（女）

2. 世界银行贷款管理办公室

副主任：赵　霞（女）

3. 国有资产管理办公室

主任：王建忠

4. 基层财政管理局

局长：裴宪敏（女、兼）

副局长：李　霞（女）、李　森

5. 会计核算中心

副主任：王剑敏

6. 政府采购办公室

主任：李　斌

7. 预算外资金管理局

副局长：张学锋（女）、邱培强

（六）邹城市财政局

1. 局长：张忠堂

副局长：李士川（正科级）、秦　勇

纪委书记：罗心健

党委委员：罗　珍（女、正科级）、田　猛

总会计师：孔令星

2. 农村财务管理局

局长：张忠堂（兼）

3. 预算外资金管理局

局长：李士川（正科级、兼）

4. 国有资产管理办公室

主任：罗　珍（女、兼）

（七）微山县财政局

1. 局长：张广军

副局长：李善峰、顾克水、杨福民

纪检组长：王洪军

工会主席：张耀辉

2. 非税收入管理局

局长：侯庆林

3. 财政监督局

局长：张伊真

4. 国有资产管理局

局长：赵　楠

5. 农业税收管理局

局长：李善峰（兼）

副局长：王万臣、陈国伟

6. 金融合作办公室

主任：杨福民（兼）

7. 财政国库集中支付中心

主任：顾克水（兼）

副主任：李亚东

8. 政府采购办公室

主任：董　蕙（女）

9. 企业财务管理中心

主任：李　辉

10. 农业发展基金管理所

所长：黄伦福

（八）鱼台县财政局

1. 局长：王进斌

副局长：朱克芳、杨桂华、袁　恪

党组成员：房道远

纪检组长：刘　畅

主任科员：岳彩章

副主任科员：周瑞海、田忠建

2. 规费征收管理办公室

主任：朱克芳（兼）

副主任：李培兵

3. 会计核算中心

主任：袁　恪（兼）

4. 国有资产管理局

局长：田广河

5. 预算外资金管理局

局长：王进斌（兼）

副局长：王梅荣（女）

6. 财政监督检查办公室

主任：杨桂华（兼）

副主任：董西民

7. 投资评审中心

主任：刘　畅（兼）

（九）金乡县财政局

1. 局长：吕玉芹

副局长：王秋华、周保忠、张华梅（女）

总会计师：皮凤伟

2. 非税收入管理局

局长：吕玉芹（兼）

副局长：林　生

3. 农业税收管理局

局长：吕玉芹（兼）

副局长：张华梅（女、兼）、李秀菊（女）

4. 财政集中支付中心

主任：王秋华（兼）

副主任：张秋华（女）

5. 财政监督局

局长：周保忠（兼）

6. 经济开发投资公司

主任科员：郭继德

7. 国有资产管理局

主任科员：胡树德

8. 政府采购中心

副主任：卢作强

（十）嘉祥县财政局

1. 局长：周尚英

副局长：刘俊宝、闫玉增、刘健康、陈万银

纪检书记：张琦云

2. 农业税收征收管理局

局长：刘俊宝（兼）

副局长：楚宪文

3. 预算外资金管理局

局长：周尚英（兼）

副局长：巩晓林、朱本相

4. 会计集中核算与支付中心

主任：周尚英（兼）

副主任：程合际、武绍辉

5. 利用世界银行贷款发展灌溉农业项目领导小组办公室

副主任：曹　刚

（十一）汶上县财政局

1. 局长：田利国

副局长：韦国强、张庆立

纪检组长：荣先国

总会计师：王秦岭

工会主席：马　琳

2. 国有资产办公室

主任：田利国（兼）

副主任：于明金

3. 非税收入管理局

局长：韦国强（兼）

副局长：陈洪国

4. 会计管理局

局长：于　健

副局长：杨　晓

5. 社会保障资金管理局

局长：张庆立（兼）

副局长：杨光银

6. 金财公司

总经理：宋印璧

7. 基层财政管理局

副局长：张茂琢、李正水

8. 会计核算中心

主任：刘灿国

9. 开发区分局

局长：侯　勇

10. 财政投资评审中心

主任：龙茂素

11. 世行办

主任：刘海涛

12. 乡财县管中心

主任：冯成利

（十二）泗水县财政局

1. 局长：陈洪夫

党组书记：李逢阳（县长助理兼）

副局长：薛长银、乔志端、孙宜华、刘　伟

总会计师：孟祥章

副主任科员：邵常喜、张　磊、李文章

2. 农业税收管理局

局长：薛长银（兼）

副局长：相龙静（女）
3. 财政监督局
局长：陈玉杰
4. 投融资管理中心
主任：孔宪坤
副主任：赵文涛
5. 集中支付中心
副主任：孔　妍（女）
（十三）梁山县财政局
1. 局长：梁开平
副局长：于观跃、韩月民、张凤园（女）、艾桂秋（女）
总会计师：徐海荣（女）
纪检书记：袁　雷
工会主席：杨　扬
党组成员：马景国、魏显法、赵传友
副主任科员：李广运
2. 农业税收管理局
局长：韩月民（兼）
副局长：于　辉
3. 国有资产管理局
局长：于观跃（兼）
4. 预算外资金管理局
局长：艾桂秋（女、兼）
副局长：师彩霞（女）
5. 经济开发区分局
局长：马景国（兼）
6. 经济投资管理中心
主任：魏显法（兼）
7. 集中支付核算中心
主任：赵传友（兼）
副主任：王　立
8. 政府采购办公室
主任：郑　军
9. 财政投资评审中心
主任：张凤园（女、兼）
副主任：杨玉春
10. 财政监督局
局长：刘　林
11. 经济投资管理中心
主任：侯召彦
（十四）开发区财政局
局长：徐兴良

九、泰安市

（一）泰安市财政局
1. 局长：任先德（市长助理兼）
副局长：李诚实（正处级）、刘斌（正处级）、刘兴强、辛海明
总会计师：赵衍杰
纪委书记：李天义
副局长：孙　磊
党委委员：秦玉昌
副调研员：顾汉松、王庆涛
2. 财政监督检查处
处长：亓永军（副处级）
副处长：赵同岱、王爱荣（女）
3. 预算外资金管理处
主任：王国强（副处级）
副主任：张春贵
4. 政府采购管理办公室
主任：李清明（女、副处级）
副主任：段崇民、王启金、申凤玲（女）
5. 农业税收征收管理局
局长：刘　斌（正处级、兼）
副局长：张焕杰（副处级）
6. 住房资金管理办公室
主任：邓继胜（副处级）
7. 政府投融资管理中心
主任：李诚实（兼）
副主任：秦玉昌（兼）、范晓焱（女、副处级）
8. 财政干部教育中心
书记：刘丽珍（女、副处级）
主任：黄海涛（副处级）
副主任：王　伟、吴　刚、于秀玲
9. 经济开发投资公司
副总经理：武国志（副处级）、赵焕曦（副处级）、魏　杰（女、副处级）
（二）泰山区财政局
1. 局长：葛安华
副局长：范玉文、商志刚、王延礼、孟宪业
工会主席：考其伟
纪检组长：夏崇国
总会计师：宋新文
党组成员：耿树明、梁蕴茜（女）、刘绍峰
2. 财政监督局
局长：张兴涛
3. 收费管理局
局长：周太升
4. 农业税征收管理局
局长：范玉文（兼）
副局长：王　军、李传禄
副主任科员：裴敦刚
5. 政府采购办公室
主任：马庆忠
6. 政府投融资管理中心
主任：耿树明（兼）
副主任：米　山、郑金民
7. 国有资产管理局
局长：宫献奎
8. 国库集中支付中心
主任：刘文泉
9. 会计管理局
局长：刘圣兰（女）
（三）岱岳区财政局
1. 局长：张建峰
党委副书记：张文青
副局长：刘灿旭、张清顺、孙建平（女）、白安东、彭永强
党委委员：李学明、周　刚
主任科员：黄康德
纪检书记：明宝印
工委主任：宋洪岩
总会计师：刘拥军（女）
副主任科员：李　伟（女）
2. 农业税收征收管理局
局长：孙建平（女、兼）
副局长：梁传弘（女）、赵红梅（女）
3. 政府投融资管理中心
主任：白安东（兼）
副主任：石华峰、秦海彬
4. 国库集中支付中心
主任：周　刚（兼）
5. 直属分局
局长：赵　平

6. 财政监督局

局长：牛承胜

7. 预算外资金管理中心

主任：谷冬梅（女）

（四）新泰市财政局

1. 局长：郭传富

副局长：王子孝、崔登斌、郝立平、董仲华

纪检组长：陈建花（女）

副主任科员：张淑平

2. 国库集中支付中心

主任：王子孝（兼）

副主任：杨新斌

3. 经济开发投资公司

经理：崔登斌（兼）

副经理：宋东旭

4. 政府投融资管理中心

主任：郝立平（兼）

副主任：宁衍进

5. 政府采购中心

主任：董仲华（兼）

副主任：刘继勇、郭振胜

6. 国有资产管理局

书记：陈建花（女、兼）

局长：张纯奎

7. 农业税征收管理局

副局长：孙英杰

8. 财政监督办公室

主任：王宪伟

9. 住房资金管理中心

主任：李　鹏

（五）肥城市财政局

1. 局长：王志勇

副局长：刘玉英（女）、张衍明、张继勇、陈正一

党组成员：赵恒军

纪检组长：梁新玲

2. 农税局

局长：刘玉英（女、兼）

副局长：李训宝、刘维木

3. 财政监督局

局长：杨泽春

4. 政府采购管理办公室

主任：张衍明（兼）

5. 政府投融资管理中心

主任：张继勇（兼）

副主任：赵恒军（兼）、张兴铭、陈硕增

6. 国有资产管理局

局长：张风辉

副主任科员：王怀杰、尹逊东

7. 国库管理中心

主任：宫　华（女）

8. 预算外资金管理处

主任：张新利

（六）宁阳县财政局

1. 局长：周慎凯

副局长：连桂荣（县政协副主席兼）、刘延宁（正科级）、颜　剑（正科级）、王祥森（正科级）、鞠敏红（女、正科级）、孔凡友

党组副书记：刘延宁（正科级、兼）

2. 国有资产运营公司

总经理：连桂荣（兼）

3. 经济开发投资公司

总经理：刘延宁（正科级、兼）

副总经理：卢西龙

4. 企业信用担保中心

主任：王祥森（兼）

副主任：侯雪艳（女）

5. 机关核算中心

主任：鞠敏红（女、兼）

副主任：邱晓伟（女）

6. 政府投融资管理中心

主任：颜　剑（正科级、兼）

副主任：房　凌

7. 政府采购中心

主任：王会桥

8. 预算外资金管理处

主任：宁尚岐

9. 农业税征收管理局

局长：雷　涛

10. 国有资产监督管理办公室

主任：董学智

11. 住房资金管理中心

主任：程贯峰

12. 世行项目开发办公室

主任：孙　华（女）

13. 财政投资评审中心

主任：濮　华（女）

（七）东平县财政局

1. 局长：王文忠

党委副书记：王恒文

副局长：马启金、赵黛芳（女）、张　斌

党委委员：牛　勇

工会主任：侯庆凤（女）

2. 财政监督局

局长：唐守山

3. 农业税征收管理办公室

主任：李友民

4. 政府投融资管理中心

主任：牛连胜

5. 国有资产管理局

局长：王恒文（兼）

副局长：徐敬东

6. 预算外资金管理局

局长：冯　剑

7. 国库收付中心

副主任：李　勇

8. 政府采购管理办公室

副主任科员：王　刚

9. 开发区财税分局

局长：牛　勇（兼）

（八）高新区财政局

1. 局长：赵　胜

副局长：高翠华（女）、赵衍进、张　静（女）、裴明清

2. 投融资管理中心

主任：高翠华（女、兼）

（九）泰山景区财政局

局长：李　峰

副局长：高　华（女、正科级）、王　彬（正科级）

十、威海市

（一）威海市财政局

1. 局长：朱明华

调研员：孙世都、姬秀芬（女）

副局长：张春晓（女）、于晓绵、李文基、于荣范、孙启辉、杨荣华

党委副书记：孙世都（兼）
党委委员：于天义、邓炳奎
副调研员：周　兵
2. 监督检查室
主任：兰兴志
3. 企业财务管理处
主任：闫俊达
4. 非税收入管理处
主任：于天义（兼）
5. 政府采购管理办公室
主任：毕洁波
6. 国库集中支付中心
主任：丁玉敏
7. 投融资管理中心
主任：李文基（兼）
副主任：邓炳奎（兼）、曲惠兰（女）
8. 威海市会计学校
校长：丛敏滋
书记：张树维
（二）环翠区财政局
1. 局长：张宗浩
副局长：邵志刚、王爱波、李艳华（女）
党组成员：彭志成、孙大力（女）
2. 驻厂员管理处
主任：彭志成（兼）
3. 财政监督与会计管理局
局长：孙大力（女、兼）
4. 国库集中支付中心
主任：丛培育（女）
5. 农财税处
主任：马　红（女）
6. 投资评审中心
主任：张　毅
7. 国有资产管理局
局长：宋江威
8. 经济开发投资公司
经理：邵志刚（兼）
副经理：谷昌昭、姜万青
9. 中城公有资产经营有限公司
经理：邵志刚（兼）
（三）文登市财政局
1. 局长：谭远国
副局长：丛庆华、王程平、崔文、丁新岂
纪委书记：周海滨
总会计师：于元华
党委委员：许德安、傅世珠
2. 预算外资金征收管理处
主任：刘永忠
3. 会计事务管理局
局长：许德安（兼）
副局长：毕可信、侯登高
4. 国有资产管理局
局长：傅世珠（兼）
副局长：侯庆修、隋旭明、郑春祥
5. 财政投资公司
副经理：王　兵、吴文广
6. 国库集中支付中心
主任：于红卫
7. 监督检查室
主任：李彩霞（女）
8. 农税科
主任：邢钦栋
9. 评审中心
主任：丛龙江
10. 监督办
主任：侯海卫
（四）荣成市财政局
1. 局长：王行军
副局长：王　刚、张志宏、宋开明、王元波、王行伟、闫喜芸（女）
2. 国有资产管理局
局长：王　刚（兼）
副局长：乔学荣、邱永峰
3. 城市资产经营有限公司
经理：张志宏（兼）
副经理：杨元强、王　刚
4. 机关事业单位会计核算中心
主任：宋开明（兼）
5. 财政投资评审中心
主任：王元波（兼）
6. 人民政府采购管理处
主任：毕明波
7. 农税征收稽查局
局长：姚　野
8. 企业财务管理处
主任：冯学广
9. 财政监督监察办公室
主任：肖新明
10. 非税收入管理处
主任：吕英超
11. 国库集中支付中心
主任：吕学平
（五）乳山市财政局
1. 局长：高　波
副局长：兰　东、李　峰
党组成员：秦利强、焉　强
纪检组长：宫润杰
2. 政府采购管理办公室
主任：胡京林
3. 国有资产管理办公室
主任：郑连臣
4. 预算外资金征收管理处
主任：李海波
5. 财政监督检查办公室
主任：焉　强（兼）
6. 国库集中支付中心
主任：唐维民
7. 财税培训中心
主任：秦利强（兼）
（六）火炬高技术产业开发区财政局
局长：李家强
调研员：于海容（女）
副调研员：王德平
（七）经济技术产业开发区财政局
局长：侯成阳
副局长：殷　蕾（女）、林治乐
（八）工业新区财政局
局长：于维英（女）
副局长：王国泰

十一、日照市

（一）日照市财政局
1. 局长：毛晖明
副局长：王　彬、周忠君、王庆忠、王　雷、陈　丰
党组成员：赵子峰、焦春锋、张厚峰
调研员：李兆乐

副调研员：赵祥山、李宗森

2. 财政监督检查局

局长：焦春锋（兼）

3. 国有资产管理办公室

主任：辛崇伟

4. 非税收入管理局

局长：王　彬（兼）

副局长：张厚峰（兼）、纪　煜

5. 经济开发投资公司

经理：赵子峰（兼）

6. 政府采购管理办公室

主任：刘　军（女）

7. 住房公积金管理中心

主任：张守民

（二）东港区财政局

1. 局长：辛崇良

副局长：卢延斌（正科级）、杨为国（正科级）、刘利明（女、正科级）、庄门春、张富生

纪检组长：王秀芹（女、正科级）

党组成员：牟红峰

副主任科员：周兴亮、汲　明

2. 国有资产管理局

副局长：牟红峰（兼）

3. 非税收入管理局

局长：卢延斌（正科级、兼）

副局长：夏昭东

4. 农业税收征收管理局

局长：杨为国（兼）

副局长：焦自晔

5. 公有资产经营中心

主任：刘利明（女、兼）

副主任：宋玉峰

6. 政府采购管理办公室

主任：相振良

7. 财政监督局

局长：张永健

（三）岚山区财政局

1. 局长：刘兆新

副局长：李乃合（正科级）、徐志华（正科级）、杨洪利

纪检组长：王　虎

2. 国有资产管理局

副局长：王谦吉

3. 非税收入管理局

副局长：徐志华（正科级、兼）

副局长：陈佩远

4. 国库支付中心

主任：潘伟跃

5. 财政监督检查局

局长：聂秀海

6. 城建投资有限公司

经理：李乃合（正科级、兼）

（四）五莲县财政局

1. 局长：李兆明

副局长：王曾平、孙　江、王　勇、姜宝竹

纪检组长：张云学

副主任科员：孙常文、牛继香（女）

2. 国有资产管理中心

主任：王曾平（兼）

副主任：孙丙仁

3. 国有资产经营公司

经理：孙　江（兼）

副经理：许克明

4. 财政监督局

局长：徐衍荣

5. 农业税收征收管理局

局长：鞠强华

6. 非税收入管理局

局长：张守权

（五）莒县财政局

1. 局长：田洪生

副局长：方相平、彭万盈、陈维强、侯平原

2. 国有资产管理局

局长：方相平（兼）

3. 经济开发投资公司

经理：彭万盈（兼）

4. 非税收入管理局

局长：刘廷祥

5. 会计集中核算中心

主任：柴松涛（女）

6. 乡财县管中心

主任：申友社

（六）经济开发区财政局

1. 局长：唐仕军

副局长：张　晋、万志亮

纪检组长：陈洪忠

党组成员：严汝科

2. 国资局

局长：严汝科（兼）

（七）山海天旅游度假区财政局

局长：王　勇

十二、莱芜市

（一）莱芜市财政局

1. 局长：高发林（市长助理、市政府党组成员兼）

副局长：边增琦、周美明

党组成员：李尊富

副调研员：郝效文

总会计师：纪　军

2. 财政监督检查处

主任：王教同

3. 中小企业信用担保中心

主任：陈国文

4. 财政干校

校长：边增琦（兼）

副校长：陈茂盛

（二）莱城区财政局

1. 局长：张义军

副局长：张同祥、丁昌水

纪检组长：田洪吉

工会主任：张泗军

2. 经济开发投资公司

副经理：王光勤

3. 政府采购管理办公室

主任：郭文瑞

4. 农税征收管理局

局长：吴　勇

5. 财政集中支付中心

主任：孟宪清

6. 国有资产管理办公室

主任：张　健

7. 莱城工业区财政局

局长：卢师猷

副局长：乔　勇

（三）钢城区财政局

1. 局长：窦金贵

副局长：侯忠泉、谢永仕

党组成员：郝东财、李　茜（女）

2. 农税征收管理局

局长：郝东财（兼）

副局长：李　茜（女、兼）

（四）经济开发区财政局

局长：高冬梅（女、区管委会副主任兼）

副局长：李　雷、李　涛

（五）雪野旅游区财政局

局长：邱　鹏

副局长：亓　虹（女）、亓荣燕（女）

十三、临沂市

（一）临沂市财政局

1. 局长：李　民

副局长：王经绍（正处级）、王树和（正处级）、解曙光、莫凤玲（女）、王连正

纪检组长：刘建玺

党组成员：矫晓斌、主笑宜、米兆民

调研员：石永祥

副调研员：刘汉才、张秀英（女）、管恩犁

2. 经济开发投资公司

经理：王树和（正处级、兼）

副经理：秦承国、傅运平、张永臣、宋克伟

3. 财政监督检查办公室

主任：朱步金

4. 政府采购监督管理办公室

主任：王经中

5. 行政事业性收费管理处

主任：矫晓斌（兼）

6. 农业税收征收管理办公室

主任：尹京收

7. 财政投资评审中心

主任：主笑宜（兼）

8. 会计集中核算中心

主任：赵丽明（女）

9. 财政学校

党委书记：王经绍（正处级、兼）

校长：米兆民（兼）

副校长：李士敬、郑成宗、宋兰庆

党委副书记：叶文静（女）

纪委书记：叶文静（女、兼）

工会主席：郑建三

（二）兰山区财政局

1. 局长：廖俊义（区政协副主席兼）

副局长：丁兆喜、杨晓光、葛利山、杨思兵、宋发涛

纪检组长：刘　伟（女）

党组成员：孟庆虎、王郡民

副主任科员：高纯文、刘守宝

2. 经济开发投资总公司

总经理：丁兆喜（兼）

副经理：葛绪萍（女）、李　丽（女）

3. 区政府金融办公室

主任：杨晓光（兼）

4. 国有资产管理局

局长：孟庆虎（兼）

副局长：郭华章（女）

5. 预算外资金管理局

局长：赵庆奎

6. 农业税收征收管理局

局长：钱　薇（女）

7. 财政投资评审中心

主任：庄须峰

（三）罗庄区财政局

1. 局长：刘福军

副局长：张金桥、孙成刚

纪检组长：苏　红（女）

主任科员：尤步华

副主任科员：王潇然（女）

2. 农业税收征收管理局

局长：孙运玺

副局长：吴连峰（女）

3. 预算外资金管理局

局长：张金桥（兼）

副局长：张东亮

4. 国有资产管理局

局长：于晓燕（女）

5. 财政监督局

局长：王宏伟

6. 财政资金风险管理处

主任：王　宁

副主任：高建梅（女）

7. 财政投资评审中心

主任：张　萍（女）

（四）河东区财政局

1. 局长：刘际奎（区第一中学党总支书记兼）

副局长：赵连伦、李保存

党组成员：洪连金、韩庆文、纪广华、赵连伦、李保存、吴清国

2. 农业税收征收管理局

局长：韩庆文（兼）

副局长：吴清国（兼）、刘传峰

3. 预算外资金管理局

局长：洪连金（兼）

副局长：王文志、杜兆波

4. 经济开发投资总公司

经理：纪广华（兼）

副经理：孙鹏娟（女）、张　霞（女）

（五）沂南县财政局

1. 局长：张安学

副局长：王绍春、庄乾德、王玉录

纪检组长：高兴功

党组成员：张佳贞

2. 会计管理局

局长：王绍春（兼）

副局长：高美华（女）、李　宏（女）

3. 国有资产工作办公室

主任：庄乾德（兼）

副主任：冯奇志、解树录

4. 农业税收征收管理局

局长：王玉录（兼）

副局长：朱耀华、尹西钊

5. 财政监督局

局长：张佳贞（兼）

（六）郯城县财政局

1. 局长：马学准

副局长：徐　煜、付海峰、吕久鑫、王　朴

纪检组长：马　丽（女）

2. 农业税收征收管理局

局长：徐　煜（兼）

副局长：彭建伟

3. 非税收入管理办公室

主任：张炳忠

4. 财政监督办公室

主任：毕建英（女）

（七）沂水县财政局

1. 局长：戚树启

副局长：郭京裕、张京军、张希国

工会主席：徐志祥

总会计师：李　国

副主任科员：张修广、傅善增

2. 经济开发投资公司

经理：张京军（兼）

副经理：赵培慧（女）、陈长太

3. 农业税收征收管理局

局长：李政华（女）

副局长：武朝晖、朱丽滨（女）、赵立刚

4. 预算外资金管理中心

主任：袁可刚

5. 会计管理中心

主任：刘立田

6. 监督检查办公室

主任：李春杰

7. 国有资产管理中心

主任：张希国（兼）

副主任：杨永生、杜明军、郝连涛

（八）苍山县财政局

1. 局长：李玉廷

副局长：宋学进、李凤娟（女）

纪检书记：赵懿行

工会主席：杨成林

党组成员：刘　尚、李建华、于建民、王德学

副主任科员：王永吉、胡成章

2. 预算外资金管理局

局长：李凤娟（女、兼）

副局长：于建民（兼）、寇全会

3. 经济开发投资公司

副经理：王德学（兼）

4. 农税征收管理局

副局长：刘善义、王　建

5. 会计管理局

局长：刘　尚

6. 财政监督局

局长：李建华（兼）

（九）费县财政局

1. 局长：陈文武

副局长：王培合、刘学文、孟庆国、查仲环、纵　凯

党组成员：王宜伦、赵文栋、陈荣良

纪检组长：宗　军

总会计师：张　辉

2. 农业税收征收管理局

局长：王培合（兼）

副局长：郭士平

3. 经济开发投资公司

经理：刘学文（兼）

副经理：袁堂玲（女）

4. 国有资产管理办公室

主任：赵文栋（兼）

副主任：徐贵军

5. 住房资金管理中心

主任：陈荣良（兼）

6. 财政监督局

局长：任洪珠

7. 行政事业收费管理局

局长：卢维德

（十）平邑县财政局

1. 局长：高彦坤

副局长：葛宪法、张厚斌、王相富、曹卫清

纪检组长：华林昌

2. 预算外资金管理办公室

主任：郭德存

3. 国有资产管理办公室

主任：英昌来

4. 投资发展有限公司

经理：李鸿玉

5. 财政监督办公室

主任：姬鸣宇

6. 会计管理办公室

主任：管国财

7. 农业税收管理局

局长：张厚斌（兼）

（十一）莒南县财政局

1. 局长：胡顺昌

副局长：许田三（正科级）、卢燕玲（女、正科级）

纪检组长：孙现东

工会主席：范珍贤

党组成员：于世荣（女）、于学军（正科级）

2. 农业税收征收管理局

副局长：周玉明、姚庆国

3. 经济开发投资公司

经理：许田三（正科级、兼）

副经理：赵凤余、王淑英（女）

（十二）蒙阴县财政局

1. 局长：武传存

副局长：唐建敏（女）、崔西堂、李　波、宋以德、张玉成

2. 住房资金管理中心

主任：唐建敏（女、兼）

3. 农业税收征收管理局

局长：李　波（兼）

4. 财政监督局

局长：王　凯

5. 预算外资金管理局

局长：公丕苍

6. 国有资产管理办公室

主任：刘本国

（十三）临沭县财政局

1. 党组书记：杨会军（副县长兼）

局长：王峰立

党组副书记：王峰立（兼）、徐璇（女）

副局长：李守鹤、周洪军

纪检组长：王　娟（女）

2. 经济开发投资公司

经理：李守鹤（兼）

副经理：赵应栋

3. 农业税收征收管理局

副局长：付　强、段广胜

4. 非税收入管理局

局长：张福秋

5. 财政监督检查局

局长：苗　壮

6. 财政投资评审中心

主任：王彦兴

（十四）高新技术产业开发区财政局

局长：吴 宇（区管委会副调研员兼）

副局长：刘西昆

（十五）经济开发区财政局

1. 局长：王正中

副局长：杨佃农、王立成、司玉章

2. 会计核算中心

主任：孙大伟

（十六）临港产业区财政局

1. 局长：李军博

2. 产业资产运营管理有限公司

经理：牟春林

十四、德州市

（一）德州市财政局

1. 局长：战士平

副局长：王德才（正处级）、常青（正处级）、牛洪春（正处级）、孙军强、高东玲（女）

党组成员：郑 忠（正处级）

调研员：李荣章

纪检组长：杨志坚

副调研员：王进宝、朱恩鹤、张凤元、姚洪芬（女）、苏文正

2. 国有资产管理办公室

主任：常 青（兼）

副主任：李 民、王洪亮

3. 预算外资金管理处

局长：王德才（兼）

副局长：刘士海、王希路

4. 政府采购管理办公室

主任：许欣君（女）

5. 财政国库集中支付中心

主任：王荣峰

6. 经济开发投资公司

经理：牛洪春（兼）

副经理：郭长平

7. 城市经营建设投资总公司

总经理：王德才（兼）

副经理：房延彪、王洪亮（兼）、张黎光

8. 农业高科技创新园管理处

主任：郑 忠（兼）

（二）德城区财政局

局长：郭广玺（区政协副主席兼）

副局长：王朝霞（女）、徐 静（女）、蒙家清、郭宗勇、霍学良

纪检组长：崔贵春

党组成员：邢国强

（三）乐陵市财政局

1. 局长：耿宏伟

副局长：董世峰、张俊彦、盛书菊（女）、刘式元、丁春生

纪检组长：王建平

工会主席：谢洪民

党组成员：邢恩庆、张金良、臧素玲（女）

副主任科员：商立明、魏金枝（女）、王忠强、高智存（女）、王志勇、张 霞（女）

2. 城市资产管理运营办公室

主任：董世峰（兼）

3. 住房资金管理运营办公室

主任：盛书菊（女、兼）

4. 收费局

局长：盛书菊（女、兼）

副局长：靳月丽（女）

5. 经济开发投资公司

经理：丁春生（兼）

副经理：常 静（女）

6. 国有资产管理办公室

主任：靳月丽（女、兼）

7. 农业税征收管理办公室

主任：张汉起

8. 财政监督局

局长：陈登昌

9. 乡财市管核算中心

主任：卞 磊

（四）禹城市财政局

1. 局长：周兴勇

副局长：李光民、张 欣、刘蓬、丁洪东

纪检组长：马兴焱

2. 收费局

副局长：孙 斌

（五）陵县财政局

局长：耿祥忠

副局长：张春霞（女）

（六）宁津县财政局

1. 党组书记：石洪兴（县政协副主席兼）

局长：商印平

副局长：邢胜智、张胜海、尚荣红（女）、李革新

党组成员：于福军、李照起

纪检组长：李景智

2. 投资公司

经理：尚荣红（女、兼）

3. 公有资产经营有限公司

经理：张胜海（兼）

4. 收费管理局

局长：于福军（兼）

5. 国有资产管理办公室

主任：邢胜智（兼）

（七）庆云县财政局

1. 局长：张秀国

副局长：刘玉琢、张玉西、胡明辉、胡 龙、鄄在秀

副主任科员：侯俊华（女）、马海燕（女）、关丽凡（女）、刘殿成

党组成员：吴来勇

2. 农业税收征收管理局

局长：吴来勇（兼）

3. 国有资产管理局

局长：甄在秀（兼）

4. 信用投资公司

副经理：刘晓勇

5. 城市经营建设投资公司

副经理：张 龙

6. 住房公积金管理中心

主任：张 伟

（八）临邑县财政局

1. 局长：闫兆江（县工会主席兼）

副局长：崔向峥、唐新勇、黄金梅（女）、徐 强、夏德国、甄旭元、周彩利

2. 国有资产管理局

局长：甄旭元（兼）

（九）齐河县财政局

局长：卢永强

副局长：魏建强、陈胜毅、马刚、岳思国、王成明

党组成员：朱春艳（女）、李洪兵、宋　波

（十）平原县财政局

1. 局长：宋振兴

副局长：张　勇、郭学江、孙树群、杨　恒、崔瑞卿、李建国

纪检组长：王　晶（女）

工会主席：栗　军

党组成员：杨志伟

2. 经济开发投资总公司

经理：刘文晖

副经理：刘艳国

3. 预算外资金管理局

局长：张　勇（兼）

副局长：于光勇

4. 农业税收征收管理局

局长：郭学江（兼）

副局长：杨志伟（兼）、赵安国

（十一）夏津县财政局

1. 局长：倪家臣（县长助理兼）

副局长：李祥顺、张化祥、王安玉、姚爱国、霍士山、钟泽贤

工会主席：高云华

纪检组长：张兴利

2. 农业税征收管理办公室

主任：倪家臣（兼）

3. 收费局

局长：姚爱国（兼）

4. 国有资产管理委员会办公室

主任：王安玉（兼）

5. 经济开发投资公司

书记：姚爱国（兼）

经理：董永波

6. 政府采购中心

主任：程　兵（女）

7. 国库集中支付中心

主任：杜　静（女）

（十二）武城县财政局

1. 局长：周树彬

副局长：李际明、程　军、董国岭、李向阳、殷庆利

2. 国有资产管理局

局长：程　军（兼）

（十三）德州运河经济开发区财政局

局长：展德玲（女）

副局长：王瑞新（女）

（十四）德州经济开发区财政局

局长：李英培

副局长：张英辉（女）、唐志忠

十五、聊城市

（一）聊城市财政局

1. 局长：姜之厚（市长助理兼）

副局长：韩永奎（正处级）、张春华（正处级）、姚传瑾

党组成员：薛本宪、魏铁汉（正处级）

副调研员：赵书军、李玉虎

局长助理：井庆河

2. 财政监督处

处长：张春华（正处级、兼）

3. 农业税收征收管理局

副局长：武存波

4. 预算外资金管理处

处长：张守谦

副处长：刘　杰、赵文明

5. 政府采购管理办公室

副主任：王彦宏

6. 国库集中收付中心

主任：徐冬云（女）

副主任：孙　杰、马保军、丁玉福、魏昌晖

7. 经济开发投资公司

总经理：魏铁汉（兼）

副总经理：马　骏、田道臣

（二）东昌府区财政局

1. 局长：杜旭智

副局长：袁凤兰（女、正科级）、李子银（正科级）、申瑞新（正科级）、张晓敏（女、正科级）、韩铭青（女）、蒋国宾、闫瑞斌、苏　煜（女）

纪检组长：潘振民（女）

工会主任：韩铭青（女、兼）

主任科员：安振宁、王维兰（女）

副主任科员：韩洪营、程　军（女）、李明艳（女）

2. 农业税收征收管理局

局长：李子银（正科级、兼）

副局长：郭保华、宋士荣

3. 财政监督局

局长：张晓敏（女、兼）

副局长：荣　华、郝　庆

4. 国有资产管理局

局长：郑天勇

5. 经济开发投资公司

总经理：申瑞新（兼）

副经理：张　文、刘书山

6. 预算外资金管理处

主任：李红霞（女）

7. 政府采购办公室

主任：李建华

副主任：范培兴、徐大兴

（三）临清市财政局

1. 局长：宋加利

党组副书记：许兆君（正科级）、赵　彦（正科级）

副局长：韩慧杰（女、正科级）、赵素坤（女、正科级）

纪检组长：祁国良

工会主任：李子庚

副主任科员：昌桂峰、蔺仁泉、王新民、魏丽敏（女）、程　莉（女）、李树磊

2. 国有资产管理局

局长：张建民

副局长：周宪文

3. 预算外资金管理处

主任：韩慧杰（女、兼）

副主任：陆浩泉

4. 财政监督检查局

局长：崔　雷

5. 政府采购中心

主任：李　红（女）

6. 农业税收征收管理局

局长：张　华

（四）阳谷县财政局

1. 局长：郭振光

副局长：王善生、孙瑞柱、任国昌

纪检组长：张国华

工会主席：姜军华

主任科员：张君凤、孟繁成

副主任科员：杨跃峰

2. 国有资产管理办公室

主任：王善生（兼）

3. 乡镇财政管理局

局长：孙广坤

4. 收费管理局

局长：孙瑞柱（兼）

5. 财政监督办公室

主任：王瑞彦

6. 政府采购中心

主任：任国昌（兼）

（五）莘县财政局

1. 局长：王俊君（县政协副主席兼）

党组书记：弓　伟

副局长：弓　伟（兼）、王相超

纪检书记：赵洪军

工会主席：王素华（女）

总会计师：邵　勇

主任科员：杨其华

副主任科员：冯麦林、郭守杰

2. 预算外资金管理局

书记：王相超（兼）

副局长：范树青（女）、李孔章、岳玉宝

3. 政府采购中心

主任：弓　伟（兼）

副主任：张川山、陈韶辉（女）

4. 国有资产管理局

党支部书记：邵　勇（兼）

副局长：徐跃增、王永光、李体国

5. 国库集中收付中心

主任：张景朝

（六）茌平县财政局

1. 局长：张　明

副局长：张新平、谢建国、董建忠

党组成员：孙玉明（正科级）、靖玉民（正科级）、刘勤丽（女、正科级）、张　华（正科级）、杨卫东（正科级）

工会主席：刘春梅（女）

主任科员：梁　立（正科级）

副主任科员：崔　巍、杨秋生、刘吉强、张金涛

2. 投融资管理中心

主任：孙玉明（正科级、兼）

副主任：袁　萍（女）、刘希为

3. 农业税收管理局

局长：靖玉民（正科级、兼）

副局长：袁荣祥、温立春（女）

4. 国有资产管理局

局长：张　华（正科级、兼）

副局长：季文柱、高月江

5. 预算外资金管理局

局长：张新平（兼）

副局长：于相刚、王　峰

6. 政府采购中心

主任：孙明宇

7. 国库集中收付中心

主任：刘勤丽（女、兼）

副主任：许洪强、岳　磊

（七）东阿县财政局

1. 局长：胡立春（女、县政府党组成员、县长助理兼）

副局长：杨万民、王建强、张传合（正科级）

纪检组长：郑普元

党组副书记：郭继平（女）

工会主席：周长坤

主任科员：赵培盈

副主任科员：杜　峰

2. 预算外资金管理局

局长：胡立春（兼）

副局长：黄培新、闫文峰

3. 农业税收征收管理局

局长：王建强（兼）

副局长：韩广祥、付言勇

4. 国有资产管理局

局长：杨万民（兼）

副局长：王锡忠

5. 财政信用投资公司

副经理：张明星、葛成山

（八）冠县财政局

1. 局长：刘梅元

副局长：满庆利（女）、陈同峻、童云善、郭秀芳（女）、任书良

纪检书记：魏文华（女）

2. 预算外资金管理局

局长：徐敬祥

副局长：姚云凤（女）、丰吉峰

3. 国有资产管理局

副局长：申中文

4. 农业税收征收管理局

局长：闫保兴

副局长：沙增强

副主任科员：魏万勤

5. 政府采购办公室

主任：寇修岭

副主任：么海燕（女）

6. 财政监督检查局

局长：陈同峻（兼）

副局长：蒋保华

7. 国库集中收付中心

主任：边春霞（女）

（九）高唐县财政局

1. 局长：李秀芹（女）

副局长：唐文生、李乃涛、程庆江、赵士军、罗少勇

副书记：程庆江

纪检组长：由长泉

工会主任：刘新华

党组成员：王新军、邵荣景（女）、杨继萱、高传震、张振芳（女）

副主任科员：杨继萱

2. 集中支付中心和政府采购中心

主任：郭延坤

副主任：张振芳（女、兼）、徐卫华（女）

3. 农业税收征收管理局

局长：王新军（兼）

副局长：解　波、高传震（兼）、闫秀芳（女）

4. 国有资产管理委员会办公室

主任：程庆江（兼）

副主任：姚美庆

（十）经济开发区财政局

局长：夏庆刚

副局长：崔文岗、陈琳琳（女）

副主任科员：孟文英（女）、张洪霞（女）、任　峰

十六、滨州市

（一）滨州市财政局

1. 局长：王秀夫

副局长：冯艳霞（女）、陈庆荣、石丽霞（女）、董洪喜、景学江

总会计师：薛东平

调研员：王金生（女）

副调研员：张　红（女）、张岐新、赵美山、刘忠本

党组成员：刘长海

2. 非税收入管理局

局长：刘长海（兼）

副局长：李以盛

3. 基层财政管理局

副局长：朱　波、宋宇飞（女）

4. 行政事业国有资产管理办公室

主任：颜世庚

5. 经济开发投资服务中心

副主任：贾安利、丁国明

6. 资产管理经营公司

副经理：贾安利（北海新区经济开发投资公司经理兼）

7. 中小企业投资担保中心

主任：石丽霞（女、兼）

副主任：朱澎淋

8. 政府采购管理办公室

主任：高成明

副主任：鲁新国

9. 滨州财政学校

校长：曹玉香（女）

副校长：王连刚

10. 国库集中支付中心

主任：冯艳霞（女、兼）

副主任：卢得珍（女）、索立新

11. 市政府投资评审中心

主任：沈洪坤

副主任：崔建卿、张　勇

12. 财政监督检查办公室

主任：张艳玲（女）

（二）滨城区财政局

1. 局长：刘殿君

副局长：毛九民、张丽军（女、正科级）、张卫东、刘绍福

纪检组长：于　桂（女）

副主任科员：于文波、刘　艳（女）

2. 国有资产管理办公室

主任：张丽军（女、兼）

3. 经济开发投资服务中心

主任：毛九民（兼）

副主任：郭晓民

4. 经济开发投资公司

经理：毛九民（兼）

副经理：于文波、郭晓民（兼）

5. 基层财政管理局

副局长：贾善斌

6. 区级机关会计核算中心

主任：刘殿君（兼）

副主任：徐景山

7. 政府采购管理办公室

主任：苏小军

8. 非税收入管理局

局长：王学海

（三）惠民县财政局

1. 局长：卢兆俊

副局长：隋全洲、姚洪国、伊善海、逯相民

2. 基层财政管理局

局长：隋全洲（兼）

副局长：曹　利、潘尊东、陈　伟

3. 非税收入管理局

局长：姚洪国（兼）

副局长：王建军、高曰田

4. 政府采购中心

主任：伊善海（兼）

副主任：赵光祯

5. 会计核算中心

主任：逯相民（兼）

副主任：田道德

6. 财政监督局

局长：赵新龙

7. 国有资产管理局

局长：孟青松

（四）阳信县财政局

1. 局长：范旭东

副局长：张连祥、王海泉、马学军

纪检组长：凌锡泽

党组成员：吴秀明

副主任科员：岳立民、王　过

2. 会计核算中心

主任：张连祥（兼）

副主任：张文村

3. 农业税收管理局

局长：王海泉（兼）

副局长：邢学勇

4. 中小企业担保中心

主任：马学军（兼）

副主任：王天河

5. 非税收入管理局

局长：吴秀明（兼）

6. 国有资产管理办公室

主任：王洪娟（女）

（五）无棣县财政局

1. 局长：刘景和

副局长：程玉春、李智武、关辉林

纪检组长：刘　健

党组成员：王　露（女）、吴兴本、邱景作

副主任科员：吴新英

2. 经济开发投资服务公司

经理：邱景作

3. 政府采购办公室

主任：吴金瑞

4. 国有资产管理局

局长：吴兴本（兼）

副局长：赵辉源、曹新业

5. 基层财政管理局

局长：王　露（女、兼）

副局长：郭连峰

6. 会计委托代理核算中心

主任：任树堂

总会计师：商淑珍（女）

7. 财政监督局

局长：郭庆东

8. 埕口盐化离退休服务中心

主任：付俊刚

（六）沾化县财政局

1. 局长：牟金合

副局长：马景志、任德莲（女）、姜彦波

纪检组长：刘清松

2. 基层财政管理局

局长：任德莲（女、兼）

副局长：吴秀岩

3. 非税收入管理局

局长：任德莲（女、兼）

副局长：吴秀岩（兼）

4. 国有资产经营中心

主任：马景志（兼）

5. 会计核算中心

主任：牟金合（兼）

副主任：花行三、刘春花（女）

6. 政府采购办公室

主任：杨国明

7. 中小企业信用担保中心

主任：商志远

（七）博兴县财政局

1. 局长：胡云江

党组书记：董苏民

副局长：鲍汝铖、满金博、谢玉芳

党组成员：魏晓东

纪检组长：刘立新

2. 农业税收管理局

局长：鲍汝铖（兼）

副局长：魏晓东（兼）

3. 财政监督局

局长：高东民

4. 国有资产管理局

局长：王建林

5. 预算外资金管理局

局长：谢玉芳（兼）

副局长：何卫青（女）、初欣辉

6. 会计集中核算中心

主任：满金博（兼）

副主任：杨　华（女）

7. 中小企业担保中心

副主任：杨秀泉

8. 政府采购管理办公室

主任：刘学兵

9. 开发区财税局

局长：于永增

（八）邹平县财政局

1. 局长：马庆玉

副局长：姜　伟、刘　春、李波、董献德

党组成员：魏　刚

2. 会计核算中心

主任：姜　伟（兼）

副主任：刘长永

3. 国有资产投资经营有限公司

总经理：刘　春（兼）

4. 开发区分局

局长：魏　刚（兼）

（九）开发区财政局

1. 局长：马景泽（区管委会副主任兼）

副局长：颜廷勇、游荣菊（女）、刘洪叶（女）

2. 基层财政管理局

局长：马景泽（兼）

副局长：刘洪叶（女、兼）

（十）高新区财政局

局长：李学田

副局长：王奎刚

十七、菏泽市

（一）菏泽市财政局

1. 局长：赵传山

副局长：鹿令聘、宋益连、潘杰功

纪检组长：柏立新

工会主任：朱学春

总会计师：楚喜斌

调研员：邢建设

副调研员：许雪忠、曹勤海、王志生

党组成员：朱启建

2. 国有资产经营中心

主任：宋益连（兼）

副主任：刘　峰、李振银

副调研员：侯巨臣

3. 政府集中招标采购服务中心

主任：潘杰功（兼）

副主任：潘炳彪、李明瑞

副调研员：孙维亚

4. 财政监督室

主任：魏玉国

副主任：彭建华

5. 农业税务局

局长：葛新生

副局长：刘　涛、张泽清（女）

6. 会计中心

主任：潘丙波

副主任：秦明刚、高启华

总会计师：刘淑萍（女）

7. 经济开发投资公司

经理：朱启建（兼）

副经理：柳　野、李　超

8. 市开发性金融合作办公室

主任：李凤云（女）

9. 财政干部中等专业学校

校长：刘学俊

书记：韩　冬

工会主任：李好峰

（二）牡丹区财政局

1. 局长：林　东

副局长：赵君成、许宝玉

纪检书记：杨会治

副主任科员：付中兴

2. 农业税收管理局

副局长：刘宏伟（女）

3. 乡镇财政报账核算中心

副主任：徐东华

4. 投资公司

副主任科员：李建生

5. 会计管理中心

副主任：仪海涛

6. 财政监督室

主任：曹莉馨（女）

（三）曹县财政局

局长：秦魁民

副局长：孙志立、刘宝全、马凤芹（女）、马青松

纪检书记：张伯新

工会主席：王　勇

总会计师：赵文魁

（四）单县财政局

1. 局长：孟庆魁

副局长：赵世忠、王东岳、王顺忠、常　华

纪检书记：刘中华

总会计师：张玉成

2. 国有资产运营中心

主任：王东岳（兼）

3. 政府集中招标采购服务中心

主任：赵世忠（兼）

（五）成武县财政局

1. 局长：杨鲁伟

副局长：文信华、侯光锋、张流源

纪检书记：周长桥

党组成员：王学礼、徐　静

工会副主任：朱兆福

2. 经济开发投资公司

经理：文信华（兼）

副经理：丁宗科

3. 会计核算中心

主任：徐　静

副主任：马育青（女）、王后健

4. 国有资产管理局

局长：王学礼（兼）

5. 中华会计函校

校长：李晓强

6. 预算外资金管理局

局长：李登闯

（六）巨野县财政局

1. 局长：杨怀军

副局长：解德湘、葛长春、张和银、王　剑、孔庆忠（正科级）、李广聚、李保玉

纪检书记：张志涛

总会计师：韩文霞（女）

2. 国有资产管理办公室

主任：解德湘（兼）

副主任：史士玉、姜　勇

3. 农业税务局

局长：葛长春（兼）

副局长：杨忠杰

4. 政府采购中心

主任：张和银（兼）

副主任：汪路远、董宪光

5. 预算外资金管理局

局长：王　剑（兼）

副局长：孔凡江、孔　涛、申景红（女）

6. 经济开发投资公司

经理：史高峰

7. 财政监督室

主任：张秋梅（女）

8. 会计核算中心

主任：李成柱

9. 金融合作办公室

主任：陶东生

（七）郓城县财政局

1. 局长：孙兆同

副局长：张　锋、郭洪岩、戚元贵

纪检书记：侯宪强

总会计师：郭保华

党组成员：曹保成

2. 预算外资金管理办公室

主任：戚元贵（兼）

副主任：侯殿丰、王　勇

3. 经济开发投资公司

副经理：薛振华、王忠玉

4. 财政监督办公室

主任：马新宪

5. 黄淮海平原开发资金管理公司

经理：庄险峰

6. 会计核算中心

主任：华广领

7. 国有资产运营中心

副主任：王东江、陈富强

（八）鄄城县财政局

1. 局长：张景进

副局长：王延华

副主任科员：张崇义

2. 国有资产管理局

副局长：刘振华

3. 预算外资金管理局

局长：王　刚

4. 政府采购办公室

主任：李景德

5. 会计核算中心

主任：陈春华（女）

（九）定陶县财政局

1. 局长：王瑞臣

副局长：程相钦、王廷磊

纪检书记：朱凤梅（女）

总会计师：王志强

党组成员：刘贵洲（正科级）

2. 国有资产管理办公室

局长：任志忠

3. 预算外资金管理办公室

主任：李子允

4. 经济开发投资公司

经理：程相钦（兼）

5. 政府采购招标中心

主任：张忠河

6. 会计核算中心

主任：贾贯强

（十）东明县财政局

1. 局长：袁文增

副局长：乔景运、李彦生、胡意宽

总会计师：张超聚

2. 农业税务局

局长：乔景运（兼）

副局长：李瑞华

3. 财政监督室

主任：乔电科

4. 会计核算中心

主任：李彦生（兼）

5. 财政集中收付中心

副主任：胡林景

6. 政府采购中心

主任：张乐场

7. 金融合作办公室

主任：魏玲霞（女）

8. 开发区财政局

局长：赵瑞金

（十一）开发区财政局

1. 局长：张法超

副局长：吴洪雷、韩　丽（女）、张　浩

2. 政府采购办公室

主任：师雁翔

2009年山东省财政系统职工基本情况年报表

表一

项目		总计	性别		民族		学历								
							研究生			大学本科	大学专科	中专	高中及以下学历		
			男	女	汉	其他		博士	硕士（全日制）				人数	其中35岁以下	其中36岁至45岁
总计	合计	30 131	19 169	10 962	29 991	140	721	24	241	15 102	9 678	3 465	1 165		383
	部级														
	厅（局）级	24	17	7	24		10	4	1	14					
	地市局（处）级	914	705	209	910	4	177	12	17	614	109	7	7		1
	县局（科）级	4 904	3 680	1 224	4 872	32	305	6	91	3 511	910	139	39		5
	一般干部	21 999	13 145	8 854	21 900	99	228	2	132	10 594	7 917	2 612	648		221
	工勤人员	2 290	1 622	668	2 285	5	1			369	742	707	471		156
省（区、市）厅局	合计	1 222	782	440	1 211	11	183	17	65	784	159	34	62		15
	厅（局）级及以上	24	17	7	24		10	4	1	14					
	处（局）级	389	288	101	388	1	87	8	6	258	35	3	6		1
	科级	540	323	217	533	7	75	3	50	386	59	9	11		2
	一般干部	96	49	47	94	2	10	2	8	71	11	1	3		
	工勤人员	173	105	68	172	1	1			55	54	21	42		12
市（地、州）局	合计	4 602	2 929	1 673	4 575	27	324	6	106	2 957	844	319	158		60
	局（处）级及以上	525	417	108	522	3	90	4	11	356	74	4	1		
	科级	2 006	1 386	620	1 990	16	159	2	37	1 486	298	56	7		
	一般干部	1 580	811	769	1 574	6	75		58	1 044	329	63	69		35
	工勤人员	491	315	176	489	2				71	143	196	81		25
县（市、区）局	合计	11 470	7 398	4 072	11 402	68	193	1	68	7 021	3 046	762	448		135
	局（科）级及以上	2 358	1 971	387	2 349	9	71	1	4	1 639	553	74	21		3
	股级	3 758	2 428	1 330	3 732	26	33		7	2 486	982	200	57		21
	一般干部	4 605	2 428	2 177	4 574	31	89		57	2 762	1 262	342	150		42
	工勤人员	749	571	178	747	2				134	249	146	220		69
乡（镇）所	合计	12 837	8 060	4 777	12 803	34	21		2	4 340	5 629	2 350	497		173
	所（股）级及以上	3 142	2 506	636	3 129	13	9			1 336	1 410	336	51		14
	一般干部	8 818	4 923	3 895	8 797	21	12		2	2 895	3 923	1 670	318		109
	工勤人员	877	631	246	877					109	296	344	128		50

表二

2009 年山东省财政系统职工基本情况年报表

项目		总计	政治面貌				年龄								
			中共党员	共青团员	民主党派	其他	30 岁及以下	31 岁至 35 岁	36 岁至 40 岁	41 岁至 45 岁	46 岁至 50 岁	51 岁至 54 岁	55 岁至 59 岁 人数	55 岁至 59 岁 其中：女	60 岁及以上
总计	合计	30 131	22 755	1 782	84	5 510	5 288	6 494	6 382	5 382	3 700	1 936	949	29	
	部级														
	厅（局）级	24	24							1	4	9	10	4	
	地市局（处）级	914	887		6	21		9	107	268	232	188	110	25	
	县局（科）级	4 904	4 436	17	37	414	179	507	1 031	1 403	996	545	243		
	一般干部	21 999	16 112	1 662	39	4 186	4 629	5 556	4 767	3 300	2 162	1 066	519		
	工勤人员	2 290	1 296	103	2	889	480	422	477	410	306	128	67		
省（区、市）厅局	合计	1 222	950	19	17	236	145	155	231	265	211	137	78	15	
	厅（局）级及以上	24	24							1	4	9	10	4	
	处（局）级	389	375		6	8		2	59	120	97	64	47	11	
	科级	540	414	5	10	111	92	111	118	107	63	37	12		
	一般干部	96	57	13		26	49	16	9	5	11	4	2		
	工勤人员	173	80	1	1	91	4	26	45	32	36	23	7		
市（地、州）局	合计	4 602	3 205	130	37	1 230	698	731	974	1 009	655	365	170	14	
	局（处）级及以上	525	512			13		7	48	148	135	124	63	14	
	科级	2 006	1 714	6	22	264	62	277	525	571	336	167	68		
	一般干部	1 580	799	120	15	646	534	353	302	197	118	57	19		
	工勤人员	491	180	4		307	102	94	99	93	66	17	20		
县（市、区）局	合计	11 470	8 418	839	27	2 186	2 064	2 091	2 437	2 101	1 571	811	395		
	局（科）级及以上	2 358	2 308	6	5	39	25	119	388	725	597	341	163		
	股级	3 758	3 169	72	13	504	234	880	1 110	771	502	196	65		
	一般干部	4 605	2 492	719	8	1 386	1 701	975	762	447	346	231	143		
	工勤人员	749	449	42	1	257	104	117	177	158	126	43	24		
乡（镇）所	合计	12 837	10 182	794	3	1 858	2 381	3 517	2 740	2 007	1 263	623	306		
	所（股）级及以上	3 142	3 007	30	1	104	133	738	799	765	495	171	41		
	一般干部	8 818	6 588	708	2	1 520	1 978	2 594	1 785	1 115	690	407	249		
	工勤人员	877	587	56		234	270	185	156	127	78	45	16		

2009 年山东省财政系统职工基本情况年报表

表三

项目		总计	参加工作时间							劳模（先进工作者）	
			1949 年 10 月至 1957 年	1958 年至 1965 年	1966 年至 1970 年	1971 年至 1980 年	1981 年至 1990 年	1991 年至 2000 年	2001 年以后	省（部）级	全国
总计	合计	30 131		1	626	5 020	9 483	11 328	3 673	4	
	部级										
	厅（局）级	24			6	15	3			1	
	地市局（处）级	914		1	68	345	415	85			
	县局（科）级	4 904			183	1 230	2 138	1 123	230		
	一般干部	21 999			332	2 981	6 159	9 292	3 235	3	
	工勤人员	2 290			37	449	768	828	208		
省（区、市）厅局	合计	1 222		1	50	264	457	286	164	1	
	厅（局）级及以上	24			6	15	3			1	
	处（局）级	389		1	31	116	195	46			
	科级	540			9	68	168	174	121		
	一般干部	96			2	11	16	27	40		
	工勤人员	173			2	54	75	39	3		
市（地、州）局	合计	4 602			121	863	1 558	1 378	682		
	局（处）级及以上	525			37	229	220	39			
	科级	2 006			60	377	885	602	82		
	一般干部	1 580			18	172	309	576	505		
	工勤人员	491			6	85	144	161	95		
县（市、区）局	合计	11 470			298	2 242	3 554	3 644	1 732		
	局（科）级及以上	2 358			114	785	1 085	347	27		
	股级	3 758			59	688	1 328	1 523	160		
	一般干部	4 605			110	577	870	1 543	1 505		
	工勤人员	749			15	192	271	231	40		
乡（镇）所	合计	12 837			157	1 651	3 914	6 020	1 095	3	
	所（股）级及以上	3 142			53	587	1 327	1 138	37	3	
	一般干部	8 818			90	946	2 309	4 485	988		
	工勤人员	877			14	118	278	397	70		

2009年山东省财政系统国家公务员基本情况年报表

项目		总计	女	少数民族	学历						政治面貌				年龄								
					研究生	其中：博士学位	大学本科	大学专科	中专	高中及以下	中共党员	共青团员	民主党派	其他	30岁及以下	31岁至35岁	36岁至40岁	41岁至45岁	46岁至50岁	51岁至54岁	55岁至59岁	女	60岁及以上
总计	合计	5 210	1 367	29	332	16	3 384	1 216	236	42	4 769	89	13	339	441	551	1 030	1 351	944	597	296	26	
	部级																						
	厅（局）级	20	6		10	4	10				20							1	4	8	7	3	
	处级	578	142	2	127	9	382	60	6	3	564		2	12		5	77	170	134	115	77	23	
	科级	2 438	533	13	164	3	1 716	478	70	10	2 313	11	7	107	87	206	475	714	524	299	133		
	科员级	2 026	639	14	25		1 210	624	144	23	1 758	64	4	200	312	324	450	442	265	164	69		
	办事员级及其他人员	148	47		6		66	54	16	6	114	14		20	42	16	28	24	17	11	10		
省（区、市）厅局	合计	448	161	4	112	11	292	36	5	3	416	2	3	27	39	36	83	105	85	61	39	12	
	厅（局）级及以上	20	6		10	4	10				20							1	4	8	7	3	
	处级	249	73	1	65	5	160	20	2	2	242		2	5			41	74	65	40	29	9	
	科级	170	78	3	37	2	113	16	3	1	146	1	1	22	30	36	42	30	16	13	3		
	科员级	2	2				2				2				2								
	办事员级及其他人员	7	2				7				6	1			7								
市（地、州）局	合计	1 175	335	7	145	4	890	122	15	3	1 064	13	7	91	108	114	222	333	185	139	74	14	
	处级及以上	329	69	1	62	4	222	40	4	1	322			7		5	36	96	69	75	48	14	
	科级	717	210	6	73		567	68	8	1	646	2	6	63	33	84	169	231	111	63	26		
	科员级	117	54		9		98	10			89	10	1	17	72	24	16	2	2	1			
	办事员级及其他人员	12	2		1		3	4	3	1	7	1		4	3	1	1	4	3				
县（市、区）局	合计	2 593	629	14	71	1	1 734	643	122	23	2 384	48	3	158	184	213	483	672	553	334	154		
	科级及以上	1 400	214	4	51	1	944	342	56	7	1 378	7		15	20	55	221	406	381	216	101		
	科员级	1 129	396	10	15		758	282	62	12	958	32	3	136	142	153	253	257	165	113	46		
	办事员级及其他人员	64	19		5		32	19	4	4	48	9		7	22	5	9	9	7	5	7		
乡（镇）所	合计	994	242	4	4		468	415	94	13	905	26		63	110	188	242	241	121	63	29		
	科级及以上	151	31		3		92	52	3	1	143	1		7	4	31	43	47	16	7	3		
	科员级	778	187	4	1		352	332	82	11	709	22		47	96	147	181	183	98	50	23		
	办事员级及其他人员	65	24				24	31	9	1	53	3		9	10	10	18	11	7	6	3		

第八部分

财政大事记

1月4日，省委副秘书长于晓明主持召开会议，研究部队退休师级干部移交济南后医疗保障等问题。副厅长阮凤英参加。

△省长助理周齐主持会议研究住房问题。副厅长于国安参加。

5～6日，全国财政工作会议在北京召开。会议总结了2008年财政工作，分析了当前财政形势，部署了2009年工作任务。温家宝总理作了重要批示，李克强副总理到会并作了重要讲话，谢旭人部长作了工作报告，廖晓军副部长作了总结讲话。厅长尹慧敏参加。

5日，省委副书记刘伟率新年春节拥军优属慰问团赴潍坊慰问。副厅长阮凤英参加。

5～6日，副厅长庞敦之在潍坊调研。

5日，全省第一批深入学习实践科学发展观活动工作交流会在南郊宾馆召开。纪检组长李振声参加。

△全国暨全省制止公款出国（境）旅游专项工作电视电话会议在省纪检监察干部培训中心召开。副厅级检查员张魁珍参加。

5～13日，总会计师韩炜随省台办经贸考察团赴台湾考察。

6日，中央扩大内需检查组来我省听取有关情况汇报。副厅长于国安参加。

△常务副省长王仁元主持召开会议，研究省调控资金具体实施办法。副厅长庞敦之参加。

6～7日，省纪委、省监察厅年终总结汇报会在省纪委召开。纪检组长李振声参加。

6日，副厅长文新三赴财政部汇报工作。

△常务副省长王仁元主持召开会议，听取2009年度国有资本经营预算（草案）汇报。副巡视员李国健参加并汇报。

△全省组织部长会议在山东大厦召开。党组成员王慎民参加。

7日，常务副省长王仁元主持召开省监狱体制改革和监狱布局调整工作领导小组会议。副厅长张洪军参加。

△“十一运会”组委会第四次秘书长办公会议在济南召开。副厅长庞敦之参加。

8日，厅长尹慧敏主持召开厅务会议，传达全国财政工作会议精神，研究我省贯彻意见。

△全省政法工作会议暨平安山东建设表彰大会在南郊宾馆召开。省委书记姜异康出席会议并作重要讲话，省委副书记、省长姜大明主持会议。副厅长阮凤英参加。

△省长姜大明主持召开第33次省政府常务会议，研究《2009年政府工作报告（讨论稿）》、降低部分行政事业性收费标准及2009年调整企业退休人员基本养老金工作。副厅长于国安参加。

9日，省委召开常委会议，传达温家宝总理在山东视察时的指示精神。厅长尹慧敏参加。

△为城乡困难群众发放一次性生活补贴工作视频会议在省民政厅视频会议室召开。副厅长阮凤英参加。

△省名牌战略推进委员会主任、副省长王军民主持召开省名牌战略推进委员会成员会议。副厅长于国安参加。

△“十一运会”组委会总结动员暨全体工作人员大会在济南举行，“十一运会”组委会副主任、副省长黄胜出席并讲话。副厅长庞敦之参加。

11～13日，全国财政社保工作会议在广西南宁市召开。副厅长阮凤英参加。

12日，厅长尹慧敏参加山东省人民政府与中国建设银行战略合作备忘录签字仪式。

△省长姜大明主持召开第34次省政府常务会议，研究全省应急管理工作、《山东省消防产品监督管理办法（草案）》、《山东省人民政府促进外经贸平稳较快发展的意见（送审稿）》，以及2009年全省财政收支计划和省级预算安排意见。厅长尹慧敏参加并汇报。

△省政府召开会议，研究进一步规范津贴补贴有关问题。副厅长于国安参加。

12～13日，现代农业产业技术体系建设工作座谈会在北京召开。副厅长庞敦之参加。

12日，副省长贾万志主持召开省直有关部门负责人会议，研究《省委、省政府关于认真贯彻落实中发〔2009〕1号文件精神的意见》。副厅长文新三参加。

13日，事业单位绩效工资改革座谈会在北京召开。副厅长于国安参加。

△全省农村基层组织建设工作电视电话会议在网通公司召开。副厅长张洪军参加会议并发言。

△纪检组长李振声、副厅级检查员张魁珍赴厅驻德州财政检查办事处进行廉政谈话。

△省委常委、宣传部长李群主持召开全省电影行政管理职能调整划转工作协调小组会议。副巡视员李国健参加。

14日，省委常委、组织部长李玉妹主持召开省直老干部工作联络员座谈会。副厅长阮凤英参加并发言。

△2009年省无线电管理委员会全体会议在珍珠泉宾馆召开，副省长、

省无线电管理委员会主任王军民出席会议并讲话。副厅长于国安参加。

14～16日，副厅长张洪军先后在济南、青岛接待来我省出席全国部分省市加强政法经费保障工作座谈会的财政部领导。

15日下午，省政府召开全省财政税务工作电视会议，会议主要任务是贯彻落实中央、省经济工作会议及全国财税工作会议精神，总结2008年全省财税工作，分析当前财税经济形势，研究部署2009年财税工作任务。省委副书记、省长姜大明出席并讲话。副厅长阮凤英、张洪军、庞敦之，纪检组长李振声，副巡视员李国健，副厅级检查员张魁珍，党组成员王慎民，各市财政局局长及助手，厅机关各处室、单位副处级以上干部参加会议。

△常务副省长王仁元主持召开会议，研究落实省委省政府促进农村房地产发展工作。副厅长于国安参加。

15～16日，全省农村工作会议在珍珠泉宾馆召开。省委书记姜异康，省委副书记、省长姜大明作了重要讲话，对做好全省农业农村工作提出明确要求。副厅长文新三参加。

15日，全国暨全省安全生产电视会议在省政府电子会议室召开。副省长王军民出席会议并讲话。副巡视员李国健参加。

16日，全省财政工作会议在石岛山庄召开，厅长尹慧敏作了重要讲话，对2008年全省财政工作进行了总结回顾，对2009年财政工作进行了具体部署。副厅长于国安、庞敦之，纪检组长李振声，副厅长文新三，副巡视员李国健，副厅级检查员张魁珍，党组成员王慎民，总会计师韩炜，各市财政局局长及助手，厅机关各处室、单位主要负责人参加会议。

△副厅长阮凤英向省人大财经委汇报2008年预算执行情况和2009年预算草案。

△常务副省长王仁元主持召开省固定资产投资联席会议2009年第一次会议。副厅长于国安参加。

17日，全省审计工作会议在南郊宾馆召开。省长姜大明出席会议并讲话。厅长尹慧敏参加。

△学习胡锦涛总书记《在纪念党的十一届三中全会召开30周年大会上的讲话》辅导报告在南郊宾馆举办。副厅长阮凤英参加。

18日晚，副省长王随莲主持召开突发公共卫生事件应急工作领导小组会议。副厅长阮凤英参加。

19日，副厅长于国安在厅机关主持召开《山东省志·财政志》志稿评审会。

19～20日，中共山东省纪委九届四次全体会议在南郊宾馆召开。纪检组长李振声参加。

19日，省政府召开全省高致病性禽流感防控工作电视会议。副省长贾万志出席会议并讲话。副厅长文新三参加。

△副巡视员李国健随副省长才利民到省商检局、青岛海关走访。

△副省长郭兆信主持召开农村住房建设协调会。副厅长于国安参加。

20日，厅长尹慧敏先后参加中共山东省纪委九届四次全体会议第二次大会、中央扩大内需政策落实检查组情况反馈通报会。

△厅长尹慧敏在石岛山庄主持召开厅机关老干部新春茶话会。在家厅领导和各处室主要负责同志参加。

△2009年保健专家新春联谊会在山东大厦召开。副厅长阮凤英参加。

△全省交通工作电视会议在省政府礼堂召开。副厅长于国安参加。

△纪检组长李振声、副厅级检查员张魁珍参加省纪委总结会议。

△全国暨全省抗旱工作电视会议在省水利厅视频会议室召开。副厅长文新三参加。

21日，全国维护稳定暨信访工作电视电话会议在省政府礼堂召开。副厅长张洪军参加。

△常务副省长王仁元主持召开会议，听取海化集团与中石油合作情况汇报。副巡视员李国健参加。

22日，省政府在山东大厦举行驻鲁金融机构2009年新春座谈会，省长姜大明出席并讲话。副厅长张洪军参加。

△省委、省政府在南郊宾馆举行2009年各界人士迎春茶话会。总会计师韩炜参加。

23日，副省长王军民主持召开工业经济运行指挥部第16次会议，听取1月份以来工业经济运行情况汇报，研究安排一季度工业经济工作。副巡视员李国健参加并发言。

本月厅领导兼职：

△阮凤英同志担任省突发公共卫生事件应急工作领导小组成员。

△于国安同志担任省重点建设项目调控资金管理联席会议成员、省粮食清仓查库工作领导小组成员。

△庞敦之同志担任山东省第二十二届运动会组委会委员。

△李国健同志担任山东省服务外包发展规划编制委员会成员。

2月 **1日**，省长姜大明主持召开第35次省政府常务会议，研究全省就业再就业、全省高校毕业生就业、全面推进农村住房建设和危房改造、工业经济运行和工业振兴大会准备及安全生产等工作。厅长尹慧敏参加。

2日，全省第四次工业经济运行电视会议在省政府礼堂召开。副巡视员李国健参加。

3日，省委召开常委会议，研究政府工作报告。副厅长于国安参加。

△省政府副秘书长韩金峰主持召开会议，研究我省与清华大学人才战

略和科学发展全面合作有关问题。副厅长张洪军参加。

4日，全省安全生产工作电视会议在省政府礼堂召开，省长姜大明出席会议并讲话。厅长尹慧敏、副巡视员李国健参加。

△省长姜大明主持召开省编制委员会全体会议，研究审定省政府机构改革方案。厅长尹慧敏参加。

△全省投资建设工作电视会议在省政府电子会议室召开，常务副省长王仁元出席会议并讲话。副厅长于国安参加。

△省人口和计划生育领导小组召开2009年第一次全体成员会议，省长、省人口计生领导小组组长姜大明出席会议并讲话，副省长黄胜主持会议。副厅长庞敦之参加并发言。

5日，副省长王随莲主持研究国家中医临床研究基地有关事宜。副厅长阮凤英参加。

5~6日，副省长郭兆信带队赴济宁、淄博调研农村住房建设与危房改造工作。副厅长于国安参加。

5日，副省长王军民带领有关部门负责同志赴山东旅科信息有限公司进行调研，并主持召开座谈会，对促进呼叫中心服务外包产业发展进行了研究。副厅长张洪军参加。

6日，副省长王军民主持召开部分行业调整振兴规划座谈会。副巡视员李国健参加。

7日，济南市推进市政公用领域“一卡通”应用体验活动在山东大厦举行。副厅长于国安参加。

8日，省政府召开全省抗旱双保工作电视会议，省长姜大明出席并讲话。厅长尹慧敏参加。

△省委秘书长王敏主持召开科学发展观进课堂专题会议。副厅长庞敦之参加。

△副省长、省博物馆新馆建设领导小组副组长黄胜考察省博物馆、档案馆新馆工程建设情况，并主持召开现场办公会，调度省博物馆、档案馆新馆建设进展情况，协调解决有关问题。副厅长庞敦之参加。

△副省长王军民主持召开省工业经济运行指挥部第17次会议，听取工作情况汇报。副巡视员李国健参加。

9日，省委召开常委会议，听取经济工作汇报，分析当前经济形势，研究下一步经济工作，省委书记姜异康主持会议并作重要讲话。厅长尹慧敏参加。

△清理规范达标表彰第一次联席会议在省纪委召开。副厅长张洪军参加。

△副省长王军民主持召开部分行业调整振兴规划座谈会。副巡视员李国健参加。

10日，省长姜大明主持召开第36次省政府常务会议，研究《山东省人民政府关于搞活流通扩大消费促进经济发展的意见（送审稿）》、高新技术产业统计口径及高新技术产业发展目标调整方案、《山东省人民政府2009年立法工作计划（草案）》，以及有关评选表彰事宜。厅长尹慧敏参加。

△省政府与中国银行在济南签署战略合作备忘录。省委书记姜异康，省长姜大明，中国银行股份有限公司党委书记、董事长肖钢出席签字仪式。厅长尹慧敏参加。

△副省长黄胜在舜耕山庄接待来我省考察全运会筹备工作的辽宁省政府考察团。副厅长庞敦之参加。

△财政部新形势下农业财政政策培训班在威海举办。副厅长文新三参加。

11日，常务副省长王仁元、副省长郭兆信听取农村住房建设有关问题汇报。副厅长于国安参加并汇报。

△副厅长张洪军随副省长才利民到省国家税务局走访。

△副省长黄胜主持召开会议，与前来我省考察十一运筹办工作的辽宁省政府考察团座谈。副厅长庞敦之参加。

△副省长贾万志主持召开会议，向农业部部长孙政才汇报我省抗旱工作。副巡视员李国健参加。

12日上午，厅长尹慧敏参加山东省第十一届人民代表大会第二次会议日照代表团组团会议；下午，参加山东省第十一届人民代表大会第二次会议预备会议；晚，参加山东省第十一届人民代表大会第二次会议中共党员会议。

△中国人民政治协商会议第十届山东省委员会第二次会议在山东会堂隆重开幕。副厅长于国安上午列席会议；下午，赴泰安督导国有土地使用权出让情况专项清理和检查工作。

13~18日，山东省第十一届人民代表大会第二次会议在山东会堂隆重召开。厅长尹慧敏参加。

△副厅长阮凤英列席山东省第十一届人民代表大会第二次会议。

13~17日，副厅长于国安列席中国人民政治协商会议第十届山东省委员会第二次会议。

13日，全国人大财政经济委员会副主任、著名金融专家吴晓灵“齐鲁讲坛·金融危机发展趋势与策略选择”专题讲座在舜耕会堂举办。副厅长张洪军参加。

14日，常务副省长王仁元主持召开第二次省重点建设项目调控资金管理联席会议。副厅长于国安参加。

△全省推进工业调整振兴新闻发布会在南郊宾馆举办。副巡视员李国健参加并回答记者提问。

15日，省委召开常委会议。副厅长张洪军参加。

16日，厅长尹慧敏向省人大财经委汇报人大代表审议人代会财政报告有关情况。

△省政府秘书长张万青主持召开会议，听取有关部门关于国务院副总

理李克强视察山东需研究落实事项办理情况。副厅长阮凤英参加并汇报。

△推进取消政府还贷二级公路收费试点工作会议在北京召开。副厅长于国安参加。

△全国财政反腐倡廉建设工作会议在北京召开。纪检组长李振声参加。

△常务副省长王仁元主持召开会议，研究我省股权交易市场建设问题暨设立省级创业投资引导基金问题。副巡视员李国健参加。

17 日，节能与新能源汽车示范推广试点工作会议在北京召开。副厅长于国安参加。

△2009 年全国暨全省农资打假专项治理行动电视电话会议在省政府电子会议室召开。副厅长文新三参加。

17 日至 4 月 24 日，副巡视员李国健参加省委党校市厅级领导干部进修班。

18 日，财政部在北京召开部分省市财政资金安全管理工作座谈会。副厅长阮凤英参加。

△副厅长文新三赴财政部汇报工作。

19 日，省委在南郊宾馆举办辅导报告会，邀请中央纪委研究室主任刘明波就学习胡锦涛总书记在十七届中央纪委三次全会上的重要讲话作辅导报告。厅长尹慧敏、纪检组长李振声参加。

△常务副省长王仁元主持召开会议，研究可再生能源发电价格补贴暂行办法。副厅长于国安参加。

△省委召开密码工作领导小组会议。副厅长张洪军参加。

△全省科技工作会议在南郊宾馆召开。副厅长庞敦之参加。

△副省长黄胜主持召开亚洲沙滩运动会协调会，研究调度有关情况。副厅长庞敦之参加。

20 日，省委、省政府召开全省科学技术奖励大会，隆重表彰为我省科技事业发展和现代化建设作出突出贡献的科技工作者。副厅长庞敦之参加。

△纪检组长李振声赴聊城参加聊城市财政局全国文明单位揭牌仪式。

21 日，省政府驻外办事处工作会议在中豪大酒店召开。副厅长张洪军参加。

22 日，省委秘书长王敏主持召开会议，研究全国人大代表、政协委员提出的有关海洋经济、老区经济发展问题。副厅长于国安参加。

23 日，省长姜大明主持召开第 37 次省政府常务会议，研究我省工业调整振兴规划编制工作、省调控资金安排意见、全省及全国模范军队转业干部军转安置工作先进单位和先进军转工作者评选、推荐工作，以及山东省与阿根廷布宜诺斯艾利斯省建立友好省际关系事宜。厅长尹慧敏参加。

△深入推进平安山东建设座谈会在南郊宾馆召开。副厅长张洪军参加。

△全省集体林权制度改革试点动员会暨林业局长培训会在南郊宾馆召开。副厅长文新三参加。

24 日，副厅长阮凤英先后参加省双拥工作领导小组第二十四次全体会议、省就业工作暨农民工工作联席会议。

△全省取消政府还贷二级公路收费工作电视电话会议在省交通厅视频会议室召开。副厅长于国安参加。

△全省政府法制工作会议在金都大酒店召开。副厅长文新三参加。

25 日，财政厅深入学习实践科学发展观活动总结大会在厅机关三楼礼堂召开。厅长尹慧敏作总结讲话，省委指导检查组组长魏绍水讲话，副厅长阮凤英主持会议。副厅长于国安、庞敦之，纪检组长李振声，副厅长文新三，副巡视员李国健，副厅级检查员张魁珍，党组成员王慎民，总会计师韩炜及厅机关全体干部职工、离退休干部职工、投资公司厅管干部参加会议。

△国务院第二次全国经济普查领导小组成员、国家发改委秘书长韩永文一行来我省督查经济普查工作，省委常委、常务副省长王仁元主持召开山东省经济普查工作汇报会，向国务院经济普查督查组汇报我省有关情况。副厅长张洪军参加。

26 日，省长姜大明在济南会见国家税务总局副局长解学智一行，厅长尹慧敏参加。

△全省粮食工作会议在南郊宾馆召开。副厅长于国安参加。

△省长姜大明主持召开省经济责任审计工作领导小组会议。副厅长于国安参加。

△省监察厅第四批特邀监察员聘任会议在丽山大厦召开。纪检组长李振声参加。

27 日，全国村务公开和民主管理难点村治理工作电视电话会议在省纪委召开。副厅长阮凤英参加。

△副省长王军民召集省直有关负责同志会议，听取聊城市政府关于发展新能源汽车规划意见以及时风电动车、中通纯电动客车和混合动力客车研制情况汇报，研究讨论有关事宜。副厅长于国安参加。

△全省保险工作电视会议在联通济南分公司召开。副厅长张洪军参加。

28 日，省委召开常委会议，传达学习中央深入学习实践科学发展观第一批总结暨第二批动员大会精神，研究贯彻落实意见。厅长尹慧敏参加。

△全省农村住房建设与危房改造工作会议在南郊宾馆召开。副厅长于国安参加。

△省委秘书长王敏主持召开会议，研究讨论中办几个转变作风文件的贯彻落实问题。副厅长张洪军参加。

本月厅领导兼职：

△于国安同志担任《山东省汶川特大地震救助援建志》编纂委员会

成员。

△文新三同志担任省森林防火与林业有害生物防控指挥部成员。

3月1日，省人大常委会为我省参加第十一届全国人大二次会议的全国人大代表送行。全国人大代表、厅长尹慧敏参加。

△省委、省政府在南郊宾馆召开全省工业调整振兴大会。统一思想，坚定信心，努力克服当前困难，推进工业调整振兴，加快实现工业由大到强的转变。省委书记姜异康出席会议，省长姜大明作重要讲话，省委副书记刘伟主持会议。副巡视员李国健参加。

1～2日，山东省第一批深入学习实践科学发展观活动总结暨第二批深入学习实践科学发展观活动动员大会在南郊宾馆召开，省委书记姜异康、中央巡回检查组副组长张龙之作重要讲话，省长姜大明主持会议。纪检组长李振声、党组成员王慎民参加。

2～20日，副厅长张洪军参加市厅级公务员抵御金融风险专题研讨班。

3～14日，厅长尹慧敏在北京参加第十一届全国人民代表大会第二次会议。

3日，副厅长阮凤英、党组成员王慎民在山东大厦接待财政部人教司副司长李復一行。

△省重点建设项目调控资金会议在省政府召开。副厅长于国安参加。

4日，财政部驻山东省财政监察专员办事处中央财政金融监管工作会议在南郊宾馆召开。副厅长张洪军参加。

△省老龄委第十八次全体（扩大）会议在南郊宾馆召开，副省长郭兆信出席并讲话。总会计师韩炜参加。

4～5日，副厅长阮凤英赴淄博、泰安就农村养老保险问题进行调研。

5日，副省长李兆前听取环保资金分配有关情况的汇报。副厅长于国安参加。

△副厅长于国安主持会议，就有关财政管理及改革情况与来我省考察调研的河北省财政厅厅长齐守印一行进行座谈。总会计师韩炜参加。

△常务副省长王仁元、副省长黄胜主持召开省高校毕业生就业工作领导小组会议。副厅长庞敦之参加。

5～6日，全省人事编制工作暨留学人员回国创业先进表彰会议在山东大厦召开，常务副省长王仁元出席并讲话。党组成员王慎民参加。

6日，副厅长于国安在省政府参加审计署驻济南特派员办事处对山东省财政收支专项审计调查进点会议，并汇报有关情况。

△“十一运会”组委会副主任、副省长黄胜带领组委会各部室负责人，到济南赛区进行现场办公，检查指导“十一运会”筹备工作。副厅长庞敦之参加。

△副省长王军民就商贸服务业有关情况赴济南市进行调研。副厅长文新三参加。

△总会计师韩炜陪同河北省财政厅厅长齐守印一行赴淄博、德州就财政管理改革有关情况进行考察调研。

△山东省财政厅印发《关于下达2009年对种粮农民补贴资金的通知》（鲁财建〔2009〕14号），开始兑付2009年种粮农民补贴，并且在原来的粮食直补、农资综合补贴的基础上，又增加了种粮大户奖励补贴，即对小麦种植面积在100亩以上（含100亩）的种粮大户，每亩再奖励10元。2009年全省共安排种粮农民补贴资金56.67亿元。

9日，省人才工作领导小组会议在济南召开，省委常委、组织部长、省人才工作领导小组组长李玉妹出席会议并讲话，副省长、省人才工作领导小组副组长黄胜主持会议。副厅长张洪军参加。

9～10日，全省服务业发展工作会议在青岛召开，常务副省长王仁元出席会议并讲话。副厅长文新三参加。

9日，省委对台工作会议在济南召开。总会计师韩炜参加。

10～11日，全省财政社会保障工作会议在日照召开。会议总结交流了2008年财政社会保障工作，研究部署了2009年财政社会保障工作任务，并对社会保障政策及有关业务进行了培训。副厅长阮凤英出席会议并讲话。各市财政局分管社会保障工作的局长、社会保障科（处）长参加了会议。

10日，副省长黄胜主持召开“全运会倒计时200天”动员大会。副厅长庞敦之参加。

△全省老干部局长会议在南郊宾馆召开，省委常委、组织部长李玉妹出席会议并讲话，副省长李兆前主持会议。纪检组长李振声参加。

11日，全省美国白蛾防控暨森林防火工作会议在南郊宾馆召开，副省长贾万志出席会议并讲话。副厅长文新三参加。

△副省长贾万志主持召开全国春季农业生产工作会议筹备会议。副厅长文新三参加。

12日，副省长郭兆信主持召开座谈会，研究我省贯彻落实《国务院关于促进残疾人事业发展的意见》的有关内容。副厅长阮凤英参加。

△第十九届全国书博会筹备工作第二次调度会在南郊宾馆召开。副厅长庞敦之参加。

13日，中央联合督查组到我省对企业军转干部解困和稳定工作进行专项督查并召开座谈会。副厅长阮凤英参加并发言。

△省委常委、省纪委书记杨传升听取扩大内需促进经济增长政策落实监督检查工作汇报。副厅长于国安参加并汇报。

△2008年度科学发展综合考核工作会议在济南军区第五招待所召开。副厅长张洪军参加。

△省财政厅印发《关于加大家电下乡政策实施力度的通知》（鲁财建〔2009〕21号），在全面落实彩电、冰箱（冰柜）、手机、洗衣机4类家电下乡补贴基础上，再增加摩托车、电脑、热水器、空调、微波炉和电磁炉6类补贴产品，并将原来每户每类补贴产品限购1台调增到2台。

14日，3·15国际消费者权益保护日纪念大会暨名优商品（服务）博览会在济南舜耕国际会展中心召开。副厅长张洪军参加。

15日，省委召开常委扩大会议，传达学习全国“两会”精神，研究我省贯彻落实意见。厅长尹慧敏参加。

16日，国务院在山东省淄博市召开全国春季农业生产工作会议。中共中央政治局委员、国务院副总理回良玉出席并作重要讲话，中央和国家有关部委负责同志，省委书记、省人大常委会主任姜异康，省委副书记、省长姜大明出席会议。厅长尹慧敏、副厅长文新三参加会议，并接待参加会议的财政部有关领导。

△全省流通工作会议在南郊宾馆召开。副巡视员李国健参加。

17日，副厅长庞敦之主持召开审计进点会，向青岛专员办汇报我省2008年及2009年春季国家助学金政策落实及资金管理使用情况。

△山东省人民政府与中国电信集团公司战略合作框架协议签字仪式在济南举行，副省长王军民出席签字仪式并致辞。副巡视员李国健参加。

18日，副厅长庞敦之赴青岛接待新疆维吾尔自治区财政厅党组书记居来提一行。

19日，省委考察组对我厅领导班子和省管干部进行年度考察。党组书记、厅长尹慧敏代表厅领导班子作述职报告，厅机关及所属事业单位副处级以上干部和省经济开发投资公司领导班子成员参加。

△省人大财经委与省政府部分财经部门及有关中央驻鲁单位联系会在省人大召开。副厅长阮凤英参加。

△全省春季农业生产工作会议在淄博召开，副省长贾万志出席会议并讲话。总会计师韩炜参加。

20日，常务副省长王仁元主持召开会议，研究三联集团拖欠生活费等问题。副厅长于国安参加。

△省长姜大明、副省长黄胜赴济南市“十一运会”场馆建设工地，检查指导“十一运会”筹备工作。副厅长庞敦之参加。

△全省财政系统干部教育培训工作会议在威海召开。会议传达贯彻了财政部第九次全国财政系统干部教育培训工作会议精神，总结交流了近年来全省财政干部教育培训工作经验，研究部署了全省财政系统新一轮大规模培训干部工作任务。副厅长文新三参加。

△山东省人民政府以鲁政任〔2009〕10号文件，任命：

阮凤英为山东省财政厅巡视员；

李国健为山东省财政厅副厅长（列文新三之后，试用期一年）；

王慎民为山东省财政厅副巡视员；

姜凝为山东省财政厅副巡视员；

张光月为山东省财政厅副巡视员。

免去：

阮凤英的山东省财政厅副厅长职务。

21～22日，巡视员阮凤英陪同财政部社保司司长孙志筠在潍坊调研。

23日，全省财政反腐倡廉建设工作会议在厅机关三楼礼堂召开。厅长尹慧敏作重要讲话，副厅长于国安主持会议，纪检组长李振声作反腐倡廉工作报告，省纪律检查委员会高绍义同志参加会议并讲话。副厅长于国安、张洪军，纪检组长李振声，副厅长文新三、李国健，副厅级检查员张魁珍，副巡视员王慎民、姜凝、张光月及厅机关全体干部职工，省投资公司班子成员、部室主任，各市财政局纪检组长（纪委书记）、监察室主任参加了会议。

△省长姜大明主持召开第38次省政府常务会议，研究“十一运会”筹备工作、《进一步促进旅游业又好又快发展的意见（代拟稿）》、《山东省应对气候变化实施方案（送审稿）》、城镇基本医疗保障制度建设工作，以及地方政府债券资金分配方案。厅长尹慧敏参加并汇报中央代理发行地方政府债券有关问题。

△国务院农民工培训工作调研组来我省调研并召开座谈会。巡视员阮凤英参加并发言。

△第六届高等教育省级教学成果评审会议在珍珠泉宾馆召开。副厅长庞敦之参加。

24日，副厅长张洪军赴烟台接待来我省出席全国高级会计师考试管理系统培训班的财政部有关领导。

△全省高校毕业生工作会议在山东大厦召开，常务副省长王仁元出席会议并讲话，副省长黄胜主持会议。纪检组长李振声参加。

△省政府在省政府礼堂组织收看国务院廉政工作电视电话会议，会后，省政府主要领导同志就国务院会议精神贯彻落实工作做出部署。纪检组长李振声、副厅级检查员张魁珍参加。

△省委召开常委会议，听取第十一届全国运动会筹备工作情况汇报，进一步研究部署有关工作。副厅长文新三参加。

25日，省长姜大明在山东大厦接待国务院黄河三角洲生态经济区规划联合调研组一行。厅长尹慧敏参加。

25～26日，省农业专家顾问团工作会议在山东大厦召开。副厅长文新三参加。

25日，副厅级检查员张魁珍赴厦门会计学院协商纪检监察干部培训班有关事宜。

△山东省财政厅印发《山东省2009年地方政府债券预算管理办法》（鲁财预〔2009〕14号）。

26日，山东省第十一届人民代表大会常务委员会第十次会议在省人大召开。厅长尹慧敏参加并汇报《关于2009年中央代理发行山东省政府债券有关情况的报告》。

△黄河三角洲高效生态经济区规划调研工作会议在山东大厦召开。巡视员阮凤英参加。

△副厅长于国安赴聊城接待财政部综合司副司长常城一行。

△总会计师韩炜先后参加全省地方史志工作会议、省十一届人大十次会议。

27日，省长助理周齐主持召开会议，研究三联住房有关问题。副厅长于国安参加。

△2009年度世行贷款环保二期、亚行贷款海河流域污染控制项目公证审计进点视频会议在省审计厅召开。副厅长庞敦之参加并发言。

28日，全省安全生产工作电视会议在省政府礼堂召开，副省长王军民出席并讲话。副厅长李国健参加。

30日，全国保障性安居工程工作会议在长沙召开。副厅长于国安参加。

△省委、省政府召开迎全运动员誓师大会，动员全省各级各部门各行业迅速行动起来，积极参与，全力以赴，更加深入扎实地做好“十一运会”最后阶段的各项筹备工作，确保第十一届全国运动会成功举办。省委书记姜异康出席并讲话，省委副书记、省长姜大明主持会议。副厅长庞敦之、副厅级检查员张魁珍参加。

△副厅长文新三先后参加国家审计署济南特派办和省政府召开的水库除险加固审计结果通报会、全省造林绿化和森林防火工作电视电话会议。

△副巡视员王慎民赴德州接待财政部关税司、金融司有关领导。

31日，副厅长张洪军在厅机关接待瑞士信贷香港有限公司高管人员。

△2009年山东省全民科学素质工作领导小组会议在省政府召开。副厅长庞敦之参加。

△省政协就“建立农民持续增收机制，促进农业稳定发展”问题进行专项议政。副厅长文新三参加并通报有关情况。

本月厅领导兼职：

△尹慧敏同志担任省加快县域经济发展领导小组成员、省防汛抗旱指挥部成员。

△阮凤英同志担任省村务分开协调领导小组成员、省社区建设工作领导小组成员、黄河三角洲高校生态经济示范区发展规划编制领导小组成员、省企业军转干部问题工作小组成员、省复退军人问题工作小组成员。

△于国安同志担任山东省农村住房建设与危房改造工作领导小组成员。

△庞敦之同志担任山东省学前教育联席会议成员。

4月 **1日**，副厅长张洪军会见国际著名投资银行瑞士信贷有限公司亚洲区董事总经理周韶健先生一行，双方商定将围绕外汇债务风险管理等方面开展深层次的研究，进一步开拓合作领域。

△山东、湖南文化体制改革和文化产业发展情况座谈会在南郊宾馆召开，两省签署了文化发展合作协议。副厅长庞敦之参加。

△纪检组长李振声赴滨州参加市局系统落实“两制”工作会议并讲话。

△省十一届人大二次会议第1号议案办理工作座谈会在省政协召开。副厅长文新三参加并发言。

2日，山东省应急救援总队成立大会暨揭牌仪式在省公安消防总队举行，省委副书记、省长姜大明为应急救援总队揭牌，省委副书记刘伟授旗。巡视员阮凤英参加。

△省政府召开会议研究我省参加60周年国庆庆典有关事宜。副厅长于国安参加。

△全国暨全省普通高校毕业生就业工作电视电话会议在省政府礼堂召开。副厅长张洪军参加。

3日，常务副省长王仁元主持召开黄河三角洲高效生态经济区规划编制工作协调会议。巡视员阮凤英参加。

△省委常委、秘书长王敏、副省长郭兆信主持召开会议，研究老干部活动中心建设有关问题。副厅长张洪军参加。

6日，常务副省长王仁元、副省长王随莲主持召开会议，研究卫生体制改革有关问题。巡视员阮凤英参加。

7日，省长姜大明主持召开第39次省政府常务会议，研究全省钢铁工业、汽车工业、船舶工业、电子信息产业调整振兴规划，2008年度全省纳税先进企业评选表彰工作，以及建设千万亿次超级计算中心有关事宜。会议确定，建设千万亿次超级计算中心有关事宜，由省财政厅牵头负责，省政府先按照科技部要求出具配套资金承诺函，待项目落实后，再召开专题会议。研究千万亿次高性能计算中心投资建设和运营管理体制机制问题。厅长尹慧敏参加。

△全国政协经济委员会调研组，就扩内需、保增长工作来山东进行专题调研，省政府召开会议座谈有关情况。副厅长于国安参加并发言。

△省筹办“十一运会”工作领导小组第一次全体会议在南郊宾馆召开，省委副书记、省筹办“十一运会”工作领导小组组长刘伟主持会议并讲话。副厅长庞敦之参加。

7~8日，全省统筹城乡发展推进新农村建设现场会议在诸城市、胶州市和城阳区召开，省委副书记、省委农村工作领导小组组长刘伟出席会议并讲话。副厅长文新三参加。

8日，副省长王随莲主持召开会议，研究医药卫生体制改革有关问题。巡视员阮凤英参加。

△省财政厅、省发展改革委、省公安厅等六部门下发《山东省汽车摩托车下乡实施方案》，正式启动我省汽车摩托车下乡工作。《方案》规定，对农民在2009年3月1日至12月31日期间，报废三轮汽车、低速货车并同时换购轻型载货车以及购买1.3升以下排量的微型客车，在2009年2月1日至2013年1月31日期间购买摩托车，给予财政补贴。

9日，国务院深化医药卫生体制改革工作会议在北京召开。厅长尹慧敏参加。

△常务副省长王仁元、副省长王随莲主持召开会议，研究卫生体制改革政策问题。巡视员阮凤英参加。

△副厅长于国安、副巡视员姜凝赴章丘、寿光等地就有关家电下乡问题进行调研。

10日，全省财政经建工作座谈会在寿光召开。会议部署了扩大内需投资管理、落实产业结构高速振兴规划、交通财务体制改革、种粮农民补贴、家电与汽车摩托车下乡等财政经建重点工作。副厅长于国安、副巡视员姜凝参加。

△山东省金融家与企业家俱乐部在济南召开第四次会员大会，共商金企携手、应对危机大计。省长姜大明出席会议并讲话。副厅长庞敦之参加。

△省纠风工作领导小组成员会议在省纪委召开。纪检组长李振声参加。

△全省测绘工作会议在舜耕山庄召开。总会计师韩炜参加。

12日，财政部在武汉召开全国政府采购工作会议。巡视员阮凤英参加。

13日，省委副书记刘伟主持召开学习实践科学发展观活动领导小组第15次会议。厅长尹慧敏参加。

△省长姜大明主持召开第40次省政府常务会议，研究全省装备制造业、纺织工业、化学工业调整振兴规划，《山东省公共机构节能管理办法（草案）》、《山东省复议条例（修订草案）》，以及贯彻全国保障性安居工程工作会议精神意见。厅长尹慧敏参加。

△省委、省政府向中央检查组汇报贯彻落实扩大内需，促进经济增长政策措施的有关情况。副厅长于国安参加。

△全国暨全省纠风工作电视电话会议在省政府礼堂召开。副厅长于国安参加。

△副厅长庞敦之参加2009年教育工作综合督导培训会议并讲话。

14日，副省长王随莲主持召开省食品药品安全委员会暨省筹办“十一运会”工作领导小组食品药品安全工作组全体会议。巡视员阮凤英参加。

△副省长王军民主持召开会议，向中央节能目标责任考评组汇报我省有关情况。副厅长于国安参加。

△全省保障性安居工程和城市环境建设电视会议在省政府召开。副厅长于国安参加。

△副厅长文新三赴财政部汇报工作。

△全国暨全省整治违法排污企业保障群众健康环保专项行动电视电话会议在网通公司召开。总会计师韩炜参加。

△总会计师韩炜陪同中国财政学会领导赴潍坊、青岛调研。

14～30日，副巡视员姜凝参加在山东行政学院举办的市厅级公务员城市规划、建设与管理研讨班。

15日，全省财政国库工作会议在烟台召开，会议主要任务是以科学发展观为指导，贯彻落实全国财政国库工作会议和全省财政工作会议精神，总结交流近两年财政国库工作，探讨今后一个时期国库工作思路，部署2009年重点工作。巡视员阮凤英参加并讲话。

△国家节能目标责任现场评价考核组对我省节能目标完成情况进行现场评价考核。副省长王军民主持考核汇报会并听取反馈意见。副厅长于国安参加。

△副厅长庞敦之赴青岛接待出席金财工程应用支撑平台青岛市试点工作现场会的财政部部长助理刘红薇一行。

16日，省长姜大明主持召开省政府一季度经济形势分析会。厅长尹慧敏参加。

△省政府第二次廉政工作会议在省政府礼堂召开，总结2008年政府机关廉政建设和反腐败工作，安排部署今年反腐倡廉任务。纪检组长李振声、副厅级检查员张魁珍参加。

17日，省委召开会议，传达中央办公厅、国务院办公厅重要文件。副厅长于国安参加。

△省长姜大明主持召开第41次省政府常务会议，研究贯彻国务院深化医药卫生体制改革工业会议精神的意见，全省有色金属工业、轻工业调整振兴规划，对全国主体功能区规划的反馈意见，以及2009年省预算内基本建设投资计划。副厅长于国安参加。

△全省农村中小金融机构监管工作电视会议在联通公司召开。副厅长张洪军参加。

△省政府办公厅与国家黄河水利委员会召开座谈会，研究黄河滩区亚行贷款项目问题。副厅长张洪军参加。

△纪检组长李振声赴莱芜参加莱芜市财政系统廉政建设会议。

18日，山东省煤炭储备配送基地

建设研讨会在南郊宾馆召开。会议提出，今后3～5年，我省将建成6个2 000万吨级以上的煤炭储备配送基地，以保障山东能源需求，建立煤炭供应保障长效机制。副厅长李国健参加。

20日，省委召开常委会议。厅长尹慧敏参加。

△省长姜大明主持召开第42次省政府常务会议，研究《山东省公共图书馆管理办法（草案）》、关于国土资源保障用地服务和支持农村住房建设的意见、2008年度全省民主评议政风行风工作、2008年度山东省有突出贡献的中青年专家选拔工作、省扩大内需调控资金用于重点技改和节能降耗项目安排意见，以及贯彻中华慈善大会精神的意见。厅长尹慧敏参加。

△人力资源社会保障部、财政部、卫生部在山西联合召开的座谈会，就公共卫生和基层卫生事业单位以及其他事业单位实施绩效工资问题进行座谈研究。副厅长于国安参加。

△副厅长文新三赴烟台接待财政部有关领导。

△全国财政系统人事教育工作研讨会在云南召开。副巡视员王慎民参加。

△全国政协人口资源环境委员会有关领导就“环保技术与产业发展”问题来我省进行调研，省政协为此组织召开座谈会议。总会计师韩炜参加并发言。

21日，常务副省长王仁元主持召开金融工作座谈会。厅长尹慧敏参加。

△全国政府采购工作会议在武汉召开。巡视员阮凤英参加。

△“十一运会”组委会廉政工作会议在济南召开。副厅长庞敦之参加。

△副省长郭兆信主持召开会议，部署农村住房建设与危房改造调研工作。总会计师韩炜参加。

22日，常务副省长王仁元主持召开专题会议，研究我省铁路建设任务和资金筹措方案。总会计师韩炜参加。

22～28日，全省财政系统纪检监察干部培训班在厦门举办。培训结合反腐倡廉工作面临的形势和任务，采用模块式教学，重点就反腐倡廉惩防体系建设、廉政勤政建设、财政改革与发展趋势、领导干部激励与沟通艺术等财政纪检监察业务及相关知识进行培训。副厅级检查员张魁珍参加。

23日，2009年高校毕业生“三支一扶”计划实施工作电视电话会议在联通公司召开。副厅长张洪军参加。

△书博会组委会副主任、省委常委、宣传部长李群到书博会主会场济南国际会展中心考察，并主持召开第十九届全国书博会筹备工作第三次调度会。副厅长庞敦之参加。

24日，全国“小金库”治理工作电视电话会议山东分会场会议在省政府召开。厅长尹慧敏、副巡视员张光月参加。

△省委召开常委扩大会议，传达学习中共中央总书记、国家主席、中央军委主席胡锦涛在我省视察时的重要讲话精神，研究贯彻落实意见。厅长尹慧敏参加。

△副厅长于国安带队赴滨州、东营、淄博就农村住房建设与危房改造问题进行调研。

△全省武警反恐维稳工作电视会议在省公安厅召开。副厅长张洪军参加。

△副秘书长韩金峰主持召开会议，研究我省创业投资引导基金建立有关问题。副厅长李国健参加。

26日，全省职业院校技能大赛开幕式在山东商业职业技术学院举行。副厅长庞敦之参加。

27日，厅长尹慧敏主持召开厅长办公会议，通报省委常委会和省政府一季度经济形势分析会议精神并研究贯彻意见，传达省政府廉政工作会议精神和全省民主评议政风行风工作情况，研究家电下乡和汽车摩托车下乡等工作。

△新闻出版总署和山东省人民政府共同主办的第十九届全国书博会电视文艺晚会在山东电视台演播大厅举行，副厅长庞敦之参加。

28～30日，中共山东省委九届七次全体会议在南郊宾馆召开。厅长尹慧敏参加。

28日，中央扩大内需、促进经济增长政策落实检查组向省政府反馈情况。副厅长于国安参加。

29日，副省长王随莲主持召开人感染猪流感防控工作会议。巡视员阮凤英参加。

30日，省长姜大明主持召开第43次省政府常务会议，研究我省甲型H1N1流感防控工作、全省现代物流业振兴发展规划、《省委、省政府关于加快推进残疾人事业发展的实施意见（送审稿）》、2009年第一批预备费动支意见，并安排当前有关工作。会议要求要做好甲型H1N1流感医疗救治的应急准备工作，所需投入资金由省财政厅会同省卫生厅，按照“必要、急需、节约”的原则，研究提出意见报省政府审定。关于建设省残疾人康复中心、就业服务中心、体育训练中心问题，2009年抓紧做好立项工作，2009年省财政予以考虑，要安排福利彩票部分资金用于康复中心建设；不再单独建设就业服务中心、省残疾人体育训练中心，残疾人体育训练场所与“十一运会”后省建场馆的使用统筹考虑，省财政可适当给予补贴。巡视员阮凤英参加并汇报动支2009年第一批预算费的意见。

△省彩车制作工作领导小组向省委主要领导汇报我省国庆60周年群众游行彩车制作工作情况。副厅长张洪军参加。

本月厅领导兼职：

△阮凤英同志担任山东省手足口病工作领导小组成员；省政府残疾人工作委员会成员。

△于国安同志担任省国庆60周年群众游行彩车制作领导小组成员。

△张洪军同志担任“新中国成立60周年成就展”山东筹备协调领导小组成员。

△庞敦之同志担任省学前教育联席会议成员。

本月任免事项：

28日，鲁财人〔2009〕10号文件任命：

宫永利任省财政厅办公室副主任科员；

李磊任省财政厅预算处副主任科员；

张慧任省财政厅会计处副主任科员；

丁玉喜任省财政厅离退休干部处主任科员；

王言波任省财政厅离退休干部处办事员；

赵壮任省财政厅机关党委主任科员；

臧晓丽任省财政科学研究所主任科员；

刘伟、刘华蓓任省财政厅集中支付中心主任科员；

杨廷任省财政厅集中支付中心科员；

周景峰任省财政厅机关服务中心副主任科员；

李海峰、张立军、李晓燕任省财政厅机关服务中心科员；

郭伟任省财政厅驻淄博财政检查办事处副主任科员；

杨统彬任省财政厅驻德州财政检查办事处副主任科员。

5月4日，省长姜大明主持召开第44次省政府常务会议，研究《山东省节约能源条例（修订草案）》、《山东省生产经营建设项目安全设施监督管理办法（草案）》、融资性担保业务监管工作、应急管理工作，以及贯彻2010年上海世博会组委会第七次会议暨国内参展工作会议精神的意见。厅长尹慧敏参加。

△常务副省长王仁元主持召开省深化医药卫生体制改革领导小组会议。巡视员阮凤英参加。

△全省群团工作会议在南郊宾馆召开。巡视员阮凤英、副厅长张洪军参加。

△山东省纪念五四运动90周年大会在山东大厦召开，省委书记、省人大常委会主任姜异康出席大会并作重要讲话。副厅长张洪军参加。

△副省长王军民听取省科技厅关于发展海洋经济指导意见的汇报。副厅长李国健参加。

5日，省长姜大明主持召开省机构编制委员会全体会议。厅长尹慧敏参加。

△厅长尹慧敏、副厅长文新三赴泰安考察现代农业生产发展项目区建设情况。

△副省长郭兆信主持召开会议，听取农村住房和危房改造调研情况的汇报。副厅长于国安参加。

△全省群团工作会议在南郊宾馆召开。副厅长张洪军参加。

△2009年全国和全省水库安全度汛电视电话会议在省防汛会商室召开。副厅长文新三参加。

△省政府召开工业座谈会，学习贯彻胡锦涛总书记视察山东时的重要讲话和省委九届七次全委会精神，研究加快工业发展的目标措施。副省长王军民出席会议并讲话。副巡视员张光月参加。

6日，省自强模范和助残先进表彰大会在南郊宾馆召开。巡视员阮凤英参加。

△副省长王军民主持召开省家电下乡领导小组会议，听取省财政厅、省经贸委关于家电下乡和汽车摩托车下乡有关情况的汇报，研究确定有关事项。副厅长于国安、副巡视员姜凝参加并汇报。

△常务副省长王仁元、副省长郭兆信主持召开全省铁路建设领导小组会议，研究部署全省铁路建设工作任务，落实2009年、2010年两年铁路建设资金筹措方案。副厅长于国安参加。

△全国政协副主席陈宗兴率团来我省就促进中小企业发展情况进行视察，并召开座谈会。副厅长文新三参加并发言。

7～9日，省委书记、省人大常委会主任姜异康，省委副书记、省长姜大明率山东省党政代表团赴江苏省学习考察。主要学习江苏省深入贯彻落实科学发展观的好经验、好做法，促进和加强山东、江苏的合作与交流，推动我省经济平稳较快发展。厅长尹慧敏参加。

7日，副省长王军民主持召开会议，研究特色产业发展意见。副巡视员张光月参加。

8日，中华人民共和国成立60周年成就展山东筹备工作协调小组第一次扩大会议在济南召开。副厅长张洪军参加。

△副厅长庞敦之先后参加省筹办“十一运会”工作领导小组第二次会议、全国中小学校舍安全工程电视电话会议。

11日，全省“小金库”治理工作电视会议在网通公司召开，对治理“小金库”工作做出具体部署。省长助理周齐主持会议，厅长尹慧敏讲话，副厅长于国安、副巡视员张光月参加。

△巡视员阮凤英先后参加山东慈善大会及省慈善总会第一届理事会第七次会议。

△“十一运会”社会稳控与安保工作电视电话会议在省公安厅视频会议室召开。副厅长张洪军参加。

△“十一运会”开闭幕式文艺表演工作动员部署会议在南郊宾馆召开。副省长黄胜出席会议并讲话。副厅长庞敦之参加。

11～15日，总会计师韩炜随山东省经贸代表团赴重庆考察访问。

12～14日，部分县（市）农村养老保险工作座谈会在长城大厦召开。巡视员阮凤英参加。

12日，省政府副秘书长张超超主持召开会议，研究再担保公司成立事宜。副厅长张洪军参加。

13日，副省长王随莲主持召开省重大突发公共卫生事件应急领导小组全体会议，启动我省重大突发公共卫生事件（Ⅱ级）应急响应，明确省重大突发公共卫生事件应急领导小组组成人员和职责分工，安排部署下一步任务。巡视员阮凤英参加。

△全省家电与汽车摩托车下乡工作电视电话会议在网通公司召开，部署家电与汽车摩托车下乡工作任务。副厅长于国安参加并讲话，副巡视员姜凝参加。

△省直行政政法财务工作会议在潍坊召开。会议学习传达了中央和省关于厉行节约的有关文件精神，交流了厉行节约的经验做法，研究了厉行节约的重点和措施，对推进节约型机关建设做出明确部署。副厅长张洪军参加并讲话。

△副厅长文新三赴济宁、枣庄就美国白蛾防控工作进行督查。

△省检察院反渎职侵权局召开会议，通报部署开展查办重点领域职务犯罪案件专项工作。副厅级检查员张魁珍参加。

14日，省委、省政府召开全省化解农村义务教育债务工作电视会议，全面部署我省化解农村义务教育债务工作。省委副书记、省农村综合改革领导小组副组长刘伟出席并讲话，副省长王随莲主持。厅长尹慧敏讲话，副厅长于国安参加。

△副省长王随莲主持召开省“十一运会”食品药品安全工作组第二次会议，学习贯彻“十一运会”食品药品安全工作组工作方案，安排部署下一步重点任务。巡视员阮凤英参加。

15日，“扶持百家企业稳定万人岗位”活动启动仪式在山东经济学院举办。副厅长张洪军参加并发言。

△全省反恐怖工作协调小组会议在省公安厅召开。副厅长庞敦之参加。

△副厅长庞敦之赴济宁参加2009年山东省科技活动周开幕式有关活动。

18日，省长姜大明主持召开第45次省政府常务会议，研究全省外经贸工作、《山东省石油天然气管道保护办法（草案）》、全省产学研工作，以及我省与韩国京畿道建立友好省道关系事宜。厅长尹慧敏参加。

△省委秘书长王敏主持召开会议，研究老干部活动中心改造问题。副厅长张洪军参加。

△全国扩大内需促进经济增长政策落实和资金监管工作会议在广州召开。副巡视员张光月参加。

19日，全省“十一运会”食品药品安全工作电视会议在联通公司召开，传达学习省筹办“十一运会”工作领导小组会议精神，安排部署全省“十一运会”食品药品安全保障工作，副省长王随莲出席并讲话。巡视员阮凤英参加。

△全省选聘高校毕业生到村任职工作会议在南郊宾馆召开。副厅长张洪军参加。

△纪检组长李振声赴潍坊调研。

20日，全省工商行业协会座谈会在南郊宾馆召开。副厅长李国健参加。

20～22日，总会计师韩炜参加省委党校保持经济平稳较快发展专题研讨班。

21日，全国财政新能源与节能减排工作会议在北京召开。会议以邓小平理论和“三个代表”重要思想为指导，全面落实科学发展观，认真贯彻党的十七大、十七届三中全会和中央经济工作会议精神，总结了近两年财政新能源与节能减排工作，分析了当前新能源与节能减排形势，部署了今后一个时期财政新能源与节能减排工作。厅长尹慧敏、副厅长于国安参加。

22日，全省产学研工作会议在山东大厦召开。副厅长李国健参加。

23日，西藏党政代表团一行来我厅通报援藏工作有关情况。厅长尹慧敏主持召开座谈会并讲话，巡视员阮凤英，副厅长张洪军、庞敦之，纪检组长李振声，副厅长李国健，副厅级检查员张魁珍，副巡视员王慎民、姜凝、张光月，总会计师韩炜参加。

△常务副省长王仁元主持召开会议，与西藏党政代表团就援藏工作有关情况进行座谈。副厅长于国安参加。

△副省长王军民主持召开会议，研究邮政物流现场会接待工作有关问题。副厅长于国安参加。

△2009年山东省产学研暨新特优产品展洽会开幕式在舜耕国际会展中心举行。副厅长李国健参加。

24日，山东暨济南市《食品安全法》宣传活动启动仪式在泉城广场举行。巡视员阮凤英参加。

25日，省委在南郊宾馆召开有关会议。厅长尹慧敏参加。

△副厅长于国安、副巡视员姜凝在青岛接待财政部经建司有关领导。

25～27日，巡视员阮凤英赴聊城、东营等地就医药卫生体制改革问题进行调研。

26日，2009年全省高校毕业生“三支一扶”计划实施工作电视电话会议在联通公司召开。副厅长张洪军参加并发言。

26～27日，全省农村中小学“211工程”试点工作会议在潍坊召开。副厅长庞敦之参加并讲话。

27日，省政协召开“新形势下农民增收问题”座谈会。厅长尹慧敏参加并发言。

△省委召开常委会议，听取赴江苏考察工作汇报。厅长尹慧敏参加。

△省长姜大明主持召开第46次省政府常务会议，研究《山东省农村公共供水管理办法（草案）》、《山东省省长质量奖管理办法（送审稿）》，以及省政府机构改革实施意见。副厅长于国安参加。

△副省长贾万志主持召开会议，研究中央新增水利项目资金配套问题。副厅长文新三参加。

△中国共产党山东省委员会批准：曹云龙同志任山东省财政厅党组成员（鲁委〔2009〕182号）。

△2009年第一轮“阳光政务热线”直播活动在山东人民广播电台举办。副巡视员姜凝在线回答了听众提出的问题。

28日，2009年出国培训欢送会及2008年出国培训汇报会在山东省干部学院召开。副厅长张洪军参加。

30日，省政府召开全省防汛工作电视会议暨省防汛指挥部第一次全体成员扩大会议，省长姜大明出席并讲话。厅长尹慧敏参加。

31日，省政府机构改革动员大会在济南召开。总会计师韩炜参加。

本月厅领导兼职：

△尹慧敏同志担任山东半岛蓝色经济区和高端产业集聚区规划建设工作推进协调小组成员。

△阮凤英同志担任省双拥工作领导小组成员。

△张洪军同志担任山东省优秀中国特色社会主义事业建设者评选表彰活动领导小组副组长。

△文新三同志担任省重点水利工程建设领导小组办公室副主任。

△李国健同志担任山东省工业调整振兴联席会议成员。

6月1日，省政府在南郊宾馆举办集体学习《食品安全法》讲座。厅长尹慧敏参加。

△全国关闭破产国有企业退休人员等医疗保障工作视频会议山东分会场会议在省劳动保障厅视频会议室召开。巡视员阮凤英参加。

△副省长郭兆信到济南市社会福利院走访慰问孤残儿童，并向全省孤残儿童表示节日祝贺。副厅长于国安参加。

△全国财政厅局长依法行政培训班在北京举办。副厅长文新三参加。

△全国安全生产电视会议后，省政府召开全省安全生产电视会议，分析形势，部署进一步抓好安全生产“打非、治违、抓责任”活动和“三项行动”。省委常委、副省长王军民出席会议并讲话。副厅长李国健参加。

△浙江省政协副主席黄旭明一行来我省就扩内需、保增长等问题进行考察并召开座谈会。副巡视员姜凝参加并发言。

1～5日，副巡视员张光月在山东行政学院参加市厅级公务员应急管理研讨班。

2日，全国暨省贯彻落实《中共中央纪委关于推进惩治和预防腐败体系建设的检查办法（试行）》电视会议在省纪检监察干部培训中心召开。厅长尹慧敏、纪检组长李振声参加。

△副省长郭兆信就农村住房建设与危房改造工作到菏泽市进行调研，调度检查工作进展情况。总会计师韩炜参加。

3日，省政府秘书长张万青主持召开会议，研究高青县质量技术监督局乱收费有关问题。副厅长于国安参加。

△省政府副秘书长韩金峰主持召开会议，研究高速公路部分土地变更性质问题。副厅长于国安参加。

4日，副省长郭兆信召集有关部门专题研究妥善解决关闭破产国有企业退休人员等医疗保障问题。巡视员阮凤英参加。

△省纪检监察机关加强自身建设电视会议在省纪检监察干部培训中心召开。纪检组长李振声参加。

△副厅级检查员张魁珍参加山东人民广播电台“阳光政务热线”意见反馈活动。

△南水北调东线一期南四湖——东平湖段输水与航运结合工程开工仪式在济宁举行，标志着南水北调东线山东段工程进入全面加速建设新阶段。副巡视员姜凝参加。

5日，省委书记姜异康一行来我厅视察工作。姜异康书记作重要讲话，厅长尹慧敏汇报有关财政工作。巡视员阮凤英，副厅长于国安、张洪军、庞敦之，纪检组长李振声，副厅长李国健，副厅级检查员张魁珍，副巡视员王慎民、张光月参加。

△副厅长文新三在石岛山庄主持召开会议，向财政部现代农业生产发展资金绩效考评检查组汇报我省有关情况。

△省政府召开全省千方百计稳定外需电视会议，省委副书记、省长姜大明出席会议并讲话。副厅长李国健参加。

△汽车摩托车推介暨产品展销会开幕式在舜耕国际会展中心举办。副巡视员姜凝参加。

8日，省委常委、宣传部长李群主持召开“十一运会”开幕式排练保障工作调度会。副厅长庞敦之参加。

9日，全国暨省地方县级纪检监察机关建设工作电视电话会议在联通公司召开。厅长尹慧敏、纪检组长李振声参加。

△全国财政系统医改政策培训班在北京举办。巡视员阮凤英参加。

10日，山东省科学技术协会第七次代表大会在山东会堂开幕。副厅长庞敦之参加。

△全省组织部长会议在南郊宾馆召开。纪检组长李振声参加。

△副省长贾万志到济宁检查治淮东调南下工程及南四湖防汛工作。副厅长文新三参加。

△副省长才利民主持召开省领导访港及经贸活动筹备工作会议。副厅长李国健参加。

△副省长、省博物馆新馆建设领导小组副组长黄胜主持召开省博物馆新馆建设现场办公会，调度工程建设进展情况，研究安排下步工作任务。副巡视员姜凝参加。

11日，省政府机构改革“三定”工作会议在南郊宾馆召开，就省政府机构改革中定部门职能、定内设机构、定人员编制工作作出部署。省委常委、常务副省长王仁元出席会议并讲话。纪检组长李振声参加。

11～16日，总会计师韩炜带队赴德州、济南等地开展全省污染源普查验收工作。

12日，全省深化经济体制改革试点工作会议在山东大厦召开，省委副书记、省长姜大明出席会议并讲话。副厅长于国安参加。

△副省长郭兆信主持召开专题会议，研究农村住房建设与危房改造工作。副厅长于国安参加。

△省人大常委会办公厅召开代表建议办理工作会议。副厅长张洪军参加。

△省政府召开防震减灾工作座谈会，向来我省调研的中国地震局调研组介绍我省防震减灾工作情况。副厅长庞敦之参加并发言。

13日，省委副书记、省长姜大明主持召开甲型H1N1流感联防联控工作会议，学习贯彻胡锦涛总书记、温家宝总理重要指示和国务院甲型H1N1流感联防联控工作会议精神，分析我省当前疫情形势，研究下一步防控工作措施。厅长尹慧敏、巡视员阮凤英参加。

15日，厅长尹慧敏主持召开厅长办公会议，研究省农发办职责划入、机关办公用房调整以及加强人大建议办理工作等事宜。《中共山东省委 山东省人民政府关于山东省人民政府机构改革的实施意见》（鲁发〔2009〕14号）确定，将省农业综合开发办公室职责划入省财政厅；省委《关于曹云龙同志职务任免的通知》（鲁委〔2009〕182号）任命曹云龙同志为省财政厅党组成员。会议确定，完善厅领导工作协作机制和AB角制度，曹云龙、文新三、李国健同志互为工作AB角。

△副省长李兆前主持召开2009年第一次整治违法排污企业保障群众健康环保专项行动检查动员会议。副厅长于国安参加。

△农业部和环渤海天津、河北、辽宁、山东四省市政府在渤海莱州湾联合举办2009年渤海生物资源增殖放流活动，并发表《渤海生物资源养护行动宣言》。省委副书记、省长姜大明出席放流活动。副厅长李国健参加。

16日，省行政管理学会第三次代表大会暨政府机构改革理论研讨会在南郊宾馆召开。厅长尹慧敏参加。

△省委常委、常务副省长王仁元主持召开省农村住房建设与危房改造领导小组会议，研究安排下一步工作，副省长郭兆信出席会议。厅长尹慧敏参加并发言。

△副厅长于国安带队赴潍坊开展2009年第一次整治违法排污企业保障群众健康环保专项行动检查。

△副省长郭兆信主持召开省老干部活动中心建设工作协调会。副厅长张洪军参加。

△副厅长庞敦之在石岛山庄主持召开座谈会，听取财政部驻青岛监察专员办事处反馈中等职业学院国家助学金检查情况。下午，随省委常委、宣传部长李群到“十一运会”开幕式排练点视察。

17日，全省禁毒工作会议在南郊宾馆召开。副厅长张洪军参加。

△全国现代农业研讨会在哈尔滨召开。副厅长文新三参加。

△省上海世博会参展工作领导小组第二次全体成员会议在济南召开，山东省参与2010年上海世博会山东官方网站同时开通。省委常委、常务副省长王仁元出席会议并讲话。副巡视员姜凝参加。

18日，省委副书记刘伟主持召开省委学习实践科学发展观领导小组会议。厅长尹慧敏参加。

△实施重大公共卫生服务项目促进基本公共卫生服务逐步均等化工作启动电视电话会议山东分会场会议在省卫生厅视频会议室召开。巡视员阮凤英参加。

△山东重工集团有限公司揭牌仪式在山东大厦举办，省委书记姜异康，省委副书记、省长姜大明出席。副厅长李国健参加。

△省委常委、副省长王仁元主持召开会议，研究创业投资基金设立方案及管理办法。副厅长李国健参加并汇报。

△全省退役士兵安置工作电视会议在联通公司召开。副巡视员王慎民参加。

19日，省人大财经委副主任委员杨金镜主持召开会议，听取省发改委、省财政厅、省建设厅关于我省保障性住房建设有关问题的汇报。副厅长于国安参加并汇报有关情况。

△省人才工作领导小组召开会议，对我省海外高层次人才引进工作进行研究部署。副厅长张洪军参加。

22日，厅长尹慧敏主持召开厅长

办公会议，研究非税收入征管专项检查情况和厅机关办公用房调整方案。

△省政府秘书长张万青主持召开会议，听取对中共山东省委办公厅印发《对中央纪委、中央组织部第六地方巡视组〈关于对山东省新一轮巡视情况的通报〉所提问题及意见的整改落实责任分工方案的通知》（鲁办发〔2009〕13号）落实情况的汇报。厅长尹慧敏参加并发言。

△副厅长于国安赴威海接待来我省出席财政部廉租住房政策培训班的综合司副司长陈怡芳一行。

△省政协召开座谈会，与全国政协教科文卫体委员会主任徐冠华一行就“社会事业协调发展的重要政策问题”进行座谈。副厅长庞敦之参加并发言。

△省纪委监察厅机关和派驻机构干部调整交流集体谈话会在南郊宾馆召开。纪检组长李振声、副厅级检查员张魁珍参加。

23日，省长姜大明主持召开第47次省政府常务会议，研究筹备成立山东省再担保集团有限公司、《关于加快我省新能源和环保产业发展的意见（代拟稿）》、2008年度节能目标责任考核奖励和2009年度部门节能目标责任分解工作、《山东省人民政府关于实施标准化战略的意见（送审稿）》，以及贯彻渤海环境保护省部级联席会议第一次会议精神的意见。厅长尹慧敏参加。

△副省长李兆前主持召开会议，听取省科技厅关于重大科技专项资金安排使用情况的汇报。副厅长庞敦之参加。

△建设山东半岛蓝色经济区和胶东半岛高端产业聚集区有关问题座谈会在潍坊召开。副厅长李国健参加。

24日，全省党政机关保密检查工作会议在南郊宾馆召开。总会计师韩炜参加。

25日，山东省民营企业家座谈会在济南召开。省委常委、副省长王军民出席会议并讲话。副厅长李国健参加。

△省政府副秘书长韩金峰主持召开会议，研究新能源和节能环保产业发展扶持政策。副厅长于国安参加。

26日，部分地市财政经济形势分析座谈会在舜耕山庄召开。巡视员阮凤英参加。

26日至7月3日，省委常委、常务副省长王仁元率山东省党政代表团赴新疆考察访问。副厅长于国安参加。

26日，副省长黄胜主持召开“十一运会”组委会第十二次秘书长办公会议。副厅长庞敦之参加。

△山东省2009年防汛抢险演习在潍坊举行，副省长贾万志观看并讲话。下午，对第七届中国花卉博览会山东筹展工作进展情况进行了检查。副厅长文新三参加。

△“纪念‘6.26’国际禁毒日暨‘无毒全运’誓师大会”大型禁毒宣传活动在省体育馆北广场举行。副巡视员张光月参加。

27日晚，国务院总理温家宝在南郊宾馆主持召开座谈会，听取山东企业负责人的意见和建议。温家宝总理充分肯定了山东在应对国际金融危机，保增长、保民生、保稳定方面取得的成绩。厅长尹慧敏参加会议。

△全国政协人口资源环境委员会来我省就“人口老龄化对经济社会发展的影响”进行专题调研并召开座谈会。巡视员阮凤英参加。

28日，副厅长庞敦之赴烟台接待来我省出席全国资产管理信息培训班的财政部领导。

△山东省中小企业信用担保十佳机构表彰会在山东大厦召开。副厅长李国健参加。

△总会计师韩炜赴潍坊接待财政部珠算协会会长迟海滨一行。

29日，国务院督查组来我省就扩大内需、促进经济增长政策措施落实情况进行督查并听取省政府汇报。厅长尹慧敏参加。

△省委召开常委会议，传达学习中共中央政治局常委、国务院总理温家宝在我省视察时的重要讲话精神，研究贯彻落实意见。厅长尹慧敏参加。

△副省长王随莲主持召开会议，研究2009年6项重大公共卫生项目实施工作。巡视员阮凤英参加。

△全省安全生产电视会议在省政府礼堂召开。副厅长李国健参加。

29日至7月3日，总经济师王玉敏随财政部机关党委在北京调研。

30日，全省赴港经贸活动筹备工作会议在山东大厦召开。副厅长张洪军参加。

30日至7月5日，副巡视员张光月赴济南、烟台等6个财政检查办事处调研。

30日至7月3日，总会计师韩炜随环境保护部考核组在山东有关市地就海河流域水污染防治规划2008年度实施情况进行调研考核。

本月厅领导兼职：

△阮凤英同志担任山东《汶川特大地震抗震救灾志·社会赈灾志》编纂委员会成员。

△张洪军同志担任省引进海外高层次人才工作小组成员、省海防委员会委员。

本月任免事项：

7日，鲁财人〔2009〕14号文件任免：

王玉敏任省财政厅总经济师；

解正湖任省财政厅税政处处长，不再担任省财政厅驻济南财政检查办事处主任职务；

刘仁民任省财政厅政府采购监督管理处处长，不再担任省财政厅驻烟台财政检查办事处主任职务；

孙庆国任省财政厅行政政法处处

长，不再担任省财政厅税政处处长职务；

王晶任省财政厅经济建设处处长，不再担任省财政厅综合处处长职务；

张鹏任省财政厅行政事业资产处处长，不再担任省财政厅干部教育中心主任职务；

李玉斌任省财政厅监督检查局局长，不再担任省财政厅离退休干部处处长职务；

宋文旭不再担任省财政厅行政政法处处长职务；

殷明不再担任省财政厅行政事业资产处处长职务。

10日，鲁财人〔2009〕15号文件任免：

魏光明、崔宗涛任省财政厅办公室调研员；

孙忠欣任省财政厅综合处处长（试用期一年）；

朱厚玉任省财政厅综合处调研员；

肖玉贵、陈东辉任省财政厅预算处调研员；

徐春义任省财政厅国库处调研员；

鞠少波任省财政厅政府采购监督管理处调研员；

张弘任省财政厅行政政法处调研员；

刘玉栋任省财政厅教科文处调研员；

刘治春任省财政厅经济建设处调研员；

张国君任省财政厅农业处调研员；

袁永斌任省财政厅社会保障处调研员；

姜玉巧、张宏亮任省财政厅企业处调研员；

徐德斌任省财政厅债务金融处调研员；

冯延明任省财政厅行政事业资产处调研员；

隋宝文、苏登新任省财政厅人事教育处调研员；

文毅任省财政厅离退休干部处处长（试用期一年）；

庄龙海任省财政厅离退休干部处调研员；

王镇修任省财政厅干部教育中心主任兼山东会计培训学院院长（试用期一年）；

张伯福任省财政厅驻济南财政检查办事处主任（试用期一年）；

张传利任省财政厅驻淄博财政检查办事处调研员；

刘焕平任省财政厅驻烟台财政检查办事处主任（试用期一年）；

宿胜仁省财政厅驻潍坊财政检查办事处调研员；

杨博仁省财政厅驻济宁财政检查办事处调研员；

李学春任省财政厅驻临沂财政检查办事处主任（试用期一年）；

李一三任省财政厅驻临沂财政检查办事处调研员；

韩志毅任省财政厅驻德州财政检查办事处调研员；

高剑锋任省财政厅票据管理中心主任（试月期一年）。

以上同志的原任职务自然免除。

22日，鲁财发〔2009〕14号文件任免：

殷明仁中共山东省财政厅直属机关委员会专职副书记；

王玉敏不再担任中共山东省财政厅直属机关委员会专职副书记职务。

24日，鲁财人〔2009〕16号文件任免：

宋文旭任省财政厅人事教育处处长；

王慎民不再担任省财政厅人事教育处处长职务。

7月 **1日**，厅长尹慧敏随省委书记姜异康赴临沂调研。

2日，全省社会治安综合治理工作会议在济宁召开。副厅长张洪军参加。

△全省文化体制改革座谈会在南郊宾馆召开。副厅长庞敦之参加并发言。

△全省公安交通、消防管理工作电视会议在省政府礼堂召开。纪检组长李振声参加。

3日，省直党员干部座谈会在南郊宾馆召开。纪检组长李振声参加。

△全省“十一运会”行政接待工作动员大会在济南召开，部署“十一运会”各项行政接待服务任务。副巡视员姜凝参加。

3~9日，总经济师王玉敏随财政部机关党委调研组在海南调研。

5日，省委副书记刘伟主持召开会议，向以中央统战部副部长楼志豪为组长的中央督查组汇报我省贯彻落实《中共中央关于进一步加强中国共产党领导的多党合作和政治协商制度建设的意见》（中发〔2005〕5号）的情况。副厅长张洪军参加并发言。

6日，厅长尹慧敏主持召开厅长办公会议，研究《关于山东省2008年财政决算和2009年上半年预算执行情况及省级预算调整方案的报告》，传达全省保密检查工作会议和“十一运会”行政接待工作会议精神并研究贯彻意见。

△副厅长庞敦之随省委常委、宣传部长李群赴烟台、潍坊视察“十一运会”开幕式排练工作。

△省长姜大明主持召开第48次省政府常务会议，研究南水北调山东段工程建设工作、贯彻中央林业工作会议和第五次全国军转表彰大会暨2009年军转安置工作会议精神意见，以及《山东省再生资源回收利用管理办法（草案）》。副厅长文新三参加。

△全省中小企业产业集群工作会议在东营召开。副厅长李国健参加并发言。

△全国自强模范与助残先进事迹报告会在山东会堂召开。总会计师韩炜参加。

7 日，省人大财经委召开会议，听取2008年度财政决算和2009年上半年预算执行情况及省级预算调整情况的汇报。厅长尹慧敏参加并汇报。

△全国人大常委会副委员长路甬祥带队来我省就中央政府重大公共投资教育、卫生项目实施情况进行调研，并召开座谈会。副厅长于国安参加。

△全省农村住房建设与危房改造电视会议在省政府礼堂召开。副厅长于国安参加并发言。

△省长姜大明、省委副书记刘伟、副省长黄胜到省博物馆、档案馆新馆建设现场，对全运会重点配套工程建设工作进行检查指导。副巡视员姜凝参加。

△全省财政监督工作会议暨业务培训班在潍坊召开。会议总结回顾近两年全省财政监督工作，研究部署下一阶段主要任务，并对相关的财经法规政策和财政监督检查有关业务进行培训。副巡视员张光月参加。

7～10 日，总会计师韩炜带队赴枣庄、临沂督查夏粮收购工作。

8 日，厅长尹慧敏、纪检组长李振声、副厅级检查员张魁珍在济南接待财政部纪检组长贺邦靖，并汇报我省财政有关工作。

△全省节能考核奖励电视会议在省政府礼堂召开，省长姜大明出席会议并讲话。副厅长于国安参加。

△副巡视员王慎民参加全省关闭破产企业退休人员医疗保障工作视频会议；下午，赴莱芜参加全省创建创业型城市动员大会。

9 日，省财政厅、省农业厅、省海洋与渔业厅、省畜牧兽医局在淄博联合召开全省现代农业生产发展资金项目工作会议，传达学习全国财政支持现代农业发展政策研讨会精神，总结2008年工作，部署2009年任务。副厅长文新三参加。

10 日，常务副省长王仁元主持召开省政府深化医药卫生体制改革领导小组第二次会议。厅长尹慧敏参加。

△实施国家基本公共卫生服务项目启动电视电话会议在省卫生厅召开。副巡视员王慎民参加。

11 日，厅长尹慧敏、副厅长张洪军在济南接待“中非共享发展经验高级研讨会”代表。

△省委召开常委会议。副厅长文新三参加。

△省政法干警招录改革试点工作领导小组第一次会议在南郊宾馆召开。副巡视员张光月参加。

12～15 日，副厅长张洪军陪同“中非共享发展经验高级研讨会”代表赴济南、淄博、潍坊、青岛等地考察有关项目。

13 日，省委召开赴港活动预备会。厅长尹慧敏参加。

△省政府召开上半年经济社会发展形势分析会议，分析上半年经济社会形势，研究部署下半年经济社会工作。厅长尹慧敏参加并发言。

△省委组织收看《〈群体性事件警示录〉专题片》。巡视员阮凤英参加。

△副厅长于国安、副巡视员张光月赴烟台接待来我省出席资产评估行业地方协会秘书长培训班的财政部副部长丁学东。

△地方商务和相关部门及外经贸企业座谈会在山东大厦召开。副厅长李国健参加。

14 日，省委书记姜异康率山东代表团赴香港招商。厅长尹慧敏参加。

△省委召开常委会议，听取上半年全省经济社会发展形势和下半年工作安排的汇报。副厅长阮凤英参加。

△常务副省长王仁元主持召开会议，研究新能源和节能环保产业发展扶持政策。副厅长庞敦之参加。

△省政府召开山东省渤海环境保护工作调度会议第一次会议。副厅长文新三参加。

△副巡视员姜凝赴财政部汇报工作。

△副巡视员张光月在济南接待来我省就土地资金管理问题进行调研的财政部经建司领导。

15 日，副省长黄胜主持召开“十一运会”代表团团部分工接待工作会议。副厅长庞敦之参加。

△全省无偿献血表彰电视会议在联通公司召开。副巡视员王慎民参加。

16 日，财政部在威海召开全国财政经济建设工作会议，总结上半年全国财政经济建设工作情况，分析当前面临的财政经济形势，安排部署下半年有关工作。财政部副部长张少春讲话，常务副省长王仁元致辞，副厅长于国安参加会议并作典型发言。

△全国船舶吨税立法座谈会在东营召开，研究讨论我国船舶吨税立法工作，座谈征求对《中华人民共和国船舶吨税暂行条例（征求意见稿）》的意见。副厅长李国健参加会议。

△副巡视员王慎民赴财政部汇报工作。

17 日，省纪委组织省直机关领导干部观看反腐倡廉现代戏《儿行千里》。巡视员阮凤英，省农业综合开发办主任曹云龙，副厅长张洪军、庞敦之，纪检组长李振声，副厅长文新三，副厅级检查员张魁珍，副巡视员姜凝、张光月参加。

18 日，常务副省长王仁元主持召开专题会议，研究部署争取国家对口部委支持工作。巡视员阮凤英参加。

△财政部就家电下乡工作在青岛召开部分人大代表座谈会。副厅长于国安参加。

20 日，省人大常委会副主任温孚江主持召开《中华人民共和国文物保护法》执法检查情况通报会。副厅长庞敦之参加。

△中央驻鲁部分单位财政票据专项检查布置会议在青岛召开。总会计师韩炜参加。

21日，厅长尹慧敏主持召开厅长办公会议，听取关于“十一运会”代表团团部分工接待工作会议精神及贯彻意见的汇报，并进行了专题研究。

△省十一届人大常委会第十二次会议在济南举行。巡视员阮凤英列席。

△副省长王军民主持召开会议，研究支持电动汽车发展的政策措施。副厅长于国安参加并发言。

△常务副省长王仁元主持召开会议，听取省发改委关于济南都市圈城际轨道交通规划编制情况的汇报。副厅长于国安参加。

△副厅长李国健赴财政部汇报工作。

△《山东省汶川特大地震救助援建志》编纂工作会议在省政府礼堂召开。副巡视员姜凝参加。

22日，省长姜大明主持召开第49次省政府常务会议，研究全省甲型H1N1流感防控、深化医药卫生体制改革和中医药工作，省级创业投资引导基金设立方案，省管企业负责人薪酬管理办法，以及我省贯彻全国推广山东邮政发展农村物流经验现场会精神的意见。厅长尹慧敏、巡视员阮凤英参加。

△省人大常委会第十二次会议举行第二次全体会议，听取有关工作报告。厅长尹慧敏列席会议，并作省政府关于山东省2008年财政决算和2009年上半年预算执行情况及省级预算调整方案的报告。

△全省油区及管道安全监管工作座谈会在南郊宾馆召开。副厅长于国安参加。

△省委、省政府召开山东钢铁集团有限公司领导干部会议，理顺山钢集团管理体制和干部管理关系，促进山钢集团实质性重组，推动山东钢铁产业平稳较快发展。副厅长文新三参加。

23～24日，全国财政厅（局）长座谈会在北京召开。会议主题是贯彻落实党中央、国务院关于财政经济工作的一系列重要指示精神，实施好积极的财政政策，促进经济平稳较快发展；结合当前财政经济形势，研究狠抓增收节支工作；按照科学发展观要求，研究讨论推进财政科学化精细化管理，提升财政管理水平。厅长尹慧敏参加。

23日，省委召开常委会议，听取医改工作情况汇报。巡视员阮凤英参加。

△副省长王随莲主持召开会议，与美国通用电气（中国）医疗集团总裁就加强合作、促进我省卫生体系建设等问题进行座谈。巡视员阮凤英参加。

△“粮王大赛”颁奖仪式在济南举行。副厅长文新三参加。

△副巡视员王慎民随省政府慰问团赴青岛、日照慰问北海舰队和集团军海训部队。

△副巡视员张光月在济南接待财政杂志社副主编秦中艮一行。

24日，巡视员阮凤英在医改办研究我省医药卫生体制改革工作有关问题。

△副厅级检查员张魁珍列席省十一届人民代表大会常务委员会第十二次会议。

26日，厅长尹慧敏在南郊宾馆参加全省领导干部会议；之后，参加省委全委扩大会议。

27～29日，全国政法经费保障体制改革工作会议在昆明召开。副厅长张洪军参加。

28日，省政府深化医药卫生体制改革工作会议在济南召开，标志着我省以建立基本医疗保障制度、国家基本药物制度、基层医疗卫生服务体系，实现基本公共卫生服务均等化和公立医院改革试点为重点改革内容的新医改方案全面实施。厅长尹慧敏参加并发言。

△厅长尹慧敏主持召开厅务会议，传达学习全国财政工作座谈会精神，研究贯彻意见，并就有关工作作出部署。

△省长助理周齐主持召开全省治理“小金库”领导小组会议。副厅长于国安、副巡视员张光月参加。

△全省中小学校舍安全工程工作电视会议在省政府召开。副厅长庞敦之参加。

△贯彻实施《基础测绘条例》电视电话会议在联通公司召开。总会计师韩炜参加。

29日，继续实施“万名医师支援农村卫生工程”项目视频会议山东分会场会议在联通公司召开。巡视员阮凤英参加。

△副厅长李国健赴莱芜参加华能莱芜电厂关停仪式。

△全省模范军队转业干部军转安置工作先进单位和先进军转工作者表彰大会暨2009年军队转业干部安置工作会议在南郊宾馆召开。副巡视员张光月参加。

29～31日，副巡视员姜凝在莱芜就农村综合改革工作有关问题进行调研。

30日，省人大常委会副主任鲍志强听取关于我省农村社会保障工作情况的汇报。巡视员阮凤英参加并汇报。

△全国打击借“家电下乡”等名义制售假劣产品专项整治电视电话会议山东分会场会议在联通公司召开。总会计师韩炜参加。

31日，省政府召开全省“小金库”治理重点检查工作电视会议，总结前一阶段全省“小金库”治理工作开展情况，部署全省“小金库”治理重点检查工作，促进全省“小金库”

治理工作深入扎实开展。常务副省长王仁元、省长助理周齐作重要讲话，省委常委、纪委书记杨传升主持会议。厅长尹慧敏、副厅长于国安、副巡视员张光月参加。

△省长助理陈光主持召开会议，就省发改委代拟的《关于统筹城乡发展推进城乡一体化的意见》进行座谈。副厅长文新三参加。

本月厅领导兼职：

△尹慧敏同志担任省南水北调工程建设指挥部成员。

△张洪军同志担任中国珠算协会副会长、山东省劳动教养管理委员会委员。

本月任免事项：

7月6日，鲁财人〔2009〕18号文件任命：

明德兵、张立任省财政厅政府采购监督管理处主任科员。

7月6日，鲁财人〔2009〕19号文件任命：

贾磊、吴立行、杨晓黎任省财政厅集中支付中心主任科员；

辛志刚任省财政投资评审中心主任科员；

刘云汉任省财政厅机关服务中心主任科员；

宋兴修任山东会计培训学院主任科员；

李乐锋任省财政厅驻烟台财政检查办事处主任科员；

张海军任省财政厅驻济宁财政检查办事处主任科员；

李昭任省财政厅债务金融处副主任科员；

崔晓敏任省财政投资评审中心副主任科员；

刘海滨、房梅任山东会计培训学院副主任科员；

刘涛、胡钟楷任山东会计培训学院科员。

7月27日，鲁财人〔2009〕22号文件任命：

高玉坤任省财政厅驻德州财政检查办事处副主任科员。

8月 **1～3日**，副厅级检查员张魁珍在济南参加对山东省小型农田水利重点县专家评审过程实施监督工作。

2日，山东省小型农田水利重点县专家评审预备会在济南召开。副厅长文新三参加并讲话。

3日，省长姜大明主持召开第50次省政府常务会议，研究《山东省千亿斤粮食生产能力建设规划（2009－2020年）（送审稿）》、《关于发挥科技引领和支撑作用促进经济平稳较快发展的意见（送审稿）》，我省义务教育学校实施绩效工资有关工作，省政府表彰事项，贯彻全国财政工作座谈会精神意见，以及2009年第二批省级预备费动支意见。厅长尹慧敏参加并汇报。

4日，省委书记、省人大常委会主任姜异康，省委副书记、省长姜大明率领山东省党政代表团赴西藏自治区学习考察。厅长尹慧敏参加。

△副省长贾万志主持召开会议，研究南水北调工程征地和小型病险水库除险加固问题。副厅长文新三参加。

△省人力资源和社会保障厅厅长董国勋主持召开会议，研究新型农村社会养老保险有关问题。副巡视员王慎民参加。

6日，省人大召开国防动员法草案征求意见座谈会。副厅长张洪军参加。

8日，副厅长于国安赴威海接待财政部副部长张少春一行。

10日，“2009中国·青岛蓝色经济发展国际高峰论坛”在青岛举行，论坛主题为“蓝色经济，引领未来”。厅长尹慧敏参加。

△省深化医药卫生体制改革领导小组办公室召开会议，研究公共卫生服务项目有关问题。巡视员阮凤英参加。

△省政府召开全省上半年外经贸形势分析会，进一步统一思想，坚定信心，千方百计保份额，全力以赴促转型，努力保持外经贸平稳较快发展。副厅长李国健参加。

11日，省委召开常委会，听取关于全国纪委书记座谈会精神的汇报。副厅长于国安参加。

△省人大常委会召开中小企业促进法及条例执法检查汇报会，副省长王军民介绍有关情况。副厅长李国健参加。

△副省长贾万志主持召开农业立法联席会议，研究我省农业投入条例有关问题。副厅长李国健参加。

11～14日，副巡视员张光月赴东营、烟台对“小金库”治理工作进行督查调研。

12日，省委理论学习中心组读书会在济南举行辅导报告会，邀请国家海洋局局长孙志辉和国家统计局总经济师姚景源分别作辅导报告。厅长尹慧敏参加。

△省政府与国家海洋局在济南签署《关于共同推进山东半岛蓝色经济区建设战略合作框架协议》，双方将把打造山东半岛蓝色经济区作为共同的重大战略任务全力推进。厅长尹慧敏参加签字仪式。

△副巡视员王慎民赴财政部汇报有关工作。

13日，省委、省政府召开全省领导干部会议。会议的主要任务是，以胡锦涛总书记等中央领导同志视察山东时的重要讲话精神为指导，全面总结上半年工作，部署下半年工作，进一步坚定信心、激励斗志，积极作为、科学务实，确保完成全年各项目标任务。厅长尹慧敏参加。

△省委、省政府在省政府礼堂召

开全省维护稳定暨信访工作电视电话会议。厅长尹慧敏参加。

△副省长王随莲主持召开会议，研究公共卫生项目实施有关工作。巡视员阮凤英参加。

△中国珠算心算协会第七届会员大会在天津召开。总会计师韩炜参加。

14日，山东半岛蓝色经济区建设工作会议在南郊宾馆召开。厅长尹慧敏参加。

15日，省委省直机关工作委员会在延安举办省直党建工作研讨会。总经济师王玉敏参加。

16日，副厅长李国健在济南接待财政部保密和信息安全情况检查组一行。

△哈尔滨工程大学青岛产学研基地项目在胶南市大学科研区举行奠基仪式，副省长王军民出席。副巡视员姜凝参加。

17日，山东半岛蓝色经济区建设规划编制工作座谈会在南郊宾馆召开。副厅长于国安参加。

△山东省政府与国家开发银行开发性金融合作高层联席会议在南郊宾馆举行，副省长李兆前出席会议并讲话。副厅长张洪军参加。

18~19日，全国新型农村社会养老保险试点工作会议在北京召开。厅长尹慧敏参加。

18日，国家基本药物制度启动实施电视电话会议山东分会场会议在济南召开。巡视员阮凤英参加。

△全国工程建设领域突出问题专项治理工作电视电话会议山东分会场会议在山东联通公司召开。副厅长于国安、纪检组长李振声参加。

△司法部监狱体制改革工作座谈会在烟台召开。副厅长张洪军参加会议并接待出席会议的财政部副部长李勇一行。

△副厅长李国健向财政部保密和信息安全情况检查组汇报我厅相关工作情况。

19日，全国集中清理执行积案活动第三次电视电话会议山东分会场会议在联通济南分公司召开。纪检组长李振声参加。

20日，省委副书记刘伟主持召开学习贯彻中央和省委领导同志批示精神，研究第三批学习实践科学发展观材料编写工作。巡视员阮凤英参加。

21日，山东省财政学会第七次代表大会在威海召开。会议审议通过了《山东省财政学会第六届理事会工作报告》、《关于山东省财政学会章程修改的草案》，选举产生了山东省财政学会第七届理事会及领导成员。厅长尹慧敏当选为山东省财政学会第七届理事会会长，副厅长于国安当选为副会长。厅长尹慧敏，副厅长于国安，省农业综合开发办主任曹云龙，副厅长张洪军、庞敦之，纪检组长李振声，副厅长李国健，副厅级检查员张魁珍，副巡视员王慎民、姜凝、张光月，总会计师韩炜参加会议。

△厅党组理论学习中心组2009年读书会在威海集中学习。结合山东省财政学会第七次代表大会和贯彻全国财政工作会议精神，邀请有关专家作专题辅导讲座，厅长尹慧敏作工作报告。厅长尹慧敏，副厅长于国安，省农业综合开发办主任曹云龙，副厅长张洪军、庞敦之，纪检组长李振声，副厅长李国健，副厅级检查员张魁珍，副巡视员王慎民、姜凝、张光月，总会计师韩炜参加。

△全省公共卫生服务项目启动实施电视会议在济南召开。我省启动实施9项基本公共卫生服务项目和6项重大公共卫生服务项目。巡视员阮凤英参加。

△省政府召开全省交通工作电视会议。副厅长文新三参加。

24日，副厅长于国安在烟台接待参加中国财政杂志社通讯员培训班的何杰平副总编辑一行。

25日，全省培养选拔年轻干部工作座谈会暨市厅级后备干部集中调整工作部署会在舜耕会堂召开。厅长尹慧敏参加。

△社保基金专项治理联合检查组来我省检查验收，听取省社保基金专项治理领导小组工作汇报。巡视员阮凤英参加。

△山东省社会科学界第六次代表大会在山东会堂召开。副厅长于国安参加。

△省金融办主任张超超主持召开会议，研究讨论组建地方金融控股集团有关问题。副厅长张洪军参加。

△副省长贾万志赴济宁汶上县、梁山县检查指导秋季农业生产和农民增收等工作。副厅长文新三参加。

26~28日，副厅长张洪军参加省委党校市（厅）级领导干部民族宗教专题研讨班。

26日，省委、省政府在南郊宾馆隆重举行第十一届全运会山东省代表团成立誓师大会。副厅长庞敦之参加。

27日，全省统战工作会议在南郊宾馆召开。副巡视员张光月参加。

28日，常务副省长王仁元主持召开会议，听取省发改委关于新能源与节能环保产业扶持政策情况、山东钢铁规划汇报。副厅长于国安参加。

△全省义务教育学校实施绩效工资工作部署会在南郊宾馆召开。副厅长于国安参加并讲话。

29日，省委副书记刘伟主持召开第18次学习实践科学发展观领导小组会议。副厅长于国安参加。

△副厅长张洪军参加省公安厅有关会议。

31日，省委召开常委会议。副厅长庞敦之参加。

△按照中央和省委统一部署，省财政厅召开厅机关、所属事业单位副处级以上干部和省经济开发投资公司领导班子成员会议，民主推荐厅级副

职后备干部建议人选，共118人进行了会议投票推荐，厅党组书记、厅长尹慧敏作动员讲话。巡视员阮凤英，副厅长于国安，省农业综合开发办主任曹云龙，副厅长张洪军、庞敦之，纪检组长李振声，副厅长文新三、李国健，副厅级检查员张魁珍，副巡视员王慎民、姜凝、张光月，总会计师韩炜、总经济师王玉敏参加会议。

本月厅领导兼职：

△于国安同志担任环渤海地区沿海重点产业发展战略环境评价山东子项目协调领导小组成员、山东省处置大面积停电事件应急领导小组成员、山东省治理工程建设领域突出问题工作领导小组成员。

本月任免事项：

8月25日，鲁财人〔2009〕24号文件任命：

梁洪波任省财政科学研究所副主任科员；

黄跃群任省财政厅集中支付中心副主任科员；

丁圣伟、梁国磊任山东会计培训学院副主任科员；

陈娜任省财政厅驻淄博财政检查办事处副主任科员；

曲文斐任省财政厅驻潍坊财政检查办事处副主任科员；

马骁、杨均义任省财政信息中心科员；

杨奎江任省财政投资评审中心科员；

韩旭任省财政厅驻济南财政检查办事处科员；

王卫任省财政厅驻德州财政检查办事处科员。

8月25日，鲁财人〔2009〕25号文件任命：

吕兰纪任省财政厅税政处副处长，不再担任省财政厅驻烟台财政检查办事处副主任职务；

王永振任省财政厅会计处副处长，不再担任省财政厅驻济南财政检查办事处副主任职务；

孙长春任山东会计培训学院副院长。

8月27日，鲁财人〔2009〕26号文件任命：

肖友华任省财政厅办公室副主任；

谭梅、侯乃弘任省财政厅综合处副处长；

张长德任省财政厅税政处副处长；

沙永利、王元强任省财政厅预算处副处长；

张建华、孟纪庚任省财政厅国库处副处长；

杨士祥任省财政厅政府采购监督管理处副处长；

周晖任省财政厅行政政法处副处长；

孙天波任省财政厅教科文处副处长；

李恩川任省财政厅经济建设处副处长；

刘昌惠、刘洪军任省财政厅农业处副处长；

李轩红任省财政厅社会保障处副处长；

张庆堂任省财政厅企业处副处长；

李海英、施军任省财政厅债务金融处副处长；

韩如月任省财政厅基层财政管理处副处长；

侯萍、朱平任省财政厅会计处副处长；

张艳任省财政厅行政事业资产处副处长；

李福禄、王凤芝任省财政厅监督检查局副局长。

以上同志的任职试用期为一年。

9月1日，全国人大内务司法委员会委员楚鸿彦来我省就残疾人保障法的贯彻实施情况进行调研座谈。巡视员阮凤英参加并发言。

△巡视员阮凤英赴烟台接待来我省出席政府非税收入收缴管理培训班的财政部领导。

△常务副省长王仁元、副省长贾万志主持召开南水北调土地迁占征用基金使用协调会。副厅长于国安参加。

△省政府召开全省深化经济体制改革试点工作领导小组会议。副厅长于国安参加。

△省委召开全省村务公开协调领导小组会议。副巡视员王慎民参加。

1～2日，全省财政教科文工作会议在日照市召开，会议总结交流了全省教科文财政财务工作的成绩和经验，研究分析了面临的新形势、新问题，明确新形势下的工作思路和任务。副厅长庞敦之参加并讲话，各市财政局分管局长、教科文科（处）长、教科文工作联系县财政局分管局长、省直教科文部门及部分省属高校财务处长参加会议。

2日，省委在南郊宾馆举办台湾形势报告会。厅长尹慧敏参加。

△省长姜大明主持召开第51次省政府常务会议，研究《山东省义务教育条例（草案)》、《山东省港口条例（草案)》，贯彻全国新型农村社会养老保险试点工作会议精神的意见，实行企业职工基本养老保险省级统筹问题，以及贯彻全国民航机场工作会议精神的意见。厅长尹慧敏参加。

△副厅长张洪军在南郊宾馆参加台湾形势报告会。

△全省深化政务公开经验交流会在网通公司召开。纪检组长李振声参加。

3日，省长姜大明主持召开第52次省政府常务会议，研究《山东省就业促进条例（修订草案)》，贯彻国家核应急协调委五届一次全体（扩大）会议精神的意见，以及我省核电产业发展规划。厅长尹慧敏参加。

△副省长王军民主持会议与尼日利亚奥贡州州长奥通巴·本珈·丹尼尔率领的政府及经贸代表团进行座谈。副厅长于国安参加。

△中央信访工作督导组在山东大厦听取我省信访工作情况汇报。副厅长张洪军参加。

△山东省再担保集团有限公司揭牌仪式在山东大厦举办。副厅长李国健参加。

△省委召开深入学习实践科学发展观活动第二批总结暨第三批动员会议。副巡视员王慎民参加。

4日，省政府召开第三次全省铁路建设领导小组会议，研究部署全省铁路建设工作。副厅长于国安参加。

△常务副省长王仁元主持召开全省社会信用体系建设联席会议。副厅长张洪军参加。

△全省集中清理执行积案活动第三次电视电话会议在联通公司召开。纪检组长李振声参加。

△全省农村土地承包经营权流转工作座谈会在南郊宾馆召开。副厅长文新三参加。

△副省长贾万志主持召开东北亚地区地方政府联合会海洋与渔业专业委员会成立筹备工作联席会议。副厅长文新三参加。

6日，副厅长庞敦之赴威海接待来我省出席全国财政投资评审业务培训班的财政部领导。

7日，新型农村社会养老保险试点工作通报会在省人力资源和社会保障厅召开。巡视员阮凤英参加。

△潍坊市政府与中国海洋石油总公司在潍坊举行山东海化集团股权交接暨石油化工、盐化工一体化项目启动仪式，省委书记姜异康出席。副厅长于国安参加。

△省政府副秘书长张德宽主持召开国庆招待会协调会。副厅长张洪军参加。

△全国财政系统纪检监察干部培训班在北京举办。纪检组长李振声参加。

△副厅级检查员张魁珍赴威海接待中国会计学会会长、原财政部纪检组长金莲淑。

7~25日，副巡视员王慎民在山东行政学院参加市厅级干部抵御金融风险专题研讨班。

8日，省核事故应急协调委员会第一届一次全体（扩大）会议在海阳召开。副厅长于国安参加。

△副厅长张洪军参加省委党校秋季开学典礼。

9日，厅长尹慧敏赴潍坊接待来我省参加全国财政税政工作会议的财政部领导。

△副厅长于国安在威海接待中国会计学会会长、原财政部纪检组组长金莲淑。

△省筹办“十一运会”工作领导小组第三次会议在济南召开。副厅长庞敦之参加。

△全国财政税政工作会议在潍坊召开。副厅长李国健参加并接待来我省参加会议的财政部领导。

△副省长黄胜带领省直有关部门负责同志到济南西藏中学走访慰问师生，代表省政府向教师们致以节日问候。副巡视员姜凝参加。

△副巡视员张光月赴滨州督导“小金库”治理检查工作。

△省长助理周齐主持召开审计署扩大内需专项审计调查进点会。总会计师韩炜参加并汇报有关情况。

9~10日，总经济师王玉敏带队在德州、聊城督导检查就业工作。

10日，全国暨全省进一步做好甲型H1N1流感防控工作电视电话会议在联通公司召开。巡视员阮凤英参加。

△副厅长于国安赴财政部汇报工作。

△副厅长张洪军先后参加全省维护社会稳定工作会议、中央信访工作督导组督导检查情况反馈会议。

△省委、省政府在南郊宾馆举行大会隆重庆祝第25个教师节，表彰教育战线的先进单位和个人。副厅长庞敦之参加。

△省关心下一代工作委员会在济南举办庆祝国庆活动。副厅长文新三参加。

△总会计师韩炜赴聊城参加省辖海河暨小清河流域治污工作现场观摩调度会议。

14日，厅长尹慧敏主持召开厅长办公会议，研究实行“省直管县”财政改革试点意见，通报机关安全保密检查情况。会议确定，按照省委、省政府部署，今年先在20个试点县（市）进行“省直管县”财政改革试点，在总结试点经验的基础上，再逐步扩大直管范围。省财政厅成立“省直管县”财政改革工作领导小组，厅长尹慧敏任组长、副厅长于国安任副组长，有关处室主要负责同志为成员。

△全省重点旅游项目建设现场会在烟台召开。副厅长张洪军参加。

△全省农村基层党风廉政建设示范村创建工作经验交流会在寿光召开。副厅长文新三参加。

15日，厅长尹慧敏与审计署驻济南特派办负责同志就2008年至2009年上半年我省财政收支专项审计调查情况交换意见。

△副省长王随莲主持召开省“十一运会”食品药品安全工作组全体成员会议。巡视员阮凤英参加。

△省委组织省直单位厅（局）级领导观看《警钟长鸣》、《网络窃密》专题片。省农业综合开发办主任曹云龙，纪检组长李振声，副厅长李国健，副巡视员姜凝、张光月，总会计师韩炜，总经济师王玉敏参加。

△财政部在济南召开2009年会计资格考试网上报名软件系统测试会。副巡视员张光月参加。

16日，副厅长于国安赴西藏考察援藏项目。

△厅机关召开应用支撑平台建设动员部署会。副厅长李国健参加并作动员讲话。应用支撑平台是金财工程（一期）建设的主要内容，是快速构建新系统、整合原系统的工具，是实现财政内部之间、财政与同级预算单位之间、上下级财政部门之间“三通”的桥梁。按照基于平台搭建大系统的思路，平台构成大系统的底层，是大系统的内核。其目标主要包括业务和技术两个层面。

17～19日，副厅长文新三赴淄博、滨州等地就扶贫工作有关问题进行调研。

18日，副省长郭兆信主持召开会议，研究新型农村养老保险试点有关问题。巡视员阮凤英参加。

△全省安全生产电视电话会议在省政府礼堂召开。副厅长李国健参加。

19日，副省长王军民主持召开全省部分重点轮胎企业应对美国特保案工作座谈会。副厅长李国健参加。

21日，省长姜大明主持召开第53次省政府常务会议，研究《山东省人民政府关于进一步明确甲型H1N1流感防控工作责任的意见（代拟稿）》、《山东省人民政府关于进一步加强食品安全工作的决定（代拟稿）》、《山东省地方税收保障条例（草案）》、《中共山东省委、山东省人民政府关于市县（市区）政府机构改革的意见（代拟稿）》，第五批省调控资金安排意见，以及实行省直管县财政改革意见。会议确定，本着既有利于保证省级的调控能力、对直管县（市）实施有效管理，又有利于中心城市发展、充分调动市县两个积极性的原则，2009年先选择20个县（市）进行改革试点，在总结试点工作经验的基础上，再逐步扩大直管范围。以2008年为基期，依据决算数据和相关政策，合理核定市和直管县（市）的体制基数。厅长尹慧敏参加并汇报。

△全省财政投资评审工作会议在潍坊召开，会议总结工作，分析形势，研究部署了今后一个时期财政投资评审工作重点和任务。副厅长庞敦之参加并讲话。各市财政局分管局长、财政投资评审机构负责人、业务骨干，以及县（市、区）财政投资评审机构负责人参加了会议。

△副厅长李国健参加大明湖扩建工程竣工暨新区开园仪式。

22日，第七届中国（济南）国际园林花卉博览会在长清隆重开幕。纪检组长李振声参加。

△副巡视员姜凝赴德州参加17市太阳能高层论坛会。

23日，山东省庆祝人民政协成立60周年大会在南郊宾馆隆重召开，省委书记、省人大常委会主任姜异康出席大会并讲话。副厅长张洪军参加。

24日，全省“省直管县”财政改革试点动员部署工作电视会议在厅机关召开，标志着我省省直管县改革试点工作全面启动。经省政府批准，2009年我省改革试点县（市）为：商河县、高青县、莱阳县、安丘市、金乡县、泗水县、郯城县、平邑县、宁阳县、冠县、莘县、鄄城县、曹县、夏津县、庆云县、惠民县、阳信县、利津县、荣成市和莒县。厅长尹慧敏做动员讲话，副厅长于国安主持会议。

△山东省优秀中国特色社会主义事业建设者表彰大会在山东大厦召开。副厅长张洪军参加。

△“十一运会”省邀国内贵宾对口接待单位负责人会议在南郊宾馆召开。副巡视员姜凝参加。

△山东省治理工程建设领域突出问题工作领导小组第一次会议在省纪委召开。总会计师韩炜参加。

25～27日，中共山东省委九届八次全体会议在南郊宾馆召开。厅长尹慧敏参加。

25日，山东省人民政府与中国铁建股份公司战略合作协议暨京沪高速公路（济南至乐陵段）合作建设签约仪式在山东大厦举行。副厅长于国安参加。

24～25日，全国农业综合开发工作会议在北京召开。省农业综合开发办主任曹云龙参加。

△为改善普通高中办学条件，适应新课程改革需要，培养学生探究意识和创新能力，2009～2011年，省财政设立专项资金，实施普通高中探究实验室示范建设工程，并印发《普通高中探究实验室示范建设工程专项资金管理办法》。

26日，“十一运会”组委会召开赛时工作动员大会，传达学习中央领导同志视察“十一运会”筹备工作时的讲话精神和省委、省政府各项要求，研究部署下一步工作任务。副厅长庞敦之参加。

27日，全省市县政府机构改革工作电视会议在省政府礼堂召开。巡视员阮凤英参加。

△中共山东省纪委九届五次全体会议在南郊宾馆召开。纪检组长李振声参加。

△全国棉花工作电视电话会议山东分会场会议在省信息中心召开。总会计师韩炜参加。

28日，全省财政系统“庆国庆、迎全运”文艺汇演在厅礼堂举行。厅长尹慧敏，巡视员阮凤英，副厅长于国安，省农业综合开发办主任曹云龙，副厅长张洪军、庞敦之，纪检组长李振声，副厅长文新三、李国健，副厅级检查员张魁珍，副巡视员王慎民、姜凝、张光月，总会计师韩炜，总经济师王玉敏与厅机关、投资公司干部职工及17市财政局代表共同参加演出，表达对祖国母亲的真挚热爱，抒发财政人为国、为民理财的豪情壮志。

△副厅长张洪军先后参加《山东省重要历史人物》首发式、全省新社会组织深入学习实践科学发展观活动指导工作动员会议。

△全国暨全省“十二五”规划编制工作电视电话会议在省信息中心召开。总会计师韩炜参加。

29日晚，省政府庆祝中华人民共和国成立60周年招待会在山东大厦隆重举行。厅长尹慧敏参加。

△全省工程建设领域突出问题专项治理工作电视会议在省纪委召开。副厅长于国安、纪检组长李振声参加。

△山东省暨济南市庆祝中华人民共和国成立60周年大会在山东会堂召开。副厅长张洪军参加。

△2010年上海世博会山东省世博旅游启动仪式在济南举办。副厅长李国健参加。

30日，省委召开半岛蓝色经济区工作会议。厅长尹慧敏参加。

△全省清理规范评比达标表彰工作联席会议第二次会议在省纪委召开。副厅长张洪军参加。

△2009年山东省自然科学基金委员会全体委员会议在南郊宾馆召开。副厅长庞敦之参加。

△副厅长李国健赴德州、淄博等地接待财政部有关领导。

△副巡视员王慎民赴泰安接待财政部领导。

本月厅领导兼职：

△阮凤英同志担任省新型农村社会养老保险试点工作领导小组成员、省残疾人社会保障体系与服务体系建设领导小组成员。

△于国安同志担任生态省建设高层论坛暨第四届绿色产业国际博览会组委会成员。

△张洪军同志担任省维护稳定工作领导小组成员、省未成年人保护委员会委员。

△庞敦之同志担任第三届亚沙会组委会委员。

△文新三同志担任省治蝗指挥部成员、省胶东地区引黄调水工程指挥部成员。

△李国健同志担任省级创业投资引导资金理事会成员、迎接欧盟来华考察肠衣兔肉及残留监控等有关工作领导小组成员。

本月任免事项：

28日，鲁财人〔2009〕29号文件任命：

邵长柱任省财政厅机关党委主任科员；

汤小艳任省财政科学研究所主任科员；

宋卫雯、周洋任省财政厅集中支付中心主任科员；

何元泉任省财政厅驻潍坊财政检查办事处副主任科员；

刘杨任省财政厅驻临沂财政检查办事处副主任科员。

10月 **8～15日**，副厅长文新三随副省长贾万志在云南、广西等地学习考察集体林权制度改革工作。

9日，省政府召开全省粮食清仓查库工作总结电视会议，总结全省粮食清仓查库工作，安排部署当前粮食工作任务。省委常委、常务副省长王仁元出席会议并讲话。副厅长于国安参加。

△全省迎接审计署农业综合开发专项审计准备工作会议在济南召开。省农业综合开发办公室主任曹云龙参加并讲话，副厅长李国健主持会议。

10日，省政府在山东大厦召开服务业发展领导小组会议，总结交流全省服务业发展工作，通报全省服务业绩效考核情况，安排部署下一步发展重点。省委常委、常务副省长王仁元出席会议并讲话。副厅长李国健参加。

△为贯彻落实《全民健身计划纲要》，迎接第十一届全运会召开，丰富厅机关干部职工业余文化生活，更好的推动财政各项工作开展，厅机关党委组织开展了“迎全运环山健身跑”活动。副厅长张洪军、纪检组长李振声、副厅级检查员张魁珍、副巡视员王慎民及全厅200余名干部职工参加。

12日，省纪委召开会议，研究单位建购住房自查工作有关问题。副厅长于国安参加。

13日，省委副书记、省长姜大明主持召开第54次省政府常务会议，研究分析了当前经济社会形势以及“十二五”规划编制工作。厅长尹慧敏参加并发言。

△省政府在济宁召开全省内河港航工作会议，总结了近年来内河港航建设发展情况，研究部署了下一步工作任务。省委常委、副省长王军民出席会议并讲话。总会计师韩炜参加。

14日，省政府办公厅印发《山东省财政厅主要职责内设机构和人员编制规定》（鲁政办发〔2009〕112号），对省财政厅职责、内设机构和人员编制进行了调整、核定。省财政厅内设办公室、综合处（挂省清理规范津贴补贴办公室牌子）、法规处、税政处、预算处、国库处、政府采购监督管理处、行政政法处、教科文处、经济建设处、农业处、社会保障处、企业处、金融与国际合作处（挂省世界银行贷款管理办公室牌子）、基层财政管理处、会计处、行政事业资产处（挂省清产核资办公室牌子）、监督检查局、人事处19个职能处室和省农村综合改革办公室、离退休干部处、机关党委。

△郭兆信副省长主持召开会议，就我省当前的就业形势和促进就业工作开展情况及下一步将采取的措施向国务院就业工作专项督查组作了汇报。巡视员阮凤英参加。

△全国伤病残军人退役安置工作会议在北京召开。副巡视员王慎民参加。

△副省长王随莲在省政府第四会议主持召开省药品集中采购工作领导小组第一次会议，传达学习了全国药品集中采购工作会议精神，听取了领

导小组办公室关于我省工作情况的汇报，审议了《山东省药品集中采购工作实施办法（试行）》及相关配套文件，对下一步工作进行了安排部署。巡视员阮凤英参加。

15日，国家体育总局，山东省委、省政府，全国“十一运会”组委会在山东大厦举行招待会，热烈欢迎各代表团和八方嘉宾，共迎盛世盛会。厅长尹慧敏参加。

16日，全国“十一运会”组委会第四次全体会议暨代表团团长会议在济南举行。会议对“十一运会”决赛阶段的各项工作进行了全面部署。国家体育总局局长刘鹏出席会议并讲话，省委副书记、省长姜大明致辞，副省长黄胜通报了“十一运会”筹备工作情况，国家体育总局领导段世杰、王钧、杨树安、肖天、崔大林、蔡振华、吴齐、晓敏出席。厅长尹慧敏、副厅长庞敦之参加了会议。

△全国2010年度党报党刊发行工作电视电话会议山东分会场会议在省委宣传部召开。副厅长张洪军参加。

18～21日，副厅长张洪军在威海接待财政部行政政法司司长李林池一行。

18日，副厅长庞敦之在济南接待来我省调研的财政部行政政法司副司长贾新怡一行。

18～21日，财政部在北京召开会计师事务所深入学习实践科学发展观活动动员大会。纪检组长李振声参加。

△全省第23次社会科学优秀成果评选委员会会议在济南召开。总经济师王玉敏参加。

20日，省委召开常委扩大会议。厅长尹慧敏参加。

△省人大常委会在济南召开全省农村住房建设与危房改造工作视察汇报会。副厅长于国安参加。

△省政府在烟台召开经贸工作座谈会，分析前三季度工业流通经济运行情况，安排今年最后两个多月的工作。副厅长李国健参加。

△中央治理“小金库”工作领导小组办公室在北京召开“小金库”治理重点检查工作总结会及处理处罚政策培训班。副巡视员张光月参加。

21日，全省社会救助工作会议在东营召开。巡视员阮凤英参加并发言。

△副省长李兆前到正在建设的山东省环保产业研发基地考察调研，实地查看工程进度，听取基地建设、管理体制和运行机制等情况汇报。副厅长于国安参加。

21～31日，副厅级检查员张魁珍赴泰安、济宁等地进行农村基层党风廉政建设专项检查。

△省委副书记、省长姜大明，副省长贾万志在山东大厦会见并宴请以中纪委驻新闻出版总署纪检组组长宋明昌为组长的中央扩大内需促进经济增长政策落实检查组一行（检查组此行主要是对我省境内南水北调工程建设资金使用及工程进度等情况进行专项检查）。厅长尹慧敏参加。

22日，省委常委、常务副省长王仁元主持召开会议，研究支持枣庄市做好资源枯竭城市转型工作的意见。厅长尹慧敏参加。

△贾万志副省长主持召开会议，向中央扩大内需促进经济增长政策落实检查组汇报我省有关情况。副厅长于国安参加。

△全省小型农田水利重点县建设启动会议在潍坊召开。副厅长文新三出席并讲话。

23日，省政府召开贯彻实施《山东省节约能源条例》座谈会。《山东省节约能源条例》于今年7月24日经省人大常委会第十二次会议修订通过，于11月1日起施行。该条例共8章55条，在适用范围、节能基本制度、节能管理、节能标准和技术进步、政策激励及强化法律责任等方面作了明确规定。省委常委、副省长王军民，省人大常委会副主任崔曰臣出席会议并讲话。副厅长于国安参加。

△2010年度全省重点党报党刊发行工作电视电话会议在网通公司召开。副厅长庞敦之参加。

△为认真贯彻落实国务院办公厅《关于进一步加强政府采购管理工作的意见》（国办发〔2009〕35号）精神，我厅在认真组织调研并充分征求意见的基础上代省政府起草的《关于进一步做好政府采购监管工作的意见》（鲁政办发〔2009〕118号）正式颁布实施，进一步完善了我省政府采购监管机制的政策制度框架体系。

24日，副省长贾万志主持召开会议，听取中央扩大内需促进经济增长政策落实检查组关于南水北调山东段专项检查情况的反馈意见。总会计师韩炜参加。

25日，省委书记、省人大常委会主任姜异康主持召开省委常委会议，听取省军区党委汇报全省国防后备力量建设情况。厅长尹慧敏参加。

26日，中共山东省委九届九次全体会议在南郊宾馆召开。全委会认真传达学习了胡锦涛总书记10月16日至19日视察山东时的重要讲话，研究了贯彻落实意见。省委书记姜异康代表省委常委作了重要讲话，就学习贯彻胡锦涛总书记在山东视察时的重要讲话精神、做好当前工作提出了要求。省委副书记、省长姜大明就当前全省经济形势和做好下一步经济工作讲了重要意见。厅长尹慧敏参加。

△全省进一步推进矿产资源开发整合工作电视电话会议在联通公司召开。会议总结了3年来全省全面整顿和规范矿产资源开发秩序工作开展情况，明确了下一步的工作措施，计划利用一年左右的时间，对矿产资源开发进行全面整合，提高矿业综合竞争力，促进矿产资源有序开发和可持续利用。副厅长于国安参加。

27日，国家体育总局，山东省

委、省政府，全国“十一运会”组委会在山东大厦举行“十一运会”答谢暨欢送招待会，欢送各体育代表团和各位嘉宾，共庆“十一运会”圆满成功。厅长尹慧敏、副厅长庞敦之参加。

△财政部在临沂召开全国预算与会计研究会会议。巡视员阮凤英参加。

△省委副书记刘伟主持召开学习实践科学发展观领导小组会议。副厅长于国安参加。

△省委常委、常务副省长王仁元主持召开会议，研究规范融资平台建设管理办法。副厅长张洪军参加。

△省委副书记、省长姜大明主持召开第55次省政府常务会议，研究了济南都市圈城际轨道交通规划和铁路工作考核办法、全省中小企业工作和贯彻国发36号文件实施意见、生态省建设市长目标责任书年度考核暨国家重点流域水污染防治年度考核工作等事宜。副厅长李国健参加。

△省科协召开评审委员会领导小组成员会议。王玉敏同志参加。

28日，郭兆信副省长主持召开专题会议，研究省老干部活动中心建设问题。副厅长张洪军参加。

△省委常委、副省长王军民主持召开工业调整振兴联席会议第一次会议，总结全省工业调整振兴进展情况，研究部署下一步工作。副厅长李国健参加。

△基层财政管理处在济南召开全省基层财政工作座谈会，部署基层管理现状调研，调度京沪高铁耕地占用税征收有关问题。

29日，全省美国白蛾防控和森林防火工作电视电话会议在省政府电子会议室召开。副厅长文新三参加。

30日，省委常委、省纪委书记杨传升主持召开会议，向中央扩大内需检查组汇报我省贯彻落实中央关于扩大内需促进经济增长政策的有关情况。副厅长于国安参加。

本月厅领导兼职：

△阮凤英同志担任山东省社会救助工作领导小组成员。

△于国安同志担任省水体污染控制与治理科技重大专项山东省项目领导小组成员、山东省城市化监测评价协调领导小组成员。

△王慎民同志担任山东省药品集中采购工作领导小组成员。

本月任免事项：

10月10日，鲁财人〔2009〕31号文件任命：

陈茜任省财政厅综合处副处长（列谭梅之后）。

10月15日，鲁财人〔2009〕33号文件任命：

李学春任省农村综合改革办公室主任，不再担任省财政厅驻临沂财政检查办事处主任职务；

杨建松任省农村综合改革办公室副主任，不再担任省财政科学研究所副所长职务。

10月19日，鲁财人〔2009〕34号文件任命：

丛培德任省财政厅办公室副调研员；

袁笑梅任省财政厅综合处副调研员；

车爱武任省财政厅法规处副调研员；

张励任省财政厅税政处副调研员；

王进任省财政厅预算处副调研员；

侯效波任省财政厅国库处副调研员；

韩已峰任省财政厅政府采购监督管理处副调研员；

马志红任省财政厅行政政法处副调研员；

牛红任省财政厅教科文处副调研员；

李栋林任省财政厅经济建设处副调研员；

单哲任省财政厅农业处副调研员；

汤青任省财政厅社会保障处副调研员；

刘海鹏任省财政厅企业处副调研员；

李丽任省财政厅金融与国际合作处副调研员；

宋庆鑫任省财政厅基层财政管理处副调研员；

杜英俊任省财政厅会计处副调研员；

李晨、明德兵任省财政厅行政事业资产处副调研员；

梁雷任省财政厅监督检查局副调研员；

李政华任省财政厅人事处副调研员；

宫翔宇任省农村综合改革办公室副调研员；

张祖军任省财政厅离退休干部处副调研员；

王彦磊任省财政厅机关党委副调研员；

刘仲川任省财政科学研究所副所长（试用期一年）；

赵刚任省财政信息中心副主任（试用期一年）；

臧殿新、杨振华任省财政厅集中支付中心副调研员；

甘信厚任省财政投资评审中心副主任（试用期一年）；

于丽丽、于晓勤任省财政票据管理中心副主任（试用期一年）；

杨成国任省财政厅机关服务中心副主任（试用期一年）；

邓玉香、宋建海任山东会计培训学院副院长（试用期一年）；

魏鲁林、王旭东任省财政厅驻济南财政检查办事处副调研员；

曲世强、李玉林任省财政厅驻烟台财政检查办事处副调研员；

祝学德、张振言任省财政厅驻潍

坊财政检查办事处副调研员；

李军、庄良翠任省财政厅驻临沂财政检查办事处副调研员；

赵晓宏任省财政厅驻德州财政检查办事处副调研员。

以上同志的原任职务自然免除。

10 月 18 日，鲁财人〔2009〕32 号文件通知：

省财政厅综合处副处长魏全胜同志退休。

11 月 **1～2 日**，副厅长于国安随省委常委、常务副省长王仁元赴临沂、诸城、济南等地考察城镇化建设工作。

2 日，第三届全省老干部艺术节在山东剧院举办。巡视员阮凤英参加。

△副厅长庞敦之赴财政部汇报工作。

△东北亚地区地方政府联合会海洋与渔业专门委员会成立大会暨海洋生态保护与现代渔业管理高端论坛在青岛召开。副厅长文新三参加。

3 日，山东半岛蓝色经济区咨询委员会第一次全体会议在山东大厦召开。省委书记、省人大常委会主任姜异康出席会议并讲话，省委副书记、省长姜大明向咨询委员会各位专家颁发聘书。厅长尹慧敏参加。

△省级行政事业资产管理信息系统建设培训会议在济南召开。会议部署了行政事业资产管理信息系统实施方案，培训了行政事业资产管理信息系统操作及应用，为下一步信息系统推广应用奠定了基础。副厅长庞敦之出席会议并讲话。

△副厅长李国健陪同省委常委、副省长王军民到济南专题调研太阳能光热系统推广应用工作，实地考察了 4 个太阳能与建筑一体化示范项目，并就推进太阳能光热利用产业发展与力诺、桑乐、澳华等企业进行了座谈。

△全省城镇化工作会议在南郊宾馆召开，并印发了《关于大力推进新型城镇化的意见》。总会计师韩炜参加。

4 日，厅长尹慧敏赴德州市平原县恩城镇，就如何推动学习实践科学发展观活动深入开展进行调研。

△省政府召开会议向国务院纠风办、卫生部督导组汇报我省药品集中采购工作，副省长王随莲主持并汇报。副巡视员张光月参加。

5 日，省政府召开全省甲型 H1N1 流感联防联控机制工作会议，研究部署进一步加强全省甲型 H1N1 流感防控工作，副省长王随莲主持并讲话。巡视员阮凤英参加。

△全省财政政法经费保障体制改革工作会议在济南召开。会议传达贯彻了财政部财政政法经费保障体制改革工作的有关情况，研究部署了我省下一步改革工作任务。副厅长张洪军出席会议并讲话，各市分管副局长、预算科（处）长和行政政法科（处）长参加会议。

△上海世博会山东宣传周暨“走进世博会——中国 2010 年上海世博会暨世博会历史回顾展览”开幕式在省科技馆举办。副厅长李国健参加。

△副巡视员张光月陪同中央治理“小金库”工作调研组赴济南、青岛等地进行调研并参加有关会议。

6～8 日，厅长尹慧敏、农发办主任曹云龙、副厅长文新三赴财政部汇报工作。

6 日，全省财政综合工作会议在济南长清召开。会议总结交流了近年来全省财政综合工作，研究分析了当前面临的新形势，明确了财政综合工作思路，研究部署了今后一个时期的财政综合重点工作任务。副厅长于国安出席会议并讲话。

△省政府办公厅召开山东省 2009 年中央预算执行审计进点会。副厅长李国健参加。

7 日，省委副书记、省长姜大明主持召开座谈会，与来我省考察“十一运会”承办情况的辽宁省委副书记、省长陈政高一行进行座谈。副厅长庞敦之参加。

8 日，副厅长庞敦之在济南接待贵州省财政厅、民委来我省考察“十一运会”筹备情况的代表团一行。

9 日，省老龄委第十九次全体会议在南郊宾馆召开，省老龄委主任、副省长郭兆信出席并讲话。巡视员阮凤英参加并发言。

9～10 日，全国冬春农田水利基本建设工作会议在河南郑州召开。副厅长文新三参加。

9～20 日，总会计师韩炜在香港参加“香港公共服务管理研习课程”培训班。

10 日，副省长郭兆信主持召开省政府残工委全体会议。巡视员阮凤英参加。

△省委政法委员会、省社会治安综合治理委员会、“十一运会”社会稳控与安保工作组全体会议在山东大厦召开。副厅长张洪军参加。

△副省长黄胜主持召开第十一届全运会组委会第二十次秘书长办公会。副厅长庞敦之参加。

△纪检组长李振声、总经济师王玉敏接待财政部机关党校第 51 期处级干部培训班学员。

11 日，副厅长庞敦之随同副省长郭兆信视察新省委党校建设情况。

11～13 日，山东省城市经济学会“加快菏泽发展论坛”在菏泽举办。副巡视员张光月参加。

13 日，厅长尹慧敏随同常务副省长王仁元赴北京参加国务院召开的全国公共卫生与基层医疗卫生事业单位实施绩效工资工作会议。副总理李克强、张德江出席会议并讲话。会上就《关于公共卫生与基层医疗卫生事业单位实施绩效工资的指导意见》征求了意见，并对今后做好组织实施工作进行了部署。

△省纪委专项督查组来我厅就“优化支出结构、推动公共资源向以民生为重点的社会发展领域倾斜”等问题召开座谈会听取意见。副厅长于国安、副厅级检查员张魁珍参加并发言。

△全国现代船舶制造业座谈会在青岛召开。副厅长庞敦之参加。

14日，省委副书记、省长姜大明主持召开省政府第56次常务会议，讨论并原则通过《山东省沿海港口布局规划》、《关于促进新能源产业加快发展的若干政策》、《山东省农民专业合作社条例（草案）》。巡视员阮凤英参加。

16日，王军民副省长主持召开《山东省人民政府贯彻〈国务院关于进一步促进中小企业发展的若干意见〉的实施意见》会签单位协调会议。副厅长李国健参加。

17日，全省第三批深入学习实践科学发展观活动工作电视电话会议在中国联通济南分公司召开。厅长尹慧敏参加。

△副省长黄胜主持召开第十一届全国运动会组委会第21次秘书长办公会议。副厅长庞敦之参加。

18日晚，省委副书记、省长姜大明在山东大厦宴请中央扩大内需、促进经济增长政策落实检查组一行。厅长尹慧敏参加。

△全省行政复议工作总结表彰大会在济南召开，副省长李兆前出席并讲话。副厅长李国健参加。

19日，省监察厅召开中央扩大内需政策落实检查组检查情况反馈会。副厅长于国安参加。

20日，全省伤病残军人退役安置工作电视会议在省政府电子会议室召开。巡视员阮凤英参加。

△全省太阳能与建筑一体化现场交流会在淄博召开，省委常委、副省长王军民出席会议并讲话。泰安高新区、济南市历城区政府等12家单位被确定为省节能环保产业基地。副厅长于国安参加。

△中央综治委综治工作检查督导组在山东大厦向省委、省政府和省综治委反馈检查情况。副厅长张洪军参加。

△省直机关工会工委、省直机关妇工委在南郊宾馆举办省直机关职工学堂第三讲——《当前我国安全形势的几个问题》。总经济师王玉敏参加。

22日，山东省第十一届全运会承办和参赛工作总结表彰大会在山东大厦召开。会议全面总结了我省“十一运会”承办和参赛工作，表彰了为全运会成功举办作出突出贡献的先进集体和先进个人。省委书记、省人大常委会主任姜异康，省委副书记、省长姜大明，省政协主席孙淑义，省委副书记刘伟，国家体育总局副局长肖天出席大会并为获奖者颁奖。副厅长庞敦之参加。

23日，厅长尹慧敏主持召开厅长办公会议，研究确定了省农发办划入我厅后的公文处理、会议组织、信息宣传等政务运转工作，以及农业综合开发项目及资金管理、农发办日常经费及事业管理等有关问题的处理意见。同时会议对政府财政信息公开工作进行了研究，要求有关处室要高度重视，凡涉及重要信息、情况复杂、公开后可能产生一定影响的，要按照国家和省里确定的3条原则，参考前期处理有关问题的成功经验，深入研究分析，妥善答复处理。

△厅机关2009年乒乓球比赛在全厅干部职工大力支持、积极参与下圆满结束。副厅长庞敦之参加了比赛，纪检组长李振声和总经济师王玉敏为获奖人员颁奖。

24日，省委副书记、省长姜大明主持召开省政府第57次常务会议，讨论并原则通过《山东省地震应急与救援办法（草案）》。厅长尹慧敏参加。

24～27日，副厅长文新三在省委党校参加‘推进山东半岛蓝色经济区建设专题研讨班”。

24日，副巡视员张光月随同副省长贾万志赴寿光考察农村农业合作社等方面情况。

25～27日，省委召开工作务虚会议。厅长尹慧敏参加。

25～28日，山东省第十一届人民代表大会常务委员会召开第十四次会议。巡视员阮凤英参加。

25～26日，国务院综改办在北京召开非试点省份清理化解农村义务教育债务以及村级公益事业建设一事一议财政奖补试点工作座谈会。副巡视员姜凝参加。

25日，中央处理信访突出问题及群体性事件联席会议调研组来我省就建立用群众工作统揽信访工作机制情况召开座谈会。副巡视员张光月参加。

△省政协召开农村集体建设用地流转问题座谈会。总会计师韩炜参加。

△省发改委、省监察厅召开全省进一步扩大内需中央投资项目监督管理工作会议。总会计师韩炜参加。

26日，财政部在武汉召开会计师事务所深入学习实践科学发展观活动和注册会计师行业党建工作经验交流会。副厅长张洪军参加。

△省教育厅、省财政厅在济南召开全省学生资助工作暨先进单位先进个人表彰大会，表彰了55个先进单位、174名先进个人。副厅长庞敦之出席并讲话。

△省政府办公厅召开服务业重点行业发展情况分析会。副厅长李国健参加并发言。

△省纪委召开全省民主评议政风行风工作电视会议。副厅级检查员张魁珍参加。

△副省长郭兆信主持召开全省农民工工作联席会议汇报会。副巡视员王慎民参加。

27日，副厅长庞敦之赴济南章丘市部分乡镇进行基层财政工作调研。

△副省长王军民主持召开座谈会研究农用车、化肥税收有关问题。副

厅长李国健参加。

△副巡视员王慎民在青岛陪同财政部社会保障司司长孙志筠一行。

△省委组织部召开座谈会研究讨论支持海外高层次人才来山东创业发展有关问题。副巡视员张光月参加。

28日，全省新型农村社会养老保险试点暨企业职工基本养老保险省级统筹工作会议在济南召开，确定于2009年在我省19个县（市、区）开展新农保试点。省委副书记、省长姜大明出席会议并讲话。厅长尹慧敏、巡视员阮凤英参加会议，厅长尹慧敏作了发言。

29日，新建德大铁路、龙烟铁路和邯济铁路扩能改造工程开工建设动员大会在德州召开。副厅长李国健参加。

30日至12月3日，全省财政法规税政业务培训班在威海举办，重点就当前我国税制概况及改革政策趋向、财政行政执法实践与能力提升、政务信息与领导决策、税收收入分析与利用、企业所得税改革及重点政策，以及当前地方税重点改革等内容进行了培训。财政部税政司副司长王建凡应邀作了专题报告，副厅长李国健到会并讲话。省、市、县三级财政部门法规税政干部参加了培训。

30日，全省冬季安全生产电视电话会议在省政府礼堂召开。纪检组长李振声参加并颁奖。

本月厅领导兼职：

△阮凤英同志担任山东省甲型H1N1流感疫苗预防接种工作领导小组成员、山东省食品安全整顿工作领导小组成员。

△张洪军同志担任山东省公共机构节能工作领导小组成员。

△庞敦之同志担任山东省防震减灾工作领导小组成员。

本月任免事项：

11月3日，鲁财人〔2009〕35号文件任命：

张相阳任省财政厅金融与国际合作处处长；

徐德斌任省财政厅金融与国际合作处调研员；

李海英、施军任省财政厅金融与国际合作处副处长；

唐宁、夏颖任省财政厅金融与国际合作处主任科员；

宋文旭任省财政厅人事处处长；

隋宝文、苏登新任省财政厅人事处调研员；

纪凤杰、胡晓鸿任省财政厅人事处主任科员；

隋哲任省财政厅人事处副主任科员；

韩如月任省财政厅农业处副处长；

唐立国任省财政厅办公室主任科员；

王言波任省财政厅办公室办事员；

李昭任省财政厅经济建设处副主任科员。

12月 **1日**，财政部在安徽合肥召开财政部门基层医疗卫生机构综合改革经验交流会。巡视员阮凤英参加并发言。

△副省长王军民主持召开座谈会，研究首台套重大技术装备资金管理办法和新能源公交汽车等有关事宜。副厅长于国安参加。

1～4日，副厅长文新三陪同财政部、水利部小型农田水利重点县建设和灌区末级渠系节水改造调研组赴德州、滨州、泰安等地进行考察调研。

3日，省委书记姜异康主持召开有关部门负责人会议，研究当前经济运行情况。厅长尹慧敏参加。

△省委常委、常务副省长王仁元，副省长王随莲召开省深化医药卫生体制改革领导小组会议，传达学习国务院基本药物制度实施工作座谈会精神，讨论研究我省贯彻意见和实施国家基本药物制度近期工作方案。厅长尹慧敏参加。

△副省长才利民主持召开全省第二次土地调查工作领导小组全体成员会议。副厅长于国安参加。

△全省会计师事务所、资产评估机构深入学习实践科学发展观活动暨行业党建工作会议在南郊宾馆召开。副厅长张洪军参加并讲话。

△副省长黄胜主持召开全省文化暨文物工作会议。副厅长庞敦之参加。

△副省长贾万志主持召开山东省水系生态建设工作协调会，研究讨论我省水系沿河绿化等问题。副厅长李国健参加。

4日，省政府召开治理"小金库"工作领导小组会议。副厅长于国安、副巡视员张光月参加。

△副省长黄胜主持召开第十一届全国运动会交通保障工作总结表彰大会。副厅长庞敦之参加。

△副省长贾万志主持召开专题会议，研究帮扶栖霞市水利工作发展相关事宜。副厅长文新三参加。

4～6日，副厅长李国健随副省长王军民赴四川北川考察援建工作。

4日，省红十字会七届三次理事会议在济南召开。会议传达了中国红十字会第九次全国会员代表大会精神，选举和增补了部分理事，总结了前期工作，对2010年工作进行了部署安排。副巡视员王慎民参加。

△全省第二次土地调查工作电视电话会议在联通济南分公司电视电话会议中心召开。总会计师韩炜参加。

7日，省委常委、宣传部长李群主持召开大众传媒大厦建设现场办公会。副厅长庞敦之参加。

7～10日，李振声带队到部分高校检查党风廉政建设情况。

8日，省委召开常委扩大会议，

传达学习中央经济工作会议精神，研究贯彻落实意见。省委书记、省人大常委会主任姜异康主持并讲话，省委副书记、省长姜大明，省委常委，省和济南市的副省级党员领导干部，部分省直综合经济部门主要负责人出席会议。厅长尹慧敏参加。

△副秘书长张超超主持召开协调会议，研究泰山保险公司筹备相关事宜。副厅长张洪军参加。

△全省文化市场综合执法改革经验交流会在临沂召开。副厅长庞敦之参加。

△副省长贾万志主持召开全省烟叶生产工作表彰会。副厅长文新三参加。

△政府采购监督管理处召集省直有关部门召开政府采购工作座谈会。副巡视员王慎民参加。

9日，国家审计署副审计长石爱中一行来我省专题调研落实中央厉行节约规定情况，省长助理周齐主持召开汇报会。副厅长张洪军参加。

△省委农工办副主任刘同理一行就明年农村改革发展有关事宜到我厅进行调研，并召开座谈会。副厅长文新三参加。

9～11日，副巡视员姜凝陪同国务院农村综合改革办公室赵杰巡视员一行，到潍坊就“发展县（镇）域经济为支撑，推动城乡一体化”进行专题调研。

10日，省委召开领导干部警示教育大会。厅长尹慧敏、农发办主任曹云龙、副厅级监察员张魁珍参加。

△省委常委、副省长王军民主持召开全省公路综合整治工作电视会议，部署开展全省公路综合整治工作，确定从现在起到明年底，我省将用一年时间组织开展公路综合整治活动。副厅长于国安参加。

11日，副厅长张洪军赴泰安就会计师事务所开展学习实践科学发展观活动情况专题调研。

△省委常委、宣传部部长李群、副省长黄胜同志主持召开中华文化标志城项目建设协调会。副厅长庞敦之参加。

△厅机关召开反腐倡廉工作座谈会。纪检组长李振声参加并讲话。

△省级创业投资引导基金理事会会议在省发改委召开。副厅长李国健参加。

13日，副厅长庞敦之陪同副省长黄胜参加“十一运会”组委会走访慰问济南赛区活动。

14日，厅长尹慧敏主持召开厅长办公会议，传达学习省委常委扩大会议精神，听取“山东省行政事业资产管理信息系统”建设情况和省属公立医院检查情况的汇报。

△省委常委、常务副省长王仁元同志在淄博主持召开实施国家基本药物制度座谈会。巡视员阮凤英参加并发言。

△副省长才利民主持召开会议，听取省审计厅关于土地出让金审计情况的汇报。副厅长于国安参加。

14～19日，副省长黄胜率考察团赴湖北、广东就筹办考察中国文化艺术节事宜进行考察学习。副厅长庞敦之参加。

15～16日，副省长贾万志率省直有关部门负责同志，赴烟台检查胶东调水工程建设情况。副厅长于国安参加。

16日，副省长郭兆信主持召开会议，听取我省新农保工作试点进展等有关情况汇报。巡视员阮凤英参加并发言。

△纪检组长李振声赴威海进行调研。

△省政府法制办主任高存山一行就规范性文件备案示范单位认定工作到我厅进行检查和座谈。副厅长李国健参加。

△省发展家庭服务业促进就业工作联席会在省人力资源和社会保障厅召开第一次全体会议。副巡视员王慎民参加。

17日，省委副书记、省长姜大明主持召开第58次省政府常务会议，研究了2010年全省经济发展思路、落实《黄河三角洲高效生态经济区发展规划》有关措施、贯彻全国发展和改革工作会议精神意见、2007～2008年山东省社会发展水平综合评价工作，以及有关表彰事宜。厅长尹慧敏参加。

△全省中小企业工作会议在济南召开。省委副书记、省长姜大明向大会致信祝贺，省委常委、副省长王军民出席会议并讲话，省政协副主席齐乃贵出席会议。会议表彰了98家“全省先进民营企业”。副厅长李国健参加。

△省委副书记刘伟、副省长郭兆信主持召开全省双拥工作社会化现场经验交流会。副巡视员王慎民参加。

18日，省委召开常委会议，听取省政府经济工作汇报，研究讨论省委书记姜异康、省长姜大明在全省经济会议上的讲话。厅长尹慧敏参加。

△省委召开全委扩大会议。厅长尹慧敏参加。

△常务副省长王仁元主持召开会议，研究推进基本药物制度实施工作相关事宜。巡视员阮凤英参加并发言。

18～20日，副厅长张洪军陪同财政部副部长李勇等中央党校省部级干部进修班调研组一行在我省枣庄、曲阜、济南等地调研。

18日，省委办公厅、省政府办公厅在省政府礼堂组织收看全国政法工作电视电话会议。副巡视员张光月参加。

19日，常务副省长王仁元召集有关部门召开座谈会。厅长尹慧敏参加。

△省委副书记、省长姜大明宴请中央党校省部级干部进修班调研组一行。厅长尹慧敏参加。

△省人大常委会设立30周年纪念大会在济南珍珠泉宾馆召开。巡视员阮凤英参加。

△总经济师王玉敏赴临沂参加沂

星电动汽车批量下线庆典仪式。

20～22 日，全省经济工作会议在济南南郊宾馆召开。会议学习贯彻了中央经济工作会议精神，对 2009 年全省经济工作进行了总结，对 2010 年全省经济工作作出了部署。省委书记、省人大常委会主任姜异康，省委副书记、省长姜大明出席会议并作重要讲话，省委副书记刘伟出席会议。副厅长于国安、农发办主任曹云龙参加。

21 日，省医改办召开会议，研究实施国家基本药物制度调研相关事宜。巡视员阮凤英参加。

△常务副省长王仁元主持召开黄河三角洲高效生态经济区北京恳谈暨项目推介会工作调度会议，并部署有关工作。副厅长于国安参加。

△常务副省长王仁元主持召开山东省省级创投引导基金首批合作企业投资协议签署仪式。副厅长李国健参加。

△财政部驻山东省财政监察专员办事处来我厅对 2009 年中央公共投资预算执行情况进行检查并召开座谈会。副厅长文新三主持座谈会，副巡视员张光月参加。

△副省长王军民主持召开会议，听取聊城市政府和时风集团关于时风低速电动车发展情况汇报，研究确定有关事项。总会计师韩炜参加。

22～25 日，巡视员阮凤英带队赴临沂、日照等地对实施国家基本药物制度相关事宜进行调研。

22 日，教育部、财政部、国家发改委、人力资源和社会保障部办公厅召开落实中等职业学校农村家庭经济困难学生和涉农专业学生免学费工作视频会议。副厅长庞敦之参加。

△全省企业管理大会在济南召开，省委副书记、省长姜大明出席会议并讲话。副厅长李国健参加。

23 日，省长姜大明听取 2010 年预算安排情况。厅长尹慧敏参加并汇报。

△省委副书记刘伟主持召开学习实践科学发展观领导小组会议。厅长尹慧敏参加。

△厅长尹慧敏主持召开厅务会议，传达全省经济工作会议精神，研究贯彻落实意见。

△省人大财经委来我厅对 2009 年预算执行情况和 2010 年预算编制情况进行调研。副厅长庞敦之参加。

△省委组织部召开全省组织部长会议。纪检组长李振声参加。

△副省长贾万志主持召开山东省农产品质量安全立法工作协调会议。副厅长文新三参加。

△副厅长李国健向副省长王仁元汇报 2009 年省级国有资本经营预算执行情况和 2010 年预算安排编制意见。

△山东省国家首批新型农村社会养老保险试点启动仪式在临沂平邑县举行。副巡视员王慎民参加。

△全省发展和改革工作会议在山东大厦召开，传达贯彻中央经济工作会议、全国发改工作会议和全省经济工作会议精神。省委常委、常务副省长王仁元出席并讲话。总会计师韩炜参加。

△全省经济和信息化工作会议在南郊宾馆召开，传达贯彻全国工业和信息化工作会议及全省经济工作会议精神。省委常委、副省长王军民出席会议并讲话。总经济师王玉敏参加。

24 日，厅长尹慧敏向省委主要领导同志汇报预算安排。

△厅长尹慧敏主持召开厅长办公会议，听取了预算处处长陈祥志关于 2010 年全省财政收支计划和省预算安排意见的汇报，并进行了专题研究。会议确定：（1）努力提高年初部门预算的到位率。对总预算核定的部门基本支出和业务类项目支出，原则上应直接下达到相关部门。（2）进一步抓好政府采购预算编制管理，切实做到应编尽编，进一步扩大政府采购规模。（3）2010 年省级继续向人大提交审议 48 个省政府组成部门和直属机构的部门预算。（4）按时完成部门“一下”、“二上”工作。部门“一下”控制限额由各处在总预算核定的数额内，结合部门综合财力情况，按统一格式分解下达到各部门。要加强对部门报送“二上”预算的协调指导，对提交省人大审议预算的 48 个部门，有关处完成“二上”预算审核并按规定报送预算处。

△全省新能源工作会议在山东大厦召开，就贯彻落实中央和全省经济工作会议精神，加快全省新能源产业发展作出部署。省委常委、常务副省长王仁元出席并讲话。副厅长于国安参加。

△省委宣传部组织召开省出版集团改制工作会议。副厅长庞敦之参加。

△副厅长庞敦之赴德州参加“十一运会”走访慰问座谈会。

25 日，省委副书记、省长姜大明主持召开第 59 次省政府常务会议，研究《山东省城镇容貌和环境卫生管理办法（草案）》、第十届中国艺术节筹办工作、2009 年度山东省科学技术奖评审工作、2010 年全省财政收支计划和省级预算安排意见，以及 2009 年第四批预备费动支意见。厅长尹慧敏参加并汇报。

△财政部副部长王军在北京主持召开部分地区财政部门医改座谈会。巡视员阮凤英参加。

△省政府办公厅召开省政府部门办公室主任督查工作会议。副厅长于国安参加并发言。

△副省长黄胜在德州主持召开“十一运会”走访慰问座谈会。副厅长庞敦之参加。

△副省长郭兆信主持召开全省新型农村社会养老保险试点工作领导小组第二次会议，听取试点工作开展情况汇报，研究进一步做好试点工作的

意见和措施。副巡视员王慎民参加。

28 日，副省长才利民主持召开山东省友城工作 30 周年纪念暨友城工作会议。副厅长张洪军参加。

28～31 日，副厅级检查员张魁珍在省委党校参加十七届四中全会精神专题研讨班。

28 日，山东海阳核电一期工程开工仪式在烟台海阳举行。副巡视员姜凝参加。山东海阳核电项目采用美国西屋公司设计的当今世界上最先进的 AP1000 三代核电技术。项目规划建设 6 台百万千瓦级核电机组，并预留有扩建场地。一期工程规划建设两台 125 万千瓦 AP1000 核电机组，分别计划于 2014 年 5 月和 2015 年 3 月投产。一期工程建成后，年发电量达到 175 亿千瓦时，将极大优化山东电源结构，缓解电力紧张局势。

△全国城市和国有工矿棚户区改造工作会议在山西大同召开。总会计师韩炜参加。

29 日，首届山东省省长质量奖颁奖大会在济南召开。省委副书记、省长姜大明为获奖者颁奖并讲话，国家质检总局党组成员、纪检组长王炜到会祝贺。会议表彰了获得首届山东省省长质量奖和提名奖的海尔集团公司等 15 家企业和吴经建等 8 名个人，为 2009 年度山东名牌产品和山东省服务名牌企业进行了授牌。厅长尹慧敏参加。

△全省商务工作会议在济南召开。省委副书记、省长姜大明为会议发来贺信，副省长才利民出席会议并讲话。副厅长李国健参加并颁奖。

△2009 年第二轮“阳光政务热线”直播活动在山东人民广播电台举办。副巡视员王慎民在线回答了听众提出的问题。

△副巡视员王慎民到山东会计培训学院检查指导工作，听取学院 2009 年工作汇报。

30 日 副省长郭兆信主持召开会议，研究省城乡勘查设计院事业单位改制相关事宜。巡视员阮凤英参加。

△副省长才利民主持召开省地理信息公共服务平台建设与应用领导小组全体成员会议。副厅长于国安参加。

△全省林业改革与发展工作会议在济南南郊宾馆召开。会议认真学习贯彻了胡锦涛总书记关于林业发展的重要批示和中央经济工作会议、中央林业工作会议精神，研究安排了下一步全省林业改革发展工作。省委书记、省人大常委会主任姜异康，省委副书记、省长姜大明，国家林业局局长贾治邦出席会议并讲话。副厅长文新三参加。

△省管企业负责人会议在济南召开。会议要求省管企业要把转变发展方式、调整经济结构作为推动改革发展的重大任务，着力在关键环节上实现新突破，推动企业又好又快发展。省委常委、常务副省长、省国资委党委书记王仁元出席会议并讲话。副厅长李国健参加。

31 日，省委副书记、省长姜大明主持召开第 60 次省政府常务会议，研究了我省贯彻中央农村工作会议精神和《国务院加快供销合作社改革发展的若干意见》的意见以及《山东省服务外包产业发展规划（2010～2014）》以及《山东省促进散装水泥发展规定（草案）》。厅长尹慧敏参加。

本月厅领导兼职：

△尹慧敏同志担任山东省突发事件应急领导小组成员。

△于国安同志担任山东省发展家庭服务业促进就业工作联席会议成员、山东省地理信息公共服务平台建设和应用领导小组成员、山东省辐射事故应急办公室成员、山东省公路综合整治年活动领导小组成员。